OPTIONS, FUTURES, AND OTHER DERIVATIVES
9th Edition

フィナンシャル エンジニアリング

第9版

デリバティブ取引と リスク管理の総体系

ジョン ハル [著]
三菱UFJモルガン・スタンレー証券
市場商品本部 [訳]

一般社団法人 金融財政事情研究会

OPTIONS, FUTURES, AND OTHER DERIVATIVES
NINTH EDITION
by John.C.Hull
Copyright © 2015, 2012, 2009 by Pearson Education, Inc.,
Upper Saddle River, New Jersey, 07458.
Japanese translation rights arranged with
PEARSON EDUCATION, INC.,
through Japan UNI Agency, Inc., Tokyo

はしがき

　1988年に出版された本書の第1版が330ページと13章だけの構成であったということが，いまとなっては信じられない。デリバティブ市場の急速な変化に歩調をあわせるべく，本書は発展し，適応してきた。

　これまでの版と同様に，本書ではいくつかの市場について取り扱う。本書は，経営学や経済学，金融工学を専攻する大学院生を対象として書いたものであるが，学生が数理的なスキルをもっている場合には，学部の上級コースにおいても利用できる。デリバティブ市場に従事する多くの実務家にとってもまた有用であろう。これまで本書を購入した読者の半分が，アナリスト，トレーダー，そしてデリバティブとリスク管理に従事するプロフェッショナルであることを喜ばしく思う。

　一般的に，デリバティブを取り扱った書籍を執筆する際には，どの程度の数学を用いるかということに頭をいためることが多い。というのは，あまりに高度な数学を用いれば，多くの学生や実務家にとって読みにくいものとなるが，数学のレベルが低すぎると，重要な事項を表面的にしか説明できなくなってしまうからである。そこで，この本では使用する数学と記号について細心の注意を払い，議論の本質に直接関係しない数学的記述は極力避けるか，あるいは各章末の付録および私のウェブサイトの Technical Note に収めることとした。また，新たな概念を紹介する場合には数値例を加えるなどして，できるだけわかりやすく説明するよう心がけた。

　本書はデリバティブの初級コース，またはより上級のコースでも利用できる。授業で用いる場合には，さまざまな利用方法がある。デリバティブの入門コースを教える場合には，本書の前半部分に多くの時間を割きたいと考える教官もいるだろうし，より上級コースの場合には，本書の後半部分の章を組み合わせて使う教官もいるであろう。第36章で解説している内容は，入門コース，あるいは上級コースの最後に取り上げると効果的であろう。

第9版での新しい内容

本書の全体にわたり，内容は更新され改善され続けている。第9版では，以下のよう変更されている。

1. オーバーナイト・インデックス・スワップ（OIS）レートを割引に用いることが業界標準となっていることについて，本書のさまざまな部分を新しくした。
2. 割引率，信用リスク，ファンディング・コストに関する議論を，新しい章として本書の前半に追加した。
3. 店頭デリバティブ市場の規制に関して新しい内容を追加した。
4. 中央清算，マージン規制，スワップ取引執行機関について，さらに議論を追加した。
5. CBOEが提供するDOOMオプションやCEBOなどの商品についてもカバーした。
6. Black–Scholes–Merton式について，専門家でなくとも理解しやすい新しい説明を加えた。
7. 永久オプションやその他の永久デリバティブについてもカバーした。
8. 信用リスクとクレジット・デリバティブについて，本書の前半で紹介している主な商品や問題点も含め内容を加筆修正した。
9. 期間構造モデルである1ファクター均衡モデルについて，より網羅的に取り扱った。
10. 新機能を備えたDerivaGemソフトウェアを新しくリリースした（後述）。
11. Test Bankを改善した。これは，申請すれば教官は利用することができる。
12. 新たな章末問題を多数追加した。

DerivaGem ソフトウェア

DerivaGem 3.00が本書に含まれている。これは，Options Calculatorと

Applications Builderという二つのExcelアプリケーションで構成されている。Options Calculatorは，さまざまなオプションの時価評価を簡単に行えるソフトウェアである。一方，Applications Builderは，多くのExcel関数で構成されており独自のアプリケーションを構築することができる。学生がオプションの性質を調べたり，異なる数値計算手法を試すことができるような，多くのサンプルプログラムも含まれている。Applications Builderソフトウェアにより，より興味深い課題を作成することも可能である。学生はこれらの関数のコードにアクセスすることができる。

DerivaGem 3.00は多くの新しい機能を取り入れている。ヨーロピアン・オプションは，第27章で議論したCEVモデル，Mertonのジャンプ拡散モデル，バリアンス・ガンマ・モデルにより評価することができる。モンテカルロ・シミュレーションも実行可能である。LIBORとOISのゼロ・カーブはマーケット・データより計算可能であり，スワップや債券も評価できる。スワップ，キャップ，スワップションの評価には，OIS割引でもLIBOR割引でも用いることができる。

本書の最後に，このソフトウェアに関するより詳細な説明がある。本ソフトウェアは本書付属のCD-ROMに収められている。

スライド

数百に及ぶPowerPointのスライドが，Pearson社のInstructor Resource Centerまたは私のウェブサイトからダウンロード可能である。テキストを採用する教官は，自分自身のニーズにあわせてこれらのスライドに手を加えてよい。

解答マニュアル

章末問題は"練習問題"と"発展問題"という二つのグループに分類されている。練習問題の解答は，Pearson社から出版されている *Options, Futures, and Other Derivatives 9e: Solutions Manual*（ISBN: 978-0-133-45741-4）に記載されており，これについては学生も購入することができる。

インストラクターズ・マニュアル

申請すれば，教官は Pearson を通じてインストラクターズ・マニュアルをオンラインで利用することが可能である．すべての章末問題（発展問題と練習問題）に対する解答，各章の指導ノート，Test Bank の問題，コース編成に関するノート，いくつかの関連する Excel ワークシートが含まれている．

Technical Note

Technical Note では，本文中で触れたポイントについてより詳細に説明をしている．Technical Note は本文中で参照されており，私の以下のウェブサイトからダウンロードできる．

www-2.rotman.utoronto.ca/~hull/TechnicalNotes

本書に Technical Note を含めなかったことにより，説明を簡潔にすることができ，学生にとってよりわかりやすいものになった．

謝　辞

多くの人々の協力をいただくことで，本書は継続して版を重ね発展してきた．実のところ，本書に対してのフィードバックをいただいた人々は非常に多く，もはや全員をここに掲載することができなくなってしまった．本書の内容を用いて教育にあたっている多くの研究者からのアドバイスや，多くのデリバティブの実務家からのコメントも大変有益であった．また，どのようにすれば教材を改善できるかについて多数の提案をしてくれたトロント大学の私のコースの学生にも感謝したい．Geometric Press の Eddie Mizzi 氏は，最終稿の編集とページ構成で素晴らしい仕事をしてくれた．ローマの Luiss Guido Carli 大学の Emilio Barone 氏からは多くの詳細なコメントをいただいた．

トロント大学の同僚である Alan White 氏には特に感謝している．Alan 氏と私は約30年間にわたってデリバティブとリスク管理の分野の研究とコン

サルティングを共同で実施してきた。この間，私たちは，多くの時間をかけて数多くの重要な問題について議論を重ねてきた。本書で紹介されている多くの新しい考え方，そして既存のアイデアに対する新しい説明の仕方の多くは，私のものであるとともにAlan氏のものである。Alan氏は，DerivaGemソフトウェアの開発にも大きく貢献してくれた。

　Pearsonの多くの人々，特にDonna Battista氏，Alison Kalil氏，Erin McDonagh氏については，その情熱と，いただいたアドバイスと激励に深く感謝する。本書の読者からのコメントも歓迎する。私の電子メールのアドレスは以下である。

hull@rotman.utoronto.ca

John Hull

Joseph L. Rotman School of Management

University of Toronto

訳者はしがき

　本書は，John Hull 教授による"Options, Futures, and Other Derivatives (9th Edition)，2014"の全訳である。今回で6回目の同書の日本語訳になるが，前回の原著第7版翻訳から7年ぶりの出版となる。もともと第8版の翻訳を始めていたものの，一昨年1月に第9版が現地で出版されたことを受け，あらためて第9版の翻訳に着手した。そのため，本書の出版が当初予定より遅くなったことを読者の皆様に深くお詫びしたい。なお，第9版の翻訳に際しては，追加・変更箇所以外にも翻訳自体の全面的な見直しを行っている。単に読みやすくするような工夫だけではなく，現在の実務にて，より一般的に使われている訳語に変更している箇所も少なくない。また，原著の記述を極力忠実に表現する方針とした一方，補足があったほうがわかりやすいと思われる内容や，原著第9版が発刊された2014年当時とすでに市場動向が大きく異なる事項については一部訳注を加えた。これらにより，本書が読者の皆様の理解をより深めるために役立つものとなれば幸いである。一方，規制動向に関する記載は，規制自体が刻々と変化している状況にあり，注釈で網羅するのはむずかしく，最新の動向には言及していない。何卒，ご容赦いただきたい。

　前回の第7版翻訳を出版したのは，信用危機の発端となったリーマン・ブラザーズ破綻の翌年，つまり2009年の末であった。その後，金融界はこの信用危機という教訓に基づき大きな変化を遂げ，現在でもマーケットおよび金融当局は，真の信用リスクを金融商品の公正価値評価へ適切に反映させるため，CVA・DVAといった改善された信用リスク調整モデルの導入を進め，システミック・リスクの軽減，すなわちデリバティブ取引に伴うカウンターパーティー・リスクの軽減またはゼロ化に向けて，中央清算機関利用の義務化や，取引の完全担保化とOIS割引の導入など多くの新しいアプローチを試みている。

本書でもこうした流れを受け，OIS割引に加えCVA・DVAを扱う第9章（OIS割引，信用問題，ファンディング・コスト）が新設され，他章の関連箇所でも大幅に内容が追加されている。店頭市場（OTCデリバティブ）における清算についても，第1章と第2章を中心に加筆されている。先般の信用危機については，原著第8版の時点で第8章（証券化と2007年の信用危機）が新設されているが，第9版ではさらに随所で加筆・更新がなされている。

　原著はカバーするテーマが多岐にわたり，かつそれらが体系立って説明されている良書であり，歴史的名著といえるものである。また，上記のように時代の変化に応じた改訂も行われており，幅広い層を対象にしうる，金融工学に関する素晴らしい教科書である。このような優れた原著の翻訳の機会を得られたのは，当社においてデリバティブ業務に携わる幸運に恵まれたからにほかならない。当社が属するMUFG（三菱UFJフィナンシャル・グループ）は，1980年代から長きにわたってデリバティブ業務に注力し，また，本書のテーマであるフィナンシャル・エンジニアリング，つまり金融技術の研究，開発，そして業務での実用化に力を注いできた。本書の翻訳にあたり中心になって対応したのが，当社において市場取引全般を担う市場商品本部に所属するフィナンシャルエンジニアリング部の面々であるのは決して偶然ではない。本書の第1版から個々の訳者の顔ぶれは変われど，その底流に流れるデリバティブ業務やその市場の発展に寄与したいという深い愛着は脈々と引き継がれていると信じている。本書が日本における多くの"デリバティブ関係者"の理論・技術の習得に有益となり，本邦におけるデリバティブ業務・市場の発展に少しでも寄与できることを願って翻訳に取り組んできた次第である。

　さて今後，フィナンシャル・エンジニアリングはどのような方向性を目指していくべきなのであろうか。前述のように，サブプライム危機，リーマン・ショック以降のグローバル金融市場は様変わりし，リスクの取り方，投資家への販売金融商品も変質してきた。それに加えて，何よりも特筆すべき

は，さまざまな国際的金融規制，資本規制，そしてコンダクトリスク管理の大きな潮流が，常にわれわれを取り囲んでいる点である。これに従い当然ながら，フィナンシャル・エンジニアリングに求められるものとして，適切で妥当なリスクテイクとリスク管理，ニーズに応える透明性のある金融商品開発に加え，時代が求める国際的金融規制，資本規制，コンダクトリスク管理要請に応えるような仕事やニーズが増えてきていることも事実である。フィナンシャル・エンジニアリング，金融技術も，顧客やマーケットの変化に対応していけばよいのである。

なお，本書出版にあたっては，数多くの方のご協力をいただいた。特に，一般社団法人金融財政事情研究会の髙野雄樹次長をはじめ，出版部の方々には，辛抱強くお付き合いいただき大変感謝している。この場をお借りしてお礼申し上げたい。また最後に，訳者とともに，忙しい業務の合間を縫って原稿チェックを行うなど翻訳業務に携わった当社フィナンシャルエンジニアリング部クオンツ課の多くの課員，ならびに，このコミットメントを支援していただいたグループ各社と日々業務をともにしている当社の市場商品本部諸氏に心から感謝したい。

2016年5月

三菱ＵＦＪモルガン・スタンレー証券
取締役副社長　市場商品本部長

浅　井　　滋

訳者紹介

〈監修〉

浅井　滋（あさい　しげる）

- 1983年　慶應義塾大学 経済学部 卒業
- 2013年　三菱東京ＵＦＪ銀行 常務執行役員，市場部門副部門長ならびにグローバルセールス＆トレーディング業務担当
- 現在　三菱ＵＦＪモルガン・スタンレー証券 取締役副社長 市場商品本部長

〈訳〉

吉岡　明広（よしおか　あきひろ）

- 1991年　早稲田大学大学院 理工学研究科 修士課程修了（計算機制御工学）
- 1996年　ペンシルベニア大学ウォートン校 経営大学院修了（MBA）
- 現在　フィナンシャルエンジニアリング部 クオンツ課長

杉村　徹（すぎむら　とおる）

- 1991年　北海道大学 理学部数学科 卒業
- 2005年　一橋大学大学院 国際企業戦略研究科 金融戦略コース 博士課程修了
- 現在　フィナンシャルエンジニアリング部 クオンツ課 副参事
- 博士（経営）「金融戦略 Ph.D」

多和田　宜浩（たわだ　よしひろ）

- 2004年　東京大学大学院 工学系研究科 修士課程修了（量子化学）
- 現在　フィナンシャルエンジニアリング部 クオンツ課 部長代理
- CFA協会認定証券アナリスト

佐々木　俊介（ささき　しゅんすけ）

- 2005年　京都大学大学院 理学研究科 修士課程修了（数学・数理解析）
- 現在　フィナンシャルエンジニアリング部 クオンツ課 部長代理

《目　次》

はしがき ……………………………………………… John Hull
訳者はしがき ………………………………………… 浅井　滋
訳者紹介

第1章　序　　論 …………………………………………… 1

1.1　取引所市場 ………………………………………… 3
1.2　店頭市場 …………………………………………… 6
1.3　フォワード契約（先渡契約）……………………… 9
1.4　先物契約 …………………………………………… 12
1.5　オプション ………………………………………… 13
1.6　トレーダーの種類 ………………………………… 17
1.7　ヘッジャー ………………………………………… 19
1.8　スペキュレーター ………………………………… 22
1.9　アービトラージャー ……………………………… 25
1.10　危険性 ……………………………………………… 26
要約 ………………………………………………………… 29
　　参考文献 ……………………………………………… 30
　　練習問題 ……………………………………………… 30
　　発展問題 ……………………………………………… 34

第2章　先物市場の仕組み ………………………………… 38

2.1　先物取引 …………………………………………… 39

2.2 先物契約の詳細 ·· 42
2.3 先物価格の現物価格への収束 ·································· 45
2.4 証拠金制度 ·· 46
2.5 店頭市場 ·· 52
2.6 市場価格 ·· 57
2.7 受渡し ··· 60
2.8 トレーダーのタイプおよび注文の種類 ························ 61
2.9 取引の規制 ·· 64
2.10 会計処理と税金 ·· 65
2.11 フォワード契約と先物契約との違い ·························· 68
要約 ·· 70
　参考文献 ·· 71
　練習問題 ·· 72
　発展問題 ·· 75

第3章　先物を使ったヘッジ戦略 ································ 78

3.1 基本原理 ·· 79
3.2 ヘッジに対する賛否両論 ······································ 82
3.3 ベーシス・リスク ·· 87
3.4 クロス・ヘッジ ·· 92
3.5 株価指数先物 ··· 98
3.6 スタック・アンド・ロール ···································· 106
要約 ·· 109
　参考文献 ·· 110
　練習問題 ·· 111
　発展問題 ·· 114
　付録：資本資産価格モデル（CAPM） ···························· 118

目次　11

第4章 金　利 … 121

4.1 金利の種類 … 122
4.2 金利の計算 … 125
4.3 ゼロ・レート … 129
4.4 債券の価格づけ … 129
4.5 トレジャリー・ゼロ・レートの決定 … 131
4.6 フォワード・レート … 134
4.7 金利先渡契約 … 138
4.8 デュレーション … 142
4.9 コンベキシティ … 147
4.10 金利期間構造の理論 … 149
要約 … 153
　参考文献 … 155
　練習問題 … 155
　発展問題 … 158

第5章　フォワード価格と先物価格の決定 … 162

5.1 投資資産と消費資産 … 163
5.2 空売り … 163
5.3 前提と記号 … 165
5.4 投資資産に対するフォワード価格 … 166
5.5 既知の収入がある場合 … 171
5.6 利回りが既知の場合 … 174
5.7 フォワード契約の評価 … 175
5.8 フォワード価格と先物価格は同じか … 178
5.9 株価指数の先物価格 … 180
5.10 外国通貨のフォワード契約と先物契約 … 183

5.11 商品先物 ……………………………………………………… 187
5.12 キャリー・コスト …………………………………………… 191
5.13 受渡しのオプション ………………………………………… 192
5.14 先物価格と将来の現物価格の期待値 ……………………… 193
要約 ……………………………………………………………… 196
　参考文献 ……………………………………………………… 198
　練習問題 ……………………………………………………… 199
　発展問題 ……………………………………………………… 203

第6章　金利先物 …………………………………………… 205

6.1 デイ・カウント・コンベンションと価格の提示方法 …… 206
6.2 長期国債先物 ………………………………………………… 209
6.3 ユーロドル先物 ……………………………………………… 216
6.4 デュレーションに基づくヘッジ戦略 ……………………… 224
6.5 資産と負債のポートフォリオのヘッジ …………………… 227
要約 ……………………………………………………………… 228
　参考文献 ……………………………………………………… 229
　練習問題 ……………………………………………………… 229
　発展問題 ……………………………………………………… 233

第7章　スワップ …………………………………………… 236

7.1 金利スワップの仕組み ……………………………………… 237
7.2 デイ・カウント（日数計算） ……………………………… 246
7.3 取引確認書（コンファメーション） ……………………… 247
7.4 比較優位論 …………………………………………………… 248
7.5 スワップ・レートの性質 …………………………………… 253
7.6 LIBORとスワップによるゼロ・レートの決定 …………… 254

7．7　金利スワップの評価 ……………………………………………… 255
7．8　期間構造による影響 ………………………………………………… 260
7．9　固定対固定の通貨スワップ ………………………………………… 262
7．10　固定対固定の通貨スワップの評価 ………………………………… 266
7．11　その他の通貨スワップ ……………………………………………… 270
7．12　信用リスク …………………………………………………………… 271
7．13　その他のスワップ …………………………………………………… 275
　要約 ………………………………………………………………………… 278
　　参考文献 ………………………………………………………………… 279
　　練習問題 ………………………………………………………………… 280
　　発展問題 ………………………………………………………………… 284

第 8 章　証券化と2007年の信用危機 …………………………… 287

8．1　証券化 ………………………………………………………………… 288
8．2　米国住宅市場 ………………………………………………………… 294
8．3　何がいけなかったのか ……………………………………………… 300
8．4　信用危機の余波 ……………………………………………………… 304
　要約 ………………………………………………………………………… 306
　　参考文献 ………………………………………………………………… 308
　　練習問題 ………………………………………………………………… 308
　　発展問題 ………………………………………………………………… 309

第 9 章　OIS 割引，信用問題，ファンディング・コスト … 311

9．1　無リスク金利 ………………………………………………………… 312
9．2　OIS レート …………………………………………………………… 315
9．3　OIS 割引によるスワップと FRA の評価 ………………………… 319
9．4　OIS 対 LIBOR：どちらが正しいのか …………………………… 322

9.5 信用リスク：CVA と DVA ……………………………………… 323
9.6 ファンディング・コスト ………………………………………… 326
要約 ……………………………………………………………………… 329
　参考文献 ……………………………………………………………… 330
　練習問題 ……………………………………………………………… 330
　発展問題 ……………………………………………………………… 332

第10章　オプション市場の仕組み ……………………………… 333

10.1 オプションの種類 ………………………………………………… 334
10.2 オプションのポジション ………………………………………… 337
10.3 オプションの原資産 ……………………………………………… 340
10.4 株式オプションの仕組み ………………………………………… 341
10.5 トレーディング …………………………………………………… 348
10.6 委託手数料（Commission）……………………………………… 350
10.7 必要となる証拠金 ………………………………………………… 352
10.8 オプション清算機関 ……………………………………………… 354
10.9 規制 ………………………………………………………………… 355
10.10 税金 ……………………………………………………………… 356
10.11 ワラント，従業員ストック・オプションおよび転換社債 …… 359
10.12 店頭オプション市場 …………………………………………… 360
要約 ……………………………………………………………………… 360
　参考文献 ……………………………………………………………… 362
　練習問題 ……………………………………………………………… 362
　発展問題 ……………………………………………………………… 365

第11章　株式オプションの特性 ………………………………… 368

11.1 オプション価格に影響を与える要素 …………………………… 369

11.2 仮定および記号の定義 ………………………………… 373
11.3 オプション価格の上限と下限 ………………………… 374
11.4 プット・コール・パリティ …………………………… 379
11.5 配当のない株式のコール ……………………………… 384
11.6 配当のない株式のプット ……………………………… 387
11.7 配当の影響 ……………………………………………… 390
要約 …………………………………………………………… 392
　参考文献 …………………………………………………… 393
　練習問題 …………………………………………………… 394
　発展問題 …………………………………………………… 396

第12章　オプションを用いた取引戦略 ……………… 399

12.1 元本確保型債券 ………………………………………… 400
12.2 オプションと原資産を用いた取引戦略 ……………… 403
12.3 スプレッド取引戦略 …………………………………… 405
12.4 コンビネーション ……………………………………… 417
12.5 その他のペイオフ ……………………………………… 422
要約 …………………………………………………………… 422
　参考文献 …………………………………………………… 424
　練習問題 …………………………………………………… 424
　発展問題 …………………………………………………… 426

第13章　二項ツリー ……………………………………… 429

13.1 1期間二項モデルと無裁定原理 ……………………… 430
13.2 リスク中立化法 ………………………………………… 435
13.3 2期間二項ツリー ……………………………………… 438
13.4 プット・オプションの例 ……………………………… 442

13.5	アメリカン・オプション	443
13.6	デルタ	444
13.7	ボラティリティとパラメータ u と d の関係	446
13.8	二項ツリーの公式	448
13.9	多期間の場合	449
13.10	DerivaGem ソフトウェアの利用について	450
13.11	その他の資産に対するオプション	451

要約 …………………………………………………………… 456
 参考文献 ………………………………………………… 458
 練習問題 ………………………………………………… 458
 発展問題 ………………………………………………… 461
 付録:二項ツリーからの Black–Scholes–Merton オプション評価
  式の導出 ………………………………………………… 464

第14章　ウィナー過程と伊藤の補題 …………… 469

14.1	マルコフ性	470
14.2	連続時間の確率過程	471
14.3	株価過程	478
14.4	パラメータについて	482
14.5	相関のある過程	483
14.6	伊藤の補題	484
14.7	対数正規性	486

要約 …………………………………………………………… 487
 参考文献 ………………………………………………… 489
 練習問題 ………………………………………………… 489
 発展問題 ………………………………………………… 491
 付録:伊藤の補題の導出 ………………………………… 493

第15章　Black–Scholes–Merton モデル　496

15.1　株価の対数正規性　497
15.2　収益率の分布　500
15.3　期待収益率　501
15.4　ボラティリティ　504
15.5　Black–Scholes–Merton 微分方程式の基礎となる概念　509
15.6　Black–Scholes–Merton 微分方程式の導出　511
15.7　リスク中立化法　516
15.8　Black–Scholes–Merton 価格公式　518
15.9　正規分布の累積分布関数　522
15.10　ワラントと従業員ストック・オプション　523
15.11　インプライド・ボラティリティ　526
15.12　配当　529

要約　534
　参考文献　536
　練習問題　537
　発展問題　541
　付録：リスク中立化法を用いた Black–Scholes–Merton の公式の証明　544

第16章　従業員ストック・オプション　547

16.1　契約上の取決め　548
16.2　ストック・オプションは株主と経営者の利益を一致させるか？　550
16.3　会計処理について　553
16.4　評価　556
16.5　バックデーティング・スキャンダル　563

要約 ………………………………………………………… 565
　参考文献 ……………………………………………… 566
　練習問題 ……………………………………………… 567
　発展問題 ……………………………………………… 569

第17章　株価指数オプションと通貨オプション ……… 571

17.1　株価指数オプション ……………………………… 571
17.2　通貨オプション …………………………………… 575
17.3　配当利回りが既知の株式に対するオプション … 578
17.4　ヨーロピアン株価指数オプションの評価 ……… 582
17.5　ヨーロピアン通貨オプションの評価 …………… 586
17.6　アメリカン・オプション ………………………… 588
要約 ………………………………………………………… 589
　参考文献 ……………………………………………… 590
　練習問題 ……………………………………………… 591
　発展問題 ……………………………………………… 594

第18章　先物オプション ……………………………… 597

18.1　先物オプションの性質 …………………………… 598
18.2　先物オプションが好まれる理由 ………………… 602
18.3　ヨーロピアンの現物オプションと先物オプション … 603
18.4　プット・コール・パリティ ……………………… 604
18.5　先物オプション価格の下限 ……………………… 606
18.6　二項ツリーを用いた先物オプションの評価 …… 607
18.7　リスク中立世界における先物価格のドリフト … 610
18.8　先物オプションに対するBlackモデル ………… 611

目次　19

18.9 アメリカン先物オプションとアメリカン現物オプションの比較 …………………………………………………………………… 614
18.10 先物スタイルのオプション …………………………………… 615
要約 ……………………………………………………………………… 617
　参考文献 ……………………………………………………………… 618
　練習問題 ……………………………………………………………… 618
　発展問題 ……………………………………………………………… 621

第19章　グリークス …………………………………………………… 623

19.1 例示 …………………………………………………………………… 624
19.2 ネイキッド・ポジションとカバード・ポジション ………… 625
19.3 ストップ・ロス戦略 ……………………………………………… 626
19.4 デルタ・ヘッジ …………………………………………………… 629
19.5 セータ ……………………………………………………………… 638
19.6 ガンマ ……………………………………………………………… 641
19.7 デルタ，セータ，ガンマの間の関係 ………………………… 646
19.8 ベガ ………………………………………………………………… 647
19.9 ロー ………………………………………………………………… 650
19.10 現実のヘッジ ……………………………………………………… 651
19.11 シナリオ分析 ……………………………………………………… 653
19.12 公式の拡張 ………………………………………………………… 654
19.13 ポートフォリオ・インシュアランス ………………………… 657
19.14 株式市場のボラティリティ ……………………………………… 661
要約 ……………………………………………………………………… 663
　参考文献 ……………………………………………………………… 665
　練習問題 ……………………………………………………………… 665
　発展問題 ……………………………………………………………… 669
　付録：テイラー展開とヘッジ・パラメータ ……………………… 673

第20章 ボラティリティ・スマイル……………………………… 675

- 20.1 なぜボラティリティ・スマイルはコールとプットで同じなのか …………………………………………………………………… 676
- 20.2 通貨オプション ……………………………………………… 678
- 20.3 株式オプション ……………………………………………… 683
- 20.4 ボラティリティ・スマイルの別の見方 …………………… 686
- 20.5 ボラティリティの期間構造とボラティリティ・サーフェス …… 687
- 20.6 グリークス …………………………………………………… 689
- 20.7 モデルの役割 ………………………………………………… 690
- 20.8 1回の大きなジャンプが想定される場合 ………………… 690
- 要約 ………………………………………………………………… 693
  - 参考文献 ……………………………………………………… 694
  - 練習問題 ……………………………………………………… 695
  - 発展問題 ……………………………………………………… 698
  - 付録:ボラティリティ・スマイルからインプライされるリスク中立確率分布の求め方 ……………………………………… 700

第21章 基本的な数値計算法 ………………………………………… 704

- 21.1 二項ツリー …………………………………………………… 705
- 21.2 二項ツリーを用いた指数,通貨,先物契約に対するオプションの評価 ……………………………………………………… 716
- 21.3 配当のある株式に対する二項モデル ……………………… 719
- 21.4 その他のツリー作成法 ……………………………………… 725
- 21.5 パラメータが時間に依存する場合 ………………………… 729
- 21.6 モンテカルロ・シミュレーション ………………………… 730
- 21.7 分散減少法 …………………………………………………… 740
- 21.8 有限差分法 …………………………………………………… 745

要約 ··· 758
　参考文献 ··· 760
　練習問題 ··· 761
　発展問題 ··· 764

第22章　バリュー・アット・リスク ······························· 768

22．1　VaR指標 ·· 769
22．2　ヒストリカル・シミュレーション法 ······················ 773
22．3　モデル・ビルディング法 ···································· 779
22．4　線形モデル ·· 783
22．5　2次のモデル ·· 790
22．6　モンテカルロ・シミュレーション ························ 793
22．7　それぞれの手法の比較 ······································ 795
22．8　ストレス・テストとバック・テスト ····················· 795
22．9　主成分分析 ·· 797
　要約 ··· 802
　参考文献 ··· 803
　練習問題 ··· 804
　発展問題 ··· 806

第23章　ボラティリティと相関係数の推定 ······················· 809

23．1　ボラティリティの推定 ······································ 810
23．2　指数加重移動平均モデル ···································· 812
23．3　GARCH(1,1)モデル ··· 815
23．4　モデルの選択 ··· 817
23．5　最尤法 ·· 818
23．6　GARCH(1,1)モデルを用いた将来のボラティリティの予測 ······ 825

23．7　相関係数 ··· 830
23．8　四つの指数の例へのEWMAの適用 ····························· 833
要約 ··· 836
　参考文献 ·· 837
　練習問題 ·· 837
　発展問題 ·· 840

第24章　信用リスク ··· 843

24．1　信用格付 ·· 844
24．2　過去データに基づくデフォルト確率 ···························· 844
24．3　回収率 ··· 847
24．4　債券イールド・スプレッドからのデフォルト確率の推定 ······ 848
24．5　デフォルト確率の推定結果に関する比較 ····················· 852
24．6　株価を用いたデフォルト確率の推定 ···························· 858
24．7　デリバティブ取引における信用リスク ···························· 861
24．8　デフォルト相関 ·· 872
24．9　信用VaR ·· 877
要約 ··· 880
　参考文献 ·· 881
　練習問題 ·· 882
　発展問題 ·· 885

第25章　クレジット・デリバティブ ···································· 888

25．1　クレジット・デフォルト・スワップ ······························· 890
25．2　クレジット・デフォルト・スワップの評価 ····················· 896
25．3　クレジット指数 ·· 901
25．4　固定クーポンの利用 ·· 903

25．5　CDS のフォワードとオプション …………………………… 904
25．6　バスケット型クレジット・デフォルト・スワップ ………… 905
25．7　トータル・リターン・スワップ …………………………… 906
25．8　債務担保証券 ………………………………………………… 908
25．9　バスケット型 CDS と CDO における相関の役割 ………… 912
25．10　シンセティック CDO の評価 ……………………………… 913
25．11　標準的なマーケット・モデル以外のモデル ……………… 923
要約 ………………………………………………………………… 926
　　参考文献 ……………………………………………………… 927
　　練習問題 ……………………………………………………… 928
　　発展問題 ……………………………………………………… 931

第26章　エキゾチック・オプション …………………………… 933

26．1　パッケージ …………………………………………………… 934
26．2　永久アメリカン・コール・オプションとプット・オプション …… 935
26．3　標準的でないアメリカン・オプション …………………… 937
26．4　ギャップ・オプション ……………………………………… 938
26．5　先スタート・オプション …………………………………… 939
26．6　クリケット・オプション …………………………………… 940
26．7　コンパウンド・オプション ………………………………… 941
26．8　チューザー・オプション …………………………………… 942
26．9　バリア・オプション ………………………………………… 943
26．10　バイナリー・オプション ………………………………… 948
26．11　ルックバック・オプション ……………………………… 949
26．12　シャウト・オプション …………………………………… 952
26．13　アジアン・オプション …………………………………… 953
26．14　エクスチェンジ・オプション …………………………… 956
26．15　複数資産に関するオプション …………………………… 958

26.16 ボラティリティ・スワップとバリアンス・スワップ ……… 959
26.17 オプションの静的な複製 ……………………………… 964
要約 ………………………………………………………………… 968
　参考文献 ……………………………………………………… 969
　練習問題 ……………………………………………………… 970
　発展問題 ……………………………………………………… 974

第27章　より進んだモデルと数値計算法 ……………… 978

27.1 Black–Scholes–Merton にかわるモデル ……………… 979
27.2 確率ボラティリティ・モデル ………………………… 987
27.3 IVF モデル ……………………………………………… 990
27.4 転換社債 ………………………………………………… 992
27.5 経路依存型デリバティブ ……………………………… 997
27.6 バリア・オプション …………………………………… 1003
27.7 相関のある二つの資産に対するオプション ………… 1007
27.8 モンテカルロ・シミュレーションとアメリカン・オプション … 1010
要約 ………………………………………………………………… 1017
　参考文献 ……………………………………………………… 1018
　練習問題 ……………………………………………………… 1020
　発展問題 ……………………………………………………… 1023

第28章　マルチンゲールと測度 ……………………… 1026

28.1 リスクの市場価格 ……………………………………… 1027
28.2 複数の状態変数 ………………………………………… 1032
28.3 マルチンゲール ………………………………………… 1034
28.4 ニューメレールに関するいくつかの選択肢 ………… 1036
28.5 複数ファクターへの拡張 ……………………………… 1042

28．6　Blackモデル再考 …………………………………… 1043
28．7　エクスチェンジ・オプション ……………………… 1044
28．8　ニューメレール変換 ………………………………… 1046
要約 …………………………………………………………… 1048
　参考文献 …………………………………………………… 1049
　練習問題 …………………………………………………… 1049
　発展問題 …………………………………………………… 1052

第29章　金利デリバティブ：標準的なマーケット・モデル … 1054

29．1　債券オプション ……………………………………… 1055
29．2　金利キャップとフロア ……………………………… 1061
29．3　ヨーロピアン・スワップション …………………… 1072
29．4　OIS割引 ……………………………………………… 1078
29．5　金利デリバティブのヘッジ ………………………… 1079
要約 …………………………………………………………… 1081
　参考文献 …………………………………………………… 1082
　練習問題 …………………………………………………… 1082
　発展問題 …………………………………………………… 1085

第30章　コンベキシティ調整，タイミング調整，クオント
　　　　　調整 …………………………………………………… 1088

30．1　コンベキシティ調整 ………………………………… 1089
30．2　タイミング調整 ……………………………………… 1094
30．3　クオント ……………………………………………… 1097
要約 …………………………………………………………… 1102
　参考文献 …………………………………………………… 1103
　練習問題 …………………………………………………… 1103

発展問題 ……………………………………………………………… 1106
　　付録：コンベキシティ調整式の証明 ……………………………… 1108

第31章　金利デリバティブ：短期金利モデル …………… 1110

　31．1　背景 ……………………………………………………………… 1111
　31．2　均衡モデル ……………………………………………………… 1113
　31．3　無裁定モデル …………………………………………………… 1123
　31．4　債券オプション ………………………………………………… 1129
　31．5　ボラティリティの期間構造 …………………………………… 1131
　31．6　金利ツリー ……………………………………………………… 1132
　31．7　一般的なツリー構築手順 ……………………………………… 1135
　31．8　キャリブレーション …………………………………………… 1149
　31．9　1ファクター・モデルを用いたヘッジ ……………………… 1151
　要約 …………………………………………………………………………… 1152
　　参考文献 ……………………………………………………………… 1152
　　練習問題 ……………………………………………………………… 1153
　　発展問題 ……………………………………………………………… 1157

第32章　HJM，LMM，複数のゼロ・カーブ …………… 1160

　32．1　Heath–Jarrow–Morton モデル ………………………………… 1161
　32．2　LIBOR マーケット・モデル …………………………………… 1165
　32．3　複数のゼロ・カーブへの対応 ………………………………… 1180
　32．4　政府系機関モーゲージ証券 …………………………………… 1184
　要約 …………………………………………………………………………… 1187
　　参考文献 ……………………………………………………………… 1188
　　練習問題 ……………………………………………………………… 1189
　　発展問題 ……………………………………………………………… 1191

第33章　スワップ再考 …… 1192

- 33．1　バニラ取引の変化形 …… 1193
- 33．2　コンパウンド・スワップ …… 1195
- 33．3　通貨スワップ …… 1198
- 33．4　より複雑なスワップ …… 1200
- 33．5　エクイティ・スワップ …… 1205
- 33．6　オプションを内包したスワップ …… 1207
- 33．7　その他のスワップ …… 1211
- 要約 …… 1214
  - 参考文献 …… 1214
  - 練習問題 …… 1215
  - 発展問題 …… 1216

第34章　エネルギー・デリバティブとコモディティ・デリバティブ …… 1218

- 34．1　農産物商品 …… 1219
- 34．2　金属 …… 1220
- 34．3　エネルギー製品 …… 1221
- 34．4　コモディティ価格のモデル化 …… 1225
- 34．5　天候デリバティブ …… 1233
- 34．6　保険デリバティブ …… 1234
- 34．7　天候デリバティブと保険デリバティブのプライシング …… 1236
- 34．8　エネルギー生産者はどのようにリスクをヘッジできるのか …… 1238
- 要約 …… 1239
  - 参考文献 …… 1240
  - 練習問題 …… 1241
  - 発展問題 …… 1243

第35章　リアル・オプション ……………………………… 1244

35．1　資本投資の評価 ……………………………………… 1245
35．2　リスク中立化法の拡張 ……………………………… 1247
35．3　リスクの市場価格の推定 …………………………… 1249
35．4　事業評価への応用 …………………………………… 1251
35．5　投資機会のオプションの評価 ……………………… 1253
要約 …………………………………………………………… 1262
　参考文献 …………………………………………………… 1262
　練習問題 …………………………………………………… 1263
　発展問題 …………………………………………………… 1264

第36章　デリバティブにおける不幸な出来事と教訓 ……… 1265

36．1　すべてのデリバティブ利用者に対する教訓 ……… 1269
36．2　金融機関に対する教訓 ……………………………… 1273
36．3　金融機関以外の企業に対する教訓 ………………… 1282
要約 …………………………………………………………… 1284
　参考文献 …………………………………………………… 1285

■用語集 ……………………………………………………… 1286
■DerivaGem ソフトウェア ………………………………… 1317
■先物とオプションを扱う主要な取引所 ………………… 1326
■$N(x)$の数表　$x \leq 0$の場合 …………………………… 1328
■$N(x)$の数表　$x \geq 0$の場合 …………………………… 1329

著者索引 ……………………………………………………… 1330
事項索引 ……………………………………………………… 1336

《ビジネス・スナップショット》

1.1　リーマンの破綻 ･････････････････････････････････････ 5
1.2　システミック・リスク ･･････････････････････････････ 7
1.3　ヘッジファンド ････････････････････････････････････ 18
1.4　ソジェンの2008年の巨額損失 ･･････････････････････ 27
2.1　先物契約の予期せぬ現渡し ･････････････････････････ 41
2.2　ロングターム・キャピタル・マネジメントの巨額損失 ････････ 55
3.1　金採掘企業によるヘッジ ････････････････････････････ 86
3.2　メタルゲゼルシャフト：ヘッジの失敗 ･････････････････ 108
4.1　オレンジ郡のイールド・カーブ・プレイ ･･･････････････ 137
4.2　流動性と2007〜2009年の金融危機 ････････････････ 152
5.1　キダー・ピーボディの恥ずかしい過ち ･････････････････ 169
5.2　システム・エラー？ ･････････････････････････････････ 177
5.3　CMEの日経225先物 ･････････････････････････････ 180
5.4　1987年10月の指数裁定取引 ････････････････････････ 182
6.1　デイ・カウントは紛らわしい ････････････････････････ 207
6.2　ワイルド・カード・プレイ ･･････････････････････････ 214
6.3　銀行での資産と負債の管理 ･･････････････････････････ 227
7.1　仮想的なスワップ取引確認書からの抜粋 ･･･････････････ 247
7.2　ハマースミス区とフラム区の話 ･･････････････････････ 273
8.1　バーゼル委員会 ･････････････････････････････････････ 306
9.1　無リスク金利とは何か ･･･････････････････････････････ 314
10.1　グッチ・グループの大口配当 ･･･････････････････････ 346
10.2　オプションを利用した税務対策 ･････････････････････ 358
11.1　プット・コール・パリティと資本構造 ････････････････ 382
12.1　ボックス・スプレッドでの損失 ･････････････････････ 411
12.2　ストラドルで収益をあげる方法 ･････････････････････ 419

15.1	ミューチュアル・ファンドの収益率は誤解を招く場合も …………	502
15.2	ボラティリティの原因は何か？ ……………………………………	508
15.3	ワラント，従業員ストック・オプションと希薄化 ……………	524
17.1	株式のリターンは長期的には債券を上回ることを保証することはできるか ………………………………………………………	584
19.1	ダイナミック・ヘッジの実際 ………………………………………	651
19.2	1987年の株価大暴落でポートフォリオ・インシュアランスは非難されるべきか？ ……………………………………………………	662
20.1	通貨オプションからの収益 …………………………………………	681
20.2	大暴落恐怖症 …………………………………………………………	685
21.1	モンテカルロ・シミュレーションによる円周率の計算 ……………	730
21.2	Excelを用いたBlack–Scholes–Mertonの公式の検証 ……………	734
22.1	銀行規制当局はどのようにVaRを利用するのか …………………	769
24.1	ダウングレード・トリガーとエンロンの破綻 ……………………	867
25.1	だれが信用リスクを負担するか？ …………………………………	889
25.2	CDS市場 ………………………………………………………………	893
26.1	エキゾチック・オプションのデルタ・ヘッジは容易か，困難か ……	966
29.1	キャップとフロアに対するプット・コール・パリティ …………	1065
29.2	スワップションと債券オプション …………………………………	1073
30.1	Siegelのパラドックス ………………………………………………	1100
32.1	IOとPO ………………………………………………………………	1186
33.1	非標準的なスワップの仮想的な取引確認書 ………………………	1194
33.2	コンパウンド・スワップの仮想的な取引確認書 …………………	1196
33.3	エクイティ・スワップの仮想的な取引確認書 ……………………	1206
33.4	プロクター・アンド・ギャンブルの風変わりな取引 ……………	1213
35.1	Amazon.comの評価 …………………………………………………	1252
36.1	金融機関による巨額損失 ……………………………………………	1266
36.2	金融機関以外の組織による巨額損失 ………………………………	1268

TECHNICAL NOTES

以下の著者ウェブサイトより入手可能
www-2.rotman.utoronto.ca/~hull/TechnicalNotes

1. Convexity Adjustments to Eurodollar Futures
2. Properties of the Lognormal Distribution
3. Warrant Valuation When Value of Equity plus Warrants Is Lognormal
4. Exact Procedure for Valuing American Calls on Stocks Paying a Single Dividend
5. Calculation of the Cumulative Probability in a Bivariate Normal Distribution
6. Differential Equation for Price of a Derivative on a Stock Paying a Known Dividend Yield
7. Differential Equation for Price of a Derivative on a Futures Price
8. Analytic Approximation for Valuing American Options
9. Generalized Tree-Building Procedure
10. The Cornish–Fisher Expansion to Estimate VaR
11. Manipulation of Credit Transition Matrices
12. Calculation of Cumulative Noncentral Chi-Square Distribution
13. Efficient Procedure for Valuing American-Style Lookback Options
14. The Hull–White Two-Factor Model
15. Valuing Options on Coupon-Bearing Bonds in a One-Factor Interest Rate Model
16. Construction of an Interest Rate Tree with Nonconstant Time Steps and Nonconstant Parameters
17. The Process for the Short Rate in an HJM Term Structure Model
18. Valuation of a Compounding Swap
19. Valuation of an Equity Swap

20. Changing the Market Price of Risk for Variables That Are Not the Prices of Traded Securities
21. Hermite Polynomials and Their Use for Integration
22. Valuation of a Variance Swap
23. The Black, Derman, Toy Model
24. Proof that Forward and Futures Prices are Equal When Interest Rates Are Constant
25. A Cash-Flow Mapping Procedure
26. A Binomial Measure of Credit Correlation
27. Calculation of Moments for Valuing Asian Options
28. Calculation of Moments for Valuing Basket Options
29. Proof of Extensions to Itô's Lemma
30. The Return of a Security Dependent on Multiple Sources of Uncertainty
31. Properties of Ho–Lee and Hull–White Interest Rate Models

第1章

序　論

　過去40年間，金融の世界において派生商品（デリバティブ）の重要性はますます増大している。世界中の取引所で先物やオプションが活発に取引されているほか，さまざまなタイプのフォワード契約やスワップ，オプション，そのほかのデリバティブが店頭市場（over-the-counter market）を通じて，金融機関，ファンド・マネージャー，および事業会社の財務担当者との間で日々取引されている。デリバティブは債券に組み入れられたり，役員報酬制度で利用されたり，資本投資のなかに組み込まれたり，住宅ローンのリスクを当初の貸し手から投資家へ移転させるのに使われたりする。いまでは金融の世界で働く人々，そして金融の世界以外で働く人々の多くが，デリバティブの役割や利用方法，その価格づけについて理解しなければならない段階まできている。

　デリバティブを好きであろうが嫌いであろうが，無視することはできない

のだ！デリバティブ市場は巨大である—原資産の観点で測れば株式市場よりはるかに大きい。残存するデリバティブ取引に係る原資産の価値は全世界の国内総生産の数倍にもなる。本章で触れていくが，デリバティブはヘッジや投機，裁定取引に利用することができる。また，デリバティブは，経済活動における幅広いリスクをある事業体から別の事業体へと移転するという重要な役割を担っているのである。

デリバティブは，ほかのなんらかの基本的な変数に基づいて（または派生して）価格が決まる金融商品として定義される。この基準となる変数は多くの場合，取引資産の価格である。たとえば，株式オプションは，株価に依存して価値が決まるデリバティブである。しかし，デリバティブの基準となる変数は，豚の価格から特定のスキー場の降雪量に至るまで，ほとんどどんなものでもかまわない。

1988年の第1版発刊以来，デリバティブ市場には多くの発展があった。現在ではクレジット・デリバティブや電力デリバティブ，天候デリバティブ，保険デリバティブなども活発に取引されている。また，新しいタイプの金利・為替・株式デリバティブ商品が開発され，それにあわせてリスク管理やリスク計測手法についての新しいアイデアも考案されている。資本投資の評価には，いまではリアル・オプション（real option）として知られるものの評価が大抵伴う。一方で，店頭デリバティブを対象とした多くの新たな規制も導入された。本書ではこれらすべての発展もカバーしている。

デリバティブ市場は2007年に始まった信用危機（credit crisis）で担った役割のため，大きな批判にさらされた。証券化（securitization）という手法により，米国のリスクのある不動産ローン・ポートフォリオからデリバティブ商品がつくりだされたが，住宅価格が下落したとき，この商品の多くが無価値となった。世界中の金融機関や投資家は巨額の損失を被り，世界はこの75年間で最悪の不況に突入した。第8章では，証券化の仕組みと，なぜこのような大きな損失が生じたかについて説明する。信用危機の結果として，いまやデリバティブ市場は以前より厳しい規制下に置かれている。たとえば，銀行は，とるリスクに対してより多くの資本を積み，流動性により留意するこ

とが必要となっている。

　銀行がデリバティブを評価する方法は時とともに進化している。担保契約と信用リスクに対しては過去よりもずっと注意が払われるようになった。理論的には正当化できないものの，多くの銀行は無リスク金利の代替としてファンディング・コストを反映させるようになった。本版で追加された第9章では，これらの進展について議論する。信用リスクと担保に関しては第24章でさらに詳しく述べる。

　本章では序論として，まずデリバティブ市場とその変化について述べた後に，フォワード，先物，そしてオプション市場に触れ，そうした取引がヘッジャーやスペキュレーター，アービトラージャーにどのように利用されているのかを概観する。続く章では，ここで触れた多くの点について詳しく検討していく。

1.1　取引所市場

　デリバティブの取引所は，取引所が定めた標準的な契約を個々の市場参加者が取引する市場で，それ自体の歴史は古い。シカゴ商品取引所（CBOT）は，農業，商業従事者を一堂に集め1848年に設立された。当初の取引所の主な業務は取引される穀物の取引量とグレードの標準化であったが，その数年後には先物形式の取引が開発され，着地取引（to-arrive contract）として知られていた。その後すぐに，スペキュレーターが穀物の現物取引にかわるものとして，着地取引に興味を示し始めた。さらに，ライバルの先物取引所であるシカゴ・マーカンタイル取引所（CME）が1919年に設立され，今日では先物取引所は世界中に存在するに至っている。CMEとCBOTは合併しCMEグループ（www.cmegroup.com）となっており，それにはニューヨーク・マーカンタイル取引所（NYMEX），ニューヨーク商品取引所（COMEX），そしてカンザスシティー商品取引所（KCBT）も含まれる。

　シカゴ・オプション取引所（CBOE: www.cboe.com）は，1973年に16銘柄の株式に対するコール・オプション取引を開始した。オプション自体は1973

年以前にも取引が行われていたが，CBOEは取引を定型化し，秩序ある市場の創設に成功した。1977年にはプット・オプションも同取引所で開始され，現在では2,500以上の株式や多くの株価指数に対するオプションが取引されている。先物と同様に，オプションも活発に取引が行われており，現在では世界中の取引所で株式や株価指数に加え，外国通貨や先物契約のオプションも取引されている（巻末の表を参照）。

トレーダー同士が取引に同意すれば，その取引は取引所の清算機関によって扱われる。清算機関はトレーダー間に入り，リスクを管理する。たとえば，トレーダーAが100オンスの金をトレーダーBから将来1オンス1,450ドルで買うことに同意したとしよう。この取引は，トレーダーAは清算機関から1オンス1,450ドルで100オンスの金を買う契約をしていることになり，トレーダーBは清算機関に対し1オンス1,450ドルで100オンスの金を売る契約をしていることになる。こうすることによって，トレーダーは取引相手の信用力について懸念する必要はなくなるのである。清算機関は，トレーダーが契約を履行することを確実にするために，それぞれのトレーダーに証拠金を預け入れることを要請し，信用リスクに対処している。必要とされる証拠金と清算機関のオペレーションについては第2章でさらに詳しく述べる。

電子市場

伝統的にデリバティブの取引所は立会いシステム（open outcry system）と呼ばれる方式をとっていた。立会いシステムとは，取引所のフロアにトレーダーが物理的に集まり，取引内容を叫んだり，手による複雑なサインを使って取引に参加するものである。大部分の取引所は，この立会いシステムから電子取引（electronic trading）に移行している。電子取引では，トレーダーが希望する取引を端末から入力し，コンピューターが買い手と売り手をマッチさせる。立会いシステムはいまだに支持されてはいるが，時とともにほとんど利用されなくなった。

電子取引は高頻度取引とアルゴリズム取引の成長へとつながった。これらの取引は，大抵の場合においては人間が介在することなくコンピュータープ

ログラムを使って取引を執行するものであり，デリバティブ市場の重要な特徴となっている。

> ビジネス・スナップショット1.1
> ### リーマンの破綻
> 　2008年9月15日，リーマン・ブラザーズは破産を申請した。これは米国の歴史のなかで最も大きな破産であり，その影響はデリバティブ市場全体に波及した。リーマンが生き残る可能性は最後の最後に至るまで十分にあるかのようだった。複数の会社（韓国開発銀行，イギリスのバークレイズ銀行，そしてバンク・オブ・アメリカ等）が買収に興味があると表明した。しかし，合意に至ることはできなかった。多くの人は，リーマンは"大きすぎてつぶせない（too big to fail）"と考え，もし買収先が見つからない場合は，米国政府が救済せざるをえないと考えていた。しかし，実際はそうはならなかった。
> 　なぜこのようなことが起こったのか。これには，高いレバレッジ，リスクのある投資，そして流動性の問題が複合的に絡み合っている。預金を取り扱う商業銀行は自己資本規制の対象となるが，リーマンは投資銀行であり，これらの規制の対象外であった。2007年にはリーマンのレバレッジ比率は31：1にまで増加していた。つまり，保有資産の価値が3－4％下落すると自己資本が吹き飛ぶということである。リーマンのディック・ファルド（Dick Fuld）会長兼最高経営責任者は，アグレッシブに取引を成立させ，リスクをとる文化を奨励した。彼は「日々が戦いだ。お前たちは敵を殺さなければならない。」と経営陣に話したと伝えられている。リーマンの最高リスク管理責任者は能力はあったが，それほど影響力がなく，2007年にはエクゼクティブ・コミッティーから外されてしまった。そしてリーマンが負ったリスクには，第8章で説明するサブプライム住宅ローンから形成された商品への大きなポジションを含んでいた。リーマンは日々の事業資金の多くを短期借入れにより調達していた。会社の信用が失墜したとき，この資金の貸し手は再貸付を拒

み，リーマンは破産を余儀なくされたのである。

　リーマンは店頭デリバティブ市場において活発に取引を行っており，8,000もの異なる取引相手に対し，百万件を超える取引を抱えていた。リーマンの取引相手が担保を差し入れる必要があることも日常的だったが，この担保がリーマンによってさまざまな目的に利用されているケースも多かった。このような状況において，だれがだれにどんな返済義務があるのかを区分するのはまさに悪夢であることは想像にかたくないであろう。

1.2　店頭市場

　すべてのデリバティブ取引が取引所で行われているわけではない。多くの取引が店頭市場（over-the-counter（OTC）market）で行われている。銀行，そのほかの金融機関，ファンド・マネージャー，そして企業が店頭デリバティブ市場の主な参加者である。店頭取引が締結されれば，両者はその取引について中央清算機関（CCP：central counterparty）を利用するか，二者間で清算することが可能である。CCPは，取引所における清算機関のように機能する。CCPがデリバティブ取引を行う両者の間に入ることで，片方がデフォルトするリスクをもう片方は負わずにすむようになる。取引が二者間で清算される場合には，通常，両者のすべての取引を対象とした取決めについてお互いに署名しておく必要がある。そこには，どのような状況下で取引は終了されるのか，取引終了時にはどのように清算金額は計算されるのか，（必要であれば）お互いが差し入れなければならない担保はどのように計算されるのか，といった内容が含まれる。CCPと二者間での清算（bilateral clearing）については，第2章でより詳しく議論する。

　従来，店頭市場デリバティブの参加者は電話や電子メールによって直接契約するか，業者間のディーラーによりその取引の相手方を見つけていた。銀行は，より一般的に取引される商品に対してマーケット・メーカーとしての

役割を果たすことも多い。その場合，銀行が常にビッド価格（銀行がデリバティブ取引の片側を担える価格）とオファー価格（銀行がもう片側を担える価格）を提供する。

2007年に始まった信用危機（信用危機については，第8章でいくらか詳細に論じる）の前には，店頭デリバティブ市場はほとんど規制されていなかった。信用危機とリーマン・ブラザーズの失敗（ビジネス・スナップショット1.1参照）を受けて，店頭市場の実務に影響を与える新たな規制が数多く登場した。これら規制の目的は，店頭市場の透明性を向上させ，市場をより効率的にし，システミック・リスク（ビジネス・スナップショット1.2参照）を減じることである。いくつかの点において，店頭市場は取引所市場により近くなるよう要請されている。三つの重要な変化は次のとおりである。

1. 米国では標準化された店頭デリバティブは，可能な場合は必ずスワップ取引執行機関（SEF：swap execution facility）において取引されなければならない。スワップ取引執行機関とは，市場参加者がビッドとオファーの建値を提示でき，市場参加者が他の市場参加者を受け入れ取引することを選ぶことができるプラットフォームである。
2. ほとんどの標準化されたデリバティブについてはCCPを通すように，世界の大半の国々で要求されている。
3. すべての取引は当局へと報告されなければならない。

> ビジネス・スナップショット1.2
> **システミック・リスク**
> 　システミック・リスク（systemic risk）とは，ある金融機関の破綻が他の金融機関の破綻へとつながる"連鎖反応（ripple effect）"を引き起こし，金融システムの安定性を脅かすことである。銀行間には莫大な数の店頭取引が存在する。銀行Aが破綻したとき，銀行Bが銀行Aとの取引において大きな損失を被るかもしれず，このことが今度は銀行Bの破綻へとつながる可能性がある。そして銀行Aと銀行Bの双方と多くの取

引残がある銀行Cが損を出し，深刻な経営難に陥る……といった具合に連鎖する。

　金融システムは1990年のドレクセルや，2008年のリーマン・ブラザーズなどの破綻を生き延びたが，規制当局は引き続き警戒している。2007年，2008年の市場の混乱時には多くの金融機関がただ破綻するのではなく，救済措置を受けた。これは政府がシステミック・リスクを懸念したからである。

市場規模

　デリバティブの店頭市場と取引所市場はともに巨大である。店頭市場における年間のデリバティブ取引数は取引所での取引数よりも小さいが，平均的な取引規模は大きく上回る。二つの市場に対して集められた統計値は完全に比較できるものではないが，店頭市場は取引所市場に比べて相当大きいことは明らかである。国際決済銀行（BIS; www.bis.org）は1998年より統計を取り始めている。図1.1は(a)1998年6月から2012年12月における店頭デリバティブ取引残高の想定元本ベースでの推計値，(b)同期間における上場デリバティブ取引残高の原資産価値ベースでの推計値，を比較したものである。この尺度を用いると，2012年12月には店頭市場は632.6兆ドル，取引所市場は52.6兆ドルにまで成長していることがわかる[1]。

　これらの数字を解釈する際には，店頭市場での想定元本は取引の価値に等しくないことに留意しなければならない。店頭市場での取引例として，あらかじめ決められた為替レートで1年後に英ポンドで1億ドルを購入する取引を考えてみよう。この取引の想定元本は1億ドルであるが，取引の価値はわずか100万ドルであるかもしれない。BISは，2012年12月時点において存在する店頭デリバティブ取引の総市場価値を約24.7兆ドルと推定している[2]。

---

[1] 店頭取引においてCCPが二者の間に入る場合，BISの統計上は二つの取引が生じたとされる。

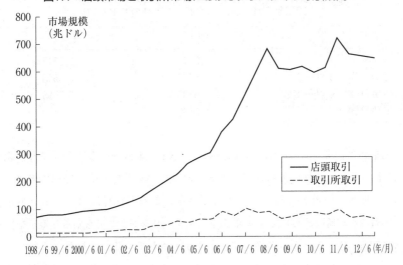

図1.1 店頭市場と取引所市場におけるデリバティブ取引残高

1.3 フォワード契約（先渡契約）

　フォワード契約または先渡取引（forward contract）は比較的単純なデリバティブで，将来のある時点にあらかじめ定められた価格で原資産を購入，もしくは売却する契約であり，ほぼ即時に原資産を売買する契約であるスポット契約（spot contract）と対比される。フォワード契約は通常，金融機関同士，あるいは金融機関と顧客との間で，店頭市場で取引される。

　フォワード契約の一方の当事者は，相手方と合意した将来のある時点に，あらかじめ定めた価格で原資産を買い取るというロング・ポジション（long position）をとり，もう一方の当事者は，同じ条件で逆に原資産を売り渡すというショート・ポジション（short position）をとることになる。

　外国為替のフォワード契約は，きわめて活発に取引されている。ほとんどの大手銀行は，スポット・トレーダーとフォワード・トレーダーを雇い入れている。後の章でみるように，フォワード価格とスポット価格，そして二つ

2　片側で100万ドルの価値をもつ契約は，反対側ではマイナス100万ドルの価値をもつが，ここでの総市場価値は100万ドルとして計算されている。

第1章　序　論　9

表1.1 米ドル／英ポンド為替レートのスポットとフォワード
2013年5月6日，1英ポンド当りの米ドル額。

	ビッド	オファー
スポット	1.5541	1.5545
1カ月物フォワード	1.5538	1.5543
3カ月物フォワード	1.5533	1.5538
6カ月物フォワード	1.5526	1.5532

の通貨の金利の間にはある関係がある。表1.1は2013年5月6日に大手銀行によって提示された英ポンドと米ドルの為替レートである。提示価格は1英ポンド当りの米ドル価格で示されている。表の1行目には，スポット市場（実質的な即時受渡し）で1英ポンド（スターリングとしても知られる）を買う価格1.5541ドルと売る価格1.5545ドルが示されている。2行目，3行目，4行目には，それぞれ1カ月後，3カ月後，6カ月後に1英ポンドを買う価格1.5538ドル，1.5533ドル，1.5526ドル，および売る価格1.5543ドル，1.5538ドル，1.5532ドルが示されている。

フォワード契約は，外国通貨リスクをヘッジするために利用される。2013年5月6日に，ある米国企業の財務担当者が6カ月後（2013年11月6日）に100万英ポンドを支払うことを知っており，その為替変動リスクをヘッジしたいと考えている。表1.1の提示価格に基づき，財務担当者はレート1.5532で100万英ポンドを購入する6カ月物フォワード契約を結ぶことができる。そこで，この企業は英ポンドを購入するフォワード契約を締結し，2013年11月6日に155.32万ドルを支払って，銀行から100万英ポンドを買うことに合意する。逆に銀行は英ポンドを売却するフォワード契約を保有し，2013年11月6日に155.32万ドルで100万英ポンドを売却することに合意する。このように，フォワード契約によってお互いに拘束力のある義務を負うことになる。

フォワード契約のペイオフ

先ほどの企業が保有するポジションについて考察しよう。結果はどのようになるであろうか。フォワード契約によって，この企業は1,553,200ドルで

100万英ポンドを購入する義務を負う。スポット・レートが6カ月後に1.6000まで上昇すれば，フォワード契約は46,800ドル（＝1,600,000ドル−1,553,200ドル）の価値をもつ。すなわち，レート1.6000ではなく，レート1.5532で100万英ポンドを購入することが可能である。同様にスポット・レートが6カ月後に1.5000まで下落すれば，企業は英ポンドの購入に市場実勢よりも53,200ドル余計に支払わなければならないので，フォワード契約は53,200ドルの負の価値となる。

　一般に，原資産1単位に対するフォワード契約のロング・ポジションのペイオフは，

$$S_T - K$$

となる。ここで K は受渡価格，S_T は契約満期時における原資産のスポット価格である。これは，価値 S_T の資産を K で購入しなければならないからである。同様に，原資産1単位に対するフォワード契約のショート・ポジションのペイオフは，

$$K - S_T$$

となる。これらのペイオフは正にも負にもなりうる。そのようすは図1.2のようになる。フォワード契約の開始時点には現金の受払いは発生しないの

図1.2　フォワード契約のペイオフ

K ＝ 受渡価格，S_T ＝ 満期時点の資産価格

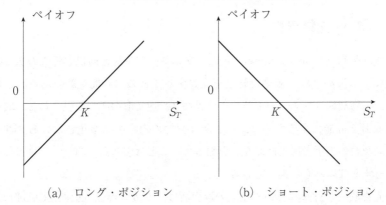

(a)　ロング・ポジション　　　(b)　ショート・ポジション

で，契約のペイオフがそのままトレーダーの総損益になる。

先ほどの例では，$K = 1.5532$で企業はロング・ポジションを保有している。$S_T = 1.6000$のとき，ペイオフは1ポンド当り0.0468ドルになり，$S_T = 1.5000$のとき，ペイオフは1ポンド当り-0.0532ドルになる。

フォワード価格とスポット価格

スポット価格とフォワード価格との関係については，第5章で詳しく述べる。ここでは二つの価格に関係がある理由をざっとみてみよう。配当のない株式の価格が60ドルとしよう。年率5％で資金を貸借りできる場合に，この株式の1年物フォワード価格はいくらになるであろうか。

答えは，1年間5％の利子のついた60ドル，すなわち63ドルである。フォワード価格がこれより高い，たとえば67ドルの場合，60ドルを借りて1株を購入し，それを67ドルで売却するフォワード契約を締結すればよい。借入金を返済すると，1年で4ドルの利益が残る。逆に，フォワード価格が63ドルより低い，たとえば58ドルの場合，ポートフォリオの一部としてこの株式を保有する投資家は，60ドルでその株式を売却し，1年後に58ドルで買い戻すフォワード契約を結べばよい。売却代金は5％で運用され，3ドルを稼ぐ。したがって，投資家はポートフォリオに株式をとどめておくよりも，5ドル余分に稼げる。

1.4 先物契約

先物契約（futures contract）とは，フォワード契約と同様，将来のある時点にある決められた価格で資産を売買することの二者間契約である。しかし，先物契約はフォワード契約とは異なり，通常取引所で取引される。取引所取引を可能にするために，取引所は契約の内容を標準化している。さらに，契約の当事者同士はお互いを知っているとは限らないので，契約履行を保証する仕組みも提供している。

先物取引が行われている最大の取引所は，シカゴ商品取引所（CBOT）と

シカゴ・マーカンタイル取引所（CME）であり，これらはいまや合併しCMEグループを形成している。これらをはじめとした世界中の取引所で，広範囲のコモディティと金融資産を原資産とするさまざまな先物契約が取引されている。それらのコモディティには豚バラ肉（pork belly），生牛（live cattle），砂糖，羊毛，木材，銅，アルミ，金，錫が含まれ，金融資産には株価指数，通貨，国債が含まれる。先物の価格は，定期的に金融専門紙に掲載されている。たとえば，9月1日に12月限金先物価格が1,380ドルと提示されているとしよう。この価格は12月受渡しの金の手数料抜きの取引価格を表している。先物価格は，他の商品と同様の価格原理（すなわち，需要と供給の原則）に基づいて決定される。つまり，買い手が売り手を上回れば価格は上昇し，その逆の場合には価格は下落する。

先物取引の証拠金制度，値洗い，現渡し，ビッド・オファー・スプレッド，取引所の清算機関の役割については，第2章で詳細に説明する。

1.5 オプション

オプションは取引所市場と店頭市場の両方で取引されている。オプションには基本的な二つのタイプがある。コール・オプション（call option）とは，ある定められた日に，ある定められた価格で原資産を購入する権利，プット・オプション（put option）とは，ある定められた日に，ある定められた価格で原資産を売却する権利である。このある定められた価格は行使価格（exercise priceまたはstrike price）と呼ばれ，ある定められた日は満期日（expiration dateまたはmaturity）と呼ばれている。また，アメリカン・オプション（American option）は満期日までの間いつでも権利行使ができ，ヨーロピアン・オプション（European option）は満期日においてのみ権利行使が可能である[3]。上場オプションのほとんどはアメリカン・オプションであり，

---

[3] アメリカンとかヨーロピアンという言葉は，オプションや取引所の場所を表しているのではないことに注意されたい。実際，米国の取引所で取引されているオプションにもヨーロピアンはある。

上場株式オプション市場では，取引単位は通常100株を売買する権利になっている。一般的にヨーロピアン・オプションのほうがアメリカン・オプションより解析しやすいため，アメリカン・オプションの特性は同条件のヨーロピアン・オプションから推論されることも多い。

　オプションとは，その保有者にとっての権利であって，保有者はこの権利を必ずしも行使しなくてもよいことを強調しておきたい。この点は，保有者が原資産の売買義務を負うフォワード契約や先物契約とオプションとの明らかな相違点である。また，フォワード契約や先物契約の取引には費用がかからないのに対し，オプションの購入には費用が発生する。

　株式オプションを取引する世界最大の取引所はシカゴ・オプション取引所（CBOE; www.cboe.com）である。表1.2は2013年5月8日のGoogle（ティッカー，シンボル：GOOG）の株式に対するコール・オプションのビッドとオファーの価格である。表1.3は同じ日のGoogleの株式に対するプット・オプションの同様の数値である。提示価格はCBOEのWebサイトから取得されたものである。オプション価格が提示された時点におけるGoogleの株価は，ビッド871.23，オファー871.37であった。オプションのビッド・オファー・スプレッド（価格に対するパーセント表示）は通常その対象株式のものより広く，また，取引量に依存する。表1.2と1.3のオプションの行使価格は820ドル，840ドル，860ドル，880ドル，900ドルおよび920ドルである。満期は2013年6月，2013年9月，および2013年12月となっている。6月限のオプションは2013年6月22日，9月限は2013年9月21日，12月限は2013年12月21日が，それぞれ満期日となっている。

　表をみると，いくつかのオプションの性質がわかる。行使価格が高くなるとコール・オプションの価格は低くなり，プット・オプションの価格は高くなる。どちらのタイプのオプションも，満期が長くなるにつれて価格は高くなる傾向にある。これらのオプションの性質については，第11章でさらに説明する。

　ある投資家がブローカーに対して，行使価格880.00ドルのGoogleの12月限コール・オプションの購入を注文するとしよう。ブローカーはCBOEの

表1.2　Googleの株式に対するコール・オプションの価格

2013年5月8日，CBOEにより提供された建値，株価：ビッド871.23ドル，オファー871.37ドル。

行使価格 （ドル）	2013年6月		2013年9月		2013年12月	
	ビッド	オファー	ビッド	オファー	ビッド	オファー
820	56.00	57.50	76.00	77.80	88.00	90.30
840	39.50	40.70	62.90	63.90	75.70	78.00
860	25.70	26.50	51.20	52.30	65.10	66.40
880	15.00	15.60	41.00	41.60	55.00	56.30
900	7.90	8.40	32.10	32.80	45.90	47.20
920	n.a.	n.a.	24.80	25.60	37.90	39.40

表1.3　Googleの株式に対するプット・オプションの価格

2013年5月8日，CBOEにより提供された建値，株価：ビッド871.23ドル，オファー871.37ドル。

行使価格 （ドル）	2013年6月		2013年9月		2013年12月	
	ビッド	オファー	ビッド	オファー	ビッド	オファー
820	5.00	5.50	24.20	24.90	36.20	37.50
840	8.40	8.90	31.00	31.80	43.90	45.10
860	14.30	14.80	39.20	40.10	52.60	53.90
880	23.40	24.40	48.80	49.80	62.40	63.70
900	36.20	37.30	59.20	60.90	73.40	75.00
920	n.a.	n.a.	71.60	73.50	85.50	87.40

トレーダーに注文をつなぎ，取引は約定される。その（オファー）価格は表1.2にあるように56.30ドルである。これは1株を購入するオプションの価格である。米国では，オプションの取引単位は現物株100株を売買する契約となっている。したがって，投資家はブローカーを通じて5,630ドルを取引所に送金しなければならない。入金後，取引所は取引相手方に対して同額の送金を行う。

本例では，投資家は5,630ドルの費用で，Google株100株を各880ドルで購入する権利を得た。Googleの株価が2013年12月21日までに880ドル以上に上

昇しなければ，オプションは行使されずに，投資家は5,630ドル[4]を失う。しかし，Googleの株価が上昇し，たとえば1,000ドルのときにオプションを行使すれば，投資家は1株880ドルで100株を購入でき，即座に1,000ドルで売却すれば，12,000ドルの利益を得る。オプション購入の当初費用を勘案すると利益は6,370ドルとなる[5]。

もう一つの取引例として，行使価格840ドルの9月限プット・オプションを1単位売却する投資家を考えよう。このことにより，$100 \times 31.00 = 3,100$ドルのキャッシュの受取りが即座に発生する。Googleの株価が480ドル以上にとどまれば，オプションは行使されずに，投資家はこの利益を享受する。しかし，株価が下落し，800ドルの時点でオプションが行使されたとすれば，投資家は株が800ドルの価値しかないときに840ドルで100株購入しなくてはならず，4,000ドルの損失を被る。オプション売却時の受取金額を勘案すると，損失は900ドルとなる。

CBOEで取引されている株式オプションはアメリカンである。簡単のために，それらがヨーロピアンと仮定すると，オプションの行使は満期日のみ可能となり，上の2例における投資家の損益は満期日における株価の関数として表せ，図1.3のようになる。

オプション市場での取引についての詳細や，表1.2, 表1.3に示したようなオプション価格をトレーダーがどのように決定しているかについては，後の章で説明する。いまの時点では，オプション市場には四つの形態の参加者がいることを述べるにとどめる。

 1．コールの買い手
 2．コールの売り手
 3．プットの買い手
 4．プットの売り手

買い手はロング・ポジション（long position）の保有，売り手はショート・

---

[4] ここでの計算は投資家が支払った手数料を無視することとする。
[5] ここでの計算は割引による影響を無視している。利益を計算する際に，理論的には12,000ドルは権利行使時点から購入日まで割り引かれるべきである。

図1.3 各々の場合のネット損益

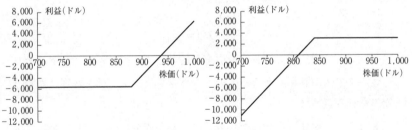

(a) 行使価格880ドルのGoogle12月限コール・オプション100単位の購入

(b) 行使価格840ドルのGoogle 9月限プット・オプション100単位の売却

ポジション（short position）の保有をそれぞれ意味する。オプションの売却は，オプションのライト（writing an option）としても知られる。

1.6 トレーダーの種類

デリバティブ市場は著しい成功を遂げている。その主な理由は，デリバティブ市場がさまざまなタイプのトレーダーを惹きつけ，大きな流動性をもっているからである。投資家は売買契約のどちらか一方を行いたいときに，その反対サイドを取引したい相手方を通常簡単に見つけることができる。

トレーダーには大きく分けて三つのタイプがある。ヘッジャー，スペキュレーター，アービトラージャーである。ヘッジャーは市場変数の将来の変動から発生しうるリスクを軽減するためにデリバティブを利用する。スペキュレーターは市場変数の将来の方向性に賭けるのにデリバティブを用いる。また，アービトラージャーは二つ以上の商品を用いて，収益を確定させるようにポジションを相殺する。ビジネス・スナップショット1.3で述べるように，ヘッジファンドは三つの目的のいずれにおいてもデリバティブの大口利用者になった。

以降の節で，各トレーダーの行動について詳細に検討しよう。

ビジネス・スナップショット1.3

ヘッジファンド

　ヘッジ，投機，および裁定取引を目的として，ヘッジファンドはデリバティブの大口利用者となっている。ヘッジファンドは，顧客にかわり運用を行う点ではミューチュアル・ファンドと似ているが，ヘッジファンドは高い金融知識をもった投資家のみから資金を受け入れ，公には募集を行わない。また，ミューチュアル・ファンドにおいては，ファンドの持分はいつでも買戻し可能でなければならず，投資方針の公開やレバレッジ取引の制限などの規制が課せられているが，ヘッジファンドは比較的これらの規制を受けない。この結果，ヘッジファンドは，慣習にとらわれない洗練された自己勘定の投資戦略を高い自由度で開発することが可能となっている。ヘッジファンド・マネージャーに支払う手数料はファンドのパフォーマンスに連動しており，投資額の1％から2％に加え，収益の20％が典型的な手数料体系となっており，比較的高額となっている。ヘッジファンドの数は増加しており，世界中で約2兆ドルもの金額が投資されている。"ファンド・オブ・ファンズ"という，ヘッジファンドのポートフォリオに投資するファンドも設定されている。

　投資戦略として，ヘッジファンド・マネージャーは，投機または裁定ポジションをつくるためにしばしばデリバティブを利用する。一度戦略が決められると，ヘッジファンド・マネージャーは以下を行う必要がある。

1. ファンドのさらされるリスクに対する評価
2. そのリスクが許容できるか，またはヘッジするかを決定
3. 許容できないリスクをヘッジするための（デリバティブの利用を通常伴う）戦略の考案

　利用する取引戦略に応じて，ヘッジファンドには，たとえば以下のような分類がある。

株式ロング・ショート：全体的な市場の方向性に対するエクスポージャーが小さくなるように，過小評価されていると考えられる証券の購入と過大評価されていると考えられる証券の売却の組合せ

転換社債アービトラージ：過小評価されていると考えられる転換社債のロング・ポジションと，その原資産となる株式のショート・ポジションの組合せ

ディストレス債：倒産，またはそれに近い企業が発行する債券の購入

エマージング市場：発展途上国または新興国の企業の社債や株式，その国自身が発行する債券への投資

グローバルマクロ：世界経済のトレンドに対する予想に基づく取引の実施

合併アービトラージ：合併や吸収の可能性の発表後に，実際に発表どおりとなったら利益が出るような取引の実施

1.7　ヘッジャー

本節では，フォワード契約やオプションを用いてヘッジャーがどのようにリスクを軽減するかを考えてみよう。

フォワード契約を用いたヘッジ

現在を2013年5月6日とし，米国を基盤とするImportCoという企業が英国のサプライヤーから購入した商品の代金として，1,000万英ポンドを2013年8月6日に支払うとする。金融機関が提示する米ドル－英ポンドの為替レートは表1.1に示されている。ImportCo社は金融機関から英ポンドを3カ月物フォワード市場でレート1.5538で購入することにより，為替リスクをヘッジできる。すなわちこのフォワード契約によって，英国の輸出業者に支払う代金を15,538,000ドルで確定させることができる。

米国企業の例をもう1社考えてみよう。現在を2013年5月6日とする。英

国に商品を輸出している企業ExportCo社は，3カ月後に輸出代金として3,000万英ポンドを受け取るとする。ExportCo社は3,000万英ポンドを3カ月物フォワード市場でレート1.5533で売却することにより，為替リスクをヘッジできる。すなわちこのフォワード契約によって，英ポンドでの受取りを46,599,000ドルで確定させることができる。

　ヘッジをしなかったほうが，ヘッジをしたときよりもよい結果になる場合もある。逆に悪くなる場合もある。ImportCo社の場合に，8月6日の為替レートが1.4000になり，ヘッジは行っていなかったとしよう。このとき，1,000万英ポンドに対する支払額は14,000,000ドルとなり，先ほどの15,538,000ドルより少ない。逆に，為替レートが1.6000になれば，1,000万英ポンドに対する支払額は16,000,000ドルとなり，結果的にヘッジを行っていればよかったということになる。ExportCo社の場合はその逆になる。10月の為替レートが1.5533を下回ればヘッジをしておくべきだったし，1.5533を上回ればヘッジをしていなかったことを喜ぶであろう。

　この例から，ヘッジに関する次の重要な点がわかる。ヘッジの目的はリスクを軽減することにあり，ヘッジした結果のほうがヘッジなしの結果よりよくなるという保証はない。

オプションを用いたヘッジ

　オプションもヘッジに利用できる。たとえば，ある年の5月にある企業の株式を1,000株所有している投資家がいるとしよう。その時の株価は28ドルで，その投資家は2カ月後の株価下落を懸念していて，ポジションをヘッジしたいと考えているとする。その時投資家は，行使価格27.50ドルのその株式に対する7月限プット・オプションを10枚購入することで，手持ちの1,000株を行使価格27.50ドルで売却する権利を取得できる。オプション価格を1ドルとすると，各オプションの費用は100×1ドル＝100ドルとなり，本ヘッジ戦略の総費用は10×100ドル＝1,000ドルとなる。

　この戦略には1,000ドルの費用がかかるが，オプション期間中は少なくとも27.50ドルで株を売却することが保証される。その株式の市場価格が27.50

図1.4 株式を2カ月間保有したときの，ヘッジありとヘッジなしの場合の価値

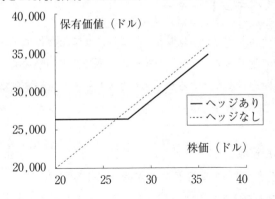

ドルを下回った場合でも，オプションをすべて行使することで，27,500ドルを手に入れることができる。オプション料を考慮すると，差引き26,500ドルを手に入れられる。一方，市場価格が27.50ドルを上回った場合は，オプションは行使されず，オプションの価値はなくなる。しかし，この場合は，保有している株の価値は27,500ドル以上（オプション料を考慮すると26,500ドル以上）となっているはずである。図1.4はポートフォリオのオプション料考慮後のネット価値を2カ月後の株価の関数として示したものである。点線はヘッジなしの場合のポートフォリオ価値である。

両者の比較

ヘッジにフォワード契約を用いた場合とオプションを用いた場合とには，根本的な違いがある。フォワード契約は原資産に対して受払いする価格を固定することでリスクを中立化させるのに対し，オプションは保険的手段を提供する。すなわち，将来の価格変動による利益を享受しつつ，不利な価格変動から投資家を保護する手段を提供する。また，フォワード契約とは異なり，オプションでは契約時にオプション料の支払が必要となる。

1.8 スペキュレーター

次に，スペキュレーター（投機家）がどのように先物とオプションを利用するかについてみてみよう。ヘッジャーは，原資産の価格変動リスクにさらされることを回避しようとするが，スペキュレーターは資産価格が上昇もしくは下落することに賭け，積極的にそうしたポジションをとろうとする。

先物を用いた投機

2月時点で2カ月後に英ポンドが米ドルに対して強含むと予想し，250,000英ポンドを手当てしようとしている米国のスペキュレーターを考えよう。スペキュレーターのとれる戦略の一つは，英ポンドが将来高い価格で売却できると期待して，250,000英ポンドをスポット市場で購入することである（いったん購入された英ポンドは預金勘定に預けられる）。もう一つの戦略は，英ポンドの4月限CME先物を4枚買い付けることである（先物契約の取引単位は62,500英ポンド）。表1.4に，現在の為替レートが1英ポンド当り1.5470ドル，4月限先物価格が1英ポンド当り1.5410ドルであると仮定した場合の二つの戦略をまとめた。為替レートが4月に1英ポンド当り1.6000ドルとなれば，先物契約を用いた戦略ではスペキュレーターは（1.6000－1.5410）×250,000 = 14,750ドルの利益を実現することができる。一方，スポット市場を用いた戦略では2月に1.5470で購入された250,000英ポンドが

表1.4 スポットと先物契約を用いた投機
1先物契約は62,500ポンド，4単位の先物契約の当初証拠金は20,000ドル。

	取引内容	
	250,000ポンドの購入 スポット価格 = 1.5470	4単位の先物契約の購入 先物価格 = 1.5410
投資額	386,750ドル	20,000ドル
4月のスポット価格が 1.6000であったときの収益	13,250ドル	14,750ドル
4月のスポット価格が 1.5000であったときの収益	−11,750ドル	−10,250ドル

4月に1.6000ドルで売却されることになるので、利益は（1.6000−1.5470）×250,000 = 13,250ドルとなる。為替レートが1英ポンド当り1.5000になれば、先物契約には（1.5410−1.5000）×250,000 = 10,250ドルの損失が発生し、スポット市場では（1.5470−1.5000）×250,000 = 11,750ドルの損失が発生する。スポット市場を用いた戦略は両シナリオで若干悪い結果となっているようにみえる。しかし、これらの計算において受払利子は反映されていないのが原因である。

それでは二つの戦略の違いは何か。英ポンドを購入する最初の戦略には、386,750ドル（=250,000×1.5470）の初期投資が必要である。それに対して、二つ目の戦略では、スペキュレーターは"証拠金勘定（margin account）"と呼ばれる勘定に、少額の現金の差入れを求められるだけである。（証拠金勘定については第2章で述べる。）表1.4では当初証拠金は先物1契約当り5,000ドルと仮定してあり、合計20,000ドルとしている。このように、先物市場を利用すればスペキュレーターはレバレッジを効かせることができる。比較的少額の初期出費で、投資家は大きな投機的なポジションをとることが可能である。

オプションを用いた投機

オプションを用いた投機も可能である。10月時点で、あるスペキュレーターが2カ月後のある株式の株価上昇を見込んでいるとする。いま、その株式の株価が20ドル、行使価格22.50ドルの2カ月物コール・オプションの売り気配が1ドルとする。その時、スペキュレーターが2,000ドルを投資するものとして、二つの戦略を表1.5に示した。一つは100株の株式購入、もう一つは2,000ドル分のコール・オプション（すなわち、20枚のコール・オプション）購入である。スペキュレーターの勘が正しく、株価が12月までに27ドルまで上昇したとする。この時、株式の購入による利益は、

$$100 \times (27 - 20) = 700 \text{ドル}$$

となる。しかし、もう一つの戦略のほうが利益がはるかに大きい。行使価格22.50ドルのコール・オプションのペイオフは、27ドルのものを22.5ドルで

表1.5 2,000ドルを用いて，10月に20ドルの価値があった株式に対する二つの投機戦略の比較

投資家の戦略	12月の株価	
	15ドル	27ドル
100株の購入	−500ドル	700ドル
2,000単位のコール・オプションの購入	−2,000ドル	7,000ドル

買えるので4.5ドルとなり，二つ目の戦略での2,000ドル分のオプションから得られる総ペイオフは，

$$2,000 \times 4.5 = 9,000 \text{ドル}$$

である。オプション料を差し引いたネット利益は，

$$9,000 - 2,000 = 7,000 \text{ドル}$$

となる。したがって，オプションを用いる戦略は株式を購入する戦略よりも10倍の利益をあげたことになる。

オプションは大きな損失を生み出す可能性もある。株価が12月までに15ドルに下落したとしよう。株式を購入する最初の戦略での損失は，

$$100 \times (20 - 15) = 500 \text{ドル}$$

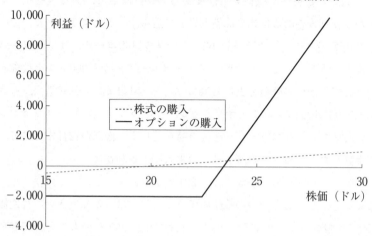

図1.5 現在20ドルの価値がある株式に対する二つの投機戦略

となる．一方，オプションは行使されることなく満期を迎えるため，オプションを用いる戦略は当初支払った2,000ドルの損失となる．図1.5は，二つの戦略の損益を2カ月後における株価の関数として示したものである．

オプションには，先物と同様に，与えられた投資に対して金融効果を増幅させるようなレバレッジ効果がある．すなわち，よい場合にはますますよい結果を生むし，悪い場合にはますます悪い結果を生み出す．

両者の比較

先物とオプションはスペキュレーターにとってレバレッジ効果をもたらす同じような商品である．しかし，両者には重要な相違点がある．先物の場合は潜在的な利益と同様に潜在的な損失も非常に大きい．それに対して，オプションの場合はどんな逆境が起ころうとも，損失は支払オプション料に限定されている．

1.9 アービトラージャー

先物，フォワード，オプション市場参加者で重要な第3のグループは，アービトラージャーである．裁定取引（アービトラージ）とは二つ以上のマーケットで同時に取引を行って，リスクなしに利益を確保する取引である．後の章では，資産の先物価格が現物価格と乖離したときにどのように裁定取引が行われるかについて紹介し，オプションを利用した裁定取引についても検討する．本節では，簡単な例を用いて裁定の考え方について触れておく．

いま，ニューヨーク証券取引所（NYSE; www.nyse.com）とロンドン証券取引所（LSE; www.londonstockexchange.com）の両方に上場されている株式を考えよう．ニューヨークでの株価を150ドル，ロンドンでの株価を100ポンド，為替レートを1英ポンド当り1.5300ドルとする．このときアービトラージャーはニューヨークで100株を買い，同時にロンドンでそれを売ることにより，取引コストを考えなければ，

$$100 \times [(1.53\text{ドル} \times 100) - 150\text{ドル}]$$

すなわち，300ドルの利益をリスクなしで得ることができる。個人投資家の場合は取引コストが相対的に高いので，利益が帳消しになってしまうこともあるが，規模の大きな投資銀行の場合には，株式市場や為替市場での取引コストは非常に低い。そのような投資家にとっては，裁定機会は非常に魅力的なものとなり，そのような機会を可能な限り利用して利益をあげようとするだろう。

　上で述べたような裁定機会は長くは続かない。アービトラージャーがニューヨーク市場で株式を買うと，需要と供給の関係でドル建て株価は上がる。同様に，アービトラージャーがロンドンで株式を売ると，英ポンド建て株価は下落する。その結果，二つの株価はその時の為替レート換算で同じ価格にすみやかに調整されることになる。実際は，貪欲に収益機会を探し求めるアービトラージャーがいるので，そもそもポンド建て株価とドル建て株価とが大きく乖離することはほとんどない。このことは他の金融商品に対してもいえることで，アービトラージャーの存在により，ほとんどの金融市場で提示されている価格間にはほんの小さな裁定機会しか観測されない。本書での先物価格，フォワード価格，オプション価値に関するほとんどの議論は，裁定機会がないという仮定に基づいて展開されている。

1.10 危険性

　デリバティブは非常に用途が広い商品であり，これまでみてきたように，ヘッジ，投機，裁定取引に利用される。この利便性は問題を引き起こすこともある。リスクヘッジや裁定戦略を行う権限のあるトレーダーは，（意識しているか意識していないかにかかわらず）時としてスペキュレーターになることがある。その結果は破滅的ですらある。ソシエテ・ジェネラル銀行のジェローム・ケルビエルの行動はその一例である（ビジネス・スナップショット1.4参照）。

　ソシエテ・ジェネラル銀行が遭遇したこの種の問題を回避するために重要なことは，金融会社であれ，事業会社であれ，意図された目的に沿ってデリ

バティブが利用されているかを確認すべく，リスク管理態勢を構築することである。すなわち，リスク限度を設定するとともに，その遵守状況を確認するために，トレーダーの行動を日々モニタリングする必要がある。

　残念ながら，トレーダーが定められたリスク限度に従っていたとしても，大きな失敗は起こりうるものだ。2007年7月の信用危機が起こる前の期間，デリバティブ市場での何人かのトレーダーの行動は，彼らが勤務している金融機関が考えていたよりずっとリスキーであったことがわかっている。第8章で述べることになるが，米国の住宅価格は急激に上昇していた。ほとんどの人は，この上昇が続くと考えていた。―最悪でもただ安定化するだけだと。実際に急激な下落が発生したとき，備えができている人はほとんどいなかった。さらには，全米各地での住宅ローンの破綻率には高い相関関係があることに対しての備えができている人もほとんどいなかった。何人かのリスク管理者は，彼らが勤務している会社の米国の不動産市場に対してのエクスポージャーについての危惧を表明した。しかし，物事がうまく進んでいる（もしくは，そうみえる）ときは，得てしてリスク管理者を無視するという残念な傾向がある。2006-2007年の間には多くの金融機関で実際にそうなった。信用危機からの重要な教訓は，金融機関は常に冷静に"なにか悪いことが起きないか"と問い続け，続けて"もし悪いことが起きたとき，どれくらい損するのか"と自答すべきであるということだろう。

ビジネス・スナップショット1.4

ソジェンの2008年の巨額損失

　デリバティブは非常に用途が広い商品であり，ヘッジ，投機，そして裁定取引に利用される。デリバティブを取引する企業が直面するリスクの一つは，ヘッジや裁定取引を担う従業員がスペキュレーターになってしまうかもしれないことである。

　ジェローム・ケルビエル（Jérôme Kerviel）は2000年にソシエテ・ジェネラル銀行（ソジェン）のコンプライアンス部門に加わり，2005年にはデルタ・ワン商品訳注チームのジュニア・トレーダーへ抜擢された。彼

は，ドイツのDAX指数，フランスのCAC 40，そしてユーロのStoxx 50等の株式指数の取引を行っていた。彼の業務は裁定機会を探すことであった。裁定機会は，二つの異なる取引所にて一つの株式指数先物が異なった価格で取引されていたり，株式指数先物が，その指数構成銘柄と整合的でない価格がついているときなどに生じる。（このタイプの裁定取引については第5章で議論する。）

ケルビエルは，裁定取引を行っているようにみせながら，自身のソジェンの諸手続に関する知識を利用し，投機を行っていた。株式指数に対し大きなポジションをとりながら，あたかもヘッジしているようにみえるように，架空の取引をつくっていた。彼は実際には，各指数の方向性に大きく賭けていたわけである。彼のヘッジしていないポジション量は時間とともに増え，数百億ユーロにも達していた。

2008年1月，彼の権限を越えたトレーディングが会社に発覚した。3日間かけて，ソジェンは彼の取引の解消を行い，49億ユーロの損失が生じた。これは当時，金融史上で不正行為により生じた最も大きな損失であった。（同じ年に，バーナード・メイドフ（Bernard Madoff）のポンジ・スキームによる，ずっと大きな損失が明らかになった。）

悪徳トレーダーによる銀行の損失は2008年以前でも知られていないわけではなかった。たとえば，1990年代にベアリングズ銀行に勤務していたニック・リーソン（Nick Leeson）はジェローム・ケルビエルと同様の業務を担っていた。彼の仕事は日経平均先物のシンガポールと大阪間の裁定取引であった。しかし，彼は先物とオプション取引を使い日経平均の方向性に大きく賭ける手法を見つけ出し，10億ドルを失い，200年の歴史をもつ銀行を破壊した。2002年には，アライド・アイリッシュ銀行のジョン・ラスナック（John Rusnak）が権限外の為替取引により7億ドルの損失を出したことがわかった。このような損失事件から得られる教訓の一つは，トレーダーに対して明確なリスク限度を定義し，その限

訳注　デルタ・ワン商品とはデリバティブの一種で，オプション性をもたないものの総称であり，デルタ（原資産への感応度）が1であることからそう呼ばれる。

度が遵守されているかどうかを確かめるために，トレーダーの行動を注意深くモニタリングすることが重要であるということである．

要約

　過去40年における金融でのきわめて驚くべき発展の一つが，デリバティブ市場の成長である．ヘッジャーにとっても，スペキュレーターにとっても，原資産そのものよりデリバティブで取引するほうが魅力的なことが多い．このようなデリバティブには，取引所で売買されているものもあれば，金融機関，ファンド・マネージャー，事業法人によって店頭市場で売買されるもの，新規発行の債券や証券に組み込まれるものなどもある．本書の多くの部分は，デリバティブの価値評価に関するものである．オプションや先物契約に限らず，すべてのデリバティブを評価できる統一的なフレームワークの提供を目指している．

　本章では，フォワード契約，先物契約，オプションについて簡単に説明した．フォワード契約と先物契約は，対象となる資産を決められた日に決められた価格で買い取るか，あるいは売り渡す義務を負う契約である．オプションには，コールとプットがある．コール・オプションの買い手は，原資産を決められた日までに決められた価格で買う権利をもつ．プット・オプションの買い手は，原資産を決められた日までに決められた価格で売る権利をもつ．フォワード契約，先物契約，オプションは，いずれもさまざまな資産を対象にしたものが取引されている．

　デリバティブは資本市場においておおいに発展してきた．市場参加者には大きく分けて，ヘッジャー，スペキュレーター，アービトラージャーの三つのタイプがある．ヘッジャーは資産の価格変動リスクをデリバティブを用いて削減しようとし，スペキュレーターは資産の価格変動に対して賭けるにあたり，デリバティブを用いてレバレッジを効かせようとする．また，アービ

トラージャーは，二つの市場間の価格乖離から利益をあげようとしており，たとえば，先物価格が現物価格から考えて妥当な水準を超えて乖離したときは，双方の市場で互いに相殺しあうポジションをとることにより確定させた利益を手にする。

参考文献

Chancellor, E., *Devil Take the Hindmost — A History of Financial Speculation*. New York: Farra Straus Giroux, 2000.

Merton, R. C., "Finance Theory and Future Trends: The Shift to Integration," *Risk*, 12, 7（July 1999）: 48-51.

Miller, M. H., "Financial Innovation : Achievements and Prospects," *Journal of Applied Corporate Finance*, 4（Winter 1992）: 4-11.

Zingales, L., "Causes and Effects of the Lehman Bankruptcy," Testimony before Committee on Oversight and Government Reform, United States House of Representatives, October 6, 2008.

練習問題

1.1 フォワード契約のロング・ポジションとショート・ポジションとの違いを述べよ。

1.2 ヘッジと投機と裁定の違いを詳細に説明せよ。

1.3 価格が50ドルのフォワード契約を買い建てる場合と，行使価格が50ドルのコール・オプションのロング・ポジションをつくる場合の違いを述べよ。

1.4 コール・オプションの売却とプット・オプションの購入との違いを

詳細に説明せよ。

1.5 ある投資家が1英ポンド当り1.5000ドルで100,000英ポンドを売るフォワード契約を締結した。契約満期時に為替が(a)1.4900ドル，(b)1.5200ドルになったとき，投資家の損益はそれぞれいくらになるか。

1.6 綿花先物を，先物価格が1ポンド当り50セントのとき1枚売却した。先物契約の取引単位は50,000ポンドの受渡しである。満期日に綿花の価格が1ポンド当り(a)48.20セント，(b)51.30セントになったとき，損益はそれぞれいくらになるか。

1.7 行使価格40ドル，満期3カ月のプット・オプションを1単位売却したとする。現在の株価は41ドルで，取引単位は100株である。この投資家はどのような義務を負っているか。また損益はどうなるか説明せよ。

1.8 店頭市場と取引所市場との違いは何か。店頭市場でのマーケット・メーカーによるビッドとオファーの価格提示とは何か。

1.9 ある株式の株価上昇を予想して投機したいとする。現在の株価は29ドル，行使価格30ドルの3カ月物コール・オプションの価格は2.90ドルであり，投機に使える資金は5,800ドルとする。株式に投資した場合と株式オプションに投資した場合の二つの戦略を比較せよ。また，それぞれについて損益はどうなる可能性があるか。

1.10 25ドルの株式を5,000株保有していたとする。今後4カ月の株価下落に対する保険として，プット・オプションはどのように利用できるか。

1.11 株式の新規発行により，企業は資金を調達できる。株式オプションの場合はどうか。

1.12 先物取引が投機にもヘッジにも使える理由を説明せよ。

1.13 行使価格50ドル，プレミアム2.50ドルの3月限株式コール・オプションを保有しており，3月まで持ち切るものとする。どのような状況になれば，オプションの買い手に利益が出るか。どのような状況になれば，そのオプションは権利行使されるか。オプションのロング・

ポジションに対する損益が満期日の株価によって変化するようすをグラフで示せ。

1.14 行使価格60ドル，プレミアム4ドルの6月限株式プット・オプションを保有しており，6月まで持ち切るものとする。どのような状況になれば，オプションの売り手（すなわち，ショート・ポジションの側）に利益が出るか。どのような状況になれば，そのオプションは権利行使されるか。オプションのショート・ポジションに対する損益が満期日の株価によって変化するようすをグラフで示せ。

1.15 行使価格が20ドルの9月限コール・オプションを売却するトレーダーを考える。現時点を5月，株価を18ドル，オプション価格を2ドルとする。9月までそのポジションを保有し，9月に株価が25ドルになった場合の，トレーダーのキャッシュ・フローを説明せよ。

1.16 あるトレーダーが行使価格30ドルの12月限プット・オプションを4ドルで売った。どのような状況になれば，トレーダーは利益を得るか。

1.17 ある企業が4カ月後に外貨を受け取ることになっているとする。どのようなオプションがヘッジに使えるか。

1.18 ある米企業が6カ月後に100万カナダドルを支払わなければならないとする。どのようにしてこの為替リスクをヘッジできるかを，(a)フォワード契約，(b)オプションを利用した場合のそれぞれについて説明せよ。

1.19 あるトレーダーが1億円のフォワード契約を売り建てた。フォワード為替レートを1円当り0.0090ドルとする。為替レートが満期日に，(a)1円当り0.0084ドル，(b)1円当り0.0101ドルになった場合，トレーダーの損益はそれぞれいくらになるか。

1.20 CMEグループは米国長期国債先物を扱っている。これを利用するのは，どのようなトレーダーと考えられるか。

1.21 「オプションや先物はゼロサム・ゲームである。」というのはどのような意味か。

1.22 ある資産に対するフォワード契約と同じ資産に対するヨーロピアン・プット・オプションを買って，ポートフォリオをつくる。オプションの満期がフォワード契約と同じで，行使価格がこのポートフォリオ設定時のフォワード価格と同じ価格のとき，ポートフォリオの損益はどのようになるか説明せよ。

1.23 1980年代にバンカーズ・トラストは，ICON (index currency option note) を開発した。これは，満期に債券保有者の受け取る額が外国為替レートによって変化する債券である。旧日本長期信用銀行との取引がその一例である。そのICONが，円－ドル為替レート S_T が満期（1995年）に1ドル当り169円以上であれば債券保有者は1,000ドルを受け取れるが，1ドル当り169円以下であれば次の額になるというものである。

$$1{,}000 - \max\left[0, 1{,}000\left(\frac{169}{S_T} - 1\right)\right]$$

満期に為替レートが84.5以下になれば，債券保有者は何も受け取れない。このICONは，通常の債券と二つのオプションの組合せであることを示せ。

1.24 2012年1月1日に日本円1,000万円を買うフォワード契約を2011年7月1日に締結し，同じく2012年1月1日に日本円1,000万円を売るフォワード契約を2011年9月1日に締結したとする。この戦略のペイオフはどうなるか。

1.25 米ドル／英ポンドのスポットとフォワードの為替レートが以下のとおりだとする。

スポット	1.5580
90日フォワード	1.5556
180日フォワード	1.5518

次の状況下では，アービトラージャーにとってどのような取引機会があるか。

(a) 1英ポンドを1.52ドルで購入する満期180日のヨーロピアン・

コール・オプションの価格が2セントの場合。

(b) 1英ポンドを1.59ドルで売却する満期90日のヨーロピアン・プット・オプションの価格が2セントの場合。

1.26 あるトレーダーが行使価格30ドルのコール・オプションを3ドルで購入した。トレーダーは行使することによって，この取引で損をするであろうか。

1.27 あるトレーダーが行使価格40ドルのプット・オプションを5ドルで売却した。トレーダーの最大利益と最大損失はいくらになるか。もしコール・オプションであれば答えは変わるか。

1.28 「株式を保有しているときに，その株式に対するプット・オプションを購入することは一種の保険といえる。」このことについて説明せよ。

[発展問題]

1.29 表1.2に示されているように，2013年5月8日のGoogle株式のオファー価格は871.37ドルであり，行使価格が880ドルで満期が9月のコール・オプションのオファー価格は41.60ドルであった。あるトレーダーは，現物株を100株か，9月限のコール・オプションを100単位かを購入することを検討している。それぞれの場合について，(a)当初必要額，(b)9月の株価が950ドルであった場合の総収益，(c)9月の株式が800ドルであった場合の総損失，はそれぞれいくらになるか。9月より前にオプションは行使されず，株式は9月に売却されると想定せよ。

1.30 裁定取引とは何か。ある鉱業会社の株式の価格が，ニューヨーク証券取引所では50米ドル，トロント証券取引所では52カナダドルであったとし，為替レートは1米ドル当り1.01カナダドルであった場合の裁定機会を説明せよ。トレーダーが，この裁定機会を利用し取引を

行った場合，価格に何が起こると想定されるか説明せよ。

1.31 トレーダーAは1年後にある資産を1,000ドルで買うフォワード契約を締結した。トレーダーBは1年後にその資産を1,000ドルで買うコール・オプションの契約を締結した。オプション価格は100ドルである。両者のポジションの差は何か。2人の利益を1年後の資産価格の関数として示せ。

1.32 3月に，米国の投資家がブローカーにある株式の7月限のプット・オプションを1単位売却するように指示した。株価は42ドルで，行使価格は40ドル，オプション価格は3ドルである。投資家が合意した事柄を説明せよ。どのような状況下でこの取引は利益となるだろうか。リスクは何があるだろうか。

1.33 ある米国企業が3カ月後に3百万ユーロを支払わなければならないとする。現在の為替レートは1ユーロ1.3500ドルである。企業がエクスポージャーをヘッジするためには，どのようにフォワードとオプション契約を使えばよいか，議論せよ。

1.34 ある株式の株価が29ドルだとする。投資家がその株の行使価格30ドルのコール・オプション1単位を購入し，行使価格32.50ドルのコール・オプション1単位を売却した。それぞれのオプションの市場価格は2.75ドル，1.50ドルである。オプションの満期は同じである。投資家のポジションを説明せよ。

1.35 金価格が1オンス1,400ドルとする。また，満期1年のフォワード受渡価格を1,500ドルとする。年率4％で資金を借りることができるとき，どのような裁定取引が可能か。ただし，金の保管コストはなく，金を所有することから発生する収入もないものとする。

1.36 現在の株価は94ドルで，行使価格が95ドルの3カ月物コール・オプションは4.70ドルである。株価が上がると予想する投資家が，100株の現物株式を買うのと2,000株分のコール・オプション（＝20枚）を買うのとでは，どちらがいいか決めかねている。どちらを選んでも，必要な資金は9,400ドルである。あなたならどのようなアドバイスを

するか．オプションを買ったほうが利益が大きくなるのは，株価がいくら以上のときか．

1.37 2013年5月8日に，ある投資家がGoogleの株式を100株保有している．表1.3に示されているように，株価は871ドル，行使価格820ドルの12月限プット・オプションの価格は37.50ドルである．このとき，投資家は株価の下落リスクを防ぐ二つの戦略を比較している．一つは行使価格820ドルの12月限プット・オプションを1単位購入することである．もう一つは，Googleの株価が820ドルに到達したらすぐに100株売るようブローカーに指示することである．この二つの戦略の長所と短所を議論せよ．

1.38 スタンダード・オイルは以前ある債券を発行した．その債券にはクーポンがなかった．そのかわり償還時には，償還時におけるオイル価格を基準にして計算される金額を1,000ドルに加えた金額が支払われることになっていた．この追加金額は，償還時に1バレル当りのオイル価格が25ドルを超えていれば，その超過額に170を掛けたもの，ただし，最大2,550ドル（これは1バレル当りの価格が40ドルの場合に相当する）までというものである．この債券は，通常の債券に，オイル価格に対する行使価格25ドルのコール・オプションの買いと，行使価格40ドルのコール・オプションの売りを組み合わせたものであることを示せ．

1.39 表1.1の状況で，ある企業の財務担当者が，「6カ月後に100万英ポンドを売却する．為替レートが1.52を下回る場合には，1.52で為替レートを仕切りたい．また，1.58を上回る場合には，為替レートは1.58でよい．また，為替レートが1.52と1.58の間にある場合には，その時の為替レートで英ポンドを売却したい．」といっている場合に，どのようなオプションを利用すれば，この担当者を満足させられるか．

1.40 1.7節で仮定した状況において，(a) ImportCo社は為替レートが1.5700を下回ることを保証される，(b) ExportCo社は為替レートが少なくとも1.5300であることを保証されるという条件を満たす通貨

オプションを用いたヘッジ方法を述べよ．DerivaGem ソフトウェアを用いて各ケースにおけるヘッジコストを計算せよ．ただし，為替ボラティリティを12%，米国金利を 5 %，英国金利を5.7%とし，現在の為替レートは表1.1のビッドとオファーの平均値であると仮定する．

1.41 あるトレーダーが同一資産，同一行使価格，同一満期のヨーロピアン・コール・オプション 1 単位の買いと，ヨーロピアン・プット・オプション 1 単位の売りを行ったとする．その時のトレーダーのポジションを説明せよ．また，コール・オプションの価格がプット・オプションの価格に等しくなるのはどのようなときか．

第2章
先物市場の仕組み

　第1章では，先物契約とフォワード契約はともに，ある資産を将来のある時点において，あらかじめ定められた価格で売買する契約であることを説明した。先物契約は取引所で取引され，契約の条項は標準化されている。フォワード契約は店頭市場で取引され，必要に応じて個別に契約内容は変更される。

　本章では，先物市場の機能を説明し，契約の詳細，証拠金口座の取扱い，取引所の仕組み，市場の規制，建値方法，税務・会計目的での先物契約の取扱いなどの諸問題を議論する。また，先物取引所において先駆的となったいくつかの制度が，いまは店頭市場でも適用され始めていることについて説明する。

2.1 先物取引

第1章で触れたように，先物契約は現在，世界中で活発に取引されている。シカゴ商品取引所，シカゴ・マーカンタイル取引所，ニューヨーク・マーカンタイル取引所は合併し，CMEグループ（www.cmegroup.com）となった。そのほかにも，NYSEユーロネクスト（NYSE Euronext; www.euronext.com）を買収したインターコンチネンタル取引所（www.theice.com），ユーレックス（Eurex; www.eurexchange.com），ブラジル商品先物証券取引所（BM&F BOVESPA; www.bmfbovespa.com.br）や東京金融取引所（www.tfx.co.jp）等の大きな取引所がある。より網羅的な取引所一覧は巻末の表を参照されたい。

CMEグループに上場されているトウモロコシ先物を例にとり，先物契約の仕組みをみてみよう。ニューヨークのあるトレーダーが，6月5日に同年9月受渡しのトウモロコシ5,000ブッシェルの買い注文をブローカーに伝えるとする。ブローカーは，即座に9月限トウモロコシ先物1枚（CBOTでの取引単位は5,000ブッシェル）の買い注文（ロング・ポジションをとる注文）をトレーダーに出すだろう。ほぼ同じ時に，カンザスの別のトレーダーが9月受渡しのトウモロコシ5,000ブッシェルの売り注文をブローカーに伝えるとする。そのブローカーは即座に先物1枚の売り注文（ショート・ポジションをとる注文）を出すだろう。価格が折り合えば，この取引は"Done（締結）"となる。伝統的な立会いシステムでは，それぞれの注文を執行するフロア・トレーダーが物理的に会して価格を決める。電子取引ではコンピューターが取引を成立させる。

購入に合意したニューヨークのトレーダーは先物のロング・ポジション（long futures position）を1契約保有し，売却に合意したカンザスのトレーダーは先物のショート・ポジション（short futures position）を1契約保有することになる。合意された価格を9月限トウモロコシ先物の現在価格，たとえば1ブッシェル当り600セントとする。この価格は他の価格と同様に，需要と供給の法則に従って決まったものである。9月限トウモロコシ先物を売

りたいトレーダーが買いたいトレーダーより多い場合には価格は下がるだろう。それによって新たな買い手が現れて，売り手と買い手の均衡が保たれる。逆に7月限トウモロコシ先物を買いたいトレーダーが売りたいトレーダーより多い場合には価格は上がる。それによって新しい売り手が市場に現れて，買い手と売り手の均衡が保たれる。

先物ポジションの手仕舞い

　ほとんどの場合，先物契約は反対売買によって手仕舞いが行われ，原資産の受渡し（現渡し）が行われることは非常にまれである。先物ポジションを手仕舞うには，現在のポジションと反対の売買を行う。たとえば，6月5日に9月限トウモロコシ先物を1枚買ったニューヨークのトレーダーは，7月20日に9月限トウモロコシ先物を1枚売る（すなわち，ショート・ポジションをとる）ことでポジションを手仕舞うことができる。6月5日に9月限トウモロコシ先物を1枚売った（すなわち，ショート・ポジションの）カンザスの投資家は，たとえば8月25日に7月限を1枚買い戻すことでポジションを手仕舞うことができる。どちらの場合においても，この投資家のトータル損益は，6月5日から先物を手仕舞った日までの先物価格の変化によって決まる。

　現渡しは非常にまれであるため，受渡しの仕組みを忘れているトレーダーも時々いるくらいである（ビジネス・スナップショット2.1参照）。それでも，先物取引における現渡しの仕組みについて後ほど説明する。というのは，最後に現渡しの可能性があるからこそ先物価格は現物価格1に連動しているからである。

1　第1章で述べたように，現物価格とは約定からほとんど日を待たずに受渡しが行われる場合の価格である。

ビジネス・スナップショット2.1

先物契約の予期せぬ現渡し

　この話は（おそらくつくり話と思われるが）昔ある金融機関の幹部から聞いた話で，それまで金融業界で働いたことのない，金融機関の新しい従業員にまつわる話である。ヘッジ目的で生牛（live cattle）の先物契約を定期的に買い建て，取引最終日にそのポジションの手仕舞い注文を出す顧客がいた（生牛先物はCMEグループで取引されており，取引単位は生牛40,000ポンドとなっている）。新しい従業員はその取引を任された。

　先物契約を手仕舞う日が到来した時，顧客が1単位のロング・ポジションを保有していることにその従業員は気づいたが，取引所のトレーダーに1単位の売りではなく，1単位の買い注文を出してしまった。この誤発注の結果，その金融機関は生牛先物2単位のロング・ポジションを保有することになった。誤発注が発見された時には，その先物契約の取引は終了してしまっていた。

　顧客ではなく金融機関に誤発注の責任があり，その結果，その金融機関はそれまで行った経験のない生牛先物の現物受渡しについて詳しい取決めを調べることになった。契約の条項によると，牛は受渡月に米国のいろいろな場所で売り手によって受渡し可能となっていた。ロング・ポジションであったため，金融機関は売り手が受渡意思通知書（notice of intention to deliver）を取引所に発行し，取引所から割当てが来るのを待つほかなかった。

　最終的に取引所から通知が届き，翌週火曜日に2,000マイル離れた場所で生牛を受け取ることがわかった。新しい従業員は受取業務を行うためにその場所へ派遣された。その場所では，毎週火曜日に牛のオークションが行われていることがわかった。先物契約の売り手はそのオークションで牛を購入し，即座に受渡しを行った。ついていないことに，牛は翌週火曜日の次のオークションまで転売できなかった。そのため，その従業員はその牛を1週間保管し，餌をやるための手配という難題にぶ

ち当たった。これが金融業界での初仕事となった。

2.2 先物契約の詳細

　新規の先物契約を上場するときには，取引所は，二者間で合意されたことになる先物契約の正確な内容を詳細に示す必要がある。特に，対象となる原資産は何であるか，取引単位（すなわち，先物1契約でいくつの資産の受渡しがなされるか），どこで受渡しが可能か，いつ受渡しが可能かといった事項を決めなければならない。

　受渡しされる資産のグレードや受渡しの場所をいくつかのなかから選べる場合がある。そのような先物契約では，取引所が指定する範囲で売り手（資産を売却することに同意した契約者）に選択権があるのが一般的である[2]。売り手は現渡しを行う際に，取引所に対して受渡意思通知書（notice of intension to deliver）を発行する。通知書には受渡しされる資産のグレードや場所がすべて記載されている。

原 資 産

　原資産が商品の場合には，同じ商品であっても市場ごとに品質にかなりのばらつきがある。したがって，原資産を決めるときに，取引所は受渡し可能な商品の品質基準を定めることが必要となる。インターコンチネンタル取引所（ICE）はオレンジジュース先物の原資産を，米国等級Aでブリックス値（糖度）が62.5度以上の冷凍濃縮オレンジジュースと定めている。

　商品によっては，受渡し可能な品質の等級の範囲が定められており，受取金額が選ばれた等級によって決まるものもある。たとえば，CMEグループ

---

[2] 例外もある。次の文献で示されているように，1995年の生牛先物では，CMEは買い手に受渡しに関する選択権を与えていた。J. E. Newsome, G. H. F. Wang, M. E. Boyd, and M. J. Fuller, "Contract Modifications and the Basic Behavior of Live Cattle Futures," *Journal of Futures Markets*, 24, 6 (2004): 557-90を参照。

のトウモロコシ先物では，標準の等級は"No.2 Yellow"とされているが，等級の異なるトウモロコシを取引所の定めた方法に従って調整された価格で受け渡すことも認められている。No.1 Yellow は，No.2 Yellow より1ブッシェル当り1.5セント高い価格で受渡し可能となっている。No.3 Yellow は，No.2 Yellow より1ブッシェル当り1.5セント安い価格で受渡し可能となっている。

　先物契約の原資産が金融商品の場合は，一般的に原資産の定義ははじめから明確で，あいまいさがない。たとえば，日本円に対しては等級を定める必要はない。しかし，CBOT に上場されている米国長期国債（Treasury bond）先物や米国中期国債（Treasury note）先物のような，原資産の範囲に興味深い取決めがなされているものもある。長期国債先物の原資産は，残存期間15年以上で25年以内のものとなっている。中期国債先物では，受渡時点において残存期間が6年半から10年の国債がすべて原資産の対象となっている。どちらの場合においても，取引所はクーポンと満期日に応じて受取金額を調整する公式を用意している。これについての詳細は第6章で述べる。

先物契約の取引単位

　先物契約の取引単位は，先物1契約により受け渡される原資産の数量を表している。その大きさをいくつにするかは取引所にとっての重要な判断事項である。もし取引単位が大きすぎると，比較的小さなリスク・エクスポージャーをヘッジしたいトレーダーや，少額の投機取引を試みようとするトレーダーにとっては，取引に参加できない市場になってしまう。一方，1契約ごとに発生するコストがあるので，取引単位が小さすぎると取引コストがかさむことになる。

　適切な取引単位は主要な投資家にあわせて決めることになる。農産物の先物契約では1契約当り価値で1万ドルから2万ドルの受渡しが行われるが，金融資産の先物契約ではもっと大きいこともある。たとえば，CME グループの米国長期国債先物では取引単位は額面10万ドルの国債となっている。

　取引所が小口投資家のために"ミニ"契約を導入する場合もある。たとえ

ばCMEグループのMini Nasdaq-100先物では，通常の契約の取引単位がインデックスの100倍であるところを20倍としている。（指数先物については第3章でより詳細に取り上げる。）

受渡しの取決め

受渡しが行われる場所は取引所によって定められている。商品の取引では輸送コストが大きな意味をもっているので，受渡場所の規定は非常に重要である。ICEの冷凍濃縮オレンジジュース先物の例では，受渡場所は取引所の認可したフロリダ州，ニュージャージー州，デラウェア州の倉庫と定められている。

受渡場所が選べる場合，先物契約の売り手の受取代金は，売り手が選択した受渡場所に従って調整される。一般に，その商品の主要産地から比較的離れた場所で受渡しを行うほうが，受渡代金は高くなる。

限　月

先物契約はその限月（受渡月）で参照される。取引所は，受渡月のうち受渡しのできる期間を正確に定めておかなくてはならない。多くの先物契約では，その月内であればいつでも受渡しができるように定められている。

限月は先物契約ごとにさまざまであり，参加者のニーズにあわせて取引所が取り決めている。たとえばCMEグループのトウモロコシ先物では，3月，5月，7月，9月，12月が限月として定められている。満期の最も短い限月とそれに続く多くの限月が常時取引されている。取引所は新しい限月の取引開始日と取引最終日を定めている。受渡最終日の通常数日前が取引最終日になっている。

建値の方法

取引所は価格の建値方法について定めている。たとえば，米国では原油先物は，1バレル当りの価格がドルでセント単位まで建値されている。また，米国長期国債先物や中期国債先物では，ドルで32分の1単位まで建値されて

いる。

値幅制限と建玉制限

ほとんどの先物契約では，1日の値幅制限が取引所により定められている。1日の間で値幅制限いっぱいまで価格が下落することをストップ安（limit down）という。逆に，値幅制限いっぱいまで価格が上昇することをストップ高（limit up）という。値幅制限いっぱいの値動き（limit move）とは，上下どちらかの値幅制限いっぱいまで価格が変動することをいう。通常，一度相場がストップ安またはストップ高となった場合には，その日の取引はそこで中止される。しかし，取引所が介入して値幅制限の大きさを変更する権限を有している場合もある。

1日の値幅制限は，投機的な取引で相場が過熱し，価格が極端に変動するのを防ぐために設けられている。しかし，原資産の価格が急速に上下に変動した場合には，値幅制限が先物取引の人為的な妨げになってしまうこともある。そのため，こうした値幅制限を設けることが先物市場にとってよいことかどうかについては，意見の分かれるところである。

建玉制限とは，個々のスペキュレーターが保有することのできる最大の契約数のことである。その制限は，市場がスペキュレーターの行動に過度に左右されるのを防ぐ目的で設けられている。

2.3 先物価格の現物価格への収束

先物契約の受渡期間が近づくにつれ，先物価格は原資産の現物価格に近づいていく。そして，受渡期間に入ると先物価格は現物価格に等しく（またはきわめて近く）なる。

そうなる理由を調べるために，まず受渡期間中に先物価格が現物価格を上回っているとしよう。この場合は明らかに裁定機会があり，トレーダーは次の取引を行う。

図2.1 受渡時期が近づくまでの先物価格と現物価格との関係

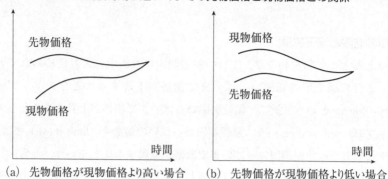

(a) 先物価格が現物価格より高い場合　　(b) 先物価格が現物価格より低い場合

1. 先物契約で売り建てる
2. 原資産を購入する
3. 受渡しを行う

　これによって，先物価格が現物価格を上回っている分に等しい利益を確実に得ることができる。そして，トレーダーがこうした裁定取引を行うにつれて先物価格は下落していくことになる。次に，受渡期間中に先物価格が現物価格を下回っているとしよう。この場合には，資産の購入を考えている企業は，先物契約を買い建てて現渡しを待つという取引を行うだろう。その結果，先物価格は上昇することになる。

　以上のことから，先物価格は受渡期間において現物価格に非常に近くなる。図2.1は先物価格が現物価格に収束していくようすを描いている。図2.1(a)は受渡期間以前で先物価格が現物価格を上回っている場合，図2.1(b)は逆に先物価格が現物価格を下回っている場合の例である。この二つのパターンが観測される市場環境については第5章で議論する。

2.4　証拠金制度

　2人の投資家が直接連絡をとって，特定の価格で将来資産を売買する契約を締結するというのには，明らかにリスクがある。なぜなら，一方の投資家

が契約したことを後悔して契約を破棄しようとするかもしれない。あるいは単純に，投資家に契約を履行する資金力がないということもありうる。そこで取引所の大きな役割の一つが，こうした契約の不履行を避けるような売買の仕組みをつくることである。その目的で証拠金制度が導入されている。

日次値洗い

　証拠金の役割を説明するために1人の投資家を考えてみる。この投資家は現在はCMEグループの一部であるニューヨーク・マーカンタイル取引所（NYMEX）のCOMEX部門に上場されている金先物12月限2単位の買い注文をブローカーに出し，その時の金先物価格は1オンス当り1,450ドルとする。金先物の取引単位は100オンスであるから，この投資家は200オンスをその価格で購入する契約を締結したことになる。この時ブローカーは，投資家に対しいくらかの資金を証拠金勘定（margin account）に差し入れるように要求する。取引を行う時点で差し入れなくてはならない資金は，当初証拠金（initial margin）として知られている。ここでは，証拠金の額を1契約当り6,000ドル，すなわち合計12,000ドルと仮定しよう。毎営業日の取引終了後，証拠金勘定は投資家の損益を反映して調整される。これを証拠金の値洗い（daily settlement あるいは marking to market）と呼ぶ。

　たとえば，最初の日の金先物の終値が9ドル下落し，1,450ドルから1,441ドルになったとする。1オンス当り1,450ドルで購入した200オンスの金先物12月限が現在1,441ドルでしか売却できないので，投資家は1,800ドル（＝200×9ドル）の損失を被ったことになる。したがって，証拠金勘定は，1,800ドル分減らされて10,200ドルとなる。同様に，先物価格が初日の終わりに1,459ドルに上昇した場合には，証拠金勘定は1,800ドル積み増され13,800ドルとなる。証拠金は，まず取引当日の終値で値洗いが行われ，それ以降，毎日終値をもとに値洗いが続けられる。

　ここで注意してほしいのは，日次値洗いはブローカーと顧客との間のみで行われるものではないということである。たとえば，先物価格が値下りし，ロング・ポジションの投資家の証拠金勘定が1,800ドル減額した場合，この

投資家のブローカーは取引所の清算機関に対し1,800ドルを支払い，そして取引所の清算機関はこの1,800ドルをショート・ポジションの投資家のブローカーに受け渡す。同様に先物価格が上昇した場合には，ショート・ポジションの投資家のブローカーが損失分を取引所へ支払い，この資金をロング・ポジションの投資家のブローカーが取引所から受け取る。この仕組みについては，本章でさらに詳細に説明する。

　投資家は，当初証拠金を超えた残高をいつでも引き出すことができるが，証拠金の残高がマイナスにならないように，当初証拠金の金額より幾分低めに設定された維持証拠金（maintenance margin）というものが定められている。もし証拠金残高が維持証拠金を下回った場合には，投資家は証拠金の追加差入れの通知であるマージン・コール（margin call）を受け，翌日の取引終了までに当初証拠金のレベルまで資金を積み増さなくてはならない。この新たに差し入れられる資金は追加証拠金と呼ばれ，もし投資家がこれを差し入れない場合には，ブローカーはポジションを手仕舞うことになる。先の例では，金先物12月限を200オンス分売却して，保有する契約のポジションを手仕舞うのである。

　表2.1は，先の投資家の場合について，先物価格の推移に伴って証拠金の操作がどのように行われるかを例示したものである。維持証拠金は1契約当り4,500ドル，すなわち全部で9,000ドルと仮定されている。この例では7日目に証拠金残高が維持証拠金を1,020ドル下回っている。このため，証拠金残高を当初証拠金の12,000ドルにするために，ブローカーは投資家に対し追加証拠金を4,020ドル要求する。ここでは，投資家は8日目の取引終了までに，この追加証拠金を差し入れることを仮定している。11日目に証拠金残高は再び維持証拠金レベルを割り込み，追加証拠金が3,780ドル発生し，投資家は12日の取引終了までにこれを差し入れる。16日目にこの投資家はポジションの手仕舞いを決めて，先物2契約を転売した。この日の先物価格は1,426.90ドルであり，この投資家は累積で4,620ドルの損を被ったことになる。なお，8日目，13日目，14日目，15日目に証拠金残高が当初証拠金を上回っているが，表2.1ではこの余裕資金は引き出されなかったものと仮定している。

表2.1 金先物を2単位購入した際の証拠金の動き

当初証拠金は，1契約当り6,000ドル，全体で12,000ドルであり，維持証拠金は1契約当り4,500ドル，全体で9,000ドルとなっている。取引は価格が1,450ドルのときに始められ，16日目に1,426.90ドルで手仕舞われた。

日	取引価格 （ドル）	清算価格 （ドル）	日々損益 （ドル）	累計損益 （ドル）	証拠金残高 （ドル）	追加証拠金 （ドル）
1日目	1,450.00				12,000	
1日目		1,441.00	-1,800	-1,800	10,200	
2日目		1,438.30	-540	-2,340	9,660	
3日目		1,444.60	1,260	-1,080	10,920	
4日目		1,441.30	-660	-1,740	10,260	
5日目		1,440.10	-240	-1,980	10,020	
6日目		1,436.20	-780	-2,760	9,240	
7日目		1,429.90	-1,260	-4,020	7,980	4,020
8日目		1,430.80	180	-3,840	12,180	
9日目		1,425.40	-1,080	-4,920	11,100	
10日目		1,428.10	540	-4,380	11,640	
11日目		1,411.00	-3,420	-7,800	8,220	3,780
12日目		1,411.00	0	-7,800	12,000	
13日目		1,414.30	660	-7,140	12,660	
14日目		1,416.10	360	-6,780	13,020	
15日目		1,423.00	1,380	-5,400	14,400	
16日目	1,426.90		780	-4,620	15,180	

その他の詳細

ほとんどのブローカーは，顧客の証拠金勘定に利子を支払っている。したがって，その利子が他の金融商品の金利と遜色ないレベルにあれば，証拠金残高がそのまま費用につながるわけではない。また，追加証拠金ではなく当初証拠金の差入れに際しては，投資家は有価証券を現金のかわりに通常差し入れることができる。たとえば，米国短期国債は額面の約90％，株式は市場価値の約50％でもって現金に代用される。

これまでみてきたとおり，フォワード契約が満期時点で清算されるのに対し，先物契約は日次ベースで清算されている。日々の取引終了後に投資家の利益（損失）が証拠金勘定に加え（減じ）られることにより，契約の価値は

ゼロに洗替えされているのである。先物契約は実質的には毎日手仕舞われて、日々新しい価格で再契約されていることになる。

当初証拠金と維持証拠金の最低レベルは、取引所の清算機関によって定められている。個々のブローカーは取引所の清算機関で規定される最低レベルより多くの証拠金を顧客に要求する場合もある。最低レベルは原資産の価格変動性から決定され必要に応じて修正される。変動性が高ければレベルも高くなる。通常、維持証拠金は当初証拠金の75％程度とされている。

トレーダーの取引目的により証拠金のレベルが異なることもある。たとえば、先物契約の原資産である商品を産出する企業のような純粋なヘッジャーは、スペキュレーターに比べて証拠金のレベルが低いことが多い。その理由は、デフォルトのリスクが少ないと考えられているからである。デイ・トレード（day trade）やスプレッド取引（spread transaction）では、ヘッジ取引より証拠金のレベルがさらに低くなる場合がある。デイ・トレードとは、トレーダーがブローカーに対し、その日のうちにポジションを手仕舞うことを通知して行う取引である。スプレッド取引とは、トレーダーがある限月のロング・ポジションと同じ原資産に対する他の限月のショート・ポジションを同時に保有する取引である。

証拠金は、ショート・ポジションでもロング・ポジションでも同じ金額となっている。これは、ショート・ポジションをとるのがロング・ポジションをとるのと同程度に容易であることを反映したものである。現物市場ではこの売りと買いの対称性は成り立っていない。現物市場でロング・ポジションをとるというのは、即時受渡で資産を購入することであり、なんら問題なく行える。現物市場でショート・ポジションをとるというのは、保有していない資産の売却を意味している。これはより複雑な取引で、市場によってできる場合とできない場合がある。これについては第5章で論じることにする。

清算機関と清算会員

清算機関（clearing house）は先物契約の仲介者としての役割を担い、先物

契約を結ぶ投資家の契約履行を保証している。清算機関は多くの清算会員を有している。清算会員でないブローカーは，清算会員に証拠金を預け入れ，彼らを通じて決済を行う必要がある。清算機関の主な業務は，1日に発生した取引をすべて把握することであり，それにより各清算会員のネットのポジションが計算できる。

清算会員は，当初証拠金（取引証拠金（clearing margin）としても知られる）を提供することを求められており，その額には清算される総契約数が反映される。清算会員の場合は，維持証拠金というものはない。毎日，清算会員によって扱われた取引は清算機関を通じて決済される。もし，すべての取引の結果として負けていれば，清算会員は変動証拠金（variation margin）を取引所の清算機関に提供することが要求される。もし，すべての取引の結果として勝っていれば，清算会員は変動証拠金を取引所の清算機関から受け取る。

当初証拠金の決定においては，残存する契約数はネット・ベース（net basis）で計算される。これは顧客に対してとっていたショート・ポジションはロング・ポジションと相殺されることを意味する。たとえば清算会員が2人の顧客を抱えていて，1人は20契約のロング・ポジションを，もう1人は15契約のショート・ポジションを保有しているとする。当初証拠金は5契約に基づいて計算される。清算会員は信認金（guaranty fund）も要求される。信認金は，清算会員が要求された変動証拠金を提供できなかったり，清算会員のポジションを手仕舞ったときに損失が発生した場合に，清算機関により使用される。

信用リスク

このような証拠金の仕組みを取り入れている目的は，利益の出たトレーダーに支払う基金を確保するためである。全般的にみれば証拠金システムは非常にうまく機能しており，これまで主要な取引所ではトレーダーの先物契約は常に履行されてきた。1987年10月19日にS&P 500株価指数が20％以上下落したとき，S&P 500株価指数先物のロング・ポジションを保有していた

トレーダーの証拠金がマイナスになり，先物市場が機能するかが試される事態となった。追加証拠金の差入れに応じられなかったトレーダーはポジションを手仕舞わされたが，それでもまだブローカーに対して借金が残った。一部のトレーダーがそれを支払わなかったため，顧客からの入金がなく，顧客の建玉に対する追加証拠金の差入請求に応じることができなくなり，破産するブローカーも出てきた。しかし，清算機関は十分な基金を保有していたので，S&P 500株価指数先物のショート・ポジションを保有していたトレーダー全員への支払は履行された。

2.5 店頭市場

第1章で述べたように，店頭市場とは企業同士が取引所を介さずデリバティブ取引の契約に合意する市場であり，従来，その信用リスクは店頭市場の特徴でもあった。たとえば，企業Aと企業Bが多くのデリバティブ取引を行っていたとする。もし，残存する取引のネットの価値がBにとって正であったときにAがデフォルトすれば，Bは損失を被ることになるだろう。同様に，残存する取引のネットの価値がAにとって正であったときにBがデフォルトすれば，今度はAが損失を被ることになるだろう。このような信用リスクを削減する試みとして，店頭市場では取引所市場からいくつかのアイデアを得ている。

中央清算機関

1.2節でも触れたが，中央清算機関（CCP：central counterparty）とは標準的な店頭デリバティブ取引のための清算機関であり，取引所の清算機関と非常によく似た働きをする。CCPの会員は，取引所の清算機関の会員によく似ており，当初証拠金と日次の変動証拠金を差し入れる必要がある。また，取引所の清算機関の会員と同様，信認金を拠出しなければならない。

店頭デリバティブ取引をAとBの間で合意すれば，その取引をCCPに委ねることができる。CCPがその取引を受け入れるとすれば，CCPがAとB

の両方に対するカウンターパーティーとなる。（これは，先物取引所の清算機関が先物契約の両サイドに対するカウンターパーティーになることと同様である。）たとえばこの取引が，Aが1年後にBからある価格で資産を買うというフォワード契約であったとすれば，清算機関は各々と以下の取引に合意する。

1．1年後に，合意した価格でその資産をBから買う
2．1年後に，合意した価格でその資産をAに売る

すなわち，清算機関はAとBの両方に対する信用リスクを負っている。

CCPのすべての会員は，当初証拠金をCCPに対し拠出することが要求される。取引は日次で評価され，日次での変動証拠金のやりとりが発生する。もし店頭市場参加者がCCPの会員でない場合には，CCPの会員を通じて取引を清算することが可能である。その場合もCCPに当初証拠金を拠出する必要がある。このCCPの会員に対する関係は，ブローカーと先物取引所の清算機関会員との関係に類似する。

2007年に始まった信用危機を受けて，規制当局はシステミック・リスク（ビジネス・スナップショット1.2参照）により注意を払うようになった。この結果の一つとして，1.2節で述べたように，金融機関間での最も標準的な店頭取引についてはCCPによって取り扱われるよう，法律により要求されている。

二者間での清算

CCPを介さず清算される店頭取引は，二者間で清算されることになる。二者間で清算される店頭市場では，企業Aと企業Bの2社は通常，両者のすべての取引を対象とするマスター契約を締結する[3]。この契約には，クレジット・サポート・アネックス（credit support annex）あるいはCSAと呼ばれる，AかBのどちらか一方，あるいは両者に担保の差入れを要求する内容を含むことも多い。この担保は，CCPや取引所の清算機関がその会員に要求する証拠金に似ている。

---

[3] このような契約で最も一般的なものは，ISDA（International Swaps and Derivatives Association）のマスター契約（Master Agreement）である。

CSAにおける担保に関する合意事項は通常，日次で取引を評価することを要求する。企業Aと企業Bの間での簡単な双方向契約は，次のように機能する。企業Aからみた契約の価値がある日からその翌日にかけてXだけ増加したとすると（つまり企業Bにとっての価値はXだけ減少する），企業Bは企業AにXに相当する額の担保を差し入れなくてはならない。同様に，企業Bからみた契約の価値がXだけ増加したとすると（つまり企業Aにとっての価値はXだけ減少する），企業Aは企業BにXに相当する額の担保を差し入れなくてはならない。（取引所市場と同じ用語を使えば，Xは変動証拠金ということになる。）二者間で清算される場合の担保契約とカウンターパーティーの信用リスクの評価方法については，第24章でさらに議論する。

　従来，CSAが当初証拠金を要求することは比較的まれであったが，変化しつつある。2012年に導入された新たな規制では，金融機関同士で清算される取引について当初証拠金と変動証拠金いずれも差し入れることを要求している。一般的には，この当初証拠金は両者から隔離され第三者に預けられる[4]。

　担保は二者間で清算される店頭市場取引における信用リスクを大幅に削減する（金融機関間での取引に対する当初証拠金を要求する新しいルールが効力をもったときには，よりいっそう削減されるだろう）。担保契約は1990年代にヘッジファンドであるロングターム・キャピタル・マネジメント（LTCM）でも二者間で清算されるデリバティブに対して使われており，それゆえ，LTCMは高いレバレッジも許容されていた。担保契約は信用保証となっていたが，ビジネス・スナップショット2.2で述べるように，高いレバレッジはヘッジファンドを他のリスクにさらしていたのである。

　図2.2では二者間での清算および中央清算がどのように機能するか示している。（図では一つのCCPとたった8社の市場参加者しか存在しないという単純な仮定を置いている。）二者間での清算においては，図2.2(a)で示されるように市場参加者間で多くの異なる契約が締結される。もし，すべての店頭契約

---

[4] この規制と，金融機関間での標準的な取引がCCPで清算されることを要求する規制が定める"金融機関"とは，銀行，保険会社，年金基金，そしてヘッジファンドである。非金融機関との取引や，いくつかの外貨取引はこれら規制の対象外である。

図2.2　二者間での清算と中央清算

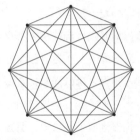

(a)　従来の店頭市場の構成：市場参加者同士の二者間契約が複数存在する場合

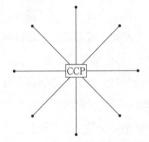

(b)　一つの CCP のみが清算機関として機能する場合の構成

が一つの CCP で清算されるならば，図2.2(b)で示されるような状況となる。実際には，すべての店頭契約が CCP で行われるわけではなく，複数の CCP があるので，図2.2(a)と(b)の両方の要素を市場は含んでいることになる[5]。

> **ビジネス・スナップショット2.2**
>
> **ロングターム・キャピタル・マネジメントの巨額損失**
>
> ロングターム・キャピタル・マネジメント（LTCM）は1990年代半ばに設立されたヘッジファンドで，二者間での取引を常に担保付きとしていた。そのヘッジファンドの投資戦略は，コンバージェンス・アービトラージとして知られるものだった。非常に単純化すると，それは次のようなものである。同じ企業の発行する同じ支払をもつ二つの債券XとYがあり，YよりXのほうが流動性が低い（すなわち，あまり活発に取引されていない）とする。市場では常に流動性にプレミアムがつくので，XはYより低い価格で取引されることになる。LTCM は債券Xを買い，

---

[5] 清算機関の信用リスクへのインパクトは清算機関の数に依存し，また，それら金融機関を通じて清算されるすべての店頭取引の割合に比例する。D. Duffie and H. Zhu (2010), "Does a Central Clearing Counterparty Reduce Counterparty Risk?" *Review of Asset Pricing Studies*, 1, 1 (2011): 74-95を参照。

債券Yを空売りして，二つの債券価格が将来のある時点でほとんど同じになることを予想して待つという戦略をとっていた。

　金利が上昇したときには両方の債券ともほぼ同じだけ価格が下落するとLTCMは予想しており，債券Xの担保価値下落により必要となる追加担保は，債券Yの価格下落により引き出せる担保とほぼ同額になると考えていた。同様に，金利が下落したときは両方の債券ともほぼ同じだけ価格が上昇すると予想しており，債券Xの担保価値上昇により引き出せる担保は，債券Yの価格上昇により求められる追加担保とほぼ同額になると考えていた。したがって，担保契約を結べば大きな資金が必要になることはないと考えていた。

　1998年8月に発生したロシアの債務不履行により，資本市場はいわゆる"質への逃避（flight to quality）"へと走った。その結果，投資家は流動性の高い商品に通常より高い価格をつけ，LTCMがポートフォリオとして保有する流動性の高い商品と流動性の低い商品との価格差が劇的に広がることになった。LTCMが買っていた債券の価格は下落し，空売りしていた債券の価格は上昇した。そのため，両方の債券に対して追加担保が必要となったが，LTCMは高いレバレッジをかけていたので，困難に直面した。結果，ポジションを手仕舞わなければならなくなり，総計約40億ドルもの損失を出すことになった。LTCMがそこまでレバレッジを効かせていなければ，質への逃避を生き残り，流動性の高い債券の価格と流動性の低い債券の価格が元どおりに近づくのを待つことができたであろう。

先物取引と店頭取引

　どのように取引が清算されようとも，現金で差し入れられる当初証拠金は付利されるのが普通である。一方，フォワード契約に対する清算機関の会員から日次の変動証拠金は付利されない。これは，その変動証拠金は日次の決済となるためである。しかし，店頭市場の取引では，CCPを通そうとも二

者間で清算されようとも，通常，日次では決済されない。このため，CCPの会員から，あるいはCSAの結果として差し入れられる現金担保は付利されることになる。

証券も，証拠金あるいは担保の差入要求を満たすために多く用いられる[6]。ただし，証拠金あるいは担保として用いられる場合の証券の価値は，証券の市場価格から一定額が減額されて決められる。この減額のことをヘアカット（haircut）という。

2.6 市場価格

先物の価格は取引所や複数のオンライン情報源から取得可能である。表2.2は，取引所により提供された2013年5月14日におけるいくつかの商品先物価格である。指数，通貨，金利についての価格についてはそれぞれ第3章，第5章，第6章に掲載してある。

先物契約に対する原資産，取引の行われる取引所，取引単位，建値の方法は表2.2の各セクションの冒頭に記載されている。たとえば，最初の資産は金で，COMEX（現在は，CMEグループの一部であるニューヨーク・マーカンタイル取引所の一部門）で取引されている。その取引単位は100オンス，建値は1オンス当りのドル表示である。取引の行われている限月は1列目に表示されている。

価　格

表2.2の各行の最初の三つの数字は，それぞれ始値，その時点までの1日の高値，その時点までの1日の安値を表している。始値とは2013年5月14日の取引開始直後の取引値段のことである。2013年5月14日の，2013年6月限金先物の始値は1オンス当り1,429.5ドルで，その日の高値は1,444.9ドル，安値は1,419.7ドルであった。

---

[6] すでに述べたように，先物契約に対する変動証拠金は現金として差し入れられなければならない。

表2.2 商品先物市況
2013年5月14日基準，CME グループ取扱いのものから選択。

	始値	高値	安値	前日 清算値	直近 取引値	前日比	取引高
金100オンス，ドル／1オンス							
2013年6月限	1429.5	1444.9	1419.7	1434.3	1425.3	−9.0	147,943
2013年8月限	1431.5	1446.0	1421.3	1435.6	1426.7	−8.9	13,469
2013年10月限	1440.0	1443.3	1424.9	1436.6	1427.8	−8.8	3,522
2013年12月限	1439.9	1447.1	1423.6	1437.7	1429.5	−8.2	4,353
2014年6月限	1441.9	1441.9	1441.9	1440.9	1441.9	+1.0	291
原油1,000バレル，ドル／1バレル							
2013年6月限	94.93	95.66	94.50	95.17	94.72	−0.45	162,901
2013年8月限	95.24	95.92	94.81	95.43	95.01	−0.42	37,830
2013年12月限	93.77	94.37	93.39	93.89	93.60	−0.29	27,179
2014年12月限	89.98	90.09	89.40	89.71	89.62	−0.09	9,606
2015年12月限	86.99	87.33	86.94	86.99	86.94	−0.05	2,181
トウモロコシ5,000ブッシェル，セント／1ブッシェル							
2013年7月限	655.00	657.75	646.50	655.50	652.50	−3.00	48,615
2013年9月限	568.50	573.25	564.75	568.50	570.00	+1.50	19,388
2013年12月限	540.00	544.00	535.25	539.25	539.50	+0.25	43,290
2014年3月限	549.25	553.50	545.50	549.25	549.25	0.00	2,638
2014年5月限	557.00	561.25	553.50	557.00	557.00	0.00	1,980
2014年7月限	565.00	568.50	560.25	564.25	563.50	−0.75	1,086
大豆5,000ブッシェル，セント／1ブッシェル							
2013年7月限	1418.75	1426.00	1405.00	1419.25	1418.00	−1.25	56,425
2013年8月限	1345.00	1351.25	1332.25	1345.00	1345.75	+0.75	4,232
2013年9月限	1263.75	1270.00	1255.75	1263.00	1268.00	+5.00	1,478
2013年11月限	1209.75	1218.00	1203.25	1209.75	1216.75	+7.00	29,890
2014年1月限	1217.50	1225.00	1210.75	1217.50	1224.25	+6.75	4,488
2014年3月限	1227.50	1230.75	1216.75	1223.50	1230.25	+6.75	1,107
小麦5,000ブッシェル，セント／1ブッシェル							
2013年7月限	710.00	716.75	706.75	709.75	710.00	+0.25	30,994
2013年9月限	718.00	724.75	715.50	718.00	718.50	+0.50	10,608
2013年12月限	735.00	741.25	732.25	735.00	735.00	0.00	11,305
2014年3月限	752.50	757.50	749.50	752.50	752.50	0.00	1,321
生牛（live cattle）40,000ポンド，セント／1ポンド							
2013年6月限	120.550	121.175	120.400	120.575	120.875	+0.300	17,628
2013年8月限	120.700	121.250	120.200	120.875	120.500	−0.375	13,922
2013年10月限	124.100	124.400	123.375	124.125	123.800	−0.325	2,704
2013年12月限	125.500	126.025	125.050	125.650	125.475	−0.175	1,107

清算値

　清算値（settlement price）とは，日々の損益や証拠金額の算出に用いられる。通常これは1日の取引終了の直前に取引された価格として算出されたものである。表2.2の4番目の数値は前日（すなわち，2013年5月13日）の清算値を示しており，5番目の数値は直近の取引価格，そして6番目の値は前日の清算値からの変化を示している。2013年6月限金先物の場合，前日の清算値は1,434.3ドルであり，直近の取引価格は1,425.3で，前日の清算値よりも9ドル下がっている。もし1,425.3ドルが2013年5月14日の清算値となれば，1契約のロング・ポジションをもつトレーダーの証拠金勘定は5月14日に900ドルを失い，ショート・ポジションをもつトレーダーの証拠金勘定は5月14日に900ドルを得ることになるだろう。

取引高と建玉

　表2.2の最後の列は取引高（trading volume）を示している。取引高とはその日に取引された契約数である。一方，建玉（open interest）は未決済の先物契約総数であり，ロング・ポジションの合計，あるいは同じことであるが，ショート・ポジションの合計である。もし，デイ・トレーダー（すなわち，ポジションをとった日と同じ日に手仕舞うトレーダー）により大きな額が取引されると，その日の取引高は，その日の開始あるいは終了時点での建玉よりも大きくなることがある。

先物価格のパターン

　先物価格には多くのパターンがみられる。表2.2では，金，小麦，生牛先物の清算値は契約の満期に対する増加関数となっている。このような市場を順鞘市場（normal market）という。先物の清算値が満期に沿って下落しているような市場を逆鞘市場[7]（inverted market）という。2013年5月14日では，原油，トウモロコシ，大豆といった商品は一部は順鞘で一部は逆鞘であった。

2.7 受渡し

本章の前半で述べたとおり，先物契約では原資産の受渡しが行われることはまれである。ほとんどの取引は満期前に手仕舞われる。しかし，最終的には現渡しの可能性があることから先物価格は決まってくるので，受渡しの手続を理解しておくことは重要である。

受渡しが行える期間は取引所が決めており，契約ごとに異なる。いつ受渡しを行うかはショート・ポジションの保有者（投資家Aとする）が決定する。投資家Aが受渡しを決めたとき，投資家Aのブローカーは取引所の清算機関に受渡意思通知書（notice of intention to deliver）を発行する。この通知書には受渡契約数が記載され，商品先物の場合には受渡場所や商品グレードも明記されている。その後，取引所は現受けする買い手を選択する。

投資家Aが先物契約を取引したときの相手方を投資家Bとしよう。ここで，現受けする投資家がBであるとは限らないことに注意する必要がある。というのは，投資家Bは投資家Cとの取引でポジションを手仕舞っているかもしれないし，投資家Cも別の投資家Dとの取引でポジションを手仕舞っているかもしれないからである。取引所が採用する通常のルールは，最も古いロング・ポジションを保有する者に対して受渡意思通知書を割り当てるというものである。ロング・ポジションを保有する者は受渡しの通知を必ず受け入れなければならないが，通知書が移転可能な場合には，短時間（通常30分）の間であれば，受渡しをかわって行う用意のあるロング・ポジションをもつ別の投資家を見つけることも許されている。

商品先物の場合，倉庫証書を即日払いで受け取るのが通常である。その際，受渡しを受けた側がいっさいの保管コストを負担する。家畜先物の場合は，餌や動物の世話に関するコストも含まれる（ビジネス・スナップショット

---

7 先物価格が取引の満期に対して増加関数であることをコンタンゴ（contango）と呼び，先物価格が取引の満期に対して減少関数であることをバックワーデーション（backwardation）と呼ぶことがある。第5章で説明するが，厳密には，これらの用語は原資産価格が時間とともに上昇すると予想されるか，下落すると予想されるかを指すものである。

2.1参照)。また，金融先物の場合は受渡しは通常電信で行われる。すべての先物契約において，支払価格は直近の清算価格となっている。取引所によって定められている場合には，その価格はグレードや受渡しの場所などに応じて調整される。受渡意思通知書が発行されてから，実際の受渡しが行われるまでの全手続には，一般に大抵2日から3日かかる。

先物契約には三つの重要な日がある。第一通知日（first notice day），最終通知日（last notice day），そして最終取引日（last trading day）である。第一通知日とは受渡意思通知書を取引所に提出できる最初の日である。最終通知日とは通知できる最後の日である。最終取引日は一般に最終通知日の数日前である。受渡しを受けるリスクを避けるためには，ロング・ポジションをもつ投資家は第一通知日より前にポジションを手仕舞う必要がある。

現金決済

第3章で議論する株価指数先物のようないくつかの金融先物契約では，原資産を受け渡すことが非常に不便かまたは不可能なため，決済は現金で行われる。たとえば，S&P 500株価指数先物の場合には，原資産を受け渡すということは500銘柄ものポートフォリオを受け渡すことを意味する。先物が現金で決済される場合には，すべての建玉は，ある決められた日に自動的に手仕舞われることになる。最終清算価格は，その日の原資産の始値または終値で決められている。たとえば，CMEグループのS&P 500株価指数先物の場合は，限月の第3金曜日に決済され，最終清算価格はその日の指数の始値となる。

2.8　トレーダーのタイプおよび注文の種類

取引を行うトレーダーには，主に二つのタイプがある。先物取次業者（futures commission merchants：FCMs）とローカルズ（locals）である。先物取次業者は顧客の指示に従って取引を執行し，その手数料を徴求する。ローカルズは自己勘定で取引を行う。

ポジションを保有する個人は，ローカルズであれ先物取次業者の顧客であれ，第1章で議論したとおり，ヘッジャー，スペキュレーター（投機家），アービトラージャーに分類される。投機家はさらにスカルパー（scalper），デイ・トレーダー（day trader），ポジション・トレーダー（position trader）に分けられる。スカルパーとはきわめて短期間の相場を観察し，価格のわずかな変動で収益をあげようとする。通常彼らはほんの数分しかポジションをもたない。デイ・トレーダーは夜中に不利なニュースが流れるリスクをとらないように，その日のうちにポジションを手仕舞う。ポジション・トレーダーはもっと長い期間ポジションを保有する。彼らは市場の大きな変動から巨額な収益を生み出そうとしている。

注文の種類

ブローカーに出される最も単純な注文（order）は，成行注文（market order）である。これは，市場におけるその時点での最良の価格で取引が執行される注文である。しかし，注文方法にはさまざまな種類がある。もっと一般に利用されている注文方法についてみてみよう。

指値注文（limit order）は，ある特定の価格を指定する注文で，指定された価格（指値）またはそれより有利な価格でのみ注文が執行される。したがって，指値30ドルの買い注文は30ドルまたはそれ以下で執行される。当然ながら市場価格が指値に到達しないこともあるので，注文は必ず約定されるわけではない。

ストップ注文（stop order）またはストップ・ロス注文（stop-loss order）も，ある特定の価格を指定する。ビッドまたはオファー価格が指定された価格（ストップ価格）またはそれより不利な価格にいったん到達すると，その時点での最良の価格で執行される注文である。たとえば，市場価格が35ドルのとき30ドルで売るストップ注文が出された場合，市場価格が30ドルまで下落したときに売り注文が執行される。ストップ注文は指定された価格が市場で取引された瞬間，実質的には成行注文と同じ注文になる。ストップ注文は自分に不利な方向に価格が動いたときにポジションを手仕舞う目的で通常使

われ，相場変動によって生じる損失を限定することができる。

指値付ストップ注文（stop-limit order）は，ストップ注文と指値注文の組合せである。ストップ価格に等しいもしくはそれより不利な価格でビッドまたはオファーが出されたとき，その注文は指値注文に変わる。指値付ストップ注文では，ストップ価格と指値の二つを指定しなければならない。いま市場価格が35ドルのとき，ストップ価格40ドル，指値41ドルでの買いの指値付ストップ注文が出されたとする。ビッドまたはオファー価格が40ドルになったとき，指値付ストップ注文は41ドルの指値注文になる。ストップ価格と指値が同じ場合には，この注文はストップ・アンド・リミット・オーダー（stop-and-limit order）と呼ばれることがある。

マーケット・イフ・タッチド・オーダー（market-if-touched (MIT) order）は，指定された価格またはそれより有利な価格で取引が行われた後の，その時点での最良の価格で取引が執行される注文である。したがってMITオーダーは，指定された価格で値がついたら，実質的には成行注文と同じになる。MITオーダーはボード・オーダー（board order）としても知られている。先物のロング・ポジションを手仕舞うための注文を出そうとしている投資家がいるとしよう。ストップ注文は価格が望まない方向に動いたときに損失を食い止めるための注文方法である。それに対して，MITオーダーは価格が望む方向に動いたときに収益を確定させるための注文方法である。

ディスクレショナリー・オーダー（discretionary order）またはマーケット・ノット・ヘルド・オーダー（market-not-held order）は，よりよい価格での約定をもくろんで注文の執行タイミングをブローカーに一任する成行注文である。

注文の有効期間が指定されている場合もある。期間の指定がない場合には当日注文として，その日の取引終了時点で注文は失効する。時間指定当日注文（time-of-day order）は，注文が執行される日中の時間が指定されている注文である。オープン・オーダー（open order）またはグッド・ティル・キャンセルド・オーダー（good-till-canceled order）とは，取引が執行されるまたはその先物契約が満期を迎えるまで有効な注文である。フィル・オア・

キル・オーダー (fill-or-kill order) とは，その名のとおり即時に注文が執行されない場合には取消しになる注文である。

2.9 取引の規制

米国の先物市場は，1974年に設立された米商品先物取引委員会 (CFTC：Commodity Futures Trading Commission；www.cftc.gov) より規制を受けている。

CFTC では公益にも注意を払っている。市場価格の公開や，未決済残高が一定のレベルを超えた先物トレーダーの残高報告が確実に実施されるようにすることにも責任を負っている。また，CFTC は先物取引に関して公衆に対するサービスを提供する，あらゆる個人もしくは団体に対して免許を与える業務も行っている。これらの個人もしくは団体に対しては信用調査が行われ，最低限必要な資本額も定められている。一般から苦情が持ち込まれたときには CFTC がこれに対処し，必要な場合には個人に対する懲罰処置も行う。また，取引所の規則に従わない会員に対して懲罰処置をとるよう取引所に勧告する権限を有する。

1982年に全米先物協会 (NFA：National Futures Association；www.nfa.futures.org) が設立され，CFTC の責務のいくつかが業界の自主規制に任されるようになった。NFA は先物業界に携わる個人で組織される団体であり，その目的は不公正取引を防止し，先物市場が公益のために機能するようにすることにある。NFA はトレーディングを監視し，必要な場合に懲罰処置をとる権限をもっている。また，個人と会員との間の紛争を調停する効率的な仕組みも構築している。

2010年にオバマ大統領が署名し成立したドッド・フランク法 (Dodd–Frank Act) は，CFTC の役割を拡大した。いまや CFTC は，店頭デリバティブがスワップ取引執行機関 (swap execution facility) を通じて取引され，CCP により清算されることを義務づけるルールについても責任を負っている。

不公正取引

通常，先物市場は効率的に機能し公益に資している。しかし，時折不公正な取引が明るみに出る。典型的な不公正取引の一つは，投資家グループによる"買占め（corner the market）"である[8]。巨大な先物ロング・ポジションを保持する一方で，原資産商品の供給をもコントロールしようとするものである。先物の満期日が近づいたとき，未決済の先物建玉残が受渡し可能な原資産数を上回ってしまうように，投資家グループはポジションを手仕舞わないでおく。そうすると，ショート・ポジションをもつ投資家は期日での受渡しが困難と判断して，なりふりかまわず先物を買い戻してポジションを手仕舞わざるをえなくなる。その結果，先物価格と現物価格の両方が大きく上昇することになる。規制当局はこうした不公正取引に対抗するために，証拠金率を引き上げたり，厳しいポジション制限を設けたり，スペキュレーターの未決済ポジションを増加させるような取引を禁じたり，あるいは市場参加者にポジションを手仕舞うように求めるなどの手段を講じる。

他の典型的な不公正取引に，立会場のトレーダーを巻き込んで行われるものがある。例として，FBIがCMEとCBOTでの取引を2年間にわたり内偵した後に，1989年に公表したものがある。調査は大きな農業団体の抗議を発端に始められた。罪状は，顧客からの手数料のとりすぎ，売買益の一部しか投資家に支払っていなかった，トレーダーが顧客の注文情報をもとに事前に売買を行った（いわゆるフロントランニング）などである。

2.10 会計処理と税金

先物契約の会計処理や税金の取扱いの詳細は，本書の範囲を超えるため扱わない。詳細に知りたいというトレーダーの方は，専門家に助言を求めてい

---

[8] このような取引の具体例としてよく知られているものに，1979年から1980年の間にハント兄弟が行った銀の買占めがある。1979年半ばから1980年の初頭にかけて，彼らの売買により，銀先物価格は1オンス当り6ドルから50ドルへと急騰してしまったのである。

ただきたい。ここでは，一般的な背景知識を紹介するにとどめる。

会計処理

　会計基準では，ヘッジ目的でない先物契約の損益認識は，発生基準で行うことが求められている。先物がヘッジ目的で用いられている場合には，その会計上の損益認識はヘッジ対象の損益認識期間と同一期間で行われるのが一般的である。後者の会計処理はヘッジ会計（hedge accounting）と呼ばれている。

　12月決算の企業を考える。その企業が，2014年9月に2015年3月限トウモロコシ先物を買い建てて，2015年2月末にそのポジションを手仕舞うとしよう。買建て時の先物価格が1ブッシェル当り650セント，2014年末に670セント，手仕舞い時に680セントであったと仮定する。取引単位は5,000ブッシェルである。この取引がヘッジに利用されていないならば，会計上認識される利益額は，2014年度は，

$$5{,}000 \times (6.70 - 6.50) \text{ドル} = 1{,}000 \text{ドル}$$

であり，2015年度に，

$$5{,}000 \times (6.80 - 6.70) \text{ドル} = 500 \text{ドル}$$

となる。その企業が，2015年2月に購入するトウモロコシ5,000ブッシェルをヘッジする目的で先物契約を買い建てていた場合にはヘッジ会計が利用でき，利益全体の1,500ドルが2015年度の利益として計上される。

　このヘッジ損益に関する会計処理は理にかなったものである。企業が2015年2月に行うトウモロコシ5,000ブッシェルの購入をヘッジしているのであれば，先物契約の購入は，トウモロコシの購入価格を1ブッシェル当り650セント付近に固定することと同じである。ヘッジ会計は，その代金が支払われるのは2015年度であるということを反映したものである。

　1998年6月に米国財務会計基準審議会（FASB：Financial Accounting Standards Board）は基準書第133号（FAS 133）でデリバティブ商品とヘッジ操作に関する会計指針を公表した。この FAS 133は先物，フォワード，スワップ，オプションを含むすべてのデリバティブに適用され，すべてのデリ

バティブを公正市場価格（fair market value）でバランスシートに記載する[9]などのいっそうの情報開示が求められることとなった。また，FAS 133はヘッジ会計を利用する際の企業の裁量を少なくした。すなわち，ヘッジ会計を利用する場合には，ヘッジ取引がエクスポージャーをかなり効果的に相殺している必要があり，そのことを3カ月ごとに検証しなければならなくなった。同様の基準が，国際会計基準書第39号（IAS39）として国際会計基準審議会（IASB：International Accounting Standards Board）から出されている。

税　金

　米国における課税原則には二つのポイントがある。一つは課税対象の種類であり，もう一つは損益認識のタイミングである。損益はキャピタル・ゲイン／ロスと通常所得に分類される。

　法人の場合は，キャピタル・ゲインは通常所得と同じ税率で課税され，キャピタル・ロスの損益通算に関して制限が設けられている。キャピタル・ロスの損益通算はキャピタル・ゲインの範囲までとされ，キャピタル・ロスについては3年間の繰戻し，または5年間の繰延べが認められている。一方，個人の場合は，短期キャピタル・ゲインは通常所得と同じ税率で課税されるが，長期キャピタル・ゲインは最高税率15％のキャピタル・ゲイン税が課税される。（長期キャピタル・ゲインは1年超保有する資本資産の譲渡益であり，短期キャピタル・ゲインは保有期間が1年以内の資本資産の譲渡益である。）また個人の場合は，キャピタル・ロスの控除はキャピタル・ゲインと通常所得の合計で3,000ドルまでとされ，繰延べは無期限で認められている。

　一般的に，先物のポジションは課税年度の最終日に手仕舞ったものとして取り扱われる。個人の場合は，発生したキャピタル・ゲイン／ロスはその保有期間にかかわらず，60％が長期，40％が短期として扱われる。これは"60/40"ルールと呼ばれている。また，個人は60/40ルールのもとで発生したネット損失に関して，前3年間における課税所得から控除する繰戻しを選

---

[9] 以前はオフバランスシート取引であるということが，デリバティブ取引が好まれる理由となることもあった。

択することもできる。

　ヘッジ取引については本ルールの適用外となる。税法上のヘッジ取引の定義は会計上のそれとは異なる。税務当局は，ヘッジ取引を主に次のいずれかの理由によってビジネス上の通常行為の一環として行われた取引と規定している。

　　1．本業を営むために保有する，あるいは保有予定の資産に対して，その価格変動もしくは為替の変動によるリスクを避けるため
　　2．借入れに関する，価格や金利，為替の変動リスクを避けるため

　ヘッジ取引は，即座に会社の帳簿等にヘッジとして明確に仕分けされなければならない。ヘッジ取引から発生する損益は通常所得として取り扱われる。一般的に，ヘッジ取引の損益認識時期はヘッジ対象の損益認識時期と同時期となる。

2.11　フォワード契約と先物契約との違い

　フォワード契約と先物契約の主な違いを表2.3にまとめた。両契約とも，将来のある時点においてあらかじめ定めた価格で資産を売買する契約である。フォワード契約は店頭市場での取引であり，標準的な契約量や受渡方法は特に決まっていない。通常，受渡日が1日だけ指定され，満期になるまで契約は保有され，受渡日に決済される。一方，先物契約は取引所で取引される標準的な契約で，受渡しは期間で指定される。また，先物契約は日々値洗

表2.3　フォワード契約と先物契約の比較

フォワード	先　物
相対で取引される	取引所で取引される
取引は標準化されていない	取引は標準化されている
通常，受渡日が1日だけ指定される	受渡しの期間が指定される
契約満期日に決済	日々値洗い
通常，現渡しまたは最後に現金決済される	契約は満期前に通常手仕舞われる
信用リスクがある	実質的に信用リスクがない

いされ，満期前に手仕舞われるケースが多い。

フォワード契約と先物契約から得られる収益

いま，英ポンドの90日物為替フォワード契約のレートが1.5000で，90日後受渡しの先物価格も同じレートとしよう。この二つの契約から生じる損益の違いは何であろうか。

フォワード契約では満期時点に総損益が実現するが，先物契約は日々値洗いされるので損益は日々実現する。いま，トレーダーAが満期90日のフォワード契約で100万英ポンドを買持ち，トレーダーBが満期90日の先物契約で100万英ポンドを買持ちにしているとする（先物契約の取引単位は62,500英ポンドなので，トレーダーBは先物契約を16単位購入する必要がある）。90日後に為替のスポット・レートが1.7000となったとすれば，トレーダーAは90日後に200,000ドルの利益を計上する。トレーダーBも同じ利益を計上するが，その利益は90日間にばらけて計上される。つまり，ある日にはトレーダーBは損を計上し，別の日では益を計上するといった具合である。しかし，合計では損失は利益と相殺され，90日間では200,000ドルの利益となる。

外国為替の建値方法

フォワード契約と先物契約はともに外国為替市場で活発に取引されているが，二つの市場において建値の方法が異なることもある。米ドルが入る外国為替に対する先物価格は常に外国通貨1単位当りの米ドル額，または外国通貨1単位当りのセント額で建値される。一方，フォワード価格は常にスポット価格と同じ建値方法である。すなわち，英ポンド，ユーロ，豪ドル，ニュージーランド・ドルのフォワード価格は外国通貨1単位当りの米ドル額で建値され，先物価格と直接比較できるが，その他主要通貨のフォワード価格は米ドル（USD）1単位当りの外国通貨額で建値される。たとえば，カナダ・ドル（CAD）の場合，1CAD当り0.9500USDの先物価格には，1USD当り1.0526CAD（1.0526 = 1/0.9500）のフォワード価格が対応している。

要 約

　実際に取引されているほとんどの先物契約では現渡しは行われず，受渡期日前に手仕舞われている。しかし，先物価格を決めているのは現渡しの可能性があることである。個々の先物契約に対して受渡し可能期間が設けられていて，受渡しの手続も詳細に定められている。株価指数などの先物契約は現渡しではなく，現金で決済される。

　先物契約の詳細を決めることは先物取引所の重要な役割である。というのは，先物の売り方と買い方の双方は，受渡し可能資産は何で，どこで受渡しが行われるか，いつ受渡しが行われるかについて知る必要があるからである。また，売買時間，価格の提示方法，値幅制限等についても知っておくことが必要である。新しい先物契約の導入は米商品先物取引委員会（CFTC）によって事前承認を得る必要がある。

　証拠金制度は先物市場における重要な仕組みである。投資家はブローカーに対して証拠金を維持しなければならない。証拠金勘定は損益を反映して日々調整され，相場が不利に動いたときには，ブローカーから証拠金の追加差入れを要求されることもある。ブローカーは清算機関の清算会員であるか，そうでない場合は清算会員に証拠金を差し入れる必要がある。さらに，各清算会員は取引所の清算機関に対し取引証拠金を差し入れており，その清算会員が責任をもつ取引に対して損益を反映した証拠金勘定の調整が日々行われる。

　店頭デリバティブ市場では，取引の清算は二者間で，あるいは中央集約的に行われる。二者間で清算される場合，信用リスクを削減するために，片側のみあるいは両者が担保を差し入れることが頻繁に行われる。中央清算される場合，中央清算機関（CCP）が二者の間に入り，各々に対して証拠金の差入れを要求して，取引所の清算機関と非常によく似た機能を果たす。

　取引所は価格情報を機械的に収集し，秒単位で世界中の投資家に伝達している。また，ウォール・ストリート・ジャーナル等の多くの日刊新聞には前日の売買概況が掲載されている。

フォワード契約は先物契約と多くの点で異なる。フォワード契約は二者間の相対取引であり，先物契約は取引所取引である。フォワード契約では一般に受渡日が1日だけ指定されるが，先物契約では受渡期間が指定されることが多い。フォワード契約は取引所取引ではないため，契約を標準化する必要はない。また，フォワード契約は通常満期前に決済されないため，ほとんどの取引では満期時に原資産が受け渡されるか，その時点で現金決済される。

以下の章では，フォワード契約と先物契約がどのようにヘッジに利用されているかを詳細に論じるとともに，フォワード価格や先物価格がどのように決定されるかをみていく。

参考文献

Duffie, D., and H. Zhu. "Does a Central Clearing Counterparty Reduce Counterparty Risk?" *Review of Asset Pricing Studies*, 1, 1 (2011): 74-95.

Gastineau, G. L., D. J. Smith, and R. Todd. *Risk Management, Derivatives, and Financial Analysis under SFAS No.133.* The Research Foundation of AIMR and Blackwell Series in Finance, 2001.

Hull, J. "CCPs, Their Risks and How They Can Be Reduced," *Journal of Derivatives*, 20, 1 (Fall 2012): 26-29.

Jorion, P. "Risk Management Lessons from Long-Term Capital Management," *European Financial Management*, 6, 3 (September 2000): 277-300.

Kleinman, G. *Trading Commodities and Financial Futures.* Upper Saddle River, NJ: Pearson, 2013.

Lowenstein, R. *When Genius Failed: The Rise and Fall of Long-Term Capital Management.* New York: Random House, 2000.

Panaretou, A., M. B. Shackleton, and P. A. Taylor. "Corporate Risk Management and Hedge Accounting," *Contemporary Accounting Research*, 30, 1 (Spring 2013): 116-39.

[練習問題]

2.1 建玉と出来高の違いは何か。

2.2 ローカルズと先物取次業者の違いは何か。

2.3 銀先物7月限を1オンス当り17.20ドルで売り建てており，取引単位は5,000オンス，当初証拠金が4,000ドル，維持証拠金は3,000ドルであるとする。先物価格がいくらになると追加証拠金が必要となるか。また，追加証拠金を差し入れなかった場合にはどうなるか。

2.4 2015年9月に2016年5月限原油先物を1単位買い建て，2016年3月にそのポジションを手仕舞うものとする。買建て時の先物価格が1バレル当り88.30ドル，手仕舞い時の先物価格が90.50ドル，2015年12月末の先物価格が89.10ドル，取引単位は1,000バレルとする。この取引から発生する総収益はいくらか。また，それはいつ実現するか。さらに，(a)ヘッジャーの場合，(b)スペキュレーターの場合について税金はどのようになるか。ただし，12月31日を年度末とする。

2.5 2ドルで売るストップ注文とは何か。それはどういうときに利用されるか。また，2ドルで売る指値注文とは何か。それはどういうときに利用されるか。

2.6 清算機関により管理される証拠金とブローカーにより管理される証拠金との違いは何か。

2.7 通貨先物市場，為替スポット市場および為替フォワード市場における建値方法の違いは何か。

2.8 先物契約の売り手がもつ，受渡しを行う原資産のグレード，受渡場所，受渡日に関する選択権は，先物価格を高くするか，それとも低くするか。その理由も答えよ。

2.9 新しい先物契約を導入する場合に，最も重要な要素は何か。

2.10 デフォルト・リスクから投資家を保護するのに証拠金勘定がどのように機能しているか述べよ。

2.11 あるトレーダーが，オレンジジュース先物7月限を2単位購入する。

この先物契約の取引単位は15,000ポンドである。現在の先物価格が1ポンド当り160セント，当初証拠金が1契約当り6,000ドル，維持証拠金が1契約当り4,500ドルとした場合，先物価格がいくら動くと追加証拠金が必要となるか。また，証拠金勘定から2,000ドル引き出すことが可能なのは，どのような場合か。

2.12 受渡期間中に商品の先物価格が現物価格よりも高いならば，裁定機会があることを示せ。逆に低い場合はどうか。

2.13 マーケット・イフ・タッチド・オーダーとストップ注文との違いを説明せよ。

2.14 指値20.10ドル，ストップ価格20.30ドルの売りの指値付ストップ注文とは何か。

2.15 ある日の取引終了後，清算会員が100契約のロング・ポジションを保有しており，清算価格が1契約当り50,000ドルだったとする。当初証拠金は1契約当り2,000ドルである。翌営業日にこの清算会員の清算するロング・ポジションが20契約追加され，この追加分の価格は1契約当り51,000ドルだったとする。この日の清算価格が50,200ドルの場合，この清算会員は清算機関に対しいくらの証拠金を積み増す必要があるか。

2.16 2008年の信用危機以降に導入された新しい規制の結果として，なぜ店頭市場において担保の要求が増加したのか説明せよ。

2.17 45日後に受渡しが行われるスイス・フランのフォワード価格が1.1000で提示されている。一方，45日後に受渡しされる先物価格は0.9000である。この二つの価格を説明せよ。スイス・フランを売却する投資家にとってどちらが有利であるか。

2.18 いま，あなたがブローカーに電話をして，食用豚肉先物7月限1単位の売却を注文したとする。その後に起こることを述べよ。

2.19 「先物市場における投機取引は，まさにギャンブル行為である。スペキュレーターが先物取引所で取引するのを許すのは，公益に反する。」このような見方をどのように考えるか。

2.20 店頭デリバティブの二者間清算と中央清算の違いを説明せよ。

2.21 原資産の品質定義が不完全な状態で取引所が先物取引を開始したら，どのような事態が発生するか。

2.22 「取引所の立会場で先物契約が1単位取引されると，建玉が1単位増加することもあれば，変化がないこともあるし，1単位減少することもある。」これはどういうことか説明せよ。

2.23 2015年10月24日に2013年4月限生牛先物を1単位売り建て，2016年1月21日にそのポジションを手仕舞ったとする。売建て時の先物価格は1ポンド当り91.20セント，手仕舞い時の価格は88.30セント，2015年12月末の価格は88.80セントとする。取引単位が生牛40,000ポンドの場合，総収益はいくらになるか。また，その会社が(a)ヘッジャーの場合，(b)スペキュレーターの場合で税金はどのようになるか。ただし，12月31日を年度末とする。

2.24 ある畜牛業者は，3カ月後に生牛120,000ポンドを売ろうと考えている。CMEグループの生牛先物の取引単位は，生牛40,000ポンドである。この畜牛業者は，この先物を使ってどのようにヘッジを行うことができるか。畜牛業者の観点からみたヘッジのメリット，デメリットは何か。

2.25 2014年7月に，ある鉱山会社が小規模な金鉱を発見したとしよう。採掘できるまでに6カ月，それから継続的に1年程度採掘できるものとする。金の先物契約の限月は2014年8月限から2015年12月限まで2カ月間隔である。また，取引単位は100オンスである。この鉱山会社は先物市場を使ってどのようにヘッジを行うことができるか議論せよ。

2.26 CCPがどのように機能するか説明せよ。すべての標準化されたデリバティブ取引をCCPを通じて清算することを要求することで，金融システムにどのような利点があるか述べよ。

発展問題

2.27 トレーダーAが3カ月後に100万ユーロを130万ドルで買う先物契約を締結し，トレーダーBは同じことを行うフォワード契約を締結したとする。最初の2カ月間で，為替レート（1ユーロ当りのドル）が急落し，3カ月目に上昇して満期日に1.3300にて取引終了となった。日次値洗いを無視するとして，それぞれのトレーダーの最終損益はいくらか。また，日次値洗いの影響を考慮すると，どちらのトレーダーの取引のほうがうまくいったか。

2.28 建玉とは何か説明せよ。受渡日の前の月において，建玉は通常減少するがなぜか。とある日，ある先物の取引が2,000単位取引されたとすると，これは2,000の買いと2,000の売りがあったことになる。2,000の買いのうち，1,400が手仕舞い，600が新規ポジションとなった。また，2,000の売りのうち，1,200が手仕舞われ，800が新規ポジションとなった。この日の取引は，どのように建玉に影響を与えたか。

2.29 オレンジジュース先物の取引単位は，冷凍濃縮オレンジジュース15,000ポンドである。2014年9月に，ある企業が2016年3月限のオレンジジュース先物を1ポンド当り120セントで売り建てたとしよう。2014年12月の先物価格は140セント，2015年12月には110セントとなり，2016年2月に125セントで手仕舞った。企業は12月決算である。この企業のこの取引に関する損益はいくらか。それはどのように実現したか。この取引の会計上，そして税務上の取扱いは，この企業が，(a)ヘッジャー，(b)スペキュレーターだとした場合，それぞれどうなるか。

2.30 ある企業が，1ブッシェル当り750セントで5,000ブッシェルの小麦を売却するという先物取引を行う。当初証拠金が3,000ドルで維持証拠金が2,000ドルとすると，先物価格がいくら動くと追加証拠金が必要になるか。また，証拠金勘定から1,500ドル引き出すことが可能な

のはどのような場合か。

2.31 原油の保管コストをゼロ，借入・貸出金利を年率5％とする。ある年の6月限と12月限の先物契約が，80ドルと86ドルでそれぞれ取引されていた場合，どのように収益をあげることができるか。

2.32 ある資産を受渡価格Kで購入するフォワード契約と，その資産に対する同じ受渡日の行使価格Kのプット・オプションの買いとをあわせたポジションは，どのようなポジションと等価か。

2.33 ある企業が，銀行A，B，Cとデリバティブ取引を行っており，それらの価値は企業側にとってそれぞれ＋2,000万ドル，－1,500万ドル，－2,500万ドルであったとする。以下のそれぞれの場合，この企業はいくら証拠金あるいは担保を差し入れる必要があるか。

(a) 取引が二者間で清算されており，一方向の（one-way）担保契約が適用されている場合。企業は，変動証拠金は差し入れるが当初証拠金は差し入れない。銀行は担保を差し入れない。

(b) 取引が同じCCPを通じて清算され，CCPは当初証拠金として全体で1,000万ドルを必要とする場合。

2.34 ある銀行のカウンターパーティーとのデリバティブ取引が，銀行にとって＋1,000万ドルの価値であり，二者間で清算されているとする。カウンターパーティーが1,000万ドルの現金担保を差し入れた。この銀行は，信用エクスポージャーをもつであろうか。

2.35 著者のウェブサイト（www-2.rotman.utoronto.ca/~hull/data）にアクセスすれば原油先物と金先物の日次終値を取得することができる。そのデータをダウンロードして，以下の問いに答えよ。

(a) 日々の価格変動が，ゼロを平均として正規分布に従っていると仮定し，99％の信頼度を超えない日次の価格変動を推定せよ。

(b) 取引所がトレーダーに対する維持証拠金を，99％の確度で2日間の価格変動で証拠金がなくなることがないように決めたいとする。（マージン・コールを1日の終了時に行い，トレーダーは次の日の終了時までに追加証拠金を差し入れるか決めることになるため，2日間

の変動に注目している。）正規分布を仮定するならば，証拠金はどの程度高く設定する必要があるだろうか。

(c) 上記(b)の計算により，維持証拠金が当初証拠金の75％と計算されたと仮定せよ。ロング・ポジションをもつトレーダーにとって，データがカバーする期間において，2日間の価格変動により証拠金がなくなるようなことはどの程度の頻度で起こるか。この結果により，正規分布仮定の妥当性について何がいえるだろうか。

第3章

先物を使ったヘッジ戦略

　先物市場の多くの参加者はヘッジャーであり，彼らの目的は，先物市場を用いて自分たちが直面する特定のリスクを軽減することである。このリスクは原油価格，為替，株式，またはそのほかの要因にかかわるものである。完全ヘッジ（perfect hedge）とは，そうしたリスクを完全に除去するヘッジであるが，完全ヘッジが行えるのはまれである。したがって，先物契約を使ったヘッジの検討は，ほとんどの場合，いかにヘッジを完全に近づけていくかといったものになる。

　本章では，ヘッジ手法に関連する多くの一般的な問題を取り上げ，先物契約のショート・ポジションが適切なのはどのようなときか，先物契約のロング・ポジションが適切なのはどのようなときか，どの先物契約を利用すべきか，リスクを軽減するための最適な先物契約数はいくらか，等の検討を行う。ここでは，ヘッジ・アンド・フォゲット（hedge-and-forget）と呼ばれる

戦略のみに着目し，いったんヘッジを行えば，その後のヘッジの調整はないものと仮定する。この場合，ヘッジャーは単にヘッジの初期時点で先物のヘッジ・ポジションをつくり，ヘッジの最終時点でそれを手仕舞うのみである。第19章ではダイナミック・ヘッジ戦略を検討する。そこではヘッジが常にモニタリングされ，頻繁にヘッジ・ポジションが調整される。

本章では，最初は先物契約をフォワード契約として扱う（すなわち，日々の値洗いを無視することにする）。その後で，先物契約とフォワード契約との違いを考慮する，"テーリング（tailing）"として知られる調整について説明する。

3.1 基本原理

個人または企業があるリスクのヘッジに先物市場を利用する目的は，一般に，先物のポジションをとることで，極力そのリスクをなくすことにある。ある企業が，今後3カ月で商品価格が1セント上昇すれば10,000ドルの利益を得て，1セント下落すれば10,000ドルの損失を被るとする。ヘッジするためには，企業の財務担当者は，このリスクを相殺できる先物契約のショート・ポジションを構築すればよい。先物契約のポジションからは，今後3カ月で商品価格が1セント上昇すれば10,000ドルの損失を被り，1セント下落すれば10,000ドルの利益が得られる。すなわち，商品価格が下落すれば，先物契約の利益によって企業活動から発生する損失をカバーし，商品価格が上昇すれば，先物契約の損失は企業収益によってカバーされる。

売りヘッジ

売りヘッジ（short hedge）とは，先に述べたように，先物契約のショート・ポジションによるヘッジである。売りヘッジは，ヘッジャーがすでに資産を所有し，将来のある時点でそれを売却する予定がある場合に適した戦略である。たとえば，養豚業者が2カ月後に地元の市場で豚を売却する場合，売りヘッジに豚の先物契約が利用されることがある。また，売りヘッジは現

時点で資産を所有していなくても，将来のある時点で所有することがわかっている場合にも利用できる。たとえば，ある米国の輸出業者が3カ月後にユーロを受け取ることがわかっており，米ドルに対してユーロの価値が上昇すれば利益が発生し，ユーロの価値が下落すれば損失が発生するとする。先物契約のショート・ポジションをとれば，ユーロが上昇すれば損失が発生し，ユーロが下落すれば利益が発生する。それによって，輸出業者のリスクは相殺できる。

　具体的な例を使って，ある特定の状況における売りヘッジの操作を説明しよう。現在を5月15日とし，原油生産業者が原油100万バレルの売却契約について交渉しており，契約価格は8月15日の市場価格を適用することになったとする。そうすると，原油生産業者は，3カ月後に原油価格が1セント上昇すれば10,000ドルの利益が発生し，1セント下落すれば10,000ドルの損失が発生するポジションをもったことになる。いま，5月15日の現物価格が1バレル当り80ドル，8月限原油先物価格が1バレル当り79ドルとする。原油先物の取引単位は1,000バレルなので，この企業は1,000枚の8月限原油先物を売り建てることによって，抱えるエクスポージャーをヘッジすることができる。原油生産業者が8月15日にポジションを手仕舞うならば，この戦略によって1バレル当り79ドル近辺で価格を固定化できる。

　8月15日の現物価格が1バレル当り75ドルになったとして，この例で何が起こるかをみてみよう。原油生産業者は，原油の売却契約によって7,500万ドルを受け取る。一方，8月は先物の受渡月であるため，8月15日の先物価格はその日の現物価格75ドルに非常に近いものになる。したがって，この企業は先物契約から1バレル当りおよそ，

$$79ドル - 75ドル = 4ドル$$

の利益，すなわち先物のショート・ポジションから総額400万ドルの利益を得る。したがって，先物契約ともともとの売却契約をあわせた実現金額は，1バレル当りおよそ79ドル，すなわち総額で7,900万ドルとなる。

　今度は，8月15日の原油価格が1バレル当り85ドルになったとしよう。その時，企業は現物の売却に対して85ドルを受け取り，先物契約による損失は

1バレル当りおよそ,

$$85ドル - 79ドル = 6ドル$$

になる。したがって，この場合も総実現額はおよそ7,900万ドルである。いずれの場合でも，最終的な企業の売却額はおよそ7,900万ドルとなる。

買いヘッジ

先物契約のロング・ポジションによるヘッジは，買いヘッジ (long hedge) として知られる。買いヘッジは，企業が将来のある時点である資産を購入する必要があり，現時点でその価格を固定化したい場合に適した戦略である。

現在を1月15日とし，銅精錬業者がある契約を履行するために，5月15日に100,000ポンドの銅を必要としている。銅の現物価格は1ポンド当り340セント，5月限先物価格は1ポンド当り320セントである。精錬業者はCMEグループのCOMEX部門により提供されている5月限先物4枚のロング・ポジションをとり，5月15日にそのポジションを手仕舞うことで，抱えるエクスポージャーをヘッジすることができる。先物の取引単位は銅25,000ポンドである。この戦略は，必要とする銅の価格を1ポンド当り320セント付近に固定化する効果をもつ。

5月15日の銅の現物価格が1ポンド当り325セントになったとしよう。5月は先物契約の受渡月なので，先物価格はその水準に非常に近いものになる。したがって，先物契約によりこの精錬業者が得る利益はおよそ,

$$100,000 \times (3.25ドル - 3.20ドル) = 5,000ドル$$

となる。また，銅に対しては$100,000 \times 3.25$ドル$= 325,000$ドルの支払が発生するので，総コストはおよそ$325,000$ドル$- 5,000$ドル$= 320,000$ドルとなる。今度は，5月15日に先物価格が1ポンド当り305セントになったとしよう。その時，精錬業者は先物契約からおよそ,

$$100,000 \times (3.20ドル - 3.05ドル) = 15,000ドル$$

の損失を被る。一方，銅に対しては$100,000 \times 3.05$ドル$= 305,000$ドルの支払が発生するので，この場合も総コストはおよそ$320,000$ドル，すなわち1ポンド当り320セントとなる。

この企業にとって，このケースでは1月15日に現物市場で銅を購入するよりも，先物契約を利用したほうが明らかによかったことに注意されたい。前者の場合，1ポンド当り320セントのかわりに340セント支払うことになり，さらに金利コストと保管コストの両方も必要となる。通常の銅取引を行っている企業にとって，この不利益は銅を保有しているという利便性[1]によって相殺される。しかし，5月15日まで銅を必要としない企業にとっては，先物契約を利用する方法が好まれるであろう。

　ところで，これまでみてきた例では，先物ポジションは受渡月に手仕舞われるものと仮定してきた。受渡しの発生を許容しても，基本的にはヘッジは同様の効果をもつ。しかし，現受け・現渡しにはコストがかかり，利便性がない。そのため，ヘッジャーは受渡月まで先物契約を保有したとしても，受渡しは通常行わない。後で論じるが，ロング・ポジションを保有するヘッジャーは，受渡期間より前にポジションを手仕舞うことで，受渡しの発生を避けるのが一般的である。

　また，これまでの二つの例では，日々の値洗いはないものとして扱った。実際には，日々の値洗いがヘッジのパフォーマンスにわずかながら影響を与える。第2章で説明したように，先物契約からの受払いは満期一括で発生するのではなく，ヘッジの全期間にわたって日々実現されるからである。

3.2　ヘッジに対する賛否両論

　ヘッジに対する賛成派の意見は，いうまでもないくらい自明である。ほとんどの非金融企業は製造業や小売業，卸売業，サービス産業で業務を営んでおり，金利や為替，商品価格のような変数を予測する特別なスキルや専門的知識はもっていない。したがって，企業がこうした変数からのリスクを認識しヘッジすることは，企業にとって理にかなった行動である。ヘッジの結果，企業は自らのもつ特別なスキルや専門的知識を生かせる本業に集中で

---

[1] コンビニエンス・イールドについての説明は5.11節を参照。

き，購入しようとしている商品の価格急騰のような不愉快な不測の事態を回避できる。

しかし，実際には，多くのリスクはヘッジされていない。以下，その理由のいくつかをみてみよう。

ヘッジと株式保有者

時々，主張される意見の一つは，株主自身が望むならば，自らヘッジを行えるというものである。株主にとっては，企業がヘッジを行う必要はない。しかし，この説には依然として疑問が残る。そこには，企業の直面するリスクについての情報を，株主がその企業の経営者と同じ程度もっているという仮定があるからだ。ほとんどの場合において，これは正しくない。また，この主張は手数料や取引コストを無視している。大規模な取引は小規模な取引よりも単位当りのヘッジコストがかからないため，個人株主よりも企業によるヘッジのほうがコストは割安であろう。実際，先物の取引単位は大きすぎて，個人株主には先物はヘッジに使えないことが多い。

一方，株主が企業よりも容易に実行できることは，リスクの分散である。うまく分散させたポートフォリオを保有する株主は，企業が直面する多くのリスクの影響を受けにくい。リスク分散する投資家は，たとえば，銅を利用する企業の株式保有に加え，銅の精錬業者の株式も保有すれば，銅の価格変化に対する全体のエクスポージャーを小さくすることができる。企業が，リスク分散する投資家の株主利益を最優先して企業活動を行うならば，企業によるヘッジは多くの状況において不必要であると主張できるかもしれない。しかし，この種の主張に企業経営者が実際どの程度影響を受けるかには疑問が残る。

ヘッジと競争相手

ある産業においてヘッジが一般的でない場合，他の企業と異なる行動をとって1社のみヘッジを行うのはあまり意味をなさない。その産業での商品やサービスの価格に原材料，金利，為替レートなどのコストは転嫁できるこ

表3.1 競合他社がヘッジを行わない場合のヘッジの危険性

金価格の変化	金宝飾品価格への影響	TakeaChance 社の収益への影響	SafeandSure 社の収益への影響
上昇	上昇	影響なし	増加
下落	下落	影響なし	減少

とを前提にして、その産業での競争圧力は働いているかもしれない。その場合、ヘッジをしない企業は概して価格に連動した固定マージンを期待できるが、ヘッジを行えばマージンは逆に変動してしまう。

例を使って説明しよう。金宝飾の製造業者、SafeandSure 社と TakeaChance 社を考えよう。TakeaChance 社も含めて、ほとんどの同業者は金の価格ヘッジを行わないと仮定する。しかし、SafeandSure 社は他の競合他社と異なり、18カ月後の金購入を先物契約でヘッジすることに決めたとする。金の価格が上昇すれば、経済的な圧力として、対応する宝飾品の卸売価格も上昇する傾向にあり、TakeaChance 社のマージンは影響を受けない。それとは対照的に、ヘッジの効果を考慮すれば、SafeandSure 社のマージンは上昇する。一方、金の価格が下落すれば、経済的な圧力として、対応する宝飾品の卸売価格も下落する傾向にあり、この場合も TakeaChance 社のマージンはやはり影響を受けない。しかし、SafeandSure 社のマージンは下がってしまう。極端な場合、SafeandSure 社のマージンは、ヘッジの結果としてマイナスになることもある。これらの状況を表3.1にまとめた。

この例は、ヘッジを行う際には全体像をみることが重要であることを強調したものである。すなわち、価格変化に対するヘッジ戦略を策定する際には、価格変化が企業収益にどのような影響を与えるかをしっかりと考慮する必要がある。

ヘッジは悪い結果も招くことも

先物を利用したヘッジは、ヘッジをしない場合のポジションに比べて、企業収益に増減をもたらす可能性があることに留意することが重要である。た

とえば，先の原油生産業者の例では，原油価格が下落すれば，企業は100万バレルの売上げで損失を被る一方で，ヘッジの先物ポジションからは，それを相殺するような利益が発生する。この場合，財務担当者のヘッジを行った先見性は賞賛を受けるだろう。明らかに，ヘッジを行っていなかった場合に比べて企業業績はよかったことになる。組織の経営者も財務担当者の貢献を評価するであろう。しかし，もし原油価格が上昇した場合はどうであろうか。企業は原油の販売で利益を計上する一方で，先物ポジションによりそれを打ち消す損失を被る。この場合，企業の業績はヘッジを行わなかった場合に比べて悪くなる。ヘッジの判断は完全に筋の通ったものではあるが，実際には，財務担当者はそれを正当化するのに骨を折ることになる。ヘッジ終了時の原油価格が89ドルであったとしよう。その時，企業は先物契約によって1バレル当り10ドルの損失を被る。それをめぐって，財務担当者と社長との間での次のような会話が想像される。

社長：これはひどい。3ヵ月間に先物市場で1,000万ドルの損失を被った。何が起きたのかきちんと説明してくれないか。
財務担当者：先物取引の目的は，それから利益を生み出そうというものではなく，原油価格に対するエクスポージャーをヘッジすることです。原油価格の上昇による望ましい効果によって，1,000万ドルの利益を本業から得たことを忘れないでください。
社長：それとどう関係があるというのか。ニューヨークで売上げが増えているので，カリフォルニアで売上げが減っても心配するなといっているようなものではないか。
財務担当者：原油価格が下がっていれば……。
社長：原油価格が下がっていたならば何が起こっていたかは関係ない。実際，価格は上がっているではないか。君が先物市場でこのようなプレイをして何をしようとしていたのか，私にはまったくわからない。株主は，この四半期でいかにわれわれがうまくやったかを期待している。私は株主に対して，君の行為によって1,000万ドルの収益が減っ

てしまった旨を説明しなければならない。残念ながら今年の君のボーナスはないものだと理解してくれ。

財務担当者：それは不公平な扱いです。私はただ……。

社長：不公平だと。君はくびにならないだけラッキーだ。君は1,000万ドルの損失を出したのだから。

財務担当者：すべては社長がそれをどのようにみるかによります……。

多くの財務担当者がヘッジに対して気乗りしない理由が，容易に理解できるだろう。ヘッジは企業のリスクを軽減させる。しかし，何が行われているかをほかの人が理解していなければ，財務担当者にとってのリスクは増大するかもしれない。この問題に対する唯一の真の解決策は，ヘッジが実際に行われる前に，組織内の経営陣からヘッジに対する十分な理解を得ておくことである。ヘッジ戦略が企業の取締役会にて定められ，企業の経営管理者と株主に対してわかりやすく情報開示されていることが理想的であろう。（金の採掘企業によるヘッジについては，ビジネス・スナップショット3.1を参照。）

ビジネス・スナップショット3.1

金採掘企業によるヘッジ

優良な金採掘企業であれば，金の価格変動ヘッジを検討するのは自然である。鉱山から金をすべて採掘するには一般的には数年かかる。一度，特定の鉱山での金の生産に着手することを決定すれば，その企業は金価格に対する大きなエクスポージャーにさらされる。実際，鉱山に当初収益が見込まれていても，金の価格が下落すれば利益はなくなってしまう。

金採掘企業は投資家に対して，ヘッジ戦略について注意深く説明を行う。ヘッジを行わない金採掘企業もある。金関連株式を購入し，金価格の上昇で利益をあげたいと考え，金価格の下落による損失リスクを許容できる株主にとっては，そうした企業が魅力的であろう。一方，ヘッジを行う企業もある。そうした企業は今後数年で金を毎月何オンス生産で

きるかを推定し，すべての，もしくは一部の価格を固定化するために金売却の先物契約かフォワード契約を締結する。

あなたがゴールドマン・サックス証券の社員で，1年後に固定価格にて大量の金を売却したいと金採掘企業から持ちかけられたとする。この時，どのように価格を設定し，そしてどのようにリスクをヘッジするか。答えは，中央銀行から金（gold）を借り，それを即座に現物市場にて売却し，得た利益を無リスク金利で運用することでヘッジできる。その年の終わりに金採掘企業から金を買い，それを中央銀行への返済に充てることになる。金のフォワードの固定価格には，あなたが得る無リスク金利と，中央銀行から金を借りるリース・レートを反映させる。

3.3 ベーシス・リスク

これまでの例は，ヘッジがうまくいきすぎて真実味のないものであった。ヘッジャーは，将来における資産の売買についての正確な日付を特定でき，その日の資産価格にかかわるリスクのほとんどすべてを先物契約で取り除くことができるとしていた。しかし，実際には，ヘッジはそれほど簡単にはいかないものである。そのいくつかの理由は，以下のとおりである。

1．ヘッジすべき資産が，先物契約の原資産と完全に同じではない場合がある。
2．ヘッジをする者にとって，資産の売却・購入時期が正確には把握できない場合がある。
3．受渡月の前にヘッジ取引を手仕舞わなければならない場合がある。

これらの問題に関連して，ベーシス・リスク（basis risk）と呼ばれるリスクが生じる。この概念について，以下に説明しよう。

ベーシス

ヘッジ取引におけるベーシス（basis）は，次のように定義される[2]。

ベーシス ＝ ヘッジ対象資産の現物価格
－ヘッジ取引に利用している先物の価格

ヘッジ対象資産と先物契約の原資産が同じ場合には，先物契約の満期ではベーシスはゼロになるはずである．しかし，満期前までは，ベーシスは正にも負にもなりうる．表2.2からわかるように，たとえば2013年5月14日の金のベーシスは負で，期間の短い大豆とトウモロコシのベーシスは正である．

特定の月において，現物価格と先物価格は，時間の経過とともに必ずしも同じ大きさだけ変化するわけではない．結果として，ベーシスが変化する．ベーシスが増加することをベーシスが強まる（strengthening of the basis）という．逆に，ベーシスが減少することをベーシスが弱まる（weakening of the basis）という．先物契約の満期前にベーシスが正であるような状況において，ベーシスが時間とともにどのように変化するかを図3.1に例示した．

ベーシス・リスクの性質を考察するために，次の記号を用いる．

S_1：時点 t_1 の現物価格
S_2：時点 t_2 の現物価格
F_1：時点 t_1 の先物価格

図3.1 時間経過に伴うベーシスの変化

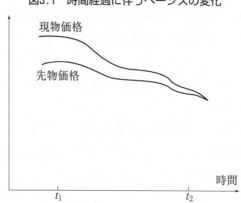

---

2 これは通常の定義である．ほかに，ベーシス ＝ 先物価格－現物価格 と定義される場合もある．特に金融先物に対しては，この定義が用いられる．

F_2：時点 t_2 の先物価格

b_1：時点 t_1 のベーシス

b_2：時点 t_2 のベーシス

時点 t_1 にヘッジを実施し，時点 t_2 に先物契約を手仕舞うと仮定する。例として，ヘッジを実施するときの現物価格が2.50ドルで，先物価格が2.20ドル，先物を手仕舞うときには，それぞれ2.00ドルと1.90ドルになっている場合を考えよう。つまり，$S_1 = 2.50$，$F_1 = 2.20$，$S_2 = 2.00$，$F_2 = 1.90$ とする。

ベーシスの定義から，

$$b_1 = S_1 - F_1$$
$$b_2 = S_2 - F_2$$

となるので，この例では，$b_1 = 0.30$，$b_2 = 0.10$ である。

まずはじめに，時点 t_2 に資産を売却する予定の会社が，ヘッジのために時点 t_1 で先物契約を売り建てる状況を考えてみよう。資産の売却価格は S_2 で，先物による損益は $F_1 - F_2$ となる。したがって，ヘッジ込みの資産の実質的な価格は次のようになる。

$$S_2 + F_1 - F_2 = F_1 + b_2$$

いまの例では2.30ドルとなる。時点 t_1 では F_1 が既知であり，もし b_2 もあらかじめわかっていれば，完全なヘッジができる。ヘッジのリスクは b_2 に付随する不確実性であり，これをベーシス・リスクという。次に，時点 t_2 に資産を購入する予定の会社が，時点 t_1 に先物で買いヘッジする場合を考えよう。資産に支払う価格は S_2 で，ヘッジによる損益は $F_1 - F_2$ であるから，ヘッジ込みの資産の実質的な購入価格は次のようになる。

$$S_2 + F_1 - F_2 = F_1 + b_2$$

これは前と同じ式であり，いまの例では2.30ドルである。F_1 の値は時点 t_1 でわかっており，b_2 の項はベーシス・リスクを表している。

ベーシスはヘッジャーのポジションを改善したり，悪化させたりすることに注意しよう。ある企業が，原資産を販売する予定であるため，売りヘッジを行っているとする。ベーシスが予想以上に強くなれば（すなわち，増加す

れば），先物の損益考慮後の資産価格はより高くなるので，その企業のポジションは改善する．逆に予想以上にベーシスが弱くなれば（すなわち，減少すれば），その企業のポジションは悪くなる．資産を買う予定があり買いヘッジを行っている企業の場合は，これとは逆になる．ベーシスが予想以上に強くなれば，先物の損益考慮後の資産価格はより高くなるので，その企業のポジションは悪化する．もし，予想以上にベーシスが弱くなれば，この企業のポジションは改善する．

ヘッジャーのヘッジ対象資産が先物契約の原資産と異なる場合もある．これはクロス・ヘッジと呼ばれ，次節にて議論する．この場合，ベーシス・リスクは大きくなる．S_2^* を時点 t_2 での先物契約の原資産価格とする．前と同様に，S_2 を時点 t_2 での資産価格とすると，ヘッジによって，企業は資産に対して次の価格を支払う（または受け取る）ことになる．

$$S_2 + F_1 - F_2$$

この式は，次のようにも書ける．

$$F_1 + (S_2^* - F_2) + (S_2 - S_2^*)$$

$S_2^* - F_2$ と $S_2 - S_2^*$ の項は，ベーシスの二つの要素を表している．$S_2^* - F_2$ の項は，ヘッジ対象資産が先物契約の原資産と同じであった場合のベーシスであり，$S_2 - S_2^*$ の項は二つの資産が異なることによるベーシスである．

先物契約の選択

ベーシス・リスクに影響を与える重要な要因として，どの先物契約を使ってヘッジを行うかということがある．この選択は次の二つの要素からなる．

1．先物契約の原資産の選択
2．限月（受渡月）の選択

ヘッジ対象資産が先物契約の原資産と完全に一致している場合は，最初の選択は容易に行える．そうでない場合には，利用可能な先物契約のうちで先物価格がヘッジ対象資産の価格と最もよく連動しているものを調べるために，入念な分析を行う必要がある．

限月の決定には，いくつかの要因が考慮される．本章の初めのほうの例で

は，ヘッジの期限が先物契約の限月に一致しているならば，その限月の先物契約が選択されることを仮定していた。実際には，このようなケースでも期先の先物契約が選択されるのが一般的である。これは，受渡月の先物価格はきわめて特異な動きをする場合があるためである。さらに，買いヘッジの場合では，受渡月に先物契約の建玉を保有していると，現受けしなければならない可能性がある。現受けは費用と手間を要する。(そのため，買いヘッジをしているヘッジャーは先物契約を手仕舞って，通常の供給元から現物を購入するのが普通である。)

一般的に，ヘッジ期限と先物契約の限月が違うほど，ベーシス・リスクは増大する。したがって，ヘッジ期限より後の最も近い限月を利用するのが，おおよその目安となる。ある資産の先物契約の限月を3月，6月，9月，12月とする。12月，1月，2月がヘッジ期限だとすれば，3月限の先物契約を選べばよい。3月，4月，5月がヘッジ期限だとすれば，6月限を選べばよい，といった具合である。この目安はどの限月の先物契約もヘッジャーの要求にあった十分な流動性があると仮定しているが，実際には近い限月のほうが流動性は高い傾向がある。したがって，場合によっては短い限月の先物契約を使ってヘッジし，それを先に延長していくほうがよいかもしれない。この手法については章の後半で述べる。

【例3.1】

3月1日時点で，ある米国の企業が7月末に，日本円を5,000万円受け取る予定があるとする。CMEグループの円先物の限月は3月，6月，9月，12月で，円先物の取引単位は1,250万円である。したがって，この企業は3月1日に9月限の円先物を4枚売り建て，7月に円を受け取った時点でこの先物を手仕舞うことにする。3月1日の先物価格が1円当り0.9800セントで，手仕舞ったときの現物価格と先物価格がそれぞれ0.9200セント，0.9250セントであるとする。

先物の利益は1円当り$0.9800 - 0.9250 = 0.0550$セント，手仕舞い時のベーシスは1円当り$0.9200 - 0.9250 = -0.0050$セントである。したがって，実質的な円の売値は，現物価格と先物の利益の合計で，

$$0.9200 + 0.0550 = 0.9750$$

となる．これは，最初の先物価格と手仕舞い時のベーシスの和として，

$$0.9800 + (-0.0050) = 0.9750$$

と表すこともできる．したがって，この企業は合計で5,000万×0.00975 = 487,500ドルを受け取ることになる．

【例3.2】

　6月8日時点で，ある企業が10月か11月のいずれかに原油を20,000バレル購入する予定にある．CMEグループのNYMEX部門の原油先物は毎月が受渡月であり，取引単位は1,000バレルである．この企業は12月限原油先物を使ってヘッジすることにし，6月8日に12月限20枚を88.00ドルで買い建てた．その後，11月10日に原油購入の用意が整ったので，その日に先物を手仕舞った．11月10日の現物価格と先物価格をそれぞれ1バレル当り90.00ドルと89.10ドルとする．

　先物からの利益は1バレル当り89.10 - 88.00 = 1.10ドル，手仕舞い時のベーシスは1バレル当り90.00 - 89.10 = 0.90ドルである．この場合の実質的な原油の1バレル当りの購入価格は，最終スポット価格から先物の利益を差し引いたもの，つまり，

$$90.00 - 1.10 = 88.90 ドル$$

となる．これは，先物購入価格に最終のベーシスを加えて，

$$88.00 + 0.90 = 88.90 ドル$$

としても計算でき，支払総額は88.90×20,000 = 1,778,000ドルとなる．

3.4　クロス・ヘッジ

　例3.1と3.2では，先物契約の原資産は，価格がヘッジされている資産と同じとしていた．クロス・ヘッジ（cross hedging）とは，二つの資産が異なる場合に行うヘッジである．たとえば，ジェット燃料の将来の価格を懸念して

いる航空会社を考えよう．ジェット燃料の先物契約は活発に取引されていないので，そのエクスポージャーをヘッジするためにヒーティング・オイル（暖房油）先物を選択するかもしれない．

ヘッジ比率（hedge ratio）とは，先物ポジションの大きさとヘッジ対象資産の大きさとの比率のことである．先物契約の原資産がヘッジ対象資産と同一の場合は，ヘッジ比率を1.0とするのが自然であり，これまでの例で使ってきたヘッジ比率もそうである．たとえば，例3.2ではヘッジャーのエクスポージャーは原油20,000バレルで，同量の受渡しをもつ先物契約でヘッジした．

一方，クロス・ヘッジを利用する場合は，ヘッジ比率は必ずしも1.0が最適ではない．ヘッジャーは，ヘッジされたポジションの価値の分散を最小化するヘッジ比率を選択する必要がある．どのようなことをヘッジャーが行うか検討してみよう．

最小分散ヘッジ比率の計算

最小分散ヘッジ比率は現物価格の変化と先物価格の変化の関係に依存する．以下を定義する．

ΔS：現物価格 S のヘッジ期間内の変化幅

ΔF：先物価格 F のヘッジ期間内の変化幅

最小分散ヘッジ比率を，h^*と表す．h^*は，ΔSをΔFに対して線形回帰したときに最もフィットする直線の傾きであることがわかる（図3.2を参照）．このことは感覚的にもあっている．そこで，h^*が，あるFの変化に対するSの平均的な変化の比率であると期待する．

これより，h^*の式は，

$$h^* = \rho \frac{\sigma_S}{\sigma_F} \tag{3.1}$$

となる．ここでσ_SはΔSの標準偏差，σ_FはΔFの標準偏差，ρはその二つの相関係数を表す．

(3.1)式は，ΔSとΔFの相関係数に，ΔSの標準偏差とΔFの標準偏差の

図3.2 先物価格の変化に対する現物価格の変化の回帰直線

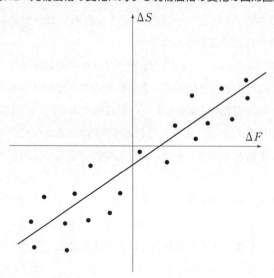

比を乗じたものが最小分散ヘッジ比率となることを示している。図3.3にヘッジャーのポジションの分散とヘッジ比率との関係を示す。

　もし，$\rho = 1$ かつ $\sigma_F = \sigma_S$ ならば，ヘッジ比率 h^* は1.0となる。これは，先物価格と現物価格とがまったく同じ挙動を示すことから期待される結果である。また，$\rho = 1$ かつ $\sigma_F = 2\sigma_S$ ならば，ヘッジ比率 h^* は0.5となる。

図3.3 ヘッジャーのポジションの分散とヘッジ比率の関係

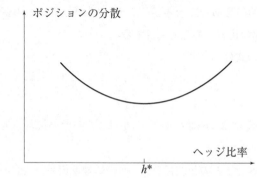

これは先物価格が現物価格の2倍の変化をするケースであり，この結果も期待どおりのものである。ヘッジ効率（hedge effectiveness）は，ヘッジによって除去される分散の比率として定義される。これは ΔS の ΔF に対する回帰における R^2 であり，ρ^2 に等しい。

(3.1)式のパラメータ ρ, σ_F, σ_S は，通常 ΔS と ΔF の過去データから推定される。（ここには，将来もある意味で過去と同様であるという暗黙の仮定がある。）互いに重複しない長さの等しい期間を多数選び出し，各期間での ΔS と ΔF の値を観測する。理想的には，ヘッジを行う期間に各期間の長さを一致させるのがよいが，観測数に限りがある場合もあり，実務上はもっと短い期間が使われる。

最適なヘッジ契約数

ヘッジに使われるべき契約数を計算するために，以下を定義する。

Q_A：ヘッジされるポジションの大きさ（単位）

Q_F：先物1契約の大きさ（単位）

N^*：ヘッジのための最適な先物契約数

先物契約は $h^* Q_A$ 資産単位分が必要である。したがって，必要とする先物契約数は以下のように与えられる。

$$N^* = \frac{h^* Q_A}{Q_F} \qquad (3.2)$$

例3.3では，航空会社がジェット燃料の購入のヘッジを行う際に，どのように本節での結果を使うことができるかを示す[3]。

【例3.3】

ある航空会社が，1カ月後に200万ガロンのジェット燃料の購入を考えており，ヒーティングオイル先物を使ってヘッジすることを決めている。表3.2は，1カ月間の1ガロン当りのジェット燃料価格の変化 ΔS

---

[3] ジェット燃料の価格にペイオフが依存するデリバティブは存在するが，ヒーティング・オイル先物のほうが活発に取引されているため，ヒーティング・オイル先物がジェット燃料の価格リスクをヘッジするために使われることも多い。

と，ヘッジで利用するヒーティング・オイル先物価格の対応する変化ΔFを15カ月分にわたり示しているものとする。

このケースにおいて，統計学の標準的な公式にて標準偏差や相関係数を計算すると，$\sigma_F = 0.0313$，$\sigma_S = 0.0263$，$\rho = 0.928$となる。

(3.1)式より，最小分散ヘッジ比率h^*は，

$$0.928 \times \frac{0.0263}{0.0313} = 0.78$$

となる。CMEグループで取引されているヒーティング・オイル先物の取引単位は42,000ガロンである。したがって，(3.2)式より最適契約数は，

$$\frac{0.78 \times 2,000,000}{42,000}$$

表3.2　ジェット燃料購入のためのヘッジにヒーティング・オイル先物が利用された場合の最小分散ヘッジ比率の計算用データ

月 i	1ガロン当りの先物価格の変化（=ΔF）	1ガロン当りのジェット燃料価格の変化（=ΔS）
1	0.021	0.029
2	0.035	0.020
3	−0.046	−0.044
4	0.001	0.008
5	0.044	0.026
6	−0.029	−0.019
7	−0.026	−0.010
8	−0.029	−0.007
9	0.048	0.043
10	−0.006	0.011
11	−0.036	−0.036
12	−0.011	−0.018
13	0.019	0.009
14	−0.027	−0.032
15	0.029	0.023

であり,これは小数点以下を丸めて37となる。

ヘッジのテーリング

もし,フォワード契約をヘッジに用いているのであれば,いままでの分析は正しい。これは,ヘッジ期間において,フォワード価格の変化とスポット価格の変化がどの程度よく相関しているかに注目していたためである。

しかし,先物契約をヘッジに使う場合には,日次の決済があり1日のヘッジが連続することになる。このことを反映させるために,先物と現物価格の1日の変化率の相関を計算することがよくある。この相関を $\hat{\rho}$ と表し,$\hat{\sigma}_S$ と $\hat{\sigma}_F$ を現物と先物の1日の変化率の標準偏差とする。

S と F をいまの現物と先物の価格とすれば,1日の価格変化幅の標準偏差は $S\hat{\sigma}_S$ と $F\hat{\sigma}_F$ となるので,(3.1)式から1日のヘッジ比率は,

$$\hat{\rho}\frac{S\hat{\sigma}_S}{F\hat{\sigma}_F}$$

である。(3.2)式から,次の日までヘッジするのに必要な契約数は,

$$N^* = \hat{\rho}\frac{S\hat{\sigma}_S Q_A}{F\hat{\sigma}_F Q_F}$$

となる。この結果を用いることは,しばしばヘッジのテーリング(tailing the hedge)と呼ばれる[4]。この結果を以下のように書くこともできる。

$$N^* = \hat{h}\frac{V_A}{V_F} \tag{3.3}$$

ここで,V_A はヘッジ対象のポジション額($= SQ_A$)であり,V_F は先物契約額($= FQ_F$)である。$\hat{h}$ は h^* と同様に定義され,

$$\hat{h} = \hat{\rho}\frac{\hat{\sigma}_S}{\hat{\sigma}_F}$$

となる。理論的にはこの結果により,先物のポジションは,V_A と V_F の直

---

[4] 通貨ヘッジの場合についてのさらなる議論は章末問題5.23を参照。

近の値を反映するように毎日調整するべきであることが示されるが，実際には日々の変化は非常に小さく，通常は無視される。

3.5 株価指数先物

次に，株価指数先物について，それがヘッジや株価に対するエクスポージャーの管理にどのように利用されるかをみてみよう。

株価指数（stock index）は，仮想的な株式ポートフォリオの価値の動きを表している。また，ある時点のポートフォリオの構成銘柄のウェイトとは，その時点における仮想ポートフォリオのその株式への投資金額の比率のことである。ごく短期間の株価指数の変化率は，仮想ポートフォリオの価値の変化率に等しくなっている。株価指数の算出に配当は考慮されていないため，株価指数は，仮想ポートフォリオに対するキャピタル・ゲインまたはロスを指数化したものである[5]。

仮想株式ポートフォリオの構成銘柄の株数が一定のまま固定されていれば，ポートフォリオに含まれる各銘柄のウェイトは一定には保たれない。というのは，ポートフォリオのある特定の銘柄の価格がほかより極端に上昇した場合，その株式のウェイトは自動的に高くなってしまうからである。指数は，数多くの銘柄のそれぞれ1単位から構成される仮想的なポートフォリオで定義される場合もある。その場合は，各株式に適用されるウェイトは市場価格に比例し，株式分割が行われたときは調整が行われる。また，別の指数では，ウェイトは市場の時価総額（＝時価×発行済株式数）に比例するかたちで定義されている。その場合は，計算のもととなるポートフォリオに対して，株式分割，株式配当，新株発行を反映する調整は自動的になされる。

株価指数

表3.3は，2013年5月14日における三つの株価指数先物価格を示している。

---

[5] 例外として，トータル・リターン指数というものがある。これは，仮想ポートフォリオの配当がポートフォリオに再投資されるものとして計算される。

表3.3　2013年5月14日基準のCMEグループにより報告された指数先物価格

	始値	高値	安値	前日清算値	直近取引値	前日比	取引高
Mini ダウ平均，指数の5ドル倍							
2013年6月限	15055	15159	15013	15057	15152	+95	88,510
2013年9月限	14982	15089	14947	14989	15081	+92	34
Mini S&P 500，指数の50ドル倍							
2013年6月限	1630.75	1647.50	1626.50	1630.75	1646.00	+15.25	1,397,446
2013年9月限	1625.00	1641.50	1620.50	1625.00	1640.00	+15.00	4,360
2013年12月限	1619.75	1635.00	1615.75	1618.50	1633.75	+15.25	143
Mini NASDAQ-100，指数の20ドル倍							
2013年3月限	2981.25	3005.00	2971.25	2981.00	2998.00	+17.00	126,821
2013年9月限	2979.50	2998.00	2968.00	2975.50	2993.00	+17.50	337

ダウ平均（Dow Jones Industrial Average）は，米国のブルーチップ（優良）30銘柄から構成されるポートフォリオをもとに算出される。各株式のウェイトはその価格に比例しており，CMEグループではこの指数に対する二つの先物契約が取引されている。表にあるのは先物契約の取引単位が指数の10ドル倍で，もう一つ（Mini ダウ平均先物）は5ドル倍で取引されるものである。

Standard & Poor's 500（S&P 500）指数は，一般事業法人400社，公共事業会社40社，運輸会社20社，金融機関40社の合計500銘柄からなる株価指数である。各銘柄のウェイトは，その銘柄の時価総額に比例している。各銘柄は，NYSEユーロネクストかナスダックOMXにて取引されている公開会社となっている。CMEグループでは，S&P 500に対する二つの先物契約が取引されている。一つは先物契約の取引単位が指数の250ドル倍で，もう一つ（Mini S&P 500 先物）は50ドル倍である。Mini S&P 500先物は，とても活発に取引されている。

ナスダック100（Nasdaq-100）は，ナスダックで取引される100銘柄の株式に基づく指数である。CMEグループでは，この指数に対する二つの先物が取引されている。一つは取引単位が指数の100ドル倍，もう一つ（Mini Nasdaq-100先物）は指数の20ドル倍である。

第2章で述べたように，株価指数先物の決済は原資産の受渡しではなく，

現金で行われる。すべての取引は，取引最終日の株価指数の始値もしくは終値で値洗いされ，ポジションはその価格で手仕舞われたことになる。たとえば，S&P 500先物では，受渡月の第3金曜日の指数の始値で手仕舞われる。

株式ポートフォリオのヘッジ

株価指数先物は，十分に分散された株式ポートフォリオのヘッジに用いることができる。以下のように定義する。

V_A：ポートフォリオの現在価値

V_F：先物1契約の現在価値（取引単位に先物価格を乗じたもの）

ポートフォリオが株価指数に完全に連動しているならば，最適ヘッジ比率 h^* は1.0となり，(3.3)式より売り建てるべき先物契約の数は，以下となる。

$$N^* = \frac{V_A}{V_F} \qquad (3.4)$$

たとえば，S&P 500に連動する時価5,050,000ドルのポートフォリオがある。指数先物価格を1,010とする。先物契約の取引単位は，指数の250ドル倍である。この時，$V_A = 5,050,000$，$V_F = 1,010 \times 250 = 252,500$ となるので，このポートフォリオをヘッジするには20枚の先物契約を売り建てる必要がある。

ポートフォリオが指数に完全には連動していない場合には，資本資産価格モデル（CAPM：Capital Asset Pricing Model）を使えばよい（本章の付録を参照）。CAPMのパラメータであるベータ（β）は，無リスク金利に対するポートフォリオの超過収益率を，無リスク金利に対する指数の超過収益率に回帰した場合に，最もフィットする直線の傾きである。$\beta = 1.0$ のときは，ポートフォリオの収益率は，指数の収益率に完全に連動する傾向にある。$\beta = 2.0$ のときは，ポートフォリオの超過収益率は，指数の超過収益率の2倍になる傾向にある。$\beta = 0.5$ のときは，それが0.5倍になる，といった具合である。

$\beta = 2.0$ のポートフォリオは，$\beta = 1.0$ のポートフォリオに比べて，指

数の動きに対して2倍の感応度をもつ。したがって，$\beta = 2.0$のポートフォリオをヘッジするには2倍の先物契約が必要となる。同様に，$\beta = 0.5$のポートフォリオは，$\beta = 1.0$のポートフォリオに比べて市場の動きに対する感応度は半分のため，ヘッジに必要な先物契約数は半分でよい。一般に，

$$N^* = \beta \frac{V_A}{V_F} \tag{3.5}$$

となる。この式では，先物契約の満期がヘッジの満期に近いことを仮定している。

(3.5)式と(3.3)式を比べると，$\hat{h} = \beta$ であることを示している。これは驚くべきことではない。ヘッジ比率 $\hat{h}$ は，ポートフォリオの日次変化率を指数先物価格の日次変化率に対して回帰した場合に最もフィットする直線の傾きであり，β はポートフォリオのリターンを指数のリターンに対して回帰した場合に最もフィットする直線の傾きである。

この式に基づいたヘッジがうまくいくことを，先の例を少し変えて例示しよう。次のような状況下で，満期4カ月のS&P 500先物を用いて，今後3カ月のポートフォリオの価値をヘッジするとする。

  S&P 500の価値 = 1,000
  S&P 500先物価格 = 1,010
  ポートフォリオの価値 = 5,050,000ドル
  無リスク金利 = 年率4％
  指数の配当率 = 年率1％
  ポートフォリオのベータ = 1.5

先物の取引単位は指数の250ドル倍であり，前と同じく，$V_F = 250 \times 1{,}010 = 252{,}500$である。(3.5)式より，ポートフォリオのヘッジに必要な先物の売却数は，

$$1.5 \times \frac{5{,}050{,}000}{252{,}500} = 30$$

となる。3カ月後に指数が900，先物価格が902となったと仮定する。その時，先物のショート・ポジションからの利益は，

$$30 \times (1{,}010 - 902) \times 250 = 810{,}000 ドル$$

となる。指数による損失は10%であり，指数には年率1%，すなわち3カ月で0.25%の配当がある。配当を考慮に入れると，3カ月間の指数に対する投資家のパフォーマンスは−9.75%となる。ポートフォリオのβは1.5なので，CAPMより，

ポートフォリオの期待収益率 − 無リスク金利

$= 1.5 \times$（指数の収益率 − 無リスク金利）

となる。無リスク金利は3カ月当りおよそ1%である。これより，3カ月間の指数の収益率が−9.75%のとき，3カ月間のポートフォリオの期待収益率（%）は，

$$1.0 + [1.5 \times (-9.75 - 1.0)] = -15.125$$

となる。したがって，3カ月後の（配当を含む）ポートフォリオの期待値は，

$$5{,}050{,}000 ドル \times (1 - 0.15125) = 4{,}286{,}187 ドル$$

となる。以上より，ヘッジ・ポジションからの利益を含めたヘッジャーのポジションの期待価値は，

$$4{,}286{,}187 ドル + 810{,}000 ドル = 5{,}096{,}187 ドル$$

となる。

表3.4 株価指数先物を用いたヘッジのパフォーマンス

3カ月後の指数の値：	900	950	1,000	1,050	1,100
現在の指数先物価格：	1,010	1,010	1,010	1,010	1,010
3カ月後の指数先物価格：	902	952	1,003	1,053	1,103
先物ポジションの利益（ドル）：	810,000	435,000	52,500	−322,500	−697,500
マーケットの収益率：	−9.750%	−4.750%	0.250%	5.250%	10.250%
ポートフォリオの期待収益率：	−15.125%	−7.625%	−0.125%	7.375%	14.875%
3カ月後の（配当を含む）ポートフォリオの期待価値（ドル）：	4,286,187	4,664,937	5,043,687	5,422,437	5,801,187
3カ月後のポジションの総価値（ドル）：	5,096,187	5,099,937	5,096,187	5,099,937	5,103,687

以上の計算結果を，満期時における指数の値が異なる場合も含めて，表3.4にまとめた。ヘッジャーのポジションの3カ月後における総価値は，指数の値に対してほとんど独立であることがわかる。

　この例でまだ説明していなかったことは，先物価格と現物価格との関係である。第5章でみるように，現時点での先物価格1,010は，仮定した金利と配当が与えられたときに導かれる理論価格にほぼ一致していることがわかる。表3.4の3カ月後の先物価格についても同様である[6]。

株式ポートフォリオをヘッジする理由

　ヘッジを行ったことにより，ヘッジャーのポジションの価値が3カ月後に当初の価値よりも約1％以上高くなったことが表3.4に示されている。これは驚くべきことではない。無リスク金利は年率4％，すなわち3カ月で1％であり，ヘッジすることは結果的に投資家のポジションを無リスク金利で運用することと同じになる。

　この時，なぜヘッジャーは先物契約を利用するような面倒なことを行ったのか，という疑問が当然生じる。単に無リスク金利を稼ぐだけならば，ポートフォリオを売却して，その売却代金を無リスク商品で運用することもできたからである。

　この疑問に対する一つの答えとしては，ヘッジャーが株式ポートフォリオの銘柄選択はうまく行えていると感じているならばヘッジには意味があった，といえるであろう。そうした状況では，ヘッジャーは市場全体のパフォーマンスに対しては先行き不透明感をもっているかもしれないが，ポートフォリオの構成銘柄が（ポートフォリオのベータを適切に調整すれば）市場をアウト・パフォームすることには確信をもっている。指数先物を使ったヘッジは市場全体の変動に起因するリスクを取り除き，ポートフォリオの市場全体に対する相対的なパフォーマンスのみをエクスポージャーとして残し

6　表3.4の計算では，指数の配当率は予測可能で，無リスク金利は一定，3カ月間の指数の収益率はポートフォリオの収益率と完全に相関をしていると仮定した。実際にはこの仮定は完全には成り立たず，表3.4で示したほどヘッジはうまく働かない。

てくれる。このことについては，後により詳しく説明する。ヘッジを行うもう一つの理由は，ヘッジャーは長期間ポートフォリオを保有することを計画している一方で，不確かな市場動向に対する短期的なプロテクションを必要としているということがある。ポートフォリオを売却し，後にそれを買い戻すといった代替的な戦略もあるが，それには受け入れがたい高い取引コストが伴う。

ポートフォリオのベータの調整

表3.4の例では，ヘッジャーのポートフォリオのベータは，ヘッジャーの期待収益率が指数のパフォーマンスとほぼ独立となるように，ゼロに減じられている。ポートフォリオのベータをゼロ以外のなんらかの値に変えるのに，先物契約を用いることもある。先ほどの例を用いよう。

$$S\&P\ 500の価値 = 1,000$$
$$S\&P\ 500先物価格 = 1,010$$
$$ポートフォリオの価値 = 5,050,000 ドル$$
$$ポートフォリオのベータ = 1.5$$

前と同様に $V_F = 250 \times 1,010 = 252,500$ で，ポートフォリオを完全にヘッジするのに必要な先物売却数は，

$$1.5 \times \frac{5,050,000}{252,500} = 30$$

である。ポートフォリオのベータを1.5から0.75に減少させるには，先物を30枚ではなく，15枚売却すればよい。また，ポートフォリオのベータを2.0に増加させるには，先物を10枚購入すればよい，といった具合である。一般に，ポートフォリオのベータを β から β^* に変化させるためには，$\beta > \beta^*$ のときは，

$$(\beta - \beta^*) \frac{V_A}{V_F}$$

枚のショート・ポジションが必要であり，$\beta < \beta^*$ のときは，

$$(\beta^* - \beta)\frac{V_A}{V_F}$$

枚のロング・ポジションが必要である。

株式の銘柄選択による利益の確保

あなたが，自分は市場を上回る成績をあげる株式の銘柄選択が得意であると考えているとしよう。あなたは，ある個別株式か，小規模な株式ポートフォリオをもっている。今後数カ月間において市場がどんなパフォーマンスとなるかについてはわからないが，あなたは自分のポートフォリオが市場よりもよりよい成績を残すと確信している。どうすればよいだろうか。

β をあなたのポートフォリオのベータ，V_A をポートフォリオの総価値，V_F を指数先物1単位の現在の価格とすると，あなたは $\beta V_A/V_F$ 単位の先物を売り建てるべきである。もし，あなたのポートフォリオが，同じベータをもつよく分散されたポートフォリオの成績を上回れば，利益を得られることになる。

ある投資家が，4月に時価100ドルのある企業の株式を20,000株保有しているとする。その投資家は，今後3カ月の間，市場は乱高下するものの，その株が市場をアウト・パフォームする可能性が高いと感じている。そこで投資家は8月限S&P 500先物を用いて，3カ月間の市場変動に対するヘッジを行うことにした。その企業の株式の β は1.1と推定され，8月限S&P 500先物の現在価格は1,500としよう。先物の取引単位は指数の250ドル倍である。このとき，$V_A = 20,000 \times 100 = 2,000,000$，$V_F = 1,500 \times 250 = 375,000$ となる。したがって，売り建てるべき先物契約数は，

$$1.1 \times \frac{2,000,000}{375,000} = 5.87$$

となる。少数点以下を四捨五入すると，投資家は6枚の先物を売り建て，7月にそれを手仕舞うことになる。いま，その企業の株価が90ドルまで，S&P 500先物の価格が1,300ドルまで下落したとする。投資家はその企業の株式で 20,000×(100ドル−90ドル) = 200,000ドルの損失を被り，先物で 6×250×

(1,500−1,300) = 300,000ドルの利益を得る。

このケースでは，βが1.1のよく分散されたポートフォリオほどその企業の株価は下落しなかったため，投資家は差引きで100,000ドルの利益を得ている。もし市場が上昇したとして，企業の株価が（投資家の期待どおり），βが1.1のよく分散されたポートフォリオよりも上昇したとすると，このケースでも同様に利益を得ることができるだろう。

3.6 スタック・アンド・ロール

ヘッジの期限が，利用可能なすべての先物契約の満期日より先となる場合がある。このときヘッジャーは，ある先物契約を手仕舞い，それより満期日が先の先物契約で同じポジションをとることにより，ヘッジをロールしなければならない。ヘッジは何度もロールされる場合もある。この手法は，スタック・アンド・ロール (stack and roll) として知られている。ここで，時点 T に受け取る資産の価格をヘッジするために，売りヘッジを行う企業について考えてみよう。満期日順に先物契約 $1, 2, 3, \ldots, n$（現時点ですべて存在している必要はない）があるとして，企業は次のようなヘッジ戦略をとることができる。

時点 t_1：先物契約 1 を売り建てる
時点 t_2：先物契約 1 を手仕舞い，同時に先物契約 2 を売り建てる
時点 t_3：先物契約 2 を手仕舞い，同時に先物契約 3 を売り建てる
$\vdots$
時点 t_n：先物契約 $n-1$ を手仕舞い，同時に先物契約 n を売り建てる
時点 T：先物契約 n を手仕舞う

2014年4月に，ある企業が2015年6月に売却する原油10万バレルの価格リスクをヘッジ比率1.0でヘッジすることにしたとしよう。（この例では，3.4節で説明したヘッジのテーリングに伴う調整は行わないものとする。）現在の現物価格を89ドルとする。原油先物は数年先の限月まで取引されているが，この企業が必要とする十分な流動性は，期近6限月の先物までしかないと仮定す

表3.5　原油ヘッジをロールした場合の数値例

日　付	2014年4月	2014年9月	2015年2月	2015年6月
2014年10月限先物価格	88.20	87.40		
2015年3月限先物価格		87.00	86.50	
2015年7月限先物価格			86.30	85.90
現物価格	89.00			86.00

　る。したがって，この企業は2014年10月限の先物を100枚売り建て，2014年9月に2015年3月限の先物へロール・オーバーし，2015年2月に2015年7月限の先物へ再びロール・オーバーすることになる。

　結果の一例を表3.5に示す。2014年10月限の先物を88.20ドルで売り建て，87.40ドルで手仕舞って1バレル当り0.80ドルの利益を得る。2015年3月限の先物を87.00ドルで売り建て，86.50ドルで手仕舞って1バレル当り0.50ドルの利益を得る。2015年7月限の先物を86.30ドルで売り建て，85.90ドルで手仕舞って1バレル当り0.40ドルの利益を得る。また，現物の最終価格は86ドルである。

　売り建てた先物からの1バレル当りの利益は，

$$(88.20-87.40)+(87.00-86.50)+(86.30-85.90)=1.70$$

である。原油価格は89ドルから86ドルに下落した。3.00ドルの価格下落に対するヘッジとして1バレル当り1.70ドルしか受け取れないというのは不満に思われる。しかし，先物価格が現物価格を下回っているときに，価格下落をすべてカバーするというのはできない相談である。2015年6月限が活発に取引されていたならば値付けされていたであろう先物価格で固定化するというのが，せいぜい望めることである。

　実際には，企業は通常，原資産のエクスポージャーが毎月あり，最も流動性の高い1カ月物の先物をヘッジに利用している。最初の時点で，対象期間すべてのエクスポージャーをカバーするのに十分な量の取引を行う（"スタック"する）。1カ月後，すべての取引を手仕舞い，生じたエクスポージャーをカバーするために次の限月の1カ月物へ"ロール"する，といった具合で

ある。

　ビジネス・スナップショット3.2で述べるように，ドイツの会社であるメタルゲゼルシャフトは，1990年代初頭に商品を固定価格で提供する契約をヘッジするために，この戦略に従った。ところが，商品価格が下落したため先物取引にて即座に資金が流出し，一方，契約からの収益は時間をかけて得られる見込みであったため，この会社は経営困難に陥った。このヘッジからのキャッシュ・フローのタイミングと，契約からのキャッシュ・フローのタイミングのミスマッチが，対処不能な足元の資金繰りの問題につながったのである。この話からの教訓は，ヘッジ戦略を建てるに際しては，資金繰りの問題が生じる可能性について常に考慮すべきということだろう。

ビジネス・スナップショット3.2

メタルゲゼルシャフト：ヘッジの失敗

　先物のロール・オーバーは，資金繰りの問題を引き起こすこともある。これについては，1990年代初頭にドイツの企業メタルゲゼルシャフト（MG）が引き起こした問題が記憶に新しい。

　MGは，5年から10年のヒーティング・オイルとガソリンを，市場価格より6から8セント高い固定価格で顧客に大量に売却する契約を結んだ。MGは，そのエクスポージャーを短期の先物をロール・オーバーするロング・ポジションでヘッジした。そのうちにオイル価格は下落し，先物ポジションから証拠金の差入れを求められるようになった。こうして，MGは足元の資金繰りの問題を抱えることとなった。この先物によるポジション・ヘッジを行っていたMGの担当者は，この短期の資金流出は，最終的には長期間の固定価格での受取りにより相殺されると主張した。しかし，会社の経営者と取引銀行は，資金流出が回収不能となることを懸念した。結果的に，ヘッジ・ポジションを手仕舞い，顧客に長期固定契約の破棄を同意してもらうこととなった。その結果，MGは13億3,000万ドルの損失を被ることとなった。

要約

　本章では，企業が先物契約を利用して，資産価格に対するエクスポージャーを相殺するさまざまな方法について論じた。資産価格が上昇したときに利益が生じ，下落したときに損失が生じるようなエクスポージャーに対しては，売りヘッジが適切である。また，エクスポージャーが逆の場合（すなわち，資産価格が下落したときに利益が生じ，上昇したときに損失が生じる場合）は買いヘッジが適切である。

　ヘッジはリスクを軽減させる方法である。したがって，ほとんどの経営者に歓迎されるべきものであるが，実際には，企業がヘッジを行わない多くの理論的および実務上の理由がある。理論的な話としては，株主は適切に分散したポートフォリオを保有することで，企業が直面する多くのリスクを取り除くことが可能ということがある。また，実務的な話としては，競合他社がヘッジをしなければ，ヘッジによってリスクが減少するどころか，むしろ増大してしまうと考えられる場合がある。さらに，企業の財務担当者のなかには，原資産の価格が利益を生む方向に変動し，ヘッジ・ポジションからは損失が発生した場合に，ほかの幹部から批判を受ける危惧を抱いている者もいるかもしれない。

　先物を利用したヘッジで重要な概念の一つが，ベーシス・リスクである。ベーシスは資産の現物価格と先物価格との差である。ベーシス・リスクとは，ヘッジの満期においてベーシスがどの程度になるかという不確実性からくるリスクである。

　ヘッジ比率とは，抱えるエクスポージャーの大きさに対する先物ポジションの大きさの比率である。1.0がヘッジ比率として常に最適とは限らない。ヘッジャーがポジションの分散を最小化したいのであれば，1.0とは異なるヘッジ比率が適切な場合もある。最適ヘッジ比率は，現物価格の変化を先物価格の変化に回帰して得られる，最もフィットした直線の傾きである。

　株価指数先物は，株式ポートフォリオのシステマティック・リスクをヘッジするのにも利用される。必要となる先物契約数は，ポートフォリオのベー

タに，先物1契約の価値に対するポートフォリオの価値の比を乗じたものである。また，株価指数先物契約は，ポートフォリオの構成銘柄を変えることなくポートフォリオのベータを変えるのにも使われる。

　ヘッジの期限より満期日が先の先物契約に流動性がない場合は，スタック・アンド・ロールとして知られる戦略が適当かもしれない。最初の先物契約が満期近くになるとそれを手仕舞って，それより期先の2番目の先物契約を取引し，2番目の先物契約が満期近くになるとそれを手仕舞って，それより期先の3番目の先物契約を取引する，といった具合である。これは，一連の短期の先物契約を取引することで，長期の先物契約をつくりだすことに等しい。

参考文献

Adam, T., S. Dasgupta, and S. Titman. "Financial Constraints, Competition, and Hedging in Industry Equilibrium," *Journal of Finance*, 62, 5 (October 2007): 2445-73.

Adam, T. and C. S. Fernando. "Hedging, Speculation, and Shareholder Value," *Journal of Financial Economics*, 81, 2 (August 2006): 283-309.

Allayannis, G., and J. Weston. "The Use of Foreign Currency Derivatives and Firm Market Value," *Review of Financial Studies*, 14, 1 (Spring 2001): 243-76.

Brown, G. W. "Managing Foreign Exchange Risk with Derivatives," *Journal of Financial Economics*, 60 (2001): 401-48.

Campbell, J. Y., K. Serfaty-de Medeiros, and L. M. Viceira. "Global Currency Hedging," *Journal of Finance*, 65, 1 (February 2010): 87-121.

Campello, M., C. Lin, Y. Ma, and H. Zou. "The Real and Financial Implications of Corporate Hedging," *Journal of Finance*, 66, 5 (October 2011): 1615-47.

Cotter, J., and J. Hanly. "Hedging: Scaling and the Investor Horizon," *Journal of Risk*, 12, 2 (Winter 2009/2010): 49-77.

Culp, C. and M. H. Miller. "Metallgesellschaft and the Economics of Synthetic Storage," *Journal of Applied Corporate Finance*, 7, 4 (Winter 1995): 62–76.

Edwards, F. R. and M. S. Canter. "The Collapse of Metallgesellschaft: Unhedgeable Risks, Poor Hedging Strategy, or Just Bad Luck?" *Journal of Applied Corporate Finance*, 8, 1 (Spring 1995): 86–105.

Graham, J. R. and C. W. Smith, Jr. "Tax Incentives to Hedge," *Journal of Finance*, 54, 6 (1999): 2241–62.

Haushalter, G. D. "Financing Policy, Basis Risk, and Corporate Hedging: Evidence from Oil and Gas Producers," *Journal of Finance*, 55, 1 (2000): 107–52.

Jin, Y., and P. Jorion. "Firm Value and Hedging: Evidence from US Oil and Gas Producers," *Journal of Finance*, 61, 2 (April 2006): 893–919.

Mello, A. S. and J. E. Parsons. "Hedging and Liquidity," *Review of Financial Studies*, 13 (Spring 2000): 127–53.

Neuberger, A. J. "Hedging Long-Term Exposures with Multiple Short-Term Futures Contracts," *Review of Financial Studies*, 12 (1999): 429–59.

Petersen, M. A. and S. R. Thiagarajan, "Risk Management and Hedging: With and Without Derivatives," *Financial Management*, 29, 4 (Winter 2000): 5–30.

Rendleman, R. "A Reconciliation of Potentially Conflicting Approaches to Hedging with Futures," *Advances in Futures and Options*, 6 (1993): 81–92.

Stulz, R. M. "Optimal Hedging Policies," *Journal of Financial and Quantitative Analysis*, 19 (June 1984): 127–40.

Tufano, P. "Who Manages Risk? An Empirical Examination of Risk Management Practices in the Gold Mining Industry," *Journal of Finance*, 51, 4 (1996): 1097–1138.

練習問題

3.1 (a)売りヘッジおよび(b)買いヘッジは，どのような状況下で行うのが適切か。

3.2 先物契約を利用してヘッジを行う場合のベーシス・リスクについて説明せよ。

3.3 完全ヘッジの意味を説明せよ。また，完全ヘッジは，非完全ヘッジよりも常によい結果をもたらすことになるかを説明せよ。

3.4 最小分散ヘッジポートフォリオがヘッジなしのポートフォリオになるのはどのようなときか。

3.5 企業の財務担当者は，ある特定のリスクに対する企業のエクスポージャーをヘッジしないかもしれない。その理由を三つ述べよ。

3.6 商品価格の四半期変動の標準偏差が0.65ドル，その商品の先物価格の四半期変動の標準偏差が0.81ドル，二つの価格変動の相関係数が0.8であったと仮定する。3カ月物先物契約での最適ヘッジ比率はいくらになるか。それはどういうことを意味しているか説明せよ。

3.7 ある企業が，時価2,000万ドルのポートフォリオを保有しており，そのベータは1.2である。そのリスクをヘッジするために株価指数先物を用いる。現在の指数先物価格を1,080とする。先物の取引単位は指数の250ドル倍である。その時，リスクを最小にするのはどのようなヘッジか。また，ポートフォリオのベータを0.6に減らすにはどうすればよいか。

3.8 取引所にて取引されるトウモロコシ先物の限月には，3月，5月，7月，9月，12月がある。ヘッジの期限が次の場合，どの限月を利用すべきか。(a) 6月，(b) 7月，(c) 1月。

3.9 完全ヘッジによって，将来取引する資産の価格を，常に現在の現物価格に固定することができるか。それについて考えを述べよ。

3.10 売りヘッジの場合には，ベーシスが予想外に強くなると利益を得て，逆に弱まると損失を被る。その理由を説明せよ。

3.11 あなたが，米国に電気製品を輸出している日本企業の財務担当者であるとして，為替リスクをヘッジする戦略とそれを実行するために経営者をどう説得するかについて考えよ。

3.12 3.3節の例3.2で，その企業はヘッジ比率を0.8にすると決めた。どのようなヘッジが行われ，その結果はどのようになるか。

3.13 「最小分散ヘッジ比率が1.0であれば，完全ヘッジである。」この主張

は正しいかを説明せよ。

3.14 「ベーシス・リスクがなければ，最小分散ヘッジ比率は1.0である。」この主張は正しいかを説明せよ。

3.15 「先物価格が現物価格より大抵低い資産に対しては，買いヘッジは特に魅力的にみえる。」この主張を説明せよ。

3.16 生牛の価格（1ポンド当りのセント単位）の月次変動の標準偏差は1.2，直近限月の先物価格の月次変動の標準偏差は1.4，先物価格変動と現物価格変動の相関係数は0.7とする。現在10月15日で，精肉業者が11月15日に200,000ポンドの生牛を購入する契約をしている。精肉業者は，12月限生牛先物を用いてそのリスクをヘッジしたいと考えている。先物の取引単位は生牛40,000ポンドである。精肉業者はどのようなヘッジ戦略を行うべきか。

3.17 あるトウモロコシ農家はいう。「ヘッジに先物契約は使わない。われわれの本当のリスクはトウモロコシの価格ではなく，作物すべてが天候によって失われることだ。」これについて論ぜよ。農家はトウモロコシの期待収穫高を予想し，その予想収穫高に対して価格の固定化を行うべきであろうか。

3.18 7月1日に，ある投資家がある株式を50,000株保有している。その株価は1株30ドルである。その投資家は翌月の市場変動に対してヘッジをしたいと考えており，9月限ミニS&P 500先物の利用を決めている。指数先物価格は現在1,500で，先物の取引単位は指数の50ドル倍である。保有する株式のベータが1.3であるとき，投資家はどういう戦略をとるべきか。どのような状況下で利益をあげることができるか。

3.19 表3.5で，その企業はヘッジ比率を1.5にすることを決めている。その決定は，ヘッジ方法とその結果にどのような影響を及ぼすか。

3.20 先物契約はヘッジに利用される。先物契約の日次値洗いが，資金繰りに問題を引き起こす可能性がある理由を説明せよ。

3.21 ある航空会社の経営者が，次のようなことを主張した。「われわれが

原油先物をヘッジに使用するメリットはない。なぜなら，将来の原油価格は，先物価格よりも高くなる可能性と同程度に低くなる可能性もあるからだ。」この観点について論ぜよ。

3.22 １年物の金のリース・レートを1.5%，同じく１年物の無リスク金利を5.0%とする。これらはともに１年複利である。ビジネス・スナップショット3.1の議論をふまえ，現物価格が1,200ドルのときに，ゴールドマン・サックスが提示する金の１年物フォワード価格の上限を計算せよ。

3.23 S&P 500の期待収益率は12%で，無リスク金利は５%であるとする。ベータが，(a)0.2，(b)0.5，(c)1.4である投資の期待収益率はそれぞれいくらか。

発展問題

3.24 いまが７月であるとする。ある企業が，９月に5,000バレルの原油を売る予定である。その企業は，CMEグループの10月限先物契約を使って価格をヘッジするとする。契約の取引単位は，1,000バレルの軽質スイート原油（light sweet crude）である。どのようなポジションをとるべきか。また，そのポジションをとった後でも，どのような価格リスクにさらされているか。

3.25 銀価格のヘッジに60契約の先物を用いるとする。先物契約の取引単位は銀5,000オンスである。ヘッジを手仕舞ったとき，ベーシスは0.20ドルであった。(a)トレーダーが銀購入に対してヘッジしていたとき，(b)トレーダーが銀売却に対してヘッジしていたとき，のそれぞれの場合について，ヘッジャーのポジションに対する影響はどのようになるか。

3.26 あるトレーダーが55,000単位の資産を保有しており，それとは別の

資産でヘッジをすることにした。先物契約の取引単位は5,000単位である。保有している資産の現物価格は28ドルであり，ヘッジ期間における標準偏差は0.43ドルと見積もられている。ヘッジに用いる資産の先物価格は27ドルであり，ヘッジ期間における標準偏差は0.40ドルとする。現物と先物の相関係数は0.95とする。

(a) 最小分散ヘッジ比率はいくつか。
(b) 先物のロングかショート・ポジションをとるべきか。
(c) ヘッジのテーリングを行わない場合の，最適な先物契約数はいくつか。
(d) ヘッジのテーリングを行う場合の，最適な先物契約数はいくつか。

3.27 新たな燃料の価格変化は，ガソリン先物の価格変化に対して0.6の相関をもつ。ある企業は，この燃料へのエクスポージャーをヘッジしたい。今後3カ月間において，新たな燃料の価格が1ガロン当り1セント上がるごとに，この企業は100万ドルを失う。新たな燃料の価格変化の標準偏差は，ガソリン先物の価格変化の標準偏差より50％大きい。この企業がガソリン先物を用いてヘッジをする場合，ヘッジ比率をいくつにするべきか。この企業のエクスポージャーを新たな燃料で測ると何ガロンになるか。ガソリン先物のポジションを何ガロン相当とるべきか。何単位のガソリン先物の取引を行うべきか。ガソリン先物の取引単位は42,000ガロンである。

3.28 あるポートフォリオ・マネージャーが，ベータが0.2のポートフォリオを運用している。昨年，株式市場はきわめて低調で−30％の収益率となった。無リスク金利は5％であった。ポートフォリオ・マネージャーの成績は−10％であったが，彼はこの状況下ではよい結果であると主張している。この主張について論ぜよ。

3.29 以下の表は，ある商品の現物価格と先物価格の月次変化を示したものである。最小分散ヘッジ比率を本データを用いて計算せよ。

現物価格の変化	＋0.50	＋0.61	－0.22	－0.35	＋0.79
先物価格の変化	＋0.56	＋0.63	－0.12	－0.44	＋0.60
現物価格の変化	＋0.04	＋0.15	＋0.70	－0.51	－0.41
先物価格の変化	－0.06	＋0.01	＋0.80	－0.56	－0.46

3.30 現在を7月16日とする。ある企業が，時価1億ドルの株式ポートフォリオを保有しているとする。ポートフォリオのベータは1.2で，その企業は12月限の株価指数先物を使って，7月16日から11月16日までの間，ポートフォリオのベータを0.5に抑えたいと思っている。現時点の指数先物価格は1,000，先物の取引単位は指数の250ドル倍である。

(a) その企業はどのようなポジションをとるべきか。

(b) 企業が方針を変更し，ポートフォリオのベータを1.2から1.5に増加させることを決定したとする。その企業は先物でどのようなポジションをとるべきか。

3.31 あるファンド・マネージャーが，ベータ0.87の時価5,000万ドルのポートフォリオを保有している。そのマネージャーは今後2カ月における市場動向に関心があり，その期間のリスクを満期3カ月のS&P 500先物を使ってヘッジしようと計画している。指数の現時点でのレベルは1,250で，先物の取引単位は指数の250倍，無リスク金利は年率6％，指数の配当率は年率3％，現在の3カ月物先物価格は1,259とする。

(a) ファンド・マネージャーが，今後2カ月の市場の動きに対するすべてのエクスポージャーを取り除くには，どのようなポジションをとるべきか。

(b) 2カ月後の指数のレベルが1,000，1,100，1,200，1,300，1,400となったとき，あなたの戦略によってファンド・マネージャーの収益はどのような影響を受けるかを計算せよ。1年物の先物価格は，同時期の指数の水準に比べて0.25％高いと仮定せよ。

3.32 2014年10月に，ある企業が2015年2月，2015年8月，2016年2月，

2016年8月の各月に，銅100万ポンドの購入を計画しているとしよう。この企業は，将来の価格変動リスクをヘッジするために，CMEグループのCOMEX部門で取引されている先物契約の利用を決めた。先物契約の取引単位は銅25,000ポンドで，当初証拠金は1契約当り2,000ドル，維持証拠金は1契約当り1,500ドルである。また，この企業はエクスポージャーの80％をヘッジする方針とする。13カ月先の限月まで先物契約の流動性は十分あるとして，ヘッジ戦略を考えよ。(3.4節で説明したヘッジの"テーリング"に伴う調整は行わないとする。)

当日と将来時点での市場価格（1ポンド当りのセント表示）が，以下のように与えられていると仮定せよ。その時，考えたヘッジ戦略が，実際の銅の購入価格にどのような影響を与えるかを述べよ。また，2014年10月での当初証拠金はいくらか。さらに，この企業は証拠金の追加差入れが必要となるか。

日付	2014年10月	2015年2月	2015年8月	2016年2月	2016年8月
現物価格	372.00	369.00	365.00	377.00	388.00
2015年3月限先物価格	372.30	369.10			
2015年9月限先物価格	372.80	370.20	364.80		
2016年3月限先物価格		370.70	364.30	376.70	
2016年9月限先物価格			364.20	376.50	388.20

付　録
資本資産価格モデル（CAPM）

　資本資産価格モデル（CAPM：Capital Asset Pricing Model）とは，資産の期待収益率を収益率のリスクに関係づけるときに用いることができるモデルである。資産の収益率のリスクは，二つに分解できる。システマティック・リスク（systematic risk）とは，市場全体の収益率のリスクで，分散投資でなくすことはできない。非システマティック・リスク（nonsystematic risk）は資産固有のリスクであり，異なった資産の大きなポートフォリオを選択することで分散投資によりなくすことができる。CAPMでは，収益率はシステマティック・リスクのみによって決まるとしている。CAPMの公式は[7]，

$$\text{資産の期待収益率} = R_F + \beta(R_M - R_F) \quad (3\text{A}.1)$$

である。ここで，R_Mは利用可能な投資すべてからなるポートフォリオの収益率，R_Fは無リスク資産の収益率であり，そして，βはシステマティック・リスクを測るパラメータである。

　利用可能な投資すべてからなる収益率R_Mは市場の収益率（return on the market）と呼ばれ，通常はS&P 500のような，よく分散された株式指数の収益率により代用される。資産のベータ（β）とは，市場の収益率とその資産の収益率の感応度の尺度である。これは過去データを用いて，無リスク金利に対しての市場の超過収益性を，同じく無リスク金利に対しての資産の超過収益性にて回帰したときに得られる傾きとして推定することができる。$\beta = 0$のとき，資産の収益性は市場の収益性の影響を受けない。この場合システマティック・リスクはなく，（3A.1）式から，その期待収益率は無リスク金利と等しくなる。$\beta = 0.5$のとき，資産の無リスク金利に対しての超過収益率は，平均すると市場の無リスク金利に対しての超過収益率の半分になる。βが1の場合，資産の期待収益率は市場の収益率と一致する。

---

[7]　市場の収益率が不明な場合，この公式のR_Mには，R_Mの期待値を用いる。

無リスク金利R_Fが5％で，市場収益率が13％だとする。(3A.1)式より，資産のベータがゼロであればその期待リターンは5％であることがわかる。$\beta = 0.75$のとき，期待収益率は$0.05 + 0.75 \times (0.13 - 0.05) = 0.11$，つまり11％となる。CAPMの導出には，多くの仮定が必要となる[8]。具体的には，以下のようなものがある。

1．投資家は，資産の期待収益率と収益率の標準偏差のみを考慮する。
2．二つの資産の収益率は，それぞれが市場の収益率と相関していることのみを理由として相関している。これは，収益性は一つのファクターのみによりもたらされると仮定することと同じである。
3．投資家は1期間の収益率にのみ着目し，この期間はすべての投資家に同一である。
4．投資家は無リスク金利での資金調達，運用が可能である。
5．税金は投資判断に影響しない。
6．すべての投資家は，期待収益率，収益率の標準偏差，収益率間の相関について，同一の推定をする。

これらの仮定は，よくいったとしても，そこそこ正しいにすぎない。それにもかかわらず，CAPMはポートフォリオ・マネージャーにとって有益な道具であることは間違いなく，彼らの成績を評価するベンチマークとしてよく使われている。

資産が個別株の場合，(3A.1)式によって求められる期待収益率は，実際の収益率に対するとりわけよい予想方法ではない。しかし，資産がよく分散された株式のポートフォリオであるときは，これは，ずっとよい予想方法となる。結果的には，以下の式

$$\text{よく分散されたポートフォリオの収益率} = R_F + \beta(R_M - R_F)$$

は3.5節にて説明したように，分散されたポートフォリオをヘッジする際の，基準として使うことができる。この式のβはポートフォリオのベータであり，

---

[8] 導出の詳細については，たとえば，J. Hull, *Risk Management and Financial Institutions*, 3rd edn. Hoboken, NJ: Wiley, 2012, Chap. 1. を参照。

ポートフォリオ内の株式のベータの加重平均をとることにより，計算することができる。

第4章

金　利

　金利は事実上すべてのデリバティブを評価する際のファクターの一つであり，今後本書で紹介する多くのテーマのなかで際立った性質をもつものである。本章では，金利がどのように計測，分析されるかについて，関連する基本的事項を述べる。そこでは金利を定義するために用いる複利の回数や，デリバティブの分析に幅広く用いられる金利の連続複利の意味について説明する。ゼロ・レート，パー・イールド，およびイールド・カーブにも言及し，債券の評価について論じる。さらに，"ブートストラップ"というデリバティブのトレーディング・デスクがゼロクーポン・トレジャリー・レートを計算する際の一般的な手続について，その概略を示す。また，フォワード・レートや金利先渡契約にも触れ，金利の期間構造に関するいくつかの異なる理論を概観する。最後に，金利変化に対する債券価格の感応度を表す，デュレーションやコンベキシティの使い方を紹介する。

第6章では金利先物契約について言及し，金利のエクスポージャーをヘッジする際にデュレーションがどのように利用されるかを示す。なお，説明を簡単にするために，本章ではデイ・カウント・コンベンションを無視する。デイ・カウント・コンベンションの性質とそれが金利計算に与える影響については，第6章と第7章で論じる。

4.1 金利の種類

金利とは，個々の状況において，借り手が貸し手に約束する支払金額を定義するものである。どの通貨で考えるにしても，数多くのさまざまな種類の金利が常に提示されている。そのなかには，不動産抵当貸付金利，預金金利，最優遇貸出金利などが含まれる。それぞれの状況で適用される金利は信用リスクに依存する。それは資金の借り手がデフォルトし，貸し手に対して元利金が約束どおりに支払われないリスクである。信用リスクが高くなればなるほど，借り手が約束する金利は高くなる。

金利はベーシス・ポイントで表すことがよくある。1ベーシス・ポイントは年率0.01%である。

トレジャリー・レート

トレジャリー・レートとは，投資家が短期国債や長期国債を保有することによって得る利子率を指す。国債は政府の自国通貨での借入れに利用される商品である。たとえば，日本のトレジャリー・レートは日本政府が円を借りる際の利子率，米国のトレジャリー・レートは米国政府が米ドルを借りる際の利子率，などである。通常，政府は自国通貨での債務に関しては，デフォルトする可能性はないと仮定される。したがって，短期国債または長期国債を購入している投資家は元利金が約束どおり支払われると確信しているという意味で，トレジャリー・レートは無リスク金利とみなされる。

LIBOR

LIBOR はロンドン銀行間取引金利 (London Interbank Offered Rate) の略であり，銀行間での無担保の短期借入金利である。これまでの間，LIBOR は毎営業日に10通貨において，1日から1年までにわたる15の借入期間に対し計算されてきた。LIBOR は世界中で数百兆ドルもの取引の参照金利として使われている。そのなかで広く普及しているデリバティブ取引の一つには金利スワップがある（第7章を参照）。LIBOR は英国銀行協会（BBA：British Bankers Association）によりロンドン時間午前11時半に公表される。BBA はロンドン時間午前11時直前に借入れ可能な金利を推定したクォート（建値）を提供するよう複数の銀行に依頼している。それぞれの通貨と借入期間の組に対する上位4分の1のクォートと下位4分の1のクォートは取り除かれ，残りのクォートの平均が，その日の LIBOR フィキシングとなる。クォート提供元の銀行の信用格付は AA であることが多い[1]。したがって，LIBOR は通常，AA 格の金融機関の無担保での短期借入金利を推定値と考えられている。

近年いくつかの銀行が，提供する LIBOR クォートを操作した疑いが指摘されている。操作を行っていた理由は二つあるとされる。一つは，銀行が実際よりも借入コストを低くみせることで，より健全であるように装うため。もう一つは，キャッシュ・フローが LIBOR フィキシングに依存する金利スワップのような取引から利益を得るためである。問題の根底には，すべての異なる通貨と借入期間の組合せに対して，正確な推定を行うのに十分な銀行間借入れが実施されていないことがある。いままで毎日提供されてきた多くの LIBOR クォートは，いずれは数を減らされ，より流動性の高い市場での実際の取引に基づいたクォートへと置き換えられていくであろう。

FF レート

米国では金融機関は一定額の現金（準備金として知られる）を連邦準備銀

---

[1] 最もよい信用格付は AAA であり，2番目によい信用格付が AA となる。

行に預け入れる必要がある。必要とされる準備金の額は常にその資産と負債により決まる。1日の終わりに，連邦準備銀行の口座に余剰ができる金融機関もあれば，積増しが必要な金融機関もある。これにより，オーバーナイトでの借入れと貸出しが生じる。米国では，オーバーナイト金利はFFレート（federal funds rate）と呼ばれる。ブローカーは借り手と貸し手の仲介を行い，ブローカー経由の取引の加重平均金利（取引量に比例する重み付けをした）が実効FFレート（effective federal funds rate）と呼ばれる。このオーバーナイト金利は中央銀行により監視されており，そのレートを操作するために介入が行われる場合もある。ほかの国にも米国と似た仕組みがある。たとえば，英国ではブローカー経由のオーバーナイト金利の平均はSONIA（sterling overnight index average）と呼ばれ，ユーロ圏ではEONIA（euro overnight index average）と呼ばれている。

LIBORもFFレートも無担保の借入金利である。2007年8月から2008年12月の市場が荒れた時期を除けば，平均的にはオーバーナイトLIBORは実効FFレートよりも約6ベーシス・ポイント（0.06％）高い。実際に観測されるこの金利差は，時間差の影響，ニューヨークとロンドンでの借り手のプールを構成する銀行の違い，ロンドンとニューヨークでの決済メカニズムの違いに起因すると考えられる[2]。

レポ・レート

LIBORやFFレートと異なり，レポ・レートとは担保付きの借入金利である。レポ取引（買戻条件付売却取引，repurchase agreement）とは，証券を保有する金融機関がその証券をある価格で売り，後日それよりもいくらか高い価格で買い戻すという契約である。つまり，金融機関がローンを保有していることになり，証券の売却価格と買戻価格との差額がその利子に相当する。この時の金利がレポ・レート（repo rate）と呼ばれるものである。

注意深く契約の条項を取り決めれば，このレポにはほとんど信用リスクが

---

[2] L. Bartolini, S. Hilton, and A. Prati, "Money Market Integration," *Journal of Money, Credit and Banking*, 40, 1（February 2008）: 193-213を参照。

ない．それは，仮に借り手が契約を守らなくても，貸し手の企業には証券が残り，逆に貸し手の企業が契約に応じなくても，証券の元の所有者には貸し手から得た現金が残るからである．レポとして最もよく用いられるものは，オーバーナイト・レポ（overnight repo）と呼ばれ，日々契約がロールされる場合もある．しかし，ターム・レポ（term repo）と呼ばれる，より契約期間の長い契約が利用されることもある．

"無リスク"金利

　デリバティブの評価は，通常，まず無リスクのポートフォリオを設定し，そのポートフォリオの収益率は無リスク金利となるべきという論拠のもと行われる．それゆえ，無リスク金利はデリバティブ評価において重要な役割を果たす．ただし，本書の大部分で"無リスク金利"という場合，実際にどの金利を参照するかは明確に定義していない．これは，デリバティブの実務家は無リスク金利の代替として多くの異なる金利を使っているためである．AA格の金融機関が短期間の借入れでデフォルトすることもわずかながらありうるので，LIBORは無リスク金利ではないが，金融機関は伝統的にLIBORレートを無リスク金利として使ってきた．しかし，これは変わりつつある．第9章では，実務家が現在"無リスク"金利を選ぶ際に検討する問題と，その先の理論的な議論について述べる．

4.2　金利の計算

　銀行による1年物預金金利年率10%という表示は，わかりやすく，かつ曖昧さがないように思われる．しかし実際には，その正確な意味は金利の計算方法により異なる．
　金利が1年複利で計算されているならば，銀行の金利10%の表示は，1年後に100ドルが，

$$100 \text{ドル} \times 1.1 = 110 \text{ドル}$$

になることを意味する．一方，金利が半年複利で計算されているならば，6

カ月ごとに5％の利子が入り，それが再投資される。この場合，1年後に100ドルは，

$$100\text{ドル} \times 1.05 \times 1.05 = 110.25\text{ドル}$$

になる。また，金利が四半期複利で計算されているならば，3カ月ごとに2.5％の利子が入り，それが残りの期間に再投資される。この場合，1年後に100ドルは，

$$100\text{ドル} \times 1.025^4 = 110.38\text{ドル}$$

になる。表4.1は，複利の回数をさらにあげていったときにどうなるかを示したものである。

複利の回数は，金利を表示する際の単位となる。一つの複利回数のレートは異なる複利回数のレートに変換できる。たとえば，表4.1において1年複利10.25％は半年複利10％に等しい。複利の回数の違いは距離表示におけるキロとマイルの違いに類似している。それらは表示単位の違いである。

これまでの結果を一般化するために，投資金額 A，投資期間 n 年，年利率 R の投資を考えよう。1年複利の場合には，この投資の最終価値は，

$$A(1+R)^n$$

となる。年間 m 回の複利だとすると，投資の最終価値は，

$$A\left(1+\frac{R}{m}\right)^{mn} \tag{4.1}$$

となる。$m = 1$ とした場合の金利は，等価1年複利金利（equivalent annual

表4.1 金利が年率10％のとき，複利計算の回数が増加することによる1年後の100ドルの価値の変化

複利の回数	1年後の100ドルの価値（ドル）
1 年（$m = 1$）	110.00
半 年（$m = 2$）	110.25
3カ月（$m = 4$）	110.38
1カ月（$m = 12$）	110.47
1 週（$m = 52$）	110.51
1 日（$m = 365$）	110.52

interest rate）と呼ばれることもある。

連続複利

複利の回数 m を無限大にした極限は，連続複利（continuous compounding）[3] として知られる。連続複利では，金額 A を利率 R で n 年投資すると，価値は，

$$Ae^{Rn} \qquad (4.2)$$

に増える。ここで，e はおおよそ2.71828である。指数関数 e^x は大抵の計算機に組み入れられているので，(4.2)式は容易に計算できる。表4.1の例では $A = 100$，$n = 1$，$R = 0.1$ となるので，A の価値は連続複利の場合，

$$100e^{0.1} = 110.52 \text{ドル}$$

に増える。これは（小数点以下第2位までは）1日複利での価値と等しくなっており，実用上は，連続複利は1日複利とほぼ等しいと考えてもよい。連続複利ベースの利率 R で n 年間複利運用したときの最終価値は，その元金に e^{Rn} 掛ければよい。また，それを連続複利ベースの利率 R で n 年間割り戻すには，e^{-Rn} を掛ければよい。

本書では特に断らなければ金利は連続複利とする。1年ベース，半年ベース，またはその他の複利計算に慣れている読者にとっては，若干違和感があるかもしれない。しかし，デリバティブの価格づけにおいて連続複利は広範に用いられているので，その考えにいまから慣れておくことは有意義であろう。

R_c を連続複利での金利とし，それと等価な年 m 回複利での金利を R_m とする。この時，(4.1)式と(4.2)式より，

$$Ae^{R_c n} = A\left(1 + \frac{R_m}{m}\right)^{mn}$$

すなわち，

---

[3] 保険数理人（アクチュアリー）はしばしば連続複利を利力（force of interest）と呼ぶ。

$$e^{R_c} = \left(1 + \frac{R_m}{m}\right)^m$$

となる。これは,

$$R_c = m \ln\left(1 + \frac{R_m}{m}\right) \tag{4.3}$$

や,

$$R_m = m(e^{R_c/m} - 1) \tag{4.4}$$

とも書ける。これらは年 m 回複利から連続複利への変換式,あるいはその逆の変換式として用いられる。自然対数関数 $\ln x$ は指数関数の逆関数で,ほとんどの計算機に組み入れられている。$y = \ln x$ ならば $x = e^y$ が成り立つ。

【例4.1】

年率10%の半年複利の場合について考える。(4.3)式に $m = 2$,$R_m = 0.1$ を代入すると,等価な連続複利は,

$$2 \ln\left(1 + \frac{0.1}{2}\right) = 0.09758$$

より,年率9.758%となる。

【例4.2】

ある貸し手が,年4回利払いのローン金利を連続複利で年率8%と提示している。(4.4)式に $m = 4$,$R_c = 0.08$ を代入すると,四半期複利では,

$$4 \times (e^{0.08/4} - 1) = 0.0808$$

より,年率8.08%が等価な金利となる。つまり,1,000ドルのローンでは20.20ドルの利払いが3カ月ごとに要求されることになる。

4.3 ゼロ・レート

n年物ゼロクーポン・レートとは，当日スタートのn年投資に対する利子率で，元利金はすべてn年後に一括で払い戻され，途中の利払いはない。n年物ゼロクーポン・レートは，n年物スポット・レート，n年物ゼロ・レート，もしくは単にn年物ゼロとも呼ばれる。いま，5年物ゼロ・レートが連続複利で年率5％とすると，100ドルを5年間これに投資すれば，

$$100 \times e^{0.05 \times 5} = 128.40$$

に増えることになる。われわれが市場で直接観測できる金利の多くは，純粋なゼロ・レートではない。クーポン6％の5年物国債を考える。この債券のリターンには，5年後の満期より前に支払われるクーポンが含まれており，この国債の価格だけからは5年物トレジャリー・ゼロ・レートは決定できない。本章の後半で，トレジャリー・ゼロ・レートを利付国債の市場価格からいかに推定するかについて論じることにする。

4.4 債券の価格づけ

ほとんどの債券には定期的にクーポンがついている。また，債券の元本（または額面）は満期に償還される。債券の理論価格は，債券の所有者が受け取るすべてのキャッシュ・フローの現在価値として計算することができる。債券トレーダーは債券から生じるすべてのキャッシュ・フローに対して同じ割引率を適用することもあるが，より正確な手法では，それぞれのキャッシュ・フローに異なるゼロ・レートを用いる。

連続複利のトレジャリー・ゼロ・レートが表4.2で与えられているとする。（これらがどのように求められているかについては後で説明する。）この時，額面100ドル，クーポン6％，年2回利払いの2年物米国債の価格について考える。初回のクーポン3ドルの現在価値は，3ドルを5.0％で6カ月間分割り引いて求める。2回目のクーポン3ドルの現在価値は，3ドルを5.8％で1年間分割り引いて求める，という具合に計算していくと，この債券の理論価

表4.2 トレジャリー・ゼロ・レート

満期 (年)	ゼロ・レート（%） (連続複利)
0.5	5.0
1.0	5.8
1.5	6.4
2.0	6.8

格は，
$$3e^{-0.05\times0.5}+3e^{-0.058\times1.0}+3e^{-0.064\times1.5}+103e^{-0.068\times2.0}=98.39$$
すなわち，98.39ドルと求まる。

債券イールド

債券イールドとは，それをただ一つの割引率としてすべてのキャッシュ・フローに適用して計算した債券価格が，その債券の市場価値に等しくなるような割引率のことである。先に計算した債券の理論価格98.39ドルが，この債券の市場価値に等しい（すなわち，債券の市場価格がちょうど表4.2のデータに一致している）と仮定する。y を連続複利ベースの債券イールドとすると，
$$3e^{-y\times0.5}+3e^{-y\times1.0}+3e^{-y\times1.5}+103e^{-y\times2.0}=98.39$$
が成り立つ。この方程式は反復法（"試行錯誤"による方法）を用いて解くことができ，$y=6.76\%$ が得られる[4]。

パー・イールド

ある債券の満期に対するパー・イールド（par yield）とは，債券価格がその債券の額面（元本と同じ）に等しくなるようなクーポン・レートである。通常，債券は半年ごとに利払いがあると仮定する。ある2年利付債のクーポ

---

[4] ここに現れるような $f(y)=0$ というかたちの非線形方程式を解く方法の一つに，ニュートン・ラフソン法がある。まず，解の推定値 y_0 から始めて，$y_{i+1}=y_i-f(y_i)/f'(y_i)$ という式を繰り返し用いて，$y_1, y_2, y_3, \ldots$ とよりよい解の推定値を求めていくというものである。ここで，$f'(y)$ は y に関する f の導関数である。

ンが年当り c（すなわち，6カ月ごとに $\frac{1}{2}c$）であるとする。表4.2のゼロクーポン・レートを用いると，この債券の価値は，

$$\frac{c}{2}e^{-0.05 \times 0.5} + \frac{c}{2}e^{-0.058 \times 1.0} + \frac{c}{2}e^{-0.064 \times 1.5} + \left(100 + \frac{c}{2}\right)e^{-0.068 \times 2.0} = 100$$

となるとき額面100に等しくなる。この方程式は直接解くことができ，$c = 6.87$ となる。よって，2年物パー・イールドは年率6.87％となる。これは利払いが半年ごとにあると仮定しているので，半年複利となっている。連続複利の場合は，年率6.75％となる。

より一般には，d を債券の満期に受け取る1ドルの現在価値，A を各利払日に1ドル受け取る現在価値の合計，m を年間の利払回数とすると，パー・イールド c は，

$$100 = A\frac{c}{m} + 100d$$

を満たす。よって，

$$c = \frac{(100 - 100d)m}{A}$$

となる。上の例では，$m = 2$, $d = e^{-0.068 \times 2} = 0.87284$, そして，

$$A = e^{-0.05 \times 0.5} + e^{-0.058 \times 1.0} + e^{-0.064 \times 1.5} + e^{-0.068 \times 2.0} = 3.70027$$

である。この式からもパー・イールドが年率6.87％であることが確かめられる。

4.5　トレジャリー・ゼロ・レートの決定

トレジャリー・ゼロ・レートを計算する一つの方法は，いわゆるストリップス債のイールドから求めることである。ストリップス債とは，国債の元本部分とクーポン部分が分離されて，それぞれの部分が販売されるゼロクーポン債である。

トレジャリー・ゼロ・レートを決めるもう一つの方法は，割引国債と利付国債から求める方法である。最も一般的な方法は，ブートストラップ法

（bootstrap method）として知られる方法である。この方法の性質を具体例で説明するために，表4.3の五つの債券に関する価格データを用いる。はじめの三つの債券にはクーポンがないので，これらの債券の満期に対応するゼロ・レートは容易に計算できる。3 カ月物債券では，97.5の投資を3カ月で100にする効果がある。したがって，3カ月物ゼロ・レート R は連続複利で，
$$100 = 97.5e^{R \times 0.25}$$
を解けば求められ，年率10.127%となる。同様に，6カ月物ゼロ・レートは連続複利で，
$$100 = 94.9e^{R \times 0.5}$$
を解けば求められ，年率10.469%となる。さらに，1年物ゼロ・レートは連続複利で，
$$100 = 90e^{R \times 1.0}$$
を解けばよく，年率10.536%となる。

四つ目の債券の満期は1.5年である。支払は，次のとおりである。

　6カ月後：4ドル

　1年後　：4ドル

　1.5年後：104ドル

先に行った計算により，6カ月後の支払に対する割引率は10.469%，1年後の支払に対する割引率は10.536%と求まっている。また，この債券の価格96ドルは，債券保有者が受け取る全支払額の現在価値に等しくなければならな

表4.3　ブートストラップ法に使用するデータ

債券元本 （ドル）	満期 （年）	年クーポン* （ドル）	債券価格 （ドル）
100	0.25	0	97.5
100	0.50	0	94.9
100	1.00	0	90.0
100	1.50	8	96.0
100	2.00	12	101.6

*このクーポンの半分が，6カ月ごとに支払われるとする。

い。このことから1.5年物ゼロ・レートを R で表すと，

$$4e^{-0.10469\times0.5}+4e^{-0.10536\times1.0}+104e^{-R\times1.5}=96$$

が成り立つ。これより，

$$e^{-1.5R}=0.85196$$

となり，

$$R=-\frac{\ln(0.85196)}{1.5}=0.10681$$

と求まる。したがって，1.5年物ゼロ・レートは10.681%となる。これは6カ月物レート，1年物レート，および表4.3のデータに適合する唯一のゼロ・レートである。

同様に2年物ゼロ・レートは，6カ月物ゼロ・レート，1年物ゼロ・レート，1.5年物ゼロ・レート，および表4.3の五つ目の債券に関する情報から計算できる。R を2年物ゼロ・レートとすると，

$$6e^{-0.10469\times0.5}+6e^{-0.10536\times1.0}+6e^{-0.10681\times1.5}+106e^{-R\times2.0}=101.6$$

となり，これより $R=0.10808$，すなわち10.808%が求まる。

これまで計算してきたゼロ・レートが表4.4にまとめられている。ゼロ・レートを満期の関数として表したグラフはゼロ・カーブとして知られる。一般にゼロ・カーブは，ブートストラップ法を用いて決定された点の間は線形であると仮定する。(この例では，1.25年ゼロ・レートが $0.5\times10.536+0.5\times10.681=10.6085\%$ となることを意味している。)また，通常ゼロ・カーブは，最初の点以前と最後の点以降は水平になると仮定する。図4.1は，この仮定

表4.4　表4.3から計算された連続複利ベースのゼロ・レート

満　期 (年)	ゼロ・レート (%) (連続複利)
0.25	10.127
0.50	10.469
1.00	10.536
1.50	10.681
2.00	10.808

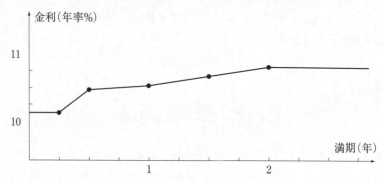

図4.1 ブートストラップ法によって計算されたゼロ・レート

を用いて，求めたデータに対するゼロ・カーブを示している。より満期の長い債券を用いれば，ゼロ・カーブは2年以上の満期に対してもより正確に決めることができる。

実際には，満期がちょうど1.5年，2年，2.5年などになる債券があることはまれである。アナリストがよく用いるアプローチは，ゼロ・カーブを計算する前に債券価格のデータを補間するというものである。たとえば，クーポン6％の2.3年物利付債の価格が98で，クーポン6.5％の2.7年物利付債の価格が99のとき，クーポン6.25％の2.5年物利付債の価格が98.5であると仮定することになる。

4.6　フォワード・レート

フォワード・レートとは，現時点のゼロ・レートと整合的な将来の期間に適用される将来の金利のことである。具体例として，表4.5の2列目のゼロ・レートを用いて，フォワード・レートを計算してみよう。レートは連続複利とする。1年物ゼロ・レートが年率3％ということは，現時点で100ドル投資すれば1年後に$100e^{0.03 \times 1} = 103.05$ドルを受け取れる。2年物ゼロ・レートが年率4％ということは，2年後に$100e^{0.04 \times 2} = 108.33$ドルを受け取れる，という具合である。

表4.5 フォワード・レートの計算

年 (n)	n年の投資に対する ゼロ・レート （年率%）	n年目の フォワード・レート （年率%）
1	3.0	
2	4.0	5.0
3	4.6	5.8
4	5.0	6.2
5	5.3	6.5

　表4.5では，2年目のフォワード・レートは年率5％となっている。このレートは，1年目の終わりから2年目の終わりまでの期間に適用される，ゼロ・レートから決まる金利である。その値は，年率3％の1年物ゼロ・レートと年率4％の2年物ゼロ・レートから計算することができる。つまり，最初の1年間は年率3％で運用し，それを2年目につなげる運用が2年間トータルとしては年率4％の運用となるようなレートとして求まる。年率5％が正しい答えであることを示すために，たとえば100ドルを投資する場合で考えてみよう。最初の1年は年率3％，次の1年は年率5％であるから，2年後の金額は，

$$100e^{0.03 \times 1}e^{0.05 \times 1} = 108.33 \text{ドル}$$

となる。一方，年率4％で2年間運用した場合には，

$$100e^{0.04 \times 2}$$

となり，これも同じ108.33ドルとなる。これは，レートを連続複利で表し連続した期間に対するフォワード・レートが与えられたとき，期間全体に対するゼロ・レートは各期間のフォワード・レートの平均に等しい，という一般的な結果の一例である。この例では，最初の1年は3％，次の1年は5％で，2年間の平均は4％となっている。レートが連続複利でない場合には，このことは近似的にしか正しくない。

　同様に，3年目のフォワード・レートは，年率4％の2年物ゼロ・レートと年率4.6％の3年物ゼロ・レートから計算でき，その値は年率5.8％とな

る。年率4％で2年間投資した後，さらに続けて年率5.8％で1年間運用すれば，年率4.6％で3年間運用したことと同じになるからである。このほかのフォワード・レートも同様の方法で計算され，それらを表の3列目に示した。一般的に，満期 T_1 のゼロ・レートを R_1，満期 T_2 のゼロ・レートを R_2 とすれば，期間 T_1 から T_2 までのフォワード・レートは次式で与えられる。

$$R_F = \frac{R_2 T_2 - R_1 T_1}{T_2 - T_1} \quad (4.5)$$

この式を用いて，表4.5のデータから4年目のフォワード・レートを計算すると，$T_1 = 3$，$T_2 = 4$，$R_1 = 0.046$，$R_2 = 0.05$ より $R_F = 0.062$ となる。

(4.5)式は，

$$R_F = R_2 + (R_2 - R_1) \frac{T_1}{T_2 - T_1} \quad (4.6)$$

と書ける。この式から，期間 T_1 から T_2 でゼロ・カーブが右上がり，すなわち $R_2 > R_1$ の場合には，$R_F > R_2$ となることがわかる（すなわち，満期 T_2 のフォワード・レートは満期 T_2 のゼロ・レートよりも高い）。ゼロ・カーブが右下がり，すなわち $R_2 < R_1$ の場合には，$R_F < R_2$ となる（すなわち，フォワード・レートは満期 T_2 のゼロ・レートよりも低い）。(4.6)式で，T_2 を T_1 に近づける極限をとり，その極限の値を T と書き直すと，

$$R_F = R + T \frac{\partial R}{\partial T}$$

が得られる。ここで，R は満期 T のゼロ・レートである。このようにして求められた R_F の値は，満期 T における瞬間フォワード・レート (instantaneous forward rate) として知られている。これは時点 T スタートの非常に短い期間に対して適用されるフォワード・レートである。時点 T に満期を迎えるゼロクーポン債価格を $P(0, T)$ とすれば，$P(0, T) = e^{-RT}$ なので，瞬間フォワード・レートに対する式は，

$$R_F = -\frac{\partial}{\partial T} \ln P(0, T)$$

と表すこともできる。

もし大手の金融機関が表4.5の金利で借入れと貸出が行えるならば，フォワード・レートを固定することができる。たとえば，ゼロ・レートが表4.5で与えられているとする。その金融機関は100ドルを年率3％で1年間借り入れ，同時にその資金を4％で2年間投資すれば，1年後に$100e^{0.03 \times 1}$ = 103.05ドルを支払い，2年後に$100e^{0.04 \times 2}$ = 108.33ドルを受け取ることになる。$108.33 = 103.05e^{0.05}$なので，それは103.05ドルを2年目に1年物フォワード・レート（5％）で運用したものに等しい。もしくは，100ドルを年率5％で4年間借り入れ，その資金を年率4.6％で3年間投資すれば，3年目の終わりに$100e^{0.046 \times 3}$ = 114.80ドルを受け取り，4年目の終わりに$100e^{0.05 \times 4}$ = 122.14ドルを支払うことになる。$122.14 = 114.80e^{0.062}$なので，4年目に6.2％のフォワード・レートで1年間の資金を調達したことになる。

もし大手の投資家が，将来の金利について現在のフォワード・レートと異なるという見通しをもっているならば，多くの魅力的な取引戦略を見出すであろう（ビジネス・スナップショット4.1参照）。たとえば，金利先渡契約として知られる契約を締結するのも一つの方法である。次節では，この金利先渡契約がどのように締結され，価格づけされるのかを論じる。

ビジネス・スナップショット4.1

オレンジ郡のイールド・カーブ・プレイ

ある大手投資家が表4.5の金利で資金の貸借りを行うことができ，1年物金利が将来5年にわたってそんなに変わらないと予想していると仮定する。この時，投資家は期間1年の資金を借り，期間5年の投資をするだろう。1年間の借入れは1年目が終わると，再度次の1年間にロール・オーバーされる。それが2年目，3年目，4年目と続く。金利が同じ水準にとどまるのであれば，受取利子は5.3％，支払利子は3％なので，この戦略は年間約2.3％の収益を生み出すであろう。この種の取引はイールド・カーブ・プレイ（yield curve play）として知られる戦略である。この時，投資家は，将来の金利が市場で観測される現時点でのフォワード・レートとかなり異なることに投機している。（この例では，

第4章 金　利　137

市場で観測される現時点のフォワード・レートは，将来の1年ごとにそれぞれ5％，5.8％，6.2％，6.5％である。）

　米国カリフォルニア州オレンジ郡の財務責任者であったロバート・シトロン（Robert Citron）は上述と同様のイールド・カーブ・プレイを利用し，1992年および1993年に大きな成功を収めた。彼の取引からの収益はオレンジ郡の予算に重要な位置を占めるほどの大きな貢献となり，彼は財務責任者として再選された。（当時，彼の取引戦略がきわめてリスクの高いものであると唱える再選反対派の存在を聞くことはなかった。）

　1994年にシトロンはイールド・カーブ・プレイを拡大し，多額の資金をインバース・フローター（inverse floater）という取引に投資した。この取引は，固定金利から変動金利を差し引いた金利が支払われるものであった。さらに彼はレポ市場で資金を借りて，ポジションにレバレッジを効かせた。短期金利が上昇しなければ収益をあげ続けることができたが，1994年に金利が急上昇した。その結果，オレンジ郡は1994年12月1日に保有する投資ポートフォリオから150億ドルの損失を計上し，その数日後財政破綻を起こした。

4.7　金利先渡契約

　金利先渡契約（FRA : forward rate agreement）とは，将来の特定の期間の定められた元本に対する貸借に対して，適用される金利を確定させる目的の店頭契約である。FRAは資金の貸借が通常LIBORで行われることを仮定している。

　ある期間に対して固定金利が実際のLIBORよりも高かった場合，借り手は貸し手に対して，金利差を元本に適用させた額を支払うことになる。逆であった場合には，貸し手が借り手に金利差を元本に適用させた額を支払う。金利は後払いであるので，金利差の支払は決められた期間の終了時に行う。しかし，例4.3に示されるように，通常はその支払額の現在価値を期間の開

始時に受け渡す。

【例4.3】

　ある企業が元本1億ドルに対して，3年後スタートの3カ月間に対して4％の固定金利を受け取ることを確定させるFRAを締結したとしよう。このFRAは3カ月間にわたる，LIBORの支払と4％の受取りの交換である。3カ月間の金利が3カ月物LIBORで4.5％になったとすれば，貸し手のキャッシュ・フローは3.25年後に，

$$100{,}000{,}000 \times (0.04 - 0.045) \times 0.25 = -125{,}000 ドル$$

となる。これは，3年後の次のキャッシュ・フローと等価である。

$$-\frac{125{,}000}{1 + 0.045 \times 0.25} = -123{,}609 ドル$$

　逆に，契約の相手方のキャッシュ・フローは3.25年後に+125,000ドル，3年後では+123,609ドルとなる。(この例で示されている金利はすべて四半期複利である。)

　いま，ある企業Xが別の企業Yに対して，期間T_1からT_2まで資金を貸し出すFRAを考えてみよう。以下の記号を用いる。

　R_K：FRAで合意された金利

　R_F：現時点で計算される，期間T_1からT_2までのフォワードLIBORレート[5]

　R_M：時点T_1に実際に観測される，期間T_1からT_2までのLIBORレート

　L：契約の元本

ここでは連続複利を用いず，R_K, R_F, R_Mの複利の周期はそれぞれの金利の期間に等しいとする。たとえば，$T_2 - T_1 = 0.5$である場合には半年複利，$T_2 - T_1 = 0.25$である場合には四半期複利であるとする。(これはFRAの通常の市場慣習と一致している。)

---

[5] フォワードLIBORの計算については，第7章と第9章で述べる。

通常であれば，企業XはLIBORローンから金利R_Mを受け取るが，FRAであればR_Kを受け取ることになる。FRAを締結した結果得られる超過金利（負にもなりうる）はR_K-R_Mである。金利は時点T_1に決定され，時点T_2に支払われるため，時点T_2における企業Xの超過金利のキャッシュ・フローは，

$$L(R_K-R_M)(T_2-T_1) \qquad (4.7)$$

となる。同様に，時点T_2における企業Yの超過金利のキャッシュ・フローは，

$$L(R_M-R_K)(T_2-T_1) \qquad (4.8)$$

となる。この時，(4.7)式と(4.8)式から，FRAについて別の解釈が可能である。すなわちFRAとは，企業Xからみると，元本に対する期間T_1からT_2までの利子として固定金利R_Kを受け取り，かわりに実現したLIBOR金利R_Mを支払う契約である。また，企業Yからみると，元本に対する期間T_1からT_2までの利子として固定金利R_Kを支払い，そのかわりに金利R_Mを受け取る契約である。

FRAの理解は第7章で金利スワップを考える際に重要となる。すでに述べたように，FRAは時点T_2ではなく，時点T_1で決済され，その支払額は時点T_2から時点T_1へ割り引かれる。したがって，企業Xの時点T_1でのペイオフは，

$$\frac{L(R_K-R_M)(T_2-T_1)}{1+R_M(T_2-T_1)}$$

となる。一方，企業Yの時点T_1でのペイオフは，

$$\frac{L(R_M-R_K)(T_2-T_1)}{1+R_M(T_2-T_1)}$$

となる。

FRAの評価

固定金利R_Kがフォワード・レートR_Fと同じならば，FRAの価値はゼロとなる[6]。契約当初にはR_Kは現時点でのR_Fと同じになるように決められ

るので，どちらにとっても契約の価値はゼロとなる[7]。時間がたつにつれ金利が変化すれば，その価値はゼロではなくなる。

ある時点のデリバティブの市場価格は MTM（mark-to-market）と呼ばれる。固定金利を受け取っている FRA の MTM を計算するには二つの FRA から構成されるポートフォリオを想定すればよい。最初の FRA は元本 L に対して時点 T_1 から T_2 の間に R_K を受け取り，二つ目の FRA は時点 T_1 から T_2 の間に R_F を支払うものである。一つ目の FRA の時点 T_2 におけるペイオフは $L(R_K - R_M)(T_2 - T_1)$ であり，二つ目の FRA の時点 T_2 におけるペイオフは $L(R_M - R_F)(T_2 - T_1)$ である。合計したペイオフは $L(R_K - R_F) \times (T_2 - T_1)$ となり，これは現時点で知ることができる。したがって，このポートフォリオは無リスク投資となり，その現時点での価値は時点 T_2 でのペイオフを無リスク金利で割り引いたものとなるので，

$$L(R_K - R_F)(T_2 - T_1)e^{-R_2 T_2}$$

となる。ここで R_2 は満期 T_2 の連続複利ベースのゼロ・レートである[8]。R_F を支払う二つ目の FRA の価値はゼロなので，R_K を受け取る一つ目の FRA の価値は，

$$V_{\text{FRA}} = L(R_K - R_F)(T_2 - T_1)e^{-R_2 T_2} \tag{4.9}$$

となる。同様に R_K を支払う場合の FRA の価値は，

$$V_{\text{FRA}} = L(R_F - R_K)(T_2 - T_1)e^{-R_2 T_2} \tag{4.10}$$

---

6 これはフォワード LIBOR の定義とみなすこともできる。4.6節で示したように，ある銀行が LIBOR で貸借りできる理想的な状況を想定すれば，フォワード LIBOR を受け取ったり支払ったりする契約をつくりだすことができる。たとえば，ある額を2年間借り入れ，それを3年間投資すれば，その銀行は2年後から3年後までのフォワード・レートを受け取っていることになる。同様に，ある額を3年間借り入れ，それを2年間貸し出せば，その銀行は2年後から3年後のフォワード・レートを支払うことになる。

7 これは，実務においては正しくない。銀行のようなマーケット・メーカーは，R_K のビッドとオファーを提示するであろう。彼らが R_K を支払うときはビッド，R_K を受け取るときはオファーが対応する。それゆえ，FRA は開始時において，その銀行側にとっては小さな正の価値，カウンターパーティー側にとっては小さな負の価値をもつことになる。

8 R_K，R_M，および R_F は期間 $T_2 - T_1$ を周期とする複利での金利であるが，R_2 に関しては連続複利での金利であることに注意せよ。

となる。(4.7)式と(4.9)式，あるいは(4.8)式と(4.10)式を比較すると，以下の手順でFRAを評価できることがわかる。

1. フォワード・レートが実現すると仮定してペイオフを計算する（すなわち $R_M = R_F$ と仮定する）。
2. このペイオフを無リスク金利で割り引く。

第7章で金利スワップ（これはFRAの集合体である）の評価をするときに，この結果を利用する。

【例4.4】

1.5年後から2年後までのフォワードLIBORが5％（半年複利）であり，FRAを締結していたある企業が，その期間で1億ドルの元本に対して5.8％（半年複利）を受け取り，LIBORを支払う予定であったとする。2年間の無リスク金利が4％（連続複利）とすれば，(4.9)式からFRAの価値は，

$$100{,}000{,}000 \times (0.058 - 0.050) \times 0.5 e^{-0.04 \times 2} = 369{,}200 \text{ドル}$$

となる。

4.8 デュレーション

債券のデュレーション（duration）とは，その名のとおり，債券の保有者がその債券の元利金の支払を受けるまでに，平均してどの程度の期間がかかるかを表したものである。満期 n 年のゼロクーポン債のデュレーションは n 年である。しかし，満期 n 年の利付債のデュレーションは，満期前に利払いがあるので，n 年よりも短くなる。

債券保有者が時点 t_i ($1 \leq i \leq n$) に受け取る元利金を c_i とする。債券の価格 B と連続複利債券イールド y との関係は，

$$B = \sum_{i=1}^{n} c_i e^{-y t_i} \tag{4.11}$$

で与えられる。この時，デュレーションは次のように定義される。

$$D = \frac{\sum_{i=1}^{n} t_i c_i e^{-yt_i}}{B} \qquad (4.12)$$

これは，

$$D = \sum_{i=1}^{n} t_i \left[\frac{c_i e^{-yt_i}}{B} \right]$$

と書き直すことができる。角括弧のなかの項は，時点 t_i におけるキャッシュ・フローの現在価値が債券価格に占める割合を表している。債券価格は，債券から受け取ることのできる全支払の現在価値である。したがって，デュレーションとは支払が受け取れるまでの各期間を，その時の支払額の現在価値と債券の現在価値との比で重み付けした加重平均である。重みの総和は1になる。デュレーションの定義では，すべての割引は債券イールド y で行われていることに注意しよう。(4.4節の説明のように各キャッシュ・フローに対して異なるゼロ・レートを用いることはしていない。)

イールドが Δy だけ微小変化するとき，

$$\Delta B = \frac{dB}{dy} \Delta y \qquad (4.13)$$

が近似的に成り立つ。(4.11)式から，

$$\Delta B = -\Delta y \sum_{i=1}^{n} c_i t_i e^{-yt_i} \qquad (4.14)$$

となる。(B と y には負の相関があることに注意せよ。債券イールドが上昇すると，債券価格は下落する。逆に，債券イールドが下落すると，債券価格は上昇する。) (4.12)式および (4.14)式より，次のデュレーションに関する重要な関係が導かれる。

$$\Delta B = -BD \, \Delta y \qquad (4.15)$$

これは，

$$\frac{\Delta B}{B} = -D \, \Delta y \qquad (4.16)$$

と書き直すことができる。(4.16)式は，債券価格の変化率とイールドの変化との近似的な関係を表している。これは使いやすい関係式で，1938年に

表4.6 デュレーションの計算

期間(年)	キャッシュ・フロー（ドル）	現在価値	ウェイト	期間×ウェイト
0.5	5	4.709	0.050	0.025
1.0	5	4.435	0.047	0.047
1.5	5	4.176	0.044	0.066
2.0	5	3.933	0.042	0.083
2.5	5	3.704	0.039	0.098
3.0	105	73.256	0.778	2.333
合計	130	94.213	1.000	2.653

Frederick Macaulayが提案したデュレーションがよく使われる尺度になった理由でもある。

　額面100ドル，期間3年，クーポン10％の債券のデュレーションを考える。債券イールドを連続複利で年率12％，つまり $y = 0.12$ と仮定し，クーポンは半年ごとに5ドル支払われるとする。表4.6はデュレーションを求めるのに必要な計算結果を掲載したものである。債券イールドを割引率に用いて，各期の債券キャッシュ・フローの現在価値を求めたものが3列目に示してある（たとえば，最初の支払の現在価値は $5e^{-0.12 \times 0.5} = 4.709$ である）。この3列目の合計94.213ドルが債券の価格である。3列目の値を94.213で割ったものがウェイトで，それに期間を乗じた5列目の値の合計がデュレーションで，2.653年となっている。

　DV01は，すべての金利が1ベーシス・ポイント増加したときの価格変化である。ガンマはすべての金利が1ベーシス・ポイント増加したときのDV01の変化である。次の例は，デュレーションの関係を示した(4.15)式の精度を検証するものである。

【例4.5】

　表4.6の債券において，債券価格 B は94.213，デュレーション D は2.653なので，(4.15)式より，

$$\Delta B = -94.213 \times 2.653 \times \Delta y$$

すなわち，

$$\Delta B = -249.95 \times \Delta y$$

となる。債券のイールドが10ベーシス・ポイント（= 0.1%）上昇するとき，$\Delta y = +0.001$である。この時，関係式からは$\Delta B = -249.95 \times 0.001 = -0.250$と予測され，債券価格は$94.213 - 0.250 = 93.963$に下落することになる。この精度を確認しよう。債券イールドが10ベーシス・ポイント上昇して12.1%になれば，債券価格は，

$$5e^{-0.121 \times 0.5} + 5e^{-0.121 \times 1.0} + 5e^{-0.121 \times 1.5} + 5e^{-0.121 \times 2.0}$$
$$+ 5e^{-0.121 \times 2.5} + 105e^{-0.121 \times 3.0} = 93.963$$

になる。この結果はデュレーションの関係式から予測された価格と（小数点以下第3位まで）一致する。

修正デュレーション

これまでの分析では，yは連続複利で与えられていると仮定してきた。yが1年複利で与えられるときは，(4.15)式の近似的な関係式は，

$$\Delta B = -\frac{BD\,\Delta y}{1+y}$$

となることを示すことができる。さらに一般的に，yが年m回複利で与えられた場合は，

$$\Delta B = -\frac{BD\,\Delta y}{1+y/m}$$

となる。ここで，

$$D^* = \frac{D}{1+y/m}$$

により定義されるD^*は，債券の修正デュレーション（modified duration）と呼ばれることがある。これを使えばデュレーションの関係式は，

$$\Delta B = -BD^*\Delta y \qquad (4.17)$$

のように簡単に表すことができる。ただし，yは年m回複利で与えられているものとする。次の例は，修正デュレーションに関する関係式の精度を検

証するものである。

【例4.6】

表4.6の債券において，債券価格は94.213，デュレーションは2.653，イールドは半年複利で12.3673%なので，修正デュレーション D^* は，

$$D^* = \frac{2.653}{1+0.123673/2} = 2.499$$

で与えられる。(4.17)式より，

$$\Delta B = -94.213 \times 2.4985 \times \Delta y$$

すなわち，

$$\Delta B = -235.39 \times \Delta y$$

となる。イールド（半年複利）が10ベーシス・ポイント（= 0.1%）上昇するとき，$\Delta y = +0.001$ である。この時，デュレーションの関係式からは ΔB は $-235.39 \times 0.001 = -0.235$ と予測され，債券価格は $94.213 - 0.235 = 93.978$ に下落することになる。この精度を確認しよう。前の例と同様の正確な計算をすると，債券イールド（半年複利）が10ベーシス・ポイント上昇して12.4673%になれば，債券価格は93.978になる。これは，イールドの微小変化に対して修正デュレーションの計算精度がよいことを示している。

金額デュレーション（dollar duration）という用語が用いられることもある。これは修正デュレーションに債券価格を乗じたものである。$D_\$$ を金額デュレーションとすると，$\Delta B = -D_\$ \Delta y$ が成り立つ。

債券ポートフォリオ

債券ポートフォリオのデュレーション D は，ポートフォリオを構成する個々の債券がもつデュレーションを，各債券の価格に比例したウェイトで加重平均したものとして定義される。(4.15)式から(4.17)式までは，B を債券ポートフォリオの価値として適用できる。それらの関係式を用いれば，すべての債券イールドが Δy だけ微小変化したときの債券ポートフォリオの価

値変化を推定できる。

債券ポートフォリオのデュレーションを使うときは，すべての債券イールドはほぼ同じ値だけ変化するという暗黙の仮定が置かれている。このことを理解しておくことは重要である。さまざまな満期の債券からなるポートフォリオの場合，ゼロクーポン・イールド・カーブがパラレル・シフトする場合にのみ，その仮定が満たされる。したがって(4.15)式から(4.17)式までは，ゼロ・カーブがΔyだけ微小なパラレル・シフトをしたときの債券ポートフォリオの価格への影響額を推定する式であると理解しなければならない。

資産のデュレーションと負債のデュレーションが等しくなる（すなわち，全体でネットしたデュレーションがゼロになる）ようなポートフォリオを保有することで，金融機関はイールド・カーブの微小なパラレル・シフトに対するエクスポージャーをなくすことができる。しかしながら，その場合でも大きなパラレル・シフトやパラレルでないシフトに対するエクスポージャーは依然として残っている。

4.9　コンベキシティ

デュレーションの関係式はイールドの微小変化に対してのみ適用できる。図4.2は，同じデュレーションをもつ二つの債券ポートフォリオにおける価値の変化率とイールドの変化との関係を示したものである。原点での二つの曲線の接線の傾きは等しい。すなわち，小さなイールドの変化に対しては，二つの債券ポートフォリオは同じ比率だけその価値が変化し，(4.16)式と整合性がとれている。大きなイールド変化に対しては，二つのポートフォリオの価値は異なる変化をする。ポートフォリオXはポートフォリオYに比べてイールドの変化に対する曲率が大きい。コンベキシティ（convexity）として知られるファクターはこの曲率を計測するもので，(4.16)式の精度を改善するのに用いられる。

コンベキシティは，

図4.2 同じデュレーションをもつ二つの債券ポートフォリオ

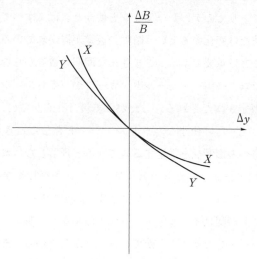

$$C = \frac{1}{B}\frac{d^2B}{dy^2} = \frac{\sum_{i=1}^{n} c_i t_i^2 e^{-yt_i}}{B}$$

で与えられる。テイラー展開を使えば, (4.13)式よりさらに精度の高い次式が得られる。

$$\Delta B = \frac{dB}{dy}\Delta y + \frac{1}{2}\frac{d^2B}{dy^2}\Delta y^2 \qquad (4.18)$$

これより,

$$\frac{\Delta B}{B} = -D\,\Delta y + \frac{1}{2}C(\Delta y)^2$$

が導かれる。ある一定のデュレーションをもつポートフォリオにおいて, 債券ポートフォリオに長期にわたる一定の支払があると, そのコンベキシティは大きくなる傾向がある。支払がある特定の時期に集中していると, コンベキシティは小さくなる。全体でネットしたデュレーションとコンベキシティがゼロになるような資産と負債のポートフォリオを保有するようにすることで, 金融機関はゼロ・カーブの比較的大きな変化に対しても, 収益変動リスクを回避することができる。しかし, パラレルでない金利シフトに対するエ

クスポージャーは依然として残っている。

4.10 金利期間構造の理論

　ゼロ・カーブの形状を決定しているのは何かというのは，きわめて自然な問いである。なぜ時には右下がりになり，時には右上がりになり，また時には一部右上がりの一部右下がりになるのか。これまでいくつかの異なる説が提案されている。このうち最も簡単なものは期待仮説（expectations theory）である。これは，長期金利は将来の短期金利の期待値を反映しているとする仮説である。より正確には，任意の期間に対するフォワード・レートは，同じ期間に対する将来のゼロ・レートの期待値に等しいという仮説である。このほかに，市場分断仮説（market segmentation theory）という，短期，中期，長期の金利はそれぞれ独立だとする仮説がある。この仮説では，年金ファンドや保険会社のような大手投資家はある特定の満期の債券に投資し，すぐには投資する債券の満期を変更しないものとされている。したがって，短期の金利は短期債市場の需給によって決定され，中期の金利は中期債市場の需給によって決定されるといった具合になる。

　最も説得力のありそうな理論が，流動性選好説（liquidity preference theory）である。この理論では，投資家には流動性を重視して短期の資金運用を好む傾向がある，ということを基本的な前提としている。一方，資金の借り手は長期固定レートでの資金調達を好むのが普通である。これが成り立つとすると，フォワード・レートが将来のゼロ・レートの期待値よりも高いという状況が生じる。この理論は，イールド・カーブが右下がりの場合よりも右上がりの場合が多いという経験的な事実とも整合性がとれている。

利鞘の管理

　流動性選好説を理解するには，預金業務と貸出業務を行っている銀行が抱える金利リスクを考えてみるのがよいだろう。銀行の利鞘とは，貸出金利と預金金利の差で，慎重に管理する必要がある。

銀行が顧客に対して表4.7にあるような1年と5年の預金金利と1年と5年の住宅ローン金利を提示している，という簡単な状況を考える．単純化のために，将来の1年金利の期待値は現時点での1年金利に等しいと仮定しよう．大雑把にいうと，市場では，金利が上昇する確率と下落する確率は等しいと考えられていると仮定する．そうすると，表4.7のレートは市場の期待を"公平"に反映したレートということになる（すなわち，期待仮説に基づいたレートになる）．現金を1年間投資して，さらに4年間，1年ごとに再投資した場合の全収益の期待値は，5年間一括で投資した場合の収益と同じである．同様に，1年間資金調達して，さらに4年間，1年ごとに再調達した場合の調達コストは，5年ローンの調達コストと同じである．

　いま，あなたは預金をしたいと考えており，今後の金利動向については市場での見方と同様に，上昇する確率と下落する確率は等しいと予測しているとしよう．その場合，年率3％の1年預金と年率3％の5年預金のどちらに預けるのがよいだろうか．預金として拘束される期間が短いほうが資金として自由度があるので，1年預金を選ぶのがよいだろう．

　今度は住宅ローンを借りたいとしよう．今度も金利動向については市場での見方と同様に，上昇する確率と下落する確率は等しいと予測しているとする．6％の1年住宅ローンと6％の5年住宅ローンのどちらがよいだろうか．今後5年間の借入金利が固定でき，再借入れできないリスクが少なくなるので，5年住宅ローンを選ぶのがよいだろう．

　銀行が表4.7のレートを提示すると，大部分の預金者は1年預金を選び，大部分の借入人は5年住宅ローンを選ぶことになるだろう．それによって，銀行には資産と負債のミスマッチが生じ，金利リスクが生じることになる．金利が下落した場合には問題は生じない．銀行は6％の5年貸出に対して将

表4.7　銀行が顧客に提示する金利の例

満期（年）	預金金利	住宅ローン金利
1	3％	6％
5	3％	6％

来は3％より低いコストの預金で資金調達ができることになり，利鞘は拡大するだろう。しかし，金利が上昇した場合には，6％貸出に対する預金での調達コストは将来3％より高くなり，利鞘は縮小する。たとえば，金利が3％上昇すれば，利鞘はゼロになる。

　資産負債管理（ALM）グループの仕事は，利子を生む資産の満期と利払いの発生する負債の満期をマッチさせることである。それを行う一つの方法は，預金と住宅ローンの両方の5年金利を引き上げることである。たとえば，表4.8のように5年預金金利を4％にし，5年住宅ローン金利を7％にすることである。こうすれば，5年預金と1年住宅ローンが相対的に魅力的になる。その結果，レートが表4.7のときには1年預金を選択していた顧客で，表4.8のレートでは5年預金を選択する顧客も出てくるだろう。同様に，レートが表4.7のときには5年住宅ローンを選択していた顧客で，表4.8のレートでは1年住宅ローンを選択する顧客も出てくるだろう。これによって，資産と負債の満期はマッチするようになるだろう。預金者は1年満期を選択し，借り手は5年満期を選択するというアンバランスがまだ続くようならば，5年の預金金利と住宅ローン金利はさらに引き上げられることになるだろう。そしていつかはアンバランスが解消するだろう。

　すべての銀行がいま述べたように行動する結果として最終的に観測される現象が，流動性選好説が主張する内容である。長期金利は将来の短期金利の期待値から予測されるレートよりも高くなる傾向にあり，ほとんどの場合でイールド・カーブは右上がりになっている。イールド・カーブが右下がりになるのは，短期金利の急激な低下が市場で予測されているときだけである。

　いまでは多くの銀行は顧客の選好をモニタリングする高度なシステムを構築しており，顧客の選好によって生じる資産の満期と負債の満期との小さな

表4.8　資産と負債の満期をマッチさせようと5年金利を引き上げた例

満期（年）	預金金利	住宅ローン金利
1	3％	6％
5	4％	7％

第4章　金　利　151

ズレを見つけて，提示する金利を微調整できるようになっている。金利スワップのようなデリバティブが金利エクスポージャーの管理に利用されることもある（これについては第7章で議論する）。これらの結果，利鞘は通常非常に安定したものになっている。ただし，いつもそうであるわけではない。米国での1980年代の貯蓄貸付会社の破綻や，コンチネンタル・イリノイ銀行の破綻は，だいたいにおいて，彼らが資産と負債の満期をそろえなかった事実による結果である。双方の破綻は米国の納税者にとって，とても高くつくことになった。

流動性

満期がミスマッチであるポートフォリオは，ここまでに説明してきた問題を生じさせるのに加えて，流動性（liquidity）の問題につながる可能性がある。5年の固定金利ローンの資金調達を，3カ月満期の大口預金により行っている金融機関を考えてみよう。その会社は，金利上昇へのエクスポージャーを認識し，金利リスクのヘッジを行うかもしれない。（前述のように，たとえば金利スワップを買うことも一つの方法である。）しかしながら，流動性リスクは残ってしまう。大口預金者たちが，なんらかの理由でこの金融機関への信頼をなくし，短期資金の供給を継続することを拒否するかもしれない。そうするとこの金融機関は，たとえ十分な自己資本を保持していたとしても，破綻にもつながりうる深刻な流動性問題に直面することになる。ビジネス・スナップショット4.2に記載するように，このような流動性の問題は，2007年に始まった危機の間に起きた，いくつかの金融機関の破綻の根本的な原因であった。

ビジネス・スナップショット4.2

流動性と2007〜2009年の金融危機

2007年7月に始まった信用危機の間には，"質への逃避（flight to quality）"が起きた。金融機関や投資家が，より安全な投資を求め，以前より信用リスクをとるのに慎重になったのである。短期の資金調達に

頼っていた金融機関は流動性の問題に直面した。その一例である英国のノーザン・ロック銀行は，その住宅ローンのポートフォリオの大半を，満期がたった3カ月の大口預金にて資金調達していた。2007年9月から，不安にかられた預金者たちはノーザン・ロック銀行に提供していた資金をロール・オーバーすることを拒否し始めた。つまり，3カ月の預金期間の終わりに，彼らの資金をさらに3カ月間預金することを拒否したのである。結果として，ノーザン・ロック銀行は，その資産のための資金を調達することができなくなった。銀行は，2008年はじめに英国政府により国有化された。米国ではベア・スターンズやリーマン・ブラザーズなどの金融機関が彼らの運用資金の一部を短期資金により調達することを選択していたため，同様の流動性の問題に直面した。

要約

デリバティブ・トレーダーにとって二つの重要な金利がある。一つは国債レート，もう一つはLIBORレートである。国債レートは政府が自国通貨で借入れを行った際の支払金利である。一方，LIBORレートはインターバンク市場で銀行が提示する短期貸出金利である。

金利の計算に使われる複利の回数は，金利の単位を定義している。1年複利と四半期複利との違いは，距離表示におけるマイルとキロの違いに類似している。オプション取引や，より複雑なデリバティブの価値を分析する際には，トレーダーは連続複利を利用することが多い。

金融市場では多くの金利が提示され，アナリストによって計算されている。n年ゼロ・レートもしくはn年スポット・レートとは，すべてのリターンが投資期間の最後に一括で実現するような，n年間投資に対して適用される金利である。ある満期に対する債券のパー・イールドとは，その債券の価

格が額面と等しくなるようなクーポン・レートのことである。フォワード・レートとは，現時点のゼロ・レートから決まる将来スタートの期間に適用可能な金利である。

ゼロ・レートを求める最も一般的な手法はブートストラップとして知られる手法である。ブートストラップ法とは，短期の商品から始めて，満期が次に長い商品を一つ追加し，そこまでの全商品の価格と整合性がとれるようにゼロ・レートを決めるという計算ステップを繰り返すことで，徐々に長期の商品まで整合性のとれたゼロ・レートを求めていく手法である。トレーディング・デスクでは，この手法を使ってトレジャリー・ゼロ・カーブを日々計算している。

金利先渡契約（FRA）とは，あらかじめ決められた将来のある期間において，ある金利（普通はLIBOR）と定められた金利とを交換する店頭契約である。FRAの価値は，現在のフォワードLIBORレートが将来そのまま実現すると仮定した場合のペイオフを，現時点まで割り引くことで求めることができる。

金利市場における一つの重要な概念はデュレーション（duration）である。それは，ゼロクーポン・イールド・カーブの微小なパラレル・シフトに対する債券ポートフォリオの価値の感応度を測るものである。具体的には，

$$\Delta B = -BD\Delta y$$

である。ここで B は債券ポートフォリオの価値，D はポートフォリオのデュレーション，Δy はゼロ・レートの微小なパラレル・シフトの大きさ，ΔB はその変化に対する債券ポートフォリオの価値への影響額である。

流動性選好説は，実際に観測される金利の期間構造を説明するのに用いることができる。この説では，ほとんどの人が借入れは長期を選好し，貸出は短期を選好するとされる。借り手と貸し手の期間をマッチさせるためには，金融機関は長期金利を将来の短期金利の期待値よりも高いレートにする必要がある。

参考文献

Fabozzi, F. J. *Bond Markets, Analysis, and Strategies*, 8th edn. Upper Saddle River, NJ: Pearson, 2012.

Grinblatt, M., and F. A. Longstaff. "Financial Innovation and the Role of Derivatives Securities: An Empirical Analysis of the Treasury Strips Program," *Journal of Finance*, 55, 3（2000）: 1415–36.

Jorion, P. *Big Bets Gone Bad: Derivatives and Bankruptcy in Orange County*. New York: Academic Press, 1995.

Stigum, M., and A. Crescenzi. *Money Markets*, 4th edn. New York: McGraw Hill, 2007.

練習問題

4.1 ある銀行が四半期複利で年率14％の金利を提示してきた。この場合，(a)連続複利での金利と(b)1年複利での金利は，それぞれいくらになるか。

4.2 LIBORとLIBIDの意味を説明せよ。また，どちらのレートが高いか。

4.3 6カ月および1年のゼロ・レートがともに年率10％であるとする。残存期間18カ月，クーポンが年8％（年2回払いで，1回目のクーポンが支払われたばかり）の債券のイールドが年率10.4％とする。債券価格はいくらになるか。また，18カ月物ゼロ・レートはいくらになるか。ただし，ここでのレートはすべて半年複利とする。

4.4 いま1,000ドル投資すると，1年後に1,100ドルを受け取れる。この投資の年率利回りを，次のそれぞれの場合について計算せよ。

(a) 1年複利

(b) 半年複利

(c) 1カ月複利

(d) 連続複利

4.5 ゼロ・レートが連続複利で次表の場合に，第2，第3，第4，第5，第6四半期のフォワード・レートを計算せよ。

満期（月）	金利（年率%）
3	8.0
6	8.2
9	8.4
12	8.5
15	8.6
18	8.7

4.6 ある銀行が問題4.5の金利で貸借りができると仮定するとき，元本100万ドル，1年後スタート期間3カ月のFRAで9.5%の金利を得られるような契約の価値はいくらか。この金利は3カ月複利とする。

4.7 金利の期間構造が右上がりの場合，以下の三つを大きい順に並べよ。

(a) 5年のゼロ・レート

(b) 5年の利付債のイールド

(c) 4.75年後から5年後までの期間に対応するフォワード・レート

また，金利の期間構造が右下がりになった場合には，これらの問いに対しての答えはどうなるか。

4.8 金利に対する債券ポートフォリオの感応度について，デュレーションで何がわかるか。デュレーションの限界についても説明せよ。

4.9 1カ月複利で年率15%の金利は，連続複利にするといくらになるか。

4.10 ある預金口座は連続複利で年率12%の利息がつくが，実際に利息が支払われるのは四半期ごとである。10,000ドルの預金に対して四半期ごとに支払われる利息額はいくらになるか。

4.11 6カ月，12カ月，18カ月，24カ月，30カ月のゼロ・レートがそれぞれ連続複利で年率4%，4.2%，4.4%，4.6%，4.8%であると仮定する。クーポン年4%を半年ごとに支払う，30カ月満期の額面100の

債券価格を求めよ。

4.12 半年ごとにクーポンを8％支払う3年物の債券を考える。債券の価格が104の場合，債券イールドはいくらになるか。

4.13 6カ月，12カ月，18カ月，24カ月のゼロ・レートがそれぞれ5％，6％，6.5％，7％であると仮定する。この時，2年のパー・イールドはいくらになるか。

4.14 ゼロ・レートが連続複利で次の場合に，2年目，3年目，4年目，5年目のフォワード・レートを計算せよ。

満期（年）	金利（年率％）
1	2.0
2	3.0
3	3.7
4	4.2
5	4.5

4.15 9カ月と12カ月のLIBORをそれぞれ2％と2.3％とする。9カ月後から12カ月後の期間に対するフォワードLIBORは何％となるか。また，1億ドルに対して3％を支払いLIBORを受け取るFRAの価値を求めよ。すべての金利は四半期複利とし，LIBORが無リスクの割引率として用いられると仮定せよ。

4.16 残存期間10年，クーポン8％の債券の現在価格が90ドル，残存期間10年，クーポン4％の債券の現在価格が80ドルとする。このとき10年のゼロ・レートはいくらになるか。（ヒント：クーポン4％の債券を2単位買い，クーポン8％の債券を1単位売却したポジションを考えよ。）

4.17 金利の期間構造は右下がりのときよりも右上がりのときのほうが多い，という観測事実と流動性選好説は整合性がとれているとされる理由を詳しく述べよ。

4.18 「ゼロ・レートが右上がりの場合には，任意に与えられた満期のゼロ・レートは同じ満期のパー・イールドよりも高い。ゼロ・レートが右下がりの場合には，その逆が成り立つ。」このことを説明せよ。

4.19 なぜ米国債レートはそれ以外の無リスクに近いレートよりもかなり低いのか。

4.20 なぜレポ市場での貸出にはほとんど信用リスクがないのか。

4.21 なぜFRAは変動金利と固定金利との交換と等価なのかを説明せよ。

4.22 イールド11%（連続複利）の5年債のクーポンが年1回8%だったとする。
 (a) この債券の価格はいくらか。
 (b) この債券のデュレーションはいくらか。
 (c) デュレーションを用いて，イールドが0.2%下がったときの債券価格への影響を計算せよ。
 (d) イールドを年率10.8%として債券価格を再計算し，その結果が(c)の答えと一致することを確認せよ。

4.23 6カ月物および1年物米国短期国債の価格がそれぞれ94.0と89.0とする。また，残存期間1年半で半年ごとに4ドルのクーポンが支払われる債券が94.84ドル，残存期間2年で半年ごとに5ドルのクーポンが支払われる債券が97.12ドルで売られている。この時，6カ月，1年，1年半，2年のゼロ・レートを求めよ。

4.24 「1億ドルの想定元本に対して，6カ月LIBORと5%の固定金利を5年にわたり交換する金利スワップには，既知のキャッシュ・フロー一つと九つのFRAのポートフォリオが含まれる。」このことを説明せよ。

発展問題

4.25 1年複利の金利が11%であったとき，(a) 半年複利，(b) 四半期複利，(c) 1カ月複利，(d) 1日複利として表された金利はそれぞれ何%となるか。

4.26 以下の表は国債のゼロ・レートとキャッシュ・フローを示している。ゼロ・レートは連続複利である。

(a) 債券の理論価格を求めよ。

(b) 債券のイールドを求めよ。

満期（年）	ゼロ・レート	クーポン額	償還元本
0.5	2.0%	20ドル	
1.0	2.3%	20ドル	
1.5	2.7%	20ドル	
2.0	3.2%	20ドル	1,000ドル

4.27 年間5％のクーポンを半年ごとに支払う5年満期の債券がある。現在104の値段がついているとする。この債券のイールドを求めよ。エクセルのソルバー機能を使うとよいだろう。

4.28 1カ月，2カ月，3カ月，4カ月，5カ月，6カ月満期のLIBORレートが，それぞれ連続複利で，2.6％，2.9％，3.1％，3.2％，3.25％，3.3％だとする。将来の1カ月間のフォワード・レートを，それぞれの期間について求めよ。

4.29 ある銀行がLIBORでの貸借りができるとしよう。2カ月LIBORレートが連続複利で年0.28％である。金利が非負で，3カ月LIBORが連続複利で年0.1％のとき，裁定機会について述べよ。裁定機会がないとすると，3カ月LIBORはどこまで低下するだろうか。

4.30 ある銀行がLIBORでの貸借りができるとし，6カ月金利が5％で，9カ月金利が6％だとしよう。FRAを用いると，6カ月から9カ月の期間の金利を7％に確定させることができるとする。この銀行にとって，どのような裁定機会が存在するであろうか。すべての金利は連続複利とする。

4.31 ある金利が半年複利で年率5％と提示されている。この時，(a) 1年複利，(b) 1カ月複利，(c) 連続複利ではいくらになるか。

4.32 6カ月物，12カ月物，18カ月物，24カ月物のゼロ・レートが半年複利でそれぞれ4％，4.5％，4.75％，5％とする。

(a) 連続複利でのレートはいくらか。

(b) 18カ月後スタートの6カ月フォワード・レートはいくらか。

(c) 18カ月後スタートの6カ月間に対して6％（半年複利）を支払う元本100万ドルのFRAの価値はいくらか。

4.33 問題4.32と同じゼロ・レートが与えられたとき，2年物のパー・イールドはいくらになるか。また，そのパー・イールドに等しいクーポンを支払う2年債のイールドはいくらか。

4.34 債券の価格が次の表で与えられている。

債券の元本 （ドル）	満期までの期間 （年）	年クーポン* （ドル）	債券価格 （ドル）
100	0.50	0.0	98
100	1.00	0.0	95
100	1.50	6.2	101
100	2.00	8.0	104

*表中のクーポンの半分が，6カ月ごとに支払われると仮定する。

(a) 6カ月，12カ月，18カ月，および24カ月満期のゼロ・レートを計算せよ。

(b) 6カ月から12カ月まで，12カ月から18カ月まで，18カ月から24カ月までの期間に対するフォワード・レートを求めよ。

(c) 年2回利払いの利付債に対する6カ月，12カ月，18カ月，および24カ月のパー・イールドを求めよ。

(d) 年2回利払いのクーポン7％の2年利付債の価格とイールドを求めよ。

4.35 額面2,000ドルの1年ゼロクーポン債と額面6,000ドルの10年ゼロクーポン債からなるポートフォリオAと，額面5,000ドルの5.95年ゼロクーポン債からなるポートフォリオBがある。現在のイールドは，すべての債券に対して年率10％とする。

(a) この二つのポートフォリオのデュレーションは同じであることを示せ。

(b) イールドが年率0.1％増加したとき，この二つのポートフォリオの現在価値の変化率を計算し，それが同じであることを示せ。

(c) イールドが年率5％増加した場合には，この二つのポートフォリオの現在価値の変化率はどうなるか。

4.36 4.4節の債券価格がDerivaGem 3.00ソフトウェアと一致することを確認せよ。すべての金利が1ベーシス・ポイント上昇したときの影響がDV01によってどの程度よく予測されているか試してみよ。また，DV01とガンマにより，すべての金利が200ベーシス・ポイント上昇したときの影響を予測せよ。ガンマは債券のコンベキシティを見積もるのに使用せよ。（ヒント：DerivaGemソフトウェアではDV01はdB/dyを表す。ここで，Bは債券価格，yはベーシス・ポイント単位でのイールドである。また，ガンマはd^2B/dy^2であるが，このときyはパーセント単位でのイールドである。）

第5章
フォワード価格と先物価格の決定

　本章では，フォワード価格と先物価格が現物価格とどのような関係にあるのかについて述べる。フォワード契約は日々の値洗いがなく，満期に1回限りの決済であることから，先物契約よりも分析しやすい。したがって，まずは本章をフォワード価格とスポット価格の関係を考えるところから始めよう。幸い，フォワード価格と先物価格は，満期が同一の場合，通常きわめて近い値になる。このことは，フォワードについて得られた結果は，先物にも当てはまるということを意味するため，都合がよい。

　本章の前半では，フォワード価格（あるいは先物価格）と現物価格の関係におけるいくつかの重要かつ一般的な結果を導き出す。次にその結果を用いて，株価指数，外国為替，商品の先物契約について，先物価格と現物価格との関係を検討する。金利先物契約については次章で考察する。

5.1 投資資産と消費資産

フォワード契約と先物契約を検討する前に，まず投資資産（investment asset）と消費資産（consumption asset）とを区別しておくことが重要である。投資資産とは，少なくともいくらかのトレーダーによって投資目的で保有される資産を指す。したがって，株式や債券は明らかに投資資産であり，金や銀もまた投資資産の一例である。投資資産は投資目的のみで保有される必要はない。（たとえば，銀は多くの産業でも利用されている。）しかし，投資資産であるためには，投資目的のみで保有するトレーダーがいくらか存在するという要件を満たす必要がある。一方，消費資産は，投資目的よりも主として消費のために保有される資産である。たとえば，銅や原油，トウモロコシ，豚バラ肉などの商品が消費資産である。

後述するように，投資資産のフォワード価格や先物価格は，現物価格やその他の観測される市場変数から裁定の議論によって決めることができる。しかし，消費資産に対しては同じ議論は適用できない。

5.2 空売り

本章に出てくる裁定取引戦略のなかには，空売り（short selling，通常，単に shorting と呼ばれる）が含まれる。これは，所有していない資産を売り建てることである。空売りは，すべてではないが，いくつかの投資資産において可能な取引である。以下では株式の空売りを例にとり，それがどういうものであるかをみてみよう。

いま，ある投資家がブローカーに，X社の株式500株の信用売り（空売り）の注文を出したとしよう。ブローカーは，即座に他のX社株の保有者からX社株を500株借り，それらを市場で通常どおり売却する。ブローカーが常に借株できる限り，投資家は信用売りのポジションをもち続けることができる。しかし，いずれ投資家はX社株を500株買い戻し，ポジションを手仕舞うであろう。その時，購入した株式は借株の返却に充てられショート・ポジ

ションは手仕舞われる。投資家は，株価が下がれば利益を得られ，株価が上がれば損を被る。もし信用売りのポジション保有中に，ブローカーが借株を返却しなければならず，ほかから借株できなくなったような場合には，投資家は意に反していたとしても，直ちにそのポジションを手仕舞わなければならない。信用売りのために，株式や他の有価証券を借り入れる際には，手数料を求められることがある。

信用売りをしている投資家は，その証券の保有者が得られる配当や利子をブローカーに支払わなければならない。ブローカーはこれを証券の貸し手に支払う。いま，ある投資家が500株を4月に1株120ドルで信用売りし，7月に1株100ドルで買い戻してポジションを手仕舞った場合を考えてみよう。配当が5月に1株当り1ドル支払われたとする。この場合，この投資家は信用売りを実施した4月に500×120ドル＝60,000ドルを受け取り，5月に配当金500×1ドル＝500ドルを，ポジションを手仕舞った7月に500×100ドル＝50,000ドルをそれぞれ支払う。したがって，貸株料がないと仮定すると，投資家のネットの収益は，

$$60,000ドル - 500ドル - 50,000ドル = 9,500ドル$$

となる。表5.1に，この例について，信用売りのポジションからのキャッ

表5.1 株式の購入と信用売りによるキャッシュ・フロー

株式の購入	
4月：1株当り120ドルで購入	−60,000ドル
5月：配当の受取り	+500ドル
7月：1株当り100ドルで売却	+50,000ドル
	ネット収益＝ −9,500ドル
株式の信用売り	
4月：500株を借り入れ，1株当り120ドルで売却	+60,000ドル
5月：配当の支払	−500ドル
7月：1株当り100ドルで500株購入し，借株を返却することでショート・ポジションを解消	−50,000ドル
	ネット収益＝ +9,500ドル

シュ・フローが，4月にその株式を買って7月に売ったときのキャッシュ・フローの逆となっていることを示した。（同じく，貸株料はないとする。）

投資家はブローカーに対して証拠金勘定（margin account）を維持する必要がある。証拠金勘定には，株価の上昇によって投資家が信用売りのポジションから損失を被った場合の担保として，現金または市場性証券が投資家から差し入れられる。これは第2章で議論した先物契約の証拠金に類似するものである。当初証拠金の差入れが要求され，売り建てた資産の価格が不利な動き（すなわち，価格上昇）をした場合には，さらに追加証拠金の差入れが要求されることもある。追加証拠金が差し入れられない場合は，空売りポジションは手仕舞われる。証拠金勘定の現金残高には通常利子が支払われることから，証拠金は投資家にとってのコストになるものではない。もし提示された金利が受け入れられないレベルであれば，割引国債などの代用可能な市場性証券を証拠金として差し入れればよい。空売りによる売却代金は投資家のものであるが，通常それは当初証拠金の一部分に充てられる。

空売りに関する規制は，何度か変更されてきた。1938年にはアップティック・ルール（uptick rule）が導入された。これは，"アップティック"，すなわち直前の値動きが上昇であったときにのみ，空売りをすることができるというものであった。SECは2007年7月に，このアップティック・ルールを廃止し，2010年2月に"別のアップティック・ルール"が導入された。このルールでは，1日のうちに株価が10％を越えて下落した場合，当日と翌日の空売りに対し，現在のいちばん高いビッド価格より高い価格でしか空売りしてはならないという制約がかかる。空売りが一時禁止となることもある。これは2008年にいくつもの国々で実施された。市場が高い変動性をみせ，空売りがその原因の一つであるとみなされたからである。

5.3 前提と記号

本章では，以下の事項が一部の市場参加者に対しては成り立つと仮定する。

1．市場参加者は取引を行うときに取引コストがかからない。
2．市場参加者のすべてのネット・トレーディング収益に対する税率は一律である。
3．市場参加者は同じ無リスク金利で資金の運用と調達ができる。
4．市場参加者は裁定機会があれば，裁定取引を行う。

ここで，これらの仮定は必ずしもすべての市場参加者に対して成り立つ必要はないことに注意しよう。必要なのは，大手デリバティブ業者のような少数の主要な市場参加者に対して正しい，もしくは近似的に正しいということである。フォワード価格と現物価格との関係は，こうした主要な市場参加者が，裁定機会があればそれを見逃さず裁定取引を行うことによって形成される。

本章では以下の記号を用いる。

T：フォワード契約または先物契約の受渡日までの時間（年数）

S_0：フォワード契約または先物契約の原資産の現在価格

F_0：現在のフォワード価格または先物価格

r：受渡日（T年後）に満期を迎える投資に対する連続複利のゼロクーポン無リスク金利（年率）

無リスク金利rは理論的には信用リスクのない現金の貸借金利であるため，必ず返済が行われることになる。第4章で述べたとおり，デリバティブ市場参加者はこれまでLIBORを無リスク金利の代替として使用してきたが，金融危機に起こったさまざまな出来事により，場合によってはほかのものを使用するようになってきた（このことについては第9章で詳しく論じる）。

5.4 投資資産に対するフォワード価格

フォワード契約の価値算出が最も簡単なのは，原資産が所有による収入を生まない投資資産の場合である。配当のない株式やゼロクーポン債がそのような投資資産の例である。

配当のない株式を3カ月後に購入する長期フォワード契約を考える[1]。現在の株価を40ドル，3カ月物無リスク金利を年率5％とする。

フォワード価格が43ドルと比較的高い場合を考える。アービトラージャーは，年率5％の無リスク金利で40ドルを借り入れて1株を購入し，同時に3カ月後に1株を売却するフォワード契約を結ぶとする。3カ月後にアービトラージャーは株を引き渡して43ドルを受け取る。一方，借入金の返済に必要となる現金の合計額は，
$$40e^{0.05 \times 3/12} = 40.50 \text{ドル}$$
である。この戦略に従えば，アービトラージャーは3カ月後の収益43.00ドル－40.50ドル＝2.50ドルを確定できる。

次に，フォワード価格が39ドルと比較的低い場合を考える。アービトラージャーは1株空売りし，その売却代金を3カ月間年率5％で運用すると同時に，3カ月後に1株購入するフォワード契約を結ぶ。この時，売却代金は3カ月後に$40e^{0.05 \times 3/12}$，すなわち40.50ドルになる。3カ月後にアービトラージャーは39ドルを支払ってフォワード契約による株式を受け取り，それで空売りポジションを手仕舞う。したがって3カ月後のネット収益は，
$$40.50\text{ドル} - 39.00\text{ドル} = 1.50\text{ドル}$$
となる。以上の二つの取引戦略を表5.2にまとめた。

どのような状況になれば，表5.2のような裁定機会は存在しないであろうか。最初のような裁定機会はフォワード価格が40.50ドルより高い場合に発生し，2番目のような裁定機会はフォワード価格が40.50ドルを下回る場合に発生する。したがって裁定機会がないためには，フォワード価格はちょうど40.50ドルでなければならない。

一般化

上の例を一般化するために，価格S_0の所有による収入を生まない投資資

---

[1] 個別株式のフォワード契約はあまり取引されていないが，フォワード価格の考え方をみていく例としてわかりやすい。なお，米国では2002年11月に個別株式の先物取引が開始されている。

表5.2 所有による収入を生まない資産に対する，フォワード価格が現物価格から比較的乖離している場合の裁定機会
資産価格 ＝ 40ドル，金利 ＝ 5％，フォワード契約の満期 ＝ 3カ月。

フォワード価格 ＝ 43ドル	フォワード価格 ＝ 39ドル
現時点での行動： 　5％で40ドルを3カ月間借り入れる 　資産1単位を購入する 　3カ月後に資産を43ドルで売却する 　フォワード契約を締結する *3カ月後の行動*： 　資産を43ドルで売却する 　利子とともに40.50ドルを返済する	*現時点での行動*： 　資産1単位を40ドルで空売りする 　5％で40ドルを3カ月間投資する 　3カ月後に資産を39ドルで購入する 　フォワード契約を締結する *3カ月後の行動*： 　資産を39ドルで購入する 　空売りポジションを手仕舞う 　運用資金40.50ドルを受け取る
実現益 ＝ 2.50ドル	実現益 ＝ 1.50ドル

産に対するフォワード契約を考える。最初に定義した記号を用いて，満期を T，無リスク金利を r，フォワード価格を F_0 とすると，S_0 と F_0 との関係は，

$$F_0 = S_0 e^{rT} \tag{5.1}$$

で与えられる。$F_0 > S_0 e^{rT}$ の場合は，アービトラージャーは資産を購入すると同時にその資産を売却するフォワード契約を結ぶ裁定取引を行う。$F_0 < S_0 e^{rT}$ の場合は，アービトラージャーは資産を空売りすると同時にその資産を購入するフォワード契約を結ぶ裁定取引を行う[2]。先の例では，$S_0 = 40$，$r = 0.05$，$T = 0.25$ であるから，(5.1)式により，

$$F_0 = 40 e^{0.05 \times 0.25} = 40.50 \text{ドル}$$

が得られ，前の計算結果と一致する。

　フォワード契約による買いと現物買いは，ともに時点 T では資産を所有していることになる。フォワード価格が現物価格よりも高いのは，現金買い

---

[2] (5.1)式が正しいことは，次の戦略を考えても確認できる。資産1単位を購入し，時点 T に価格 F_0 でその資産を売却するフォワード契約を締結したとする。この取引のコストは S_0 で，時点 T に現金 F_0 が収入として得られる。したがって，S_0 は F_0 の現在価値に等しくなければならないので，$S_0 = F_0 e^{-rT}$，すなわち $F_0 = S_0 e^{rT}$ となる。

のほうがフォワード契約の満期までの資金コスト負担が余分にかかるからである。1994年にキダー・ピーボディはこの点を見落として，多大なコストを生むことになった（ビジネス・スナップショット5.1を参照）。

【例5.1】

満期1年のゼロクーポン債を4カ月後に購入するフォワード契約について考えてみる。（すなわち，フォワード契約の満期時には，この債券の満期は8カ月である。）この債券の現在価格を930ドル，4カ月物無リスク金利（連続複利）を年率6％とする。ゼロクーポン債は所有による収入を生まないため，$T = 4/12$，$r = 0.06$，$S_0 = 930$として(5.1)式を用いることができ，フォワード価格は，

$$F_0 = 930e^{0.06 \times 4/12} = 948.79 \text{ドル}$$

となる。これは現時点での，フォワード契約の受渡価格である。

ビジネス・スナップショット5.1

キダー・ピーボディの恥ずかしい過ち

投資銀行は，利付債の各キャッシュ・フローを別々の証券として売却することで，ストリップス債（strip）と呼ばれるゼロクーポン債をつくりだす手法を開発した。キダー・ピーボディ（Kidder Peabody）のトレーダーであったジョセフ・ジェット（Joseph Jett）は，比較的単純なトレーディング手法を使っていた。ストリップス債を購入し，それをフォワード市場で売却するというものである。(5.1)式が示すように，所有による収入を生まない債券のフォワード価格は常に現物価格よりも高くなる。たとえば，3カ月物金利を年率4％，ストリップス債の現物価格を70ドルとすれば，ストリップス債の3カ月物フォワード価格は$70e^{0.04 \times 3/12} = 70.70$ドルになる。

キダー・ピーボディのコンピューター・システムはジェットの各取引について，現物価格に対するフォワード価格の超過部分（この例では0.70ドル）を収益として報告していた。実際は，この収益はストリップ

> ス債を購入するための調達コストそのものであるが,彼はこの契約をロール・オーバーすることによって,調達コストの実現を避けることができた。
>
> 　その結果,実際にはおよそ3億5,000万ドルの損失であったにもかかわらず,社内のシステムはジェットの取引に対して1億ドルの収益を報告していた(そのため,彼は巨額の報酬を得ていた)。この例は,大手金融機関でさえもこうした比較的単純な過ちを犯してしまうということを示している。

空売りができない場合

　空売りができない投資資産もあり,資産を借りるのには手数料が要求されることがある。その場合でも問題はない。(5.1)式の導出には,資産を空売りできる必要がないからである。必要なのは,純粋に投資目的で資産を保有する人々が存在するということである(定義より,これは投資資産に対しては常に成り立っている)。そういう人々はフォワード価格が低すぎるとみれば,資産を売却して,資産を購入するフォワード契約を結ぶことに魅力を感じるであろう。

　原資産の保管コストや収入はないものとする。$F_0 > S_0 e^{rT}$ の場合,投資家は次の戦略を行うことができる。

1. T 年間,金利 r で S_0 ドルを借り入れる。
2. 資産を1単位購入する。
3. 資産を1単位売却するフォワード契約を結ぶ。

T 年後に資産は F_0 で売却される。この時,借入金の返済に $S_0 e^{rT}$ の現金が必要なので,投資家は $F_0 - S_0 e^{rT}$ の収益をあげることができる。

　次に,$F_0 < S_0 e^{rT}$ の場合を考えてみよう。資産を所有する投資家は次の戦略を行うことができる。

1. 資産を S_0 で売却する。
2. 売却代金を T 年間,金利 r で運用する。

3．資産1単位を購入するフォワード契約を結ぶ。

T年後に運用した現金はS_0e^{rT}になる。一方，資産はF_0で買い戻される。したがって，投資家は金を保有し続けていた場合に比べて，$S_0e^{rT}-F_0$の収益を上乗せすることができる。

配当のない株式の例と同様に，フォワード価格はこれらの二つの裁定機会が生じないように調整されるはずである。すなわち，(5.1)式の関係が成り立たなければならない。

5.5 既知の収入がある場合

本節では，保有者にあらかじめ決まった現金収入が入る投資資産に対するフォワード契約について考察しよう。配当の決まっている株式や利付債がその例である。前節と同様にまず数値例を考察し，その後で一般的な議論を行う。

現在の価格が900ドルの利付債を購入するフォワード契約を考える。フォワード契約の満期を9カ月とする。また，クーポンは4カ月後に40ドル支払われるものとする。さらに，4カ月物，9カ月物の無リスク金利（連続複利）をそれぞれ年率3％，4％とする。

フォワード価格が910ドルと比較的高い水準にあるとしよう。その時，アービトラージャーは900ドルを借り入れて債券を購入し，フォワード契約のショート・ポジションをとることができる。支払われるクーポンの現在価値は$40e^{-0.03 \times 4/12} = 39.60$ドルである。したがって，900ドルのうち39.60ドルは年率3％で4カ月間借り入れて，クーポンをその返済に充てればよい。残る860.40ドルは4％で9カ月間借り入れることになる。9カ月後の返済金額は$860.40e^{0.04 \times 0.75} = 886.60$ドルである。フォワード契約満期時には債券を渡して910ドル受け取ることになる。したがって，アービトラージャーのネット収益は，

$$910.00 - 886.60 = 23.40\text{ドル}$$

となる。

次に，フォワード価格が870ドルと比較的低い水準にあるとしよう。この時，投資家は債券を空売りする一方，フォワード契約のロング・ポジションをとる。債券の売却代金900ドルのうち，39.60ドルはクーポンの支払に充てるため，年率3％で4カ月間運用する。残る860.40ドルを年率4％で向こう9カ月間運用すると，886.60ドルになる。フォワード契約により，870ドルで債券を購入し，債券の空売りポジションを手仕舞うことになる。したがって，投資家の利益は，

$$886.60 - 870 = 16.60 \text{ドル}$$

となる。

以上の二つの戦略を表5.3にまとめた[3]。表中の最初の戦略では，フォワード価格が886.60ドルを上回っていれば，利益をあげることができる。一方，2番目の戦略では，フォワード価格が886.60ドルを下回っていれば，利益をあげることができる。このことより，裁定機会がないならばフォワード価格は886.60ドルにならなければならない。

一般化

これまでの例は一般化でき，投資資産がフォワード契約期間において現在価値 I の収入を生み出すときは，

$$F_0 = (S_0 - I)e^{rT} \tag{5.2}$$

が成り立つ。先の例は $S_0 = 900.00$, $I = 40e^{-0.03 \times 4/12} = 39.60$, $r = 0.04$, $T = 0.75$ とした場合にあたり，

$$F_0 = (900.00 - 39.60)e^{0.04 \times 0.75} = 886.60 \text{ドル}$$

となる。これは前に示した計算結果と一致する。(5.2)式は既知の現金収入を生む任意の投資資産に対して適用できる。

アービトラージャーは，$F_0 > (S_0 - I)e^{rT}$ の場合は，資産を購入すると同時にその資産を売却するフォワード契約を結ぶことで収益を確定できる。ま

---

[3] 債券の空売りができない場合は，債券をすでに保有している投資家がそれを売却するとともに，その債券を購入するフォワード契約を結んで，ポジションの価値を16.60ドル分上乗せするだろう。これは前節で述べた資産に対する戦略と同様のものである。

表5.3 既知の現金収入を生み出す資産に対する，9カ月物フォワード価格が現物価格から比較的乖離している場合の裁定機会

資産価格 = 900ドル，4カ月後に40ドルの収入，4カ月と9カ月の金利がそれぞれ3％，4％．

フォワード価格 = 910ドル	フォワード価格 = 870ドル
現時点での行動： 900ドルの借入れ：39.60ドルを4カ月間，860.40ドルを9カ月間 資産1単位を購入する 9カ月後に資産を910ドルで売却するフォワード契約を締結する	*現時点での行動*： 資産1単位を900ドルで空売りする 39.60ドルと860.40ドルに分け，それぞれ4カ月間と9カ月間の運用を行う 9カ月後に資産を870ドルで購入するフォワード契約を締結する
4カ月後の行動： 資産から40ドルの収入を受け取る その40ドルを最初の借入れの元利金返済に充てる	*4カ月後の行動*： 4カ月間の運用から40ドルを受け取る 資産が生み出す収入40ドルを支払う
9カ月後の行動： 資産を910ドルで売却する そのうち886.60ドルを2番目の借入れの元利金返済に充てる	*9カ月後の行動*： 9カ月間の運用から886.60ドルを受け取る 資産を870ドルで購入する 空売りポジションを手仕舞う
実現益 = 23.40ドル	実現益 = 16.60ドル

た，$F_0 < (S_0 - I)e^{rT}$ の場合は，資産を空売りすると同時にその資産を購入するフォワード契約を結ぶことで収益を確定できる．空売りができない場合は，資産を所有している投資家が，資産を売却すると同時にその資産を購入するフォワード契約を結ぶことによる収益機会を見出すことになる[4]．

---

[4] (5.2)式が正しいことは，次の戦略を考えても確認できる．資産の1単位を購入し，時点 T に価格 F_0 でその資産を売却するフォワード契約を締結したとする．この取引のコストは S_0 で，時点 T に F_0 の現金収入と，所有期間中に現在価値 I の収入がある．したがって，初期投資額が S_0 で，それに対する収入の現在価値は $I + F_0 e^{-rT}$ であるから，$S_0 = I + F_0 e^{-rT}$，すなわち $F_0 = (S_0 - I)e^{rT}$ となる．

【例5.2】

株価50ドルの株式に対する10カ月物フォワード契約を考えてみる。無リスク金利はすべての満期に対して連続複利で年率8％とする。また、1株当り0.75ドルの配当が3カ月後、6カ月後、9カ月後に支払われるとする。配当の現在価値 I は、

$$I = 0.75e^{-0.08 \times 3/12} + 0.75e^{-0.08 \times 6/12} + 0.75e^{-0.08 \times 9/12} = 2.162$$

となる。変数 T は10カ月なので、フォワード価格 F_0 は(5.2)式より、

$$F_0 = (50 - 2.162)e^{0.08 \times 10/12} = 51.14 \text{ドル}$$

で与えられる。もしフォワード価格がこれより安ければ、アービトラージャーはこの株式を空売りすると同時にこの株式を購入するフォワード契約を結ぶだろう。逆にフォワード価格がこれより高ければ、アービトラージャーはこの株式を売却するフォワード契約を結ぶと同時にこの株式を現物市場で買うだろう。

5.6 利回りが既知の場合

次に、原資産の保有による収入が金額でなく利回り（率）でわかっている場合の、フォワード契約について考えてみよう。すなわち、収入をそれが支払われる時点の資産価格に対する割合で表現したとき、その割合がわかっているとする。いま、ある資産が年率5％の収入を生み出すものとしよう。これは、支払時点の資産価格の5％に等しい収入が1年に1回支払われると考えてもよい。その場合の利回りは1年複利で5％である。あるいは、資産価格の2.5％の収入が年に2回支払われるとしてもよい。その場合の利回りは半年複利で年率5％である。4.2節で、金利には連続複利が通常用いられると説明したが、同様に利回りにも連続複利を用いる。利回りの複利回数を変えたときの変換公式は、4.2節で示したものと同じである。

フォワード契約期間における原資産の年平均利回りを連続複利で q とすると、フォワード価格は次のように与えられることを示すことができる（章末

問題5.20を参照)。

$$F_0 = S_0 e^{(r-q)T} \tag{5.3}$$

【例5.3】

資産価格の2％の収入を6カ月に1回生み出すと期待される投資資産の6カ月物フォワード契約について考えてみる。無リスク金利（連続複利）を年率10％，資産価格を25ドルとする。この場合，$S_0 = 25$，$r = 0.10$，$T = 0.5$である。また，利回りは半年複利で4％であるから，(4.3)式より，連続複利では3.96％，すなわち$q = 0.0396$となる。(5.3)式より，フォワード価格F_0は，

$$F_0 = 25 e^{(0.10-0.0396) \times 0.5} = 25.77 \text{ドル}$$

で与えられる。

5.7 フォワード契約の評価

契約時点でのフォワード契約の価値はゼロに近いが，時間がたつにつれ，その価値は正になったり負になったりする。銀行やそのほかの金融機関にとって，フォワード契約価値を日々評価することは重要である。（これを契約のマーク・トゥ・マーケットという。）これまでの記号を用いて，Kを契約時に決定した受渡価格，受渡日をいまからT年後，rをT年物無リスク金利，F_0をその契約を現時点で締結するとした場合のフォワード価格とする。さらに，fを現時点でのフォワード契約の価値と定義する。

変数F_0，K，fの意味を明確にしておくことは重要である。フォワード契約期間の開始時には，受渡価格Kはその時点のフォワード価格に等しくなり，フォワード契約の価値fはゼロとなる。また，時間が経過するにつれて，Kは（契約の条項の一部なので）不変であるが，F_0は変化し，fは正になったり負になったりする。

一般的に，（投資資産や消費資産の）ロング・フォワード契約（資産を購入するフォワード契約）に対して，以下の関係が成り立つ。

$$f = (F_0 - K)e^{-rT} \tag{5.4}$$

(5.4)式が正しいかどうかを確かめるために，4.7節でFRAに対してしたのと同じ議論を行う。まず，(a)時点Tで原資産をKで購入するフォワード契約，と(b)時点Tで原資産をF_0で売却するフォワード契約，により構成されるポートフォリオを考える。時点Tにおけるポートフォリオのペイオフは，一つ目の契約からは$S_T - K$であり，二つ目の契約からは$F_0 - S_T$である。合計したペイオフ$F_0 - K$は現時点で既知となる。よって，ポートフォリオは無リスク投資となるため，その現在価値は時点Tでのペイオフを無リスク金利で割り引いた値であり，$(F_0 - K)e^{-rT}$となる。F_0は現時点で開始するフォワード契約に適用されるフォワード価格であるので，F_0で資産を売却するフォワード契約の価値はゼロである。これにより，時点Tで資産をKで購入する（ロングの）フォワード契約の価値は$(F_0 - K)e^{-rT}$とならなければならない。同様に，時点Tで資産をKで売却する（ショートの）フォワード契約は$(K - F_0)e^{-rT}$である。

【例5.4】

　過去に締結した，配当のない株式のロング・フォワード契約を考えてみる。残存期間を6カ月，無リスク金利（連続複利）を年率10%，株価を25ドル，受渡価格を24ドルとする。この場合，$S_0 = 25$，$r = 0.10$，$T = 0.5$，および$K = 24$である。(5.1)式より，フォワード価格F_0は，
$$F_0 = 25e^{0.2 \times 0.5} = 26.28 \text{ドル}$$
となる。したがって，フォワード契約の価値は，(5.4)式より，
$$f = (26.28 - 24)e^{-0.1 \times 0.5} = 2.17 \text{ドル}$$
となる。

(5.4)式は，フォワード契約満期時点での原資産価格がフォワード価格F_0になる，と仮定することで，ロング・フォワード契約の現在価値が計算できることを示している。実際そう仮定すると，ロング・フォワード契約の時点Tにおけるペイオフは$F_0 - K$となる。その現在価値は$(F_0 - K)e^{-rT}$で，これが(5.4)式でのfの値である。同様に，現時点でのフォワード価格が時点

T における原資産価格であると仮定することで，ショート・フォワード契約の現在価値も計算することができる。以上の結果は，フォワード・レートが実現すると仮定することでFRAの価値が計算できるという，4.7節の結果と同じである。

(5.1)式と(5.4)式を使うと，所有による収入を生まない投資資産のロング・フォワード契約の価値は，

$$f = S_0 - Ke^{-rT} \tag{5.5}$$

と表される。同様に，(5.2)式と(5.4)式を使うと，現在価値 I の既知の収入を生む投資資産のロング・フォワード契約の価値は，

$$f = S_0 - I - Ke^{-rT} \tag{5.6}$$

と表される。最後に(5.3)式と(5.4)式を使うと，利回り q が既知の投資資産のロング・フォワード契約の価値は，

$$f = S_0 e^{-qT} - Ke^{-rT} \tag{5.7}$$

と表される。

先物価格が変化した場合の先物契約からの損益は，先物価格の変化にポジションの大きさを乗じることで計算される。先物契約は日々値洗いされるため，収益はほぼ即時に実現される。一方，フォワード価格が変化したときの損益は，フォワード価格の変化にポジションの大きさを乗じた額の現在価値になることを(5.4)式は示している。フォワード契約と先物契約におけるこの損益認識の違いが，外国為替取引を行っているトレーディングデスクを混乱させる原因となることがある（ビジネス・スナップショット5.2を参照）。

ビジネス・スナップショット5.2

システム・エラー？

銀行の外国為替トレーダーが，3カ月後に100万英ポンドを為替レート1.5000で購入するフォワード契約を締結したとする。同時に，隣の席のトレーダーが英ポンドの3カ月物先物契約のロング・ポジションを16枚とったとする。先物価格は1.5000で，先物契約の取引単位は62,500ポンドである。したがって，フォワード・トレーダーおよび先物トレー

ダーのとったポジションは同じである。数分後，フォワードと先物の価格がそれぞれ1.5040に上昇したとき，銀行のシステムは，先物トレーダーが4,000ドルの収益，フォワード・トレーダーが3,900ドルの収益をあげたと報告する。そのとき，フォワード・トレーダーは不平を伝えるために，即座にシステム部門に電話をするが，その不平は妥当なものか。

　答えはノー！である。先物トレーダーは，先物契約の日々の値洗いにより，先物価格が上昇した直後に収益を実現させる。一方，フォワード・トレーダーが1.5040でショート・フォワード契約を手仕舞った場合は，3カ月後に1.5000で100万英ポンドを購入するとともに，3カ月後に1.5040で100万英ポンドを売る契約を結んだことになる。これにより4,000ドルの収益があがるが，それは現時点ではなく，3カ月後に実現するものである。したがって，フォワード・トレーダーの収益は4,000ドルの現在価値となる。これは，(5.4)式とも整合性がとれている。

　フォワード・トレーダーは損益が対称的に扱われるという事実を知って少しは安堵するであろう。つまり，フォワード価格と先物価格が1.5040に上昇するかわりに，ともに1.4960に下落した場合には，先物トレーダーは4,000ドルの損失を被るが，フォワード・トレーダーは3,900ドルの損失にとどまるからである。

5.8　フォワード価格と先物価格は同じか

　短期の無リスク金利が一定であるとき，理論的には任意の満期に対するフォワード価格は同一満期の先物価格に等しい。このことを，www-2.rotman.utoronto.ca/~hull/TechnicalNotes にある Technical Note24で裁定の議論を用いて説明している。この議論は金利が時間の確定的関数の場合に対しても拡張できる。

　ところが，金利が確率的に変動する場合には（現実にはほとんどそうだが），

フォワード価格と先物価格は同じにはならない。原資産の価格Sが金利と強い正の相関をもつ場合を考えることによって，ある程度この関係の性質を理解することができる。価格Sが上昇すると，先物契約のロング・ポジションをもつ投資家には，日々の値洗いにより収益が実現する。この時，金利は，正の相関をもっていることより，上昇していることが多い。したがって，この実現益は平均的金利水準よりも高い金利で運用される傾向にある。同様に，価格Sが下落すると投資家には実現損が発生する。この実現損は平均的金利水準よりも低い金利で調達される傾向にある。一方，先物契約でなくフォワード契約を保有している投資家は，金利変動によるこのような影響は受けない。このことは，先物契約のロング・ポジションは，フォワード契約のロング・ポジションよりも若干魅力があることを意味している。したがって，価格Sが金利と強い正の相関をもつ場合には，先物価格はフォワード価格よりも少し高くなる傾向にある。同様の理由で，価格Sが金利と強い負の相関をもつ場合には，フォワード価格が先物価格よりも少し高くなる傾向にある。

満期が数カ月のフォワード価格と先物価格との理論的な差違は，ほとんどの場合無視できるほど小さい。現実には，モデルに考慮されていない税金，取引コスト，委託証拠金の取扱いなどの多くの要因により，フォワード価格と先物価格に差違が生じることもある。カウンターパーティーがデフォルトするリスクは，フォワード契約よりも取引所決済である先物契約のほうが小さいかもしれない。また，先物契約はフォワード契約よりも流動性が高く取引が行いやすい。これらのことにもかかわらず，フォワード価格と先物価格は同じであるという仮定は，おおよその場合において合理的な仮定である。したがって，本書では通常このことを仮定し，現時点での先物価格とフォワード価格の両方に対して，記号F_0を用いる。

先物契約とフォワード契約は同じであると仮定できるとするが，その例外はユーロドル先物である。これについては6.3節で論じる。

5.9 株価指数の先物価格

3.5節で株価指数先物契約について紹介し，株価指数先物契約が株式ポートフォリオを管理する有益なツールであることを示した．表3.3には，さまざまな指数の先物価格が示してある．ここでは，指数先物価格がどのように決まるかを考察する．

株価指数は通常，配当のある投資資産の価格と考えることができる[5]。ここでの投資資産とは指数を構成する株式ポートフォリオのことで，その投資資産から支払われる配当金とは，そのポートフォリオの保有者が受け取れる配当収入である．配当収入は金額でなく，利回りがわかっていると仮定するのが通常である．配当利回りを q とすると，(5.3)式から指数先物価格 F_0 は，

$$F_0 = S_0 e^{(r-q)T} \tag{5.8}$$

となる．この式より，先物価格は満期が長くなるほど $r-q$ の割合で増加することがわかる．表3.3をみると，S&P 500先物価格の12月限の清算値は6月限より約0.75％低い．これは，2013年5月14日の短期無リスク金利 r が配当利回り q よりも年率で1.5％低かったことを示している．

> **ビジネス・スナップショット5.3**
>
> **CMEの日経225先物**
>
> 指数先物価格がいかに決定されるかという本章の議論は，指数が投資資産の価値であることを仮定している．すなわち，指数は取引可能な資産ポートフォリオの価値でなければならないことを意味している．しかし，CMEで取引される日経225先物の原資産はこの条件を満たしていない．その理由はかなり細かい話である．S を日経225指数の値としよう．これは，225銘柄の日本株ポートフォリオの円貨での価値である．一方，CMEの日経225先物の原資産の価値は $5S$ ドルである．言い換えれば，この先物の原資産は，円ベースでの値が，あたかもドルベースで

---

[5] 必ずしもそうではないケースもある（ビジネス・スナップショット5.3を参照）．

の値であるかのように扱われた変数である。

価値が常に$5S$ドルであるようなポートフォリオに投資することはできない。せいぜいできることは，常に$5S$円の価値があるものに投資すること，すなわち常に$5QS$ドルの価値があるものに投資することである。ここで，Qは1円のドル換算値である。したがって，変数$5S$ドルは投資資産の価格ではなく，(5.8)式は適用できない。

CMEの日経225先物はクオント（quanto）の一例である。クオントとは，ある通貨建ての原資産価格から決まる値を，そのまま別の通貨建てでのペイオフとするデリバティブの一種である。クオントについては第30章で論じる。

【例5.5】

3カ月物指数先物について考えてみる。株価指数の原資産である株式ポートフォリオの配当利回りを年率1％，株価指数の現在値を1,300，無リスク金利を連続複利で年率5％とする。この場合，$r = 0.05$，$S_0 = 1,300$，$T = 0.25$，$q = 0.01$となるので，指数先物価格F_0は，
$$F_0 = 1,300 e^{(0.05-0.01) \times 0.25} = 1,313.07 \text{ドル}$$
となる。

実際には，株価指数ポートフォリオの配当利回りは一年を通して毎週変動する。たとえば，NYSE株式の配当のほとんどが，毎年2月，5月，8月，11月の第1週に支払われている。したがって，使用するqの値は，契約満期までの配当利回りの平均年率とするのが望ましい。また，qを推定するために用いられる配当は，その先物契約の満期までに配当落ち日が到来するものについて行われるべきである。

指数裁定取引

もし$F_0 > S_0 e^{(r-q)T}$ならば，株価指数の構成銘柄を時価（すなわち現物）で買い，同時に指数先物を売ることにより収益をあげることができる。反対

に $F_0 < S_0 e^{(r-q)T}$ ならば，株価指数の構成銘柄を空売りあるいは売却し，同時に指数先物を買うことにより収益をあげることができる。これらの戦略は指数裁定取引（index arbitrage）といわれている。$F_0 < S_0 e^{(r-q)T}$ の場合には，インデックス型の株式ポートフォリオをもつ年金ファンドが指数裁定取引を行うこともある。$F_0 > S_0 e^{(r-q)T}$ の場合には，短期金融市場で資金を運用している銀行や企業が指数裁定取引を行うこともある。株価指数の構成銘柄数はかなり多いので，株価指数に連動する比較的少ない銘柄数のポートフォリオをつくり，それを使って指数裁定取引を行うこともある。指数裁定取引は，通常コンピューターを用いたプログラム売買（program trading）で行われる。

アービトラージャーの裁定取引によって，ほとんどの時間で(5.8)式は実際に成り立っている。しかし，裁定取引が執行できない場合がまれにあり，その場合には先物価格は現物価格から乖離する（ビジネス・スナップショット5.4を参照）。

ビジネス・スナップショット5.4

1987年10月の指数裁定取引

指数裁定取引を行うには，トレーダーは指数先物と指数を構成する現物株ポートフォリオの売買を，市場で提示される価格で即時に執行しなければならない。通常の市場状況では，プログラム売買を用いてこうした裁定取引は可能であり，その結果，(5.8)式の関係はよく成り立っている。市場がとても正常とはいえない日の例としては，1987年10月19日と20日があげられる。"ブラック・マンデー" と呼ばれる1987年10月19日に，株式相場は20％以上も下落し，ニューヨーク株式取引所の出来高は6億400万株と，過去の記録をあっさりと更新した。取引所のシステムはパンクし，株式売買のオーダーを出そうにも，取引執行に2時間近くもかかるといった事態になった。

1987年10月19日のほとんどの時間帯で，指数先物価格は株価指数を大幅に下回っていた。たとえば，S&P 500の終値225.06（前日比57.88下落）

に対し，12月限 S&P 500先物価格は201.50（前日比80.75下落）となった。これは，現物の取引執行に時間がかかるため，裁定取引が行えなかったことが大きな原因である。翌日の1987年10月20日火曜日，取引所はプログラム売買についての臨時の規制を行ったために，裁定取引はますます困難になり，株価指数と指数先物価格との乖離が継続した。12月限 S&P 500先物価格が株価指数を一時18％も下回る局面すらあったのである。しかし，数日後には市場は正常に戻り，アービトラージャーの裁定取引によって，指数の先物価格と現物価格との関係を表す(5.8)式が成り立つようになった。

5.10 外国通貨のフォワード契約と先物契約

次に，米国の投資家の立場から外国通貨のフォワード契約と先物契約を考えてみよう。この場合の原資産は外国通貨1単位となる。したがって，外国通貨1単位に対する米ドル建てのスポット価格をS_0，米ドル建てのフォワード価格または先物価格をF_0と定義することになる。これは，これまでのほかの資産に対するS_0とF_0の定義と整合性のとれた定義である。しかし，2.11節で述べたように，この定義は，市場でのスポット価格およびフォワード価格の提示方法とは，必ずしも一致するものではない。英ポンド，ユーロ，豪ドル，ニュージーランド・ドルを除く主要通貨のスポット価格およびフォワード価格は，1ドルに等価なそれらの通貨単位で提示される場合が多い。

外国通貨には，その保有者は当該国の無リスク金利での利子を得ることができる，という特性がある。たとえば，外国通貨の保有者は，その通貨建ての債券にその資金を直接投資することができる。いま，r_fを満期Tの無リスク外国金利（連続複利）と定義し，rは同じ期間に米ドルに投資した場合の無リスク金利とする。

F_0とS_0の関係は，

$$F_0 = S_0 e^{(r-r_f)T} \tag{5.9}$$

図5.1　外国通貨1,000単位を時点 T でドルに交換する二つの方法

S_0はスポット為替レート，F_0はフォワード為替レート，rとr_fはそれぞれドルと外国通貨の無リスク金利。

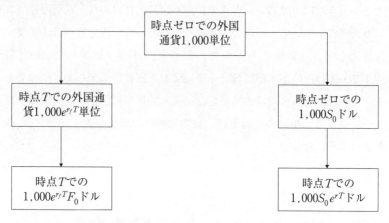

となる。これは，国際金融論でよく知られる金利パリティという関係である。これが成り立つ理由を図5.1に例示した。ある個人が外国通貨を1,000単位保有しているとする。時点 T でその外国通貨をドルに交換する方法は二つある。一つは，外国通貨を金利r_fで T 年間運用すると同時に，時点 T でそれをドルに交換するフォワード契約を締結する方法である。この場合は，時点 T で$1{,}000e^{r_f T}F_0$ドルとなる。別の方法は，スポット市場で外国通貨をドルに交換し，そのドルを金利rで T 年間運用するという方法である。この場合は，時点 T で$1{,}000S_0 e^{rT}$ドルとなる。裁定機会がないとすれば，この二つの戦略は同じ結果にならなければならない。すなわち，

$$1{,}000e^{r_f T}F_0 = 1{,}000S_0 e^{rT}$$

となり，

$$F_0 = S_0 e^{(r-r_f)T}$$

が得られる。

【例5.6】

いま，豪州と米国における2年物金利をそれぞれ3％と1％とし，スポット為替レートを1豪ドル当り0.9800米ドルとする。(5.9)式から2

年物のフォワード為替レートは，
$$0.9800e^{(0.01-0.03)\times 2} = 0.9416$$
となる。

まず，2年物フォワード為替レートがこのレートを下回った場合，たとえば0.9300だった場合を考えてみよう。この時，アービトラージャーは以下の取引を行う。

1．1,000豪ドルを年率3％で2年間借り入れ，それを980米ドルに交換し，その米ドルを1％で運用する（金利は両通貨とも連続複利）。

2．1,061.84豪ドルを1,061.84×0.93 = 987.51米ドルで購入するフォワード契約を締結する。

1％で運用された980米ドルは2年後には$980e^{0.01\times 2}$ = 999.80米ドルになる。そのうち987.51米ドルは，フォワード契約で1,061.84豪ドルを購入するために使われる。これは，借り入れた1,000豪ドルの元利金返済額（$1,000e^{0.03\times 2}$ = 1,061.84）と同額である。したがって，この戦略はリスクなしで999.80 - 987.51 = 12.29米ドルの利益をあげることができる。（この戦略がそれほど魅力的でないと思うならば，1億豪ドルの借入れで同じ戦略を考えてみよ！）

次に，2年物フォワード・レートが0.9600の場合（(5.9)式で与えられる0.9416よりも大きい場合）を考えてみよう。この時，アービトラージャーは以下の取引を行う。

1．1,000米ドルを年率1％で2年間借り入れ，それを1,000/0.9800 = 1,020.41豪ドルに交換する。その豪ドルを3％で運用する。

2．1,083.51豪ドルを売却（1,083.51×0.96 = 1,040.17米ドルを購入）するフォワード契約を締結する。

3％で運用された1,020.41豪ドルは2年後には$1,020.41e^{0.03\times 2}$ = 1,083.51豪ドルになる。フォワード契約によって，これは1,040.17米ドルに交換される。借り入れた米ドルを返済するために必要な額は$1,000e^{0.01\times 2}$ = 1,020.20米ドルである。したがって，この戦略はリスク

なしで1,040.17 − 1,020.20 = 19.97米ドルの利益をあげることができる。

表5.4は2013年5月14日の通貨先物価格を示している。価格は外国通貨1単位当りの米ドル価格で提示されている。（日本円の場合は，100円当りの米ドル。）これは通貨先物価格の一般的な表示方法である。(5.9)式はrを米ドルの無リスク金利，r_fを外国通貨の無リスク金利として適用すればよい。

2013年5月14日の日本円，英ポンド，スイス・フラン，ユーロの短期金利は米国の短期金利よりも低かった。これは$r > r_f$に対応しており，表5.4でそれらの通貨先物価格の満期が長くなるほど高くなっていることを説明でき

表5.4 2013年5月14日基準のCMEグループによる通貨先物価格からの抜粋

	始値	高値	安値	前日清算値	直近取引値	前日比	取引高
豪ドル，豪ドル当り米ドル，100,000豪ドル							
2013年6月限	0.9930	0.9980	0.9862	0.9930	0.9870	−0.0060	118,000
2013年9月限	0.9873	0.9918	0.9801	0.9869	0.9808	−0.0061	535
英ポンド，英ポンド当り米ドル，62,500英ポンド							
2013年6月限	1.5300	1.5327	1.5222	1.5287	1.5234	−0.0053	112,406
2013年9月限	1.5285	1.5318	1.5217	1.5279	1.5224	−0.0055	214
カナダ・ドル，カナダ・ドル当り米ドル，100,000カナダ・ドル							
2013年6月限	0.9888	0.9903	0.9826	0.9886	0.9839	−0.0047	63,452
2013年9月限	0.9867	0.9881	0.9805	0.9865	0.9819	−0.0046	564
2013年12月限	0.9844	0.9859	0.9785	0.9844	0.9797	−0.0047	101
ユーロ，ユーロ当り米ドル，125,000ユーロ							
2013年6月限	1.2983	1.3032	1.2932	1.2973	1.2943	−0.0030	257,103
2013年9月限	1.2990	1.3039	1.2941	1.2981	1.2950	−0.0031	621
2013年12月限	1.3032	1.3045	1.2953	1.2989	1.2957	−0.0032	81
日本円，100円当り米ドル，12.5百万円							
2013年6月限	0.9826	0.9877	0.9770	0.9811	0.9771	−0.0040	160,395
2013年9月限	0.9832	0.9882	0.9777	0.9816	0.9777	−0.0039	341
スイス・フラン，スイス・フラン当り米ドル，125,000スイス・フラン							
2013年6月限	1.0449	1.0507	1.0358	1.0437	1.0368	−0.0069	41,463
2013年9月限	1.0467	1.0512	1.0370	1.0446	1.0376	−0.0070	16

る。また，豪ドル，英ポンド，カナダ・ドルについては，それらの短期金利は米国よりも高かった。これは $r_f > r$ に対応しており，それらの通貨先物の清算値の満期が長くなるほど低くなっていることを説明できる。

【例5.7】

表5.4の9月限豪ドル先物の清算価格は，6月限の清算価格よりもおよそ0.6%低くなっている。これは，先物価格が満期まで年率2.4%程度上昇することを示している。(5.9)式より，これは2013年5月14日時点での，豪州の短期金利の米国の短期金利に対する超過分と見積もれる。

利回りが既知の資産としての外国通貨

(5.9)式は，(5.3)式で q を r_f で置き換えたものに等しい。これは単なる偶然ではない。外国通貨は利回りが既知の収入を生み出す投資資産とみなすことができるからである。その利回りとは外国通貨の無リスク金利である。

この考えを理解するために，外国通貨に支払われる利子の価値が外国通貨の価値に依存していることに注意しよう。英ポンドの金利が年率5%であると仮定する。米国の投資家にとって，英ポンドは英ポンドの価値の年率5%に等しい収益を生み出す。言い換えれば，英ポンドは米国の投資家にとって年率5%の利回りをもつ資産である。

5.11 商品先物

次に，商品先物契約についてみてみよう。まず，金や銀などの投資資産[6]の商品先物価格を取り上げ，次に消費資産の先物価格について分析する。

---

[6] 投資資産は，必ずしも投資目的のみで保有されるわけではないことを思い出そう。必要なのは，投資目的で現物を保有する投資家がいて，それを売却すると同時にそれを購入するフォワード契約を結ぶ取引が魅力的であれば，喜んでその取引を行うということである。これが，銀は実需でもおおいに利用されているにもかかわらず，投資資産として扱われる理由である。

収入と保管コスト

ビジネス・スナップショット3.1で説明したように，金の採掘企業のヘッジ戦略によって，一部の投資銀行には金を借り入れる必要が生じる。中央銀行のような金の保有者は，金を貸し出す際に，金リース・レート（gold lease rate）と呼ばれる利子を徴求する。同じことが銀にも当てはまる。したがって，金と銀は保有者に収入をもたらす。また他の商品と同じく，保管コストもかかる。

(5.1)式は，投資資産からの収入や投資資産の保管コストがない場合に，投資資産としての商品のフォワード価格が，

$$F_0 = S_0 e^{rT} \tag{5.10}$$

で与えられることを示している。保管コストは負の収入と考えることができるから，U を先物契約期間中に発生する収入を差し引いたネットでの保管コストの現在価値とすれば，(5.2)式より，

$$F_0 = (S_0 + U) e^{rT} \tag{5.11}$$

となる。

【例5.8】

収入を生まない投資資産の1年物先物契約を考えてみよう。1年後に支払う資産の保管コストを単位当り2ドルとする。また，単位当りの現物価格を450ドル，すべての満期に対して無リスク金利を年率7％とする。これは，$r = 0.07$, $S_0 = 450$, $T = 1$, および，

$$U = 2e^{-0.07 \times 1} = 1.865$$

の場合に対応しているから，(5.11)式より先物の理論価格 F_0 は，

$$F_0 = (450 + 1.865) e^{0.07 \times 1} = 484.63 \text{ドル}$$

となる。実際の先物価格が484.63よりも高いならば，アービトラージャーは現物を買って1年物先物契約を売り建てれば，収益を確定できる。また，実際の先物価格が484.63よりも低いならば，すでに現物を保有している投資家はそれを売却し，先物契約を買い建てることによって，収益を上乗せすることができる。

保管コスト（収入との差引き後）が原資産の価格に比例して発生するような場合には，そのコストは負の利回りとして考えることができる。この場合は(5.3)式から，

$$F_0 = S_0 e^{(r+u)T} \tag{5.12}$$

となる。ここで u は，原資産からの収入の利回りを差し引いたネットでの現物価格に対する年率保管コストを表す。

消費目的の商品

投資資産というより消費資産であるコモディティ（商品）には，保有による収入はないことが多く，多額の保管コストが必要となる場合がある。現物価格から先物価格を決定する際に利用される裁定戦略を注意深く見直してみよう[7]。仮に(5.11)式のかわりに，

$$F_0 > (S_0 + U)e^{rT} \tag{5.13}$$

とすると，裁定取引戦略として，以下のような取引が可能となる。

1. 無リスク金利で $S_0 + U$ の借入れを行い，その資金で商品1単位を購入して保管コストも支払う。
2. その商品1単位の先物を売却する。

仮に，この先物契約をフォワード契約とみなせば，日次の値洗いはないことになるので，この戦略により時点 T に $F_0 - (S_0 + U)e^{rT}$ の収益が得られる。これは，すべての商品に対して実行可能な戦略である。このような裁定取引が行われると，(5.13)式が成り立たなくなるまで S_0 は上昇し，F_0 は下落する。したがって，(5.13)式の状態はそう長くは続かない。

次に，

$$F_0 < (S_0 + U)e^{rT} \tag{5.14}$$

としてみよう。商品が投資資産のときには，純粋な投資目的のみでそれを保有する投資家が多いとしてよい。彼らが(5.14)式のような状況を見出したならば，以下の戦略で収益をあげられると考えるであろう。

---

[7] 現物価格が受渡場所によって異なる商品もある。ここでは，現物と先物の受渡場所は同じであると仮定する。

1. 保有している商品を売却し保管コストを節約して，手元に入った資金を無リスク金利で運用する。
2. 先物取引を1単位購入する。

その結果，取引の満期には，商品を保有し続けたよりも $(S_0+U)e^{rT}-F_0$ だけ多くの収益が無リスクで得られることになる。したがって，(5.14)式の状態もそう長くは続かない。(5.13)式と(5.14)式のいずれもそう長くは続かないので，$F_0 = (S_0+U)e^{rT}$ という関係が成り立つ。

しかし，投資資産でなく消費資産である商品に対しては，この議論は適用できない。消費目的で商品を抱える個人や企業は，その商品の使用計画を立てているのが普通である。先物契約やフォワード契約は製造工程で使ったり，別の方法で消費することができないので，彼らは現物を売って先物契約やフォワード契約で買うという取引をしたいとは考えていない。したがって，(5.14)式が成り立たないようにする作用は働かないので，消費資産である商品に対しては，

$$F_0 \leq (S_0+U)e^{rT} \tag{5.15}$$

の関係が成り立つとしかいえない。保管コストが現物価格に対する比率で表されるときは，

$$F_0 \leq S_0 e^{(r+u)T} \tag{5.16}$$

となる。

コンビニエンス・イールド

消費資産である商品の現物保有には先物契約の保有では得られない利得があるので，(5.15)式または(5.16)式での等式は必ずしも成り立たない。たとえば石油精製業者は，原油先物契約を，在庫として抱える原油と同等なものとは考えないであろう。というのは，在庫として保有する原油は精製過程に投入できるが，先物契約はそうした目的には利用できないからである。一般に，製造業者は現物の保有によって製造を続けることができ，それによって一時的な品不足から利益をあげることもできる。一方，先物契約では同じようなことはできない。現物を保有することによる利得は商品のコンビニエン

ス・イールド (convenience yield) と呼ばれることもある。保管コストの金額が既知でその現在価値が U のとき，コンビニエンス・イールドは，

$$F_0 e^{yT} = (S_0 + U)e^{rT}$$

となる y で定義される。保管コストが現物価格に対する比率 u で与えられるならば，y は，

$$F_0 e^{yT} = S_0 e^{(r+u)T}$$

すなわち，

$$F_0 = S_0 e^{(r+u-y)T} \qquad (5.17)$$

によって定義される。コンビニエンス・イールドは，(5.15)式あるいは(5.16)式において，左辺が右辺よりもどの程度低い値になっているかを簡単に測れる指標である。投資資産の場合，コンビニエンス・イールドはゼロでなければならない。さもなければ裁定機会が発生する。第2章の表2.2は，2013年5月14日の大豆先物価格が，満期が2013月7月から11月へと長くなると低くなっていたことを示している。このパターンは，この期間においてコンビニエンス・イールド y が $r+u$ より大きいことを示している。

コンビニエンス・イールドは，商品の将来の需給に関する市場の見通しを反映している。現物が不足する見込みが高いとき，コンビニエンス・イールドは高くなる。もし，商品の消費者が多くの在庫を抱えていれば，短期的には不足が生じる可能性はきわめて少なく，コンビニエンス・イールドは低くなる。在庫率が低いと品不足が起こりやすく，コンビニエンス・イールドは通常高くなる。

5.12　キャリー・コスト

先物価格と現物価格との関係は，キャリー・コスト (cost of carry) という指標にまとめることができる。この指標は，保管コストに資金調達にかかる金利を加え，資産から得られる収入を差し引いたもので表される。たとえば配当のない株式では，保管コストも所有による収入もないので，キャリー・コストは金利 r になる。株価指数では，配当利回りが q なのでキャ

リー・コストは $r-q$ になる。通貨のキャリー・コストは $r-r_f$ になる。所有による収入の利回りが q で，保管コスト率が u の商品の場合には，キャリー・コストは $r-q+u$ になる。

キャリー・コストを c とすると，投資資産に対する先物価格は，

$$F_0 = S_0 e^{cT} \tag{5.18}$$

と書ける。消費資産の先物価格については，

$$F_0 = S_0 e^{(c-y)T} \tag{5.19}$$

と書ける。ここで y はコンビニエンス・イールドである。

5.13 受渡しのオプション

フォワード契約では受渡日は通常ある1日に決められているが，先物契約では売り手が受渡日を決められた期間（受渡期間）から選択できる場合がある。（一般的には数日前に受渡意思を通知しておく必要がある。）この選択権が先物契約の価格づけを複雑にしている。先物契約の満期日としては，受渡期間の初日，中頃，それとも最終日のいずれを仮定するのがよいのだろうか。たとえほとんどの先物契約が満期前に手仕舞われるとしても，先物契約の理論価格を算出するうえでは，受渡しがいつ行われるのかは重要である。

もし先物価格が満期が長くなるほど高くなっているならば，(5.19)式から $c > y$ となり，資産を保有するメリット（コンビニエンス・イールドから保管コストを差し引いたもの）は無リスク金利よりも小さいことになる。したがって，先物契約の売り手にとっては現金につく利子のほうが資産を保有するメリットよりも大きいので，できる限り早く受渡しを行うことが最適になることが多い。このような場合には，一般に先物価格は受渡期間の最初に受渡しが行われるものとして計算すればよい。先物価格が満期が長くなるほど低くなっている場合（$c < y$）には，この逆が成り立つ。先物契約の売り手にとってはできる限り遅く受渡しを行ったほうが最適となる場合が多く，一般に先物価格の計算はその仮定のもとで行えばよい。

5.14 先物価格と将来の現物価格の期待値

　将来のある時点の現物価格がいくらになっているかについての市場の平均的な見方を，その時点の期待現物価格（expected spot price）と呼ぶことにする。いまは6月で，9月限トウモロコシ先物価格が350セントだと仮定しよう。この時，トウモロコシの9月の期待現物価格はいくらかというのは興味深い問題である。期待現物価格は350セントより安いか，高いか，それともちょうど350セントか。図2.1に例示したように，先物価格は満期が近づくにつれて現物価格に収束する。将来の現物価格の期待値が350セントよりも低ければ，市場は9月限先物価格が下落することを期待しているはずで，そうなればショート・ポジションを保有するトレーダーは益を，ロング・ポジションを保有するトレーダーは損を計上する。一方，将来の現物価格の期待値が350セントよりも高ければ，その逆が成り立つ。すなわち市場は9月限先物価格が上昇することを期待しているはずで，そうなればロング・ポジションを保有するトレーダーは益を，ショート・ポジションを保有するトレーダーは損を計上する。

ケインズとヒックスの議論

　経済学者のケインズ（John Maynard Keynes）とヒックス（John Hicks）は，ヘッジャーがショート・ポジションをとり，スペキュレーターがロング・ポジションをとる傾向があるならば，スペキュレーターはリスクの見合いを要求するため，先物価格は期待現物価格を下回るだろうと論じた[8]。スペキュレーターは平均的に収益を生み出せると考えている場合にのみ取引を行う。ヘッジャーは平均的に損を計上することになるが，先物契約によってリスクを軽減できるので，そうしたことがわかっていても取引を行うだろう。逆にヘッジャーがロング・ポジションをとり，スペキュレーターがショート・ポジションをとる傾向があるならば，ケインズとヒックスは同じ理由から，先

---

[8] J. M. Keynes, *A Treatise on Money*. London: Macmillan, 1930と J. R. Hicks, *Value and Capital*. Oxford: Clarendon Press, 1939を参照。

物価格は期待現物価格を上回るだろうと論じた。

リスクとリターン

先物価格と期待現物価格との関係を説明する現代的なアプローチは，経済におけるリスクと期待リターンとの関係に基づくものである。一般的に，投資リスクが高いほど，より高い期待リターンを投資家は要求するものである。第3章の付録にて説明した，資本資産価格モデルによると，経済にはシステマティックと非システマティックと呼ばれる二つのリスクが存在する。非システマティック・リスクは投資家にとってあまり重要ではない。というのは，そのリスクは十分に分散投資されたポートフォリオを保有することによって，ほぼ完全に消去可能だからである。したがって，投資家は非システマティック・リスクをとってリターンを高めようとしないほうがよい。これに対して，システマティック・リスクは分散投資では消去できない。システマティック・リスクは投資によるリターンと株式市場全体のリターンとの相関から生じている。一般に投資家は正の量のシステマティック・リスクをとることに対して，無リスク金利より高い期待収益を求める。同時に，投資家は負の量のシステマティック・リスクに対しては，無リスク金利よりも期待収益率が低くなってもかまわないと考えている。

先物ポジションのリスク

満期日における資産の現物価格が現時点の先物価格を上回ると予想して，満期 T 年の先物契約のロング・ポジションをとるスペキュレーターについて考えてみよう。日々の値洗いは無視して，先物契約をフォワード契約として扱えるものとする。このスペキュレーターは，先物価格の現在価値相当額を無リスク金利で運用し，同時に先物契約を買い建てるとする。無リスク金利で運用した資金は，先物契約の満期日に資産を購入するのに充てられ，その際得られた資産は即座に市場価格で売却される。この結果，スペキュレーターのキャッシュ・フローは次のようになる。

現時点：$-F_0 e^{-rT}$

先物契約の満期時点：$+S_T$

ここでF_0は現時点での先物価格，S_Tは先物契約の満期時点Tでの資産の価格である。また，rを期間Tに対する無リスク金利とする。

この投資をいかに評価したらよいだろうか。時点Tにおける期待キャッシュ・フローに適用すべき割引率は，スペキュレーターがその投資に求める期待収益率に等しい。スペキュレーターが求める収益率をkとすると，この投資の現在価値は，

$$-F_0 e^{-rT} + E(S_T) e^{-kT}$$

となる。ここでEは期待値を表す。証券市場におけるすべての投資は，そのネットの現在価値がゼロとなるように値付けられていると仮定すると，

$$-F_0 e^{-rT} + E(S_T) e^{-kT} = 0$$

すなわち，

$$F_0 = E(S_T) e^{(r-k)T} \qquad (5.20)$$

となる。これまで述べてきたように，投資家が投資に求める収益率はその投資のシステマティック・リスクに依存している。これまで考察してきた投資は本質的には先物契約の原資産に対する投資である。その資産の収益率が株式市場とまったく相関をもたないのであれば，正しい割引率として使うべきは無リスク金利rである。したがって，$k = r$と置くと，(5.20)式は，

$$F_0 = E(S_T)$$

となる。これは，原資産の収益率が株式市場と相関をもたないときには，先物価格が将来の現物価格の期待値の不偏推定量となることを示している。

資産の収益率が株式市場と正の相関をもつならば，$k > r$で，(5.20)式から$F_0 < E(S_T)$となる。これは，先物契約の原資産が正のシステマティック・リスクをもつ場合には，先物価格は将来の現物価格の期待値よりも低くなると予測すべきことを示している。正のシステマティック・リスクをもつ資産の例は株価指数である。指数の構成銘柄に対する投資家の期待収益率は無リスク金利rよりも一般的に大きい。配当率をqとすると，指数の期待増加率は$r - q$より大きくなる。したがって，(5.8)式は，先物価格は株価指数

表5.5 先物価格と将来の現物価格の期待値の関係

資　産	資産の期待収益率 k と無リスク金利 r の関係	先物価格 F と将来の現物価格の期待値 $E(S_T)$
システマティック・リスクなし	$k = r$	$F_0 = E(S_T)$
正のシステマティック・リスク	$k > r$	$F_0 < E(S_T)$
負のシステマティック・リスク	$k < r$	$F_0 > E(S_T)$

の将来の期待価格よりも低くなるという予測と矛盾していない。

反対に，資産の収益率が株式市場と負の相関をもつならば，$k < r$ で，(5.20)式から $F_0 > E(S_T)$ となる。これは，先物契約の原資産が負のシステマティック・リスクをもつ場合には，先物価格は将来の現物価格の期待値よりも高くなると予測すべきことを示している。

これらの結果を表5.5にまとめた。

ノーマル・バックワーデーションとコンタンゴ

先物価格が将来の現物価格の期待値を下回る状況は，ノーマル・バックワーデーション（normal backwardation）として知られる。また，上回る状況はコンタンゴ（contango）として知られる。しかし，これらの用語は先物価格が将来の現物価格の期待値に対してではなく，現在の現物価格に対して，下回っているか上回っているかを指すものとして用いられる場合もあることに注意しておこう。

| 要　約 |

ほとんどの場合について，先物価格は満期日の同じフォワード価格に等しいと考えても問題はない。金利が完全に予測可能であれば，理論上は両者は完全に一致することを示すことができる。

先物(もしくはフォワード)価格を理解するためには,先物契約を二つのカテゴリーに分けると考えやすい。一つは少なくともいくらかの投資家が純粋に投資目的で保有する資産を原資産とする場合,もう一つは主に消費目的で保有される資産を原資産とする場合である。

投資資産の場合について,以下の三つの異なる場合を考察してきた。
1. 所有による収入を生まない資産
2. 金額が既知の収入をもつ資産
3. 利回りが既知の収入をもつ資産

これらの結果は表5.6にまとめてある。それらを用いて,株価指数や通貨,金,銀の先物価格を計算することができる。また,保管コストは負の収入として扱うことができる。

消費資産の場合は,先物価格を現物価格とその他の観測可能な変数の関数として表すことはできない。そのため,資産のコンビニエンス・イールドといわれる指標が重要になってくる。これは,先物の保有では得られない,現物を保有することで得られる利得の度合いを測る指標である。この利得には,一時的に局所的な在庫不足が起こったときの収益機会や,生産活動を継続できることも含まれている。裁定の議論を用いて消費資産の先物価格の上限は導くことができるが,先物価格と現物価格との間の関係式を導くことはできない。

先物価格を考えるうえで,キャリー・コストは便利な概念である。キャリー・コストとは,原資産の保管コストに資金調達コストを加え,原資産か

表5.6 投資資産のフォワード／先物契約

T 年物無リスク金利を r, 満期日を T, 投資資産の価格を S_0 とするときの各場合のまとめ。

資　産	フォワード／先物価格	受渡価格 K のロング・フォワード契約の価値
収入なし	$S_0 e^{rT}$	$S_0 - K e^{-rT}$
現在価値 I の既知の収入	$(S_0 - I) e^{rT}$	$S_0 - I - K e^{-rT}$
既知の利回り q	$S_0 e^{(r-q)T}$	$S_0 e^{-qT} - K e^{-rT}$

ら得られる収入を差し引いたものである。投資資産の場合には，先物価格はキャリー・コスト分だけ現物価格より高くなる。消費資産の場合には，先物価格はキャリー・コストからコンビニエンス・イールドを差し引いた分だけ現物価格よりも高くなる。

仮にCAPMが正しいとすると，先物価格と将来の現物価格の期待値との関係は，その資産の収益率が株式市場の収益率と正の相関をもつか負の相関をもつかに依存している。正の相関をもつような場合には，先物価格は将来の現物価格の期待値よりも低くなる傾向にある。負の相関をもつ場合には，先物価格のほうが高くなる傾向にある。また，相関がゼロの場合に限り，理論先物価格は将来の現物価格の期待値に等しくなる。

参考文献

Cox, J. C., J. E. Ingersoll, and S. A. Ross. "The Relation between Forward Prices and Futures Prices," *Journal of Financial Economics*, 9 (December 1981): 321–46.

Jarrow, R. A., and G. S. Oldfield. "Forward Contracts and Futures Contracts," *Journal of Financial Economics*, 9 (December 1981): 373–82.

Richard, S., and S. Sundaresan. "A Continuous-Time Model of Forward and Futures Prices in a Multigood Economy," *Journal of Financial Economics*, 9 (December 1981): 347–72.

Routledge, B. R., D. J. Seppi, and C. S. Spatt. "Equilibrium Forward Curves for Commodities," *Journal of Finance*, 55, 3 (2000): 1297–1338.

> 練習問題

5.1 投資家がある株を空売りしたとき，どのようなことが起こるか説明せよ。

5.2 フォワード価格とフォワード契約の価値との違いは何か。

5.3 配当のない株式の6カ月物フォワード契約を，株価が30ドルで無リスク金利が連続複利で年率12%のとき締結するとする。フォワード価格はいくらになるか。

5.4 株価指数の現在値は350である。無リスク金利は連続複利で年率8%，指数の配当利回りは年率4%である。この時，満期4カ月の先物価格はいくらになるか。

5.5 金の先物価格は現物価格とそのほかの観測可能な変数から計算可能であるが，銅の先物価格はそれらからは計算できない。その理由を詳細に説明せよ。

5.6 コンビニエンス・イールドとキャリー・コストの意味について詳細に説明せよ。また，先物価格，現物価格，コンビニエンス・イールド，およびキャリー・コストの間にある関係を説明せよ。

5.7 外国通貨は，利回りが既知の収入を生み出す資産として扱うことができる。その理由を説明せよ。

5.8 株価指数の先物価格は，その指数の将来の値の期待値よりも大きいか，小さいか。その理由も答えよ。

5.9 配当のない株式を購入する満期1年のフォワード契約を，株価が40ドル，無リスク金利が連続複利で年率10%のときに締結する。

(a) フォワード価格およびフォワード契約の当初の価値はそれぞれいくらか。

(b) 6カ月後に株価が45ドルとなり，無リスク金利は10%のままであった。この時，フォワード価格およびフォワード契約の価値はそれぞれいくらになるか。

5.10 無リスク金利が連続複利で年率7%，ある株価指数の配当利回りが

年率3.2%である。指数の現在値を150とするとき，満期6カ月の先物価格はいくらになるか。

5.11 無リスク金利は連続複利で年率9％とする。ある株価指数の配当利回りが1年を通して変化し，2月，5月，8月，11月は年率5％で，その他の月は年率2％とする。7月31日の指数の値が1,300のとき，同じ年の12月31日受渡しの先物価格はいくらになるか。

5.12 無リスク金利は連続複利で年率10%，ある株価指数の配当利回りは年率で4％とする。指数の現在値が400で，満期4カ月の先物価格が405である。この時，どのような裁定機会が生じているか。

5.13 表5.4の情報から，2013年5月14日のカナダと米国の短期金利の差を推定せよ。

5.14 スイスと米国の2カ月物金利を連続複利でそれぞれ年率1％と2％とする。スイス・フランのスポット価格は1.0500ドルである。満期2カ月の先物価格も1.0500ドルのとき，どのような裁定機会が生じているか。

5.15 銀の現物価格は1オンス当り25ドルである。保管コストは1オンス当り年0.24ドルで，四半期ごとの前払いとする。すべての満期に対して金利が年率5％とすると，満期9カ月の銀の先物価格はいくらになるか。

5.16 F_1とF_2は同じ商品の満期の異なる二つの先物契約で，満期までの時間はそれぞれt_1，$t_2 (t_2 > t_1)$である。この時，
$$F_2 \leq F_1 e^{r(t_2 - t_1)}$$
を証明せよ。ここでrは無リスク金利（定数）で，保管コストはないものとする。またこの問題では，先物契約はフォワード契約と同じであるとして考えよ。

5.17 支払額がわかっている将来の外貨建てキャッシュ・フローをフォワード契約でヘッジすると，為替リスクは残らない。しかし，先物契約を用いてヘッジを行うと，日次値洗いからくるある種のリスクが残る。このリスクについて説明せよ。特に以下の状況において，

先物契約とフォワード契約のどちらを使ったほうがよいか考えよ。ただし，フォワード価格と先物価格は等しいとする。

(a) 外国通貨の価値がその契約期間中に急激に下落する場合

(b) 外国通貨の価値がその契約期間中に急激に上昇する場合

(c) 外国通貨の価値が最初上昇し，その後下落して当初の価値に戻る場合

(d) 外国通貨の価値が最初下落し，その後上昇して当初の価値に戻る場合

5.18 フォワード為替レートは，将来のスポット為替レートの期待値の不偏推定量になるといわれることがある。どのような状況下で，これは正しいか。

5.19 指数先物価格の成長率が，指数の元となっているポートフォリオの無リスク金利に対する超過収益率に等しいことを示せ。ただし，無リスク金利と配当利回りは一定であると仮定する。

5.20 先物契約のショート・ポジションを絡めた資産への投資を考えることで，(5.3)式が正しいことを示せ。資産からの収入はすべてその資産に再投資されると仮定する。本章の脚注2および4と同様の議論を用いて，(5.3)式が成り立たない場合にどのような裁定取引が行われるか詳細に説明せよ。

5.21 ある商品の将来の現物価格の期待値について，その意味するところを注意深く説明せよ。原油の先物価格が満期が長くなるにつれて年率2％で下落しているとする。スペキュレーターは原油先物を売り建てる傾向があり，ヘッジャーは原油先物を買い建てる傾向があると仮定する。この時，原油の将来の現物価格の期待値について，ケインズとヒックスの議論は何を示唆しているか。

5.22 バリュー・ライン指数（Value Line Index）は，1,600を超える株式の等加重ポートフォリオの動きを反映するようにつくられている。1988年3月9日以前は，指数の前日比は，指数の原資産を構成する株価の前日比の幾何平均として計算されていた。このような場合，

先物価格を現物価格に関係づける(5.8)式は正しいか。正しくない場合，その式は先物価格を過大に評価しているか。それとも過小に評価しているか。

5.23 ある米国の企業が，豪ドルのエクスポージャーのヘッジにCMEグループで取引されている先物契約を利用したいと考えている。r を（すべての満期に対する）米ドルの金利，r_f を（すべての満期に対する）豪ドルの金利とする。r と r_f は定数で，企業は時点 T に満期を迎える先物契約を使って時点 $t(T > t)$ でのエクスポージャーをヘッジすると仮定する。

(a) 最適ヘッジ比率は $e^{(r_f - r)(T-t)}$ であることを示せ。

(b) t が1日であるとき，最適ヘッジ比率はほぼ S_0/F_0 に等しいことを示せ。ここで S_0 は現在のスポット価格，F_0 は時点 T に満期を迎える通貨先物の現在価格である。

(c) 1日より長い期間ヘッジを行う場合でも，ヘッジ比率がスポット価格を先物価格で除した値に常に等しくなるようにヘッジ比率を調整すれば，先物契約の日次値洗いの影響をヘッジに勘案することができる。このことを示せ。

5.24 (a)投資資産と(b)消費資産とは何を意味するのか。フォワード価格と先物価格を決定するうえで，なぜ投資資産と消費資産の違いが重要となるのか説明せよ。

5.25 以下の資産に対するキャリー・コストを説明せよ。

(a) 無配当の株式

(b) 株式指数

(c) 保管コストの必要な商品

(d) 外貨

発展問題

5.26 2012年初にスイス・フランと米ドルのスポット為替レートは1.0404（1フラン当りドル）であった。米国とスイスの金利は，年率で0.25％と０％であり（連続複利），3カ月フォワード為替レートは1.0300（1フラン当りドル）であった。どのような裁定取引が可能か。もし，フォワード為替レートが1.0500（1フラン当りドル）であれば，どうなるか。

5.27 ある指数の値は1,200である。3カ月無リスク金利は年率3％で，今後3カ月間の配当利回りは年率1.2％となっている。また，6カ月無リスク金利は年率3.5％で，今後6カ月間の配当利回りは年率1％だとする。この指数の取引期間3カ月，6カ月の先物価格を推定せよ。すべての金利や配当利回りは連続複利である。

5.28 現在の米ドル／ユーロの為替レートは1ユーロ当り1.4000米ドルである。満期6カ月の為替先物は1.3950となっている。米国6カ月金利は連続複利で年率1％である。ユーロ6カ月金利を推定せよ。

5.29 原油価格は1バレル80ドルであり，原油1バレルの保管コストは1年間3ドルで，1年後に支払うものとする。無リスク金利は連続複利で年率5％である。期間1年の原油先物価格の上限はいくらか。

5.30 ある株式について，2カ月後と5カ月後に1株当り1ドルの配当が支払われると予想されている。この株式の株価は50ドルであり，無リスク金利は期間を問わず連続複利で年率8％である。ある投資家がこの株式の6カ月物フォワード契約のショート・ポジションをとった。

(a) フォワード価格およびフォワード契約の当初の価値はそれぞれいくらか。

(b) 3カ月後に株価が48ドルになり，無リスク金利は8％のままであった。この時のフォワード価格およびショート・ポジションの価値はいくらか。

5.31 ある銀行がある取引先に対し，年率11％での現金の借入れと，年率2％での金の借入れの2種類の借入れを提案しているとする．(金を借りた場合は，利子も金で返済しなければならない．つまり，今日100オンス借りると1年後には102オンス返済しなければならない．) 無リスク金利を年率9.25％，金の保管コストを年率0.5％とする．この場合，金の借入レートは現金の借入レートに比べて高いか低いかを論ぜよ．ただし，二つの借入レートは1年複利で，無リスク金利と保管コストは連続複利で表示されているとする．

5.32 外貨の受払日が不確定である場合，企業はあらかじめ決められた期間中であればいつでも受渡しのできるフォワード契約を締結したいと考えるだろう．その企業は企業自身のキャッシュ・フローにあわせて受渡日を選択できる権利を保有したいと考えている．銀行の立場から，この契約の価格を考えよ．

5.33 あるトレーダーが長期投資のポートフォリオの一部として収入を生まず保管コストが不要な商品を保有している．このトレーダーはこの商品を1オンス当り1,250ドルで購入し，1,249ドルで売却できる．また，資金を年率6％で借り入れ，年率5.5％で運用できるものとする（金利はともに1年複利）．このトレーダーにとって裁定機会が存在しないような，金の1年物フォワード価格の範囲を求めよ．ただし，フォワード価格にはビッド・オファー・スプレッドはないものとする．

5.34 ある企業が，時点 T_1 に K_1 で外国通貨を売却するフォワード契約を銀行と締結する．時点 T_1 において為替レートが $S_1(>K_1)$ になったとき，その企業は銀行に対して，T_1 では決済せずに $T_2(>T_1)$ までフォワード契約をロールできるかどうかを照会してきた．銀行は新しい受渡価格 K_2 で契約締結に同意したとする．K_2 の求め方を説明せよ．

第6章

金利先物

　これまでコモディティや株価指数，外国通貨の先物契約について論じ，それらがどのように機能し，どのようにヘッジで利用され，先物価格がどのように決定されるのかをみてきた。ここでは，金利先物について考えてみよう。

　本章では，米国で活発に取引されている米国長期国債先物とユーロドル先物について説明する。世界中で取引されるその他の金利先物取引の多くが，それらをモデルとしている。さらに，第4章で紹介したデュレーションに基づいた金利変動に対するヘッジに，金利先物契約が企業でどのように利用されているかを示す。

6.1 デイ・カウント・コンベンションと価格の提示方法

本章の準備として,まず債券や他の金利商品に用いられるデイ・カウント・コンベンションと価格の提示方法について説明する。

デイ・カウント

デイ・カウントとは,与えられた期間に対してどのように付利されるかを定義するものである。一般的に,参照期間(債券の利払期間等)に対して支払われる利子はわかっているので,その他の期間に対して支払われる利子の計算方法について説明しよう。

デイ・カウント・コンベンションは,通常 X/Y の形で表される。与えられた期間に対して支払われる利子を計算する際に,X はその期間(二つの日付間)の日数の計算方法を定義し,Y は参照期間の全日数の測り方を定義している。二つの日付間に対して支払われる利子は,

$$\frac{日付間の日数}{参照期間の日数} \times 参照期間に対して支払われる利子$$

で与えられる。米国では,次の三つのデイ・カウント・コンベンションがよく用いられている。

1. Actual/actual(実日数/実日数)
2. 30/360
3. Actual/360(実日数/360)

米国長期国債のデイ・カウントには実日数/実日数が用いられている。すなわち経過利子は,利払期間の日数に対して,実際に経過した日数の割合をもとに計算される。債券の元本が100ドル,利払日が3月1日と9月1日,クーポンが年8%だと仮定する。(つまり,3月1日と9月1日に4ドルずつ金利が支払われる。)この場合の,3月1日から7月3日までの経過利子を計算しよう。参照期間は3月1日から9月1日までの184日間(実日数)で,その期間に対して4ドルの利子が支払われる。3月1日から7月3日までは124日間(実日数)なので,その期間に対する経過利子は,

$$\frac{124}{184} \times 4 = 2.6957$$

となる。

　米国の社債と地方債のデイ・カウントには30/360が用いられている。このデイ・カウントでは，1 カ月を30日，1 年を360日と仮定している。デイ・カウントが30/360の場合，3 月 1 日から 9 月 1 日までの総日数は180日となり，3 月 1 日から 7 月 3 日までは(4×30)＋2＝122日となる。米国長期国債と同じ条件の社債の場合，3 月 1 日から 7 月 3 日までの期間に対する経過利子は，

$$\frac{122}{180} \times 4 = 2.7111$$

となる。ビジネス・スナップショット6.1で示すように，30/360のデイ・カウント・コンベンションは驚くべき結果をもたらすことがある。

　米国のマネー・マーケット（短期金融市場）商品のデイ・カウントには実日数/360が用いられている。このデイ・カウントでは参照期間は360日で，経過した実日数を360で割った値に金利を乗じたものがその期間に対する利子となる。したがって，たとえば90日間の利子は提示された金利のちょうど 4 分の 1 となり，1 年の利子は提示された金利の365/360倍となる。

　デイ・カウント・コンベンションは国や商品によって異なる。たとえば，オーストラリア，カナダ，およびニュージーランドでは，マネー・マーケット商品のデイ・カウントは実日数/365である。LIBORのデイ・カウントは英ポンド以外に対しては実日数/360で，英ポンドに対しては実日数/365である。また，ユーロ債や英ポンド債のデイ・カウントは通常，実日数/実日数である。

ビジネス・スナップショット6.1
デイ・カウントは紛らわしい

2015年 2 月28日から2015年 3 月 1 日の期間において米国国債か米国社債のどちらかを保有するとしたら，デフォルト・リスクはないものとし

て，どちらを選ぶか．両債券のクーポンと提示価格は同じとする．

どちらを選んでもあまり関係ないように思えるが，実際は，疑いなく社債を選択すべきである．社債のデイ・カウント・コンベンションの30/360では，2015年2月28日から2015年3月1日の日数は3日であるが，国債のデイ・カウント・コンベンションの実日数/実日数ではわずか1日である．したがって，社債を保有するほうが約3倍の利子を稼ぐことができるのである！

米国短期国債の提示価格

マネー・マーケット商品の価格は，割引率（discount rate）を用いて提示されることがある．これは当初商品購入時に支払われる価格に対する利率ではなく，額面に対する利子を表している．米国短期国債がその例である．たとえば，91日米国短期国債の価格が8と提示されているとき，額面に対する利子が360日当り8％であることを意味している．額面を100ドルとすれば，利子は91日間で2.0222ドル（＝100ドル×0.08×91/360）となる．これを本当の利率に直すと，91日間に対して2.0222/(100−2.0222) = 2.064%となる．一般に，額面100ドル当りの米国短期国債の提示価格と取引価格との関係は，

$$P = \frac{360}{n}(100 - Y)$$

となる．ここでPは提示価格，Yは取引価格，nは暦日ベースでの国債の残存期間である．

米国長期国債の提示価格

米国長期国債の価格は，ドル表示で1/32ドル単位で提示される．提示価格（quoted price）は額面100ドルの債券に対する価格である．たとえば，90-05と提示されているとき，額面が100,000ドルの債券に対する提示価格は90,156.25ドルとなる．

この提示価格のことを，トレーダーはクリーン・プライス（clean price）

と呼ぶ。これはトレーダーがダーティ・プライス（dirty price）と呼ぶ，債券の買い手が支払う取引価格とは異なる。一般に，

取引価格 ＝ 提示価格＋直前の利払日からの経過利子

である。例として，満期が2038年7月10日のクーポン11％の債券を考える。2015年3月5日の提示価格が95-16，すなわち95.50ドルであったとする。国債の利払いは年2回（最後の利払いは満期時）だから，直近の利払日は2015年1月10日で，次回利払日は2015年7月10日である。2015年1月10日から2015年3月5日までの（実）日数は54日で，2015年1月10日から2015年7月10日までの（実）日数は181日である。額面100ドルの債券に対しては1月10日と7月10日に5.50ドルの利払いがある。2015年3月5日の経過利子は，7月10日に支払われるクーポンに対する2015年3月5日の債券保有者の取り分である。米国長期国債のデイ・カウント・コンベンションは実日数/実日数なので，経過利子は，

$$\frac{54}{181} \times 5.50 \text{ドル} = 1.64 \text{ドル}$$

となる。したがって，債券の取引価格は額面100ドル当り，

$$95.50 \text{ドル} + 1.64 \text{ドル} = 97.14 \text{ドル}$$

となり，額面100,000ドルの債券の取引価格は97,140ドルとなる。

6.2 長期国債先物

　表6.1は，2013年5月14日基準の金利先物の価格を示している。最も活発に取引されている長期金利先物契約の一つは，CMEグループの米国長期国債先物である。米国長期国債先物では，受渡月の初日時点で残存期間が15年から25年となるような任意の米国国債を受渡しすることができる。CMEグループが2010年より取引を開始した米国超長期国債先物では，25年以上の満期である任意の米国国債が受渡し可能となっている。

　10年，5年，2年物米国中期国債先物も同様に活発に取引されている。10年物米国中期国債先物取引ではすべての残存期間が6年半から10年までの長

表6.1 CMEグループで取引される先物契約の価格より抜粋
2013年5月14日基準

	始値	高値	安値	前日清算値	直近取引値	前日比	取引高
米国超長期国債先物，100,000ドル							
2013年6月限	158-08	158-31	156-31	158-08	157-00	−1-08	45,040
2013年9月限	157-12	157-15	155-16	156-24	155-18	−1-06	176
米国長期国債先物，100,000ドル							
2013年6月限	144-22	145-04	143-26	144-20	143-28	−0-24	346,878
2013年9月限	143-28	144-08	142-30	143-24	142-31	−0-25	2,455
10年物米国中期国債先物，100,000ドル							
2013年6月限	131-315	132-050	131-205	131-310	131-210	−0-100	1,151,825
2013年9月限	131-040	131-080	130-240	131-025	130-240	−0-105	20,564
5年物米国中期国債先物，100,000ドル							
2013年6月限	123-310	124-015	123-267	123-307	123-267	−0-040	478,993
2013年9月限	123-177	123-192	123-122	123-165	123-122	−0-042	4,808
2年物米国中期国債先物，100,000ドル							
2013年6月限	110-080	110-085	110-075	110-080	110-075	−0-005	98,142
2013年9月限	110-067	110-072	110-067	110-070	110-067	−0-002	13,103
30日物FF金利先物，5,000,000ドル							
2013年9月限	99.875	99.880	99.875	99.875	99.875	0.000	956
2014年7月限	99.830	99.835	99.830	99.830	99.830	0.000	1,030
ユーロドル先物，1,000,000ドル							
2013年6月限	99.720	99.725	99.720	99.725	99.720	−0.005	107,167
2013年9月限	99.700	99.710	99.700	99.705	99.700	−0.005	114,055
2013年12月限	99.675	99.685	99.670	99.675	99.670	−0.005	144,213
2015年12月限	99.105	99.125	99.080	99.100	99.080	−0.020	96,933
2017年12月限	97.745	97.770	97.675	97.730	97.680	−0.050	14,040
2019年12月限	96.710	96.775	96.690	96.760	96.690	−0.070	23

期国債（または中期国債）を受け渡すことができる．5年物中期国債先物では，受渡し可能な国債の残存期間はそれぞれ約5年と2年となる（もともとの満期は5.25年以下でなければならない）．

本章の後で説明することになるが，受け渡される銘柄として選ばれた債券について，先物契約の売り手が受け取る価格を調整する手法を，取引所は開発してきた．本節の残りでは，米国長期国債先物に焦点を当てて説明する．

米国や米国以外の国で取引される先物契約も，その仕組みは米国長期国債先物の仕組みと似ている。したがって，ここで説明するポイントはそれらの債券先物契約にも当てはまるものが多い。

提示価格

　米国超長期国債先物と米国長期国債先物は100ドルの額面に対して，ドルとドルの32分の1単位で提示されている。これは，現物市場での債券価格の提示と同様の方法である。表6.1では2013年6月限の米国長期国債先物取引の清算価格は144-20と記載されている。これはすなわち，$144\frac{20}{32}$，もしくは144.625を意味する。10年物米国中期国債先物の清算価格は32分の0.5単位で提示される。2013年9月限の10年物米国中期国債先物取引の清算価格は131-025と提示されている。これは$131\frac{2.5}{32}$，もしくは131.078125となる。5年物と2年物の米国中期先物取引はさらに細かく32分の0.25単位で提示される。6月限の5年物米国中期国債先物取引の清算価格は123-307と提示されており，これは$123\frac{30.75}{32}$，もしくは123.9609375となる。同様に9月限の取引値は123-122と提示されていて，これは$123\frac{12.25}{32}$，もしくは，123.3828125を意味する。

コンバージョン・ファクター

　前に述べたように，米国長期国債先物では，売り手が残存期間15年から25年の任意の国債から受渡銘柄を選ぶことができる。債券を受け渡すとき，売り手の受取価格は銘柄ごとに決められたコンバージョン・ファクター（conversion factor）として知られるパラメーターによって決まる。受け渡される債券に適用される価格はコンバージョン・ファクターと先物契約の直近の清算価格をかけた値である。経過利子（6.1節を参照）を考慮すると，額面100ドル当りの受取金額は，

　　　（直近の清算価格×コンバージョン・ファクター）＋経過利子

となる。1契約に対して額面100,000ドルの債券が受け渡される。たとえば，直近の清算価格が90-00で，受渡銘柄のコンバージョン・ファクターが1.3800,

受渡時点でのその債券の経過利子が額面100ドル当り3ドルであるとすると，先物契約の売り手の受取金額（買い手の支払金額）は額面100ドル当り，

$$(1.3800 \times 90.00) + 3.00 = 127.20 ドル$$

となる。先物1契約の売り手は，額面100,000ドルの債券を受け渡して127,200ドルを受け取ることになる。

コンバージョン・ファクターは，すべての満期に対する金利（半年複利）が年率6％であると仮定して計算した場合の，その債券の受渡月初日における額面1ドル当りの提示価格に等しい。計算を容易にするために，元利金の支払日は最も近い3カ月ごとの日に切り捨てられる。この実務的な方法を用いて，取引所は広範囲の債券を網羅した表を作成している。切捨て後の残存期間がちょうど6カ月の倍数になっている場合は，最初の利払日は6カ月後となる。切捨て後の残存期間が6カ月の倍数ではない（すなわち3カ月余分にある）場合は，最初の利払日は3カ月後になり，3カ月分の経過利子を差し引くことになる。

最初の例として，クーポンが10％で残存期間が20年2カ月の債券について考えてみよう。コンバージョン・ファクターの計算では，この債券の残存期間はちょうど20年として扱われる。最初の利払日は6カ月後で，償還する20年後の終わりまで6カ月ごとに利払日があると仮定される。額面を100ドル，割引率を年率6％（半年ごとに3％）と仮定すると，債券の価値は，

$$\sum_{i=1}^{40} \frac{5}{1.03^i} + \frac{100}{1.03^{40}} = 146.23 ドル$$

となる。これを額面100ドルで割ると，コンバージョン・ファクターとして1.4623が得られる。

2番目の例として，クーポンが8％で残存期間が18年4カ月の債券について考える。コンバージョン・ファクターの計算では，この債券の残存期間はちょうど18年3カ月として扱われる。現時点から3カ月後の時点に，すべての元利金を年率6％（半年複利）で割り引いた場合の価値は，

$$4 + \sum_{i=1}^{36} \frac{4}{1.03^i} + \frac{100}{1.03^{36}} = 125.83 ドル$$

となる．3カ月間の金利は$\sqrt{1.03}-1$，すなわち1.4889%であるから，これを現時点まで割り引くと債券の価値が125.83/1.014889 = 123.98ドルで与えられる．これからさらに経過利子2.0を差し引くと121.98ドルになる．したがって，この債券のコンバージョン・ファクターは1.2198である．

最割安銘柄（CTD：cheapest to deliver）

米国長期国債先物では，受渡月であれば多くの銘柄がいつでも受渡し可能である．それら債券のクーポンや満期は広範囲にわたっているが，売り手は受渡適格銘柄のなかで"最も割安"な銘柄を受け渡すことができる．売り手の受取金額は，

（直近の清算価格×コンバージョン・ファクター）＋経過利子

で，受渡債券の購入コストは，

債券の提示価格＋経過利子

であるから，最割安銘柄は，

債券の提示価格－（清算価格×コンバージョン・ファクター）

が最小となる債券である．先物契約の売り手は現渡しを決めたら受渡適格銘柄に対して上記計算を行い，最割安銘柄を探すことになる．

【例6.1】

先物契約の売り手が現渡しを行うことにし，下表の三つの債券から受渡銘柄を選ぶとする．直近の清算価格は93-08，すなわち93.25とする．

債券	提示債券価格（ドル）	コンバージョン・ファクター
1	99.50	1.0382
2	143.50	1.5188
3	119.75	1.2615

各債券の受渡しコストは以下のようになる．

債券1：99.50－(93.25×1.0382) = 2.69ドル
債券2：143.50－(93.25×1.5188) = 1.87ドル
債券3：119.75－(93.25×1.2615) = 2.12ドル

したがって，最割安銘柄は債券2である。

　最割安銘柄はいくつかの要因によって決まる。債券イールドが6％より高い場合は，コンバージョン・ファクターの決め方から，低クーポンで残存期間の長い債券が最割安銘柄になりやすい。債券イールドが6％より低い場合は，高クーポンで残存期間の短い債券が最割安銘柄になりやすい。また，イールド・カーブが右上がりの場合は残存期間の長い債券が最割安銘柄になりやすく，逆に右下がりの場合は残存期間の短い債券が最割安銘柄になりやすい。

　最割安銘柄の選択権に加えて，先物契約の売り手はワイルド・カード・プレイとして知られる選択権をもつ。これについてはビジネス・スナップショット6.2で述べる。

ビジネス・スナップショット6.2

ワイルド・カード・プレイ

　CMEグループの米国長期国債先物の清算価格は，シカゴ時間で午後2時の価格である。しかし，米国長期国債の現物はこの時間を超えて午後4時まで取引が続けられる。さらに，先物契約の売り手は，その日中に清算機関に受渡意思通知書を発行すればよい。通知書が発行されると，送り状の価格がその日の清算価格に基づいて計算される。すなわち，午後2時の価格に基づく計算となる。

　この慣行によって，ワイルド・カード・プレイ（wild card play）と呼ばれる一種の選択権がもたらされる。受渡月初日の午後2時以降に債券価格が下落すれば，先物契約の売り手は，たとえば3時45分に受渡意思通知書の発行を決め，2時の先物価格で受け渡すことになる債券を現物市場で購入する。また，債券価格が下落しなかった場合は，売り手はポジションを手仕舞わず，翌日同じ戦略がとれる機会をうかがえばよい。

　その他の売り手がもつ選択権と同様に，ワイルド・カード・プレイもただではない。その価値は先物価格に反映されており，この選択権がな

かった場合よりも先物価格は低くなっているはずである。

先物価格の算出

米国長期国債先物の正確な理論価格を決めることは容易ではない。というのも，売り手のもつ選択権が受渡しのタイミングと受渡銘柄に関係するため，その価値が簡単に評価できないからである。しかし，最割安銘柄と受渡日が決まっていると仮定すれば，米国長期国債先物は既知の収入がある証券（債券）の先物契約とみなすことができる[1]。(5.2)式より，先物価格を F_0，現物価格を S_0 とすると，

$$F_0 = (S_0 - I)e^{rT} \tag{6.1}$$

と表すことができる。ここで I は先物契約の受渡日までに支払われるクーポンの現在価値，T は先物契約の満期までの期間，r は期間 T に適用される無リスク金利である。

【例6.2】

ある米国長期国債先物の最割安銘柄がクーポン12%の国債で，そのコンバージョン・ファクターは1.6000であるとする。また，現渡しは270日後に行われると仮定する。クーポンは年2回払いで，図6.1に例示されているように前回利払日は60日前，次回利払日は122日後，さらにその次の利払日は305日後である。金利の期間構造はフラットで（連続複利で）年率10%，債券の提示価格は115ドルとする。取引価格はこの提示価格に経過利子を加えて，

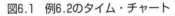

図6.1 例6.2のタイム・チャート

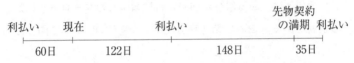

---

[1] 実務的には，通常アナリストは最割安銘柄を推定する際に，先物契約の満期時点でのゼロ・レートが現時点でのフォワード・レートに等しいと仮定している。

$$115 + \frac{60}{60+122} \times 6 = 116.978$$

となる。122日（= 0.3342年）後に受け取る6ドルのクーポンの現在価値は，

$$6\,e^{-0.1 \times 0.3342} = 5.803$$

である。先物契約の現渡しは270日（= 0.7397年）後に行われるから，クーポン12%の債券の先物契約とみなすと，その取引価格は，

$$(116.978 - 5.803)e^{0.1 \times 0.7397} = 119.711$$

となる。受渡時の経過利子は148日分で，クーポン12%の債券の先物契約とみなしているから，先物契約の提示価格は経過利子を差し引いて，

$$119.711 - 6 \times \frac{148}{148+35} = 114.859$$

と求められる。コンバージョン・ファクターの定義から，1.6000分の標準物の債券が12%の債券に等しいとされる。したがって，先物価格は，

$$\frac{114.859}{1.6000} = 71.79$$

となる。

6.3 ユーロドル先物

米国で最もよく取引されている金利先物契約は，CMEグループで取引されているユーロドル3カ月金利先物である。ユーロドル（Eurodollar）とは，米国国外で米国の銀行や米国以外の銀行に預金されたドルのことである。ユーロドル金利とは，ある銀行が別の銀行に預金したユーロドルに対して支払われる金利である。これは第4章で説明したLIBORと本質的には同じである。

ユーロドル3カ月金利先物とは，将来の3カ月の期間に，100万ドル（のユーロドル金利での借入れ）に対し支払われる金利についての先物契約であ

る。これを利用することにより，トレーダーは将来の3カ月金利について相場を張ったり，将来の3カ月金利に対するエクスポージャーをヘッジすることができる。ユーロドル先物取引には，10年後までの3月，6月，9月，12月を満期とする先物契約が取引されている。このことは，たとえばトレーダーは2014年において2024年までの金利ポジション操作に利用できることを意味する。満期の短い先物契約は，3月，6月，9月，12月以外の受渡月の契約も取引されている。

　ユーロドル先物がどのように用いられるかを理解するために，表6.1にある2013年6月限先物契約で考えてみよう。2013年5月13日の清算価格は99.725である。ユーロドル先物は受渡月の第3水曜日に満期を迎える。この先物契約の場合，受渡月の第3水曜日は2013年7月17日となり，その日までは通常どおり日次値洗いが行われる。取引最終日の午前11時に最終の清算価格は$100-R$と一致する。ここで，Rはその日にフィキシングされる3カ月LIBORであり，四半期複利で，デイ・カウント・コンベンションは実日数/360である。したがって，2013年6月17日の3カ月物ユーロドル金利がたとえば0.75％（実日数/360，四半期複利）であれば，最終清算価格は99.250になる。最後の値洗いが行われると，すべての建玉が決済される。

　ユーロドル先物は先物価格が1ベーシス・ポイント（= 0.01）変化すると，1契約当り25ドルの損益が発生するように取引単位が決められている。したがって，ユーロドル先物価格が1ベーシス・ポイント上昇すれば，先物1契約の買いを保有するトレーダーは25ドルの利益を得て，先物1契約の売りを保有するトレーダーは25ドルの損失を被る。同様に，1ベーシス・ポイント低下すれば，先物1契約の買いを保有するトレーダーは25ドルの損失を被り，先物1契約の売りを保有するトレーダーは25ドルの利益を得る。たとえば，清算価格が99.725から99.685に変化したとしよう。ロング・ポジションを保有するトレーダーは1契約当り$4 \times 25 = 100$ドルの損失を被り，ショート・ポジションを保有するトレーダーは1契約当り100ドルの利益を得ることになる。先物価格の1ベーシス・ポイントの変化は将来の金利の0.01％の変化に相当する。このことは，

$$1,000,000 \times 0.0001 \times 0.25 = 25$$

より，100万ドルに対しての3カ月間の利子が25ドル変化することを示す。すなわち，1ベーシス・ポイント当り25ドルというルールは，先物1契約によって100万ドルに対する3カ月物金利を固定できるとした，前述の説明と整合性がとれている。

先物価格は100から先物契約の金利を差し引いた数字で提示され，金利が下がればロング・ポジションを保有する投資家が利益を得て，金利が上がればショート・ポジションを保有する投資家が利益を得る。表6.2に，ロング・ポジションを保有するトレーダーに対して表6.1の2013年6月限取引について起こりうる一連の結果を示した。

取引価格は，

$$10,000 \times [100 - 0.25 \times (100 - Q)] \qquad (6.2)$$

と定義される。ここで Q は提示価格である。したがって，表6.1の2013年6月限の清算価格99.725に対する取引価格は，

$$10,000 \times [100 - 0.25 \times (100 - 99.725)] = 999,312.5 \text{ドル}$$

となる。また，表6.2の最終価格は，

$$10,000 \times [100 - 0.25 \times (100 - 99.615)] = 999,037.5 \text{ドル}$$

となる。当初取引価格と最終取引価格との差は275ドルとなるから，これは表6.2で"1ベーシス・ポイント当り25ドル"のルールを用いて計算した結果とも一致する。

表6.2 2013年6月物ユーロドル先物について，起こりうる価格推移

日付	先物清算価格	前日比	1契約当りの利益（ドル）
2013年5月13日	99.725		
2013年5月14日	99.720	−0.005	−12.50
2013年5月15日	99.670	−0.050	−125.00
⋮	⋮	⋮	⋮
2013年6月17日	99.615	+0.010	+25.00
合計		−0.110	−275.00

【例6.3】

　ある投資家は，額面1億ドルに対して，9月の第3水曜日の2日前からの3カ月間の金利を固定したい。9月限のユーロドル先物の提示価格が96.50とすれば，投資家が100−96.5，つまり年率3.5%で金利を固定できることを示している。投資家は100単位を購入することによりヘッジをする。9月の第3水曜日の2日前に3カ月ユーロドル金利が2.6%となったとしよう。その時，この契約の最終清算価格は97.40になる。投資家は，

$$100 \times 25 \times (9{,}740 - 9{,}650) = 225{,}000$$

つまり，225,000ドルの利益をユーロドル先物取引から得たことになる。3カ月の投資で得た利息は，

$$100{,}000{,}000 \times 0.25 \times 0.026 = 650{,}000$$

つまり，650,000ドルとなる。これにユーロドル先物からの利益を加えると，875,000ドルとなり，これは3.5%の利息に相当する（$100{,}000{,}000 \times 0.25 \times 0.035 = 875{,}000$）。

　この先物取引には，すべての状況において，利息を3.5%ちょうどに固定する効果があるようにみえる。実際は，ヘッジは完璧とはいかない。なぜならば，(a)先物取引は（最後に一括で清算するのではなく）日々値洗いされ，(b)先物取引の最終清算は契約の満期に生じるが，投資に対する利息はその3カ月後に支払われるからである。2点目について対応する一つの方法としては，9月に受け取る資金と，その3カ月後の資金の差を反映させるかたちでヘッジ量を減らすことがある。この場合は，その3カ月間金利が3.5%だと仮定し，契約数に$1/(1+0.035 \times 0.25) = 0.9913$を掛ければよい。結果としては100単位ではなく，99単位の取引を購入することになる。

　表6.1から2013年5月の米国の金利期間構造は右肩上がりであったことがわかる。前日清算値の列をみると，2013年6月17日スタートの3カ月物金利の先物レートは0.275%，2013年9月16日からの3カ月間に対しては0.295%，

2013年12月16日からの3カ月間に対しては0.325%,2015年12月14日からの3カ月間に対しては0.900%,2017年12月18日からの3カ月間に対しては2.270%,そして2019年12月16日からの3カ月間に対しては3.240%となっている。

例6.3では,ある投資家が2012年9月19日からの3カ月間に得られる利息をヘッジするために,どのようにユーロドル先物取引を利用できるかを示した。ヘッジにより生じるキャッシュ・フローと利息のキャッシュ・フローのタイミングは完全には一致しない。これは,一つには先物取引が日次値洗いされることが理由としてある。また,最終清算は2012年9月19日になされる一方,投資に対しての利息は2012年9月19日から3カ月後に受け取るということもある。例で示したように,2点目に対応するためにヘッジ・ポジションを微調整することもできる。

米国以外の国の金利に対しても,CMEグループのユーロドル先物と同様の金利先物契約が取引されている。CMEグループではユーロ円先物が取引されている。ユーロネクストの一部門であるロンドン国際金融先物・オプション取引所(London International Financial Futures and Options Exchange)では,3カ月物ユーリボー(Euribor)先物(すなわち,欧州圏の銀行間での3カ月ユーロ預金金利に対する契約)と3カ月物ユーロスイス先物が取引されている。

金利のフォワード・レートと先物レート

将来のある期間の金利を固定化するという意味で,ユーロドル先物は金利先渡契約(FRA:4.7節参照)と類似の商品である。満期が短期(1年程度まで)の場合には,ユーロドル先物レートは対応するフォワード・レートと同じであるとしても問題ない。満期が長期の場合には,両契約の違いは重要になる。期間 T_1 から T_2 までの金利に対するユーロドル先物と同じ期間のFRAとを比較してみよう。ユーロドル金利先物は日々値洗いされる。最終決済は時点 T_1 で行われ,時点 T_1 に決まった期間 T_1 から T_2 までの金利が清算価格として用いられる。一方,FRAは日々の値洗いはされず,最終決済

は時点 T_2 に期間 T_1 から T_2 までの金利を用いて行われる[2]。

したがって，ユーロドル先物と FRA との間の違いは次の二つの要素からなる。

1. ユーロドル先物と日々の値洗いを行わない同種の契約との差異。後者は，フォワード・レートと実際の金利との差に等しい額が，時点 T_1 で支払われる仮想的なフォワード契約である。
2. 時点 T_1 で決済される仮想的なフォワード契約と，時点 T_2 で決済される実際のフォワード契約との差異。この差異は，フォワード・レートと実際の金利との差に等しい。

契約間の差異に関するこの二つの要素は，実務ではある程度混同されている。両要素とも先物レートに対してフォワード・レートを低くさせる要因となるが，長期の契約に対しては，二つ目の差異は一つ目の差異よりも金利引下げ効果はかなり小さい。一つ目の差異（日次値洗いの有無）がフォワード・レートを低くさせる理由は5.8節で説明したとおりである。いま，時点 T_1 での受取額が $R_M - R_F$ となる契約を保有しているとしよう。ここで R_F はあらかじめ決められた期間 T_1 から T_2 までの金利，R_M はその期間に対する時点 T_1 での実現金利である。さらに，日次値洗いするかどうかは選択できるものとする。日次値洗いを選択した場合は，金利が高いときには現金を受け取り，金利が低いときには現金を支払うことになる。したがって，金利が高いときに，より多くの現金が証拠金勘定にあることになるから，日次値洗いを選ぶほうが魅力的である。その結果，市場で取引される R_F は日次値洗いの場合のほうが高くなる（それによって，期待累積受取額は小さくなる）。逆を考えると，日次値洗いから時点 T_1 での一括決済に変更すれば，金利 R_F を引き下げることができる。

二つ目の差異がフォワード・レートを低くさせる理由を理解するために，時点 T_1 でなく時点 T_2 に $R_M - R_F$ を受け取る（通常の FRA のような）契約を考えてみよう。R_M が高ければ受取額は正になる。その場合は金利が高く

---

[2] 4.7節で述べたように，実際の決済は時点 T_1 で行われる。その決済額は通常のフォワード契約の時点 T_2 での支払額の現在価値に等しくなる。

なっているときなので，受取りを時点T_1ではなく時点T_2にすると，コストは相対的に高くなる。逆にR_Mが低ければ受取額は負になる。その場合は金利が低くなっているときなので，支払が時点T_1ではなく時点T_2になる利得は，相対的に低くなる。全体として，時点T_1で受払いを行うほうが有利である。したがって，時点T_1ではなく時点T_2で受払いを行う場合には，R_Fを低くすることで利得の調整が行われるはずである[3]。

コンベキシティ調整

アナリストはコンベキシティ調整（convexity adjustment）と呼ばれる方法で，二つのレート間の総金利差を説明している。最も一般的な調整[4]は，

$$\text{フォワード・レート} = \text{先物レート} - \frac{1}{2}\sigma^2 T_1 T_2 \qquad (6.3)$$

とするものである。ここでT_1は先物契約の満期までの期間，T_2は先物契約が参照する金利の満期までの期間である。σは1年間の短期金利の変化の標準偏差で，金利はともに連続複利である[5]。

【例6.4】

$\sigma = 0.012$として，満期8年の3カ月ユーロドル先物価格が94のときのフォワード・レートを計算してみよう。この場合は$T_1 = 8$，$T_2 = 8.25$となるので，コンベキシティ調整は，

$$\frac{1}{2} \times 0.012^2 \times 8 \times 8.25 = 0.00475$$

すなわち0.475％（47.5ベーシス・ポイント）となる。先物レートは四半期複利，実日数/360ベースで年率6％なので，90日当り1.5％となる。

---

[3] 受渡しタイミングの違いがデリバティブの価値へ与える影響を計量化する方法については，第30章で詳しく論じる。

[4] 証明については，www-2.rotman.utoronto.ca/~hull/TechnicalNotes の Technical Note 1 を参照されたい。

[5] この式は Ho–Lee の金利モデルに基づいており，第31章で論じる。T. S. Y. Ho and S. -B. Lee, "Term structure movements and pricing interest rate contingent claims," *Journal of Finance*, 41（December 1986）：1011-29を参照。

これは，連続複利，実日数/365ベースでは $(365/90)\ln 1.015 = 6.038\%$ となる。したがって，(6.3) 式で与えられるフォワード・レートは連続複利で年率$6.038 - 0.475 = 5.563\%$となる。次表は満期に応じて調整額が増加するようすを示したものである。

先物満期 (年)	コンベキシティ調整 (ベーシス・ポイント)
2	3.2
4	12.2
6	27.0
8	47.5
10	73.8

この表より，調整額の大きさは先物契約の満期の二乗にだいたい比例していることがわかる。たとえば，満期が2年から4年へと倍になると，コンベキシティ調整の大きさは約4倍になっている。

ユーロドル先物を使ったLIBORゼロ・レートの延長

1年までのLIBORゼロ・レートは1カ月物，3カ月物，6カ月物，および12カ月物のLIBORを使って決めることができた。前述のコンベキシティ調整を行い，ゼロ・カーブを1年超に延ばすのにユーロドル先物価格がよく使われている。いま，i番目のユーロドル先物の満期を $T_i\ (i = 1, 2, \ldots)$ としよう。i番目の先物契約から計算されたフォワード・レートは期間T_iからT_{i+1}までに適用される金利と通常仮定する。(実務上はほとんど正しい。) この仮定により，ブートストラップ法を用いてゼロ・レートを求めることができる。F_iをi番目のユーロドル先物から計算されたフォワード・レート，R_iを満期T_iのゼロ・レートとすると，(4.5) 式より，

$$F_i = \frac{R_{i+1}T_{i+1} - R_i T_i}{T_{i+1} - T_i}$$

なので，

$$R_{i+1} = \frac{F_i(T_{i+1} - T_i) + R_i T_i}{T_{i+1}} \tag{6.4}$$

となる。ユーロスイス，ユーロ円，ユーリボーなどの他のユーロ金利も同様にゼロ・カーブ構築に使われている。

【例6.5】

満期400日のLIBORゼロ・レートが連続複利で4.80%と計算されている。また，ユーロドル先物価格から，(a)400日後から90日間のフォワード・レートが連続複利で5.30%，(b)491日後から90日間のフォワード・レートが連続複利で5.50%，(c)589日後から90日間のフォワード・レートが連続複利で5.60%と計算されているとする。このとき(6.4)式を使えば，満期491日のゼロ・レートは，

$$\frac{0.053 \times 91 + 0.048 \times 400}{491} = 0.04893$$

すなわち4.893%と求まる。同様に2番目のフォワード・レートを用いて，満期589日のゼロ・レートは，

$$\frac{0.055 \times 98 + 0.04893 \times 491}{589} = 0.04994$$

すなわち4.994%と求まる。さらに次のフォワード・レート5.60%を使えば，次のユーロドル先物の満期までのゼロ・カーブを求めることができる。(ユーロドル先物の参照金利は90日間の金利であるが，それが先物契約の満期間の日数である91日間や98日間にも適用できると仮定していることに注意せよ。)

6.4 デュレーションに基づくヘッジ戦略

デュレーションについては4.8節で説明した。本節では，債券ポートフォリオやマネー・マーケット商品のような，金利に依存した資産のポジションを金利先物契約でヘッジする場合を考えてみよう。以下の記号を用いる。

V_F：金利先物契約1単位の取引価格

D_F：金利先物契約の満期時における金利先物契約の原資産のデュレーション

P：ヘッジされたポートフォリオのヘッジの満期時におけるフォワード価値（実務上，現在のポートフォリオの価値に等しいと仮定する場合が多い）

D_P：ヘッジの満期時におけるポートフォリオのデュレーション

すべての満期に対してイールドが同じΔyだけ変化する，すなわちイールド・カーブのパラレルシフトのみが起こると仮定すると，

$$\Delta P = -PD_P \Delta y$$

が近似的に成り立つ。同様に，

$$\Delta V_F = -V_F D_F \Delta y$$

が近似的に成り立つ。したがって，Δyの変化に対するヘッジに必要な先物契約数は，

$$N^* = \frac{PD_P}{V_F D_F} \tag{6.5}$$

となる。これはデュレーション・ベース・ヘッジ・レシオ（duration-based hedge ratio），もしくはプライス・センシティビティ・ヘッジ・レシオ（price sensitivity hedge ratio）[6]と呼ばれるものである。この手法を用いてポジション全体のデュレーションをゼロにすることができる。

米国長期国債先物でヘッジを行う場合は，特定の債券が受け渡されると仮定してD_Fを計算しなければならない。つまり，ヘッジを行う際にどの債券が最割安銘柄になりそうかを推定しなければならない。金利環境が変化して最割安銘柄が変わる場合，ヘッジの調整が必要となり，結果として期待したヘッジの効果が得られないことがある。

金利先物契約を用いてヘッジを行う場合に留意しなければならない重要な点は，金利と先物価格は逆方向に動くということである。金利が上昇すれ

---

[6] (6.5)式の詳細な検討については，R. J. Rendleman, "Duration-Based Hedging with Treasury Bond Futures," *Journal of Fixed Income*, 9, 1（June 1999）: 84-91を参照。

ば，金利先物価格は下落する。逆に金利が下落すれば，金利先物価格は上昇する。したがって，金利が下落したときに損失を被る企業は，金利先物のロング・ポジションでヘッジをする必要がある。同様に，金利が上昇したときに損失を被る企業は，金利先物のショート・ポジションでヘッジを行う必要がある。

　ヘッジャーは，原資産のデュレーションがヘッジする資産のデュレーションに極力近くなるように，ヘッジのための先物契約を選択しようとする。そのため，ユーロドル先物は短期金利のヘッジに，超長期国債先物や長期国債先物，中期国債先物は長期金利のヘッジに利用される。

【例6.6】

　8月2日に，国債に1,000万ドル投資しているファンド・マネージャーが今後の3カ月間は金利の変動が大きいと予測し，12月限米国長期国債先物を使ってポートフォリオをヘッジすることにしたとする。先物の現在価格は93-02，すなわち93.0625である。先物契約の取引単位は額面100,000ドルの債券なので，その取引価格は93,062.50ドルとなる。

　3カ月後の債券ポートフォリオのデュレーションは6.80年で，米国長期国債先物の最割安銘柄は残存期間20年のクーポン年12%の国債と予想されているとする。さらに，この債券のイールドは年率8.80%で，先物満期時のデュレーションは9.20年とする。

　このファンド・マネージャーは米国長期国債先物のショート・ポジションをとることでヘッジを行う。もし金利が上昇すれば，先物のショート・ポジションからは利益があがるが，債券ポートフォリオからは損失が生じる。逆に金利が下落した場合には，先物のショート・ポジションからは損失が生じるが，債券ポートフォリオからは利益があがる。(6.5)式から債券先物の売建て枚数を計算すると，

$$\frac{10,000,000}{93,062.50} \times \frac{6.80}{9.20} = 79.42$$

となる。これを四捨五入して，ポートフォリオ・マネージャーは先物を

> 79枚売り建てることになる。

6.5 資産と負債のポートフォリオのヘッジ

　金融機関は資産の平均デュレーションと負債の平均デュレーションを一致させることで，金利リスクをヘッジしようとすることがある。（負債は債券のショート・ポジションとみなすことができる。）この戦略は，デュレーション・マッチング（duration matching）またはポートフォリオ・イミュニゼーション（portfolio immunization）として知られるものである。この戦略を使えば，金利の微小なパラレル・シフトに対して資産と負債からなるポートフォリオの価値はほとんど影響を受けない。すなわち，資産の益（損）は負債の損（益）によって相殺される。

　デュレーション・マッチングは，ゼロ・カーブがパラレル・シフトしないときにはポートフォリオをヘッジできていない。これがこの戦略の弱点である。実際には，短期金利は長期金利より変動が大きいことが多く，長期金利と完全に連動しているわけではない。時には短期と長期の金利がそれぞれ別の方向に動くことさえある。このため，デュレーション・マッチングはヘッジの第一歩にすぎず，金融機関は金利エクスポージャーを管理するためにほかの手法を開発してきた（ビジネス・スナップショット6.3を参照）。

ビジネス・スナップショット6.3

銀行での資産と負債の管理

　現在では，銀行の資産負債管理（ALM：asset–liability management）委員会が金利のエクスポージャーを非常に注意深くモニターするようになった。資産と負債のデュレーション・マッチングは管理の第一歩となることもあるが，イールド・カーブがパラレル・シフトしない場合においては無防備である。よく利用される手法としてGAP管理（GAP management）がある。ゼロクーポン・イールド・カーブをバケット

（bucket）と呼ばれるいくつかの区間に分けるもので，最初のバケットを0〜1カ月，次のバケットを1〜3カ月とするといったものである。ALM委員会では，一つのバケットのゼロ・レートのみが変化して残りのバケットの金利がそのままの場合の，銀行のポートフォリオの価値変化を調査する。

　その結果，資産と負債になんらかのミスマッチがあれば，それを修正する取引が一般的に行われる。これには，4.10節で説明したように，預金と貸出金利の変更を伴うこともある。そのかわりに，スワップ取引，FRA，債券先物，ユーロドル先物や他の金利デリバティブを使うこともできる。

要約

　非常に活発に取引されている二つの金利先物契約は，米国で取引されている米国長期国債先物とユーロドル先物である。米国長期国債先物では，売り手はいくつかの興味深い受渡しに関する選択権をもっている。

1．受渡月の間ならばいつでも現渡しできる。
2．多くの受渡適格銘柄のなかから受渡銘柄を選択できる。
3．受渡期間中はいつでも，午後2時の清算価格での受渡意思確認書をその日中ならば発行できる。

これらの選択権はすべて先物価格を引き下げる方向に働いている。

　ユーロドル先物は，受渡月の第3水曜日の2日前における3カ月ユーロドル金利に対する先物契約である。ユーロドル先物は，LIBORゼロ・カーブを構築する目的でLIBORフォワード・レートを推定するのによく利用されている。長期の先物契約をフォワード・レートの推定に用いる際には，ユーロドル先物とFRAの違いを考慮するためのコンベキシティ調整を行うこと

が重要である。

　デュレーションは金利変動リスクをヘッジするうえでの重要な概念である。デュレーションによって，ヘッジャーはイールド・カーブの微小なパラレル・シフトに対する債券ポートフォリオの感応度を知ることができる。また，デュレーションによって，ヘッジャーはイールド・カーブの微小変化に対する金利先物価格の感応度も求めることができる。したがって，イールド・カーブの微小なパラレル・シフトに対する債券ポートフォリオのヘッジに必要な先物契約の取引量を計算することができる。

　デュレーションに基づいたヘッジでの重要な前提は，すべての金利が同じ大きさで変化するというものである。これは，金利期間構造のパラレル・シフトのみを考慮することを意味している。実際には，短期金利は長期金利よりも概して変動性が高い。また，先物契約の原資産となる債券のデュレーションが，ヘッジする資産のそれと著しく異なる場合には，意図したヘッジ効果を得にくい傾向がある。

参考文献

Burghardt, G., and W. Hoskins. "The Covexity Bias in Eurodollar Futures," *Risk*, 8, 3 (1995): 63-70.

Grinblatt, M., and N. Jegadeesh. "The Relative Price of Eurodollar Futures and Forward Contracts," *Journal of Finance*, 51, 4 (September 1996): 1499-1522.

練習問題

6.1　利払日が1月7日と7月7日のクーポン7％の米国長期国債を考える。2014年7月7日から2014年8月8日までの期間に対する元本100

ドル当りの経過利子を求めよ。また，債券が社債だった場合の経過利子はどのぐらい異なるか。

6.2 クーポン12%，満期日2030年10月12日の米国長期国債の2015年1月9日における提示価格を102-07とする。取引価格はいくらか。

6.3 CMEグループでは債券のコンバージョン・ファクターはどのように計算されているか。また，それはどのように使われているか。

6.4 ユーロドル先物価格が96.76から96.82に上昇したとする。2契約のロング・ポジションを保有する投資家の損益はいくらになるか。

6.5 ユーロドル先物レートにコンベキシティ調整を行う目的は何か。なぜコンベキシティ調整が必要なのか。

6.6 満期350日のLIBORレートが連続複利で3%，満期日が350日後のユーロドル先物から計算されるフォワード・レートが連続複利で3.2%であるとする。この時，満期440日のゼロ・レートを求めよ。

6.7 1月30日に時価600万ドルの債券ポートフォリオを運用している。6カ月後のポートフォリオのデュレーションは8.2年である。9月限米国長期国債先物の提示価格は現在108-15で，最割安銘柄のデュレーションは9月時点で7.6年である。いまから6カ月先までの金利変動に対するヘッジをかけるにはどうしたらよいか。

6.8 90日米国短期国債の価格を10.00とする。この短期国債を90日間保有したときの，連続複利ベースでの収益率（実日数/365）を求めよ。

6.9 2014年5月5日に，クーポン12%，2024年7月27日満期の国債の提示価格が110-17だったとする。この時の取引価格はいくらか。

6.10 米国長期国債先物の価格が101-12のとき，どの債券が最割安銘柄になるかを示せ。

債券No.	価格	コンバージョン・ファクター
1	125-05	1.2131
2	142-15	1.3792
3	115-31	1.1149
4	144-02	1.4026

6.11 2015年7月30日において，2015年9月限米国長期国債先物の最割安銘柄のクーポンは13％で，受渡しは2015年9月30日と予想されている。その債券の利払日は毎年2月4日と8月4日である。金利の期間構造はフラットで，半年複利で年率12％である。この債券のコンバージョン・ファクターは1.5で，提示価格は110ドルとすると，この先物契約の提示価格はいくらになるか。

6.12 米国長期国債の先物市場で，裁定機会をうかがっている市場参加者がいる。先物契約の売り手には，残存期間が15年から25年のどんな債券でも受け渡せるという選択権がある。このことが裁定取引をむずかしくしている理由を説明せよ。

6.13 9カ月LIBORが年率8％で，6カ月LIBORが年率7.5％（ともに実日数/365，連続複利）のとき，満期6カ月のユーロドル3カ月金利先物の価格を推定せよ。

6.14 満期300日のLIBORゼロ・レートが4％，満期を300日後，398日後，489日後に迎えるユーロドル先物の提示価格が，それぞれ95.83，95.62，95.48とする。この時，満期398日と489日のLIBORゼロ・レートを求めよ。ただし，フォワード・レートと先物レートとの差はないものとする。

6.15 デュレーション12年の債券ポートフォリオを，デュレーション4年の原資産をもつ先物契約でヘッジするとする。12年物金利が4年物金利よりも変動が小さいことによるヘッジへの影響を説明せよ。

6.16 2月20日に財務担当者は，その企業が7月17日に期間180日のコマーシャル・ペーパーを500万ドル発行しなければならないことを知らされた。そのコマーシャル・ペーパーが今日発行されるとしたら，4,820,000ドルの資金調達ができる。（これは，企業がコマーシャル・ペーパーを発行して4,820,000ドルを受け取り，180日後に5,000,000ドルで償還させることを意味する。）9月限ユーロドル先物の提示価格が92.00のとき，財務担当者はどのようにして企業のエクスポージャーをヘッジすればよいか。

6.17 8月1日に，あるポートフォリオ・マネージャーが1,000万ドルの債券ポートフォリオを保有しているとする。そのポートフォリオの10月時点でのデュレーションは7.1年である。12月限米国長期国債先物の価格は現在91-12で，最割安銘柄のデュレーションは満期時点で8.8年とする。このポートフォリオに対して，2カ月先までの金利変動リスクをヘッジする方法を示せ。

6.18 問題6.17で，どのようにすればポートフォリオ・マネージャーはポートフォリオのデュレーションを3.0に変えることができるか。

6.19 2015年10月30日から2015年11月1日までの間の投資対象として，クーポン12%の国債か，クーポン12%の社債のどちらかを選択できるとする。本章で述べたデイ・カウント・コンベンションに注意して，どちらの債券を保有すべきかを述べよ。ただし，デフォルト・リスクはないものとする。

6.20 60日後に満期を迎えるユーロドル先物の価格が88であるとき，60日後から150日後までの期間に対するフォワードLIBORレートを計算せよ。ただし，先物レートとフォワード・レートの違いは無視できるとする。

6.21 6年後に満期を迎えるユーロドル3カ月金利先物の価格が95.20と提示されている。1年後の短期金利の変化の標準偏差を1.1%とする。6.00年後から6.25年後までの期間に対するフォワードLIBORレートを推定せよ。

6.22 フォワード・レートは，対応するユーロドル先物から計算される先物レートより低くなる。その理由を説明せよ。

発展問題

6.23 いまは2014年4月7日である。満期が2023年7月27日でクーポン（年2回払い）が年率6％の米国国債の提示価格が120-00であった。この債券の取引価格はいくらか。また社債となった場合には，答えは異なるか。

6.24 米国長期国債先物価格が103-12であった。三つの受渡可能銘柄価格は，115-06, 135-12, 155-28であった。コンバージョン・ファクターは，それぞれ1.0679, 1.2264, 1.4169である。どの債券が最割安銘柄か。

6.25 ユーロドル先物の12月限の価格が98.40で提示されている。ある企業は12カ月から3カ月にわたり，800万ドルをLIBOR＋0.5％の金利で借り入れることを計画している。
(a) ユーロドル先物取引を利用すると，その企業は金利をいくらに固定できるだろうか。
(b) その企業は，先物取引でどのようなポジションをとればよいだろうか。
(c) 実際の3カ月金利が1.3％になったとすると，先物取引の最終清算価格はいくらになるか。

6.26 将来の5.1年から5.35年までを対象期間とするユーロドル先物取引価格が97.1で提示されている。短期金利の変化の1年の標準偏差は1.4％である。FRAのフォワード金利を推定せよ。

6.27 現在が2014年3月10日とする。2014年12月限の米国長期国債先物取引の最割安銘柄は，8％クーポンで毎年3月1日と9月1日に利払いがあり，2014年12月31日の受渡しを予定している。コンバージョン・ファクターは1.2191であり，その国債の現物価格は137ドルで提示されている。すべての期間に対しての金利が連続複利で年率5％だとして，先物取引の提示価格を計算せよ。

6.28 銀行はLIBOR市場において同じレートで資金の運用調達ができるも

のと仮定する。連続複利で90日物レートが年率10%、180日物レートが年率10.2%である。これらのデイ・カウントはともに実日数/実日数とする。また、91日後に満期を迎えるユーロドル先物の価格が89.5である。この時裁定機会はあるか。

6.29 あるカナダの企業が、米国のユーロドル先物と外国為替フォワード契約を組み合わせて、カナダドルLIBOR先物契約をつくりたいと思っている。どのようにすればよいか、例を使って説明せよ。ただし、この問題では先物契約はフォワード契約と同じであると仮定してよい。

6.30 2014年6月25日時点での、2014年6月限債券先物の価格は118-23であったとする。

(a) クーポン10%、2030年1月1日満期の債券に対するコンバージョン・ファクターを計算せよ。

(b) クーポン7%、2035年10月1日満期の債券に対するコンバージョン・ファクターを計算せよ。

(c) (a)と(b)の債券の提示価格をそれぞれ169.00と136.00とする。どちらの債券が割安か。

(d) 最割安銘柄が実際に受渡しされるとするとき、その債券に対する取引価格はいくらになるか。ただし、受渡日は2014年6月25日とする。

6.31 あるポートフォリオ・マネージャーが米国長期国債先物を使って、債券ポートフォリオを3カ月先までヘッジしようと計画している。このポートフォリオの価値は1億ドルで、3カ月後のデュレーションは4.0年である。先物価格は122で、先物契約の取引単位は額面100,000ドルの債券である。最割安銘柄になると予想される債券の先物満期時点でのデュレーションを9.0年とする。どのような先物契約のポジションが必要となるか。

(a) 1カ月後に、最割安銘柄と予想される債券がデュレーション7年の債券に変わったとする。その時、ヘッジにはどのような調整

が必要となるか。

(b) 3カ月にわたってすべての金利が上昇したが，短期金利と中期金利に比べて長期金利は小幅の上昇にとどまったとする。ヘッジのパフォーマンスにはどのような影響が出るかを説明せよ。

第7章

スワップ

　店頭スワップ市場の誕生は，1981年のIBMと世界銀行（World Bank）で協議された通貨スワップにさかのぼる。世界銀行は米ドル建ての借入れを，一方IBMは独マルクとスイス・フラン建ての借入れを行っていた。独マルクおよびスイス・フランでの借入れを直接行うことが制限されていた世界銀行はIBMの借入れの利子を支払うことに合意し，また，IBMは世界銀行の借入れの利子を支払うことに合意した。

　1981年の最初の取引以来，スワップ市場は驚異的な成長を遂げ，現在ではデリバティブ市場における最も重要な位置を占めるに至っている。国際決済銀行（BIS：Bank for International Settlements）による統計では，すべての店頭デリバティブの約58.5%が金利スワップであり，4%が通貨スワップである。この章の大部分では，これら二つの種類のスワップについて論じる。他のスワップについては，この章の最後に触れ，後の章で詳細に述べる（特に

第25章と第33章)。

　スワップとは，将来のキャッシュ・フローを二者間で交換する店頭取引の契約である。契約にはキャッシュ・フローの受払日や計算方法が定義されている。キャッシュ・フローは，将来決まる金利や為替レート，その他の市場変数の値に基づいて計算されることが多い。

　フォワード契約はスワップの簡単な例とみなすことができる。たとえば，2016年3月1日にある企業が金100オンスを1オンス当り1,500ドルで1年後に購入するフォワード契約を締結するとしよう。1年後，その企業は金を受け取ると同時にそれを売却することができる。したがって，このフォワード契約は，金1オンスの市場価格を S としたときに，2017年3月1日に現金15万ドルを支払って現金100Sを受け取るスワップと等価である。ただし，フォワード契約は将来の1日だけにおけるキャッシュ・フローの交換と等価であるが，スワップではふつう将来の複数日においてキャッシュ・フローの交換が行われる。

　最も一般的な（プレーン・バニラの）金利スワップは，LIBORと固定金利を交換するスワップである。スワップの評価の際には，キャッシュ・フローに対して"無リスク"の割引率が必要となる。4.1節で述べたように，伝統的にLIBORは"無リスク"割引率の代替として用いられてきた。これにより割引率がスワップの参照金利と同じとなるため，プレーン・バニラの金利スワップの評価は非常に簡単になっていた。しかし，2008年の信用危機以降，特に担保付取引に対しては，他の無リスク割引率が使われるようになってきた。この章ではLIBORが無リスク金利として使われることを仮定するが，第9章でこの仮定を再度取り上げ，無リスク金利の選択とその金利スワップ評価に及ぼす影響について論じる。

7.1　金利スワップの仕組み

　金利スワップでは，企業はある想定元本に対するあらかじめ決められた固定金利の利子からなるキャッシュ・フローを，あらかじめ決められた期間支

払うことに同意する。その見返りに，その企業は同額の想定元本に対する変動金利の利子からなるキャッシュ・フローを同じ期間受け取る。

LIBOR

ほとんどの金利スワップで参照される変動金利は，第4章で説明したロンドン銀行間取引金利（LIBOR）である。LIBORはAA以上の格付をもつ銀行間の預金金利である。

国内金融市場においてプライム・レート（最優遇金利）が変動金利ローンの参照金利としてよく用いられているように，LIBORは国際金融市場における貸出の参照金利としてよく用いられている。クーポンが年率で6カ月LIBOR＋0.5%と決められている5年変動利付債を例にとって，参照金利としての使われ方を説明しよう。その債券の満期までの期間は6カ月ごとに10期間に分割される。各期間に対して適用される金利を，その期間の開始時点における6カ月LIBORに年率0.5%を上乗せしたものにする，というかたちでLIBORは使われ，利子はその期間の終わりに支払われる。

LIBORが固定金利と交換されるスワップを"LIBOR対固定（LIBOR-for-fixed）"スワップと呼ぶことにする。

例　示

仮に，マイクロソフトとインテルが2014年3月5日に3年スワップを契約したとしよう。マイクロソフトはインテルに想定元本1億ドルに対して年率5％の利子を支払い，かわりにインテルはマイクロソフトに同額の想定元本に対して6カ月LIBOR金利を支払うことで合意したとする。このスワップでは，マイクロソフトはいわゆる固定金利支払人（fixed-rate payer）で，インテルは変動金利支払人（floating-rate payer）である。6カ月ごとに金利は交換されるとする。また，5％は半年複利ベースでの金利とする。このスワップを図7.1に図示する。

初回の金利交換は契約開始から6カ月後の2014年9月5日に行われる。マイクロソフトはインテルに250万ドルを支払う。これは元本1億ドルに対す

図7.1 マイクロソフトとインテル間の金利スワップ

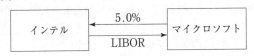

る利率 5 ％の期間 6 カ月分の金利である。インテルはマイクロソフトに元本 1 億ドルに対して，2014年 9 月 5 日の 6 カ月前，すなわち2014年 3 月 5 日の 6 カ月 LIBOR に基づいて金利を支払う。2014年 3 月 5 日の 6 カ月 LIBOR が4.2％であったとすると，インテルはマイクロソフトに$0.5 \times 0.042 \times 1$ 億ドル ＝ 210万ドルを支払うことになる[1]。この LIBOR の値はスワップ開始時に決まっているので，初回の金利交換金額は契約締結時点で確定していることに注意しよう。

2 回目の金利交換は契約開始 1 年後の2015年 3 月 5 日に行われる。マイクロソフトはインテルに250万ドルを支払う。インテルはマイクロソフトに元本 1 億ドルに対して，2015年 3 月 5 日の 6 カ月前，すなわち2014年 9 月 5 日の 6 カ月 LIBOR に基づいて金利を支払う。2014年 9 月 5 日の 6 カ月 LIBOR が4.8％になったとすると，インテルはマイクロソフトに$0.5 \times 0.048 \times 1$ 億ドル ＝ 240万ドルを支払うことになる。

このスワップでは合計 6 回の金利交換が行われる。固定利払額は常に250万ドルである。変動利払額は支払日の 6 カ月前の LIBOR を使って計算される。金利スワップでは一般的に支払額の差額が一方から他方へ送金される。いまの例では，マイクロソフトがインテルに40万ドル（＝ 250万ドル － 210万ドル）を2014年 9 月 5 日に支払い，10万ドル（＝ 250万ドル － 240万ドル）を2015年 3 月 5 日に支払う。

6 カ月 LIBOR を適当に与えたときのこのスワップの全支払を表7.1に例示した。この表はマイクロソフトからみたスワップのキャッシュ・フローを示している。元本 1 億ドルは金利の支払額の計算のみに使われていることに注意しよう。元本自体は交換されていない。これが元本を想定元本（notional

---

[1] 計算を簡単にするため，デイ・カウント・コンベンションは無視している。詳細な内容については本章で少し後に説明する。

表7.1 マイクロソフト側のキャッシュ・フロー

想定元本1億ドルの3年金利スワップ，5％固定金利支払，LIBOR受取り。

(単位：百万ドル)

日　付	6カ月LIBOR金利（％）	変動キャッシュ・フロー受取り	固定キャッシュ・フロー支払	ネット・キャッシュ・フロー
2014年3月5日	4.20			
2014年9月5日	4.80	＋2.10	－2.50	－0.40
2015年3月5日	5.30	＋2.40	－2.50	－0.10
2015年9月5日	5.50	＋2.65	－2.50	＋0.15
2016年3月5日	5.60	＋2.75	－2.50	＋0.25
2016年9月5日	5.90	＋2.80	－2.50	＋0.30
2017年3月5日		＋2.95	－2.50	＋0.45

principal，あるいは単にnotional）と呼ぶ理由である。

　もしスワップの取引期間の最後に想定元本の交換が行われたとしても，取引の性質はなんら変わらない。想定元本は固定利払いと変動利払いの両方に対して同額である。したがって，スワップの取引期間の最後に1億ドルと1億ドルの交換を行うことになり，それはマイクロソフトとインテルの双方にとって金融的価値のない取引となる。表7.2は，表7.1のキャッシュ・フローに最後の元本交換を加えたものである。この表をながめると，スワップに対して別の見方ができるようになる。この表の3列目に並ぶキャッシュ・フ

表7.2 表7.1で最終元本交換がある場合のキャッシュ・フロー

(単位：百万ドル)

日　付	6カ月LIBOR金利（％）	変動キャッシュ・フロー受取り	固定キャッシュ・フロー支払	ネット・キャッシュ・フロー
2014年3月5日	4.20			
2014年9月5日	4.80	＋2.10	－2.50	－0.40
2015年3月5日	5.30	＋2.40	－2.50	－0.10
2015年9月5日	5.50	＋2.65	－2.50	＋0.15
2016年3月5日	5.60	＋2.75	－2.50	＋0.25
2016年9月5日	5.90	＋2.80	－2.50	＋0.30
2017年3月5日		＋102.95	－102.50	＋0.45

ローは，変動利付債のロング・ポジションをとった場合のキャッシュ・フローと同じである。4列目に並ぶキャッシュ・フローは，固定利付債のショート・ポジションをとった場合のキャッシュ・フローと同じである。したがって，スワップは固定利付債と変動利付債の交換とみなすことができる。表7.2はマイクロソフトのポジションを表しており，マイクロソフトは変動利付債のロングと固定利付債のショートのポジションをとっていることになる。またインテルは，固定利付債のロングと変動利付債のショートのポジションをとっていることになる。

スワップのキャッシュ・フローをこのように特徴づけると，変動金利が利払日の6カ月前に決定されるようにスワップの商品性が設計されている理由が説明しやすくなる。変動利付債では，利子は一般的にその適用期間の開始時点に決定され，その終了時点に支払われている。表7.2のような"プレーン・バニラ"金利スワップの変動金利の金利計算は，変動利付債の金利計算にあわせたものになっている。

スワップを用いた負債の変換

マイクロソフトは，変動金利ローンを固定金利ローンに変えるのにスワップを使ったとしよう。マイクロソフトはLIBOR+10bpsで1億ドルの借入れを行っていたとする。(1ベーシス・ポイント(bp)は100分の1%であるから，レートはLIBOR+0.1%である。)スワップ取引を行った結果，マイクロソフトには次の三つのキャッシュ・フローが生じることになる。

1. 外部の貸し手に対してLIBOR+0.1%を支払う。
2. スワップ契約に基づいてLIBORを受け取る。
3. スワップ契約に基づいて5%を支払う。

これら3種類のキャッシュ・フローを差引きすると，5.1%の利払いになる。このように，マイクロソフトはスワップを用いてLIBOR+0.1%の借入れを5.1%の固定借入れに変えるのと同じ効果を得ることができる。

インテルにとっては，このスワップは固定金利ローンを変動金利ローンに変えるのと同じ効果をもっている。インテルに金利5.2%，元本1億ドル，

図7.2 マイクロソフトとインテルによるスワップを用いた負債の変換

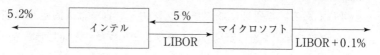

期間3年の借入れがあるとする。このスワップ取引を行った結果，インテルには次の三つのキャッシュ・フローが生じることになる。

1．外部の貸し手に対して5.2%を支払う。
2．スワップ契約に基づいてLIBORを支払う。
3．スワップ契約に基づいて5%を受け取る。

これら三つのキャッシュ・フローを差引きすると，LIBOR＋0.2%（すなわちLIBOR＋20bps）の利払いになる。このように，インテルはスワップを用いて5.2%の固定借入れをLIBOR＋20bpsの借入れに変換するのと同じ効果を得ることができる。インテルとマイクロソフトによるこのようなスワップの使い方を図7.2に図示した。

スワップを用いた資産の変換

スワップは，資産内容を変えるのにも用いることができる。上の例のマイクロソフトについて考えてみよう。スワップによって実質的に固定金利の運用を変動金利の運用に変えることができる。マイクロソフトはクーポン年4.7%の3年債を1億ドル保有しているとする。マイクロソフトはスワップ取引を行った結果，次の3種類のキャッシュ・フローをもつことになる。

1．債券から4.7%を受け取る。
2．スワップ契約に基づいてLIBORを受け取る。
3．スワップ契約に基づいて5%を支払う。

これら3種類のキャッシュ・フローを差引きすると，LIBOR－30bpsの運用となる。このように，マイクロソフトはスワップの一つの使い方として，利回り4.7%の資産を利回りLIBOR－30bpsの資産に変えるのにスワップを用いることができる。

次にインテルについて考える。スワップによって実質的に変動金利の運用

図7.3 マイクロソフトとインテルによるスワップを用いた資産の変換

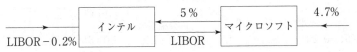

を固定金利の運用に変えることができる。インテルは1億ドルを利回りLIBOR－20bpsで運用しているとする。インテルはスワップ取引を行った結果，次の3種類のキャッシュ・フローをもつことになる。

1．運用益としてLIBOR－20bpsを受け取る。
2．スワップ契約に基づいてLIBORを支払う。
3．スワップ契約に基づいて5％を受け取る。

これら3種類のキャッシュ・フローを差引きすると，4.8％の運用となる。このように，インテルはスワップの一つの使い方として，利回りLIBOR－20bpsの資産を利回り4.8％の資産に変えるのにスワップを用いることができる。インテルとマイクロソフトによる，このようなスワップの使い方を図7.3に図示した。

金融仲介業者の役割

インテルやマイクロソフトのような金融機関でない2企業は，通常は図7.2や図7.3に示すかたちでスワップを直接取引することはない。それぞれが銀行や他の金融機関と取引を行う。LIBOR対固定の"プレーン・バニラ（plain vanilla）"米国金利スワップを金融機関が仲介するときは，相殺する二つのスワップをあわせると3〜4ベーシス・ポイント（年率0.03〜0.04％）の利益が得られるように取引するのが一般的である。

図7.2の例で金融機関が仲介した場合のようすを，図7.4に図示する。金融機関はインテルとマイクロソフトとの間に入って，相殺するような二つのス

図7.4 図7.2の金利スワップで金融機関が間に入る場合

図7.5　図7.3の金利スワップで金融機関が間に入る場合

ワップ取引を行う。インテルとマイクロソフトの両社が契約どおり受払いを行うと，金融機関は想定元本1億ドルに対して年0.03％（3ベーシス・ポイント）の利益をあげることになる。金額にすると1年当り3万ドルの利益を3年間得られることになる。その結果として，マイクロソフトは（図7.2では5.1％の借入れであったが）5.115％の借入れとなり，インテルは（図7.2ではLIBOR＋20bpsの借入れであったが）LIBOR＋21.5bpsの借入れとなる。

　図7.3の例で金融機関が仲介した場合のようすを，図7.5に図示する。金融機関が仲介するスワップは前と同じで，両社とも倒産しなければ3ベーシス・ポイントの利益をあげることになる。その結果として，マイクロソフトは（図7.3ではLIBOR－30bpsの運用であったが）LIBOR－31.5bpsの運用となり，インテルは（図7.3では4.8％の運用であったが）4.785％の運用となる。

　どちらの場合でも，金融機関は二つの別の契約（一つはインテルとの契約，もう一つはマイクロソフトとの契約）を行っていることに注意しよう。ほとんどの場合では，インテルは取引金融機関がマイクロソフトと相殺するようなスワップ取引を行っていることを知らないし，逆もまた然りである。また，もしどちらかの企業が倒産した場合でも，金融機関はもう一方の企業との契約は継続しなければならない。金融機関にとっての3ベーシス・ポイントの利益の一部には，どちらかの企業がスワップの支払に関してデフォルトするリスクへの対価という意味もある。

マーケット・メーカー

　二つの企業が同時に金融機関に連絡をとり，まったく同じスワップの反対ポジションを希望するようなケースは実際には考えにくい。そのため，多くの大手金融機関はスワップのマーケット・メークを行っている。つまり，相殺できる他とのスワップ取引がなくても，大手金融機関はスワップ取引に応

じている[2]。マーケット・メーカーは注意深くリスクを計量化し，ヘッジを行う必要がある。債券，FRA，金利先物等の商品を用いて，スワップのマーケット・メーカーはスワップのヘッジを行う。表7.3にマーケット・メーカーによって提示されたプレーン・バニラ米国金利スワップのレートを示す[3]。前述のとおり，ビッド・オファー・スプレッドは3～4ベーシス・ポイントである。固定金利のビッドとオファーの平均はスワップ・レート（swap rate）と呼ばれる。表7.3の最終列にスワップ・レートを示す。

固定金利が現在のスワップ・レートに等しいスワップの新規取引を考える。その時点でのスワップの価値はゼロと考えるのが理にかなっている。（マーケット・メーカーがスワップ・レートを中心にしてビッド・オファーを提示する理由がほかにあるだろうか。）スワップが固定利付債と変動利付債の差として特徴づけられることを表7.2にすでに示した。

B_{fix}：このスワップに対応する固定利付債の価値

B_{fl}：このスワップに対応する変動利付債の価値

と定義する。スワップの価値はゼロなので，

$$B_{\mathrm{fix}} = B_{\mathrm{fl}} \tag{7.1}$$

表7.3　スワップ市場での固定金利のビッドとオファー，およびスワップレート（年率）

満期（年）	ビッド	オファー	スワップ・レート
2	6.03	6.06	6.045
3	6.21	6.24	6.225
4	6.35	6.39	6.370
5	6.47	6.51	6.490
7	6.65	6.68	6.665
10	6.83	6.87	6.850

---

[2] このことをウェアハウジング（warehousing）・スワップと呼ぶこともある。
[3] 米国での標準的なスワップは，6カ月ごとの固定金利支払と3カ月ごとのLIBOR変動金利支払とを交換するものである。表7.1では6カ月ごとに固定金利と変動金利が交換されると仮定している。

である。LIBOR／スワップ・ゼロ・カーブの決め方を後ほど本章で論じる際に，この結果を用いる。

7.2 デイ・カウント（日数計算）

デイ・カウント・コンベンションについては6.1節で説明した。デイ・カウント・コンベンションはスワップの支払額に影響を与えるが，これまで取り上げた事例ではデイ・カウント・コンベンションを正確に考慮した計算は行っていなかった。たとえば，表7.1の6カ月LIBORの支払を考えてみよう。6カ月LIBORは米国のマネー・マーケット・レートなので，レートは実日数/360ベースで提示されている。表7.1では，初回の変動利払額はLIBORレート4.2%に基づいて210万ドルとなっている。2014年3月5日から2014年9月5日までは184日なので，正確には，

$$100 \times 0.042 \times \frac{184}{360} = 2.1467 \text{百万ドル}$$

である。一般に，LIBORベースのスワップの変動サイドのキャッシュ・フローは $LRn/360$ で計算される。ここで L は元本，R は対応するLIBORレート，n は前回支払日からの実日数である。

スワップの固定レートも同様に，決められたデイ・カウントに基づいて提示されている。その結果，固定支払額は正確には各支払日で等しい金額になるとは限らない。固定レートは通常，実日数/365または30/360で提示されている。したがって，1年全体に対してそれが適用されるため，固定レートは6カ月LIBORと直接比較できるレートではない。レート同士をだいたい比較できるようにするためには，6カ月LIBORレートに365/360を乗じるか，固定レートに360/365を乗じる必要がある。

説明を簡単にするために，本章の残りではデイ・カウントの問題は無視することにする。

7.3 取引確認書（コンファメーション）

取引確認書（confirmation）とはスワップに関する法的な合意書であり，双方の取引当事者によって署名される。取引確認書のひな型は，ニューヨークの国際スワップ・デリバティブ協会（ISDA：International Swaps and Derivatives Association；www.isda.org）によって整備されてきた。ISDA は，スワップ契約で用いられる用語の詳細を定義した条項からなる多くのマスター契約（Master Agreement）を作成している。マスター契約は取引当事者間のすべての既存契約を対象とし，そこには取引相手方のデフォルト時における対応なども記述されている。ビジネス・スナップショット7.1に，図7.4中のマイクロソフトと金融機関（ゴールドマン・サックスと仮定する）との間で取り交わされたスワップの取引確認書の抜粋を示す。正式な取引確認書には ISDA マスター契約に準拠する旨が記載されているであろう。

取引確認書には，翌営業日基準が適用される旨や米国の暦日によって営業日や休日が決められる旨が記載されている。すなわち，支払日が週末か米国の休日に当たる場合は，翌営業日に支払が行われる[4]。2016年3月5日は土曜日なので，金利交換は2016年3月7日に行われることになる。

ビジネス・スナップショット7.1

仮想的なスワップ取引確認書からの抜粋

取引日：	2014年2月27日
開始日：	2014年3月5日
営業日調整（全日付）：	翌営業日
休日指定都市：	米国
終了日：	2017年3月5日

---

[4] 修正翌営業日基準（modified following）という別のビジネス・デイ・コンベンション（営業日調整）が用いられることもある。この基準は，翌営業日が翌月になる場合は前営業日にする，という以外は翌営業日基準と同じものである。前営業日基準（preceding）や修正前営業日基準（modified preceding）も同様に定義される。

> *固定金額*
> 固定金利支払人： マイクロソフト
> 固定金利想定元本： 1億ドル
> 固定金利： 年率5.015%
> デイ・カウント・コンベンション：実日数/365
> 固定金利支払日： 2014年9月5日より2017年3月5日
> までの3月5日と9月5日
>
> *変動金額*
> 変動金利支払人： ゴールドマン・サックス
> 変動金利想定元本： 1億ドル
> 変動金利： 6カ月ドルLIBOR
> デイ・カウント・コンベンション：実日数/360
> 変動金利支払日： 2014年9月5日より2017年3月5日
> までの3月5日と9月5日

7.4 比較優位論

　スワップがよく取引される理由として，比較優位の存在が一般的にその説明に用いられている。負債の変換に金利スワップを用いる場合を考えてみよう。世の中には固定金利市場での借入れに関して比較優位にある企業もあれば，変動金利市場での借入れに関して比較優位にある企業もあるといわれている。企業が新規借入れを行う場合，その企業が比較優位にある市場で資金を調達するのが理にかなっている。その結果，変動金利を望んでいる企業が固定金利で調達を行ったり，固定金利を望んでいる企業が変動金利で調達を行うということが起こる。ここに，固定金利借入れを変動金利借入れに変える，あるいはその逆方向に変えるというスワップのニーズが生まれる。

　AAACorp社とBBBCorp社はともに1,000万ドルの5年借入れを計画しており，表7.4に示すような金利の提示を受けているとする。AAACorp社

表7.4 比較優位が反映された借入レート

	固　定	変　動
AAACorp 社	4.0%	6カ月 LIBOR − 0.1%
BBBCorp 社	5.2%	6カ月 LIBOR + 0.6%

の格付は AAA, BBBCorp 社の格付は BBB とする[5]。いま, BBBCorp 社は固定金利での借入れを希望しており, AAACorp 社は6カ月 LIBOR での変動金利借入れを希望しているとする。BBBCorp 社は AAACorp 社より格付が悪いので, 変動金利市場と固定金利市場のいずれで借り入れても, AAACorp 社より高いレートを支払うことになる。

　AAACorp 社と BBBCorp 社に提示されたレートで重要な点は, 固定金利の差のほうが変動金利の差より大きいということである。つまり, BBBCorp 社の支払う金利は, 固定金利市場では AAACorp 社より年率1.2%高いが, 変動金利市場では年率0.7%しか高くない。BBBCorp 社は変動金利市場で比較優位にあり, AAACorp 社は固定金利市場で比較優位にあるといえる[6]。このような市場間のゆがみが, スワップが取引される誘因となっている。まず, AAACorp 社は年率4%の固定金利借入れを行い, BBBCorp 社は LIBOR + 0.6% で変動金利借入れを行う。同時に両社間でスワップ取引を行うことによって, 最終的には AAACorp 社は借入れが変動金利借入れになるようにし, BBBCorp 社は借入れが固定金利借入れになるようにする。

　このスワップがどのように機能しているかを理解するために, 最初は

---

[5]　S&P と Fitch による企業の信用格付は, 信用力の高い順に AAA, AA, A, BBB, BB, B, CCC, CC, C である。Moody's の対応する格付は, それぞれ Aaa, Aa, A, Baa, Ba, B, Caa, Ca, C である。

[6]　BBBCorp 社が変動金利市場で比較優位にあるということは, 同市場での BBBCorp 社の支払が AAACorp 社の支払より少ないということを意味しているわけではない。変動金利市場のほうが, BBBCorp 社が AAACorp 社よりも多く支払う額が少ないということを意味している。ある学生が, この状況を次のようにうまくまとめて表現した。

　「AAACorp 社は固定金利市場のほうが支払う金利が more less（相対的により少なく）で, BBBCorp 社は変動金利市場のほうが支払う金利が less more（高いが相対的に低い）である。」

図7.6 表7.4のレートを適用したAAACorp社とBBBCorp社のスワップ取引

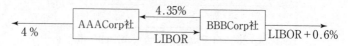

AAACorp社とBBBCorp社が直接取引を行う場合を考える。一つの取引例を図7.6に示す。これは図7.2の例と同様のものである。AAACorp社はBBBCorp社に元本1,000万ドルに対して6カ月LIBORを支払うことに合意し，BBBCorp社はAAACorp社に元本1,000万ドルに対して年率4.35%の固定金利を支払うことに合意する。

AAACorp社には，次の三つのキャッシュ・フローが生じることになる。

1．外部の貸し手に対し，年率4%の金利を支払う。
2．BBBCorp社より，年率4.35%の金利を受け取る。
3．BBBCorp社に対し，LIBORを支払う。

AAACorp社は差引きでLIBOR−0.35%（年率）の金利を支払うことになる。したがって，AAACorp社は変動金利市場から直接借り入れるよりも年率0.25%低く借り入れたことになる。BBBCorp社にも同様に，次の三つのキャッシュ・フローが生じることになる。

1．外部の貸し手に対し，LIBOR+0.6%（年率）の金利を支払う。
2．AAACorp社より，LIBORを受け取る。
3．AAACorp社に対し，年率4.35%の金利を支払う。

BBBCorp社は差引きで年率4.95%の金利を支払うことになる。したがって，BBBCorp社は固定金利市場から直接借り入れるよりも年率0.25%低く借り入れたことになる。

この例では，AAACorp社とBBBCorp社の双方がともに0.25%のネット利益を得るようにスワップが組まれている。常にそうである必要はないが，固定金利市場での両企業の金利差をa，変動金利市場での金利差をbとすると，この種の金利スワップ取引によって得られる利益の合計は常に$a-b$になる。上のケースでは$a = 1.2\%$，$b = 0.7\%$なので，総利益は0.5%となる。

AAACorp社とBBBCorp社が直接取引を行わないで金融機関を利用する

図7.7 表7.4のスワップで金融機関が間に入る場合のAAACorp社とBBBCorp社のスワップ取引

場合は，図7.7に示したようなスワップ取引（図7.4の例と同様の取引）が行われる．この例では，AAACorp社はLIBOR-0.33%で借り入れ，BBBCorp社は4.97%で借り入れたことになる．金融機関は年率で4ベーシス・ポイントのスプレッドを稼いでいる．したがって，AAACorp社の利益は0.23%，BBBCorp社の利益も0.23%，金融機関の利益は0.04%となり，3社をあわせた総利益は前と同様に0.50%となる．

比較優位論に対する批判

金利スワップ取引が行われる理由として比較優位論を説明してきたが，これには疑問の余地が残る．AAACorp社とBBBCorp社に提示される金利のスプレッドに，固定金利市場と変動金利市場とでなぜ表7.4のような違いがあるのか．金利スワップ・マーケットで取引が行われるようになってから長い時間が経過しているので，その種の差異は裁定取引によって取り除かれていると考えるのが理にかなっているはずである．

スプレッドの違いが存在し続ける理由は，企業が固定金利市場と変動金利市場で締結可能な契約の性質に違いがあるためと考えられる．4.0%と5.2%というのは，AAACorp社とBBBCorp社が固定金利市場で資金調達する際の5年物金利である（たとえば，5年固定利付債を発行できるレートである）．AAACorp社とBBBCorp社が変動金利市場で資金調達する際の金利LIBOR-0.1%とLIBOR+0.6%は6カ月物金利である．変動金利市場では，貸し手は普通6カ月ごとに金利を見直すことができるので，もしAAACorp社とBBBCorp社の信用力が低下すれば，LIBORに上乗せするスプレッドを引き上げることができる．極端な場合には，貸し手はローンの継続を拒否することもできる．固定金利貸出では，このようにローンの期間を変えるこ

とはできない7。

　AAACorp 社と BBBCorp 社に提示された金利のスプレッドは，BBBCorp 社が AAACorp 社に比べてデフォルトを起こしやすい度合いを反映したものである。次の 6 カ月間にデフォルトを起こす確率は，AAACorp 社と BBBCorp 社のいずれも非常に低い。後の章で詳しくみるように，AAACorp 社のような比較的高格付の会社よりも BBBCorp 社のような比較的低格付の会社のほうが，デフォルト確率は期間が長くなるとともに速く増加しやすい。これが，6 カ月物金利間のスプレッドよりも 5 年物金利間のスプレッドのほうが大きくなる理由である。

　図7.7に示されるような LIBOR+0.6%の変動金利ローンとスワップ取引を行うことによって，BBBCorp 社は4.97%の固定金利ローンを得た。しかし前述の議論からわかるように，これは本当は正しくない。実際には，4.97%というのは，LIBOR に対する上乗せスプレッドが0.6%のままで BBBCorp 社が変動金利での資金を借り続けられた場合でのみの話である。もし BBBCorp 社の信用力が下がって，たとえば変動金利ローンが LIBOR+1.6%で継続されたならば，BBBCorp 社の支払う金利は5.97%に上昇する。市場は，BBBCorp 社の 6 カ月 LIBOR に対する借入金利のスプレッドがスワップ期間中に平均としては上昇すると予想している。したがって，BBBCorp 社がスワップ取引を行った時点での BBBCorp 社の予想平均借入金利は4.97%よりも高いということになる。

　図7.7では，AAACorp 社はスワップを用いて，次の 6 カ月だけでなく今後 5 年間の支払を LIBOR-0.33%で固定できている。AAACorp 社にとって得な取引ではあるが，懸念材料として取引金融機関によるスワップのデフォルト・リスクがある。もし通常どおりに変動金利で資金調達すれば，このリスクを負うことはない。

7　変動金利ローンの対 LIBOR スプレッドが企業の信用格付変化によらず事前に保証されている場合には，比較優位となるスプレッド差は存在しないであろう。

7.5 スワップ・レートの性質

スワップ・レートの性質およびスワップ市場とLIBOR市場との関係について，検討してみよう。4.1節で説明したように，LIBORは格付AAの銀行が他の銀行から期間12カ月までの借入れを行う際の金利である。一方，表7.3に示したように，スワップ・レートはスワップのマーケット・メーカーが(a) LIBORを受け取るかわりに支払う固定金利（スワップのビッド・レート）と(b) LIBORを支払うかわりに受け取る固定金利（スワップのオファー・レート）との平均レートである。

LIBORと同様に，スワップ・レートも無リスクの貸出金利ではないが，通常の市場環境においては無リスク金利に近い。金融機関は次の取引を行うことで，ある決めた元本に対して5年スワップ・レートの金利を得ることができる。

1. 格付AAの借り手にある決めた元本を最初の6カ月間貸し出し，それ以降6カ月ごとに格付AAの他の借り手に再貸出を行う。
2. LIBORを5年スワップ・レートと交換するスワップ取引を行う。

このことから，5年スワップ・レートは6カ月間のLIBOR貸出を格付AAの企業に対して10回続けて行うときの信用リスクを反映した金利である。同様に，7年スワップ・レートは6カ月間のLIBOR貸出を格付AAの企業に対して14回続けて行うときの信用リスクを反映した金利である。その他の期間のスワップ・レートも同様に解釈できる。

したがって，スワップ・レートは同じ期間の格付AAの企業への貸出金利より低いことに注意しよう。5年全期間にわたって同じ借り手に貸し出す場合には，借り手の格付がAAであることが確かなのは5年間の期首だけである。それに対して6カ月ごとに貸し直す場合には，6カ月ごとに借り手の格付をAAにできるので，こちらの貸出方法のほうが貸し手にとって有利である。

このような点を論じるなかで，Collin-DufresneとSolnikはスワップ・レートを"継続的に更新される"LIBORレートと表現している[8]。

7.6 LIBORとスワップによるゼロ・レートの決定

LIBORがもつ問題の一つは,市場で直接観測できる満期が12カ月までということである。6.3節で述べたように,LIBORゼロ・カーブを12カ月より先に延長する一つの方法は,ユーロドル先物を用いることである。ユーロドル先物を用いれば,2年まで,場合によっては5年までLIBORゼロ・カーブを作成することができる。それ以上延長する場合には,トレーダーはスワップ・レートを利用する。作成したゼロ・カーブはLIBORゼロ・カーブやスワップ・ゼロ・カーブと呼ばれる。混乱を避けるために,ここではLIBOR/スワップ・ゼロ・カーブと呼ぶことにする。以下では,スワップ・レートを用いたLIBOR/スワップ・ゼロ・カーブの決め方について述べる。

最初に注意すべき点は,LIBOR/スワップ・ゼロ・カーブを割引率に用いると,6カ月LIBORを支払う新発変動利付債の価値は常に元本価値(すなわちパー)に等しいということである[9]。その理由は,債券の支払う利子はLIBORで,その利子に適用する割引率もLIBORだからである。債券の利子が割引率に正確に一致する場合は,債券の公正価値はパーになる。

(7.1)式で,新規発行のスワップでは固定金利はスワップ・レートに等しいこと,すなわち$B_{fix} = B_{fl}$を示した。いまB_{fl}は想定元本に等しいことを示したので,B_{fix}もスワップの想定元本に等しい。したがって,スワップ・レートは債券のパー・イールドを与えていることになる。たとえば,表7.3で与えられたときは,2年のLIBOR/スワップ・パー・イールドは6.045%,3年のLIBOR/スワップ・パー・イールドは6.225%といった具合になる[10]。

4.5節でブートストラップ法を用いて国債価格から国債ゼロ・カーブを決定する方法を説明した。この方法は,スワップ・レートを用いてLIBOR/

---

[8] P. Collin-Dufresne and B. Solnik, "On the Term Structure of Default Premia in the Swap and Libor Market," *Journal of Finance*, 56, 3 (June 2001) を参照。

[9] 1カ月,3カ月,12カ月LIBORを支払う新発債についても同じことが成り立つ。

[10] ゼロ・カーブの計算を行う前にスワップ・レートを補間して,6カ月ごとの満期に対するスワップ・レートを求める場合が多い。たとえば表7.3では,2.5年のスワップ・レートを6.135%,7.5年のスワップ・レートを6.696%と仮定するなどである。

スワップ・ゼロ・カーブを延長するのにも同様に用いることができる。

【例7.1】

6カ月，12カ月，18カ月のLIBOR／スワップ・ゼロ・レートが連続複利でそれぞれ4％，4.5％，4.8％と求められており，2年スワップ・レート（金利交換は半年ごと）は5％とする。このスワップ・レート5％というのは，元本100ドル，年率5％の年2回払いクーポンの債券がパーで売れることを意味している。したがって，2年物ゼロ・レートをRとすると，

$$2.5e^{-0.04\times 0.5}+2.5e^{-0.045\times 1.0}+2.5e^{-0.048\times 1.5}+102.5e^{-2R}=100$$

となる。これを解くと$R=4.953\%$となる。（この計算では，デイカウント・コンベンションや休日は考慮していないことに注意せよ。7.2節を参照。）

7.7 金利スワップの評価

次に，金利スワップの評価について議論を進めよう。契約締結時点における金利スワップの価値はゼロに近い。時間が経過するにつれてスワップの価値は正にも負にもなる。LIBOR／スワップ・レートを割引率として使う場合，スワップの評価方法には二つの手法がある。一つ目の手法は，スワップを二つの債券の差として考えるものである。二つ目の手法は，スワップをFRAのポートフォリオとして考えるものである。DerivaGemソフトウェア3.00ではLIBOR割引でもOIS割引でもスワップを評価することができる。

債券価格からの評価

金利スワップでは元本交換は行われないが，表7.2に示したように，スワップの満期時に元本の受払いを行ったとしてもスワップの価値は変わらない。そうすることによって，変動金利支払人からみた場合のスワップは，固定利付債のロング・ポジションと変動利付債のショート・ポジションの合成であるとみなすことができる。したがって，

$$V_{\mathrm{swap}} = B_{\mathrm{fix}} - B_{\mathrm{fl}}$$

となる。ここで V_{swap} はスワップの価値，B_{fl} は（支払に対応した）変動利付債の価値，B_{fix} は（受取りに対応した）固定利付債の価値である。同様に，固定金利支払人からみた場合のスワップは，変動利付債のロング・ポジションと固定利付債のショート・ポジションの合成であるとみなすことができる。したがって，

$$V_{\mathrm{swap}} = B_{\mathrm{fl}} - B_{\mathrm{fix}}$$

となる。固定利付債の価値 B_{fix} は4.4節で述べた方法で求められる。次に変動利付債の価値を考える。まず，利払直後の変動利付債の価値は想定元本に等しいことに注意しよう。なぜなら，この時点での債券は，借り手がその後の各金利計算期間に対応したLIBORを支払う"公平な取引"となるからである。

スワップの想定元本を L，次回の金利交換時点を t^*，時点 t^* に支払われる変動金利の利払額（前回利払時に決定ずみ）を k^* とする。利払直後は前述のとおり $B_{\mathrm{fl}} = L$ なので，利払直前は $B_{\mathrm{fl}} = L + k^*$ となる。したがって，変動利付債は時点 t^* に単一のキャッシュ・フロー $L + k^*$ を生み出す商品とみなすことができる。これを割り引くと，現時点での変動利付債の価値は，$(L + k^*)e^{-r^* t^*}$ となる。ここで r^* は満期 t^* のLIBOR／スワップ・ゼロ・レートである。この説明を図7.8に示した。

図7.8 元本 L，時点 t^* で次の利払 k^* がある変動利付債の評価

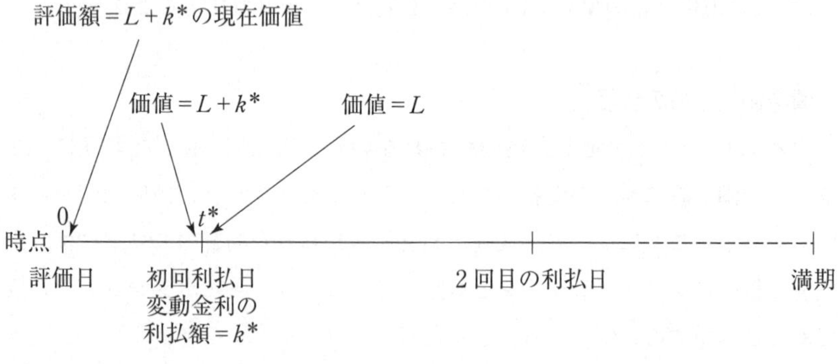

【例7.2】

　金融機関が6カ月LIBORを受け取り，年率3％（半年複利）を支払う想定元本1億ドル（すなわち，100百万ドル）のスワップを契約しいくらか時間が経っていたとしよう。このスワップの残存期間は1.25年である。また，3カ月，9カ月，15カ月のLIBORレートは連続複利でそれぞれ2.8％，3.2％，3.4％である。さらに，前回支払日における6カ月LIBORは2.9％（半年複利）であったとする。

　債券の観点からスワップの価値を求める計算を表7.5にまとめた。固定利付債の3回の利払日におけるキャッシュ・フローは1.5，1.5，101.5である。これらのキャッシュ・フローに対する割引率は，それぞれ，$e^{-0.028 \times 0.25}$，$e^{-0.032 \times 0.75}$，$e^{-0.034 \times 1.25}$となり，その値を表7.5の4列目に示した。表に示したとおり，固定利付債の価値は100.2306百万ドルとなる。

表7.5　債券価格の観点から行ったスワップ評価
B_{fix}はスワップに対応する固定利付債，B_{fl}はスワップに対応する変動利付債。

（単位：百万ドル）

時間	B_{fix} キャッシュ・フロー	B_{fl} キャッシュ・フロー	割引係数	B_{fix} のキャッシュ・フローの現在価値	B_{fl} のキャッシュ・フローの現在価値
0.25	1.5	101.4500	0.9930	1.4895	100.7423
0.75	1.5		0.9763	1.4644	
1.25	101.5		0.9584	97.2766	
合計：				100.2306	100.7423

　この例では，$L = 100$百万ドル，$k^* = 0.5 \times 0.029 \times 100 = 1.4500$百万ドル，$t^* = 0.25$となるので，変動利付債は3カ月後に101.4500百万ドルのキャッシュ・フローを生み出す商品と同じ価値をもつ。表7.5に示すようにその値は$101.4500 \times 0.9930 = 100.7423$百万ドルである。
　スワップの価値は二つの債券の価格差：

$$V_{\text{swap}} = 100.7423 - 100.2306 = 0.5117$$

すなわち+0.5117百万ドルとなる。

　金融機関は固定払い，変動受けという反対のポジションを保有しているので，そのスワップの価値は−0.5117百万ドルとなる。ただし，以上の計算ではデイ・カウント・コンベンションや休日は考慮していない。

金利先渡契約としての評価

　スワップは金利先渡契約（FRA）のポートフォリオとして特徴づけることもできる。図7.1のマイクロソフトとインテルとのスワップ契約を考えてみよう。スワップは期間3年の半年払いで，2014年3月5日に開始されている。初回の金利交換額はスワップ契約締結時に確定している。その他五つの金利交換はFRAとみなすことができる。2015年3月5日における金利交換は2014年9月5日に市場で提示される6カ月物金利と5％の金利を交換するFRA，2015年9月5日における金利交換は2014年3月5日に市場で提示される6カ月物金利と5％の金利を交換するFRA等々である。

　4.7節の終わりに示したように，FRAの価値は現在のフォワード・レートが将来そのまま実現すると仮定することで求めることができる。スワップはFRAのポートフォリオにほかならないので，プレーン・バニラ金利スワップも現在のフォワード・レートが将来そのまま実現すると仮定することでその価値を求めることができる。したがって，以下の手順でスワップの価値が求まる。

1. スワップのキャッシュ・フローを決めているそれぞれのLIBORに対して，そのフォワード・レートをLIBOR／スワップ・ゼロ・カーブを用いて計算する。
2. LIBORレートがフォワード・レートと等しいと仮定して，スワップのキャッシュ・フローを計算する。
3. 上で計算したスワップのキャッシュ・フローをLIBOR／スワップ・ゼロ・レートを用いて現在価値に割り引き，スワップの価値を求める。

【例7.3】

例7.2について再び考えてみよう。スワップ契約に基づいて、金融機関は想定元本1億ドル（すなわち、100百万ドル）に対して6カ月LIBORを受け取り、年率3%（半年複利）の金利を支払うことに合意している。このスワップの残存期間は1.25年である。3カ月、9カ月、15カ月のLIBORレートは連続複利でそれぞれ2.8%、3.2%、3.4%である。前回支払日における6カ月LIBORは2.9%（半年複利）であった。

スワップの価値を求める計算を表7.6にまとめた。表の1行目は3カ月後に交換されるキャッシュ・フローを表している。これらはすでに確定している。固定金利3.0%に基づいて100×0.030×0.5 = 1.5百万ドルの現金を受け取り、変動金利2.9%（3カ月前に確定）に基づいて100×0.029×0.5 = 1.45百万ドルの現金を支払うことになる。2行目はフォワード・レートが実現すると仮定した場合の9カ月後に交換されるキャッシュ・フローである。現金受取額は1行目と同様に1.5百万ドルである。現金支払額を計算するためには、まず3カ月後から9カ月後までの期間のフォワード・レートを計算する必要がある。(4.5)式より、フォワード・レートは、

表7.6　FRAの観点から行ったスワップ評価
変動キャッシュ・フローはフォワード・レートが実現したと仮定し計算されている。

（単位：百万ドル）

時間	固定キャッシュ・フロー	変動キャッシュ・フロー	ネット・キャッシュ・フロー	割引係数	ネット・キャッシュ・フローの現在価値
0.25	−1.5000	+1.4500	−0.0500	0.9930	−0.0497
0.75	−1.5000	+1.7145	+0.2145	0.9763	+0.2094
1.25	−1.5000	+1.8672	+0.3672	0.9584	+0.3519
合計：					+0.5117

$$\frac{0.032 \times 0.75 - 0.028 \times 0.25}{0.5} = 0.034$$

すなわち，連続複利で3.4%となる。

(4.4)式より，フォワード・レートは半年複利で3.429%となる。したがって，現金支払額は$100 \times 0.03429 \times 0.5 = 1.7145$百万ドルとなる。3行目も同様にフォワード・レートが実現すると仮定した場合の15カ月後に交換されるキャッシュ・フローである。それら三つの支払日に対する割引率は，それぞれ，

$$e^{-0.028 \times 0.25}, \quad e^{-0.032 \times 0.75}, \quad e^{-0.034 \times 1.25}$$

である。これより，3カ月後に交換される現金の現在価値は-0.0497百万ドルになる。9カ月後と15カ月後の金利交換に対応するFRAの価値はそれぞれ$+0.2094$百万ドルと$+0.3519$百万ドルになる。したがって，スワップの総価値は$+0.5117$百万ドルになる。この値は例7.2でスワップを債券に分解して計算した値と一致する。

7.8 期間構造による影響

金利スワップの価値は当初ほぼゼロである。これは，スワップを構成するFRAの価値の合計がスワップの契約締結時点ではほぼゼロであることを意味しているのであって，個々のFRAの価値がほぼゼロであることは意味していない。一般的に，一部のFRAは正の価値をもち，一部のFRAは負の価値をもつ。

図7.1のマイクロソフトとインテルとの間で結ばれたスワップを構成するFRAについてもう一度考えてみよう。以下の関係が成り立っている。

フォワード・レート＞5.0%のとき，マイクロソフトからみたFRAの価値＞0
フォワード・レート＝5.0%のとき，マイクロソフトからみたFRAの価値＝0
フォワード・レート＜5.0%のとき，マイクロソフトからみたFRAの価値＜0
スワップ契約締結時の金利の期間構造は右上がりだったとしよう。この場

合，FRAの満期が長くなるにつれてフォワード・レートは上昇する。FRAの価値の合計はほぼゼロなので，初めのほうの支払日に対応するフォワード・レートは5.0％より低く，後のほうの支払日に対応するフォワード・レートは5.0％より高いはずである。したがって，マイクロソフトからみたFRAの価値は，初めのほうの支払日に対応するものは負となり，後のほうの支払日に対応するものは正となる。スワップ契約締結時の金利の期間構造が右下がりの場合はその逆になる。スワップを構成するFRAの価値は金利期間構造の形状の影響を受ける。そのようすを図7.9にて示す。

図7.9 スワップを構成する各満期のFRAの価値

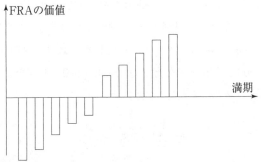

(a) 金利期間構造が右上がり（順イールド）で固定受けの場合，または右下がり（逆イールド）で変動受けの場合

(b) 金利期間構造が右上がり（順イールド）で変動受けの場合，または右下がり（逆イールド）で固定受けの場合

7.9 固定対固定の通貨スワップ

広く普及しているもう一つのスワップとして，固定対固定の通貨スワップ（fixed-for-fixed currency swap）がある。このスワップは，ある通貨の元本と固定金利を，それとは別の通貨の元本と固定金利に交換する取引である。

通貨スワップ契約では2通貨のそれぞれに対して元本額を定める必要がある。通常，元本はスワップ契約の開始時と終了時に交換される。その元本額はスワップ契約締結時の為替レート換算でほぼ同額に設定されることが多い。したがって，スワップの満期時に元本交換が行われるときには，それらの価値は大きく異なることもある。

例　示

仮に2014年2月1日に，IBMとブリティッシュ・ペトロリアム（BP）が5年通貨スワップを契約したとしよう。IBMは英ポンドで5％の固定金利を支払い，BPからドルで6％の固定金利を受け取るものとする。金利の支払は年1回，元本は1,500万ドルと1,000万英ポンドとする。それぞれの通貨での金利は固定なので，このスワップは固定対固定（fixed-for-fixed）の通貨スワップと呼ばれる。図7.10にこのスワップを図示した。契約開始時の元本の流れは図中の矢印と反対方向になる。一方，期中の利子と終了時の元本の流れは図中の矢印と同じ方向である。このように，スワップ契約開始時にIBMは1,500万ドルを支払い，1,000万英ポンドを受け取る。スワップ契約期間中は，IBMは毎年90万ドル（＝1,500万ドルの6％）を受け取り，50万英ポンド（＝1,000万英ポンドの5％）を支払う。スワップ契約終了時には，IBMは元本1,000万英ポンドを支払い，元本1,500万ドルを受け取る。それらのキャッシュ・フローを表7.7に示す。

図7.10　通貨スワップ

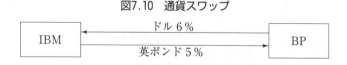

表7.7 通貨スワップのIBM側のキャッシュ・フロー

(単位:百万)

日 付	ドルの キャッシュ・フロー	英ポンドの キャッシュ・フロー
2014年2月1日	−15.00	+10.00
2015年2月1日	+0.90	−0.50
2016年2月1日	+0.90	−0.50
2017年2月1日	+0.90	−0.50
2018年2月1日	+0.90	−0.50
2019年2月1日	+15.90	−10.50

負債や資産を変換するための通貨スワップの利用方法

いま例としてみてきたような通貨スワップを用いて,ある通貨での借入れを別の通貨の借入れに変換することができる。IBMはクーポン6％のドル建て債券を1,500万ドル発行できるとしよう。上の通貨スワップを用いて,IBMはこのドル建ての借入れを金利5％の1,000万英ポンドの借入れに変えることができる。すなわち,最初の元本交換によって,債券発行で調達した資金はドルから英ポンドに交換され,その後のスワップでのキャッシュ・フローの交換によって,利子と元本の支払も実質的にドルから英ポンドに変わる。

スワップを用いて資産の性質を変えることもできる。IBMは1,000万英ポンドを英国では今後5年間年率5％で運用できるが,米ドルが英ポンドに対して今後強含むと予想し,ドル建てで投資をしたいと考えている。通貨スワップを利用すれば,この英ポンド投資を利回り6％の1,500万ドルの米ドル投資に変えることができる。

比較優位

通貨スワップは比較優位にある企業同士によって取引されることもある。これについて,別の仮想的な取引例を用いて考えてみよう。ゼネラル・エレクトリック(GE)とカンタス航空の米ドルおよび豪ドルでの期間5年の固

表7.8 通貨スワップを考える際の借入レート

	米ドル*	豪ドル*
GE	5.0%	7.6%
カンタス航空	7.0%	8.0%

*税制の影響による違いを反映するよう調整したレート

定金利調達コストが，表7.8のようになっているとする。この表から豪ドル金利が米ドル金利より高いことと，GEはどちらの通貨でもカンタス航空より好ましいレートを提示されていることから，GEのほうがカンタス航空より信用力が高いことがわかる。表7.8でスワップ・トレーダーが興味をもつのは，GEとカンタス航空が支払う金利のスプレッドが二つの市場で異なっているということである。カンタス航空の支払う金利は，米ドル市場ではGEより2.0%高いが，豪ドル市場では0.4%しか高くない。

この状況は表7.4の状況に類似している。GEは米ドル市場で比較優位にあり，カンタス航空は豪ドル市場で比較優位にあることがわかる。表7.4ではプレーン・バニラ金利スワップについて考察し，比較優位はかなりの部分は幻想であることを説明した。ここでは二つの異なる通貨に対して提示される金利を比較しており，比較優位は本当である可能性が強い。比較優位が生じる一つの要因は税制の違いである。GEは豪ドルより米ドルで借り入れたほうが，世界中からあがる収入に対する税率が低くなるのかもしれない。カンタス航空はその逆かもしれない。（表7.8の金利はこの種の税制上の優位調整後のものであることに注意せよ。）

GEは2,000万豪ドルの調達を計画しており，カンタス航空は1,800万米ドルの調達を計画しているとする。現在の為替レートを1豪ドル当り0.9000米ドルとする。これは通貨スワップが取引される典型的な状況である。まず，GEとカンタス航空は各々が比較優位にある市場での借入れを行う。つまり，GEは米ドル市場で，カンタス航空は豪ドル市場でそれぞれ借入れを行う。それから通貨スワップ取引を行って，GEはローンを豪ドル建てに，カンタス航空はローンを米ドル建てに変えるのである。

図7.11 比較優位により取り組まれた通貨スワップ

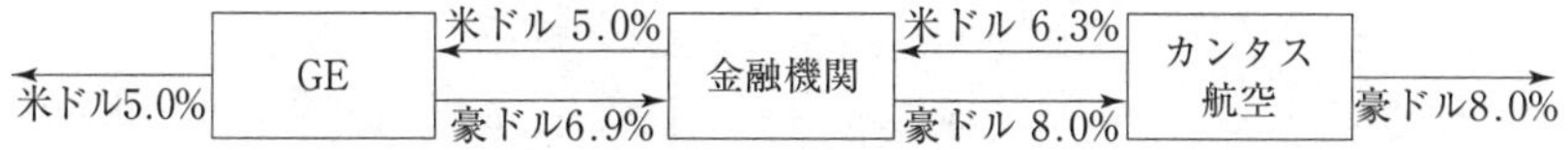

```
              米ドル 5.0%           米ドル 6.3%
  ┌────┐               ┌──────┐               ┌──────┐
米ドル5.0% →│ GE │               │金融機関│               │カンタス│→ 豪ドル8.0%
  └────┘               └──────┘               │ 航空 │
              豪ドル 6.9%           豪ドル 8.0%   └──────┘
```

すでに述べたように，米ドルでの金利差は2.0%であり，豪ドルでの金利差は0.4%である。金利スワップのときと同じ議論で，取引参加者全員の利益の合計は2.0％－0.4％＝1.6％（年率）になる。

スワップの取引条件はいくつか考えられるが，図7.11に金融機関が仲介した場合の通貨スワップの一例を示す。GEは米ドルで借入れを行い，カンタス航空は豪ドルで借入れを行う。スワップ取引を行うことによって，GEは年率5.0％の米ドル金利を年率6.9％の豪ドル金利に変えることができる。その結果，GEは豪ドル市場から直接借り入れるより年率0.7％調達コストを改善することができる。同様にカンタス航空は年率8％の豪ドルローンを年率6.3％の米ドルローンに変えることで，米ドル市場から直接借り入れるより年率0.7％調達コストを改善することができる。金融機関は，米ドルのキャッシュ・フローから年率1.3％を得て，豪ドルキャッシュ・フローで年率1.1％を失う。通貨の違いを無視すると，金融機関はネットで年率0.2％の利益を得る。先に述べたように，3者の利益合計は年率1.6％である。

金融機関は毎年234,000米ドル（＝1,800万米ドル×1.3％）を受け取り，220,000豪ドル（＝2,000万豪ドル×1.1％）を支払う。また，金融機関はスワップ満期までの各年に220,000豪ドルを購入するフォワード契約を結べば為替リスクを避けることができ，米ドルでのネット利益を固定することができる。

金融機関が米ドルで0.2％の利益が得られるように，スワップを組み直すことも可能である。図7.12と図7.13にそのような二つの方法を示した。どちらともGEやカンタス航空に為替リスクが残るので，実務上これらの方法が使われることはまれであろう[11]。図7.12ではカンタス航空は豪ドルで年率

---

[11] 金融機関は為替リスクのヘッジに長けているので，金融機関が為替リスクをとるのが通常理にかなっている。

図7.12 別の通貨スワップ取引例（カンタス航空が為替リスクを負う場合）

図7.13 別の通貨スワップ取引例（GEが為替リスクを負う場合）

1.1％の支払と米ドルで年率5.2％の支払を行うため，いくらかの為替リスクを負うことになる．図7.13ではGEは米ドルで年率1.1％の受取りと豪ドルで8％の支払を行うため，いくらかの為替リスクを負うことになる．

7.10 固定対固定の通貨スワップの評価

金利スワップと同様に，固定対固定の通貨スワップは二つの債券の差，または外国為替フォワード契約のポートフォリオに分解できる．

債券価格からの評価

米ドル金利を受け取り，外国金利を支払うスワップの米ドル建ての価値をV_{swap}とすると，

$$V_{\text{swap}} = B_D - S_0 B_F$$

となる．ここでB_Fはスワップの外国通貨キャッシュ・フローで定義される債券の外国通貨建ての価値，B_Dはスワップの自国通貨キャッシュ・フローで定義される債券の価値，S_0は現在の直物為替レート（外国通貨1単位当りの米ドル）である．したがってスワップの価値は，二つの通貨の金利と直物為替レートが与えられれば求めることができる．

同様に，外国金利を受け取り，米ドル金利を支払うスワップの価値は，

$$V_{\text{swap}} = S_0 B_F - B_D$$

となる．

【例7.4】

金利期間構造が，日本と米国のいずれでもフラットであるとする。日本の金利は年率4％，米国の金利は年率9％（いずれも連続複利）である。ある金融機関が年1回日本円で年率5％の金利を受け取り，米ドルで年率8％の金利を支払う通貨スワップを取引していた。2通貨に対する元本はそれぞれ1,000万ドル（10百万ドル）と12億円（1,200百万円）である。スワップの残存期間は3年で，現在の為替レートを110円 = 1ドルとする。

表7.9に計算結果をまとめた。この例では，スワップに対応するドル建て債のキャッシュ・フローは2列目のようになる。ドルの割引率を9％としたときのキャッシュ・フローの現在価値を3列目に示した。スワップに対応する円建て債のキャッシュ・フローは4列目のようになる。円の割引率を4％としたときのキャッシュ・フローの現在価値を最終列に示した。

ドル建て債の価値 B_D は9.6439百万ドルとなり，円建て債の価値は1230.55百万円となる。したがって，スワップのドル建ての価値は，

$$\frac{1{,}230.55}{110} - 9.6439 = 1.5430 百万ドル$$

となる。

表7.9　債券の観点から行った通貨スワップの価値計算

(単位：百万)

時点	ドル建て債の キャッシュ・ フロー（ドル）	現在価値（ドル）	円建て債の キャッシュ・ フロー（円）	現在価値（円）
1	0.8	0.7311	60	57.65
2	0.8	0.6682	60	55.39
3	0.8	0.6107	60	53.22
3	10.0	7.6338	1,200	1,064.30
合計：		9.6439		1,230.55

フォワード契約のポートフォリオとしての評価

固定対固定の通貨スワップにおける各金利交換は，外国為替フォワード契約である．5.7節では，外国為替フォワード契約の価値は，フォワード・レートが将来の為替レートとして実現すると仮定することによって求めた．したがって，通貨スワップに対しても同じ仮定を用いることができる．

【例7.5】

例7.4の状況を再び考察しよう．金利期間構造は日米ともにフラットで，日本の金利は年率4％，米国の金利は年率9％（いずれも連続複利）である．ある金融機関が年1回日本円で年率5％の金利を受け取り，米ドルで年率8％の金利を支払う通貨スワップを取引していた．2通貨に対する元本はそれぞれ1,000万ドル（10百万ドル）と12億円（1,200百万円）である．スワップの残存期間は3年，現在の為替レートを110円＝1ドルとする．

表7.10に計算結果をまとめた．金融機関は毎年$0.08 \times 10 = 0.8$百万ドルを支払い，$1,200 \times 0.05 = 60$百万円を受け取る．加えて，3年後の満期にはドルの元本10百万ドルを支払い，円の元本1,200百万円を受け取る．現在の為替レートは1円当り0.009091ドルで，$r = 9\%$，$r_f = 4\%$であるから，(5.9)式より1年物フォワード・レートは，

$$0.009091 e^{(0.09-0.04) \times 1} = 0.009557$$

となる．表7.10の2年物および3年物フォワード・レートも同様に求められる．スワップに対応するフォワード契約の価値は，フォワード・レートが将来の為替レートとして実現すると仮定することで求めることができる．1年物フォワード・レートが1年後の為替レートとして実現すれば，1年後の円のキャッシュ・フローは$60 \times 0.009557 = 0.5734$百万ドルとなり，その時点でのネットのキャッシュ・フローは$0.5734 - 0.8 = -0.2266$百万ドルとなる．その現在価値は，

$$-0.2266 e^{-0.09 \times 1} = -0.2071 \text{百万ドル}$$

である．これは，1年後のキャッシュ・フローの交換に対応するフォワード契約の価値である．他のフォワード契約の価値も同様に計算され

る。表7.10に示すように，フォワード契約の総価値は1.5430百万ドルになる。これは例7.4で債券に分解して計算したスワップの価値と一致する。

表7.10 フォワード契約のポートフォリオとしての通貨スワップの価値計算
（単位：百万）

時点	ドルのキャッシュ・フロー	円のキャッシュ・フロー	フォワード為替レート	円のキャッシュ・フローのドル価値	ネット・キャッシュ・フロー(ドル)	現在価値
1	−0.8	60	0.009557	0.5734	−0.2266	−0.2071
2	−0.8	60	0.010047	0.6028	−0.1972	−0.1647
3	−0.8	60	0.010562	0.6337	−0.1663	−0.1269
3	−10.0	1200	0.010562	12.6746	+2.6746	2.0417
合計：						1.5430

　通貨スワップの価値は，初期時点では通常ほぼゼロである。スワップ開始時において二つの元本の価値が一致しているならば，期首の元本交換直後もスワップの価値はほぼゼロである。しかし，金利スワップの場合と同じように，これはスワップを構成する個々のフォワード契約の価値がほぼゼロになることを意味しているわけではない。2通貨の金利が大きく異なれば，高金利通貨の支払側にとっては初めの頃のキャッシュ・フロー交換に対応するフォワード契約の価値は負，期末の元本交換に対応するフォワード契約の価値は正となる。低金利通貨の支払側にとっては，逆の状況になる。すなわち，初めの頃のキャッシュ・フロー交換は正の価値，期末の元本交換は負の価値をもつ。スワップ取引における信用リスクを評価する際には，これらのことが重要になる。

7.11 その他の通貨スワップ

固定対固定の通貨スワップ以外に以下の2種類の通貨スワップが広く取引されている。

1. 固定対変動の通貨スワップ：ある通貨の変動金利と他の通貨の固定金利が交換される
2. 変動対変動の通貨スワップ：ある通貨の変動金利と他の通貨の変動金利が交換される

最初の固定対変動の通貨スワップの例としては、700万英ポンドの元本に対する英ポンドLIBORの支払と、1,000万米ドル元本の3％受取りを、年2回10年間にわたり実施するようなスワップがあげられる。固定対固定の通貨スワップと同様に、このスワップは金利の支払と反対方向の当初元本交換が行われ、スワップの満期時点で金利の支払と同じ方向の最終元本交換が行われる。固定対変動の通貨スワップは、固定対固定の通貨スワップと固定対変動の金利スワップの組合せとみなすこともできる。先ほどの例では、(a) 1,000万米ドル元本の3％を受け取り700万英ポンド元本の（たとえば）4％を支払うスワップと、(b) 700万英ポンド元本の4％を受け取りLIBORを支払う金利スワップをあわせたものと考えることができる。

このスワップの評価を行うには、まず米ドル支払を米ドルの無リスク金利で割り引くことで米ドル建ての価値を計算する。英ポンド支払の価値は英ポンドLIBORのフォワード・レートが実現すると仮定して、そのキャッシュ・フローを英ポンドの無リスク金利で割り引くことで計算する。スワップの価値は、現在の為替レートにより計算した二つの支払価値の差分となる。

二つ目の変動対変動の通貨スワップの例としては、700万英ポンドの元本に対する英ポンドLIBORを支払い、1,000万米ドルの元本に対する米ドルLIBORを受け取るようなスワップがあげられる。先ほどの例と同じように、このスワップも金利の支払と反対方向の当初元本交換が行われ、スワップ満期時点で金利の支払と同じ方向の最終元本交換が行われる。変動対変動のス

ワップは，固定対固定の通貨スワップとそれぞれの通貨の金利スワップの組合せとみなすことができる。いまの例では，(a) 1,000万米ドル元本の（たとえば）3％を受け取り，700万英ポンド元本の（たとえば）4％を支払う通貨スワップに，(b) 700万英ポンドに対する4％を受け取りLIBORを支払う金利スワップと，(c) 1,000万米ドルに対する3％を支払いLIBORを受け取る金利スワップを足し合わせたものとみなすことができる。

　変動対変動のスワップは各々の通貨でのフォワード金利が実現すると仮定し，キャッシュ・フローを無リスク金利で割り引くことで評価する。スワップの価値は，現在の為替レートにより計算した二つの支払価値の差分となる。

7.12　信用リスク

　スワップのような2企業間で行われる相対取引には，信用リスクが伴う。2企業との間で相殺するような取引を行った金融機関について考えてみよう（図7.4，図7.5，または図7.7を参照）。両社がデフォルトしなければ，金融機関のポジションは完全にヘッジされている。一方の取引の価値の減少は，常に他方の価値の増加によって相殺される。しかし，一方の相手方が財務的困難に陥り，デフォルトする可能性もある。たとえこのような事態が発生しても，金融機関は他方の相手方との契約は継続しなくてはならない。

　図7.4の取引開始後しばらく時間が経過して，金融機関からみたマイクロソフトとの取引の価値は正，インテルとの取引の価値は負になっていたとしよう。さらに，この金融機関はこれらの企業とほかにはデリバティブ取引を行っておらず，担保は差し入れられていなかったとする。（ポートフォリオのネッティングと担保契約の影響については第24章で論じる。）この時，マイクロソフトがデフォルトにすれば，金融機関はこの取引のもつ正の価値全部を失うことになる。ポジションがヘッジされた状態を維持するためには，金融機関はマイクロソフトと同じポジションをとってくれる第3の相手方を見つける必要がある。第3の相手方にそのポジションを引き受けてもらうには，マ

イクロソフトとの取引のデフォルト直前の価値とほぼ等しい金額を金融機関はその第3の相手方に支払わなければならないだろう。

金融機関からみたスワップの価値が正のとき，金融機関はそのスワップに対して明らかに信用リスクを負う。スワップの価値が負のときに相手方が財務的困難に陥った場合はどうなるのか。理論上はそのデフォルトにより負債がなくなるので，金融機関は思いがけない利益を得ることになる。しかし，実際にはなんらかの方法でその相手方が第三者にその取引を売却するか資産整理が行われたりするなどにより，その取引の正の価値は放棄されない。したがって，金融機関にとっての最も現実的な仮定は次のようなものになる。相手方が倒産したとき，スワップ取引が正の価値をもつ場合には損失を被り，負の価値をもつ場合には何も影響は生じない。このようすを図7.14に図示する。

スワップにおいて，前半のキャッシュ・フロー交換が正の価値をもち，後半の交換は負の価値をもつ場合がある。（これは図7.9(a)のような状況であり，通貨スワップでは，金利が低いほうの通貨が支払われる場合にそうなる。）このようなスワップの場合，取引期間中の大半において，その価値は負となりやすい。したがって，そのようなスワップの信用リスクは，前半のキャッシュ・フロー交換が負の価値で後半が正の価値をもつスワップよりも，小さくなる

図7.14 無担保で単一のスワップから構成されるポートフォリオの信用エクスポージャー

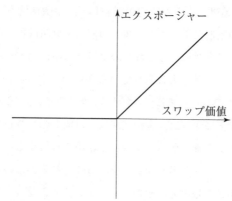

傾向がある。

　デフォルトによるスワップの潜在的損失額は，同じ元本額に対するローンの潜在的損失額よりもかなり小さい。これはスワップの価値がローンの価値に比べて非常に小さいからである。デフォルトによる通貨スワップの潜在的損失額は，金利スワップの潜在的損失額よりも大きい。その理由は，通貨スワップでは二つの異なる通貨の元本交換が契約終了時点に行われるため，通貨スワップのほうが金利スワップよりもデフォルト時における価値が大きくなりやすいからである。

　いかなる契約においても，金融機関が抱える信用リスクと市場リスクとを区別することは重要である。上で述べたように，信用リスクは，金融機関からみた契約の価値が正のときに契約の相手方にデフォルトする可能性があることに起因している。市場リスクは，金利や為替レートなどの市場変数の変動により金融機関からみた契約の価値が負になってしまう可能性があることに起因している。市場リスクは相殺するような契約を取引することでヘッジできるが，信用リスクのヘッジは容易ではない。

　スワップ市場での一風変わった話をビジネス・スナップショット7.2に紹介する。このコラムは英国の地方自治体であるハマースミス区とフラム区に関するもので，スワップを取引する銀行は市場リスクと信用リスクに加えて，法的リスクにもさらされうることを紹介したものである。

> **ビジネス・スナップショット7.2**
>
> ### ハマースミス区とフラム区の話
>
> 　1987年から1989年にかけて，英国ロンドンのハマースミス区とフラム区は，想定元本で約60億英ポンドにのぼる600件もの金利スワップとその関連取引を行った。取引はヘッジ目的というより投機目的であった。ハマースミス区とフラム区の取引責任者である2人の職員は，リスクとその取引の仕組みについておおまかな理解しかもっていなかった。
>
> 　1989年までに，英ポンド金利の変動により，両区はスワップ取引で数億英ポンドの損失を被った。取引相手方の銀行にとっては，スワップの

価値が数億英ポンドになったことで信用リスクを懸念するようになった。銀行は金利リスクをヘッジするために，それらを相殺するようなスワップ取引を行っていた。もしハマースミス区とフラム区がデフォルトしたならば，銀行は相殺のために取引したスワップの契約履行義務を負うため，やはり莫大な損失を被ったであろう。

　実際に起こったことはデフォルトとは少し異なるものだった。両区の監査人は，両区はそれらの取引を行う権限をもっていなかったので，取引の無効が宣言されるよう求め，裁判所もそれを認めた。この裁判は英国最高裁まで上告されて争われた。最終判決は，両区はスワップの取引権限を有していなかったものの，将来的にはリスク管理の目的での取引を行う権限はもつべきであるというものだった。いうまでもなく，裁判所によって契約の有効性がこのようなかたちでひっくり返されたことに，銀行は激怒することになった。

中央清算

　第2章で説明したように，店頭市場の信用リスクを減らす試みとして，規制当局は標準化されたOTCデリバティブについては中央清算機関（CCP）を介して清算するよう要求している。中央清算機関は取引を行う二者の間に立ち，先物の清算機関が要求するのと同様に，両者に対して当初証拠金と変動証拠金を要求する。LCH. Clearnet（London Clearing House（LCH）と，パリに拠点をおくClearnetの合併により設立）は，金利スワップの最大の中央清算機関である。2013年には，LCH.Clearnetは350兆ドル以上のスワップを清算している。

クレジット・デフォルト・スワップ

　2000年以降に重要性が増してきた取引にクレジット・デフォルト・スワップ（CDS：Credit Default Swap）がある。CDSにより企業は，これまで市場リスクをヘッジしてきたのと同じように信用リスクをヘッジすることができ

る。CDSは保険契約に似ており，ある企業あるいは国がデフォルトしたときにペイオフが発生する。このような企業あるいは国は参照体（reference entity）と呼ばれる。クレジット・プロテクションの買い手は，CDSスプレッドとして知られるプレミアムを，契約期間中あるいは参照体がデフォルトするまで，プロテクションの売り手に対して支払う。CDSの想定元本が1億ドルで，5年取引のCDSスプレッドが120ベーシス・ポイントであったとしよう。プレミアムは1億ドルの120ベーシス・ポイントであるので年間120万ドルである。もし参照体が5年間デフォルトしなければ，支払ったプレミアムに対して何も得られない。もし参照体がデフォルトし，その参照体によって発行された債券がデフォルト直後に1ドル当り40セントとなれば，プロテクションの売り手はプロテクションの買い手に6,000万ドルを支払わなければならない。つまり，もしプロテクションの買い手がこの参照体によって発行された債券を1億ドル保有していれば，ペイオフによってポートフォリオの価値が1億ドルまで回復されることになる。

クレジット・デフォルト・スワップについては，第25章でさらに詳しく論じる。

7.13 その他のスワップ

本章では，LIBORと固定金利とを交換する金利スワップと，ある通貨の固定金利と別の通貨の固定金利とを交換する通貨スワップについて説明してきた。それ以外にも多くのスワップが取引されている。それらについては第25章，第30章，第33章で詳しく論じる。ここでは概略について紹介しよう。

その他の標準的な金利スワップ

固定対変動の金利スワップでは，LIBORが最もよく参照される変動金利である。本章の例では，LIBORの期間（すなわち支払周期）は6カ月であったが，LIBORの期間が1カ月，3カ月，および12カ月のスワップもよく取引されている。また，変動サイドの期間と固定サイドの期間が一致している

必要はない。(実際,脚注3に述べたように,米国での標準的な金利スワップは3カ月ごとのLIBOR支払と半年ごとの固定金利支払を交換するものである。) LIBORは最もよく使われる変動金利であるが,コマーシャル・ペーパー(CP)金利が使われることもある。ベーシス・スワップとして知られるスワップもよく取引される。たとえば,同じ元本に対する3カ月物CP金利+10ベーシス・ポイントと3カ月LIBORとを交換するスワップである。(異なる変動金利の影響を受ける資産と負債をもつ企業は,この取引を用いてそのエクスポージャーをヘッジすることができる。)

スワップ契約の元本が取引相手方のニーズにあわせてスワップ期間中に変化するスワップもある。アモチ・スワップ(amortizing swap)は,あらかじめ定められた方法で元本が減額するスワップである。(たとえば,元本がローンの減額スケジュールにあわせて決められている。)ステップアップ・スワップ(step-up swap)は,あらかじめ定められた方法で元本が増額するスワップである。(たとえば,元本がローン契約に基づく引出しにあわせて決められている。)将来のある時点まで金利交換を開始しないディファード・スワップまたはフォワード・スワップ(forward swap)も時折取引されている。さらに,固定金利と変動金利に適用される元本額が異なるスワップも取引されている。

コンスタント・マチュリティ・スワップ(CMS swap:constant maturity swap)は,LIBORレートとスワップ・レートとを交換する取引である。たとえば,同じ元本に対して6カ月LIBORと10年スワップ・レートを6カ月ごとに5年間交換する取引である。コンスタント・マチュリティ・トレジャリー・スワップ(CMT swap:constant maturity Treasury swap)は,LIBORレートをある特定の国債金利(たとえば,10年物国債金利)と交換する同様のスワップである。

コンパウンド・スワップ(compounding swap)は,あらかじめ定められたルールに基づいて,片サイドもしくは両サイドの金利がスワップの満期まで複利され,満期日でのみ支払が行われるスワップである。後払いLIBORスワップ(LIBOR-in-arrears swap)は,金利計算に使う金利が支払日におけるLIBORで決まるスワップである。(7.1節で説明したように,標準的な取引では

各支払日におけるLIBORが次回支払日での適用金利となる。）アクルーアル・スワップ（accrual swap）は，参照する変動金利があるレンジ内に収まっている日においてのみスワップの片サイドの利子は付利される，というものである。

ディフ・スワップ

ある通貨で観測される金利が別の通貨の元本額に適用されるといったスワップもある。たとえば，米ドルの3カ月LIBORと英ポンドの3カ月LIBORを，それぞれ元本1,000万英ポンドに適用して得られる利子を交換するスワップである。このタイプのスワップはディフ（ァレンシャル）・スワップ（diff swap）またはクオント・スワップ（quanto swap）と呼ばれ，第30章で議論する。

エクイティ・スワップ

エクイティ・スワップ（equity swap）は，株価指数のトータル・リターン（配当と売買益）と固定金利または変動金利とを交換するスワップである。たとえば，同じ元本に対して連続する6カ月間の各期間におけるS&P 500のトータル・リターンとLIBORとを交換する取引である。エクイティ・スワップは，ポートフォリオ・マネージャーが固定金利または変動金利での運用を株価指数への投資に変えたり，その逆を行うのに利用されることもある。これらについては，第33章で議論する。

オプション

スワップ契約にオプションが内包されていることもある。たとえば，エクステンダブル・スワップ（extendable swap）では，一方の取引当事者が所定の期間を超えてスワップ期間を延長する権利をもっている。プッタブル・スワップ（puttable swap）では，一方の取引当事者がスワップを早期解約できる権利をもっている。さらに，スワップのオプション，すなわちスワプション（swaption）も取引されている。これは，あらかじめ決められた固定

第7章　スワップ　277

金利と変動金利とを交換するスワップを将来のある時点に開始する権利であり，第29章で議論する．

コモディティ・スワップ，ボラティリティ・スワップ，その他のエキゾチック商品

コモディティ・スワップ（commodity swap）は，ある商品に対する受渡価格が同じ複数の満期の一連のフォワード契約と本質的に同じである．ボラティリティ・スワップ（volatility swap）は，一連の期間に対して，各期間の終わりに一方の取引当事者があらかじめ定められたボラティリティを支払い，他方がその期間に実現したヒストリカル・ボラティリティを支払う取引である．支払額は，それぞれのボラティリティに同額の想定元本を乗じて計算される．ボラティリティ・スワップは，第29章で議論する．

スワップは金融エンジニアの想像力，エキゾチックな仕組みを求める企業の財務担当者，およびファンド・マネージャーのニーズによって，いかなる形態にもなる．第33章では，プロクター・アンド・ギャンブルとバンカーズ・トラスト銀行との間で締結された有名な5/30スワップについて述べる．5/30スワップの金利交換額は，30日物コマーシャルペーパー金利，30年物米国長期国債価格，および5年物米国財務省証券イールドに複雑に依存している．

要 約

二つの最も一般的なスワップは金利スワップと通貨スワップである．金利スワップは，ある一定の期間にわたって同じ想定元本に対する固定金利と変動金利とを二者間で交換する契約である．通貨スワップは，ある通貨の元本に対する金利と別通貨の元本に対する金利とを二者間で交換する契約である．

金利スワップでは元本交換は通常行われない。通貨スワップでは，通常スワップ期間の始めと終わりに元本交換が行われる。外貨金利の支払手はスワップ期間の開始時点に外貨建て元本を受け取り，自国通貨建て元本を支払う。スワップ期間の終了時点には，外貨建て元本を支払い，自国通貨建て元本を受け取る。

　金利スワップは変動金利ローンを固定金利ローンに変える，あるいはその逆を行うのに用いることができる。同様に，金利スワップは変動金利での運用を固定金利での運用に変える，あるいはその逆を行うのに用いることができる。通貨スワップはある通貨建てローンを別通貨建てローンに変えるのに用いることができる。同様に，通貨スワップはある通貨建ての運用を別通貨建ての運用に変えるのに用いることができる。

　金利スワップと通貨スワップの評価には二つの方法がある。一つはスワップをある債券のロング・ポジションと別の債券のショート・ポジションに分解する方法である。もう一つはスワップをフォワード契約のポートフォリオと考える方法である。

　金融機関は異なる取引相手方との間でポジションが相殺されるようなスワップ取引を行ったとき，信用リスクにさらされている。金融機関からみたスワップの価値が正になっている取引の相手方がデフォルトした場合でも，その金融機関はもう一つの取引相手方とのスワップ契約は継続しなければならないため，損失が発生するであろう。カウンターパーティー・リスク，担保，およびネッティングの効果については，第24章で議論する。

参考文献

Alm, J., and F. Lindskog. "Foreign Currency Interest Rate Swaps in Asset–Liability Management for Insurers," *European Actuarial Journal*, 3（2013）: 133–58.

Corb, H. *Interest Rate Swaps and Other Derivatives*. New York: Columbia University Press, 2012.

Flavell, R. *Swaps and Other Derivatives*, 2nd edn. Chichester: Wiley, 2010.

Klein, P. "Interest Rate Swaps: Reconciliation of Models," *Journal of Derivatives*, 12, 1 (Fall 2004): 46-57.

Memmel, C., and A. Schertler. "Bank Management of the Net Interest Margin: New Measures," *Financial Markets and Portfolio Management*, 27, 3 (2013): 275-97.

Litzenberger, R. H. "Swaps: Plain and Fanciful," *Journal of Finance*, 47, 3 (1992): 831-50.

Purnanandan, A. "Interest Rate Derivatives at Commercial Banks: An Empirical Investigation," *Journal of Monetary Economics*, 54 (2007): 1769-1808.

練習問題

7.1 A社とB社は元本2,000万ドルの5年ローン金利（年率）について，以下の提示を受けている。

	固定金利	変動金利
A社	5.0%	LIBOR+0.1%
B社	6.4%	LIBOR+0.6%

A社は変動金利ローンを考えており，B社は固定金利ローンを考えている。金融機関の利益は年率0.1%とし，A社とB社がともに等しく利益を享受できるようなスワップ取引を考えよ。

7.2 X社は固定金利で米ドルの調達を考えており，Y社は固定金利で日本円の調達を考えている。それぞれの調達希望額は，現時点の為替レート換算でほぼ同額である。両社に対して税効果調整後の金利が以下のように提示されている。

	円	ドル
X社	5.0%	9.6%
Y社	6.5%	10.0%

金融機関の利益が年率50ベーシス・ポイントとなるようなスワップ取引を考えよ．ただし，X社とY社がともに等しく利益を享受し，為替リスクはすべて金融機関がとるものとする．

7.3 想定元本が1億ドル，残存期間10カ月の6カ月LIBORと年率7％（半年複利）の金利を交換する金利スワップがある．現在，6カ月LIBORと固定金利を交換するスワップ・レートのビッドとオファーの平均はすべての満期に対して連続複利で年率5％であるとする．また，2カ月前の6カ月LIBORは年率4.6％だったとする．この時，変動金利を支払う契約者からみたスワップの価値はいくらになるか．また，固定金利を支払う契約者からみたスワップの価値はいくらか．

7.4 スワップ・レートとは何かを説明せよ．スワップ・レートとパー・イールドの関係を述べよ．

7.5 元本2,000万英ポンドに対する10％の金利と元本3,000万ドルに対する6％の金利を年1回交換する残存期間15カ月の通貨スワップがある．現在，両通貨の金利期間構造はフラットであり，金利スワップ・レートをドルは4％，英ポンドは7％とする．各金利はすべて1年複利ベースである．為替レートを1英ポンド当り1.5500ドルとしたときに，英ポンドを支払う側，およびドルを支払う側からみたこのスワップの現在価値をそれぞれ求めよ．

7.6 金融取引における信用リスクと市場リスクの違いについて説明せよ．

7.7 ある企業の財務担当者が，固定金利5.2％という競争力のある水準で5年物ローンを締結したと話している．この財務担当者は，資金を6カ月LIBOR＋150bpsで借り入れ，LIBORを3.7％の固定金利と交換することで5.2％のローンを実現できたと説明している．さらに，変動金利市場での当社の比較優位性によりそれが可能となったとも

話している。この説明で財務担当者が見落としている事項は何か。

7.8 金融機関は，互いに相殺するようなスワップ取引を行っても信用リスクにさらされている。その理由を述べよ。

7.9 X社とY社は500万ドルの10年間の運用に対して，以下の利回りを提示されている。

	固定金利	変動金利
X社	8.0%	LIBOR
Y社	8.8%	LIBOR

X社は固定金利での運用を，Y社は変動金利での運用を考えている。金融機関の利益は年率0.2%とし，X社とY社がともに等しく利益を享受するようなスワップ取引を考えよ。

7.10 ある金融機関がX社との間で，6カ月ごとに年率10%の固定金利を受け取り，6カ月LIBORを支払う，想定元本1,000万ドル，期間5年の金利スワップ契約を締結した。6回目の支払日（つまり3年目の終わり）にX社がデフォルトし，そのときのLIBOR／スワップ金利がすべての満期に対して年率8%（半年複利ベース）だったとする。この金融機関の被る損失はいくらになるか。ただし，3年目の中間における6カ月LIBORは年率9%だったとする。

7.11 A社とB社は，それぞれ以下に示す金利（税効果調整後）の提示を受けている。

	A社	B社
米ドル（変動金利）	LIBOR＋0.5%	LIBOR＋1.0%
カナダ・ドル（固定金利）	5.0%	6.5%

A社は米ドル変動金利借入れを，B社はカナダ・ドル固定金利借入れを考えている。ある金融機関が50ベーシス・ポイントのスプレッドを対価にスワップをアレンジしようとしている。A社とB社がともに等しく利益を享受するようにアレンジすると，それぞれが支払

う金利は実質いくらになるか。

7.12 ある金融機関はY社との間で，スイス・フランで年率3％の金利を受け取り，米ドルで年率8％の金利を支払う，期間10年の通貨スワップを取引した。金利交換は1年ごとに行われ，元本は700万ドルと1,000万スイス・フランである。Y社が6年目の終わりに破産を宣言し，その時の為替レートは1スイス・フラン当り0.80ドルだったとする。このとき金融機関のコストはいくらになるか。ただし，6年目の終わり時点での金利（1年複利）はすべての満期に対して，スイス・フランで年率3％，米ドルで年率8％であったとする。

7.13 図7.11においてフォワード契約を用いて為替リスクをヘッジした場合，金融機関に残る平均スプレッドは20ベーシス・ポイントより大きくなるか，それとも小さくなるか。その理由についても説明せよ。

7.14 「信用リスクが大きい企業は，市場から固定金利で資金を直接調達することができない。そのため，固定金利を支払い，変動金利を受け取る金利スワップを最もよく取引する傾向にある企業はそれらの企業である。」このことが正しいと仮定しよう。では，このことは金融機関のスワップ・ポートフォリオのリスクを増大させることになるか，あるいは減少させることになるか。金利が上昇すると企業の倒産確率は高くなると仮定して考察せよ。

7.15 金利スワップのデフォルトによる期待損失のほうが，同じカウンターパーティーに対する同じ元本のローンのデフォルトによる期待損失より小さいのはなぜか。

7.16 ある銀行で，資産と負債とがミスマッチであることがわかった。その銀行は変動金利預金で資金調達し，固定金利ローンを行っているとする。この時，金利リスクを相殺するにはどのようなスワップ取引を行えばよいか。

7.17 ある通貨の変動金利と別通貨の固定金利とを交換する通貨スワップの評価方法を説明せよ。

7.18 1.5年までのLIBORゼロ・カーブを5％（連続複利）でフラット，満

期2年および3年の半年払いのスワップ・レートをそれぞれ5.4%と5.6%とする。この時、満期2.0年、2.5年、3.0年のLIBORゼロ・レートを推定せよ。(2.5年スワップ・レートは2年スワップ・レートと3年スワップ・レートの平均値と仮定する。)

7.19 どのようにスワップの金額デュレーションを計算することができるか述べよ。

発展問題

7.20 (a) 企業Aは3年間6.45%で借入れを行うことができる。表7.3の提示を受けているとき、この固定金利を変動金利と交換するとしたら、どのようなレートとなるか。

(b) 企業Bは5年間LIBOR+75ベーシス・ポイントで借入れを行うことができる。表7.3の提示を受けているとき、この変動金利を固定金利と交換するとしたら、どのようなレートとなるか。

7.21 (a) 企業Xは4年間5.5%で投資することができる。表7.3の提示を受けているとき、この固定利回りを変動利回りに交換するとしたら、どんなレートにすることができるか。

(b) 企業Yは10年間LIBOR−50ベーシス・ポイントで投資することができる。表7.3の提示を受けているとき、この変動金利を固定金利に交換するとしたら、どのようなレートとなるか。

7.22 1年物LIBORレートを1年複利で10%とする。ある銀行が固定金利と12ヵ月LIBORを毎年交換するスワップを取引している。満期2年と3年のスワップ・レート(1年複利)をそれぞれ年率11%と12%とする。このとき、2年と3年のLIBORゼロ・レートを推定せよ。

7.23 ある金利スワップにおいて、金融機関は想定元本1億ドルに対して年10%を支払い3ヵ月LIBORを受け取ることに合意した。金利は3

カ月ごとに受け渡される。スワップの残存期間は14カ月である。現在，すべての満期に対して，3カ月LIBORとスワップされる固定金利のオファーとビッドの平均は年率12%である。1カ月前，3カ月LIBORは年率11.8%であった。すべての金利は四半期複利である。スワップの価値はいくらか。

7.24 A社は英国の製造会社で，米ドル建ての資金調達を固定金利で行いたいと考えている。B社は米国の多国籍企業で，英ポンド建ての資金調達を固定金利で行いたいと考えている。両社は，それぞれ以下に示す金利（税効果調整後）の提示を受けている。

	英ポンド	米ドル
A社	11.0%	7.0%
B社	10.6%	6.2%

銀行の利益を年率10ベーシス・ポイントとし，両社の利益が年率15ベーシス・ポイントとなるようなスワップ取引を考えよ。

7.25 ある金融機関が，3カ月ごとに10%の固定金利を支払い，3カ月LIBORを受け取る想定元本1億ドルのスワップ取引を行っている。このスワップの残存期間は14カ月である。固定金利と3カ月LIBORを交換するスワップ・レートのビッドとオファーの平均値は，現在すべての満期に対して年率12%とする。1カ月前の3カ月LIBORが年率11.8%だったとき，このスワップの現在価値を求めよ。ただし，金利はすべて四半期複利で与えられているとする。

7.26 米国とオーストラリアの金利期間構造はフラットで，米ドル金利は年率7%，豪ドル金利は年率9%とする。現在の為替レートは1豪ドル当り0.62米ドルである。ある金融機関が，元本2,000万豪ドルに対して年率8%の金利を支払い，元本1,200万米ドルに対して年率4%の金利を受け取るスワップ取引を行っている。受払いは年1回で，ちょうど受払いが行われたばかりだとする。スワップの残存期間が2年のとき，金融機関からみたこのスワップの現在価値を求め

よ。ただし，すべての金利は連続複利とする。

7.27 X社は英国を基盤とする企業であり，5,000万ドルの5年固定金利借入れを米国で行いたいと考えている。この企業は米国での知名度が低いため，この資金調達は無理である。しかし，英ポンドであれば年率12%で5年固定金利借入れが可能である。一方，米国を基盤とするY社が5,000万ドル相当の5年固定金利借入れを英ポンドで行いたいと考えている。この企業は英ポンドでの借入れは困難であるが，米ドルであれば年率10.5%で借入れが可能である。米国と英国の5年物国債の現時点でのイールドがそれぞれ年率9.5%と10.5%であるとき，金融機関の利益を年率0.5%とする適切な通貨スワップを提案せよ。

第8章
証券化と2007年の信用危機

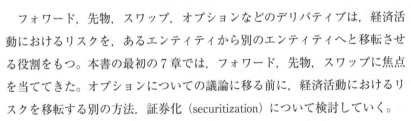

　フォワード，先物，スワップ，オプションなどのデリバティブは，経済活動におけるリスクを，あるエンティティから別のエンティティへと移転させる役割をもつ．本書の最初の7章では，フォワード，先物，スワップに焦点を当ててきた．オプションについての議論に移る前に，経済活動におけるリスクを移転する別の方法，証券化（securitization）について検討していく．

　証券化は，2007年に始まった信用危機（"信用収縮"と呼ばれることもある）にて果たした役割のせいで，特に注目を浴びている．信用危機は米国の住宅ローンをもとにつくられた金融商品に端を発したが，急速に米国から他の国へ拡散し，また，金融市場から実体経済へと波及した．いくつかの金融機関が破綻し，政府により救済された金融機関もあった．金融セクターにとって，21世紀の最初の10年は悲惨なものであったことに疑いの余地はないだろう．

本章では，証券化の性質と，それが信用危機で果たした役割について分析をする。また，米国住宅ローン市場，資産担保証券，債務担保証券，ウォーターフォール，金融市場における動機づけの重要性について順次学んでいく。

8.1 証券化

銀行は，伝統的にはローンの資金を主に預金により調達してきた。1960年代には，このような調達方法では，米国の銀行が住宅ローンの需要に対応し続けていくことがむずかしくなっていた。こうした状況が，不動産担保証券（MBS：mortgage-backed security）市場の発展につながったのである。住宅ローンのポートフォリオを構成し，ポートフォリオから生じる（金利や元本の返済等の）キャッシュ・フローをまとめて証券とし（すなわち証券化），投資家に販売した。米国政府は1968年に連邦政府抵当金庫（GNMA：Government National Mortgage Association，ジニー・メイ（Ginnie Mae）としても知られる）を設立した。この機関は，条件を満たしている住宅ローンの金利と元本の支払を（手数料の対価として）保証し，投資家に販売する証券を組成していた。

それゆえ，銀行は住宅ローンを提供しているにもかかわらず，バランスシート上では住宅ローンを保持していなかった。証券化は，預金残高の伸びよりも早く，貸出を増やすことを銀行に可能にさせたのである。GNMAの保証は借り手のデフォルトからMBSの投資家を守っていた[1]。

1980年代になると，住宅ローン市場にて発達した証券化の技術は，米国の自動車ローンやクレジットカードの債権にも適用された。また，証券化は米国以外の国でも普及していった。証券化市場が発展するにつれ，投資家は借

---

[1] 一方で，MBSへの投資は住宅ローンの繰上返済の不確実性にはさらされていた。金利が低く，投資家が再投資するには，あまり魅力的な機会がないときに，繰上返済は最も多くなる傾向がある。MBSの創成期には，多くの投資家がこのことを織り込んでおらず，期待よりも低い収益性が実現することとなった。

り手のデフォルトについて保証がない状況でも，不安に思わなくなっていった。

資産担保証券

2000年から2007年の間に用いられていた証券化の仕組みについて図8.1に示した。これは，資産担保証券（ABS：asset-backed security）として知られるものである。たとえば，ローンのような利金を生む資産からなるポートフォリオを，ローンの提供元の銀行が特別目的事業体（SPV：special purpose vehicle）に売却し，この資産（裏付資産）から生じるキャッシュ・フローが，各トランシェ訳注1に配分される。図8.1にはトランシェが，シニア・トランシェ（senior tranche），メザニン訳注2・トランシェ（mezzanine tranche），エクイティ・トランシェ（equity tranche）の三つのみ示されており，これは一般的に組成されていたものよりも簡略化されたものである（実

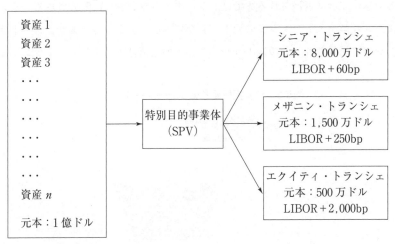

図8.1　資産担保証券（簡略版）
bp = ベーシス・ポイント（1 bp = 0.01%）。

訳注1　証券化商品において優先劣後構造等を構成する各部分のことをトランシェ（tranche）と呼ぶ。もともとはフランス語で切片やスライスを意味する。
訳注2　中二階を意味する。すなわち，優先と劣後の間のこと。

際にはより多くのトランシェが用いられていた)。ポートフォリオの元本は1億ドルとする。これが8,000万ドルのシニア・トランシェ，1,500万ドルのメザニン・トランシェ，500万ドルのエクイティ・トランシェに分けられている。シニア・トランシェはLIBOR＋60ベーシス・ポイント，メザニン・トランシェはLIBOR＋250ベーシス・ポイント，エクイティ・トランシェはLIBOR＋2,000ベーシス・ポイントの利率となっている。

エクイティ・トランシェがいちばん割りよくみえるかもしれないが，必ずしもそうではない。金利と元本の支払が保証されていないのである。エクイティ・トランシェは他のトランシェと比べて，元本が毀損する可能性が最も高く，元本に対しての利率どおりに利息を受け取れる可能性が最も低い。キャッシュ・フローはウォーターフォール (waterfall) として知られる規定により，各トランシェに配分される。一般的なウォーターフォールの仕組みについて図8.2に示した。金利の利払いと元本には，それぞれ別のウォーターフォールが適用される。元本の支払分については，シニア・トランシェの元本が完全に返済されるまでは，シニア・トランシェに配分される。その後，メザニン・トランシェの元本が完全に返済されるまで，メザニン・トランシェに配分され，その後ようやく，元本の返済はエクイティ・トランシェ

図8.2 資産担保証券のウォーターフォール

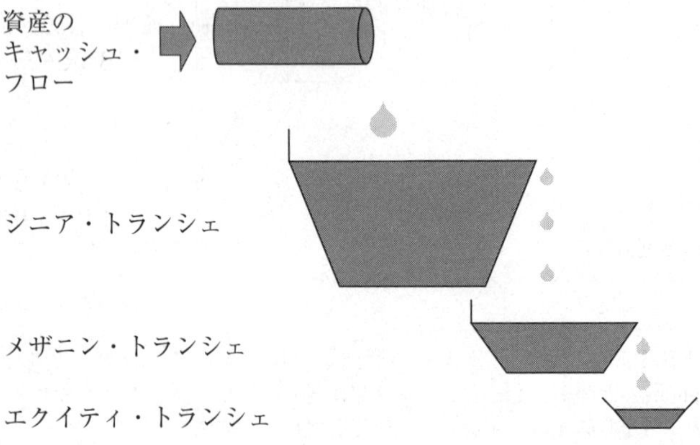

に渡るのである。金利の支払についても，シニア・トランシェの残存元本に対しての利率が確保されるまで，シニア・トランシェに配分される。この利率が得られると，金利の支払はメザニン・トランシェに配分される。メザニン・トランシェに対する利率が満たされ，かつ，まだ残りがあった場合に，エクイティ・トランシェに配分されることになる。

各トランシェにて，どの程度の元本が戻ってくるかは，裏付資産の損失度合いによる。ウォーターフォールはおおよそ次のように機能する。最初の5％の損失はエクイティ・トランシェに課せられる。もし，損失が5％を超えると，エクイティ・トランシェはすべての元本を失い，損失の一部がメザニン・トランシェに課せられることになる。損失が20％を超えたとき，メザニン・トランシェもすべての元本を失い，損失の一部がシニア・トランシェの負担となる。

したがって，ABSには二通りの見方がある。一つ目は，図8.2のウォーターフォールに示されるよう，キャッシュ・フローはまずシニア・トランシェに渡り，次にメザニン・トランシェ，そしてエクイティ・トランシェに渡る。もう一つは，損失の観点である。元本の損失は，最初にエクイティ・トランシェに課せられ，次にメザニン・トランシェ，そしてシニア・トランシェといった具合である。Moody's, S&P, Fitch等の格付機関は証券化において重要な役割を果たしてきた。図8.1のABSは，シニア・トランシェが最も高い格付であるAAAとなるように設計される傾向にある。メザニン・トランシェは典型的にはBBBの格付（AAAよりかなり下だが，それでも投資適格である）となる。エクイティ・トランシェは無格付であることが一般的である。

ここまで例として取り上げてきたABSは，その詳細条件を幾分か簡略化したものである。一般的には，幅広い格付を付与された三つ以上のトランシェが設けられていた。ウォーターフォールの取決めについても，ここまでの説明では，キャッシュ・フローの配分は逐次的で，常に最も優先度が高いトランシェに配分され，そして次に優先度が高いトランシェに配分されるという具合となっていた。実務ではこれより多少なりとも複雑な取決めが数百

ページにわたる法的文書に記載されている。さらに事態を複雑化させるのは，各トランシェの元本の合計が裏付資産の元本より少なかった場合に，超過担保（overcollateralization）が頻繁に設定されていたことである。さらに，各トランシェの想定利回りの加重平均は，裏付資産の収益率の加重平均を下回っていた[2]。

ABS CDO

AAA格の債券のリターンと比較し，ABSのAAA格のシニア・トランシェ利率はとても魅力的だったので，投資家を見つけるのは通常むずかしいことではなかった。エクイティ・トランシェは，一般的には裏付資産のオリジネーター（originator）が保有するか，ヘッジ・ファンドに売却されていた。

メザニン・トランシェの投資家を見つけることはよりむずかしく，このことが，資産担保証券をもとにした資産担保証券（ABS of ABS）の誕生へとつながった。図8.3にその仕組みを示す。まず，図8.1に示したような方法で生成されたメザニン・トランシェを数多く集め，ポートフォリオとする。そして，図8.1にて，裏付資産のキャッシュ・フローから生じるリスクに応じ

図8.3 ABS CDO（簡略版）

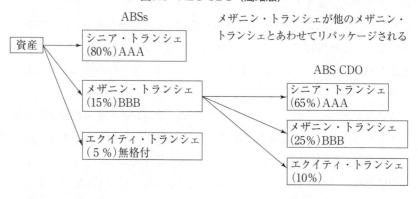

---

[2] この特徴も超過担保も，この仕組みによる，組成者にとっての潜在的な収益性を高めるものだった。

て各トランシェが生成されたのと同様に，このポートフォリオのキャッシュ・フローから生じるリスクに応じてトランシェを生成する。このような仕組みは，ABS CDO もしくはメザニン ABS CDO（Mezz ABS CDO）として知られている。図8.3の例では，ABS のメザニン・トランシェの元本の65％を ABS CDO のシニア・トランシェが占め，25％を ABS CDO のメザニン・トランシェが占め，元本の残り10％をエクイティ・トランシェが占めている。この仕組みは ABS CDO のシニア・トランシェが最高の格付である AAA となるように設計されている。つまり，ここで検討している例では，裏付資産の元本の約90％（80％に，15％の65％を加える）の AAA 格の証券が組成されるということを意味する。この比率は高く思えるが，もし証券化をさらに行い，ABS CDO のトランシェから ABS を組成すると，この比率はさらに押し上げられることになる（これは，実際に行われたことである）。

図8.3の例では裏付資産の損失が20％以下のときには，元本のすべての損失は，より劣後するトランシェに吸収されるため，ABS の AAA 格のトランシェからは利率と元本の受取りを期待することができる。図8.3の ABS CDO の AAA 格のトランシェは，よりリスクが高い。裏付資産の損失が10.25％以下のときでなければ，利率と元本を受け取ることができないのである。10.25％の裏付資産の損失は，ABS のメザニン・トランシェで，ABS の元本の5.25％の損失が発生することに相当する。このメザニン・トランシェは ABS の元本の15％であるので，5.25/15，つまり ABS CDO の元本の35％が損失を被ることになる。ABS CDO のエクイティ・トランシェとメザニン・トランシェは消し飛ぶが，シニア・トランシェは何とか無傷で生き延びることができる。

このように，ABS CDO のシニア・トランシェは，裏付資産の損失が10.25％を超えると，損失を被る。たとえば，裏付資産の17％が損失となった状況を考えてみよう。17％のうち，5％は ABS の劣後ローンに，12％が ABS のメザニン・トランシェに課せられる。したがって，メザニン・トランシェの損失は 12/15，つまり元本の80％になる。このうち，最初の35％は ABS CDO のエクイティ・トランシェとメザニン・トランシェにより吸収さ

表8.1 図8.3の ABS CDO の AAA 格のトランシェの損失見込み

裏付資産の損失	ABSのメザニン・トランシェの損失	ABS CDO のエクイティ・トランシェの損失	ABS CDO のメザニン・トランシェの損失	ABS CDO のシニア・トランシェの損失
10%	33.3%	100.0%	93.3%	0.0%
13%	53.3%	100.0%	100.0%	28.2%
17%	80.0%	100.0%	100.0%	69.2%
20%	100.0%	100.0%	100.0%	100.0%

れる。ABS CDO のシニア・トランシェはしたがって，45/65，つまりその価値の69.2%を失うことになる。上記と，その他同様の計算結果を表8.1にまとめた。ここでの計算は，すべての ABS のポートフォリオは同じデフォルト率であると仮定している。

8.2 米国住宅市場

図8.4は1987年1月から2013年2月までの，米国のS&P／ケース・シラー10都市圏住宅価格指数の推移を示している。これは，米国の10都市圏の住宅価格の指標となるものである。この図から，だいたい2000年頃から，その前の10年と比べて住宅価格が急上昇し始めたのが見て取れる。2002年から2005年までの低金利の影響も重要な要因ではあるが，住宅ローン融資の慣行が住宅価格バブルを大きく加速させた。

2000年から2006年の期間は，いわゆるサブプライム住宅ローン（subprime mortgage lending）の大幅な増加によって特徴づけられる。サブプライム住宅ローンは，平均よりもはるかにリスクが高いと考えられる住宅ローンである。2000年以前は，サブプライムに分類される住宅ローンのほとんどは二番抵当であった。このことは2000年以降に，金融機関が一番抵当のサブプライムの概念に違和感をもたなくなるにつれ，変わっていった。

図8.4 米国のS&P／ケース・シラー10都市圏住宅価格指数，1987-2013

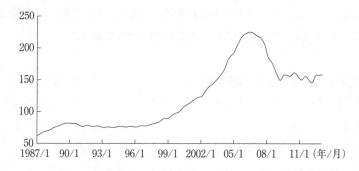

融資基準の緩和

　融資基準の緩和とサブプライム住宅ローンの増加は，これまで住宅ローンを組むのに十分な信用力を満たさないとみなされていた多くの家庭の住宅購入を可能にした。このような家庭が不動産の需要を増やし，不動産価格が上昇した。住宅ローンの仲介者や住宅ローンの貸し手にとって，特に住宅価格が高くなった状況での貸出増加は魅力的であった。貸出の増加は収益増を意味し，住宅価格の上昇は担保物件により貸出が十分に保全されていることを意味する。仮に借り手がデフォルトしても，抵当権の行使が損失になる見込みは低かった。

　住宅ローンの仲介者と住宅ローンの貸し手は当然のことながら，その利益の上昇を維持したかった。彼らにとっての問題は，住宅価格が上がるにつれて，初めての人が住宅を購入することがよりむずかしくなったということだった。住宅市場へ新規参加者を惹きつけ続けるためには，融資基準をよりいっそう緩和する手段を見つけなくてはならなかった—そして実際にそれは行われた。住宅価格に対しての融資額の比率が引き上げられたのである。当初2年から3年の初期優遇金利（ティザー・レート：teaser rate）の後，それよりずっと高い金利となる，変動金利型モーゲージ（ARM：adjustable-rate mortgage）も開発された[3]。典型的には，初期優遇金利は6％ほどで，優遇期間終了後の金利はLIBOR＋6％[4]といった感じであった。しかし一方で，

初期優遇金利が1％や2％まで低いものも報告されている。また、貸し手は、住宅ローン申請書の審査にも無頓着になっていった。実際に、申請書記載の借り手の収入やその他の情報の確認も怠りがちであった。

サブプライム住宅ローンの証券化

図8.1から図8.3に示されたような方法で、サブプライム住宅ローンは頻繁に証券化されていた。サブプライム住宅ローンから生成された各トランシェへの投資に対しては、通常、金利や元本の支払についての保証はなかった。証券化は信用危機の一因となった。住宅ローンの提供者は、住宅ローンが証券化されると知ったうえでの行動をとっていた[5]。新規の住宅ローン申請を査定する際の論点は"信用審査の見積りはこれで正しいか"ではなく、"この住宅ローンは別のだれかに売却することで収益をあげられるか"であったのである。

住宅ローンのポートフォリオが証券化されたとき、その組成された商品の購入者はポートフォリオの各々の住宅ローンについてローン資産価値比率（loan-to-value ratio、すなわち、住宅の査定額に対するローンの額の比率）と借り手のFICOスコア[6]を知っていれば十分な情報をもっていると感じていた。住宅ローン申請書のほかの情報は重要でないと考えられていて、また、先に述べたように大抵の場合貸し手によって精査すらされていなかった。貸し手にとって最も重要なことは、住宅ローンが転売できるかということで、これは主としてローン資産価値比率と申請者のFICOスコア次第であった。

3　不動産価格が上昇すると、借り手がローンの初期優遇金利期間の終わりに繰上返済し、新たな住宅ローンを組むことが予想された。しかし、繰上返済手数料は、優良客向けの多くは無料なのに対し、サブプライム住宅ローンではかなり高かった。

4　たとえば"2/28"ARMといえば、当初2年間は固定金利で、残りの28年が変動金利となる変動金利型モーゲージのことを指す。

5　B. J. Keys, T. Mukherjee, A. Seru, and V. Vig, "Did Securitization Lead to Lax Screening? Evidence from Subprime Loans," *Quarterly Journal of Economics*, 125, 1 (February 2010): 307-62を参照。

6　FICOスコアとはFair Isaac Corporationにより開発された信用力評点で、米国では広く使われている。300から850の間の点となる。

ちなみに、このローン資産価値比率とFICOスコアの両方とも、その品質は疑わしいものであった。住宅ローンの申請時に住宅の価値を推定する不動産鑑定士は、高い評価額を出すように求める貸し手からの圧力に負けてしまうこともあった。ローンの申込者は、FICOスコアを改善するために特定の行動をとるように助言を受けていることもあったのだ[7]。

なぜ政府は、住宅ローンの貸し手の行動を規制しなかったのだろうか。米国政府は1990年代から住宅保有を拡大しようと試み、住宅ローンの貸し手に対して、低・中所得者への貸出を増やすように圧力をかけていたからである。オハイオやジョージアなどの何人かの州議会議員は状況を危ぶみ、略奪的貸付（predatory lending）を抑制するよう求めた[8]。しかし、裁判所は全国基準が優先するとした判断を下した。

信用収縮が生じるまでの期間の住宅ローン融資については、いろいろな言い回しで語られている。記載内容の確認が実施されないことを知り、住宅ローン申請書に虚偽の記載をする人もいたことから、"うそつき向けローン（liar loan）"が一例としてあげられる。一部の借り手を表現する別の言葉としては、"忍者（NINJA：no income, no job and no assets）"というのもある。

バブルの崩壊

すべてのバブルはいずれ弾けるもので、今回も例外ではなかった。2007年には、初期優遇期間が終了した多くの住宅ローン保有者が、住宅ローンを支払っていくことができなくなった。結果、物件の差押えが発生し、多くの住宅が市場へ売りに出され、住宅価格の下落へとつながった。また、物件の購入費用の100％か、それに近い量を借り入れていた住宅ローン保有者はネガティブ・エクイティ[訳注3]となっていたことに気づいた。

米国の住宅市場の特徴の一つは、多くの州で住宅ローンはノンリコース

---

[7] 例としては、新規のクレジットカードを作成し、定期的な支払を数カ月続けることなどがある。
[8] 略奪的貸付とは、借り手が不公平で不公正な貸出条件に同意するよう、貸し手が欺くように説得するような状態を表す。
訳注3　ここでは、物件の評価額がローン残高を下回るという意味。

(nonrecourse)型だということであろう。つまりデフォルトが生じたとき，貸し手は住宅の所有権を得ることができるが，借り手のほかの資産は対象外ということである。それゆえに，借り手は無料でアメリカン型のプット・オプションを保持していたといえる。借り手は，住宅ローンの元本の残高相当で，いつでも貸し手に住宅を売却することができるということである。こうしたノンリコース型の特徴は，投機的行動を促し，バブル発生の一因となった。

　市場参加者はプット・オプションがいかに高くつき不安定要素となりうるか，遅ればせながら理解することとなった。ネガティブ・エクイティとなったとき，物件と住宅ローンの元本を交換してしまうのが借り手にとっての最適な判断であった。こうした物件は貸し手により売りに出され，住宅価格の下落圧力を強めることになったのである。

　住宅ローンが返済不能となったすべての人が同様な立場にあったわけではない。住宅ローンの支払が困難となったため自宅を失い，大きな被害を受けた人もいた。しかし，投機目的で賃貸用に複数の物件を買い，破綻し，プット・オプションの行使を選択した人も多くいた。被害を受けたのはそれらを借りていた人たちであろう。また，（投機目的ではない）物件の所有者のなかにも，プット・オプションの価値を生かそうと知恵を絞った人もいたとも伝えられている。住宅の鍵を債権者に手渡した後，すぐさま（時には割引価格で）別の差押対象の物件を購入したのである。まったく同じ住宅を所有する隣同士の住人を考えてみよう。双方とも25万ドルの住宅ローンがあるとする。両住宅の価値は20万ドルで，ともに差し押さえられており，売りに出したら17万ドルになると予想されている。持主たちにとっての最適な行動は何だろうか。答えは，それぞれがプット・オプションを行使したうえで，お互いの住宅を購入することである。

　不動産価格が下落したのは米国だけではなく，他の多くの国でも同じであった。英国の不動産価格は特にひどい影響を受けた。

損　　失

　差押えの数が増えるにつれ、住宅ローンの損失もまたふくらんだ。住宅価格が35％下落すると、返済不能となった住宅ローンの損失は最大で元本の35％に及ぶと考えられるかもしれない。だが実際には、損失はそれよりはるかに大きくなった。差押対象の住宅は、状態が悪いことも多く、信用危機以前の価値に比べ、ほんのわずかな価格で売られたのである。2008年から2009年の間、差押対象の物件に対する住宅ローンの元本損失は75％にものぼったケースもあると報告されている。

　住宅ローンから構成されるトランシェに投資していた投資家も多大な損失を被った。ABXという一連の指数は、サブプライム住宅ローンをもとにするABSトランシェの価格を表すものである。この指数は、当初BBB格であったトランシェが、2007年末までにその価値の約80％を失い、2009年半ばには約97％失ったことを示している。TABXという一連の指数は、BBB格のトランシェを裏付けとするABS CDOの価格を表すものである。この指数によると、当初AAA格であったABS CDOのトランシェは2007年末までにはその価値の約80％を失い、2009年半ばまでには、ほぼ無価値となった。

　UBS、メリルリンチ、シティグループといった金融機関はこれらのトランシェを大量に保有しており、莫大な損失を被った。当初AAA格であったABS CDOのトランシェの損失の補償をしていた保険会社の巨人、AIGも然りである。多くの金融機関が政府資金による救済を受けざるをえなかった。金融の歴史のなかでも、2008年より悲惨だった年はまずないだろう。ベア・スターンズはJPモルガン・チェースに買収された。メリルリンチはバンク・オブ・アメリカに買収された。投資銀行であったゴールドマン・サックスとモルガン・スタンレーは商業銀行と投資銀行の双方を持ち合わせる銀行持株会社となった。そしてリーマン・ブラザーズは救済されなかった（ビジネス・スナップショット1.1を参照）。

信用危機

住宅ローンを裏付けとする証券の損失は，深刻な信用危機を引き起こした。2006年時点では，銀行はある程度潤沢な資本をもち，借入れも比較的行いやすく，また，クレジット・スプレッド（credit spread）は低いレベルにあった。（クレジット・スプレッドとは，無リスク金利に対する，借入金利の超過幅を指す。）2008年には状況は一変した。銀行の自己資本は損失によりひどく蝕まれた。銀行はよりリスクを避けるようになり，貸出に消極的になった。信用力のある個人や企業でも借入れがむずかしくなった。クレジット・スプレッドは著しく広がった。世界はここ数世代で最悪の不況を経験した。金融市場の緊張を測る尺度としてはTEDスプレッドがある。これは3カ月もの米国短期国債に対して3カ月ユーロドル預金金利が超過している金利差である。通常の市場環境においては，これは30から50ベーシス・ポイントであるが，2008年10月には450ベーシス・ポイント以上に達した。

8.3 何がいけなかったのか

"根拠なき熱狂（irrational exuberance）"とは1990年代の上げ相場での投資家の行動を，当時の米連邦準備制度理事会議長のアラン・グリーンスパン氏が表現した言葉である。この言葉は，信用危機に至るまでの期間にも当てはめることができる。住宅ローンの貸し手，住宅ローンをもととするABSやABS CDOのトランシェへの投資家，そして，そのトランシェに対しての保証を提供した会社は，好景気が永遠に続くと思い込んでいたのである。彼らは，米国の住宅価格が上がり続けると考えていた。一つや二つの地域で下落することはあっても，図8.4にあるような広範囲に及ぶ下落の可能性は，ほとんどの人が想定していなかったシナリオだったのである。

2007年からの信用危機には多くの原因があった。住宅ローンの提供者は緩い貸付基準を用いていた。住宅ローンの提供者が利益を得つつ，クレジット・リスクを投資家へ移転できるように商品がつくられていた。格付機関が，これまで相当量の経験をもつ伝統的な債券の格付業務から，比較的新し

く，過去データの蓄積も相対的に少ない仕組商品の格付業務へシフトした。投資家が購入した商品は複雑で，多くの場合，投資家と格付機関は，裏付資産の質について，不正確，もしくは不十分な情報しかもっていなかった。組成された仕組商品の投資家は金のなる木を見つけたと考え，また，内在するリスクについて自身の判断を下すよりも，格付機関に頼った。AAA格のそれら商品の収益率は，AAA格の債券の収益率と比較し，高かった。

　図8.1，図8.3にあるような仕組商品は裏付資産間のデフォルト相関に大きく左右される。デフォルト相関は，異なった借り手がほぼ同時にデフォルトする傾向を表すものである。図8.1の裏付資産間のデフォルト相関が低ければ，AAA格のトランシェが損失を被ることはきわめてまれである。デフォルト相関が高くなると，損失の可能性はより高くなる。図8.3のABS CDOのトランシェは，デフォルト相関への依存性がさらに高い。

　（通常はそうであるように）住宅ローン間のデフォルト相関がそれほど高くない場合は，全体としてのデフォルト率が高くなる可能性はとても低く，住宅ローンから組成されたABSやABS CDOのAAA格のトランシェは十分に安全である。しかしながら，これは後に投資家がその影響を被ることになったのだが，ストレス状態の市場においては，デフォルト相関は高まる傾向がある。このことにより，非常に高いデフォルト率となる可能性が生じてくる。

　同じ格付であれば債券とトランシェのリスクは同等である，とみなしてしまう向きもみられた。格付機関はトランシェを格付する際に使用する基準を公表している。S&PとFitchはトランシェが損失を被る確率が，同様に格付けられた債券が損失を被る確率と同じになるようにトランシェを格付けた。Moody'sはトランシェの期待損失が同様に格付けられた債券の期待損失と等しくなるように，トランシェを格付けた[9]。したがって格付機関の手法

---

[9] 格付機関が使用した基準とその基準をもとにした格付の妥当性についての議論については，J. Hull and A. White, "Ratings Arbitrage and Structured Products," *Journal of Derivatives*, 20, 1 (Fall 2012): 80–86, および "The Risk of Tranches Created from Mortgages," *Financial Analysts Journal*, 66, 5 (September/October 2010): 54–67を参照。

は，損失分布のある側面においては，トランシェと債券が一致するように定められているといえる。しかし，別の側面では，この分布はまるで違うものになることを免れえない。

多くの場合，各々のトランシェが占める層は非常に薄いが，これも債券とトランシェの差異をより際立たせるものである。図8.1にあるように，AAA格のトランシェが元本の約80％を占めることもよくあるが，それ以外にも15から20のトランシェがあることも，決して珍しくはない。それぞれのトランシェは１％や２％の厚みということになる。そのような薄いトランシェは，損失をまったく被らないか，完全に吹き飛んでしまうか，のいずれかになることが多い。（債券の保有者のように）投資家が元本の一部を回収できる見込みは小さい。例として，裏付資産のポートフォリオの損失が５％以下であれば被害を受けず，６％以上であれば消え去ってしまう，BBB格のトランシェについて考えてみよう。損失が５％と６％の間になった場合に限り，投資家は元本の一部を回収することになる。

薄いBBB格のトランシェとBBB格の債券の差は，多くの投資家に見落とされてきた。この差により，ABSのBBB格のトランシェから生成されたABS CDOは，BBB格の債券から同様につくられたトランシェよりも，はるかに危険なものとなる。BBB格の債券ポートフォリオからの損失は，最も厳しい状態の市場においても25％を超えることはまずないと，合理的に仮定することはできる。しかし，表8.1からは，BBB格のトランシェの100％の損失が比較的容易に発生しうることがわかる。トランシェの幅が１％や２％しかないときはなおさらである。

規制のアービトラージ

多くの住宅ローンは銀行により提供され，そして，住宅ローンから生成されたトランシェの主たる投資家も銀行であった。なぜ銀行は住宅ローンを証券化することを選択し，そしてまた，証券化された商品を購入したのであろうか。この答えは規制のアービトラージという言葉と関連がある。銀行にとって，住宅ローンのポートフォリオから生成されたトランシェを保有する

ことによる必要自己資本は，住宅ローン自体を保有する場合による必要自己資本よりもずっと少なかったのである。

動機づけ

　信用危機から学ぶことができる教訓の一つは，動機づけの重要性である。経済学者は，取引関係にある二者に対する動機づけについて，それらの利害が完全には一致していないような状況を表すために"エージェンシー・コスト"という言葉を使う。住宅ローンが供給され，証券化され，そして投資家に販売された一連の行為は，残念ながらエージェンシー・コストに蝕まれたのである。

　住宅ローンの供給者にとっての動機づけは，ABSやABS CDOのトランシェの作り手にとって受入れ可能なローンとすることであった。住宅ローンの対象となる住宅の価値算定人にとっての動機づけは，資産価値比率が可能な限り低くなるように，できるだけ高い査定結果を提供し，貸し手を喜ばせることであった。（貸し手に気に入ってもらえれば，その貸し手とのより多くのビジネスへとつなげることができる。）トランシェの組成者の最大の関心は，各トランシェの格付がどうなるかであった。彼らはAAA格のトランシェの量を可能な限り多くしたいと思い，公表されている格付機関の基準を利用して，これを実現する手段を見出した。格付機関は，格付対象の証券の発行者から支払を受けており，その収入の約半分を仕組商品から得ていた。

　別のエージェンシー・コストの源泉は，金融機関の従業員の動機づけに関連している。従業員への報酬は，次の三つに分けられる。通常の給与，期末の賞与，そして，株やストック・オプションである。すべての職位の金融機関の従業員の多く，また特にトレーダーは，報酬のかなりの部分を期末の賞与のかたちで得ている。このような報酬体系は短期的な業績に焦点を当てたものである。もし，ある従業員がある年に莫大な利益をあげ，次の年の深刻な損失の責を負ったとしたら，その従業員は最初の年に多額の賞与を受け取り，次の年にそれを返金する必要はない。（その従業員は2年目の損失の結果として職を失うかもしれないが，それでも最悪の事態ではない。金融機関は，損

失の経歴がある人を採用することに，驚くほどに寛容なようである。）

あなたが金融機関の従業員で，2006年に住宅ローンから生成されたABS CDOへの投資の責任者であったと考えてみよう。あなたはほぼ確実に，米国の住宅市場はバブル状態にあることを認識し，バブルは遅かれ早かれ破裂すると予期するであろう。それでも，あなたがABS CDOへの投資の継続を決断することはありうる。もし，バブルが2006年末以降まで破裂しなかったとしたら，あなたは2006年末には素敵な賞与を受け取ることになるのだから。

8.4 信用危機の余波[訳注4]

信用危機の前には店頭デリバティブ市場はほとんど規制されていなかったが，変化してきている。前の章で述べたように，現在はほとんどの標準化されたデリバティブについては中央清算機関（CCP）を通じて清算されることが義務づけられている。これは，そのようなデリバティブが取引所で取引される先物と同じように扱われることを意味する。銀行は一つかそれ以上のCCPの清算会員となるのが一般的になるであろう。標準化されたデリバティブを取引する際には，当初証拠金と変動証拠金をCCPに預け入れることに加え，デフォルト・ファンドへの拠出も義務づけられていく。二者間での清算を続ける取引については，関係者の判断に委ねるよりも，担保契約が法制化されるであろう。

銀行によって支払われるボーナスはさらなる調査を受けており，ボーナスの支払額に対して制限を課すような地域や国が出てくる可能性もある。ボーナスの支払方法も変化している。信用危機の前には，ある年のトレーダーのボーナスはその年の終わりにすべて支払われ，ボーナスを返還しなければならなくなる可能性は皆無であることが一般的であった。しかしいまは，ボーナスは何年かに分けて分割され，続く年の結果が芳しくなければ没収される

訳注4　2014年原著第9版発刊当時の状況。

ことがより一般的になっている。

　米国のドッド・フランク法（Dodd–Frank Act）や，英国とEUの同様の法律は金融機関への監視をさらに強め，金融機関に影響を与える多くの新しい法律を含んでいる。たとえば，預金受入機関が，自己勘定取引やその他の類する業務を行うことはより厳しくなっている。（これは，元FRB議長であるポール・ボルカー（Paul Volcker）により提案されたため，米国ではボルカー・ルール（Volcker rule）として知られている。英国のジョン・ヴィッカーズ卿（Sir John Vickers）が議長を務める独立委員会も同様に，銀行の個人向け業務は分離（ring fence）されるべきだと提案している。EUのリーカネン（Liikanen）委員会は自己勘定取引とその他の高リスクなトレーディングを，他の銀行業務から分離したいと望んでいる。）他の規制では，システム上重要と指定されたすべての金融機関に対し，破綻した場合にどのように安全に処理されるかを細かく示した"生前遺言（living will）"を用意することを求めている。さらに踏み込んだ規制では，証券化商品（いくらか例外はある）の組成者に対し，組成した各々の商品について5％を保持するように要求している。

　世界中の銀行はバーゼル銀行監督委員会（Basel Committee on Banking Supervision）の規制下にある[10]。信用危機の前に，委員会はバーゼルIとバーゼルIIとして知られる規制を導入した。これらについては，ビジネス・スナップショット8.1に要約されている。金融危機を受け委員会は，マーケット・リスクに対する必要自己資本を増加させた"バーゼルII.5"を導入した。バーゼルIIIは2010年に公表され，2019年までに段階的に導入されていく。バーゼルIIIは，銀行が保有しなければならない自己資本の量を増やし，その銀行に求める自己資本の質も高めている。また，一定の流動性を銀行が満たすよう求めている。ビジネス・スナップショット4.2で述べているように，長期での調達の必要性に対し，銀行が短期の負債を使用することに過度に依存していた傾向も，金融危機で起こった問題の一因となった。流動性要件は，銀行がそのようなことを行うことをよりむずかしくしている。

---

[10] バーゼル委員会の活動と銀行規制についてのさらなる詳細はJ. Hull, *Risk Management and Financial Institutions*, 3rd edition, Wiley, 2012を参照。

> ビジネス・スナップショット8.1
> ## バーゼル委員会
> 　1980年代には銀行業務がよりグローバルになり，それに伴い各国の規制当局が協働で国際的な規制の枠組みを決定する必要が生じた。その結果としてバーゼル銀行監督委員会が結成されたのである。1988年にはクレジット・リスクに対しての銀行の資本要件に関する一連の規則が公表された。この資本要件はバーゼルⅠとして知られるようになった。1995年にはネッティングに対応するよう変更され，1996年には市場リスクに対しての新たな資本要件が公表され，1998年に実施された。1999年にはクレジット・リスクに対しての資本要件に大幅な変更が提案され，オペレーショナル・リスクについての資本要件が加えられた。これらの規則はバーゼルⅡと呼ばれている。バーゼルⅡはバーゼルⅠと比べかなり複雑になっており，2007年まで導入が遅れた（いくつかの国ではそれ以降）。信用危機の間とその後にバーゼル委員会は，マーケット・リスクに対する資本が増加されたバーゼルⅡ.5として知られる新しい規制を導入した。その後に，資本要求をより厳しくし，流動性要求も導入した，バーゼルⅢへと続く。

要 約

　証券化とは，銀行がローンや他の利金を生む資産から証券を組成する手法である。これらの証券は投資家へ売却される。これにより，銀行はバランスシートからローンを取り除き，利用しない場合と比べて貸出をより早く拡大ができる。最初に証券化されたのは1960年代，1970年代の米国の住宅ローンである。これらの不動産担保証券を購入した投資家は，連邦政府抵当金庫の裏付けにより，住宅ローンの借り手のデフォルト・リスクにはさらされてい

なかった。その後，自動車ローンや企業ローン，クレジットカードの受取勘定，そしてサブプライム住宅ローンが証券化された。多くの場合，それらの証券から生成された証券の投資家はデフォルト・リスクに対しての保証をもっていなかった。

　証券化は2007年に始まった信用危機の一因であった。トランシェがサブプライム住宅ローンから生成され，そのトランシェから新たなトランシェがつくられた。信用危機の発端は米国の住宅市場に見出せる。米国政府は住宅保有の推進に熱心であった。金利は低かった。住宅ローンの仲介者や住宅ローンの貸し手にとっては，貸出基準を緩和し，ビジネスを拡大することは魅力的であった。証券化するということは，クレジット・リスクを負っている投資家が，当初の貸し手とは異なることを意味していた。格付機関は生成されたシニア・トランシェにAAAの格付を付与した。AAA格のトランシェの利回りは，他のAAA格の証券の利回りに比べて高かったため，買い手に困ることはなかった。銀行は"好景気"が続くであろうと考え，また，報酬体系が短期的収益を重視したものだったこともあり，住宅バブルと，その住宅バブルが彼らの取り扱うきわめて複雑な商品に与えうる影響を，無視することを選んだ。

　住宅価格は，住宅の新規購入者と投機家の双方が市場に参加するにつれて上昇した。住宅ローンのなかには，金利の低い"初期優遇金利"が2，3年適用されるものもあった。優遇期間が終わると，借り手にとっては大幅な金利上昇となったケースも散見された。高くなった金利により支払が困難になった借り手は，デフォルトするしかなかった。これにより，差押えが生じ，売却物件の供給が増加した。2000年から2006年の間に上昇した住宅価格は反落を始めた。住宅ローンの負債額が，住宅の価値より大きいこと（つまりネガティブ・エクイティ）に気がついた投機家やその他の住宅保有者はデフォルトした。このことが，住宅価格の下落を加速させた。

　銀行は信用危機の代償を支払っている。新たな法律や規制は，銀行の収益性を低下させるであろう。たとえば，資本要件が厳しくなり，流動性要件も導入された。店頭デリバティブ取引はより厳しく規制されるようになった。

参考文献

Gorton, G. "The Subprime Panic," *European Financial Management*, 15, 1 (January 2009): 10–46.

Hull, J. C. "The Financial Crisis of 2007: Another Case of Irrational Exuberance," in: *The Finance Crisis and Rescue: What Went Wrong? Why? What Lessons Can be Learned*. University of Toronto Press, 2008.

Hull, J. C., and A. White. "Ratings Arbitrage and Structured Products," *Journal of Derivatives*, 20, 1 (Fall 2012): 80–86.

Keys, B. J., T. Mukherjee, A. Seru, and V. Vig. "Did Securitization Lead to Lax Screening? Evidence from Subprime Loans," *Quarterly Journal of Economics*, 125, 1 (2010): 307–62.

Krinsman, A. N. "Subprime Mortgage Meltdown: How Did It Happen and How Will It End," *Journal of Structured Finance*, 13, 2 (Summer 2007): 13–19.

Mian, A., and A. Sufi. "The Consequences of Mortgage Credit Expansion: Evidence from the US Mortgage Default Crisis," *Quarterly Journal of Economics*, 124, 4 (November 2010): 1449–96.

Zimmerman, T. "The Great Subprime Meltdown," *Journal of Structured Finance*, Fall 2007, 7–20.

練習問題

8.1 1970年代の不動産担保証券市場における連邦政府抵当金庫(ジニーメイ)の役割は何であったか。

8.2 (a) ABS, (b) ABS CDO の意味するところについて説明せよ。

8.3 メザニン・トランシェとは何か。

8.4 証券化におけるウォーターフォールとは何か。

8.5 裏付資産の損失が (a) 12%, (b) 15% であるときの, 表8.1の各数値を求めよ。

8.6 サブプライム住宅ローンとは何か。

8.7 なぜ，2000年から2007年の間の住宅価格の上昇はバブルとされるのであろうか。

8.8 2000年から2007年間の住宅ローンの貸し手は，住宅ローン締結希望者の申請書の内容について，なぜこまめに確認しなかったのであろうか。

8.9 市場参加者は ABS CDO のリスクについて，どのように判断を誤っていたのか。

8.10 "エージェンシー・コスト" とは何か。エージェンシー・コストはどのように信用危機の一因となったのか。

8.11 ABS CDO はどのようにつくられたのか。ABS CDO がつくられた動機は何か。

8.12 デフォルト相関が高くなることが，ABS のシニア・トランシェのリスクにどのような影響を与えるか説明せよ。エクイティ・トランシェへの影響はどうだろうか。

8.13 ABS CDO の AAA 格のトランシェは，ABS の AAA 格のトランシェよりリスクが高い理由を説明せよ。

8.14 期末の賞与が，"短期性の報酬 (short-term compensation)" とされるはなぜか説明せよ。

8.15 表8.1について，原資産の損失が(a) 2％，(b) 6％，(c) 14％，(d) 18％であったときに対応するそれぞれのトランシェの損失額を計算せよ。

発展問題

8.16 図8.3の ABS と ABS CDO の双方で，シニア・トランシェ，メザニン・トランシェ，エクイティ・トランシェにそれぞれ，70％，20％，10％の元本が割り当てられたとする。このことにより，表8.1はどの

8.17 「再証券化は大きな欠陥のあるアイデアだ。ABS のメザニン・トランシェから組成された AAA 格のトランシェは，ABS の AAA 格のトランシェより高い確率でデフォルトすることになる。」この点を論ぜよ。

8.18 表8.3と同様の ABS CDO のメザニン・トランシェが再証券化され"CDO スクウェア（CDO squared）"が組成されたとする。表8.3で ABS から組成されたトランシェと同様に，元本の65%が AAA 格のトランシェに，25%が BBB 格のトランシェに，10%がエクイティ・トランシェに割り当てられたとする。この方法で組成された AAA 格のトランシェが被る損失に対して，原資産の損失割合はどの程度高くなるであろうか。（ABS を組成するために用いられた資産のポートフォリオの損失率はすべて同じであったと仮定せよ。）

8.19 図8.3における ABS のメザニン・トランシェの元本を減らし，その分をシニア・トランシェとエクイティ・トランシェに等分に振り分けたとすると，何が起きるか調べよ。特に，表8.1にはどのような影響があるか。

8.20 表8.1の証券が2000年に組成され，10年間続いたとする。8年目の終わりに金融危機のなかでのデフォルトにより元本の17%を毀損するまで，原資産のデフォルトはなかった。また，最後の2年間もそれ以上の元本の毀損はなかった。元本の償還は満期までなかったとして，各トランシェの相対的なパフォーマンスを評価せよ。LIBOR は3%で一定とし，利子と元本償還の両方を考慮せよ。

第9章
OIS割引，信用問題，ファンディング・コスト

　この章では，2007年の信用危機以後デリバティブ市場において重要となった複数の問題を論じる。最初の問題は，無リスク割引率の選択である。後続の章で示すように，ほとんどすべてのデリバティブの評価は，期待キャッシュ・フローの無リスク金利での割引を伴うため，この問題は重要である。信用危機前においては，市場参加者は通常，無リスク金利の代替としてLIBOR／スワップ・レートを用いていた。彼らは7.6節で述べたようにLIBORとLIBOR対固定のスワップ・レートからゼロ・カーブを構築し，無リスクのゼロ・レートとして使用していた。しかし信用危機以降，代替として別のものを使用することも始めた。

　この章では次に，信用リスクについて議論する。信用リスクは，デリバティブ市場においてますます重要性を増してきている。取引所では，従前よりデリバティブ取引の信用リスクに非常にうまく対処してきた。（第2章で

は，たとえば，先物取引における信用リスクの極小化手法について説明している。）店頭取引デリバティブでは，2.5節で説明したように，二者間か中央集約的に清算が行われる。中央清算は取引所清算と同じように運用され，慎重に管理されれば信用リスクを削減するうえで同等の効果をもつことになる。二者間での清算は中央清算よりも大きな信用リスクをはらみやすい。そのため，相対で清算が行われるデリバティブの評価の際に，どのように信用リスクを考慮すべきか，という問題はデリバティブ市場参加者にとって主要な問題である。この章ではこの問題に触れるが，第24章でまた詳細に述べる。

この章で扱う最後のトピックはファンディング・コストである。デリバティブの評価はファンディング・コストの影響を受けるべきだろうか。これは議論の的になっている問題である。デリバティブを評価する際に，FVA（funding value adjustment）と呼ばれる調整を行うことを支持する人もいれば，FVAは正当化できず，裁定機会を生むと主張する人もいる。

9.1 無リスク金利

デリバティブ評価における標準的な手続では，無リスクのポートフォリオを設定し，無裁定となる世界ではそのポートフォリオからは無リスク金利しか得られないとする。4.7節のFRAおよび5.7節のフォワード契約の評価は，この考え方の簡単な適用例となる。スワップはFRAやフォワード契約のポートフォリオであるので，スワップの評価も無リスク金利で割り引くことに依拠している。事実，デリバティブに関する理解が深まれば，ほとんどすべてのデリバティブの評価で無リスク金利での割引が必要であることがわかるであろう。

米国においては，短期国債，中期国債，長期国債のレートが無リスク金利の候補との考えが自然と思うかもしれない。これらの商品は米国政府により米ドル建てで発行されている。米国政府は債権者に返済するためにマネー・サプライを増やす（"より多くの米ドルを発行する"と考えてもよい）機会を常に有しており，ほとんどのアナリストは国債がデフォルトするのはまったく

もってありえない事態と考えている。同様の議論が自国通貨建てで他の政府が発行する商品についても成り立つであろう1。

実際は，デリバティブ市場参加者は国債レートを無リスク金利としては使っていない。それは，一般的に国債レートは人為的に低いと考えられているからである。その理由のいくつかをビジネス・スナップショット9.1に記載した。2008年以前には市場参加者はLIBORとLIBOR対固定スワップ・レートを無リスク金利として用いていた。LIBORは4.1節にて述べたように，信用力のある銀行（典型的にはAA格以上）が他の銀行から短期間（1年か，それ未満）借入れを行うことのできる金利である。2007年に始まった信用危機以前には，LIBORは無リスク金利に近いと考えられていた。借入れを行った銀行がその時点でAA格であれば，借入れ継続中の1年かそれ未満の期間にその銀行がデフォルトする可能性はとても低いと思われていた。

信用危機の間，銀行は互いに貸出を行うことを渋るようになったため，LIBORは急騰していた。第8章で述べたように，3カ月物米国短期国債レートに対する3カ月ユーロドル預金レート（3カ月LIBORと同様な銀行間借入レート）の超過幅であるTEDスプレッドは，通常の市場環境では50ベーシスに満たない。しかし，2007年10月から2009年5月においては，100ベーシス・ポイントを下回ることはまれとなり，2008年10月には450ベーシス以上に達した。この期間において，明らかに銀行は他の銀行に対する貸付を無リスクに近いとはみなしていなかったのである。

信用危機での経験より，実務家はデリバティブ評価に用いる無リスク金利のよりよい代替候補を求めるようになったのでは，と考えたくなるが，実際に行われたことは少し異なる。信用危機を受けて，多くの銀行は担保付取引に対する無リスク割引率としては，LIBORからOISレート（次節参照）に切り替えていった。しかし，無担保取引についてはLIBORか，より高い割引金利を使い続けているのである。（担保については，2.5節を参照。）これは，

---

1 ただし，ユーロを自国通貨として用いるユーロ圏の国々については，こうした議論は成り立たない。たとえば，イタリアやスペインのようなユーロ圏の国々は，どの国もECB（欧州中央銀行）を統制していないためである。

デリバティブ評価に用いる割引率は銀行の平均的なファンディング・コストを反映すべきとの考えによるものである。無担保デリバティブ取引に対する平均的なファンディング・コストは，少なくとも LIBOR よりは高いと考えられる。担保付デリバティブ取引は担保により資金がまかなわれ，また次に示すように，OIS レートを用いてこれらの取引のファンディング・コストを見積もることができる。

> **ビジネス・スナップショット9.1**
> **無リスク金利とは何か**
>
> デリバティブ・ディーラーは，短期国債と長期国債が指し示す金利は，以下の理由で人為的に低いと主張している。
>
> 1. 金融機関は多くの規制上の要件を満たすために，短期国債および長期国債を購入する必要があり，国債の需要を増大させている。その結果，債券価格は高く，債券イールドは低くなっている。
> 2. 国債への投資に必要とされる銀行の自己資本額は，他の非常にリスクの小さい金融商品への投資に必要とされる自己資本額よりも相当小さい。
> 3. 米国における国債投資は，それ以外のほとんどの債券に対する投資と比較し，州税が徴収されないといった税制上の優遇がある。
>
> 従来，デリバティブ・ディーラーは LIBOR が無リスクであるとみなしており，第7章でのスワップの評価においてもそのように取り扱った。しかし，LIBOR は完全に無リスクではない。2007年に始まった信用危機を受けて多くのディーラーは，少なくとも担保付取引についてはオーバーナイト・インデックス・スワップ（OIS：overnight indexed swap）レートを無リスク金利として使用する方針へ切り替えた。OIS レートとは何か，どのように使うものなのか，についてはこの章で説明

される。

9.2 OIS レート

4.1節での説明のように，FFレートは米国の金融機関同士でのオーバーナイトの無担保借入レートである。ブローカーは貸出人と借入人の間を取り持つが，ブローカー経由の取引の（取引量に比例する重み付けをした）加重平均金利が実効FFレート（effective federal funds rate）と呼ばれる。他の国にも米国と似た仕組みがある。たとえば，英国ではブローカー経由のオーバーナイト金利はSONIA（sterling overnight index average）と呼ばれ，ユーロ圏ではEONIA（euro overnight index average）と呼ばれている。各国のオーバーナイト金利は中央銀行により監視されており，そのレートを操作するために介入が行われる場合もある。

OIS（overnight indexed swap）取引では，ある期間（たとえば，1カ月や3カ月）の固定金利と，その期間におけるオーバーナイト金利の幾何平均を交換する。（先ほど述べたとおり，オーバーナイト金利はブローカー経由の取引の平均である。）仮にある期間において，銀行がオーバーナイト金利で（日々，金利と元本をロールし）資金を調達すれば，その期間に対して支払う金利はオーバーナイト金利の幾何平均となる。同様に，銀行がオーバーナイト金利で（日々，金利と元本をロールし）貸出を行えば，その期間に対して得る金利はオーバーナイト金利の幾何平均となる。それゆえOIS取引により，オーバーナイト金利の借入れあるいは貸出を，固定金利での借入れあるいは貸出に変換することができる。OIS取引における固定金利はOISレート（OIS rate）と呼ばれる。もし対象となる期間において，日々のレートの幾何平均が固定金利未満と判明すれば，その期間の終わりに，固定金利支払人から変動金利支払人への支払がなされる。逆であれば，変動金利支払人から固定金利支払人への支払がなされる。

【例9.1】
　3カ月物米ドルOIS取引の想定元本が1億米ドルで固定レート（すなわち，OISレート）が年率3％とする。オーバーナイト実効FFレートの，3カ月間の幾何平均が年率2.8％になったとすると，固定利率支払人は，$0.25 \times (0.030 - 0.028) \times 100{,}000{,}000$ドル，すなわち50,000ドルを変動金利支払人に支払わなければならない。（この計算では，デイ・カウント・コンベンションの影響を考慮していない。）

OIS取引は，比較的短期の取引が主流である（多くは3カ月かそれ以下）。しかし，満期が5年から10年にわたる取引も一般化しつつある。1年以上のOIS取引は，通常3カ月ごとの期間に分割される。各々期間の終わりに，その期間内のオーバーナイト金利の幾何平均とOISレートが交換される。7.5節で説明したように，プレーン・バニラのLIBOR対固定スワップのスワップ・レートは，継続的に更新されるLIBORレート（すなわち，AA格の金融機関への連続する短期間のローンから得られる金利）である。同様に，OISレートも継続的に更新されるオーバーナイト金利（すなわち，他の金融機関への連続するオーバーナイトのローンから得られる金利）である。

ある銀行Aが以下の取引を行ったとしよう。

1. 1億ドルをオーバーナイト市場で3カ月間借り入れ，毎日，利息と元本をロールする。
2. 他の銀行Bに対し，LIBORで3カ月間の1億ドルの貸出を行う。
3. OIS取引により，オーバーナイトの借入れと3カ月OISレートでの借入れを交換する。

これにより，銀行Aは3カ月LIBORを得て，（オーバーナイト市場での信用力が維持できると仮定すると）3カ月のOISレートを支払うことになる。よって，3カ月OISレートと3カ月LIBORは等しくなるべきと思うかもしれない。しかし，一般的にはOISレートのほうが低い。銀行Aとしては，銀行Bが3カ月LIBORでのローンにてデフォルトするリスクに見合う対価が必要なためである。一方，オーバーナイトでの銀行Aへの貸し手が負うリ

スクは，銀行Bに3カ月間貸し出している銀行Aよりも，かなり低い。これは，オーバーナイトでの貸し手は，もし銀行Aの信用力が落ちれば，貸出をやめるオプションを有しているためである。

3カ月OISレートに対する3カ月LIBORの超過幅は，3カ月LIBOR-OISスプレッドとして知られている。これは，金融市場の緊張度合をみる指標として利用されることも多い。LIBOR-OISスプレッドの2002年から2013年までの推移を図9.1に示した。通常の市場環境下では，LIBOR-OISスプレッドはおおよそ10ベーシス程度である。しかし，2007年から2009年の信用危機においては，銀行はお互いに3カ月間の貸出を行うことに消極的になったため，LIBOR-OISスプレッドは急上昇した。2008年10月には，過去最大となる364ベーシスまで跳ね上がったのである。1年後には通常のレベルへとある程度戻ったが，それからも金融市場の緊張や不確実性を反映し上昇するときがあった。たとえば，2011年の12月末には，ギリシャ等の欧州の国々に対する経済不安から，50ベーシスまで上昇している。

OISレートは，無リスク金利のよい代替となる。OISレートは完全に無リスクではないが，無リスクに非常に近い。次に述べる二つのリスクはある

図9.1　2002年1月から2013年5月までのLIBOR-OISスプレッド

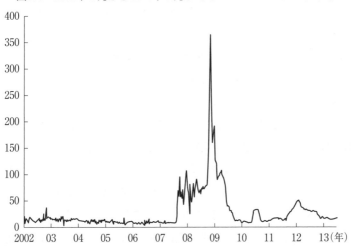

が，どちらも非常に小さいといえる。一つ目は，二つの金融機関間でのオーバーナイト・ローンのデフォルトが起こる可能性である。しかし，切迫した信用問題の片鱗が少しでもみえれば，その金融機関はオーバーナイト市場から締め出されてしまうため，そのような可能性は非常に低い。二つ目はOIS取引自体がデフォルトする可能性であるが，OISレートにデフォルト確率を反映させたとしても，大抵の場合その影響は非常に小さいであろう（担保付OIS取引だとしたらなおさらである）。

OISゼロ・カーブの決定

7.6節では，ブートストラップ法によるLIBOR／スワップ・ゼロ・カーブの計算方法を説明した。また，LIBOR対固定のスワップ・レートが債券のパー・イールドとなることも述べた。ここで重要なのは，スワップ・レートが債券のパー・イールドとなるためには，ブートストラップする際の金利と，割引に用いる金利が同じ必要があることである。

OISレートを割引に用いるOISゼロ・カーブを構築する手続は，LIBORを割引に用いるLIBORゼロ・カーブを構築する場合と同様である。1ヵ月OISレートが1ヵ月ゼロ・レートとなり，3ヵ月OISレートが3ヵ月ゼロ・レートとなる，といった具合である。OIS取引に周期的な決済がある場合，OISレートはパー・イールドとなる。たとえば，5年物OISレートが3.5%で年4回決済があるとしよう。（これは，各々の期間の終わりに$0.25 \times 3.5\% = 0.875\%$が同じ期間のオーバーナイト金利の幾何平均と交換される，ということである。）このとき，年4回払いの5年債のクーポンが年率3.5%であれば，その債券価格はパーとなるであろう。

OIS取引はより流動性が増しつつあるが，それでもより普及しているLIBOR対固定スワップほど長い満期までは取引されていない。長い満期に対してOISゼロ・カーブが必要な場合，OISレートと対応するLIBOR／スワップとのスプレッドが，信頼できる最長のOISレートに対するスプレッドと同じと仮定するのが自然なアプローチであろう。たとえば，5年超のOIS取引の信頼できるデータがない場合を考えよう。もし，5年OISレー

トが4.7%で5年のLIBOR対固定のスワップ・レートが4.9%であれば，5年超のすべての期間に対し，OISレートは対応するLIBOR／スワップ・レートよりも20ベーシス低いと仮定することもできる。他のアプローチとしては，3カ月LIBORと平均FFレートを交換するベーシス・スワップを用いて，OISゼロ・カーブを拡張していく方法がある。このベーシス・スワップ取引は米国では30年まで取引されている[2]。

9.3 OIS割引によるスワップとFRAの評価

OISゼロ・カーブが決定されれば，OISレートを無リスク金利として用いて，多くの種類のデリバティブを評価することが可能となる。たとえば，ある資産のフォワード取引は，rを満期TのOISゼロ・レートとして(5.4)式を用いて計算できる[3]。一方，スワップとFRAの評価にはもう一手間必要となり，最初にOIS割引と整合的となるフォワードLIBORを計算する必要がある。

OIS割引と整合的なフォワードLIBORの決定

LIBOR対固定のスワップは，フォワードLIBORが実現すると仮定し評価することができる。その価値は，もし当日のミッド（仲値）で取引されたならばゼロであり，このことを用いて，フォワードLIBORが決定できる。OIS割引下でのフォワードLIBORは，LIBOR割引下でのそれとは異なる。こ

---

[2] もし，LIBOR対固定の30年スワップ・レートが5%で，LIBORがFFレート+20ベーシスと交換されていれば，30年OISレートは4.8%とみなせるであろうか（日数計算については適切な調整が施されているとする）。残念ながら，FFレートとLIBORのスワップにおいてはLIBORとオーバーナイト金利を交換する期間に対する（幾何平均ではなく）算術平均が用いられているため，そこには近似が伴う。理論的には"コンベキシティ調整（convexity adjustment）"が必要となる。たとえば，K. Takada, "Valuation of Arithmetic Average of Fed Funds Rates and Construction of the US Dollar Swap Yield Curve," 2011, SSRN-id981668を参照。

[3] (5.4)式を適用するためには，満期Tに対するフォワード価格F_0が必要とされる。市場で観測されるフォワード価格を補間することにより得ることができる。

れを，簡単な例でみてみよう。例9.2では，LIBORを割引に用いた場合のフォワードLIBORを計算している。例9.3は，同じフォワードLIBORを今度はOISレートを割引に用いて計算している。

【例9.2】

1年LIBORは5％で，LIBOR対固定の2年スワップ・レートが年率6％とし，どちらも1年複利とする。LIBORを割引に用いる場合を考えよう。2年のLIBOR／スワップ・ゼロ・レートをRとすれば，クーポン6％の債券はパーとなるので（7.6節を参照），

$$\frac{6}{1.05} + \frac{106}{(1+R)^2} = 100$$

が得られ，これを解くと$R = 6.030\%$となる。1年後に開始する期間1年のフォワードLIBORをFとすれば，次のようにゼロ・レートから計算することができる。

$$F = \frac{1.06030^2}{1.05} - 1 = 7.0707\%$$

この結果は，Fを用いてスワップ価値を計算すればゼロとなることで確認できる。固定クーポンの受取側は，1年後に元本100に対して6を受け取って5を支払うので，この交換は＋1の価値があることになる。フォワード・レートが実現するとすれば，2年後の交換により元本100当り$6 - 100F$が得られる。よって，元本100当りスワップの価値は，

$$\frac{1}{1.05} + \frac{6 - 100F}{1.06030^2}$$

となる。この値がゼロに等しくなるとしてFを求めると，先ほど計算したように$F = 7.0707\%$となることがわかる。

【例9.3】

例9.2で示したように，1年LIBORが5％で年1回払いの2年スワップ・レートが6％とする。（どちらも1年複利とする。）今度はOIS割引を用いるとする。9.2節で説明したとおりにOISゼロ・カーブが計算さ

れ，1年と2年のOISゼロ・レートは1年複利でそれぞれ4.5%と5.5%になったとする。（つまり，この状況ではOISゼロ・レートはLIBORゼロ・レートよりも50ベーシスほど低いことになる。）1年後から期間1年のフォワードLIBORをFとする。スワップはフォワードLIBORが実現するとして評価でき，いま，6％を受け取ってLIBORを支払うスワップの価値がゼロであるので，

$$\frac{1}{1.045} + \frac{6 - 100F}{1.055^2} = 0$$

が得られる。これを解けば，$F = 7.0651\%$ となる。

例9.2と例9.3において，LIBOR割引からOIS割引へと切り替えた結果，フォワードLIBORは7.0707%から7.0651%へと変化した。この変化は1ベーシスの半分より少し多い程度である。値としては小さいが，トレーダーにとっては無視できない差異でもある。実際には，割引の切替えによる影響は，ゼロ・カーブの傾きとフォワード・レートの満期に依存する（DerivaGemソフトウェア3.00を用いてみよ）。

例9.3のような計算を適用すれば，OISレートを無リスク金利としたときのフォワードLIBORカーブの構築が可能となる。3カ月ごとに金利交換が行われる一連のスワップにより，3カ月フォワード・レートを満期の関数（すなわち，3カ月の期間の開始時の関数）として構築することができ，6カ月ごとに金利交換が行われる一連のスワップを用いれば，6カ月フォワード・レートを満期の関数として構築できる，といった具合である[4]。（完全なフォワードLIBORカーブを決定するには，計算されたフォワード・レートの補間も用いられる。）

スワップをOIS割引を用い評価する場合，各スワップのキャッシュ・フローと対応するフォワード・レートは，適切なフォワードLIBORカーブか

---

[4] たとえば1カ月LIBORと6カ月LIBORを交換するようなベーシス・スワップは，計算期間が異なるフォワードLIBORカーブを完全に構築するための追加的な情報となる。

ら得ることになる。そして，スワップのキャッシュ・フローはフォワード・レートが実現すると仮定し計算され，そのキャッシュ・フローは適切なOISゼロ・レートにより割り引かれる。

9.4　OIS対LIBOR：どちらが正しいのか

　すでに述べたように，多くのデリバティブ・ディーラーはいまや，担保付デリバティブ契約（すなわち，2.5節で概説したものと同様の担保契約があるデリバティブ契約）を評価する際にはOISレートに基づいた割引率を用いている。一方，無担保デリバティブ契約の評価にはLIBORに基づいた割引率を用いている[5]。この理由として最もよくあげられるのは，ファンディング・コストに係るものである。担保付デリバティブは担保により資金調達され，担保に付利される最も一般的なオーバーナイト金利はFFレート（すでに説明したように，これがOISレートと紐づいている）である。無担保取引では，ファンディング・コストはこれより高く，割引率はそれを反映すべきであるとの主張である。

　後で説明するように，ファンディング・コストに基づく議論には疑問の余地がある。ファイナンスにおいては，投資の評価は資金調達手法に依存するべきではない，というのが長きにわたり確立されてきた原則であるからである。重要なのは，投資のリスクと期待されるキャッシュ・フローである。リスクのないポートフォリオが構築されたならば，割引には，無リスク金利として最もよい代替金利を用いるべき，というのがファイナンス理論により導かれる結論である。利用可能なもので最も無リスク金利に近いものはOISゼロ・カーブであることはほぼ間違いない。それゆえに，取引が担保されているかどうかには関係なく，OISゼロ・カーブが割引に用いられるべきであ

---

[5]　大手の中央清算機関（CCP）であるLCHクリアネット（LCH.Clearnet）は2013年に総額350兆ドルを超える想定元本の金利スワップ取引の清算を行った。それら取引は当初証拠金および変動証拠金により担保されている。ディーラーの慣行を受け，いまはLIBOR割引ではなく，OIS割引が使われるようになった。

る[6]。

9.5　信用リスク：CVA と DVA

まず，デリバティブの評価において，割引率は信用リスクを考慮する方法としては使わない，ということを強調しておこう。いままで述べてきた評価は，（OIS か LIBOR を割引のいずれを用いようとも）どちらの側もデフォルトしないとの仮定でのデリバティブの価値計算を目的とする。（これをデリバティブの"ノー・デフォルト・バリュー（no-default value）"と呼ぶことにする。）一般的には，信用リスクは別の計算から考慮される。この計算の本質的な部分についてはここで触れるが，詳細は第24章で述べる。

ある銀行とそのカウンターパーティー（取引相手）が，二者間で清算される一連のデリバティブ取引を締結したとする。この銀行とカウンターパーティーの契約にはほぼ確実に，ネッティング（netting）が適用されるとの記述があることを，まず留意されたい。つまり，デフォルト事由（event of default）の際にはすべてのデリバティブ残高は単一のデリバティブとしてみなされるということである。片側が破産を宣言するか，必要な担保差入れができないか，あるいは，その他の約束の履行に失敗した場合，もう片側はデフォルト事由の発生を宣言することになる。これにより，残存するデリバティブ取引のポートフォリオは期限前終了される。

まず，担保がまったく差し入れられていない場合を考えよう。デリバティブのポートフォリオの価値が銀行にとって正で，カウンターパーティーにとって負であるときに期限前終了となれば，銀行はデリバティブのポートフォリオの価値に対する無担保債権者となる。この場合，デリバティブのポートフォリオの価値全額を回収することができずに損失を被る可能性が高い。反対の状況を考えてみよう。ポートフォリオの価値が銀行にとって負で，カウンターパーティーにとって正であり，銀行はカウンターパーティー

---

[6] さらなる議論については，J. Hull and A. White, "LIBOR vs. OIS: The Derivatives Discounting Dilemma," *Journal of Investment Management*, 11, 3 (2013), 14–27を参照。

(あるいはカウンターパーティーの清算人)に対して清算の支払を行い,損失は生じない。

クレジット・バリュー・アジャストメント(CVA:credit value adjustment)とは,カウンターパーティーのデフォルトにより生じる期待コストの現在価値を見積もったものである。銀行とカウンターパーティー間での残存するデリバティブ契約のうちで最長の満期を T 年としよう。CVA を計算するためには,T 年をいくつかの期間に区切り,それぞれの期間に対して,次を計算する。

1. 期間内においてカウンターパーティーのデフォルトにより期限前終了となる確率,q_i
2. 期間の中間時点において期限前終了となった場合に想定される期待損失額の現在価値,v_i

N が区切った期間の個数であるとき,CVA は以下のように計算される。

$$\mathrm{CVA} = \sum_{i=1}^{N} q_i v_i$$

この式は一見簡単そうにみえるが,実際の計算手続,特に v_i の決定方法はきわめて複雑となる。これらの詳細については第24章で説明する。

デリバティブのポートフォリオの,銀行側にとってのノー・デフォルト・バリューを f_{nd} と定義する。これは,取引のどちらの側もデフォルトしないと仮定した場合の価値である。(デリバティブ評価のために開発された公式の大部分は,この本の内容も含め,ノー・デフォルト・バリューを計算することに関するものである。) カウンターパーティーがデフォルトする可能性を考慮するならば,ポートフォリオの価値は,

$$f_{\mathrm{nd}} - \mathrm{CVA}$$

となる。しかし,これで話は終わりではない。銀行自身もデフォルトするかもしれない。そうすれば,カウンターパーティーは損失を被るが,反対に銀行は同額の益を得ることになる。デット・バリュー・アジャストメント(DVA:debit(あるいは debt)value adjustment)とは,銀行自身のデフォルトにより得られる期待利益の現在価値である。CVA と同様に DVA は,次

の式で計算される。

$$\mathrm{DVA} = \sum_{i=1}^{N} q_i^* v_i^*$$

ここで，q_i^* は i 番目の期間に銀行がデフォルトする確率であり，v_i^* は期間の中間時点で銀行がデフォルトした場合に銀行が得る利益（カウンターパーティーの損失）の現在価値である。CVA および DVA の両方を勘案すれば，銀行にとってのポートフォリオの価値は，

$$f_{\mathrm{nd}} - \mathrm{CVA} + \mathrm{DVA}$$

となる。

担　保

二者間の契約により担保差入れが必要な場合，次の二つの理由で計算はより複雑になる。一つ目は，担保がCVAとDVAの計算に影響を与えること。二つ目は，現金担保に対して付利される金利が評価に影響を与えうるためである。

v_i および v_i^* を計算するためには，期限前終了時に銀行あるいはカウンターパーティーから差し入れられている担保額を求める必要がある。一般的には，期限前終了の数日前には，デフォルト当事者は担保の差入れを停止し，超過担保の返還も行わなくなるとの仮定を置くため，この計算は非常に複雑になる。

担保は通常，現金もしくは市場性証券（marketable securities）で構成される。（受入可能な市場性証券の種類および適用されるヘアカット（haircut）訳注は担保契約に明記されている。）現金担保に対しては，金利が支払われるのが普通である。もし，この金利が無リスク金利であれば，評価に対する調整を行う必要は何もない。しかし，無リスク金利と異なるのであれば，無リスク金利で付利される場合の利子総額に対して，実際に現金担保に対して支払われる利子総額の超過額期待値の現在価値を見積もる必要がある。この額は正に

訳注　ヘアカットとは，担保評価額を算定する際に，担保の種類や残存期間等に応じて，証券の市場価格や額面に対して適用される掛け目（削減率）。

も負にもなりうる。そして，この額が CRA (collateral rate adjustment) と呼ばれる調整となる。CRA を考慮すれば，ポートフォリオの価値は次のようになる。

$$f_{nd} - CVA + DVA - CRA$$

すでに述べたように，銀行は担保付取引に対しては，OIS レートを無リスク金利とみなすことが多い。もし，（前述したように，OIS レートの源泉である）FF レートが現金担保残高に対してオーバーナイトで付利されるならば（実際にそのような場合が多い），CRA 調整は必要ない。

9.6 ファンディング・コスト

　無リスク金利が5％で銀行の平均ファンディング・コストが7％であったとしよう。もし，リスクはまったくなく6％のリターンを生むプロジェクトがあったとすれば，銀行はそのプロジェクトを手掛けるべきであろうか。答えは，手掛けるべきである。そのプロジェクトのキャッシュ・フローに対する適切な割引率は5％であり，この割引率を用いればこのプロジェクトは正の現在価値をもつ。銀行のファンディング自体は7％なので7％超の収益を生むプロジェクトのみ実行するべきとの主張は正しくない。この銀行は手掛けるプロジェクトから平均して7％超の収益をあげるべきである。そうでなければ，この銀行経営は赤字となるだろう。しかし，このことは銀行が手掛ける個々のプロジェクトすべてについて，7％超の収益をあげるべきだということではない。

　なぜ7％のファンディング・コストがプロジェクトの評価に関係ないか理解するために，銀行がリスクのないプロジェクトを開始した場合に何が起こるかを考えてみよう。銀行のファンディング・コストは，無リスクのプロジェクトの資金を調達するための追加コストが7％ではなく5％であることを受けて低下する。このようなことがなぜ起こるかを極端な例で示そう。完全に無リスクのプロジェクトに取り組むことで，銀行の規模が2倍になるとする。銀行のファンディング・コストは6％に変わる（過去のプロジェクト

に対しての7％と，新しいプロジェクトに対しての5％の平均)。よって，新しいプロジェクトのために追加ファンディング・コストは5％ということになる。

　一般的に，もし企業が平均ファンディング・コストをすべてのプロジェクトに対して要求する最低収益率として用いるならば，低いリスクのプロジェクトは魅力的には映りにくいが，高いリスクのプロジェクトは魅力的にみえやすくなってしまう。よって，その企業は高いリスクのプロジェクトに引き寄せられやすくなっていく。

　すべてのデリバティブの実務家がこうした議論に賛成するわけではないだろう。すでに指摘したように，実際には多くの銀行で慣習として担保付デリバティブ取引に対してはOIS割引を用いている一方，無担保デリバティブ取引に対してはより高い割引率を適用している。大抵の場合，このことはファンディング・コストと紐づけられ，合理的とされている（すでに議論したように，ファンディング・コストは関係すべきではない）。担保付デリバティブ取引は担保に対して支払われる金利（多くはFFレートである）で調達される。無担保デリバティブ取引は，銀行全体での平均ファンディング・コストで調達されると仮定される。

　ファンディング・コストがデリバティブ評価に関係すると考えている銀行は，無担保デリバティブ取引に対してFVA（funding value adjustment）と呼ばれる調整を行うことがある。FVAの目的は，デリバティブの価値を，銀行の平均ファンディング・コストを"無リスクの"割引率として用いた場合の価値に調整することである。たとえば，銀行の平均ファンディング・コストが3.8％で，その銀行で使われている無リスク金利が3％だったとき，FVAは割引率が80ベーシス上昇したときの影響を捕捉する[7]。

　FVA調整については意見が分かれている。FVA調整が時の試練に耐え，

---

[7] 後の章でみるように，デリバティブ評価において金利は二つの役割を担う。金利は割引率であり，リスク中立世界における原資産の成長率でもある。ここで上昇させる金利は前者の目的の金利であり，後者のためではない。これは，デリバティブのヘッジに用いられている原資産のポジションはレポ可能であり，それゆえ，無リスク金利に非常に近い金利で調達されるためである。デリバティブのポジションはレポ可能ではない。

生きながらえるかどうかは，現時点では不明である。すでに，ファンディング・コストが投資の評価に影響すべきでないことは論じてきた。重要なのは投資のリスク度合いである。CVA と DVA 調整は行われるべきだが，FVA を取り巻く議論の多くが FVA と DVA を混同していることから生じているようにもみえる。FVA 調整を行っているファンディング・コストが高い銀行は，資金を生じさせるデリバティブ（たとえば，オプションの売り）に対して競争力のあるプライシングをしやすくなるだろう。一方，FVA 調整を行っているファンディング・コストが低い銀行は，資金調達を必要とするデリバティブに対して競争力のあるプライシングをしやすくなるであろう。FVA 調整は，これらの銀行を利用する投資家に裁定機会を与えうる。ファンディング・コストの高いディーラーからオプションを買い，同じオプションをファンディング・コストの低いディーラーに対して売却することができるのである[8]。

　銀行のトレーダーは，取引価格を決めるのにどのような方法を用いようとも，もちろん自由であるべきである。しかし，会計やその他の目的のために，取引を毎日評価する必要がある。（このことを取引をマーク・トゥ・マーケット（marking-to-market）するという。）銀行の会計士は"出口価格（exit price）"で取引を評価することを目指す。出口価格とは，相殺する取引を締結するための現在の市場価格である。いかなるときでも出口価格は市場と整合的な価格（すなわち，需要と供給がつりあう価格）であるべきであり，そのデリバティブを保有する銀行のファンディング・コストに依存するべきではない。

---

[8] これらのすべての点についてのさらなる議論については，次を参照されたい。J. Hull and A. White, "Valuing Derivatives: Funding Value Adjustments and Fair Value," *Financial Analysts Journal*, forthcoming.

要約

　これまでの章では，2007年に始まった信用危機により，店頭デリバティブ市場が以前よりかなり厳しく規制されるようになったことをみてきた。本章ではその信用危機が，デリバティブ市場の実務家がいままでの慣行を慎重に見直させる契機になったこともみてきた。信用危機前には，LIBORは無リスク金利に対する代替として妥当だとみなされていた。（これは便利でもあった。第7章でみたように，このことにより，LIBORが固定金利と交換される金利スワップの評価が比較的簡単になる。）信用危機以降実務家は，少なくとも担保付デリバティブ取引について無リスク金利の代替をLIBORからOISレートに変更した。

　OISレートは，オーバーナイトFFレートの幾何平均と交換されるレートである。オーバーナイトのローンやスワップもデフォルトする可能性は常にあるので，OISレートも完全に無リスクではないが，LIBORよりはずっと無リスクに近い。

　割引に用いる金利をLIBORからOISレートに変えると，フォワードLIBORも変化する。OIS割引を適用する場合，当日の市場の中値で取引されるすべてのLIBOR対固定スワップの価値がゼロになるようにフォワードLIBORが定められなくてはならない。

　銀行やその他のデリバティブ・ディーラーは，長年，カウンターパーティーの信用リスクについて気にかけてきた。二者間で清算される取引に対しては，二つの調整が現在用いられている。CVAはカウンターパーティーがデフォルトする可能性に対する調整で，デリバティブのポートフォリオ価値を減少させる。DVAは，銀行自身がデフォルトする可能性に対する調整であり，デリバティブのポートフォリオ価値を増加させる。さらに，担保付きのポートフォリオについては，現金担保に対して付利される金利が無リスク金利とは異なる場合，さらなる調整が必要になることもあるだろう。

　ファイナンス理論では，プロジェクトがどのように資金調達されたかがその評価に影響するべきではないことが示されている。それにもかかわらず，

資金調達が必要となる（もしくは資金を生じさせる）デリバティブのポートフォリオに対してその銀行の平均ファンディング・コストを反映した調整額をチャージ（もしくは上乗せ）するように，FVA と呼ばれる調整を行っているところもある。FVA については賛否両論あるが，潜在的には会計士，アナリスト，トレーダーの間での不整合を生むものである。

参考文献

Demiralp, S., B. Preslopsky, and W. Whitesell. "Overnight Interbank Loan Markets," Manuscript, Board of Governors of the Federal Reserve, 2004.

Filipovic, D., and A. Trolle. "The Term Structure of Interbank Risk," *Journal of Financial Economics*, 109, 3（September 2013）: 707-33.

Hull, J., and A. White. "The FVA Debate," *Risk*, 25th anniversary edition（July 2012）: 83-85.

Hull, J., and A. White. "LIBOR vs. OIS: The Derivatives Discounting Dilemma," *Journal of Investment Management*, 11, 3（2013）: 14-27.

Hull, J., and A. White. "OIS Discounting and the Pricing of Interest Rate Derivatives," Working Paper, University of Toronto, 2013.

Smith, D. "Valuing Interest Rate Swaps Using OIS Discounting," *Journal of Derivatives*, 20, 4（Summer 2013）: 49-59.

練習問題

9.1 (a) 3 カ月 LIBOR，(b) 3 カ月 OIS レート，についてそれぞれ何を意味するか説明せよ。また，どちらが高いか理由も説明せよ。

9.2 「銀行がお互いに貸出を渋るようになると 3 カ月 LIBOR–OIS スプレッドは広がる。」このことを説明せよ。

9.3 例9.2ではLIBOR割引を適用している。この例で，LIBOR対固定の3年スワップ・レートが7％だとする。3年のLIBOR／スワップ・ゼロ・レートは何％となるか。また，2年から3年の期間に対応するフォワードLIBORは何％となるか。

9.4 例9.3ではOIS割引を適用している。この例で，LIBOR対固定の3年スワップ・レートが7％だとする。また，3年OISゼロ・レートは6.5％（1年複利）であった。2年から3年の期間に対応するフォワードLIBORは何％となるか。

9.5 なぜデリバティブ・トレーダーは複数の無リスクのゼロ・カーブを割引に用いる場合があるのか。

9.6 CVAとDVAが何を評価するのか説明せよ。

9.7 市場において，ある銀行のデフォルト確率が上昇したとみなされたとする。DVAにはどのような影響があるか。銀行の収益報告にはどのような影響があるか。

9.8 CRAとは何か説明せよ。どのような状況でCRAはゼロ以外となるか。

9.9 無リスク金利が3％のときに，ある企業の平均ファンディング・コストが年率5％であったとする。この企業は現在，900万ドルに相当するプロジェクトを手掛けているとする。さらに100万ドルの無リスクのプロジェクトを実行し企業規模が大きくなるとすれば，平均ファンディング・コストは何％になると想定されるか。

9.10 OISレートがすべての年限に対して年率3.4％と見積もられている。3カ月LIBORは年率3.5％，3カ月ごとに利払いされる6カ月スワップのスワップ・レートが年率3.6％である。すべての金利は四半期複利とする。OIS割引を用いたとして，3カ月から6カ月のフォワードLIBORは何％になるか。

9.11 なぜCVAおよびDVAは個々の取引に対してではなく，あるカウンターパーティーに対する取引のポートフォリオ全体に対して計算されるのか説明せよ。

発展問題

9.12 1年LIBORを4％とし，LIBOR対固定の2年，3年，4年スワップ・レートをそれぞれ4.2％，4.4％，4.5％とする。すべての金利は1年複利とする。

(a) LIBOR割引が適用された場合，2年，3年，4年の各LIBOR／スワップ・ゼロ・レートは何％となるか。

(b) LIBOR割引が適用された場合，2年目，3年目，4年目の各フォワードLIBORは何％となるか。

(c) 1年，2年，3年，4年のOISゼロ・レートがそれぞれ3.6％，3.8％，4％，4.1％（年率，1年複利）で，OIS割引が適用されたとすると，2年目，3年目，4年目の各フォワードLIBORは何％となるか。

9.13 1年のLIBORゼロ・レートが年率3％で，1年から2年の期間のフォワードLIBORが3.2％，年1回払いスワップの3年スワップ・レートは3.2％である。すべての金利は1年複利とする。1年，2年，3年のOISゼロ・レートがそれぞれ2.5％，2.7％，2.9％でOIS割引を用いる場合，2年から3年の期間のフォワードLIBORは何％となるか。また，元本が1億ドルで，4％を受け取りLIBORを支払う3年スワップの価値はいくらになるか。

9.14 1年と10年のLIBOR対固定のスワップ・レートを3％とX％とする（年1回払い）。1年と10年のOISレートは，対応するLIBOR対固定のスワップ・レートより50ベーシス低い。DerivaGemソフトウェアのゼロ・カーブ・ワークシートを用いて，OIS割引での10年LIBORゼロ・レートと，LIBOR割引での10年LIBORゼロ・レートの差を調べよ。特に，Xを3から10まで増加させていったときに何が起こるか考えよ。

第10章
オプション市場の仕組み

　オプションについては第1章で紹介した。本章では，オプション市場の仕組みや用語，取引方法，証拠金の設定などについての説明を行う。オプションを使った取引戦略，オプションの価格決定，およびオプション・ポートフォリオのヘッジ方法については後の章で考察する。本章では，主に株式オプションについて説明し，通貨オプション，株価指数オプション，および先物オプションについては簡単に触れる程度にとどめる。これらオプションの詳細については第17章と第18章で扱う。

　オプションは，フォワード契約や先物契約とは基本的に異なる。オプションはその保有者に何かを行う権利を与えるもので，保有者はその権利を行使しなくてもよい。それに対し，フォワード契約や先物契約では，契約の両当事者は何かを行う義務を負うことになる。フォワード契約や先物契約の締結には（証拠金や担保を除き）コストはかからないが，オプションの購入には

オプション料を最初に支払う必要がある.

オプション取引から生じる損益についての図表を作成する場合,最終ペイオフから初期コストを引いたものを損益とする,すなわち,ディスカウントは無視するのが慣例となっている.本章では,この慣例に従うものとする.

10.1 オプションの種類

第1章で述べたように,オプションには二つのタイプがある.一つはコール・オプション (call option) で,ある定められた日にある定められた価格である資産を購入する権利である.もう一つはプット・オプション (put option) で,ある定められた日にある定められた価格である資産を売却する権利である.このある定められた日は満期日 (expiration date または maturity date) と呼ばれ,ある定められた価格は行使価格 (exercise price または strike price) と呼ばれている.

オプションには,アメリカンとヨーロピアンがある.この違いは地理的な場所とは関係ない.アメリカン・オプション (American option) は満期日までの間いつでも権利行使が可能で,ヨーロピアン・オプション (European option) は満期日においてのみ権利行使が可能である.上場オプションのほとんどがアメリカン・オプションである.しかし,一般的にヨーロピアン・オプションのほうがアメリカン・オプションより解析しやすいため,アメリカン・オプションの特性は同条件のヨーロピアン・オプションから類推されることも多い.

コール・オプション

投資家が,ある株式を行使価格100ドルで100株購入するヨーロピアン・コール・オプションを買う場合を考えてみよう.現在の株価は98ドル,オプションの満期日を4カ月後,1株購入するオプションの価格を5ドルとする.この時,初期投資額は500ドルになる.このオプションはヨーロピアンなので,投資家は満期日においてのみ権利行使が可能である.満期日におけ

る株価が100ドル未満ならば，投資家は明らかに権利行使をしないだろう。（市場価値が100ドル未満の株を100ドルで購入することには何の意味もない。）この場合には，投資家は500ドルの初期投資額をすべて失うことになる。満期日における株価が100ドルを上回っているならば，このオプションは行使されるだろう。たとえば，株価が115ドルになったとしよう。オプションを権利行使すると投資家は1株当り100ドルで100株を買うことができ，それらを直ちに市場で売却すれば，取引コストを無視すると1株当り15ドル，すなわち1,500ドルの利益が得られる。オプションの初期コストを考慮すると，差引き1,000ドルの利益となる。

　図10.1は，1株を購入するオプションのネット損益が満期日の株価に対して変化するようすを図示したものである。たとえば，満期日の株価が120ドルであった場合，1株を購入するオプションからの利益は15ドルである。投資家がオプションを行使した場合でも，全体としては損失を被ることがある。このことを理解しておくことは大切である。たとえば，オプションの満期日に株価が102ドルであったとしよう。投資家は権利行使し102ドル－100ドル＝2ドルの利益を得るが，オプションの初期コストを考慮すると，全体としては3ドルの損失になる。このような状況では投資家はオプションを

図10.1　ある株式のヨーロピアン・コール・オプションを購入した場合の損益
オプション価格＝5ドル，行使価格＝100ドル

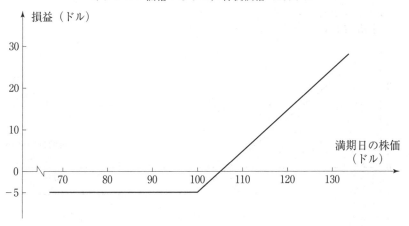

行使すべきではないと主張したくなるかもしれない。しかし，もし行使しなかったら損失は5ドルになり，オプションを行使した場合の損失3ドルより悪い結果になる。一般的に，満期時に株価が行使価格を上回っている場合にはコール・オプションは常に行使すべきである。

プット・オプション

コール・オプションの買い手は株価上昇を期待しているのに対し，プット・オプションの買い手は株価下落を期待している。ある株式を行使価格70ドルで100株売却するヨーロピアン・プット・オプションを買った投資家を考えてみよう。現在の株価を65ドル，オプションの満期日を3カ月後，1株を売却するオプションの価格を7ドルとする。この時，初期投資額は700ドルになる。このオプションはヨーロピアンなので，満期日に株価が70ドルを下回った場合にのみ権利行使される。満期日の株価が55ドルの場合を考えてみよう。100株を1株当り55ドルで買えば，プット・オプションの契約に基づいてその株を70ドルで売却できるので，投資家は1株当り15ドル，すなわち1,500ドルの利益を得られる（ここでも取引コストは無視した）。オプションの初期コスト700ドルを考慮すると，投資家の利益は差引き800ドルになる。

図10.2　ある株式のヨーロピアン・プット・オプションを購入した場合の損益
オプション価格＝7ドル，行使価格＝70ドル

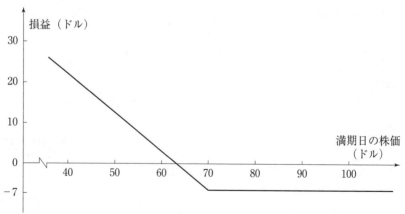

投資家が利益を得られる保証はない。もし満期日の株価が70ドル以上ならばこのプット・オプションには価値がなく，投資家は700ドルを失うことになる。図10.2は，1株を売却するオプションのネット損益が満期日の株価に対して変化するようすを図示したものである。

期限前行使

前に述べたように，上場株式オプションは通常ヨーロピアンではなくアメリカンである。すなわち，先の例で投資家は満期日を待って権利行使を行う必要はない。後の章で説明するように，アメリカン・オプションは期限前に権利行使したほうが最適となる場合がある。

10.2 オプションのポジション

すべてのオプション契約には当事者が2人いる。1人はロング・ポジションをとった（つまりオプションを買った）投資家であり，もう1人はショート・ポジションをとった（つまりオプションを売った，あるいはライト（write）した）投資家である。オプションの売り手は初めに現金を受け取るが，後で損失を被る可能性がある。オプションの売り手の損益はオプションの買い手の損益の逆になる。図10.3と図10.4は，図10.1と図10.2で考えたオプションについて，売り手からみた損益が満期日の株価に対して変化するようすを図示したものである。

オプションのポジションには四つのタイプがある。

1. コール・オプションのロング・ポジション
2. プット・オプションのロング・ポジション
3. コール・オプションのショート・ポジション
4. プット・オプションのショート・ポジション

ヨーロピアン・オプションのポジションは，オプションの買い手からみたペイオフで考えるとわかりやすい。オプションの初期コストは以下の計算には含めないことにする。行使価格を K，満期日における原資産の価格を S_T

第10章　オプション市場の仕組み　337

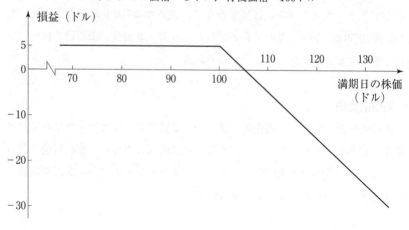

図10.3 ある株式のヨーロピアン・コール・オプションを売却した場合の損益
オプション価格＝5ドル，行使価格＝100ドル

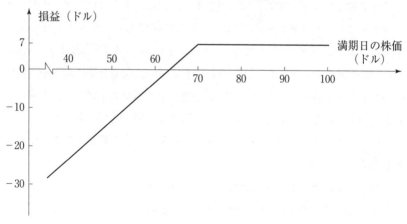

図10.4 ある株式のヨーロピアン・プット・オプションを売却した場合の損益
オプション価格＝7ドル，行使価格＝70ドル

とすると，ヨーロピアン・コール・オプションのロング・ポジションのペイオフは，

$$\max(S_T - K,\ 0)$$

である。これは，オプションが $S_T > K$ のときに行使され，$S_T \leq K$ のときは行使されないことを反映したものである。ヨーロピアン・コール・オプ

ションのショート・ポジションのペイオフは,

$$-\max(S_T-K,\ 0) = \min(K-S_T,\ 0)$$

となる。ヨーロピアン・プット・オプションのロング・ポジションのペイオフは,

$$\max(K-S_T,\ 0)$$

であり,ヨーロピアン・プット・オプションのショート・ポジションのペイオフは,

$$-\max(K-S_T,\ 0) = \min(S_T-K,\ 0)$$

となる。図10.5にこれらのペイオフをグラフで示す。

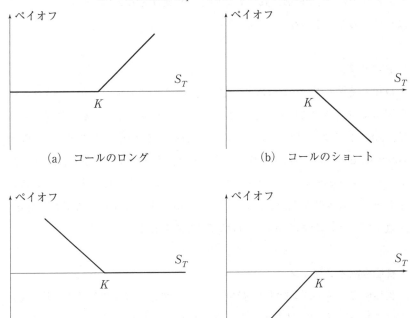

図10.5 ヨーロピアン・オプションのポジションのペイオフ
K = 行使価格, S_T = 満期における資産価格

10.3　オプションの原資産

本節では，株式，通貨，株価指数，および先物契約を原資産とするオプションがどのように取引所で取引されているか簡単にみておこう。

株式オプション

株式オプションのほとんどの取引は，取引所で行われている。米国において，そのような取引所は，シカゴ・オプション取引所（CBOE; www.cboe.com），2008年にアメリカン証券取引所を買収したNYSEユーロネクスト（www.euronext.com），国際証券取引所（ISE; www.ise.com），およびボストン・オプション取引所（BOX; www.bostonoptions.com）があげられる。数千銘柄の現物株を対象にしたオプションが取引されている。オプション1単位は，100株をある行使価格で購入または売却する権利である。株式そのものが通常100株単位で取引されているので，利便性を考慮して取引単位はこのように決められている。

通貨オプション

現在，通貨オプションはほとんどが店頭で取引されているが，いくらかは取引所で取引されている。通貨オプションを上場している米国の取引所には，2008年にフィラデルフィア証券取引所を買収したナスダックOMX（www.nasdaqtrader.com）がある。そこでは，さまざまな通貨を対象としたヨーロピアン・オプションが取引されている。取引単位は，米ドルで外貨の1万単位（日本円の場合には100万単位）を購入または売却する権利である。通貨オプションについては，第17章で詳しく論じる。

株価指数オプション

世界中で，さまざまな株価指数オプションが店頭市場および取引所で取引されている。米国で最もよく取引されている上場株価指数オプションは，S&P 500指数（SPX），S&P 100指数（OEX），Nasdaq-100指数（NDX），およ

びダウ平均指数（DJX）に対するオプションである。これらの株価指数オプションはすべて CBOE で取引されている。そのほとんどはヨーロピアンである。S&P 100オプション（OEX）は例外で，アメリカンである。通常，取引単位は指数の100倍を行使価格で購入または売却する権利である。決済は指数を構成しているポートフォリオの現渡しではなく，常に現金で行われる。たとえば，行使価格980のある指数のコール・オプション1単位を考えてみよう。もし指数の値が992のときにこのコール・オプションが権利行使されれば，このオプションの売り手は買い手に対して（992−980）×100＝1,200ドルを支払うことになる。株価指数オプションについては，第17章でさらに議論する。

先物オプション

先物契約が上場されている場合には，それを原資産とするアメリカン・オプションも取引されていることが多い。先物オプションは，先物契約の受渡期間の直前に満期を迎えるのが通常である。コール・オプションを権利行使すると，買い手の利益は先物価格の行使価格に対する超過分となる。プット・オプションを権利行使すると，買い手の利益は行使価格の先物価格に対する超過分となる。先物オプション契約については，第18章でさらに議論する。

10.4 株式オプションの仕組み

本章の残りでは，株式オプションに焦点を当てて説明を行う。前述したように，米国の標準的な上場株式オプションはアメリカン・オプションで，その取引単位は100株の対象株式を購入または売却できる権利である。満期日や行使価格，配当額発表時の対応，投資家の保有制限などの取引の詳細は取引所によって決められている。

満 期 日

株式オプションは満期日が属する月で参照される。すなわち，IBMの1月限コールとは，1月に満期を迎えるIBMのコール・オプションである。正確な満期日は，満期月の第3金曜日の翌土曜日である。オプションの取引最終日は満期月の第3金曜日で，オプションの買い手は通常その金曜日の中部時間午後4時30分までに，ブローカーに対してオプション行使の指示をしなければならない。さらに，翌日の午後10時59分までに，ブローカーは取引所に権利行使を伝える事務手続を完了しなければならない。

米国における株式オプションには，1月サイクルのもの，2月サイクルのもの，3月サイクルのものがある。1月サイクルに含まれる月は1月，4月，7月，10月である。2月サイクルは2月，5月，8月，11月からなり，3月サイクルは3月，6月，9月，12月からなる。当月の満期日が未到来であれば，当月，翌月，およびサイクルに含まれるそれに続く二つの月に満期を迎えるオプションが取引される。当月の満期日が過ぎていれば，翌月，翌々月，およびサイクルに含まれるそれに続く二つの月に満期を迎えるオプションが取引される。たとえば，IBMは1月サイクルで，1月の初めには1月限，2月限，4月限，7月限のオプションが取引され，1月の終わりには，2月限，3月限，4月限，7月限のオプションが取引され，さらに5月の初めには5月限，6月限，7月限，10月限のオプションが取引される，等々である。一つの限月のオプションが満期を迎えると，別の限月のオプション取引が開始される。いわゆるLEAPS（long-term equity anticipation securities）として知られる長期オプションも，米国の多数の銘柄の株式に対して取引されている。LEAPSの満期は39カ月後までで，満期月は常に1月となっている。

行使価格

通常，取引所はオプションの行使価格を2.50ドル，5ドル，または10ドル間隔で設定している。一般的に，株価が5ドルから25ドルの場合は2.5ドル間隔で，株価が25ドルから200ドルの場合は5ドル間隔で，株価が200ドル以

上の場合は10ドル間隔で行使価格は設定されている。後で簡単に説明するように、株式分割や株式配当が行われる場合には、標準的でない行使価格が設定されることもある。

新しい満期日のオプション取引が開始されるときは、通常、その時点での株価に最も近い二つないし三つの行使価格が取引所によって選定される。その後株価が最高行使価格と最低行使価格の間より外に動くと、新しい行使価格が設定される。これらのルールを簡単な例で説明しよう。10月限オプションの取引開始時点における株価を84ドルとする。おそらく最初は行使価格が80ドル、85ドル、および90ドルのコール・オプションとプット・オプションが取引されることになる。その後は、株価が90ドルを上回ると95ドルの行使価格が追加設定され、株価が80ドルを下回ると75ドルの行使価格が追加設定されるといった具合である。

用　語

一つの銘柄に対して、その時々で多くの異なる株式オプションが取引されている。たとえば、ある株式に対して四つの満期日と五つの行使価格のオプションが取引されているとしよう。コールとプットがすべての満期日とすべての行使価格に対して取引されているならば、全部で40種類のオプションが取引されていることになる。ある株式に対する同じタイプ（すなわち、コールまたはプット）のオプションは、オプション・クラス（option class）と呼ばれる。たとえば、IBMコールは一つのクラスであり、IBMプットも別の一つのクラスである。オプション・シリーズ（option series）とは、あるクラスで同一の満期日と行使価格をもつオプションすべてを指す。言い換えれば、オプション・シリーズにより取引されている契約を特定できる。たとえば、IBM株の2014年10月限200コールは一つのオプション・シリーズとなる。

オプションに対して、イン・ザ・マネー（in the money）、アット・ザ・マネー（at the money）、あるいはアウト・オブ・ザ・マネー（out of the money）という言い方がある。Sを株価、Kを行使価格とするとき、コール・オプションは$S > K$のときがイン・ザ・マネー、$S = K$のときがアッ

ト・ザ・マネー，$S<K$のときがアウト・オブ・ザ・マネーである。プット・オプションは$S<K$のときがイン・ザ・マネー，$S=K$のときがアット・ザ・マネー，$S>K$のときがアウト・オブ・ザ・マネーである。明らかにオプションはイン・ザ・マネーの場合にのみ行使される。取引コストがなければ，満期日までに行使されていないイン・ザ・マネーのオプションは満期日には必ず行使されるはずである[1]。

オプションの本源的価値 (intrinsic value) は，満期までに時間がなく，行使するか否かを即座に決定しなければならないような状態で得られる価値として定義される。したがって，コール・オプションの本源的価値は$\max(S-K, 0)$となる。プット・オプションの場合は$\max(K-S, 0)$が本源的価値となる。イン・ザ・マネーのアメリカン・オプションの権利保有者は即座に行使することができるので，その価値は本源的価値以上でなければならない。イン・ザ・マネーのアメリカン・オプションは，即座に行使しないほうが最適な場合が多い。その場合は，オプションは時間価値 (time value) をもつといわれる。オプションの価値は，本源的価値と時間価値の和からなると考えることができる。

フレックス・オプション (FLEX Option)

CBOEでは，株式と株価指数に対するフレックス・オプション（または，単にflexible）が取引されている。これはトレーダーが標準物とは異なる条件を交渉して決めるオプション取引である。行使価格や満期日が取引所の通常設定しているものと異なる条件であったり，アメリカンではなくヨーロピアンであったりする。フレックス・オプションは，店頭市場からオプション取引を呼び戻そうとする取引所の試みである。取引所はフレックス・オプションの最小取引単位（たとえば，100単位）を設定している。

---

[1] 20.4節では，イン・ザ・マネー，アウト・オブ・ザ・マネー，アット・ザ・マネーに対して，トレーダーによく使われる別の定義も示す。

その他の非標準的な取引

フレックス・オプションに加えて，CBOE はその他にも次に示すような多数の非標準的な取引も扱っている。

1. ETF[2]に対するオプション。
2. ウィークリー（weekly）と呼ばれる，木曜日に組成され次の週の金曜日に満期となるオプション。
3. バイナリー・オプション（binary option）という，行使価格に達すれば100ドルの固定ペイオフを支払うオプション。たとえば，行使価格が50ドルのバイナリー・コールは原資産の株価が満期日に50ドルを超えていれば100ドルが支払われる。行使価格が50ドルのバイナリー・プットは，満期日の株価が50ドルより低ければ100ドルが支払われる。バイナリー・オプションについては第26章でさらに議論する。
4. クレジット・イベント・バイナリー・オプション（CEBO：credit event binary option）という，満期日までに参照組織に"信用事由（credit event）"が発生すれば固定ペイオフが支払われるオプション。信用事由は，破産，利子支払あるいは返済の不履行，負債のリストラクチャリングとして定義される。満期日はある年の12月に到来し，もし該当すればペイオフが満期日に支払われる。CEBO はクレジット・デフォルト・スワップの一種である（クレジット・デフォルト・スワップの概要については7.12節を参照。さらなる詳細については第25章を参照）。
5. DOOM オプションと呼ばれる，ディープ・アウト・オブ・ザ・マネーのプット・オプション。行使価格が低いので，このオプションの購入コストは非常に小さい。このオプションは，原資産価格が急落したときのみにペイオフが発生する。DOOM オプションは，クレジット・デフォルト・スワップと同様のプロテクションを提供する。

---

2 ETF（Exchange-traded funds）はミューチュアル・ファンドの代替として，投資家にとって一般的になりつつある。ETF は株式と同じように取引され，ファンドの資産価値がほぼ正確に反映されるように設計されている。

配当と株式分割

初期の店頭オプション取引では，配当による調整が行われていた。ある会社が現金配当を行う場合，その会社の株式オプションの行使価格は配当落ち日に配当額だけ引き下げられていた。上場オプションでは，現金配当に対する調整は通常行われていない。言い換えると，現金配当が行われてもオプションの条件に関する調整は行われない。大口の現金配当が行われる場合には例外的な対応がなされることもある（ビジネス・スナップショット10.1を参照）。

ビジネス・スナップショット10.1

グッチ・グループの大口配当

大口の現金配当（典型的には株価の10％以上のもの）が行われる際には，CBOEのオプション清算機関（OCC：Options Clearing Corporation）は，上場オプションの条件を調整するか否かを決定できる。

2003年5月28日，グッチ・グループNV（GUC）は1株当り13.50ユーロ（約15.88ドル）の現金配当を発表した。この現金配当は，2003年7月16日の年次株主総会にて承認された。配当額は発表時点の株価の約16％に相当するものであった。この時は，OCC委員会はオプションの条件を調整する決定をした。その結果，権利行使したコール・オプションの保有者は，行使価格の100倍を支払って，100株に加えて1,588ドルの現金を受け取った。権利行使したプット・オプションの保有者は，行使価格の100倍を受け取り，100株に加えて1,588ドルの現金を支払った。この調整は，行使価格を15.88ドルだけ下げるのと同じ効果があった。

大口配当に対する調整は必ず行われるわけではない。たとえば，1998年3月10日にダイムラー・ベンツが株価の約12％に相当する配当を発表して市場を驚かせた際には，ドイツ金融先物取引所（Deutsche Terminbörse）は上場オプションの条件を調整しない決定を行った。

上場オプションでは，株式分割（stock split）に対する調整は行われる。

株式分割とは発行ずみの株式をいくつかに分割し，株式数を増やすことである。たとえば，1対3の株式分割では発行ずみの株式1株との交換で新株3株が発行される。株式分割は会社の資産や収益力になんら変化をもたらさないので，株主価値にもなんら影響がないと考えるのが自然である。したがって，その他の条件がすべて同じならば，1対3株式分割は株価を分割前の3分の1に引き下げるはずである。一般に，m 対 n の株式分割は株価を分割前の m/n に引き下げる。オプション契約の条件は，株式分割による予想される株価の変化を反映するように調整される。つまり，m 対 n 株式分割があると，行使価格は分割前の m/n に引き下げられ，1単位の対象株式数は分割前の n/m 倍に増える。株価が予想どおり下落すれば，オプションの売り手と買い手のポジションはともに分割前となんら変わりはない。

【例10.1】
　ある会社の株式100株を1株当り30ドルで購入できるコール・オプションについて考える。その会社が1対2の株式分割を行うとしよう。その場合，オプション契約の条件は200株を1株当り15ドルで購入できる権利に変更される。

　株式オプションでは株式配当に対する調整も行われる。株式配当とは，新株を発行して既存株主に付与することである。たとえば，20％の株式配当では，株主に保有している5株ごとに新株1株が付与される。株式配当も株式分割と同様で，会社の資産や収益力になんら影響を及ぼさないから，株価は株式配当によって下落するはずである。20％の株式配当は，5対6の株式分割と本質的に同じである。したがって，他の条件が同一であれば，株価は配当前の価格の6分の5に下落することになる。そのため，オプション契約の条件は株式分割の場合と同様に，株式配当による株価の下落を反映するように調整される。

【例10.2】
　ある企業の株式100株を1株当り15ドルで売却できるプット・オプションについて考える。その企業が25％の株式配当を発表したとしよ

う。これは4対5の株式分割と同等である。したがって，オプション契約の条件は125株を1株当り12ドルで売却できる権利に変更される。

株主割当発行に対しても調整が行われる。一般的な調整方法は，新株引受権の理論価格を計算し，その額だけ行使価格を引き下げるというものである。

建玉制限と行使制限

CBOEは，しばしばオプション取引に対して建玉制限（position limit）を設ける。これは，各投資家が市場の一方向に対して保有できるオプション契約の最大数を定めるものである。この目的に対しては，コールの買いとプットの売りは市場に対して同一方向とみなされる。また，コールの売りとプットの買いも市場に対して同一方向とみなされる。行使制限（exercise limit）は，通常，建玉制限に等しくなっている。これは5連続営業日の間に各個人（あるいは行動をともにしている投資家集団）が行使することのできるオプション契約の最大数を定めるものである。たとえば，流動性の高い大型株に対するオプションの建玉制限は250,000単位である。中小型株に対しては，200,000，75,000，50,000，または25,000単位となっている。

建玉制限と行使制限は，市場が過度に個人投資家や投資家集団の投資行動の影響を受けないようにする意図で設けられている。しかし，これらの制限が本当に必要かという点については議論の余地がある。

10.5 トレーディング

取引所は伝統的に個々人が一堂に会してオプションを取引するための大きな収容スペースを確保する必要があった。しかし，それはいまや変わった。ほとんどのデリバティブ取引所は完全な電子取引市場で，トレーダーが物理的に集まる必要はない。ISE（www.ise.com）は，2000年5月に米国における最初の完全に電子化された株式オプション市場を創設した。また，CBOE

の95％以上の注文は電子的に取り扱われている。残りの取引の大部分は，トレーダーのスキルが必要とされる機関投資家の大口あるいは複雑な注文である。

マーケット・メーカー

ほとんどのオプション取引所は，取引が容易に行われるようにマーケット・メーカーを使用している。あるオプションのマーケット・メーカーとは，そのオプションのビッド（bid）とオファー（offer）の両方を，求めに応じていつでも提示する者のことをいう。ビッドとは，マーケット・メーカーが購入に応じる価格，オファーまたはアスク（ask）とは，マーケット・メーカーが売却に応じる価格である。ビッドとオファーを提示する際に，マーケット・メーカーは値段を聞いてきたトレーダーがオプションを買いたいのか売りたいのかを知らない。オファーはビッドよりも常に高く，オファーがビッドを上回る金額をビッド・オファー・スプレッドと呼ぶ。取引所はこのビッド・オファー・スプレッドに対して上限を設けている。たとえば，価格が0.50ドル未満のオプションに対しては上限は0.25ドル，価格が0.50ドルから10ドルの間のオプションに対しては0.50ドル，価格が10ドルから20ドルの間のオプションに対しては0.75ドル，価格が20ドル以上のオプションに対しては1ドルとなっている。

このようなマーケット・メーカーの存在によって，売買注文をある価格では遅滞なく約定させることが可能となる。したがって，マーケット・メーカーは市場に流動性を供給する役割を果たしている。マーケット・メーカー自身はビッド・オファー・スプレッドから利益をあげている。彼らは，第19章で論じる手法等を用いてリスクヘッジを行っている。

手仕舞い注文（Offsetting Order）

オプションを買った投資家は，同数のオプションを転売する注文を出すことにより，ポジションを手仕舞うことができる。同様にオプションを売った投資家は，同数のオプションを買い戻す注文を出すことによって，ポジショ

ンを手仕舞うことができる。(この点については,オプション市場は先物市場と同様である。)オプション約定時に両方の投資家が既存ポジションを手仕舞わなければ,建玉は1単位増加する。一方の投資家が既存ポジションを手仕舞い,他方が手仕舞わなければ,建玉は同数のままである。両方の投資家が既存ポジションを手仕舞えば,建玉は1単位減少する。

10.6 委託手数料(Commission)

ブローカーに出されるオプション取引の注文の種類は,先物取引の注文と同様である(2.8節を参照)。成行注文は即座に執行され,指値注文は売買したい価格を指定する注文,等々である。

個人投資家に対する委託手数料はブローカーによってまったく異なる。ディスカウント・ブローカー(discount broker)の委託手数料は,一般的にフルサービス・ブローカー(full-service broker)の手数料よりも安い。多くの場合,実際に請求される手数料は固定部分と取引金額に比例した部分からなる。表10.1にディスカウント・ブローカーの手数料一覧表の例を示す。この表に沿えば,オプション価格が3ドルのときに8単位買うと,20ドル+(0.02×2,400ドル)=68ドルの委託手数料がかかることになる。

オプション・ポジションを転売・買戻しによって手仕舞う場合にも,委託手数料は支払わなければならない。オプションを行使する場合は,原資産の株式の売買注文を出したときと同じ委託手数料を支払わなければならない。

表10.1　ディスカウント・ブローカーの委託手数料表の例

取引額(ドル)	委託手数料*
< 2,500	20ドル+ドル全額の2%
2,500〜10,000	45ドル+ドル全額の1%
> 10,000	120ドル+ドル全額の0.25%

*委託手数料の上限は,最初の5単位までは1単位当り30ドル,それ以上は1単位当り20ドルである。委託手数料の下限は最初の1単位は30ドル,それ以上は1単位当り2ドルである。

株価が49ドルのとき，行使価格が50ドルのコール・オプションを1単位買う投資家について考えてみる。オプション価格が4.50ドルとすると，オプション契約自体にかかる費用は450ドルである。表10.1の手数料表を使うと，1単位のオプションの売買にかかる委託手数料は常に30ドルである（最初の1単位に対する最大・最小手数料はともに30ドルである）。その後株価が上昇し，60ドルとなったときにオプションを行使したとする。ここで，投資家がオプションの行使に0.75%の手数料を払い，さらに，株式の売却に0.75%の手数料を払うとすると，オプション行使時にかかる追加手数料は，

$$2 \times 0.0075 \times 60 \text{ドル} \times 100 = 90 \text{ドル}$$

となる。したがって，総委託手数料は120ドルとなり，投資家のネットの収益は，

$$1{,}000 \text{ドル} - 450 \text{ドル} - 120 \text{ドル} = 430 \text{ドル}$$

となる。もし投資家がオプションを行使せずに10ドルでこのオプションを転売したとすると，委託手数料を60ドルだけ節約することができる。（この例では，オプションを売るときに支払う委託手数料は30ドルである。）この例が示すように，このような委託手数料体系のもとでは，個人投資家はオプションを行使するよりもオプションを転売するほうを選択することもある。

　オプション取引（あるいは株取引）の隠れたコストとして，マーケット・メーカーのビッド・オファー・スプレッドがある。先の例で，オプション購入時のビッド価格が4.00ドル，オファー価格が4.50ドルであったとする。この場合，オプションの"公正（fair）な"価格はビッド価格とオファー価格の中間，すなわち4.25ドルであると考えるのが合理的である。したがって，マーケット・メーカー・システムでは，公正価格と実際に支払われる価格との差額が買い手と売り手に係る費用と考えることができる。この例でいえば，1オプション当り0.25ドル，すなわち1単位当り25ドルということになる。

10.7 必要となる証拠金

米国で株式を購入するときには,投資家は株価の50%までブローカーから購入資金を借り入れることができる。これは信用買い(buying on margin)として知られている。株価が下落して借入額が株価の50%をかなり上回った状況になると,ブローカーが投資家に現金の追加差入れを要求する,"マージン・コール(margin call)"が発生する。マージン・ロールに応じられない場合は,ブローカーはその株式を売却する。

9カ月より満期の短いコールやプット・オプションを買う場合には,オプション価格は全額支払わなければならない。オプション取引はそれ自体にすでに相当なレバレッジがかかっており,オプションの信用買いはこのレバレッジを許容できないレベルに高めるので,オプションの信用買いは認められていない。9カ月より満期の長いオプションについては,オプション価値の25%までの借入れによる信用買いが認められている。

オプションの売り手は証拠金勘定を維持しなければならない。これは,オプションが行使されたときにそのトレーダーが支払不能とならないように,トレーダーのブローカーと取引所が要求するものである。証拠金の必要額はトレーダーのポジションに応じて決められている。

オプションを単体で売る場合

ネイキッド・オプション(naked option)とは,相殺するような原資産株式のポジションが組まれていないオプションのことである。ネイキッド・コール・オプションの売り手に対しては,次の二つの計算結果のうち大きいほうがCBOEから当初証拠金と維持証拠金として要求される。

1. オプションの売却価格に,原資産の株価の20%を加えた額。ただし,オプションがアウト・オブ・ザ・マネーであれば,アウト・オブ・ザ・マネーになっている分をそれから差し引く。
2. オプションの売却価格に原資産の株価の10%を加えた額。

ネイキッド・プット・オプションの売り手に対しては,次のうちの大きい

ほうとなる。

1. オプションの売却価格に原資産の株価の20%を加えた額。ただし，オプションがアウト・オブ・ザ・マネーであれば，アウト・オブ・ザ・マネーになっている分をそれから差し引く。
2. オプションの売却価格に行使価格の10%を加えた額。

広範囲の銘柄から構成される株価指数のオプションに対しては，指数のほうが個別銘柄より価格変動が小さいので，証拠金は前述の計算において20%を15%に置き換えて計算される。

【例10.3】

投資家がコール・オプションを単体で4単位売る。オプション価格は5ドル，行使価格は40ドル，株価は38ドルとする。オプションは2ドル分アウト・オブ・ザ・マネーであるので，一つ目の計算は，

$$400 \times (5 + 0.2 \times 38 - 2) = 4{,}240 \text{ドル}$$

となる。二つ目の計算は，

$$400 \times (5 + 0.1 \times 38) = 3{,}520 \text{ドル}$$

となる。したがって，必要となる当初証拠金は4,240ドルである。オプションがプットの場合は2ドル分イン・ザ・マネーであるので，必要となる当初証拠金は，

$$400 \times (5 + 0.2 \times 38) = 5{,}040 \text{ドル}$$

となる。いずれの場合も，売却代金は証拠金勘定の一部に充当することができる。

当初証拠金の計算に似た計算（契約に対するその時の市場価格を売却価格に置き換えた計算）が毎日行われる。計算の結果，必要となる証拠金が証拠金勘定の残高よりも少ない場合には，証拠金勘定から資金を引き出すことができる。逆に，計算の結果，より多くの証拠金が必要となった場合には追加証拠金が発生する。

その他の規則

第12章で，カバード・コール（covered call），プロテクティブ・プット（protective put），スプレッド（spread），コンビネーション（combination），ストラドル（straddle），ストラングル（strangle）といったオプション取引戦略について説明する．CBOEでは，これらの取引戦略が用いられたときの必要証拠金を決める特別な規則が定められている．この規則はCBOE Margin Manualに記載されており，CBOEのウェブサイト（www.cboe.com）より入手可能である．

この規則の例として，カバード・コールの売りを考えよう．カバード・コールの売りとは，行使されたときに受け渡す株式をすでに保有している場合のコール・オプションの売りである．カバード・コールでは，最悪の場合でも保有している株式を市場より低い価格で売ればよいだけなので，そのリスクはコール・オプション単体の売りよりはるかに小さい．そのため，このオプションの売りには証拠金は必要とされない．しかし，保有株式に対して通常は$0.5S$に等しい額の借入れができるが，$0.5 \min(S, K)$に等しい額だけしか借入れができないという規則が設けられている．

10.8 オプション清算機関

オプション清算機関（OCC：Options Clearing Corporation）は，清算機関（clearing house）が先物市場で果たすのとほぼ同様の機能をオプション市場で果たしている（第2章を参照）．OCCは，オプションの売り手がオプション契約に基づいて義務を履行することを保証し，すべてのロング・ポジションとショート・ポジションを記録している．OCCは，多くの会員を抱えており，すべてのオプション取引は会員を通じて清算されなければならない．したがって，取引所のOCCの会員でないブローカーは会員と取引の清算を行わなければならない．会員はある一定額以上の資本金をもつことが求められ，会員がオプションの義務を履行しなかった場合に使われる特別基金へ出資しなければならない．

オプションの購入資金は，取引日の翌営業日の午前中までにOCCに預託しなくてはならない。前に述べたように，オプションの売り手は，ブローカーに対して証拠金勘定を維持しなければならない[3]。ブローカーは，取引の清算を担当するOCC会員に対して証拠金勘定を維持しなければならない。さらに，OCC会員はOCCに対して証拠金勘定を維持している。

オプションの行使

投資家がオプションの行使をブローカーに指示すると，ブローカーはこの取引を清算するOCC会員に通知する。それから，この会員はOCCに行使注文を出す。OCCは同じオプションの未決済のショート・ポジションをもつ会員を無作為に抽出する。この会員はあらかじめ定めておいた方法で，オプションを売っている投資家を選出する。コール・オプションの場合は，この投資家は行使価格で株式を売却しなければならない。プット・オプションの場合は，この投資家は行使価格で株式を購入しなければならない。これを投資家への割当て（assigned）という。このように，オプションが行使されるとオプションの建玉は1単位減少する。

オプションの満期日にイン・ザ・マネーのオプションは，取引コストがオプションの支払額を超えるほど高くない限り，すべて行使すべきである。希望する顧客に対しては，満期日にオプションを自動的に行使するブローカーもある。多くの取引所では，満期日にイン・ザ・マネーになっている株式オプションの権利行使に関する規則が設けられている。

10.9 規　制

オプション市場にはさまざまな規制がある。トレーダーの行動を管理する

---

[3] 前節で述べた必要証拠金は，あくまでOCCが規定している証拠金の最低金額である。ブローカーが顧客に要求する証拠金はそれよりも高いこともありうる。しかし，それより低い証拠金を要求することはできない。個人顧客に対してオプション単体での売りを認めていないブローカーもある。

規則には,取引所とOCCが定めるものがある。それに加えて,連邦ならびに州の規制当局も存在する。概して,オプション市場はこれまで自主規制を重んじて発展してきた。これまでのところ,大きな不正行為やOCC会員の契約不履行は発生していない。このことから,現在の市場の運営方法に対して,投資家は高い信頼を置いていると思われる。

SEC(証券取引委員会)は,株式,株価指数,通貨,債券のオプション市場に対する連邦レベルでの規制に責任をもっている。CFTC(商品先物取引委員会)は,先物オプション市場に対する規制に責任をもっている。また,主要なオプション市場はイリノイ州とニューヨーク州にあり,両州とも許容できない取引慣行に対してはそれぞれ法律で積極的に取締りを行っている。

10.10 税　　金

オプション取引関連の税務処理はやや複雑であり,疑問のある場合には税務専門家に相談することが望ましい。米国での一般的な規則では,(納税者がプロのトレーダーでない限り)株式オプション取引から生じる利益および損失はキャピタル・ゲインまたはキャピタル・ロスとして課税される。キャピタル・ゲインおよびキャピタル・ロスに対する米国での課税方法については2.10節で説明した。株式オプションの買い手と売り手の双方に対して,(a)オプションが行使されずに失効したとき,または(b)オプションが手仕舞われたときに損益認識は行われる。オプションが行使されたときは,そのオプションから生じた損益は株式のポジションに算入され,株式のポジションが手仕舞われた時点で損益が認識される。たとえば,コール・オプションが行使された場合は,オプションの買い手は行使価格にコールの価格を加えた価格で株式を購入したとみなされる。この価格は,最終的に株式が売却されたときにその買い手の損益を計算する基準価格として用いられる。同様に,オプションの売り手は行使価格にコールの価格を加えた価格で株式を売却したとみなされる。プット・オプションが行使された場合は,オプションの売り手は行使価格からもともとのプットの価格を引いた価格で株式を購入したと

みなされ，オプションの買い手は行使価格からもともとのプットの価格を引いた価格で株式を売却したとみなされる。

ウォッシュ・セール規則（wash sale rule）

米国におけるオプション取引にかかわる税制で考慮しなければならないものに，ウォッシュ・セール規則がある。この規則を理解するために，株価が60ドルのときに株式を購入し，長期間保有しようとしている投資家を考えよう。仮に株価が40ドルに下落したとすると，投資家は節税目的で20ドルの損失を実現させるために，株式を売却し即座に買い戻すことを考えるかもしれない。税務当局はこの行為を防ぐ目的で，売却の前後30日以内（すなわち，売却の前30日から売却の後30日までの間）に買戻しが行われた場合には，売却に伴う損失は控除できないものとしている。この規則は，その61日間に納税者がオプションのような取引で株式を取得する場合にも適用される。したがって，株式を売却して損を出し，30日以内にコール・オプションを購入した場合には，その損失は控除できない。

コンストラクティブ・セール（constructive sale）

1997年以前の米国では，納税者が実質的に同一の証券を保有しながら空売りを行った場合，その空売りポジションが手仕舞われるまで損益認識はなされなかった。これは，空売りによって税法上の利益認識が先送りできることを意味している。この状況は1997年の減税法（Tax Relief Act of 1997）で改められた。以下の取引を行った場合には，価値の上がった資産が"税解釈上は売却された（constructively sold）"として取り扱われることになった。

1．同一，または実質的に同等な資産の空売り
2．同一，または実質的に同等な資産を受け渡す先物取引またはフォワード取引
3．実質的に損失および収益機会が完全になくなるような一つ以上のポジションを保有する取引

損失リスクのみや収益機会のみを低減させる取引はコンストラクティブ・

セールには当たらない。したがって，株式を保有する投資家がイン・ザ・マネーのプット・オプションを購入する行為はコンストラクティブ・セールには当たらない。

　税務の専門家は，最大限の節税や税務上の恩恵を得る目的でオプションを活用する場合がある（ビジネス・スナップショット10.2を参照）。多くの国々で，税務当局は節税目的のためのデリバティブの利用を規制する法案を提出してきている。こうした節税目的での取引を行う場合には，企業の財務担当者であっても個人であっても，法律が改正された場合にその仕組みを解消する方法，およびそれにかかる費用を詳細に検討しておくべきである。

ビジネス・スナップショット10.2

オプションを利用した税務対策

　オプションを利用した税務戦略の簡単な例として，利子と配当に対する課税が低く，キャピタル・ゲインに対する課税が高い税制のA国と，利子と配当に対する課税が高く，キャピタル・ゲインに対する課税が低い税制のB国がある場合を考えよう。証券からの利子ないし配当はA国で受け取り，キャピタル・ゲインがある場合にはそれをB国で受け取れば，企業にとって税制上有利である。また，キャピタル・ロスはA国にとどめておき，他のキャピタル・ゲインと相殺させられるようにしておきたいと考えるだろう。これらのことは，証券の法的な所有権をA国の子会社に帰属させ，現在価格に等しい行使価格をもつ，その証券のコール・オプションをB国の子会社がA国の子会社から購入することで実現できる。オプションの満期まで，証券からの利子ないし配当は課税の低いA国で認識される。証券価格が急上昇した場合は，オプションを行使すればキャピタル・ゲインは課税が低いB国で実現される。証券価格が急落した場合はオプションは行使されず，キャピタル・ロスは課税が高いA国で実現される。

10.11 ワラント，従業員ストック・オプションおよび転換社債

ワラント（warrant）は金融機関や事業会社が発行するオプションである。たとえば，金融機関は金100万オンスに対するプット・ワラントを発行し，そのワラントの市場をつくりだすこともあるだろう。ワラントを行使するときは，保有者はそれを発行した金融機関に連絡をとる。事業会社によるワラントの発行は，債券の発行時に行われるのが一般的である。事業会社は新発債を投資家にとってより魅力的なものにするために，自社株に対するコール・ワラントを発行し，それを新発債に付与することがある。

従業員ストック・オプション（employee stock option）は，株主利益の最大化を目指す経営を行うインセンティブが働くように，企業の従業員に対して発行されるコール・オプションである（第16章を参照）。通常，従業員ストック・オプションは発行時にはアット・ザ・マネーである。現在では，ほとんどの国において従業員ストック・オプションは損益計算書上に費用計上されるので，報酬の形態としては以前ほどの魅力は失われた。

転換社債（convertible bond，あるいはconvertibles）は，一定の期間内にあらかじめ決められた交換比率で株式に転換できる社債である。したがって，転換社債は発行企業の株式のコール・オプションが内包された債券である。

ワラント，従業員ストック・オプション，および転換社債の一つの特徴は，あらかじめ決められた数のオプションが発行されるということである。それに対し，CBOEや他の取引所で取引されている，株式の上場オプションの建玉数はあらかじめ決められていない。特定のオプション・シリーズのポジションを保持する人が増えれば，建玉数は増加するし，ポジションを手仕舞えば減少する。企業が自社株に対して発行したワラント，従業員ストック・オプション，および転換社債は，別の重要な点でも上場オプションとは異なる。これらの商品が行使されると，企業は自社株を発行してオプション保有者に新株を行使価格で売却する。したがって，それらが行使されると企業の発行済株式数が増加することになる。それに対し，上場コール・オプ

ションが行使されると，オプションの売り手は市場で発行ずみの株式を購入し，それをオプションの買い手に行使価格で売却する。したがって，オプション原資産の株式を発行する企業は，この取引にはなんらかかわっていない。

10.12 店頭オプション市場

これまで本章では上場オプション市場に焦点を当てて説明をしてきたが，1980年代初頭から店頭オプション市場は徐々に重要性を増し，現在では取引所市場よりも規模が大きくなっている。第1章で説明したように，店頭市場の主な参加者は金融機関，企業の財務担当者，ファンド・マネージャーである。取引されるオプションの原資産は多岐にわたっており，なかでも通貨と金利の店頭オプションが活発に取引されている。店頭市場に潜在的に存在する短所は，オプションの売り手にデフォルトする可能性があるということである。このため，オプションの買い手はある種の信用リスクを負うことになる。この問題を克服するために，市場参加者（と当局）は通常の場合，取引相手方より担保を徴求している。これについては2.5節で説明した。

店頭市場で取引される商品は，金融機関が顧客の細かいニーズを満たすように組成したものが多い。上場オプションとは異なる権利行使日や行使価格，取引単位のオプションも提供されている。また，標準的なコールやプットとは異なる複雑な仕組みのオプションも取引されている。それらはエキゾチック・オプション（exotic option）と呼ばれている。第26章ではさまざまなエキゾチック・オプションについて紹介する。

要約

オプションには，コールとプットという二つのタイプがある。コール・オ

プションの保有者はある定められた日にある定められた価格で原資産を購入する権利をもつ。プット・オプションの保有者は，ある定められた日にある定められた価格で原資産を売却する権利をもつ。オプション市場では四つのポジションがとれる。コールのロング・ポジション，コールのショート・ポジション，プットのロング・ポジション，およびプットのショート・ポジションである。オプションのショート・ポジションをとることは，オプションをライト（write）するとも呼ばれる。現在では，株式，株価指数，外国通貨，先物契約，およびその他の資産に対してオプションが取引されている。

　取引所は，取引されるオプションの契約条件を細かく規定しなければならない。特に，取引単位，満期の正確な時間，行使価格を定める必要がある。米国では，株式オプションの取引単位は100株を購入または売却する権利である。株式オプションは，満期月の第3金曜日の翌土曜日の米国中部時間午後10時59分に満期を迎え，いくつかの異なる限月のオプションが常時取引されている。行使価格は株価水準に応じて，2.5ドル，5ドル，10ドルの間隔で設定されている。一般にオプションの取引開始時点では，その時の株価水準にかなり近いレベルの行使価格が設定される。

　株式オプションの条件は，現金配当に対しては通常調整は行われない。しかし，株式配当や株式分割，株主割当発行が行われた場合には調整が行われる。この調整は，オプションの売り手と買い手の双方のポジションが変わらないようにするために行われる。

　ほとんどのオプション取引所はマーケット・メーカーを使用している。マーケット・メーカーとは，ビッド（マーケット・メーカーが購入に応じる価格）とオファー（マーケット・メーカーが売却に応じる価格）の両方を求めに応じて提示する者のことをいう。マーケット・メーカーは市場の流動性を高め，市場の注文を遅滞なく約定させるという役割を果たしている。マーケット・メーカーはビッドとオファーの価格差（これをビッド・オファー・スプレッドと呼ぶ）から利益を得ている。取引所はそのビッド・オファー・スプレッドに対して上限を定めている。

オプションの売り手は，債務を負う可能性があることから，ブローカーに対して証拠金勘定の維持を求められる。OCC の会員でないブローカーは，会員である会社に対して証拠金勘定を維持し，この会社はさらに OCC に対して証拠金勘定を維持することになる。OCC は，すべての建玉を記録し続ける責任をもち，行使注文の処理などを行う。

すべてのオプションが上場されているわけではない。多くのオプションが店頭市場（OTC）で電話を通じて取引されている。店頭オプション市場の長所は，企業の財務担当者やファンド・マネージャーの個別のニーズに応じた商品を金融機関が提供できるという点である。

参考文献

Chicago Board Options Exchange. *Characteristics and Risks of Standardized Options*. First published 1994; last updated 2012. 次より入手可能：www.optionsclearing.com/about/publications/character-risks.jsp.

Chicago Board Options Exchange. *Margin Manual*. 2000. 次より入手可能：www.cboe.com/LearnCenter/workbench/pdfs/MarginManual2000.pdf.

練習問題

10.1 ある投資家が株式ヨーロピアン・プット・オプションを3ドルで購入する。その時の株価は42ドル，行使価格は40ドルとする。どのような状況のとき，この投資家は利益をあげられるか。また，どのような場合にこのオプションは行使されるか。オプション満期日の株価によって投資家の利益がどのように変わるかをグラフで示せ。

10.2 ある投資家が株式ヨーロピアン・コール・オプションを4ドルで売却する。その時の株価は47ドル，行使価格は50ドルとする。どのような状況のとき，この投資家は利益をあげられるか。また，どのような場合にこのオプションは行使されるか。オプション満期日の株価によって投資家の利益がどのように変わるかをグラフで示せ。

10.3 ある投資家が行使価格 K，満期 T のヨーロピアン・コール・オプションを売り，同じ行使価格と満期のヨーロピアン・プット・オプションを買ったとする。この投資家のポジションを説明せよ。

10.4 顧客がオプションを売る場合には証拠金が必要とされ，オプションを買う場合はそうではない理由を説明せよ。

10.5 満期が2月，5月，8月，11月サイクルの株式オプションを考える。(a) 4月1日および (b) 5月30日に取引されているオプションの限月を述べよ。

10.6 ある企業が1対2の株式分割を発表した。行使価格が60ドルのコール・オプションの条件はどのように修正されるか。

10.7 「企業の発行する従業員ストック・オプションはその企業の資本構成に影響を与えうるので，その企業の株式に対する通常の上場オプションとは異なる。」この主張について説明せよ。

10.8 ある企業の財務担当者が通貨オプションを使ったヘッジプログラムを検討している。(a) NASDAQ OMX と (b) 店頭市場を使う場合の長所と短所を述べよ。

10.9 100ドルで1株を購入するヨーロピアン・コール・オプションの価格が5ドルで，満期まで保有されるとする。オプションの保有者が利益を得るのはどのようなときか。また，オプションが行使されるのはどのようなときか。オプション満期日の株価によってオプションのロング・ポジションの損益が変わるようすをグラフで示せ。

10.10 60ドルで1株を売却するヨーロピアン・プット・オプションの価格が8ドルで，満期まで保有されるとする。オプションの売り手（ショート・ポジションをもつ取引当事者）が利益を得るのはどのよう

なときか。また，オプションが行使されるのはどのようなときか。オプション満期日の株価によってオプションのショート・ポジションの損益が変わるようすをグラフで示せ。

10.11 次のポートフォリオの満期における価値を説明せよ。ポートフォリオはある資産を購入する新規のフォワード契約と同じ資産に対するヨーロピアン・プット・オプションのロング・ポジションからなり，オプションの満期はフォワード契約の満期と同じで，行使価格はポートフォリオ構築時のフォワード価格に等しい。このポートフォリオの価値は，同じ行使価格と満期をもつヨーロピアン・コール・オプションの価値に等しいことを示せ。

10.12 あるトレーダーが，満期の同じ行使価格45ドルのコール・オプションと行使価格40ドルのプット・オプションを同時に購入する。コールの価格は3ドル，プットの価格は4ドルとする。この時，トレーダーの損益が原資産価格によって変わるようすをグラフで示せ。

10.13 アメリカン・オプションの価値は常に，同じ原資産，行使価格，権利行使日のヨーロピアン・オプションの価値以上になることを説明せよ。

10.14 アメリカン・オプションの価値は常に本源的価値以上であることを説明せよ。

10.15 プット・オプションの売りとコール・オプションの買いとの違いを詳細に説明せよ。

10.16 ある企業の財務担当者が自社の外国為替リスクをヘッジするために，オプションとフォワード契約のどちらを利用するか検討している。それぞれの長所と短所について説明せよ。

10.17 行使価格40ドルで500株を購入できる満期4カ月の上場コール・オプションについて考える。以下の場合に，オプションの条件はどのように修正されるか。(a)10%の株式配当が行われる場合，(b)10%の現金配当が行われる場合，(c)1対4の株式分割が行われる場合。

10.18「ある株式のコール・オプションのほとんどがイン・ザ・マネーであ

るならば，その株価は過去2～3カ月の間に急速に上昇したと思われる。」この主張について議論せよ。

10.19 予期せぬ現金配当が，(a)コール・オプションの価格，(b)プット・オプションの価格に与える影響を述べよ。

10.20 ゼネラル・モーターズの上場株式オプションの満期は，3月，6月，9月，12月サイクルである。(a)3月1日，(b)6月30日，(c)8月5日に取引されているオプションの限月を述べよ。

10.21 マーケット・メーカーのビッド・オファー・スプレッドがオプションの投資家にとって本当のコストとなる理由を説明せよ。

10.22 ある米国の投資家がコール・オプションを単体で5単位売却する。オプション価格は3.50ドルで，行使価格は60.00ドル，株価は57.00ドルである。当初証拠金はいくら必要か。

発展問題

10.23 表1.2に示されている2013年9月限コール・オプションの市場のミッド価格（ビッドとオファーの平均）から，本源的価値と時間価値を計算せよ。同様に，表1.3の2013年9月限プット・オプションについても計算せよ。いまの株式のミッド価格は871.30ドルと仮定せよ。

10.24 あるトレーダーが，100株を行使価格60ドルで売却できるプット・オプション契約を保有している。以下について，この契約に対する影響を述べよ。

(a) 2ドルの配当が公表された。

(b) 2ドルの配当が支払われた。

(c) 2対5の株式分割が行われた。

(d) 5％の株式配当が行われた。

10.25 あるトレーダーが5契約のネイキッド・プット・オプションを売却

する．1契約当りの取引単位は100株で，オプション価格は10ドル，満期までは6カ月，行使価格は64ドルである．

(a) 株価が58ドルになった場合，必要な証拠金はいくらになるか．

(b) もしインデックスに対するオプションの規則が適用されれば，(a)の答えはどのように変わるか．

(c) 株価が70ドルになれば，(a)の答えはどのように変わるか．

(d) トレーダーがオプションの売却ではなくオプションを購入する場合，(a)の答えはどのように変わるか．

10.26 株価を40ドル，行使価格30ドルのその株式に対する1年物ヨーロピアン・プット・オプションの価格を7ドル，行使価格50ドルのその株式に対する1年物ヨーロピアン・コール・オプションの価格を5ドルとする．ある投資家が現物株を100株購入し，同時にコール・オプションを100単位売り，プット・オプションを100単位買ったとする．投資家の損益が1年後の株価によって変わるようすを図示せよ．投資家が現物株を100株購入し，同時にコール・オプションを200単位売り，プット・オプションを200単位買った場合にはどうなるか．

10.27 「企業業績が競争相手より芳しくなくても株価が上昇したならば，その企業の経営者はストック・オプションから利益を得ることができる．それでは納得がいかない．」この主張について議論せよ．また，この点を考慮した通常の従業員ストック・オプションにかわる方策を考えよ．

10.28 DerivaGemソフトウェアを利用して，配当のない株式のアメリカン・プット・オプションの価値を計算せよ．現在の株価を30ドル，行使価格を32ドル，無リスク金利を5％，ボラティリティを30％，満期を1.5年とする．("option type"で"Binomial American"を選択し，時間刻みを50とせよ．)

(a) オプションの本源的価値はいくらか．

(b) オプションの時間価値はいくらか．

(c) 時間価値ゼロは何を意味しているか．時間価値がゼロのときの

オプションの価値とは何か。

(d) どれだけ株価が下がればオプションの時間価値がゼロになるかを試行錯誤により計算せよ。

10.29 2004年7月20日，マイクロソフトは配当を3ドルにすることを発表し，市場を驚かせた。配当落ち日は2004年11月17日，払込み日は2004年12月2日で，その時の株価は28ドルであった。それに伴い，職員のストック・オプションの条項も変更され，行使価格は次のように下方修正された。

$$配当落ち前の行使価格 \times \frac{終値 - 3ドル}{終値}$$

ストック・オプションで取得できる株数は次のように上方修正された。

$$配当落ち前の株数 \times \frac{終値}{終値 - 3ドル}$$

ここでの"終値"とは，配当落ち日前日のマイクロソフト普通株のNASDAQにおける終値である。この調整の妥当性を考えよ。大口配当に対して取引所が行う調整方法と比較せよ（ビジネス・スナップショット10.1を参照）。

第11章
株式オプションの特性

　本章では，株式オプションの価格に影響を与える要素について説明し，さまざまな裁定の議論を用いて，ヨーロピアン・オプションの価格，アメリカン・オプションの価格，および原資産の株価との間に成り立つ関係を導く。最も重要な関係はプット・コール・パリティであり，これはヨーロピアン・コール・オプション，ヨーロピアン・プット・オプション，および原資産の株価との間で成り立つ。

　次に，アメリカン・オプションの期限前行使について考える。配当のない株式のアメリカン・コール・オプションに対する期限前行使は決して最適となることはないが，アメリカン・プット・オプションでは期限前行使が最適となる場合もあることを示す。配当がある場合は，コールでもプットでも期限前行使が最適となりうる。

11.1 オプション価格に影響を与える要素

株式オプションの価格に影響を与える要素には，以下の六つがある．
1. 現在の株価，S_0
2. 行使価格，K
3. 満期までの時間，T
4. 株価のボラティリティ，σ
5. 無リスク金利，r
6. 予想配当

本節では，これらの要素のうち一つだけに変化があり，他の要素は変化しないときに，オプションの価格がどのように変化するかを考察する．その結果を表11.1にまとめた．

図11.1と図11.2は，ヨーロピアン・コールとプットの価格が最初の五つの要素によってどのように変化するかを図示したものである．$S_0 = 50$，$K = 50$，$r = 5\%$（年率），$\sigma = 30\%$（年率），$T = 1$年，配当はないものとしており，その場合のコール価格は7.116，プット価格は4.677である．

表11.1 他の変数を固定して1変数を増加させた場合の株式オプションの価格変化一覧表

変数	ヨーロピアン・コール	ヨーロピアン・プット	アメリカン・コール	アメリカン・プット
現在の株価	+	−	+	−
行使価格	−	+	−	+
満期	?	?	+	+
ボラティリティ	+	+	+	+
無リスク金利	+	−	+	−
配当	−	+	−	+

＋は変数が増加したときにオプション価格が上昇することを示す．
－は変数が増加したときにオプション価格が下落することを示す．
？は明白な関係がないことを示す．

株価と行使価格

将来時点においてコール・オプションを行使すると株価が行使価格を超えた額のペイオフが生じる。したがって，コール・オプションの価値は株価が

図11.1 株価，行使価格，満期日の変化がオプション価格に与える影響
$S_0 = 50$, $K = 50$, $r = 5\%$, $\sigma = 30\%$, $T = 1$

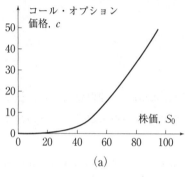
(a)

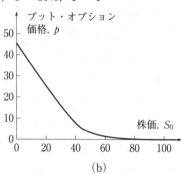
(b)

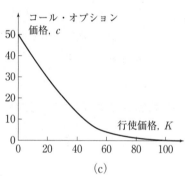
(c)

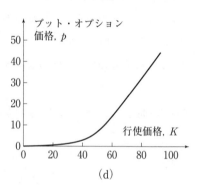
(d)

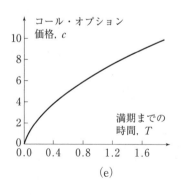
(e)

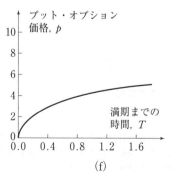
(f)

上昇すれば増加し,行使価格が高くなれば減少する。プット・オプションでは行使価格が株価を上回っている額のペイオフとなる。したがって,コール・オプションの価値とは逆の挙動を示し,プット・オプションの価値は株価が上昇すれば減少し,行使価格が高くなれば増加する。図11.1(a)〜(d)に,コールとプットの価格が株価と行使価格によって変化するようすを図示する。

満期までの時間

次に満期日の影響について考察しよう。アメリカン・オプションの場合,プットとコールはともに満期日までの期間が長くなるとその価値は高くなる(あるいは,少なくとも減少はしない)。満期日のみが異なる二つのアメリカン・オプションを考えてみよう。満期が長いほうのオプションの所有者は,短いほうのオプションの所有者がもつ以上の行使機会をもつ。したがって,満期が長いオプションの価値は,常に,満期が短いオプションの価値以上になるはずである。

ヨーロピアン・オプションのプットとコールも,満期が長くなればその価値は高くなるのが通常であるが(図11.1(e),(f)を参照),常にそうなるとは限らない。株式に対する次の二つのヨーロピアン・コール・オプションを考えてみよう。一つは満期が1カ月後,もう一つは満期が2カ月後とする。6週間後に大きな配当が予想されているとすると,配当は株価を押し下げる要因となるから,期間の短いほうのオプションの価値が長いほうのオプションの価値より高くなる可能性はある[1]。

ボラティリティ

ボラティリティ(volatility)の正確な定義は第15章で論じるが,大雑把にいうと,ボラティリティは将来の株価変動の不確実性を測る尺度である。ボラティリティが大きくなるにつれ,株価が非常に大きく上昇あるいは下落す

---

[1] オプション期間は異なっても,配当額と配当時期は変わらないものと仮定する。

図11.2 ボラティリティと無リスク金利の変化がオプション価格に与える影響
$S_0 = 50$, $K = 50$, $r = 5\%$, $\sigma = 30\%$, $T = 1$

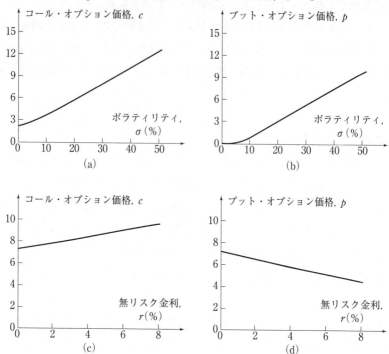

る可能性が高まる。株式の保有者にとっては，これら二つの可能性から生じる結果は互いに相殺し合う類のものである。しかし，コールやプットの保有者にとってはそうではない。コールの所有者は株価上昇による利益を享受する一方で，最大損失は購入時に支払ったオプション価格なので，株価下落時のダウンサイド・リスクは限定されている。同様に，プットの所有者は株価下落による利益を享受する一方で，株価上昇時のダウンサイド・リスクは限定されている。したがって，コールとプットの価値はボラティリティの上昇とともに増加する（図11.2(a)，(b)を参照）。

無リスク金利

無リスク金利がオプション価格に与える影響はやや複雑である。金利が上

昇すると，投資家が要求する株式の期待収益率も上昇する。また，オプション所有者が将来受け取るキャッシュ・フローの現在価値は減少する。これら二つの影響が組み合わさった結果として，コール・オプションの価値は増加し，プット・オプションの価値は減少する（図11.2(c)，(d)を参照）。

上の議論では，他の変数を固定したまま金利のみが変化するとしていたことに注意しよう。特に，表11.1では金利が変化しても株価は変化しないとしていた。実際には，金利が上昇（下落）すると株価は下落（上昇）しやすい。金利が上昇しそれに伴い株価が下落すれば，それらの複合的な効果により，コール・オプションの価値が減少し，プット・オプションの価値が増加することもある。同様に，金利が下落しそれに伴い株価が上昇すれば，それらの複合的な効果により，コール・オプションの価値が増加し，プット・オプションの価値が減少することもある。

将来の配当額

配当には配当落ち日に株価を下落させる作用がある。これはコール・オプションの価値に対してはマイナス，プット・オプションの価値に対してはプラスに作用する。オプション満期までの間に配当落ち日がある場合，オプションがコールであればオプションの価値は配当の大きさと負の相関があり，オプションがプットであればオプションの価値は配当の大きさと正の相関がある。

11.2 仮定および記号の定義

本章では，第5章でフォワード価格と先物価格を導出したときと同様のことを仮定し，市場には次の事項を満たす大手投資銀行のような市場参加者が存在するとする。

1. 取引コストはかからない。
2. トレーディング収益（損失控除後）に対する税率は一律である。
3. 無リスク金利で資金の運用調達が可能である。

これらの市場参加者は，裁定機会が生じれば直ちに裁定取引を行うものとする。その結果，第1章および第5章で議論したように，裁定機会は一瞬のうちに消滅してしまう。したがって，分析の目的上，裁定機会はないとしてもさしつかえない。

本章では，以下の記号を用いる。

S_0：現在の株価

K：オプションの行使価格

T：オプションの満期までの時間

S_T：満期日における株価

r：満期 T の運用に対する連続複利での無リスク金利

C：1株を購入するアメリカン・コール・オプションの価値

P：1株を売却するアメリカン・プット・オプションの価値

c：1株を購入するヨーロピアン・コール・オプションの価値

p：1株を売却するヨーロピアン・プット・オプションの価値

ここで r は実質利子率ではなく，名目利子率である。したがって，$r>0$ と仮定してよい。さもなければ，無リスク資産投資は現金保有に比べてなんらメリットを生まないことになる。(実際，$r<0$ ならば，現金は無リスク投資よりも選好されることになる。)

11.3 オプション価格の上限と下限

本節ではオプション価格の上限と下限を導出する。これらの導出には，$r>0$ という仮定を除いて，11.1節で述べた各要素に対してなんら特別な仮定を必要としない。もしオプション価格がその上限を上回っている，あるいはその下限を下回っているならば，アービトラージャーに収益機会が存在することになる。

上　限

アメリカン・コール・オプションもヨーロピアン・コール・オプション

も，1株をある価格で購入する権利である。したがってどのような状況でも，オプションの価値が株式の価値を上回ることはない。よって，株価がコール・オプション価格の上限となり，

$$c \leq S_0 \quad \text{かつ} \quad C \leq S_0 \tag{11.1}$$

が成り立つ。これらの関係が成り立っていないならば，株式を購入し，コール・オプションを売ることで，アービトラージャーは簡単に無リスクで利益をあげることができる。

アメリカン・プット・オプションは，1株をKで売却する権利である。したがって，株価がどれほど下落しようとも，オプションの価値はKを上回ることはない。よって，

$$P \leq K \tag{11.2}$$

が成り立つ。ヨーロピアン・オプションの場合には，満期時点での価値はK以下である。したがって，オプション価値はKの現在価値を上回ることはない。このことより，

$$p \leq Ke^{-rT} \tag{11.3}$$

が成り立つ。この関係が成り立っていないならば，オプションを売り，得られた代金を無リスク金利で運用することで，アービトラージャーは無リスクで利益をあげることができる。

配当のない株式のヨーロピアン・コール・オプション価格の下限

配当のない株式のヨーロピアン・コール・オプション価格の下限は，

$$S_0 - Ke^{-rT}$$

で与えられる。最初に数値例をみてから，その後で一般的な議論を行うことにする。

$S_0 = 20$ドル，$K = 18$ドル，$r = 10\%$（年率），$T = 1$年とする。このとき，

$$S_0 - Ke^{-rT} = 20 - 18e^{-0.1} = 3.71$$

すなわち3.71ドルとなる。ヨーロピアン・コール・オプションの価格が下限の理論値3.71ドルより低い3ドルであったとしよう。アービトラージャーは

現物株を空売りし，コールを買い，20.00ドル－3.00ドル＝17.00ドルの現金を手にするだろう。これを年率10%で1年間運用すると，17.00ドルは$17e^{0.1}$＝18.79ドルになる。1年後にオプションは満期を迎える。その時点で株価が18ドル以上であれば，この投資家はオプションを行使して18ドルで株式を買い，空売りのポジションを手仕舞って，

$$18.79\text{ドル}-18.00\text{ドル}=0.79\text{ドル}$$

の利益を得る。株価が18ドルより低い場合には，現物株を市場で購入して空売りのポジションを手仕舞う。この場合，アービトラージャーはさらに大きな利益を得ることになる。たとえば株価が17ドルならば，

$$18.79\text{ドル}-17.00\text{ドル}=1.79\text{ドル}$$

の利益が得られる。もっと一般的な議論を行うために，次の二つのポートフォリオを考えよう。

ポートフォリオA：ヨーロピアン・コール・オプション1単位と，時点TにKが支払われるゼロクーポン債

ポートフォリオB：現物株1株

ポートフォリオAのゼロクーポン債は，時点Tに価値はKとなる。$S_T > K$ならば満期日にコール・オプションは行使され，ポートフォリオAの価値はS_Tとなる。$S_T < K$ならばオプションは行使されず，ポートフォリオの価値はKとなる。よって，時点TのポートフォリオAの価値は，

$$\max(S_T, K)$$

になる。ポートフォリオBの時点Tでの価値はS_Tである。したがって，オプションの満期時点において，ポートフォリオAの価値は常にBの価値以上になる。裁定機会がないならば，この関係は現時点でも成り立っていなければならない。ゼロクーポン債の現時点の価値はKe^{-rT}であるので，

$$c + Ke^{-rT} \geq S_0$$

すなわち，

$$c \geq S_0 - Ke^{-rT}$$

が成り立つ。コール・オプションは，最悪の場合でも満期での価値がゼロになるだけなので，その価値は負にはならない。したがって$c \geq 0$となり，

$$c \geq \max(S_0 - Ke^{-rT}, 0) \qquad (11.4)$$

が成り立つ。

【例11.1】

株価51ドル，行使価格50ドル，満期6カ月，無リスク金利が年率12%の場合で，配当のない株式のヨーロピアン・コール・オプションについて考える。この場合は $S_0 = 51$，$K = 50$，$T = 0.5$，$r = 0.12$であるから，(11.4)式よりオプション価格の下限は $S_0 - Ke^{-rT}$，すなわち，

$$51 - 50e^{-0.12 \times 0.5} = 3.91 \text{ドル}$$

となる。

配当のない株式のヨーロピアン・プット・オプション価格の下限

配当のない株式のヨーロピアン・プット・オプション価格の下限は，

$$Ke^{-rT} - S_0$$

で与えられる。今度も最初に数値例をみて，その後で一般的な議論を行う。$S_0 = 37$ドル，$K = 40$ドル，$r = 5\%$（年率），$T = 0.5$年とすると，

$$Ke^{-rT} - S_0 = 40e^{-0.05 \times 0.5} - 37 = 2.01 \text{ドル}$$

となる。ヨーロピアン・プットの価格が下限の理論値2.01ドルより低い1.00ドルであったとしよう。アービトラージャーは38.00ドルを6カ月間借り入れて，プット・オプションと現物株を購入するだろう。6カ月後にアービトラージャーは $38e^{0.05 \times 0.5} = 38.96$ドルの返済を求められる。その時点での株価が40.00ドル以下であれば，投資家はオプションを行使して株を40.00ドルで売却し，その代金で借入れを返済すれば，

$$40.00\text{ドル} - 38.96\text{ドル} = 1.04\text{ドル}$$

の利益を得る。株価が40.00ドルより高い場合には，アービトラージャーはオプションを行使せずにその時点での価格で株を売り，その代金で借入れを返済すれば，さらに大きな利益が得られることになる。たとえば株価が42.00ドルならば，

$$42.00 \text{ドル} - 38.96 \text{ドル} = 3.04 \text{ドル}$$

の利益が得られる。

もっと一般的な議論を行うために次の二つのポートフォリオを考えよう。

ポートフォリオC：ヨーロピアン・プット・オプション1単位と現物株1株

ポートフォリオD：時点Tに，Kが支払われるゼロクーポン債

$S_T < K$ならば，ポートフォリオCのオプションは満期日に行使され，ポートフォリオの価値はKとなる。$S_T > K$ならばプット・オプションは行使されず，その時点でのポートフォリオの価値はS_Tとなる。よって，時点TでのポートフォリオCの価値は，

$$\max(S_T, K)$$

になる。ポートフォリオDの時点Tにおける価値はKである。したがって，オプションの満期時点において，ポートフォリオCの価値はポートフォリオDの価値以上になる。裁定機会がないならば，現時点でのポートフォリオCの価値もポートフォリオDの価値以上でなければならない。よって，

$$p + S_0 \geq Ke^{-rT}$$

すなわち，

$$p \geq Ke^{-rT} - S_0$$

が成り立つ。プット・オプションは，最悪の場合でも満期の価値がゼロになるだけなので，その価値は負にはならない。したがって，

$$p \geq \max(Ke^{-rT} - S_0, 0) \tag{11.5}$$

が成り立つ。

【例11.2】

株価38ドル，行使価格40ドル，満期3カ月，無リスク金利が年率10％の場合で，配当のない株式のヨーロピアン・プット・オプションについて考える。この場合は$S_0 = 38$，$K = 40$，$T = 0.25$，$r = 0.10$であるから，(11.5)式よりオプション価格の下限は$Ke^{-rT} - S_0$，すなわち，

$$40e^{-0.1 \times 0.25} - 38 = 1.01 \text{ドル}$$

となる。

11.4 プット・コール・パリティ

次に,同じ行使価格と満期のヨーロピアン・コール・オプションとプット・オプションの間に成り立つ重要な関係を導くことにしよう。前節で用いた次の二つのポートフォリオについて考える。

 ポートフォリオA:ヨーロピアン・コール・オプション1単位と,時点TにKが支払われるゼロクーポン債

 ポートフォリオC:ヨーロピアン・プット・オプション1単位と現物株1株

引き続き,配当はないものと仮定する。コール・オプションとプット・オプションの行使価格はともにKであり,満期までの時間はTである。

前の節で述べたように,ポートフォリオAのゼロクーポン債は,時点Tに価値はKとなる。時点Tの株価S_TがKより高ければ,ポートフォリオAのコール・オプションは行使される。つまり,この状況において,ポートフォリオAの時点Tにおける価値は$(S_T-K)+K=S_T$となる。もし,S_TがKより低ければ,ポートフォリオAのコール・オプションは無価値にて終了し,ポートフォリオの時点Tでの価値はKとなる。

ポートフォリオCの現物株の時点Tにおける価値はS_Tである。もし,S_TがKより低ければ,ポートフォリオCのプット・オプションは行使される。つまり,この状況において,ポートフォリオCの時点Tでの価値は$(K-S_T)+S_T=K$となる。もし,S_TがKより高ければ,ポートフォリオCのプット・オプションは無価値にて終了し,ポートフォリオの時点Tにおける価値はS_Tとなる。

この状況を表11.2にまとめた。$S_T>K$であれば,時点Tでの両ポートフォリオの価値はS_Tである。$S_T<K$であれば,時点Tでの両ポートフォリオの価値はKである。言い換えると,両者の価値は,オプション満期時

第11章 株式オプションの特性

表11.2　時点 T のポートフォリオAとポートフォリオCの価値

		$S_T > K$	$S_T < K$
ポートフォリオA	コール・オプション	$S_T - K$	0
	ゼロクーポン債	K	K
	合計	S_T	K
ポートフォリオC	プット・オプション	0	$K - S_T$
	ゼロクーポン債	S_T	S_T
	合計	S_T	K

点においてはともに,

$$\max(S_T, K)$$

の価値があるということである。オプションはヨーロピアンなので,満期前に行使することはできない。したがって,それらのポートフォリオの価値は現在時点でも同じでなければならない。すなわち,両ポートフォリオの時点 T での価値はまったく同じなので,現時点での価値も同じはずである。もしそうでないとしたら,安いほうのポートフォリオを買い,高いほうのポートフォリオを売るという裁定戦略により,時点 T には両方のポートフォリオはお互いに相殺することが保証されているので,現時点での2つのポートフォリオの価格差と等しい収益を確定することができるのである。

現時点のポートフォリオAの構成要素の価値は c と Ke^{-rT} であり,また,現時点でのポートフォリオCの構成要素の価値は p と S_0 である。したがって,

$$c + Ke^{-rT} = p + S_0 \tag{11.6}$$

となる。この関係式はプット・コール・パリティ (put–call parity) として知られている。与えられた行使価格と満期日をもつヨーロピアン・コール・オプションの価値は,同じ行使価格と満期日をもつヨーロピアン・プット・オプションの価値から導き出すことができ,その逆も然りである。

(11.6)式が成り立っていなければ裁定機会が存在することを説明するために,株価を31ドル,行使価格を30ドル,無リスク金利を年率10%,満期3カ

月のヨーロピアン・コール・オプションの価格を3ドル，満期3カ月のヨーロピアン・プット・オプションの価格を2.25ドルとした状況を考える。この場合，

$$c + Ke^{-rT} = 3 + 30e^{-0.1 \times 3/12} = 32.26 ドル$$

$$p + S_0 = 2.25 + 31 = 33.25 ドル$$

となり，ポートフォリオCはポートフォリオAに対して過大評価されている。したがって，ポートフォリオAの証券を買い，ポートフォリオCの証券を空売りするという裁定戦略が可能である。この戦略を行うと，コールを買い，プットと株式を売ることにより，

$$-3 + 2.25 + 31 = 30.25 ドル$$

の現金を取引当初に受け取ることになる。これを無リスク金利で運用すれば，3カ月後には，

$$30.25 e^{0.1 \times 0.25} = 31.02 ドル$$

になる。満期日における株価が30ドルより高ければコールが行使され，30ドルより低ければプットが行使される。いずれの場合でも，投資家は1株を30ドルで購入することになる。この株式でショート・ポジションを手仕舞えば，ネットの収益は，

$$31.02 ドル - 30.00 ドル = 1.02 ドル$$

となる。

次に，コールの価格が3ドルでプットの価格が1ドルの場合を考えよう。このときは，

$$c + Ke^{-rT} = 3 + 30e^{-0.1 \times 3/12} = 32.26 ドル$$

$$p + S_0 = 1 + 31 = 32.00 ドル$$

となる。ポートフォリオAはポートフォリオCに対して過大評価されている。したがって，ポートフォリオAの証券を売り，ポートフォリオCの証券を買うという裁定戦略によって，利益を確定できる。この戦略ではコールを売り，プットと株式を買うため，

$$31 ドル + 1 ドル - 3 ドル = 29 ドル$$

の初期投資を要する。この投資資金を無リスク金利で調達すれば，3カ月後

表11.3 プット・コール・パリティが成立しない場合の裁定機会

株価 = 31ドル，金利 = 10%，コール価格 = 3ドルとする。プットとコールの行使価格は30ドル，満期は3カ月。

3カ月物プット価格 = 2.25ドル	3カ月物プット価格 = 1ドル
現時点での行動：	現時点での行動：
コールを3ドルで買う	29ドルを3カ月間借りる
プットを2.25ドルで売る	コールを3ドルで売り付ける
株式を31ドルで空売りする	プットを1ドルで買い付ける
30.25ドルを3カ月間運用する	株式を31ドルで買う
$S_T > 30$の場合の3カ月後の行動：	$S_T > 30$の場合の3カ月後の行動：
運用の結果として，31.02ドルを受け取る	コールが行使され，30ドルで株式を売る
コールを行使し，30ドルで株式を買う	29.73ドルで借入金を返済する
ネット収益 = 1.02ドル	ネット収益 = 0.27ドル
$S_T < 30$の場合の3カ月後の行動：	$S_T < 30$の場合の3カ月後の行動：
運用の結果として，31.02ドルを受け取る	プットを行使し，30ドルで株式を売る
プットが行使され，30ドルで株式を買う	29.73ドルで借入金を返済する
ネット収益 = 1.02ドル	ネット収益 = 0.27ドル

に必要な返済額は$29e^{0.1 \times 0.25} = 29.73$ドルになる。前の例と同様にコールとプットのいずれかが行使されるから，コールの売りとプットの買いを合わせたポジションは，30.00ドルで株式を売却したのと同じである。よって，ネットの収益は，

$$30.00ドル - 29.73ドル = 0.27ドル$$

となる。

これらの例を表11.3にまとめておく。また，企業の発行する債券の保有者と株式の保有者のポジションを理解するうえで，オプションとプット・コール・パリティが役立つことをビジネス・スナップショット11.1に示した。

ビジネス・スナップショット11.1

プット・コール・パリティと資本構造

Fischer Black，Myron Scholes，およびRobert Mertonはオプション価格理論の先駆者たちである。1970年代初頭，彼らは企業の資本構造

の特徴付けにオプション理論が利用できることを示した。今日，そのモデルは金融機関が企業の信用リスクを評価するのに広く利用されている。

モデルを例示するために，資産がゼロクーポン債と株式のみで調達されている企業を考えよう。ゼロクーポン債は5年満期で元本はKとする。また，企業は発行株式に対して配当を支払わないものとする。5年後に資産がK以上の価値をもっているならば，株主は債券保有者に対して返済を行う。もし資産がK未満の価値になっていたならば，株主は破産を宣言し，企業は債券保有者のものになる。

したがって，5年後の株式の価値は$\max(A_T-K, 0)$となる。ここでA_Tは5年後の企業の資産価値である。このことより，株主は企業の資産に対する行使価格Kの5年物ヨーロピアン・コール・オプションを保有していることがわかる。債券保有者についてはどうであろうか。債券保有者は5年後に$\min(A_T, K)$を得る。これは$K-\max(K-A_T, 0)$と同じである。したがって債券の価値は，Kの現在価値から企業の資産に対する行使価格Kの5年物ヨーロピアン・プット・オプションの価値を差し引いたものに等しくなる。

以上の議論をまとめると，cとpをそれぞれ企業の資産に対するコール・オプションとプット・オプションの価値とすれば，

$$株式の価値 = c$$
$$債券の価値 = PV(K) - p$$

となる。現在の企業の資産価値をA_0とすると，資産価値は資産保有のための資金調達に利用した金融商品の総価値，すなわち株と債券の総価値に等しいはずなので，

$$A_0 = c + [PV(K) - p]$$

となる。書き直すと

$$c + PV(K) = p + A_0$$

が得られる。これは企業の資産に対するコール・オプションとプット・オプションとの間で成り立つ，(11.6)式のプット・コール・パリティで

ある。

アメリカン・オプション

プット・コール・パリティはヨーロピアン・オプションに対してのみ成り立つ。しかし，アメリカン・オプションの価格に対してもある種の関係を導き出すことはできる。株式に配当がない場合は，次の関係が成り立つ（練習問題11.18を参照）。

$$S_0 - K \leq C - P \leq S_0 - Ke^{-rT} \tag{11.7}$$

【例11.3】

配当のない株式に対する行使価格20.00ドル，満期5カ月のアメリカン・コール・オプションの価値が1.50ドルである。現在の株価は19.00ドル，無リスク金利は年率10%とする。(11.7)式より，

$$19 - 20 \leq C - P \leq 19 - 20e^{-0.1 \times 5/12}$$

すなわち，

$$1 \geq P - C \geq 0.18$$

となり，$P-C$は1.00ドルと0.18ドルとの間にある。Cは1.50ドルなので，Pの値は1.68ドルから2.50ドルの間にある。言い換えれば，そのアメリカン・コールと行使価格と満期日が同じアメリカン・プットの価格の上限と下限は，それぞれ2.50ドルと1.68ドルである。

11.5　配当のない株式のコール

この節では，配当のない株式に対するアメリカン・コール・オプションの期限前行使は決して最適とはならないことを示す。

基本的な考え方を理解するために，株価が70ドルのときに，満期1カ月，行使価格40ドルの配当のない株式のアメリカン・コール・オプションを考えてみよう。このオプションはディープ・イン・ザ・マネーであり，オプショ

ンの所有者は即座にオプションを行使したいと思うだろう。しかし，もし投資家がオプション行使により取得した株式を1カ月以上保有するつもりならば，これは最良の戦略ではない。もっとよい戦略は，オプションを保有し続け，1カ月後に行使することである。そうすれば，行使価格の40ドルは即座に行使した場合に比べて1カ月遅く支払えばよく，40ドルに対する1カ月間の利子だけ得である。また，この株式には配当がないため，配当収入が犠牲になるということもない。さらに，直ちに行使せずに待つことにすれば，1カ月後に株価が40ドルを下回っている機会が（きわめて少ないかもしれないが）ありうるという点で有利である。1カ月後に40ドルを下回った場合には，投資家はオプションを行使せず，期限前行使しなくてよかったと思うであろう。

　上の議論は，投資家がオプションの残存期間中（この例では1カ月間）は株式を保有する予定の場合において，期限前行使が有利でないことを示したものである。もしこの投資家が現在の株価は割高と考えており，オプションを行使して株を取得し，それを売却しようと考えている場合にはどうであろうか。この場合には，投資家はオプションを行使するよりも売却したほうがよい[2]。このオプションは，株式を保有したいと考える他の投資家が購入するだろう。このような投資家は必ず存在する。そうでなければ，この株式の現在価格は70ドルではないはずである。オプションを売却できる価格は，前に述べた理由により，本源的価値の30ドルより高いはずである。

　以上のことをより一般的に示すために，(11.4)式

$$c \geq S_0 - Ke^{-rT}$$

を用いる。アメリカン・コール・オプションの保有者は，ヨーロピアン・コール・オプションの保有者が権利行使できるときにはいつでも権利行使ができるので，$C \geq c$ となり，

$$C \geq S_0 - Ke^{-rT}$$

が成り立つ。$r > 0$ とすると，上式より $T > 0$ のとき，$C > S_0 - K$ が成り

---

[2] 別の戦略として，オプションは保有し続け，株の空売りを行うことで30ドル以上の利益を確定させる方法もある。

立つ。これは満期前において，C は常にオプションの本源的価値より高いことを意味する。もし満期より前のある特定の時間において行使することが最適であるのであれば，C はその時点でオプションの本源的価値と等しくなる。このことから，期限前行使は決して最適にはならないことがわかる。

以上の考察を要約すると，配当のない株式のアメリカン・コール・オプションは期限前行使すべきでないことには二つの理由がある。一つの理由はその保険的性格である。現物株を保有するかわりにコール・オプションを保有すれば，行使価格を下回る株価下落に対する保険が実質的に得られている。オプションをいったん行使すると行使価格で株式を購入することになり，この保険は消滅してしまう。もう一つの理由は，現金の時間価値に関係するものである。オプションの保有者にとっては，行使価格の支払は後になればなるほど得である。

オプション価格の境界

配当がないときのアメリカン・コール・オプションは決して期限前行使されないので，ヨーロピアン・コール・オプションと同等である。つまり，$C = c$ となる。(11.1)式と，(11.4)式から，その価格の上限と下限はそれぞれ

$$\max(S_0 - Ke^{-rT}, 0) \quad \text{および} \quad S_0$$

として与えられる。この境界を図11.3に図示した。

図11.3　配当のない場合の，ヨーロピアン・コール・オプションとアメリカン・コール・オプションの価格の境界

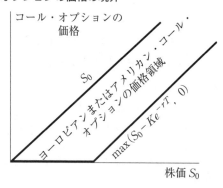

図11.4 配当のない株式のアメリカンまたはヨーロピアン・コール・オプションの株価に対する価格変化
金利，満期までの時間，株価のボラティリティのいずれかが増加すると価格曲線は矢印の方向へ変化する．

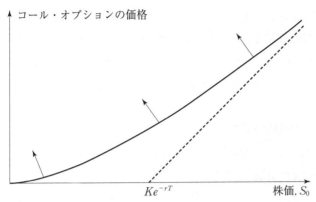

図11.4には，株価 S_0 を変化させたときにコール価格が変化する一般的なようすを示した．r か T，または株価のボラティリティが増加すると，株価に対するコールの価格曲線は矢印の方向へ変化する．

11.6 配当のない株式のプット

配当のない株式のアメリカン・プット・オプションの場合には，期限前行使が最適となることがある．実際，満期までのどの時点であっても，十分にイン・ザ・マネーのプット・オプションは期限前行使すべきである．

このことを例示するために，極端な状況を考えてみよう．行使価格が10ドル，現在の株価が実質ゼロであると仮定する．オプションを即座に行使すれば，投資家は直ちに10ドルの利益が得られる．株価は負にはならないから，行使しなければ，行使による利益は10ドル以下になることはあっても，決して10ドルを超えることはない．しかも，現在受け取る10ドルは将来の10ドルよりも価値がある．したがって，このオプションは即座に行使したほうがよいということになる．

コール・オプションと同様に，プット・オプションも保険的な性格をもっている。現物株とともにプット・オプションを保有すれば，ある株価水準からの株価下落に対して保険がかかる。しかし，プット・オプションはコール・オプションとは異なり，行使価格での売却を即座に実現するためにこの保険としての性格を放棄して，期限前行使するのが最適となる場合もある。一般に，S_0が低下し，rが上昇し，ボラティリティが減少するにつれ，プット・オプションの期限前行使が最適となるケースが増える。

オプション価格の境界

(11.3)式と(11.5)式から，配当がない場合のヨーロピアン・プット・オプションの価格の上限と下限は，

$$\max(Ke^{-rT}-S_0, 0) \leq p \leq Ke^{-rT}$$

により与えられる。配当がない場合のアメリカン・プット・オプションの場合，オプションの行使はいつでも可能なので，

$$P \geq \max(K-S_0, 0)$$

の関係が満たされなければならない。これは(11.5)式のヨーロピアン・プット・オプションに示したものより，強い条件である。配当がない株式に対するアメリカン・プット・オプションに対する(11.2)式の結果を使うと，オプション価格の境界について

$$\max(K-S_0, 0) \leq P \leq K$$

が得られる。この境界を図11.5に図示した。

図11.6に，S_0を変化させたときにアメリカン・プット・オプションの価格が変化する一般的なようすを示した。前に議論したように，$r>0$ならば，株価が十分に低いとき，アメリカン・プット・オプションは即座に行使するのが最適となる。期限前行使が最適な場合，オプションの価値は$K-S_0$となる。したがって，プットの価値を表す曲線は，S_0が十分に小さいある値でプットの本源的価値を表す直線$K-S_0$につながる。図11.6では，S_0のこの値を点Aで示している。rが低下し，ボラティリティが上昇し，Tが増加すると，株価に対するプットの価格曲線は矢印の方向に変化する。

図11.5 配当のない場合のヨーロピアンとアメリカン・プット・オプション価格の境界

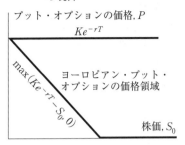
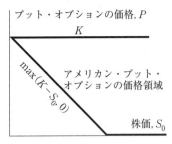

図11.6 株価に対するアメリカン・プット・オプションの価格変化

満期までの時間，株価のボラティリティのいずれかが増加，もしくは金利が低下すると，価格曲線は矢印の方向へ変化する。

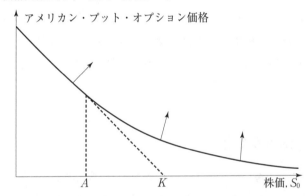

　アメリカン・プット・オプションには期限前行使が望ましい状況が存在するため，その価値は同じ条件のヨーロピアン・オプションの価値よりも常に高い。さらに，アメリカン・プット・オプションの価値は本源的価値に等しい場合もあるので（図11.6を参照），ヨーロピアン・プット・オプションの価値は本源的価値より低くなる場合が必ずある。つまり，ヨーロピアン・プット・オプションの価格と株価の関係を表した価格曲線は，アメリカン・プット・オプションの同様の価格曲線より下にあるということである。

　図11.7に，株価に対してヨーロピアン・プット・オプションの価格が変化すようすを示した。図11.7でオプション価格が本源的価値に等しくなる点 B

図11.7 株価に対するヨーロピアン・プット・オプションの価格変化

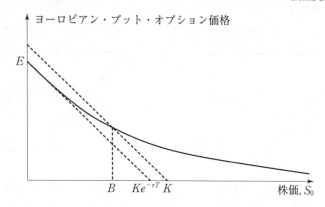

の表す株価は,図11.7の価格曲線が図11.6の価格曲線より下にあるので,図11.6の点 A の表す株価よりも高くなければならない。図11.7の点 E は,$S_0 = 0$ でヨーロピアン・プット・オプションの価格が Ke^{-rT} となっている点である。

11.7 配当の影響

これまで本章で導いてきた結果は,配当のない株式のオプションに関するものである。そこで,本節では配当の影響について考えてみる。ここでは,オプションの満期までの間に支払われる配当は既知であると仮定する。上場株式オプションの多くは満期まで1年未満であるので,この仮定はたいていの場合において,それほど不合理なものではない。オプションの満期までに支払われる配当の現在価値を D で表すことにする。ただし,D の計算では配当は配当落ち日に発生するものと仮定する。

コールとプットの下限

ポートフォリオAとBを次のように定義し直す。

ポートフォリオA:ヨーロピアン・コール・オプション1単位と $D+$

ポートフォリオB：現物株1株 (Ke^{-rT}の現金)

(11.4)式を導出したときと同様の議論により，

$$c \geq \max(S_0 - D - Ke^{-rT}, 0) \qquad (11.8)$$

が成り立つことがわかる。さらに，ポートフォリオCとDも次のように定義し直す。

ポートフォリオC：ヨーロピアン・プット・オプション1単位と現物株1株

ポートフォリオD：$D + Ke^{-rT}$の現金

(11.5)式を導出したときと同様の議論により，

$$p \geq \max(D + Ke^{-rT} - S_0, 0) \qquad (11.9)$$

が成り立つことがわかる。

期限前行使

配当がある場合には，アメリカン・コール・オプションの期限前行使がないとは限らない。配当落ち日直前にアメリカン・コールを行使することが最適となる場合もある。これ以外のときには，コールの期限前行使は決して最適とはならない。この点については15.12節でさらに議論する。

プット・コール・パリティ

再定義したポートフォリオAとCの満期時点における価値を比較することにより，配当のある場合には，(11.6)式のプット・コール・パリティは，

$$c + D + Ke^{-rT} = p + S_0 \qquad (11.10)$$

となることがわかる。配当のある場合には，(11.7)式は，

$$S_0 - D - K \leq C - P \leq S_0 - Ke^{-rT} \qquad (11.11)$$

と修正される（練習問題11.19を参照）。

> 要約

　株式オプションの価値に影響を与える要因には，現在の株価，行使価格，満期日，株価のボラティリティ，無リスク金利，満期までに支払われる予想配当の六つがある。通常，コール・オプションの価値は，現在の株価，満期日までの時間，ボラティリティ，および無リスク金利が増加すれば高くなり，行使価格と予想配当が増加すれば低くなる。また，通常，プット・オプションの価値は，行使価格，満期日までの時間，ボラティリティ，および予想配当が増加すれば高くなり，現在の株価と無リスク金利が増加すれば低くなる。

　株価のボラティリティになんら仮定を置かなくても，株式オプションの価値についていくつかの性質は得られる。たとえば，株式コール・オプションの価格は株価より常に低い。同様に，株式プット・オプションの価格は行使価格よりも常に低い。

　配当のない株式のヨーロピアン・コール・オプションの価格は，

$$\max(S_0 - Ke^{-rT}, 0)$$

以上である。ここで S_0 は株価，K は行使価格，r は無リスク金利，T は満期までの時間である。配当のない株式のヨーロピアン・プット・オプションの価格は，

$$\max(Ke^{-rT} - S_0, 0)$$

以上である。現在価値が D の配当が支払われるときは，ヨーロピアン・コール・オプションの下限は，

$$\max(S_0 - D - Ke^{-rT}, 0)$$

となり，ヨーロピアン・プット・オプションの下限は，

$$\max(Ke^{-rT} + D - S_0, 0)$$

となる。プット・コール・パリティとは，株式に対するヨーロピアン・コール・オプションの価格 c とヨーロピアン・プット・オプションの価格 p との間に成り立つ関係式である。配当のない株式に対するプット・コール・パリティは，

$$c + Ke^{-rT} = p + S_0$$

で与えられる。配当のある株式に対するプット・コール・パリティは,

$$c + D + Ke^{-rT} = p + S_0$$

で与えられる。

　アメリカン・オプションに対しては,プット・コール・パリティは成り立たない。しかし,裁定の議論を用いて,アメリカン・コールの価格とアメリカン・プットの価格との差に対する上限と下限を与えることは可能である。

　第15章では,株価の確率変動にある種の仮定を置いて,本章での分析をさらに詳しく行う。これにより,ヨーロピアン・オプションの評価式を導出することができる。さらに第13章と第21章では,数値計算手法を用いたアメリカン・オプションの評価方法について検討する。

参考文献

Broadie, M., and J. Detemple. "American Option Valuation: New Bounds, Approximations, and a Comparison of Existing Methods," *Review of Financial Studies*, 9, 4 (1996): 1211-50.

Merton, R. C. "On the Pricing of Corporate Debt: The Risk Structure of Interest Rates," *Journal of Finance*, 29, 2 (1974): 449-70.

Merton, R. C. "The Relationship between Put and Call Prices: Comment," *Journal of Finance*, 28 (March 1973): 183-84.

Stoll, H. R. "The Relationship between Put and Call Option Prices," *Journal of Finance*, 24 (December 1969): 801-24.

> 練習問題

11.1 株式オプションの価格に影響を与える六つの要素を列挙せよ。

11.2 配当のない株式に対する満期4カ月のコール・オプション価格の下限を，株価が28ドル，行使価格が25ドル，無リスク金利が年率8％のときに求めよ。

11.3 配当のない株式に対する満期1カ月のヨーロピアン・プット・オプション価格の下限を，株価が12ドル，行使価格が15ドル，無リスク金利が年率6％のときに求めよ。

11.4 配当のない株式のアメリカン・コール・オプションに対する期限前行使が最適とならない理由を二つあげよ。一つ目は現金の時間価値に関連するものである。二つ目は金利が0％であっても成り立つ理由である。

11.5 「アメリカン・プット・オプションの期限前行使は，現金の時間価値とプット・オプションの保険的価値とのトレードオフである。」この主張の意味を説明せよ。

11.6 なぜ配当のある株式に対するアメリカン・コール・オプションの価値が常に本源的価値以上となるのか。ヨーロピアン・コール・オプションに対しても同じことが成り立つか。説明せよ。

11.7 配当のない株式の価格が19ドルで，行使価格20ドルのその株式に対する満期3カ月のヨーロピアン・コール・オプションの価値が1ドルである。無リスク金利は年率4％とする。このとき，満期3カ月，行使価格20ドルのヨーロピアン・プット・オプションの価格はいくらになるか。

11.8 ヨーロピアン・オプションに対するプット・コール・パリティを導いた議論が，アメリカン・オプションに対しては適用できない理由を説明せよ。

11.9 配当のない株式に対する満期6カ月のコール・オプション価格の下限を，株価が80ドル，行使価格が75ドル，無リスク金利が年率10％

のときに求めよ．

11.10 配当のない株式に対する満期2カ月のヨーロピアン・プット・オプション価格の下限を，株価が58ドル，行使価格が65ドル，無リスク金利が年率5％のときに求めよ．

11.11 配当のある株式に対する満期4カ月のヨーロピアン・コール・オプションが現在5ドルで売られている．株価は64ドル，行使価格は60ドル，1カ月後に0.80ドルの配当が予想されている．すべての満期に対して無リスク金利は年率12％とする．このとき，どのような裁定機会があるか．

11.12 配当のない株式に対する満期1カ月のヨーロピアン・プット・オプションが現在2.50ドルで売られている．株価は47ドル，行使価格は50ドル，無リスク金利は年率6％とする．このとき，どのような裁定機会があるか．

11.13 無リスク金利が上昇してボラティリティが低下すると，アメリカン・プット・オプションの期限前行使が最適となるケースが増える．その理由を直観的にわかるように説明せよ．

11.14 行使価格30ドル，満期6カ月のヨーロピアン・コール・オプションの価格が2ドルである．原資産の株価は29ドル，2カ月後と5カ月後に0.50ドルの配当が予想されている無リスク金利はすべての年限で年率10％とする．このとき，行使価格30ドル，満期6カ月のヨーロピアン・プット・オプションの価格はいくらになるか．

11.15 問題11.14でヨーロピアン・プット・オプションの価格が3ドルの場合，どのような裁定機会があるかを説明せよ．

11.16 配当のない株式に対するアメリカン・コールの価格が4ドルである．株価は31ドル，行使価格は30ドル，満期は3カ月で，無リスク金利は年率8％とする．このとき，同じ株式に対する行使価格と満期が同じアメリカン・プット・オプションの価格の上限と下限を求めよ．

11.17 問題11.16で，アメリカン・プット・オプションの価格が求めた上限よりも高かった場合，どのような裁定機会があるかを詳細に説明せ

よ。

11.18 (11.7)式を証明せよ。(ヒント：最初の不等式については，(a)ヨーロピアン・コールと K の現金からなるポートフォリオと(b)アメリカン・プット・オプションと現物株1株からなるポートフォリオを考えよ。)

11.19 (11.11)式を証明せよ。(ヒント：最初の不等式については，(a)ヨーロピアン・コールと $D+K$ の現金からなるポートフォリオと(b)アメリカン・プット・オプションと現物株1株からなるポートフォリオを考えよ。)

11.20 従業員に与えられた，満期5年のコール・オプションを考える。オプションは1年後から行使可能である。通常の上場コール・オプションとは異なり，従業員ストック・オプションは売却することができない。この制約が期限前行使の判断に与える影響を述べよ。

11.21 DerivaGemソフトウェアを使って，図11.1と図11.2が正しいことを確かめよ。

発展問題

11.22 コールはプットよりも以前に取引所で扱われていた。コールは取引されていたがプットは取引されていなかったときに，配当のない株式に対するプット・オプションをどのように組成することができたか述べよ。

11.23 ある株式に対する行使価格120ドル，満期12カ月のヨーロピアン・コール・オプションとプット・オプションの価格がそれぞれ20ドルと5ドルであった。現在の株価は130ドルである。無リスク金利は何パーセントと見積もられるか。

11.24 ある株式に対する行使価格20ドル，満期3カ月のヨーロピアン・コール・オプションおよびプット・オプションがともに3ドルで売られている。無リスク金利は年率10%，現在の株価は19ドルで，1カ月

後に 1 ドルの配当が予想されている．このとき，トレーダーにとっての裁定機会を特定せよ．

11.25 c_1, c_2, c_3 をそれぞれ行使価格が K_1, K_2, K_3 の同一満期のヨーロピアン・コール・オプションの価格とする．ただし，$K_3 > K_2 > K_1$ かつ $K_3 - K_2 = K_2 - K_1$ である．このとき，次の関係が成り立つことを示せ．

$$c_2 \leq 0.5(c_1 + c_3)$$

(ヒント：行使価格 K_1 と K_3 のオプションを 1 単位ずつ買い，行使価格 K_2 のオプションを 2 単位売ったポートフォリオを考えよ．)

11.26 ヨーロピアン・プット・オプションに対して，問題 11.25 に対応する結果を導け．

11.27 あなたは借入比率の非常に高い企業の経営者で唯一の所有者である．すべての借入れに対する返済期限は 1 年後とする．1 年後に企業の価値が借入れの返済額以上であれば借入れを返済し，返済額未満であれば破産を宣言して企業の所有権を債権者に移転するとする．

(a) あなたのポジションを企業価値に対するオプションとして表せ．

(b) 債権者のポジションを企業価値に対するオプションを用いて表せ．

(c) あなたのポジションの価値を増やすためにできることは何か．

11.28 株価を 41 ドル，行使価格を 40 ドル，無リスク金利を 6%，ボラティリティを 35%，満期を 1 年として，株式オプションについて考える．6 カ月後に 0.50 ドルの配当が予想されていると仮定する．

(a) DerivaGem ソフトウェアを使ってヨーロピアン・コールの価値を計算せよ．

(b) DerivaGem ソフトウェアを使ってヨーロピアン・プットの価値を計算せよ．

(c) プット・コール・パリティが成り立つことを確かめよ．

(d) DerivaGem ソフトウェアを使って，配当がない場合に満期までの時間が非常に長くなるに従ってオプション価格がどのように変

わるかを調べよ．また，得られた結果について説明せよ．

11.29 配当がない株式に対するプット・オプションを考える．株価40ドル，行使価格42ドル，無リスク金利2％，ボラティリティ年率25％，満期までの時間が3カ月であるとする．DerivaGemソフトウェアを使って以下を求めよ．

(a) オプションをヨーロピアンとしたときのオプション価格（Black–Scholes: Europeanを使用せよ）

(b) オプションをアメリカンとしたときのオプション価格（Binomial: Americanを使用し，tree stepsを100とせよ）

(c) 図11.7の点 B

11.30 11.1節は，満期が長くなるにつれてヨーロピアン・コール・オプションの価値が減少するような状況の一例を示している．ヨーロピアン・プット・オプションについても同じことが起こるような一例を示せ．

第12章
オプションを用いた取引戦略

　第10章では，単一のオプションに投資したときの損益パターンについて論じた。本章では，オプションを他の資産とあわせて取引した場合に可能となることについて目を向けていく。なかでも，(a)オプションとゼロクーポン債，(b)オプションとオプションの原資産，(c)同じ原資産に対する二つ以上のオプション，についてそれらのポジションからなるポートフォリオの特性について精査していく。

　なぜトレーダーはこのような損益パターンを求めるのだろうか。トレーダーは，価格の将来予測とリスク選好性から投資判断を行っている。12.1節で論じる元本確保型債券はリスク回避的な投資家にとって魅力があるだろう。リスク回避的な投資家は元本を毀損するリスクは望んでいないが，ある資産価格の騰落に対する見解をもち，自分自身の相場見通しに投資元本に対するリターンが依存することは許容できる。もし，トレーダーがさらなるリ

スクを望むのであれば，12.3節で述べるブル・スプレッドあるいはベア・スプレッドを選ぶことができる。そもそも単純なコールあるいはプット・オプションのロング・ポジションであれば，もっと大きなリスクをとることになる。

トレーダーがある資産価格の大きな動きは予想しているが，上昇するか下落するかはわからないとしよう。その場合，数多くのトレーディング戦略がある。リスク回避的なトレーダーであれば，12.3節で述べるリバース・バタフライ・スプレッドを選択するかもしれない。この戦略は，トレーダーの予測が正しくても少しの収益しか得られないが，間違っていた場合でも損失は小さい。より積極的な投資家なら，12.4節で述べるストラドルかストラングルを選択するかもしれない。これらの戦略では，より大きな収益と損失が生じる可能性がある。

その他のオプションが関連する取引戦略については，後の章で検討する。たとえば，第17章では，株式指数を利用した株式のポートフォリオのリスク管理とレンジ・フォワード取引による為替エクスポージャーのヘッジ方法について示す。第19章では，デリバティブ取引におけるグリークスを利用したリスク管理手法を取り扱う。第26章では，エキゾチック・デリバティブとオプションの静的な複製（static options replication）という手法について述べる。

12.1 元本確保型債券

リテール市場において，オプションは，元本確保型債券（principal protected note）を組成する際によく使われる。これは，保守的な投資家に受けがよい商品である。株式，株価指数，その他のリスク資産のパフォーマンスにより投資家の収益性は変わるが，投資した当初の元本はリスクを負わない。以下の例で，簡単な元本確保型債券がどのように組成されるかを示す。

【例12.1】

3年金利が連続複利で6％とする。これは，$1{,}000e^{-0.06\times 3} = 835.27$

ドルが3年で1,000ドルになることを意味する。1,000ドルと835.27ドルの差は164.73ドルである。たとえば年1.5％の配当率の株式のポートフォリオが1,000ドルの価値だとしよう。さらに，その株式のポートフォリオに対する，期間3年のアット・ザ・マネーのヨーロピアン・コール・オプションが164.73ドルより安く購入できるとしよう。（DerivaGemソフトウェアを使えば，そのポートフォリオの価値のボラティリティがおよそ15％より低い場合に，このような状況になることを確認できる。）この場合，銀行は顧客に次の取引からなる1,000ドルの投資機会を提案することができる。

1．元本1,000ドル相当の期間3年のゼロクーポン債
2．株式ポートフォリオに対する期間3年のアット・ザ・マネーのヨーロピアン・コール・オプション

ポートフォリオの価値が増えれば，投資家はそのポートフォリオに1,000ドル投資したときに得られたであろう増加分を享受できる。（これはゼロクーポン債が1,000ドルとなり，またこれが，オプションの行使価格と等しいからである。）ポートフォリオの価値が下がればオプションは無価値となるが，ゼロクーポン債の償還金により投資家が当初投資した元本に相当する1,000ドルの受取りが確保される。

元本確保型債券の魅力は，投資家が元本をリスクにさらさずにリスクのあるポジションをもつことが可能なところにある。投資家にとって起こりうる最悪の事態は，証券の満期までの間，初期投資に対しての金利や，配当等の他の収入を得る機会を失うことである。

この商品にはさまざまなバリエーションが存在する。ある資産の価値が下落すると考えている投資家は，ゼロクーポン債とプット・オプションからなる元本確保型債券を購入するであろう。その場合投資家は3年後に1,000ドルと，プット・オプションからのペイオフを受け取ることになる。

個人投資家にとって，元本確保型債券はよい投資なのだろうか。銀行は元本確保型債券を組成する際に，必ず自身の利益を織り込む。つまり，例12.1

の場合でいうと，銀行のゼロクーポン債とコール・オプションの仕入れ値は，あわせて必ず1,000ドル以下ということである。加えて投資家は，元本確保型債券の満期において，銀行が支払不能な状況になるというリスクを取っている。（リーマン・ブラザーズが2008年に破綻した際に，リーマン・ブラザーズにより組成された元本確保型債券で損失を被った投資家もいた。）したがって，この場合は，投資家は自身でオプションを通常どおり購入し，残りの元本を無リスク資産に投資したほうがよいことになる。ただし，必ずそうであるわけではない。投資家は，銀行より広いビッド・オファー・スプレッドにさらされていることが多く，また，銀行より低い金利しか得られないことが多い。よって銀行が利益を得ながら，投資家にも付加価値を提供しうるのである。

今度は銀行側の視点から元本確保型債券をみてみよう。例12.1の仕組みの経済的妥当性は金利とポートフォリオのボラティリティ次第となる。もし，金利が6％でなく3％だとすると，コール・オプション購入の原資は$1,000 - 1,000e^{-0.03 \times 3} = 86.07$ドルしか残らない。金利が6％だとしても，ボラティリティが15％ではなく25％だとしたら，オプションの価格は221ドルになってしまう。いずれの場合においても，例12.1に例示した商品で銀行が利益を得ることはできない。それでもなお，実現可能な期間3年の商品をつくる方法はいろいろとある。オプションの行使価格を高くして，たとえばポートフォリオの価値が15％上昇しないと投資家が利益を得られないようにする，投資家の収益にキャップ（上限）をつける，投資家の収益をポートフォリオの最終価格ではなく平均価格に紐づける，ノックアウト・バリアを設定する，等が考えられる。これらの代替手段に関連するデリバティブについては，後の章にて議論する。（オプションにキャップをつけると，投資家にとってブル・スプレッドとなることに関しては，本章の後半に記載する。）

金利が低い，またはボラティリティが高い場合に，収益性のある元本確保型債券を組成するには，満期までの期間を延ばすことも一つの方法となる。例12.1で(a)金利が6％でなく3％であり，(b)株式のポートフォリオのボラティリティが15％で配当率が1.5％，という状況を考えてみる。DerivaGem

ソフトウェアによると期間3年のアット・ザ・マネーのヨーロピアン・オプションの価格は約119ドルとなる。これは，投資資金でまかなえる金額 ($1,000 - 1,000e^{-0.03 \times 3} = 86.07$ ドル) より高い。一方，期間10年のアット・ザ・マネーのヨーロピアン・オプションの価格は約217ドルである。これは，投資可能資金 ($1,000 - 1,000e^{-0.03 \times 10} = 259.18$ ドル) より低く，この仕組みに利益が生じる。期間が20年に延長されるとオプションのコストは約281ドルとなり，これは，投資可能資金 ($1,000 - 1,000e^{-0.03 \times 20} = 451.19$ ドル) よりずっと低く，より収益性が増す。

この例で，銀行にとって重要な変数は配当率である。配当率が高ければ高いほど，この商品の収益性は増すことになる。仮に配当率がゼロだとすると，期間をどれほど延長しようとも，例12.1の元本確保型債券が銀行に収益をもたらすことはない。(このことは (11.4) 式から追うことができる。)

12.2 オプションと原資産を用いた取引戦略

便宜上，本章の残りにおいて検討するオプションの原資産は株式だとする。(他の原資産でも同様の取引戦略は構築可能である。) また，ここでも通常の慣例に従い，取引戦略により生じる損益は，ディスカウントを無視し，最終ペイオフから初期コストを引いたものとする。

株式オプション単体とその現物株式との組合せによる取引戦略には多くの種類がある。図12.1にこれらの取引による損益を図示する。本章の図では，点線でポートフォリオを構成する個々の証券の損益と株価の関係を表し，実線でポートフォリオ全体の損益と株価の関係を表すことにする。

図12.1(a)のポートフォリオは，株式のロング・ポジションとヨーロピアン・コール・オプションのショート・ポジションとの組合せである。この投資戦略はカバード・コールの売り (writing a covered call) として知られている。この名の由来は，急激な株価上昇時にコールの売りから生じる損失を株のロング・ポジションが"カバーする"，すなわち守ることからきている。図12.1(b)では，株式のショート・ポジションとコール・オプションのロン

図12.1 各取引戦略の損益パターン

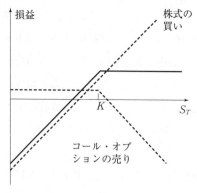

(a) 株のロング・ポジションとコールのショート・ポジションの組合せ

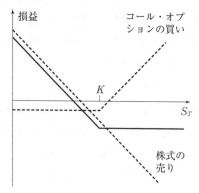

(b) 株のショート・ポジションとコールのロング・ポジションの組合せ

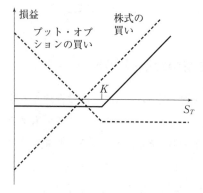

(c) プットのロング・ポジションと株のロング・ポジションの組合せ

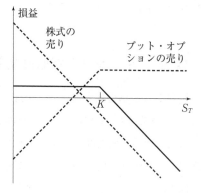

(d) プットのショート・ポジションと株のショート・ポジションの組合せ

グ・ポジションが組み合わされており，カバード・コールの売りの逆になっている。図12.1(c)の投資戦略は，ヨーロピアン・プット・オプションおよびその株式の買いから構成されている。これはプロテクティブ・プット（protective put）と呼ばれる戦略である。図12.1(d)はプロテクティブ・プットの逆で，株式のショート・ポジションとプット・オプションのショート・ポジションが組み合わされている。

図12.1のそれぞれの損益パターンは，第10章で説明したプットのショー

ト,プットのロング,コールのロング,コールのショートの損益パターンと基本的に同じかたちをしている。その理由はプット・コール・パリティから説明できる。第11章で説明したように,プット・コール・パリティは,

$$p + S_0 = c + Ke^{-rT} + D \qquad (12.1)$$

で与えられる。ここでpはヨーロピアン・プットの価格,S_0は株価,cはヨーロピアン・コールの価格,Kはコールおよびプットの行使価格,rは無リスク金利,Tはコールおよびプットの満期までの時間,Dはオプション満期までに支払われる予想配当の現在価値である。

(12.1)式は,ヨーロピアン・プットのロングと株のロングの複合ポジションが,ヨーロピアン・コールのロングと$Ke^{-rT}+D$の現金の複合ポジションに等しいことを示している。これより,図12.1(c)の損益パターンとコールのロング・ポジションの損益パターンとが類似している理由が説明できる。図12.1(d)のポジションは図12.1(c)のポジションの逆なので,その損益パターンはコールのショート・ポジションの損益パターンと類似している。

(12.1) 式を変形すると,

$$S_0 - c = Ke^{-rT} + D - p$$

と書き換えられる。これは,株のロング・ポジションとヨーロピアン・コールのショート・ポジションの組合せがヨーロピアン・プットのショート・ポジションに$Ke^{-rT}+D$の現金を加えたものと同じであることを示している。これより,図12.1(a)の損益パターンとプットのショート・ポジションの損益パターンとが類似している理由が説明できる。図12.1(b)のポジションは図12.1(a)のポジションの逆なので,その損益パターンはプットのロング・ポジションの損益パターンと類似している。

12.3 スプレッド取引戦略

スプレッド取引戦略は,二つ以上の同じタイプのオプション(すなわち,二つ以上のコールまたは二つ以上のプット)についてポジションをとる取引戦

略である。

ブル・スプレッド

最もよく取引されているスプレッドの一つはブル・スプレッド（bull spread）である。これは，ある行使価格のヨーロピアン・コール・オプションを買うと同時に，それより高い行使価格の同じ株式に対する満期の同じヨーロピアン・コール・オプションを売ることによって組むことができる。図12.2にこの戦略を図示した。点線は二つのオプションの損益を別々に表したものである。戦略全体の損益は実線で表されており，点線で与えられた損益を足し合わせたものとなっている。行使価格が高くなるとコールの価格は低くなるので，売却したオプションの価格は購入したオプションの価格より常に低い。したがって，コールを用いてブル・スプレッドを組む場合には，初期投資資金が必要となる。

購入するコール・オプションの行使価格を K_1，売却するコール・オプションの行使価格を K_2，オプション満期日の株価を S_T とする。表12.1は

図12.2　コール・オプションを用いたブル・スプレッドの損益

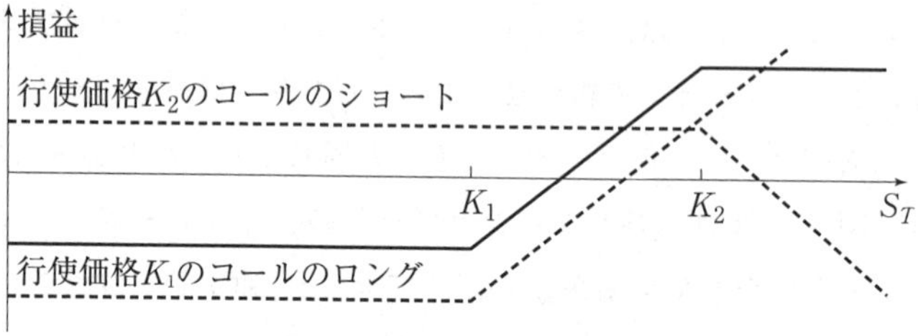

表12.1　コール・オプションを用いたブル・スプレッドのペイオフ

株価の範囲	コールの買いのペイオフ	コールの売りのペイオフ	ペイオフの合計
$S_T \leq K_1$	0	0	0
$K_1 < S_T < K_2$	$S_T - K_1$	0	$S_T - K_1$
$S_T \geq K_2$	$S_T - K_1$	$-(S_T - K_2)$	$K_2 - K_1$

ブル・スプレッドのペイオフを株価水準別に示したものである。株価が順調に上昇してオプション満期日の株価が高いほうの行使価格を上回れば，ペイオフは二つの行使価格の差，すなわち K_2-K_1 になる。満期日の株価が二つの行使価格の間であれば，ペイオフは S_T-K_1 になる。満期日の株価が低いほうの行使価格を下回れば，ペイオフはゼロになる。図12.2の損益はペイオフから初期投資額を差し引いたものである。

ブル・スプレッドは，ダウンサイド・リスクとともに投資家のアップサイドも限定する戦略である。この戦略は，投資家が行使価格 K_1 のコール・オプションを保有すると同時に，行使価格 K_2（$K_2>K_1$）のコール・オプションを売ることで，アップサイドのある部分をあきらめる選択をした戦略，ということができる。アップサイドのある部分をあきらめる見返りとして，投資家は行使価格 K_2 のオプションを売却した代金を受け取るのである。ブル・スプレッドは次の三つのタイプに分類できる。

1. 両方のコールが当初アウト・オブ・ザ・マネーであるタイプ
2. 一方のコールが当初イン・ザ・マネーで，他方のコールが当初アウト・オブ・ザ・マネーであるタイプ
3. 両方のコールが当初イン・ザ・マネーであるタイプ

最もアグレッシブなブル・スプレッドはタイプ1である。戦略を組むのにわずかな初期投資しか必要としないが，最も大きいペイオフ（K_2-K_1）を得る可能性も低い。タイプ1からタイプ2，タイプ2からタイプ3へと進むにつれて，戦略は保守的になる。

【例12.2】

ある投資家が期間3カ月，行使価格30ドルのヨーロピアン・コールを3ドルで買い，行使価格35ドルのヨーロピアン・コールを1ドルで売る。このブル・スプレッド戦略のペイオフは，株価が35ドル以上ならば5ドル，30ドル以下ならばゼロである。株価が30ドルから35ドルの間では，ペイオフは株価が30ドルを上回った額である。この戦略のコストは3ドル－1ドル＝2ドルである。損益は次の表のようになる。

株価の範囲	損 益
$S_T \leq 30$	-2
$30 < S_T < 35$	$S_T - 32$
$S_T \geq 35$	3

　図12.3に示すように，ブル・スプレッドは低い行使価格のヨーロピアン・プットを買い，高い行使価格のヨーロピアン・プットを売ることによって組むこともできる。コールを用いたブル・スプレッドと異なり，プットを用いたブル・スプレッドでは，投資家は（証拠金を無視すると）正のキャッシュ・フローを取引当初に受け取ることになる。そのかわり，満期時点のペイオフは負またはゼロになる。

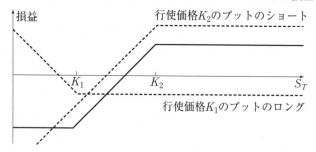

図12.3　プット・オプションを用いたブル・スプレッドの損益

ベア・スプレッド

　ブル・スプレッドを組む投資家は，株価の上昇を期待している。それに対し，ベア・スプレッド（bear spread）を組む投資家は株価の下落を期待している。ベア・スプレッドはある行使価格のヨーロピアン・プットを買い，別の行使価格のヨーロピアン・プットを売ることによって組むことができる。購入するオプションの行使価格のほうが，売却するオプションの行使価格より高い。（これは，購入するオプションの行使価格のほうが売却するオプションの行使価格より常に低いブル・スプレッドと対照的である。）図12.4にスプレッドの損益を実線で示す。プットを用いてベア・スプレッドを組むと，売却する

図12.4 プット・オプションを用いたベア・スプレッドの損益

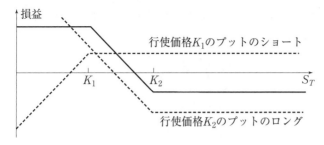

表12.2 プット・オプションを用いたベア・スプレッドのペイオフ

株価の範囲	プットの買いのペイオフ	プットの売りのペイオフ	ペイオフの合計
$S_T \leq K_1$	$K_2 - S_T$	$-(K_1 - S_T)$	$K_2 - K_1$
$K_1 < S_T < K_2$	$K_2 - S_T$	0	$K_2 - S_T$
$S_T \geq K_2$	0	0	0

プットの価格のほうが購入するプットの価格より低いので、初期投資資金が必要となる。ある行使価格のプットを買うとともに、それより低い行使価格のプットを売ることで収益のある部分の可能性をあきらめる、というのがこの戦略の本質的な部分である。そのあきらめた収益の見返りとして、投資家はオプションの売却代金を得ることができる。

行使価格を K_1, K_2 ($K_1 < K_2$) と仮定する。表12.2は、ベア・スプレッドのペイオフを株価水準別に示したものである。株価が K_2 より高ければペイオフはゼロである。株価が K_1 より低ければペイオフは $K_2 - K_1$ になる。また、株価が K_1 と K_2 の間であればペイオフは $K_2 - S_T$ になる。ペイオフから初期コストを差し引いたものが損益である。

【例12.3】

ある投資家が期間3カ月、行使価格35ドルのヨーロピアン・プットを3ドルで買い、1ドルで期間3カ月、行使価格30ドルのヨーロピアン・プットを売る。このベア・スプレッド戦略からのペイオフは、株価が35ドル以上であればゼロであり、30ドル以下であれば5ドルである。もし

株価が30ドルから35ドルの間であれば、ペイオフは$35-S_T$である。オプションの初期コストは3ドル − 1ドル = 2ドルである。損益は次の表のようになる。

株価の範囲	損益
$S_T \leqq 30$	$+3$
$30 < S_T < 35$	$33 - S_T$
$S_T \geqq 35$	-2

ブル・スプレッドと同様に、ベア・スプレッドも投資家のとりうる利益と損失の両方を限定する戦略である。ベア・スプレッドは、プットのかわりにコールを用いて組むこともできる。図12.5に示すように、高い行使価格のコールを買って、低い行使価格のコールを売ればよい。コールを用いたベア・スプレッドでは、投資家は（証拠金を無視すると）正のキャッシュ・フローを取引当初に受け取ることになる。

図12.5 コール・オプションを用いたベア・スプレッドの損益

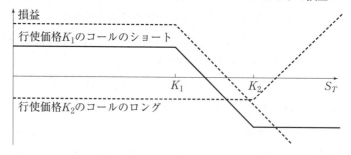

ボックス・スプレッド

ボックス・スプレッド（box spread）は、行使価格K_1とK_2のブル・コール・スプレッドと同じ行使価格のベア・プット・スプレッドとの組合せである。表12.3に示すように、ボックス・スプレッドのペイオフは常にK_2-K_1となる。したがって、ボックス・スプレッドの価値は常にこのペイオフの現

表12.3　ボックス・スプレッドのペイオフ

株価の範囲	ブル・コール・スプレッドのペイオフ	ベア・プット・スプレッドのペイオフ	ペイオフの合計
$S_T \leq K_1$	0	$K_2 - K_1$	$K_2 - K_1$
$K_1 < S_T < K_2$	$S_T - K_1$	$K_2 - S_T$	$K_2 - K_1$
$S_T \geq K_2$	$K_2 - K_1$	0	$K_2 - K_1$

在価値，すなわち $(K_2 - K_1)e^{-rT}$ である。この値と異なれば裁定機会が存在する。ボックス・スプレッドの市場価格が低すぎるのであれば，ボックス・スプレッドを購入して収益をあげることができる。これは，行使価格 K_1 のコールの買い，行使価格 K_2 のプットの買い，行使価格 K_2 のコールの売り，行使価格 K_1 のプットの売りからなる。ボックス・スプレッドの市場価格が高すぎるのであれば，ボックス・スプレッドを売却して収益をあげることができる。これは，行使価格 K_2 のコールの買い，行使価格 K_1 のプットの買い，行使価格 K_1 のコールの売り，行使価格 K_2 のプットの売りからなる。

　ボックス・スプレッドの裁定取引はヨーロピアン・オプションでのみうまくいく，ということを認識しておくことは大事である。上場オプションの多くはアメリカンである。ビジネス・スナップショット12.1で紹介するように，アメリカン・オプションをヨーロピアン・オプションとして扱ってしまうような経験の浅いトレーダーは，損失を被るであろう。

ビジネス・スナップショット12.1

ボックス・スプレッドでの損失

　ある株式の株価を50ドル，そのボラティリティを30％とする。この株式に配当はないものとし，無リスク金利は8％とする。あるトレーダーがCBOEで取引する行使価格が55ドルと60ドルの2カ月物ボックス・スプレッドの売りを5.10ドルで提案してきたとしよう。この取引は行うべきか。

　この取引はたしかに魅力的にみえる。$K_1 = 55$，$K_2 = 60$ とすると，

2カ月後のペイオフは5ドルになる。ボックス・スプレッドを5.10ドルで売り，売却代金を2カ月間運用すれば，2カ月後には5ドルのペイオフに見合う以上の金額を得る。ちなみに現時点でのボックス・スプレッドの理論価値は $5 \times e^{-0.08 \times 2/12} = 4.93$ ドルである。

不幸にも，これには落とし穴がある。CBOEの株式オプションはアメリカンであるが，ボックス・スプレッドのペイオフ5ドルはヨーロピアン・オプションを前提としたものである。(DerivaGemソフトウェアを使って計算した) 本例のオプション価格は下表のとおりである。行使価格が55ドルと60ドルのブル・コール・スプレッドのコストは0.96−0.26 = 0.70ドルとなる。(第11章でみたように，配当がない場合はヨーロピアン・コールとアメリカン・コールの価格は等しくなるため，ヨーロピアンとアメリカンの違いはない。) 一方，同じ行使価格のベア・プット・スプレッドのコストは，ヨーロピアンであれば9.46−5.23 = 4.23ドル，アメリカンであれば10.00−5.44 = 4.56ドルとなる。したがって，ヨーロピアン・オプションでスプレッドを組む場合の両スプレッドをあわせた価値は0.70+4.23 = 4.93ドルとなる。これは上で求めたボックス・スプレッドの理論価格である。一方，アメリカン・オプションの場合の両スプレッドをあわせた価値は0.70+4.56 = 5.26ドルとなる。したがって，アメリカン・オプションで組んだボックス・スプレッドを5.10ドルで売るのはよい取引ではない。この取引には行使価格60ドルのプットの売りが含まれ，売却したほとんど直後にそれが行使されて，この取引がよくなかったことにすぐ気づかされるであろう。

オプションの種類	行使価格	ヨーロピアン・オプションの価格	アメリカン・オプションの価格
コール	60	0.26	0.26
コール	55	0.96	0.96
プット	60	9.46	10.00
プット	55	5.23	5.44

バタフライ・スプレッド

バタフライ・スプレッド（butterfly spread）は，三つの異なる行使価格のオプションからなる。低い行使価格K_1のヨーロピアン・コールと高い行使価格K_3のヨーロピアン・コールを1単位ずつ買い，K_1とK_3の中間の行使価格K_2のヨーロピアン・コールを2単位売ることで組むことができる。K_2は現在の株価に近い価格にするのが一般的である。この戦略の損益パターンを図12.6に示す。バタフライ・スプレッドは株価がK_2の近辺にとどまると利益を生むが，株価がどちらかの方向に大きく動くと少額の損失が発生する。したがって，この戦略は株価に大きな動きはないと考えている投資家に適したものである。この戦略には少額の初期投資が必要である。バタフライ・スプレッドのペイオフを表12.4に示す。

ある株式の現在の株価を61ドルとする。今後6カ月間に株価が大きく動く

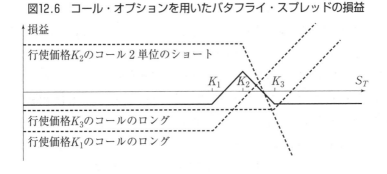

図12.6 コール・オプションを用いたバタフライ・スプレッドの損益

表12.4 バタフライ・スプレッドのペイオフ

株価の範囲	一つ目のコールの買いのペイオフ	二つ目のコールの買いのペイオフ	コールの売りのペイオフ	ペイオフの合計*
$S_T \leq K_1$	0	0	0	0
$K_1 < S_T \leq K_2$	$S_T - K_1$	0	0	$S_T - K_1$
$K_2 < S_T < K_3$	$S_T - K_1$	0	$-2(S_T - K_2)$	$K_3 - S_T$
$S_T \geq K_3$	$S_T - K_1$	$S_T - K_3$	$-2(S_T - K_2)$	0

*これらのペイオフは$K_2 = 0.5(K_1 + K_3)$として計算されている。

可能性は低いと考えている投資家がいるとしよう。満期6カ月のヨーロピアン・コールの価格を以下のとおりとする。

行使価格（ドル）	コール価格（ドル）
55	10
60	7
65	5

投資家は，行使価格55ドルのコールと行使価格65ドルのコールを1単位ずつ買い，行使価格60ドルのコール2単位を売ることにより，バタフライ・スプレッドを構築することができる。このスプレッドを組むためのコストは10ドル＋5ドル－（2×7ドル）＝1ドルである。もし6カ月後の株価が65ドル以上もしくは55ドル以下であれば，ペイオフはゼロなので，投資家は差引き1ドルの損となる。もし株価が56ドルから64ドルの間であれば利益が得られる。6カ月後の株価が60ドルのとき，利益は最大の4ドルになる。

バタフライ・スプレッドはプット・オプションを用いて組むこともできる。図12.7に示すように，低い行使価格と高い行使価格のヨーロピアン・プットを1つずつ計2単位買い，その間の行使価格のヨーロピアン・プットを2単位売ればよい。上の例のバタフライ・スプレッドは，行使価格55ドルのプットと行使価格65ドルのプットを1単位ずつ買い，行使価格60ドルのプットを2単位売れば組むことができる。プット・オプションを用いたバタフライ・スプレッドは，コール・オプションを用いたバタフライ・スプレッ

図12.7　プット・オプションを用いたバタフライ・スプレッドの損益

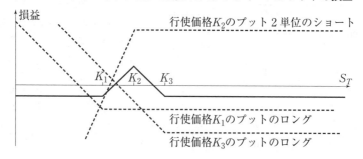

ドとまったく同じになる。プット・コール・パリティを用いて，初期投資額は同じになることを示せる。

バタフライ・スプレッドは，次のような逆のポジションをとることによって，売却，すなわちショートすることができる。行使価格 K_1 と K_3 のオプションを 1 単位ずつ売り，行使価格 K_2 のオプションを 2 単位買えばよい。この戦略では，株価が大きく変動したときに少しの利益を得ることができる。

カレンダー・スプレッド

ここまでは，満期の同じオプションを用いてスプレッドを組んできた。次に，行使価格が同一で満期日の異なるオプションを用いるカレンダー・スプレッド（calendar spread）について説明する。

カレンダー・スプレッドは，ある行使価格のヨーロピアン・コールを売り，それより満期の長い同じ行使価格のヨーロピアン・コールを買うことによって構成される。オプションの価格は満期が長くなるほど高くなるのが通常である。したがって，カレンダー・スプレッドを組むには初期投資資金が必要である。カレンダー・スプレッドの損益図は，通常，短期のオプションが満期を迎え，その時点で長期のオプションを手仕舞ったときの損益パターンで表す。コールを用いたカレンダー・スプレッドの損益パターンを図12.8に示す。これは図12.6に示したバタフライ・スプレッドの損益パターンに似ている。投資家は，短期のオプションの満期日に株価がそのオプションの行使価格に近ければ利益を得る。しかし，株価がこの行使価格を大きく上回るかまたは下回ったときには損失を被る。

カレンダー・スプレッドの損益パターンを理解するために，まず，短期のオプションが満期を迎えたときに株価が非常に低い場合について考えよう。その場合，短期のオプションには価値がなく，長期のオプションの価値もほとんどゼロである。したがって，この投資家は初期コストに近い額の損失を被る。次に，短期のオプションが満期を迎えたときに株価 S_T が非常に高い場合を考える。K をオプションの行使価格とすると，投資家にとって短期

図12.8 短期のオプションが満期を迎えた時点で計算した，二つのコールを用いたカレンダー・スプレッドの損益

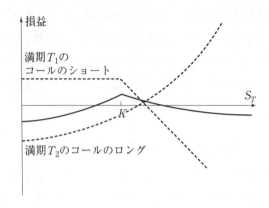

のオプションは $S_T - K$ のコストになり，長期のオプションは $S_T - K$ に近い価値をもつ。したがってこの場合も，投資家はスプレッドを構築したときの初期コストに近い額の損失を被る。もし S_T が K に近ければ，短期のオプションでの損失額は少額かまたはゼロである。しかし，長期のオプションにはまだそれなりの価値がある。したがって，この場合には大きな利益が得られる。

現在の株価に近い行使価格を選択したカレンダー・スプレッドをニュートラル・カレンダー・スプレッド（neutral calendar spread）と呼ぶ。また，現在の株価より高い行使価格を選択したものをブル・カレンダー・スプレッド（bullish calendar spread）と呼び，現在の株価より低い行使価格を選択したものをベア・カレンダー・スプレッド（bearish calendar spread）と呼ぶ。

カレンダー・スプレッドは，コール・オプションではなく，プット・オプションを用いて組むこともできる。長期のプット・オプションを買って，短期のプット・オプションを売ればよい。図12.9に示すように，その損益パターンはコールを用いた損益パターンと同様のものになる。

リバース・カレンダー・スプレッド（reverse calendar spread）は図12.8や図12.9の戦略と反対の取引戦略で，短期オプションの買いと長期オプション

図12.9 短期のオプションが満期を迎えた時点で計算した，二つのプットを用いたカレンダー・スプレッドの損益

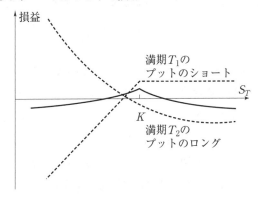

の売りからなる。短期のオプションの満期日における株価が行使価格を大きく上回るか下回れば，少額の利益が得られる。しかし，その株価が行使価格に近ければ損失を被る。

ダイアゴナル・スプレッド

ブル・スプレッド，ベア・スプレッド，およびカレンダー・スプレッドは，いずれもコールの買いと別のコールの売りから構築されている。ブル・スプレッドとベア・スプレッドの場合は，行使価格は異なるが満期は同じコールからなる。カレンダー・スプレッドの場合は，行使価格は同じだが満期は異なるコールからなる。

ダイアゴナル・スプレッド（diagonal spread）は，満期日と行使価格の両方が異なるコールを組み合わせたものである。その結果，より多くの損益パターンを生み出すことができる。

12.4　コンビネーション

コンビネーション（combination）とは，同じ株式に対するコールとプット

の両方のポジションをとるオプションの取引戦略である。本節では，ストラドル，ストリップ，ストラップ，およびストラングルについて考察する。

ストラドル

よく取引されているコンビネーションの一つはストラドル（straddle）という，同じ行使価格と満期のヨーロピアン・コールとプットの買いからなる取引戦略である。行使価格を K とし，このポジションの損益パターンを図12.10に示す。オプション満期日の株価が行使価格に近いと，ストラドルは損失で終わる。しかし，株価がどちらかの方向に大きく動けば，大きな利益が得られる。ストラドルのペイオフは表12.5のようになる。

ストラドルは，株価が大きく変動することは予想されるものの，どちらの方向に動くか見当がつかない場合に適した取引戦略である。現在市場で69ドルと値付けされている株の価格が今後3カ月の間に大きく動くと予測している投資家がいるとしよう。投資家は，行使価格70ドル，満期3カ月のコールとプットを買って，ストラドルを組むことができる。ここでコールの価格を4ドル，プットの価格を3ドルとしよう。もし株価が69ドルのまま動かな

図12.10　ストラドルの損益

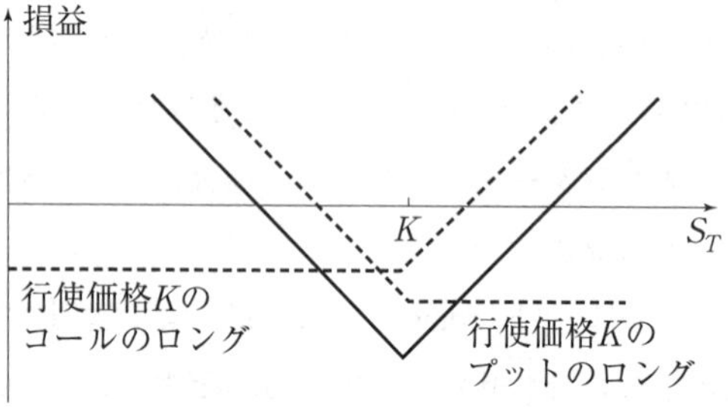

表12.5　ストラドルのペイオフ

株価の範囲	コールのペイオフ	プットのペイオフ	ペイオフの合計
$S_T \leq K$	0	$K - S_T$	$K - S_T$
$S_T > K$	$S_T - K$	0	$S_T - K$

かったとすると，この戦略は6ドルの損失に終わることが容易にわかる。（初期投資額は7ドル，満期時のコールは無価値で，プットの価値は1ドルである。）株価が70ドルになれば7ドルの損失となる。（これが最悪のケースである。）しかし，株価が90ドルにまで急上昇すれば13ドルの利益が得られ，株価が55ドルまで下落すれば8ドルの利益が得られる，といった具合になる。なお，ビジネス・スナップショット12.2で説明するように，ストラドル取引を行う前に，投資家は予想する株価のジャンプがすでにオプション価格に織り込まれているかどうかを注意深く検討する必要がある。

　図12.10のストラドルは，ボトム・ストラドル（bottom straddle）またはストラドルの買い（straddle purchase）と呼ばれることもある。トップ・ストラドル（top straddle）またはストラドルの売り（straddle write）とは，この逆のポジションである。それは，行使価格と満期が同じプットとコールを売ることによって構築できる。これはリスクの高い戦略である。もし満期日の株価が行使価格に近ければ利益を生むが，大きく株価が変動した場合の損失には限りがない。

ビジネス・スナップショット12.2
ストラドルで収益をあげる方法

　TOBや大きな訴訟の判決が発表されることで，ある企業の株価が大きく変動すると予想されているとしよう。このとき，ストラドルを取引すべきか。

　この場合，ストラドルは自然な取引戦略のように思われる。しかし，もし企業の置かれた状況に対するこの見方が他の市場参加者の見方と似通ったものであるならば，それはすでにオプションの価格に織り込まれているだろう。株価のジャンプが予想されていない類似銘柄の株式オプションに比べて，オプション価格はきわめて高くなっているだろう。図12.10に示したストラドルのV字型の損益パターンは下方にシフトし，利益を得るためにはさらに大きな株価の変動が必要になる。

　ストラドルが効果的な戦略となるには，自分は株価の大きな変動を確

信しているが，他のほとんどの投資家はそう思っていないことが必要である。市場価格は市場参加者の共通の予想を織り込んでいる。投資戦略から利益を得るためには，市場参加者のだれとも異なる考えをもち，その考えが結果的に正しいことが必要である。

ストリップとストラップ

　ストリップ (strip) は，行使価格と満期が同じヨーロピアン・コール 1 単位とヨーロピアン・プット 2 単位の買いからなる。ストラップ (strap) は，行使価格と満期が同じヨーロピアン・コール 2 単位とヨーロピアン・プット 1 単位の買いからなる。これらの損益パターンを図12.11に示す。ストリップは，株価が大きく変動し，しかも株価上昇より下落のほうが可能性が高いと予想しているときに適した戦略である。ストラップも大きな株価の動きを予想しているときに使う戦略であるが，この場合は株価の下落より上昇のほうが可能性が高いと予想している。

ストラングル

　ストラングル (strangle) はボトム・バーティカル・コンビネーション (bottom vertical combination) とも呼ばれ，同じ満期の異なる行使価格のヨー

図12.11　ストリップとストラップの損益

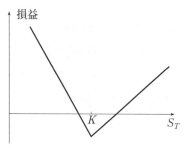
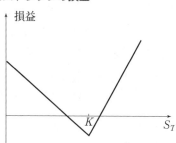

ストリップ
（コール 1 単位＋プット 2 単位）

ストラップ
（コール 2 単位＋プット 1 単位）

図12.12 ストラングルの損益

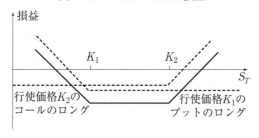

表12.6 ストラングルのペイオフ

株価の範囲	コールのペイオフ	プットのペイオフ	ペイオフの合計
$S_T \leq K_1$	0	$K_1 - S_T$	$K_1 - S_T$
$K_1 < S_T < K_2$	0	0	0
$S_T \geq K_2$	$S_T - K_2$	0	$S_T - K_2$

ロピアン・プットとヨーロピアン・コールを買う戦略である。損益パターンを図12.12に示す。コールの行使価格K_2は，プットの行使価格K_1よりも高い。ストラングルのペイオフは表12.6のようになる。

ストラングルはストラドルと似た戦略で，株価の大きな変動は予測しているが上昇か下落かは確証がもてないときに用いる。図12.12と図12.10を比較すればわかるように，ストラングルで利益が得られるためには，ストラドル以上に株価が大きく動かなければならない。しかし，株価が中間の値で終わった場合の損失額はストラングルのほうが小さい。

ストラングルの損益パターンは二つの行使価格の差によって決まる。行使価格の差が大きいほどダウンサイド・リスクは小さくなるが，利益を得るのに必要な株価の変動幅は大きくなる。

ストラングルの売りはトップ・バーティカル・コンビネーション（top vertical combination）とも呼ばれ，株価が大きく変動する可能性は少ないと考える場合に適した戦略である。しかし，ストラドルの売りと同様，株価変動による損失が限定されていないリスクの高い戦略である。

12.5 その他のペイオフ

本章では,オプションを用いて株価に依存したさまざまな損益パターンを生み出す方法を,例を用いていくつか説明してきた。満期 T のヨーロピアン・オプションが任意の行使価格に対して売買できるならば,理論的には時点 T における任意のペイオフ関数を得ることが可能である。このことは,バタフライ・スプレッドを用いて考えれば最も簡単にわかるであろう。バタフライ・スプレッドは,行使価格が K_1 と K_3 のオプションを1単位ずつ買い,K_2 のオプションを2単位売ったものであった。ここで $K_1 < K_2 < K_3$ かつ $K_3 - K_2 = K_2 - K_1$ である。図12.13にバタフライ・スプレッドのペイオフを示す。このパターンはスパイクの形をしている。K_1 と K_3 を近づけると,スパイクはいくらでも小さくなる。非常に小さな多数のスパイクをうまく組み合わせると,任意のペイオフ関数を近似することができる。

図12.13 その他のペイオフを構築する部品として用いるバタフライ・スプレッドによる"スパイク・ペイオフ"

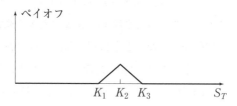

要約

元本確保型債券はゼロクーポン債とヨーロピアン・コール・オプションから組成できる。この商品は,オプションの原資産のパフォーマンスにかかわらず投資した元本が確保される仕組みとなっており,一定の投資家に人気が

ある。

　オプション単体とその原資産の株式を組み合わせた多くの取引戦略がよく知られている。たとえば，カバード・コールの売りは株式の買いとその株式コール・オプションの売りからなり，プロテクティブ・プットはプット・オプションの買いと株式の買いから構成される。前者はプット・オプションの売り，後者はコール・オプションの買いに類似している。

　スプレッドは二つ以上のコール，または二つ以上のプットのポジションをとる取引戦略である。ブル・スプレッドは，低い行使価格のコール（プット）を買い，高い行使価格のコール（プット）を売ることによって構築される。ベア・スプレッドは，高い行使価格のプット（コール）を買い，低い行使価格のプット（コール）を売ることによって構築される。バタフライ・スプレッドは，高い行使価格と低い行使価格のコール（プット）を1単位ずつ買い，その中間の行使価格のコール（プット）を2単位売ることによって構築される。カレンダー・スプレッドは満期の短いコール（プット）の売りと満期の長いコール（プット）の買いからなり，ダイアゴナル・スプレッドは行使価格と満期日の両方が異なるオプションの買いと売りから構成される。

　コンビネーションは，同じ株式に対するコールとプットのポジションをとる取引戦略である。ストラドルは行使価格と満期が同じコールとプットの買いからなる。ストリップは行使価格と満期が同じコール1単位とプット2単位の買いからなる。ストラップは行使価格と満期が同じコール2単位とプット1単位の買いからなる。ストラングルは行使価格の異なる満期の同じコールとプットの買いからなる。オプションを用いてさまざまなペイオフを生み出す方法はほかにも多数ある。オプション取引が絶えず人気を増し，投資家を惹きつけ続けているのも，こうした理由から不思議なことではない。

参考文献

Bharadwaj, A. and J. B. Wiggins. "Box Spread and Put-Call Parity Tests for the S&P Index LEAPS Markets," *Journal of Derivatives*, 8, 4 (Summer 2001): 62-71.

Chaput, J. S., and L. H. Ederington, "Option Spread and Combination Trading," *Journal of Derivatives*, 10, 4 (Summer 2003): 70-88.

McMillan, L. G. *Options as a Strategic Investment*, 5th edn. Upper Saddle River, NJ: Prentice Hall, 2012.

Rendleman, R. J. "Covered Call Writing from an Expected Utility Perspective," *Journal of Derivatives*, 8, 3 (Spring 2001): 63-75.

Ronn, A. G. and E. I. Ronn. "The Box-Spread Arbitrage Conditions," *Review of Financial Studies*, 2, 1 (1989): 91-108.

練習問題

12.1 プロテクティブ・プットとはどのような戦略かを説明せよ。また、プロテクティブ・プットと同等なコール・オプションのポジションを説明せよ。

12.2 ベア・スプレッドを組む方法を二通り説明せよ。

12.3 バタフライ・スプレッドの買いが適しているのはどのようなときか。

12.4 行使価格が15ドル、17.5ドル、20ドルの満期3カ月の株式コール・オプションが、それぞれ4ドル、2ドル、0.5ドルで売買できるとする。これらのオプションを用いてバタフライ・スプレッドを組む方法を述べよ。また、このバタフライ・スプレッドの利益が株価の水準によってどのように変化するかを表にまとめよ。

12.5 リバース・カレンダー・スプレッドの組み方を述べよ。

12.6 ストラングルとストラドルの違いを述べよ。

12.7 行使価格50ドルのコール・オプションの価格が2ドル，行使価格45ドルのプット・オプションの価格が3ドルとする。この二つのオプションを用いたストラングルの組み方を説明せよ。また，このストラングルの損益パターンを説明せよ。

12.8 コールを用いて構築されたブル・スプレッドの初期投資額とプットを用いて構築されたブル・スプレッドの初期投資額との関係を，プット・コール・パリティを用いて導け。

12.9 プット・オプションを用いてアグレッシブなベア・スプレッドを組む方法を述べよ。

12.10 行使価格が30ドルと35ドルの株式プット・オプションの価格が，それぞれ4ドルと7ドルとする。これらのオプションを用いて，(a)ブル・スプレッドと(b)ベア・スプレッドを組む方法を述べよ。また，それぞれのスプレッドの損益とペイオフを表にまとめよ。

12.11 ヨーロピアン・プットを用いたバタフライ・スプレッドのコストとヨーロピアン・コールを用いたバタフライ・スプレッドのコストが等しいことを，プット・コール・パリティを用いて示せ。

12.12 行使価格60ドルのコールの価格が6ドルで，行使価格と満期が同じプットの価格が4ドルとする。ストラドルの損益パターンを表にまとめよ。また，株価がどのような範囲のときに，ストラドルから損失が生じるか。

12.13 行使価格K_1とK_2 $(K_2 > K_1)$のプットを用いて組まれたブル・スプレッドのペイオフを表にまとめよ。

12.14 ある投資家が，株価が上がるか下がるかはわからないが，今後株価に大きなジャンプが起こると確信している。このとき，この投資家のとりうる戦略を6通り述べ，それぞれの違いについて説明せよ。

12.15 与えられた受渡価格と受渡日の株式フォワード契約をオプションの合成で構築する方法を説明せよ。

12.16 「ボックス・スプレッドは四つのオプションからなる。そのうち二つを組み合わせるとフォワードのロング・ポジションになり，残り二

つを組み合わせるとフォワードのショート・ポジションになる。」この主張を説明せよ。

12.17 ストラングルでプットの行使価格がコールの行使価格より高かったら，どのようなポジションになるか。

12.18 現在，ある外貨が1単位当り0.64米ドルとする。行使価格が0.60ドル，0.65ドル，および0.70ドルのヨーロピアン・コール・オプションを用いて，満期1年のバタフライ・スプレッドを組む。米国とその外国の無リスク金利をそれぞれ5％と4％とし，為替のボラティリティを15％とする。DerivaGemソフトウェアを使って，このバタフライ・スプレッドのポジションを構築するコストを計算せよ。また，ヨーロピアン・コールのかわりにヨーロピアン・プットを使った場合でも，コストは同じであることを示せ。

12.19 配当率が1％でボラティリティが20％の指数がある。また，無リスク金利は4％である。例12.1の元本確保型債券の組成により銀行が利益を生むには，満期までの期間をどの程度長くすればよいか。DerivaGemソフトウェアを使用せよ。

発展問題

12.20 あるトレーダーが，満期6カ月で行使価格が25ドルの2.15ドルのプット・オプションを売り，満期6カ月で行使価格が29ドルの4.75ドルのプット・オプションを買うことで，ベア・スプレッドを組むとする。初期投資額はいくらか。また，6カ月後の株価が(a)23ドル，(b)28ドル，(c)33ドルとなるときの（初期投資額を除いた）ペイオフ合計を求めよ。

12.21 あるトレーダーが，行使価格が50ドルの6カ月ヨーロピアン・コール・オプションを3ドルで売り，また，行使価格40ドルの6カ月ヨー

ロピアン・プット・オプションを4ドルで売却する。トレーダーが利益を得ることができる6カ月後の原資産価格の範囲を求めよ。

12.22 行使価格が55ドル，60ドル，65ドルの満期の同じプット・オプションがある。それぞれの市場価格は3ドル，5ドル，8ドルとする。どのようにバタフライ・スプレッドを構築できるか説明せよ。この戦略の損益パターンを表にまとめよ。また，株価がどのような範囲のときに損失が生じるか。

12.23 ダイアゴナル・スプレッドは，行使価格 K_2，満期日 T_2 のコールの買いと，行使価格 K_1，満期日 T_1 のコールの売りから構築される。ここで $T_2 > T_1$ である。(a) $K_2 > K_1$，(b) $K_2 < K_1$ のそれぞれの場合について，時点 T_1 における損益を図示せよ。

12.24 満期日の株価によって，次のポートフォリオにおける投資家の損益がどのように変わるかを図示せよ。

(a) 株式1単位の買いとコール・オプション1単位の売り
(b) 株式2単位の買いとコール・オプション1単位の売り
(c) 株式1単位の買いとコール・オプション2単位の売り
(d) 株式1単位の買いとコール・オプション4単位の売り

ただし，コール・オプションの行使価格は現在の株価に等しいと仮定する。

12.25 配当のない株式の価格が32ドル，ボラティリティが30％，無リスク金利が満期によらず年率5％とする。DerivaGem ソフトウェアを使って，以下のポジションを構築するコストを計算せよ。

(a) 行使価格が25ドルと30ドルで満期6カ月のヨーロピアン・コール・オプションを用いたブル・スプレッド
(b) 行使価格が25ドルと30ドルで満期6カ月のヨーロピアン・プット・オプションを用いたベア・スプレッド
(c) 行使価格が25ドル，30ドル，35ドルで満期1年のヨーロピアン・コール・オプションを用いたバタフライ・スプレッド
(d) 行使価格が25ドル，30ドル，35ドルで満期1年のヨーロピアン・

プット・オプションを用いたバタフライ・スプレッド

(e) 行使価格が30ドルで満期6カ月のオプションを用いたストラドル

(f) 行使価格が25ドルと35ドルで満期6カ月のオプションを用いたストラングル

それぞれの場合について，満期日の株価と損益の関係を表にまとめよ。ただし，現時点への割引は行わないものとする。

12.26 満期の同じストラングルの買いとストラドルの売りを組み合わせると，どのようなポジションになるか。ただし，ストラドルの行使価格はストラングルの二つの行使価格の真ん中とする。

12.27 行使価格 K_2 のコール・オプションを買い，行使価格 K_1 のプット・オプションを売却した場合のポジションについて説明せよ。両オプションの満期までの期間は同じで，$K_2 > K_1$ だとする。また，$K_1 = K_2$ の場合はどうなるか。

12.28 ある銀行が，ゼロクーポン債と配当のない株式を原資産としたコール・オプションのブル・スプレッドを用いて，満期5年の元本確保型債券を組成することにした。無リスク金利は4％で，株価のボラティリティは25％である。ブル・スプレッドの低いほうの行使価格がアット・ザ・マネーだとするとき，低いほうの行使価格に対しての高いほうの行使価格の設定可能な最大比率を答えよ。DerivaGemソフトウェアを使用せよ。

第13章

二項ツリー

　オプションの価格を求める便利で非常によく使われる手法に，二項ツリー（binomial tree）を用いる方法がある。このツリーは，オプション満期までに株価がとりうる異なる経路を表している。その根底には，株価がランダム・ウォーク（random walk）に従って変化するという仮定がある。時間の各ステップでは，株価はある確率である比率だけ上昇し，ある確率である比率だけ下落する。時間の刻みを小さくしていった極限では，このモデルは第15章で説明する Black–Scholes–Merton モデルと等しくなる。実際にこの章の付録で，時間の刻みを小さくしていくことで，二項ツリーにより得られるヨーロピアン・オプションの価格が Black–Scholes–Merton モデルによる価格へと収束していくことを示す。

　本章で取り扱う内容は，多くの面で重要である。まず，オプション評価に用いられる無裁定原理について説明する。次に，アメリカン・オプションや

他のデリバティブ評価に広く用いられている，二項ツリーによる数値演算法について説明する．最後に，リスク中立化法として知られる非常に重要な原理について紹介する．

ここで述べる一般的な手法は，1979年のCox，Ross，およびRubinsteinによる重要な論文で用いられた方法と同様のものである．二項ツリーを用いた数値計算の詳細については第21章で述べる．

13.1　1期間二項モデルと無裁定原理

単純な場合を考察することから始めよう．現在の株価を20ドルとし，3ヵ月後にそれが22ドルか18ドルになることがわかっているとする．このとき，3ヵ月後にその株式を21ドルで買うヨーロピアン・コール・オプションを値付けしたいとしよう．このオプションは，3ヵ月後に二つの値のうちどちらか一方の値をとる．株価が22ドルであればオプションの価値は1ドルであり，18ドルであればゼロである．この状況を図13.1に示す．

この例では，オプションの価格は比較的単純な議論から求まることがわかる．必要なのは，裁定機会は存在しないという仮定だけである．3ヵ月後の値が不確実でないような，株式とオプションからなるポートフォリオを組む．そのポートフォリオは無リスクであるから，その収益率は無リスク金利に等しくなければならない．このことから，ポートフォリオを組むためのコスト，ひいてはオプションの価格が計算できる．この例では，二つの証券（株式と株式オプション）に対して起こりうる事象が二通りしかないので，無

図13.1　13.1節における株価の変化の数値例

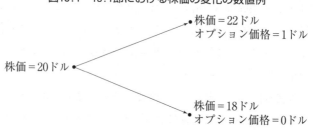

リスク・ポートフォリオを組むことは常に可能である。

Δ単位の株式の買いと1単位のコール・オプションの売りからなるポートフォリオを考えよう（Δはギリシャ大文字の"デルタ"）。このポートフォリオが無リスクとなるようなΔを求める。株価が20ドルから22ドルへ上昇した場合は，株の価値は22Δ，オプションの価値は1となるから，ポートフォリオ全体の価値は$22\Delta-1$になる。株価が20ドルから18ドルに下落した場合は，株の価値は18Δ，オプションの値はゼロとなるから，ポートフォリオ全体の価値は18Δになる。どちらの場合に対してもポートフォリオの最終価値が同じになるようにΔを選べば，ポートフォリオは無リスクになる。そのようなΔは，

$$22\Delta - 1 = 18\Delta$$

すなわち，

$$\Delta = 0.25$$

である。したがって，無リスク・ポートフォリオは，

　　ロング　：0.25株

　　ショート：オプション1単位

からなる。このとき，株価が22ドルに上昇した場合のポートフォリオの価値は，

$$22 \times 0.25 - 1 = 4.5$$

になり，株価が18ドルに下落した場合のポートフォリオの価値は，

$$18 \times 0.25 = 4.5$$

になる。このように，株価が上がろうとも下がろうとも，オプション満期でのポートフォリオの価値は常に4.5になる。

　裁定機会がないならば，無リスク・ポートフォリオの収益率は無リスク金利に等しくなければならない。無リスク金利を年率12%とすると，ポートフォリオの現在価値は4.5の現在価値，すなわち，

$$4.5 e^{-0.12 \times 3/12} = 4.367$$

になる。現在の株価は20ドルである。オプション価格をfとすると，ポートフォリオの値は，

$$20 \times 0.25 - f = 5 - f$$

になる。これより,

$$5 - f = 4.367$$

すなわち,

$$f = 0.633$$

が得られる。したがって,裁定機会がないならば,オプションの現在価値は0.633ドルでなければならない。オプションの価値が0.633より高ければ,ポートフォリオを組むコストは4.367より小さくなり,無リスク金利より多くの利益が得られる。オプションの価値が0.633より低ければ,ポートフォリオを売ることによって,無リスク金利より低い金利で資金調達が可能となる。

もちろん,0.25株の取引は実際にはできない。しかし,いまの議論は400単位のオプションを売って100株の株式を買う場合でも同じである。一般に,1単位のオプション売却に対してΔだけ株式を買うことが無リスク・ポートフォリオの構築に必要である。このパラメータΔ(デルタ)はオプションのヘッジにおいて重要であり,この章の後半および第19章でさらに議論する。

一 般 化

株価をS_0,株式オプション(もしくは株式と連動する任意のオプション)の現在価値をfとして,これまでの議論を一般化する。オプション満期までの時間をT,オプション満期までに株価はS_0からS_0uへ上昇するか,S_0からS_0dへ下落するかのどちらかとする。ここで,$u > 1$,$d < 1$である。株価が上昇した場合の上昇率は$u-1$,下落した場合の下落率は$1-d$となる。株価がS_0uに上昇した場合のオプションのペイオフをf_u,株価がS_0dに下落した場合のペイオフをf_dとしよう。この状況を図13.2に示す。

前と同様に,Δ単位の株式のロング・ポジションと1単位のオプションのショート・ポジションからなるポートフォリオを考え,ポートフォリオが無リスクとなるようなΔの値を求める。株価が上昇すれば,オプション満期でのポートフォリオの価値は,

$$S_0 u \Delta - f_u$$

図13.2　一般的な1期間ツリーにおける株価とオプション価格

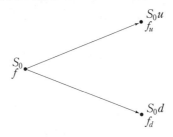

になる。株価が下落すれば，その価値は，
$$S_0 d \Delta - f_d$$
になる。これら二つの値が等しくなるのは，
$$S_0 u \Delta - f_u = S_0 d \Delta - f_d$$
　すなわち，
$$\Delta = \frac{f_u - f_d}{S_0 u - S_0 d} \tag{13.1}$$
のときである。この時ポートフォリオは無リスクとなるから，裁定機会がないならば，収益率は無リスク金利に等しくなければならない。(13.1)式をみると，Δ は時点 T におけるノード間でのオプション価格の差と株価の差との比になっていることがわかる。

　無リスク金利を r で表すと，ポートフォリオの現在価値は，
$$(S_0 u \Delta - f_u) e^{-rT}$$
である。ポートフォリオを組むコストは，
$$S_0 \Delta - f$$
であるから，
$$S_0 \Delta - f = (S_0 u \Delta - f_u) e^{-rT}$$
　すなわち，
$$f = S_0 \Delta (1 - u e^{-rT}) + f_u e^{-rT}$$
となる。Δ に(13.1)式を代入すると，

$$f = S_0\left(\frac{f_u - f_d}{S_0 u - S_0 d}\right)(1 - ue^{-rT}) + f_u e^{-rT}$$

つまり,

$$f = \frac{f_u(1 - de^{-rT}) + f_d(ue^{-rT} - 1)}{u - d}$$

そして,

$$f = e^{-rT}\bigl[pf_u + (1-p)f_d\bigr] \tag{13.2}$$

が得られる。ここで,

$$p = \frac{e^{rT} - d}{u - d} \tag{13.3}$$

である。株価の動きが1期間二項ツリーで与えられたときは，(13.2)式と(13.3)式よりオプションの価格づけが可能となる。この式で仮定することが必要なのは，市場には裁定機会が存在しないということだけである。

先の数値例（図13.1参照）は，$u = 1.1$, $d = 0.9$, $r = 0.12$, $T = 0.25$, $f_u = 1$, $f_d = 0$ としたものである。(13.3)式より,

$$p = \frac{e^{0.12 \times 3/12} - 0.9}{1.1 - 0.9} = 0.6523$$

となり，(13.2)式より,

$$f = e^{-0.12 \times 0.25}(0.6523 \times 1 + 0.3477 \times 0) = 0.633$$

が得られる。これは，本節のはじめに得られた結果と一致している。

株価の期待収益率とオプション価格が無関係であることについて

(13.2)式のオプション価格式には，株価が上昇する確率や下落する確率は含まれていない。たとえば，上昇する確率が0.5のときも0.9のときも，同じオプション価格が得られる。これは驚きであり，直感に反すると思われる。つまり，株価が上昇する確率が増すほどコール・オプションの価値は増加し，プット・オプションの価値は減少すると考えるのが自然と思われる。しかし，そうはならない。

そうならない主な理由は，オプションの価値は絶対評価として求められる

ものではないということである．オプションの価値は原資産の株価をもとに計算されており，将来の株価が上がる確率や下がる確率は株価にすでに織り込まれているということである．したがって，与えられた株価に対してオプションを評価する際には，それらの確率をもう一度考慮する必要はないのである．

13.2 リスク中立化法

ここで，リスク中立化法（risk-neutral valuation）として知られる，デリバティブの価格づけにおける非常に重要な原理を紹介しよう．この原理は，デリバティブの価格づけにおいて，投資家はリスク中立であると仮定できることを提示している．この仮定は，投資家は投資において，リスクの増加の見返りとして，期待収益率の増加を求めないことを意味している．投資家がリスク中立である世界は，リスク中立世界（risk-neutral world）と呼ばれている．われわれが住んでいる世界は，もちろんリスク中立世界ではない．より高いリスクをとるには，より高い期待収益率が必要である．しかしながらリスク中立世界を仮定することは，リスク中立化世界と同じように，われわれの世界でも正しいオプション価格を与える結果となる．この原理は，オプションの買い手と売り手のリスク回避性についてほとんどわからないという問題を，まるで奇跡のように巧みに解決する．

リスク中立化法は，初見では驚くべき結果にみえる．オプションはリスクのある投資である．人のリスク選好性はオプションの評価に影響を与えるべきではないのだろうか．しかし，オプションの原資産である株価に基づいてオプションの評価をする場合，リスク選好性は重要ではないのである．投資家のリスク回避性が高くなれば，株価は下落するが，オプション価格と株価の関係式は不変である．

リスク中立世界にはデリバティブの評価を簡単にする二つの特徴がある．

1. 株式（もしくは，その他のすべての投資）の期待収益率は無リスク金利である．

2．オプション（もしくは，その他のすべての証券）の期待ペイオフに適用される割引率は，無リスク金利である。

(13.2)式へ話を戻すと，ここでのパラメータ p はリスク中立世界における株価が上昇する確率と解釈するべきで，そうすると，$1-p$ は同じ世界での株価が下落する確率となる。また，$0<p<1$ となるように $u>e^{rT}$ と仮定すれば，

$$pf_u+(1-p)f_d$$

は，リスク中立世界でのオプションの将来時点での期待ペイオフを表し，(13.2)式は，オプションの現在価値は，リスク中立世界において将来時点での期待ペイオフを，無リスク金利で割り引いたものになることを示している。これがリスク中立化法の有用性である。

p についての解釈の妥当性を確認するために，上昇確率を p としたときの時点 T における期待株価を $E(S_T)$ は

$$E(S_T) = pS_0u + (1-p)S_0d$$

すなわち，

$$E(S_T) = pS_0(u-d) + S_0d$$

で与えられる。p に(13.3)式を代入すると，

$$E(S_T) = S_0e^{rT} \qquad (13.4)$$

が得られる。これより上昇確率が p であるとき，株価は平均としては無リスク金利で上昇することがわかる。言い換えると，上昇確率が p であるとき，株価はリスク中立世界を想定した振る舞いと，完全に同じ振る舞いをするのである。

リスク中立化法は，デリバティブの価格づけにおいて，きわめて重要な一般原理である。リスク中立世界を仮定すると，リスク中立世界だけではなくすべての世界において，デリバティブの正しい価格を得ることができることを，リスク中立化法は提示している。ここまでに，株価の推移について簡単な二項モデルを仮定し，リスク中立化法が正しいことを示してきた。しかし，株価の推移にどんな仮定を置こうとも，この結果が正しいことを示すことは可能である。

デリバティブの価格づけにおいてリスク中立化法を適用するには，まずはリスク中立世界を仮定し，各々の異なる結果に対する確率を求める。そして，デリバティブの期待ペイオフを計算し，その期待ペイオフを無リスク金利で割り引けばよいのである。

1期間二項モデル再考

図13.1の例に戻って，リスク中立化法が無裁定原理と同じ答えを与えることを確かめよう。図13.1では，現在の株価は20ドルであり，3カ月後に株価は22ドルに上昇するか18ドルに下落する。考えているオプションは行使価格が21ドル，満期3カ月のヨーロピアン・コール・オプションで，無リスク金利は年率12%である。

リスク中立世界での株価の上昇確率を p とする。p は(13.3)式から得られる。あるいは，リスク中立世界では株式の期待収益率は12%の無リスク金利に等しいということから p を求めることもできる。p は，

$$22p + 18(1-p) = 20e^{0.12 \times 3/12}$$

すなわち，

$$4p = 20e^{0.12 \times 3/12} - 18$$

を満たさなければならない。これより，p は0.6523になる。

3カ月後，コール・オプションの価値は0.6523の確率で1になり，0.3477の確率でゼロになる。したがって，その期待値は，

$$0.6523 \times 1 + 0.3477 \times 0 = 0.6523$$

となる。リスク中立世界では，これを無リスク金利で割り引くことになる。したがって，オプションの現在価値は，

$$0.6523 e^{-0.12 \times 3/12}$$

すなわち，0.633ドルになる。これは先に得られた値と同じであり，無裁定原理とリスク中立化法は同じ結果を与えることがわかる。

実世界とリスク中立世界

p はリスク中立世界での上昇確率であることに留意する必要がある。一般

的に，これは実世界での上昇確率と同じではない。前の例では $p = 0.6523$ で，上昇確率が0.6523のとき，株式と株式オプションの期待収益率は無リスク金利の12%となる。実世界における株式の期待収益率を16%とすると，そのときの実世界での上昇確率 p^* は，

$$22p^* + 18(1-p^*) = 20e^{0.16 \times 3/12}$$

より，$p^* = 0.7041$ となる。

この時の実世界におけるオプションの期待ペイオフは，

$$p^* \times 1 + (1-p^*) \times 0$$

すなわち，0.7041となる。残念ながら実世界での期待ペイオフに適用する正しい割引率を知ることは容易ではない。この株式に要求される収益率は16%であり，これが，この株式への投資により得られる期待キャッシュ・フローの割引金利となる。コール・オプションのポジションは株式のポジションよりもリスクが高い。そのため，コール・オプションのペイオフに適用される割引率は16%よりも高いが，それが16%よりどれだけ高くあるべきなのか知る由もない[1]。それに対し，リスク中立世界ではすべての資産に対する期待収益率（したがって，すべての期待ペイオフに適用される割引率）は無リスク金利となるので，リスク中立化法を用いるとこの問題は解決する。

13.3 2期間二項ツリー

これまでの分析は，図13.3に示すような2期間の二項ツリーに拡張できる。その図では，株価は20ドルから始まり，2期間の各ステップで10%上昇するか10%下落する。時間の各ステップは3カ月で，無リスク金利は年率12%とする。いま，満期6カ月で行使価格21ドルのオプションを考える。

分析の目的は，ツリーの最初のノードでのオプション価格を計算することである。それには，本章の前の部分で得られた原理を繰り返し用いればよい。図13.4は図13.3と同じツリーであるが，各ノードにおける株価とオプ

---

[1] オプションの正しい値は0.633とわかっているので，実世界での正しい割引率は42.58%と導き出される。つまり，$0.633 = 0.7041 e^{-0.4258 \times 3/12}$ である。

図13.3　株価の２期間ツリー

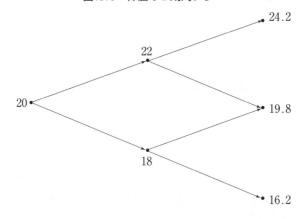

図13.4　２期間ツリー上の株価とオプション価格
各ノードにおける上段の数字は株価，下段の数字はオプション価格。

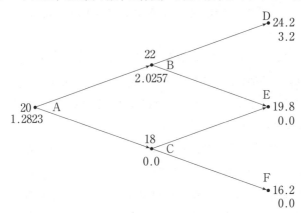

ション価格が示されている。（上段の数字が株価で，下段の数字がオプション価格。）ツリーの最後のノードにおけるオプション価格は簡単に計算できる。それらはオプションのペイオフである。ノードDでは株価は24.2なので，オプション価格は24.2−21 = 3.2である。ノードEとFではオプションはアウト・オブ・ザ・マネーなので，その価値はゼロとなる。

　ノードCからはノードEまたはノードFに変化し，それぞれのノードでのオプション価格はゼロだから，ノードCのオプション価格はゼロである。

図13.5　図13.4のノードBでのオプションの評価

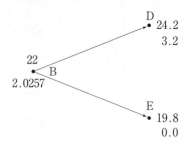

ノードBでのオプション価格は，図13.5に示したツリーの部分に注目すれば計算できる。本章で前に用いた記号を使うと，$u = 1.1$, $d = 0.9$, $r = 0.12$, $T = 0.25$ となるので，$p = 0.6523$ となり，(13.2)式よりノードBにおけるオプション価格は，

$$e^{-0.12 \times 3/12}(0.6523 \times 3.2 + 0.3477 \times 0) = 2.0257$$

と求まる。

　残るは最初のノードAにおけるオプション価格の計算である。これは，ツリーの最初の1期間に注目すれば計算できる。ノードBでのオプション価格は2.0257，ノードCでのオプション価格はゼロなので，(13.2)式よりノードAにおける価値は，

$$e^{-0.12 \times 3/12}(0.6523 \times 2.0257 + 0.3477 \times 0) = 1.2823$$

で与えられ，オプション価格は1.2823ドルになる。

　この例では u と d（上昇率と下落率）が各ノードで一定であり，時間間隔は等間隔であることに注意しよう。その結果，(13.3)式で計算されるリスク中立確率 p は各ノードで同じ値になっている。

一 般 化

　図13.6のようなツリーを考えて，2期間の一般的な場合を扱う。株価は最初 S_0 で，各期間に株価ははじめの値の u 倍に上昇するか d 倍に下落する。オプション価格を表す記号をツリー上に示す。（たとえば，2回上昇したノードでのオプション価格は f_{uu} である。）無リスク金利を r，時間間隔を Δt 年と

図13.6 一般的な2期間ツリーでの株価とオプション価格

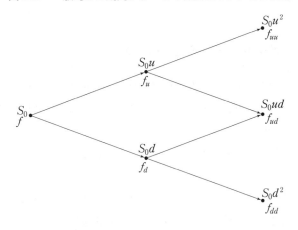

する。

時間間隔を T ではなく Δt としているので，(13.2)式と(13.3)式は，

$$f = e^{-r\Delta t}[pf_u + (1-p)f_d] \tag{13.5}$$

$$p = \frac{e^{r\Delta t} - d}{u - d} \tag{13.6}$$

となる。(13.5)式を繰り返し用いると，

$$f_u = e^{-r\Delta t}[pf_{uu} + (1-p)f_{ud}] \tag{13.7}$$

$$f_d = e^{-r\Delta t}[pf_{ud} + (1-p)f_{dd}] \tag{13.8}$$

$$f = e^{-r\Delta t}[pf_u + (1-p)f_d] \tag{13.9}$$

となる。(13.7)式と(13.8)式を(13.9)式に代入すると，

$$f = e^{-2r\Delta t}[p^2 f_{uu} + 2p(1-p)f_{ud} + (1-p)^2 f_{dd}] \tag{13.10}$$

が得られる。これは前に述べたリスク中立化法の原理と整合性がとれている。変数 p^2，$2p(1-p)$，$(1-p)^2$ は，それぞれ最終時点での上，中央，下のノードに到達する確率である。オプション価格はペイオフのリスク中立世界における期待値を無リスク金利で割り引いたものに等しくなっている。

二項ツリーのステップ数をもっと増やしても，リスク中立化法の原理はそのまま成り立つ。オプション価格はリスク中立世界における期待ペイオフを

無リスク金利で割り引いたものに常に等しい.

13.4 プット・オプションの例

本章で述べた方法で，コールと同様にプットの価格づけも可能である。現在の株価が50ドルの株式に対する，行使価格52ドルの満期2年のヨーロピアン・プットについて考えよう。1年間隔の2期間ツリーを考え，各期間において株価は20％上昇するか20％下落するとする。また，無リスク金利は5％とする。

図13.7にこのツリーを示す。この場合は $u = 1.2$, $d = 0.8$, $\Delta t = 1$, $r = 0.05$ となるので，(13.6)式より，リスク中立確率 p は，

$$p = \frac{e^{0.05 \times 1} - 0.8}{1.2 - 0.8} = 0.6282$$

で与えられる。最終的な株価は72ドル，48ドル，32ドルのいずれかであり，$f_{uu} = 0$, $f_{ud} = 4$, $f_{dd} = 20$ となる。(13.10)式より，

$$f = e^{-2 \times 0.05 \times 1}(0.6282^2 \times 0 + 2 \times 0.6282 \times 0.3718 \times 4 + 0.3718^2 \times 20) = 4.1923$$

となるので，プットの価値は4.1923ドルになる。同じ結果は，(13.5)式を用

図13.7 2期間ツリーを用いたヨーロピアン・プット・オプションの評価
各ノードにおける上段の数字は株価，下段の数字はオプション価格。

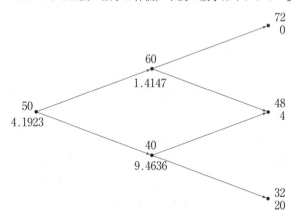

いてツリーに沿って1ステップずつ引き戻すことによっても得られる。図13.7には，途中のオプション価格も示されている。

13.5 アメリカン・オプション

これまでは，ヨーロピアン・オプションについて検討してきた。次に，図13.4や図13.7のような二項ツリーを用いて，アメリカン・オプションを評価する方法について考えよう。評価の手順は，各ノードで期限前行使が最適かどうかを確認しながら，ツリーを後ろから前へさかのぼっていくというものである。最終ノードでのオプションの価値は，ヨーロピアン・オプションに対する価値と同じである。それより前のノードでは，オプションの価値は次のうちの大きいほうになる。

1．(13.5)式で与えられる値
2．期限前行使によって得られるペイオフ

図13.8は，図13.7でオプションをヨーロピアンでなくアメリカンとした場合のものである。株価と推移確率は同じである。最終ノードでのオプション

図13.8　2期間ツリーを用いたアメリカン・プット・オプションの評価
各ノードにおける上段の数字は株価，下段の数字はオプション価格。

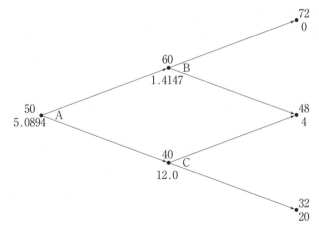

の価値も同じである。ノードBでは，(13.5)式から求まるオプションの価値は1.4147で，期限前行使によるペイオフは負(＝−8)である。ノードBでは明らかに期限前行使は最適とならないから，このノードでのオプションの価値は1.4147になる。ノードCでは，(13.5)式から求まるオプションの価値は9.4636で，期限前行使によるペイオフは12である。この場合は期限前行使が最適となり，このノードでのオプションの価値は12になる。最初のノードAでは，(13.5)式から求まる価値は，

$$e^{-0.05 \times 1}(0.6282 \times 1.4147 + 0.3718 \times 12.0) = 5.0894$$

で，期限前行使によるペイオフは2である。この場合，期限前行使は最適ではない。したがって，オプションの価値は5.0894ドルになる。

13.6 デルタ

この段階までくると，オプションの評価およびヘッジにおいて重要なリスク・パラメータ（"グリークス"とも呼ばれる）である，デルタ（delta）について説明しておいたほうがよいだろう。

株式オプションのデルタ（Δ）とは，株式オプションの価格変化と原資産である株式の価格変化との比である。これは，株式オプション1単位の売りからなるポートフォリオを無リスクにするのに必要となる株数である。それは，本章のはじめのほうで導入したΔと同じものである。無リスクとなるポートフォリオの構築は，デルタ・ヘッジ（delta hedging）と呼ばれることもある。コール・オプションのデルタは正，プット・オプションのデルタは負になる。

図13.1の例では，コール・オプションのデルタは，

$$\frac{1-0}{22-18} = 0.25$$

になる。これは，株価が18ドルから22ドルに変化するとき，オプション価格は0ドルから1ドルに変化するからである。（これもまた，13.1節で計算したΔと等しい。）

図13.4の例では,1期間目の株価の動きに対するデルタは,

$$\frac{2.0257-0}{22-18} = 0.5064$$

である。2期間目の株価の動きに対するデルタは,1期間目で株価が上昇した場合は,

$$\frac{3.2-0}{24.2-19.8} = 0.7273$$

であり,1期間目で株価が下落した場合は,

$$\frac{0-0}{19.8-16.2} = 0$$

である。

図13.7の例では,1期間目に対応するデルタは,

$$\frac{1.4147-9.4636}{60-40} = -0.4024$$

になり,2期間目に対応するデルタは,

$$\frac{0-4}{72-48} = -0.1667$$

もしくは,

$$\frac{4-20}{48-32} = -1.0000$$

になる。

2期間の例からわかるように,デルタは時間とともに変化する。(図13.4では,デルタは0.5064から0.7273もしくは0に変化している。図13.7では,デルタは-0.4024から-0.1667もしくは-1.0000に変化している。)このように,オプションと原資産である株式を用いた無リスクでのヘッジを続けるためには,株式の保有数を定期的に調整する必要がある。このことについては,第19章で再び検討する。

13.7 ボラティリティとパラメータ u と d の関係

時間の刻み幅を Δt とした二項ツリーを構築するには u, d, p の三つのパラメータが必要となる。u と d を決定すれば，p は期待リターンが無リスク金利となるように選択されなければならない。すなわち，すでに述べたように以下となる。

$$p = \frac{e^{r\Delta t} - d}{u - d} \quad (13.11)$$

パラメータ u と d はボラティリティと一致するように選ぶ必要がある。株式（あるいは他の資産）のボラティリティ σ は，微小な期間 Δt におけるリターンの標準偏差が $\sigma\sqrt{\Delta t}$ となるように定義される（ボラティリティについては15章でより詳しく議論する）。同様に期間 Δt における分散は $\sigma^2 \Delta t$ である。ある変数 X の分散は $E(X^2) - [E(X)]^2$ として定義される。ここで，E は期待値を表す。期間 Δt の間に，株式は確率 p で $u-1$ のリターンを生み，$1-p$ の確率で $d-1$ のリターンを生む。したがって，

$$p(u-1)^2 + (1-p)(d-1)^2 - [p(u-1) + (1-p)(d-1)]^2 = \sigma^2 \Delta t \quad (13.12)$$

であればボラティリティは一致する。p を (13.11) 式で置き換えれば，

$$e^{r\Delta t}(u+d) - ud - e^{2r\Delta t} = \sigma^2 \Delta t \quad (13.13)$$

と整理できる。

ここで，Δt^2 の項と Δt に対するより高次の指数項を無視すると，(13.13) 式の一つの解は

$$u = e^{\sigma\sqrt{\Delta t}} \quad \text{かつ} \quad d = e^{-\sigma\sqrt{\Delta t}}$$

となる[2]。これらの u と d の値は，Cox, Ross および Rubinstein が1979年の論文で使用したものと同じである。

この考察では，リスク中立世界のボラティリティと一致するように u と d を選んだ。しかし，そのかわりに実世界のボラティリティと一致させた場合

---

[2] ここで，次の級数展開を用いている。
$$e^x = 1 + x + \frac{x^2}{2!} + \frac{x^3}{3!} + \cdots$$

図13.9 期間 Δt における株価の変化

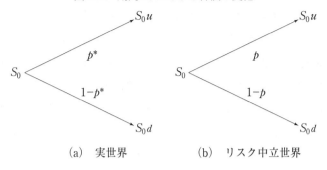

(a) 実世界　　(b) リスク中立世界

はどうなるのであろうか。これから示すように，u と d に関する式は同じである。

実世界での上昇確率を p^* とし，今までと同様にリスク中立世界での上昇確率を p とする。この状況を図13.9に示す。μ を実世界での期待リターンと定義すると，

$$p^* u + (1-p^*) d = e^{\mu \Delta t}$$

すなわち，

$$p^* = \frac{e^{\mu \Delta t} - d}{u - d} \quad (13.14)$$

とならなければならない。実世界でのボラティリティを σ としよう。分散を一致させるための数式は，p を p^* に置き換えた(13.12)式と同じで，これと(13.14)式を組み合わせて，

$$e^{\mu \Delta t}(u+d) - ud - e^{2\mu \Delta t} = \sigma^2 \Delta t$$

が得られる。この式は，r が μ に置き換えられた以外は(13.13)式と同じである。Δt^2 の項と Δt に対するより高次の項を無視すれば，(13.13)式と同じ次の解をもつ。

$$u = e^{\sigma \sqrt{\Delta t}} \quad \text{かつ} \quad d = e^{-\sigma \sqrt{\Delta t}}$$

ギルサノフの定理

この結果は，ギルサノフの定理（Girsanov's theorem）として知られる重要

な結果に密接に関係する。リスク中立世界から実世界に移るとき，株価の変動による期待リターンは変化するが，ボラティリティは不変である。より一般的には，あるリスク選好の世界から別のリスク選好の世界へ移るとき，変数の期待成長率は変化するが，そのボラティリティは不変である。リスク選好が市場変数の振る舞いに与える影響の詳細については，第28章で考察する。あるリスク選好から別のリスク選好へ移ることは，測度変換（changing the measure）と呼ばれることもある。実世界での測度をP測度（P-measure），リスク中立世界での測度をQ測度（Q-measure）と呼ぶこともある[3]。

13.8 二項ツリーの公式

前節の分析は，二項ツリーにおける1期間の長さがΔtであるとき，

$$u = e^{\sigma\sqrt{\Delta t}} \tag{13.15}$$

および，

$$d = e^{-\sigma\sqrt{\Delta t}} \tag{13.16}$$

として，ボラティリティをあわせるべきであることを示した。また，(13.6)式から，

$$p = \frac{a-d}{u-d} \tag{13.17}$$

となる。ただし，

$$a = e^{r\Delta t} \tag{13.18}$$

である。(13.15)式から(13.18)式により，ツリーが決定される。

図13.8のアメリカン・プット・オプションをもう一度考察しよう。株価は50ドル，行使価格は52ドル，無リスク金利は5％，オプション満期は2年，ツリーは2期間となっている。この場合，$\Delta t = 1$である。ボラティリティσを30％とし，(13.15)式から(13.18)式を用いると，

---

[3] これまでの記号では，pがQ測度のもとでの確率で，p^*がP測度のもとでの確率である。

図13.10　2期間ツリーを用いた満期2年のアメリカン・プット・オプションの評価
株価を50，行使価格を52，無リスク金利を5％，ボラティリティを30％とする。

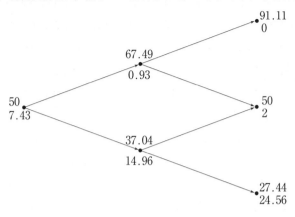

$$u = e^{0.3 \times 1} = 1.3499, \quad d = \frac{1}{1.3499} = 0.7408, \quad a = e^{0.05 \times 1} = 1.0513$$

であり，

$$p = \frac{1.0513 - 0.7408}{1.3499 - 0.7408} = 0.5097$$

となる。したがって，ツリーは図13.10のようになり，プット・オプションの価値は7.43になる。(これは，図13.8で $u = 1.2$，$d = 0.8$ とした場合に得られた値とは異なる。) なお，最初のステップ後に下のノードへ達した場合，オプションは行使される。

13.9　多期間の場合

これまで説明してきた二項モデルは，非現実的な単純なものである。オプション満期までの株価の動きを1期間または2期間の二項ツリーで表した場合，得られるオプション価格は非常に粗い近似でしかないことは明らかであろう。

二項ツリーを実際に用いるときは，オプション満期までの期間を30以上に

分割するのが一般的である。各時間ステップでは，株価は上昇または下落の2通りの動きをする。30期間の場合，満期時点には31通りの株価があり，2^{30}通り，すなわち約10億通りの株価の経路が想定されることになる。

時間のステップ数によらず，ツリーは(13.15)式から(13.18)式で定義される。たとえば図13.10で考察した例で，ツリーを2期間でなく5期間としよう。パラメータは，$\Delta t = 2/5 = 0.4$, $r = 0.05$, $\sigma = 0.3$となる。これらの値を用いると，$u = e^{0.3 \times \sqrt{0.4}} = 1.2089$, $d = 1/1.2089 = 0.8272$, $a = e^{0.05 \times 0.4} = 1.0202$, $p = (1.0202 - 0.8272)/(1.2089 - 0.8272) = 0.5056$になる。

時間のステップ数が増える（つまりΔtが短くなる）につれ，二項ツリーモデルは株価の振る舞いについて，15章で取り扱うBlack–Scholes–Mertonモデルと同じ仮定を置くようになっていく。二項ツリーを用いてヨーロピアン・オプションの価格を算出する際に，ステップ数を増やしていくと，その価格は予想されるとおりBlack–Scholes–Mertonモデルの価格に収束していく。このことは本章の付録にて証明する。

13.10 DerivaGem ソフトウェアの利用について

本書に付属しているソフトウェア DerivaGem 3.00は，二項ツリーになじむのに役立つツールである。本書の最後に記載されている方法に従ってソフトウェアを起動し，Equity_FX_Indx_Fut_Opts_Calc ワークシートを表示する。Underlying Type を Equity にし，Option Type を Binomial American にする。株価，ボラティリティ，無リスク金利，満期までの時間，行使価格，ツリーのステップ数として，それぞれ50，30％，5％，2，52，2を入力する。*Put* ボタンをクリックしてから *Calculate* ボタンをクリックすると，Price とラベルされたボックスにオプション価値が7.428と表示される。次に *Display Tree* ボタンをクリックすると，図13.10と同じツリーが表示される。（赤い数字はオプションが行使されるノードを表している。）

Equity_FX_Indx_Fut_Opts_Calc シートに戻り，ツリーのステップ数を5に変更する。*Enter* ボタンを押してから *Calculate* ボタンをクリックする

と，オプション価値が7.671に変わるのがわかる。*Display Tree* ボタンをクリックすると，5期間ツリーが上で計算した u, d, a, p の値とともに表示される。

DerivaGem ソフトウェアは10ステップまでのツリーしか表示できないが，計算自体は500ステップまで可能である。いまの例で500ステップとした場合，オプション価格は（小数点以下第2位までで）7.47になる。これは正確な答えである。Option Type を Binomial European に変更すると，ヨーロピアン・オプションの価値がツリーで計算できる。時間ステップ数を500として，アメリカン・オプションと同じパラメータでヨーロピアン・オプションの価値を計算すると6.76になる。(Option Type を Black–Scholes European に変更すると，第15章で説明する Black–Scholes–Merton 式を用いて計算したオプションの価値が表示される。その値も6.76になる。)

Underlying Type を変更すると，株式以外の資産に対するオプションも扱える。それについては次節で説明する。

13.11 その他の資産に対するオプション

株価指数，通貨，先物契約に対するオプションについてはすでに第10章で簡単に触れ，第17章と第18章でさらに詳細に説明を行う。それらのオプションに対しても，p に関する式を変える以外は株式オプションとまったく同じ方法で二項ツリーを構築でき，それをオプションの価格計算に使えることがわかる。株式オプションの場合と同様に(13.2)式を適用して，各ノードでの（期限前行使の可能性を考慮する前の）価値は，上昇したときの価値の p 倍に下落したときの価値の $1-p$ 倍を加え，それを無リスク金利で割り引くことで求められる。

連続配当がある場合の株式オプション

配当利回りが q の株式を考える。リスク中立世界では，配当とキャピタル・ゲインを合わせた総期待収益率が r となる。配当の期待収益率が q だか

ら，キャピタル・ゲインの期待収益率は $r-q$ になる．はじめの株価を S_0 とすると，1期間 Δt 後の株価の期待値は $S_0 e^{(r-q)\Delta t}$ である．したがって，

$$pS_0 u + (1-p)S_0 d = S_0 e^{(r-q)\Delta t}$$

より，

$$p = \frac{e^{(r-q)\Delta t} - d}{u - d}$$

となる．配当のない株式のオプションのときと同様に，$u = e^{\sigma\sqrt{\Delta t}}$ および $d = 1/u$ としてボラティリティをあわせる．以上より，配当のある株式オプションに対しても，(13.15)式から(13.18)式は，$a = e^{r\Delta t}$ を $a = e^{(r-q)\Delta t}$ と置き換えればそのまま使える．

株価指数オプション

株価指数先物価格を第5章で計算した際に，指数を構成する株式は利回り q の配当をもつと仮定した．ここでも同様の仮定を置く．したがって，株価指数オプションの評価は，配当利回りが既知の株式に対するオプションの評価と非常に似たものになる．

【例13.1】

株価指数の現在の値を810，そのボラティリティを20%，配当利回りを2%とする．無リスク金利は5%とする．図13.11は，DerivaGem ソフトウェアで2期間ツリーを用いて行った，行使価格800，満期6カ月のヨーロピアン・コール・オプションの価格計算結果である．この場合には，

$$\Delta t = 0.25, \quad u = e^{0.20 \times \sqrt{0.25}} = 1.1052$$
$$d = 1/u = 0.9048, \quad a = e^{(0.05-0.02)\times 0.25} = 1.0075$$
$$p = (1.0075 - 0.9048)/(1.1052 - 0.9048) = 0.5126$$

となり，オプションの価値は53.39になる．

図13.11　2期間ツリーを用いた株価指数に対する6カ月物ヨーロピアン・コール・オプションの評価

株価指数は810，行使価格は800，無リスク金利は5％，ボラティリティは20％，配当利回りは2％とする（DerivaGem ソフトウェアの計算結果）。

各ノード：
　上段 ＝ 原資産価格
　下段 ＝ オプション価格
　網掛けはオプションが行使されるノード
　行使価格 ＝ 800
　時間ステップごとの割引係数 ＝ 0.9876
　時間ステップ，Δt ＝ 0.2500年，91.25日
　時間ステップごとの成長係数，a ＝ 1.0075
　上昇確率，p ＝ 0.5126
　ステップごとの上昇幅，u ＝ 1.1052
　ステップごとの下落幅，d ＝ 0.9048

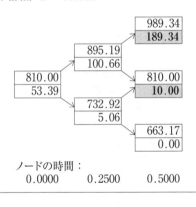

通貨オプション

5.10節で説明したように，外国通貨は外国の無リスク金利 r_f の収入を生み出す資産とみなせる。株価指数の場合から類推されるように，$a = e^{(r-r_f)\Delta t}$ と置いて(13.15)式から(13.18)式を用いれば，通貨オプションを評価するためのツリーを構築できる。

【例13.2】

1豪ドルが現在0.6100米ドルで，この為替レートのボラティリティを12%とする。豪州の無リスク金利は7%，米国の無リスク金利は5%とする。図13.12は，DerivaGemソフトウェアで3期間ツリーを用いて行った，行使価格0.6000，満期3カ月のアメリカン・コール・オプションの価格計算結果である。この場合は，

図13.12　3期間ツリーを用いた3カ月物アメリカン・コール・オプションの評価

為替レートは0.6100，行使レートは0.6000，無リスク金利は5%，ボラティリティは12%，外国の無リスク金利は7%とする（DerivaGemソフトウェアの計算結果）。

各ノード：
　上段 = 原資産価格
　下段 = オプション価格
　網掛けはオプションが行使されるノード
　行使価格 = 0.6
　時間ステップごとの割引係数 = 0.9958
　時間ステップ，Δt = 0.0833年，30.42日
　時間ステップごとの成長係数，a = 0.9983
　上昇確率，p = 0.4673
　ステップごとの上昇幅，u = 1.0352
　ステップごとの下落幅，d = 0.9660

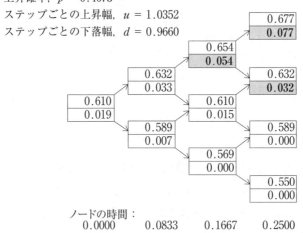

ノードの時間：
0.0000　　0.0833　　0.1667　　0.2500

$$\Delta t = 0.08333, \quad u = e^{0.12 \times \sqrt{0.08333}} = 1.0352$$
$$d = 1/u = 0.9660, \quad a = e^{(0.05-0.07) \times 0.08333} = 0.9983$$
$$p = (0.9983 - 0.9660)/(1.0352 - 0.9660) = 0.4673$$

となり，オプションの価値は0.019になる。

先物オプション

先物契約の買いまたは売りポジションをとるのにコストはかからない。このことより，リスク中立世界では先物価格の期待成長率はゼロになるはずである。（この点に関する詳細は18.7節で論じる。）これまでの例と同様に，p を先物価格の上昇確率，u を上昇率，d を下落率とする。はじめの先物価格を F_0 とすると，1期間 Δt 後の期待先物価格も F_0 のはずである。したがって，

$$pF_0 u + (1-p)F_0 d = F_0$$

より，

$$p = \frac{1-d}{u-d}$$

となる。先物オプションに対しても，$a = 1$ として(13.15)式から(13.18)式が利用できる。

【例13.3】

先物価格が現在31で，そのボラティリティを30％とする。無リスク金利は5％とする。図13.13は，DerivaGem ソフトウェアで3期間ツリーを用いて行った，行使価格30，満期9ヵ月の先物に対するアメリカン・プット・オプションの価格計算結果である。この場合には，

$$\Delta t = 0.25, \quad u = e^{0.3 \times \sqrt{0.25}} = 1.1618$$
$$d = 1/u = 1/1.1618 = 0.8607, \quad a = 1$$
$$p = (1 - 0.8607)/(1.1618 - 0.8607) = 0.4626$$

となり，オプションの価値は2.84になる。

図13.13　3期間ツリーを用いた先物に対する9カ月物アメリカン・プット・オプションの評価

先物価格は31，行使価格は30，無リスク金利は5％，ボラティリティは30％とする（DerivaGemソフトウェアの計算結果）。

各ノード：
　上段 = 原資産価格
　下段 = オプション価格
　網掛けはオプションが行使されるノード
　行使価格 = 30
　時間ステップごとの割引係数 = 0.9876
　時間ステップ，Δt = 0.2500年，91.25日
　時間ステップごとの成長係数，a = 1.000
　上昇確率，p = 0.4626
　上昇幅，u = 1.1618
　下落幅，d = 0.8607

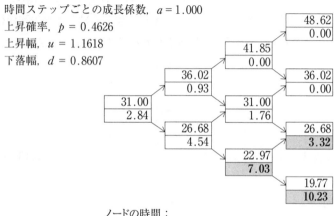

要 約

本章では，株式およびそれ以外の資産に対するツリーを用いたオプション

の評価方法について簡単に説明した。株式オプションの満期までの株価の動きが1期間二項ツリーで表される単純な場合には，株式オプションのポジションと株式のポジションからなる無リスク・ポートフォリオを組むことができる。裁定機会のない世界では，無リスク・ポートフォリオの収益率は無リスク金利に等しくならなければならない。このことから，株式オプションの価格が株価をもとに計算できるようになる。その時，ツリーの各ノードにおける株価の上昇確率と下落確率に関する仮定を必要としないことが興味深い点である。

株価の動きが多期間二項ツリーで表されている場合には，各二項分岐を個々に扱って，オプション満期から初めの時点まで引き戻せば，オプションの現在価値が得られる。この場合も，無裁定原理だけが使われており，各ノードにおける株価の上昇確率と下落確率に関する仮定は必要としない。

オプションを評価するときは，世界はリスク中立であるとしてよいという非常に重要な原理が成り立っている。本章では，無裁定原理とリスク中立化法は等価であり，同一のオプション価格が導かれることを数値例と簡単な計算で示した。

株式オプションのデルタ Δ は，原資産価格である株価の微小変化がオプション価格に与える影響を表している。それは，オプション価格の変化と株価の変化との比である。ポジションを無リスクにするためには，オプション1単位の売りに対して Δ 単位の株式を買えばよい。典型的な二項ツリーをみてみると，オプションの満期までにデルタは変化することがわかる。このことから，オプションのポジションをヘッジするためには，原資産である株式の保有株数を定期的に変える必要がある。

株価指数や通貨，先物契約に対するオプションを評価するための二項ツリーも，株式オプションの場合とほとんど同じように構築できる。第21章で二項ツリーを再度取り上げ，それが実際にどのように使われるかをより詳しく説明する。

参考文献

Coval, J. E. and T. Shumway, "Expected Option Returns," *Journal of Finance*, 56, 3 (2001): 983–1009.

Cox, J. C., S. A. Ross, and M. Rubinstein, "Option Pricing: A Simplified Approach," *Journal of Financial Economics* 7 (October 1979): 229–64.

Rendleman, R., and B. Bartter, "Two State Option Pricing," *Journal of Finance* 34 (1979): 1092–1110.

Shreve, S. E. *Stochastic Calculus for Finance I: The Binomial Asset Pricing Model.* New York: Springer, 2005.

練習問題

13.1 現在の株価は40ドルである。1カ月後に株価は42ドルか32ドルになるとする。無リスク金利は連続複利で年率8％とする。このとき，行使価格39ドル，満期1カ月のヨーロピアン・コール・オプションの価値を求めよ。

13.2 1期間の二項ツリーを用いて，無裁定原理とリスク中立化法によるヨーロピアン・オプションの評価方法について説明せよ。

13.3 株式オプションのデルタとは何か。

13.4 現在の株価は50ドルである。6カ月後に株価は45ドルか55ドルになるとする。無リスク金利は連続複利で年率10％とする。このとき，行使価格50ドル，満期6カ月のヨーロピアン・プット・オプションの価値を求めよ。

13.5 現在の株価は100ドルである。続く2回の6カ月間のそれぞれに，株価は10％上昇するか10％下落するとする。無リスク金利は連続複利で年率8％とする。このとき，行使価格100ドル，満期1年のヨーロピアン・コール・オプションの価値を求めよ。

13.6 問題13.5において，行使価格100ドル，満期1年のプット・オプションの価値を求めよ．また，ヨーロピアン・コールとヨーロピアン・プットの価格がプット・コール・パリティを満たすことを確認せよ．

13.7 ボラティリティを用いてuとdを表す式を示せ．

13.8 ヨーロピアン・オプションの満期までの株価の動きが，2期間二項ツリーで与えられている場合を考える．オプション満期までの全期間で無リスクとなるような，株式とそのオプションからなるポジションがつくれない理由を説明せよ．

13.9 現在の株価は50ドルである．2カ月後に株価は53ドルか48ドルになるとする．無リスク金利は連続複利で年率10%とする．このとき，行使価格49ドル，満期2カ月のヨーロピアン・コール・オプションの価値はいくらになるか．無裁定原理を用いて求めよ．

13.10 現在の株価は80ドルである．4カ月後に株価は75ドルか85ドルになるとする．無リスク金利は連続複利で年率5%とする．このとき，行使価格80ドル，満期4カ月のヨーロピアン・プット・オプションの価値はいくらになるか．無裁定原理を用いて求めよ．

13.11 現在の株価は40ドルである．3カ月後に株価は45ドルか35ドルになるとする．無リスク金利は3カ月複利で年率8%とする．この時，行使価格40ドル，満期3カ月のヨーロピアン・プット・オプションの価値はいくらになるか．無裁定原理による方法とリスク中立化法から同じ結果が得られることを確かめよ．

13.12 現在の株価は50ドルである．続く2回の3カ月間のそれぞれに，株価は6%上昇するか5%下落するとする．無リスク金利は連続複利で年率5%とする．この時，行使価格51ドル，満期6カ月のヨーロピアン・コール・オプションの価値を求めよ．

13.13 問題13.12において，行使価格51ドル，満期6カ月のヨーロピアン・プット・オプションの価値を求めよ．また，ヨーロピアン・コールとヨーロピアン・プットの価格がプット・コール・パリティを満たすことを確認せよ．もしプット・オプションがアメリカンであれば，

ツリー上のいずれかのノードで期限前行使が最適となることはあるか。

13.14 現在の株価は25ドルである。2カ月後に株価は23ドルか27ドルになるとする。無リスク金利は連続複利で年率10%とする。S_Tを2カ月後の株価とするとき，満期にS_T^2を支払うデリバティブの価値を求めよ。

13.15 通貨オプションの評価に用いる二項ツリーを構築するときのu, d, pを計算せよ。ただし，ツリーの1期間は1カ月，国内金利は年率5％，外国金利は年率8％，ボラティリティは年率12%とする。

13.16 ある配当のない株式の価格は78ドルで，ボラティリティは30%である。すべての期間について，無リスク金利は年率3％（連続複利）とする。時間ステップを2カ月としたときのu, d, pを計算せよ。行使価格を80ドルの4カ月ヨーロピアン・コール・オプションの，2期間の二項ツリーによる価値はいくらになるか。トレーダーが1,000単位のオプション（10契約）を売却する場合，取引時にトレーダーがヘッジするのに必要な株式のポジションはどのようになるか。

13.17 ある株価指数が現在1,500でボラティリティが18%である。すべての期間に対する無リスク金利が年率4％（連続複利）で指数の配当利回りが2.5%とする。時間ステップを6カ月としたときのu, d, pを求めよ。行使価格が1,480の12カ月アメリカン・プット・オプションの，2期間の二項ツリーによる価値はいくらになるか。

13.18 ある商品の先物価格が90ドルであった。3期間のツリーにより，(a)行使価格が93ドルの9カ月アメリカン・コール・オプション，(b)行使価格が93ドルのアメリカン・プット・オプションの価値を求めよ。ボラティリティは28%とし，すべての期間に対する無リスク金利は連続複利で年率3％とする。

発展問題

13.19 配当のないバイオテクノロジー株の現在の価格は140ドルでボラティリティは25%であった。無リスク金利は4%とする。3カ月の時間ステップに対して以下を求めよ。

(a) 株価の上昇率

(b) 株価下落率

(c) リスク中立世界での上昇確率

(d) リスク中立世界での下落確率

また，2期間ツリーにより，6カ月ヨーロピアン・コール・オプションと6カ月ヨーロピアン・プット・オプションを評価せよ。どちらの行使価格も150ドルとする。

13.20 問題13.19において，トレーダーが10,000単位のヨーロピアン・コール・オプションを売却し，2期間のツリーが株式の振る舞いを表すこととする。最初および次の3カ月間に対してこの6カ月ヨーロピアン・コールをヘッジするために必要な株式数はいくらか。2番目の期間については，最初の期間で株価が上昇した場合と下落した場合の両方を考えよ。

13.21 現在の株価は50ドルである。6カ月後に株価は60ドルか42ドルになるとする。無リスク金利は連続複利で年率12%とする。このとき，行使価格48ドル，満期6カ月の株式に対するヨーロピアン・コール・オプションの価値を求めよ。また，無裁定原理による方法とリスク中立化法から同じ結果が得られることを確かめよ。

13.22 現在の株価は40ドルである。続く2回の3カ月間のそれぞれに，株価は10%上昇するか10%下落するとする。無リスク金利は連続複利で年率12%とする。

(a) 行使価格42ドル，満期6カ月のヨーロピアン・プット・オプションの価値を求めよ。

(b) 行使価格42ドル，満期6カ月のアメリカン・プット・オプショ

ンの価値を求めよ。

13.23 問題13.22で行使価格がいくら以上であれば，オプションの即時行使が最適となるか。試行錯誤してみることで推定せよ。

13.24 現在の株価は30ドルである。次の4カ月間の2カ月ごとに，株価は8％上昇するか10％下落するとする。無リスク金利は5％とする。このとき，$[\max(30-S_T, 0)]^2$のペイオフをもつデリバティブの価値を，2期間ツリーを用いて計算せよ。ここでS_Tは4カ月後の株価である。もしデリバティブがアメリカンならば，期限前行使すべきか。

13.25 配当のない株式に対するヨーロピアン・コール・オプションを考える。株価は40ドル，行使価格も40ドル，無リスク金利は年率4％，ボラティリティは年率30％，満期は6カ月とする。

(a) 2期間ツリーに対する u, d, p を計算せよ。

(b) 2期間ツリーを用いてオプションの価値を求めよ。

(c) DerivaGem ソフトウェアでも同じ結果が得られるか確認せよ。

(d) DerivaGem ソフトウェアを用いて，時間ステップ数を5，50，100および500としたときのオプションの価値を求めよ。

13.26 先物契約に対するアメリカン・プット・オプションに対して，問題13.25と同じ問題を考えよ。ただし，行使価格と先物価格は50ドル，無リスク金利は年率10％，満期は6カ月，ボラティリティは年率40％とする。

13.27 図13.1のコール・オプションに対して，実世界での期待ペイオフに適用すべき正しい割引率は42.6％であることを脚注1で示した。コールでなくプットの場合には，割引率は−52.5％になることを示せ。また，実世界での二つの割引率がそれほど異なる理由を説明せよ。

13.28 ある株価指数が現在990で，無リスク金利が5％，配当利回りが2％とする。3期間ツリーを用いて，ボラティリティが年率20％のときの行使価格1,000の18カ月アメリカン・プット・オプションを評価せよ。早期行使によりオプションの保有者はどれだけ利益を得られるだろうか。また，その利益はいつ発生するか述べよ。

13.29 100万単位の外貨を購入できる9カ月アメリカン・コール・オプションの価値を，3期間ツリーを用いて評価せよ。現在の為替レートは0.79であり行使レートは0.80である（どちらも1単位の外貨当りのドルである）。為替レートのボラティリティは年率12%であり，国内と外国の無リスク金利はそれぞれ2%と5%である。リスクをヘッジするために当初必要となる外貨のポジションを求めよ。

付　録
二項ツリーからの Black–Scholes–Merton オプション評価式の導出

　二項ツリーにおいて時間ステップの数を無限に近づけると，配当のない株式のヨーロピアン・オプションの価格づけにおいて，かの有名な Black–Scholes–Merton の結果を導出することができる。

　行使価格 K，満期までの期間 T のヨーロピアン・コール・オプションの評価に，時間ステップ数 n を用いたとしよう。各時間ステップの長さは，T/n である。ツリー上で，j 回の上昇，$n-j$ 回の下落が生じたとすると，最終的な株価は $S_0 u^j d^{n-j}$ となる。ここで，u は上昇比率，d は下落比率，そして，S_0 は初期の株価とする。するとヨーロピアン・コール・オプションのペイオフは，

$$\max(S_0 u^j d^{n-j} - K, 0)$$

となる。二項分布の性質から，j 回の上昇と $n-j$ 回の下落が生じる確率は

$$\frac{n!}{(n-j)!\,j!} p^j (1-p)^{n-j}$$

である。これらより，このコール・オプションの期待ペイオフは

$$\sum_{j=0}^{n} \frac{n!}{(n-j)!\,j!} p^j (1-p)^{n-j} \max(S_0 u^j d^{n-j} - K, 0)$$

となる。ツリーはリスク中立世界での振る舞いを表現しているので，無リスク金利で割り引くことによりオプション価格を得ることができる。

$$c = e^{-rT} \sum_{j=0}^{n} \frac{n!}{(n-j)!\,j!} p^j (1-p)^{n-j} \max(S_0 u^j d^{n-j} - K, 0) \quad (13\mathrm{A}.1)$$

　(13A.1)式の項は，最終的な株価が行使価格より高いとき，つまり，

$$S_0 u^j d^{n-j} > K$$

すなわち，

$$\ln(S_0/K) > -j\ln(u) - (n-j)\ln(d)$$

のとき，ゼロとならない。$u = e^{\sigma\sqrt{T/n}}$, $d = e^{-\sigma\sqrt{T/n}}$ であるので，この条件は，

$$\ln(S_0/K) > n\sigma\sqrt{T/n} - 2j\sigma\sqrt{T/n}$$

すなわち，

$$j > \frac{n}{2} - \frac{\ln(S_0/K)}{2\sigma\sqrt{T/n}}$$

となる。したがって，(13A.1)式は以下のように記述できる。

$$c = e^{-rT} \sum_{j>\alpha} \frac{n!}{(n-j)!\,j!} p^j (1-p)^{n-j} (S_0 u^j d^{n-j} - K)$$

ここで

$$\alpha = \frac{n}{2} - \frac{\ln(S_0/K)}{2\sigma\sqrt{T/n}}$$

である。簡単のため，

$$U_1 = \sum_{j>\alpha} \frac{n!}{(n-j)!\,j!} p^j (1-p)^{n-j} u^j d^{n-j} \qquad (13A.2)$$

そして

$$U_2 = \sum_{j>\alpha} \frac{n!}{(n-j)!\,j!} p^j (1-p)^{n-j} \qquad (13A.3)$$

と定義する。すると

$$c = e^{-rT}(S_0 U_1 - K U_2) \qquad (13A.4)$$

が得られる。まず，U_2について考えよう。よく知られているように，二項分布は試行回数が無限に近づくにつれて，正規分布に近づいていく。より厳密には，n回の試行を実施したときに成功の確率がpであれば，成功回数の分布は，期待値np，標準偏差$\sqrt{np(1-p)}$の正規分布により近似できる。(13A.3)式の変数U_2は，成功回数がαより大きくなる確率を表している。正規分布の性質から，Nを標準正規変数に対する累積確率分布関数とした場合，十分に大きなnに対して，

$$U_2 = N\left(\frac{np - \alpha}{\sqrt{np(1-p)}}\right) \tag{13A.5}$$

となる。αについて代入すると,

$$U_2 = N\left(\frac{\ln(S_0/K)}{2\sigma\sqrt{T}\sqrt{p(1-p)}} + \frac{\sqrt{n}(p - \frac{1}{2})}{\sqrt{p(1-p)}}\right) \tag{13A.6}$$

を得る。

(13.15)式から(13.18)式より,

$$p = \frac{e^{rT/n} - e^{-\sigma\sqrt{T/n}}}{e^{\sigma\sqrt{T/n}} - e^{-\sigma\sqrt{T/n}}}$$

となる。指数関数を級数に展開すると, n が無限大に近づくにつれ, $p(1-p)$ は $\frac{1}{4}$ に近づき, $\sqrt{n}(p - \frac{1}{2})$ は,

$$\frac{(r - \sigma^2/2)\sqrt{T}}{2\sigma}$$

に近づくことがわかる。したがって, n が無限大に近づくと, (13A.6)式は,

$$U_2 = N\left(\frac{\ln(S_0/K) + (r - \sigma^2/2)T}{\sigma\sqrt{T}}\right) \tag{13A.7}$$

となる。次に, U_1 について考える。(13A.2)式より,

$$U_1 = \sum_{j>a} \frac{n!}{(n-j)!\,j!}(pu)^j[(1-p)d]^{n-j} \tag{13A.8}$$

が得られる。ここで,

$$p^* = \frac{pu}{pu + (1-p)d} \tag{13A.9}$$

と定義すると,

$$1 - p^* = \frac{(1-p)d}{pu + (1-p)d}$$

となり, (13A.8)式は以下のように書くことができる。

$$U_1 = [pu + (1-p)d]^n \sum_{j>a} \frac{n!}{(n-j)!\,j!}(p^*)^j(1-p^*)^{n-j}$$

リスク中立世界での期待リターンは無リスク金利 r なので，$pu + (1-p)d = e^{rT/n}$ であり，また，

$$U_1 = e^{rT} \sum_{j>\alpha} \frac{n!}{(n-j)!j!}(p^*)^j(1-p^*)^{n-j}$$

となる。これは，U_1 は上昇確率が p ではなく p^* の二項分布に関連することを示している。二項分布を正規分布で近似すると(13A.5)式と同様に

$$U_1 = e^{rT}N\left(\frac{np^* - \alpha}{\sqrt{np^*(1-p^*)}}\right)$$

が得られ，α について代入すると，(13A.6)式と同様に，

$$U_1 = e^{rT}N\left(\frac{\ln(S_0/K)}{2\sigma\sqrt{T}\sqrt{p^*(1-p^*)}} + \frac{\sqrt{n}(p^* - \frac{1}{2})}{\sqrt{p^*(1-p^*)}}\right)$$

となる。u と d についても (13A.9)に代入すると，

$$p^* = \left(\frac{e^{rT/n} - e^{-\sigma\sqrt{T/n}}}{e^{\sigma\sqrt{T/n}} - e^{-\sigma\sqrt{T/n}}}\right)\left(\frac{e^{\sigma\sqrt{T/n}}}{e^{rT/n}}\right)$$

となる。指数関数を級数に展開すると，n が無限大に近づくにつれ，$p^*(1-p^*)$ は $\frac{1}{4}$ に近づき，$\sqrt{n}(p^* - \frac{1}{2})$ は

$$\frac{(r+\sigma^2/2)\sqrt{T}}{2\sigma}$$

に近づくことがわかる。この結果，

$$U_1 = e^{rT}N\left(\frac{\ln(S_0/K) + (r+\sigma^2/2)T}{\sigma\sqrt{T}}\right) \quad (13A.10)$$

となる。(13A.4)式，(13A.7)式，(13A.10)式より，

$$c = S_0 N(d_1) - Ke^{-rT}N(d_2)$$

が得られる。ここで，

$$d_1 = \frac{\ln(S_0/K) + (r+\sigma^2/2)T}{\sigma\sqrt{T}}$$

また，

$$d_2 = \frac{\ln(S_0/K) + (r - \sigma^2/2)T}{\sigma\sqrt{T}} = d_1 - \sigma\sqrt{T}$$

である。これはヨーロピアン・コール・オプションに対する Black–Scholes–Merton の評価式である。Black–Scholes–Merton モデルについては第15章で取り扱う。また,別の導出方法については同章の付録に記載した。

第14章
ウィナー過程と伊藤の補題

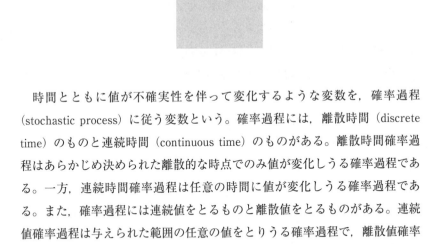

　時間とともに値が不確実性を伴って変化するような変数を，確率過程（stochastic process）に従う変数という。確率過程には，離散時間（discrete time）のものと連続時間（continuous time）のものがある。離散時間確率過程はあらかじめ決められた離散的な時点でのみ値が変化しうる確率過程である。一方，連続時間確率過程は任意の時間に値が変化しうる確率過程である。また，確率過程には連続値をとるものと離散値をとるものがある。連続値確率過程は与えられた範囲の任意の値をとりうる確率過程で，離散値確率過程は決められた離散値のみをとりうる確率過程である。

　本章では，連続値をとる連続時間確率過程として，株価をモデル化する。確率過程の学習は，オプションおよびほかのより複雑なデリバティブの価格づけを理解するための第一歩である。実際には，株価は連続値をとる連続時間確率過程として観測されるものではない。株価は離散的な値（たとえばセ

ントの倍数）しかとれないし，取引所が開いており取引可能な時間のみ値は変化する。しかし，連続値をとる連続時間確率過程は，多くの目的に対して有用なモデルであることがわかっている。

多くの人たちは，連続時間確率過程は複雑なので，いわゆる"ロケット・サイエンティストたち"にすべて任せておけばよいものと思っているようである。しかし，そんなことはない。連続時間確率過程を理解するための一番のハードルは記号に慣れることである。したがって，本章ではこのハードルを越えられるように，ステップ・バイ・ステップで説明を行っていく。また，デリバティブの価格づけで中心的な役割を果たしている伊藤の補題（Itô's lemma）として知られる重要な結果についても説明を行う。

14.1 マルコフ性

マルコフ過程（Markov process）とは，将来の予測に関係するのは変数の現在の値のみであるという性質をもった確率過程である。したがって，マルコフ過程は変数の過去の履歴には依存しない。

株価はマルコフ過程に従うと仮定することが多い。ある株式が現在100ドルであるとしよう。株価がマルコフ過程に従うとすれば，将来の株価は1週間前，1カ月前，1年前の株価には依存しない。関係する情報は，株価が現在100ドルであるということのみである[1]。将来の株価は不確実性を伴うので，確率分布で表現される。マルコフ性は，将来の任意の時点における株価の確率分布が，過去の株価の特定の履歴には依存していないことを意味している。

株価のマルコフ性はウィーク・フォームの市場効率性（weak form of market efficiency）と整合性がある。これは，過去の株価に含まれている情報はすべて現在の株価に織り込まれている，ということを主張するものである。ウィーク・フォームの市場効率性が正しくなければ，株価のヒストリカ

---

[1] 過去の株価の統計的性質は，株価の従う確率過程の性質（たとえば，ボラティリティ）を決定するのに役立つ。ここで主張していることは，将来の株価は過去の株価の特定の履歴とは無関係であるという性質である。

ル・チャートを分析しているテクニカル・アナリストたちが，平均を上回るパフォーマンスをあげられることになるだろう．しかし，そのような実例はほとんどみかけられない．

　市場での競争は，ウィーク・フォームの市場効率性とマルコフ性を成り立たせるように働く．数多くの投資家が株式市場を絶えず監視しているため，過去の株価の情報は常に現在の株価に織り込まれていく．ある株式について65%の確率でその後の株価が急上昇するような株価のパターンが発見されたとしよう．投資家はこのパターンを見つけるとすぐに株式を買おうとするので，株式の買い需要がすぐに高まる．その結果，利益の得られるすべての取引機会がそうであるように，すぐに株価が上昇して，観測された効果は消えてなくなるだろう．

14.2　連続時間の確率過程

　マルコフ過程に従う変数を考える．変数の現在の値は10で，1年間での変化が$\phi(0, 1)$に従うとする．ここで$\phi(m, v)$は平均m，分散vの正規分布である[2]．このとき，この変数の2年間での変化はどのような確率分布に従うであろうか．

　2年間での変化は，平均ゼロ，標準偏差1.0の正規分布に従う二つの変数の和である．変数がマルコフ性をもっているので，二つの確率分布は互いに独立である．二つの独立な正規分布に従う変数の和は，平均と分散がそれぞれ二つの分布の平均の和と分散の和に等しい正規分布に従う変数となる．したがって，この変数の2年間での変化の平均はゼロ，分散は2.0になり，2年間での変化は分布$\phi(0, 2)$に従う．また，変化の標準偏差は$\sqrt{2}$になる．

　次に，6ヵ月間での変数の変化について考える．1年間での変数の変化の分散は，最初の6ヵ月間での変化の分散と次の6ヵ月間での変化の分散の和である．それらは等しいと仮定しているので，6ヵ月間での変数の変化の分

---

[2]　分散は標準偏差の2乗である．したがって，いま考えている変数の1年間における変化の標準偏差は1.0となる．

散は0.5になる。同じことであるが，標準偏差は$\sqrt{0.5}$になり，変数の6カ月間での変化は確率分布$\phi(0, 0.5)$に従う。

同様の議論から，変数の3カ月間での変化は確率分布$\phi(0, 0.25)$に従うことがわかる。もっと一般に，長さTの期間での変数の変化は$\phi(0, T)$に従う。特に，微小時間Δtでの変数の変化は$\phi(0, \Delta t)$に従う。

マルコフ過程では，連続する時間区間での変化の分散が加法的であることに注意しよう。標準偏差は加法的ではない。いまの例では，変数の変化の分散は1年当り1.0なので，2年間では2.0，3年間では3.0になる。したがって，標準偏差は2年間で$\sqrt{2}$，3年間で$\sqrt{3}$になる。（1年当り標準偏差が1.0という言い方は厳密には適切ではない。）不確実性は時間の平方根に比例して増加するといわれるのは，こうしたことからである。

ウィナー過程

これまで考えてきた確率過程はウィナー過程（Wiener process）として知られる確率過程で，平均がゼロ，分散が年換算で1.0であるマルコフ確率過程の特別な場合である。ウィナー過程は，多数の小さな分子から衝撃を受けている微粒子の動きを記述するのに物理学で用いられてきた確率過程で，ブラウン運動（Brownian motion）とも呼ばれる。

形式的な定義を与えると，以下の二つの性質を満たす確率過程zをウィナー過程という。

性質1．微小時間Δtでの変化Δzは，

$$\Delta z = \varepsilon \sqrt{\Delta t} \qquad (14.1)$$

で与えられる。ここでεは標準正規分布$\phi(0, 1)$に従う変数である。

性質2．微小時間Δtの任意の異なる二つの時間区間におけるΔzの値は互いに独立である。

最初の性質から，Δzの分布は，

$$\Delta z \text{の平均} = 0$$
$$\Delta z \text{の標準偏差} = \sqrt{\Delta t}$$
$$\Delta z \text{の分散} = \Delta t$$

の正規分布になる。また，2番目の性質から，zはマルコフ過程になる。

Tというある程度長い時間におけるzの変化$z(T)-z(0)$について考えよう。これは長さΔtのN個の小さな時間区間におけるzの変化の和と考えることができる。ここで，

$$N = \frac{T}{\Delta t}$$

である。したがって，

$$z(T) - z(0) = \sum_{i=1}^{N} \varepsilon_i \sqrt{\Delta t} \qquad (14.2)$$

と書ける。ここで$\varepsilon_i(i=1,2,\ldots,N)$は標準正規分布$\phi(0,1)$に従う変数である。ウィナー過程の2番目の性質から$\varepsilon_i$は互いに独立なので，(14.2)式より$z(T)-z(0)$は正規分布に従い，

$[z(T)-z(0)]$の平均 $= 0$

$[z(T)-z(0)]$の分散 $= N\Delta t = T$

$[z(T)-z(0)]$の標準偏差 $= \sqrt{T}$

となる。これは，本節の前述した性質と一致している。

【例14.1】

ウィナー過程に従う変数zの初期値を25，時間の単位を年とする。1年後のzの値は平均25，標準偏差1.0の正規分布に従う。5年後のzの値は平均25，標準偏差$\sqrt{5}$，すなわち2.236の正規分布に従う。将来の与えられた時点における変数の値の不確実性を標準偏差で測ることにすると，不確実性は経過時間の平方根に比例して増加する。

通常の微積分学では，微小変化をゼロに近づけた極限を考える。その場合，$\Delta t \to 0$の極限で$\Delta x = a\,\Delta t$となることを示すために，$dx = a\,dt$という記号が用いられる。確率解析でも同様の記号が用いられる。ウィナー過程に対してdzを用いるときは，上で定義したΔzの性質をもつ，$\Delta t \to 0$の極限での確率過程を表している。

図14.1は，$\Delta t \to 0$とするにつれてzの経路がどのように変わるかを例示

図14.1 (14.1)式で$\Delta t \to 0$としたときにウィナー過程が得られるようす

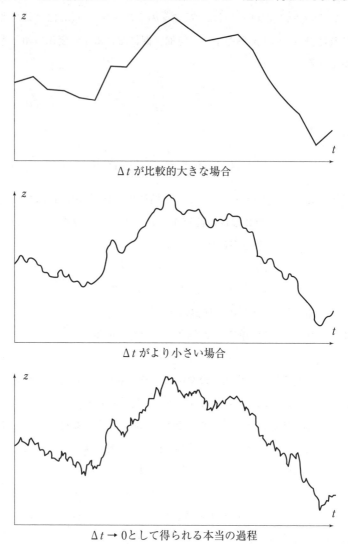

Δtが比較的大きな場合

Δtがより小さい場合

$\Delta t \to 0$として得られる本当の過程

したものである。経路はかなり"ギザギザ"していることに注意しよう。これは、時間Δtでの変数zの変動の標準偏差が$\sqrt{\Delta t}$と等しいので、Δtが小さいとき、$\sqrt{\Delta t}$はΔtよりもかなり大きくなるからである。この$\sqrt{\Delta t}$の性質に

関係して，ウィナー過程は次の二つの興味深い性質をもっている。

1. 任意の時間区間において，z がとりうる経路の長さの期待値は無限大になる。
2. 任意の時間区間において，z が任意に与えられた値に等しくなる回数の期待値は無限大になる[3]。

一般化されたウィナー過程

確率過程に対して単位時間当りの平均的な変化をドリフト率（drift rate）といい，単位時間当りの分散を分散率（variance rate）という。ここまで説明してきた基本的なウィナー過程 dz のドリフト率はゼロ，分散率は1.0である。ドリフト率ゼロは，将来の任意の時点における z の期待値が現在の値に等しいことを意味している。分散率1.0は，長さ T の時間区間における z の変化の分散が T に等しいことを意味している。一般化されたウィナー過程（generalized Wiener process）x は，dz を用いて，

$$dx = a\,dt + b\,dz \qquad (14.3)$$

で定義される。ここで a と b は定数である。

(14.3)式は右辺の二つの項を別々に考えるとわかりやすい。$a\,dt$ の項は，x の単位時間当りの期待ドリフト率が a であることを表している。$b\,dz$ の項がないとすると，(14.3)式は $dx = a\,dt$ となり，これは $dx/dt = a$ を意味している。これを時間に関して積分すると，

$$x = x_0 + at$$

が得られる。ここで x_0 は時点 0 における x の値である。時間が T だけ経過すると，x の値は aT だけ増加する。(14.3)式の右辺の $b\,dz$ の項は，x の経路にノイズ，あるいは確率変動を加える働きをしていると考えられる。このノイズ，あるいは確率変動の大きさは，ウィナー過程の b 倍になっている。ウィナー過程の単位時間当りの分散率は1.0なので，ウィナー過程の b 倍は

---

[3] これは，z は時間区間において任意の値 v と一致する確率がゼロではないためである。もし時点 t において z が v に一致すれば，t のすぐ近くにおいて z が v に一致する回数の期待値は無限大となる。

単位時間当りの分散率 b^2 の確率過程になる。したがって、微小時間 Δt における x の変化 Δx は、(14.1)式と(14.3)式から、

$$\Delta x = a\Delta t + b\varepsilon\sqrt{\Delta t}$$

になる。ここで ε は前と同様に標準正規分布 $\phi(0,1)$ に従う。したがって、Δx は、

$$\Delta x \text{の平均} = a\Delta t$$
$$\Delta x \text{の標準偏差} = b\sqrt{\Delta t}$$
$$\Delta x \text{の分散} = b^2\Delta t$$

の正規分布に従う。ウィナー過程に対して行ったのと同様の議論から、任意の時間区間 T における x の変化は、

$$x\text{の変化の平均} = aT$$
$$x\text{の変化の標準偏差} = b\sqrt{T}$$
$$x\text{の変化の分散} = b^2 T$$

の正規分布に従う。まとめると、(14.3)式で与えられる一般化されたウィナー過程は、期待ドリフト率（単位時間当りの平均ドリフト）が a、分散率（単位時間当りの分散）が b^2 の確率過程である。図14.2にその経路を例示した。

【例14.2】

ある会社の現金ポジション（単位1,000ドル）が年当り20のドリフトと年当り900の分散をもつウィナー過程に従って変化するとしよう。当初の現金ポジションを50とする。1年後の現金ポジションは、平均70、標準偏差 $\sqrt{900} = 30$ の正規分布に従う。6カ月後の現金ポジションは、平均60、標準偏差 $30\sqrt{0.5} = 21.21$ の正規分布に従う。将来時点での現金ポジションに対する不確実性を標準偏差で測ると、それは経過時間の平方根に比例して増加している。（現金ポジションは負になることもある。その場合は、会社は借入れをしているものと解釈する。）

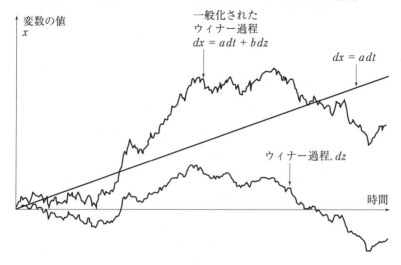

図14.2 一般化されたウィナー過程（$a = 0.3$，$b = 1.5$ の場合）

伊藤過程

伊藤過程（Itô process）として知られる，さらに拡張された確率過程も定義できる。これは，パラメータ a と b が x と t の関数になっている一般化されたウィナー過程である。よって，伊藤過程は

$$dx = a(x,t)dt + b(x,t)dz \tag{14.4}$$

と表すことができる。伊藤過程の期待ドリフト率と分散率は時間とともに変化する。t から $t + \Delta t$ までの微小時間に，変数が x から $x + \Delta x$ へ変化したとすると，Δx は，

$$\Delta x = a(x,t)\Delta t + b(x,t)\varepsilon\sqrt{\Delta t}$$

で与えられる。この式には若干の近似が含まれており，t から $t + \Delta t$ までの時間区間では x のドリフト率と分散率は一定で，時点 t の値に等しいことが仮定されている。

(14.4)式は，時点 t での x の変化は，過去の経緯は関係なく，時点 t での x の値のみに依存するので，マルコフ過程である点に注目しよう。(14.4)式の a と b を時点 t 以前の x の値に依存するようにすれば，マルコフでない過程を定義することもできる。

14.3 株価過程

本節では,配当のない株式の価格に対してよく用いられる確率過程について考察する。

株価を一般化されたウィナー過程に従うと仮定してみることが,すぐに思いつくことだろう。この場合,期待ドリフト率と分散率が一定であると仮定することになる。しかし,このモデルでは株価のもつ重要な特徴がとらえられていない。その特徴とは,投資家の要求する期待収益率は株価とは独立であるという特徴である。株価が10ドルのとき年率14%の期待収益率を求める投資家は,他の条件が同じであれば,株価が50ドルのときも年率14%の期待収益率を求めるだろう。

明らかに,期待ドリフト率が一定という仮定は適切ではなく,期待収益率(すなわち,期待ドリフトを株価で割った値)が一定であるという仮定に置き換える必要がある。時点 t における株価が S のとき,S の期待ドリフト率はある定数 μ を用いて μS で与えられると仮定すべきである。これは,微小時間 Δt での S の増加額に対する期待値が $\mu S \Delta t$ であることを意味している。パラメータ μ は株式の期待収益率である。

もし,dz の係数がゼロ,つまり不確実性がないとすると,このモデルは,

$$\Delta S = \mu S \Delta t$$

になる。$\Delta t \to 0$ の極限では,

$$dS = \mu S dt$$

すなわち,

$$\frac{dS}{S} = \mu dt$$

となる。これを時点 0 から時点 T まで積分すると,

$$S_T = S_0 e^{\mu T} \tag{14.5}$$

が得られる。ここで S_0 と S_T は,それぞれ時点 0 と時点 T における株価である。(14.5)式より,不確実性がない場合は,株価は連続複利で単位時間当り μ の割合で増加することがわかる。

もちろん，実際には不確実性は存在する。微小時間 Δt におけるリターンの変動性は株価によらず同じであるとするのが妥当であろう。言い換えると，株価が50ドルのときも10ドルのときも，投資家にとって，リターンに対する不確実さは変わらないということである。このことより，微小時間 Δt における株価変動の標準偏差は株価に比例しているとすればよく，

$$dS = \mu S dt + \sigma S dz$$

すなわち，

$$\frac{dS}{S} = \mu dt + \sigma dz \tag{14.6}$$

というモデルが得られる。(14.6)式は株価変動のモデルとして最も広く用いられているものである。パラメータ μ は株価の期待収益率，パラメータ σ は株価のボラティリティである。σ^2 は分散率と呼ばれる。(14.6)式で与えられるモデルは，実世界での株価の過程を表している。リスク中立世界では，μ は無リスク金利 r に等しい。

離散時間モデル

　これまで説明してきた株価変動のモデルは，幾何ブラウン運動（geometric Brownian motion）として知られているものである。このモデルに対応する離散時間モデルは，

$$\frac{\Delta S}{S} = \mu \Delta t + \sigma \varepsilon \sqrt{\Delta t} \tag{14.7}$$

すなわち，

$$\Delta S = \mu S \Delta t + \sigma S \varepsilon \sqrt{\Delta t} \tag{14.8}$$

である。変数 ΔS は微小時間 Δt における株価 S の変化幅で，これまでと同様に，ε は標準正規分布（平均がゼロ，標準偏差が1.0の正規分布）に従う変数である。パラメータ μ は株式の単位時間当りの期待収益率，σ は株価のボラティリティである。本章では，これらのパラメータは定数であると仮定する。

　(14.7)式の左辺は，微小時間 Δt での株価 S の収益率に対する離散近似である。$\mu \Delta t$ の項はこの収益率の期待値を表し，$\sigma \varepsilon \sqrt{\Delta t}$ の項は収益率の確率

変動成分を表している。この確率変動成分の分散（したがって，収益率の分散）は$\sigma^2 \Delta t$である。これは13.7節で与えたボラティリティσの定義と一致している。すなわち，σは微小期間Δtにおける収益率の標準偏差が$\sigma\sqrt{\Delta t}$になるものとして定義されている。

(14.7)式は，$\Delta S/S$が平均$\mu \Delta t$，標準偏差$\sigma\sqrt{\Delta t}$の正規分布に近似的に従うことを示している。言い換えると，

$$\frac{\Delta S}{S} \sim \phi(\mu \Delta t, \sigma^2 \Delta t) \tag{14.9}$$

が成り立つ。

【例14.3】

配当がなく，ボラティリティが年率30%，期待収益率が連続複利で年率15%の株式を考える。この場合，$\mu = 0.15$，$\sigma = 0.30$となるので，株価過程は，

$$\frac{dS}{S} = 0.15\, dt + 0.30\, dz$$

で与えられる。Sをある時点の株価，その直後の微小時間における株価の変化をΔSとすると，この過程に対する離散近似として

$$\frac{\Delta S}{S} = 0.15 \Delta t + 0.30 \varepsilon \sqrt{\Delta t}$$

が成り立つ。ここでεは標準正規分布に従う変数である。考える期間を1週間，すなわち0.0192年とすると，この近似により

$$\frac{\Delta S}{S} = 0.15 \times 0.0192 + 0.30 \times \sqrt{0.0192}\, \varepsilon$$

すなわち，

$$\Delta S = 0.00288 S + 0.0416 S \varepsilon$$

となる。

モンテカルロ・シミュレーション

確率過程のモンテカルロ・シミュレーションは，その過程に従う乱数を発生させる手法である。(14.6)式で表された株価過程の性質に対する理解を深めるのに，モンテカルロ・シミュレーションを使ってみよう。

例14.3について考える。株式の期待収益率は年率15%，ボラティリティは年率30%である。すでに示したように，1週間での株価の変化は，近似的に

$$\Delta S = 0.00288 S + 0.0416 S \varepsilon \quad (14.10)$$

である。株価の経路は，分布 $\phi(0,1)$ に従う ε のサンプルを繰り返し抽出し，(14.10)式に代入することでシミュレーションできる。Excelで式 =RAND() を用いると，0と1の間の乱数が発生できる。NORMSINV という標準正規分布の累積分布関数の逆関数があるので，Excelで標準正規分布に従う乱数を発生させるためには，=NORMSINV(RAND()) とすればよい。表14.1に，このようにして発生させた株価の一つのサンプルパスを示す。はじめの株価は100ドル，最初の期間に対して抽出された ε の値は0.52である。(14.10)式より，最初の期間での変化は，

$$\Delta S = 0.00288 \times 100 + 0.0416 \times 100 \times 0.52 = 2.45$$

となる。したがって，2番目の期間のはじめの株価は102.45ドルになる。次の期間に対して抽出された ε の値は1.44である。(14.10)式より，2番目の期間での変化は，

$$\Delta S = 0.00288 \times 102.45 + 0.0416 \times 102.45 \times 1.44 = 6.43$$

となる。したがって，その次の期間のはじめの株価は108.88ドルになる，といった具合に続いていく[4]。シミュレーションしている確率過程はマルコフ過程なので，ε の値として抽出したサンプルは互いに独立でなければならない。

表14.1では株価はセント単位に丸められている。この表の数値はあくまで株価変動のありうるパターンの一つにすぎない。この点は重要である。異なる無作為抽出からは異なる株価変動のパターンが得られる。任意の微小な時

---

[4] 実際には，21.6節で論じるように，S ではなく $\ln S$ のサンプルパスを発生させたほうが効率的である。

表14.1　1週間ごとの株価のシミュレーション例
$\mu = 0.15,\ \sigma = 0.30$

期間当初の株価	εの無作為抽出	当該期間の株価の変化
100.00	0.52	2.45
102.45	1.44	6.43
108.88	−0.86	−3.58
105.30	1.46	6.70
112.00	−0.69	−2.89
109.11	−0.74	−3.04
106.06	0.21	1.23
107.30	−1.10	−4.60
102.69	0.73	3.41
106.11	1.16	5.43
111.54	2.56	12.20

間間隔Δtを用いてシミュレーションを行うことができる。$\Delta t \to 0$の極限をとると，その確率過程を完全に表したものが得られる。表14.1の最終株価111.54ドルは，10週間後の株価の分布から無作為抽出されたものとみなせる。このシミュレーションを繰り返し行えば，10週間後の株価の完全な確率分布が得られる。モンテカルロ・シミュレーションについては，第21章でもっと詳しく論じる。

14.4　パラメータについて

本章で扱ってきた株価過程には，二つのパラメータμとσが含まれている。μは短期間に投資家が得る期待収益率（年率）である。ほとんどの投資家は，より高いリスクに対してはより高い期待収益率を要求する。したがって，μの値は株式の収益に対するリスクの大きさに依存して決まる[5]。μは金利水準にも依存しているはずである。金利が高くなれば，どの株式も求め

---

[5] より正確には，μは投資家が分散投資で消去できない部分のリスクに依存している。

られる期待収益率が高くなるからである。

　幸いなことに，一般的にデリバティブの価値はμの値とは関係なく決まるので，μの決定要因についてはまったく考える必要がない。それとは対照的に，株価のボラティリティであるパラメータσは多くのデリバティブの価格を決めるうえで決定的に重要である。σを推定する方法については，第15章で説明する。株式のσは，0.15から0.60（すなわち，15％から60％）が典型的な値である。

　微小時間Δtにおける株価変化率の標準偏差は$\sigma\sqrt{\Delta t}$である。粗い近似では，比較的長い時間Tにおける株価変化率の標準偏差は$\sigma\sqrt{T}$になる。つまり，ボラティリティは1年間の株価変化率の標準偏差であると近似的には解釈できる。株価のボラティリティは，正確には，株式の1年間における連続複利ベースでの収益率の標準偏差に等しいということを第15章で示す。

14.5　相関のある過程

　ここまでは，一つの変数に対する確率過程がどのように表されるかについて検討してきた。次に二つ以上の変数が，相関をもった確率過程に従う状況について分析を拡張する。x_1とx_2の二つの変数に対する確率過程が次のようであるとする。

$$dx_1 = a_1 dt + b_1 dz_1,\ dx_2 = a_2 dt + b_2 dz_2$$

ここで，dz_1とdz_2はウィナー過程である。

　これまで説明してきたように，これらの過程を離散時間近似したものは，

$$\Delta x_1 = a_1 \Delta t + b_1 \varepsilon_1 \sqrt{\Delta t},\quad \Delta x_2 = a_2 \Delta t + b_2 \varepsilon_2 \sqrt{\Delta t}$$

となる。ここで，ε_1，ε_2は標準正規分布$\phi(0, 1)$に従う変数である。

　変数x_1とx_2は14.3節に記載した方法にてシミュレートすることができる。x_1とx_2が無相関であるならば，ある期間の挙動を得るために使用されるε_1とε_2はお互いに独立であるべきである。

　x_1とx_2の相関がゼロ以外のρならば，ある期間の挙動を得るために使用されるε_1とε_2は二変量正規分布から標本抽出されるべきである。これらの

二変量正規分布に従う変数はそれぞれは標準正規分布に従い，変数間の相関はρである。このような状況をウィナー過程dz_1とdz_2の相関がρであるとする。

Excel 上で，無相関の標準正規分布に従う変数の標本を得るためには，各セルに"=NORMSINV(RAND( ))"という式を入力すればよい。標準正規分布に従い，相関ρの変数ε_1とε_2の標本を得るためには

$$\varepsilon_1 = u \quad かつ \quad \varepsilon_2 = \rho u + \sqrt{1 - \rho^2} v$$

とすればよい。ここで，uとvは，無相関の標準正規分布から標本抽出されるものである。

これまでx_1とx_2について想定してきた確率過程において，パラメータa_1, a_2, b_1, b_2はx_1, x_2, tの関数であってもよいことに注意しよう。a_1とb_1はx_1とtだけでなく，x_2の関数でもありうるし，a_2とb_2はx_2とtだけでなく，x_1の関数でもありうる。

ここでの結論は一般化することができる。相関のある確率過程に従う三つの異なる変数が存在するときは，三つの異なるεを標本抽出する必要がある。これらは，三変量正規分布に従う。n個の相関のある確率過程に従う変数がある場合は，n個の異なるεを適当な多変量正規分布から標本抽出しなければならない。具体的な方法については第21章で取り扱う。

14.6 伊藤の補題

株式オプションの価格は，原資産である株式の価格と時間の関数である。もっと一般的に，すべてのデリバティブの価格は原資産を表す確率過程と時間の関数であるということができる。したがって，デリバティブをより深く理解するためには，確率過程の関数の性質についてもある程度理解しておく必要がある。この分野での一つの重要な結果は，1951年に数学者伊藤清によって発見された，伊藤の補題（Itô's lemma）[6]として知られている。変数x

---

[6] K. Itô, "On Stochastic Differential Equations," *Memoirs of the American Mathematical Society*, 4 (1951)：1-51を参照。

が伊藤過程に従い，

$$dx = a(x,t)dt + b(x,t)dz \tag{14.11}$$

を満たすとする。ここでdzはウィナー過程，aとbはxとtの関数である。すなわち，変数xのドリフト率はa，分散率はb^2である。伊藤の補題によると，Gがxとtの関数のとき，Gは，

$$dG = \left(\frac{\partial G}{\partial x}a + \frac{\partial G}{\partial t} + \frac{1}{2}\frac{\partial^2 G}{\partial x^2}b^2\right)dt + \frac{\partial G}{\partial x}b\,dz \tag{14.12}$$

を満たす確率過程になる。ここでdzは(14.11)式のウィナー過程と同じである。したがって，Gも伊藤過程となり，そのドリフト率は，

$$\frac{\partial G}{\partial x}a + \frac{\partial G}{\partial t} + \frac{1}{2}\frac{\partial^2 G}{\partial x^2}b^2$$

であり，分散率は，

$$\left(\frac{\partial G}{\partial x}\right)^2 b^2$$

で与えられる。伊藤の補題の完全に厳密な証明は本書の範囲を超える。本章の付録では，この補題が微分学でのよく知られた結果の拡張とみなせることを示す。

すでに，μとσを定数として，

$$dS = \mu S dt + \sigma S dz \tag{14.13}$$

という確率過程が株価変動を記述する妥当なモデルであることは述べた。伊藤の補題よりSとtの関数Gは，

$$dG = \left(\frac{\partial G}{\partial S}\mu S + \frac{\partial G}{\partial t} + \frac{1}{2}\frac{\partial^2 G}{\partial S^2}\sigma^2 S^2\right)dt + \frac{\partial G}{\partial S}\sigma S dz \tag{14.14}$$

を満たしている。したがって，SとGの不確実性はともに同じdzに由来するものである。このことは，Black–Scholes–Merton式の導出において非常に重要である。

フォワード契約への応用

伊藤の補題の応用例として，配当のない株式のフォワード契約について考

えよう。無リスク金利はすべての期間に対して一定で，r に等しいとする。F_0 を時点ゼロでのフォワード価格，S_0 を時点ゼロでの現物価格，T をフォワード契約の満期までの時間とすると，(5.1)式より，

$$F_0 = S_0 e^{rT}$$

が成り立つ。

　時間の経過とともにフォワード価格はどのように変動するかを考えたい。そこで，F を時点 t ($t < T$) におけるフォワード価格，S を時点 t における株価とする。この時，F と S の関係は，

$$F = S e^{r(T-t)} \tag{14.15}$$

で与えられる。S の確率過程が(14.13)式で与えられるとすると，伊藤の補題から確率過程 F の満たす式が導ける。(14.15)式より，

$$\frac{\partial F}{\partial S} = e^{r(T-t)}, \quad \frac{\partial^2 F}{\partial S^2} = 0, \quad \frac{\partial F}{\partial t} = -rSe^{r(T-t)}$$

となるので，(14.14)式より，F は，

$$dF = \left[e^{r(T-t)} \mu S - rSe^{r(T-t)} \right] dt + e^{r(T-t)} \sigma S dz$$

を満たすことがわかる。$Se^{r(T-t)}$ に F を代入すると，

$$dF = (\mu - r) F dt + \sigma F dz \tag{14.16}$$

が得られる。したがって，S と同様にフォワード価格 F も幾何ブラウン運動に従っている。

　F の期待成長率は μ ではなく $\mu - r$ となり，無リスク金利に対する S の超過収益率に等しい。

14.7　対数正規性

　次に，S が(14.13)式で与えられるとき，伊藤の補題を用いて $\ln S$ の満たす方程式を導く。

$$G = \ln S$$

と置く。

$$\frac{\partial G}{\partial S} = \frac{1}{S}, \quad \frac{\partial^2 G}{\partial S^2} = -\frac{1}{S^2}, \quad \frac{\partial G}{\partial t} = 0$$

が成り立つため，(14.14)式より G は，

$$dG = \left(\mu - \frac{\sigma^2}{2}\right)dt + \sigma\, dz \tag{14.17}$$

を満たす。μ と σ は定数なので，この式から $G = \ln S$ が一般化されたウィナー過程に従うことがわかる。そのドリフト率は定数 $\mu - \sigma^2/2$ で，分散率は定数 σ^2 である。したがって，時点 0 から時点 T までの $\ln S$ の変化は，平均 $(\mu - \sigma^2/2)T$，分散 $\sigma^2 T$ の正規分布に従う。このことより，

$$\ln S_T - \ln S_0 \sim \phi\left[\left(\mu - \frac{\sigma^2}{2}\right)T,\, \sigma^2 T\right] \tag{14.18}$$

あるいは，

$$\ln S_T \sim \phi\left[\ln S_0 + \left(\mu - \frac{\sigma^2}{2}\right)T,\, \sigma^2 T\right] \tag{14.19}$$

となる。ここで S_T は将来の時点 T における株価，S_0 は時点ゼロにおける株価，$\phi(m, v)$ は平均 m，分散 v の正規分布である。

(14.19)式は $\ln S_T$ が正規分布に従っていることを示している。自然対数をとると正規分布に従う変数は，対数正規分布に従っているといわれる。したがって，本章で説明してきた株価変動のモデルでは，現在の株価を与えたとき，時点 T における株価は対数正規分布に従うことになる。株価の対数の標準偏差は $\sigma\sqrt{T}$ で，経過時間の平方根に比例している。

| 要約 |

確率過程は確率的に時間発展する変数の記述に用いられる。マルコフ過程とは，現在の値のみが将来の予測に関係しているという性質を満たす確率過程である。それは，過去の値や経路に依存しない確率過程である。

ウィナー過程 dz は，正規分布に従う変数の時間発展を記述するマルコフ過程である。そのドリフトはゼロ，分散率は単位時間当り1.0である。したがって，時点0における変数の値が x_0 ならば，時点 T における変数の値は平均が x_0，標準偏差が $\sqrt{T}$ の正規分布に従う。

一般化されたウィナー過程は，単位時間当りのドリフトが a，単位時間当りの分散率が b^2 の正規分布に従う変数の時間発展を記述している。a と b は定数である。前の場合と同様に，時点0における変数の値が x_0 ならば，時点 T における変数の値は平均が $x_0 + aT$，標準偏差が $b\sqrt{T}$ の正規分布に従う。

伊藤過程は，x のドリフトと分散率が x 自身と時間の関数になっている確率過程である。微小時間での x の変化は，よい近似として，正規分布に従っているが，長い時間での変化の分布は普通正規分布にはならない。

確率過程を直感的に理解する一つの方法は，変数の振る舞いをシミュレーションしてみることである。これは，時間区間を多くの微小区間に分割し，変数のとりうる経路を無作為抽出することである。それによって，将来における変数の確率分布を計算することもできる。モンテカルロ・シミュレーションについては第21章でさらに論じる。

伊藤の補題は，確率過程の関数が従う確率過程を計算する方法を与える。第15章でみるように，伊藤の補題はデリバティブの価格づけで非常に重要な役割を果たしている。変数が従う確率過程に現れるウィナー過程 dz が，変数の関数が従う確率過程に現れるウィナー過程とまったく同じであるということが重要な点である。つまり，両者の不確実性は同じものに由来しているということである。

株価に対する確率過程としては幾何ブラウン運動が通常用いられる。その仮定のもとでは，微小時間に株式保有者が得る収益率は正規分布に従い，重なり合わない2期間における収益率は独立である。将来時点での株価は対数正規分布に従っている。次章で扱う Black–Scholes–Merton モデルでは，株価は幾何ブラウン運動に従うと仮定されている。

参考文献

効率的市場と株価のマルコフ性について

Brealey, R. A. *An Introduction to Risk and Return from Common Stock*, 2nd edn. Cambridge, MA: MIT Press, 1986.

Cootner, P. H. (ed.) *The Random Character of Stock Market Prices*. Cambridge, MA: MIT Press, 1964.

確率過程について

Cox, D. R., and H. D. Miller. *The Theory of Stochastic Processes*. London: Chapman & Hall, 1977.

Feller, W. *Introduction to Probability Theory and Its Applications*. New York: Wiley, 1968.

Karlin, S., and H. M. Taylor. *A First Course in Stochastic Processes*, 2nd edn. New York: Academic Press, 1975.

Shreve, S. E. *Stochastic Calculus for Finance II: Continuous-Time Models*. New York: Springer, 2008.

練習問題

14.1 ある場所の気温がマルコフ過程に従うという主張は，何を意味しているか。実際に気温はマルコフ過程に従うと思うか。

14.2 過去の株価に基づいたトレーディング・ルールを用いて，安定的に平均を上回る収益をあげ続けられるか。このことについて議論せよ。

14.3 ある会社の現金ポジション（単位100万ドル）が，四半期当りのドリフト率0.5，四半期当りの分散率4.0の一般化されたウィナー過程に従うとする。1年後に現金ポジションが負になる確率を5％以下にするためには，当初の現金ポジションはいくら必要か。

14.4 変数 X_1 と X_2 はいずれも一般化されたウィナー過程に従い，ドリフト率はそれぞれ μ_1 と μ_2，分散率はそれぞれ σ_1^2 と σ_2^2 とする。次の各

場合について，X_1+X_2 はどのような確率過程に従うか。

(a) 任意の微小時間における X_1 と X_2 の変化が無相関の場合

(b) 任意の微小時間における X_1 と X_2 の変化の相関が ρ の場合

14.5 次のような確率過程に従う変数 S がある。

$$dS = \mu\,dt + \sigma\,dz$$

初めの3年間は $\mu=2$, $\sigma=3$，次の3年間は $\mu=3$, $\sigma=4$ とする。S の初めの値を5とするとき，6年後のこの変数の確率分布を求めよ。

14.6 G を株価 S と時間の関数とする。σ_S と σ_G をそれぞれ S と G のボラティリティとする。S の期待収益率が $\lambda\sigma_S$ だけ増加するとき，G の成長率は $\lambda\sigma_G$ だけ増加することを示せ。ただし，λ は定数とする。

14.7 株式Aと株式Bは，どちらも株価が幾何ブラウン運動に従って変化している。任意の微小時間におけるそれぞれの株価の変化には相関はないものとする。株式Aと株式Bそれぞれ1単位ずつからなるポートフォリオの価値は幾何ブラウン運動に従うか。その理由も説明せよ。

14.8 (14.8)式では，株価の確率過程は，

$$\Delta S = \mu S \Delta t + \sigma S \varepsilon \sqrt{\Delta t}$$

で与えられている。ここで，μ と σ は定数である。このモデルと次のそれぞれのモデルとの違いを詳しく説明せよ。

$$\Delta S = \mu \Delta t + \sigma \varepsilon \sqrt{\Delta t}$$

$$\Delta S = \mu S \Delta t + \sigma \varepsilon \sqrt{\Delta t}$$

$$\Delta S = \mu \Delta t + \sigma S \varepsilon \sqrt{\Delta t}$$

また，(14.8)式のモデルが他の三つのモデルより株価のモデルとして適している理由を述べよ。

14.9 短期金利 r は確率過程，

$$dr = a(b-r)dt + rc\,dz$$

に従うとされてきた。ここで a, b, c は正の定数で，dz はウィナー過程である。この確率過程の性質について述べよ。

14.10 株価 S が期待収益率 μ,ボラティリティ σ の幾何ブラウン運動,
$$dS = \mu S\,dt + \sigma S\,dz$$
に従うとする。このとき,変数 S^n の従う確率過程を導け。また,S^n も幾何ブラウン運動に従うことを示せ。

14.11 時点 T に 1 ドルで償還するゼロクーポン債の連続複利ベースでのイールドを x とする。x は確率過程,
$$dx = a(x_0 - x)\,dt + sx\,dz$$
に従うとする。ここで a, x_0, s は正の定数で,dz はウィナー過程である。このとき,債券の価格が従う確率過程を導け。

14.12 ある株式の価格は30ドルであり,その期待リターンは9％でボラティリティは20％である。Excelにて,正規分布に従う乱数を使い,株価の動きを 1 カ月刻みで 5 年間にわたり生成せよ。また,生成された株価をグラフ化せよ。F9を押し,乱数により株価のパスが変化するようすを観察せよ。

発展問題

14.13 ある株価の期待収益率を年率16％,ボラティリティを年率30％とする。ある日の株価の終値が50ドルのとき,以下の値を計算せよ。

(a) 翌日の終値の期待値

(b) 翌日の終値の標準偏差

(c) 翌日の終値の95％信頼区間

14.14 ある会社の現金ポジション（単位100万ドル）が,月当りのドリフト率0.1,月当りの分散率0.16の一般化されたウィナー過程に従っている。当初の現金ポジションを2.0とする。

(a) 1 カ月後,6 カ月後,1 年後の各時点における現金ポジションの確率分布を求めよ。

(b) 6 カ月後と 1 年後のそれぞれについて,現金ポジションが負に

なる確率を求めよ。

(c) 現金ポジションが負になる確率が最も高いのはいつの時点か。

14.15 年間1ドルの割合で利子が支払われる永久国債のイールドを x とする。x は連続複利ベースで表されており、利子は連続的に支払われ、x は確率過程

$$dx = a(x_0 - x)dt + sx\,dz$$

に従うとする。ここでは a, x_0, s は正の定数で、dz はウィナー過程である。このとき、債券の価格が従う確率過程を導け。また、債券保有者の瞬間的な期待収益率（利子とキャピタルゲインを含む）を求めよ。

14.16 S が (14.6) 式の幾何ブラウン運動に従うとき、以下の各変数が従う確率過程を導け。

(a) $y = 2S$

(b) $y = S^2$

(c) $y = e^S$

(d) $y = e^{r(T-t)}/S$

それぞれの場合について、dt と dz の係数は、S ではなく y を用いて表せ。

14.17 現在の株価は50である。その株式の期待収益率とボラティリティをそれぞれ12%、30%とする。2年後の株価が80を超える確率を求めよ。（ヒント：$\ln S_T > \ln 80$ のとき $S_T > 80$ である。）

14.18 株式Aの価格は30ドルで、期待リターンは11%、ボラティリティは25%である。また、株式Bの価格は40ドルで、期待リターンは15%、ボラティリティは30%である。それぞれの株価はパラメータ ρ の相関をもつ過程に従っている。ρ が0.25、0.75、0.95のそれぞれの場合において、Excelにて、正規分布に従う乱数を使い、二つの株価を日次の時間刻みで3カ月の間シミュレーションせよ。結果をグラフ化し、F9を押すことにより、乱数により株価のパスが変化するようすを観察せよ。

付　録
伊藤の補題の導出

　この付録では，伊藤の補題がほかのより簡単な結果の自然な拡張とみなせることを示す。変数 x の連続かつ微分可能な関数 G について考える。x が Δx だけ微小変化したとき G が ΔG だけ変化したとすると，通常の微積分学でよく知られていることとして，

$$\Delta G \approx \frac{dG}{dx} \Delta x \tag{14A.1}$$

が成り立つ。言い換えると，ΔG は x に関する G の変化率に Δx を乗じたものに近似的に等しい。その誤差は Δx^2 のオーダーの項を含む。もっと高い精度が必要ならば，ΔG をテイラー級数展開した，

$$\Delta G = \frac{dG}{dx}\Delta x + \frac{1}{2}\frac{d^2 G}{dx^2}\Delta x^2 + \frac{1}{6}\frac{d^3 G}{dx^3}\Delta x^3 + \cdots$$

を使えばよい。2変数 x と y の連続かつ微分可能な関数 G に対しては，(14A.1)式と同様の，

$$\Delta G \approx \frac{\partial G}{\partial x}\Delta x + \frac{\partial G}{\partial y}\Delta y \tag{14A.2}$$

が成り立つ。ΔG をテイラー展開したものは，

$$\Delta G = \frac{\partial G}{\partial x}\Delta x + \frac{\partial G}{\partial y}\Delta y$$
$$+ \frac{1}{2}\frac{\partial^2 G}{\partial x^2}\Delta x^2 + \frac{\partial^2 G}{\partial x \partial y}\Delta x \Delta y + \frac{1}{2}\frac{\partial^2 G}{\partial y^2}\Delta y^2 + \cdots \tag{14A.3}$$

である。Δx と Δy をゼロに近づける極限をとると，(14A.3)式は，

$$dG = \frac{\partial G}{\partial x}dx + \frac{\partial G}{\partial y}dy \tag{14A.4}$$

になる。次に，(14A.4)式を伊藤過程に従う変数をもつ関数に適用できるように拡張しよう。変数 x が伊藤過程，

$$dx = a(x,t)\,dt + b(x,t)\,dz \tag{14A.5}$$

に従うとし，G を x と時間 t の関数とする．(14A.3)式との類推で，

$$\Delta G = \frac{\partial G}{\partial x}\Delta x + \frac{\partial G}{\partial t}\Delta t$$

$$+ \frac{1}{2}\frac{\partial^2 G}{\partial x^2}\Delta x^2 + \frac{\partial^2 G}{\partial x \partial t}\Delta x \Delta t + \frac{1}{2}\frac{\partial^2 G}{\partial t^2}\Delta t^2 + \cdots \tag{14A.6}$$

と書ける．(14A.5)式を離散化すると，

$$\Delta x = a(x,t)\,\Delta t + b(x,t)\,\varepsilon\sqrt{\Delta t}$$

もしくは引数を省略して，

$$\Delta x = a\Delta t + b\varepsilon\sqrt{\Delta t} \tag{14A.7}$$

となる．この式から，(14A.6)式と(14A.3)式が使われる状況には重要な違いがあることがわかる．(14A.3)式から(14A.4)式を導く際の引数の極限操作では，Δx^2 の項は2次の項であることから無視された．(14A.7)式より，

$$\Delta x^2 = b^2 \varepsilon^2 \Delta t + \Delta t \text{ の高次の項} \tag{14A.8}$$

となる．したがって，(14A.6)式の Δx^2 を含む項は Δt のオーダーの成分をもつので，無視できないことがわかる．

標準正規分布の分散は1であるから，

$$E(\varepsilon^2) - [E(\varepsilon)]^2 = 1$$

となる．ここで E は期待値を表す．$E(\varepsilon) = 0$ より $E(\varepsilon^2) = 1$ となるので，$\varepsilon^2 \Delta t$ の期待値は Δt となる．$\varepsilon^2 \Delta t$ の分散は標準正規分布の性質より $2\Delta t^2$ である．また，Δt での確率変数の変化の分散は，Δt^2 ではなく，Δt に比例する．したがって，$\varepsilon^2 \Delta t$ の分散はとても小さく，確率的要素の入る余地がない．結果として，Δt がゼロに近づくとき，$\varepsilon^2 \Delta t$ は確率的な変数ではなく，その値は期待値 Δt に等しいとしてよい．(14A.8)式より Δt がゼロに近づくとき，Δx^2 は確率的な変数ではなくなり，$b^2 dt$ に等しくなる．(14A.6)式で Δx と Δt をゼロに近づける極限をとり，上の結果を用いると，

$$dG = \frac{\partial G}{\partial x}dx + \frac{\partial G}{\partial t}dt + \frac{1}{2}\frac{\partial^2 G}{\partial x^2}b^2 dt \tag{14A.9}$$

が得られる．これが伊藤の補題である．dx に(14A.5)式を代入すると，

(14A.9)式は,

$$dG = \left(\frac{\partial G}{\partial x}a + \frac{\partial G}{\partial t} + \frac{1}{2}\frac{\partial^2 G}{\partial x^2}b^2\right)dt + \frac{\partial G}{\partial x}b\,dz$$

になる。www-2.rotman.utoronto.ca/~hull/TechnicalNotes の Technical Note 29に, 伊藤の補題の拡張に対する証明が掲載されている。G が変数 $x_1, x_2, \ldots, x_n$ の関数で,

$$dx_i = a_i dt + b_i dz_i$$

のとき,

$$dG = \left(\sum_{i=1}^{n}\frac{\partial G}{\partial x_i}a_i + \frac{\partial G}{\partial t} + \frac{1}{2}\sum_{i=1}^{n}\sum_{j=1}^{n}\frac{\partial^2 G}{\partial x_i \partial x_j}b_i b_j \rho_{ij}\right)dt$$
$$+ \sum_{i=1}^{n}\frac{\partial G}{\partial x_i}b_i\,dz_i \qquad (14A.10)$$

が得られる。また, G が複数の不確実性をもつ変数 x の関数, つまり,

$$dx = a\,dt + \sum_{i=1}^{m}b_i dz_i$$

であるとき,

$$dG = \left(\frac{\partial G}{\partial x}a + \frac{\partial G}{\partial t} + \frac{1}{2}\frac{\partial^2 G}{\partial x^2}\sum_{i=1}^{m}\sum_{j=1}^{m}b_i b_j \rho_{ij}\right)dt$$
$$+ \frac{\partial G}{\partial x}\sum_{i=1}^{m}b_i dz_i \qquad (14A.11)$$

となる。上記において, ρ_{ij} は dz_i と dz_j の相関を示す (14.5節を参照)。

第15章
Black–Scholes–Merton モデル

　1970年代初頭，Fischer Black，Myron Scholes，および Robert Merton の3人は，株式のヨーロピアン・オプションの価格づけにおいて一大進展をもたらした[1]。それは，Black–Scholes–Merton（または Black–Scholes）モデルとして知られるようになったモデルの開発である。そのモデルは，トレーダーがデリバティブの価格づけやヘッジを行う方法に多大な影響をもたらした。この重要なモデルの業績に対して，1997年に Myron Scholes と Robert Merton はノーベル経済学賞を受賞した。残念なことに Fischer Black は1995年に他界したが，そうでなければ彼もこのノーベル賞を間違い

---

[1] F. Black and M. Scholes, "The Pricing of Options and Corporate Liabilities," *Journal of Political Economy*, 81 (May/June 1973): 637–59および R. C. Merton, "Theory of Rational Option Pricing," *Bell Journal of Economics and Management Science*, 4 (spring 1973): 141–83を参照。

なく受賞したであろう。

　Black, Scholes, そしてMertonは，どうやってこの革新を達成したのだろうか。彼ら以前の研究者も彼らと同様の仮定を置き，ヨーロピアン・オプションの期待ペイオフを正しく算出していた。しかし，13.2節で説明したように，このペイオフに適用する正しい割引率を知ることは困難であった。BlackとScholesはCAPM（第3章の付録を参照）を利用し，市場がオプションに要求する収益率と株式に要求する収益率の関係を導き出したが，この関係が株価と時間の双方に依存するため，容易ではなかった。Mertonのアプローチは Black と Scholes のものとは異なっていた。オプションと原資産の株式からなる無リスクのポートフォリオを構築し，このポートフォリオからの短期間の収益率は無リスクの収益率にならなくてはならないと論じた。これは，本書の13.1節で行ったことと類似しているが，ポートフォリオが時間に対し連続的に変化するので，より複雑である。Merton のアプローチは，CAPMの前提に依存しないので，BlackとScholesのものより一般的であるといえる。

　本章では，Mertonの取組みによるBlack–Scholes–Mertonモデルの導出を取り扱う。加えて，ボラティリティに関して，過去データから推定する方法とモデルを利用してオプションの市場価格から逆算する方法について説明する。また，第13章で導入したリスク中立化法の議論がここでも使えることを説明する。さらに，Black–Scholes–Mertonモデルは配当のある株式のヨーロピアン・コール・オプションとヨーロピアン・プット・オプションの評価にも拡張できることを示すとともに，配当のある株式のアメリカン・コール・オプションの価格づけについてもいくつかの結果を紹介する。

15.1　株価の対数正規性

　Black, Scholes, およびMertonが用いた株価変動のモデルは，第14章で説明したモデルである。そのモデルでは，微小時間における株価の変化率は正規分布に従うと仮定されている。まず，

μ：株式の期待収益率（年率）

σ：株価のボラティリティ（年率）

と定義する。時間 Δt における変化率の平均は $\mu \Delta t$，変化率の標準偏差は $\sigma \sqrt{\Delta t}$ となるので，

$$\frac{\Delta S}{S} \sim \phi(\mu \Delta t,\ \sigma^2 \Delta t) \tag{15.1}$$

となる。ここで，ΔS は時間 Δt における株価 S の変化，$\phi(m, v)$ は平均 m，分散 v の正規分布である。（これは(14.9)式と等しい。）

14.7節で示したように，このモデルでは，

$$\ln S_T - \ln S_0 \sim \phi\left[\left(\mu - \frac{\sigma^2}{2}\right)T,\ \sigma^2 T\right]$$

が成り立つ。これは，

$$\ln \frac{S_T}{S_0} \sim \phi\left[\left(\mu - \frac{\sigma^2}{2}\right)T,\ \sigma^2 T\right] \tag{15.2}$$

あるいは，

$$\ln S_T \sim \phi\left[\ln S_0 + \left(\mu - \frac{\sigma^2}{2}\right)T,\ \sigma^2 T\right] \tag{15.3}$$

と書くこともできる。ここで，S_T は将来の時点 T における株価，S_0 は時点0における株価である。この式には近似は含まれていない。変数 $\ln S_T$ が正規分布に従っているので，S_T は対数正規分布に従っている。$\ln S_T$ の平均は $\ln S_0 + \left(\mu - \frac{\sigma^2}{2}\right)T$，標準偏差は $\sigma \sqrt{T}$ である。

【例15.1】

初めの価格が40ドル，期待収益率が年率16%，ボラティリティが年率20%の株式を考える。(15.3)式より6カ月後の株価 S_T の確率分布は，

$$\ln S_T \sim \phi[\ln 40 + (0.16 - 0.2^2/2) \times 0.5,\ 0.2^2 \times 0.5]$$
$$\ln S_T \sim \phi(3.759,\ 0.02)$$

で与えられる。正規分布に従う変数が平均から1.96標準偏差内に値をとる確率は95%である。この場合，標準偏差は $\sqrt{0.02} = 0.141$ となるの

で，95%の信頼性でもって，

$$3.759 - 1.96 \times 0.141 < \ln S_T < 3.759 + 1.96 \times 0.141$$

となる。これは書き直すと，

$$e^{3.759 - 1.96 \times 0.141} < S_T < e^{3.759 + 1.96 \times 0.141}$$

すなわち，

$$32.55 < S_T < 56.56$$

となる。したがって，6カ月後の株価は95%の確率で32.55から56.56までの値をとることがわかる。

対数正規分布に従う変数は，ゼロから無限大までの任意の値をとりうる。図15.1は対数正規分布の形状を描いたものである。正規分布とは異なり，対数正規分布はゆがんでおり，平均値，中央値，最頻値はすべて異なる値になる。(15.3)式と対数正規分布の性質から，S_Tの期待値$E(S_T)$は，

$$E(S_T) = S_0 e^{\mu T} \tag{15.4}$$

で与えられることが示せる。この式からμを期待収益率と定義することの妥当性がわかる。S_Tの分散$\text{var}(S_T)$は，次のようになる[2]。

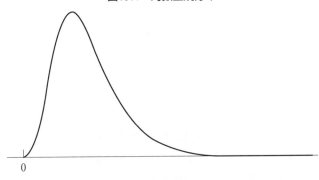

図15.1 対数正規分布

---

[2] (15.4)式と(15.5)式の証明については，www-2.rotman.utoronto.ca/~hull/TechnicalNotes の Technical Note 2を参照。また，対数正規分布の性質についてのより詳細な議論については，J. Aitchison and J. A. C. Brown, *The Lognormal Distribution*. Cambridge University Press, 1966を参照。

$$\mathrm{var}(S_T) = S_0^2 e^{2\mu T}(e^{\sigma^2 T} - 1) \tag{15.5}$$

【例15.2】

現在の価格が20ドル，期待収益率が年率20％，ボラティリティが年率40％の株式を考える。1年後の株価の期待値 $E(S_T)$ と分散 $\mathrm{var}(S_T)$ は，

$$E(S_T) = 20e^{0.2\times1} = 24.43,$$
$$\mathrm{var}(S_T) = 400e^{2\times0.2\times1}(e^{0.4^2\times1} - 1) = 103.54$$

で与えられる。したがって，1年後の株価の標準偏差は $\sqrt{103.54}$ ，すなわち10.18になる。

15.2 収益率の分布

株価が対数正規分布に従っていることを用いて，時点 0 から時点 T までの株式の連続複利ベースでの収益率の確率分布を求めることができる。時点 0 から時点 T までに実現した連続複利ベースでの収益率（年率）を x とすると，

$$S_T = S_0 e^{xT}$$

となるので，

$$x = \frac{1}{T} \ln \frac{S_T}{S_0} \tag{15.6}$$

となる。(15.2)式から，

$$x \sim \phi\left(\mu - \frac{\sigma^2}{2}, \frac{\sigma^2}{T}\right) \tag{15.7}$$

が得られる。したがって，連続複利ベースでの収益率（年率）は平均 $\mu - \sigma^2/2$，標準偏差 $\sigma/\sqrt{T}$ の正規分布に従う。T の値が大きくなると x の標準偏差は小さくなる。その理由を理解するためには，$T = 1$ と $T = 20$ の二つの場合を考えてみればよい。任意の1年間における収益率よりも20年間にわたる平均収益率のほうがより確かなことがいえるからである。

【例15.3】

期待収益率が年率17%，ボラティリティが年率20%の株式を考える。3年間に実現する（連続複利ベースでの）平均収益率の確率分布は，平均が，

$$0.17 - \frac{0.2^2}{2} = 0.15$$

すなわち，年率15%，標準偏差が，

$$\sqrt{\frac{0.2^2}{3}} = 0.1155$$

すなわち，年率11.55%の正規分布である。正規分布に従う変数が平均から1.96標準偏差内に値をとる確率は95%なので，3年間に実現する平均収益率は95%の信頼性をもって年率$15 - 1.96 \times 11.55 = -7.6\%$から$15 + 1.96 \times 11.55 = +37.6\%$の範囲に収まる。

15.3 期待収益率

投資家が要求する株式の期待収益率 μ は株式のリスクの大きさに依存している。リスクが高くなると，求められる期待収益率も高くなる。期待収益率はその経済の金利水準にも依存している。金利水準が高くなると，どの株式も求められる期待収益率が高くなる。幸いにも，μ の決定要因についてはまったく考える必要はない。株式オプションの価値を原資産である株式の価値を用いて表すときには，株式オプションの価値は μ にはまったく依存しないからである。しかし，株式の期待収益率という用語にはしばしば混乱を引き起こす面があるので，説明しておく必要があるだろう。

先ほど説明した株価の振る舞いを表すモデルでは，非常に短い時間での平均リターンは $\mu \Delta t$ である。このことから，μ を株式の連続複利ベースでの収益率の期待値であると考えてしまうのも無理はない。しかし，それは正しくない。長さ T の期間に実際に実現した連続複利ベースでの収益率 x は，

(15.6)式で与えたように，

$$x = \frac{1}{T}\ln\frac{S_T}{S_0}$$

であり，(15.7)式からわかるように，x の期待値 $E(x)$ は $\mu - \sigma^2/2$ である。

連続複利ベースでの収益率の期待値が μ と異なる理由は，わかりにくいが重要である。期間を長さが微小時間 Δt の非常に多くの区間に分割して考えよう。S_i を i 番目の区間の終わりにおける株価とし，ΔS_i を $S_{i+1} - S_i$ とする。いま考えている株価変動に対する仮定のもとでは，各区間の株価収益率の平均は μ に近似的に等しい。言い換えると，$\mu \Delta t$ は $\Delta S_i/S_i$ の算術平均に近似的に等しい。しかし，複利の間隔が Δt であるデータ全期間に対する期待収益率は，μ ではなく $\mu - \sigma^2/2$ に近似的に等しい[3]。ビジネス・スナップショット15.1では，ミューチュアル・ファンド業界における数値例を用いて，ここで行った議論のポイントを説明する。期待収益率について別の方法で説明するために，(15.4)式に戻ろう。

$$E(S_T) = S_0 e^{\mu T}$$

の両辺の対数をとると，

$$\ln[E(S_T)] = \ln(S_0) + \mu T$$

になる。ここで $\ln[E(S_T)] = E[\ln(S_T)]$ としたくなる。そうすると $E[\ln(S_T)] - \ln(S_0) = \mu T$，もしくは $E[\ln(S_T/S_0)] = \mu T$ となり，$E(x) = \mu$ が得られる。しかし，ln は非線形な関数なのでそうはできない。実際，$\ln[E(S_T)] > E[\ln(S_T)]$ となるので，$E[\ln(S_T/S_0)] < \mu T$ である。これより $E(x) < \mu$ が導かれる。（上述のように $E(x) = \mu - \sigma^2/2$ である。）

ビジネス・スナップショット15.1

ミューチュアル・ファンドの収益率は誤解を招く場合も

μ と $\mu - \sigma^2/2$ の違いは，ミューチュアル・ファンドの収益報告の問

---

[3] 本節の議論からわかるように，"期待収益率" という用語にはあいまいさがある。μ を指す場合もあれば，$\mu - \sigma^2/2$ を指す場合もある。特に断わらない限り，本書では μ を期待収益率と呼ぶことにする。

題と密接な関係がある．次の数字は，あるミューチュアル・ファンドのマネージャーが報告した過去5年間の収益率（1年複利ベース）であるとしよう．

$$15\%, \ 20\%, \ 30\%, \ -20\%, \ 25\%$$

収益率の合計を5で割った算術平均は14%である．しかし，このファンドに5年間資金を投資した投資家が実際に得た収益率は年率14%より少ない．100ドルを投資した場合の5年後の価値は，

$$100 \times 1.15 \times 1.20 \times 1.30 \times 0.80 \times 1.25 = 179.40 \text{ドル}$$

になる．これに対し，1年複利で年率14%の運用をすると，

$$10 \times 1.14^5 = 192.54 \text{ドル}$$

になる．5年後に179.40ドルとなる収益率は

$$100 \times (1.124)^5 = 179.40$$

なので12.4%である．ファンド・マネージャーが報告すべき平均収益率はどちらであるべきだろうか．ファンド・マネージャーにしてみれば，「過去5年で実現した1年当りの収益率の平均は14%である」と報告したいところであろう．間違ってはいないにしろ，この報告は誤解を招く．「過去5年間われわれに投資した投資家が得た平均収益率は年率12.4%である」といえば，かなりの程度誤解は避けられるであろう．一部の国の金融当局は，ファンド・マネージャーに対して後者の方法での収益率の報告を義務づけている．

　この現象は数学者がよく知っている結果の一例である．数の集合に対する幾何平均は算術平均よりも常に小さいというものである．本例では，各年の収益率は1.15, 1.20, 1.30, 0.80, 1.25である．その算術平均をとると1.140になるが，幾何平均をとると1.124にしかならない．過去5年にわたって実現した収益率に1を足すと，幾何平均のほうに一致する．

15.4 ボラティリティ

株式のボラティリティ σ は,株式から得られる収益の不確実性を表す尺度である。株式のボラティリティの典型的な値は,15%から60%である。

(15.7)式より,株価のボラティリティは連続複利ベースでの1年間の収益率の標準偏差として定義できる。

Δt が小さいとき,(15.1)式より,$\sigma^2 \Delta t$ は時間 Δt における株価の変化率の分散に近似的に等しい。すなわち,$\sigma\sqrt{\Delta t}$ は時間 Δt における株価の変化率の標準偏差に近似的に等しい。$\sigma = 0.3$,すなわちボラティリティを年率30%とし,現在の株価を50ドルとしよう。このとき,1週間での株価の変化率の標準偏差はおおよそ,

$$30 \times \sqrt{\frac{1}{52}} = 4.16\%$$

である。したがって,株価が1週間に1標準偏差だけ動くとすると,それは 50×0.0416,すなわち2.08ドルだけ動くことになる。

将来の株価に対する不確実性は,それを標準偏差で測るとすると,(少なくとも近似的には)経過時間の平方根に比例して増加する。たとえば,4週間での株価変化率の標準偏差は,1週間での株価変化率の標準偏差の約2倍になる。

過去データによるボラティリティの推定

株価のボラティリティの実証的な推定には,通常,固定間隔(たとえば,日次,週次,月次)で観測された株価が用いられる。

$n+1$:観測データの数
S_i:第 i 区間の終わりにおける株価($i = 0, 1, \ldots, n$)
τ:1区間の長さ(年単位)

と定義し,

$$u_i = \ln\left(\frac{S_i}{S_{i-1}}\right), \ i = 1, 2, \ldots, n$$

と置く．u_i の標準偏差の推定値 s は，通常，

$$s = \sqrt{\frac{1}{n-1}\sum_{i=1}^{n}(u_i - \bar{u})^2}$$

もしくは，

$$s = \sqrt{\frac{1}{n-1}\sum_{i=1}^{n}u_i^2 - \frac{1}{n(n-1)}\left(\sum_{i=1}^{n}u_i\right)^2}$$

で与えられる．ここで $\bar{u}$ は u_i の平均である[4]．

(15.2)式より u_i の標準偏差は $\sigma\sqrt{\tau}$ なので，s は $\sigma\sqrt{\tau}$ の推定値となる．したがって，σ 自体の推定値を $\hat{\sigma}$ と書くと，それは，

$$\hat{\sigma} = \frac{s}{\sqrt{\tau}}$$

で与えられる．この推定値の標準誤差は，およそ $\hat{\sigma}/\sqrt{2n}$ になることが示せる．

n の適切な値を選ぶのは決して容易ではない．一般にデータが多いほど推定値は正確になるが，σ は時間とともに変化するので，古すぎるデータは将来の予測には適切でない可能性がある．ある程度うまくいっていると思われる妥協案は，直近の90日間から180日間の日次データの終値を用いるというものである．また，n をボラティリティの適用期間の日数にする方法も経験的によく用いられている．たとえば満期2年のオプションの評価に使うボラティリティの推定には，直近2年間の日次データが用いられる．GARCH モデルなどのもっと高度な推定方法については，第23章で説明する．

--- 【例15.4】 ---

表15.1は，連続した21取引日における株価推移の例である．この例では $n = 20$ なので，

$$\sum_{i=1}^{n}u_i = 0.09531, \quad \sum_{i=1}^{n}u_i^2 = 0.00326$$

となり，日次収益率の標準偏差の推定値は，

---

[4] ヒストリカル・ボラティリティの推計では，平均値 $\bar{u}$ はゼロであると仮定されることが多い．

$$\sqrt{\frac{0.00326}{19} - \frac{0.09531^2}{20 \times 19}} = 0.01216$$

すなわち1.216%になる。1年間の取引日を252日と仮定すると，$\tau = 1/252$となり，ボラティリティ（年率）の推定値は$0.01216\sqrt{252} = 0.193$，すなわち年率19.3%になる。この推定値の標準誤差は，

$$\frac{0.193}{\sqrt{2 \times 20}} = 0.031$$

すなわち年率3.1%である。

表15.1 ボラティリティの計算

日付 i	株価終値（ドル） S_i	株価変化率 S_i/S_{i-1}	日次収益率 $u_i = \ln(S_i/S_{i-1})$
0	20.00		
1	20.10	1.00500	0.00499
2	19.90	0.99005	-0.01000
3	20.00	1.00503	0.00501
4	20.50	1.02500	0.02469
5	20.25	0.98780	-0.01227
6	20.90	1.03210	0.03159
7	20.90	1.00000	0.00000
8	20.90	1.00000	0.00000
9	20.75	0.99282	-0.00720
10	20.75	1.00000	0.00000
11	21.00	1.01205	0.01198
12	21.10	1.00476	0.00475
13	20.90	0.99052	-0.00952
14	20.90	1.00000	0.00000
15	21.25	1.01675	0.01661
16	21.40	1.00706	0.00703
17	21.40	1.00000	0.00000
18	21.25	0.99299	-0.00703
19	21.75	1.02353	0.02326
20	22.00	1.01149	0.01143

これまでの分析は株式に配当がない場合のものであるが，配当のある株式

にも使えるように修正できる。配当落ち日を含む時間区間の収益率 u_i を,

$$u_i = \ln \frac{S_i + D}{S_{i-1}}$$

で与えればよい。ここで D は配当金額である。それ以外の時間区間での収益率についてはいままでと同じ,

$$u_i = \ln \frac{S_i}{S_{i-1}}$$

を用いればよい。しかし,配当落ち日前後の収益率を決定するには税金の影響を考慮する必要があるので,配当落ち日を含む区間のデータはすべて無視するというのが最良の方法であろう。

取引日と暦日

ボラティリティ・パラメータを推定するとき,および利用するときに,時間を暦日ベースで測るべきか,それとも取引日ベースで測るべきかという重要な問題がある。ビジネス・スナップショット15.2でみるように,ボラティリティは取引所が休みのときよりも開いているときのほうが高いという研究結果がある。その結果,過去データからボラティリティを推定するときおよびオプションの残存期間を計算するときに,取引所が休みの日を無視する実務家が多い。その場合は,年率のボラティリティは1取引日のボラティリティから,

年率のボラティリティ = 1取引日のボラティリティ × $\sqrt{\text{年間の取引日数}}$

を用いて計算される。これは,例15.4で表15.1のデータからボラティリティを求めるときに行った計算である。1年間の株式の取引日数は252日 訳注 とすることが多い。

オプションの残存期間も暦日ではなく,取引日で計算する場合が多い。その場合は,オプションの残存期間 T(年)は,

訳注　米国の場合。日本での年間取引日数は245日前後である。

$$T = \frac{\text{オプション満期までの取引日数}}{252}$$

で計算される。

> **ビジネス・スナップショット15.2**
> **ボラティリティの原因は何か？**
>
> 　新しい情報が次々に市場に到来することによって株式のボラティリティが生じている，と考えるのはごく自然であろう。新しい情報は株価に対する市場参加者の考えを修正し，その結果，株価が変化して，ボラティリティが発生する。しかし，これがボラティリティの原因となっていることを実証する研究結果は得られていない。数年にわたる株価の日次データを用いて，次の量が計算できる。
>
> 　1．市場の休日を挟まないときの，取引終了時点から翌日の取引終了時点までの株価収益率の分散
> 　2．金曜日の取引終了時点から月曜日の取引終了時点までの株価収益率の分散
>
> 　二つ目の分散は3日間の収益率に対する分散である。一つ目は1日間の分散である。したがって，二つ目の分散は一つ目の分散よりも3倍大きいと予想するのはおかしいことではない。しかし，Fama (1965)，French (1980)，FrenchとRoll (1986) はこれが正しくないことを示した。これら三つの研究での推定結果は，二つ目の分散は一つ目の分散よりそれぞれ22％，19％，10.7％高いというものであった。
>
> 　この段階では，市場が開いて取引が行われているときにより多くのニュースが市場に届く，ということでこれら結果は説明できると主張したくなるかもしれない。しかし，Roll (1984) の研究はこの解釈を支持しなかった。Rollはオレンジジュースの先物価格に着目した。これまでオレンジジュースの先物価格に最も影響を与えた重要なニュースは天候に関するニュースであり，それはいつでも同程度に報道されているからである。Rollは株式に対するのと同様の分析を行い，二つ目の（金曜日

> から月曜日までの）オレンジジュース先物に対する分散が一つ目の分散に対してわずか1.54倍であるという結果を得た。
>
> これらすべてから得られる唯一の妥当な結論は，ボラティリティは，その大部分が取引そのものから発生しているというものである。（トレーダーは大抵この結論に違和感をもたない！）

15.5 Black–Scholes–Merton 微分方程式の基礎となる概念

Black–Scholes–Merton 微分方程式は，配当のない株式に対するすべてのデリバティブの価格が満たさなければならない方程式である。この方程式の導出は次節で行う。ここでは，その際に用いられる議論の本質について考えよう。

ここでの議論は，株価変動が二項ツリーで表されると仮定した場合に第13章で行った，株式オプションの価格づけに用いた無裁定の議論と同様のものである。デリバティブのポジションと株式のポジションからなる無リスク・ポートフォリオを考え，裁定機会がないならば，そのポートフォリオの収益率は無リスク金利 r に等しくなければならないとする議論である。この議論から Black–Scholes–Merton 微分方程式は導出される。

無リスク・ポートフォリオを構成できる理由は，株価とデリバティブの価格がともに株価変動という同じ要因から生じる不確実性の影響を受けていることにある。任意の短時間におけるデリバティブの価格と原資産である株式の価格とは，完全に相関している。株式とデリバティブからなる適切なポートフォリオを組めば，株式ポジションからの利益または損失はデリバティブ・ポジションの利益または損失と常に相殺し，この短時間の終わりでのポートフォリオ全体の価値は確定的になる。

たとえば，ある一時点における株価の微小変化 ΔS と，その結果生じるヨーロピアン・コール・オプションの価格の微小変化 Δc との関係が，

$$\Delta c = 0.4 \Delta S$$

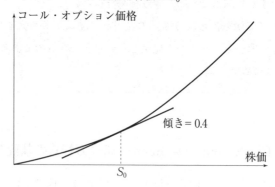

図15.2 コール・オプションの価格と株価との関係
現在の株価は S_0

で与えられたとする。これは図15.2に示すように，c と S の関係を表す直線の傾きが0.4であることを意味している。このとき，無リスク・ポートフォリオは，

1．現物株式40株のロング・ポジション
2．コール・オプション100単位のショート・ポジション

から構成される。たとえば，株価が10セントだけ上昇したとしよう。そのときオプション価格は4セント上昇し，株式から得られる $40 \times 0.1 = 4$ ドルの利益はオプションのショート・ポジションに生じる $100 \times 0.04 = 4$ ドルの損失に等しい。

Black–Scholes–Merton モデルでの分析と第13章の二項モデルでの分析とでは，重要な違いが一つある。Black–Scholes–Merton モデルでは，株式とデリバティブからなるポジションはごく微小時間においてのみ無リスクである。（理論的には，瞬間的に無リスクとなるだけである。）無リスク状態を保つためにはポジションの調整，いわゆるリバランスを頻繁に行わなくてはならない[5]。たとえば，Δc と ΔS の関係が2週間後に現在の $\Delta c = 0.4 \Delta S$ から $\Delta c = 0.5 \Delta S$ に変化したとしよう。そうすると，ポジションを無リスクの

---

5 ポートフォリオのリバランスについては，第19章でもっと詳しく説明する。

状態に保つためには，コール・オプションの売り100単位当り，現物株式10株を追加購入する必要がある。リバランスが必要だとしても，任意の微小時間における無リスク・ポートフォリオの収益率は無リスク金利でなければならない。これが Black–Scholes–Merton モデルの分析での重要なポイントで，このことから彼らのオプション価格式が導出される。

仮　定

Black–Scholes–Merton 微分方程式を導出する際に用いられる仮定は，以下のとおりである。

1. 株価は第14章で説明した μ と σ が定数の確率過程に従う。
2. 証券は空売りが可能で，売却代金は全額利用することができる。
3. 取引コストと税金はない。すべての証券はいくらでも分割して取引可能である。
4. デリバティブの満期までの期間に配当はない。
5. 無リスクの裁定機会は存在しない。
6. 証券は連続的に取引される。
7. 無リスク金利 r は定数で，すべての満期に対して同一である。

後の章で議論するように，これらの仮定のうち，いくつかは緩めることができる。たとえば，σ と r は t の関数であってもよい。さらに，オプション満期時点での株価の分布が対数正規分布になるならば，金利は確率的に変動してもよい。

15.6　Black–Scholes–Merton 微分方程式の導出

本節では記号の表記法は，この本の他の部分と異なる。ここでは（時点ゼロではなく）一般的な時点 t でのデリバティブの価格を検討する。満期が T であるならば，満期までの期間は $T-t$ となる。

株価が，14.3節で構築した確率過程

$$dS = \mu S dt + \sigma S dz \qquad (15.8)$$

に従うと仮定する。fをSで条件づけられたコール・オプション，もしくはその他のデリバティブの価格とする。fはSとtの関数になると考えられる。したがって (14.14)式より，

$$df = \left(\frac{\partial f}{\partial S}\mu S + \frac{\partial f}{\partial t} + \frac{1}{2}\frac{\partial^2 f}{\partial S^2}\sigma^2 S^2\right)dt + \frac{\partial f}{\partial S}\sigma S dz \quad (15.9)$$

が成り立つ。また，(15.8)式と(15.9)式の離散形は，

$$\Delta S = \mu S \Delta t + \sigma S \Delta z \quad (15.10)$$

および，

$$\Delta f = \left(\frac{\partial f}{\partial S}\mu S + \frac{\partial f}{\partial t} + \frac{1}{2}\frac{\partial^2 f}{\partial S^2}\sigma^2 S^2\right)\Delta t + \frac{\partial f}{\partial S}\sigma S \Delta z \quad (15.11)$$

で与えられる。ここで，ΔSとΔfは微小時間ΔtにおけるfとSの変化量である。14.6節の伊藤の補題のところで示したように，fとSの確率変動成分に現れるウィナー過程は同一であるということを思い出そう。言い換えれば，(15.10)式と(15.11)式における$\Delta z (= \varepsilon\sqrt{\Delta t})$は同一のものである。このことより，株式とデリバティブのポートフォリオを適当に選択すれば，ウィナー過程の項を消去することができる。そのポートフォリオとは，

 -1：デリバティブ

 $+\partial f/\partial S$：株式

となるものである。このポートフォリオの保有者は，デリバティブ1単位の売りに対し，株式を$\partial f/\partial S$株買うことになる。このポートフォリオの価値をΠとすると，定義より，

$$\Pi = -f + \frac{\partial f}{\partial S}S \quad (15.12)$$

である。時間Δtでのポートフォリオの価値の変化$\Delta\Pi$は，

$$\Delta\Pi = -\Delta f + \frac{\partial f}{\partial S}\Delta S \quad (15.13)$$

となる。(15.10)式と(15.11)式を(15.13)式に代入すると，

$$\Delta\Pi = \left(-\frac{\partial f}{\partial t} - \frac{1}{2}\frac{\partial^2 f}{\partial S^2}\sigma^2 S^2\right)\Delta t \quad (15.14)$$

になる.この式には Δz が含まれていないので,ポートフォリオは時間 Δt の間は無リスクになっている.したがって,前節であげた仮定から,ポートフォリオの瞬間的な収益率は他の短期無リスク証券の収益率と同じになる.もしポートフォリオの収益率が無リスク証券の収益率より高いならば,アービトラージャーはお金を借りてポートフォリオを買うことで無リスクで利益をあげることができる.逆に,もしポートフォリオの収益率が無リスク証券の収益率より低いならば,ポートフォリオを売って無リスク証券を購入することで,無リスクで利益をあげることができる.したがって,

$$\Delta \Pi = r \Pi \, \Delta t \tag{15.15}$$

が成り立つ.ここで r は無リスク金利である.(15.12)式と(15.14)式を(15.15)式に代入すると,

$$\left(\frac{\partial f}{\partial t} + \frac{1}{2} \frac{\partial^2 f}{\partial S^2} \sigma^2 S^2 \right) \Delta t = r \left(f - \frac{\partial f}{\partial S} S \right) \Delta t$$

となり,

$$\frac{\partial f}{\partial t} + rS \frac{\partial f}{\partial S} + \frac{1}{2} \sigma^2 S^2 \frac{\partial^2 f}{\partial S^2} = rf \tag{15.16}$$

が得られる.(15.16)式が Black–Scholes–Merton 微分方程式である.この微分方程式は多くの解をもち,それらは原資産を表す変数が S であるすべての異なるデリバティブに対応している.この方程式を解いて得られるデリバティブがどういうデリバティブであるかは,用いられた境界条件によって決まる.境界条件とは,境界上の各 S と t に対してデリバティブの価値を指定する条件である.ヨーロピアン・コール・オプションの場合の境界条件は,

$$t = T \text{ において} \quad f = \max(S - K, 0)$$

である.ヨーロピアン・プット・オプションの場合の境界条件は,

$$t = T \text{ において} \quad f = \max(K - S, 0)$$

である.

【例15.5】

配当のない株式のフォワード契約は株式のデリバティブである。したがって，その価格は(15.16)式を満たしているはずである。(5.5)式より，時点tにおけるフォワード契約の価値fは株価Sを用いて，

$$f = S - Ke^{-r(T-t)}$$

で与えられる。ここでKは受渡価格である。このとき，

$$\frac{\partial f}{\partial t} = -rKe^{-r(T-t)}, \quad \frac{\partial f}{\partial S} = 1, \quad \frac{\partial^2 f}{\partial S^2} = 0$$

となる。(15.16)式の左辺にこれらを代入すると，

$$-rKe^{-r(T-t)} + rS$$

が得られる。これはrfに等しいので，(15.16)式を満たしていることがわかる。

永久デリバティブ

株価が初めてHに一致したときに固定金額Qが支払われるような永久デリバティブを考えてみよう。この場合，あるSに対するデリバティブの価値はtに依存しないため，偏微分方程式(15.16)から$\partial f/\partial t$の項は消えて常微分方程式となる。

まず$S < H$である場合を考えると，このデリバティブに対する境界条件は$S = 0$のとき$f = 0$であり，$S = H$のとき$f = Q$である。境界条件と微分方程式の両方を満たす簡単な解として，$f = QS/H$が求められる。したがって，これがデリバティブの価値となる。

次に$S > H$の場合を考えると，境界条件はSが無限大になるにつれて$f = 0$であり，$S = H$のときに$f = Q$である。このデリバティブ価格は，αを正として

$$f = Q\left(\frac{S}{H}\right)^{-\alpha}$$

で表され，境界条件を満たす。また，この解は

$$-r\alpha + \frac{1}{2}\sigma^2\alpha(\alpha+1) - r = 0$$

であるとき，すなわち，$\alpha = 2r/\sigma^2$のときに，微分方程式も満たす。よって，

$$f = Q\left(\frac{S}{H}\right)^{-2r/\sigma^2} \tag{15.17}$$

が，このデリバティブの価格となる。練習問題15.23では，(15.17)式を用いて永久アメリカン・オプションを評価する方法を示す。また，26.2節ではこの分析をさらに発展させ，原資産の利回りがqで与えられるときの永久アメリカン・コール・オプションとプット・オプションの評価方法を示す。

取引可能なデリバティブの価格

微分方程式(15.16)を満たす任意の関数$f(S,t)$は，ある取引可能なデリバティブの理論価格である。その価格をもつデリバティブが存在する場合，裁定機会は生じないだろう。逆に，関数$f(S,t)$が微分方程式(15.16)を満たしていないのならば，それは裁定機会のないデリバティブの価格にはなりえない。

この点について例を示そう。最初に関数e^Sについて考える。これは微分方程式(15.16)を満たしていない。したがって，株価に依存するなんらかのデリバティブの価格にはなっていない。もし価格が常にe^Sになっている商品があれば，裁定機会が存在するだろう。2番目の例として，

$$\frac{e^{(\sigma^2-2r)(T-t)}}{S}$$

という関数を考える。この関数は微分方程式を満たしているので，理論的にはなんらかの取引可能な証券の価格である。（これは，時点Tでのペイオフが$1/S_T$となるデリバティブの価格である。）その他の取引可能なデリバティブの例については，章末問題15.11，15.12，15.23，15.29を参照せよ。

15.7 リスク中立化法

第13章では，二項モデルに関連してリスク中立化法を紹介した。リスク中立化法はデリバティブの価格分析でいちばん重要な方法であることには疑いの余地がない。それは，Black–Scholes–Merton 微分方程式(15.16)の重要な性質にも関係している。その性質とは，投資家のリスク選好の影響を受ける変数が方程式に一つも含まれていないことである。方程式に現れる変数は，現在の株価，時間，株価のボラティリティ，無リスク金利である。それらはすべてリスク選好から独立している。

もし Black–Scholes–Merton 微分方程式に株式の期待収益率 μ が含まれているならば，方程式はリスク選好から独立ではなくなる。それは，μ の値がリスク選好に依存しているからである。投資家のリスク回避度が高ければ，すべての株式に対して求められる μ の水準は高くなると思われる。幸いなことに，μ は方程式の導出過程で消去されている。

Black–Scholes–Merton 微分方程式がリスク選好から独立しているので，巧妙な議論が可能となる。方程式がリスク選好に依存していないならば，その解もリスク選好の影響を受けない。したがって，f を評価する際にはどのようなリスク選好を仮定してもよい。特に，すべての投資家はリスク中立である，というきわめて単純な仮定を置いてもよい。

投資家がリスク中立である世界においては，すべての投資資産に対する期待収益率は無リスク金利 r に等しくなる。その理由は，リスク中立な投資家はリスクをとることに対する見返りとしてのプレミアムを要求しないからである。また，リスク中立世界では，任意のキャッシュ・フローの現在価値は，その期待値を無リスク金利で割り引くことによって求められる，ということも成り立つ。したがって，リスク中立の仮定を置くことによって，デリバティブの分析はかなり簡単なものになる。

ある決まった時点にペイオフが発生するデリバティブについて考えよう。そのデリバティブは，以下の手順によって，リスク中立化法を用いて評価することができる。

1．原資産の期待収益率を無リスク金利 r（すなわち，$\mu = r$）と仮定する。
2．デリバティブのペイオフの期待値を計算する。
3．ペイオフの期待値を無リスク金利で割り引く。

リスク中立化法（すなわち，すべての投資家はリスク中立であると仮定すること）は，Black–Scholes–Merton 微分方程式の解を得るための数学的な手法にすぎず，このことを理解しておくことは重要である。ただし，得られた解は，リスク中立世界だけでなく，すべての世界で正しい解である。リスク中立世界からリスク回避的な世界に移ると，二つのことが同時に起こる。株価の期待成長率が変わるとともに，デリバティブのペイオフに適用すべき割引率も変わる。そしてこれら二つの変化は，常に互いを完全に相殺し合うように生じるのである。

株式のフォワード契約への適用

配当のない株式のフォワード契約の評価については，5.7 節ですでに説明した。また，例 15.5 でその価格式が Black–Scholes–Merton 微分方程式を満たすことも示した。この節では，リスク中立化法を用いた価格式の導出を行う。金利は定数で r に等しいと仮定する。これは第 5 章よりいくぶん強い仮定になっている。

受渡価格が K の時点 T に満期を迎える長期フォワード契約を考える。図 1.2 に示されているように，満期時点での契約の価値は，

$$S_T - K$$

である。ここで S_T は時点 T における株価である。リスク中立化法の議論より，時点 0 でのフォワード契約の価値は，リスク中立世界での時点 T における期待値を無リスク金利で割り引いたものに等しい。したがって，時点 0 におけるフォワード契約の価値を f とすると，

$$f = e^{-rT} \hat{E}(S_T - K)$$

になる。ここで $\hat{E}$ はリスク中立世界における期待値を表す。K は定数なので，この式は，

$$f = e^{-rT} \hat{E}(S_T) - Ke^{-rT} \tag{15.18}$$

になる。リスク中立世界では株価の期待収益率 μ は r になるので，(15.4)式より，

$$\hat{E}(S_T) = S_0 e^{rT} \tag{15.19}$$

である。(15.19)式を(15.18)式に代入すると，

$$f = S_0 - Ke^{-rT}$$

が得られる。これは(5.5)式と一致している。

15.8 Black–Scholes–Merton 価格公式

(15.16)式の微分方程式の最も有名な解は，ヨーロピアン・コールとプット・オプションの価格に対する Black–Scholes–Merton 公式である。その公式は，

$$c = S_0 N(d_1) - Ke^{-rT} N(d_2) \tag{15.20}$$

と，

$$p = Ke^{-rT} N(-d_2) - S_0 N(-d_1) \tag{15.21}$$

で与えられる。ここで，

$$d_1 = \frac{\ln(S_0/K) + (r+\sigma^2/2)T}{\sigma\sqrt{T}}$$

$$d_2 = \frac{\ln(S_0/K) + (r-\sigma^2/2)T}{\sigma\sqrt{T}} = d_1 - \sigma\sqrt{T}$$

である。関数 $N(x)$ は標準正規分布をもつ変数に対する累積確率分布関数である。すなわち，標準正規分布に従う変数が x 以下の値をとる確率である。これを図15.3に図示する。その他の変数はこれまでどおりで，c はヨーロピアン・コールの価格，p はヨーロピアン・プットの価格，S_0 は時点 0 での株価，K は行使価格，r は連続複利ベースでの無リスク金利，σ は株価のボラティリティ，T はオプション満期までの時間である。

Black–Scholes–Merton の公式を導く一つの方法は，15.6節で述べた境界条件のもとで微分方程式(15.16)を解くことである[6]。(この微分方程式を(15.20)式が満たすことの証明については，練習問題15.17を参照のこと。）もう一

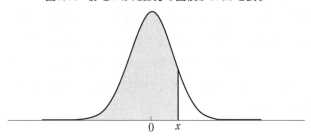

図15.3 影をつけた部分の面積が $N(x)$ を表す

つはリスク中立化法を用いる方法である。ヨーロピアン・コール・オプションを考えてみよう。リスク中立世界での満期時点におけるオプションの価値の期待値は，

$$\hat{E}[\max(S_T - K, 0)]$$

である。ここで $\hat{E}$ は前と同様にリスク中立世界における期待値を表す。リスク中立化法の議論より，ヨーロピアン・コール・オプションの価格 c は，この期待値を無リスク金利で割り引いた値，すなわち，

$$c = e^{-rT}\hat{E}[\max(S_T - K, 0)] \tag{15.22}$$

になる。章末の付録で，この式から(15.20)式を導く。

配当のない株式に対するアメリカン・コールの期限前行使は決して最適になることはないので(11.5節を参照)，(15.20)式は配当のない株式のアメリカン・コール・オプションの価格式でもある。残念ながら，配当のない株式のアメリカン・プット・オプションの価格に対する厳密な解析式は知られていない。アメリカン・プットの価値を計算するための数値計算法については第21章で説明する。

実務で Black–Scholes–Merton の公式が使われる場合，r には満期 T の

---

6 微分方程式を解くと，任意の時点 t におけるコールとプットの価格が得られる。たとえば，微分方程式を満たすコールの価格は $c = SN(d_1) - Ke^{-r(T-t)}N(d_2)$ で与えられる。ここで，

$$d_1 = \frac{\ln(S/K) + (r + \sigma^2/2)(T-t)}{\sigma\sqrt{T-t}}$$

で，$d_2 = d_1 - \sigma\sqrt{T-t}$ である。

ゼロクーポン無リスク金利が用いられている。後の章で示すように，r が時間の既知関数の場合には，これは理論的にも正しい。また，金利が確率変動する場合でも，時点 T における株価が対数正規分布に従っており，ボラティリティ・パラメータを適切に選ぶならば，それは理論的にも正しい。前述したように，時間はオプション満期までの取引日数を1年間の取引日数で除した値で通常測られる。

$N(d_1)$ と $N(d_2)$ の解釈

(15.20)式における $N(d_2)$ 項の意味は明快である。これはリスク中立世界においてコール・オプションが行使される確率を示す。一方，$N(d_1)$ 項の解釈はそれほど簡単ではない。$S_0 N(d_1) e^{rT}$ という記述は，行使価格以下の株価をゼロとしたときの，リスク中立世界の時点 T における期待株価を表している。行使価格は，株価が K より大きくなったときのみ支払われ，前述のようにその確率は $N(d_2)$ であるのだから，リスク中立世界における期待ペイオフは，

$$S_0 N(d_1) e^{rT} - K N(d_2)$$

となる。時点 T でのこの式を，時点ゼロでの現在価値へと割り引くことで，ヨーロピアン・コール・オプションに対する Black–Scholes–Merton 式が得られる。すなわち，

$$c = S_0 N(d_1) - K e^{-rT} N(d_2)$$

である。別の解釈のために，ヨーロピアン・コール・オプションの価値に対する Black–Scholes–Merton 式は，

$$c = e^{-rT} N(d_2) \left[S_0 e^{rT} N(d_1)/N(d_2) - K \right]$$

と書き直せることに注目する。すると，それぞれの項は次のように解釈できる。

e^{-rT}：現在価値係数

$N(d_2)$：行使確率

$S_0 e^{rT} N(d_1)/N(d_2)$：オプションが行使された場合のリスク中立世界における期待株価

K：オプションが行使された場合に支払われる行使価格

Black–Scholes–Merton の公式の性質

いくつかのパラメータを極端な値にしたときにどうなるかを考えることで,Black–Scholes–Merton の公式が然るべき一般的な性質を満たしていることを示そう．

株価 S_0 の値が非常に高くなると,コール・オプションはほぼ確実に行使されることになる．したがって,コールは受渡価格 K のフォワード契約にきわめて近くなる．(5.5)式から,コールの価格は,

$$S_0 - Ke^{-rT}$$

となることが期待される．実際,(15.20)式で与えられるコールの価格はこの性質を満たしている．それは,S_0 が非常に大きくなると d_1 および d_2 はともに非常に大きくなり,$N(d_1)$ と $N(d_2)$ が1.0に近づくからである．株価が非常に高くなると,ヨーロピアン・プット・オプションの価格 p はゼロに近づく．$N(-d_1)$ と $N(-d_2)$ がともにゼロに近づくので,このことも(15.21)式と整合性がとれている．

次に,ボラティリティ σ がゼロに近づいたときどうなるかについて考えてみよう．株式は実質的に無リスク状態となるので,株価は年率 r で上昇して時点 T には $S_0 e^{rT}$ となり,コール・オプションのペイオフは,

$$\max(S_0 e^{rT} - K, 0)$$

になる．金利 r で割り引くと,コールの現在価値は,

$$e^{-rT}\max(S_0 e^{rT} - K, 0) = \max(S_0 - Ke^{-rT}, 0)$$

になる．このことが(15.20)式と整合性がとれていることを示すために,まず $S_0 > Ke^{-rT}$ の場合について考えよう．$\ln(S_0/K) + rT > 0$ なので,σ がゼロに近づくと,d_1 と d_2 は $+\infty$ に発散する．したがって,$N(d_1)$ と $N(d_2)$ は1.0に近づき,(15.20)式は,

$$c = S_0 - Ke^{-rT}$$

になる．$S_0 < Ke^{-rT}$ のときは $\ln(S_0/K) + rT < 0$ となる．σ がゼロに近づくと,d_1 と d_2 は $-\infty$ に発散するので $N(d_1)$ と $N(d_2)$ は 0 に近づき,(15.20)式のコールの価格はゼロになる．したがって,σ がゼロに近づくとコール価格は常に $\max(S_0 - Ke^{-rT}, 0)$ になる．同様にして,σ がゼロに近づくと

プットの価格は常に $\max(Ke^{-rT}-S_0, 0)$ になることが示せる。

15.9 正規分布の累積分布関数

(15.20)式と(15.21)式を実装する際には，正規分布の累積分布関数 $N(x)$ を計算する必要がある。本書の巻末に $N(x)$ の数値表を添付した。Excel の関数である NORMSDIST も $N(x)$ を計算するのに便利である。

【例15.6】

現在の株価が42ドル，オプションの満期が6カ月，行使価格が40ドル，無リスク金利が年率10%，ボラティリティが年率20%とする。すなわち $S_0 = 42$, $K = 40$, $r = 0.1$, $\sigma = 0.2$, $T = 0.5$ となるので，

$$d_1 = \frac{\ln(42/40) + (0.1 + 0.2^2/2) \times 0.5}{0.2\sqrt{0.5}} = 0.7693$$

$$d_2 = \frac{\ln(42/40) + (0.1 - 0.2^2/2) \times 0.5}{0.2\sqrt{0.5}} = 0.6278$$

そして，

$$Ke^{-rT} = 40e^{-0.05} = 38.049$$

となる。したがって，オプションがヨーロピアン・コールならば，その価値 c は，

$$c = 42N(0.7693) - 38.049N(0.6278)$$

で与えられる。オプションがヨーロピアン・プットならば，その価値 p は，

$$p = 38.049N(-0.6278) - 42N(-0.7693)$$

で与えられる。ここで Excel の NORMSDIST 関数を用いれば，

$$N(0.7693) = 0.7791, \quad N(-0.7693) = 0.2209$$
$$N(0.6278) = 0.7349, \quad N(-0.6278) = 0.2651$$

となるから，

$$c = 4.76, \quad p = 0.81$$

が得られる。現金の時間価値を無視すると，コール・オプションの買い

手にとっての損益分岐点は株価が2.76ドル上昇したところで，プット・オプションの買い手にとっての損益分岐点は株価が2.81ドル下落したところになる。

15.10　ワラントと従業員ストック・オプション

　ある企業に対する通常のコール・オプションは，それが行使されてもその企業の発行済株式数には影響を与えない。オプションの売り手がその企業の株式を所有していない場合は，通常の方法で市場から株式を購入し，それをオプションの買い手に行使価格で売却することになる。第10章で説明したように，ワラントや従業員ストック・オプションは通常のオプションとは異なり，権利行使に伴って株式が追加発行され，それが行使価格でオプション保有者に売却される。行使価格は市場価格よりも低いので，権利行使によって既存株主の権利が希薄化される。

　潜在的な希薄化は発行ずみのワラントや従業員ストック・オプションの価格づけにどのような影響を与えるであろうか。影響はないはずである，というのが答えである。市場が効率的であることを仮定しているので，株価はすべての発行ずみのワラントや従業員ストック・オプションから生じる潜在的な希薄化を織り込んでいるだろう。このことについては，ビジネス・スナップショット15.3で説明する[7]。

---

[7]　ワラントの価格式は，（株式の価値単独ではなく）ワラントと株式の価値の合計が対数正規分布に従うと仮定して導出されることもある。その場合，ワラントの価値に対するBlack–Scholes–Merton型の価格式はワラントの価値の関数として与えられる。このモデルの説明については www-2.rotman.utoronto.ca/~hull/TechnicalNotes の Technical Note 3を参照されたい。

ビジネス・スナップショット15.3

ワラント，従業員ストック・オプションと希薄化

　発行済株式数が10万株で，株価が50ドルの企業を考えよう。この企業は行使価格50ドル，権利確定期間3年の10万株のストック・オプションを従業員に対して付与することを発表し，市場に驚きを与えた。従業員に対するストック・オプションが，人件費削減や管理職の企業業績向上への動機づけをもっと高めるというかたちでの株主への利益をほとんどもたらさないと市場がみるならば，ストック・オプション発行が発表されるやいなや株価は下落するであろう。株価が45ドルに下落するのであれば，現時点での株主に対する希薄化コストは1株当り5ドル，すなわち総額で50万ドルになる。

　この企業の業績は好調で，3年後に株価が100ドルになったとしよう。さらに，この時点ですべてのオプションが行使されるとする。従業員のペイオフは1オプション当り50ドルになる。ここで，1株当り100ドルの価値をもつ10万株が，わずか50ドルの支払で発行された10万株と併合されるため，さらなる希薄化が生じ，(a)株価が75ドルに下落し，(b)オプション保有者のペイオフは1オプション当り25ドルだけになる，といった議論がなされるかもしれない。しかし，この議論には間違いがある。市場ではオプション行使は予測されており，すでに株価に織り込みずみである。したがって，オプション行使によるペイオフは50ドルである。

　この例は，市場が効率的であれば，従業員ストック・オプションやワラントによる希薄化の影響は発表後すぐに株価に反映され，オプションを評価する時にその影響をもう一度考慮する必要はないことを示している。

　次に，ある企業がワラント（または，従業員ストック・オプション）の新規発行を計画している状況を考えてみよう。この企業は，発行に伴う補完的な利益はないものと仮定して，ワラントの発行コストを計算したいと思っているとする。その企業の発行済株式数はN，株価はS_0，計画している新発オ

プション数は M,各オプションには保有者が価格 K で 1 株を購入する権利が付与されているとする。現在の企業の価値は NS_0 であり,ワラントを発行してもこの価値は変わらない。ワラントの発行がない場合には,ワラントの満期における株価は S_T であると仮定する。すなわち,(ワラントの発行があろうとなかろうと)時点 T における株式とワラントの総価値を NS_T とする。ワラントが権利行使されたとすると,行使価格の支払に伴う現金収入により,企業の総価値は NS_T+MK に増加する。この価値は $N+M$ 株分の価値なので,権利行使の直後の株価は,

$$\frac{NS_T+MK}{N+M}$$

になる。したがって,オプションを行使した場合のオプション保有者のペイオフは,

$$\frac{NS_T+MK}{N+M}-K$$

すなわち,

$$\frac{N}{N+M}(S_T-K)$$

になる。これより,各オプションの価値は,その企業の株式に対する通常のコール・オプションの価値の,

$$\frac{N}{N+M}$$

倍に等しいことがわかる。したがって,オプションの総コストはこれを M 倍したものになる。ワラントの発行により企業は利益を得ないと仮定しているので,ワラントを発行する決定がなされたことが一般に知れ渡るとすぐに,企業の株式の総価値はオプションの総コスト分だけ下落する。このことは,株価の下落が,行使価格 K,満期までの時間 T の通常のオプションの価値の,

$$\frac{M}{N+M}$$

倍であることを意味する。

【例15.7】

発行済株式数が100万株で株価が40ドルの企業が，5年後に行使価格60ドルで1株が取得できる権利を付与するワラントを20万発行したいと考えている。このワラントの発行コストを計算してみよう。金利を年率3％，ボラティリティを年率30％とし，株式には配当がないものとする。(15.20)式より，その企業の株式に対する満期5年のヨーロピアン・コール・オプションの価値は7.04ドルになる。いまの場合，$N = 1,000,000$，$M = 200,000$となるから，各ワラントの価値は，

$$\frac{1,000,000}{1,000,000 + 200,000} \times 7.04 = 5.87$$

すなわち5.87ドルになる。したがって，ワラントの総発行コストは$200,000 \times 5.87 = 117$万ドルになる。ワラントの発行による利益はないと市場が判断している場合は，株価は1.17ドル下落して，38.83ドルになると予想される。

15.11 インプライド・ボラティリティ

Black–Scholes–Merton価格公式に含まれるパラメータのなかで，株価のボラティリティだけは直接観測することができない。15.4節では，株価の過去データからボラティリティを推定する方法を説明した。実務では，トレーダーはインプライド・ボラティリティ（implied volatility）として知られる値を普通は用いている。これは，マーケットで観測されるオプションの価格から逆算したボラティリティである[8]。

インプライド・ボラティリティの計算方法を例示するために，配当のない株式に対するヨーロピアン・コール・オプションの価値が，$S_0 = 21$，$K = $

---

[8] ヨーロピアン・オプションとアメリカン・オプションのインプライド・ボラティリティはDerivaGemソフトウェアで計算できる。

20,$r = 0.1$,$T = 0.25$のときに1.875であるとしよう。インプライド・ボラティリティとは，(15.20)式に値を代入したときに$c = 1.875$を与えるσの値のことである。残念なことに，σをS_0, K, r, T, cの関数として(15.20)式を解くことはできない。しかし，反復探索法を用いてσを逆算することはできる。たとえば，$\sigma = 0.20$を試してみることから始める。この値を代入するとcは1.76となり，これでは値が低すぎる。cはσの増加関数なので，σはもっと大きくする必要がある。次にσの値として0.30を試してみる。この値を代入するとcは2.10となり，これは大きすぎるので，σは0.20と0.30の間にあることがわかる。次にσの値として0.25を試してみる。今度も大きすぎることがわかるので，σは0.20と0.25の間にあることになる。このように進めていくと，1回の反復ごとにσの範囲が半分にでき，任意の精度でσの正確な値を求めることができる[9]。この例では，インプライド・ボラティリティは0.235，すなわち年率23.5％と求まる。同様の方法を二項ツリーとあわせて用いれば，アメリカン・オプションのインプライド・ボラティリティを求めることができる。

インプライド・ボラティリティは，特定の株式のボラティリティに対する市場の見方を知るのにも用いられる。ヒストリカル・ボラティリティ（15.4節を参照）は過去を振り返ったときの値であるのに対し，インプライド・ボラティリティは将来を予測したときの値である。トレーダーは，オプションの価格ではなく，インプライド・ボラティリティを提示することが多い。これは，オプションの価格よりもインプライド・ボラティリティのほうが変動が少なく，提示に適しているからである。また，第20章で説明するように，トレーダーは流動性の高いオプションのインプライド・ボラティリティをその他のオプションのインプライド・ボラティリティの推定に利用している。

VIX指数

CBOEはインプライド・ボラティリティ指数を公表している。代表的な

---

[9] ここで説明した方法はあくまで例示であって，実際にはニュートン・ラフソン法などのようなより効率的な数値解法が用いられる（第4章の脚注3を参照）。

指数はSPX VIX指数で，広範なコールとプットの価格から求められた，残存期間が30日のS&P 500指数オプションのインプライド・ボラティリティ指数である[10]。この指数はしばしば"恐怖指数（fear factor）"とも呼ばれる。指数の値が15であれば，30日のS&P指数オプションのインプライド・ボラティリティが15%と見積もられていることを意味する。指数の計算方法は26.15節で説明する。VIX指数先物は2004年に，VIX指数オプションは2006年に取引が開始された。取引単位は，指数の1,000倍である。

【例15.8】

4月限VIX指数先物を先物価格が18.5（満期30日のS&P 500指数オプションのボラティリティとして18.5%に対応）の時に購入し，先物価格が19.3（満期30日のS&P 500指数オプションのボラティリティとして19.3%に対応）の時に手仕舞ったとする。このとき，利益は800ドルになる。

S&P 500指数先物やオプションはS&P 500の将来の値やボラティリティに対する取引であるのに対し，VIX指数先物やオプションはボラティリティ

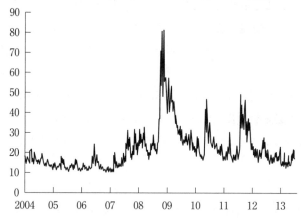

図15.4 2004年1月から2013年6月のVIX指数

---

10 同様に，VXNはNASDAQ 100指数に対するボラティリティ指数，VXDはダウ平均に対するボラティリティ指数である。

のみに対する取引である。図15.4は，2004年1月から2013年6月までのVIX指数のグラフである。2004年から2007年半ばまでは，VIX指数はおおむね10から20の間にあった。2007年後半には30に達し，リーマン・ブラザーズの破綻後の2008年10月と11月は80までになった。2010年初頭までには通常のレベルまで低下したが，2010年5月と2011年後半には金融市場の緊張と不確実性のため再び跳ね上がった。

15.12 配 当

これまでは，オプションの原資産である株式に配当がないことを仮定してきた。本節では配当を考慮できるように，Black–Scholes–Mertonモデルを修正する。オプション満期までに支払われる配当の金額とタイミングは完全にわかっていると仮定して議論を進める。比較的短期のオプションに対しては，これは過度に非現実的な仮定ではない。（長期オプションに対しては，配当金額でなく，配当利回りがわかっていると仮定するのが一般的である。オプションの評価方法については第17章で説明する。）配当支払日は配当落ち日と仮定する。配当落ち日には株価は配当額分だけ下落する[11]。

ヨーロピアン・オプション

株価が，オプション満期までの既知の配当に対応する無リスク成分，およびリスク成分の二つの成分の和からなると仮定して，ヨーロピアン・オプションの分析を行う。無リスク成分は，任意の時点において，オプション満期までのすべての配当を配当落ち日から現時点まで無リスク金利で割り引いた現在価値である。オプションの満期までには配当は支払われ，無リスク成分は存在しなくなる。したがって，S_0を株価のリスク成分とし，σをリス

---

[11] 税金の影響により，下落幅は実際の配当額よりいくぶん小さくなる。この現象を考慮するために，オプションの価格評価では，"配当"という言葉を配当落ち日にその配当分として株価が下落する金額であると解釈する必要がある。したがって，1株当り1ドルの配当が予想されており，株価は配当落ち日に配当額の80％だけ通常は下落するとすれば，分析上は，配当は0.80ドルであると考えることになる。

ク成分の従う確率過程のボラティリティ[12]とすれば,Black–Scholes–Merton の公式がそのまま成り立つ.

これを Black–Scholes–Merton の公式の使い方として述べると,オプション満期までのすべての配当の現在価値を株価から差し引いて,その値を株価として用いればよいということになる.ここでの現在価値とは配当落ち日から無リスク金利で割り引いた価値である.また,前述したように,オプション満期までに配当落ちがある配当のみ,オプション満期までに支払われる配当とみなす.

【例15.9】

2カ月後と5カ月後に配当落ちのある株式のヨーロピアン・コール・オプションを考える.各配当落ち日での配当額は0.50ドルと予想されている.現在の株価を40ドル,行使価格を40ドル,ボラティリティを年率30%,無リスク金利を年率9%,オプション満期までの時間を6カ月とする.このとき,配当の現在価値は,

$$0.5e^{-0.09 \times 2/12} + 0.5e^{-0.09 \times 5/12} = 0.9742$$

となる.したがって,オプション価格は $S_0 = 40 - 0.9742 = 39.0258$, $K = 40$, $r = 0.09$, $\sigma = 0.3$, $T = 0.5$ として Black–Scholes–Merton の公式を用いて計算できる.

$$d_1 = \frac{\ln(39.0258/40) + (0.09 + 0.3^2/2) \times 0.5}{0.3\sqrt{0.5}} = 0.2020$$

$$d_2 = \frac{\ln(39.0258/40) + (0.09 - 0.3^2/2) \times 0.5}{0.3\sqrt{0.5}} = -0.0102$$

となり,Excel の NORMSDIST 関数を用いると,

$$N(d_1) = 0.5800, \quad N(d_2) = 0.4959$$

---

12 これは,株価全体が従う確率過程のボラティリティとまったく同じではない.(理論的には,両方が幾何ブラウン運動となることはない.)時点ゼロにおいては,リスク成分のボラティリティは,株価全体のボラティリティに $S_0/(S_0-D)$ を乗じたものに近似的に等しい.ここで D は配当の現在価値である.

が得られる。(15.20)式より,コールの価格は,
$$39.0258 \times 0.5800 - 40e^{-0.09 \times 0.5} \times 0.4959 = 3.67$$
すなわち,3.67ドルになる。

ここで説明した配当のある株式のヨーロピアン・オプションの価値の計算手法については,批判的な研究者もいる。彼らは,ボラティリティは株価に適用されるべきで,配当の現在価値を引いた株価には適用されるべきではない,と主張する。これを実現するための多様な数値計算手法も提案されている[13]。ボラティリティを過去データから計算する場合は,これらの手法の一つを採用することは理にかなっているかもしれない。しかし,実務上オプション価格を決める際には,ほぼ常に,第20章で概説する手続きを用いて求めた他のオプション価格のインプライド・ボラティリティが用いられる。インプライド・ボラティリティと適用するボラティリティに対して同じモデルを使えば,算出される価格は正確で,モデルに過度に依存することもないであろう。また第18章で説明するように,実務上は通常,原資産のフォワード価格に対するヨーロピアン・オプションを評価対象としている点も重要である。こうすることにより,資産から見込まれる配当や利子を直接推定する必要性を避けている。フォワード株価のボラティリティは,配当の現在価値を引いた株価のボラティリティと同じになる。

ここで示した株価を二つの要素に分けるモデルは,内部整合的であり実務上でも広く用いられている。第21章では,同じモデルによりアメリカン・オプションを評価する。

アメリカン・コール・オプション

次にアメリカン・コール・オプションについて考える。第11章では,配当がない場合にはアメリカン・コール・オプションは期限前行使されないということを説明した。その議論を拡張すると,配当がある場合には配当落ちの

---

[13] たとえば,N. Areal and A. Rodrigues, "Fast Trees for Options with Discrete Dividends," *Journal of Derivatives*, 21, 1 (Fall 2013), 49-63を参照。

直前にのみ期限前行使が最適になりうることがわかる。n 回の配当落ち日が予想されており，それらを時点 $t_1, t_2, \ldots, t_n$ とする。ここで $t_1 < t_2 < \cdots < t_n$ である。これらの時点での配当額をそれぞれ $D_1, D_2, \ldots, D_n$ とする。

最後の配当落ち日（すなわち時点 t_n）の直前における，期限前行使の可能性を考えることから始める。時点 t_n でオプションを行使したとすると，投資家は，

$$S(t_n) - K$$

を受け取れる。ここで $S(t)$ は時点 t における株価である。オプションが行使されないとき，株価は $S(t_n) - D_n$ に下落する。そのとき，(11.4)式で示したように，オプションの価値は，

$$S(t_n) - D_n - Ke^{-r(T-t_n)}$$

以上である。したがって，もし，

$$S(t_n) - D_n - Ke^{-r(T-t_n)} \geqslant S(t_n) - K$$

すなわち，

$$D_n \leqslant K\left[1 - e^{-r(T-t_n)}\right] \tag{15.24}$$

ならば，時点 t_n での権利行使は最適ではない。一方，株価の従う確率過程が合理的な仮定を満たしていれば，

$$D_n > K\left[1 - e^{-r(T-t_n)}\right] \tag{15.25}$$

のときは，十分大きな $S(t_n)$ に対して時点 t_n での権利行使が最適となることが示せる。最後の配当落ち日がオプションの満期日にかなり近く（すなわち $T-t_n$ が小さく），かつ配当が大きい場合には，不等式(15.25)は成り立ちやすい。

次に時点 t_{n-1}，すなわち最後から2番目の配当落ち日について考える。時点 t_{n-1} の直前にオプションを行使すると，投資家は $S(t_{n-1}) - K$ を受け取れる。時点 t_{n-1} にオプションが行使されなければ，株価は $S(t_{n-1}) - D_{n-1}$ に下落し，次に最も早く行使されうる時点は t_n となる。よって，(11.4)式から，時点 t_{n-1} で行使されない場合のオプション価格の下限は，

$$S(t_{n-1}) - D_{n-1} - Ke^{-r(t_n - t_{n-1})}$$

で与えられる。したがって，もし，

$$S(t_{n-1}) - D_{n-1} - Ke^{-r(t_n - t_{n-1})} \geq S(t_{n-1}) - K$$

すなわち,

$$D_{n-1} \leq K\left[1 - e^{-r(t_n - t_{n-1})}\right]$$

ならば,時点 t_{n-1} の直前での権利行使は最適ではない。同様に任意の $i < n$ に対して,

$$D_i \leq K\left[1 - e^{-r(t_{i+1} - t_i)}\right] \tag{15.26}$$

ならば,時点 t_i の直前での行使は最適ではない。

不等式(15.26)は近似的に,

$$D_i \leq Kr(t_{i+1} - t_i)$$

と書ける。K が現在の株価にかなり近いとすると,この不等式が成り立たないのは,配当利回りが無リスク金利に近いかそれを上回っている場合である。しかし,このような状況はあまり起こらない。

以上の分析から,多くの場合について,アメリカン・コールの期限前行使が最も起こりうるのは,最後の配当落ち日 t_n の直前であるということがわかる。不等式(15.26),$i = 1, 2, \ldots, n-1$ と不等式(15.24)が満たされているならば,期限前行使は決して最適にはならず,このアメリカン・オプションはヨーロピアン・オプションとして扱うことができる。

Black の近似

Black はコール・オプションに対して期限前行使を考慮する次の近似的な方法を提案している[14]。これは,本節の前のほうで述べたように,満期 T と満期 t_n のヨーロピアン・オプションの価格を計算し,両者の大きいほうをアメリカン・オプションの価格とするというものである[15]。この方法は,

---

[14] F. Black, "Fact and Fantasy in the Use of Options," *Financial Analysts Journal*, 31 (July/August 1975), 36–41, 61–72を参照。

[15] Roll, Geske, Whaley が提案した,配当落ち日が1日のみの場合のコール・オプション価格に対する厳密な公式については,www-2.rotman.utoronto.ca/~hull/TechnicalNotes の Technical Note 4を参照されたい。これは2次元標準正規分布の累積分布関数を用いた公式である。2次元標準正規分布の累積分布関数(Cumulative Bivariate Normal Distribution Function)の計算手法は,同じく著者のウェブサイトにある Technical Note 5に記してあり,Excel のワークシートも入手できる。

オプションの保有者がオプションを時点 T か t_n のどちらで行使するかを時点ゼロで決定することを実質的に強いているため，近似的なものである．

要　約

　本章では，第14章で導入した株価過程の性質を調べることから始めた．株価がその確率過程に従うとすると，現在の株価が与えられたとき，将来の時点における株価は対数正規分布に従う．それは，与えられた期間における株価の連続複利ベースでの収益率が正規分布に従うということでもある．将来の株価に対する不確実性は期間が長くなるにつれ大きくなる．株価の対数の標準偏差は，観測時点までの期間の平方根に比例している．

　株価のボラティリティ σ の実証的な推定には，固定間隔（たとえば，日次，週次，月次）で観測された株価が用いられる．各時間区間に対して，時間区間の終わりにおける株価の時間区間の初めにおける株価に対する比の自然対数を計算する．これらの数値の標準偏差を年単位での期間の長さの平方根で割った値が，ボラティリティの推定値になる．ボラティリティを計算するときは，市場の休日を入れずに期間の長さを測るのが一般的である．

　株式に対する任意のデリバティブの価格が満たす微分方程式は，そのデリバティブと株式を用いた無リスク・ポートフォリオを構築することによって導出することができる．デリバティブの価格と株価はどちらも同じ要因による不確実性に依存していることから，無リスク・ポートフォリオをつくることが常に可能である．このポートフォリオはごく短い時間でしか無リスクではない．しかし，裁定機会がないならば，無リスク・ポートフォリオの収益率は常に無リスク金利に等しくなければならない．

　株式の期待収益率は，Black–Scholes–Merton 微分方程式には現れない．このことが，リスク中立化法という極めて有用な方法につながる．それは，株価に依存するデリバティブを評価するときにはリスク中立世界を仮定して

もよい，というものである．したがって，デリバティブの価値を求めるには，株価の期待収益率を無リスク金利とし，ペイオフの期待値を無リスク金利で割り引けばよいことになる．ヨーロピアン・コール・オプションやプット・オプションに対するBlack–Scholes–Mertonの価格式は，Black–Scholes–Merton微分方程式を解く方法とリスク中立化法を用いる方法のどちらでも導出することができる．

インプライド・ボラティリティとは，Black–Scholes–Mertonのオプション価格式に代入した場合にオプションの市場価格が得られるようなボラティリティのことである．トレーダーはインプライド・ボラティリティを常にモニターしている．オプションでは，価格ではなくインプライド・ボラティリティが提示されることが多い．トレーダーは，流動性の高いオプションのインプライド・ボラティリティをその他のオプションに使うボラティリティの推定に利用する方法を開発している．

Black–Scholes–Mertonの結果は，配当のある株式のヨーロピアン・コール・オプションとプット・オプションにも拡張できる．その方法は，Black–Scholes–Merton式に代入する株価をオプション満期までに支払が予想される配当の現在価値を差し引いた値とし，ボラティリティを株価から配当の現在価値を差し引いた値のボラティリティとすればよい，というものである．

理論的には，アメリカン・コール・オプションは配当落ち日の直前に行使される可能性がある．実際には，最後の配当落ち日のみを考慮すればよい場合が多い．このことに基づいて，Fischer Blackはアメリカン・コール・オプションの価格の近似として，次の二つのヨーロピアン・コール・オプションの価格の高いほうを用いる方法を提案した．一つ目は，アメリカン・コール・オプションの満期日に満期を迎えるヨーロピアン・コール・オプションである．二つ目は，最後の配当落ち日の直前に満期を迎えるヨーロピアン・コール・オプションである．

参考文献

株価変動の確率分布に関して

Blattberg, R., and N. Gonedes, "A Comparison of the Stable and Student Distributions as Statistical Models for Stock Prices," *Journal of Business*, 47 (April 1974): 244-80.

Fama, E. F., "The Behavior of Stock Market Prices," *Journal of Business*, 38 (January 1965): 34-105.

Kon, S. J., "Models of Stock Returns—A Comparison," *Journal of Finance*, 39 (March 1984): 147-65.

Richardson, M., and T. Smith, "A Test for Multivariate Normality in Stock Returns," *Journal of Business*, 66 (1993): 295-321.

Black-Scholes-Merton モデルに関して

Black, F., "Fact and Fantasy in the Use of Options and Corporate Liabilities," *Financial Analysts Journal*, 31 (July/August 1975): 36-41, 61-72.

Black, F., "How We Came Up with the Option Pricing Formula," *Journal of Portfolio Management*, 15, 2 (1989): 4-8.

Black, F., and M. Scholes., "The Pricing of Options and Corporate Liabilities," *Journal of Political Economy*, 81 (May/June 1973): 637-59.

Merton, R. C., "Theory of Rational Option Pricing," *Bell Journal of Economics and Management Science*, 4 (Spring 1973): 141-83.

リスク中立化法に関して

Cox, J. C., and S. A. Ross., "The Valuation of Options for Alternative Stochastic Processes," *Journal of Financial Economics*, 3 (1976): 145-66.

Smith, C. W., "Option Pricing: A Review," *Journal of Financial Economics*, 3 (1976): 3-54.

ボラティリティの原因に関して

Fama, E. F., "The Behavior of Stock Market Prices," *Journal of Business*, 38 (January 1965): 34-105.

French, K. R., "Stock Returns and the Weekend Effect," *Journal of Financial Economics*, 8 (March 1980): 55-69.

French, K. R., and R. Roll., "Stock Return Variances: The Arrival of Infomation and the Reaction of Traders," *Journal of Financial Economics*, 17 (September 1986): 5-26.

Roll, R., "Orange Juice and Weather," *American Economic Review*, 74, 5 (December 1984): 861–80.

練習問題

15.1 Black–Scholes–Merton の株式オプション価格モデルでは，1年後の株価の確率分布に対してどのような仮定が置かれているか。また，1年間の連続複利ベースでの株価収益率の確率分布に対してはどのような仮定が置かれているか。

15.2 株価のボラティリティを年率30%とする。このとき，1取引日における株価の変化率の標準偏差を求めよ。

15.3 リスク中立化法の原理について説明せよ。

15.4 現在の株価を50ドル，無リスク金利を年率10%，ボラティリティを年率30%とする。配当はないものとして，この株式に対する満期3カ月，行使価格50ドルのヨーロピアン・プット・オプションの価格を求めよ。

15.5 問題15.4において，2カ月後に1.50ドルの配当が予想されているとする。このとき，オプションの価格計算はどのように変わってくるか。

15.6 インプライド・ボラティリティとは何か。それはどのように計算して求められるかについて説明せよ。

15.7 現在の株価を40ドル，株式の期待収益率を15%，ボラティリティを25%とする。このとき，2年間に得られる連続複利ベースでの収益率の確率分布はどのようになるか。

15.8 株価は期待収益率16%，ボラティリティ35%の幾何ブラウン運動に従っているとする。現在の株価は38ドルである。

(a) この株式に対する，行使価格40ドル，満期6カ月のヨーロピア

ン・コール・オプションが行使される確率を求めよ。

(b) 行使価格と満期日が同じとしてヨーロピアン・プット・オプションが行使される確率を求めよ。

15.9 本章で用いた記号を用いて，S_T の95%信頼区間が，$S_0 e^{(\mu - \sigma^2/2)T - 1.96\sigma\sqrt{T}}$ から $S_0 e^{(\mu - \sigma^2/2)T + 1.96\sigma\sqrt{T}}$ までの区間になることを示せ。

15.10 あるポートフォリオ・マネージャーが，過去10年間のそれぞれの年に実現した収益率の平均が年率20%であると公表している。この表現が誤解を招きやすい点について説明せよ。

15.11 配当のない株式の期待収益率が μ，ボラティリティが σ であると仮定する。ある革新的な金融機関が，時点 T に $\ln S_T$ に等しい金額（ドル）を支払う証券を売り出すという発表をしたとしよう。ここで S_T は時点 T における株価である。

(a) リスク中立化法を用いて，時点 t におけるこの証券の価格を時点 t における株価 S の関数として求めよ。

(b) 求めた価格が微分方程式(15.16)を満たしていることを確かめよ。

15.12 時点 T におけるペイオフが S_T^n のデリバティブについて考える。ここで S_T は時点 T における株価である。この株式は配当がなく株価が幾何ブラウン運動に従うとき，時点 t $(t \leq T)$ におけるデリバティブの価格は，$h(t,T) S^n$ のかたちに書けることが示せる。ここで S は時点 t における株価，h は t と T のみの関数である。

(a) Black–Scholes–Merton 微分方程式に代入して，$h(t,T)$ の満たす常微分方程式を導出せよ。

(b) $h(t,T)$ に対する微分方程式の境界条件は何か。

(c) r を無リスク金利，σ を株価のボラティリティとするとき，$h(t,T) = e^{[0.5\sigma^2 n(n-1) + r(n-1)](T-t)}$ となることを示せ。

15.13 株価を52ドル，行使価格を50ドル，無リスク金利を年率12%，ボラティリティを年率30%，満期を3カ月とする。このとき，配当のない株式に対するヨーロピアン・コール・オプションの価格を求めよ。

15.14 株価を69ドル,行使価格を70ドル,無リスク金利を年率5%,ボラティリティを年率35%,満期を6カ月とする。このとき,配当のない株式に対するヨーロピアン・プット・オプションの価格を求めよ。

15.15 ある株式に対するアメリカン・コール・オプションを考える。現在の株価を70ドル,満期を8カ月,無リスク金利を年率10%,行使価格を65ドル,ボラティリティを年率32%とする。さらに,3カ月後と6カ月後に1ドルの配当が予想されているとする。これら2回のいずれの配当日においても,オプションの行使は最適ではないことを示せ。また,DerivaGemソフトウェアを用いてこのオプションの価格を計算せよ。

15.16 配当のない株式に対するコール・オプションの市場価格が2.5ドルであったとする。株価を15ドル,行使価格を13ドル,満期を3カ月,無リスク金利を年率5%とする。このとき,インプライド・ボラティリティはいくらになるか。

15.17 本章で使った記号を用いる。

(a) $N'(x)$ は何か。

(b) $SN'(d_1) = Ke^{-r(T-t)}N'(d_2)$ を示せ。ここで S は時点 t における株価で,

$$d_1 = \frac{\ln(S/K) + (r+\sigma^2/2)(T-t)}{\sigma\sqrt{T-t}},$$

$$d_2 = \frac{\ln(S/K) + (r-\sigma^2/2)(T-t)}{\sigma\sqrt{T-t}}$$

である。

(c) $\partial d_1/\partial S$ と $\partial d_2/\partial S$ を計算せよ。

(d) 配当のない株式に対するコール・オプションの価格 c が,

$$c = SN(d_1) - Ke^{-r(T-t)}N(d_2)$$

で与えられるとき,

$$\frac{\partial c}{\partial t} = -rKe^{-r(T-t)}N(d_2) - SN'(d_1)\frac{\sigma}{2\sqrt{T-t}}$$

となることを示せ。

(e) $\partial c / \partial S = N(d_1)$ を示せ。

(f) c が Black–Scholes–Merton 微分方程式を満たすことを示せ。

(g) c がヨーロピアン・コール・オプションの境界条件を満たすこと，すなわち，$t \to T$ のとき $c = \max(S-K, 0)$ となることを示せ。

15.18 コール・オプションとプット・オプションに対する Black–Scholes–Merton の公式がプット・コール・パリティを満たしていることを示せ。

15.19 現在の株価を50ドル，無リスク金利を5％とする。この株式に対するヨーロピアン・コール・オプションの価格が次表に与えられている。DerivaGem ソフトウェアを用いて，対応するインプライド・ボラティリティの表を作成せよ。ただし，配当はないものとする。また，これらのオプション価格は Black–Scholes–Merton モデルの仮定と整合性がとれているか。

行使価格（ドル）	満期（月数）		
	3	6	12
45	7.0	8.3	10.5
50	3.7	5.2	7.5
55	1.6	2.9	5.1

15.20 配当のある株式に対するアメリカン・コール・オプションを Black の方法で評価したとき，その値は配当が1回しかない場合でも近似的なものである。その理由を詳しく述べよ。また，Black の方法による値は本当のオプションの価値より大きくなるか，あるいは小さくなるか。その理由も説明せよ。

15.21 ある株式に対するアメリカン・コール・オプションを考える。現在の株価を50ドル，満期を15ヵ月，無リスク金利を年率8％，行使価格を55ドル，ボラティリティを年率25％とする。さらに，4ヵ月後

と10カ月後に1.5ドルの配当が予想されているとする。これら2回のいずれの配当日においても，オプションの行使は最適ではないことを示せ。また，このオプションの価格を計算せよ。

15.22 リスク中立世界でのヨーロピアン・コール・オプションが行使される確率は，本章の記号を用いると，$N(d_2)$ であることを示せ。また，時点 T における株価が K よりも高いならば100ドルを支払うというデリバティブの価格式を求めよ。

15.23 行使価格が K で，$H<K$ とし株価が H になったときに行使される，配当のない株式に対する永久アメリカン・プット・オプションの価格を(15.17)式を用いて求めよ。現在の株価 S は H より大きいと仮定せよ。また，オプション価値を最大化するような H の値を求めよ。行使価格が K のときのアメリカン・プット・オプションの価格を推定せよ。

15.24 ある企業が従業員ストック・オプションを発行している。そのオプションを評価する際に，希薄化を考慮する必要はあるか。

15.25 ある企業の株価を50ドル，発行済株式数を1,000万株とする。その企業は従業員に対して，アット・ザ・マネーの5年物コール・オプションを300万株分付与しようと考えている。オプションが行使されると新株が発行されるとする。株価のボラティリティを25％，5年物無リスク金利を5％，企業に配当の支払はないものとする。このとき，企業にとっての従業員ストック・オプションの発行コストを推定せよ。

発展問題

15.26 ボラティリティが年率18％であった場合，次の期間における価格変化率の標準偏差を推定せよ。(a) 1日，(b) 1週間，(c) 1カ月。

15.27 現在の株価を50ドル，株式の期待収益率を年率18％，ボラティリティを年率30％とする。このとき，2年後の株価の確率分布はどのようになるか。分布の平均と標準偏差を計算せよ。また，95％信頼区間を求めよ。

15.28 連続した15週間の週末の株価終値（単位ドル）が，以下のように推移したとする。

30.2, 32.0, 31.1, 30.1, 30.2, 30.3, 30.6, 33.0, 32.9, 33.0, 33.5, 33.5, 33.7, 33.5, 33.2

株価のボラティリティを推定せよ。また，その標準誤差を求めよ。

15.29 ある金融機関が，時点 T に S_T^2 ドルに等しい金額を支払う証券の売出しを計画しているとする。ここで，S_T は配当のない株式の時点 T の価格である。

(a) リスク中立化法を用いて，時点 t におけるこの証券の価格を時点 t の株価 S の関数として求めよ。（ヒント：S_T^2 の期待値は，15.1節で与えた S_T の平均と分散から計算できる。）

(b) 求めた価格が微分方程式(15.16)を満たしていることを確かめよ。

15.30 株価を30ドル，行使価格を29ドル，無リスク金利を年率5％，ボラティリティを年率25％，満期を4カ月として，配当のない株式のオプションを考える。

(a) オプションがヨーロピアン・コールの場合の価格を求めよ。

(b) オプションがアメリカン・コールの場合の価格を求めよ。

(c) オプションがヨーロピアン・プットの場合の価格を求めよ。

(d) プット・コール・パリティが成り立っていることを示せ。

15.31 問題15.30で，株式には1.5カ月後に配当落ちがあるとする。予想配当額は50セントである。

(a) オプションがヨーロピアン・コールの場合の価格を求めよ。

(b) オプションがヨーロピアン・プットの場合の価格を求めよ。

(c) オプションがアメリカン・コールの場合，期限前行使されるよ

うな状況はあるか。

15.32 現在の株価を18ドル，行使価格を20ドル，満期を6カ月，ボラティリティを年率30％，無リスク金利を年率10％として，アメリカン・コール・オプションについて考える。オプション満期までに同額の配当が2回あると予想されている。配当落ち日は2カ月後と5カ月後で，配当額は40セントである。Blackの近似とDerivaGemソフトウェアを用いた場合のオプションの価値を求めよ。また，このアメリカン・オプションの価値が同条件のヨーロピアン・オプションの価値よりも高くならないような配当額の上限を求めよ。

付　録

リスク中立化法を用いた
Black–Scholes–Merton の公式の証明

Black–Scholes–Merton の結果を証明する前に，以後の章でも用いる主結果を証明する。

主 結 果

V が対数正規分布に従い，$\ln V$ の標準偏差が w であるとき，

$$E[\max(V-K, 0)] = E(V)N(d_1) - KN(d_2) \qquad (15A.1)$$

が成り立つ。ここで，

$$d_1 = \frac{\ln[E(V)/K] + w^2/2}{w}$$

$$d_2 = \frac{\ln[E(V)/K] - w^2/2}{w}$$

であり，E は期待値を表す。

証　明

$g(V)$ を V の確率密度関数とする。このとき，

$$E[\max(V-K, 0)] = \int_K^\infty (V-K)g(V)dV \qquad (15A.2)$$

である。変数 $\ln V$ は標準偏差 w の正規分布に従う。対数正規分布の性質から，$\ln V$ の平均 m は，

$$m = \ln[E(V)] - w^2/2 \qquad (15A.3)$$

になる[16]。新しい変数を，

---

[16] 証明については www-2.rotman.utoronto.ca/~hull/TechnicalNotes の Technical Note 2 を参照されたい。

$$Q = \frac{\ln V - m}{w} \qquad (15A.4)$$

で定義する。この変数は平均ゼロ，標準偏差1.0の正規分布に従う。したがって，Q の密度関数を $h(Q)$ とすると，

$$h(Q) = \frac{1}{\sqrt{2\pi}} e^{-Q^2/2}$$

になる。(15A.4)式を用いて，(15A.2)式の右辺の積分で V を Q に変数変換すると，

$$E[\max(V-K, 0)] = \int_{(\ln K - m)/w}^{\infty} (e^{Qw+m} - K) h(Q) dQ$$

すなわち，

$$E[\max(V-K, 0)] = \int_{(\ln K - m)/w}^{\infty} e^{Qw+m} h(Q) dQ - K \int_{(\ln K - m)/w}^{\infty} h(Q) dQ \qquad (15A.5)$$

が得られる。ここで，

$$e^{Qw+m} h(Q) = \frac{1}{\sqrt{2\pi}} e^{(-Q^2 + 2Qw + 2m)/2} = \frac{1}{\sqrt{2\pi}} e^{[-(Q-w)^2 + 2m + w^2]/2}$$

$$= \frac{e^{m+w^2/2}}{\sqrt{2\pi}} e^{[-(Q-w)^2]/2} = e^{m+w^2/2} h(Q-w)$$

となるので，(15A.5)式は，

$$E[\max(V-K, 0)] = e^{m+w^2/2} \int_{(\ln K - m)/w}^{\infty} h(Q-w) dQ - K \int_{(\ln K - m)/w}^{\infty} h(Q) dQ \qquad (15A.6)$$

になる。$N(x)$ を平均ゼロ，標準偏差1.0の正規分布に従う変数が x 以下になる確率とすると，(15A.6)式の最初の積分は，

$$1 - N[(\ln K - m)/w - w] = N[(-\ln K + m)/w + w]$$

と表される。m に(15A.3)式を代入すると，この式は，

$$N\left(\frac{\ln[E(V)/K] + w^2/2}{w}\right) = N(d_1)$$

になる。同様に，(15A.6)式の2番目の積分は $N(d_2)$ になる。したがって，(15A.6)式は，

$$E[\max(V-K, 0)] = e^{m+w^2/2}N(d_1) - KN(d_2)$$

になる。m に (15A.3) 式を代入すると，主結果が得られる。

Black–Scholes–Merton の結果

時点 T に満期を迎える配当のない株式に対するコール・オプションを考える。行使価格を K，無リスク金利を r，現在の株価を S_0，ボラティリティを σ とする。(15.22)式で示したように，コールの価格 c は，

$$c = e^{-rT}\hat{E}[\max(S_T-K, 0)] \qquad (15A.7)$$

で与えられる。ここで S_T は時点 T における株価，$\hat{E}$ はリスク中立世界における期待値を表している。Black–Scholes–Merton が仮定した確率過程のもとでは，S_T は対数正規分布に従う。さらに，(15.3)式と(15.4)式より $\hat{E}(S_T) = S_0 e^{rT}$ となり，$\ln S_T$ の標準偏差は $\sigma\sqrt{T}$ になる。

主結果より，(15A.7)式は，

$$c = e^{-rT}[S_0 e^{rT} N(d_1) - KN(d_2)] = S_0 N(d_1) - Ke^{-rT}N(d_2)$$

になることがわかる。ここで，

$$d_1 = \frac{\ln[\hat{E}(S_T)/K] + \sigma^2 T/2}{\sigma\sqrt{T}} = \frac{\ln(S_0/K) + (r+\sigma^2/2)T}{\sigma\sqrt{T}}$$

$$d_2 = \frac{\ln[\hat{E}(S_T)/K] - \sigma^2 T/2}{\sigma\sqrt{T}} = \frac{\ln(S_0/K) + (r-\sigma^2/2)T}{\sigma\sqrt{T}}$$

である。これが Black–Scholes–Merton の公式である。

第16章

従業員ストック・オプション

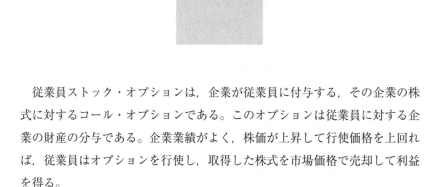

　従業員ストック・オプションは，企業が従業員に付与する，その企業の株式に対するコール・オプションである。このオプションは従業員に対する企業の財産の分与である。企業業績がよく，株価が上昇して行使価格を上回れば，従業員はオプションを行使し，取得した株式を市場価格で売却して利益を得る。

　多くの企業，特に技術系の企業は，優秀な従業員を惹きつけて確保するための唯一の手段は，非常に魅力のあるストック・オプション制度を従業員に提供することであると感じている。ある企業では経営幹部のみにストック・オプションを付与している。また，組織のすべての職層の従業員にストック・オプションを付与している企業もある。マイクロソフトは従業員ストック・オプションを導入した最初の企業の一つである。マイクロソフトの全従業員はストック・オプションを付与され，その後の株価上昇により，1万人

を超える従業員が億万長者になったと推定されている。近年では，従業員ストック・オプションは，あまり用いられなくなってきている。（たとえば，2003年にマイクロソフトはストック・オプションの利用をやめて，そのかわりに従業員に対して同社株を付与することを発表した。）その理由については本章で説明する。しかし，従業員ストック・オプションを熱心に利用し続けている企業は世界中に多くある。

　従業員ストック・オプションは新興企業に人気がある。新興企業は，要となる従業員に対して大企業が支払うほどの報酬が支払える原資をもっていないため，ストック・オプションで従業員への給与を補うことにより，こうした問題を解決している。企業業績が好調で，新規公開（IPO）によって株式の売却が可能になれば，ストック・オプションの価値は非常に高いものになるだろう。新興企業によっては，夏休みの数カ月間のみ働く学生に対してもストック・オプションを付与してきた。その結果，場合によっては，数十万ドルを思いがけず手にした学生もいる。

　本章では，ストック・オプション制度の仕組みと会計処理方法がその普及にいかに影響を与えてきたかについて説明する。また，従業員ストック・オプションが株主の利益と企業の経営上層部の利益を一致させるのに役立つかについて議論する。さらに，ストック・オプションの評価方法について述べ，バックデーティング・スキャンダルについても触れる。

16.1　契約上の取決め

　従業員ストック・オプションは通常10年から15年の満期をもつ。多くの場合，行使価格は付与日の株価に等しく設定されるため，オプションは当初アット・ザ・マネーになる。以下は，一般的に従業員ストック・オプションにみられる特徴である。

1. オプションが行使できない権利確定期間（vesting period）が設けられている。その期間は最長4年程度である。
2. 権利確定期間中に従業員が（自己都合または会社都合にかかわらず）

退職した場合は，オプションは没収される。
3．権利確定期間後に従業員が（自己都合または会社都合にかかわらず）退職した場合は，オプションはアウト・オブ・ザ・マネーであれば没収され，イン・ザ・マネーであれば即時に行使されなければならない。
4．従業員はオプションを売却してはならない。
5．従業員がオプションを行使した場合は，企業は新株を発行し，それを行使価格で従業員に売却する。

期限前行使の選択

　上記の従業員ストック・オプションの4番目の性質は重要な意味をもつ。従業員がどのような理由であれ，与えられたオプションの現金化を希望するのであれば，オプションを行使して，取得した株式を市場で売却しなければならない。ストック・オプションは他人に売却できないことから，類似の上場コール・オプションまたは店頭コール・オプションよりも早期に行使される傾向が強い。

　配当のない株式のコール・オプションを考えよう。11.5節で示したように，通常のコール・オプションであれば決して期限前行使は行われない。満期前では，オプション保有者は行使するよりもオプションを売却したほうが常に得である。しかし，ストック・オプションは売却できないため，11.5節で用いた議論は従業員ストック・オプションには適用できない。従業員がオプションを現金化する（または，保有量を減らす）唯一の方法は，オプションを行使して，取得した株式を売却することである。したがって，通常の上場オプションや店頭オプションであれば行使がまだ最適となっていないときに従業員ストック・オプションが行使されるということは，そんなに珍しいことではない。

　従業員がストック・オプションを期限前に行使し，取得した株式を売却せずに保有し続けるという行動にはメリットがあるだろうか。オプションの行使価格は満期まで一定で，オプションはいつでも行使できるとする。この問

題を検討するために，従業員ストック・オプションと，市場で売却可能なそれと同条件の通常のオプションの二つのオプションを考える。最初のオプションをオプションA，2番目のオプションをオプションBと呼ぶことにする。株式に配当がないならば，オプションBは決して期限前行使すべきではない。このことから，オプションAを行使して，取得した株式を保有し続けるのは最適な行動ではないことがわかる。自分の会社に投資し続けたいのであれば，ストック・オプションを保有し続けるほうがもっとよい戦略である。11.5節で説明したように，この戦略のほうが行使価格を支払う時期が遅くなるうえに，オプションの保険的価値も保有し続けられるからである。オプションBの行使が最適となる場合のみ，オプションAを行使して，取得した株式を保有し続けるという戦略が，従業員にとって合理的なものになる[1]。15.12節で議論したように，オプションBの期限前行使が最適になるのは，比較的高い配当が支払われる直前のみである。

　実際のところは，従業員が期限前行使を行うかどうかは企業によってまちまちである。期限前行使が行われないカルチャーの企業もあれば，権利確定期間後はオプションが少ししかイン・ザ・マネーでなくてもオプションを直ちに行使して，取得した株式を売却する従業員が多い企業もある。

16.2　ストック・オプションは株主と経営者の利益を一致させるか？

　資本市場に信頼を置く投資家にとって，株主と経営者の利益がおおよそ一致していることは重要である。すなわち，経営者は株主の最大利益のために経営判断するように動機づけられているべきである。経営者は株主の代理人であり，第8章で説明したように，代理人と主権者の利益が一致していないことにより生ずる損失のことを，経済学者はエージェンシー・コスト（agency cost）と呼んでいる。

---

[1] これの唯一の例外は，経営者が株主権のために株式を所有したい場合であろう。

従業員ストック・オプションは従業員と株主の利益を一致させるのに役立っているのだろうか。その答えは単純ではない。新興企業の場合は，ストック・オプションが利益一致に役立っていることに疑問の余地はない。主要株主は経営幹部でもある場合が多く，ストック・オプションは従業員の長時間労働を動機づけるすぐれた方法である。企業が成功して株式が新規公開されれば，従業員も十分に報われることになる。しかし，企業が失敗に終われば，オプションは無価値になる。

　上場企業の経営幹部に与えられるストック・オプションは，最も賛否が分かれるであろう。従業員ストック・オプションは米国の経営上層部の報酬の約50％を占めるとされる。経営者に付与されるストック・オプションは経営者に対する"成功報酬"といわれることもある。企業の株価が上がれば，株主の利益は増大し，その対価として経営者は報酬が得られるからである。しかし，この見方はオプションのペイオフが対称的でないことを見落としている。企業業績が悪かった場合，株主は損失を被るが，経営者にとっては儲け損なったというだけである。株主とは異なり，経営者は損失を被らない[2]。成功報酬のよりよいかたちは制限付株式単位（restricted stock unit）と考える人は多い。これは，経営者に対して将来の特定の日（権利確定日）に自社株を与えるものである。そうすれば，株主の利益は経営者にとっても利益になり，株主の損失は経営者にとっても損失になる。オプションの非対称なペイオフは，経営者が本来であればとらないようなリスクをとることにつながりうると議論されることは多い。このことは企業の株主の利益に沿うこともあれば，そうでないこともある。

　ストック・オプションは経営幹部をどんな誘惑に駆り立てるだろうか。経営者が3カ月後に大量のストック・オプションを行使し，得た株式を売却するつもりでいるとしよう。オプションを行使する直前に株価が上昇するように，経営者はよいニュースを発表するタイミングをあわせたり，利益の計上

---

[2] ストック・オプションがアウト・オブ・ザ・マネーになったとき，企業が新しいアット・ザ・マネーのストック・オプションを付与し直す場合もある。この再付与（repricing）は経営者の利害と株主の利害の関係のさらなる希薄化につながる。

を四半期ずらしたりするようなことまでも行う誘惑に駆られるかもしれない。また，3カ月後にアット・ザ・マネーのストック・オプションが経営者に付与される場合には，経営者は付与日の直前に株価が下落するような行動をとる誘惑に駆られるかもしれない。いま述べたような行動は当然まったく許されないものであり，おそらく違法行為になる。しかし，本章の後のほうで紹介するバックデーティング・スキャンダルをみればわかるように，ストック・オプションに関連する問題への経営者の対応には遺憾な点が多い。

上で述べたような不正が行われていない場合でも，経営者へのストック・オプションには，長期的な成長を犠牲にして短期収益に重きを置くように経営者を動機づける可能性がある。ストック・オプションは経営者の報酬の非常に大きな部分を占めているので，大きなファンドのマネージャーは，本来の経営がうわの空になる危険性を危惧している。実際，経営幹部が株主利益とはまったく別の観点から報酬を増やす方法を考えるのに多くの時間を費やし，企業経営に十分な時間を割かなくなる可能性もある。

管理職は内部情報を保有しており，業績や情報公開に影響を与える立場にあるので，経営者による自社株の売買は常にその他の株主の不利益につながる可能性がある。この問題を軽減する方法としては，経営者が自社株を売買するときは，たとえば売買の1週間前に売買する意思を市場へ通知することを要求することである，という極端な意見もある[3]。（取引の意思を通知したならば，経営者はそれを実施する必要がある。）この通知がなされると，経営者が自社株を売買する理由に関する市場のコンセンサスが形成される。その結果として，経営者が自社株を購入する前に株価が上昇したり，経営者が自社株を売却する前に株価が下落することも起こるだろう。

---

[3] 経営者がストック・オプションを行使し，取得した株式を売却したいと考えるならば，売却の意思を通知する必要があるので，この要求はストック・オプションの行使にも適用されることになる。

16.3 会計処理について

　従業員ストック・オプションは企業にとっては費用であり，従業員にとっては他の形態の報酬と同様に利益になるものである。この点は多くの人にとって自明と思われるが，実際にはかなり議論の対象となっている。多くの企業の経営者は，オプションはイン・ザ・マネーでなければ無価値であると信じているように見受けられる。そのため，多くの経営者は，企業の発行するアット・ザ・マネーのストック・オプションは企業にとっての費用ではないと主張している。しかし，本当のところは，ストック・オプションが従業員にとって価値のあるものであれば，それはその企業の株主にとっては費用になるはずであり，したがって，企業にとっての費用となる。ただ飯は存在しない。企業にとってのストック・オプションという費用は，株価が上昇した場合に，市場で購入するよりも低い価格で従業員に自社株を売却することに企業が合意しているという事実から発生する費用である。

　1995年以前は，ストック・オプションを発行した企業はその本源的価値を損益計算書に費用計上していた。ほとんどのストック・オプションはアット・ザ・マネーで発行されていたため，発行時の費用はゼロとして計上されていた。1995年に会計基準FAS 123が公表された。多くの関係者はストック・オプションを公正価値で費用計上することが要求されるだろうと期待していたが，強いロビー活動を受けて，FAS 123の1995年版では，付与したストック・オプションの公正価値を損益計算書に費用計上することが企業に奨励されるだけにとどまった。公正価値を費用計上することは要求されず，公正価値を損益計算書に費用計上しない場合は，財務諸表の脚注に明記することが義務づけられた。

　現在では会計基準が改正され，すべての株式に基づく報酬は公正価値で損益計算書に費用計上することが要求されている。2004年2月，国際会計基準理事会（IASB）はIAS 2を公表し，企業に対してストック・オプションを2005年より費用計上するよう求めている。また，2004年12月にはFAS 123が改定され，2005年から米国での従業員ストック・オプションを費用計上す

ることが求められた。

　新しい会計基準では，ストック・オプションは付与日に評価し，その公正価値の総額を付与した年度の損益計算書に費用計上することが求められているが，付与日以降の時価評価は求められていない。ストック・オプションは，行使されるか消滅するまで各会計年度末（あるいは四半期ごと）に再評価すべきであるという意見もある[4]。これは，ストック・オプションを企業が行う他のデリバティブ取引と同様に取り扱おうというものである。そうすると，ストック・オプションの価値がある年度から翌年度に増加すれば，追加費用が計上されることになる。逆に，価値が減少した場合には，損益計算書には利益が計上されることになる。

　この方法には多くの利点がある。たとえば，企業の計上した累積費用がストック・オプションの実際の費用（ストック・オプションが消滅した場合はゼロ，行使された場合はストック・オプションのペイオフ）を反映したものになる。各年度に計上される費用はオプションの時価評価モデルに依存したものであるが，最終的な累積費用はモデルに依存しないものになる[5]。また，本章の後のほうで紹介するバックデーティングを企業が行うインセンティブも間違いなく減るだろう。一方，このような会計処理に対してよくいわれる短所は，損益計算書の損益が変動しやすくなるので望ましくないというものである[6]。

---

[4] J. Hull and A. White, "Accounting for Employee Stock Options: A Practical Approach to Handling the Valuation Issues," *Journal of Derivatives Accounting*, 1, 1 (2004): 3-9を参照。

[5] 興味深いことに，ストック・オプションが企業の新株発行でなく現金で決済される場合には，ここで提案している会計処理が求められている。（しかし，ストック・オプションの決済を現金で行おうと従業員への新株の割当てで行おうと，経済効果には違いはない。）

[6] 実際には，ストック・オプションを再評価したほうが損益計算書の損益の変動は小さくなるだろう。企業業績が好調なときはストック・オプションの価値増加により企業収益は押し下げられ，企業業績が悪いときはストック・オプションの価値減少により企業収益は押し上げられるからである。

ストック・オプションにかわる報酬体系

2005年より適用された会計基準により，アット・ザ・マネーのストック・オプションを付与する従来の報酬体系に対する代替案を企業は検討してきた。将来のある時点（権利確定日）に従業員が株式を得ることができる，制限付株式単位（RSU：restricted stock unit）についてはすでに述べた。多くの企業がストック・オプションをRSUに置き換えている。RSUのバリエーションとしてはマーケット・レバレッジ型株式単位（MSU：market-leveraged stock unit）という，権利確定日に対象となる株式数が S_T/S_0 になるというものもある。ここで，S_0 は付与日の株価で S_T は権利確定日の株価である[7]。

自社の株価が市場全体よりも低調であっても，株式市場全体が好調で自社の株価も上昇していれば，ストック・オプションを保有する従業員はその恩恵にあずかれる。この課題を解決する一つの方法は，ストック・オプションの行使価格をS&P 500のパフォーマンスに連動させることである。たとえば，ストック・オプションの付与日の株価を30ドル，S&P 500の値を1,500とする。このとき，行使価格は当初30ドルに設定され，S&P 500が10％上昇して1,650になれば，行使価格も10％上がって33ドルになり，S&P 500が15％下落して1,275になれば，行使価格も15％下がって25.50ドルになる。その結果，企業の株価のパフォーマンスがS&P 500のパフォーマンスを上回ったときのみストック・オプションはイン・ザ・マネーになる。参照する指数として，S&P 500を用いるかわりに，その企業が属するセクターの株価指数を使うこともできる。

---

[7] 付与される株式数に上限と下限が設けられていたり，S_0 と S_T がそれぞれ付与日と権利確定日の数日前の何日間かの平均株価とする場合もある。MSUの分析については，J. Hull and A. White, "The Valuation of Market-Leveraged Stock Units," Working Paper, University of Toronto, 2013を参照。

16.4 評　価

会計基準においては，従業員ストック・オプションの評価方法の選択に関して，企業にかなりの裁量が認められている．本節では，それらの評価方法のいくつかを説明する．

簡便法

よく用いられる方法は，ストック・オプションの予想残存期間（expected life）に基づいて評価する方法である．予想残存期間とは，ストック・オプションが行使されるか消滅するまでの平均保有期間である．この期間は，従業員の早期行使に関する過去データからおおよその値が見積もられ，権利確定期間や従業員の退職による影響，16.1節で述べたような従業員ストック・オプションが通常のオプションより早期に行使される傾向を反映したものになっている．ストック・オプションの価値は，予想残存期間をオプションの満期までの時間 T として Black–Scholes–Merton モデルを用いて計算される．その際のボラティリティには，15.4節で説明したような方法で，過去数年間のデータから見積もられたものが通常用いられる．

Black–Scholes–Merton の公式のこのような使い方には理論上の妥当性はない，ということは強調しておくべきであろう．満期までの時間 T が予想残存期間に等しい株式のヨーロピアン・オプションの価値が，いま評価したいアメリカンタイプの従業員ストック・オプションの価値と大体同じになるという根拠はない．しかし，このようにモデルを使って得られた結果が不合理なわけでもない．企業がストック・オプションの費用を報告する際には，Black–Scholes–Merton モデルでの計算に用いたボラティリティと予想残存期間が付記されることも多い．

【例16.1】

2014年11月1日に，ある企業が経営者に対して1,000,000単位のストック・オプションを付与するとする．その日の株価は30ドルで，オプションの行使価格も30ドルである．また，オプションの満期は10年で，

3年後に権利が確定する。その企業はこれまでに同じような満期10年のアット・ザ・マネー・オプションを発行してきており、行使されるか消滅するまでの平均期間は4.5年となっている。したがって、企業は"予想残存期間"として4.5年を用いることにした。株価の長期ボラティリティは過去5年のデータから25%と推定されている。今後4.5年間における配当の現在価値は4ドルと見積もられており、4.5年物無リスク・ゼロ・レートは5%である。したがって $S_0 = 30 - 4 = 26$, $K = 30$, $r = 5\%$, $\sigma = 25\%$, $T = 4.5$, として Black–Scholes–Merton モデルを（15.12節で述べたように配当を調整して）用いれば、ストック・オプションの評価が得られる。Black–Scholes–Merton の公式からオプション1単位の価値は6.31ドルとなるので、損益計算書に計上される費用は $1,000,000 \times 6.31$, すなわち6,310,000ドルになる。

二項ツリー・アプローチ

従業員ストック・オプションを評価するもっと高度なアプローチは、第13章で説明したような二項ツリーを作成し、(a)オプションの権利が確定しているかどうか、(b)従業員が退職する確率、(c)従業員がオプションを行使する確率を考慮して、ツリーに沿ってロール・バック計算を行う方法である。ツリーの各ノードでオプションの権利が確定しているかどうかは、ストック・オプションの条項から判断できる。従業員の退職によってオプションが早期行使または没収される確率は、従業員の離職率に関する過去データから推定される。ツリーの各ノードで従業員がオプションを行使する確率の推定はもっと困難である。明らかに、この確率は株価の行使価格に対する比が増加すると高まり、オプションの残存期間が減少するとともに低下する。十分な過去データがあれば、少なくとも近似的には、行使確率をこれら2変数の関数として推定することは可能である。

【例16.2】

　ある企業が3年後に権利が確定する満期8年のストック・オプションを付与するとする。株価と行使価格はともに40ドルである。株価のボラティリティは30%，無リスク金利は5%で，株式に配当はない。このオプションの評価に用いる4期間ツリーを図16.1に示す。(このツリーは例示目的のものであり，実際にはもっと多期間のツリーが用いられる。) いま

図16.1　例16.2の従業員ストック・オプションの評価

各ノード：
　上段 = 原資産価格
　下段 = オプション価格
　太字の数字は早期行使の結果
　行使価格 = 40
　時間ステップごとの割引係数 = 0.9048
　時間ステップ，$\Delta t = 2.0000$年，730.00日
　時間ステップごとの成長係数，$a = 1.1052$
　上昇確率，$p = 0.5158$
　ステップごとの上昇幅，$u = 1.5285$
　ステップごとの下落幅，$d = 0.6543$

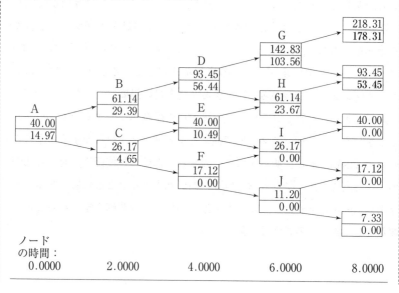

の場合，$\sigma = 0.3$，$\Delta t = 2$，$r = 0.05$ となるので，第13章の記号を用いると，$a = e^{0.05 \times 2} = 1.1052$，$u = e^{0.3\sqrt{2}} = 1.5285$，$d = 1/u = 0.6543$，$p = (a-d)/(u-d) = 0.5158$ となる。したがって，"上の枝"にいく確率は0.5158，"下の枝"にいく確率は0.4842になる。オプションの早期行使が望まれるかもしれないノードはD，G，Hの三つである。（ノードBではオプションの権利が確定しておらず，満期より前の他のノードではオプションはイン・ザ・マネーではない。）ノードD，G，Hでオプションが行使される確率（それまでに早期行使されていないという条件付確率）をそれぞれ40％，80％，30％と仮定する。また，各期間に従業員が退職する確率を5％とする。（これは従業員の離職率が年率約2.5％であることに相当している。）さらに，オプションの価値を計算するときは，従業員は常に各期間の終わりに退職すると仮定する。オプションの権利確定前，あるいはオプションがアウト・オブ・ザ・マネーのときに従業員が退職すると，オプションは消滅する。それ以外のときに退職すると，オプションは即時に行使されなければならない。

最終ノードにおけるオプションの価値は本源的価値に等しい。6年後のノードについて考える。ノードIとJは簡単である。それらのノードから分岐するノードでのオプションの価値はすべてゼロなので，それらのノードでのオプションの価値もゼロである。ノードHでは，従業員がオプションを行使する確率は30％である。オプションが早期行使されなかった場合のうち，5％は退職に伴って行使されることになる。したがって，行使確率は全体で $0.3 + 0.7 \times 0.05 = 0.335$ になる。オプションが行使された場合の価値は $61.14 - 40 = 21.14$ である。オプションが行使されなかった場合の価値は，

$$e^{-0.05 \times 2}(0.5158 \times 53.45 + 0.4842 \times 0) = 24.95$$

である。したがって，ノードHにおけるオプションの価値は，

$$0.335 \times 21.14 + 0.665 \times 24.95 = 23.67$$

になる。同様に，ノードGにおけるオプションの価値は，

$$0.81 \times 102.83 + 0.19 \times 106.64 = 103.56$$

になる。

次に4年後のノードについて考える。ノードFではオプションの価値は明らかにゼロである。ノードEでは従業員の退職によってオプションが消滅する確率は5%であり，95%の確率でオプションは保有し続けられる。その場合におけるオプションの価値は，

$$e^{-0.05 \times 2}(0.5158 \times 23.67 + 0.4842 \times 0) = 11.05$$

である。したがって，オプションの価値は$0.95 \times 11.05 = 10.49$になる。ノードDでは0.43の確率でオプションは行使され，0.57の確率でオプションは保有し続けられる。したがって，オプションの価値は56.44になる。

最後に，はじめのノードと2年後のノードについて考える。これらのノードではオプションの権利は確定していない。したがって，5%の確率でオプションは消滅し，95%の確率でオプションはさらに2年間保有されることになる。この結果，オプションの価値は図16.1のようになり，はじめのノードにおけるオプションの価値は14.97になる。（通常のオプションを同じツリーを用いて評価すると，その価値は17.98になる。）

行使乗数アプローチ

ストック・オプションの権利確定後，株価の行使価格に対する比があるレベルを超えると従業員はすぐにオプションを行使するとする，単純なモデルがHullとWhiteによって提案されている[8]。行使を判断する株価の行使価格に対する比は"行使乗数（exercise multiple）"と呼ばれる。このアプローチに従えば，オプションは二項ツリーや三項ツリーを用いて評価できる。その際には，26.6節で説明するように，オプションが行使される株価上にノードが乗るように二項ツリーまたは三項ツリーを構築することが重要である。たとえば，行使価格を30ドルとし，株価の行使価格に対する比が1.5のとき

---

[8] J. Hull and A. White, "How to value employee stock options," *Financial Analysts Journal*, 60, 1 (January/February 2004): 3-9を参照。

に従業員がオプションを行使すると仮定すると，株価が45ドルのレベルにノードが乗るようにツリーを構築すべきである。ツリーを用いた評価は例16.2と同様で，従業員の退職する確率を考慮して計算を行う[9]。行使時点における株価の行使価格に対する比の平均値を過去データから計算して，それを行使乗数の推定値とする（満期時と退職時における行使は平均値の計算に含めない）。予想残存期間は株価の過去の経路にかなり依存しているので，その推計は困難であるが，行使乗数の推計はそれに比べて容易である。

市場アプローチ

従業員ストック・オプションを評価する方法の一つは，市場がそれに対していくら払うであろうかみることである。シスコは2006年に最初にこの方法を試した企業である。シスコは機関投資家に対して従業員ストック・オプションとまったく同じ条件のオプションを売却することを提案した。オプションを購入する投資家層が十分に広くなかったという理由で，この方法はSECに認められなかった。

ザイオンズ・バンコープは別の方法を提案した。それは，従業員が実際に行使して得た利益に連動するペイオフをもつ証券を売却することである。たとえば，従業員に付与されるオプションの行使価格が40ドルで，株価が60ドルになったちょうど5年後に従業員の1％がオプションを行使し，株価が65ドルになったちょうど6年後に従業員の2％がオプションを行使することなどがわかったと仮定する。そうすると，投資家が保有する当該証券の1％が5年後に20ドルのペイオフを生み，2％が6年後に25ドルのペイオフを生むといった具合になる。

ザイオンズ・バンコープは自社の従業員に付与するストック・オプションに対して，このアイデアを試してみた。その証券はダッチ・オークション方式で売り出された。この方式では，オークションに参加する個人または企業は，オプションの購入希望価格と購入希望数量を入札する。落札価格は，そ

---

[9] このアプローチを実装したソフトウェアが www-2.rotman.utoronto.ca/~hull にある。

の価格またはそれより高い価格での購入希望数量の合計が売り出されるオプションの数量に等しくなるか，それを上回るようなビッドのうち，最も高いもので決まる。落札価格より高い価格で入札した買い手は購入希望全数量を落札価格で購入し，落札価格で入札した買い手は残りの数量から割当てを受ける。2007年10月，ザイオンズ・バンコープはこの市場アプローチがSECに承認されたと発表したが，それほど使われてはいない。

希薄化

従業員ストック・オプションが行使されると企業は新株を発行し，その新株は従業員にそのときの株価より低い価格で売却されることになる。そのため，既存株主にとっては株式の希薄化が生じる。この希薄化はオプションが行使された時点に発生すると仮定するのが自然であるように思われる。しかし，これは正しくない。15.10節で説明したように，ストック・オプションの付与が市場に最初に公表された時点で，希薄化は株価に織り込まれる。オプションの起こりうる行使が予想され，直ちに株価に反映されることになる。この点については，ビジネス・スナップショット15.3の例でも強調されている。

ストック・オプションの付与が発表されると，希薄化は株価にすぐに織り込まれる。オプションの評価にはこの織込ずみの株価が用いられるため，希薄化を考慮したオプション価格の調整は必要ではない。多くの場合には，企業による通常のストック・オプションの付与は事前に市場で予想されており，公表以前でも予測される希薄化の影響は株式の市場価格に織り込まれている。

市場が驚くようなストック・オプションの付与を企業が計画している場合には，例15.7で説明したような方法でそのコストを見積もることができる。このコストは，従業員の通常の給料を低く抑えたまま従業員の離職率を低くできることによる利得と比較されることがある。

16.5 バックデーティング・スキャンダル

従業員ストック・オプションに関する説明を，バックデーティング・スキャンダルに触れずに終えるわけにはいかないだろう。バックデーティングとは，文書の日付を現在よりさかのぼった日付にする慣行である。

ある企業が，株価が50ドルの4月30日に，経営者に対してアット・ザ・マネーのストック・オプションの付与を決めたとする。4月3日の株価が42ドルだったとすると，オプションを4月3日に付与していたことにして，行使価格として42ドルを用いたいと思う場合もある。ストック・オプションの付与を決めた4月30日に8ドルだけイン・ザ・マネーのオプションを付与したとその企業が報告すれば，これは合法的な行為である。しかし，アット・ザ・マネーのストック・オプションを4月3日に付与したとその企業が報告すれば，これは違法行為になる。行使価格42ドルのストック・オプションの4月3日における価値は，4月30日における価値よりもずっと低い。そのため，ストック・オプションを4月3日に付与したと報告すると，ストック・オプション付与の決定に伴う本当の費用に関して，株主を欺くことになるからである。

バックデーティングはどのくらい行われているのだろうか。この疑問に答えるために，企業が報告したストック・オプションの付与日における企業の株価が低いという傾向が平均的にみられるかどうかについて，研究がなされてきた。Yermack による初期の研究は，株価は報告された付与日後に上昇する傾向があることを示している[10]。Lie は Yermack の研究を拡張して，株価は報告された付与日前に下落する傾向もあることを示した[11]。さらに，付与日前後の株価のパターンは時を経るにつれ顕著になっていったことを Lie は示した。その結果は図16.2にまとめられており，1993-94年，1995-

---

10 D. Yermack, "Good timing: CEO stock option awards and company news announcements," *Journal of Finance*, 52 (1997): 449-76を参照。

11 E. Lie, "On the timing of CEO stock option awards," *Management Science*, 51, 5 (May 2005): 802-12を参照。

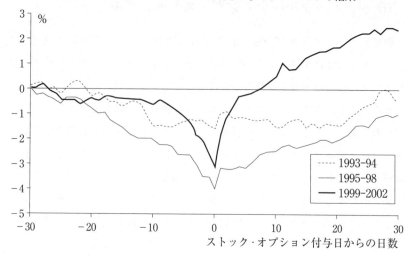

図16.2 バックデーティングの証拠を与える Erik Lie の結果

（出典）www.biz.uiowa.edu/faculty/elie/backdating.htm

98年，1999-2002年の各期間において付与日前後に異常な平均リターンがみられる。（それらの異常なリターンは，市場ポートフォリオのリターンと株式のベータに関する調整をして求められたリターンである。）標準的な統計学の検定結果から，図16.2のようなパターンが偶然に観測されることはほとんどありえない，ということがわかっている。この結果を受けて，2002年に学者と規制当局はともに，バックデーティングは常態化していたと結論づけた。2002年8月に，SECは公開企業に対してストック・オプションを付与したときは2営業日以内に報告することを要請した。その結果，ストック・オプション付与日前後の異常なリターンが，特にこの要請に応じた企業について，劇的に減少したことを Heron と Lie は示した[12]。図16.2のパターンは経営者が単に悪いニュースの後，またはよいニュースの前に付与日を選んだということで説明できる，という主張がなされるかもしれないが，Heron と Lie の研

---

[12] R. Heron and E. Lie, "Does backdating explain the stock price pattern around executive stock option grants," *Journal of Financial Economics*, 83, 2 (February 2007): 271-95を参照。

究はそうでないということの説得力のある証拠を示している。

　米国でストック・オプションの付与日に関する不正を行っていた企業の数は，推計によって大きく異なる。数十，もしかしたら数百の企業が不正を行っていたと思われている。多くの企業は，1カ月までのバックデーティングは問題ないと考えていたようである。バックデーティングを行っていたことが明るみに出た時，辞任した最高経営責任者もいる。2007年8月に，ブロケード コミュニケーションズ システムズのグレゴリー・レイズ（Gregory Reyes）は，ストック・オプションのバックデーティングに関して裁判にかけられた最初の最高経営責任者になった。伝えられるところでは，レイズ氏は人事部門の従業員に「捕まらなければ違法ではない」といったそうである。2010年6月に，レイズ氏に対して懲役18カ月，罰金1,500万ドルが科せられた。

　バックデーティングにかかわった企業は過去の財務諸表の修正を行わなければならず，バックデーティングの結果不利益を被った株主から集団訴訟を受けることになる。たとえば，2007年12月にマカフィーは1995年から2005年の間の所得に関して13,740万ドルの修正を発表した。そして，マカフィーは2006年に訴訟費用として1,380万ドルを積み立てている。

要約

　経営者に対する報酬は過去20年間に急速に増加した。その増加のほとんどは経営者に付与されたストック・オプションの行使によるものである。2005年までは，アット・ザ・マネーのストック・オプションの付与は報酬の形態として非常に魅力的であった。ストック・オプションの付与は損益計算書に影響を与えず，しかも従業員にとっては非常に価値のあるものであった。現在の会計基準ではストック・オプションの費用計上が求められている。

　従業員ストック・オプションの評価には多くの異なるアプローチがある。

一般的なアプローチは，予想残存期間をオプションの満期にして Black–Scholes–Merton モデルを使うというものである。別のアプローチとして，株価の行使価格に対する比がバリアに到達するとすぐにオプションは行使されると仮定して，オプションを評価する方法がある。3つ目のアプローチは，行使確率，株価の行使価格に対する比，およびオプション満期までの時間の間にある関係について推定を試みるというものである。4つ目のアプローチとしては，オプションのペイオフを複製する証券の価値を市場で評価させるという方法がある。

ストック・オプションをアット・ザ・マネーで付与したと主張しつつ行使価格を下げるために，ストック・オプション付与日のバックデーティングを不正に行っている企業が多いという疑念は，学術的な研究によって疑い以上のものであることが裏付けられた。2007年にこの不正行為に対する初めての起訴が行われた。

参考文献

Carpenter, J., "The Exercise and Valuation of Executive Stock Options," *Journal of Financial Economics*, 48, 2 (May 1998): 127–58.

Core, J. E., and W. R. Guay, "Stock Option Plans for Non-Executive Employees," *Journal of Financial Economics*, 61, 2 (2001): 253–87.

Heron, R., and E. Lie, "Does Backdating Explain the Stock Price Pattern around Executive Stock Option Grants," *Journal of Financial Economics*, 83, 2 (February 2007): 271–95.

Huddart, S., and M. Lang, "Employee Stock Option Exercises: An Empirical Analysis," *Journal of Accounting and Economics*, 21, 1 (February): 5–43.

Hull, J., and A. White, "How to Value Employee Stock Options," *Financial Analysts Journal*, 60, 1 (January/February 2004): 3–9.

Lie, E., "On the Timing of CEO Stock Option Awards," *Management Science*, 51, 5 (May 2005): 802–12.

Yermack, D., "Good Timing: CEO Stock Option Awards and Company News Announcements," *Journal of Finance*, 52 (1997): 449-76.

練習問題

16.1 2005年より以前は，企業にとってアット・ザ・マネーのストック・オプションを付与することは魅力的であった。その理由を述べよ。また，2005年以降，それはどのように変わったか。

16.2 典型的な従業員ストック・オプションと取引所あるいは店頭市場で取引されているアメリカン・コール・オプションとの主な違いを述べよ。

16.3 配当のない株式に対する従業員ストック・オプションが満期前に行使されることはよくあるが，配当のない株式の上場コール・オプションは決して期限前行使されない。その理由を説明せよ。

16.4 「ストック・オプションの付与は，経営者が株主の最大利益のために行動することを動機づけるので，よいことである。」これはどういう観点から述べられた意見であるかを議論せよ。

16.5 「経営者に対するストック・オプションの付与は，プロのフットボール選手が自分のゲームにお金を賭けるのを許可するようなものである。」これはどういう観点から述べられた意見であるかを議論せよ。

16.6 2002年より以前は，米国ではいくつかの企業はストック・オプションの付与日を実際よりもさかのぼった日付にしていた。その理由を説明せよ。また，2002年にこの状況はどう変わったか説明せよ。

16.7 各四半期末にストック・オプションを再評価しなければならなくなった場合に，バックデーティングによる利得がどのように減じるかを説明せよ。

16.8 図16.2のグラフはどのような分析により作成されているかを説明せ

よ。

16.9 5月31日におけるある企業の株価は70ドル，発行済株式数は1,000,000株である。その企業の経営者が行使価格50ドルのストック・オプションを100,000株分行使したとする。これが株価に与える影響について説明せよ。

16.10 ある企業の財務諸表に次のことが付記されている。「経営者に付与したストック・オプションの満期は10年，権利確定期間は4年である。今年度付与したストック・オプションの価値は，予想残存期間を5年，ボラティリティを20%として，Black–Scholes–Mertonモデルを用いて評価した。」この付記の意味を説明せよ。また，その企業が用いている評価方法について議論せよ。

16.11 オプション10,000単位に対するダッチ・オークションで入札されたビッドは以下のとおりである。

A：30ドル　3,000単位
B：33ドル　2,500単位
C：29ドル　5,000単位
D：40ドル　1,000単位
E：22ドル　8,000単位
F：35ドル　6,000単位

このオークションの結果はどのようになるか。だれがいくらで何単位落札することになるか。

16.12 ある企業が500,000株分のストック・オプションを経営者に付与した。付与日の株価と行使価格はともに40ドルで，満期は12年，権利確定期間は4年である。この企業は，予想残存期間を5年，ボラティリティを年率30%としてオプションを評価することにした。この企業は配当を支払っておらず，無リスク金利は4%である。この企業が損益計算書に報告するストック・オプションの費用はいくらになるか。

16.13 ある企業の最高財務責任者は次のように語った。「ストック・オプ

ションの会計処理はばかげている。昨年株価が30ドルのときに従業員に対してアット・ザ・マネーのストック・オプションを10,000,000株分付与した。付与日における1株当りのオプションの価値を評価すると5ドルであった。年度末に株価は4ドルに下落したにもかかわらず，損益計算書には5,000万ドルの費用が計上されたままである。」この意見について議論せよ。

発展問題

16.14 例16.2において，従業員ストック・オプションに対する（リスク中立確率のもとでの）予想残存期間を求めよ。また，求めた予想残存期間を用いて，Black–Scholes–Mertonモデルを使ってストック・オプションの価値を計算せよ。

16.15 ある企業が2,000,000株分のストック・オプションを従業員に付与した。付与日の株価と行使価格はともに60ドルで，満期は8年，権利確定期間は2年である。この企業は，予想残存期間を6年，ボラティリティを年率22%としてオプションを評価することにした。株式の配当は年1ドルで，中間配当があり，無リスク金利は5%である。この企業が損益計算書に報告するストック・オプションの費用はいくらになるか。

16.16 ある企業が1,000,000株分のストック・オプションを従業員に付与した。付与日の株価と行使価格はともに20ドルで，満期は10年，権利確定期間は3年である。株価のボラティリティを30%，無リスク金利を5%とし，この企業は配当を支払っていないとする。このストック・オプションの価値を，以下のことを仮定して，4期間ツリーを用いて評価せよ。ツリーの各期間の終わりに従業員が退職する確率は4%とする。各ノードにおいて，まだ行使されていないオプショ

ンが，(a)オプションの権利が確定しており，(b)オプションがイン・ザ・マネーのときに自発的に早期行使される確率は，

$$1-\exp[-a(S/K-1)/T]$$

であると仮定する。ここでは S は株価，K は行使価格，T は満期までの時間，$a = 2$ である。

16.17 (a) ヘッジファンドは，管理手数料と，生み出した収益があればその何パーセントかをインセンティブ・フィーとして得る（ビジネス・スナップショット1.3を参照）。ファンド・マネージャーは，このタイプの報酬体系によりどのように動機づけられるか述べよ。

(b) 「経営者にストック・オプションを付与することは，ヘッジファンド・マネージャーと同じ報酬体系とすることになり，経営者はヘッジファンド・マネージャーと同じように行動することを動機づけられるであろう。」この意見について論ぜよ。

第17章
株価指数オプションと通貨オプション

　株価指数オプションと通貨オプションについては第10章ですでに触れたが，本章ではそれらについてもっと詳しく論じる。それらの商品性や使われ方について説明するとともに，残り半分を使って，第15章で得られたオプションの価値評価に関する結果を，配当利回りが既知の株式に対するヨーロピアン・オプションに拡張する。そのうえで株価指数と通貨が，配当利回りが既知の株式に類似した資産であることを示す。それによって，配当利回りが既知である株式のオプションに対して得られた結果が，それらのオプションの評価にも適用できるようになる。

17.1 株価指数オプション

　いくつかの取引所で株価指数オプションが取引されている。指数には，市

場全体の動きを反映しているものもあれば，特定の業種（セクター）（たとえば，コンピューター・テクノロジー関連，石油・ガス関連，運輸や通信関連等）のパフォーマンスに基づくものもある。シカゴ・オプション取引所（CBOE）で取引されている指数オプションには，S&P 100のアメリカン・オプションとヨーロピアン・オプション（それぞれ OEX と XEO），S&P 500のヨーロピアン・オプション（SPX），ダウ平均のヨーロピアン・オプション（DJX），Nasdaq 100のヨーロピアン・オプション（NDX）がある。CBOEでは，個別株式のLEAPSとフレックス・オプションが取引されていることを第10章で述べた。指数に対するこれらのオプションも取引されている。

指数オプションの取引単位は指数の100倍である。（指数オプションで使われるダウ平均は通常のダウ平均の0.01倍であることに注意。）指数オプションは現金で決済される。したがって，オプションが行使されると，コール・オプションの保有者は $(S-K) \times 100$ の現金を受け取り，売り手は同額の現金を支払う。ここで S は行使された日の引け時点での指数の値で，K は行使価格である。同様に，プット・オプションの保有者は $(K-S) \times 100$ の現金を受け取り，売り手は同額の現金を支払う。

ポートフォリオ・インシュアランス

ポートフォリオ・マネージャーは，ダウンサイド・リスクを限定するために株価指数オプションを用いることがある。指数の現在値を S_0 とする。ベータ値が1.0のよく分散されたポートフォリオを担当しているマネージャーについて考える。ベータ値が1.0ということは，ポートフォリオの収益率と指数の収益率とはおおむね同じであることを意味している。ポートフォリオの配当利回りと指数の配当利回りが同じであると仮定すると，ポートフォリオの価値の変化率と指数の値の変化率はおおむね一致することが期待される。取引単位は指数の100倍なので，ポートフォリオ $100S_0$ ドルごとに行使価格 K のプット・オプションを1単位購入すれば，指数が K よりも下落する可能性に対してポートフォリオの価値を守ることができる。たとえば，マネージャーのポートフォリオの価値を500,000ドル，指数の値を1,000

としよう。ポートフォリオは指数の500倍の価値をもっている。行使価格900の3カ月物プット・オプションを5単位購入することで，マネージャーはポートフォリオの価値が3カ月後に450,000ドル以下になることに対して保険をかけることができる。

保険がどのように働くかを例示するために，指数が3カ月後に880に下落する場合を考えよう。ポートフォリオの価値は約440,000ドルになる。オプションのペイオフは$5 \times (900 - 880) \times 100 = 10,000$ドルとなるので，ポートフォリオの総価値は保証された450,000ドルになる。

ポートフォリオのベータ値が1.0でない場合

ポートフォリオのベータ（β）が1.0でない場合は，ポートフォリオ$100S_0$ドルごとにベータ単位のプット・オプションを購入しなければならない。ここでS_0は指数の現在値である。先ほど考えた500,000ドルのポートフォリオのベータ値が1.0ではなく2.0の場合を考えよう。前と同様に，指数の現在値を1,000とする。このとき，必要となるプット・オプションの単位数は前の場合の5単位ではなく，

$$2.0 \times \frac{500,000}{1,000 \times 100} = 10$$

になる。

適切な行使価格を計算するために，資本資産価格モデル（CAPM，第3章の付録を参照）を用いる。無リスク金利は12％，指数とポートフォリオの配当利回りはともに4％，ポートフォリオの価値が3カ月後に450,000ドル以下になることに対して保険をかけたいとする。資本資産価格モデルによると，ポートフォリオの無リスク金利に対する期待超過収益率は，指数ポートフォリオの無リスク金利に対する超過収益率のベータ倍に等しい。このモデルを用いると，3カ月後の異なる指数の値に対してポートフォリオの期待価値を計算することができる。3カ月後の指数の値が1,040となる場合の計算を表17.1に示す。この場合には，3カ月後のポートフォリオの期待価値は530,000ドルになる。同様の計算を3カ月後の指数のその他の値に対して

表17.1 3カ月後の指数の値が1,040で $\beta = 2.0$ の場合のポートフォリオの期待価値計算

3カ月後の指数の値：	1,040
指数の変化から得られるリターン：	3カ月当り40/1,000,すなわち4％
指数から得られる配当：	3カ月当り0.25×4＝1％
指数から得られる総リターン：	3カ月当り4＋1＝5％
無リスク金利：	3カ月当り0.25×12＝3％
無リスク金利に対する 　指数の超過リターン：	3カ月当り5－3＝2％
無リスク金利に対する 　ポートフォリオの超過リターン：	3カ月当り2×2＝4％
ポートフォリオの期待リターン：	3カ月当り3＋4＝7％
ポートフォリオから得られる配当：	3カ月当り0.25×4＝1％
ポートフォリオ価値の期待増分：	3カ月当り7－1＝6％
ポートフォリオの期待価値：	500,000ドル×1.06＝530,000ドル

行った結果を，表17.2に示す。購入すべきオプションの行使価格は，ポートフォリオの保証レベルに対応する指数のレベルである。いまの場合は保証レベルを450,000ドルとしているので，プット・オプション10単位の購入すべき行使価格は960ドルである[1]。

期待する結果が得られていることを例示するために，指数の値が880に下

表17.2 $\beta = 2.0$ のときの指数の値とポートフォリオの価値の関係

3カ月後の指数の値	3カ月後のポートフォリオの価値（ドル）
1,080	570,000
1,040	530,000
1,000	490,000
960	450,000
920	410,000
880	370,000

---

[1] 次の3カ月間で500,000ドルの約1％，すなわち5,000ドルが配当として得られる。配当も含めた価値として保証レベルを450,000ドルとしたいのであれば，450,000ドルではなく445,000ドルに対応する行使価格を選択すればよい。その場合は955ドルになる。

落した場合にどうなるかを考えてみよう。表17.2に示したように，ポートフォリオの価値は約370,000ドルになる。プット・オプションのペイオフは$(960-880) \times 10 \times 100 = 80,000$ドルになり，これはまさしく，ポートフォリオ・マネージャーのポジションの総価値を370,000ドルから要求される水準の450,000ドルまで上げるのに必要な金額である。

本章の例からわかるように，ポートフォリオのベータが大きくなるとヘッジコストが増える理由は二つある。必要となるプット・オプションの単位数が増えることと，オプションの行使価格が高くなることである。

17.2 通貨オプション

通貨オプションは主として店頭市場で取引されている。店頭市場の長所は，行使価格，満期，その他の条件を企業の財務担当者のニーズにあわせて決めた大きな取引が可能な点である。米国のNASDAQ OMX取引所にて通貨オプションが取引されているが，取引所市場は店頭市場に比べてその規模はかなり小さい。

ヨーロピアン・コール・オプションの例として，オプション保有者が1ユーロ当り1.3000米ドルで100万ユーロを購入する権利をもつ契約を考える。オプション満期日における実際の為替レートが1.3500になったとすると，ペイオフは$1,000,000 \times (1.3500 - 1.3000) = 50,000$ドルになる。同様に，ヨーロピアン・プット・オプションの例として，オプション保有者が1豪ドル当り0.9000米ドルで1,000万豪ドルを売却する権利をもつ契約を考える。オプション満期日における実際の為替レートが0.8700になったとすると，ペイオフは$10,000,000 \times (0.9000 - 0.8700) = 300,000$ドルになる。

外国為替リスクをヘッジしたいと思っている企業にとって，通貨オプションはフォワード契約と並ぶヘッジ・ツールである。将来のある日に英ポンドを受け取る予定の米国企業は，その日に満期を迎える英ポンドのプット・オプションを購入することにより，そのリスクをヘッジできる。このヘッジ戦略では，英ポンドの価値が行使価格未満にならないという保証を受けなが

ら，為替が有利に動いた場合にはその恩恵も享受できる。同様に，将来のある日に英ポンドを支払う予定の米国企業は，その日に満期を迎える英ポンドのコール・オプションを購入することにより，そのリスクをヘッジできる。このヘッジ戦略では，英ポンドの購入コストがある価格を超えないという保証を受けながら，為替が有利に動いた場合にはその恩恵も享受できる。フォワード契約が将来の為替レートを固定する取引であるのに対し，オプションは一種の保険的な取引である。保険は無料ではない。フォワード契約を結ぶのにコストはかからないのに対し，オプション取引を行うにはプレミアムを前払いする必要がある。

レンジ・フォワード

　レンジ・フォワード契約（range forward contract）は外国為替リスクをヘッジする標準的なフォワード契約の変形である。3カ月後に100万ポンドを受け取る米国の企業を考えよう。3カ月物フォワード為替レートが1ポンド当り1.5200ドルとする。その企業は3カ月後に100万ポンドを売却するフォワード契約を結べば，ドルでの受取りをこの為替レートで固定することができる。すなわち，100万ポンドに対するドルでの受取額は1,520,000ドルに確定できる。

　別のヘッジとして，行使価格 K_1 のヨーロピアン・プット・オプションを購入して，行使価格 K_2 のヨーロピアン・コール・オプションを売却する方法がある。ここで，$K_1 < 1.5200 < K_2$ である。これはショート・ポジションのレンジ・フォワード契約として知られている。そのペイオフは図17.1(a)のようになる。二つのオプションは100万ポンドに対するオプションである。3カ月後の為替レートが K_1 を下回った場合には，プット・オプションを行使して，企業は為替レート K_1 で100万ポンドを売却することができる。為替レートが K_1 と K_2 の間になった場合には，どちらのオプションも行使されず，企業はその時の為替レートで100万ポンドを売却することになる。為替レートが K_2 を上回った場合には，コール・オプションが行使されて，企業は為替レート K_2 で100万ポンドを売却することになる。したがって，100

図17.1 レンジ・フォワード契約のペイオフ

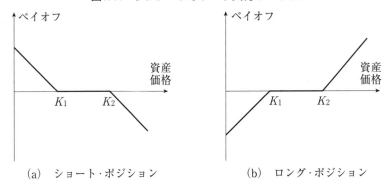

(a) ショート・ポジション　　(b) ロング・ポジション

万ポンドが売却される為替レートは図17.2のようになる。

その企業が3カ月後に100万ポンドを受け取るのではなく支払う場合には，行使価格 K_1 のヨーロピアン・プット・オプションを売却し，行使価格 K_2 のヨーロピアン・コール・オプションを購入すればよい。これはロング・ポジションのレンジ・フォワード契約として知られ，そのペイオフは図17.1 (b)のようになる。3カ月後の為替レートが K_1 を下回った場合には，プット・オプションが行使されて，その結果，企業は為替レート K_1 で必要とし

図17.2　将来の外国通貨受取り，あるいは，将来の外国通貨支払をヘッジするためレンジ・フォワード契約を用いた場合に実現する為替レート

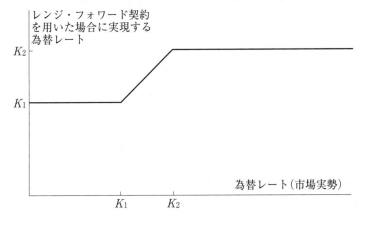

第17章　株価指数オプションと通貨オプション　577

ている100万ポンドを購入することになる。為替レートが K_1 と K_2 の間になった場合には，どちらのオプションも行使されず，企業はその時の為替レートで100万ポンドを購入することになる。為替レートが K_2 を上回った場合には，コール・オプションを行使して，企業は為替レート K_2 で100万ポンドを購入することができる。したがって，100万ポンドを支払う場合の為替レートは前の例で100万ポンド受け取る場合の為替レートと同じになり，図17.2のようになる。

実際の取引では，レンジ・フォワード契約は，プット・オプションの価格とコール・オプションの価格が等しくなるように組まれる。すなわち，通常のフォワード契約を組むのにコストがかからないのと同じく，そのようなレンジ・フォワード契約を組むのにもコストはかからない。米国と英国の金利をともに5％とする。このとき，スポット為替レートは（フォワード為替レートと同じ）1.5200になる。さらに，為替レートのボラティリティを14％とする。このとき，DerivaGemソフトウェアを用いて計算すると，1ポンドを売却する行使価格1.5000のヨーロピアン・プット・オプションの価格と1ポンドを購入する行使価格1.5413のヨーロピアン・コール・オプションの価格は同じ価格になることがわかる。（どちらも0.03250となる。）したがって，この例では，$K_1 = 1.5000$，$K_2 = 1.5413$ とすれば，ゼロコストのレンジ・フォワード契約が組める。

レンジ・フォワード契約のコール・オプションとプット・オプションの行使価格が同じになるように設定すれば，レンジ・フォワード契約は通常のフォワード契約になる。図17.1(a)の（ショートの）レンジ・フォワード契約はショート・フォワード契約になり，図17.1(b)の（ロングの）レンジ・フォワード契約はロング・フォワード契約になる。

17.3 配当利回りが既知の株式に対するオプション

本節では，配当のない株式のヨーロピアン・オプションに対する結果を，配当利回りが既知の株式に対するヨーロピアン・オプションにも適用できる

ように拡張する簡単な規則を見出す．この結果を用いて，後で株価指数オプションと通貨オプションの評価を行う．

配当は配当落ち日に配当額だけ株価を下落させる．したがって，年率 q の配当利回りの支払は，配当がなかった場合に比べて株価の成長率を q だけ低下させる．配当利回り q の株式の株価が現在の S_0 から時点 T に S_T になったとすると，配当がなければ，現在 S_0 の株価は時点 T には $S_T e^{qT}$ になるはずである．あるいは，現在 $S_0 e^{-qT}$ の株価は時点 T には S_T になるはずであるという言い方もできる．

この議論から，次の二つの場合の時点 T における株価の確率分布は同じであることがわかる．

1. 配当利回りが年率 q で，価格が S_0 から始まる株式
2. 配当がなく，価格が $S_0 e^{-qT}$ から始まる株式

これより，次の簡単な規則が導かれる．配当利回りが既知で q に等しい株式に対する残存期間 T のヨーロピアン・オプションの価値を評価するときは，現在の株価を S_0 から $S_0 e^{-qT}$ に減じ，配当のない株式のオプションとして評価すればよい[2]．

オプション価格の下限

この規則の最初の適用例として，配当利回りが q の株式に対するヨーロピアン・オプションの価格の下限を求める問題について考える．(11.4)式の S_0 に $S_0 e^{-qT}$ を代入すると，ヨーロピアン・コール・オプションの価格 c の下限は，

$$c \geq \max(S_0 e^{-qT} - K e^{-rT},\ 0) \tag{17.1}$$

で与えられる．この不等式を，次の二つのポートフォリオを考えることによって直接示すこともできる．

---

[2] この規則は，15.12節で検討した配当額が既知の株式に対するヨーロピアン・オプションの評価方法と同様のものである．(15.12節の場合は株価から配当額の現在価値を減じる修正を行うのに対し，いまの場合は配当利回りで株価を割り引く修正を行う．)

ポートフォリオA：ヨーロピアン・コール・オプション1単位とKe^{-rT}の現金

ポートフォリオB：e^{-qT}単位の現物株と得られる配当の株式への再投資

同様に，ヨーロピアン・プット・オプション価格の下限は，(11.5)式でS_0をS_0e^{-qT}に置き換えることで，

$$p \geq \max(Ke^{-rT} - S_0e^{-qT},\ 0) \tag{17.2}$$

と求まる。この不等式を，次のポートフォリオを考えることによって直接示すこともできる。

ポートフォリオC：ヨーロピアン・プット・オプション1単位およびe^{-qT}単位の現物株と得られる配当の株式への再投資

ポートフォリオD：Ke^{-rT}の現金

プット・コール・パリティ

(11.6)式でS_0をS_0e^{-qT}に置き換えることで，配当利回りがqに等しい株式のオプションに対するプット・コール・パリティ

$$c + Ke^{-rT} = p + S_0e^{-qT} \tag{17.3}$$

が得られる。この等式を，次の二つのポートフォリオを考えることによって直接示すこともできる。

ポートフォリオA：ヨーロピアン・コール・オプション1単位とKe^{-rT}の現金

ポートフォリオC：ヨーロピアン・プット・オプション1単位およびe^{-qT}単位の現物株と得られる配当の株式への再投資

二つのポートフォリオは時点Tにおいてともに$\max(S_T,\ K)$の価値をもつ。したがって現時点における価値も等しくなければならないことから，(17.3)式のプット・コール・パリティが導かれる。アメリカン・オプションの場合は，プット・コール・パリティの関係は，

$$S_0e^{-qT} - K \leq C - P \leq S_0 - Ke^{-rT}$$

になる（練習問題17.12を参照）。

オプションの価格式

Black–Scholes–Merton の公式，すなわち(15.20)式と(15.21)式でS_0を$S_0 e^{-qT}$に置き換えると，配当利回りがqの株式に対するヨーロピアン・コールの価格cとヨーロピアン・プットの価格pが，

$$c = S_0 e^{-qT} N(d_1) - K e^{-rT} N(d_2) \tag{17.4}$$

$$p = K e^{-rT} N(-d_2) - S_0 e^{-qT} N(-d_1) \tag{17.5}$$

として得られる。

$$\ln \frac{S_0 e^{-qT}}{K} = \ln \frac{S_0}{K} - qT$$

より，パラメータd_1とd_2は，

$$d_1 = \frac{\ln(S_0/K) + (r - q + \sigma^2/2)T}{\sigma\sqrt{T}}$$

$$d_2 = \frac{\ln(S_0/K) + (r - q - \sigma^2/2)T}{\sigma\sqrt{T}} = d_1 - \sigma\sqrt{T}$$

で与えられる。これらの結果は Merton によって初めて導出された[3]。第15章で議論したようにオプションの評価においては，配当（dividend）という言葉は，配当落ち日に配当分として株価が下落する額，として定義する必要がある。配当利回りがオプション期間中一定でない場合でも，qをオプション期間での平均年率配当利回りとすれば，(17.4)式と(17.5)式はそのまま成り立つ。

微分方程式とリスク中立化法

(17.4)式と(17.5)式をもっと厳密に証明するには，オプションの価格が満たす微分方程式を解くか，リスク中立化法を用いればよい。

15.6節での分析を配当利回りqを考慮して行うと，微分方程式(15.16)は，

$$\frac{\partial f}{\partial t} + (r - q)S\frac{\partial f}{\partial S} + \frac{1}{2}\sigma^2 S^2 \frac{\partial^2 f}{\partial S^2} = rf \tag{17.6}$$

---

[3] R. C. Merton, "Theory of Rational Option Pricing," *Bell Journal of Economics and Management Science*, 4 (Spring 1973): 141–83を参照。

になる[4]。(15.16)式と同様に，この式にはリスク選好の影響を受ける変数は含まれていない。したがって，15.7節で説明したように，リスク中立化法を用いることができる。

リスク中立世界では，この株式の総収益率はrに等しい。配当として収益率qの収益が得られるので，この株式の期待成長率は$r-q$になるはずである。これより，リスク中立世界での株価過程は，

$$dS = (r-q)Sdt + \sigma S dz \qquad (17.7)$$

で与えられる。したがって，配当利回りがqの株式のデリバティブの価値を求めるには，その株式の期待成長率を$r-q$として計算したペイオフの期待値を，金利rで割り引けばよい。株価の期待成長率が$r-q$のとき，時点Tにおける株価の期待値は$S_0 e^{(r-q)T}$である。第15章の付録と同様の分析を行うと，リスク中立世界におけるペイオフの期待値は，

$$e^{(r-q)T} S_0 N(d_1) - KN(d_2)$$

になる。ここでd_1とd_2は先ほど定義したものである。金利rで時間Tだけ割り引くと，(17.4)式が得られる。

17.4　ヨーロピアン株価指数オプションの評価

第5章で指数先物を評価する際に，指数は配当利回りが既知の株式として扱えることを説明した。指数オプションの評価も同様に行う。そうすると，(17.1)式と(17.2)式からヨーロピアン指数オプションの価値の下限が得られ，指数オプションのプット・コール・パリティは(17.3)式で表される。また，(17.4)式と(17.5)式をヨーロピアン指数オプションの価格式として用いることができる。アメリカン指数オプションに対しては二項ツリーを用いることができる。すべての式において，S_0は指数の値，σは指数のボラティリティ，qはオプション期間における指数の平均年率配当利回りとする。

4　この証明についてはwww-2.rotman.utoronto.ca/~hull/TechnicalNotesのTechnical Note 6を参照。

【例17.1】

S&P 500に対する満期2カ月のヨーロピアン・コール・オプションを考える。指数の現在値を930,行使価格を900,無リスク金利を年率8%,指数のボラティリティを年率20%とする。配当利回りは,最初の月は0.2%,次の月は0.3%と予想されている。したがって,$S_0 = 930$,$K = 900$,$r = 0.08$,$\sigma = 0.2$,$T = 2/12$となる。オプション期間中の総配当利回りは$0.2 + 0.3 = 0.5$%である。これは年率で3%に相当するので,$q = 0.03$になる。以上より,

$$d_1 = \frac{\ln(930/900) + (0.08 - 0.03 + 0.2^2/2) \times 2/12}{0.2\sqrt{2/12}} = 0.5444$$

$$d_2 = \frac{\ln(930/900) + (0.08 - 0.03 - 0.2^2/2) \times 2/12}{0.2\sqrt{2/12}} = 0.4628$$

$$N(d_1) = 0.7069, \quad N(d_2) = 0.6782$$

となり,コール・オプションの価格cは(17.4)式から,

$$c = 930 \times 0.7069 e^{-0.03 \times 2/12} - 900 \times 0.6782 e^{-0.08 \times 2/12} = 51.83$$

となる。したがって,契約1単位の価格は5,183ドルになる。

---

qを計算するときは,オプションの満期までに配当落ち日を迎える配当のみを対象にするべきである。米国では,2月,5月,8月,11月の第1週に配当落ち日のある銘柄が多い。したがって,任意の時点におけるqの正確な値はオプション期間に依存することになる。他の国の指数には,さらにその傾向が強いものもある。たとえば,日本では多くの企業の配当落ち日が同じ日に集中している。

指数の構成銘柄に支払われる配当の(利回りでなく)絶対額が既知であるならば,株価から配当の現在価値を差し引いた値を当初の株価として用いることで,基本的なBlack–Scholes–Mertonの公式をそのまま利用することができる。これは第15章で紹介した配当が既知の株式オプションに対するアプローチである。しかし,指数のすべての構成銘柄に対する配当の予想値を知る必要があるため,構成銘柄が市場全体にわたるような株価指数に対して

このアプローチを実際に適用するのはむずかしいかもしれない。

長期的には，十分に分散された株式のポートフォリオへの投資による収益率は同額を債券のポートフォリオに投資した場合の収益率をほぼ確実に上回るとの議論がある。これが本当であるならば，債券ポートフォリオの価値で，株式のポートフォリオを売却できる長期のプット・オプションは，それほど高くないだろう。しかし，実際にはビジネス・スナップショット17.1で指摘するように，それはかなり高価なものになる。

ビジネス・スナップショット17.1
株式のリターンは長期的には債券を上回ることを保証することはできるか

長期スタンスの投資家は債券ではなく株式を購入すべきである，としばしばいわれる。いま，長期投資としてS&P 500連動型エクイティ・ファンドを購入するように，投資家を説得しようとしている米国のファンド・マネージャーを考えてみよう。そのマネージャーは，ファンドの購入者に対して少なくとも無リスク債券のリターンを今後10年間保証することを提案したくなるかもしれない。歴史的にも，米国ではどの10年間においても株式は債券のパフォーマンスを上回ってきた。したがって，それを保証することによるファンド・マネージャーの持出しはあまりないようにみえる。

実際には，この手の保証は驚くほど高くつく。現時点の株価指数を1,000，指数の配当利回りを年率1％，指数のボラティリティを年率15％，10年物無リスク金利を年率5％とする。債券のパフォーマンスを上回るためには，指数の構成銘柄は年率で5％以上を稼がないといけない。配当利回りは年率1％である。したがって，株式のキャピタル・ゲインとして年率4％が必要である。このことから，10年後の指数の水準は，少なくとも$1,000 e^{0.04 \times 10} = 1,492$でなければならない。

以上のことから，1,000ドルを指数に10年間投資したときのリターンが1,000ドルを債券に10年間投資したときのリターンを上回るというのを保証するということは，10年後に指数を1,492で売却する権利を与え

> ることと等価である。これは指数に対するヨーロピアン・プット・オプションであり，(17.5)式で $S_0 = 1,000$, $K = 1,492$, $r = 5\%$, $\sigma = 15\%$, $T = 10$, $q = 1\%$とすればその価値が評価できる。プット・オプションの価値は169.7と求まる。ファンド・マネージャーがつけようとしている保証の価値はファンドの約17％になり，ただでつけられる類のものではない。

フォワード価格

満期 T の指数フォワード価格を F_0 とすると，(5.3)式より $F_0 = S_0 e^{(r-q)T}$ である。これより，(17.4)式と(17.5)式のヨーロピアン・コールの価格 c とヨーロピアン・プットの価格 p は，

$$c = F_0 e^{-rT} N(d_1) - K e^{-rT} N(d_2) \qquad (17.8)$$

$$p = K e^{-rT} N(-d_2) - F_0 e^{-rT} N(-d_1) \qquad (17.9)$$

と書ける。ここで，

$$d_1 = \frac{\ln(F_0/K) + \sigma^2 T/2}{\sigma\sqrt{T}}, \quad d_2 = \frac{\ln(F_0/K) - \sigma^2 T/2}{\sigma\sqrt{T}}$$

である。(17.3)式のプット・コール・パリティは，

$$c + K e^{-rT} = p + F_0 e^{-rT}$$

あるいは，

$$F_0 = K + (c - p)e^{rT} \qquad (17.10)$$

と書ける。一つの満期日に対する同一行使価格のプットとコールのペアが活発に取引されるのは，取引所市場ではまれなことではない。そのような場合には，この式からその満期日の指数フォワード価格が推定できる。多くの異なる満期日の指数フォワード価格が得られると，フォワード価格の期間構造が推定でき，(17.8)式と(17.9)式を用いて他のオプションの評価が行えるようになる。この方法の利点は，指数の配当利回りを明示的に推定しなくてすむことである。

インプライド配当利回り

配当利回りの推定値が必要となる場合（たとえば，アメリカン・オプションを評価したい場合）もまた，行使価格と満期が同じコールとプットを用いて見積もることもできる。(17.3)式より，

$$q = -\frac{1}{T} \ln \frac{c-p+Ke^{-rT}}{S_0}$$

が成り立つ。この式を用いて1組だけの行使価格と満期に対して計算した q の値は信頼性が低い場合が多い。しかし，コールとプットの多くのペアを用いて計算した結果を組み合わせると，市場で仮定されている配当利回りの期間構造がよりはっきりと得られる。

17.5 ヨーロピアン通貨オプションの評価

スポット為替レートを S_0 として，通貨オプションの評価を考えよう。正確にいうと，S_0 は外国通貨1単位の価値を米ドルで表示したものとする。5.10節で説明したように，外国通貨は配当利回りが既知の株式と類似の資産である。外国通貨の保有者は，外国通貨の無リスク金利 r_f に等しい利回りを受け取る。(17.1)式および(17.2)式で q を r_f に置き換えると，ヨーロピアン・コールの価格 c とヨーロピアン・プットの価格 p に対して，

$$c \geq \max(S_0 e^{-r_f T} - Ke^{-rT},\ 0)$$
$$p \geq \max(Ke^{-rT} - S_0 e^{-r_f T},\ 0)$$

という下限が得られる。(17.3)式で q を r_f に置き換えると，ヨーロピアン通貨オプションに対するプット・コール・パリティ

$$c + Ke^{-rT} = p + S_0 e^{-r_f T}$$

が得られる。最後に(17.4)式と(17.5)式で q を r_f に置き換えると，ヨーロピアン通貨オプションの価格式，

$$c = S_0 e^{-r_f T} N(d_1) - Ke^{-rT} N(d_2) \tag{17.11}$$
$$p = Ke^{-rT} N(-d_2) - S_0 e^{-r_f T} N(-d_1) \tag{17.12}$$

が得られる。ここで，

$$d_1 = \frac{\ln(S_0/K) + (r - r_f + \sigma^2/2)T}{\sigma\sqrt{T}}$$

$$d_2 = \frac{\ln(S_0/K) + (r - r_f - \sigma^2/2)T}{\sigma\sqrt{T}} = d_1 - \sigma\sqrt{T}$$

である。自国金利 r および外国金利 r_f のどちらも満期 T に対する金利である。

> **【例17.2】**
>
> 英ポンドに対する満期4カ月のヨーロピアン・コール・オプションを考える。現在の為替レートを1.6000，行使価格を1.6000，米国の無リスク金利を年率8％，英国の無リスク金利を年率11%，オプション価格を4.3セントとする。この場合，$S_0 = 1.6$，$K = 1.6$，$r = 0.08$，$r_f = 0.11$，$T = 0.3333$，$c = 0.043$である。インプライド・ボラティリティは反復探索で求めることができる。ボラティリティを20%とするとオプション価格は0.0639になり，ボラティリティを10%とすると0.0285になる，等々である。これにより，インプライド・ボラティリティは14.1%と求まる。

通貨に対するコール・オプションとプット・オプションには対称性があり，行使価格 K で通貨 A を1単位売って通貨 B を受け取るプット・オプションは，行使価格 $1/K$ で K 単位の通貨 B を通貨 A で買うコール・オプションと同一である（練習問題17.8を参照）。

フォワード為替レートを用いた価格式

外国為替に対するフォワード契約は銀行や他の金融機関の間で盛んに取引されているので，フォワード為替レートはオプションの評価によく使われている。

(5.9)式から満期 T のフォワード為替レート F_0 は，

$$F_0 = S_0 e^{(r-r_f)T}$$

で与えられる。したがって，(17.11)式と(17.12)式は，

$$c = e^{-rT}\left[F_0 N(d_1) - KN(d_2)\right] \qquad (17.13)$$
$$p = e^{-rT}\left[KN(-d_2) - F_0 N(-d_1)\right] \qquad (17.14)$$

のように簡単になる。ここで,

$$d_1 = \frac{\ln(F_0/K) + \sigma^2 T/2}{\sigma\sqrt{T}}$$

$$d_2 = \frac{\ln(F_0/K) - \sigma^2 T/2}{\sigma\sqrt{T}} = d_1 - \sigma\sqrt{T}$$

である。(17.13)式と(17.14)式は,それぞれ(17.8)式と(17.9)式と同じ式である。第18章で説明するように,任意の資産のスポット価格に対するヨーロピアン・オプションは,その資産のフォワード契約または先物契約の価格を用いて(17.13)式および(17.14)式で評価することができる。ここで,フォワード契約または先物契約の満期はヨーロピアン・オプションの満期と同じでなければならない。

17.6 アメリカン・オプション

第13章で説明したように,二項ツリーを用いて指数と通貨に対するアメリカン・オプションを評価することができる。配当のない株式に対するアメリカン・オプションの場合と同様に,上昇幅を決めるパラメータ u は $e^{\sigma\sqrt{\Delta t}}$ に等しくする。ここで σ はボラティリティで, Δt は1期間の長さである。下落幅を決めるパラメータ d は $1/u$,すなわち $e^{-\sigma\sqrt{\Delta t}}$ に等しくする。配当のない株式に対しては,上昇確率は,

$$p = \frac{a-d}{u-d}$$

で与えられる。ここで $a = e^{r\Delta t}$ である。指数および通貨に対するオプションの場合は, p に対する式は同じであるが, a の定義は異なるものになる。指数オプションの場合には,

$$a = e^{(r-q)\Delta t} \qquad (17.15)$$

である。ここで q は指数の配当利回りである。通貨オプションの場合には,

$$a = e^{(r-r_f)\Delta t} \tag{17.16}$$

である．ここで r_f は外国の無リスク金利である．13.11節の例13.1には，指数オプションを評価するための2期間ツリーの構築方法が示されている．例13.2には，通貨オプションを評価するための3期間ツリーの構築方法が示されている．第21章では，二項ツリーを用いた指数オプションと通貨オプションの評価例を示す．

　通貨と指数のアメリカン・オプションでは，期限前行使が最適となる場合がある．したがって，通貨と指数のアメリカン・オプションは条件が同じヨーロピアン通貨オプションより価値が高くなる．一般に，高金利通貨に対するコール・オプションと低金利通貨に対するプット・オプションは期限前行使される可能性が高い．その理由は，高金利通貨の価値の期待値は時間とともに低下し，低金利通貨の価値の期待値は時間とともに上昇するからである．同様に，配当率の高い指数に対するコール・オプションと配当率の低い指数に対するプット・オプションも期限前に行使される可能性が高い．

要約

　取引所で取引される指数オプションは現金で決済される．指数コール・オプションを行使すると，保有者は指数が行使価格を上回っている金額を受け取れる．同様に，指数プット・オプションを行使すると，保有者は行使価格が指数を上回っている金額を受け取れる．指数オプションはポートフォリオ・インシュアランスにも用いられる．ポートフォリオの価値が指数に連動している場合は，指数の値が S_0 のとき，ポートフォリオ $100S_0$ ドルごとにプット・オプションを1単位購入すればよい．ポートフォリオが指数に連動していない場合は，資本資産価格モデルを用いて計算されたポートフォリオのベータを β として，ポートフォリオ $100S_0$ ドルごとにプット・オプションを β 単位購入すればよい．購入するプット・オプションの行使価格は必要と

される保証の水準に応じて決められる。

 ほとんどの通貨オプションは店頭市場で取引されており，企業の財務担当者が為替のエクスポージャーをヘッジするのにも用いられている。たとえば，将来のある時点に英ポンドを受け取ることがわかっている米国企業の財務担当者は，受取時点を満期とする英ポンドに対するプット・オプションを購入することでヘッジを行うことができる。同様に，将来のある時点に英ポンドを支払うことがわかっている米国企業の財務担当者は，支払時点を満期とする英ポンドに対するコール・オプションを購入することでヘッジを行うことができる。通貨オプションを用いてレンジ・フォワード契約を組むこともできる。これは，為替のエクスポージャーが既知である企業が，アップ・サイドのある部分を放棄することでダウン・サイドの保証を得ることができるゼロコストの契約である。

 配当のない株式のヨーロピアン・オプションの評価に対するBlack–Scholes–Mertonの公式は，配当利回りが既知の株式に対するヨーロピアン・オプションも評価できるように拡張できる。この拡張は，以下の理由により，株価指数および通貨に対するヨーロピアン・オプションの評価にも用いることができる。

1．株価指数は配当利回りが既知の株式に類似した資産である。この場合の配当利回りは，指数の構成銘柄に対する配当利回りである。
2．外国通貨は配当利回りが既知の株式に類似した資産である。この場合は，外国の無リスク金利が配当利回りに相当する。

 株価指数および通貨に対するアメリカン・オプションは二項ツリーを用いて評価することができる。

参考文献

Biger, N., and J. C. Hull. "The Valuation of Currency Options," *Financial Manage-*

ment, 12 (Spring 1983): 24-28.

Bodie, Z. "On the Risk of Stocks in the Long Run," *Financial Analysts Journal*, 51, 3 (1995): 18-22.

Garman, M. B., and S. W. Kohlhagen. "Foreign Currency Option Values," *Journal of International Money and Finance*, 2 (December 1983): 231-37.

Giddy, I. H., and G. Dufey. "Uses and Abuses of Currency Options," *Journal of Applied Corporate Finance*, 8, 3 (1995): 49-57.

Grabbe, J. O. "The Pricing of Call and Put Options on Foreign Exchange," *Journal of International Money and Finance*, 2 (December 1983): 239-53.

Merton, R. C. "Theory of Rational Option Pricing," *Bell Journal of Economics and Management Science*, 4 (Spring 1973): 141-83.

[練習問題]

17.1 ポートフォリオの現在の価値は1,000万ドル，ベータは1.0である。また，指数の値は現在800である。行使価格が700の指数プット・オプションを用いてポートフォリオ・インシュアランスを行う方法を説明せよ。

17.2 「配当利回りが既知の株式に対するオプションの評価方法がわかれば，株価指数と通貨に対するオプションの評価方法もわかる。」この主張について説明せよ。

17.3 ある株価指数の現在の値を300，この指数の配当利回りを年率3％，無リスク金利を年率8％とする。行使価格が290のとき，この指数に対する6カ月物ヨーロピアン・コール・オプションの価格の下限を求めよ。

17.4 ある通貨の価値が現在0.80ドル，ボラティリティが12％である。自国と外国の無リスク金利をそれぞれ6％と8％とする。2期間の二項ツリーを用いて，(a)行使価格が0.79ドルの4カ月物ヨーロピア

ン・コール・オプションの価値，(b)同じ行使価格の4カ月物アメリカン・コール・オプションの価値を求めよ。

17.5 将来一定額の外国通貨を受け取る企業が，レンジ・フォワード契約を用いて外国為替リスクをヘッジする方法を説明せよ。

17.6 株価指数を250，無リスク金利を年率10%，指数のボラティリティを年率18%，指数の配当利回りを年率3%とする。このとき，指数に対する満期3カ月のアット・ザ・マネーのヨーロピアン・コール・オプションの価値を求めよ。

17.7 ある通貨に対する行使価格が0.50の8カ月物ヨーロピアン・プット・オプションの価格を計算せよ。ただし，現在の為替レートは0.52，為替レートのボラティリティは年率12%，自国の無リスク金利は年率4%，外国の無リスク金利は年率8%とする。

17.8 1単位の通貨Aを行使価格Kで売却して通貨Bを受け取るプット・オプションを(17.12)式で評価した価値は，K単位の通貨Bを通貨Aで購入する行使価格$1/K$のコール・オプションを(17.11)式で評価した価値に等しくなることを示せ。

17.9 ある外国通貨の価値は現在1.50ドルである。自国と外国の無リスク金利はそれぞれ5%と9%である。(a)ヨーロピアン，(b)アメリカンの場合に，この通貨に対する行使価格が1.40ドルの6カ月物コール・オプションの価値の下限を求めよ。

17.10 ある株価指数が現在250である。この指数の配当利回りは年率4%，無リスク金利は年率6%である。この指数に対する行使価格245の3カ月物ヨーロピアン・コール・オプションの現在価値を10ドルとする。このとき，同じ指数に対する行使価格245の3カ月物ヨーロピアン・プット・オプションの価値はいくらになるか。

17.11 ある指数の現在の値を696，ボラティリティを年率30%，無リスク金利を年率7%，指数の配当利回りを年率4%とする。このとき，行使価格700の3カ月物ヨーロピアン・プット・オプションの価値を求めよ。

17.12 配当利回り q の株式に対する行使価格 K, 満期 T のアメリカン・コール・オプションの価格を C, 同じ株式に対する行使価格と満期が同じアメリカン・プット・オプションの価格を P とするとき,

$$S_0 e^{-qT} - K < C - P < S_0 - Ke^{-rT}$$

が成り立つことを示せ。ここで S_0 は株価, r は無リスク金利で, $r>0$ である。(ヒント:最初の不等式を導くためには, 次の二つのポートフォリオの価値を考えよ。

ポートフォリオA:ヨーロピアン・コール・オプション1単位と K の現金の無リスク金利での運用

ポートフォリオB:アメリカン・プット・オプション1単位と株式 e^{-qT} 単位の保有, 配当はその株式に再投資

また,2番目の不等式を導くためには,次の二つのポートフォリオの価値を考えよ。

ポートフォリオC:アメリカン・コール・オプション1単位と Ke^{-rT} の現金の無リスク金利での運用

ポートフォリオD:ヨーロピアン・プット・オプション1単位と株式1単位の保有, 配当はその株式に再投資)

17.13 フォワード価格と行使価格が同じならば, 通貨に対するヨーロピアン・コール・オプションの価格とヨーロピアン・プット・オプションの価格は等しくなることを示せ。

17.14 株価指数のボラティリティは代表的な個別株のボラティリティよりも大きくなるか, それとも小さくなるか。その理由も説明せよ。

17.15 ポートフォリオのベータ値が増加すると, ポートフォリオ・インシュアランスのコストは増加するか, それとも減少するか。その理由も説明せよ。

17.16 あるポートフォリオの価値が6,000万ドルで, S&P 500が1,200とする。ポートフォリオの価値が指数の値に連動するとして,1年後のポートフォリオの価値が5,400万ドルより下落することを防ぐには, どのようなオプションを購入すればよいか。

- **17.17** 問題17.16で，ポートフォリオのベータ値が2.0，無リスク金利が年率5％，配当利回りがポートフォリオと指数のどちらも年率3％の場合を考えよう。1年後のポートフォリオの価値が5,400万ドルより下落することを防ぐには，どのようなオプションを購入すればよいか。

- **17.18** ある指数の現在の値は1,500である。行使価格が1,400の6カ月物ヨーロピアン・コール・オプションとヨーロピアン・プット・オプションの市場価格をそれぞれ154.00と34.25とし，6カ月物無リスク金利を5％とする。このとき，インプライド配当利回りを求めよ。

- **17.19** トータル・リターン指数とは，あるポートフォリオの配当も含めた収益率を指数化したものである。この指数に対する，(a)フォワード契約，(b)ヨーロピアン・オプションの評価方法を説明せよ。

- **17.20** ヨーロピアン通貨オプションに対するプット・コール・パリティを示せ。

- **17.21** (17.1)式，(17.2)式，および(17.3)式を，それぞれの式の後に述べられているポートフォリオを考えることによって証明せよ。

- **17.22** ユーロ／円に対する通貨オプションは，ドル／ユーロに対する通貨オプションとドル／円に対する通貨オプションの二つのオプションからつくることができるか。その理由も説明せよ。

発展問題

- **17.23** 2007年1月12日のダウ平均は12,556，3月限126コールの価格は2.25ドルであった。DerivaGemソフトウェアを用いて，このオプションのインプライド・ボラティリティを計算せよ。ただし，無リスク金利は5.3％，配当利回りは3％とする。また，オプションの満期日は2007年3月20日である。次に，3月限126プットの価格を評価せよ。

さらに，求めた価格のインプライド・ボラティリティを求めよ。（オプションはダウ平均の100分の1に対するものであることに注意して計算せよ。）

17.24 ある株価指数の現在の値を300，ボラティリティを20％，無リスク金利を8％，指数の配当利回りを3％とする。このとき，3期間二項ツリーを用いて，(a)ヨーロピアン，(b)アメリカンのそれぞれの場合について，この指数に対する行使価格が300の6ヵ月物プット・オプションの価値を求めよ。

17.25 カナダ・ドルのスポット価格を0.95米ドル，カナダ・ドル／米ドルの為替レートのボラティリティを年率8％とする。また，カナダと米国の無リスク金利をそれぞれ年率4％と5％とする。このとき，9ヵ月後に1カナダ・ドルを0.95米ドルで購入するヨーロピアン・コール・オプションの価値を求めよ。プット・コール・パリティを用いて，9ヵ月後に1カナダ・ドルを0.95米ドルで売却するヨーロピアン・プット・オプションの価格を求めよ。9ヵ月後に0.95米ドルを1カナダ・ドルで購入するコール・オプションの価格はいくらか。

17.26 ある指数の現在の価格は1,000で無リスク金利は4％である。行使価格が950で期間3ヵ月のヨーロピアン・コール・オプションとヨーロピアン・プット・オプションの価格はそれぞれ78と26である。(a)配当利回り，(b)インプライド・ボラティリティ，をそれぞれ推定せよ。

17.27 通貨Aの通貨Bで表した価格が次の過程に従うとする。

$$dS = (r_B - r_A)Sdt + \sigma S dz$$

ここで，r_Aは通貨Aの無リスク金利，r_Bは通貨Bの無リスク金利である。このとき，通貨Bの通貨Aで表した価格はどのような過程に従うか。

17.28 現在，米ドル／ユーロの3ヵ月物フォワード為替レートは1.3000，為替レートのボラティリティは15％である。3ヵ月後に100万ユーロを受け取る米国の企業を考える。ユーロと米ドルの無リスク金利を

それぞれ5％と4％とする。その企業が，低いほうの行使価格が1.2500のレンジ・フォワード契約を取引することにした場合に，次の問に答えよ。

(a) ゼロコストにするためには，高いほうの行使価格はいくらにすればよいか。

(b) その企業がとるべきコールとプットのポジションを述べよ。

(c) 二つの通貨の金利差 $r - r_f$ が変わらないとすると，(a)の回答は金利に依存しないことを示せ。

17.29 ビジネス・スナップショット17.1において，今後10年間でファンドのリターンが負にならないことを保証するコストはいくらになるか。

17.30 メキシコ・ペソ（MXN）の1年フォワード価格は1 MXN当り0.0750米ドルである。米国の無リスク金利は1.25％で，メキシコの無リスク金利は4.5％である。為替レートのボラティリティは13％である。行使価格が0.0800の期間1年のヨーロピアンとアメリカンのプット・オプションの価値はいくらになるか。

第18章
先物オプション

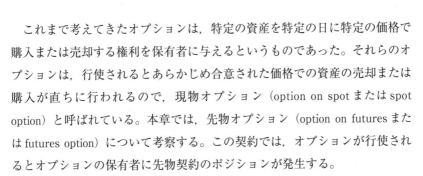

　これまで考えてきたオプションは，特定の資産を特定の日に特定の価格で購入または売却する権利を保有者に与えるというものであった．それらのオプションは，行使されるとあらかじめ合意された価格での資産の売却または購入が直ちに行われるので，現物オプション（option on spot または spot option）と呼ばれている．本章では，先物オプション（option on futures または futures option）について考察する．この契約では，オプションが行使されるとオプションの保有者に先物契約のポジションが発生する．

　米国の商品先物取引委員会は1982年に先物オプション取引を暫定的に認可し，1987年に正式に承認した．それ以来，先物オプション取引は急速に広まった．

　本章では，先物オプションの仕組みおよび現物オプションとの違いについて考える．また，二項ツリーおよび株式オプションに対するBlack–

Scholes–Merton の公式と同様の価格式を用いた，先物オプションの評価について検討する．さらに，先物オプションと現物オプションとの相対的な価格について述べ，先物スタイルのオプション（futures-style options）についても説明する．

18.1 先物オプションの性質

先物オプションは，ある定められた日に，ある定められた先物価格で先物契約を取引する権利であり，義務ではない．もっと正確にいうと，先物コール・オプションはある定められた価格で先物契約を購入する権利であり，先物プット・オプションはある定められた価格で先物契約を売却する権利である．先物オプションは一般的にアメリカン，すなわち満期日までいつでも行使が可能である．

先物コール・オプションが行使されると，オプション保有者は原資産の先物契約のロング・ポジションと直近の先物清算価格から行使価格を引いた額の現金を受け取る．先物プット・オプションが行使されると，オプション保有者は原資産の先物契約のショート・ポジションと行使価格から直近の先物清算価格を引いた額の現金を受け取る．以下の例で示すように，先物コール・オプションの実質的なペイオフは $\max(F-K, 0)$ であり，先物プット・オプションの実質的なペイオフは $\max(K-F, 0)$ である．ここで F は行使時点における先物価，K は行使価格価格である．

【例18.1】

今日を8月15日とし，ある投資家が，行使価格が1ポンド当り320セントの9月限銅先物コール・オプションを1単位保有しているとする．先物の取引単位は銅25,000ポンドである．9月限先物の現在の価格を331セント，8月14日（直近の清算日）の終値を330セントとする．このオプションを行使すると，投資家は，

$$25{,}000 \times (330 - 320)\text{セント} = 2{,}500\text{ドル}$$

と9月に25,000ポンドの銅を買う先物契約のロング・ポジションを受け

取ることになる。先物のポジションは直ちに手仕舞うこともできる。そうした場合，投資家には2,500ドルの現金に，先物価格の直近清算価格からの変化分に相当する，

$$25{,}000 \times (331 - 330)\text{セント} = 250\text{ドル}$$

を加えた現金が残ることになる。したがって，8月15日に行使した場合のペイオフ合計は2,750ドルとなり，これは$25{,}000(F-K)$に等しい。ここでFは行使時点における先物価格，Kは行使価格である。

【例18.2】

ある投資家が，行使価格が1ブッシェル当り600セントの12月限トウモロコシ先物プット・オプションを1単位保有しているとする。先物の取引単位はトウモロコシ5,000ブッシェルである。12月限先物の現在の価格を580セント，直近の清算価格を579セントとする。このオプションを行使すると，投資家は，

$$5{,}000 \times (600 - 579)\text{セント} = 1{,}050\text{ドル}$$

と12月に5,000ブッシェルのトウモロコシを売る先物契約のショート・ポジションを受け取ることになる。先物のポジションは直ちに手仕舞うこともできる。そうした場合，投資家には1,050ドルの現金から，先物価格の直近清算価格からの変化分に相当する，

$$5{,}000 \times (580 - 579)\text{セント} = 50\text{ドル}$$

を差し引いた現金が残ることになる。したがって，行使した場合のネットのペイオフは1,000ドルとなり，これは$5{,}000(K-F)$に等しい。ここでFは行使時点における先物価格，Kは行使価格である。

限　月

先物オプションは，オプションの満期月ではなく，原資産の先物契約の満期月で参照される。前述したように，先物オプションは一般的にアメリカンである。先物オプションの満期日は，通常，原資産の先物契約の最終取引日

の少し前に設定されている。(たとえば,CMEグループの米国長期国債先物オプションは,先物契約の満期月の前月末から少なくとも2営業日以上前の最終金曜日に満期を迎える。) CMEグループのミッドカーブ・ユーロドル先物は例外で,先物契約はオプションの満期から1年ないしは2年後に満期を迎える。

米国で活発に取引されている契約としては,トウモロコシ,大豆,綿,砂糖,原油,天然ガス,金,米国長期国債,米国中期国債,5年物米国債,30日フェデラル・ファンド,ユーロドル金利,1年物および2年物のミッドカーブ・ユーロドル金利,ユーリボー,ユーロ債,S&P 500に対するものが挙げられる。

金利先物オプション

米国の取引所において最も活発に取引されている金利オプションは,米国長期国債先物,米国中期国債先物,ユーロドル先物に対するオプションである。

米国長期国債先物オプションはCMEグループで取引されており,米国長期国債先物を締結するオプションである。第6章で述べたように,米国長期国債先物の取引単位は額面100,000ドルの長期国債の受渡しである。米国長期国債先物オプションの価格は,原資産の長期国債の額面に対するパーセンテージで,1%の64分の1刻みで提示される。

ユーロドル先物オプションはCMEグループで取引されており,ユーロドル先物を締結するオプションである。第6章で説明したように,ユーロドル先物の価格が1ベーシス・ポイント,すなわち0.01%変化すると,ユーロドル先物1単位には25ドルの損益が生じる。同様に,ユーロドル先物オプションでも,1ベーシス・ポイントは25ドルを表している。

金利先物オプションの仕組みは,本章で説明した他の先物オプションと同様の仕組みである。たとえば,オプションが行使されると,現金のペイオフに加えて,コール・オプションの保有者は先物のロング・ポジションを受け取り,オプションの売り手は対応するショート・ポジションを受け取ること

になる。先物ポジションの価値も含めたコール・オプションの全ペイオフは $\max(F-K, 0)$ になる。ここで F は行使時の先物価格, K は行使価格である。

　金利の先物価格は債券価格が上昇する（すなわち，金利が低下する）と上昇する。逆に債券価格が下落する（すなわち，金利が上昇する）と金利の先物価格は下落する。したがって，短期金利が上昇すると思っている投資家は，ユーロドル先物プット・オプションを購入することでそれに賭けることができる。逆に，短期金利が低下すると思っている投資家は，ユーロドル先物コール・オプションを購入することでそれに賭けることができる。長期金利が上昇すると思っている投資家は，中期国債先物もしくは長期国債先物のプット・オプションを購入することでそれに賭けることができる。逆に，長期金利が低下すると思っている投資家は，それらのコール・オプションを購入することでそれに賭けることができる。

【例18.3】

　今日を2月とし，6月限ユーロドル先物価格を93.82（3カ月物ユーロドル金利で年率6.18%に相当）とする。この先物に対する行使価格94.00のコール・オプションの価格が0.1，すなわち10ベーシス・ポイントで提示されているとする。金利が低下すると考えている投資家にとって，このオプションは魅力的である。短期金利が約100ベーシス・ポイント下がり，ユーロドル先物価格が94.78（3カ月物ユーロドル金利で年率5.22%に相当）になったときに，この投資家がコール・オプションを行使したとしよう。行使時のペイオフは $25 \times (94.78 - 94.00) \times 100 = 1,950$ ドルである。オプションの購入コストは $10 \times 25 = 250$ ドルなので，投資家の利益は1,700ドルになる。

【例18.4】

　今日を8月とし，12月限米国長期国債先物の価格を96-09（すなわち $96\frac{9}{32} = 96.28125$）とする。長期国債のイールドを年率約6.4%とする。12月までにはこのイールドは低下するだろうと考えている投資家が，行使価格98のコール・オプションを買う場合を考える。コール・オプショ

ンの価格は1-04（すなわち$1\frac{4}{64}$ = 額面の1.0625%）とする。もし，長期金利が年率6%まで下がり，米国長期国債先物価格が100-00に上がったとすると，この投資家は長期国債先物100ドル当りネットで，

$$100.00 - 98.00 - 1.0625 = 0.9375$$

の利益をあげることができる。オプションの取引単位は額面100,000ドルの国債の購入または売却なので，この投資家の利益は購入したオプション1単位当り937.50ドルになる。

18.2 先物オプションが好まれる理由

なぜ現物オプション取引よりも先物オプション取引が，選択されるのであろうか。その主な理由は，先物契約は多くの状況において原資産より流動性が高く，取引しやすいからである。さらに，先物の場合は先物取引所で取引された価格を即座に知ることができるが，現物価格はそこまですぐには入手できないといったこともある。

米国長期国債を考えてみよう。米国長期国債先物市場は，どの長期国債の現物市場と比較しても，きわめて活発に取引が行われている。また，米国長期国債先物の場合は，取引所で取引された価格を即座に知ることができる。それに対し，現物債券の現在価格は，一つないしは複数のディーラーと契約することによってのみ入手可能となる。したがって，投資家が米国長期国債の現物よりも先物契約の受渡しを選択するのは驚くようなことではない。

商品先物も商品そのものより取引が容易である場合が多い。たとえば，生牛の先物契約を受け渡すほうが，生牛そのものを受け渡すよりもずっと簡単であるし，便利である。

先物オプションについての重要な点は，オプションを行使しても現物の受渡しには通常至らないということである。というのは，原資産の先物契約はほとんどの場合に受渡し前に手仕舞われるからである。したがって，先物オプションは，通常，最終的には現金で決済されることになる。これは，多く

の投資家，特に現物オプションが行使されたとき原資産の購入資金の調達が困難な，限られた資本しかもたない投資家にとって魅力的である．もう一つのよく指摘される先物オプションの利点は，先物と先物オプションは同じ取引所で並列して取引されているということである．これは，ヘッジや裁定取引，スペキュレーションを容易にし，市場をより効率的にするのにも役立っている．最後に，多くの場合で先物オプションの取引コストは現物オプションの取引コストより安いことも先物オプションが好まれる点である．

18.3　ヨーロピアンの現物オプションと先物オプション

ある資産の現物価格に対する行使価格 K のヨーロピアン・コール・オプションのペイオフは，

$$\max(S_T - K, 0)$$

で与えられる．ここで S_T はオプションの満期における現物価格である．一方，その資産の先物価格に対する同じ行使価格のヨーロピアン・コール・オプションのペイオフは，

$$\max(F_T - K, 0)$$

で与えられる．ここで F_T はオプションの満期における先物価格である．したがって，先物契約の満期がオプションの満期と同じならば $F_T = S_T$ となり，二つのオプションは等価になる．同様に，先物契約の満期とオプションの満期が同じ場合は，ヨーロピアン先物プット・オプションの価値は対応するヨーロピアン現物プット・オプションの価値と同じになる．

取引されているほとんどの先物オプションはアメリカンである．しかし，後でみるように，ヨーロピアン先物オプションの評価に関する結果は対応するヨーロピアン現物オプションの評価に用いることができるので，ヨーロピアン先物オプションの評価を検討することは無駄にはならない．

18.4 プット・コール・パリティ

第11章で，ヨーロピアン株式オプションに対するプット・コール・パリティの関係式を導出した。ここでは同様の議論を用いて，ヨーロピアン先物オプションに対するプット・コール・パリティの関係式を導出する。先物に対する行使価格 K，満期 T のヨーロピアン・コール・オプションとヨーロピアン・プット・オプションを考える。次の二つのポートフォリオを設定する。

ポートフォリオA：ヨーロピアン先物コール・オプション1単位と Ke^{-rT} の現金

ポートフォリオB：ヨーロピアン先物プット・オプション1単位と先物1単位の買い，および $F_0 e^{-rT}$ の現金（F_0 は先物価格）

ポートフォリオAでは，現金は無リスク金利 r で運用され，時点 T には K に等しくなる。オプション満期時の先物価格を F_T とする。$F_T > K$ ならばポートフォリオAのコール・オプションは行使され，ポートフォリオAの価値は F_T になる。$F_T \leq K$ ならばコール・オプションは行使されず，ポートフォリオAの価値は K になる。したがって，時点 T におけるポートフォリオAの価値は，

$$\max(F_T, K)$$

になる。ポートフォリオBでは，現金は無リスク金利で運用され，時点 T には F_0 に等しくなる。プット・オプションから得られるペイオフは $\max(K-F_T, 0)$ であり，先物契約から得られるペイオフは $F_T - F_0$ である[1]。したがって，時点 T におけるポートフォリオBの価値は，

$$F_0 + (F_T - F_0) + \max(K - F_T, 0) = \max(F_T, K)$$

になる。時点 T における二つのポートフォリオの価値は等しく，期限前行使の機会はないので，現時点における価値も等しくなければならない。ポートフォリオAの現時点での価値は，

---

1 ここでの分析では先物契約をフォワード契約と同じようなものと考え，日次値洗いは考慮せず，先物契約は満期に決済されるものとしている。

$$c + Ke^{-rT}$$

である。ここで c は先物コール・オプションの価格である。先物契約は日次値洗いが行われているので，ポートフォリオＢの先物契約の価値はゼロである。したがって，ポートフォリオＢの現時点での価値は，

$$p + F_0 e^{-rT}$$

になる。ここで p は先物プット・オプションの価格である。以上より，

$$c + Ke^{-rT} = p + F_0 e^{-rT} \tag{18.1}$$

が成り立つ。これは，株価 S_0 が先物の割引価格 $F_0 e^{-rT}$ に置き換えられている点を除いて，(11.6)式の配当のない株式のオプションに対するプット・コール・パリティと同じである。

18.3節で説明したように，原資産の先物契約の満期とオプションの満期が同じ場合は，ヨーロピアン先物オプションとヨーロピアン現物オプションは同じになる。したがって，オプションの満期が先物契約の満期と同じ場合には，(18.1)式は現物コール・オプションの価格，現物プット・オプションの価格，および先物価格の間に成り立つ関係を与えている。

【例18.5】

銀現物に対する満期6カ月，行使価格8.50ドルのヨーロピアン・コール・オプションの価格が，1オンス当り0.56ドルであるとする。また，6カ月後受渡しの銀先物価格は現在8.00ドル，満期6カ月の無リスク金利は年率10%であるとする。(18.1)式を並べ替えて用いると，そのコール・オプションと満期および行使価格が同じ銀現物に対するヨーロピアン・プット・オプションの価格は，

$$0.56 + 8.50 e^{-0.1 \times 6/12} - 8.00 e^{-0.1 \times 6/12} = 1.04$$

と求まる。

アメリカン先物オプションに対しては，プット・コールの関係は，

$$F_0 e^{-rT} - K < C - P < F_0 - Ke^{-rT} \tag{18.2}$$

で与えられる（練習問題18.19を参照）。

18.5　先物オプション価格の下限

プット・コール・パリティの関係式(18.1)より，ヨーロピアン・コール・オプションとヨーロピアン・プット・オプションの価格に対する下限が得られる。プットの価格 p は負にはならないので，(18.1)式より，

$$c + Ke^{-rT} \geq F_0 e^{-rT}$$

すなわち，

$$c \geq \max\bigl((F_0 - K)e^{-rT}, 0\bigr) \tag{18.3}$$

が成り立つ。同様に，コールの価格は負にはならないので，(18.1)式より

$$Ke^{-rT} \leq F_0 e^{-rT} + p$$

すなわち，

$$p \geq \max\bigl((K - F_0)e^{-rT}, 0\bigr) \tag{18.4}$$

が成り立つ。これらの下限は，第11章で導出したヨーロピアン株式オプションに対する下限と同様のものである。オプションがディープ・イン・ザ・マネーになると，ヨーロピアン・コール・オプションとヨーロピアン・プット・オプションの価格はそれらの下限に非常に近い値になる。このことは，プット・コール・パリティの関係式(18.1)をみればすぐにわかる。コール・オプションがディープ・イン・ザ・マネーになれば，対応するプット・オプションはディープ・アウト・オブ・ザ・マネーになり，p はほとんどゼロになる。c とその下限の差は p に等しいので，コール・オプションの価格は下限にほとんど等しいはずである。同様のことがプット・オプションに対しても成り立つ。

アメリカン先物オプションはいつでも行使ができるので，

$$C \geq \max(F_0 - K, 0)$$

および，

$$P \geq \max(K - F_0, 0)$$

が成り立つ。したがって，金利が正ならば，アメリカン・オプションの価格の下限は対応するヨーロピアン・オプションの価格の下限より常に高い。アメリカン先物オプションには期限前行使される可能性が常に存在する。

18.6 二項ツリーを用いた先物オプションの評価

この節では，二項ツリーを用いた先物オプションの価格づけについて，第13章よりももっと形式的な議論を行う。先物オプションと株式オプションとの重要な違いは，先物は契約締結時に前払いのコストがかからないということである。

現在の先物価格を30とし，翌月には33に上昇するか，または28に下落するかのどちらかであるとする。満期1カ月，行使価格29の先物コール・オプションを考える。日々の値洗いは無視するものとする。この状況を図18.1に示す。先物価格が33になった場合は，オプションのペイオフは4で，先物契約の価値は3である。先物価格が28になった場合は，オプションのペイオフはゼロで，先物契約の価値は-2である[2]。

無リスク・ヘッジを行うために，オプション1単位のショート・ポジションと先物契約Δ単位のロング・ポジションからなるポートフォリオを考える。先物価格が33に上昇した場合はポートフォリオの価値は$3\Delta-4$になり，28に下落した場合はポートフォリオの価値は-2Δになる。これらが一致するとき，すなわち，

$$3\Delta - 4 = -2\Delta$$

となる$\Delta = 0.8$のとき，ポートフォリオは無リスクになる。

図18.1 先物価格変動の数値例

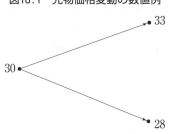

---

[2] ここでは，時点Tまで先物契約の損益は実現しないという近似をしている。損益は，時点0から時点Tまでの間，日々実現する。しかし，多期間二項ツリーの時間間隔が短くなればこの近似はより正確になる。

Δがこの値をとるとき，1カ月後のポートフォリオの価値は$3\times0.8-4=-1.6$になる。無リスク金利を6％とすると，ポートフォリオの現在価値は，
$$-1.6e^{-0.06\times1/12}=-1.592$$
となる。ポートフォリオはオプション1単位の売りと先物契約Δ単位の買いからなっており，先物の価値はゼロだから，オプションの現在価値は1.592になる。

一 般 化

先物価格が期間 T の間に F_0 から F_0u に上昇するか F_0d に下落するかのどちらかである場合を考えることで，これまでの考察は一般化できる。時点 T に満期を迎えるオプションを考え，先物価格が上昇したときのペイオフを f_u，下落したときのペイオフを f_d とする。その状況を図18.2に示す。

この場合の無リスク・ポートフォリオは，オプション1単位のショート・ポジションと先物契約Δ単位のロング・ポジションからなる。ここで，
$$\Delta=\frac{f_u-f_d}{F_0u-F_0d}$$
である。時点 T におけるポートフォリオの価値は，常に，
$$(F_0u-F_0)\Delta-f_u$$
になる。無リスク金利を r とすると，ポートフォリオの現在価値は，
$$\left[(F_0u-F_0)\Delta-f_u\right]e^{-rT}$$
になる。f をオプションの現在価値とすると，ポートフォリオの現在価値は

図18.2　一般的な状況での先物価格とオプション価格

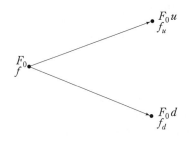

$-f$ である。したがって，
$$-f = \left[(F_0 u - F_0)\Delta - f_u\right]e^{-rT}$$
が成り立つ。Δ の定義式をこの式に代入して整理すると，
$$f = e^{-rT}\left[pf_u + (1-p)f_d\right] \tag{18.5}$$
が得られる。ここで，
$$p = \frac{1-d}{u-d} \tag{18.6}$$
である。これは13.9節の結果と一致しており，(18.6)式は先物価格が上昇するリスク中立確率を与えている。

先ほどの数値例（図18.1を参照）では，$u=1.1$, $d=0.9333$, $r=0.06$, $T=1/12$, $f_u=4$, $f_d=0$ である。(18.6)式から，
$$p = \frac{1-0.9333}{1.1-0.9333} = 0.4$$
となり，(18.5)式から，
$$f = e^{-0.06 \times 1/12}[0.4 \times 4 + 0.6 \times 0] = 1.592$$
となる。これは前に得られた結果とも一致している。

多期間ツリー

多期間二項ツリーは，株式オプションの価格づけとほとんど同じような方法で，アメリカン先物オプションの価格づけにも用いられている。これについては13.9節で説明した。先物価格の上昇率を決めるパラメータ u は $e^{\sigma\sqrt{\Delta t}}$ で与えられる。ここで σ は先物価格のボラティリティ，Δt は 1 期間の長さである。先物価格の上昇確率は(18.6)式で与えられ，
$$p = \frac{1-d}{u-d} \text{ である。}$$

例13.3に，多期間二項ツリーを用いた先物オプションの価格づけの例が示されている。また第21章の例21.3には，別の例がある。

18.7 リスク中立世界における先物価格のドリフト

17.3節で行った分析が先物オプションに対しても適用できるようになる，一般的な結果がある．その結果とは，リスク中立世界では，先物価格は配当利回りが自国通貨の無リスク金利 r に等しい株式と同じ振る舞いをする，というものである．

先物価格に対する二項ツリーでの確率 p に関する式が，配当利回りが q の株式に対する同じ式で $q = r$ としたものに等しいことから，それが正しかろうことが推察できる（(17.15)式と(17.16)式を，(18.6)式と比較してみよ）．また，先物オプション価格に対するプット・コール・パリティの関係式が，配当利回りが q の株式オプションに対するプット・コール・パリティの関係式で，株価を先物価格に置き換えて $q = r$ とすれば得られる，ということからもそのことは推察される（(18.1)式と(17.3)式を比較してみよ）．

この結果を形式的に証明するには，リスク中立世界での先物価格のドリフトを計算すればよい．時点 t における先物価格を F_t とし，清算日が 0，Δt，$2\Delta t, \ldots$ だとする．いま時点ゼロで先物を買ったとすると，その価値はゼロである．時点 Δt でのペイオフは $F_{\Delta t} - F_0$ である．r を時点 0 におけるきわめて短い期間（Δt 期間）の金利とすると，リスク中立化法により，時点 0 における先物契約の価値は，

$$e^{-r\Delta t}\hat{E}[F_{\Delta t} - F_0]$$

になる．ここで $\hat{E}$ はリスク中立世界における期待値を表す．したがって，

$$e^{-r\Delta t}\hat{E}(F_{\Delta t} - F_0) = 0$$

となり，

$$\hat{E}(F_{\Delta t}) = F_0$$

が成り立つ．同様に，$\hat{E}(F_{2\Delta t}) = F_{\Delta t}$，$\hat{E}(F_{3\Delta t}) = F_{2\Delta t}$ などが成り立つ．これらを一つにまとめると，任意の時点 T において，

$$\hat{E}(F_T) = F_0$$

が成り立つことがわかる．

以上より，リスク中立世界での先物価格のドリフトはゼロである．した

がって，(17.7)式より，先物価格は配当利回り q が r に等しい株式の価格と同じ振る舞いを示す。この結果はきわめて一般的なもので，すべての先物価格に対して成り立ち，金利やボラティリティなどに対する仮定にも依存していない[3]。

先物価格 F は，通常，リスク中立世界では確率過程

$$dF = \sigma F \, dz \tag{18.7}$$

に従っていると仮定される。ここで σ は一定である。

微分方程式

先物価格が配当利回り q の株式と同様の振る舞いをすることを確かめるもう一つの方法は，15.6節で配当のない株式に依存するデリバティブに対する微分方程式を導出したやり方で，先物価格に依存するデリバティブが満たす微分方程式を導出することである。その微分方程式は，

$$\frac{\partial f}{\partial t} + \frac{1}{2}\frac{\partial^2 f}{\partial F^2}\sigma^2 F^2 = rf \tag{18.8}$$

となる[4]。これは(17.6)式で q を r に置き換えたものに等しい。この式より，デリバティブを評価する目的に対しては，先物価格は配当利回りが r の株式と同じであるとしてよいことがわかる。

18.8 先物オプションに対する Black モデル

ヨーロピアン先物オプションは，これまで得られた結果を拡張して評価することができる。Fischer Black が1976年の論文で初めてこれを示した[5]。

---

[3] 第28章でわかるように，この結果をもっと正確にいうと，「ニューメレールをマネー・マーケット・アカウントとする従来のリスク中立世界において，先物価格のドリフトはゼロである」となる。ドリフトがゼロの確率過程はマルチンゲールとして知られる確率過程である。フォワード価格は，時点 T が満期のゼロクーポン債をニューメレールとする異なるリスク中立世界においてマルチンゲールになる。

[4] この証明は www-2.rotman.utoronto.ca/～hull/TechnicalNotes の Technical Note 7を参照。

先物価格が(18.7)式の（対数正規）確率過程に従うと仮定すると，ヨーロピアン先物コール・オプションの価格 c とヨーロピアン先物プット・オプションの価格 p は，(17.4)式と(17.5)式で S_0 を F_0 に置き換え，$q = r$ とすれば得ることができ，

$$c = e^{-rT}\left[F_0 N(d_1) - K N(d_2)\right] \quad (18.9)$$

$$p = e^{-rT}\left[K N(-d_2) - F_0 N(-d_1)\right] \quad (18.10)$$

となる。ここで，

$$d_1 = \frac{\ln(F_0/K) + \sigma^2 T/2}{\sigma\sqrt{T}}$$

$$d_2 = \frac{\ln(F_0/K) - \sigma^2 T/2}{\sigma\sqrt{T}} = d_1 - \sigma\sqrt{T}$$

であり，σ は先物価格のボラティリティである。キャリー・コストおよびコンビニエンス・イールドが時間のみの関数である場合は，先物価格のボラティリティは原資産のボラティリティに等しいことが示せる。

【例18.6】

ある商品に対するヨーロピアン先物プット・オプションについて考える。オプションの満期を4カ月，現在の先物価格を20ドル，行使価格を20ドル，無リスク金利を年率9％，先物価格のボラティリティを年率25％とする。この場合，$F_0 = 20$，$K = 20$，$r = 0.09$，$T = 4/12$，$\sigma = 0.25$ で，$\ln(F_0/K) = 0$ となるので，

$$d_1 = \frac{\sigma\sqrt{T}}{2} = 0.07216$$

$$d_2 = -\frac{\sigma\sqrt{T}}{2} = -0.07216$$

$$N(-d_1) = 0.4712,\ N(-d_2) = 0.5288$$

となり，プット・オプションの価格 p は，

$$p = e^{-0.09 \times 4/12}(20 \times 0.5288 - 20 \times 0.4712) = 1.12$$

5　F. Black, "The Pricing of Commodity Contracts," *Journal of Financial Economics*, 3 (March 1976): 167-79を参照。

すなわち1.12ドルになる。

Black–Scholes–Merton モデルではなく Black モデルを用いる場合

18.3節で説明したように，オプションの満期と先物契約の満期が一致する場合は，ヨーロピアン先物オプションとヨーロピアン現物オプションは等価である。したがって，(18.9)式と(18.10)式を用いて現物価格に対するヨーロピアン・オプション価値を計算することができる。

【例18.7】

金の現物価格に対する満期6カ月のヨーロピアン・コール・オプション，すなわち6カ月後に現物市場で金1オンスを購入できるオプションを考える。行使価格を1,200ドル，満期6カ月の金先物価格を1,240ドル，無リスク金利を年率5%，先物価格のボラティリティを20%とする。このオプションは満期6カ月の先物価格に対するヨーロピアン・オプションと同一である。したがって，オプションの価値は(18.9)式より，

$$e^{-0.05 \times 0.5}[1{,}240 N(d_1) - 1{,}200 N(d_2)]$$

で与えられる。ここで，

$$d_1 = \frac{\ln(1{,}240/1{,}200) + 0.2^2 \times 0.5/2}{0.2 \times \sqrt{0.5}} = 0.3026$$

$$d_2 = \frac{\ln(1{,}240/1{,}200) - 0.2^2 \times 0.5/2}{0.2 \times \sqrt{0.5}} = 0.1611$$

である。これを計算すると，オプションの価格は88.37ドルになる。

ヨーロピアン現物オプションの評価にBlack–Scholes–MertonモデルではなくBlackモデルを用いるトレーダーが多い。Blackモデルはかなり適用性が高く，原資産は消費資産でも投資資産でもよく，また，所有者に収益をもたらすものでもよい。この場合，(18.9)式と(18.10)式の変数F_0には，オプション満期と満期が同じ先物契約またはフォワード契約の価格を用いる。

(17.13)式と(17.14)式は，直物為替のヨーロピアン・オプションに対するBlackモデルでの価格式である．(17.8)式と(17.9)式は，指数の直物価格に対するヨーロピアン・オプションについてのBlackモデルでの価格式である．Blackモデルの大きな利点は，原資産の収益（もしくはコンビニエンス・イールド）を推定する必要がないことである．モデルで使用される先物契約やフォワード契約の価格はこの収益の市場予想を折り込んでいる．

17.4節で株式指数について検討したとき，プット・コール・パリティを用いて，活発に取引されているオプションの満期日に対するフォワード価格が推定されることを説明した．これらを補間し，他のすべての満期日に対するフォワード価格を推定する．同様の手法は，他の幅広い原資産に対しても用いることができる．

18.9 アメリカン先物オプションとアメリカン現物オプションの比較

実際に取引されている先物オプションはアメリカンであることが多い．無リスク金利 r が正ならば，アメリカン先物オプションには期限前行使が最適となる可能性が常に存在する．したがって，アメリカン先物オプションは，条件の同じヨーロピアン先物オプションよりも価値が高い．

先物契約の満期とオプションの満期が同じときでも，アメリカン先物オプションの価値は，対応するアメリカン現物オプションの価値と一般的には同じになるとはいえない[6]．たとえば，満期前は終始一貫して先物価格が現物価格よりも高い，順鞘市場を考えよう．この場合，アメリカン先物コール・オプションは，対応するアメリカン現物コール・オプションより価値が高くなるはずである．なぜなら，先物オプションの期限前行使が最適となる状況が存在し，そのような状況で行使したときは，現物オプションより多くの利益が得られるからである．同様に，アメリカン先物プット・オプションは，

---

[6] 先物オプションに対応する現物オプションとは，満期と行使価格が同じ現物オプションのことである．

対応するアメリカン現物プット・オプションより価値が低いはずである。一方，先物価格が終始一貫して現物価格よりも低い逆鞘市場では，この逆になる。すなわち，アメリカン先物コール・オプションは，対応するアメリカン現物コール・オプションより価値が低く，アメリカン先物プット・オプションは，対応するアメリカン現物プット・オプションより価値が高い。

このようなアメリカン先物オプションとアメリカン現物オプションとの価値の違いは，先物の満期がオプションの満期よりも先の場合でも，先物契約の満期とオプションの満期が一致する場合と同様に成り立っている。実際，その差は先物の満期が先になるほど大きくなる傾向にある。

18.10　先物スタイルのオプション

いくつかの取引所，特に欧州での取引所では，先物スタイルのオプション (futures-style option) と呼ばれる商品が取引されている。これらは，オプションのペイオフに対する先物契約である。オプションを購入（売却）したトレーダーは，現物オプションの場合でも先物オプションの場合でも，オプション料を取引当初に支払う（受け取る）のが通常である。これに対し，先物スタイルのオプションを購入した，もしくは売却したトレーダーは，通常の先物契約と同様の方法（第2章を参照）で証拠金を納めることになる。他の先物契約と同様に，この契約も日々値洗いされ，最後の清算価格はオプションのペイオフになる。先物契約が資産の将来の価格に対して賭ける取引であったように，先物スタイルのオプションはオプションのペイオフに対して賭ける取引である[7]。金利が定数ならば，先物スタイルのオプションの価格はオプションのペイオフに対するフォワード契約の価格に等しい。このことより，先物スタイルのオプションの価格はオプション料が後払いのオプ

---

[7] 先物スタイルのオプションに関するもっと詳しい議論については，D. Lieu, "Option Pricing with Futures-Style Margining," *Journal of Futures Markets*, 10, 4 (1990): 327–38を参照。金利が確率変動する場合の評価については，R.-R. Chen and L. Scott, "Pricing Interest Rate Futures Options with Futures-Style Margining," *Journal of Futures Markets*, 13, 1 (1993): 15–22を参照。

ションの価格になる．したがって，先物スタイルのオプションの価格は通常のオプションの価値を無リスク金利で満期まで複利運用した値になる．

通常のヨーロピアン現物オプションに対するBlackモデルによる価格は，F_0をオプション満期と満期が同じ先物契約（またはフォワード契約）の価格として，(18.9)式と(18.10)式で与えられる．したがって，先物スタイルのコール・オプションの価格は，

$$F_0 N(d_1) - K N(d_2)$$

になり，先物スタイルのプット・オプションの価格は，

$$K N(-d_2) - F_0 N(-d_1)$$

になる．ここでd_1とd_2は(18.9)式と(18.10)式に現れたものと同じである．これらの価格式は金利の水準に依存しない．また，先物契約に対する先物スタイルのオプションと現物に対する先物スタイルのオプションの両方に対して成り立つ．前者の場合には，F_0はオプションの原資産である先物契約の現在価格である．後者の場合には，F_0はオプション満期と満期が同じ原資産に対する先物契約の現在価格である．

先物スタイルのオプションに対するプット・コール・パリティの関係式は，

$$p + F_0 = c + K$$

で与えられる．先物スタイルのアメリカン・オプションは期限前行使が可能であり，行使した場合には，オプションの本源的価値で最終清算が直ちに行われる．先物スタイルの先物オプションの価格は本源的価値よりも常に大きいので，先物スタイルのアメリカン先物オプションの期限前行使が最適になることはない．したがって，この種の先物スタイルのアメリカン・オプションは，対応する先物スタイルのヨーロピアン・オプションとして扱うことができる．

要約

　先物オプションは，行使されると原資産である先物契約の受渡しが行われる。コール・オプションが行使されると，保有者は先物契約のロング・ポジションと先物価格が行使価格よりも超過した額の現金を受け取ることになる。同様に，プット・オプションが行使されると，保有者は先物契約のショート・ポジションと行使価格が先物価格よりも超過した額の現金を受け取ることになる。受け渡される先物契約の満期は，オプションの満期よりも少しだけ先になっているのが一般的である。

　先物価格は，配当利回りが無リスク金利 r に等しい株式の価格と同じ振る舞いをする。したがって，株価を先物価格に置き換え，配当利回りを無リスク金利に等しくすれば，第17章で配当利回りが既知の株式のオプションに対して導出した結果が，先物オプションに対しても用いることができるようになる。ヨーロピアン先物オプションに対する価格式は，1976年に Black によって初めて示された。それらの価格式は，オプションの満期における先物価格が対数正規分布に従うという仮定のもとで導かれている。

　オプションと先物契約の満期が同じならば，ヨーロピアン先物オプションの価値は，対応するヨーロピアン現物オプションの価値とまったく同じになる。この結果は，ヨーロピアン現物オプションの評価によく用いられる。しかし，これはアメリカン・オプションに対しては成り立たない。先物市場が順鞘市場の場合は，アメリカン先物コール・オプションの価値は，対応するアメリカン現物コール・オプションの価値よりも高い。一方，アメリカン先物プット・オプションの価値は，対応するアメリカン現物プット・オプションの価値よりも低い。先物市場が逆鞘市場の場合は，その逆になる。

参考文献

Black, F. "The Pricing of Commodity Contracts," *Journal of Financial Economics*, 3 (1976): 167–79.

練習問題

18.1 円に対するコール・オプションと円先物に対するコール・オプションの違いについて説明せよ。

18.2 債券先物オプションが債券現物オプションよりも活発に取引されている理由を述べよ。

18.3 「先物価格は配当利回りのある株式のようなものである。」この場合の配当利回りは何か。

18.4 現在の先物価格は50である。6カ月後に，この価格は56または46のいずれかになるとする。無リスク金利は年率6％である。この先物に対する行使価格が50の6カ月物ヨーロピアン・コール・オプションの価格はいくらになるか。

18.5 先物オプションに対するプット・コール・パリティの関係式は，配当のない株式のオプションに対するプット・コール・パリティの関係式とどのように違うか。

18.6 先物契約とオプションの満期が同じ場合に，アメリカン先物コール・オプションについて考える。どのような状況のとき，先物オプションの価値は，対応するアメリカン現物オプションの価値よりも高くなるか。

18.7 先物価格が19ドル，行使価格が20ドル，無リスク金利が年率12％，先物価格のボラティリティが年率20％のとき，満期5カ月のヨーロピアン先物プット・オプションの価値を求めよ。

18.8 1オンス当りの行使価格が1,400ドルの10月限金先物プット・オプションを購入したとする。取引単位は100オンスの受渡しである。10月限先物価格が1,380ドルのときにこのオプションを行使したらどうなるか。

18.9 行使価格が1ポンド当り130セントの4月限生牛先物コール・オプションを売却したとする。取引単位は40,000ポンドの受渡しである。先物価格が135セントのときにこのオプションが行使されたらどうなるか。

18.10 無リスク金利が年率10%のとき，行使価格40の2カ月物先物コール・オプションを考える。現在の先物価格は47とする。(a)ヨーロピアン，(b)アメリカンのそれぞれの場合について，先物オプションの価値の下限を求めよ。

18.11 無リスク金利が年率10%のとき，行使価格50の4カ月物先物プット・オプションを考える。現在の先物価格は47とする。(a)ヨーロピアン，(b)アメリカンのそれぞれの場合について，先物オプションの価値の下限を求めよ。

18.12 ある先物価格が現在60で，そのボラティリティが30%である。無リスク金利は年率8%とする。2期間二項ツリーを用いて，この先物に対する行使価格60の6カ月物ヨーロピアン・コール・オプションの価値を求めよ。このコールがアメリカンである場合，期限前行使したほうがよい場合はあるか。

18.13 問題18.12で，その先物に対する行使価格60の6カ月物ヨーロピアン・プット・オプションの価値を二項ツリーを用いて求めよ。このプットがアメリカンである場合，期限前行使したほうがよい場合はあるか。問題18.12で求めたコールの価格とここで求めたプットの価格がプット・コール・パリティの関係を満たすことを確かめよ。

18.14 ある先物価格が現在25，そのボラティリティが年率30%，無リスク金利が年率10%であるとする。この先物に対する行使価格が26の9カ月物ヨーロピアン・コールの価値を求めよ。

18.15 ある先物価格が現在70，そのボラティリティが年率20％，無リスク金利が年率6％であるとする。この先物に対する行使価格65の5カ月物ヨーロピアン・プットの価値を求めよ。

18.16 満期1年のある先物の価格が現在35であるとする。この先物に対する行使価格34の1年物ヨーロピアン・コール・オプションと1年物ヨーロピアン・プット・オプションの市場価格がともに2である。無リスク金利は年率10％とする。このとき，裁定機会が存在することを示せ。

18.17 「アット・ザ・マネーのヨーロピアン先物コール・オプションの価格は，同じ条件のアット・ザ・マネーのヨーロピアン先物プット・オプションの価格に常に等しい。」これが成り立つ理由を説明せよ。

18.18 ある先物価格が現在30である。無リスク金利は年率5％である。行使価格28の3カ月物アメリカン先物コール・オプションの価値は4であるとする。この先物に対する行使価格28の3カ月物アメリカン先物プット・オプションの価格の上限と下限を求めよ。

18.19 ある先物契約に対する行使価格 K，満期 T のアメリカン・コール・オプションの価格を C，同じ先物契約に対する行使価格と満期日が同じアメリカン・プット・オプションの価格を P とするとき，
$$F_0 e^{-rT} - K < C - P < F_0 - K e^{-rT}$$
が成り立つことを示せ。ここで F_0 は先物価格，r は無リスク金利である。さらに $r > 0$ と仮定し，フォワード契約と先物契約との間に差はないものとする。（ヒント：問題17.12に示したのと同様の方法を用いよ。）

18.20 銀現物に対する満期3カ月のヨーロピアン・プット・オプションの価格を計算せよ。ただし，満期3カ月の先物価格を12ドル，行使価格を13ドル，無リスク金利を4％，銀の価格のボラティリティを25％とする。

18.21 ある企業が3カ月後に入ってくる500万ドルをLIBOR−50ベーシス・ポイントで90日間運用する予定である。その企業が少なくとも

6.5％の金利を確保したいと思っている場合，ヘッジするには上場金利オプションを用いてどのようなポジションをつくればよいか。

発展問題

18.22 ある先物価格が現在40である。3カ月後に先物価格は35または45のいずれかになることがわかっているとする。無リスク金利が年率7％のとき，この先物に対する行使価格42の3カ月物ヨーロピアン・コール・オプションの価値を求めよ。

18.23 現在，ある資産の先物価格が78で無リスク金利が3％である。この先物に対する行使価格80の6カ月プットの価格は現在6.5である。プットもコールもヨーロピアンであるとすれば，この先物の6カ月コールはいくらになるか。また，プットもコールもアメリカンであれば，行使価格が80の6カ月コールの価格の範囲はどのようになるか。

18.24 先物価格が50，オプションの残存期間が9カ月，行使価格が50，無リスク金利が3％，ボラティリティが25％であったときの，アメリカン・プット先物オプションを3期間ツリーを用いて評価せよ。

18.25 現在を2月4日とする。7月限トウモロコシ先物コール・オプションの価格が，行使価格260，270，280，290，300に対してそれぞれ26.75，21.25，17.25，14.00，11.375であるとする。同じ行使価格に対して，7月限プット・オプションの価格はそれぞれ8.50，13.50，19.00，25.625，32.625であるとする。オプションの満期日は6月19日，7月限トウモロコシ先物の現在価格は278.25，無リスク金利は1.1％である。DerivaGemソフトウェアを用いて，それらのオプションのインプライド・ボラティリティを計算せよ。また，得られた結果から何がわかるか。

18.26 次の大豆先物に対するヨーロピアン・プット・オプションのデータから，大豆先物価格のインプライド・ボラティリティを計算せよ。

現在の先物価格	525
行使価格	525
無リスク金利	年率6％
満期	5カ月
プットの価格	20

18.27 S&P 500に対する満期6カ月のヨーロピアン現物プット・オプションの価格を計算せよ。ただし，指数に対する6カ月物フォワード価格を1,400ドル，行使価格を1,450ドル，無リスク金利を5％，指数のボラティリティを15％とする。

18.28 先物オプションの行使価格が550セント，無リスク金利が3％，先物価格のボラティリティが20％，そして，オプションの満期までの期間が9カ月だとする。先物価格が500セントであるとき，以下の問いに答えよ。

(a) オプションがヨーロピアン・コールだとしたときのオプション価格はいくらか。

(b) オプションがヨーロピアン・コールだとしたときのオプション価格はいくらか。

(c) プット・コール・パリティが成り立つことを確認せよ。

(d) 先物スタイルのコール・オプションの先物価格はいくらか。

(e) 先物スタイルのプット・オプションの先物価格はいくらか。

第19章 グリークス

　店頭市場で顧客にオプションを販売している金融機関は，オプションのリスク管理の問題に直面している。販売したオプションがたまたま上場オプションと同一のものであれば，金融機関は販売したのと同じオプションを取引所で買うことによって，そのエクスポージャーを消すことができる。しかし，オプションが顧客のニーズにあわせたオーダーメイドのもので，上場されている標準物に対応していない場合には，エクスポージャーのヘッジはずっとむずかしくなる。

　本章では，この問題に対するいくつかの代替的なアプローチについて論じる。そのなかには，グリークス（Greek lettersまたは単にGreeks）と一般的に呼ばれるものを用いる方法も含まれる。各ギリシャ文字（グリーク）は，異なる角度から計測されたオプションのポジションがもつリスクを表しており，すべてのリスクが許容範囲に収まるようにグリークスを管理することが

トレーダーの目標になる。本章で紹介する分析は，金融機関で働く店頭市場のトレーダーだけでなく，取引所におけるオプションのマーケット・メーカーにも利用できるものである。

本章の終わりにかけて，オプションを合成してつくる方法について考える。これはオプションのヘッジときわめて密接に関係していることがわかる。オプションのポジションを合成してつくることは，オプションの反対ポジションをヘッジすることと本質的に同一である。たとえば，コール・オプションのロングを合成することは，コール・オプションのショート・ポジションをヘッジすることと同等である。

19.1 例 示

以下の数節では，配当のない株式に対する10万株分のヨーロピアン・コール・オプションを30万ドルで売却した，金融機関のポジションを例に用いて説明を行う。株価を49ドル，行使価格を50ドル，無リスク金利を年率5％，株価のボラティリティを年率20％，満期までを20週間（0.3846年），この株式の期待収益率を年率13％であるとする[1]。これまでの記号を用いると，

$S_0 = 49$, $K = 50$, $r = 0.05$, $\sigma = 0.20$, $T = 0.3846$, $\mu = 0.13$

である。このオプションのBlack–Scholes–Merton価格は（1株を買うオプション1単位の価値は2.40ドルであるので）約24万ドルになる。したがって，金融機関は理論価格よりも6万ドル高く売ったことになるが，この金融機関はリスクをどうヘッジするかという問題に直面することになる[2]。

---

1 第13章と第15章で示したように，期待収益率はオプションの価格には影響を与えない。しかし，ヘッジ・スキームの有効性といくらか関係がありうるので，期待収益率にも仮定をおいた。

2 配当のない株式のコール・オプションを例にとって説明を行うのは，考え方を発展させやすいからである。これから説明する考え方は，他のオプションやデリバティブにも適用できるものである。

19.2　ネイキッド・ポジションとカバード・ポジション

　金融機関のとりうる一つの戦略は，何もしないというものである。このときのポジションはネイキッド・ポジション（naked position）とも呼ばれる。これは，20週間後の株価が50ドルを下回っている場合にはうまくいく戦略である。その場合，金融機関はコール・オプションから損失を被らず，30万ドルの利益をあげることになる。一方，コール・オプションが行使された場合は，金融機関は20週間後の時価でその株式を10万株購入してコールをカバーしなければならないので，ネイキッド・ポジションはあまりうまくいかない。金融機関の損失は，株式の時価が行使価格を上回った額の10万倍である。たとえば，20週間後の株価が60ドルになったとすると，オプションによる金融機関の損失は100万ドルになる。これは，オプション料として受け取った30万ドルよりはるかに大きい。

　ネイキッド・ポジションにかわる戦略として，金融機関はカバード・ポジション（covered position）をとることもできる。これは，オプションを売却すると同時に10万株の株式を購入する戦略である。オプションが行使されるならば，この戦略はうまくいくが，そうでなければ深刻な損失を招くこともありうる。たとえば，株価が40ドルに下落すれば，金融機関は株式ポジションから90万ドルもの損失を被ることになる。これはオプション料として受け取った30万ドルよりはるかに大きい[3]。

　ネイキッド・ポジションもカバード・ポジションもよいヘッジではない。Black–Scholes–Merton の公式が導かれたときの仮定のもとでは，金融機関に発生するコストはどちらのポジションでも平均としては常に24万ドルになるはずである[4]。しかし，個々の場合には，コストはゼロから100万ドルを超える範囲を変動する。よいヘッジとは，コストが常に24万ドル付近になる

---

[3]　カバード・コールの売却によるエクスポージャーは，ネイキッド・プットの売却によるエクスポージャーと同じであることが，プット・コール・パリティからわかる。

[4]　もっと正確にいうと，適切なリスク調整後の割引率を用いて計算した場合の期待コストの現在価値は，どちらの戦略でも24万ドルになる。

第19章　グリークス　625

ような戦略である。

19.3 ストップ・ロス戦略

時々提案される興味深いヘッジ手法に，ストップ・ロス戦略（stop-loss strategy）と呼ばれるものがある。基本的な考え方を説明するために，ある株式1株を行使価格 K で購入するヨーロピアン・コール・オプションを売却した金融機関を考えよう。そのヘッジ戦略は，株価が K を上回ると同時にその株式を1株買い，株価が K を下回ると同時にその株式を1株売るというものである。この戦略の目標は，株価が K よりも低いときにはネイキッド・ポジションをとり，株価が K よりも高いときにはカバード・ポジションをとるようにするというものである。この手法は，満期時にオプションがイン・ザ・マネーのときは株式を保有しており，アウト・オブ・ザ・マネーのときは株式を保有していないように設計されている。図19.1に示した例では，この戦略を行うと，株式を時点 t_1 で買い，時点 t_2 で売り，時点 t_3 で買い，時点 t_4 で売り，時点 t_5 で買って，時点 T でそれを受け渡すことになる。

図19.1 ストップ・ロス戦略

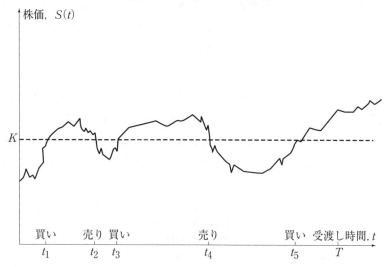

これまでと同様に，はじめの株価を S_0 とする。ヘッジ・ポジションをはじめにつくるときのコストは $S_0 > K$ ならば S_0 で，そうでなければゼロである。オプションを売却してそれをヘッジすることの総コスト Q はオプションの当初の本源的価値

$$Q = \max(S_0 - K, \ 0) \tag{19.1}$$

になるように思われる。なぜなら，時点 0 以降の売買はすべて価格 K で行われるからである。もしこれが実際に正しいとすれば，取引コストがない場合には，このヘッジ手法は完全にうまくいくだろう。このヘッジ・コストはBlack–Scholes–Merton 価格より常に小さい。したがって，オプションを売却してそれをヘッジすることによって，投資家はリスクなしで利益を得られることになる。

(19.1) 式は二つの重要な点で正しくない。1 点目は，ヘッジから生じるキャッシュ・フローは異なる時点で発生しているため，それらは割り引く必要があるということである。2 点目は，売りと買いを厳密に同一価格 K で行うことはできないというものである。この 2 点目は非常に重要である。もし金利がゼロのリスク中立世界を仮定するならば，現金の時間価値を無視することは正当化できる。しかし，まったくの同一価格で買いと売りが行えることを筋が通ったかたちで仮定することはできない。市場が効率的ならば，株価がちょうど K のとき，次に株価が K より上にいくのか下にいくのかをヘッジャーは知る由もないからである。

ε をある小さな正数とし，購入は価格 $K + \varepsilon$ で行われ，売却は価格 $K - \varepsilon$ で行われるとするのが現実的である。そうすると，売買一組で 2ε のコスト（取引コストは除く）がかかることになる。ヘッジャーはおのずと ε をできるだけ小さくしようと，株価の動きをもっと細かくモニターするようになるだろう。株価が連続的に変化すると仮定すると，株価を細かくモニターすることで，ε はいくらでも小さくすることができる。しかし，ε を小さくすればするほど取引回数は多くなる。したがって，1 取引当りのコスト減少の効果は取引回数の増加で打ち消されることになる。$\varepsilon \to 0$ とすると，取引回数の期待値は無限大に近づく[5]。

ヘッジ・パフォーマンス

ストップ・ロス戦略は表面的には魅力的にみえるが，ヘッジ手法としてはそれほどうまくいくものではない。アウト・オブ・ザ・マネーのオプションに対してこの手法を用いる場合を考えよう。株価が行使価格 K に一度も到達しなければ，ヘッジにかかるコストはゼロである。株価が行使価格の水準を何度も横切って変動する場合には，この手法はかなり高くつくものになる。モンテカルロ・シミュレーションを用いて，ストップ・ロス戦略の全体のパフォーマンスを評価することができる。表19.1は，19.1節のオプションに対するシミュレーション結果である。株価は，長さ Δt の各時間区間の終わりに観測されるものとする[6]。表19.1のヘッジ・パフォーマンスは，オプションのヘッジ・コストの標準偏差と Black–Scholes–Merton オプション価格の比で測られている。（ヘッジ・コストは，利子の支払いと割引を考慮していない累積コストである。）各結果は100万の株価のサンプルパスに基づいている。有効なヘッジ・スキームに対しては，ヘッジ・パフォーマンスはゼロに近くなるはずである。今回のケースでは，Δt をどんなに小さくしても，ヘッジ・パフォーマンスは0.7以上にしかならないようである。この結果は，ストップ・ロス戦略がよいヘッジ手法ではないことを浮彫りにする。

表19.1 ストップ・ロス戦略のパフォーマンス

パフォーマンスは，オプションの売却とそのヘッジにかかるコストの標準偏差の，オプションの理論価格に対する比率。

Δt（週）	5	4	2	1	0.5	0.25
ヘッジ・パフォーマンス	0.98	0.93	0.83	0.79	0.77	0.76

---

[5] 14.2節で述べたように，与えられた時間区間において，ウィナー過程が任意の特定の値に等しくなる回数の期待値は無限大である。

[6] 用いたヘッジのルールは正確には次のとおりである。株価が長さ Δt のある時間区間に K を下から上に横切ったならば，その区間の終わりに株式を購入する。株価がある時間区間に K を上から下に横切ったならば，その区間の終わりに株式を売却する。その他の場合は何もしない。

19.4 デルタ・ヘッジ

ほとんどのトレーダーは,これまで述べたものよりもっと洗練されたヘッジ手法を用いている。それらはデルタやガンマ,ベガといった指標を計算して行うヘッジである。本節ではデルタの役割について考察する。

オプションのデルタ(Δ)は,第13章で説明したとおり,原資産の価格変化に対するオプション価格の変化率で定義される。それは,原資産価格の関数として表したときのオプション価格曲線の傾きである。いま,コール・オプションのデルタが0.6であるとする。これは,株価が微小変化したとき,オプション価格はその変化額の約60%だけ変化することを意味している。図19.2は,コール価格と原資産株式の価格との関係を示している。株価が点Aに対応する値をとるとき,オプション価格は点Bに対応する値をとり,Δは図に示されている直線の傾きになる。一般に,

$$\Delta = \frac{\partial c}{\partial S}$$

である。ここで c はコール・オプションの価格,S は株価である。

図19.2で,株価は100ドル,オプション価格は10ドルとしよう。ここで,ある株式2,000株を買うコール・オプションを売却した投資家を考えてみる(すなわち,この投資家は20単位のコール・オプションを売却している)。投資家

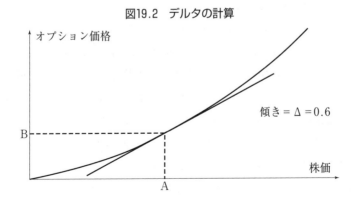

図19.2 デルタの計算

のポジションは，0.6×2,000 = 1,200株の株式を買うことでヘッジできる。そうすると，株式のポジションによる利益（損失）は，オプションのポジションによる損失（利益）で相殺されるだろう。たとえば，株価が1ドル上昇すると（購入した株式に1,200ドルの利益が生じ），オプション価格は0.6×1ドル = 0.6ドル上昇する（売却したオプションに1,200ドルの損失が生じる）。株価が1ドル下落すると（購入した株式に1,200ドルの損失が生じ），オプション価格は0.6ドル下落する（売却したオプションに1,200ドルの利益が生じる）。

この例では，トレーダーの2,000オプションのショート・ポジションのデルタは，

$$0.6 \times (-2,000) = -1,200$$

である。つまり，株価がΔSだけ上昇すると，トレーダーはオプションのショート・ポジションから$1,200\Delta S$の損失を被る。株式1株のデルタは1.0なので，1,200株のロング・ポジションのデルタは+1,200である。したがって，トレーダーの総ポジションのデルタはゼロになる。株式ポジションのデルタがオプション・ポジションのデルタを相殺しているのである。デルタがゼロのポジションを，デルタ・ニュートラル（delta neutral）であるという。

オプションのデルタは一定ではないので，比較的短い時間の間でしかトレーダーのポジションはデルタがヘッジされた状態（すなわち，デルタ・ニュートラルな状態）ではないことを知っておくことは重要である。ヘッジは定期的に調整する必要がある。これをリバランス（rebalancing）と呼ぶ。いまの例で，その日の終わりまでに，株価が110ドルに上昇したとしよう。図19.2をみると，株価が上昇するとデルタも増加する。デルタが0.6から0.65になるとしよう。その場合，ヘッジを維持するためには，0.05×2,000 = 100株を追加購入しなければならないだろう。このように，常にヘッジを調整する手法は，ダイナミック・ヘッジ（dynamic hedging）と呼ばれる。これは，最初にヘッジ・ポジションを組んだ後はいっさい調整を行わないスタティック・ヘッジ（static hedge）と対照的な手法である。スタティック・

ヘッジは"ヘッジ・アンド・フォゲット（hedge-and-forget）"としても知られている。

デルタの考え方は，Black–Scholes–Merton の分析と密接な関係にある。第15章で説明したように，Black–Scholes–Merton の微分方程式は，株式オプションと株式からなる無リスクポートフォリオを考えることで導くことができる。このポートフォリオを Δ を用いて表現すると，

  -1：オプション
  $+\Delta$：株式数

となる。この新しい用語を用いると，デルタ・ニュートラルなポジションをつくり，そのポジションの収益率は（瞬間的には）無リスク金利になるはずである，という議論を用いてオプションの価値は求められる，ということができる。

ヨーロピアン株式オプションのデルタ

配当のない株式のヨーロピアン・コール・オプションに対しては，

$$\Delta(\text{コール}) = N(d_1)$$

となることが示せる（練習問題15.17を参照）。ここで d_1 は (15.20) 式のものと同じであり，$N(x)$ は標準正規分布の累積分布関数である。この式はヨーロピアン・コール・オプション1単位のロング・ポジションのデルタを与えるものである。これより，ヨーロピアン・コール・オプション1単位のショート・ポジションのデルタは $-N(d_1)$ となる。したがって，ヨーロピアン・コール・オプション1単位のショート・ポジションをデルタ・ヘッジするには，株数が $N(d_1)$ になるような株式のロング・ポジションを保有し続ければよい。同様に，ヨーロピアン・コール・オプション1単位のロング・ポジションをヘッジするには，売却株数が $N(d_1)$ になるような株式のショート・ポジションを保有し続ければよい。

配当のない株式のヨーロピアン・プット・オプションに対しては，デルタは，

$$\Delta(\text{プット}) = N(d_1) - 1$$

図19.3 配当のない株式の株価に対するデルタ

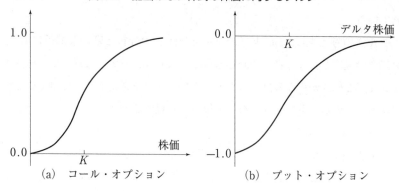

(a) コール・オプション　　(b) プット・オプション

で与えられる。デルタは負になるので，プット・オプションのロング・ポジションは原資産である株式のロング・ポジションでヘッジを行い，プット・オプションのショート・ポジションは原資産である株式のショート・ポジションでヘッジすることになる。図19.3は，株価が変化したときのコール・オプションとプット・オプションのデルタが変化するようすを示している。図19.4は，イン・ザ・マネー，アット・ザ・マネー，アウト・オブ・ザ・マネーのそれぞれの場合について，満期の長さに対してデルタが変化するようすを示している。

図19.4 コール・オプションのデルタの満期までの時間に対する変化の典型例

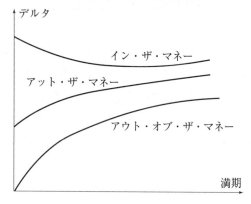

【例19.1】

19.1節の配当のない株式に対するコール・オプションについて再び考える。株価は49ドル,行使価格は50ドル,無リスク金利は5%,満期までの時間は20週間(=0.3846年),ボラティリティは20%とする。このとき,

$$d_1 = \frac{\ln(49/50) + (0.05 + 0.2^2/2) \times 0.3846}{0.2 \times \sqrt{0.3846}} = 0.0542$$

となり,デルタは $N(d_1)$,すなわち0.522になる。したがって,株価が ΔS だけ変化したとき,オプション価格は $0.522 \Delta S$ だけ変化する。

デルタ・ヘッジのダイナミック性

表19.2と表19.3に,19.1節の例で100,000単位のコール・オプションを売却した場合に行ったデルタ・ヘッジの二つの例を示している。ヘッジは週次で調整,すなわちリバランスされるものとする。オプション1単位のデルタの初期値は例19.1で0.522と求められている。これは,オプションのショート・ポジションのデルタが,最初は $-100{,}000 \times 0.522$,すなわち $-52{,}200$ であることを意味している。したがって,デルタ・ニュートラル・ポジションを組むためには,オプションを売却すると同時に2,557,800ドルを借り入れて,株式52,200株を1株49ドルで購入しなければならない。金利は5%とする。したがって,約2,500ドルの金利コストが最初の週に発生する。

表19.2では,株価は最初の週の終わりに48.12ドルに下落する。デルタは0.458に減少し,オプション・ポジションのデルタは $-45{,}800$ になる。したがって,デルタ・ニュートラル・ヘッジを維持するために,最初に購入した株式のうち6,400株を売却することになる。その結果,売却代金308,000ドルが入金され,第1週の終わり時点での借入残高は2,252,300ドルに減る。第2週には株価はさらに47.37ドルに下落し,デルタは再度減少する,等々である。満期が近づくにつれてオプションの行使が確実になり,デルタは1.0に近づいていく。したがって,第20週までにヘッジャーはポジションを完全

表19.2 デルタ・ヘッジのシミュレーション

オプションがイン・ザ・マネーで終了し，ヘッジ・コストが263,300ドルの場合。

週	株価	デルタ	購入株式数	株式購入コスト (単位：1,000ドル)	金利を含む累積コスト (単位：1,000ドル)	金利コスト (単位：1,000ドル)
0	49.00	0.522	52,200	2,557.8	2,557.8	2.5
1	48.12	0.458	(6,400)	(308.0)	2,252.3	2.2
2	47.37	0.400	(5,800)	(274.7)	1,979.8	1.9
3	50.25	0.596	19,600	984.9	2,996.6	2.9
4	51.75	0.693	9,700	502.0	3,471.5	3.3
5	53.12	0.774	8,100	430.3	3,905.1	3.8
6	53.00	0.771	(300)	(15.9)	3,893.0	3.7
7	51.87	0.706	(6,500)	(337.2)	3,559.5	3.4
8	51.38	0.674	(3,200)	(164.4)	3,398.5	3.3
9	53.00	0.787	11,300	598.9	4,000.7	3.8
10	49.88	0.550	(23,700)	(1,182.2)	2,822.3	2.7
11	48.50	0.413	(13,700)	(664.4)	2,160.6	2.1
12	49.88	0.542	12,900	643.5	2,806.2	2.7
13	50.37	0.591	4,900	246.8	3,055.7	2.9
14	52.13	0.768	17,700	922.7	3,981.3	3.8
15	51.88	0.759	(900)	(46.7)	3,938.4	3.8
16	52.87	0.865	10,600	560.4	4,502.6	4.3
17	54.87	0.978	11,300	620.0	5,126.9	4.9
18	54.62	0.990	1,200	65.5	5,197.3	5.0
19	55.87	1.000	1,000	55.9	5,258.2	5.1
20	57.25	1.000	0	0.0	5,263.3	

にカバーすることになる。ヘッジャーは保有株式の対価として5,000,000ドルを受け取るので，オプションの売却とヘッジの総コストは263,300ドルになる。

表19.3は，オプションがアウト・オブ・ザ・マネーで終わる，別のシミュレーション結果である。オプションが行使されそうにないことが明らかになるにつれて，デルタはゼロに近づいていく。第20週にはネイキッド・ポジションとなり，総コストは256,600ドルになる。

表19.2と表19.3では，ヘッジ・コストをオプション取引のスタート時点ま

表19.3 デルタ・ヘッジのシミュレーション

オプションがアウト・オブ・ザ・マネーで終了し，ヘッジ・コストが256,600ドルの場合。

週	株価	デルタ	購入株式数	株式購入コスト (単位：1,000ドル)	金利コストを含む累積コスト (単位：1,000ドル)	金利コスト (単位：1,000ドル)
0	49.00	0.522	52,200	2,557.8	2,557.8	2.5
1	49.75	0.568	4,600	228.9	2,789.2	2.7
2	52.00	0.705	13,700	712.4	3,504.3	3.4
3	50.00	0.579	(12,600)	(630.0)	2,877.7	2.8
4	48.38	0.459	(12,000)	(580.6)	2,299.9	2.2
5	48.25	0.443	(1,600)	(77.2)	2,224.9	2.1
6	48.75	0.475	3,200	156.0	2,383.0	2.3
7	49.63	0.540	6,500	322.6	2,707.9	2.6
8	48.25	0.420	(12,000)	(579.0)	2,131.5	2.1
9	48.25	0.410	(1,000)	(48.2)	2,085.4	2.0
10	51.12	0.658	24,800	1,267.8	3,355.2	3.2
11	51.50	0.692	3,400	175.1	3,533.5	3.4
12	49.88	0.542	(15,000)	(748.2)	2,788.7	2.7
13	49.88	0.538	(400)	(20.0)	2,771.4	2.7
14	48.75	0.400	(13,800)	(672.7)	2,101.4	2.0
15	47.50	0.236	(16,400)	(779.0)	1,324.4	1.3
16	48.00	0.261	2,500	120.0	1,445.7	1.4
17	46.25	0.062	(19,900)	(920.4)	526.7	0.5
18	48.13	0.183	12,100	582.4	1,109.6	1.1
19	46.63	0.007	(17,600)	(820.7)	290.0	0.3
20	48.12	0.000	(700)	(33.7)	256.6	

で割り引くと，Black–Scholes–Merton価格の240,000ドルに近くはなるが，正確には一致しない。ヘッジが完全であるならば，シミュレーションで発生させた株価のどのパスに対しても，ヘッジ・コストの現在価値はBlack–Scholes–Merton価格に正確に等しくなるはずである。デルタ・ヘッジのコストにばらつきがある理由は，ヘッジを週1回しかリバランスしないからである。リバランスをもっと頻繁に行えば，ヘッジ・コストのばらつきは小さ

表19.4 デルタ・ヘッジのパフォーマンス

パフォーマンスはオプションを売却してそれをヘッジするコストの標準偏差のオプションの理論価格に対する比率。

リバランスの間隔（週）	5	4	2	1	0.5	0.25
パフォーマンス	0.42	0.38	0.28	0.21	0.16	0.13

くなっていく．もちろん，表19.2と表19.3の例は，ボラティリティが一定で，取引コストはないという意味で理想化されたものである．

　この例に対して行った，100万のランダムな株価のパスから得られるデルタ・ヘッジのパフォーマンスに関する統計の結果を，表19.4に示す．表19.1と同様に，パフォーマンスはオプションのヘッジ・コストの標準偏差とBlack–Scholes–Merton価格の比で計算されている．デルタ・ヘッジは，明らかにストップ・ロス戦略よりも大幅にパフォーマンスが改善している．また，ストップ・ロス戦略とは異なり，ヘッジの見直し頻度を多くすればするほど，デルタ・ヘッジのパフォーマンスは安定的に改善している．

　デルタ・ヘッジの目標は，金融機関のポジションの価値をできるだけ変化させずに維持することにある．当初売却したオプションの価格は240,000ドルである．ところが，表19.2のように株価が推移すると，第9週におけるオプションの価値を計算すると414,500ドルになる．したがって，金融機関は，オプションのショート・ポジションで174,500ドルの損失を被っている．現金収支を累積コストでみると，第9週は第0週より1,442,900ドル悪化している．保有株式の価値は2,557,800ドルから4,171,100ドルに増えている．これらをすべて合計すると，金融機関のポジションの価値は9週間でわずか4,100ドルしか変化していないことがわかる．

コストの原因

　表19.2と表19.3のデルタ・ヘッジを行うことによって，オプションのロング・ポジションと等価なポジションがつくられている．これがオプション売却による金融機関のショート・ポジションを打ち消している．表をみればわ

かるように，ショート・ポジションのデルタ・ヘッジは，株価が下がると売って，上がると買うという操作であるため，高値買い・安値売りの戦略ともいえる。240,000ドルの平均コストは，株式が購入された価格と売却された価格の差の現在価値から生じているものである。

ポートフォリオのデルタ

価格Sの単一資産に依存するオプションまたは他のデリバティブのポートフォリオのデルタは，

$$\frac{\partial \Pi}{\partial S}$$

である。ここでΠはポートフォリオの価値である。

ポートフォリオのデルタは，ポートフォリオ内の個々のデリバティブのデルタから計算できる。オプション$i(1 \leq i \leq n)$の量がw_iのポートフォリオのデルタは，次のように与えられる。

$$\Delta = \sum_{i=1}^{n} w_i \Delta_i$$

ただし，Δ_iはi番目のオプションのデルタである。この式を用いて，ポートフォリオのデルタをゼロにするのに必要な原資産のポジションを計算することができる。このようなポジションをとったとき，ポートフォリオはデルタ・ニュートラル（delta neutral）であるという。

ある金融機関が株式オプションの次の三つのポジションを保有しているものとする。

1. 行使価格が55ドル，満期3カ月のコール・オプション100,000単位のロング・ポジション。オプション1単位のデルタは0.533。

2. 行使価格が56ドル，満期5カ月のコール・オプション200,000単位のショート・ポジション。オプション1単位のデルタは0.468。

3. 行使価格が56ドル，満期2カ月のプット・オプション50,000単位のショート・ポジション。オプション1単位のデルタは-0.508。

このとき，ポートフォリオ全体のデルタは次のようになる。

$$100,000 \times 0.533 - 200,000 \times 0.468 - 50,000 \times (-0.508) = -14,900$$

つまり，14,900株を購入することにより，ポートフォリオをデルタ・ニュートラルにすることができる．

取引コスト

デリバティブのディーラーはポジションをデルタ・ニュートラルに保つため，通常は日に1回，ポジションをリバランスする．特定の資産に対するオプションを少量しか保有していないときは，ディーラーが被るビッド・オファー・スプレッドのために，リバランスは費用がかかりすぎてできない場合が多い．オプションのポートフォリオが大きい場合は，リバランスは実行可能である．原資産の1回のみの取引でポートフォリオ全体のデルタをゼロにすることができる．そのため，ビッド・オファー・スプレッドによる取引コストは，多種多様な取引から生み出される収益で吸収される．

19.5 セータ

オプションのポートフォリオに対するセータ（Θ, theta）は，他の条件が不変で時間のみが経過した場合のポートフォリオの価値の変化率である．セータは，ポートフォリオのタイム・ディケイ（time decay）とも呼ばれる．配当のない株式のヨーロピアン・コール・オプションに対しては，Black–Scholes–Mertonの公式（練習問題15.17を参照）より，

$$\Theta(\text{コール}) = -\frac{S_0 N'(d_1)\sigma}{2\sqrt{T}} - rKe^{-rT}N(d_2)$$

となる．ここで d_1 と d_2 は(15.20)式のものと同じである．また，

$$N'(x) = \frac{1}{\sqrt{2\pi}} e^{-x^2/2} \tag{19.2}$$

は標準正規分布の確率密度関数である．

株式のヨーロピアン・プット・オプションに対しては，

$$\Theta(\text{プット}) = -\frac{S_0 N'(d_1)\sigma}{2\sqrt{T}} + rKe^{-rT}N(-d_2)$$

となる。$N(-d_2) = 1 - N(d_2)$ より，プットのセータは対応するコールのセータより rKe^{-rT} だけ大きい。

以上の式では時間は年数をベースとして計算しているが，通常，セータの計算時には時間を日数単位とし，セータは他の条件が同じまま1日が経過したときのポートフォリオの価値変化として計算される。セータは暦日ベースか取引日ベースかで計算される。暦日ベースの場合はセータの式を365で割り，取引日ベースの場合は252で割る必要がある。（DerivaGem ソフトウェアは暦日ベースでセータを計算している。）

【例19.2】

例19.1のように，配当のない株式に対するコール・オプションについて考える。株価は49ドル，行使価格は50ドル，無リスク金利は5％，満期までの時間は20週間（= 0.3846年），ボラティリティは20％とする。この場合，$S_0 = 49$，$K = 50$，$r = 0.05$，$\sigma = 0.2$，$T = 0.3846$である。オプションのセータは，

$$-\frac{S_0 N'(d_1)\sigma}{2\sqrt{T}} - rKe^{-rT}N(d_2) = -4.31$$

になり，暦日ベースのセータは $-4.31/365 = -0.0118$，取引日ベースのセータは $-4.31/252 = -0.0171$ になる。

オプションのセータはほとんどの場合，負の値をとる[7]。これは，他の条件が変わらないまま満期までの期間が短くなると，オプションの価値は減少していくからである。株式のコール・オプションのセータが株価水準によってどのように変わるかを，図19.5に示す。株価が非常に低い場合は，セータはゼロに近い。アット・ザ・マネーのコール・オプションの場合，セータは

---

[7] 配当のない株式に対するイン・ザ・マネーのヨーロピアン・プット・オプションや，高金利通貨に対するイン・ザ・マネーのヨーロピアン・コール・オプションが例外となりうる。

図19.5　株価に対するヨーロピアン・コール・オプションのセータの変化

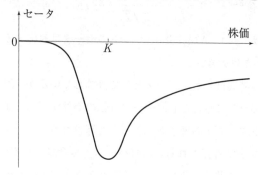

負の大きな値をとる。株価が大きくなるにつれて，セータは $-rKe^{-rT}$ に近づく。図19.6はイン・ザ・マネー，アット・ザ・マネー，アウト・オブ・ザ・マネーのそれぞれの場合について，コール・オプションの満期までの期間に対する Θ の変化の典型例を示したものである。

セータは，デルタと同じタイプのヘッジ・パラメータではない。というのは，将来の株価については不確実性があるが，時間の経過には不確実性はないからである。原資産の価格変化に対してヘッジを行うことはあるが，オプ

図19.6　満期までの期間に対するヨーロピアン・コール・オプションの価値の変化の典型例

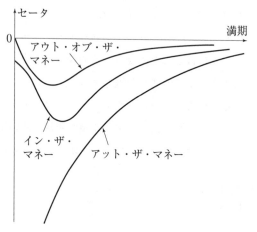

ション・ポートフォリオの時間の経過に対してヘッジを行うということには全く意味がない。それにもかかわらず，多くのトレーダーはセータをポートフォリオに対する有益な指標として利用している。これは後述するように，デルタ・ニュートラルなポートフォリオにおいては，セータはガンマのかわりの指標になるからである。

19.6 ガ ン マ

ある原資産に対するオプション・ポートフォリオのガンマ（Γ, gamma）は，原資産価格の変化に対するそのポートフォリオのデルタの変化率である。これはポートフォリオの価値の資産価格に関する2階偏導関数

$$\Gamma = \frac{\partial^2 \Pi}{\partial S^2}$$

である。

ガンマが小さければ，デルタはゆっくりとしか変化しないため，ポートフォリオをデルタ・ニュートラルに保つための調整もそれほど頻繁に行わなくてよい。しかし，ガンマが大きく正，もしくは負の場合には，デルタの原資産価格に対する感応度が非常に高いため，デルタ・ニュートラルなポートフォリオを長い間調整せずにそのままにしておくのは大変危険である。図19.7はこのことを例示したものである。株価がSからS'に動くとき，実際

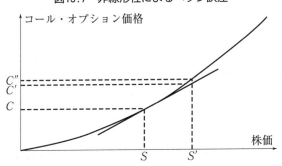

図19.7 非線形性によるヘッジ誤差

のオプション価格は C から C'' に変化するが,デルタ・ヘッジではオプション価格が C から C' に変化すると仮定してヘッジしている。C' と C'' の差がヘッジ誤差になる。誤差の大きさはオプション価格と株価との関係式の曲率に依存している。ガンマはこの曲率を測るものである。

ΔS を微小時間 Δt における原資産の価格変化,$\Delta \Pi$ をそれに対応するポートフォリオの価値の変化とする。章末の付録に示すように,Δt より高次の項を無視すると,デルタ・ニュートラルなポートフォリオに対して,

$$\Delta \Pi = \Theta \Delta t + \frac{1}{2}\Gamma \Delta S^2 \qquad (19.3)$$

が成り立つ。ここで Θ はポートフォリオのセータである。図19.8に $\Delta \Pi$ と ΔS の関係を示す。ガンマが正のときは,セータは負になる傾向がある。そ

図19.8 デルタ・ニュートラルなポートフォリオに対する $\Delta \Pi$ と ΔS の間の関係

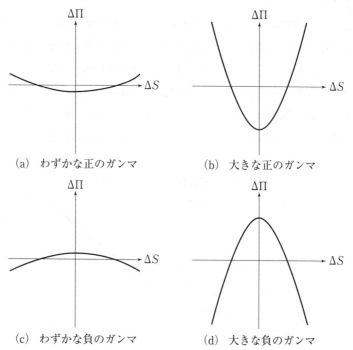

(a) わずかな正のガンマ　　(b) 大きな正のガンマ

(c) わずかな負のガンマ　　(d) 大きな負のガンマ

の場合は，S が変化しないとポートフォリオの価値は減少するが，S がいずれかの方向に大きく変化するとポートフォリオの価値は増加する．逆にガンマが負のときは，セータは正になる傾向がある．その場合には，S が変化しないとポートフォリオの価値は増加するが，S がいずれかの方向に大きく変化するとポートフォリオの価値は減少する．ガンマの絶対値が大きくなると，ポートフォリオの価値の S に対する感応度は大きくなる．

【例19.3】

ある資産に対するオプションのデルタ・ニュートラルなポートフォリオのガンマが，$-10{,}000$ であるとする．(19.3)式から，短い時間の間に資産価格が $+2$ または -2 だけ変化をすると，ポートフォリオはデルタ・ニュートラルにもかかわらず，価値が約 $0.5 \times 10{,}000 \times 2^2 = 20{,}000$ ドルだけ減少することがわかる．

ガンマ・ニュートラルなポートフォリオの構築

原資産からなるポジションはガンマがゼロなので，ポートフォリオのガンマ調整に用いることはできない．ガンマの調節には，原資産価格に対して線型でない変化をする，オプションのような商品のポジションが必要である．

デルタ・ニュートラルなポートフォリオのガンマを Γ，上場オプションのガンマを Γ_T とする．このとき，上場オプションを w_T だけポートフォリオに追加すると，ポートフォリオ全体のガンマは，

$$w_T \Gamma_T + \Gamma$$

になる．したがって，ポートフォリオをガンマ・ニュートラルにするために必要な上場オプションのポジションは $-\Gamma/\Gamma_T$ になる．オプションを追加することによりデルタも変化するので，デルタ・ニュートラルを保つには原資産のポジションを再調整する必要がある．ポートフォリオは短い間だけガンマ・ニュートラルな状態にあることに注意しよう．時間が経過すると，ガンマ・ニュートラルな状態を保つには，上場オプションのポジションを常に $-\Gamma/\Gamma_T$ に等しくなるように調整する必要がある．

ポートフォリオをデルタ・ニュートラルかつガンマ・ニュートラルにすることは，図19.7に例示したヘッジ誤差に対する修正であると考えることができる。デルタ・ニュートラルは，リバランス間の比較的小さな株価変動からポジションを守るものである。一方，ガンマ・ニュートラルは，ヘッジのリバランス間の大きな株価変動からポジションを守るものである。ポートフォリオはデルタ・ニュートラルで，そのガンマは−3,000であるとする。さらに，ある上場コール・オプションのデルタとガンマが，それぞれ0.62と1.50であるとする。このとき，ポートフォリオに，

$$\frac{3,000}{1.5} = 2,000$$

単位のコール・オプションのロング・ポジションを追加すれば，ポートフォリオはガンマ・ニュートラルにできる。しかし，ポートフォリオのデルタはゼロから$2,000 \times 0.62 = 1,240$に変化してしまうので，デルタ・ニュートラルを保つには，ポートフォリオから1,240単位の原資産を売却する必要がある。

ガンマの計算

配当のない株式のヨーロピアン・コールとプット・オプションのガンマは，

$$\Gamma = \frac{N'(d_1)}{S_0 \sigma \sqrt{T}}$$

で与えられる。ただし，d_1は(15.20)式，$N'(x)$は(19.2)式で定義されたものである。ロング・ポジションのガンマは常に正で，S_0が変化すると図19.9のように変化する。アウト・オブ・ザ・マネー，アット・ザ・マネー，イン・ザ・マネーの各場合について，満期までの時間に対してガンマが変化するようすを図19.10に示す。アット・ザ・マネーのオプションは，満期が近づくにつれガンマが上昇する。短期のアット・ザ・マネーのオプションのガンマは非常に大きく，オプション保有者のポジションの価値は，株価のジャンプに対して感応度が非常に高い。

図19.9 株価に対するオプションのガンマの変化

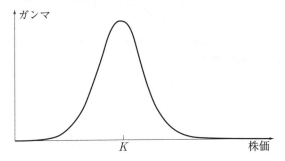

図19.10 満期までの期間に対する株券オプションのガンマの変化

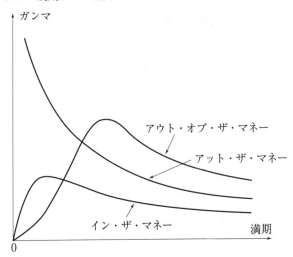

【例19.4】

　例19.1のように，配当のない株式に対するコール・オプションについて考える．株価は49ドル，行使価格は50ドル，無リスク金利は5％，満期までの時間は20週間（＝0.3846年），ボラティリティは20％とする．この場合，$S_0 = 49$, $K = 50$, $r = 0.05$, $\sigma = 0.2$, $T = 0.3846$である．
　オプションのガンマは，

$$\frac{N'(d_1)}{S_0 \sigma \sqrt{T}} = 0.066$$

になる．したがって，株価がΔSだけ変化するとき，オプションのデルタは$0.066\Delta S$だけ変化する．

19.7 デルタ，セータ，ガンマの間の関係

　配当のない株式に対するデリバティブ単体の価格は，微分方程式(15.16)を満たさなければならない．したがって，そのようなデリバティブからなるポートフォリオの価値Πも微分方程式

$$\frac{\partial \Pi}{\partial t} + rS\frac{\partial \Pi}{\partial S} + \frac{1}{2}\sigma^2 S^2 \frac{\partial^2 \Pi}{\partial S^2} = r\Pi$$

を満たしている．ここで，

$$\Theta = \frac{\partial \Pi}{\partial t}, \quad \Delta = \frac{\partial \Pi}{\partial S}, \quad \Gamma = \frac{\partial^2 \Pi}{\partial S^2}$$

であるから，

$$\Theta + rS\Delta + \frac{1}{2}\sigma^2 S^2 \Gamma = r\Pi \tag{19.4}$$

が成り立つ．他の原資産についても同様の関係が得られる（練習問題19.19を参照）．

　デルタ・ニュートラルなポートフォリオに対しては，$\Delta = 0$となるため，

$$\Theta + \frac{1}{2}\sigma^2 S^2 \Gamma = r\Pi$$

が成り立つ．この式から，Θが正の大きな値をとるときΓは負の大きな値をとり，その逆も成り立つことがわかる．このことは，図19.8のグラフのようすとも整合性がとれており，デルタ・ニュートラルなポートフォリオでは，セータがある程度ガンマのかわりになる理由である．

19.8 ベ ガ

ここまでは，デリバティブの原資産のボラティリティが一定であることを暗に仮定してきた。実際には，ボラティリティは時間とともに変化する。したがって，原資産価格の変化や時間経過だけでなく，ボラティリティの変化によってもデリバティブの価値は変化する。

デリバティブのポートフォリオに対するベガ（vega）νは，原資産のボラティリティ変化に対するポートフォリオの価値の変化率を表している[8]。

$$\nu = \frac{\partial \Pi}{\partial \sigma}$$

ベガが大きく正，もしくは大きく負の場合は，ポートフォリオの価値はボラティリティの小さな動きに対しても敏感に変化する。逆に，ベガがゼロに近い場合は，ボラティリティの変化がポートフォリオの価値に与える影響は比較的小さい。

原資産からなるポジションのベガは，ゼロである。しかし，ガンマが調整できるのと同様な方法，つまり上場オプションのポジションを加えることで，ポートフォリオのベガを調整することができる。νをポートフォリオのベガ，ν_Tを上場オプションのベガとすると，$-\nu/\nu_T$単位の上場オプションのポジションをとれば，このポートフォリオを瞬間的にベガ・ニュートラルにすることができる。残念ながら，ガンマ・ニュートラルなポートフォリオは一般的にはベガ・ニュートラルではなく，逆も然りである。したがって，ガンマもベガもニュートラルにするには，通常，一般的に同一の原資産に対する2種類以上のデリバティブをヘッジに使わなければならない。

【例19.5】

ガンマが$-5,000$，ベガが$-8,000$のデルタ・ニュートラルなポートフォリオを考える。表にあるオプションが取引できるとする。オプション1について4,000単位のロング・ポジションをとれば，ポートフォリ

---

[8] ベガはギリシャ文字の一つではないが，グリークスの名前の一つとして用いられている。

オをベガ・ニュートラルにできる。これに伴い，デルタは2,400に増加するので，デルタ・ニュートラルに保つには，原資産を2,400単位売却する必要がある。また，ポートフォリオのガンマは−5,000から−3,000に変わる。

	デルタ	ガンマ	ベガ
ポートフォリオ	0	−5,000	−8,000
オプション1	0.6	0.5	2.0
オプション2	0.5	0.8	1.2

オプション1とオプション2を用いれば，ポートフォリオのガンマとベガをニュートラルにできる。w_1 と w_2 をオプション1とオプション2のポートフォリオへの組入量とすると，次の連立方程式を満たす必要がある。

$$-5,000 + 0.5w_1 + 0.8w_2 = 0$$
$$-8,000 + 2.0w_1 + 1.2w_2 = 0$$

これを解くと，$w_1 = 400$，$w_2 = 6,000$ になる。したがって，オプション1を400単位，オプション2を6,000単位だけ組み入れると，ポートフォリオのガンマとベガをニュートラルにすることができる。二つの上場オプションを加えた後のポートフォリオのデルタは，$400 \times 0.6 + 6,000 \times 0.5 = 3,240$ になる。よって，3,240単位の原資産を売却すればデルタ・ニュートラルに保つことができる。

配当のない株式に対するヨーロピアン・コール・オプションとヨーロピアン・プット・オプションのベガは，

$$\nu = S_0 \sqrt{T} N'(d_1)$$

で与えられる。ここで d_1 は(15.20)式のものと同じである。$N'(x)$ は(19.2)式で与えられている。ヨーロピアンでもアメリカンでも，オプションのロング・ポジションのベガは常に正である。S_0 が変化したときにベガが変化するようすを図19.11に示す。

図19.11　株価に対するオプションのベガの変化

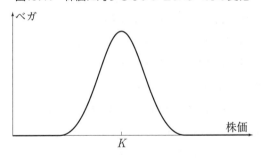

【例19.6】

例19.1のように，配当のない株式に対するコール・オプションについて考える。株価は49ドル，行使価格は50ドル，無リスク金利は5％，満期までの時間は20週間（＝ 0.3846年），ボラティリティは20％とする。この場合，$S_0 = 49$，$K = 50$，$r = 0.05$，$\sigma = 0.2$，$T = 0.3846$である。

オプションのベガは，

$$S_0\sqrt{T}N'(d_1) = 12.1$$

になる。したがって，ボラティリティが（20％から21％へ）1％（0.01）増加すると，オプションの価値は約$0.01 \times 12.1 = 0.121$だけ増加する。

Black–Scholes–Mertonモデルおよびその拡張を用いてベガを計算するのは奇妙に感じられるかもしれない。このモデルではボラティリティは一定と仮定されているからである。ボラティリティが確率変動すると仮定しているモデルを用いてベガを計算するのが，理論的にはより正しいと思われる。しかし，確率ボラティリティモデルから計算されたベガとBlack–Scholes–Mertonのベガは非常に似通ったものであることがわかっているので，ボラティリティを一定とするモデルからベガを計算しても実務上問題はない[9]。

---

[9] J. C. Hull and A. White, "The Pricing of Options on Assets with Stochastic Volatilities," *Journal of Finance* 42 (June 1987): 281–300およびJ. C. Hull and A. White, "An Analysis of the Bias in Option Pricing Caused by a Stochastic Volatility," *Advances in Futures and Options Research* 3 (1988): 27–61を参照。

ガンマ・ニュートラルは，ヘッジのリバランスから次のリバランスまでの間に起こる原資産価格の大きな変動に対するヘッジである。ベガ・ニュートラルは変数 σ に対するヘッジである。当然のことではあるが，ベガやガンマのヘッジに取引可能な上場オプションを用いるのが最善かどうかは，ヘッジのリバランス間隔やボラティリティのボラティリティに依存している[10]。

ボラティリティが変化するとき，短期オプションのインプライド・ボラティリティは長期オプションのインプライド・ボラティリティよりも大きく変化する傾向がある。したがって，ポートフォリオのベガを計算するときは，長期オプションのボラティリティは短期オプションのボラティリティよりも少なく変化させることが多い。そのようなやり方の一つを23.6節で議論する。

19.9 ロー

オプション・ポートフォリオのロー（rho）は，金利の変化に対するポートフォリオの価値の変化率，すなわち，

$$\frac{\partial \Pi}{\partial r}$$

である。これは他の要素が変化しない状態での，ポートフォリオの金利に対する感応度を測るものである。配当のない株式に対するヨーロピアン・コール・オプションの場合には，

$$\text{rho}(コール) = KTe^{-rT}N(d_2)$$

となる。ここで d_2 は(15.20)式のものと同じである。ヨーロピアン・プット・オプションの場合には，

$$\text{rho}(プット) = -KTe^{-rT}N(-d_2)$$

となる。

---

[10] このことに関する議論は J. C. Hull and A. White, "Hedging the Risks from Writing Foreign Currency Options," *Journal of International Money and Finance* 6 (June 1987): 131–52を参照。

> **【例19.7】**
>
> 例19.1のように，配当のない株式に対するコール・オプションについて考える。株価は49ドル，行使価格は50ドル，無リスク金利は5％，満期までの時間は20週間（＝0.3846年），ボラティリティは20％とする。この場合，$S_0 = 49$，$K = 50$，$r = 0.05$，$\sigma = 0.2$，$T = 0.3846$である。
>
> オプションのローは，
>
> $$KTe^{-rT}N(d_2) = 8.91$$
>
> になる。したがって，無リスク金利が（5％から6％へ）1％（0.01）増加すると，オプションの価値は約 $0.01 \times 8.91 = 0.0891$ だけ増加する。

19.10　現実のヘッジ

理想的な世界では，金融機関のトレーダーはすべてのグリークスをゼロに保つために，何度もポートフォリオをリバランスすることができる。しかし，実際にはこれは不可能である。一つの原資産に依存する大きなポートフォリオを管理している場合には，通常，トレーダーは原資産を取引することで少なくとも1日に1回はデルタをゼロ，あるいはゼロ近くにすることができる。しかし，オプションやその他の非線形性をもつデリバティブを競争力のある価格で必要な量だけ取引するのは困難なため，ガンマとベガをゼロにするのはそれほど容易ではない。ビジネス・スナップショット19.1では，金融機関でダイナミック・ヘッジがどのように行われているかについて紹介する。

> **ビジネス・スナップショット19.1**
>
> **ダイナミック・ヘッジの実際**
>
> 　金融機関における典型的な取決めとして，ある特定の原資産価格に依存するデリバティブ・ポートフォリオの管理は，1人のトレーダーまたは一緒に取引を行っているトレーダーのチームに任される。たとえば，

ゴールドマン・サックスのトレーダーの1人が，豪ドルの価値に依存するすべてのデリバティブの管理責任をもつ場合もある。コンピュータ・システムがポートフォリオの価値やグリークスを計算する。それぞれのグリークスに対して限度が設定され，トレーダーは1日の終わりに限度額の超過を希望するのであれば，特別な許可が必要となる。

デルタ限度枠は，原資産に換算した最大ポジションで表されることが多い。たとえば，ゴールドマン・サックスにおけるある株に対するデルタ限度枠が100万ドルである場合に，株価が50ドルであれば，デルタの絶対値は20,000を超えてはならないことになる。一方，ベガ限度枠は，ボラティリティの1％変化当りの最大のドル・エクスポージャーで表されることが多い。

もちろんのこと，オプション・トレーダーは1日の終わりにはポジションをデルタ・ニュートラルかそれに近い形にする。ガンマとベガはモニタリングされるが，日次ではニュートラルにしないのが一般的である。金融機関は顧客との取引でオプションを売却することが多い。その結果，ネガティブ・ガンマやネガティブ・ベガのポジションを積み上げることになる。そのため，オプション・トレーダーは，競争力のある価格でのオプション購入による，ガンマ・リスクやベガ・リスクをヘッジする機会を常にうかがっている。

オプションのポートフォリオには，ガンマやベガのリスク管理の問題は時間とともにいくぶん緩和されていくという一つの特長がある。オプションは売却当初はアット・ザ・マネーに近いことが多いため，ガンマやベガは比較的大きい。しかし，少し時間が経過すると，原資産価格が変化して，ディープ・アウト・オブ・ザ・マネーかディープ・イン・ザ・マネーになることが多い。その場合，ガンマやベガは非常に小さくなり問題にはならない。逆に，オプション・トレーダーにとって最悪のシナリオは，満期が近づいたときにオプションがアット・ザ・マネー近辺にあるような場合である。

すでに述べたように，デリバティブ取引には規模の経済が働く。一つの資産に対する少量のオプションからなるポートフォリオを日々の取引によってデルタ・ニュートラルに保つのは，通常，経済的に実行不可能である。ヘッジするオプション当りの取引コストが高いからである[11]。しかし，一つの資産に対するオプションからなる大きなポートフォリオをデルタ・ニュートラルに保つ場合には，ヘッジするオプション当りの取引コストはずっと割に合ったものになる。

19.11 シナリオ分析

デルタ，ガンマ，およびベガのようなリスクをモニタリングすることに加え，オプション・トレーダーはしばしばシナリオ分析も行う。この分析では，さまざまなシナリオのもとで，特定の期間におけるポートフォリオの損益が計算される。この期間は，リスクを測る金融商品の流動性に応じて決められることが多いようである。シナリオは，経営者が選んだり，モデルで生成したりする。

通貨オプションのポートフォリオをもつ銀行について考えよう。このポートフォリオの価値に影響を与える変数は，主に二つある。それは，為替レートと為替レートのボラティリティである。為替レートが現在1.0000で，ボラティリティが年率10%であるとする。銀行は，さまざまなシナリオのもとで2週間後に発生する損益について，表19.5のような表を作成することができる。この表では，七つの異なる為替レートと三つの異なるボラティリティが考えられている。2週間における為替レートの動きの1標準偏差は約0.02なので，およそ0，1，2，3標準偏差の為替レートの変動が考慮されていることになる。

表19.5では，最大損失はこの表の下段右隅である。これは，ボラティリティが12%に増加し，為替レートが1.06に上昇する場合に対応する。表19.5

---

[11] 取引コストは，ヘッジャーが日々いくらかの原資産をオファー価格で買うか，ビッド価格で売ることから生じる。

表19.5　さまざまなシナリオのもとで2週間後に実現する損益

(単位：100万ドル)

ボラティリティ	為替レート						
	0.94	0.96	0.98	1.00	1.02	1.04	1.06
8%	+102	+55	+25	+6	−10	−34	−80
10%	+80	+40	+17	+2	−14	−38	−85
12%	+60	+25	+9	−2	−18	−42	−90

のような表では，最大損失は表の四隅のいずれかで起こることが多いが，常にそうなるとは限らない。たとえば，銀行のポートフォリオがバタフライ・スプレッド（12.3節を参照）のショート・ポジションからなる場合，為替レートが動かないとき，最大損失が実現する。

19.12　公式の拡張

これまで導出してきたデルタ，セータ，ガンマ，ベガ，およびローに関する公式は，配当のない株式のヨーロピアン・オプションに対するものであった。株式に配当利回り q の連続配当がある場合には，これらの公式は表19.6のようになる。それらの公式に現れる d_1 と d_2 は，(17.4)式と(17.5)式に現れたものと同じである。q を株価指数の配当利回りにすると，ヨーロピアン指数オプションのグリークスが得られる。q を外国の無リスク金利にすると，ヨーロピアン通貨オプションのグリークスが得られる。$q = r$ とすると，ヨーロピアン先物オプションのデルタ，ガンマ，セータ，そしてベガが得られる。ヨーロピアン先物コール・オプションのローは $-cT$，ヨーロピアン先物プット・オプションのローは $-pT$ になる。

通貨オプションの場合は，2種類の金利に対応する2種類のローが定義される。国内金利に対するローは表19.6に示す式で与えられる（d_2 は(17.11)式のものと同じである）。通貨に対するヨーロピアン・コール・オプションの外国金利に対するローは，

表19.6 利回り q の資産のオプションに対するグリークス

グリークス	コール・オプション	プット・オプション
デルタ	$e^{-qT}N(d_1)$	$e^{-qT}[N(d_1)-1]$
ガンマ	$\dfrac{N'(d_1)e^{-qT}}{S_0\sigma\sqrt{T}}$	$\dfrac{N'(d_1)e^{-qT}}{S_0\sigma\sqrt{T}}$
セータ	$-S_0N'(d_1)\sigma e^{-qT}/(2\sqrt{T})$ $+qS_0N(d_1)e^{-qT}-rKe^{-rT}N(d_2)$	$-S_0N'(d_1)\sigma e^{-qT}/(2\sqrt{T})$ $-qS_0N(-d_1)e^{-qT}+rKe^{-rT}N(-d_2)$
ベガ	$S_0\sqrt{T}\,N'(d_1)e^{-qT}$	$S_0\sqrt{T}\,N'(d_1)e^{-qT}$
ロー	$KTe^{-rT}N(d_2)$	$-KTe^{-rT}N(-d_2)$

$$\text{rho}(コール, 外国金利) = -Te^{-r_fT}S_0N(d_1)$$

である。ヨーロピアン・プットに対するローは，

$$\text{rho}(プット, 外国金利) = Te^{-r_fT}S_0N(-d_1)$$

である。ここで d_1 は(17.11)式のものと同じである。

アメリカン・オプションのグリークスの計算については，第21章で議論する。

フォワード契約のデルタ

デルタの概念は，オプション以外の金融商品にも適用できる。配当のない株式のフォワード契約について考えてみよう。(5.5)式よりフォワード契約の価値は S_0-Ke^{-rT} である。ここで K は受渡価格，T はフォワード契約の満期までの時間である。株価が ΔS だけ変化するとき，他の条件が変わらなければ，その株式のフォワード契約の価値も ΔS だけ変化する。したがって，株式1株に対するロング・フォワード契約のデルタは常に1.0になる。このことより，1株に対するフォワード契約のロング・ポジションは，株式1株のショートでヘッジできる。また，1株に対するフォワード契約のショート・ポジションは，株式1株の買いでヘッジできる[12]。

---

[12] これらはヘッジ・アンド・フォゲット戦略である。デルタが常に1.0であることから，契約の満期まで株式のポジションを調整する必要がない。

配当利回り q の資産に対しては，(5.7)式よりフォワード契約のデルタは e^{-qT} になることがわかる。株価指数フォワード契約のデルタの場合は，q を指数の配当利回りにすればよい。外国為替フォワード契約のデルタの場合は，q を外国の無リスク金利 r_f にすればよい。

先物契約のデルタ

(5.1)式から，配当のない株式に対する先物価格は $S_0 e^{rT}$ である。ここで T は先物契約の満期までの時間である。これより，株価が ΔS だけ上昇するとき，他の条件が変わらなければ，先物価格は $\Delta S e^{rT}$ だけ変化することがわかる。先物契約は日々値洗いされるため，先物契約の買い手にはほとんどその瞬間にこの額の利益が実現する。したがって，先物契約のデルタは e^{rT} である。配当利回りが q の資産に対する先物契約の場合は，(5.3)式よりデルタは $e^{(r-q)T}$ になる。

興味深いことに，日次値洗いの影響で，先物契約とフォワード契約のデルタはわずかながら異なる。このことは，金利が一定でフォワード価格と先物価格が等しくなる場合でもそうである。(フォワード価格と先物価格についてはビジネス・スナップショット5.2を参照。)

先物契約は，ポジションをデルタ・ニュートラルにするのに使われることもある。以下の記号を用いる。

T：先物契約の満期

H_A：デルタ・ヘッジに必要な現物資産のポジション

H_F：現物のかわりとしてデルタ・ヘッジに必要な先物契約のポジション

原資産が配当のない株式の場合には，これまでに行ってきた分析から，

$$H_F = e^{-rT} H_A \tag{19.5}$$

が成り立つ。原資産の配当利回りが q の場合には，

$$H_F = e^{-(r-q)T} H_A \tag{19.6}$$

が成り立つ。株価指数に対しては，q を指数の配当利回りにする。また，通貨に対しては，q を外国無リスク金利 r_f にすればよく，

$$H_F = e^{-(r-r_f)T} H_A \tag{19.7}$$

となる。

【例19.8】

ある米銀が，458,000英ポンドのショート・ポジションでデルタ・ニュートラルにできる通貨オプションのポートフォリオを保有しているとする。米国の無リスク金利を年率4％，英国の無リスク金利を年率7％とする。(19.7)式より，ヘッジに9カ月物の通貨先物を用いる場合は，先物のショート・ポジションは，

$$e^{-(0.04-0.07)\times 9/12}\times 458{,}000$$

すなわち，468,442英ポンド必要になる。先物契約の取引単位は62,500ポンドの購入または売却なので，7単位の先物を売却する必要がある。（7は468,442/62,500に最も近い整数。）

19.13 ポートフォリオ・インシュアランス

ポートフォリオ・マネージャーは，時にポートフォリオに対してプット・オプションを保有したいと思うことがある。そうすることで，ポートフォリオの価値がある一定水準よりも下がることを防ぐ一方で，市場が上昇したときに収益を得る余地を残すことができる。これを実現する（17.1節で議論した）一つの方法は，S&P 500のようなマーケット指数に対するプット・オプションを買うことである。もう一つの方法は，オプションを複製することである。

ポジションのデルタを必要とするオプションのデルタに等しくなるように原資産（または原資産の先物）のポジションを維持すれば，オプションを複製することができる。オプションの複製に必要なポジションは，ヘッジに必要なポジションの逆になる。オプションをヘッジするということは，同じオプションの反対ポジションを複製することにほかならないからである。

必要なプット・オプションを市場で購入するよりも複製するほうが，ポートフォリオ・マネージャーには魅力的である理由が二つある。一つ目は，大規

模なポートフォリオを運用しているファンド・マネージャーが取引に必要とするだけの流動性が，オプション市場にあるとは限らないという理由。二つ目は，ファンド・マネージャーが必要とする行使価格と行使日のオプションが，上場オプション市場では取引されていない場合があるという理由である。

株式ポートフォリオあるいは指数先物を取引することによって，オプションを複製することができる。まず，ポートフォリオによるプット・オプションの複製を考えてみよう。表19.6より，ポートフォリオに対するヨーロピアン・プットのデルタは，

$$\Delta = e^{-qT}[N(d_1) - 1] \tag{19.8}$$

である。ここで，これまでの記号どおり，

$$d_1 = \frac{\ln(S_0/K) + (r - q + \sigma^2/2)T}{\sigma\sqrt{T}}$$

と表し，そのほかの記号もこれまでどおり定義する。S_0 はポートフォリオの価値，K は行使価格，r は無リスク金利，q はポートフォリオの配当利回り，σ はポートフォリオのボラティリティ，T はオプション期間である。ポートフォリオのボラティリティは，よく分散されたマーケット指数のボラティリティにベータを乗じた値と仮定されることが多い。

プット・オプションを複製するには，当初ポートフォリオに対して，

$$e^{-qT}[1 - N(d_1)]$$

の割合の株式を常に売却している状態に保ち，その売却代金を無リスク資産で運用すればよい。当初ポートフォリオの価値が下落した場合は，(19.8)式で与えられるプットのデルタのマイナスはさらに大きくなり，売却するポートフォリオの割合は増加する。当初ポートフォリオの価値が増加した場合は，プットのデルタのマイナスが小さくなり，売却するポートフォリオの割合は減少する（すなわち，当初ポートフォリオの一部分を買い戻すことになる）。

この戦略を用いてポートフォリオ・インシュアランスを行うということは，ファンドを，価格の下落リスクを回避する対象となる株式ポートフォリオと無リスク資産の二つに常に分割することである。株式ポートフォリオの価値が上昇すると，無リスク資産が売却されて株式ポートフォリオのポジ

ションが追加される。逆に，株式ポートフォリオの価値が下落すると，株式ポートフォリオのポジションが減らされて無リスク資産が購入される。インシュアランスのコストは，ポートフォリオ・マネージャーによる取引が，常に売るのが相場下落後で，買うのが相場上昇後になることから生じるものである。

【例19.9】

ポートフォリオの価値を9,000万ドルとする。価格下落リスクをヘッジするために，ポートフォリオ・マネージャーは行使価格8,700万ドル，満期6カ月のプット・オプションを必要としているとする。無リスク金利を年率9％，配当利回りを年率3％，指数のボラティリティを年率25％とする。S&P 500指数が900であり，ポートフォリオがS&P 500に非常によく連動しているとすれば，17.1節で議論したように，一つの方法は行使価格870のS&P 500プット・オプションを1,000単位購入することである。もう一つの方法は，必要とするプット・オプションを複製することである。いまの場合には，$S_0 = 90,000,000$，$K = 87,000,000$，$r = 0.09$，$q = 0.03$，$\sigma = 0.25$，$T = 0.5$となるので，

$$d_1 = \frac{\ln(90/87) + (0.09 - 0.03 + 0.25^2/2)0.5}{0.25\sqrt{0.5}} = 0.4499$$

となり，必要とするオプションのデルタは，

$$e^{-qT}[N(d_1) - 1] = -0.3215$$

になる。したがって，必要とするオプションのデルタに一致させるためには，初めはポートフォリオの32.15％を売却し，無リスク資産に投資すればよい。売却するポートフォリオの金額は頻繁に確認する必要がある。たとえば，ポートフォリオの価値が1日後に8,800万ドルに下落した場合には，オプションのデルタは0.3679に変化するため，当初ポートフォリオの4.64％をさらに売却し，無リスク資産に投資する必要がある。一方，ポートフォリオの価値が9,200万ドルに上昇した場合には，オプションのデルタは−0.2787に変化するため，当初ポートフォリオの

4.28%を買い戻す必要がある。

指数先物の利用

指数先物の取引コストは，対応する指数の構成銘柄の取引コストよりも一般的に安いため，現物よりも指数先物を用いてオプションを複製するほうが好まれることが多い。売却する先物契約の金額をポートフォリオの価値に対する割合で表すと，(19.6)式と(19.8)式より，

$$e^{-qT}e^{-(r-q)T^*}[1-N(d_1)] = e^{q(T^*-T)}e^{-rT^*}[1-N(d_1)]$$

になる。ここで T^* は先物契約の満期である。ポートフォリオの価値が指数の A_1 倍，指数先物の取引単位が指数の A_2 倍とすると，売却する先物契約の単位数は，

$$e^{q(T^*-T)}e^{-rT^*}[1-N(d_1)]A_1/A_2$$

になる。

【例19.10】

前の例で，満期9カ月のS&P 500先物を用いてオプションを複製することにする。この場合は，$T = 0.5$, $T^* = 0.75$, $A_1 = 100{,}000$, $d_1 = 0.4499$ となる。指数の先物1単位は指数の250倍なので，$A_2 = 250$ である。売却する先物契約の単位数は，

$$e^{q(T^*-T)}e^{-rT^*}[1-N(d_1)]A_1/A_2 = 122.96$$

あるいは四捨五入すると123になる。時間の経過と指数の変化に伴って，先物契約のポジションは調整する必要がある。

これまで分析では，ポートフォリオが指数に完全に連動していると仮定してきた。そうでない場合は，(a)ポートフォリオのベータを計算し，(b)必要とする保険の水準を満たす指数オプションのポジションを求め，(c)オプションを複製するための指数先物のポジションを算出することが必要である。17.1節で検討したように，オプションの行使価格は，ポートフォリオの価値が保証したい水準に達したときのマーケット指数の予想レベルに等しくなる

ように設定すればよい．また，必要となる指数オプションの単位数は，ポートフォリオのベータが1.0のときに必要なオプションの単位数をベータ倍したものである．

19.14 株式市場のボラティリティ

第15章では，ボラティリティは新しい情報の到来のみによって生じているのか，あるいは取引そのものがボラティリティを生み出しているのか，という問題について議論した．上述したようなポートフォリオ・インシュアランス戦略は，ボラティリティを大きくする可能性がある．たとえば，相場が下落したときは，ポートフォリオ・インシュアランスを行っているポートフォリオ・マネージャーは，現物株式または株価指数先物を売ることになる．どちらの取引も相場の下落に拍車をかけるだろう（ビジネス・スナップショット19.2を参照）．現物株式の売りはマーケット指数を直接押し下げる．指数先物の売りは先物価格を押し下げ，これが指数裁定取引のメカニズム（第5章を参照）を通じて株式の売り圧力に転じ，この場合もマーケット指数を押し下げることになる．同様に相場が上昇したときは，ポートフォリオ・インシュアランスを行っているポートフォリオ・マネージャーは，現物株式または株価指数先物を買うことになる．これが相場の上昇に拍車をかけるだろう．

正式なポートフォリオ取引戦略に加えて，多くの投資家は意識的か無意識かは別にして，それぞれのやり方でポートフォリオ・インシュアランス的な取引を行っている．たとえば，相場下落時にダウンサイド・リスクを抑えるために売りに出る選択をする投資家もいるだろう．

ポートフォリオ・インシュアランス取引戦略（正式な戦略も，そうでないものも含めて）がボラティリティに影響を与えるかどうかは，ポートフォリオ・インシュアランスによって発生する売買を市場がどの程度簡単に吸収できるかに依存している．もしポートフォリオ・インシュアランスによる取引が，全体の取引量に比べて非常に小さければ，ほとんど影響はないだろう．

しかし，ポートフォリオ・インシュアランスが広く普及するにつれて，1987年に実際に起こったように，それは市場の不安定化要因となるだろう。

ビジネス・スナップショット19.2

1987年の株価大暴落でポートフォリオ・インシュアランスは非難されるべきか？

1987年10月19日月曜日，ダウ平均は20％以上も下落した。多くの人々が，この大暴落にポートフォリオ・インシュアランスが大きくかかわっていたとみている。1987年10月当時，600億から900億ドルの株式資産に対してポートフォリオ・インシュアランスが行われていたと推定されており，19.13節で論じた方法でプット・オプションが複製されていた。1987年10月14日水曜日から1987年10月16日金曜日までの間に相場は約10％下落し，その大部分は金曜日の午後に起こった。この下落の結果，ポートフォリオ・インシュアランスによる現物株式または指数先物の売りが少なくとも120億ドル発生した。実際には，40億ドルしか売却する時間がなく，モデルから出された大量の売却指示をかかえたまま翌週に臨むことになった。10月19日月曜日には，ポートフォリオ・インシュアランスを運用する三つの業者からの売りがNYSEの出来高の約10％に及び，指数先物市場ではポートフォリオ・インシュアランスに係る売りが全体の21.3％に及んだと推定されている。ポートフォリオ・インシュアランスを行うトレーダー以外の投資家で，ポートフォリオ・インシュアランスによる売却を予想した投資家が株式を激しく売却したことが，株価の下落に拍車をかけたようである。

相場が急落し，証券取引所のシステムに過大な負荷がかかったために，多くのポートフォリオ・マネージャーはモデルが指示した取引を執行できず，必要とするポートフォリオの保証に失敗した。いうまでもなく，1987年以降，ポートフォリオ・インシュアランスの仕組みは急激に人気を失うこととなった。この出来事の教訓は，市場参加者の多くが同じ行動を起こす場合に，それがヘッジ戦略であったとしても，特定の取

引戦略に追随することは危険である，ということである。

要約

　金融機関は，オプションに関連したさまざまな商品を顧客に提供している。それらのオプションは，取引所で取引されている標準的なものではないことが多い。そのため，金融機関はそれらのエクスポージャーのヘッジという問題に直面する。ネイキッド・ポジションやカバード・ポジションでは，許容できないレベルのリスクが残る。時々提案される方策に，ストップ・ロス戦略というものがある。これは，オプションがアウト・オブ・ザ・マネーのときはネイキッド・ポジションにしておき，オプションがイン・ザ・マネーになったらすぐにカバード・ポジションに変えるという戦略である。一見魅力的に思える戦略であるが，この戦略はよいヘッジ戦略ではない。

　オプションのデルタ（Δ）は，原資産の価格変化に対するオプション価格の変化率である。デルタ・ヘッジとは，デルタがゼロのポジション（デルタ・ニュートラルなポジションともいわれる）をつくることである。原資産のデルタは1.0なので，デルタ・ヘッジを行う一つの方法は，ヘッジする各ロング・オプションに対して，$-\Delta$の原資産のポジションをとることである。また，オプションのデルタは時間とともに変化するので，原資産のポジションは頻繁に調整しなければならない。

　オプションのポジションをデルタ・ニュートラルにした後は，ガンマ（Γ）に注目することが多い。オプションのガンマは，原資産の価格変化に対するデルタの変化率であり，オプション価格と資産価格との関係の曲率に関する尺度になっている。オプションのポジションをガンマ・ニュートラルにすることにより，デルタ・ヘッジのパフォーマンスに対するこの曲率の影響を減らすことができる。ヘッジするポジションのガンマをΓとすると，ガンマが

$-\Gamma$の上場オプションのポジションをとることによって，ガンマ・ニュートラルにすることが多い。

デルタ・ヘッジとガンマ・ヘッジは，ともに原資産のボラティリティが一定という仮定に基づいたものである。実際には，ボラティリティは時間とともに変化している。オプションあるいはオプション・ポートフォリオのベガは，ボラティリティに関するオプション価格の変化率を測る指標である。ボラティリティの変化に対してオプションのポジションをヘッジしたいトレーダーは，ベガ・ニュートラルなポジションをつくることになる。ガンマ・ニュートラルなポジションをつくるときと同様に，ベガを相殺する上場オプションのポジションをとることでベガ・ニュートラルにすることが多い。ガンマ・ニュートラルかつベガ・ニュートラルにしたい場合には，通常，二つの上場オプションが必要になる。

オプションのポジションに対するリスク指標には，ほかにセータとローがある。セータは，他の条件が不変で時間のみが経過した場合のポジションの価値の変化率である。ローは，他の条件が変わらない場合の金利に対するポジションの価値の変化率である。

実務的には，オプション・トレーダーは少なくとも1日に1回はポートフォリオのリバランスを行って，デルタ・ニュートラルに保つことが多い。一方，ガンマとベガを定期的にニュートラルにするのは一般的に困難である。通常，トレーダーはこうしたリスク指標をモニタリングし，リスクが大きくなりすぎた場合は，ポジションを修正するか，トレーディングを縮小させる。

ポートフォリオ・マネージャーは，株式ポートフォリオの価格下落リスクを回避する目的で，プット・オプションを複製することがある。この複製は，ポートフォリオまたは指数先物を取引することによって行われる。ポートフォリオを取引する場合は，ポートフォリオは株式の部分と無リスク証券の部分に分割されることになる。相場が下落すると無リスク証券への投資額が増加し，相場が上昇すると株式への投資額が増加する。指数先物を取引する場合は，株式ポートフォリオはそのままにしておいて，指数先物を売却す

ることになる。相場が下落すると指数先物の売却単位が多くなり，相場が上昇すると指数先物の売却単位は少なくなる。この種のポートフォリオ・インシュアランスは，通常の市場環境のときにはうまく機能する。しかし，ダウ平均が暴落した1987年10月19日月曜日には，ほとんど機能しなかった。これは，ポートフォリオ・マネージャーがポジションを守るために必要な株式または指数先物を迅速に売却できなかったためである。

参考文献

Passarelli, D. *Trading Option Greeks : How Time, Volatility, and Other Factors Drive Profits,* 2nd edn. Hoboken, NJ: Wiley, 2012.

Taleb, N. N. *Dynamic Hedging : Managing Vanilla and Exotic Options.* New York: Wiley, 1996.

練習問題

19.1 アウト・オブ・ザ・マネーのコール・オプションを売り手が行うストップ・ロス戦略について説明せよ。この戦略がヘッジとして相対的にうまくいかない理由を述べよ。

19.2 コール・オプションのデルタが0.7であるというのは何を表しているか。また，各オプションのデルタが0.7の場合に，オプション1,000単位のショート・ポジションをデルタ・ニュートラルにするにはどうすればよいか。

19.3 配当のない株式に対する満期6カ月のアット・ザ・マネーのヨーロピアン・コール・オプションのデルタを，無リスク金利が年率10%

で株価のボラティリティが年率25%のときについて計算せよ。

19.4 時間が年単位の場合，オプションのポジションのセータが−0.1であるとはどういうことか。トレーダーが株価もインプライド・ボラティリティも変化しないと予想している場合には，どのようなオプションのポジションが適切か。

19.5 オプション・ポジションのガンマは何を表しているか。また，ポジションのガンマが大きく負で，デルタがゼロであるような場合，どのようなリスクがあるか。

19.6 「オプションのポジションを複製する方法は，オプションのポジションをヘッジする方法の逆である。」この主張について説明せよ。

19.7 1987年10月19日にポートフォリオ・インシュアランスがうまく機能しなかった理由を説明せよ。

19.8 行使価格が40ドルのアウト・オブ・ザ・マネーのコール・オプションのBlack–Scholes–Mertonモデルによる価格が4ドルである。オプションを売却したトレーダーが，ストップ・ロス戦略を行おうとしている。このトレーダーは，株式を40.10ドルで買い39.90ドルで売るつもりである。株式の売買回数の期待値を推定せよ。

19.9 現在の株価は20ドルで，行使価格25ドルのコール・オプションを，株式のポジションを連続的に変化させて複製するとする。次の二つのシナリオを考える。(a)オプション期間中に株価が20ドルから35ドルへ徐々に増加する。(b)株価が上下に大きく振れ，最後は35ドルになる。どちらのシナリオのほうが，オプションの複製にコストがかかるか。その理由も説明せよ。

19.10 次の場合に，銀先物に対するヨーロピアン・コール・オプション1,000単位のショート・ポジションのデルタを求めよ。オプションの満期は8カ月，原資産の銀先物の満期は9カ月とする。また，現在の満期9カ月の先物価格を1オンス当り8ドル，オプションの行使価格を8ドル，無リスク金利を年率12%，銀の先物価格のボラティリティを年率18%とする。

19.11 問題19.10でデルタ・ヘッジを行う場合，満期9カ月の銀先物のポジションは当初どれだけ必要になるか。また，銀の現物を使う場合は，どれだけのポジションが当初必要になるか。さらに，満期1年の銀先物を使う場合は，どれだけのポジションが当初必要になるか。ただし，銀には保管コストがかからないと仮定する。

19.12 ある企業が，通貨のプット・オプションとコール・オプションのロング・ポジションからなるポートフォリオを，デルタ・ヘッジでヘッジしようとしている。次のどちらの場合が，よい結果を与えるか説明せよ。
   (a) 為替のスポット・レートがほとんど一定の場合
   (b) 為替のスポット・レートが激しく動く場合

19.13 プット・オプションとコール・オプションのショート・ポジションからなるポートフォリオをもつ金融機関について，問題19.12をもう一度考えよ。

19.14 ある金融機関が，日本円に対する満期7カ月のヨーロピアン・コール・オプションを1,000単位売却したとする。スポット為替レートを1円当り0.80セント，行使価格を1円当り0.81セント，米国の無リスク金利を年率8％，日本の無リスク金利を年率5％，円のボラティリティを年率15％とする。金融機関がもつポジションのデルタ，ガンマ，ベガ，セータ，およびローを計算せよ。また，それぞれの値の意味を説明せよ。

19.15 ヨーロピアン株価指数オプションのポジションを，別の一つのヨーロピアン・オプションを用いてガンマ・ニュートラルかつベガ・ニュートラルにできるのはどういう場合か。

19.16 あるファンド・マネージャーがS&P 500に連動するよく分散されたポートフォリオを保有しており，その価値は3億6,000万ドルである。S&P 500の値は1,200で，ポートフォリオ・マネージャーは今後6カ月間にポートフォリオの価値が5％以上下落することに対する保険を購入したいと考えている。無リスク金利は年率6％，ポートフォ

リオとS&P 500の配当利回りはともに3％，指数のボラティリティは年率30％である。

(a) ファンド・マネージャーが上場ヨーロピアン・プット・オプションを購入する場合，その保険料はいくらになるか。

(b) ファンド・マネージャーが実行可能な，上場ヨーロピアン・コール・オプションを使った代替的な戦略について，詳細に説明せよ。また，それらが同じ結果になることを示せ。

(c) ファンド・マネージャーが，ポートフォリオの一部を無リスク証券で保有することによりポートフォリオに保険をかけることにした場合，当初のポジションはどのようになるか。

(d) ファンド・マネージャーが，満期9カ月の指数先物を使って保険をかけることにした場合，当初のポジションはどのようになるか。

19.17 ポートフォリオのベータが1.5という仮定のもとで，問題19.16をもう一度考えよ。ただし，ポートフォリオの配当利回りは年率4％とする。

19.18 以下の場合について，(19.4)式の各項に代入することで，その式が成り立っていることを確かめよ。

(a) 配当のない株式に対する単一のヨーロピアン・コール・オプション

(b) 配当のない株式に対する単一のヨーロピアン・プット・オプション

(c) 配当のない株式に対するヨーロピアン・コール・オプションとヨーロピアン・プット・オプションからなる任意のポートフォリオ

19.19 (19.4)式に対応する式を，(a)通貨に対するデリバティブ・ポートフォリオ，(b)先物に対するデリバティブ・ポートフォリオ，のそれぞれについて導け。

19.20 700億ドルの株式資産がポートフォリオ・インシュアランス・スキー

ムの対象になっているとする。このスキームは，今後1年以内に資産価値が5%以上下落しないように設計されているとする。必要となるパラメータの値はすべて適当に仮定したうえで，DerivaGem ソフトウェアを用いて，市場が1日で23%下落した場合にポートフォリオ・インシュアランス・スキームの管理者が売ろうとする株式または先物契約の数量を計算せよ。

19.21 株価指数フォワード契約のデルタは対応する先物契約のデルタと同じ値になるか。その理由も説明せよ。

19.22 銀行が保有しているドル／ユーロに対する通貨オプションのポジションのデルタが30,000，ガンマが−80,000である。この数字の意味を説明せよ。為替レート（1ユーロ当りのドル）を0.90とする。デルタ・ニュートラルにするにはどのようなポジションをとればよいか。すぐ後に，為替レートが0.93に変動したとする。新しいデルタはいくつになるか。また，ポジションをデルタ・ニュートラルに保つには，どのような取引を追加する必要があるか。さらに，銀行がポジションを当初デルタ・ニュートラルにしていたと仮定すると，この為替の変動によって銀行の損益はどのようになるか。

19.23 プット・コール・パリティの関係式を用いて，配当のない株式に対して，次の両者の間に成り立つ関係を導け。

　(a)　ヨーロピアン・コールのデルタとヨーロピアン・プットのデルタ
　(b)　ヨーロピアン・コールのガンマとヨーロピアン・プットのガンマ
　(c)　ヨーロピアン・コールのベガとヨーロピアン・プットのベガ
　(d)　ヨーロピアン・コールのセータとヨーロピアン・プットのセータ

発展問題

19.24 ある金融機関が，以下のような英ポンドに対する店頭オプションの

ポートフォリオを保有している。

種類	ポジション	デルタ	ガンマ	ベガ
コール	−1,000	0.50	2.2	1.8
コール	−500	0.80	0.6	0.2
プット	−2,000	−0.40	1.3	0.7
コール	−500	0.70	1.8	1.4

デルタが0.6，ガンマが1.5，ベガが0.8の上場オプションが取引できるとする。

(a) ポートフォリオをガンマ・ニュートラルかつデルタ・ニュートラルにするには，上場オプションと英ポンドのポジションをどれだけとればよいか。

(b) ポートフォリオをベガ・ニュートラルかつデルタ・ニュートラルにするには，上場オプションと英ポンドのポジションをどれだけとればよいか。

19.25 問題19.24をもう一度考える。デルタが0.1，ガンマが0.5，ベガが0.6のもう一つの上場オプションも取引できるとする。ポートフォリオをデルタ，ガンマ，ベガ・ニュートラルにするにはどうすればよいか。

19.26 株式に対する満期1年のヨーロピアン・コール・オプションを考える。株価を30ドル，行使価格を30ドル，無リスク金利を年率5％，ボラティリティを年率25％とする。DerivaGemソフトウェアを用いて，オプションの価格，デルタ，ガンマ，ベガ，セータ，およびローを計算せよ。株価を30.1ドルに変えてオプション価格を再計算し，デルタの値が正しいことを検証せよ。また，株価を30.1ドルに変えてデルタを再計算し，ガンマの値が正しいことを検証せよ。同様の計算を行って，ベガ，セータ，ローも正しいことを検証せよ。DerivaGem Application Builderの関数を用いて，株価に対する株式オプションの価格，デルタ，ガンマ，ベガ，セータ，およびローのグラフを描け。

19.27 投資家が6カ月間のリターンとして，(a)ゼロと(b)マーケット指数のリターンの40％のうち，大きいほうを受け取れる預金商品を，銀行が販売している。ある投資家が，この商品に100,000ドル投資しようと計画している。この商品のペイオフを指数オプションとして説明せよ。また，無リスク金利を年率8％，指数の配当利回りを3％，ボラティリティを年率25％とした場合，投資家にとってこの商品はよい取引といえるか。

19.28 ヨーロピアン先物コール・オプションの価格 c を先物価格 F_0 を用いて表した公式が，第18章で，
$$c = e^{-rT}\left[F_0 N(d_1) - K N(d_2)\right]$$
と与えられている。ここで，
$$d_1 = \frac{\ln(F_0/K) + \sigma^2 T/2}{\sigma\sqrt{T}}, \qquad d_2 = d_1 - \sigma\sqrt{T}$$
であり，K, r, T, σ はそれぞれ行使価格，無リスク金利，満期までの時間，ボラティリティを表す。

(a) $F_0 N'(d_1) = K N'(d_2)$ であることを証明せよ。

(b) 先物価格に関するコール価格のデルタが $e^{-rT} N(d_1)$ であることを証明せよ。

(c) コール価格のベガが $F_0 \sqrt{T} N'(d_1) e^{-rT}$ であることを証明せよ。

(d) 19.12節で与えられた先物コール・オプションのローに対する公式を証明せよ。

先物コール・オプションのデルタ，ガンマ，セータ，およびベガが，配当利回りが q の株式のコール・オプションに対するそれらの公式で，r を q に，S_0 を F_0 に置き換えたものと同じになる。先物コール・オプションのローについてはこのことが成り立たない。その理由を説明せよ。

19.29 DerivaGem ソフトウェアを使って，19.1節で考察したオプションに対して(19.4)式が成り立っていることを確認せよ。（注意：DerivaGem ソフトウェアは暦日ベースのセータの値を計算している。

(19.4)式のセータは年ベースである。)

19.30 DerivaGem Application Builder の関数を用いて，表19.2を再現せよ。（表19.2では，株式のポジションは100株単位で四捨五入されている。）また，各週におけるポジションのガンマとセータを計算せよ。さらに，各週におけるポートフォリオの価値の変化を計算し，(19.3)式が近似的に成り立っていることを確認せよ。（注意：DerivaGem ソフトウェアは暦日ベースのセータの値を計算している。(19.3)式のセータは年ベースである。）

付　録
テイラー展開とヘッジ・パラメータ

　微小時間におけるポートフォリオ価値の変化についてテイラー展開してみることで，各グリークスの意味を考えてみよう。原資産のボラティリティは一定であると仮定すると，ポートフォリオΠの価値は資産価格Sと時間tの関数になる。これをテイラー展開すると，

$$\Delta \Pi = \frac{\partial \Pi}{\partial S}\Delta S + \frac{\partial \Pi}{\partial t}\Delta t$$
$$+ \frac{1}{2}\frac{\partial^2 \Pi}{\partial S^2}\Delta S^2 + \frac{1}{2}\frac{\partial^2 \Pi}{\partial t^2}\Delta t^2 + \frac{\partial^2 \Pi}{\partial S \partial t}\Delta S \Delta t + \cdots \quad (19\text{A}.1)$$

が得られる。ここで，$\Delta \Pi$とΔSはそれぞれ微小時間ΔtにおけるΠとSの変化である。デルタ・ヘッジにより右辺第1項を消去することができる。第2項は確定的な項である。第3項（この項はΔtのオーダーである）は，ポートフォリオをデルタ・ニュートラルかつガンマ・ニュートラルにすることにより，ゼロにすることができる。それら以外の項は，Δtよりも高次の項である。

　デルタ・ニュートラルなポートフォリオでは，(19A.1)式の右辺第1項はゼロになるから，Δtよりも高次の項を無視すると，

$$\Delta \Pi = \Theta \Delta t + \frac{1}{2}\Gamma \Delta S^2$$

となる。これは，(19.3)式にほかならない。

　原資産のボラティリティが変動するときは，Πはσ，S，およびtの関数である。このとき(19A.1)式は，

$$\Delta \Pi = \frac{\partial \Pi}{\partial S}\Delta S + \frac{\partial \Pi}{\partial \sigma}\Delta \sigma + \frac{\partial \Pi}{\partial t}\Delta t + \frac{1}{2}\frac{\partial^2 \Pi}{\partial S^2}\Delta S^2 + \frac{1}{2}\frac{\partial^2 \Pi}{\partial \sigma^2}\Delta \sigma^2 + \cdots$$

になる。ここで$\Delta \sigma$は時間Δtにおけるσの変化である。この場合，デルタ・ヘッジにより右辺第1項を消去することができる。第2項は，ポートフォリ

オをベガ・ニュートラルにすれば消去できる。第3項は確定的な項である。第4項は，ポートフォリオをガンマ・ニュートラルにすれば消去できる。トレーダーは，テイラー展開のより高次の項に対応したその他のグリークスを定義する場合もある。

第20章
ボラティリティ・スマイル

　Black–Scholes–Merton モデルで求められたオプションの価格は市場価格とどの程度近いのだろうか。トレーダーはオプションの価格を決めるとき，本当に Black–Scholes–Merton モデルを使っているのだろうか。資産価格の確率分布は本当に対数正規分布に従っているのだろうか。本章ではこうした疑問に答える。トレーダーは，Black, Scholes, そして Merton がもともと意図した方法とは異なるかたちで，Black–Scholes–Merton モデルを利用している。トレーダーは，行使価格と満期に依存するボラティリティを用いてオプションを価格づけしているからである。

　同じ年限のオプションのインプライド・ボラティリティを行使価格の関数として表したものを，ボラティリティ・スマイル（volatility smile）と呼ぶ。本章では，株式市場や為替市場でトレーダーが使っているボラティリティ・スマイルについて論じ，ボラティリティ・スマイルと将来の資産価格に対し

て仮定されるリスク中立な確率分布との関係について説明する．また，オプション・トレーダーが，ボラティリティ・サーフェスをどのようにプライシングのツールとして使っているかについても検討する．

20.1 なぜボラティリティ・スマイルはコールとプットで同じなのか

本節では，行使価格と満期が同じならば，ヨーロピアン・コール・オプションとヨーロピアン・プット・オプションのインプライド・ボラティリティは等しくなることを示す．これはつまり，ある年限のヨーロピアン・コール・オプションのボラティリティ・スマイルが，同じ年限のヨーロピアン・プット・オプションのものと同じということである．このことは，ボラティリティ・スマイルについて語る際に，オプションがコールかプットかを気にしなくてもよいことを示しており，とりわけ便利な結果である．

これまでの章で説明したように，プット・コール・パリティから，行使価格と満期が同じヨーロピアン・コール・オプションとヨーロピアン・プット・オプションの価格の間に成り立つ関係式が導かれる．原資産の配当利回りを q とすると，その関係式は，

$$p + S_0 e^{-qT} = c + K e^{-rT} \tag{20.1}$$

で与えられる．これまでと同様に，c と p はそれぞれヨーロピアン・コールとヨーロピアン・プットの価格である．また，K はコールとプットに共通の行使価格，T は満期までの時間，S_0 は現在の資産価格，r は満期 T に適用される無リスク金利である．

プット・コール・パリティの関係式について重要な点は，比較的簡単な無裁定の議論から導かれた関係式であるということである．その導出には，将来の原資産価格の確率分布に対する仮定はなんら用いられていない．したがって，この関係式は，資産価格の分布が対数正規であろうとなかろうと成り立つ．

あるボラティリティに対して Black–Scholes–Merton モデルで計算した

ヨーロピアン・プットとコールの価格を p_{BS} と c_{BS} とし，p_{mkt} と c_{mkt} をこれらのオプションの市場価格とする。Black–Scholes–Merton モデルに対してプット・コール・パリティが成り立つので，

$$p_{BS} + S_0 e^{-qT} = c_{BS} + Ke^{-rT}$$

となる。裁定機会がないならば，プット・コール・パリティは市場価格に対しても成り立つので，

$$p_{mkt} + S_0 e^{-qT} = c_{mkt} + Ke^{-rT}$$

となる。これらの二つの式の差をとると，

$$p_{BS} - p_{mkt} = c_{BS} - c_{mkt} \tag{20.2}$$

が得られる。これより，ヨーロピアン・プット・オプションの市場価格とBlack–Scholes–Merton モデルによる価格の差は，行使価格と満期が同じヨーロピアン・コール・オプションの市場価格と Black–Scholes–Merton モデルによる価格の差に厳密に一致することがわかる。

プット・オプションのインプライド・ボラティリティを22%とする。このとき，ボラティリティを22%として Black–Scholes–Merton モデルを用いれば，$p_{BS} = p_{mkt}$ となる。(20.2)式より，同じボラティリティを用いると $c_{BS} = c_{mkt}$ となる。したがって，ヨーロピアン・コール・オプションのインプライド・ボラティリティも22%である。この議論から，行使価格と満期が同じ場合，ヨーロピアン・コール・オプションのインプライド・ボラティリティとヨーロピアン・プット・オプションのインプライド・ボラティリティは常に一致することがわかる。別の言い方をすると，与えられた行使価格と満期に対して，Black–Scholes–Merton モデルを用いてヨーロピアン・コールを価格づけする際の正しいボラティリティは，ヨーロピアン・プットを価格づけする際の正しいボラティリティでもある，ということになる。したがって，ボラティリティ・スマイル（特定の満期に対するインプライド・ボラティリティと行使価格との関係）は，ヨーロピアン・コールとヨーロピアン・プットで同じものになる。より一般的には，ボラティリティ・サーフェス（行使価格と満期までの時間の関数としてのインプライド・ボラティリティ）も，ヨーロピアン・コールとヨーロピアン・プットで同じものになる。これらの

結果は,アメリカン・オプションの近似解に対しても正しい.

【例20.1】

ある外貨の価値を0.60ドル,米国の無リスク金利を年率5%,その外国の無リスク金利を年率10%とする.また,その外貨に対する満期1年,行使価格0.59ドルのヨーロピアン・コール・オプションの市場価格を0.0236とする.DerivaGemソフトウェアを用いて,このコールのインプライド・ボラティリティを計算すると14.5%になる.裁定機会がないとして,プット・コール・パリティの関係式(20.1)を,qをその外国の無リスク金利に等しいとして用いる.行使価格0.59ドル,満期1年のヨーロピアン・プット・オプションの価格pは,

$$p + 0.60e^{-0.10 \times 1} = 0.0236 + 0.59e^{-0.05 \times 1}$$

を満たす.これより,$p = 0.0419$となる.DerivaGemソフトウェアを用いて,このプットの価格から計算したインプライド・ボラティリティも14.5%になる.これは,先ほど行った分析から期待されるとおりの結果である.

20.2 通貨オプション

通貨オプションの価格づけでトレーダーが用いるボラティリティ・スマイルは,一般に図20.1に示したような形をしている.インプライド・ボラティリティはアット・ザ・マネーでは相対的に低い値をとり,オプションがイン・ザ・マネーあるいはアウト・オブ・ザ・マネーになるにつれて次第に高くなっていく.

章末の付録では,将来時点における資産価格のリスク中立確率分布を,その時点を満期とするオプションのボラティリティ・スマイルから決定する方法について説明する.その分布をインプライされた分布(implied distribution)と呼ぶことにする.図20.1のボラティリティ・スマイルは,図20.2の実線で示された確率分布に対応している.図20.2の点線の分布は,こ

図20.1　通貨オプションのボラティリティ・スマイル

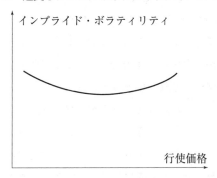

図20.2　通貨オプションのインプライされた分布と対数正規分布の比較

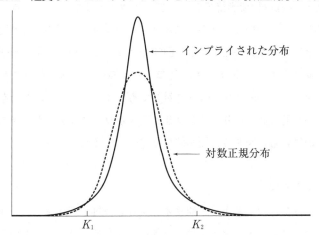

のインプライされた分布と同じ平均と分散をもつ対数正規分布である。インプライされた分布は対数正規分布よりも裾が厚くなっていることがわかる[1]。

---

[1] これは尖度（kurtosis）として知られている。裾がより厚くなっているのに加え，インプライされた分布はより"尖って"いる。対数正規分布に従っている場合と比べて，為替レートは小さい動きと大きい動きがともに多くなる傾向にあり，中程度の動きは少なくなる傾向にある。

図20.1と図20.2とは互いに整合性がとれていることをみるために，まずK_2という高い行使価格のディープ・アウト・オブ・ザ・マネーのコール・オプションについて考える。このオプションは，為替レートがK_2を上回った場合にのみ支払が発生する。図20.2より，支払が発生する確率は，対数正規分布よりもインプライされた確率分布のほうが高くなることがわかる。したがって，インプライされた分布のほうがオプションの価格は相対的に高くなる。価格が相対的に高いということは，インプライド・ボラティリティが相対的に高いということを意味する。これは，図20.1に示すようなオプションに対して観測される結果と完全に一致している。したがって，高い行使価格に対しては，二つの図は互いに整合性がとれていることがわかった。次に，K_1という低い行使価格のディープ・アウト・オブ・ザ・マネーのプット・オプションについて考える。このオプションは，為替レートがK_1を下回った場合にのみ支払が発生する。図20.2より，支払が発生する確率は，対数正規分布よりもインプライされた確率分布のほうが高くなることがわかる。したがって，このオプションに対しても，インプライされた分布のほうが価格は相対的に高くなり，インプライド・ボラティリティも相対的に高くなる。この場合も，図20.1の観測結果と完全に一致している。

実証分析の結果

　これまでみてきたことから，通貨オプションに対してトレーダーが用いているボラティリティ・スマイルは，対数正規分布では為替レートが大きく動く確率を低く見積もることになってしまう，ということを示唆している。表20.1は，これを実証するために，12種類の為替レートについて10年間の日次変化を検証したものである[2]。表を作成するには，まず，各為替レートに対して日次変化率の標準偏差を求める。次に，実際の変化率が，1標準偏差，2標準偏差などを超える頻度について調べる。最後に，変化率が正規分布に

---

[2] この表の結果は，J.C. Hull and A. White, "Value at Risk When Daily Changes in Market Variables Are Not Normally Distributed." *Journal of Derivatives*, 5, No.3 (Spring 1998): 9–19より抜粋。

表20.1 為替レートの日次変化が，1標準偏差，2標準偏差,…, 6標準偏差を上回る日数の割合（%）（SD = 日次変化の標準偏差）

	実際の割合	対数正規モデル
> 1 SD	25.04	31.73
> 2 SD	5.27	4.55
> 3 SD	1.34	0.27
> 4 SD	0.29	0.01
> 5 SD	0.08	0.00
> 6 SD	0.03	0.00

従っているとした場合の対応する頻度を計算すると，表が作成できる。（対数正規モデルを仮定すると，日次変化率はほぼ正規分布に従う。）

　日次変化は観測日数の1.34%で3標準偏差を超えている。対数正規モデルでは，これはわずか0.27%になるはずである。また，日次変化は観測日数の0.29%，0.08%，0.03%でそれぞれ4標準偏差，5標準偏差，6標準偏差を超えている。対数正規モデルでは，これらはほとんど発生しないはずである。したがって，表の結果は，裾の厚い分布の存在（図20.2）と，トレーダーが用いているボラティリティ・スマイル（図20.1）を支持している。ビジネス・スナップショット20.1で説明するように，市場に先がけて表20.1の分析を行っていたならば，収益をあげることができたであろう。

> **ビジネス・スナップショット20.1**
> **通貨オプションからの収益**
> 　BlackとScholes，そしてMertonはそのオプション・プライシング・モデルにおいて，将来の原資産価格は対数正規分布をとると仮定している。このことは，1日のような短い時間での資産価格の変化は正規分布に従うという仮定と同等である。仮に，ほとんどの市場参加者が為替レートについてBlack–Scholes–Mertonの仮定を自然に受け入れているとしよう。しかし，あなたは表20.1の分析を行い，対数正規分布は為

第20章　ボラティリティ・スマイル　681

替レートに対してよい仮定ではないとわかったとする。その場合，何をすべきだろうか。

その答えは，さまざまな通貨に対するディープ・アウト・オブ・ザ・マネーのコール・オプションとプット・オプションを購入して，じっと待つ，ということである。これらのオプションは相対的に安価であり，対数正規分布モデルの予想よりもイン・ザ・マネーで終了する可能性が高いであろう。したがって，ペイオフの現在価値はオプションのコストより平均的に大きくなるだろう。

1980年代半ばには，一部のトレーダーは為替レートの確率分布の裾が厚いことを知っていた。それ以外のトレーダーは皆，Black–Scholes–Merton モデルの対数正規性の仮定は妥当であると考えていた。その一部のトレーダーは上述の戦略によって多額の収益をあげた。しかし，1980年代後半には，ボラティリティ・スマイルを考慮して通貨オプションを価格づけすべきであることにすべてのトレーダーが気づき，この取引機会は消滅した。

通貨オプションにおけるボラティリティ・スマイルの発生理由

なぜ為替レートが対数正規分布に従わないのだろうか。資産価格が対数正規分布に従うための条件には，次の二つがある。

1．資産のボラティリティは一定である。

2．資産価格はジャンプがなく連続的に変化する。

実際には，為替レートはこれらの条件をどちらも満たしていない。為替レートのボラティリティは一定からはほど遠く，為替レートは頻繁にジャンプもしている[3]。ボラティリティが一定でないこととジャンプがあることの影響で，大きな変動が起こりやすくなっていることがわかる。

ジャンプやボラティリティが一定でないことの影響は，オプションの満期

---

[3] 中央銀行の介入によってジャンプが発生することもある。

によって変わる。ボラティリティが一定でないことの影響（変化率）は、オプションの満期が長くなるにつれて、価格でみるとより明確になるが、インプライド・ボラティリティでみると目立たなくなることが多い。ジャンプの与える影響（変化率）は、オプションの満期が長くなるにつれて、価格とインプライド・ボラティリティのどちらでみても明確でなくなる[4]。これらの結果、オプションの満期が長くなるにつれて、ボラティリティ・スマイルは顕著にはみられなくなる。

20.3 株式オプション

1987年の大暴落より前には、株式オプションのボラティリティ・スマイルは明示的にはみられなかった。1987年以降に図20.3のような形のボラティリティ・スマイルが株式オプション（株式オプションと株価指数オプションの両方）の価格づけの際にトレーダーに用いられるようになった。このボラティリティ・スマイルはボラティリティ・スキュー（volatility skew）と呼ばれることもある。行使価格が高くなるにつれて、ボラティリティは減少してい

図20.3 株式オプションのボラティリティ・スマイル

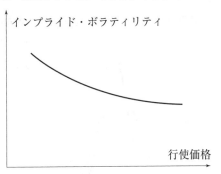

---

[4] 十分に長期のオプションを考えるときには、ジャンプの影響は"平均化"され、ジャンプがある場合の為替レートの分布は、為替レートが連続的に変化する場合の分布とほとんど区別がつかない。

る。行使価格の低いオプション（すなわち，ディープ・アウト・オブ・ザ・マネーのプットやディープ・イン・ザ・マネーのコール）の価格づけに用いられるボラティリティは，行使価格の高いオプション（すなわち，ディープ・イン・ザ・マネーのプットやディープ・アウト・オブ・ザ・マネーのコール）のボラティリティよりもかなり高くなる。

　株式オプションのボラティリティ・スマイルは，図20.4の実線で示されるインプライされた確率分布に対応している。点線の分布は，このインプライされた分布と同じ平均と分散をもつ対数正規分布である。インプライされた分布は対数正規分布よりも左側の裾が厚く，右側の裾が薄くなっていることがわかる。

　図20.3と図20.4とは互いに整合性がとれていることをみるために，図20.1と図20.2に対して行ったのと同様に，ディープ・アウト・オブ・ザ・マネーのオプションについて考える。図20.4より，行使価格がK_2のディープ・アウト・オブ・ザ・マネーのコール・オプションに対しては，対数正規分布を用いるより，インプライされた分布を用いるほうが価格は低くなる。これは，株価がK_2を上回った場合にのみ支払が発生し，その確率は対数正規分布よりもインプライされた確率分布のほうが低くなるからである。したがっ

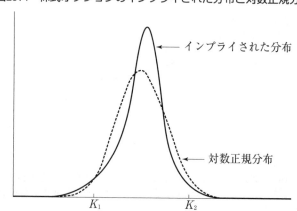

図20.4　株式オプションのインプライされた分布と対数正規分布

て，インプライされた分布のほうがオプションの価格は相対的に低くなる。価格が相対的に低いということは，インプライド・ボラティリティが相対的に低いということを意味する。これは，図20.3に示すようなオプションに対して観測される結果と完全に一致している。次に，行使価格が K_1 のディープ・アウト・オブ・ザ・マネーのプット・オプションについて考える。このオプションは，株価が K_1 を下回った場合にのみ支払が発生する。図20.4より，その確率は，対数正規分布よりもインプライされた確率分布のほうが高くなる。したがって，このオプションに対しては，インプライされた分布のほうが価格は相対的に高くなり，インプライド・ボラティリティも相対的に高くなる。今度の場合も，図20.3の観測結果と完全に一致している。

株式オプションにおけるボラティリティ・スマイルの発生理由

株式オプションのボラティリティ・スマイルが観測されることの一つの説明として，レバレッジ効果があげられる。企業の株式価値が下落するにつれて，その企業のレバレッジは高くなる。その結果，株式のリスクが高くなり，そのボラティリティは増加する。逆に，企業の株式価値が増加するとレバレッジは低くなる。その結果，株式のリスクが低くなり，そのボラティリティは減少する。この議論は，株式のボラティリティは株価の減少関数となることを示唆し，図20.3および図20.4と整合している。もう一つの説明は"大暴落恐怖症（crashophobia）"である（ビジネス・スナップショット20.2を参照）。

ビジネス・スナップショット20.2

大暴落恐怖症

興味深いことに，株式に対して図20.3のようなパターンが観測されるようになったのは，1987年10月の株式市場大暴落以後である。1987年10月以前は，インプライド・ボラティリティは行使価格にそれほど依存していなかった。これが，Mark Rubinstein が株式に対してボラティリティ・スマイルがみられる原因の一つに，"大暴落恐怖症（crashophobia）"

をあげる理由である。トレーダーは1987年10月と同様の大暴落が再び起こることを心配しており，それがオプションの価格に反映されているというものである。

この説明には，いくつかの妥当と思われる実証分析がある。S&P 500が下落したとき，ボラティリティ・スキューの傾きには大きくなる傾向がみられ，上昇したとき，スキューの傾きには小さくなる傾向がみられるというものである。

20.4 ボラティリティ・スマイルの別の見方

これまでは，ボラティリティ・スマイルをインプライド・ボラティリティと行使価格との関係として定義してきた。この関係は，資産の現在価格に依存している。たとえば，図20.1でボラティリティ・スマイルが最も低くなる点は，現時点の為替レート付近であることが多い。為替レートが高くなるとボラティリティ・スマイルは右に動き，為替レートが低くなるとボラティリティ・スマイルは左に動く傾向がある。同様に，図20.3で株価が上昇するとボラティリティ・スキューは右に動き，株価が下落するとボラティリティ・スキューは左に動く傾向がある[5]。このため，ボラティリティ・スマイルをインプライド・ボラティリティとKとの関係ではなく，インプライド・ボラティリティとK/S_0との関係として定式化することも多い。そうすると，スマイルはより安定したものになる。

これの改良として，ボラティリティ・スマイルをインプライド・ボラティリティとK/F_0との関係として定式化することもある。ここでF_0は対象としているオプションと満期が同じ原資産のフォワード価格である。トレーダーは，アット・ザ・マネーのオプションを$K = S_0$のオプションではなく，

---

[5] Dermanの上場オプションに関する研究は，この調整は時折"粘着的 (sticky)"となることを示した。これについては，E. Derman, "Regimes of Volatility," *Risk*, April 1999: 55–59を参照。

$K = F_0$ のオプションとして定義することも多い。その理由は，リスク中立世界でのオプション満期における株価の期待値は，S_0 ではなく，F_0 だからというものである。

ボラティリティ・スマイルを定義するもう一つの方法は，インプライド・ボラティリティとオプションのデルタとの関係として定式化するやり方である（デルタは第19章で定義されている）。この方法を用いると，ヨーロピアン・オプションやアメリカン・オプション以外のオプションに対しても，ボラティリティ・スマイルが適用できる場合がある。また，この方法が用いられるときは，アット・ザ・マネーのオプションは，デルタが0.5のコール・オプションかデルタが−0.5のプット・オプションを指している。それらは，"50デルタ・オプション"とも呼ばれている。

20.5　ボラティリティの期間構造とボラティリティ・サーフェス

行使価格に加え，トレーダーは満期までの期間に対してもインプライド・ボラティリティを依存させている。短期のボラティリティが過去の水準より低いときは，インプライド・ボラティリティは満期の増加関数になる傾向がある。これは，ボラティリティはそのうち上昇すると予想されるからである。同様に，短期のボラティリティが過去の水準より高いときは，ボラティリティは満期の減少関数になる傾向がある。これは，ボラティリティはそのうち低下すると予想されるからである。

ボラティリティ・スマイルとボラティリティの期間構造を組み合わせて，与えられた行使価格と満期ごとにオプションの価格づけに用いる適切なボラティリティを表にしたものが，ボラティリティ・サーフェスである。表20.2は，通貨オプションのボラティリティ・サーフェスの例である。

表20.2の横軸は K/S_0，縦軸は満期である。表中の数字は，Black–Scholes–Merton モデルから算出されるインプライド・ボラティリティである。表のいくつかの数字は，その時点での信頼できる市場データが入手可能

表20.2 ボラティリティ・サーフェス

	K/S_0				
	0.90	0.95	1.00	1.05	1.10
1月	14.2	13.0	12.0	13.1	14.5
3月	14.0	13.0	12.0	13.1	14.2
6月	14.1	13.3	12.5	13.4	14.3
1年	14.7	14.0	13.5	14.0	14.8
2年	15.0	14.4	14.0	14.5	15.1
5年	14.8	14.6	14.4	14.7	15.0

なオプションに対応したもので，市場価格から直接計算されたそれらのオプションのインプライド・ボラティリティになっている。表のその他の数字は，補間されるのが典型的である。この表から，オプションの満期が長くなると，ボラティリティ・スマイルが緩やかになることがみてとれる。前に触れたように，通貨オプション市場ではこのことが観測される。（また，その他のほとんどの資産に対するオプション市場でも同じことが観測される。）

　新規のオプションを価格づけするときには，適切なボラティリティを表で調べることになる。たとえば，K/S_0 が1.05の満期9カ月のオプションを価格づけするときには，表20.2にある13.4%と14.0%を補間して，13.7%というボラティリティを得る。これが，Black–Scholes–Mertonの公式や二項ツリーに用いられるボラティリティになる。K/S_0 が0.925の満期1.5年のオプションを価格づけするときには，二次元の（線形）補間を行って，14.525%というインプライド・ボラティリティが得られる。

　ボラティリティ・スマイルの形状はオプションの満期に依存している。表20.2の例のように，オプションの満期が長くなるにつれてスマイルはあまり目立たなくなる。T を満期までの時間，F_0 をその資産に対する満期がオプションと同じフォワード価格とする。ボラティリティ・スマイルをインプライド・ボラティリティと K との関係ではなく，インプライド・ボラティリティと，

$$\frac{1}{\sqrt{T}}\ln\left(\frac{K}{F_0}\right)$$

との関係として定義する場合もある．そうすると，スマイルの満期に対する依存がずっと小さくなることが多い．

20.6 グリークス

ボラティリティ・スマイルによってグリークスの計算は複雑になる．ある満期のオプションに対するインプライド・ボラティリティと K/S との関係が変化しないとする[6]．原資産価格が変化するにつれて，インプライド・ボラティリティはオプションの "マネーネス（moneyness）"（イン・ザ・マネーまたはアウト・オブ・ザ・マネーの度合い）を反映して変化する．したがって，第19章で与えたグリークスの公式はもはや正しくない．たとえば，コール・オプションのデルタは，

$$\frac{\partial c_{\mathrm{BS}}}{\partial S}+\frac{\partial c_{\mathrm{BS}}}{\partial \sigma_{\mathrm{imp}}}\frac{\partial \sigma_{\mathrm{imp}}}{\partial S}$$

で与えられることになる．ここで，c_{BS} はオプションの Black–Scholes–Merton モデルによる価格を資産価格 S とインプライド・ボラティリティ σ_{imp} の関数として表したものである．株式のコール・オプションのデルタに対して，この公式の影響を考える．ボラティリティは K/S の減少関数である．したがって，インプライド・ボラティリティは資産価格が増加すると増加するので，

$$\frac{\partial \sigma_{\mathrm{imp}}}{\partial S}>0$$

となる．その結果，デルタは Black–Scholes–Merton の仮定によるものよ

---

[6] この自然そうなモデルが内的整合性をもつのは，すべての満期に対してボラティリティ・スマイルがフラットなときのみである，という興味深い結果が知られている．たとえば，T. Daglish, J. Hull, and W. Suo, "Volatility Surfaces: Theory, Rules of Thumb, and Empirical Evidence," *Quantitative Finance*, 7, 5 (October 2007): 507-24を参照．

り高い値になる。

実務では，銀行は最も共通に観測されるボラティリティ・サーフェスの変動に対するエクスポージャーを一定程度小さくしようと努めている。共通の変化を特定する一つの手法は，第22章で議論する主成分分析である。

20.7 モデルの役割

トレーダーがすべてのオプションに対して異なるボラティリティを使用しているとすれば，オプションのプライシング・モデルはどの程度重要なものなのであろうか。Black–Scholes–Merton モデルは，トレーダーが他の流動性の高いオプションの市場価格と整合するようにオプションを価格づけするためのよくできた補間ツールにすぎない，といえるかもしれない。もしトレーダーが Black–Scholes–Merton モデルを使うのをやめて他の妥当なモデルへ乗り換えたとすると，ボラティリティ・サーフェスとスマイルの形状は変化するだろうが，ドルベースでの市場価格はおそらく気づくほどには変化しないだろう。デルタでさえ，前節で概説したように計算されたとすれば，モデルが変わってもそれほど大きくは変わらない。

モデルは類似するデリバティブが市場で活発に取引されていないときに最も大きく影響する。たとえば，後の章で議論する定型的でないエキゾティック・デリバティブの多くに対する価格づけは，モデル依存となる。

20.8　1回の大きなジャンプが想定される場合

次に，株式市場では特異なボラティリティ・スマイルが発生しうることについて，例を用いて考えよう。現在の株価が50ドルであり，ここ数日のうちに重要なニュースの発表によって，株価は8ドル上昇するか，8ドル下落すると予想されているとする。(このような発表には，買収や重要な訴訟の評決の結果が関係するであろう。)その場合，たとえば1カ月後の株価の確率分布は，好ましいニュースと好ましくないニュースに対応した二つの対数正規分布の

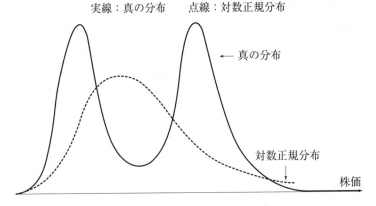

図20.5 1回の大きなジャンプの影響
実線：真の分布　点線：対数正規分布

混合分布になっているかもしれない。図20.5は，このような状況を例示したものである。実線は1カ月後の株価の混合対数正規分布を，点線は同じ平均と標準偏差をもつ対数正規分布を示したものである。

真の確率分布は（明らかに対数正規分布ではなく）二峰性分布（bimodal distribution）である。株価が二峰性分布に従うことによる一般的な影響を調べる一つの簡単な方法は，将来のとりうる株価がわずか二通りとなる極端な場合を考えることである。以下，それについて考察してみよう。

現在の株価は50ドルで，1カ月後に42ドルか58ドルに変化することがわかっているとする。無リスク金利は年率12％とする。図20.6にその状況を示した。オプションの価値は第13章の二項モデルを用いて計算することができ

図20.6　1カ月後の株価の変化

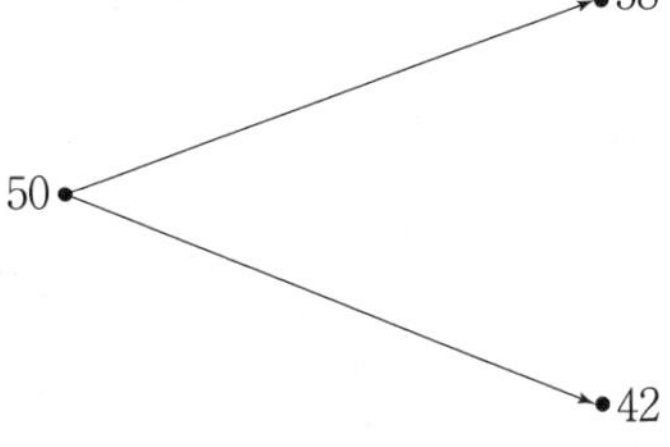

表20.3 株価が50ドルから42ドルあるいは58ドルのどちらかに動くとわかっている場合のインプライド・ボラティリティ

行使価格 (ドル)	コール・オプション 価格(ドル)	プット・オプション 価格(ドル)	インプライド・ ボラティリティ(%)
42	8.42	0.00	0.0
44	7.37	0.93	58.8
46	6.31	1.86	66.6
48	5.26	2.78	69.5
50	4.21	3.71	69.2
52	3.16	4.64	66.1
54	2.10	5.57	60.0
56	1.05	6.50	49.0
58	0.00	7.42	0.0

る。この場合は,$u = 1.16$,$d = 0.84$,$a = 1.0101$,$p = 0.5314$となる。ある範囲の行使価格に対するオプション価格の計算結果を表20.3にまとめた。第1列は行使価格,第2列は満期1カ月のヨーロピアン・コール・オプションの価格,第3列は満期1カ月のヨーロピアン・プット・オプションの価格,第4列はインプライド・ボラティリティである。(20.1節で示したように,行使価格と満期が同じ場合には,ヨーロピアン・プット・オプションとヨーロピアン・コール・オプションのインプライド・ボラティリティは同じになる。) 図20.7は表20.3のボラティリティ・スマイルを描いたものである。その形状は実際に"しかめ面"(通貨オプション市場で観測されるものとは逆向き)で,アウト・オブ・ザ・マネーまたはイン・ザ・マネーになるにつれてボラティリティは低くなっている。行使価格50のオプションのインプライド・ボラティリティは,行使価格が44と56のオプションのインプライド・ボラティリティより高い。

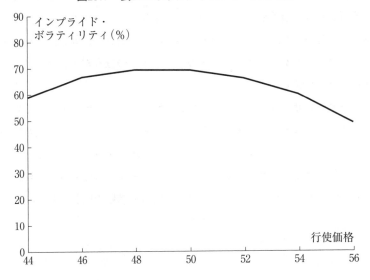

図20.7 表20.3のボラティリティ・スマイル

要約

　Black–Scholes–Merton モデルおよびその拡張では，将来の与えられた時点における原資産価格の確率分布は対数正規分布であると仮定されている。この仮定はトレーダーの置く仮定とは異なる。トレーダーの仮定する株価の確率分布は，対数正規分布よりも左の裾が厚く，右の裾が薄い。また，為替レートの確率分布は，対数正規分布よりも左右の裾が厚い。

　トレーダーは，対数正規でない分布を扱うためにボラティリティ・スマイルを用いている。ボラティリティ・スマイルは，オプションのインプライド・ボラティリティと行使価格との関係を定義するものである。株式オプションのボラティリティ・スマイルは右下がりになる傾向がある。つまり，アウト・オブ・ザ・マネーのプットとイン・ザ・マネーのコールのインプライド・ボラティリティは高くなる傾向があり，アウト・オブ・ザ・マネーの

コールとイン・ザ・マネーのプットのインプライド・ボラティリティは低くなる傾向がある。通貨オプションのボラティリティ・スマイルはU字型をしている。したがって，アット・ザ・マネーのオプションよりも，アウト・オブ・ザ・マネーとイン・ザ・マネーのオプションのほうがインプライド・ボラティリティが高くなる。

トレーダーはボラティリティの期間構造を用いることも多い。この場合は，オプションのインプライド・ボラティリティはオプションの残存期間に依存することになる。ボラティリティ・スマイルとボラティリティの期間構造を組み合わせたものが，ボラティリティ・サーフェスである。これによって，インプライド・ボラティリティは行使価格と満期の関数として定義される。

参考文献

Bakshi, G., C. Cao, and Z. Chen. "Empirical Performance of Alternative Option Pricing Models," *Journal of Finance*, 52, No.5 (December 1997): 2004-49.

Bates, D. S. "Post-'87 Crash Fears in the S&P Futures Market," *Journal of Econometrics*, 94 (January/February 2000): 181-238.

Daglish, T., J. Hull, and W. Suo. "Volatility Surfaces: Theory, Rules of Thumb, and Empirical Evidence," *Quantitative Finance*, 7, 5 (2007), 507-24.

Derman, E. "Regimes of Volatility," *Risk*, April 1999: 55-59.

Ederington, L. H., and W. Guan. "Why Are Those Options Smiling," *Journal of Derivatives*, 10, 2 (2002): 9-34.

Jackwerth, J. C., and M. Rubinstein. "Recovering Probability Distributions from Option Prices," *Journal of Finance*, 51 (December 1996): 1611-31.

Melick, W. R., and C. P. Thomas. "Recovering an Asset's Implied Probability Density Function from Option Prices: An Application to Crude Oil during the Gulf Crisis," *Journal of Financial and Quantitative Analysis*, 32, 1 (March 1997): 91-115.

Reiswich, D., and U. Wystup. "FX Volatility Smile Construction," Working Paper, Frankfurt School of Finance and Management, April 2010.

Rubinstein, M. "Nonparametric Tests of Alternative Option Pricing Models Using All Reported Trades and Quotes on the 30 Most Active CBOE Option Classes from August 23, 1976, through August 31, 1978," *Journal of Finance*, 40 (June 1985): 455–80.

練習問題

20.1 次の場合，どのようなボラティリティ・スマイルが観測されるか。
　(a) 株価の分布の左右の裾が対数正規分布よりも薄い場合
　(b) 株価の分布の裾が，対数正規分布よりも右は厚く，左は薄い場合

20.2 株式に対しては，どのようなボラティリティ・スマイルが観測されるか。

20.3 原資産価格の変動にジャンプがある場合，どのようなボラティリティ・スマイルになりやすいか。また，そのパターンは，満期3カ月のオプションよりも満期2年のオプションのほうが顕著にみられるか。

20.4 行使価格と満期が同じヨーロピアン・コール・オプションとヨーロピアン・プット・オプションがある。インプライド・ボラティリティはコールが30％，プットが25％であるとする。このとき，どのような取引を行うべきか。

20.5 分布が対数正規分布よりも左の裾は厚く，右の裾は薄い場合，ボラティリティ・スマイルが右下がりになる理由を詳細に説明せよ。

20.6 ヨーロピアン・コールの市場価格が3.00ドルで，ボラティリティを30％としたときのBlack–Scholes–Mertonモデルによる価格は3.50ドルであるとする。また，行使価格と満期が同じヨーロピアン・プット・オプションのBlack–Scholes–Mertonモデルによる価格は1.00

ドルであるとする．このとき，プット・オプションの市場価格はいくらであるべきか．その理由も説明せよ．

20.7 "大暴落恐怖症"の意味するところを説明せよ．

20.8 現在の株価を20ドルとする．結果がわかると株価が5ドル上昇するか5ドル下落するニュースの発表が，明日行われると予想されているとする．この株式に対する満期1ヵ月のオプションをBlack–Scholes–Mertonモデルで評価する場合の問題点について述べよ．

20.9 ボラティリティが確率変動し，株価と正の相関をもつ場合，満期6ヵ月のオプションに対してどのようなボラティリティ・スマイルが観測されやすいか．

20.10 株式オプションの評価モデルを実証分析する際に，どのようなことが問題になってくると思うか．

20.11 中央銀行の政策によって，為替レートの変動幅が0.97から1.03までと決められているとする．このとき，通貨オプションのインプライド・ボラティリティにはどのようなパターンが観測されると思うか．

20.12 オプション・トレーダーは，ディープ・アウト・オブ・ザ・マネーのオプションをボラティリティのオプションと呼ぶことがある．その理由を考えよ．

20.13 ある株式に対する行使価格30ドル，満期1年のヨーロピアン・コール・オプションのインプライド・ボラティリティが30%である．同じ株式に対する行使価格30ドル，満期1年のヨーロピアン・プット・オプションのインプライド・ボラティリティが33%である．このとき，どのような裁定取引が可能か．その裁定取引は，Black–Scholes–Mertonモデルの仮定する対数正規性が成り立つ場合のみ可能な取引か．その理由についても詳細に説明せよ．

20.14 ある企業に重大な影響を及ぼす訴訟の結果が，明日発表されることになっているとする．その企業の株価は現在60ドルである．企業にとって有利な判決が出た場合には株価は75ドルにジャンプし，不利な判決が出た場合には株価は50ドルにジャンプすると予想されてい

る。有利な判決が出るリスク中立確率を計算せよ。判決が出た後の6カ月間におけるその企業の株価のボラティリティは，有利な判決が出た場合は25%，不利な判決が出た場合は40%になると仮定する。DerivaGemソフトウェアを用いて，その企業に対する満期6カ月のヨーロピアン・オプションについて，現時点におけるインプライド・ボラティリティと行使価格との関係を求めよ。ただし，その企業は配当を支払っておらず，6カ月物無リスク金利は6%であるとする。また，行使価格が30ドル，40ドル，50ドル，60ドル，70ドル，80ドルのコール・オプションを考えよ。

20.15 ある為替レートが現在0.8000，その為替レートのボラティリティが12%と提示されており，二国の金利は同一であるとする。対数正規性を仮定して，3カ月後の為替レートが(a) 0.7000未満，(b) 0.7000と0.7500の間，(c) 0.7500と0.8000の間，(d) 0.8000と0.8500の間，(e) 0.8500と0.9000の間，(f) 0.9000超，となる確率を推定せよ。外国為替市場で通常観測されるボラティリティ・スマイルに基づいて考えた場合，これらの推定値のうち，低すぎるものと高すぎるものはどれか。

20.16 ある株式の株価は40ドル，その株式に対する行使価格30ドル，満期6カ月のヨーロピアン・コール・オプションのインプライド・ボラティリティは35%，行使価格50ドル，満期6カ月のヨーロピアン・コール・オプションのインプライド・ボラティリティは28%である。6カ月物無リスク金利は5%で，株式には配当はないとする。二つのインプライド・ボラティリティが異なる理由を説明せよ。また，DerivaGemソフトウェアを用いて，これら二つのオプションの価格を計算せよ。さらに，プット・コール・パリティを用いて，行使価格が30ドルと50ドルに対して，満期6カ月のヨーロピアン・プット・オプションの価格を求め，DerivaGemソフトウェアを使って，これら二つのプット・オプションのインプライド・ボラティリティを計算せよ。

20.17 「トレーダーは，Black–Scholes–Merton モデルを補間ツールとして用いている。」この見方について議論せよ。

20.18 表20.2を使って，満期8カ月，$K/S_0 = 1.04$のオプションに対してトレーダーが用いるインプライド・ボラティリティを計算せよ。

発展問題

20.19 ある企業の株式が4ドルで売られている。その企業には負債はない。アナリストは，この企業の清算価値を少なくとも30万ドルと考えており，発行済株式数は10万株である。この場合，どのようなボラティリティ・スマイルが観測されると考えられるか。

20.20 ある企業が現在大きな訴訟の判決を待っている。判決は1カ月以内に出される予定である。株価は現在20ドルである。有利な判決が出れば1カ月後の株価は24ドルになり，不利な判決が出れば1カ月後の株価は18ドルになると予想されている。1カ月物無リスク金利は年率8％とする。

(a) 有利な判決が出るリスク中立確率を求めよ。

(b) 行使価格19ドル，20ドル，21ドル，22ドル，23ドルに対して，満期1カ月のコール・オプションの価格を求めよ。

(c) DerivaGem ソフトウェアを用いて，満期1カ月のコール・オプションのボラティリティ・スマイルを計算せよ。

(d) 満期1カ月のプット・オプションに対しても，同じボラティリティ・スマイルが得られることを確かめよ。

20.21 ある先物価格が現在40ドル，無リスク金利が5％であるとする。明日のニュースによって，今後3カ月間のボラティリティが10％または30％のいずれかになると予想されているとする。前者になる可能性は60％，後者になる可能性は40％である。DerivaGem ソフトウェ

アを用いて，満期3カ月の先物オプションに対するボラティリティ・スマイルを計算せよ。

20.22 多くの外国為替のデータが著者のウェブサイト www-2.rotman.utoronto.ca/~hull/data から入手可能である。その中から通貨を選択し，そのデータを使って，表20.1と同様の表を作成せよ。

20.23 多くの株価指数のデータが著者のウェブサイト www-2.rotman.utoronto.ca/~hull/data から入手可能である。その中から指数を選択し，3標準偏差を超える下落が，3標準偏差を超える上昇より多く発生しているかを検証せよ。

20.24 行使価格と満期が同じヨーロピアン・コールとヨーロピアン・プットを考える。短い期間でボラティリティの値が水準 σ_1 から新しい水準 σ_2 に上昇するとき，それらの価値は同じ値だけ変化することを示せ。(ヒント：プット・コール・パリティを用いよ。)

20.25 為替レートが現在1.0で，満期6カ月のヨーロピアン・オプションのインプライド・ボラティリティが行使価格0.7, 0.8, 0.9, 1.0, 1.1, 1.2, 1.3に対して，それぞれ13％，12％，11％，10％，11％，12％，13％である。自国および外国の無リスク金利はともに2.5％とする。本章付録の例20A.1と同様の方法を用いてインプライされる確率分布を求めよ。この分布と，すべてのインプライド・ボラティリティを11.5％としたときのインプライされた分布とを比較せよ。

20.26 表20.2を使って，満期11カ月，$K/S_0 = 0.98$のオプションに対してトレーダーが用いるインプライド・ボラティリティを計算せよ。

付　録

ボラティリティ・スマイルからインプライされる
リスク中立確率分布の求め方

　ある資産に対する，行使価格 K，満期 T のヨーロピアン・コール・オプションの価格は，

$$c = e^{-rT} \int_{S_T=K}^{\infty} (S_T - K) g(S_T) dS_T$$

で与えられる。ここで，r は金利（定数とする），S_T は時点 T における資産価格，g は S_T のリスク中立確率密度関数である。K に関して微分すると，

$$\frac{\partial c}{\partial K} = -e^{-rT} \int_{S_T=K}^{\infty} g(S_T) dS_T$$

が得られる。K に関してもう一度微分すると，

$$\frac{\partial^2 c}{\partial K^2} = e^{-rT} g(K)$$

が得られる。これより，確率密度関数 g は，

$$g(K) = e^{rT} \frac{\partial^2 c}{\partial K^2} \quad (20A.1)$$

で与えられる。Breeden と Litzenberger (1978) によって得られたこの結果を用いると，ボラティリティ・スマイルからリスク中立確率分布が推定できるようになる[7]。c_1，c_2，c_3 を，行使価格をそれぞれ $K-\delta$，K，$K+\delta$ とする満期 T のヨーロピアン・コール・オプションの価格とする。δ が小さいと仮定すると，(20A.1)式の偏微分を近似することにより $g(K)$ の推定値は，

$$e^{rT} \frac{c_1 + c_3 - 2c_2}{\delta^2}$$

---

[7]　D. T. Breeden and R. H. Litzenberger, "Prices of State-Contingent Claims Implicit in Option Prices," *Journal of Business*, 51 (1978): 621-51を参照。

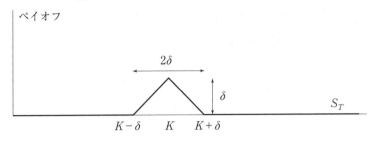

図20A.1 バタフライ・スプレッドのペイオフ

と求められる。

別の見方からこの公式を理解するために，行使価格が $K-\delta$, K, $K+\delta$ で，満期が T のバタフライ・スプレッドを考えよう。バタフライ・スプレッドは，行使価格 $K-\delta$ のコール1単位の購入と行使価格 $K+\delta$ のコール1単位の購入，および行使価格 K のコール2単位の売却からつくられ，そのポジションの価値は $c_1 + c_3 - 2c_2$ である。ポジションの価値は，ペイオフをリスク中立確率密度関数 $g(S_T)$ を用いて積分し，無リスク金利で割り引くことでも計算できる。ペイオフは図20A.1のようになる。δ が小さいので，ペイオフがゼロでない範囲 $K-\delta < S_T < K+\delta$ では $g(S_T) = g(K)$ と仮定できる。図20A.1の"スパイク"の面積は $0.5 \times 2\delta \times \delta = \delta^2$ となるので，ペイオフの価値は（δ が小さいときには）$e^{-rT}g(K)\delta^2$ になる。したがって，

$$e^{-rT}g(K)\delta^2 = c_1 + c_3 - 2c_2$$

が成り立ち，直接

$$g(K) = e^{rT}\frac{c_1 + c_3 - 2c_2}{\delta^2} \qquad (20A.2)$$

が得られる。

【例20A.1】

配当のない株式の価格が10ドル，無リスク金利が3％，満期3カ月のヨーロピアン・オプションのインプライド・ボラティリティが行使価格6ドル，7ドル，8ドル，9ドル，10ドル，11ドル，12ドル，13ドル，14ドルに対して，それぞれ30％，29％，28％，27％，26％，25％，

24%, 23%, 22%であるとする。上の結果を用いる一つの方法は, $g(S_T)$ が $S_T = 6$ と $S_T = 7$ の間では一定, $S_T = 7$ と $S_T = 8$ の間では一定などと仮定して考えることである。

$$g(S_T) = g_1, \quad 6 \leq S_T < 7 \text{ のとき}$$
$$g(S_T) = g_2, \quad 7 \leq S_T < 8 \text{ のとき}$$
$$g(S_T) = g_3, \quad 8 \leq S_T < 9 \text{ のとき}$$
$$g(S_T) = g_4, \quad 9 \leq S_T < 10 \text{ のとき}$$
$$g(S_T) = g_5, \quad 10 \leq S_T < 11 \text{ のとき}$$
$$g(S_T) = g_6, \quad 11 \leq S_T < 12 \text{ のとき}$$
$$g(S_T) = g_7, \quad 12 \leq S_T < 13 \text{ のとき}$$
$$g(S_T) = g_8, \quad 13 \leq S_T < 14 \text{ のとき}$$

とおく。インプライド・ボラティリティを補間して, 行使価格6.5ドル, 満期3カ月のオプションのインプライド・ボラティリティを29.5%とすれば, g_1 の値を計算することができる。このとき, 行使価格が6ドル, 6.5ドル, 7ドルのオプションのインプライド・ボラティリティは, それぞれ30%, 29.5%, 29%である。DerivaGem ソフトウェアを用いてオプション価格を計算すると, それぞれ4.045ドル, 3.549ドル, 3.055ドルになる。$K = 6.5$, $\delta = 0.5$ として(20A.2)式を用いると,

$$g_1 = \frac{e^{0.03 \times 0.25}(4.045 + 3.055 - 2 \times 3.549)}{0.5^2} = 0.0057$$

が得られる。同様に計算して,

$$g_2 = 0.0444, \quad g_3 = 0.1545, \quad g_4 = 0.2781$$
$$g_5 = 0.2813, \quad g_6 = 0.1659, \quad g_7 = 0.0573, \quad g_8 = 0.0113$$

が得られる。

図20A.2はインプライされた分布を図示したものである。(確率分布の面積は全体で0.9985になっている。これは, $S_T < 6$ または $S_T > 14$ となる確率が0.0015であることを意味している。)図20A.2をみてもはっきりとはわからないが, インプライされた分布は, 対数正規分布よりも左の裾が厚く, 右の裾が薄く

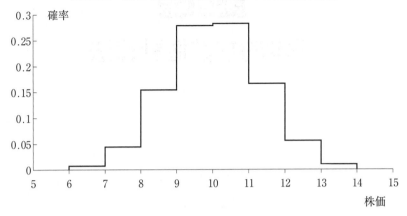

図20A.2 例20A.1に対するインプライされた確率分布

なっている。ボラティリティが26％の対数正規分布を用いて計算してみると，株価が6ドルと7ドルの間になる確率は0.0031（図20A.2の対応する確率は0.0057）になり，株価が13ドルと14ドルの間になる確率は0.0167（図20A.2の対応する確率は0.0113）になる。

第21章
基本的な数値計算法

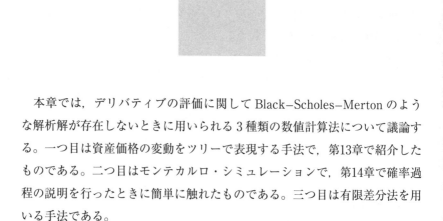

　本章では，デリバティブの評価に関してBlack–Scholes–Mertonのような解析解が存在しないときに用いられる3種類の数値計算法について議論する。一つ目は資産価格の変動をツリーで表現する手法で，第13章で紹介したものである。二つ目はモンテカルロ・シミュレーションで，第14章で確率過程の説明を行ったときに簡単に触れたものである。三つ目は有限差分法を用いる手法である。

　モンテカルロ・シミュレーションは，ペイオフが原資産変数の履歴に依存するデリバティブや原資産変数が複数あるデリバティブに対してよく用いられる。ツリーと有限差分法は，アメリカン・オプションやオプション権利保有者が満期以前に権利行使判断を行うようなデリバティブに対してよく用いられる。これらの手法は，デリバティブの評価だけでなく，デルタ，ガンマ，ベガなどのグリークスの計算にも用いることができる。

実務上のデリバティブの評価に関する問題のほとんどは，本章で議論する基本的な手法を用いて扱うことができる．しかし，第27章で説明するように，特定の問題を扱うためにそれらの手法の修正が必要となる場合もある．

21.1 二項ツリー

二項ツリーについては第13章で紹介した．二項ツリーを用いて，ヨーロピアン・オプションとアメリカン・オプションの両方を評価することができる．第15章，第17章，および第18章で説明した Black–Scholes–Merton の公式およびその拡張は，ヨーロピアン・オプションの評価に関する解析式である[1]．アメリカン・オプションの評価に関しては，解析式は存在していない．それゆえ，二項ツリーはその種のオプションを評価するうえで非常に有用な方法である[2]．

第13章で説明したように，二項ツリーによる評価方法では，オプション期間を非常に多くの長さ Δt の微小時間に分割し，各時間区間では，原資産価格は初期値 S から Su または Sd の二つの値のうちどちらかに推移すると仮定する．そのようすを図21.1に示す．一般的に，$u > 1$, $d < 1$ である．したがって，S から Su への変化は資産価格の上昇に対応し，S から Sd への変化は資産価格の下落に対応している．上昇確率を p で表すと，下落確率は $1-p$ である．

リスク中立化法

第13章と第15章で説明したリスク中立化法は，オプション（または，その

---

[1] Black–Scholes–Merton の公式を導出する際におかれている仮定は，二項ツリーに対するものと同じである．したがって，第13章の付録で示したように，時間ステップ数を増やしていく極限では，二項ツリーを用いて計算したヨーロピアン・オプションの価格は Black–Scholes–Merton の価格に収束する．

[2] アメリカン・オプションの価格に対する解析的な近似式がいくつか提案されている．たとえば，二次近似の方法については www-2.rotman.utoronto.ca/~hull/TechnicalNotes の Technical Note 8を参照．

図21.1 二項モデルのもとでの Δt 後の資産価格の変化

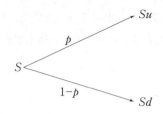

他のデリバティブ)を評価する際にはリスクに対して中立的な世界を仮定できる,という原理に基づく評価法である。したがって,以下の手順で評価できる。

1. すべての取引可能な資産の期待収益率は無リスク金利に等しいと仮定する。
2. デリバティブのペイオフの期待値を計算し,それを無リスク金利で割り引いた値をデリバティブの価値とする。

ツリーを用いて評価する際もこの原理に従う。

p, u, および d の決め方

パラメータ p, u, および d は,長さ Δt の時間区間における資産価格変化の平均と分散が正確な値になるように決めなければならない。リスク中立な世界を仮定しているので,資産の期待収益率は無リスク金利 r である。資産から得られるインカム・ゲインの利回りを q とすると,キャピタル・ゲインに対する期待収益率は $r-q$ でなければならない。このことより,長さ Δt の時間区間の終わりにおける資産価格の期待値は $Se^{(r-q)\Delta t}$ になる。ここで,S は時間区間の始めにおける資産価格である。したがって,収益率の平均をツリー上のものと一致させるためには,

$$Se^{(r-q)\Delta t} = pSu + (1-p)Sd$$

すなわち,

$$e^{(r-q)\Delta t} = pu + (1-p)d \qquad (21.1)$$

が成り立つ必要がある。

変数 Q の分散は $E(Q^2) - [E(Q)]^2$ で定義される。期間 Δt における資産価格の変化率を R とすると，$1+R$ が u になる確率が p で，d になる確率が $1-p$ となる。(21.1)式を用いると，$1+R$ の分散は

$$pu^2 + (1-p)d^2 - e^{2(r-q)\Delta t}$$

となる。変数に定数を加えても分散は変わらないので，$1+R$ の分散は R の分散と同じとなり，これは15.4節で説明したように，$\sigma^2 \Delta t$ である。したがって，

$$pu^2 + (1-p)d^2 - e^{2(r-q)\Delta t} = \sigma^2 \Delta t$$

が成り立つ。(21.1)式より得られる $e^{(r-q)\Delta t}(u+d) = pu^2 + (1-p)d^2 + ud$ を用いると，

$$e^{(r-q)\Delta t}(u+d) - ud - e^{2(r-q)\Delta t} = \sigma^2 \Delta t \tag{21.2}$$

になる。

(21.1)式と(21.2)式は p, u, d が満たすべき二つの条件である。3番目の条件として，Cox, Ross, および Rubinstein (1979) は，

$$u = 1/d \tag{21.3}$$

を用いている[3]。(21.1)式から(21.3)式までを，Δt より高次の項を無視して解くと，

$$p = \frac{a-d}{u-d} \tag{21.4}$$

$$u = e^{\sigma\sqrt{\Delta t}} \tag{21.5}$$

$$d = e^{-\sigma\sqrt{\Delta t}} \tag{21.6}$$

が得られる[4]。ここで，

$$a = e^{(r-q)\Delta t} \tag{21.7}$$

---

[3] J. C. Cox, S. A. Ross, and M. Rubinstein, "Option Pricing: A Simplified Approach," *Journal of Financial Economics*, 7 (October 1979): 229-63を参照。

[4] このことを確かめよう。まず，(21.4)式から(21.7)式は条件式(21.1)と(21.3)を厳密に満たしている。指数関数 e^x を展開すると，$1 + x + x^2/2 + \cdots$ になる。これを用いて Δt より高次の項を無視すると，(21.5)式は $u = 1 + \sigma\sqrt{\Delta t} + \frac{1}{2}\sigma^2 \Delta t$ になり，(21.6)式は $d = 1 - \sigma\sqrt{\Delta t} + \frac{1}{2}\sigma^2 \Delta t$ になる。また，$e^{(r-q)\Delta t} = 1 + (r-q)\Delta t$ となり，$e^{2(r-q)\Delta t} = 1 + 2(r-q)\Delta t$ となる。これらを(21.2)式の左辺に代入して Δt より高次の項を無視すると，(21.2)式が満たされていることがわかる。

である。変数 a は成長係数（growth factor）と呼ばれることもある。(21.4)式から(21.7)式までは，13.8節と13.11節の式と整合する。

資産価格のツリー

図21.2は，4期間の二項モデルを用いる際に構築される資産価格ツリーの全体図である。時点ゼロにおける資産価格 S_0 は既知であるとし，時点 Δt では資産価格は $S_0 u$ か $S_0 d$ の二つのいずれかとなり，時点 $2\Delta t$ では資産価格は $S_0 u^2$, S_0, $S_0 d^2$ の三つのいずれかになる。それ以降も同様である。一般に，時点 $i\Delta t$ では資産価格は $i+1$ 個の状態をとりうる。これらは，

$$S_0 u^j d^{i-j}, \qquad j = 0, 1, \ldots, i$$

と書ける。図21.2におけるツリーの各ノードでの資産価格は関係式 $u = 1/d$ を用いて計算されたものである。たとえば，$j = 2$ で $i = 3$ のときの資産価格は $S_0 u^2 d = S_0 u$ である。価格が上昇した後に下落する場合の資産価格と，下落した後に上昇する場合の資産価格が同じになるという意味で，ここでのツリーは再結合していることに注意しよう。

図21.2　オプションを評価するためのツリー

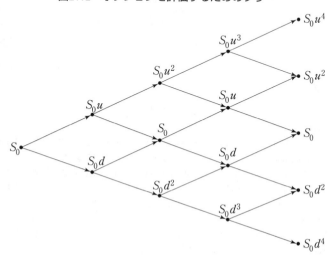

ツリーにおけるバックワード計算

オプションの価値は，ツリーの終端（時点 T）から始めてバックワードに（後退方向に）計算を進めることにより求められる。時点 T におけるオプションの価値は既知である。たとえば，プット・オプションの価値は $\max(K-S_T, 0)$ であり，コール・オプションの価値は $\max(S_T-K, 0)$ である。ここで S_T は時点 T における資産価格，K は行使価格である。リスク中立な世界を仮定しているので，時点 $T-\Delta t$ における各ノードでのオプションの価値は，時点 T における価値の期待値を金利 r で期間 Δt だけ割り引くことで計算できる。同様に，時点 $T-2\Delta t$ における各ノードでの価値は，時点 $T-\Delta t$ における価値の期待値を金利 r で期間 Δt だけ割り引くことで計算でき，以降も同様である。アメリカン・オプションの場合は，オプションを期限前行使したほうが得なのか，行使せずにさらに期間 Δt だけ保有したほうがより得なのかを各ノードにおいて調べることが必要になる。すべてのノードについてバックワード計算を行っていくと，最後に時点ゼロにおけるオプションの価値が得られる。

【例21.1】

配当のない株式に対する満期5カ月のアメリカン・プット・オプションを考える。株価を50ドル，行使価格を50ドル，無リスク金利を年率10%，ボラティリティを年率40%とする。これまでの記号を用いると，$S_0 = 50$，$K = 50$，$r = 0.10$，$\sigma = 0.40$，$T = 0.4167$，$q = 0$ である。オプション期間を長さ1カ月（= 0.0833年）の五つの区間に分割して，二項ツリーを構築する。このとき，$\Delta t = 0.0833$ となるので，(21.4)式から(21.7)式までを用いると，

$$u = e^{\sigma\sqrt{\Delta t}} = 1.1224, \quad d = e^{-\sigma\sqrt{\Delta t}} = 0.8909, \quad a = e^{r\Delta t} = 1.0084$$

$$p = \frac{a-d}{u-d} = 0.5073, \quad 1-p = 0.4927$$

となる。

図21.3はDerivaGemソフトウェアで作成した二項ツリーである。各ノードにある二つの数字は，上段の数字がそのノードでの株価，下段の

数字がそのノードでのオプションの価値を表している。株価の上昇確率は常に0.5073で，下降確率も常に0.4927である。

時点 $i\Delta t(i=0,1,\ldots,5)$ における j 番目のノード $(j=0,1,\ldots,i)$ での株価は $S_0 u^j d^{i-j}$ である。たとえば，ノードA $(i=4, j=1)$（すなわち，4番目の時間ステップの終わりにおける下から2番目のノード）での株価は $50 \times 1.1224 \times 0.8909^3 = 39.69$ ドルになる。終端の各ノードでのオプション価格は $\max(K-S_T, 0)$ から計算できる。たとえば，ノードGでのオプション価格は $50.00 - 35.36 = 14.64$ である。終端の一つ前のノードで

図21.3 配当のない株式に対するアメリカン・プットを評価するためのDerivaGem ソフトウェアで作成した二項ツリー（例21.1）

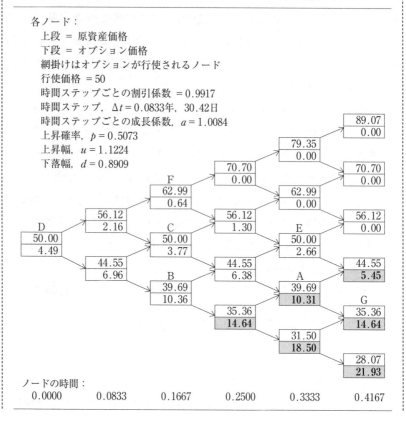

のオプション価格は，終端のノードでのオプション価格から計算される。まず，そのノードではオプションの行使はないと仮定する。そうすると，オプション価格は1時間ステップ後のオプション価格の期待値の現在価値として計算される。たとえば，ノードEでのオプション価格は，

$$(0.5073 \times 0 + 0.4927 \times 5.45)e^{-0.10 \times 0.0833} = 2.66$$

となる。また，ノードAでのオプション価格は，

$$(0.5073 \times 5.45 + 0.4927 \times 14.64)e^{-0.10 \times 0.0833} = 9.90$$

となる。次に，期限前行使するほうが満期まで保有し続けるより得かどうかを調べる。ノードEでは，株価と行使価格がともに50ドルなので，期限前行使した場合のオプションの価値はゼロとなり，明らかに行使しないほうがよい。したがって，ノードEでの正しいオプションの価値は2.66ドルになる。一方，ノードAでは状況が異なる。オプションを行使すれば，50.00ドル − 39.69ドル，すなわち10.31ドルの利得が得られる。これは9.90ドルより価値が大きいので，ノードAに到達した場合はオプションを行使するべきで，ノードAでの正しいオプションの価値は10.31ドルになる。

さらに手前のノードにおけるオプション価格も同様に計算される。その際に，オプションがイン・ザ・マネーであっても期限前行使が常に最適とは限らないことに注意しよう。たとえばノードBについて考える。オプションを行使すれば，その価値は50.00ドル − 39.69ドル，すなわち10.31ドルである。しかし，オプションを行使しなければ，その価値は，

$$(0.5073 \times 6.38 + 0.4927 \times 14.64)e^{-0.10 \times 0.0833} = 10.36$$

になる。したがって，このノードではオプションを行使するべきではなく，このノードでの正しいオプションの価値は10.36ドルになる。

ツリーに沿ってバックワードに計算していくと，最初のノードでのオプションの価値は4.49ドルと求まる。これはオプションの現在価値に対する推定値である。実際には，Δtをもっと小さい値にして，より多く

のノードを用いて計算を行う。DerivaGem ソフトウェアで時間ステップ数を30, 50, 100, 500にしてオプションの価値を計算すると, 結果はそれぞれ4.263, 4.272, 4.278, 4.283となる。

手法の代数的表現

アメリカン・オプションのオプション期間を, 長さΔtのN個の区間に分割する。時点$i\Delta t$におけるj番目のノードをノード(i, j)と呼ぶことにする。ここで$0 \leq i \leq N$, $0 \leq j \leq i$である。つまり, 時点$i\Delta t$における最も下のノードは$(i, 0)$であり, そのすぐ上に$(i, 1)$が位置するといった具合である。ノード(i, j)でのオプションの価値を$f_{i,j}$と書く。ノード(i, j)での原資産価格は$S_0 u^j d^{i-j}$である。コール・オプションの場合, 時点T（満期日）での価値は$\max(S_T - K, 0)$なので,

$$f_{N,j} = \max(S_0 u^j d^{N-j} - K, 0), \qquad j = 0, 1, \ldots, N$$

となる。プット・オプションの場合, 時点Tでの価値は$\max(K - S_T, 0)$なので,

$$f_{N,j} = \max(K - S_0 u^j d^{N-j}, 0), \qquad j = 0, 1, \ldots, N$$

となる。時点$i\Delta t$におけるノード(i, j)から時点$(i+1)\Delta t$におけるノード$(i+1, j+1)$への推移確率はp, 時点$i\Delta t$におけるノード(i, j)から時点$(i+1)\Delta t$におけるノード$(i+1, j)$への推移確率は$1-p$である。期限前行使がないと仮定すると, リスク中立化法により, $0 \leq i \leq N-1$かつ$0 \leq j \leq i$に対して,

$$f_{i,j} = e^{-r\Delta t}[pf_{i+1,j+1} + (1-p)f_{i+1,j}]$$

が得られる。期限前行使が可能なときは, $f_{i,j}$に対するこの値とオプションの本源的価値とを比較する必要があり, コール・オプションの場合は,

$$f_{i,j} = \max\{S_0 u^j d^{i-j} - K, e^{-r\Delta t}[pf_{i+1,j+1} + (1-p)f_{i+1,j}]\}$$

となり, プット・オプションの場合は,

$$f_{i,j} = \max\{K - S_0 u^j d^{i-j}, e^{-r\Delta t}[pf_{i+1,j+1} + (1-p)f_{i+1,j}]\}$$

となる。ここで, 時点Tから始めてバックワードに計算しているので, 時

図21.4 DerivaGem ソフトウェアの Application Builder の関数を用いて計算した例21.1のオプション価格の収束状況

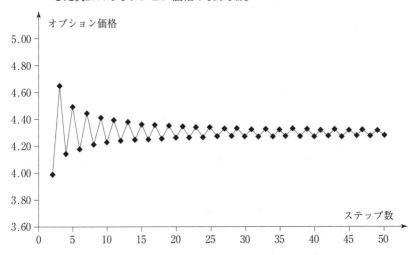

点 $i\Delta t$ における価値には，時点 $i\Delta t$ における期限前行使の可能性の影響だけでなく，それ以降の各時点における期限前行使の影響も織り込まれている点に注意しよう．

Δt をゼロに近づけたときの極限値として，アメリカン・プットに対する正確な価値が得られる．実務上は，$N = 30$ で十分な結果が得られることが多い．図21.4に例21.1のオプション価格の収束状況を示す．このグラフは，DerivaGem ソフトウェアの Application Builder の関数を用いた計算結果から作成したものである（Sample Application A を参照）．

デルタ，およびその他のグリークスの計算

オプションのデルタ（Δ）は，原資産価格の変化に対するオプション価格の変化の割合であることを思い出そう．したがって，デルタは，

$$\frac{\Delta f}{\Delta S}$$

で計算できる．ここで，ΔS は原資産価格の微小変化，Δf は対応するオプション価格の微小変化である．時点 Δt において，原資産価格が $S_0 u$ の場合

のオプション価格の推定値は$f_{1,1}$であり，S_0dの場合のオプション価格の推定値は$f_{1,0}$である。つまり，$\Delta S = S_0u - S_0d$のとき，$\Delta f = f_{1,1} - f_{1,0}$になる。したがって，時点$\Delta t$におけるデルタの推定値は，

$$\Delta = \frac{f_{1,1} - f_{1,0}}{S_0u - S_0d} \qquad (21.8)$$

となる。ガンマ（Γ）を求めるために，時点$2\Delta t$における二つのΔの推定値を用いる。$S = (S_0u^2 + S_0)/2$（2番目と3番目のノードの真ん中）に対するデルタは$(f_{2,2} - f_{2,1})/(S_0u^2 - S_0)$であり，$S = (S_0 + S_0d^2)/2$（1番目と2番目のノードの真ん中）に対するデルタは$(f_{2,1} - f_{2,0})/(S_0 - S_0d^2)$である。二つの$S$の差を$h$とすると，

$$h = 0.5(S_0u^2 - S_0d^2)$$

となる。ガンマはデルタの変化をhで割って，

$$\Gamma = \frac{\left[(f_{2,2} - f_{2,1})/(S_0u^2 - S_0)\right] - \left[(f_{2,1} - f_{2,0})/(S_0 - S_0d^2)\right]}{h} \qquad (21.9)$$

になる。この方法で，時点Δtにおけるデルタと時点$2\Delta t$におけるガンマを推定することができる。実務上は，これらの値を時点ゼロにおけるデルタとガンマの推定値として用いることが多い[5]。

その他のヘッジ・パラメータでツリーから直接求めることができるのはセータ（Θ）である。これは，他の変数を一定に保ったときの，時間の変化に対するオプション価格変化の割合である。時点ゼロのオプション価格は$f_{0,0}$であり，時点$2\Delta t$では$f_{2,1}$であるので，セータの推定値は，

$$\Theta = \frac{f_{2,1} - f_{0,0}}{2\Delta t} \qquad (21.10)$$

となる。

ベガは，ボラティリティを$\Delta \sigma$だけ微小変化させて新しいツリーを作成し，そのツリーで求めたオプション価値を使って計算することができる。（時間

---

[5] もう少し正確にデルタとガンマを計算したいならば，時点$-2\Delta t$から二項ツリーを作成し，その時点の株価をS_0とするやり方もある。この場合には，時点ゼロにおいて三つの異なる株価に対するオプション価格が計算されることになる。

ステップ数は同じにしておくべきである。）ベガの推定値は，

$$\nu = \frac{f^* - f}{\Delta\sigma}$$

で与えられ，f と f^* はそれぞれもとのツリーと新しいツリーでのオプション価格の推定値である。ローも同様にして計算できる。

【例21.2】

例21.1を再考する。図21.3から，$f_{1,0} = 6.96$，$f_{1,1} = 2.16$ である。(21.8)式よりデルタの推定値は，

$$\frac{2.16 - 6.96}{56.12 - 44.55} = -0.41$$

となる。(21.9)式より，オプションのガンマ推定値はノードB，C，およびFでの価値を用いて，

$$\frac{[(0.64 - 3.77)/(62.99 - 50.00)] - [(3.77 - 10.36)/(50.00 - 39.69)]}{11.65} = 0.03$$

となる。(21.10)式より，オプションのセータ推定値はノードDとCでの価値を用いて，

$$\frac{3.77 - 4.49}{0.1667} = -4.3/年$$

すなわち $-0.012/$暦日になる。これらの値は概算値にすぎない。ツリーの時間ステップ数を増加させていくと計算精度は徐々に改善される。時間ステップ数を50にしてDerivaGemソフトウェアでデルタ，ガンマ，およびセータを計算すると，それぞれ -0.415，0.034，および -0.0117 になる。パラメータを微小変化させてオプションの価値を再計算し，ベガとローを求めると，それぞれ 0.123 と -0.072 になる。

21.2　二項ツリーを用いた指数，通貨，先物契約に対するオプションの評価

第13章，第17章，第18章で述べたように，オプションを評価するときは，株価指数，通貨，先物契約はインカム・ゲインの利回りが既知の資産と考えることができる。株価指数の場合，その利回りは指数の算出に用いられる株式ポートフォリオの配当利回りである。通貨の場合は外国の無リスク金利であり，先物契約の場合は自国の無リスク金利である。したがって，(21.7)式の q を適切に解釈することにより，二項ツリーアプローチを株価指数，通貨，先物契約に対するオプションの評価に用いることができる。

【例21.3】

指数先物に対する4カ月物アメリカン・コール・オプションを考える。現在の先物価格を300，行使価格を300，無リスク金利を年率8%，指数のボラティリティを年率30%とする。また，オプション期間を1カ月ごとの4期間に分割してツリーを作成する。この場合，$F_0 = 300$，$K = 300$，$r = 0.08$，$\sigma = 0.3$，$T = 0.3333$，$\Delta t = 0.0833$ となる。先物契約は配当利回りが r の株式とみなせるので，(21.7)式で q を r に等しく設定すればよい。したがって，$a = 1$ となる。ツリーの構築に必要なその他のパラメータは，

$$u = e^{\sigma\sqrt{\Delta t}} = 1.0905,\ d = 1/u = 0.9170$$

$$p = \frac{a-d}{u-d} = 0.4784,\ 1-p = 0.5216$$

となる。図21.5にDerivaGemソフトウェアで作成したツリーを示した。(各ノードの上段の数字は先物価格，下段の数字はオプション価格。) このツリーで評価したオプションの価値は19.16になる。時間ステップ数を増やすと，より正確な値が得られる。DerivaGemソフトウェアを用いて計算すると，時間ステップ数が50のときは20.18，時間ステップ数が100のときは20.22になる。

図21.5 DerivaGemソフトウェアで作成したアメリカン指数先物コール・オプション評価用二項ツリー（例21.3）

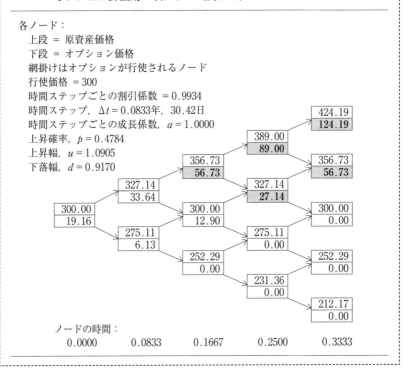

各ノード：
　上段 ＝ 原資産価格
　下段 ＝ オプション価格
　網掛けはオプションが行使されるノード
　行使価格 ＝ 300
　時間ステップごとの割引係数 ＝ 0.9934
　時間ステップ，$\Delta t = 0.0833$年，30.42日
　時間ステップごとの成長係数，$a = 1.0000$
　上昇確率，$p = 0.4784$
　上昇幅，$u = 1.0905$
　下落幅，$d = 0.9170$

ノードの時間：
0.0000　0.0833　0.1667　0.2500　0.3333

【例21.4】

英ポンド（GBP）に対する1年物アメリカン・プット・オプションを考える。現在の為替レート（1GBP当りのUSD）を1.6100，行使価格を1.6000，米国の無リスク金利を年率8％，英国の無リスク金利を年率9％，為替レートのボラティリティを年率12％とする。この場合，$S_0 = 1.61$, $K = 1.60$, $r = 0.08$, $r_f = 0.09$, $\sigma = 0.12$, $T = 1.0$となる。オプション期間を3ヵ月ごとの4期間に分割して，ツリーを作成する。したがって，$\Delta t = 0.25$となる。このケースでは$q = r_f$なので，(21.7)式より，

$$a = e^{(0.08 - 0.09) \times 0.25} = 0.9975$$

となる。ツリーの構築に必要なその他のパラメータは，

$$u = e^{\sigma\sqrt{\Delta t}} = 1.0618, \quad d = 1/u = 0.9418$$

$$p = \frac{a-d}{u-d} = 0.4642, \quad 1-p = 0.5358$$

となる。図21.6にDerivaGemソフトウェアで作成したツリーを示した。（各ノードの上段の数字は為替レート，下段の数字はオプション価格。）このツリーで評価したオプションの価値は0.0710ドルになる。（DerivaGemソフトウェアを用いて計算すると，オプションの価値は，時間ステップ数が50のときは0.0738，時間ステップ数が100のときも0.0738になる。）

図21.6 DerivaGemソフトウェアで作成したアメリカン通貨プット・オプション評価用二項ツリー（例21.4）

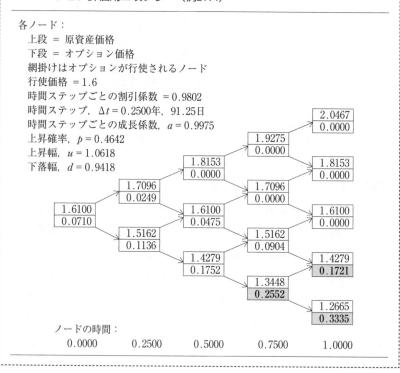

21.3 配当のある株式に対する二項モデル

次に，もう少し扱いづらい問題である，配当のある株式に対する二項モデルの利用方法に移る。第15章と同様に，ここでの議論における"配当"とは，配当落ち日にその結果として株価が下落する金額のことを意味する。

配当利回りが既知の場合

長期の株式オプションに対し，便宜的にその株式の連続配当利回り q が既知であると仮定することがある。そうすることにより，そのオプションを株式指数に対するオプションと同様に評価することができる。

より精緻な評価をするために，既知の連続配当が離散的に支払われると仮定することもできる。配当が1回だけあり，配当利回り（すなわち，配当の株価に対する比率）が既知であると仮定しよう。パラメータ u, d や p は，配当がないものとして計算できる。時点 $i\Delta t$ が配当落ち日より前ならば，ツリーの各ノードでの株価は，

$$S_0 u^j d^{i-j}, \quad j = 0, 1, \ldots, i$$

になる。時点 $i\Delta t$ が配当落ち日より後ならば，各ノードでの株価は，

$$S_0(1-\delta) u^j d^{i-j}, \quad j = 0, 1, \ldots, i$$

になる。ここで δ は配当利回りである。ツリーは図21.7に示されている形状となる。利回りが既知の配当がオプション期間中に複数回ある場合も同様に扱うことができる。時点ゼロと時点 $i\Delta t$ の間に配当落ち日がある配当の合計に対する配当利回りを δ_i とすると，時点 $i\Delta t$ における各ノードでの株価は，

$$S_0(1-\delta_i) u^j d^{i-j}$$

になる。

配当金額が既知の場合

オプション期間が短いときは特にそうであるが，配当利回りではなく，配当金額があらかじめわかっていると仮定するほうが，実際の状況に近い場合がある。株価のボラティリティ σ を一定とすると，ツリーは図21.8のように

図21.7 利回りのわかっている配当が1回支払われる株式に対するツリー

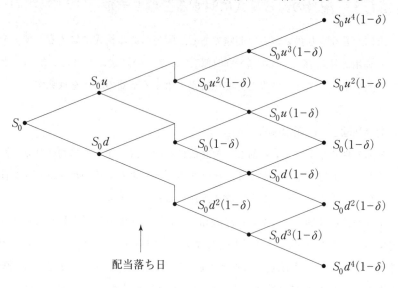

図21.8 配当額が既知でボラティリティが一定の場合のツリー

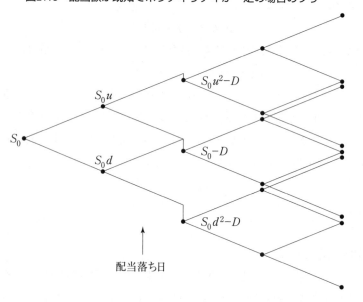

なる。この場合にはツリーは再結合せず，評価しなければならないノードの数が，非常に多くなる。配当は1回とし，配当落ち日τは時点$k\Delta t$と時点$(k+1)\Delta t$の間にあり，配当額はDであるとする。$i \leq k$のときは，前と同様に，時点$i\Delta t$におけるツリーの各ノードでの株価は，

$$S_0 u^j d^{i-j}, \quad j = 0, 1, 2, \ldots, i$$

になる。$i = k+1$のときは，ツリーの各ノードでの株価は，

$$S_0 u^j d^{i-j} - D, \quad j = 0, 1, 2, \ldots, i$$

になる。$i = k+2$のときは，ツリーの各ノードでの株価は，$j = 0, 1, 2, \ldots, i-1$に対して，

$$(S_0 u^j d^{i-1-j} - D)u \quad \text{および} \quad (S_0 u^j d^{i-1-j} - D)d$$

になり，ノードの数は$i+1$個ではなく$2i$個になる。$i = k+m$のときは，ノードの数は$k+m+1$個ではなく$m(k+2)$個になる。オプションの期間中に複数の配当落ち日がある場合は，ノードの数の増加はさらに加速する。

15.12節では，株価が二つの構成要素からなると仮定し，配当のある株式のヨーロピアン・オプションを評価することを説明した。その二つの構成要素とは，確率変動する成分と，オプション期間中に支払われる配当の現在価値であった。また，実務家がこの仮定を妥当と考えるいくつかの理由についても概説した。なお，アメリカン・オプションについていえば，ヨーロピアン・オプションと同じモデルで評価されるべきなのは明らかである。（そうでなければ，決して期限前行使されるべきではないアメリカン・オプションの価格が，ヨーロピアン・オプションの価格と一致しなくなってしまう。）それゆえ，既知の配当がある株式のアメリカン・オプションは，実際には15.12節で用いたアプローチを用いて評価される。結果としてではあるが，このアプローチにより図21.8のノード増殖問題は解決される。

配当落ち日τがオプション期間中に1回だけあり，$k\Delta t \leq \tau \leq (k+1)\Delta t$であるとする。時点$i\Delta t$における確率変動成分$S^*$（すなわち，配当の支払には使われない成分）は，

$$S^* = S \qquad\qquad i\Delta t > \tau \text{のとき}$$
$$S^* = S - De^{-r(\tau - i\Delta t)} \qquad i\Delta t \leq \tau \text{のとき}$$

で与えられる。ここでDは配当である。S^*のボラティリティをσ^*とする。パラメータp, u, dは，(21.4)式から(20.7)式でσをσ^*に置き換えた式から求まり，いままでと同様の方法で作成したツリーでS^*をモデル化できる[6]。各ノードでの株価に，将来の配当（もしあるならば）の現在価値を加えることによって，このツリーをSをモデル化したツリーに変換することが可能である。S_0^*を時点ゼロにおけるS^*の値とする。時点$i\Delta t$における各ノードでの株価は，$i\Delta t < \tau$のとき，

$$S_0^* u^j d^{i-j} + De^{-r(\tau - i\Delta t)}, \qquad j = 0, 1, \ldots, i$$

になり，$i\Delta t > \tau$のとき，

$$S_0^* u^j d^{i-j}, \qquad j = 0, 1, \ldots, i$$

になる。この方法ではツリーが再結合し，時点$i\Delta t$におけるノードの数が$i+1$個となるため，配当が複数回ある場合を取り扱うように一般化するのは簡単である。

【例21.5】

オプション期間中に2.06ドルの配当が1回支払われると予想されている株式に対する，5カ月物アメリカン・プット・オプションについて考える。当初の株価を52ドル，行使価格を50ドル，無リスク金利を年率10%，ボラティリティを年率40%，配当落ち日を3.5カ月後とする。

まず，S^*をモデル化するツリーを作成する。S^*は，株価からオプション期間中支払われる将来の配当の現在価値を引いた値である。時点ゼロにおける配当の現在価値は，

$$2.06 \times e^{-0.2917 \times 0.1} = 2.00$$

であるから，S^*の初期値は50.00になる。S^*のボラティリティを年率40%と仮定すれば，S^*に対する二項ツリーは図21.3のようになる。（S^*の初期値とボラティリティは，図21.3の株価に対するものと同じである。）各ノードで配当の現在価値を加えると，図21.9のSに対する二項

---

[6] 15.12節で議論したようにσとσ^*の違いは必ずしも明確に考える必要はない。というのも，実務での分析においてはモデルによって市場価格からインプライされたボラティリティ，すなわちσ^*を用いるためである。

モデルが得られる。各ノードでの推移確率は図21.3の場合と同じで，上昇確率が0.5073, 下落確率が0.4927である。通常と同様の方法でツリーに沿ってバックワードに計算していくと，オプション価格は4.44ドルと求まる。(DerivaGem ソフトウェアを用いて計算すると，オプションの価値は，時間ステップ数が50のときは4.208, 時間ステップ数が100のときは4.214になる。)

図21.9 例21.5でDerivaGem ソフトウェアを用いて作成したツリー

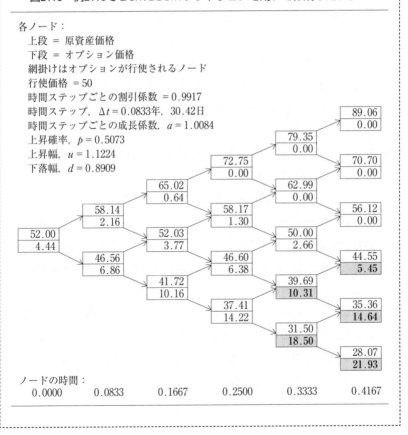

制御変量法

制御変量法(control variate technique)として知られる手法を用いると，アメリカン・オプションの価格計算精度を改善させることができる[7]。この手法では，アメリカン・オプションの価値f_Aと対応するヨーロピアン・オプションの価値f_Eを同じツリーで評価する。さらにヨーロピアン・オプションに対して，Black–Scholes–Mertonモデルでの価格f_{BSM}も計算する。ツリーを用いてヨーロピアン・オプションを評価したときの誤差$f_{BSM}-f_E$と，ツリーを用いてアメリカン・オプションを評価したときの誤差が同じであると仮定すると，アメリカン・オプションの価格は，

$$f_A + (f_{BSM} - f_E)$$

と推定できる。この手法を説明するために，図21.3のオプションをヨーロピアンとして評価した結果を，図21.10に示す。得られた価格f_Eは4.32ドルである。Black–Scholes–Mertonの公式より，ヨーロピアン・オプションの正しい価格f_{BSM}は4.08ドルである。図21.3でのアメリカン・オプションの価格の推定値f_Aは4.49ドルである。したがって，制御変量法によるアメリカン・オプションの価格推定値は，

$$4.49 + (4.08 - 4.32) = 4.25$$

になる。時間ステップ数を100にして計算した，アメリカン・オプションのより精緻な推定値は4.278である。したがって，このケースでは，制御変量法を用いたことにより，もとのツリーを用いて計算した推定値4.49から大幅に改善したことがわかる。

制御変量法は，実質的には，アメリカン・オプションの価格自体を計算するかわりに，ヨーロピアン・オプションとアメリカン・オプションの価格差をツリーを用いて計算する手法である。本章後半でモンテカルロ・シミュレーションを検討する際に，制御変量法の応用についてさらに説明する。

---

[7] J. Hull and A. White, "The Use of the Control Variate Technique in Option Pricing," *Journal of Financial and Quantitative Analysis*, 23 (September 1988): 237-51を参照。

図21.10 例21.3のオプションがヨーロピアンの場合にDerivaGemソフトウェアで作成したツリー
各ノードでの上段の数字は株価，下段の数字はオプション価格。

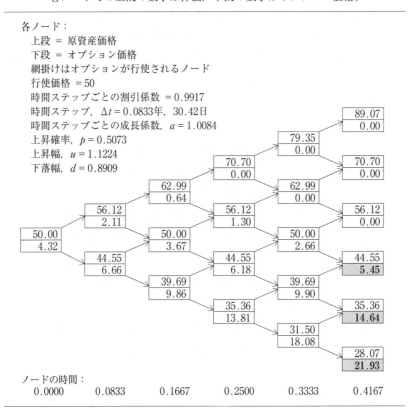

各ノード：
　上段 ＝ 原資産価格
　下段 ＝ オプション価格
　網掛けはオプションが行使されるノード
　行使価格 ＝ 50
　時間ステップごとの割引係数 ＝ 0.9917
　時間ステップ，$\Delta t = 0.0833$年，30.42日
　時間ステップごとの成長係数，$a = 1.0084$
　上昇確率，$p = 0.5073$
　上昇幅，$u = 1.1224$
　下落幅，$d = 0.8909$

21.4 その他のツリー作成法

これまで説明してきたCox, Ross, およびRubinsteinによる方法が，二項ツリーを構築する唯一の方法ではない。リスク中立世界における期間Δtでの$\ln S$の変化の平均は$(r - q - \sigma^2/2)\Delta t$で，標準偏差は$\sigma\sqrt{\Delta t}$となるので，$p = 0.5$と仮定し

$$u = e^{(r - q - \sigma^2/2)\Delta t + \sigma\sqrt{\Delta t}}, \qquad d = e^{(r - q - \sigma^2/2)\Delta t - \sigma\sqrt{\Delta t}}$$

とすれば，平均と標準偏差を一致させることができる。

　このツリー構築方法がCox, Ross, およびRubinsteinの方法より優れている点は，σの値や時間ステップ数によらず，推移確率を常に0.5にできることである[8]。この方法の欠点は，ツリーの中心がもはや当初の株価の位置にはないため，デルタ，ガンマ，およびセータをツリーから計算するのがそれほど簡単ではない点である。

【例21.6】

　外国通貨に対する9カ月物アメリカン・コール・オプションについて考える。外国通貨は国内通貨換算で0.7900の価値があり，行使価格を0.7950，国内の無リスク金利を年率6％，外国の無リスク金利を年率10％，為替レートのボラティリティを年率4％とする。この場合，$S_0 = 0.79$，$K = 0.795$，$r = 0.06$，$r_f = 0.10$，$\sigma = 0.04$，$T = 0.75$ となる。Δtを0.25（3期間）として，各分枝の推移確率 訳注1 を0.5とすると，

$$u = e^{(0.06-0.10-0.0016/2)0.25+0.04\sqrt{0.25}} = 1.0098$$
$$d = e^{(0.06-0.10-0.0016/2)0.25-0.04\sqrt{0.25}} = 0.9703$$

となる。為替レートのツリーは図21.11のようになる。このツリーを用いて計算したオプションの価格は0.0026国内通貨になる。

---

[8] 時間ステップが非常に大きくて$\sigma < |(r-q)\sqrt{\Delta t}|$となるとき，Cox, Ross, およびRubinsteinの方法によるツリーでは負の推移確率が発生する。ここで説明したもう一つの方法では，そういった問題は起こらない。

訳注1　各ノードから伸びた枝の先につながるノードへの推移確率を指す。

図21.11 外国通貨に対するアメリカン・コール・オプションに対する二項ツリー

各ノードでの上段の数字は為替レート，下段の数字はオプション価格である。推移確率はすべて0.5である。

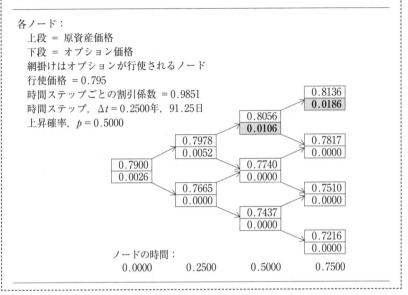

各ノード：
  上段 = 原資産価格
  下段 = オプション価格
  網掛けはオプションが行使されるノード
  行使価格 = 0.795
  時間ステップごとの割引係数 = 0.9851
  時間ステップ，$\Delta t = 0.2500$ 年，91.25日
  上昇確率，$p = 0.5000$

三項ツリー

二項ツリーのかわりに，三項ツリーを用いることもできる。三項ツリーの一般的な形状を図21.12に示す。p_u, p_m, p_d をそれぞれ各ノードでの上方，中央，下方へ推移する確率とし，Δt を時間ステップの長さとする。配当利回りが q の資産に対して，$\ln S$ の変化の平均と標準偏差を再現するパラメータの値は，

$$u = e^{\sigma\sqrt{3\Delta t}}$$

$$d = 1/u$$

$$p_d = -\sqrt{\frac{\Delta t}{12\sigma^2}}\left(r - q - \frac{\sigma^2}{2}\right) + \frac{1}{6}$$

$$p_m = \frac{2}{3}$$

第21章 基本的な数値計算法

図21.12 株価の三項ツリー

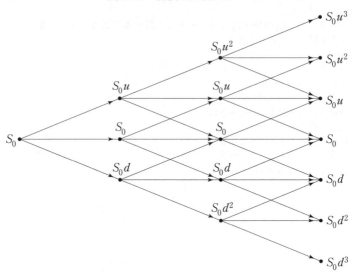

$$p_u = \sqrt{\frac{\Delta t}{12\sigma^2}}\left(r-q-\frac{\sigma^2}{2}\right)+\frac{1}{6}$$

となる。三項ツリーを用いた計算も二項ツリーの場合と同様であり、ツリーの終端から始点に向かって計算していく。各ノードにおいて、行使した場合の価値と継続した場合の価値を計算する。継続価値は、

$$e^{-r\Delta t}(p_u f_u + p_m f_m + p_d f_d)$$

で与えられる。ここで f_u, f_m, f_d は、後続の上方、中央、下方それぞれのノードでのオプション価値である。21.8節で説明するように、三項ツリーを用いる方法は有限差分法の陽解法と同等のものであることが知られている。

　Figlewski と Gao はアダプティブ・メッシュ・モデル（adaptive mesh model）という、三項ツリー法の精度を高める方法を提案している。これは、目の細かい（Δt の小さい）ツリーを目の粗い（Δt の大きい）ツリーに接ぎ木する手法である[9]。通常のアメリカン・オプションを評価する場合、目の

---

[9] S. Figlewski and B. Gao, "The Adaptive Mesh Model: A New Approach to Efficient Option Pricing," *Journal of Financial Economics*, 53（1999）: 313-51を参照。

細かいツリーはオプションの満期時点における行使価格付近に使うのが最も有効である。

21.5 パラメータが時間に依存する場合

これまでは，r, q, r_f, およびσは定数であると仮定してきた。実務では通常，それらのパラメータは時間に依存していると仮定される。その場合には，時点tから時点$t+\Delta t$までのそれらのパラメータの値は，それらのフォワードの値に等しいと仮定される[10]。

Cox–Ross–Rubinstein の二項ツリーでrとq（またはr_f）を時間の関数とするには，時点tにおけるノードに対して，

$$a = e^{[f(t)-g(t)]\Delta t} \qquad (21.11)$$

とすればよい。ここで，$f(t)$は時点tから時点$t+\Delta t$までのフォワード金利で，$g(t)$は同じ期間に対するq（もしくはr_f）のフォワードの値である。uとdはaに依存していないので，これによってツリーの形状は変わらない。時点tにおけるノードから出る枝の推移確率は[11]，

$$p = \frac{e^{[f(t)-g(t)]\Delta t}-d}{u-d} \qquad (21.12)$$

$$1-p = \frac{u-e^{[f(t)-g(t)]\Delta t}}{u-d}$$

で与えられる。後は，時点tから時点$t+\Delta t$までの割引率に$f(t)$を用いる以外，これまでと同じようにツリーを使えばよい。

二項ツリーでボラティリティσを時間の関数とするのはさらにむずかしい。$\sigma(t)$を満期tのオプションの価格を計算するために用いるボラティリティとする。一つの方法は各時間ステップの長さが，その時間ステップにおける平均分散率に反比例するように設定することである。そうすると，uと

---

[10] フォワード配当利回りやフォワード分散率は，フォワード金利と同様の方法で求められる。（分散率はボラティリティを2乗したものである。）
[11] 時間ステップ数を十分多くとると，確率は常に正になる。

d の値が常に同じになり、ツリーは再結合する。T をツリーの期間とし、$V = \sigma(T)^2 T$ と定義する。また、t_i を i 番目の時間ステップの終わりとする。時間ステップ数が N のとき、t_i を $\sigma(t_i)^2 t_i = iV/N$ を満たすように決め、$u = e^{\sqrt{V/N}}$ および $d = 1/u$ と設定する。ボラティリティが定数の場合と同様に、パラメータ p は u、d、r、q から定義される。この方法は、前述した定数ではない金利を扱う方法と組み合わせることができ、それにより、金利もボラティリティも時間に依存させることができる。

21.6 モンテカルロ・シミュレーション

次に、モンテカルロ・シミュレーションについて説明する。これは、二項ツリーとはまったく異なるデリバティブの評価方法である。ビジネス・スナップショット21.1では、モンテカルロ・シミュレーションの基礎をなすランダム・サンプリングの概念を説明するために、円周率 π を推定する簡単な Excel プログラムの作成方法を紹介する。

ビジネス・スナップショット21.1

モンテカルロ・シミュレーションによる円周率の計算

図21.13の正方形の1辺の長さを1とする。ダーツを正方形に向かってランダムに投げ、円のなかに入る割合を計算することを考えてみよう。どういう結果が得られるだろうか。正方形の面積は1.0で、円の半径は0.5である。円の面積は半径の2乗に π を掛けた値であるから、

図21.13　ダーツ投げによる π の計算

表21.1 ビジネス・スナップショット21.1でのスプレッドシートによる計算例

	A	B	C
1	0.207	0.690	4
2	0.271	0.520	4
3	0.007	0.221	0
⋮	⋮	⋮	⋮
100	0.198	0.403	4
101			
102		平均：	3.04
103		標準偏差：	1.69

$\pi/4$になる．このことから，ダーツが円のなかに入る割合は$\pi/4$になるはずである．したがって，ダーツが円のなかに入る割合を4倍すると，πの推定値が得られる．

Excelスプレッドシートを用いて，表21.1に示すようなダーツ投げのシミュレーションができる．セルA1とセルB1に =RAND() と入力する．A1とB1には0から1の間の乱数が表示され，これらの値が，図21.13の正方形のなかのダーツが当たった点について，左側の辺からの距離および下側の辺からの高さを表すと考える．次に，セルC1には，

$$=\mathrm{IF}((A1-0.5)^{\wedge}2+(B1-0.5)^{\wedge}2<0.5^{\wedge}2, 4, 0)$$

を入力する．C1の値は，ダーツが円のなかに入れば4，そうでなければ0になる．

スプレッドシートの2行目から100行目までに1行目と同じ式を入力する．（Excelの"選択とドラッグ"操作[訳注2]を行う．）セルC102に =AVERAGE(C1:C100) を入力し，セルC103に =STDEV(C1:C100) を入力する．C102の値（表21.1では3.04）は，100回のランダムな試行から計算されたπの推定値である．C103の値はその結果に対する標準偏差で，例21.7でみるように，それを用いて推定値の精度を評価することができ

訳注2 Excel上で，1行目に入力したセル（A1からC1）を選択し，選択範囲の右下端をつかんで100行目までドラッグする．

る。試行回数を増やしていくと精度も改善していくが，正しい値3.14159への収束は遅い。

リスク中立化法に従い，モンテカルロ・シミュレーションを利用してオプションを評価することができる。サンプルパスを発生させて，リスク中立世界でのペイオフの期待値を求め，その値を無リスク金利で割り引けばよい。一つの市場変数Sに依存し，時点Tにペイオフが発生するデリバティブを考えよう。金利を一定とすると，デリバティブの価値は以下のように計算できる。

1. リスク中立世界でのSに関するランダムなパスを発生させる。
2. デリバティブのペイオフを計算する。
3. ステップ1とステップ2を繰り返し，リスク中立世界でのデリバティブのペイオフのサンプル値を多数生成する。
4. ペイオフのサンプルの平均を計算し，それをリスク中立世界での期待ペイオフの推定値とする。
5. その期待ペイオフを無リスク金利で割り引き，デリバティブの価値の推定値とする。

この手順は，DerivaGemソフトウェア3.00のMonte Carloワークシートで例示されている。

原資産である市場変数が従うリスク中立世界における確率過程を，

$$dS = \hat{\mu} S dt + \sigma S dz \tag{21.13}$$

とする。ここで，dzはウィナー過程，$\hat{\mu}$はリスク中立世界での期待収益率，σはボラティリティである[12]。Sのパスを発生させるために，デリバティブの満期までの期間を長さΔtの短い期間にN分割し，(21.13)式を，

$$S(t+\Delta t) - S(t) = \hat{\mu} S(t) \Delta t + \sigma S(t) \varepsilon \sqrt{\Delta t} \tag{21.14}$$

のように近似する。ここで$S(t)$は時点tにおける$S(t)$の値，εは平均ゼロ，

---

[12] Sが配当のない株式の価格の場合は$\hat{\mu} = r$，Sが為替レートの場合は$\hat{\mu} = r - r_f$である。13.7節で説明したように，ボラティリティは実世界とリスク中立世界で同じ値である。

標準偏差1.0の正規分布に従う乱数である。この式から，時点ΔtにおけるSの値はSの初期値から計算でき，時点$2\Delta t$におけるSの値は時点ΔtにおけるSの値から計算できる。以降も同様である。この手順は14.3節に例示してあるが，1回の試行で行うことは，正規分布に従うN個の乱数を用いてSの完全なパスを一つ作成することである。

実務的には，Sよりも$\ln S$に対してシミュレーションを行ったほうが，より正確な値が得られることが多い。伊藤の補題より，$\ln S$の従う確率過程は，

$$d\ln S = \left(\hat{\mu} - \frac{\sigma^2}{2}\right)dt + \sigma dz \qquad (21.15)$$

になる。これより，

$$\ln S(t+\Delta t) - \ln S(t) = \left(\hat{\mu} - \frac{\sigma^2}{2}\right)\Delta t + \sigma\varepsilon\sqrt{\Delta t}$$

あるいは，

$$S(t+\Delta t) = S(t)\exp\left[\left(\hat{\mu} - \frac{\sigma^2}{2}\right)\Delta t + \sigma\varepsilon\sqrt{\Delta t}\right] \qquad (21.16)$$

となる。この式を用いてSのパスが構築できる。

Sよりも$\ln S$を取り扱ったほうがより正確な結果が得られる。さらに，もし$\hat{\mu}$とσが定数ならば，

$$\ln S(T) - \ln S(0) = \left(\hat{\mu} - \frac{\sigma^2}{2}\right)T + \sigma\varepsilon\sqrt{T}$$

がすべてのTに対して成り立つ[13]。これより，

$$S(T) = S(0)\exp\left[\left(\hat{\mu} - \frac{\sigma^2}{2}\right)T + \sigma\varepsilon\sqrt{T}\right] \qquad (21.17)$$

が得られる。この式を用いて，時点Tのペイオフが標準的ではないデリバティブを評価することができる。また，ビジネス・スナップショット21.2で紹介するように，この式はBlack–Scholes–Mertonの公式の検証にも使うことができる。

---

[13] これに対し，(21.14)式はΔtがゼロに近づく極限でしか厳密には正しくない。

ビジネス・スナップショット21.2

Excel を用いた Black–Scholes–Merton の公式の検証

ヨーロピアン・コール・オプションに対する Black–Scholes–Merton の公式は，時間ステップ数を非常に大きくした二項ツリーを用いて検証することができる。別の検証方法として，モンテカルロ・シミュレーションを用いることもできる。表21.2は，検証用に作成したスプレッドシートの例である。セル C2，D2，E2，F2，G2 に，それぞれ S_0, K, r, σ, T の値を入力する。セル D4，E4，F4 には，それぞれ d_1, d_2, Black–Scholes–Merton 価格の計算結果が表示されている。（このスプレッドシートの例では，Black–Scholes–Merton 価格は4.817になっている。）

NORMSINV は標準正規分布の累積分布関数の逆関数である。したがって，NORMSINV(RAND()) を用いると，標準正規分布に従う乱数が得られる。セル A1 に，

=$C$2*EXP(($E$2−$F$2*$F$2/2)*$G$2
　+$F$2*NORMSINV(RAND())*SQRT($G$2))

表21.2　モンテカルロ・シミュレーションによる Black–Scholes–Merton の公式の検証

	A	B	C	D	E	F	G
1	45.95	0	S_0	K	r	σ	T
2	54.49	4.38	50	50	0.05	0.3	0.5
3	50.09	0.09		d_1	d_2	BSM価格	
4	47.46	0		0.2239	0.0118	4.817	
5	44.93	0					
⋮	⋮	⋮					
1000	68.27	17.82					
1001							
1002	平均：	4.98					
1003	標準偏差：	7.68					

と入力する。これは(21.17)式に相当する式で，時点 T において起こりうるすべての株価の集合からのランダム・サンプルである。セル B1 に，
　　=EXP($-$\$E\$2*\$G\$2)*MAX(A1$-$\$D\$2,0)
を入力する。これはコール・オプションのペイオフの現在価値である。スプレッドシートの2行目から1,000行目までに1行目と同じ式を入力する。(Excel の"選択とドラッグ"操作訳注3 を行う。) セル B1002 に AVERAGE(B1:B1000) を入力する。この値は，例示のスプレッドシートでは4.98であり，オプションの価値の推定値となっている。これはBlack–Scholes–Merton 価格からそれほど乖離した値ではないはずである。セル B1003 には STDEV(B1:B1000) を入力する。例21.8でみるように，B1003の値を用いて推定値の精度を評価することができる。

モンテカルロ・シミュレーションの重要な利点は，ペイオフが原資産である市場変数 S の満期時点の値だけでなく，S の経路（パス）に依存する場合にも使えるという点である。（たとえば，ペイオフが S の時点0から時点 T までの平均値に依存する場合にも使うことができる。）ペイオフは満期一括ではなく，満期までの間に複数回発生してもよい。また，S の従う確率過程はどのようなものでもよい。次に簡単に説明するが，この手法はデリバティブのペイオフが複数の市場変数に依存する場合にも対応可能なように拡張できる。一方，モンテカルロ・シミュレーションの欠点は，計算に非常に時間がかかることと，期限前行使機会がある場合の取扱いが容易ではないことである[14]。

一つ以上の市場変数に依存するデリバティブ

14.5節では相関をもった確率過程について議論した。ここでは，デリバ

訳注3　Excel 上で，1行目に入力したセル（A1と B1）を選択し，選択範囲の右下端をつかんで1,000行目までドラッグする。
[14]　第27章で議論するように，アメリカン・オプションの評価のためのモンテカルロ・シミュレーションの拡張方法が，多くの研究者から提案されている。

ティブのペイオフがn個の変数θ_i ($1 \leq i \leq n$)に依存する場合を考える。s_iをθ_iのボラティリティ，$\hat{m}_i$をリスク中立世界でのθ_iの期待成長率，ρ_{ik}を，θ_iとθ_kを駆動する二つのウィナー過程の相関とする[15]。変数が一つの場合と同様に，デリバティブの満期までの期間を長さΔtのN個の期間に分割する。このとき，θ_iの過程を離散化すれば，

$$\theta_i(t+\Delta t) - \theta_i(t) = \hat{m}_i \theta_i(t) \Delta t + s_i \theta_i(t) \varepsilon_i \sqrt{\Delta t} \quad (21.18)$$

となる。ここで，ε_iは標準正規分布に従う乱数である。ε_iとε_kの相関係数はρ_{ik}($1 \leq i; k \leq n$)である。このシミュレーションでは，1回の試行で，多次元標準正規分布からN個のサンプルε_i($1 \leq i \leq n$)を抽出することになる。これらを(21.18)式に代入すると，各θ_iに対するサンプルパスが得られ，それを用いてデリバティブの価値のサンプルが一つ計算できる。

正規分布に従う乱数の発生方法

ビジネス・スナップショット21.2で示したように，Excel上で=NORMSINV(RAND())と入力すれば，標準正規分布に従う乱数を生成することができる。標準正規分布に従う相関のある二つの乱数ε_1とε_2が必要な場合は，次のようにすればよい。1次元標準正規分布に従う独立した乱数x_1とx_2を，上述の方法で発生させる。求める乱数ε_1とε_2は，

$$\varepsilon_1 = x_1, \quad \varepsilon_2 = \rho x_1 + x_2 \sqrt{1-\rho^2}$$

とすれば得られる。ここでρは相関係数である。

より一般的に，i番目とj番目の相関係数がρ_{ij}で与えられるn次元正規分布に従う乱数を生成する必要がある状況を考える。まず，1次元標準正規分布に従うn個の独立した乱数x_i($1 \leq i \leq n$)を発生させる。求める乱数ε_i($1 \leq i \leq n$)は，

$$\left.\begin{array}{l}\varepsilon_1 = \alpha_{11} x_1 \\ \varepsilon_2 = \alpha_{21} x_1 + \alpha_{22} x_2 \\ \varepsilon_3 = \alpha_{31} x_1 + \alpha_{32} x_2 + \alpha_{33} x_3\end{array}\right\} \quad (21.19)$$

---

[15] 変数s_i，$\hat{m}_i$，およびρ_{ik}は定数である必要はない。それらはθ_iに依存してもよい。

というように計算できる。係数a_{ij}は，相関係数と分散が正しい値になるように決める。これは，次のように段階的に決めることができる。$a_{11} = 1$とする。a_{21}は$a_{21} a_{11} = \rho_{21}$となるように決める。$a_{22}$は$a_{21}^2 + a_{22}^2 = 1$となるように決める。$a_{31}$は$a_{31} a_{11} = \rho_{31}$となるように決める。$a_{32}$は$a_{31} a_{21} + a_{32} a_{22} = \rho_{32}$となるように決める。$a_{33}$は$a_{31}^2 + a_{32}^2 + a_{33}^2 = 1$となるように決める，といった具合である[16]。この手続はコレスキー分解（Cholesky decomposition）として知られている。

試行回数

モンテカルロ・シミュレーションによって得られる結果の精度は，試行回数に依存している。シミュレーションの各試行で得られた割引後のペイオフについて，平均と同時に標準偏差も計算するのが通常である。平均をμ，標準偏差をωとおく。変数μは，デリバティブの価値に対するシミュレーションによる推定値である。この推定値の標準誤差は，

$$\frac{\omega}{\sqrt{M}}$$

で与えられる。ここでMは試行回数である。したがって，デリバティブの価格fに対する95％信頼区間は，

$$\mu - \frac{1.96\omega}{\sqrt{M}} < f < \mu + \frac{1.96\omega}{\sqrt{M}}$$

になる。これより，デリバティブの価値に関する不確実性は，試行回数の平方根に反比例することがわかる。つまり，シミュレーションの精度を2倍にするには試行回数を4倍にしなければならず，精度を10倍にするには試行回数を100倍にしなければならない，などとなる。

---【例21.7】---

表21.1では，πは100個の数の平均として求められている。その標準偏差は1.69である。この場合には，$\omega = 1.69$，$M = 100$となるので，

---

[16] aに関する方程式が実数解をもたない場合は，仮定された相関構造が内的整合性をもっていない。これについては23.7節でさらに議論する。

推定値の標準偏差は$1.69/\sqrt{100} = 0.169$になる。したがって，スプレッドシートから，πに対する95%信頼区間は$(3.04-1.96\times 0.169)$から$(3.04+1.96\times 0.169)$まで，すなわち2.71から3.37までとなる。（正しい値の3.14159はこの信頼区間の内側にある。）

【例21.8】

表21.2では，オプションの価値は1,000個の数の平均として求められている。その標準偏差は7.68である。この場合には，$\omega = 7.68$，$M = 1,000$となるので，推定値の標準偏差は$7.68/\sqrt{1,000} = 0.24$になる。したがって，スプレッドシートから，オプションの価値に対する95%信頼区間は$(4.98-1.96\times 0.24)$から$(4.98+1.96\times 0.24)$まで，すなわち4.51から5.45までとなる。（Black–Scholes–Merton式による価格4.817はこの信頼区間の内側にある。）

ツリーを用いたサンプリング

原資産変数の従う確率過程からランダムにとったサンプルを用いてモンテカルロ・シミュレーションを行うかわりに，N期間二項ツリーを用いて，2^N通りの全体パスのなかからランダムにサンプルをとることもできる。二項ツリーでの上昇確率を0.6とする。ツリーを用いたパスのランダム・サンプリングは，次のように行えばよい。各ノードにおいて，0から1の間の一様乱数を発生させる。その値が0.4より小さい場合は下向きの枝を選び，0.4よりも大きい場合は上向きの枝を選ぶ。最初のノードからツリーの終端までのパスが決まれば，ペイオフが計算できる。これで1回目の試行は終了である。同様の手順で何度も試行を繰り返し，それらのペイオフの平均を無リスク金利で割り引けば，デリバティブの価値の推定値が得られる[17]。

---

[17] ツリーを用いた効率的なサンプリングについては，D. Mintz, "Less is More," *Risk*, July 1997: 42–45を参照。

【例21.9】

図21.3のツリーを用いて，ペイオフが $\max(S_{ave}-50,0)$ で与えられるオプションを評価する。ここで S_{ave} は5カ月間の株価の平均（最初と最後の株価も平均に含める）である。これはアジアン・オプションとして知られている。10回の試行のシミュレーションで評価した結果の一例を表21.3に示す。オプションの価値はペイオフの平均を無リスク金利で割り引いた値として計算される。いまの場合には，ペイオフの平均は7.08ドル，無リスク金利は10%であるから，価値は $7.08e^{-0.1\times 5/12} = 6.79$ になる。（これは計算方法の例示が目的であり，実務では，正確な値を得るために，時間ステップ数がもっと多いツリーを用いて，試行回数をもっと増やす必要がある。）

表21.3　図21.3のツリーを用いたモンテカルロ・シミュレーションによるアジアン・オプションの評価

ペイオフは株価の平均が50ドルを上回る額。Uは上昇，Dは下落

試行	パス	株価の平均	オプションのペイオフ
1	UUUUD	64.98	14.98
2	UUUDD	59.82	9.82
3	DDDUU	42.31	0.00
4	UUUUU	68.04	18.04
5	UUDDU	55.22	5.22
6	UDUUD	55.22	5.22
7	DDUDD	42.31	0.00
8	UUDDU	55.22	5.22
9	UUUDU	62.25	12.25
10	DDUUD	45.56	0.00
平均			7.08

グリークスの計算

第19章で検討したグリークスは，モンテカルロ・シミュレーションを用い

て計算することもできる。fをデリバティブの価格，xを原資産変数の値またはパラメータとするとき，fのxに関する偏微分を計算したいとする。まず，モンテカルロ・シミュレーションを通常の方法で実行し，デリバティブの価値の推定値$\hat{f}$を計算する。次に，xの値を微小量Δxだけ増加させて，そのときのデリバティブの価値$\hat{f}^*$を$\hat{f}$と同様に計算する。このとき，ヘッジ・パラメータの推定値は，

$$\frac{\hat{f}^* - \hat{f}}{\Delta x}$$

で与えられる。推定値の標準誤差を最小にするためには，時間分割数N，適用する乱数，および試行回数Mは，$\hat{f}$と$\hat{f}^*$の計算で同じにすべきである。

モンテカルロ・シミュレーションの適用場面

確率変数が3個以上の場合，モンテカルロ・シミュレーションは他の手法と比べて，一般的に計算効率がよい。その理由は，モンテカルロ・シミュレーションを実行するのに要する時間は確率変数の数にほぼ比例するのに対し，他の手法ではほとんどの場合，要する時間は確率変数の数に対して指数関数的に増加するからである。モンテカルロ・シミュレーションの利点の一つは，推定値に対する標準誤差が得られる点である。ほかにも，複雑なペイオフや複雑な確率過程に対しても適用可能な方法であるといった利点もある。さらに，この手法は，ペイオフが変数のパスの終端の値だけでなく，パス全体のなんらかの関数に依存する場合にも用いることができる。

21.7 分散減少法

デリバティブの原資産となる変数の確率過程を(21.13)式から(21.18)式で示したようにシミュレーションする場合，デリバティブの価格を十分な精度で見積もるためにきわめて多数の試行が必要となるのが通常であり，計算時間が非常にかかる。本節では，計算時間を劇的に削減できるいくつかの分散減少法について検討する。

負相関変量法

負相関変量法(antithetic variable technique)では,1回の試行につきデリバティブの価値を二つ計算する。一つ目の価値 f_1 は,通常の方法で計算したものである。二つ目の価値 f_2 は,一つ目の計算に用いた標準正規乱数の符号をすべて反対にして計算したものである。(ε が f_1 の計算に用いられたサンプルならば,f_2 は $-\varepsilon$ を用いて計算する。)シミュレーションの各試行におけるデリバティブ価値のサンプル値は f_1 と f_2 の平均である。この方法がうまくいくのは,一方の値が真の値より大きいときには他方の値は真の値より小さくなる傾向があり,逆の場合も同様であるからである。

$\bar{f}$ は f_1 と f_2 の平均を意味する。つまり,

$$\bar{f} = \frac{f_1 + f_2}{2}$$

である。デリバティブの価値の最終的な推定値は $\bar{f}$ の平均である。$\bar{\omega}$ を $\bar{f}$ の標準偏差,M を試行回数(すなわち,計算された値の組の数)とすると,推定値の標準誤差は,

$$\bar{\omega}/\sqrt{M}$$

になる。これは,$2M$ 回の試行により計算した場合の標準誤差よりもずっと小さいのが普通である。

制御変量法

制御変量法(control variate technique)の例は,ツリーを用いたアメリカン・オプションの評価に関連してすでに紹介している(21.3節を参照)。制御変量法が利用できるのは,二つの類似したデリバティブAとBが存在する場合である。Aを評価したいデリバティブとし,BをAに類似したデリバティブで,解析解が存在するものとする。同じ乱数列と同じ Δt を用いて,二つのシミュレーションを同時に行う。一つ目のシミュレーションでAの価値に対する推定値 f_A^* を求め,二つ目のシミュレーションでBの価値に対する推定値 f_B^* を求める。このとき,Aの価値に対するよりよい推定値 f_A が,

$$f_A = f_A^* - f_B^* + f_B \qquad (21.20)$$

として得られる。ここでf_Bは解析的に計算したBの価値の真値である。HullとWhiteは，確率ボラティリティがヨーロピアン・コール・オプションの価格に与える影響を評価する際に，制御変量法を利用する例を示した[18]。このケースでは，Aは確率ボラティリティを仮定したオプションで，Bは定数ボラティリティを仮定したオプションである。

加重サンプリング

加重サンプリング (importance sampling) は，例を用いて説明するのがわかりやすいだろう。行使価格K，満期Tのディープ・アウト・オブ・ザ・マネーのヨーロピアン・コール・オプションの価格を計算したいとする。通常の方法で時点Tにおける原資産価格をサンプリングすると，ペイオフがゼロになるパスがほとんどになる。ペイオフがゼロになるパスはオプション価値の決定にはほとんど寄与しないので，この部分は計算時間の無駄になる。したがって，もっと重要なパス，すなわち満期における株価がKを超えるパスのみを選ぶような方法を考えてみたい。

Fを満期Tにおける株価が従う無条件の分布関数とし，株価が満期でKを超える確率qが解析的に求められているとする。このとき，$G = F/q$は，満期に株価がKを超えるという条件のもとでの株価の確率分布となる。加重サンプリングでは，FのかわりにGからサンプルをとる。オプションの価値の推定値は割引後のペイオフの平均にqを乗じたものになる。

層別サンプリング

確率分布からランダムにサンプルをとるより，代表的な値をサンプルとするほうが，精度の高い計算結果が得られる。層別サンプリング (stratified sampling) は，それを行う手法である。確率分布から1,000個のサンプルをとりたいとする。確率分布を等確率になるような1,000個の区間に分割し，

---

[18] J. Hull and A. White, "The Pricing of Options on Assets with Stochastic Volatilities," *Journal of Finance*, 42 (June 1987): 281–300を参照。

それぞれの区間から代表的な値（一般的には平均または中央値）を選ぶのがこの手法である。

標準正規分布を n 分割する場合は，i 番目の区間の代表値は，

$$N^{-1}\left(\frac{i-0.5}{n}\right)$$

とすればよい。ここで N^{-1} は累積正規分布関数の逆関数である。たとえば $n = 4$ の場合には，四つの区間に対応する代表値は，$N^{-1}(0.125)$, $N^{-1}(0.375)$, $N^{-1}(0.625)$, $N^{-1}(0.875)$ になる。関数 N^{-1} は Excel の NORMSINV 関数を用いて計算できる。

モーメント・マッチング

モーメント・マッチング（moment matching）は，標準正規分布からとったサンプルを修正して，1次，2次，場合によってはさらに高次のモーメントを真値と一致させる手法である。平均 0，標準偏差 1 の正規分布からサンプルをとって，特定の期間における，ある変数の値の変化を計算したいとする。サンプルを $\varepsilon_i (1 \leq i \leq n)$ とする。最初の二つのモーメントを一致させるために，サンプルの平均 m と標準偏差 s を計算する。それらの値を用いて，修正後のサンプル $\varepsilon_i^* (1 \leq i \leq n)$ を，

$$\varepsilon_i^* = \frac{\varepsilon_i - m}{s}$$

として定義する。これらの修正後のサンプルの標本平均は真値 0 に，標本標準偏差は真値 1.0 になる。この修正後のサンプルがすべての計算に用いられる。

モーメント・マッチングは計算時間を削減できるが，すべてのサンプルをシミュレーションの終わりまで保持しておく必要があるため，メモリ不足の問題が生じる可能性がある。モーメント・マッチングは，2次再サンプリング（quadratic resampling）と呼ばれることもある。この手法は負相関変量法とあわせて用いられる場合が多い。負相関変量法では奇数次のモーメントはすべて自動的に一致するので，モーメント・マッチングとしては，2次の

モーメントと,場合によっては,4次のモーメントまでを一致させることが目標になる。

準乱数列を用いる方法

準乱数列(quasi-random sequence,もしくは low discrepancy sequence [訳注4]とも呼ばれる)は,ある確率分布に従う代表的な標本点からなる数列である[19]。準乱数列の使用方法については,Brotherton-Ratcliffe や Press らによる本[20]に解説がある。準乱数列には,M をサンプル数とするとき,それを用いて計算した推定値の標準誤差が $1/\sqrt{M}$ ではなく,$1/M$ になるという望ましい性質がある。

準乱数のサンプリングは層別サンプリングと類似しており,原資産変数の代表値をサンプリングするのが目的である。層別サンプリングでは,いくつのサンプルを抽出するかがあらかじめわかっていると仮定されている。それに対し,準乱数のサンプリング方法はもっと柔軟性が高く,すでにある標本点の隙間を常に"埋めていく"ように,新たな標本がとられていく。シミュレーションの各段階において,標本点は確率空間のあらゆる場所にほぼ等間隔に配置されている。

図21.14は,Sobol' によって提案された手法[21]を用いて生成した2次元の標本点を示したものである。新たに生成される点が,それまでの標本点の隙間を埋めていくようすがみてとれるだろう。

訳注4 差異の小さい点列,という意味。

19 準乱数(quasi-random)は,誤解を与える用語である。準乱数は完全に確定的な数列である。

20 R. Brotherton-Ratcliffe, "Monte Carlo Motoring," *Risk*, (December 1994):53–58; W. H. Press, S. A. Teukolsky, W. T. Vetterling, and B. P. Flannery, *Numerical Recipes in C: The Art of Scientific Computing*, 2nd edn. Cambridge University Press, 1992を参照。

21 I. M. Sobol', *USSR Computational Mathematics and Mathematical Physics*, 7, 4 (1967):86–112を参照。Sobol' 列の生成手続に関しては,W. H. Press, S. A. Teukolsky, W. T. Vetterling, and B. P. Flannery, *Numerical Recipes in C: The Art of Scientific Computing*, 2nd edn. Cambridge University Press, 1992の解説を参照。

図21.14 Sobol'列の最初の1,024個

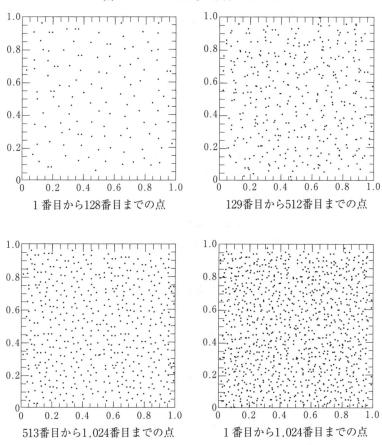

1番目から128番目までの点　　129番目から512番目までの点

513番目から1,024番目までの点　　1番目から1,024番目までの点

21.8 有限差分法

　有限差分法とは，デリバティブ価格の満たす微分方程式を解くことによってデリバティブを評価する方法である。微分方程式を一連の差分方程式に置き換え，その差分方程式を反復的に解くことで，デリバティブの価値が計算できる。

　この手法を説明するために，配当利回りが q の株式に対するアメリカン・

プット・オプションの評価に有限差分法がどのように利用されるのかみてみよう。オプションが満たす微分方程式は(17.6)式より，

$$\frac{\partial f}{\partial t} + (r-q)S\frac{\partial f}{\partial S} + \frac{1}{2}\sigma^2 S^2 \frac{\partial^2 f}{\partial S^2} = rf \qquad (21.21)$$

となる。ここでオプション満期までの期間を T とし，この期間を長さ $\Delta t = T/N$ の区間に N 等分する。したがって，$N+1$ 個の時点

$$0, \Delta t, 2\Delta t, \ldots, T$$

を考えることになる。$S_{\max}$ を，株価がその水準になるとプットの価値が実質ゼロになるような，十分大きい値とする。$\Delta S = S_{\max}/M$ とし，全部で $M+1$ 個の等間隔に刻まれた株価

$$0, \Delta S, 2\Delta S, \ldots, S_{\max}$$

について考える。さらに，これらの値の一つが現在の株価に一致するように，$S_{\max}$ の値を選ぶ。

これらの時点と株価を表す点をあわせると，図21.15のような，合計で

図21.15 有限差分法での格子

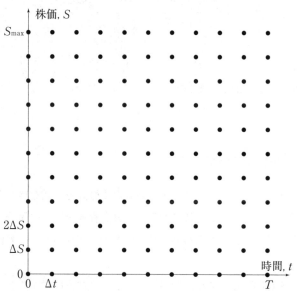

$(M+1)(N+1)$個の点からなる格子を定義できる。点(i,j)は時点$i\Delta t$と株価$j\Delta S$に対応した点である。変数$f_{i,j}$で，点(i,j)でのオプションの価値を表すことにする。

陰解法

格子上の内点(i,j)に対して，$\partial f/\partial S$は，

$$\frac{\partial f}{\partial S} = \frac{f_{i,j+1}-f_{i,j}}{\Delta S} \tag{21.22}$$

あるいは，

$$\frac{\partial f}{\partial S} = \frac{f_{i,j}-f_{i,j-1}}{\Delta S} \tag{21.23}$$

で近似することができる。(21.22)式は前進差分近似 (forward difference approximation) として知られている。また，(21.23)式は後退差分近似 (backward difference approximation) として知られている。ここでは，二つの式を平均して得られる，より対称な近似である，

$$\frac{\partial f}{\partial S} = \frac{f_{i,j+1}-f_{i,j-1}}{2\Delta S} \tag{21.24}$$

を用いることにする。$\partial f/\partial t$に対しては，時点$i\Delta t$における値と時点$(i+1)\Delta t$における値が，

$$\frac{\partial f}{\partial t} = \frac{f_{i+1,j}-f_{i,j}}{\Delta t} \tag{21.25}$$

のように関係づけられる前進差分近似を用いる。次に$\partial^2 f/\partial S^2$について考える。点$(i,j)$での$\partial f/\partial S$に対する後退差分近似は(21.23)式で与えられる。点$(i,j+1)$での後退差分は，

$$\frac{f_{i,j+1}-f_{i,j}}{\Delta S}$$

で与えられる。したがって，点(i,j)での$\partial^2 f/\partial S^2$に対する有限差分近似は，

$$\frac{\partial^2 f}{\partial S^2} = \left(\frac{f_{i,j+1}-f_{i,j}}{\Delta S} - \frac{f_{i,j}-f_{i,j-1}}{\Delta S}\right) \Big/ \Delta S$$

すなわち，

$$\frac{\partial^2 f}{\partial S^2} = \frac{f_{i,j+1}+f_{i,j-1}-2f_{i,j}}{\Delta S^2} \tag{21.26}$$

になる。(21.24)式，(21.25)式，および(21.26)式を(21.21)式に代入し，$S = j\Delta S$ を用いると，

$$\frac{f_{i+1,j}-f_{i,j}}{\Delta t} + (r-q)j\Delta S \frac{f_{i,j+1}-f_{i,j-1}}{2\Delta S} + \frac{1}{2}\sigma^2 j^2 \Delta S^2 \frac{f_{i,j+1}+f_{i,j-1}-2f_{i,j}}{\Delta S^2} = rf_{i,j}$$

が得られる。ここで，$j = 1, 2, \ldots, M-1$ および $i = 0, 1, \ldots, N-1$ である。各項を整理すると，

$$a_j f_{i,j-1} + b_j f_{i,j} + c_j f_{i,j+1} = f_{i+1,j} \tag{21.27}$$

となる。ただし，

$$a_j = \frac{1}{2}(r-q)j\Delta t - \frac{1}{2}\sigma^2 j^2 \Delta t$$

$$b_j = 1 + \sigma^2 j^2 \Delta t + r\Delta t$$

$$c_j = -\frac{1}{2}(r-q)j\Delta t - \frac{1}{2}\sigma^2 j^2 \Delta t$$

である。S_T を時点 T における株価とすると，時点 T におけるプット・オプションの価値は $\max(K-S_T, 0)$ になる。したがって，

$$f_{N,j} = \max(K-j\Delta S, 0), \qquad j = 0, 1, \ldots, M \tag{21.28}$$

となる。株価がゼロのときは，プット・オプション価値は K であるから，

$$f_{i,0} = K, \qquad i = 0, 1, \ldots, N \tag{21.29}$$

となる。$S = S_{\max}$ のときプット・オプションの価値はゼロになると仮定すると，

$$f_{i,M} = 0, \qquad i = 0, 1, \ldots, N \tag{21.30}$$

となる。(21.28)式，(21.29)式，および(21.30)式から，図21.15の格子の三つの境界，$S = 0$，$S = S_{\max}$，$t = T$ でのプット・オプションの価値が決まる。その他のすべての点での f の値は(21.27)式を用いて計算できる。まず，

時点 $T-\Delta t$ に対応する各点について計算する．(21.27)式で $i = N-1$ の場合，

$$a_j f_{N-1,j-1} + b_j f_{N-1,j} + c_j f_{N-1,j+1} = f_{N,j} \qquad (21.31)$$

となる．ただし，$j = 1, 2, \ldots, M-1$ である．これらの方程式の右辺の値は，(21.28)式よりすでに求まっている．さらに，(21.29)式と(21.30)式から，

$$f_{N-1,0} = K \qquad (21.32)$$

$$f_{N-1,M} = 0 \qquad (21.33)$$

である．したがって，(21.31)式は $M-1$ 元連立方程式であるので，$M-1$ 個の未知数 $f_{N-1,1}, f_{N-1,2}, \ldots, f_{N-1,M-1}$ について解くことができる[22]．これらの計算を行った後に，各 $f_{N-1,j}$ の値と $K-j\Delta S$ との比較を行う．もし $f_{N-1,j} < K-j\Delta S$ ならば，時点 $T-\Delta t$ における期限前行使が最適となるので，$f_{N-1,j}$ の値を $K-j\Delta S$ にする．時点 $T-2\Delta t$ に対応する各点についても，同様の計算を行う．これを続けると，最終的に $f_{0,1}, f_{0,2}, f_{0,3}, \ldots, f_{0,M-1}$ が求まる．これらの一つが，求めるオプション価格である．

制御変量法は有限差分法とともに用いることができる．評価したいオプションと類似したオプションで解析解をもつものに対して，同じ格子を用いてその価値を計算し，(21.20)式を用いればよい．

【例21.10】

例21.1のアメリカン・プット・オプションに対して，前述の陰解法を用いて評価した結果を表21.4に示す．M，N，および ΔS は，それぞれ 20，10，および 5 とした．したがって，0ドルから100ドルまでの5ドル刻みの株価に対して，オプション満期まで半月刻みでオプション価格を評価することになる．この格子を用いて評価したオプション価格は 4.07ドルである．同じ格子を用いて対応するヨーロピアン・オプション

---

[22] この方程式は，逆行列を計算しなくても解くことができる．(21.31)式で $j=1$ とした式より，$f_{N-1,2}$ を $f_{N-1,1}$ で表すことができる．$j=2$ とおいた式と $j=1$ のときの結果を用いると，$f_{N-1,3}$ を $f_{N-1,1}$ で表すことができる．これを続けていくと，$j=M-2$ とおいた式とそれまでの結果を用いると，$f_{N-1,M-1}$ を $f_{N-1,1}$ で表すことができる．したがって，最後の $j=M-1$ とおいた式を用いて，$f_{N-1,1}$ の値を求めることができ，それを用いて他の $f_{N-1,j}$ を求めることができる．

を評価すると3.91ドルになる。Black–Scholes–Merton の公式によるヨーロピアン・オプションの真の価格は4.08ドルである。したがって，制御変量法を用いたアメリカン・オプションの価格の推定値は，

$$4.07 + (4.08 - 3.91) = 4.24 ドル$$

になる。

表21.4　例21.1のアメリカン・オプションを陰解法で評価するときの格子

株価 (ドル)	満期までの期間（月）									
	5	4.5	4	3.5	3	2.5	2	1.5	1	0.5	0
100	0.00	0.00	0.00	0.00	0.00	0.00	0.00	0.00	0.00	0.00	0.00
95	0.02	0.02	0.01	0.01	0.00	0.00	0.00	0.00	0.00	0.00	0.00
90	0.05	0.04	0.03	0.02	0.01	0.01	0.00	0.00	0.00	0.00	0.00
85	0.09	0.07	0.05	0.03	0.02	0.01	0.01	0.00	0.00	0.00	0.00
80	0.16	0.12	0.09	0.07	0.04	0.03	0.02	0.01	0.00	0.00	0.00
75	0.27	0.22	0.17	0.13	0.09	0.06	0.03	0.02	0.01	0.00	0.00
70	0.47	0.39	0.32	0.25	0.18	0.13	0.08	0.04	0.02	0.00	0.00
65	0.82	0.71	0.60	0.49	0.38	0.28	0.19	0.11	0.05	0.02	0.00
60	1.42	1.27	1.11	0.95	0.78	0.62	0.45	0.30	0.16	0.05	0.00
55	2.43	2.24	2.05	1.83	1.61	1.36	1.09	0.81	0.51	0.22	0.00
50	4.07	3.88	3.67	3.45	3.19	2.91	2.57	2.17	1.66	0.99	0.00
45	6.58	6.44	6.29	6.13	5.96	5.77	5.57	5.36	5.17	5.02	5.00
40	10.15	10.10	10.05	10.01	10.00	10.00	10.00	10.00	10.00	10.00	10.00
35	15.00	15.00	15.00	15.00	15.00	15.00	15.00	15.00	15.00	15.00	15.00
30	20.00	20.00	20.00	20.00	20.00	20.00	20.00	20.00	20.00	20.00	20.00
25	25.00	25.00	25.00	25.00	25.00	25.00	25.00	25.00	25.00	25.00	25.00
20	30.00	30.00	30.00	30.00	30.00	30.00	30.00	30.00	30.00	30.00	30.00
15	35.00	35.00	35.00	35.00	35.00	35.00	35.00	35.00	35.00	35.00	35.00
10	40.00	40.00	40.00	40.00	40.00	40.00	40.00	40.00	40.00	40.00	40.00
5	45.00	45.00	45.00	45.00	45.00	45.00	45.00	45.00	45.00	45.00	45.00
0	50.00	50.00	50.00	50.00	50.00	50.00	50.00	50.00	50.00	50.00	50.00

陽解法

陰解法が優れているのは，非常にロバストな点である。ΔS と Δt をゼロに近づけると，陰解法による解はもとの微分方程式の解に必ず収束す

る[23]。陰解法の一つの欠点は，$f_{i+1,j}$ から $f_{i,j}$ を求めるのに $M-1$ 元連立方程式を解く必要があることである。もし，格子上の点 (i,j) における $\partial f/\partial S$ および $\partial^2 f/\partial S^2$ の値が点 $(i+1,j)$ における値と同じであると仮定すると，この手法は簡単になる。その場合，(21.24)式と(21.26)式は，

$$\frac{\partial f}{\partial S} = \frac{f_{i+1,j+1} - f_{i+1,j-1}}{2\Delta S}$$

$$\frac{\partial^2 f}{\partial S^2} = \frac{f_{i+1,j+1} + f_{i+1,j-1} - 2f_{i+1,j}}{\Delta S^2}$$

になる。差分方程式は，

$$\frac{f_{i+1,j} - f_{i,j}}{\Delta t} + (r-q)j\Delta S \frac{f_{i+1,j+1} - f_{i+1,j-1}}{2\Delta S}$$

$$+ \frac{1}{2}\sigma^2 j^2 \Delta S^2 \frac{f_{i+1,j+1} + f_{i+1,j-1} - 2f_{i+1,j}}{\Delta S^2} = rf_{i,j}$$

すなわち，

$$f_{i,j} = a_j^* f_{i+1,j-1} + b_j^* f_{i+1,j} + c_j^* f_{i+1,j+1} \tag{21.34}$$

になる。ここで，

$$a_j^* = \frac{1}{1+r\Delta t}\left(-\frac{1}{2}(r-q)j\Delta t + \frac{1}{2}\sigma^2 j^2 \Delta t\right)$$

$$b_j^* = \frac{1}{1+r\Delta t}(1 - \sigma^2 j^2 \Delta t)$$

$$c_j^* = \frac{1}{1+r\Delta t}\left(\frac{1}{2}(r-q)j\Delta t + \frac{1}{2}\sigma^2 j^2 \Delta t\right)$$

である。これが，いわゆる陽解法（explicit finite difference method）として知られる方法である[24]。図21.16は，陰解法と陽解法の違いを図示したものである。陰解法では，(21.27)式で表される，時点 $i\Delta t$ における三つの異なるオプション価値（すなわち，$f_{i,j-1}, f_{i,j}, f_{i,j+1}$）と時点 $(i+1)\Delta t$ における

---

[23] 有限差分法では，ΔS を $\sqrt{\Delta t}$ に比例させたままゼロに近づけるのが通則である。
[24] $\partial f/\partial t$ に対して前進差分近似のかわりに後退差分近似を用いる方法でも，陽解法による差分方程式を導出できる。

図21.16 陰解法と陽解法の違い

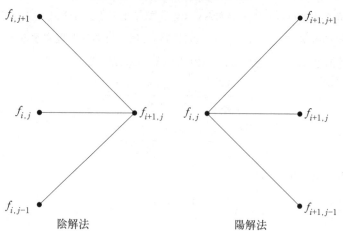

一つのオプション価値（すなわち$f_{i+1,j}$）との関係が導かれる。それに対し陽解法では，(21.34)式で表されるように，時点$i\Delta t$における一つのオプション価値（すなわち$f_{i,j}$）と時点$(i+1)\Delta t$における三つの異なるオプション価値（すなわち$f_{i+1,j-1}$，$f_{i+1,j}$，および$f_{i+1,j+1}$）との関係が導かれる。

【例21.11】

例21.1のアメリカン・プット・オプションに対して，陽解法を用いて評価した結果を表21.5に示す。例21.10と同様に，M，N，およびΔSは，それぞれ20，10，および5とした。この格子によるオプション価格は4.26ドルになる[25]。

---

[25] 格子の左上の部分に負の数などの不整合な点がみられることに関しては，後ほど説明する。

表21.5 例21.1のアメリカン・オプションを陽解法で評価するときの格子

株価 (ドル)	満期までの期間（月）									
	5	4.5	4	3.5	3	2.5	2	1.5	1	0.5	0
100	0.00	0.00	0.00	0.00	0.00	0.00	0.00	0.00	0.00	0.00
95	0.06	0.00	0.00	0.00	0.00	0.00	0.00	0.00	0.00	0.00
90	−0.11	0.05	0.00	0.00	0.00	0.01	0.00	0.00	0.00	0.00
85	0.28	−0.05	0.05	0.00	0.00	0.00	0.00	0.00	0.00	0.00
80	−0.13	0.20	0.00	0.05	0.00	0.00	0.00	0.00	0.00	0.00
75	0.46	0.06	0.20	0.04	0.06	0.00	0.00	0.00	0.00	0.00
70	0.32	0.46	0.23	0.25	0.10	0.09	0.00	0.00	0.00	0.00
65	0.91	0.68	0.63	0.44	0.37	0.21	0.14	0.00	0.00	0.00
60	1.48	1.37	1.17	1.02	0.81	0.65	0.42	0.27	0.00	0.00
55	2.59	2.39	2.21	1.99	1.77	1.50	1.24	0.90	0.59	0.00
50	4.26	4.08	3.89	3.68	3.44	3.18	2.87	2.53	2.07	1.56	0.00
45	6.76	6.61	6.47	6.31	6.15	5.96	5.75	5.50	5.24	5.00	5.00
40	10.28	10.20	10.13	10.06	10.01	10.00	10.00	10.00	10.00	10.00	10.00
35	15.00	15.00	15.00	15.00	15.00	15.00	15.00	15.00	15.00	15.00	15.00
30	20.00	20.00	20.00	20.00	20.00	20.00	20.00	20.00	20.00	20.00	20.00
25	25.00	25.00	25.00	25.00	25.00	25.00	25.00	25.00	25.00	25.00	25.00
20	30.00	30.00	30.00	30.00	30.00	30.00	30.00	30.00	30.00	30.00	30.00
15	35.00	35.00	35.00	35.00	35.00	35.00	35.00	35.00	35.00	35.00	35.00
10	40.00	40.00	40.00	40.00	40.00	40.00	40.00	40.00	40.00	40.00	40.00
5	45.00	45.00	45.00	45.00	45.00	45.00	45.00	45.00	45.00	45.00	45.00
0	50.00	50.00	50.00	50.00	50.00	50.00	50.00	50.00	50.00	50.00

変数変換

オプションの原資産価格に幾何ブラウン運動を適用する場合，S よりも $\ln S$ を原資産変数として有限差分法を用いたほうが，計算効率はよい。$Z = \ln S$ と定義すると，(21.21)式は，

$$\frac{\partial f}{\partial t} + \left(r - q - \frac{\sigma^2}{2}\right)\frac{\partial f}{\partial Z} + \frac{1}{2}\sigma^2 \frac{\partial^2 f}{\partial Z^2} = rf$$

になる。この式を用いて，S ではなく Z に関して等間隔に分割された格子上で，デリバティブの価値を計算することになる。陰解法を用いた場合の差分方程式は，

$$\frac{f_{i+1,j}-f_{i,j}}{\Delta t}+(r-q-\sigma^2/2)\frac{f_{i,j+1}-f_{i,j-1}}{2\Delta Z}+\frac{1}{2}\sigma^2\frac{f_{i,j+1}+f_{i,j-1}-2f_{i,j}}{\Delta Z^2}=rf_{i,j}$$

すなわち,

$$\alpha_j f_{i,j-1}+\beta_j f_{i,j}+\gamma_j f_{i,j+1}=f_{i+1,j} \tag{21.35}$$

になる。ここで,

$$\alpha_j = \frac{\Delta t}{2\Delta Z}(r-q-\sigma^2/2)-\frac{\Delta t}{2\Delta Z^2}\sigma^2$$

$$\beta_j = 1+\frac{\Delta t}{\Delta Z^2}\sigma^2+r\Delta t$$

$$\gamma_j = -\frac{\Delta t}{2\Delta Z}(r-q-\sigma^2/2)-\frac{\Delta t}{2\Delta Z^2}\sigma^2$$

である。陽解法を用いた場合の差分方程式は,

$$\frac{f_{i+1,j}-f_{i,j}}{\Delta t}+(r-q-\sigma^2/2)\frac{f_{i+1,j+1}-f_{i+1,j-1}}{2\Delta Z}$$
$$+\frac{1}{2}\sigma^2\frac{f_{i+1,j+1}+f_{i+1,j-1}-2f_{i+1,j}}{\Delta Z^2}=rf_{i,j}$$

すなわち,

$$\alpha_j^* f_{i+1,j-1}+\beta_j^* f_{i+1,j}+\gamma_j^* f_{i+1,j+1}=f_{i,j} \tag{21.36}$$

になる。ここで,

$$\alpha_j^* = \frac{1}{1+r\Delta t}\left[-\frac{\Delta t}{2\Delta Z}(r-q-\sigma^2/2)+\frac{\Delta t}{2\Delta Z^2}\sigma^2\right] \tag{21.37}$$

$$\beta_j^* = \frac{1}{1+r\Delta t}\left(1-\frac{\Delta t}{\Delta Z^2}\sigma^2\right) \tag{21.38}$$

$$\gamma_j^* = \frac{1}{1+r\Delta t}\left[\frac{\Delta t}{2\Delta Z}(r-q-\sigma^2/2)+\frac{\Delta t}{2\Delta Z^2}\sigma^2\right] \tag{21.39}$$

である。変数変換を行うと, α_j, β_j, γ_j も α_j^*, β_j^*, γ_j^* も, j とは独立になる。ほとんどの場合, ΔZ は $\sigma\sqrt{3\Delta t}$ にするのがよい。

三項ツリー法との関係

陽解法は三項ツリー法と同等な手法である[26]。(21.34)式の a_j^*, b_j^*, c_j^* に対する式から,次のようなツリーとして解釈できる。

$-\dfrac{1}{2}(r-q)j\Delta t+\dfrac{1}{2}\sigma^2 j^2\Delta t$:微小時間 Δt の間に,株価が $j\Delta S$ から $(j-1)\Delta S$ に下落する確率

$1-\sigma^2 j^2\Delta t$:微小時間 Δt の間に,株価が $j\Delta S$ のまま変化しない確率

$\dfrac{1}{2}(r-q)j\Delta t+\dfrac{1}{2}\sigma^2 j^2\Delta t$:微小時間 Δt の間に,株価が $j\Delta S$ から $(j+1)\Delta S$ に上昇する確率

この解釈を図示すると,図21.17のようになる。三つの確率を足し合わせると1になる。この確率のもとで,期間 Δt における株価の変化幅の期待値は,$(r-q)j\Delta S\Delta t = (r-q)S\Delta t$ になる。これはリスク中立世界での変化額の期待値と一致している。小さな Δt に対しては,株価の変化幅の分散は,$\sigma^2 j^2\Delta S^2\Delta t = \sigma^2 S^2\Delta t$ になる。これは,株価 S が従う確率過程のものと一

図21.17 陽解法の三項ツリーとしての解釈

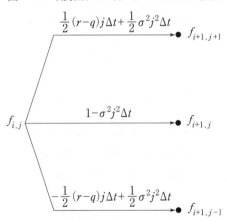

---

[26] 陰解法は,各ノードから $M+1$ 個の枝が出る多項ツリー法と同等であることを示すこともできる。

致している。時点$i\Delta t$におけるfの値は，時点$(i+1)\Delta t$におけるfの値のリスク中立世界での期待値を無リスク金利で割り引いたものとして計算されている。

陽解法がうまく機能するためには，三つの"確率"

$$-\frac{1}{2}(r-q)j\Delta t+\frac{1}{2}\sigma^2 j^2 \Delta t$$

$$1-\sigma^2 j^2 \Delta t$$

$$\frac{1}{2}(r-q)j\Delta t+\frac{1}{2}\sigma^2 j^2 \Delta t$$

がすべて正になることが必要である。例21.11では，$j \geq 13$（すなわち$S \geq 65$）のとき，$1-\sigma^2 j^2 \Delta t$が負になる。表21.5の左上でオプション価格が負になるなどの不整合がみられるのはこのためである。この例は，陽解法に伴う主な問題点を示している。ツリーの推移確率が負になりうるため，もとの微分方程式の解に収束する結果が必ずしも得られないのである[27]。

変数変換を行った場合（(21.36)式から(21.39)式を参照），$Z=\ln S$がΔZだけ減少する確率，変化しない確率，ΔZだけ増加する確率はそれぞれ，

$$-\frac{\Delta t}{2\Delta Z}(r-q-\sigma^2/2)+\frac{\Delta t}{2\Delta Z^2}\sigma^2$$

$$1-\frac{\Delta t}{\Delta Z^2}\sigma^2$$

$$\frac{\Delta t}{2\Delta Z}(r-q-\sigma^2/2)+\frac{\Delta t}{2\Delta Z^2}\sigma^2$$

になる。Zに関するこれらの変動は，株価でみた場合，Sからそれぞれ$Se^{-\Delta Z}$，S，$Se^{\Delta Z}$への変化に対応している。$\Delta Z = \sigma\sqrt{3\Delta t}$とおくと，ここでのツリーと確率は，20.4節で検討した三項ツリーのものと同じになる。

---

[27] J. Hull and A. White, "Valuing Derivative Securities Using the Explicit Finite Difference Method," *Journal of Financial and Quantitative Analysis*, 25（March 1990）: 87-100では，この問題点の対処法を紹介している。ここで考えている状況では，Sではなく$\ln S$の格子を作成すれば，収束性は保証される。

その他の有限差分法

研究者たちは，単なる陽解法や陰解法よりも多くの状況において計算効率が上回る他の有限差分法を提案している。

ホップスコッチ法（hopscotch 訳注5 method）として知られる手法は，ノードからノードへの計算を行うときに，陽解法と陰解法を交互に行うというものである。図21.18にこれを図示した。各時点において，まず，すべての"陽的ノード"（E）に対して通常の計算を行う。そうすると，"陰的ノード"（I）では，隣合うノードの値はすでに求まっているので，連立方程式を解かなくても値が計算できるようになる。

一方，クランク・ニコルソン法（Crank–Nicolson method）と呼ばれる手法では，

$$\frac{f_{i+1,j} - f_{i,j}}{\Delta t}$$

の推定値を，陽解法と陰解法の平均をとったものとしている。

図21.18 ホップスコッチ法
Iのノードに対しては陰解法を行い，Eのノードに対しては陽解法を行う。

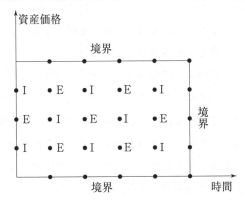

訳注5 もともとは，日本でいう"けんけんぱ"のような子どもの遊びを指す。

有限差分法の適用場面

有限差分法は，ツリー法が適用されるのと同じタイプのデリバティブの価格づけ問題に用いることができる。有限差分法は，ヨーロピアン・スタイルやアメリカン・スタイルのデリバティブの価格づけに用いることができるが，原資産変数の過去の経路に依存するペイオフをもつデリバティブには簡単に用いることができない。また，状態変数が複数ある場合にも，計算時間はかなり増加するが，有限差分法は適用可能である。この場合には，図21.15の格子は多次元になる。

グリークスの計算方法は，ツリー法の場合と同様である。デルタ，ガンマ，およびセータは，格子上の $f_{i,j}$ の値から直接計算できる。ベガについては，ボラティリティを微小変化させ，同じ格子を用いてデリバティブの価値を再計算する必要がある。

要約

解析解が存在しないデリバティブの評価に対して用いられる，3種類の数値計算法を紹介してきた。それらは，ツリーを用いる方法，モンテカルロ・シミュレーション，そして有限差分法である。

二項ツリーでは，各微小時間 Δt の間に，株価は変化率 u の上昇をするか，変化率 d の下落をするかのどちらかであると仮定される。u と d の大きさと推移確率は，リスク中立世界における株価変動の平均と標準偏差に一致するように決められる。デリバティブの価格は，ツリーの終端からバックワードに計算して求められる。アメリカン・オプションの場合には，各ノードでの値は，(a)その時点で期限前行使した場合の価値と(b)さらに Δt 後まで保有した場合の価値の割引後期待値の大きいほうになる。

モンテカルロ・シミュレーションでは，乱数を用いて，デリバティブの原資産変数がリスク中立世界でとりうる多くの異なるパスのサンプルが生成さ

れる。各パスに対してペイオフを計算し，それを無リスク金利で割り引く。この割り引かれたペイオフの算術平均が，デリバティブの価値の推定値になる。

　有限差分法は，解きたい微分方程式を差分方程式に変換して解く手法である。この手法は，デリバティブの満期から始めへとバックワードに計算していくという点で，ツリー法と同様の手法である。陽解法は，機能的には三項ツリーを用いる方法と同じである。これに対し，陰解法はもっと複雑であるが，その解の収束を保証するために特別な注意を払わなくてもよいという点で優れている。

　実際には，どの数値計算法を用いるかは，評価するデリバティブの特性と求める計算精度によって決められる。モンテカルロ・シミュレーションでは，デリバティブの残存期間の始めから終わりへと前進方向に計算が行われる。したがって，ヨーロピアン・スタイルのデリバティブに用いられ，ペイオフに関しては非常に複雑なものも扱える。また，原資産変数の数が増えるにつれ，相対的には，より効率的な手法になる。ツリー法と有限差分法では，デリバティブの残存期間の終わりから始めへバックワードに計算が行われるので，ヨーロピアン・スタイルのデリバティブとともにアメリカン・スタイルのデリバティブにも用いることができる。しかし，ペイオフが原資産変数の現在の値だけでなく，過去の経路にも依存する場合には，適用するのはむずかしい。また，原資産変数の数が3以上になると，計算時間が非常にかかってしまう場合が多い。

参考文献

全般

Clewlow, L., and C. Strickland, *Implementing Derivatives Models*. Chichester : Wiley, 1998.

Press, W. H., S. A. Teukolsky, W. T. Vetterling, and B. P. Flannery, *Numerical Recipes in C: The Art of Scientific Computing*, 3rd edn. Cambridge University Press, 2007.

ツリー法について

Cox, J. C., S. A. Ross, and M. Rubinstein. "Option Pricing: A Simplified Approach," *Journal of Financial Ecomomics*, 7 (October 1979): 229-64.

Figlewski, S., and B. Gao. "The Adaptive Mesh Model: A New Approach to Effecient Option Pricing," *Journal of Financial Economics*, 53 (1999): 313-51.

Hull, J. C., and A. White, "The Use of the Control Variate Technique in Option Pricing," *Journal of Financial and Quantitative Analysis*, 23 (September 1988): 237-51.

Rendleman, R., and B. Bartter, "Two State Option Pricing," *Journal of Finance*, 34 (1979): 1092-1110.

モンテカルロ・シミュレーションについて

Boyle, P. P., "Options : A Monte Carlo Approach," *Journal of Financial Economics*, 4 (1977): 323-38.

Boyle, P. P., M. Broadie, and P. Glasserman. "Monte Carlo Methods for Security Pricing," *Journal of Economic Dynamics and Control*, 21 (1997): 1267-1322.

Broadie, M., P. Glasserman, and G. Jain. "Enhanced Monte Carlo Estimates for American Option Prices," *Journal of Derivatives*, 5 (Fall 1997): 25-44.

有限差分法について

Hull, J. C., and A. White. "Valuing Derivative Securities Using the Explicit Finite Difference Method," *Journal of Financial and Quantitative Analysis*, 25 (March 1990): 87-100.

Wilmott, P., *Derivatives: The Theory and Practice of Financial Engineering*. Chichester: Wiley, 1998.

|練習問題|

21.1 アメリカン・オプションに対して，一つの二項ツリーだけを作成して評価できるのは，デルタ，ガンマ，ベガ，セータ，ローのうちどれか．

21.2 配当のない株式に対する満期3カ月のアメリカン・プット・オプションを考える．株価を60ドル，行使価格を60ドル，無リスク金利を年率10％，ボラティリティを年率45％とする．時間区間が1カ月の二項ツリーを用いて，このオプションを評価せよ．

21.3 ツリーを用いてアメリカン・オプションを評価する際に，制御変量法はどのように用いられるか説明せよ．

21.4 トウモロコシ先物に対する満期9カ月のアメリカン・コール・オプションを考える．現時点の先物価格を198セント，行使価格を200セント，無リスク金利を年率8％，ボラティリティを年率30％とする．時間区間が3カ月の二項ツリーを用いて，このオプションを評価せよ．

21.5 オプション期間中の平均株価を最終株価が上回った金額が支払われるオプションを考える．このオプションは二項ツリーを用いて評価できるか．その理由も説明せよ．

21.6 「株式に配当がある場合，株価に対するツリーは再結合しない．しかし，株価から将来の配当の現在価値を差し引いたものに対するツリーは再結合する．」これについて説明せよ．

21.7 脚注8の条件が満たされるとき，Cox, Ross, およびRubinsteinの二項ツリーでは，負の確率が生じることを示せ．

21.8 試行回数100回の層別サンプリングを用いて，ビジネス・スナップショット21.1と表21.1で行ったπの推定を改善せよ．

21.9 モンテカルロ・シミュレーション法が，アメリカン・スタイルのデリバティブに簡単には適用できない理由を説明せよ．

21.10 配当のない株式に対する満期9カ月，行使価格49ドルのアメリカン・

プット・オプションを考える。株価を50ドル，無リスク金利を年率5％，ボラティリティを年率30％とする。3期間二項ツリーを用いてオプション価格を計算せよ。

21.11 3期間二項ツリーを用いて，満期9カ月のアメリカン小麦先物コール・オプションを評価せよ。ただし，現時点の先物価格は400セント，行使価格は420セント，無リスク金利は年率6％，ボラティリティは年率35％とする。また，同じツリーを用いてデルタを計算せよ。

21.12 満期3カ月，行使価格20ドルのアメリカン・コール・オプションを考える。株価を20ドル，無リスク金利を年率3％，ボラティリティを年率25％とする。また，2ドルの配当が1.5カ月後に支払われるものとする。3期間二項ツリーを用いてオプション価格を計算せよ。

21.13 配当のない株式に対する満期1年，行使価格18ドルのアメリカン・プット・オプションを考える。現時点の株価を20ドル，無リスク金利を年率15％，ボラティリティを年率40％とする。期間を長さ3カ月の四つの時間ステップに分割し，DerivaGemソフトウェアを用いてオプション価格を計算せよ。ツリーを表示して，最後のノードとその一つ前のノードでのオプション価格が正しいことを検証せよ。また，DerivaGemソフトウェアを用いて，対応するヨーロピアン・オプションの価格を計算せよ。さらに，制御変量法を用いて，アメリカン・オプションの価格に対するより精度の高い推定値を求めよ。

21.14 株式指数に対する満期2カ月，行使価格480のアメリカン・プット・オプションを考える。現時点の指数のレベルを484，無リスク金利を年率10％，指数の配当利回りを年率3％，ボラティリティを年率25％とする。オプション期間を長さ半月の四つの期間に分割し，ツリー法を用いてこのオプションを評価せよ。

21.15 ツリー法を用いてアメリカン・オプションのデルタを計算する場合，制御変量法を用いると，どのように計算精度が改善できるか。

21.16 ボラティリティが確率変動する場合に，モンテカルロ・シミュレーションを用いて配当のない株式に対するヨーロピアン・コール・オ

プションを評価するとする。計算精度を改善するために，制御変量法と負相関変量法はどのように用いられるか。また，制御変量法と負相関変量法の両方を用いるとすると，シミュレーションの各試行でオプションの価格を6個計算する必要がある。その理由を説明せよ。

21.17 陰解法を用いて通貨に対するアメリカン・コール・オプションを評価する場合，(21.27)式から(21.30)式はどのように変えればよいか。

21.18 配当のない株式に対する満期まで4カ月のアメリカン・プット・オプションを考える。行使価格を21ドル，株価を20ドル，無リスク金利を年率10％，ボラティリティを年率30％とする。陽解法を用いて，オプションを評価せよ。ただし，株価は4ドル刻み，時間は1カ月刻みとする。

21.19 銅の現物価格が1ポンド当り0.60ドルである。先物価格（1ポンド当りのドル価格）が以下のようになっているとする。

3カ月物	0.59
6カ月物	0.57
9カ月物	0.54
12カ月物	0.50

銅の価格のボラティリティを年率40％，無リスク金利を年率6％とする。このとき，銅に対する満期1年，行使価格0.60ドルのアメリカン・コール・オプションを，二項ツリーを用いて評価せよ。ただし，オプション期間を長さ3カ月の四つの期間に分割してツリーを作成せよ。（ヒント：18.7節で説明したように，先物価格はリスク中立世界での将来の価格の期待値に等しい。）

21.20 問題21.19で作成したツリーを用いて，1年後のペイオフがx^2であるような証券を評価せよ。ただし，xは銅の価格である。

21.21 陽解法を用いてデリバティブの価格を計算する場合，どのようなと

きに，$S=0$と$S\to\infty$に対する境界条件は計算結果に影響を与えるか．

21.22 ビジネス・スナップショット21.2と表21.2で行ったヨーロピアン・オプションの評価に対して，計算精度をよくするには，負相関変量法をどのように用いればよいか．

21.23 ある企業が，いつでもその企業の株式2株に転換できる，額面25ドル，満期3年の転換社債を発行した．株価が18ドル以上になったら，この転換社債を早期償還して株式に強制転換させる権利を発行体がもっているとする．この企業はなるべく早く強制転換を行うと仮定すると，どのような境界条件をおいて転換社債の価格を評価すればよいか．金利は一定と仮定して，有限差分法を用いて転換社債を評価する方法について説明せよ．ただし，この企業がデフォルトするリスクはないものとする．

21.24 3次元標準正規分布に従う乱数を1次元の乱数から生成する公式を導け．ただし，サンプルiとサンプルjの相関は$\rho_{i,j}$とする．

発展問題

21.25 ドルに対してスイス・フランを売却する，満期1年，行使価格0.80ドルのアメリカン・プット・オプションを考える．スイス・フランのボラティリティを10％，ドル金利を6％，スイス・フラン金利を3％，現在の為替レートを0.81とする．このとき，3期間ツリーを用いてこのオプションを評価せよ．また，同じツリーを用いてデルタを計算せよ．

21.26 銀の先物に対する満期1年，行使価格9.00ドルのアメリカン・コール・オプションを考える．現時点の先物価格を8.50ドル，無リスク金利を年率12％，先物価格のボラティリティを年率25％とする．期

間を長さ3カ月の四つの時間ステップに分割し，DerivaGem ソフトウェアを用いてオプション価格を計算せよ．ツリーを表示して，最後のノードとその一つ前のノードでのオプション価格が正しいことを検証せよ．また，DerivaGem ソフトウェアを用いて，対応するヨーロピアン・オプションの価格を計算せよ．さらに，制御変量法を用いて，アメリカン・オプションの価格に対するより精度の高い推定値を求めよ．

21.27 2カ月後と5カ月後に1株当り1ドルの配当が予想されている株式に対する満期6カ月のアメリカン・コール・オプションを考える．現時点の株価を30ドル，行使価格を34ドル，無リスク金利を年率10%，配当を除いた部分の株価のボラティリティを年率30%とする．オプション期間を六つの時間ステップに分割し，DerivaGem ソフトウェアを用いてオプションを評価せよ．また，その結果をBlackの近似（15.12節を参照）による値と比較せよ．

21.28 現時点の英ポンドは1.60ドル，英ポンド／米ドルの為替レートのボラティリティは年率15%である．満期1年，行使価格1.62ドルのアメリカン・コール・オプションを考える．米国と英国の無リスク金利をそれぞれ年率6%と9%とする．このとき，陽解法を用いてこのオプションを評価せよ．ただし，為替レートは0.80から2.40の範囲を0.20刻みで分割し，時間は3カ月刻みで分割せよ．

21.29 21.4節で説明したもう一つのツリー作成法に関して，以下の問に答えよ．

(a) 21.4節の二項モデルでは，平均と分散は，微小時間 Δt における株価の対数での変化に対する平均と分散に厳密に一致していることを示せ．

(b) 21.4節の三項モデルでは，$(\Delta t)^2$ の項とそれ以上の高次の項を無視すると，平均と分散は，微小時間 Δt における株価の対数での変化に対する平均と分散と整合性がとれていることを示せ．

(c) 21.4節で説明した三項モデルのかわりに，各ノードから上の枝，

真ん中の枝，下の枝に推移する確率がそれぞれ1/6, 2/3, 1/6になるような三項ツリーを構築せよ。ただし，S からは Su, Sm, Sd への枝が出ており，$m^2 = ud$ が満たされていると仮定する。また，ツリーでの平均と分散が，株価の対数での変化に対する平均と分散に厳密に一致するようにツリーを構築せよ。

21.30 時間ステップ数を増やしていくとき，二項ツリーで求めたオプションの価格が正しい値に収束するようすを，DerivaGem Application Builder の関数を用いて調べる。(図21.4と DerivaGem ソフトウェアの Sample Application A を参照。) 株価指数に対するプット・オプションについて考える。指数のレベルを900，行使価格を900，無リスク金利を5%，配当利回りを2%，満期を2年とする。

(a) オプションがヨーロピアンで，指数のボラティリティが20%の場合に，収束に関して Sample Application A と同様の結果を作成せよ。

(b) オプションがアメリカンで，指数のボラティリティが20%の場合に，収束に関して Sample Application A と同様の結果を作成せよ。

(c) ボラティリティを20%とし，制御変量法を用いて評価したアメリカン・オプションの価格を時間ステップ数の関数と考えて，そのグラフを作成せよ。

(d) アメリカン・オプションの市場価格を85.0とする。このとき，インプライド・ボラティリティの推定値を時間ステップ数の関数と考えて，そのグラフを作成せよ。

21.31 例21.3のツリーから，デルタ，ガンマ，そしてセータを求めよ。また，それぞれがどのように解釈されるか述べよ。

21.32 例21.4について，9カ月時点での一番下のノードで権利行使をしたときの利益はいくらになるか。

21.33 4期間の Cox–Ross–Rubinstein 二項ツリーにより，あるインデックスに対する1年物アメリカン・プット・オプションの評価を行うこ

とを考える。現在のインデックス値は500とし，行使価格は500，配当利回りは年率2％，無リスク金利は年率5％，ボラティリティは年率25％とする。このオプションの価格，デルタ，ガンマ，セータはいくらになるか求めよ。また，どのようにベガとローを計算できるか説明せよ。

第22章
バリュー・アット・リスク

　第19章ではデルタ，ガンマ，ベガといったデリバティブのポートフォリオのさまざまな特性を説明するリスク指標について検討した。金融機関では，ポートフォリオに影響を与えるすべての市場変数に対し，通常これらの指標を日々計算している。それらの市場変数は数百，あるいは数千を超えることもあり，デルタ・ガンマ・ベガ分析によって日々算出されるリスク指標は莫大な数になる。これらのリスク指標は金融機関のトレーダーにとっては有益な情報となるが，金融機関が抱える総リスク量を計測する方法を提供するものではない。

　バリュー・アット・リスク（VaR：Value at Risk）は，金融資産のポートフォリオに内在するリスク全体を一つの数値に要約して示そうというものである。VaRは，金融機関だけでなく，企業の会計担当者やファンド・マネージャーなどによっても広く用いられるようになってきた。銀行の規制当局は

従来から，銀行が抱えるリスクに対する所要自己資本を決定するのにVaRを用いている。

本章では，VaR指標と，それを計算するための二つの主要な手法である，ヒストリカル・シミュレーション法（historical simulation approach）とモデル・ビルディング法（model-building approach）について説明する。

22.1 VaR指標

バリュー・アット・リスク指標を用いる場合，分析者は次のような表現方法を用いたいと考えている。

「確率X%で，N日後にVドル以上の損失を被ることはない」

この変数VがポートフォリオのVaRである。VaRは保有期間（N日間）と信頼水準（X%）の二つのパラメータの関数で，N日後にその値を超える損失が発生する確率は高々$(100-X)$%であるという損失水準を表している。銀行の規制当局は，市場リスクに対するVaRを$N=10$，$X=99$として計算することを銀行に求めている（ビジネス・スナップショット22.1を参照）。

ビジネス・スナップショット22.1

銀行規制当局はどのようにVaRを利用するのか

バーゼル銀行監督委員会は，世界の銀行の規制当局がスイスのバーゼルに定期的に集う委員会であり，バーゼルⅠとして知られるようになったものを1988年に公表した。これは，信用リスクに対して銀行に求める所要自己資本の算出方法に関する規制当局間の合意である。後に，バーゼル委員会は1996年にその改定（The 1996 Amendment）を公表し，信用リスクと同様に，市場リスクに対して銀行に求める所要自己資本も決定し，1998年に実施している。この改定では，銀行のトレーディング・ブックとバンキング・ブックが区別されている。バンキング・ブックは主にローンで構成されており，経営上の目的でも会計上の目的でも定期

的に価値の再評価が行われない場合が多い。一方，トレーディング・ブックは銀行で取引される（株式，債券，スワップ，フォワード契約，オプションといった）無数の異なる金融商品から構成され，通常日々時価評価が行われている。

1996年の改定では，トレーディング・ブックに対する所要自己資本は，$N = 10$，$X = 99$としたVaRを用いて算出することが規定されている。これは，10日の保有期間でわずか1％の確率で超過する可能性がある時価再評価後の損失額に注目していることを意味している。銀行はこのVaRをk倍した額（それに個別リスクの調整を加えたもの）を所要自己資本として要求される。乗数kは規制当局によって銀行ごとに決められており，少なくとも3.0とすることになっている。十分にテストされた，優れたVaRの推定方法を行っている銀行に対しては，乗数kは最も低い3.0が，その他の銀行にはそれより高い乗数が適用される傾向にある。

バーゼルIの後にバーゼルII，バーゼルII.5そしてバーゼルIIIが続いた。バーゼルII（大半の国において2007年前後に実施）は，保有期間1年，信頼水準99％のVaRを信用リスクとオペレーショナル・リスクの計測に用いている。バーゼルII.5（2012年実施）は市場リスク資本の計算方法を見直した。変更点の一つはいわゆるストレスVaR（stressed VaR）であり，これは，特に逆風下の時期の市場変数の動きに基づいて計測したVaRである。バーゼルIIIでは，銀行が保有しなければならない自己資本の量を増やし，また，そのうち株式でなければならない比率も増やしている。

なお，興味深いことに，バーゼル委員会は2012年5月に公表した市中協議文書のなかで，市場リスクに関してVaRから期待ショートフォールへの移行を検討していることを述べている。

保有期間をN日，信頼水準をX％とするとき，VaRはN日後のポートフォリオ価値の利益分布の$(100-X)$パーセント点に対応した損失額である

(利益の確率分布を考えるとき,損失は負の利益であり,VaR は分布の左側の裾野（テール）に関係している。損失の確率分布を考える場合,利益は負の損失であり,VaR は分布の右側の裾野に関係している)。たとえば $N = 5$,$X = 97$ のとき,VaR は5日後のポートフォリオ価値の利益分布の3パーセント点である。VaR を図22.1と図22.2に示す。

VaR は理解しやすいという点で魅力的な指標である。「どの程度事態は悪化しうるのか？」という単純な問いに答えるかたちになっていることが理解しやすさの本質的な点である。それは経営管理者層であればだれでもが知りたいことである。また,ポートフォリオに影響を与えるすべての市場変数に関するすべてのグリークスを一つの数値に集約するというアイデアは,経営管理者層にとって受け入れやすいものである。

ポートフォリオのリスクを一つの数値で表すことは有用であるという考えを受け入れたならば,VaR は最適な指標であるかという問題に関心が移る。

図22.1　ポートフォリオの価値変化に関する確率分布からの VaR の計算
信頼水準を X%,ポートフォリオ価値の利益を正,損失を負とする。

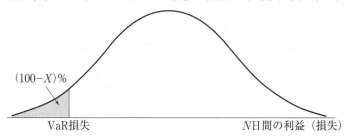

図22.2　図22.1とは別の状況
VaR は同じであるが,潜在的損失額は大きい。

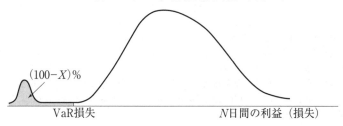

VaRのもとでは，トレーダーは図22.2に示したような収益分布をもつポートフォリオを選択したがるかもしれない，と多くの研究者は論じてきた。図22.1と図22.2のポートフォリオのVaRは同じ値であるが，図22.2のポートフォリオのほうが潜在的な損失額が大きいのでリスクも大きい。

　こうした問題を取り扱う指標が期待ショートフォール（expected shortfall）である[1]。VaRが「どの程度事態が悪化しうるのか？」を問題としているのに対し，期待ショートフォールは「もし事態が悪化した場合，予想されうる損失はどのぐらいか？」を問題としている。期待ショートフォールは，N日間においてVaR損失よりも大きい損失が発生した場合の条件付期待損失である。たとえば$X = 99$，$N = 10$としたときは，期待ショートフォールは，10日間の99%VaRよりも大きな損失が発生したときに10日間でその企業が被る平均損失額である。

保有期間

　VaRには二つのパラメータがある。一つは日数単位で測った保有期間Nであり，もう一つは信頼水準Xである。実務的には，市場リスクに対するVaRを推定する場合には大抵，まず$N = 1$として分析が行われる。これは，1日よりも長い期間に対応した市場変数の動きを直接推定するのに十分なデータは通常得られないからである。そこで，一般的には，

$$N\text{日 VaR} = 1\text{日 VaR} \times \sqrt{N}$$

と仮定される。ポートフォリオの日々の価値変化が平均ゼロの正規分布の独立同分布で与えられる場合は，この式は厳密に成り立つ。そうでない場合には，この式は近似式である。

---

[1] この指標は，C-VaRまたはテール・ロス（tail loss）としても知られるもので，P. Artzner, F. Delbaen, J.-M. Eber, and D. Heath, "Coherent Measure of Risk," *Mathematical Finance*, 9 (1999): 203-28で提案された。彼らはよいリスク指標がもつべき特性を定義し，標準的なVaRがそれらすべてを満たしているわけではないことを示した。より詳細にはJ. Hull, *Risk Management and Financial Institutions*, 3rd edn. Hoboken, NJ: Wiley, 2012を参照。

22.2　ヒストリカル・シミュレーション法

VaRを推定する一般的な方法の一つは，ヒストリカル・シミュレーション法である。これは，過去データを将来起こりうることの指針として利用する。保有期間を1日，信頼水準を99％として，501日間のデータを用いてあるポートフォリオのVaRを計算したいとしよう。（この保有期間と信頼水準は，市場リスク用VaR計算で使われる典型的なものである。後述するように501日間のデータからは500のシナリオが生成されるため，過去データの日数としてよく使われる。）まず最初に，ポートフォリオに影響を与える市場変数を特定する。典型的なのは，金利，株価，商品価格などで，すべての価格は国内通貨建てである。たとえば，あるドイツの銀行はユーロ建てのS&P 500の価格を市場変数の一つとして使うだろう。

次に，直近の501日間におけるこれらの市場変数の動きを表すデータを収集する。このデータを用いて，今日から明日までの間に起こる変化に関する500のシナリオを作成する。ここで，得られたデータの初日を Day 0，次の日を Day 1 というように表すとする。たとえば，シナリオ1ではすべての市場変数の変化率を収集したデータの0日目から1日目の変化率と同じにし，シナリオ2ではそれらを1日目から2日目の変化率と同じにする，等々である。それらの各シナリオに対して，今日から明日までのポートフォリオの価値の変化額を計算する。これによって，ポートフォリオの価値の日次損失（利益は負の損失と扱う）に対する確率分布が得られたことになる。したがって，分布の99パーセント点は5番目に大きな損失に相当すると推定することができる[2]。この99パーセント点の損失額がVaRの推定値となる。過去501日に起きた市場変数の変化が，今日から明日までに起きることの標本となると仮定すると，99％の確率でVaRの推定値より大きな損失を被ることはな

---

[2] 5番目に大きな損失を使用する，6番目に大きな損失を使用する，もしくは，その平均値を利用するなどの選択肢がありうる。Excel の PERCENTILE 関数では，n 個の観測値があり k が整数であるとき，$k/(n-1)$ パーセント点は $k+1$ 番目の観測値とし，その他のパーセント点は線形補間を用いて計算される。

いということになる。

この手法を代数学的に表すために，Day i における市場変数の値を v_i とし，今日が Day n であるとする。ヒストリカル・シミュレーションにおける i 番目のシナリオでは，明日の市場変数の値が，

$$i番目のシナリオの値 = v_n \frac{v_i}{v_{i-1}}$$

になると仮定している。

例示：四つの株価指数への投資

この手法による計算を解説するために，米国のある投資家が2008年9月25日に米国のダウ平均株価（DJIA），英国の FTSE 100種総合株価指数（FTSE 100），仏国の CAC 40指数（CAC 40），日本の日経225の四つの株価指数からなる時価1,000万ドルのポートフォリオを保有しているとしよう。2008年9月25日時点の各指数への投資の価値は，表22.1に示したとおりとする。四つの株価指数の終値と為替レートの501日分の過去データ，そして VaR のすべての計算が含まれた Excel のスプレッドシートが，著者のウェブサイト[3]

www-2.rotman.utoronto.ca/~hull/OFOD/VaRExample

に掲載してある。米国の投資家について考えているため，FTSE 100，CAC 40，日経225の時価は米ドル建てで計測されなければならない。たとえば

表22.1　VaR の計算に用いた投資ポートフォリオ

指数	ポートフォリオの価値（千ドル）
DJIA	4,000
FTSE 100	3,000
CAC 40	1,000
日経225	2,000
合計	10,000

---

[3] この例を可能な限り簡単にするために，指数四つすべてが取引された日のデータのみを集めてある。また，配当は考慮していない。

表22.2 ヒストリカル・シミュレーション用の株価指数の米ドル相当額
（指数値に為替レートを掛けた値訳注1）

Day	日付	DJIA	FTSE 100	CAC 40	日経225
0	2006年8月7日	11,219.38	11,131.84	6,373.89	131.77
1	2006年8月8日	11,173.59	11,096.28	6,378.16	134.38
2	2006年8月9日	11,076.18	11,185.35	6,474.04	135.94
3	2006年8月10日	11,124.37	11,016.71	6,357.49	135.44
⋮	⋮	⋮	⋮	⋮	⋮
499	2008年9月24日	10,825.17	9,438.58	6,033.93	114.26
500	2008年9月25日	11,022.06	9,599.90	6,200.40	112.82

2006年8月10日のFTSE 100の値は5,823.40であり，このときの為替レートは1ポンド当り1.8918米ドルであった。これはすなわち，米ドル建てで計測すれば5,823.40×1.8918 = 11,016.71であったことになる。すべての指数について，米ドル建てで計測したデータの抜粋を表22.2に示す。

2008年9月25日は，株式投資の評価をするには興味深い日である。2007年8月から始まった信用市場の混乱から1年以上経ち，株価は過去数カ月にわたり下落しており，ボラティリティは上昇していた。リーマン・ブラザーズは10日前に破産申請をした。米財務長官による7,000億ドルの不良資産救済プログラム（TARP：Troubled Asset Relief Program）は米国議会をまだ通過していなかった。

表22.3は各シナリオにおける2008年9月26日の指数の値（米ドル建てで計測）を示している。シナリオ1（表22.3の最初の行）は，各市場変数の2008年9月25日から9月26日の変化率が，2006年8月7日から8月8日と同じと仮定した場合の，2008年9月26日の各指数の値を示している。シナリオ2（表22.3の2行目）は，変化率が2006年8月8日から8月9日と同じと仮定したときの，2008年9月26日の市場変数を示している。その後も同様である。

訳注1 たとえば，2006年8月7日の日経225は15,154.06円であり，為替レートは1米ドル当り115円であったので，同日の日経225の米ドル相当額は15,154.06×$\frac{1}{115}$ = 131.77ドルとなる。

表22.3 表22.2を用いて生成した2008年9月26日のシナリオ

シナリオ番号	DJIA	FTSE 100	CAC 40	日経225	ポートフォリオ価値（千ドル）	損失（千ドル）
1	10,977.08	9,569.23	6,204.55	115.05	10,014.334	−14.334
2	10,925.97	9,676.96	6,293.60	114.13	10,027.481	−27.481
3	11,070.01	9,455.16	6,088.77	112.40	9,946.736	53.264
⋮	⋮	⋮	⋮	⋮	⋮	
499	10,831.43	9,383.49	6,051.94	113.85	9,857.465	142.535
500	11,222.53	9,763.97	6,371.45	111.40	10,126.439	−126.439

より一般的に記述すると，$1 \leq i \leq 500$について，シナリオiは各指数の9月25日から9月26日までの変化率が，Day $i-1$からDay iまでの変化率と同じであると仮定するものである．表22.3の500行はそれぞれ500のシナリオを表している．

2008年9月25日のDJIAの値は11,022.06であった．2006年8月8日では，8月7日の11,219.38から下落して11,173.59であった．したがって，シナリオ1でのDJIAは

$$11{,}022.06 \times \frac{11{,}173.59}{11{,}219.38} = 10{,}977.08$$

である．同様にFTSE 100, CAC 40, 日経225の値はそれぞれ，9,569.23, 6,204.55, 115.05である．したがって，シナリオ1でのポートフォリオの時価（千ドル単位）は

$$4{,}000 \times \frac{10{,}977.08}{11{,}022.06} + 3{,}000 \times \frac{9{,}569.23}{9{,}599.90}$$
$$+ 1{,}000 \times \frac{6{,}204.55}{6{,}200.40} + 2{,}000 \times \frac{115.05}{112.82} = 10{,}014.334$$

となる．つまりシナリオ1では，ポートフォリオで14,344ドルの利益が生じることになる．同様の計算を他のシナリオについても実施する．図22.3に，その損失額のヒストグラムを示した（利益は負の損失として記録されている）．ヒストグラムの柱は，それぞれ450〜550, 350〜450, 250〜350等々のレンジ

図22.3 2008年9月25日から9月26日に適用されたシナリオの損失のヒストグラム

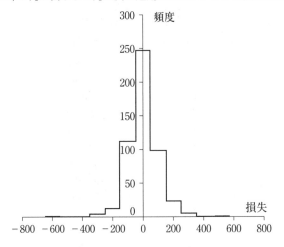

の損失(千ドル単位)を表している。

次に,500シナリオに対する各損失額を順位づける。表22.4はこの結果の一部を抽出したものである。494番が最悪のシナリオとなっている(このシナリオでは,リーマン・ブラザーズの倒産時と同じ方向に各指数が変動したと仮定されている)。1日99%VaRは5番目に大きな損失とみなすことができ,これは253,385ドルに相当する。

22.1節で説明したように,10日99%VaRは1日99%VaRの$\sqrt{10}$倍として計算するのが通常である。したがって,このケースでは

$$\sqrt{10} \times 253{,}385 = 801{,}274$$

すなわち,801,274ドルとなる。

この例でのVaR推定値は,直近の501日分のデータを用いて日々更新されることになる。たとえば,2008年9月26日(Day 501)になると,すべての市場変数について新しい値が得られ,ポートフォリオの最新の時価を計算することができる。そして,これまで説明してきた手順に従い,新たなVaRが計算される。計算には2006年8月8日から,2008年9月26日(Day 1からDay 501)のデータを使用する。(これらより,計算に必要な各市場変数の変化

表22.4 500シナリオの損失額を大きい順に並べたもの

シナリオ番号	損失（千ドル）
494	477.841
339	345.435
349	282.204
329	277.041
487	253.385
227	217.974
131	202.256
238	201.389
473	191.269
306	191.050
477	185.127
495	184.450
376	182.707
237	180.105
365	172.224
⋮	⋮

率に関する500個の観測データが得られる。Day 0であった2006年8月7日の市場変数の値はもはや使用しない。）同様に，次の取引日である2008年9月29日（Day 502）には，2006年8月9日から2008年9月29日（Day 2からDay 502）のデータがVaR計算に使用される。後は同様である。

　当然のことながら，実際の金融機関のポートフォリオは，ここで検討してきたものよりはるかに複雑であり，数千や数万件の取引を含んでいることが多い。銀行が保有する取引には，フォワード，オプション，その他のデリバティブが含まれているのが通常である。また，ポートフォリオ自体も日々変化する。銀行がトレーディングした結果，よりリスクの高いポートフォリオになるとVaRは増加し，よりリスクの低いポートフォリオになるとVaRは減少するのが通常である。しかし，いかなる日においてもVaRは，次の営業日中もポートフォリオは不変であるという前提に基づき計算される。

　VaRの計算においては，数百もしくは数千もの市場変数を考慮に入れる

必要があることも多い。金利に関していえば，通常はポートフォリオの評価を行うために複数の通貨にわたるゼロクーポン金利の期間構造が必要となる。考慮すべき市場変数は，これらの期間構造を計算する際に用いられるものである（ゼロ・レートの期間構造の計算については第4章を参照せよ）。銀行がエクスポージャーをもつゼロ・カーブそれぞれに対し，10個もの市場変数が必要なこともある。

22.3 モデル・ビルディング法

ヒストリカル・シミュレーション法にかわる主な手法として，モデル・ビルディング法がある。その手法について詳しく述べる前に，ボラティリティの計測単位について説明しておく。

日次ボラティリティ

オプションの価格づけを行う場合には，時間は年単位で計測され，資産のボラティリティは"年率ボラティリティ"で表示されるのが通常である。これに対し，モデル・ビルディング法で市場リスクのVaRを計算するときは，時間は日単位で計測され，資産のボラティリティは"日次ボラティリティ"で表示されるのが通常である。

オプションの価格づけに用いられる年率ボラティリティとVaR計算に用いられる日次ボラティリティとの間にはどのような関係があるのであろうか。ある資産の年率ボラティリティをσ_{year}，その資産の同等な日次ボラティリティをσ_{day}とする。年間を252営業日訳注2と仮定すると，(15.2)式より，その資産の1年間における連続複利収益率の標準偏差はσ_{year}または$\sigma_{\text{day}}\sqrt{252}$で与えられる。したがって，

$$\sigma_{\text{year}} = \sigma_{\text{day}}\sqrt{252}$$

すなわち，

訳注2　米国の場合。日本での年間営業日数はおおよそ245日前後である。

$$\sigma_{\text{day}} = \frac{\sigma_{\text{year}}}{\sqrt{252}}$$

となり,日次ボラティリティは年率ボラティリティの約6%になることがわかる。

15.4節で示したように,σ_{day}は1日における資産の価格変化率の標準偏差にほとんど等しいため,VaR計算の目的では完全に等しいと仮定することにする。したがって,資産価格(もしくは他の変数)の日次ボラティリティは,1日の変化率の標準偏差として定義される。

以下いくつかの節では,日次ボラティリティと相関の推定値が利用可能であると仮定する。これらの推定値の求め方については第23章で検討する。

単一資産の場合

まず,ポートフォリオが1,000万ドル相当のマイクロソフト株1銘柄で構成される非常に簡単な場合について,モデル・ビルディング法によるVaR算出方法を考えよう。99%超えることはないと確信できる10日間当りの損失額の水準を求めたいので,$N = 10$,$X = 99$とする。最初は保有期間を1日として考える。

マイクロソフトの日次ボラティリティを2%(年率で約32%相当)と仮定すると,ポジションの大きさが1,000万ドルなので,ポジションの価値の日次変化額の標準偏差は1,000万ドルの2%,すなわち20万ドルになる。

モデル・ビルディング法では,考えている期間における市場変数の変化額の期待値はゼロと仮定するのが慣習となっている。これは厳密には正しい仮定ではないが,短期間における市場変数の変化額の期待値はその標準偏差と比較して一般には小さいので,合理的な仮定である。たとえば,マイクロソフトの期待収益率が年率20%であると仮定すると,日次の期待収益率は0.20/252,すなわち約0.08%となる。一方,収益率の標準偏差は2%である。また,10日間の期待収益率は0.08×10,すなわち約0.8%であるが,収益率の標準偏差は$2\sqrt{10}$,すなわち約6.3%である。

ここまでに,1日におけるマイクロソフト株のポートフォリオの価値変化

額の標準偏差は20万ドルで，（少なくとも近似的には）平均はゼロであるということが得られた。ここで変化量が正規分布に従うと仮定する[4]。Excelの NORMSINV 関数から，$N^{-1}(0.01) = -2.326$が得られる。これは，正規分布に従う変数の値が標準偏差の2.326倍を超えて減少する確率は1％であることを意味している。言い換えると，正規分布に従う変数の値は標準偏差の2.326倍を超えて減少しないことは99％確かである。したがって，マイクロソフト株1,000万ドルからなるポートフォリオの1日99％VaRは，

$$2.326 \times 200{,}000 = 465{,}300 \text{ドル}$$

になる。先に論じたように，N日 VaR は1日 VaR の$\sqrt{N}$倍として計算される。したがって，マイクロソフト株ポートフォリオの10日99％VaRは，

$$465{,}300 \times \sqrt{10} = 1{,}471{,}300 \text{ドル}$$

になる。

次に，AT&T 株を500万ドル保有するポジションからなるポートフォリオを考える。AT&T の日次ボラティリティを1％（年率約16％）とする。マイクロソフトのときと同様の計算により，AT&T の1日におけるポートフォリオの価値変化額の標準偏差は，

$$5{,}000{,}000 \times 0.01 = 50{,}000$$

になる。したがって，変化額が正規分布に従うと仮定すると，1日99％VaRは，

$$50{,}000 \times 2.326 = 116{,}300 \text{ドル}$$

になり，10日99％VaRは，

$$116{,}300 \times \sqrt{10} = 367{,}800 \text{ドル}$$

となる。

---

[4] 第15章のオプション価格づけにおける仮定と整合性をとって，マイクロソフトの翌日の株価は対数正規分布に従うと仮定することもできるが，1日は非常に短い時間なので，今日から明日までの株価変化が対数正規分布に従うという仮定をおいても，正規分布に従うという仮定をおいても，ほとんど差は生じない。

2資産の場合

次に,マイクロソフト株1,000万ドルとAT&T株500万ドルからなるポートフォリオを考える。二つの株価の収益率が相関0.3の2次元正規分布に従っていると仮定する。統計学において一般に知られている結果から,二つの変数 X と Y の標準偏差をそれぞれ σ_X と σ_Y,それらの相関係数を ρ とすると,$X+Y$ の標準偏差は,

$$\sigma_{X+Y} = \sqrt{\sigma_X^2 + \sigma_Y^2 + 2\rho\sigma_X\sigma_Y}$$

で与えられる。X をマイクロソフト株のポジションの価値に対する1日の変化額,Y をAT&T株のポジションの価値に対する1日の変化額としてこの結果を用いると,

$$\sigma_X = 200{,}000, \quad \sigma_Y = 50{,}000$$

となるので,2社の株式からなるポートフォリオの価値に対する1日の変化額の標準偏差は,

$$\sqrt{200{,}000^2 + 50{,}000^2 + 2 \times 0.3 \times 200{,}000 \times 50{,}000} = 220{,}200$$

になる。変化額の平均はゼロと仮定し,変化額は正規分布に従うので,1日99%VaRは,

$$220{,}200 \times 2.326 = 512{,}300 \text{ドル}$$

になる。10日99%VaRはこれを $\sqrt{10}$ 倍して,1,620,100ドルになる。

分散効果

いまの例では,

1. マイクロソフト株のポートフォリオの10日99%VaRは1,471,300ドル
2. AT&T株のポートフォリオの10日99%VaRは367,800ドル
3. マイクロソフト株とAT&T株からなるポートフォリオの10日99%VaRは1,620,100ドル

となった。

$$(1{,}471{,}300 + 367{,}800) - 1{,}620{,}100 = 219{,}000 \text{ドル}$$

という金額は分散効果を表している。もしマイクロソフト株とAT&T株が完全に相関していれば,マイクロソフト株とAT&T株からなるポートフォ

リオの VaR は，マイクロソフト株のポートフォリオの VaR と AT&T 株のポートフォリオの VaR を単純に足し合わせたものになる．相関が完全でなければ，リスクはいくらか分散されて小さくなる[5]．

22.4 線形モデル

これまで考えてきたものは，線形モデルを用いた VaR 計算の簡単な実例である．次に，資産 $i (1 \leq i \leq n)$ への投資額が α_i の，n 個の資産からなる価値 P のポートフォリオを保有していると考えよう．資産 i の1日の収益率を Δx_i とすると，資産 i への投資額の1日における変化額は $\alpha_i \Delta x_i$ になるので，ポートフォリオ全体の価値の1日における変化額 ΔP は，

$$\Delta P = \sum_{i=1}^{n} \alpha_i \Delta x_i \tag{22.1}$$

になる．

前節の例では，第1資産（マイクロソフト株）に1,000万ドルを投資し，第2資産（AT&T 株）に500万ドルを投資していたので，100万ドル単位で表すと $\alpha_1 = 10$，$\alpha_2 = 5$ となり，

$$\Delta P = 10 \Delta x_1 + 5 \Delta x_2$$

となる．(22.1)式の Δx_i が多次元正規分布に従うとすると，ΔP は正規分布に従う．したがって，VaR を算出するには ΔP の平均と標準偏差だけを計算すればよい．前節で論じたように，各 Δx_i の期待値はゼロと仮定しているので，ΔP の平均はゼロになる．

ΔP の標準偏差を計算するために，第 i 資産の日次ボラティリティを σ_i，資産 i と資産 j の収益率の相関係数を ρ_{ij} と定義する．すなわち，Δx_i の標準偏差を σ_i，Δx_i と Δx_j の相関係数を ρ_{ij} とする．このとき，ΔP の分散 σ_P^2

---

[5] Harry Markowitz は，ポートフォリオ選択における分散効果に関する最初の研究者の1人である．Markowitz は，この研究によって1990年にノーベル賞を受賞している．H. Markowitz, "Portfolio Selection," *Journal of Finance*, 7, 1, (March 1952): 77-91を参照．

は,

$$\sigma_P^2 = \sum_{i=1}^{n}\sum_{j=1}^{n} \rho_{ij}\alpha_i\alpha_j\sigma_i\sigma_j \qquad (22.2)$$

で与えられる。この式は,

$$\sigma_P^2 = \sum_{i=1}^{n} \alpha_i^2\sigma_i^2 + 2\sum_{i=1}^{n}\sum_{j<i} \rho_{ij}\alpha_i\alpha_j\sigma_i\sigma_j$$

と書くこともできる。N日間における変化額の標準偏差は$\sigma_P\sqrt{N}$になるので,N日99%VaRは$2.326\,\sigma_P\sqrt{N}$になる。

ポートフォリオの1日当りの収益率は$\Delta P/P$である。(22.2)式より,この分散は,

$$\sum_{i=1}^{n}\sum_{j=1}^{n} \rho_{ij}w_iw_j\sigma_i\sigma_j$$

となる。ここで,$w_i = \alpha_i/P$はポートフォリオのi番目の投資に対する投資割合である。ポートフォリオ・マネージャーは普通,(22.2)式をこのように変形した式を利用している。

前節の例では,$\sigma_1 = 0.02$,$\sigma_2 = 0.01$,$\rho_{12} = 0.3$である。すでに述べたように,$\alpha_1 = 10$,$\alpha_2 = 5$となるので,

$$\sigma_P^2 = 10^2\times 0.02^2 + 5^2\times 0.01^2 + 2\times 10\times 5\times 0.3\times 0.02\times 0.01 = 0.0485$$

となり,$\sigma_P = 0.2202$が得られる。これは1日におけるポートフォリオ価値の変化額(100万ドル単位)の標準偏差である。したがって,10日99%VaRは$2.326\times 0.2202\times \sqrt{10}$より約1,620,000ドルになり,前節の計算結果と一致する。

相関行列と共分散行列

相関行列(correlation matrix)とは,表22.5に示されているように,変数iと変数jの相関係数ρ_{ij}がi行j列に配置されている行列である。変数はそれ自身とは常に完全相関するので,相関行列の対角成分は1となり,さらに$\rho_{ij} = \rho_{ji}$なので,相関行列は対称行列である。相関行列と変数の日次の標準偏差があれば,(22.2)式を用いてポートフォリオの分散を計算すること

表22.5 相関行列：ρ_{ij} は変数 i と変数 j の相関係数

$$\begin{bmatrix} 1 & \rho_{12} & \rho_{13} & \cdots & \rho_{1n} \\ \rho_{21} & 1 & \rho_{23} & \cdots & \rho_{2n} \\ \rho_{31} & \rho_{32} & 1 & \cdots & \rho_{3n} \\ \vdots & \vdots & \vdots & & \vdots \\ \rho_{n1} & \rho_{n2} & \rho_{n3} & \cdots & 1 \end{bmatrix}$$

ができる。

相関係数とボラティリティではなく，分散と共分散を利用する場合も多い。変数 i の日次分散 var_i はその日次ボラティリティの2乗，つまり

$$\mathrm{var}_i = \sigma_i^2$$

である。変数 i と変数 j の共分散 cov_{ij} は，変数 i の日次ボラティリティ，変数 j の日次ボラティリティ，そして i と j の相関を掛け合わせたものであり，

$$\mathrm{cov}_{ij} = \sigma_i \sigma_j \rho_{ij}$$

と表される。ポートフォリオの分散に関する (22.2) 式は以下のように書くこともできる。

$$\sigma_P^2 = \sum_{i=1}^{n} \sum_{j=1}^{n} \mathrm{cov}_{ij} \alpha_i \alpha_j \tag{22.3}$$

共分散行列（covariance matrix）では変数 i と変数 j の共分散が i 行 j 列に配置されている。先ほど述べたことより，変数のそれ自身との共分散は，その分散と等しいので，行列の対角成分は分散となる（表22.6を参照）。このため，分散行列は分散共分散行列（variance-covariance matrix）とも呼ばれる

表22.6 分散共分散行列

cov_{ij} は変数 i と変数 j の共分散。対角成分は分散であり，$\mathrm{cov}_{ii} = \mathrm{var}_i$ となる。

$$\begin{bmatrix} \mathrm{var}_1 & \mathrm{cov}_{12} & \mathrm{cov}_{13} & \cdots & \mathrm{cov}_{1n} \\ \mathrm{cov}_{21} & \mathrm{var}_2 & \mathrm{cov}_{23} & \cdots & \mathrm{cov}_{2n} \\ \mathrm{cov}_{31} & \mathrm{cov}_{32} & \mathrm{var}_3 & \cdots & \mathrm{cov}_{3n} \\ \vdots & \vdots & \vdots & & \vdots \\ \mathrm{cov}_{n1} & \mathrm{cov}_{n2} & \mathrm{cov}_{n3} & \cdots & \mathrm{var}_n \end{bmatrix}$$

ことがある(相関行列と同様に,対称行列である)。行列表記法を用いると,先ほどのポートフォリオの分散を表す式は

$$\sigma_P^2 = \boldsymbol{\alpha}^\mathsf{T} C \boldsymbol{\alpha}$$

と表記される。ここで$\boldsymbol{\alpha}$はi番目の要素がα_iの(列)ベクトル,Cは分散共分散行列,$\boldsymbol{\alpha}^\mathsf{T}$は$\boldsymbol{\alpha}$の転置ベクトルである。

分散や共分散は一般に過去データから計算される。このことは,22.2節で使用した四つの指数の例を用い,23.8節にて解説する。

金利の取扱い

モデル・ビルディング法を用いる場合,企業収益に影響のある債券価格や金利の一つひとつを別々の市場変数とするのは現実的に不可能であり,なんらかの単純化が必要となる。一つの方法は,イールド・カーブにはパラレル・シフトのみ発生すると仮定することである。そうすると,一つの市場変数,すなわちパラレル・シフトの大きさのみを定義すればよくなる。このとき,債券ポートフォリオの価値の変化額は,デュレーションの関係式

$$\Delta P = -D P \Delta y$$

を用いて計算できる。ここでPはポートフォリオの価値,ΔPは1日におけるPの変化額,Dはポートフォリオの修正デュレーション,Δyは1日におけるパラレル・シフトの大きさである。

この方法では十分な精度は得られない。したがって,通常用いられるのは,1カ月,3カ月,6カ月,1年,2年,5年,7年,10年,30年といった年限を基準とする満期とし,それらの満期をもつゼロクーポン債の価格を市場変数とする方法である。VaRを計算するには,ポートフォリオに含まれる商品から生じるキャッシュ・フローを,基準とする満期に生じるキャッシュ・フローに変換する必要がある。たとえば,残存期間が1.2年,クーポンが年率6%で年2回払いの米国国債100万ドルからなるポジションについて考えよう。クーポンは0.2年後,0.7年後,1.2年後に支払われ,元本は1.2年後に支払われる。したがって,まずはこの債券を,残存期間0.2年のゼロクーポン債が30,000ドルのポジション,残存期間0.7年のゼロクーポン債が

30,000ドルのポジション，および残存期間1.2年のゼロクーポン債が1,030,000ドルのポジションからなっているとみなす。次に，残存期間0.2年のゼロクーポン債を満期が1カ月と3カ月のゼロクーポン債からなる等価ポジションに置き換え，残存期間0.7年のゼロクーポン債を満期が6カ月と1年のゼロクーポン債からなる等価なポジションに置き換え，残存期間1.2年のゼロクーポン債を満期が1年と2年のゼロクーポン債からなる等価なポジションに置き換える。このようにして，VaR計算上は，残存期間1.2年の利付債のポジションは，満期が1カ月，3カ月，6カ月，1年，2年のゼロクーポン債からなるポジションとみなされる。

この方法はキャッシュ・フロー・マッピング（cash-flow mapping）として知られている。実際の計算方法の一つについてwww-2.rotman.utoronto.ca/~hull/TechnicalNotesのTechnical Note 25に説明してある。ヒストリカル・シミュレーション法を用いる場合には，キャッシュ・フロー・マッピングを行う必要はない。その場合には，生成された各シナリオに対する変数から金利期間構造が完全に計算できるからである。

線形モデルの適用

線形モデルが最も簡単に適用できるのは，ポートフォリオが株式と債券から構成され，デリバティブを含まない場合である。キャッシュ・フロー・マッピングは債券を基準満期をもつゼロクーポン債へと変換する。ポートフォリオ価値の変化は，株式とこれらのゼロクーポン債の収益率の線形結合となる。

線形モデルで扱えるデリバティブの例としては，外国通貨を購入するフォワード契約がある。満期を T とすると，この契約は，満期が T の外国通貨のゼロクーポン債と満期が T の自国通貨のゼロクーポン債との交換とみなすことができる。したがって，VaR算出上は，フォワード契約は外国債券のロング・ポジションと自国債券のショート・ポジションとの組合せとして扱われる。そして，それぞれの債券に対してキャッシュ・フロー・マッピング法を用いてVaRが計算される。

次に，金利スワップについて考える。第7章で説明したように，金利スワップは固定利付債と変動利付債との交換とみなすことができる。固定利付債は通常の利付債である。変動利付債は次回利払日直後の価値が額面に等しくなる。このことから，次回利払日に満期を迎えるゼロクーポン債とみなすことができる。したがって，金利スワップも債券のロング・ポジションとショート・ポジションとの組合せからなるポートフォリオに帰着できるので，キャッシュ・フロー・マッピング法を用いてVaRを計算することができる。

線形モデルとオプション

オプションが含まれるポートフォリオに対して，線形モデルを用いる方法を考えよう。最初に，現在の株価がSの単一銘柄の株式に対するオプションからなるポートフォリオについて考える。このポジションの（第19章で述べた方法で計算される）デルタがδであると仮定する[6]。δはポートフォリオの価値のSに関する変化率である。したがって，

$$\delta = \frac{\Delta P}{\Delta S}$$

すなわち，

$$\Delta P = \delta \Delta S \tag{22.4}$$

が近似的に成り立つ。ここで，ΔSはドル表示での株価の1日の変化額，ΔPは前と同様にドル表示でのポートフォリオの1日の変化額である。Δxを株価の1日の変化率とすると，

$$\Delta x = \frac{\Delta S}{S}$$

である。これより，ΔPとΔxとの間には，近似的に，

$$\Delta P = S \delta \Delta x$$

という関係が成り立つ。オプションの原資産となっている複数の市場変数に

---

[6] ポートフォリオに対するデルタとガンマを通常はΔおよびΓと表記するが，本節と次節ではΔを別の意味に使うため，ギリシャ文字の小文字のδとγを用いることにする。

ポジションが依存している場合でも，ΔP と Δx_i との間の近似的な線形関係を同様に導出できる．それを用いて，

$$\Delta P = \sum_{i=1}^{n} S_i \delta_i \Delta x_i \qquad (22.5)$$

と表すことができる．ここで，S_i は i 番目の市場変数の値，δ_i は i 番目の市場変数に関するポートフォリオのデルタである．これは，(22.1)式

$$\Delta P = \sum_{i=1}^{n} \alpha_i \Delta x_i$$

で $\alpha_i = S_i \delta_i$ としたものに対応している．したがって，(22.2)式または(22.3)式を用いて ΔP の標準偏差を計算することができる．

【例22.1】

マイクロソフト株とAT&T株のオプションからなるポートフォリオについて考える．マイクロソフト株のオプションのデルタを1,000，AT&T株のオプションのデルタを20,000，マイクロソフトの株価を120ドル，AT&Tの株価を30ドルであるとする．(22.5)式から，

$$\Delta P = 120 \times 1{,}000 \times \Delta x_1 + 30 \times 20{,}000 \times \Delta x_2$$

すなわち，

$$\Delta P = 120{,}000 \Delta x_1 + 600{,}000 \Delta x_2$$

が近似的に成り立つ．ここで，Δx_1 と Δx_2 はそれぞれマイクロソフトとAT&Tの1日の株価の変化率であり，ΔP はその結果生じるポートフォリオの価値の変化額である．（ポートフォリオは，マイクロソフトに120,000ドル，AT&Tに600,000ドル投資したものと同等であると仮定されている．）マイクロソフトの日次ボラティリティを2%，AT&Tの日次ボラティリティを1%，両者の日次変化額の相関を0.3と仮定すると，ΔP の標準偏差（千ドル単位）は，

$$\sqrt{(120 \times 0.02)^2 + (600 \times 0.01)^2 + 2 \times 120 \times 0.02 \times 600 \times 0.01 \times 0.3} = 7.099$$

になる．したがって，$N(-1.645) = 0.05$ であるから，5日95%VaRは，$1.645 \times \sqrt{5} \times 7.099 = 26{,}110$ ドルになる．

22.5　2次のモデル

ポートフォリオにオプションが含まれている場合，線形モデルは近似でしかない。線形モデルはポートフォリオのガンマを考慮していないためである。第19章で論じたように，デルタとは市場変数に関するポートフォリオの価値の変化率であり，ガンマとは市場変数に関するデルタの変化率と定義される。したがって，ガンマはポートフォリオの価値と市場変数との間にある関係の曲率を表している。

図22.4は，ゼロでないガンマがポートフォリオの価値の確率分布に与える影響を例示したものである。ガンマが正のときは確率分布は正の側にゆがみ，ガンマが負のときは確率分布は負の側にゆがむ傾向がある。図22.5と図22.6は，このようになる理由を図で説明したものである。図22.5は，コール・オプションのロング・ポジションの価値と原資産価格との関係を示している。コールのロングは正のガンマをもつオプションのポジションの一例である。図をみると，1日の終わりの原資産価格の確率分布が正規分布であるとすると，オプションの価格分布は正の側にゆがむことがわかる[7]。図22.6は，コール・オプションのショート・ポジションの価値と原資産価格との関係を示している。コールのショート・ポジションのガンマは負であるため，

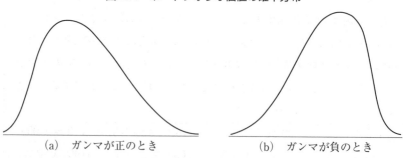

図22.4　ポートフォリオ価値の確率分布

(a)　ガンマが正のとき　　　(b)　ガンマが負のとき

---

[7]　脚注4で述べたように，VaR計算上は，対数正規分布の近似として正規分布を用いることができる。

図22.5 原資産価格の分布が正規分布の場合のコールのロング・ポジションの価値分布

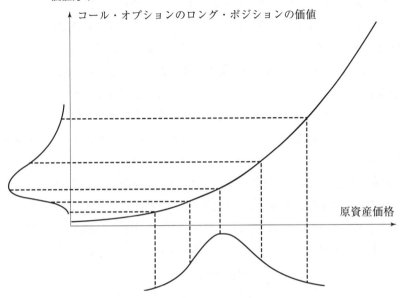

図22.6 原資産価格の分布が正規分布の場合のコールのショート・ポジションの価値分布

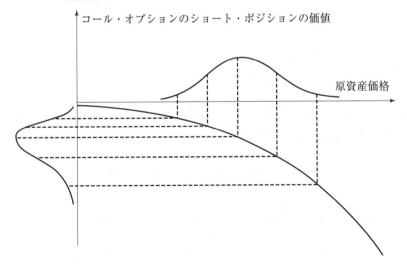

この場合は1日の終わりの原資産価格が正規分布に従うとすると，オプション・ポジションの価値は負の側にゆがむことがわかる。

ポートフォリオに対するVaRは，ポートフォリオの価値の確率分布における左裾に大きく依存している。たとえば，信頼水準を99％としたとき，VaRは分布の左裾が1％となる位置の値である。図22.4(a)と図22.5からわかるように，ガンマが正のポートフォリオでは，正規分布に比べて左裾が厚くない。したがって，ΔPが正規分布に従うと仮定して計算すると，VaRは大きすぎる値になる。同様に，図22.4(b)と図22.6からわかるように，ガンマが負のポートフォリオでは，正規分布に比べて左裾が厚くなる。そのため，ΔPが正規分布に従うと仮定して計算すると，VaRは小さすぎる値になる。

線形モデルを用いる場合よりも正確なVaRの推定値を得るためには，デルタとガンマを用いたΔPとΔx_iの関係式を使えばよい。価格がSの単一資産に依存するポートフォリオを考えよう。ポートフォリオのデルタをδ，ガンマをγとおくと，第19章の付録より，

$$\Delta P = \delta \Delta S + \frac{1}{2}\gamma(\Delta S)^2$$

は，(22.4)式よりも精度のよい近似になっている[8]。ここで，

$$\Delta x = \frac{\Delta S}{S}$$

とおくと，上式は，

$$\Delta P = S\delta\Delta x + \frac{1}{2}S^2\gamma(\Delta x)^2 \qquad (22.6)$$

になる。より一般的に，原資産の市場変数がn個あり，ポートフォリオに含まれる各商品が一つの市場変数にしか依存しない場合には，(22.6)式は，

$$\Delta P = \sum_{i=1}^{n} S_i \delta_i \Delta x_i + \sum_{i=1}^{n} \frac{1}{2} S_i^2 \gamma_i (\Delta x_i)^2$$

---

[8] 第19章の付録のテイラー展開においてΔtより高次の項を無視すると，
$$\Delta P = \Theta \Delta t + \delta \Delta S + \frac{1}{2}\gamma(\Delta S)^2$$
が得られる。実際には$\Theta \Delta t$の項は非常に小さな値となるので，通常は無視される。

に置き換わる。ここで，S_i は i 番目の市場変数の値，δ_i と γ_i はそれぞれ i 番目の市場変数に関するポートフォリオのデルタとガンマである。さらに，ポートフォリオに含まれる各資産が一つ以上の市場変数に依存している場合には，この式をもっと一般化した，

$$\Delta P = \sum_{i=1}^{n} S_i \delta_i \Delta x_i + \sum_{i=1}^{n}\sum_{j=1}^{n} \frac{1}{2} S_i S_j \gamma_{ij} \Delta x_i \Delta x_j \qquad (22.7)$$

に置き換えればよい。ここで，γ_{ij} は"クロス・ガンマ"と呼ばれる，

$$\gamma_{ij} = \frac{\partial^2 P}{\partial S_i \partial S_j}$$

で定義される量である。(22.7)式は(22.1)式ほど簡単には計算できないが，それを用いて ΔP のモーメントを計算することができる。そのモーメントから，コーニッシュ・フィッシャー展開として知られる統計学での手法を用いれば，確率分布のパーセント点を推定することができる[9]。

22.6 モンテカルロ・シミュレーション

いままで述べてきた手法のかわりに，モンテカルロ・シミュレーションによって ΔP の確率分布を生成する方法で，モデル・ビルディング法を実装することもできる。ポートフォリオの1日VaRを計算したいとすると，その手順は以下となる。

1. 市場変数の現在の値を用いて，通常の方法で今日のポートフォリオの価値を算出する。
2. Δx_i の従う多次元正規分布から標本を一組取り出す[10]。

---

[9] モーメントの計算とコーニッシュ・フィッシャー展開の利用方法の詳細については，www-2.rotman.utoronto.ca/~hull/TechnicalNotes の Technical Note 10を参照。原資産変数が一つの場合は，$E(\Delta P) = 0.5 S^2 \gamma \sigma^2$，$E(\Delta P^2) = S^2 \delta^2 \sigma^2 + 0.75 S^4 \gamma^2 \sigma^4$，$E(\Delta P^3) = 4.5 S^4 \delta^2 \gamma \sigma^4 + 1.875 S^6 \gamma^3 \sigma^6$ である。ここで S は変数の値，σ は日次ボラティリティである。DerivaGem Application Builder の Sample Application E には，この場合のコーニッシュ・フィッシャー展開手法が実装されている。

[10] この方法の一つが21.6節にて紹介されている。

3. 標本として取り出された Δx_i の値を用いて，各市場変数の1日の終わりでの値を求める。

4. その日の終わりにおけるポートフォリオの価値を通常の方法で再計算する。

5. ステップ4の値からステップ1で計算した値を差し引いて，ΔP の標本を得る。

6. ステップ2からステップ5までを何度も繰り返し，ΔP の確率分布を生成する。

VaRは，ΔP の確率分布のあるパーセント点として計算される。たとえば，いま述べた方法によって，ΔP の異なる5,000個の標本を計算したとしよう。この場合，1日99%VaRは50番目に悪い ΔP の標本値，1日95%VaRは250番目に悪い ΔP の標本値，等々となる[11]。また，N 日VaRは，通常，1日VaRを $\sqrt{N}$ 倍した値になると仮定されている[12]。

モンテカルロ・シミュレーションの欠点は，企業の保有するポートフォリオ全体（何十万もの異なる商品から構成されることもある）を，繰り返し再評価しなければならないため，計算速度が遅くなるということである[13]。計算速度を上げる一つの方法は，ΔP と Δx_i の関係を(22.7)式で表すことができると仮定することである。そうすることで，ステップ2からステップ5へ直接進むことができ，ポートフォリオを完全に再評価する必要を避けることができる。この方法は，部分シミュレーション法（partial simulation approach）と呼ばれている。同様の手法がヒストリカル・シミュレーションの実装の際に使われることもある。

---

[11] ヒストリカル・シミュレーション法の場合と同様に，極値理論を用いて"裾野の平滑化"を行い，極値パーセント点のよりよい推定値を得ることもできる。

[12] この仮定は，ポートフォリオがオプションを含む場合には，近似的にしか成り立たない。しかし，実務では，ほとんどのVaR計算方法でこのことが仮定されている。

[13] ポートフォリオの再評価回数を制限する方法が次の論文に提案されている。F. Jamshidian and Y. Zhu, "Scenario simulation model: theory and methodology," Finance and Stochastics, 1 (1997): 43–67.

22.7 それぞれの手法の比較

ここまで，VaRを推定する二つの手法として，ヒストリカル・シミュレーション法とモデル・ビルディング法について検討してきた。モデル・ビルディング法の長所は，結果が素早く求められるという点であり，次章で述べるようなボラティリティの更新スキームとも組み合わせやすい。モデル・ビルディング法の主な短所は，市場変数が多次元正規分布に従うと仮定していることである。実際には，市場変数の日次変化の分布は，しばしば正規分布とはきわめて異なる裾野をもつ分布になる。このようすは表20.1に示してある。

ヒストリカル・シミュレーション法には，ヒストリカル・データを用いて市場変数の同時分布を求めているという長所がある。また，キャッシュ・フロー・マッピングも必要としていない。ヒストリカル・シミュレーション法の主な短所は，計算時間が遅いことと，ボラティリティの更新スキームを容易に利用できないことである[14]。

モデル・ビルディング法の短所の一つには，デルタの値が小さなポートフォリオに適用した場合，よい結果が得られない傾向がある，ということもある（発展問題22.21を参照）。

22.8 ストレス・テストとバック・テスト

VaRの計算に加えて，多くの企業ではストレス・テスト（stress testing）と呼ばれるものを実行している。ストレス・テストは，過去10年から20年の間に観測されたいくつかの最も激しい市場変動と同様の事象が発生した場合に，現在のポートフォリオがどのような影響を受けるかを推定するものであ

---

[14] ボラティリティの更新スキームを組み合わせてヒストリカル・シミュレーション法を適用する方法については，J. Hull and A. White, "Incorporating volatility updating into the historical simulation method for value-at-risk," *Journal of Risk*, 1, No.1 (1998): 5-19を参照。

る。

　たとえば，米国株価の極端な変動による影響をテストする場合には，すべての市場変数の変化率は1987年10月19日（S&P 500が22.3標準偏差だけ動いた日）の変化率に等しいと仮定して計算が行われたりする。これがあまりに極端すぎると考えられる場合には，すべての市場変数の変化率として1988年1月8日（S&P 500が6.8標準偏差だけ動いた日）の変化率が用いられることもある。また，英国金利の極端な変動による影響をテストする際には，すべての市場変数の変化率は1992年4月10日（10年物債券イールドが7.7標準偏差だけ動いた日）の変化率に等しいと仮定して計算が行われたりする。

　ストレス・テストで用いるシナリオは，経営陣によって決められる場合もある。現時点での経済環境やグローバル経済下での不確実な事象を想定した極端なシナリオを設定するために，経営陣に対し，定例会議での"ブレイン・ストーミング"の実施を要請するといった方法も考えられる。

　ストレス・テストは，市場変数に対して仮定された確率分布からはほとんどありえないような極端な事象が，実際には時々発生するという現実を考慮する方法である。たとえば，市場変数の1日の変動が5標準偏差の値をとることは，極端な事象の一例である。正規分布の仮定のもとでは，そうした事象は7,000年に一度ぐらいしか起こらないことになる。しかし，実際には，10年に1回か2回の割合で1日の変動が5標準偏差を超えるということも珍しくない。

　2007年と2008年の信用危機を受けて，規制当局はストレスVaR（stressed VaR）の算出を提案してきた。これは，（たとえば2008年のような）市場がストレス状況下にある期間中の，市場変数の動きに対するヒストリカル・シミュレーションによるVaR計測である。

　VaR計算に用いられる方法が何であろうと，バック・テスト（back testing）がその現実性のチェックとして重要である。これは，VaRの推定値が過去においてどれだけよく機能していたかをテストするものである。1日99%VaRを計算しているとしよう。バック・テストとは，1日の損失額がその日に対して計算された1日99%VaRを超える回数を検証するものである。

その回数が全日数の1％程度であれば、VaRの計算方法としてはかなり満足のいくものであろう。もし、たとえば全日数の7％であれば、その方法は疑わしいということになる。

22.9　主成分分析

リスクが互いに強い相関をもつ市場変数群から生じている場合には、主成分分析を用いるのも一つの方法である。主成分分析は標準的な統計ツールであり、リスク管理においても応用範囲が広い。この分析は、市場変数の変動の過去データを用いて、その変動を説明する成分もしくはファクターの組を定義しようというものである。

この方法について、例を用いてわかりやすく説明する。市場変数として、満期が1年、2年、3年、4年、5年、7年、10年、30年のスワップ・レートを考えよう。表22.7と表22.8は、それらの市場変数に対して、2000年から2011年までの2,780個の日次データを用いた結果である。表22.7の最初の列

表22.7　スワップのファクター・ローディング

	PC1	PC2	PC3	PC4	PC5	PC6	PC7	PC8
1年	0.216	−0.501	0.627	−0.487	0.122	0.237	0.011	−0.034
2年	0.331	−0.429	0.129	0.354	−0.212	−0.674	−0.100	0.236
3年	0.372	−0.267	−0.157	0.414	−0.096	0.311	0.413	−0.564
4年	0.392	−0.110	−0.256	0.174	−0.019	0.551	−0.416	0.512
5年	0.404	0.019	−0.355	−0.269	0.595	−0.278	−0.316	−0.327
7年	0.394	0.194	−0.195	−0.336	0.007	−0.100	0.685	0.422
10年	0.376	0.371	0.068	−0.305	−0.684	−0.039	−0.278	−0.279
30年	0.305	0.554	0.575	0.398	0.331	0.022	0.007	0.032

表22.8　ファクター・スコアの標準偏差（ベーシス・ポイント）

PC1	PC2	PC3	PC4	PC5	PC6	PC7	PC8
17.55	4.77	2.08	1.29	0.91	0.73	0.56	0.53

の値は，対象としているレートの満期である。残りの8列には，レートの変動を説明する8個のファクター（すなわち主成分）が示されている。第1ファクターはPC1と表記されている列に示されており，イールド・カーブのパラレル・シフトにおおよそ対応している。第1ファクター1単位は，1年レートが0.216ベーシス・ポイント増加し，2年レートが0.331ベーシス・ポイント増加することに相当し，以下も同様である。第2ファクターはPC2と表記されている列に示されており，イールド・カーブの"ねじれ（twist）"すなわち傾きの変化に対応している。この例では，1年から4年までのレートがある同一方向に動くと，5年から30年までのレートはその反対方向に動く。第3ファクターはイールド・カーブの"曲がり（bowing）"に対応している。この例では，比較的短期のレート（1年と2年）と比較的長期のレート（10年と30年）は同一方向に動き，中期レートはその反対方向に動く。各ファクターに対する金利変動は，ファクター・ローディング（factor loading）として知られている。この例では，1年レートに対する第1ファクターのファクター・ローディングは0.216である[15]。

8種類のレートと8個のファクターがあるので，任意の日における金利の変化量は，8元連立方程式を解くことによって，常にファクターの線形和として表すことができる。ある日の金利変化に対する各ファクターの値は，その日のファクター・スコア（factor score）として知られている。

ファクターの重要度は，そのファクター・スコアの標準偏差によって計測される。この例でのファクター・スコアの標準偏差が表22.8に示されており，ファクターは重要度の大きい順に並べられている。表22.8の数値の単位はベーシス・ポイントである。したがって，第1ファクターがその1標準偏差に等しい値をとることは，1年レートが$0.216 \times 17.55 = 3.78$ベーシス・ポイント変化し，2年レートが$0.331 \times 17.55 = 5.81$ベーシス・ポイント変化することに相当し，他のレートも同様である。

---

[15] 各ファクターに対して，ファクター・ローディングの2乗和は1になるという性質がある。また，すべてのファクター・ローディングの符号が逆になっても，ファクターは変化しない。

表22.7と表22.8のような計算を行うソフトウェアが著者のウェブサイトにある。ファクターには，ファクター・スコア同士がそのデータ期間にわたって無相関になるという性質がある。たとえば，この例では，第1ファクターのスコア（パラレル・シフトの量）は，第2ファクターのスコア（ねじれの量）と2,780日にわたって無相関である。ファクター・スコアの分散には，合計するとデータの全分散に等しくなるという性質がある。表22.8から，元のデータの全分散（1年レートの観測値の分散，2年レートの観測値の分散などの合計）は，

$$17.55^2 + 4.77^2 + 2.08^2 + \cdots + 0.53^2 = 338.8$$

になる。これより，第1ファクターは，元のデータの分散の$17.55^2/338.8 = 90.9\%$を占めることがわかる。同様に，最初の二つのファクターで，元のデータの分散の

$$(17.55^2 + 4.77^2)/338.8 = 97.7\%$$

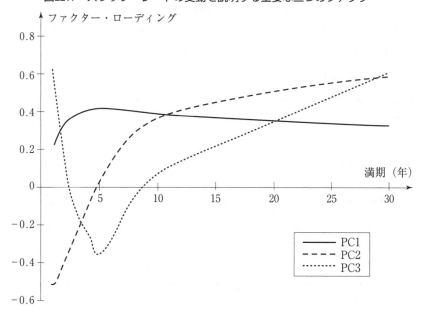

図22.7 スワップ・レートの変動を説明する重要な三つのファクター

を占めており，第 3 ファクターはさらに分散の 1.3% を占めることになる。これより，金利変動によるリスクのほとんどは，最初の二つもしくは三つのファクターで説明されることがわかる。このことは，金利に依存した商品からなるポートフォリオのリスクを，8 種類の金利をすべて考えるかわりに，二つないし三つのファクターの動きに関連づけることができる，ということを示唆している。図 22.7 に，表 22.7 の三つの重要なファクターのグラフを示した[16]。

主成分分析を用いた VaR の計算

VaR 計算に主成分分析がどのように用いられるかを説明するために，表 22.9 に示されるような金利変動に対するエクスポージャーをもつポートフォリオを考える。このポートフォリオの価値は，たとえば 3 年物金利が 1 ベーシス・ポイント変化すると 1,000 万ドル増加し，4 年物金利が 1 ベーシス・ポイント変化すると価値は 400 万ドル増加する，といった具合である。金利の動きを最初の二つのファクターでモデル化する。（前述したように，二つのファクターで金利変動の分散の 97.7% が説明できる。）表 22.7 のデータを用いて計算すると，第 1 ファクターに対するエクスポージャー（ファクター・スコアの 1 ベーシス・ポイント当りの変化額を 100 万ドル単位で表示）は，

$$10 \times 0.372 + 4 \times 0.392 - 8 \times 0.404 - 7 \times 0.394 + 2 \times 0.376 = -0.05$$

になり，第 2 ファクターに対するエクスポージャーは，

$$10 \times (-0.267) + 4 \times (-0.110) - 8 \times 0.019 - 7 \times 0.194 + 2 \times 0.371 = -3.87$$

表 22.9 金利が 1 ベーシス・ポイント変化したときのポートフォリオの価値の変化

（単位：100 万ドル）

1 年物金利	2 年物金利	3 年物金利	4 年物金利	5 年物金利
+10	+4	−8	−7	+2

---

[16] 主成分分析を用いた変動要因分析を行うと，ファクターの性質と全リスクに対するそれらの説明力に関しては，どのような国でもほとんどのイールド・カーブに対してここで述べたのと同様の結果が得られる。

になる。f_1 と f_2 をファクター・スコア（ベーシス・ポイント単位）とすると，ポートフォリオの価値の変化額はほぼ，

$$\Delta P = -0.05 f_1 - 3.87 f_2$$

となる。ファクター・スコアは無相関であり，その標準偏差は表22.8に与えられている。したがって，ΔP の標準偏差は，

$$\sqrt{0.05^2 \times 17.55^2 + 3.87^2 \times 4.77^2} = 18.48$$

になる。これより，1日99%VaRは$18.48 \times 2.326 = 42.99$になる。表22.9のようなエクスポージャーをもつポートフォリオでは，第1ファクターに対するエクスポージャーはきわめて小さく，第2ファクターに対するエクスポージャーは大きい。したがって，そのようなポートフォリオに対してファクターを一つしか用いずにVaRを計算すると，VaRを著しく過小評価することになる（練習問題22.11を参照）。22.4節で説明したデュレーションに基づいて金利に対するエクスポージャーを求める方法も，イールド・カーブのパラレル・シフトという一つのファクターしか考慮していないので，VaRをかなり過小評価するおそれがある。

　主成分分析は，理論的には金利以外の市場変数に対しても用いることができる。ある金融機関が多くの異なる株価指数に対してエクスポージャーをもっているとする。主成分分析を使って指数の変動を記述するファクターを特定し，指数のかわりに最も重要なファクターを用いてVaR分析を行うことも可能である。主成分分析の有効性は，対象とする市場変数の間にどの程度強い相関があるかに依存している。

　本章のはじめに説明したように，VaRは，ポートフォリオの実際の変化額を市場変数の変化率（Δx_i）で表す関係式を用いて計算されることが多い。したがって，VaR計算のためには，市場変数の実際の変化量でなく，その変化率に対して主成分分析を行うのが適切である。

要 約

バリュー・アット・リスク（VaR）を計算する目的は，「$X\%$の確率で，N日後にVドル以上の損失を被ることはない」というかたちでリスクを表現することである。この変数VがVaRであり，$X\%$は信頼水準，N日は保有期間である。

VaRを計算する一つの方法はヒストリカル・シミュレーション法である。この方法では，まず，すべての市場変数に対してある期間の日次変動データを蓄積したデータベースを作成する。シミュレーションの最初の試行は，各市場変数の変化率はデータベースにある1日目の変化率に等しいと仮定して行う。2番目の試行は，各市場変数の変化率はデータベースにある2日目の変化率に等しいと仮定して行う。このように試行を繰り返す。シミュレーションの各試行に対してポートフォリオの価値の変化ΔPを計算し，得られたΔPの確率分布におけるパーセント点としてVaRが求まる。

モデル・ビルディング法という，もう一つの方法がある。この方法は，次の二つを仮定することによって，比較的簡単にVaRを計算しようというものである。

1．ポートフォリオの価値の変化（ΔP）は，市場変数の変化率の線形結合で表せる。
2．市場変数の変化率は多次元正規分布に従う。

このとき，ΔPの確率分布は正規分布になり，ΔPの標準偏差を市場変数のボラティリティと相関係数で表す解析式が存在する。したがって，VaRは正規分布のよく知られた性質から計算できるようになる。

オプションを含むポートフォリオの場合には，ΔPは市場変数の変化率と非線形な関係になるが，ポートフォリオのガンマがわかれば，ΔPと市場変数の変化率との関係を表す2次の近似式が導出できる。それを用いて，モンテカルロ・シミュレーションでVaRを計算することもできる。

次章では，ボラティリティと相関の推定方法およびそのモニタリングについて検討する。

参考文献

Artzner P., F. Delbaen, J.-M. Eber, and D. Heath. "Coherent Measures of Risk," *Mathematical Finance*, 9 (1999): 203-28.

Basak, S., and A. Shapiro. "Value-at-Risk-Based Risk Management: Optimal Policies and Asset Prices," *Review of Financial Studies*, 14, 2 (2001): 371-405.

Boudoukh, J., M. Richardson, and R. Whitelaw. "The Best of Both Worlds," *Risk*, May 1998: 64-67.

Dowd, K. *Beyond Value at Risk: The New Science of Risk Management.* New York: Wiley, 1998.

Duffie, D., and J. Pan. "An Overview of Value at Risk," *Journal of Derivatives*, 4, 3 (Spring 1997): 7-49.

Embrechts, P., C. Kluppelberg, and T. Mikosch. *Modeling Extremal Events for Insurance and Finance.* New York: Springer, 1997.

Hull, J. C., and A. White. "Value at Risk When Daily Changes in Market Variables Are Not Normally Distributed," *Journal of Derivatives*, 5 (Spring 1998): 9-19.

Hull, J. C., and A. White. "Incorporating Volatility Updating into the Historical Simulation Method for Value at Risk," *Journal of Risk*, 1, 1 (1998): 5-19.

Jackson, P., D. J. Maude, and W. Perraudin. "Bank Capital and Value at Risk," *Journal of Derivatives*, 4, 3 (Spring 1997): 73-90.

Jamshidian, F., and Y. Zhu. "Scenario Simulation Model: Theory and Methodology," *Finance and Stochastics*, 1 (1997): 43-67.

Jorion, P. *Value at Risk*, 3rd edn. McGraw-Hill, 2007.

Longin, F. M. "Beyond the VaR," *Journal of Derivatives*, 8, 4 (Summer 2001): 36-48.

Marshall, C., and M. Siegel. "Value at Risk: Implementing a Risk Measurement Standard," *Journal of Derivatives*, 4, 3 (Spring 1997): 91-111.

Neftci, S. "Value at Risk Calculations, Extreme Events and Tail Estimation," *Journal of Derivatives,* 7, 3 (Spring 2000): 23-38.

Rich, D. "Second Generation VaR and Risk-Adjusted Return on Capital," *Journal of Derivatives*, 10, 4 (Summer 2003): 51-61.

練習問題

22.1 資産Aへの投資額が10万ドル,資産Bへの投資額が10万ドルであるポジションを考える。両資産の日次ボラティリティはともに1%,両資産の収益率の相関係数は0.3とする。このポートフォリオの5日99%VaR を求めよ。

22.2 モデル・ビルディング法を用いてVaRを計算する場合において,金利に依存する商品を取り扱う三つの方法について説明せよ。また,ヒストリカル・シミュレーション法を用いてVaRを計算する場合には,それらの商品をどのように扱うか。

22.3 ある金融機関が米ドル英ポンドの為替レートのオプションからなるポートフォリオを保有している。このポートフォリオのデルタは56.0であり,現在の為替レートは1.5000である。このとき,ポートフォリオ価値の変化額と為替レートの変化率との関係を1次式で近似せよ。また,それを用いて,為替レートの日次ボラティリティが0.7%のときの10日99%VaR を求めよ。

22.4 前問のポートフォリオのガンマは16.2であるとする。このことを用いて,ポートフォリオ価値の変化額と為替レートの変化率との関係を表す近似式を導出せよ。

22.5 ポートフォリオの価値の日次変化が,主成分分析を用いて抽出した二つのファクターの線形結合でかなりよく近似できているとする。このポートフォリオの第1ファクターに関するデルタは6,第2ファクターに関するデルタは−4である。また,ファクターの標準偏差はそれぞれ20および8である。このとき,5日90%VaR を求めよ。

22.6 ある企業が,株式,債券のポジションからなるポートフォリオを保有しているとする。このポートフォリオにはデリバティブは含まれていない。このとき,(a)線形モデル,(b)ヒストリカル・シミュレーションモデルのそれぞれに対して,VaR計算の際に用いられる仮定について説明せよ。

22.7 VaR 計算のために，金利スワップを，基準満期をもつゼロクーポン債のポートフォリオに対応づける方法について説明せよ。

22.8 VaR と期待ショートフォールとの違いについて説明せよ。

22.9 オプションを含むポートフォリオに対して線形モデルを用いて VaR を計算した場合，それは概算値にすぎない。その理由について説明せよ。

22.10 ある企業が，100万ポンドを150万ドルで購入するフォワード契約を数年前に結んでいる。現在，その契約の満期まであと6カ月になっている。満期6カ月のポンド建てゼロクーポン債の（価格をドル換算で考えたときの）日次ボラティリティは0.06％，満期6カ月のドル建てゼロクーポン債の日次ボラティリティは0.05％である。この二つの債券の収益率の相関係数は0.8である。現在の為替レートは1.53である。このフォワード契約のドルでの価値の1日当りの変化額の標準偏差を計算せよ。また，10日99％VaR はいくらか。ただし，ポンドおよびドルに対する6カ月金利はともに連続複利で年率5％であるとする。

22.11 本文では，表22.9の例について二つのファクターを用いて VaR の推定値を計算している。(a) 一つのファクター，(b) 三つのファクターを用いて計算した場合，VaR の推定値はどのように変化するか。

22.12 銀行がある資産のオプションからなるポートフォリオを保有している。ポートフォリオのデルタは－30，ガンマは－5である。これらの数字からわかることは何かを説明せよ。また，この資産の価格を20，日次ボラティリティを1％とする。DerivaGem ソフトウェアの Application Builder の Sample Application E をつくり変えて，VaR を計算せよ。

22.13 問題22.12において，ポートフォリオのベガは，年率ボラティリティ1％の変化に対して－2であるとする。1日におけるポートフォリオの価値の変化額をデルタ，ガンマ，およびベガで表すモデルを導け。また，得られたモデルを用いて VaR の推定値を計算する方法に

について，詳しい計算を行わずに説明せよ．

22.14 22.2節の四つの指数の例題で，1日99%VaRが253,385ドルと計算された．著者のウェブサイトにある，この計算を行ったスプレッドシートを用い，(a) 1日95%VaR および (b) 1日97%VaR を計算せよ．

22.15 22.2節の四つの指数からなるポートフォリオが四つの指数に均等に分割投資された場合について，22.2節の基本的な手法に基づき，著者のウェブサイトにあるスプレッドシートを用いて1日99%VaRを計算せよ．

発展問題

22.16 ある企業が，価値が600万ドルの債券からなるポジションを保有している．このポートフォリオの修正デュレーションは5.2年である．イールド・カーブの変化はパラレル・シフトのみで，イールドの日次変化の標準偏差は（イールドがパーセント単位で計測されるとき）0.09と仮定する．デュレーション・モデルを用いて，このポートフォリオの20日90%VaRを求めよ．また，この方法でVaRを計算した場合の留意点および精度を向上させるための二つの方法について説明せよ．

22.17 金への300,000ドルの投資と銀への500,000ドルの投資からなるポジションを考える．これら二つの資産の日次ボラティリティをそれぞれ1.8%および1.2%，それらの収益率の相関係数を0.6と仮定する．このポートフォリオの10日97.5%VaRを計算せよ．また，分散効果によるVaRの減少額を求めよ．

22.18 単一資産のオプションからなるポートフォリオを考える．このポートフォリオのデルタは12, 資産の価値は10ドル, 資産の日次ボラティリティは2%である．このポートフォリオの1日95%VaRを, デル

タを用いて計算せよ．次に，ポートフォリオのガンマを−2.6である
と仮定する．このとき，1日におけるポートフォリオの価値の変化
額を原資産価格の日次変化率の2次関数で表せ．この関数を用いた
モンテカルロ・シミュレーション法について説明せよ．

22.19 ある企業が，満期2年の債券と満期3年の債券のロング・ポジショ
ンおよび満期5年の債券のショート・ポジションを保有している．
各債券の額面は100ドルで，年5％のクーポンの支払がある．1年，
2年，3年，4年，および5年レートに対するこの企業のエクスポー
ジャーを計算せよ．また，表22.7と表22.8のデータを用いて，金利
の変動率が(a) 一つのファクター，(b) 二つのファクター，(c) 三つの
ファクターで説明できると仮定した場合の20日95%VaRを求めよ．
ただし，ゼロクーポン・イールド・カーブはフラットで5％である
と仮定する．

22.20 ある銀行がある株式のコール・オプションと別の株式のプット・オ
プションを売却した．最初のオプションについては，株価は50，行
使価格は51，ボラティリティは年率28%，満期は9カ月である．二
つ目のオプションについては，株価は20，行使価格は19，ボラティ
リティは年率25%，満期は1年である．どちらの株式にも配当はな
く，無リスク金利は年率6%，株価収益率の相関係数は0.4である．
次のそれぞれの方法で10日99%VaRを計算せよ．

(a) デルタのみを用いる．
(b) 部分シミュレーション法を用いる．
(c) 完全なシミュレーション法を用いる．

22.21 リスク管理者の共通の悩みは，モデル・ビルディング法は（1次の場
合でも2次の場合でも）デルタの値がゼロに近いときにはうまく機能
しない，ということである．DerivaGemソフトウェアのSample
Application Eを用いて，デルタの値がゼロに近いときにどのような
ことが起こるかを確かめよ．（異なるオプションのポジションに対して，
デルタがゼロになるように原資産のポジションを調整して実験すればよ

い．）また，得られた結果について説明せよ．

22.22 22.2節で検討したポートフォリオで，DJIAを3,000，FTSEを3,000，CAC 40を1,000，日経225を3,000保有するとする（千ドル単位）．1日99%VaRを著者のウェブサイトにあるスプレッドシートを用い計算し，22.2節の結果と比較せよ．

第23章

ボラティリティと相関係数の推定

　本章では,ボラティリティや相関係数の現在および将来の水準を過去データから推定する方法について説明する。本章の内容は,モデル・ビルディング法によるバリュー・アット・リスクの計算と,デリバティブの価格づけの双方に関係している。バリュー・アット・リスクを計算する際には,非常に短い期間に起こりうるポートフォリオの価値変化を評価することになるので,ボラティリティや相関係数の現在の水準が非常に重要となる。一方,デリバティブを価格づけする際には,デリバティブの残存期間全体におけるボラティリティや相関係数を予測することが通常必要になる。

　本章では,指数加重移動平均（EWMA：exponentially weighted moving average）,ARCH（autoregressive conditional heteroscedasticity）,およびGARCH（generalized autoregressive conditional heteroscedasticity）と呼ばれるモデルについて検討する。これらのモデルの大きな特徴は,ボラティリ

ティや相関が一定でないとしていることである。特定のボラティリティや相関係数は，ある期間では相対的に低くなり，別の期間では相対的に高くなる可能性がある。これらのモデルは，ボラティリティや相関の時間変動を表現しようとするものである。

23.1　ボラティリティの推定

σ_n を，$n-1$ 日目の終わりに推定される，n 日目における市場変数のボラティリティと定義する。このとき，n 日目のボラティリティの2乗 σ_n^2 は分散率である。15.4節では，過去データを用いた σ_n の標準的な推定方法について説明した。i 日目の終わりにおける市場変数の値を S_i とする。変数 u_i を i 日目（$i-1$ 日目の終わりから i 日目の終わりまで）における連続複利ベースでの収益率，すなわち，

$$u_i = \ln \frac{S_i}{S_{i-1}}$$

と定義する。1日当りの分散率の不偏推定量 σ_n^2 は，u_i の直近 m 個の観測データを用いて，

$$\sigma_n^2 = \frac{1}{m-1} \sum_{i=1}^{m} (u_{n-i} - \bar{u})^2 \tag{23.1}$$

で与えられる。ここで $\bar{u}$ は u_i の平均，すなわち，

$$\bar{u} = \frac{1}{m} \sum_{i=1}^{m} u_{n-i}$$

である。

　日次ボラティリティをモニタリングする目的では，(23.1)式の公式は次のように修正されることが多い。

1. u_i を $i-1$ 日目の終わりから i 日目の終わりまでの市場変数の変化率，すなわち，

$$u_i = \frac{S_i - S_{i-1}}{S_{i-1}} \tag{23.2}$$

と定義する[1]。

2. $\bar{u}$ をゼロと仮定する[2]。

3. $m-1$ を m に置き換える[3]。

これら三つの変更を行っても，計算される推定値にはほとんど差は生じないが，分散率に対する公式は，

$$\sigma_n^2 = \frac{1}{m}\sum_{i=1}^m u_{n-i}^2 \qquad (23.3)$$

と簡略化される。ここで，u_i は(23.2)式で与えられたものである[4]。

ウェイト付けの方法

(23.3)式では，$u_{n-1}^2, u_{n-2}^2, \ldots, u_{n-m}^2$ のウェイトは等しくなっている。ここではボラティリティの現在の水準 σ_n を推定することが目的なので，直近のデータのウェイトを大きくするのが理にかなっている。そうしたモデルが，

$$\sigma_n^2 = \sum_{i=1}^m \alpha_i u_{n-i}^2 \qquad (23.4)$$

である。変数 α_i は i 日前の観測値に対するウェイトで，各 α は正である。$i > j$ に対して $\alpha_i < \alpha_j$ となるようにすると，古い観測データへのウェイトを低くできる。ウェイトの合計は1でなければならないので，

---

[1] これは，22.3節でVaR計算の目的で行ったボラティリティの定義の仕方と整合している。

[2] 22.3節で説明したように，1日における変数の変化の平均値は変化の標準偏差と比較して非常に小さいので，このように仮定しても分散の推定値には通常ほとんど影響しない。

[3] $m-1$ を m で置き換えると，不偏推定量でなく最尤推定量になる。最尤推定量については，本章の後のほうで論じる。

[4] 本章における u は，第22章における Δx と同じ役割をしている。ともに市場変数の日次変化率である。u の場合には，添字は同じ市場変数に対する異なる観測日を指している。Δx の場合には，添字は同じ日に観測された異なる市場変数を指している。同様に，σ の添字の使われ方も二つの章で異なっている。本章では添字は日を指しているが，第22章では市場変数を指している。

$$\sum_{i=1}^{m} \alpha_i = 1$$

を満たす必要がある。(23.4)式の考えを拡張して，ボラティリティの長期平均が存在しており，それに対してもウェイトがあると仮定する。この場合，モデルは，

$$\sigma_n^2 = \gamma V_L + \sum_{i=1}^{m} \alpha_i u_{n-i}^2 \qquad (23.5)$$

という形になる。ここで，V_L は長期分散率，γ は V_L に対するウェイトである。ウェイトの合計は1なので，

$$\gamma + \sum_{i=1}^{m} \alpha_i = 1$$

となる。これは ARCH(m) モデルとして知られており，Engle によって最初に提案された[5]。分散の推定は，分散の長期平均と m 日間の観測データに基づいており，古い観測値ほど，そのウェイトは小さくなっている。$\omega = \gamma V_L$ とおくと，(23.5)式のモデルは，

$$\sigma_n^2 = \omega + \sum_{i=1}^{m} \alpha_i u_{n-i}^2 \qquad (23.6)$$

と書くことができる。次の二節では，(23.4)式と(23.5)式の考え方を用いた，二つの重要なボラティリティのモニタリング方法について論じる。

23.2 指数加重移動平均モデル

指数加重移動平均（EWMA）モデルは，(23.4)式で表されるモデルの特別なケースであり，ウェイト α_i が過去にさかのぼるに従って指数的に減少するモデルである。具体的には，0と1の間の定数 λ を用いて，$\alpha_{i+1} = \lambda \alpha_i$ としたモデルである。

このウェイト付け方法を用いると，ボラティリティの推定値の更新に関す

---

[5] R. Engle, "Autoregressive Conditional Heteroscedasticity with Estimates of the Variance of UK Inflation," *Econometrica*, 50 (1982): 987-1008を参照。

るきわめて単純な公式が得られる。その公式は,

$$\sigma_n^2 = \lambda \sigma_{n-1}^2 + (1-\lambda) u_{n-1}^2 \tag{23.7}$$

である。これを用いると,n日目に対するボラティリティの推定値σ_n($n-1$日目の終わりに求められる)は,σ_{n-1}($n-2$日目の終わりに求められた,$n-1$日目に対するボラティリティの推定値)とu_{n-1}(変数の直近の日次変化率)から計算される。

(23.7)式が指数的に減少するウェイトに対応していることを理解するために,σ_{n-1}^2の部分に代入を行うと,

$$\sigma_n^2 = \lambda \left[\lambda \sigma_{n-2}^2 + (1-\lambda) u_{n-2}^2 \right] + (1-\lambda) u_{n-1}^2$$

すなわち,

$$\sigma_n^2 = (1-\lambda)(u_{n-1}^2 + \lambda u_{n-2}^2) + \lambda^2 \sigma_{n-2}^2$$

が得られる。同様に,σ_{n-2}^2の部分に代入を行うと,

$$\sigma_n^2 = (1-\lambda)(u_{n-1}^2 + \lambda u_{n-2}^2 + \lambda^2 u_{n-3}^2) + \lambda^3 \sigma_{n-3}^2$$

が得られる。これを繰り返すと,

$$\sigma_n^2 = (1-\lambda) \sum_{i=1}^{m} \lambda^{i-1} u_{n-i}^2 + \lambda^m \sigma_{n-m}^2$$

となる。大きいmに対しては,$\lambda^m \sigma_{n-m}^2$の項は十分に小さいので無視すると,(23.7)式は,(23.4)式で$\alpha_i = (1-\lambda)\lambda^{i-1}$とおいたものに等しくなる。$u_i$に対するウェイトは,過去にさかのぼるにつれて,$\lambda$の割合で減少する。各ウェイトは一つ前のウェイトの$\lambda$倍になっている。

【例23.1】

λを0.90,$n-1$日目の日次ボラティリティの推定値を1%,$n-1$日目に市場変数は2%増加したとする。このとき,$\sigma_{n-1}^2 = 0.01^2 = 0.0001$,$u_{n-1}^2 = 0.02^2 = 0.0004$である。(23.7)式より,

$$\sigma_n^2 = 0.9 \times 0.0001 + 0.1 \times 0.0004 = 0.00013$$

となる。したがって,n日目の日次ボラティリティの推定値σ_nは$\sqrt{0.00013}$,すなわち1.14%になる。u_{n-1}^2の期待値はσ_{n-1}^2,すなわち0.0001である。この例では,u_{n-1}^2の実現値は期待値より大きく,その結果,ボラティリティの推定値も増加している。もしu_{n-1}^2の実現値が期

待値より小さければ,ボラティリティの推定値は減少する。

　EWMA を用いる方法は,比較的少量のデータしか保持しなくてよいという点で魅力的である。任意の時点において,分散率の現在の推定値と市場変数の直近の観測値だけ保持されていればよい。市場変数の新しい観測値が得られたとき,新しい日次変化率を計算し,(23.7)式を用いて分散率の推定値を更新することができる。その後は,前に保持していた分散率の推定値と市場変数の値は消去してもかまわない。

　EWMA を用いる方法は,ボラティリティの変化をたどるようになっている。$n-1$日目に市場変数が大きく変動し,u_{n-1}^2の値が大きいとする。その場合,(23.7)式から現時点のボラティリティの推定値は大きくなる。λの値の大きさによって,日次ボラティリティの推定値が直近の日次変化率の影響をどのくらい受けやすいかが決まる。λの値が小さいときは,σ_nの計算に占めるu_{n-1}^2のウェイトは大きくなる。この場合,続く何日間かはボラティリティの推定値自体も大きく変動する。一方,λの値が大きい(すなわち,1.0に近い)とき,日次ボラティリティの推定値は,日次変化率によってもたらされる新しい情報に対して比較的ゆっくりと反応する。

　もともとは JP モルガンによって開発され,1994年に公開された RiskMetrics データベースでは,$\lambda = 0.94$とした EWMA モデルを用いてデータベース内の日次ボラティリティの推定値が更新されている。これは JP モルガンは,広い範囲のさまざまな市場変数に対して,このλの値を用いた分散率の予測値が分散率の実現値に非常に近くなることを見出したからである[6]。ここである日における分散率の実現値とは,u_i^2に関するその日から25日間の等加重平均のことである(発展問題23.19を参照)。

6　JPMorgan, *RiskMetrics Monitor*, Fourth Quarter, 1995を参照。パラメータを推定する別の方法(最尤推定)については,本章の後のほうで説明する。

23.3 GARCH(1, 1)モデル

次に，1986年にBollerslevが提案したGARCH(1, 1)として知られるモデルについて論じる[7]。GARCH(1, 1)モデルとEWMAモデルとの違いは，(23.4)式と(23.5)式との違いに類似している。GARCH(1, 1)では，σ_n^2はσ_{n-1}とu_{n-1}に加えて，分散率の長期平均V_Lから計算される。GARCH(1, 1)では，

$$\sigma_n^2 = \gamma V_L + \alpha u_{n-1}^2 + \beta \sigma_{n-1}^2 \tag{23.8}$$

という式が用いられる。ここで，γはV_Lに対するウェイト，αはu_{n-1}^2に対するウェイト，βはσ_{n-1}^2に対するウェイトである。ウェイトの合計は1となるので，

$$\gamma + \alpha + \beta = 1$$

が成り立っている。EWMAモデルは，$\gamma = 0$，$\alpha = 1 - \lambda$，$\beta = \lambda$とした，GARCH(1, 1)の特別な場合である。

GARCH(1, 1)の"(1, 1)"は，σ_n^2がu^2の直近の観測値と分散率の直近の推定値に基づいていることを表している。より一般のGARCH(p, q)モデルでは，σ_n^2はu^2の直近p個の観測値と分散率の直近q個の推定値から計算される[8]。GARCH(1, 1)は，GARCHモデルの中でも特によく利用されている。

$\omega = \gamma V_L$とおくと，GARCH(1, 1)モデルは，

$$\sigma_n^2 = \omega + \alpha u_{n-1}^2 + \beta \sigma_{n-1}^2 \tag{23.9}$$

と書くことができる。パラメータを推定する際には，通常この形でモデルは

---

[7] T. Bollerslev, "Generalized Autoregressive Conditional Heteroscedasticity," *Journal of Econometrics*, 31 (1986): 307-27を参照。

[8] ニュースによるボラティリティ変動の非対称性を取り入れた，別のGARCHモデルも提案されている。それらのモデルでは，σ_nがu_{n-1}の符号に依存するようにつくられている。おそらく，そうしたモデルは株式に対してはGARCH(1, 1)よりも説明力が高い。第20章で述べたように，株価のボラティリティは株価と負の相関をもつ傾向にあり，負のu_{n-1}のほうが正のu_{n-1}よりσ_nに与える影響は大きい。そうした非対称性を扱ったモデルに関しては，D. Nelson, "Conditional Heteroscedasticity and Asset Returns: A New Approach," *Econometrica*, 59 (1990): 347-70およびR. F. Engle and V. Ng, "Measuring and Testing the Impact of News on Volatility," *Journal of Finance*, 48 (1993): 1749-78を参照。

用いられている。ω, α, およびβが推定されれば，γは$1-\alpha-\beta$で計算でき，長期の分散V_Lはω/γとして求まる。GARCH(1, 1)過程が安定的であるためには，$\alpha+\beta<1$である必要があり，そうでなければ，長期の分散に対するウェイトが負になってしまう。

【例23.2】

GARCH(1, 1)モデルが日次データから，
$$\sigma_n^2 = 0.000002 + 0.13u_{n-1}^2 + 0.86\sigma_{n-1}^2$$
と推定されているとする。これは，$\alpha=0.13$，$\beta=0.86$，$\omega=0.000002$とした場合に相当している。$\gamma=1-\alpha-\beta$より$\gamma=0.01$となり，$\omega=\gamma V_L$より$V_L=0.0002$が得られる。つまり，モデルは日次分散の長期平均が0.0002であることを示しており，これに対応する日次ボラティリティは$\sqrt{0.0002}=0.014$，すなわち1.4%である。

$n-1$日目の日次ボラティリティの推定値が1.6%であるとすると，$\sigma_{n-1}^2=0.016^2=0.000256$となり，$n-1$日目に市場変数が1%だけ下落したとすると，$u_{n-1}^2=0.01^2=0.0001$となる。このとき，
$$\sigma_n^2 = 0.000002 + 0.13\times 0.0001 + 0.86\times 0.000256 = 0.00023516$$
となる。したがって，日次ボラティリティの新しい推定値は$\sqrt{0.00023516}=0.0153$，すなわち1.53%になる。

ウェイト

(23.9)式のσ_{n-1}^2の部分に代入を行うと，
$$\sigma_n^2 = \omega + \alpha u_{n-1}^2 + \beta(\omega + \alpha u_{n-2}^2 + \beta\sigma_{n-2}^2)$$
すなわち
$$\sigma_n^2 = \omega + \beta\omega + \alpha u_{n-1}^2 + \alpha\beta u_{n-2}^2 + \beta^2\sigma_{n-2}^2$$
が得られる。同様にσ_{n-2}^2の部分に代入を行うと，
$$\sigma_n^2 = \omega + \beta\omega + \beta^2\omega + \alpha u_{n-1}^2 + \alpha\beta u_{n-2}^2 + \alpha\beta^2 u_{n-3}^2 + \beta^3\sigma_{n-3}^2$$
が得られる。このように代入を繰り返していくと，u_{n-i}^2に対するウェイトは$\alpha\beta^{i-1}$であることがわかる。ウェイトはβの割合で指数的に減少していく

ので，パラメータ β は"減衰率"とみなすことができる．これは，EWMAモデルの λ と同様のパラメータである．このパラメータによって，現時点の分散率を決定する際の，u の各観測値の相対的な重要度が決まる．たとえば，$\beta = 0.9$ のときは，u_{n-2}^2 の重要度は u_{n-1}^2 の90%，u_{n-3}^2 の重要度は u_{n-1}^2 の81%，といったようになる．GARCH(1, 1)モデルはEWMAモデルと類似したモデルであるが，過去の u^2 に対して指数的に減少するウェイトを割り当てるのに加えてボラティリティの長期平均に対してもウェイトを割り当てる点が異なる．

平均回帰

GARCH(1, 1)モデルは，分散が時間の経過とともに長期的な平均レベル V_L に回帰する傾向があることを表現している．V_L に対するウェイトの大きさは $\gamma = 1 - \alpha - \beta$ である．GARCH(1, 1)モデルは，分散 V が確率過程

$$dV = a(V_L - V)dt + \xi V dz$$

に従うモデルにおいて，時間が日数単位で計測され，$a = 1 - \alpha - \beta$，$\xi = \alpha\sqrt{2}$ である場合に相当している（練習問題23.14を参照）．これは平均回帰モデルであり，$V > V_L$ のときは分散のドリフトは負になり，$V < V_L$ のときは分散のドリフトは正になるため，ドリフトは分散を割合 a で V_L に引き戻す働きをする．また，ドリフトだけでなくボラティリティ ξ の影響も加わる．この種のモデルについては，第27章でさらに論じる．

23.4 モデルの選択

実際，分散率は平均回帰性をもつ傾向がある．GARCH(1, 1)モデルは平均回帰性をもつが，EWMAモデルはもたないため，GARCH(1, 1)は理論的にはEWMAモデルよりも好ましいモデルである．

次節では，GARCH(1, 1)モデルの最適なパラメータ ω，α，および β の推定方法について論じる．パラメータ ω がゼロの場合は，GARCH(1, 1)モデルはEWMAモデルになる．また，最適な ω の値が負になるような状況では

GARCH(1, 1)モデルは安定しないので，EWMAモデルに切り替えるほうが賢明である。

23.5 最 尤 法

　次に，これまで考えてきたモデルに含まれるパラメータを過去データから推定する方法について論じる。最尤法（maximum likelihood method）として知られている方法を用いるが，この方法は，そのデータが発生する可能性（すなわち尤度）を最大にするようにパラメータの値を選択する方法である。

　この方法についてわかりやすく説明するために，非常に簡単な例から始めよう。ある日の株式を無作為に10銘柄抽出し，その日の株価を調べると，1銘柄は下落し，他の9銘柄は前日と同値か上昇していたとする。このとき，その日に株価が下落する確率の最もよい推定値はいくらになるかを考えると，それは10%であると考えるのが普通であろう。最尤法によって得られる結果がこの値に一致するかを確認してみよう。

　価格が下落する確率を p とする。ある特定の銘柄の株価が下落し，残りの9銘柄の株価が下落しない確率は，$p(1-p)^9$ である。最尤法は $p(1-p)^9$ を最大化する p を最良の推定値とする方法である。この式を p に関して微分し，その結果をゼロとおくと，$p = 0.1$ のときにその式は最大になることがわかる。これより，p の最尤推定量は期待どおりの0.1になる。

一定値をとる分散の推定

　最尤法の次の例として，平均ゼロの正規分布に従う変数 X の m 個の観測値から X の分散を推定する問題について考える。観測値を $u_1, u_2, \cdots, u_m$ とし，分散を v と書く。観測された u_i の尤度は，X の確率密度関数において $X = u_i$ としたときの値，すなわち，

$$\frac{1}{\sqrt{2\pi v}} \exp\left(\frac{-u_i^2}{2v}\right)$$

である。したがって，m 個の観測値が観測された順に起こる尤度は，

$$\prod_{i=1}^{m} \left[\frac{1}{\sqrt{2\pi v}} \exp\left(\frac{-u_i^2}{2v}\right) \right] \tag{23.10}$$

となる。最尤法では，この式を最大にする値が v の最良の推定値になる。

与えられた式の最大化問題は，その式の対数に対する最大化問題と同等である。したがって，(23.10)式の対数をとり，定数因子の項を無視すると，

$$\sum_{i=1}^{m} \left[-\ln(v) - \frac{u_i^2}{v} \right] \tag{23.11}$$

すなわち，

$$-m \ln(v) - \sum_{i=1}^{m} \frac{u_i^2}{v}$$

の最大化問題を解けばよいことがわかる。この式を v に関して微分し，その結果を0とおくと，v の最尤推定量は，

$$\frac{1}{m} \sum_{i=1}^{m} u_i^2$$

と求まる[9]。

EWMA と GARCH(1, 1) のパラメータ推定

次に，EWMA や GARCH(1, 1) あるいは他のボラティリティ更新方法を用いる場合について，最尤法によるパラメータ推定方法を考える。$v_i = \sigma_i^2$ を，i 日目に対する分散の推定値とする。分散の値がわかっているという条件のもとでの u_i の確率分布を，正規分布と仮定する。前と同様の分析を行うと，パラメータの最良の推定値は，

$$\prod_{i=1}^{m} \left[\frac{1}{\sqrt{2\pi v_i}} \exp\left(\frac{-u_i^2}{2v_i}\right) \right]$$

を最大にする値として求まる。対数をとれば，

$$\sum_{i=1}^{m} \left[-\ln(v_i) - \frac{u_i^2}{v_i} \right] \tag{23.12}$$

---

[9] これにより，脚注3で述べたことが確かめられた。

を最大にすることと同等であることがわかる。v が v_i に置き換わっている点を除けば，この式は(23.11)式と同じものである。(23.12)式を最大にするモデルのパラメータを見つけるためには，反復的な探索が必要になる。

表23.1のスプレッドシートは，GARCH(1, 1)モデルの計算がどのように行われるかを示したものである。この表では，2005年7月18日から2010年8月13日までのS&P 500のデータを分析している[10]。表の第1列には日付が入力されており，第2列では日数をカウントしている。第3列は，i 日目の終わりにおけるS&P 500の値 S_i を表示している。第4列は，$i-1$ 日目の終わりから i 日目の終わりまでのS&P 500の変化率を表示しており，これは $u_i = (S_i - S_{i-1})/S_{i-1}$ で計算されたものである。第5列は，$i-1$ 日目の終わりに求められた i 日目の分散率の推定値 $v_i = \sigma_i^2$ を表示しているが，初めに

表23.1 2005年7月18日から2010年8月13日の間のS&P 500に対するGARCH(1, 1)モデルのパラメータ推定

日付	日数 i	S_i	u_i	$v_i = \sigma_i^2$	$-\ln(v_i) - u_i^2/v_i$
2005年7月18日	1	1221.13			
2005年7月19日	2	1229.35	0.006731		
2005年7月20日	3	1235.20	0.004759	0.00004531	9.5022
2005年7月21日	4	1227.04	−0.006606	0.00004447	9.0393
2005年7月22日	5	1233.68	0.005411	0.00004546	9.3545
2005年7月25日	6	1229.03	−0.003769	0.00004517	9.6906
⋮	⋮	⋮	⋮	⋮	⋮
2010年8月11日	1277	1089.47	−0.028179	0.00011834	2.3322
2010年8月12日	1278	1083.61	−0.005379	0.00017527	8.4841
2010年8月13日	1279	1079.25	−0.004024	0.00016327	8.6209
					10,228.2349

GARCHパラメータの推定値

$$\omega = 0.0000013465, \quad \alpha = 0.083394, \quad \beta = 0.910116$$

---

[10] データと計算結果は www-2.rotman.utoronto.ca/~hull/OFOD/GarchExample で参照できる。

3日目の分散率をu_2^2に等しく設定し，それ以降の日については(23.9)式を用いて計算している．第6列には，尤度$-\ln(v_i) - u_i^2/v_i$を計算した結果を表示している．第5列と第6列に表示される値は，ω，α，およびβの推定値としていま入力されている値に基づく計算結果である．第6列の数字の合計が最大になるように，ω，α，およびβの値を選ぶ必要があるが，これには反復探索法が用いられる[11]．

この例では，パラメータの最適値は，

$$\omega = 0.0000013465, \quad \alpha = 0.083394, \quad \beta = 0.910116$$

となり，(23.12)式の関数の最大値は10,228.2349である．表23.1の数字は，最適なω，α，およびβを反復探索で求めたときの最後の反復の際に計算されたものである．

この例における長期分散率V_Lは，

$$\frac{\omega}{1-\alpha-\beta} = \frac{0.0000013465}{0.006490} = 0.0002075$$

となり，長期ボラティリティは1日当り$\sqrt{0.0002075}$，すなわち1.4404％となる．

図23.1と図23.2は，対象の5年間のS&P 500とそのGARCH(1, 1)のボラティリティを示したものである．ほとんどの期間において，ボラティリティは1日当り2％以下であるが，クレジット危機の期間においては5％にまで達している．（この高いボラティリティはVIX指数にも表れている．15.11節を参照せよ．）

GARCH(1, 1)モデルの別のパラメータ推定法として，分散ターゲッティング法[12]（variance targeting）が知られているが，この方法のほうがより頑強な場合がある．この方法では，分散率の長期平均V_Lをデータから計算さ

---

[11] 後で論じるように，これにはMicrosoft Excelのソルバーのような汎用的なアルゴリズムを用いることができる．あるいは，レーベンバーグ・マーカート法のような，特定の問題に対するアルゴリズムを用いることもできる．これについては，W. H. Press, B. P. Flannery, S. A. Teukolsky, and W. T. Vetterling, *Numerical Recipes in C: The Art of Scientific Computing*, Cambridge University Press, 1988を参照．

[12] R. Engle and J. Mezrich, "GARCH for Groups," *Risk*, August 1996: 36–40を参照．

図23.1 2005年7月18日から2010年8月13日におけるS&P 500

図23.2 2005年7月18日から2010年8月13日におけるS&P 500の日次ボラティリティ

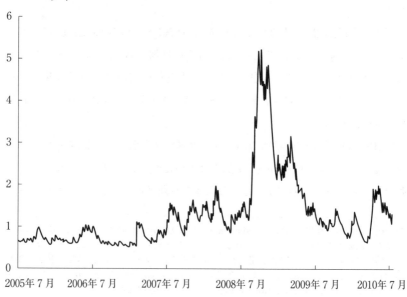

れる標本分散（あるいは，妥当と考えられる他の値）に等しく設定する。そうすると，ωの値は$V_L(1-\alpha-\beta)$に等しくなるため，二つのパラメータだけを推定すればよくなる。表23.1のデータに対する標本分散は0.0002412であり，これより日次ボラティリティは1.5531%になる。V_Lを標本分散に等しくおくと，(23.12)式の目的関数を最大にするαとβの値はそれぞれ0.08445と0.9101になる。このとき，目的関数の値は10,228.1941となるが，先の方法で得た10,228.2349よりほんのわずか下回っているだけである。

EWMAモデルを用いる場合，推定方法は比較的簡単である。$\omega=0$，$\alpha=1-\lambda$，および$\beta=\lambda$とおき，一つのパラメータだけを推定すればよい。表23.1のデータでは，(23.12)式の目的関数を最大にするλの値は0.9374，目的関数の値は10,192.5104となる。

GARCH(1, 1)モデルとEWMAモデルの両方に対して，尤度関数を最大にするパラメータの値の探索にMicrosoft Excelのソルバールーチンを用いることができる。探索するパラメータがおおむね等しい値をもつようにスプレッドシートを作成すれば，このルーチンはうまく機能する。たとえばGARCH(1, 1)では，セルA1，A2，A3に，それぞれ$\omega \times 10^5$，10α，βを入力する。そのうえで，B1 = A1/100,000，B2 = A2/10，B3 = A3とし，B1，B2，B3を用いて尤度関数を計算する。そうすれば，尤度関数を最大にするA1，A2，A3の値をソルバーにて計算することができる。ソルバーは時に局所的な最大値を返すため，複数の異なった初期値でテストするとよいだろう。

モデルはどの程度よいか？

GARCH(1, 1)モデルでおいている仮定は，時間の経過とともにボラティリティが変化するというものである。ある期間のボラティリティは相対的に高く，別の期間のボラティリティは相対的に低い。別の言い方をすると，u_i^2が高いときは$u_{i+1}^2, u_{i+2}^2, \ldots$も高くなる傾向があり，$u_i^2$が低いときは$u_{i+1}^2, u_{i+2}^2, \ldots$も低くなる傾向がある。この傾向がどの程度実際に近いかを，u_i^2の自己相関構造を調べることで検証できる。

u_i^2 が自己相関性をもっていると仮定しよう。GARCH(1, 1) モデルの説明力が高いとすれば，モデルによって自己相関性は取り除かれるはずである。変数 u_i^2/σ_i^2 に対する自己相関構造を考えることで，それを検証することができる。それらに自己相関性がほとんどみられなければ，σ_i に対するこのモデルは u_i^2 の自己相関性を説明できていることになる。

表23.2は，上で用いた S&P 500 のデータに対する結果である。第 1 列は自己相関係数を計算する際のラグ，第 2 列は u_i^2 の自己相関係数，第 3 列は u_i^2/σ_i^2 の自己相関係数を示している[13]。この表から，1 から 15 までのすべてのラグに対して u_i^2 は正の自己相関をもっていることがわかる。これに対し，u_i^2/σ_i^2 の自己相関係数は正の場合も負の場合もあり，その大きさは u_i^2 の自己相関係数よりもかなり小さい。

GARCH モデルは，データをよく説明しているように思われる。より科学

表23.2　S&P 500 に対し GARCH モデルを用いる前と後の自己相関

タイム・ラグ	u_i^2 の自己相関	u_i^2/σ_i^2 の自己相関
1	0.183	-0.063
2	0.385	-0.004
3	0.160	-0.007
4	0.301	0.022
5	0.339	0.014
6	0.308	-0.011
7	0.329	0.026
8	0.207	0.038
9	0.324	0.041
10	0.269	0.083
11	0.431	-0.007
12	0.286	0.006
13	0.224	0.001
14	0.121	0.017
15	0.222	-0.031

[13] 系列 x_i に対して，ラグ k の自己相関係数とは x_i と x_{i+k} との相関係数のことである。

的な検定を行いたい場合は，Ljung–Box 統計量[14]を用いればよい．m 個の観測値をもつ系列に対して，Ljung–Box 統計量は，

$$m \sum_{k=1}^{K} w_k \eta_k^2$$

で定義される．ただし，η はラグ k の自己相関係数，K は対象とするラグの数，そして

$$w_k = \frac{m+2}{m-k}$$

である．$K = 15$ に対しては，Ljung–Box 統計量が 25 以上になるときは，自己相関がゼロであるという仮説は 95%の信頼水準で棄却される．

表23.2から，u_i^2 に対する Ljung–Box 統計量は約 $1,566$ である．これは自己相関があることを強く示唆している．一方，u_i^2 / σ_i^2 に対する Ljung–Box 統計量は 21.7 となり，GARCH モデルによって自己相関の多くが取り除かれたことがうかがえる．

23.6　GARCH(1, 1)モデルを用いた将来のボラティリティの予測

$n-1$ 日目の終わりに推定する n 日目の分散率は，GARCH(1, 1) を用いると，

$$\sigma_n^2 = (1-\alpha-\beta)V_L + \alpha u_{n-1}^2 + \beta \sigma_{n-1}^2$$

となり，

$$\sigma_n^2 - V_L = \alpha(u_{n-1}^2 - V_L) + \beta(\sigma_{n-1}^2 - V_L)$$

が得られる．将来の $n+t$ 日目においては，

$$\sigma_{n+t}^2 - V_L = \alpha(u_{n+t-1}^2 - V_L) + \beta(\sigma_{n+t-1}^2 - V_L)$$

となる．u_{n+t-1}^2 の期待値は σ_{n+t-1}^2 である．したがって，

$$E\left[\sigma_{n+t}^2 - V_L\right] = (\alpha + \beta) E\left[\sigma_{n+t-1}^2 - V_L\right]$$

---

[14] G. M. Ljung and G. E. P. Box, "On a Measure of Lack of Fit in Time Series Models," *Biometrica*, 65 (1978): 297–303を参照．

となる。ここで E は期待値を表している。この式を繰り返し用いると,

$$E[\sigma_{n+t}^2 - V_L] = (\alpha+\beta)^t(\sigma_n^2 - V_L)$$

すなわち,

$$E[\sigma_{n+t}^2] = V_L + (\alpha+\beta)^t(\sigma_n^2 - V_L) \tag{23.13}$$

が得られる。これは, $n-1$ 日目の終わりに得られる情報を用いて $n+t$ 日目のボラティリティを予測する式である。EWMAモデルでは $\alpha+\beta=1$ なので,(23.13)式より将来の分散率の期待値は現在の分散率に等しいことがわかる。$\alpha+\beta<1$ のときは,この式の最後の項は t の増加とともに小さくなる。図23.3は,現在の分散率が V_L と異なっている状況での分散率の期待値が変化していくようすを表したものである。先に述べたように,分散率は回帰水準 V_L と回帰率 $1-\alpha-\beta$ の平均回帰性をもっている。したがって,将来の分散率の予測値は,先になるほど V_L に近づく。この分析から,GARCH(1, 1) モデルが安定性を満たすためには $\alpha+\beta<1$ でなければならないという理由がわかる。$\alpha+\beta>1$ のときには,分散の長期平均に対するウェイトは負になり,その過程は"平均回帰的"でなく"平均回避的"になる。

これまで考えてきたS&P 500の例では, $\alpha+\beta = 0.9935$, $V_L = 0.0002075$

図23.3 分散率の期待パス

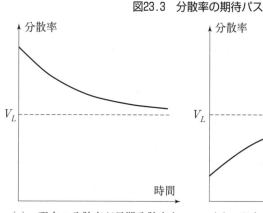
(a) 現在の分散率が長期分散率を上回るとき

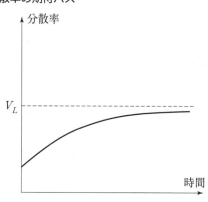
(b) 現在の分散率が長期分散率を下回るとき

である。現在の1日当りの分散率が0.0003であるとする。(これは、日次ボラティリティでは1.732%に相当している。)このとき、10日後の分散率の期待値は、

$$0.0002075 + 0.9935^{10}(0.0003 - 0.0002075) = 0.0002942$$

になる。このとき、日次ボラティリティの期待値は1.72%となり、依然として長期ボラティリティの1.44%を上回っている。しかし、500日後の分散率の期待値は、

$$0.0002075 + 0.9935^{500}(0.0003 - 0.0002075) = 0.0002110$$

となり、日次ボラティリティの期待値は1.45%で、長期ボラティリティに非常に近い値となっている。

ボラティリティの期間構造

現在をn日目とする。

$$V(t) = E(\sigma_{n+t}^2)$$

と定義し、

$$a = \ln \frac{1}{\alpha + \beta}$$

とおくと、(23.13)式は、

$$V(t) = V_L + e^{-at}\left[V(0) - V_L\right]$$

になる。ここで$V(t)$はt日後の瞬間的分散率の推定値である。このとき、現時点から時点Tまでの1日当りの平均分散率は、

$$\frac{1}{T}\int_0^T V(t)\,dt = V_L + \frac{1 - e^{-aT}}{aT}\left[V(0) - V_L\right]$$

で与えられる。Tが大きくなるほど、この値はV_Lに近づく。GARCH(1, 1)のもとで満期Tのオプションの価格づけに用いる年率ボラティリティを$\sigma(T)$と定義する。1年を252日と仮定^{訳注}すると、$\sigma(T)^2$は1日当りの平均分散率の252倍になる。したがって、

訳注 この年間取引日数の仮定は、米国市場での分析を想定している。日本の場合、年間取引日数はおおよそ245日前後である。

$$\sigma(T)^2 = 252\left(V_L + \frac{1-e^{-aT}}{aT}\left[V(0) - V_L\right]\right) \quad (23.14)$$

となる。

　第20章で論じたように，ボラティリティの期間構造（volatility term structure）を計算するのに，同一資産に対する異なるオプションの市場価格がよく用いられる。ボラティリティの期間構造は，オプションのインプライド・ボラティリティとオプションの満期との関係を表している。(23.14)式を利用して，GARCH(1, 1)モデルに基づくボラティリティの期間構造を推定することができる。推定されたボラティリティの期間構造は，一般的にインプライド・ボラティリティの期間構造とは一致しない。しかし後述するように，ボラティリティ変化に対し，インプライド・ボラティリティの期間構造がどのように影響を受けるかを予測するのに，その推定結果はよく用いられている。

　現在のボラティリティが長期ボラティリティを上回っているときには，GARCH(1, 1)モデルから推定されるボラティリティの期間構造は右下がりになる。また，現在のボラティリティが長期ボラティリティを下回っているときには，推定されるボラティリティの期間構造は右上がりになる。S&P 500の例では，$a = \ln(1/0.99351) = 0.006511$, $V_L = 0.0002075$である。現在の1日当りの分散率 $V(0)$ が0.0003と推定されているとすると，(23.14)式より，

$$\sigma(T)^2 = 252\left(0.0002075 + \frac{1-e^{-0.006511T}}{0.006511T}(0.0003 - 0.0002075)\right)$$

となる。ここで，Tの単位は日数である。異なるTに対する年率ボラティリティを表23.3に示す。

表23.3　GARCH(1, 1)から予測されるS&P 500ドルのボラティリティ期間構造

オプション期間（日）	10	30	50	100	500
オプションのボラティリティ（年率%）	27.36	27.10	26.87	26.35	24.32

ボラティリティ変化の影響

(23.14)式は,

$$\sigma(T)^2 = 252\left[V_L + \frac{1-e^{-aT}}{aT}\left(\frac{\sigma(0)^2}{252} - V_L\right)\right]$$

と書き換えることができる．したがって，$\sigma(0)$ が $\Delta\sigma(0)$ だけ変化すると，$\sigma(T)$ は，おおよそ

$$\frac{1-e^{-aT}}{aT}\frac{\sigma(0)}{\sigma(T)}\Delta\sigma(0) \tag{23.15}$$

だけ変化する．

表23.4は，S&P 500の例で，さまざまな満期のオプションに対するボラティリティ変化の影響を示したものである．前と同様に $V(0) = 0.0003$ とすると，$\sigma(0) = \sqrt{252} \times \sqrt{0.0003} = 27.50\%$ となる．表は瞬間的なボラティリティが年率27.50%から28.50%へと100ベーシス・ポイント変化することを想定している．すなわち $\Delta\sigma(0) = 0.01$ あるいは1％である．

多くの金融機関は，ボラティリティの変化に対するポジションのエクスポージャーを測定する際に，こうした分析を利用している．ベガを計算する際に，インプライド・ボラティリティをすべての満期について一律1％増加させるのではなく，オプション満期ごとに想定しているボラティリティの増加幅に応じて増加させている．表23.4に基づいてボラティリティを変化させるとすると，満期10日のオプションに対しては0.97％増加させ，満期30日のオプションに対しては0.92％増加させ，満期50日のオプションに対しては0.87％増加させる，といった具合になる．

表23.4 GARCH(1, 1)モデルから予測される瞬間的なボラティリティが1％変化したときの影響

オプション期間（日）	10	30	50	100	500
ボラティリティの増加（％）	0.97	0.92	0.87	0.77	0.33

23.7 相関係数

これまではボラティリティの推定と予測を中心に議論してきた。第22章で説明したように，相関係数も VaR の計算において重要な役割を果たす。本節では，ボラティリティの推定のときと同様の方法で相関係数の推定値を更新する方法について紹介する。

2変数 X と Y の相関係数は，

$$\frac{\mathrm{cov}(X, Y)}{\sigma_X \sigma_Y}$$

で定義される。ただし，σ_X と σ_Y はそれぞれ X と Y の標準偏差，$\mathrm{cov}(X, Y)$ は X と Y の共分散である。X と Y の共分散は，

$$E\left[(X-\mu_X)(Y-\mu_Y)\right]$$

で定義される。ここで μ_X と μ_Y はそれぞれ X と Y の平均であり，E は期待値を表す。共分散よりも相関係数のほうが直感的な意味をつかみやすいが，ここでの分析では共分散が基本的な変数となる[15]。

変数 X と Y の $i-1$ 日目の終わりから i 日目の終わりまでの変化率をそれぞれ x_i と y_i と定義する。すなわち，

$$x_i = \frac{X_i - X_{i-1}}{X_{i-1}}, \quad y_i = \frac{Y_i - Y_{i-1}}{Y_{i-1}}$$

とする。ただし，X_i と Y_i は i 日目の終わりにおける X と Y の値である。また，

$\sigma_{x,n}$：変数 X の n 日目の日次ボラティリティの推定値

$\sigma_{y,n}$：変数 Y の n 日目の日次ボラティリティの推定値

cov_n：X と Y の日次変化量の n 日目の共分散の推定値

と定義する。このとき，n 日目の X と Y の相関係数の推定値は，

$$\frac{\mathrm{cov}_n}{\sigma_{x,n}\sigma_{y,n}}$$

---

[15] これは，本章の前半の EWMA や GARCH において，ボラティリティのほうが理解しやすいのにもかかわらず，分散率が基本的な変数であったのと類似している。

となる。均等加重を適用し，x_i と y_i の平均をゼロと仮定すると，(23.3)式より直近の m 個の観測値から推定される X と Y の分散率はそれぞれ，

$$\sigma_{x,n}^2 = \frac{1}{m}\sum_{i=1}^{m} x_{n-i}^2, \quad \sigma_{y,n}^2 = \frac{1}{m}\sum_{i=1}^{m} y_{n-i}^2$$

となる。同様の仮定を用いると X と Y の共分散の推定値は，

$$\mathrm{cov}_n = \frac{1}{m}\sum_{i=1}^{m} x_{n-i}\, y_{n-i} \qquad (23.16)$$

となる。共分散を更新する別の方法として，(23.7)式と同様の EWMA モデルが考えられる。この場合，共分散の推定値を更新する公式は，

$$\mathrm{cov}_n = \lambda\, \mathrm{cov}_{n-1} + (1-\lambda)\, x_{n-1}\, y_{n-1}$$

で与えられる。EWMA モデルでボラティリティに対して行ったのと同様の分析から，時間をさかのぼるにつれて，観測値 $x_i y_i$ に対するウェイトは小さくなることがわかる。λ の値が小さくなるほど，直近の観測値に対するウェイトは大きくなる。

【例23.3】

$\lambda = 0.95$，2変数 X と Y の $n-1$日目の相関係数の推定値を0.6と仮定する。さらに，X と Y の $n-1$日目のボラティリティの推定値をそれぞれ 1% と 2% とする。このとき，相関係数と共分散の関係から，X と Y の $n-1$日目の共分散の推定値は，

$$0.6 \times 0.01 \times 0.02 = 0.00012$$

となる。X と Y の $n-1$日目における変化率をそれぞれ0.5%と2.5%とすると，n日目に対する分散と共分散は次のように変化する。

$$\sigma_{x,n}^2 = 0.95 \times 0.01^2 + 0.05 \times 0.005^2 = 0.00009625$$
$$\sigma_{y,n}^2 = 0.95 \times 0.02^2 + 0.05 \times 0.025^2 = 0.00041125$$
$$\mathrm{cov}_n = 0.95 \times 0.00012 + 0.05 \times 0.005 \times 0.025 = 0.00012025$$

したがって，X の新しいボラティリティは $\sqrt{0.00009625} = 0.981\%$，$Y$ の新しいボラティリティは $\sqrt{0.00041125} = 2.028\%$ となり，X と Y の新しい相関係数は，

$$\frac{0.00012025}{0.00981 \times 0.02028} = 0.6044$$

となる。GARCHモデルを用いて，共分散の推定値の更新や共分散の将来の水準の予測を行うこともできる。たとえば，GARCH(1, 1)モデルを用いた共分散の更新は，

$$\mathrm{cov}_n = \omega + \alpha x_{n-1} y_{n-1} + \beta\, \mathrm{cov}_{n-1}$$

で行われ，共分散の長期平均は$\omega/(1-\alpha-\beta)$になる。また，将来の共分散の予測やオプション期間中の平均共分散の計算に関して，(23.13)式や(23.14)式と同様の公式を導くことができる[16]。

共分散に関する整合性の条件

すべての分散と共分散が求まれば，分散共分散行列を作成することができる。22.4節で説明したように，$i \ne j$のとき，この行列の(i, j)成分は変数iと変数jの共分散を表し，$i = j$のときは変数iの分散を表す。

必ずしもすべての分散共分散行列が内的整合性をもつわけではない。$N \times N$分散共分散行列Ωが内的整合性をもつための条件は，任意の$N \times 1$ベクトルwに対して，

$$w^\mathsf{T} \Omega w \geq 0 \quad\quad (23.17)$$

が成り立つことである。ここでw^Tはwの転置である。この性質を満たす行列は半正定値（positive-semidefinite）であるという。

(23.17)式の条件が満たされなければならない理由を理解するために，w^Tを$[w_1, w_2, \ldots, w_n]$としてみる。x_iを変数iの値とすると，$w^\mathsf{T} \Omega w$は$w_1 x_1 + w_2 x_2 + \cdots + w_n x_n$の分散を表しているので，負にはなりえないことがわかる。

半正定値行列となることを保証するためには，分散と共分散は整合性のと

---

[16] 本章で述べた考え方の一つの拡張として，分散共分散行列全体を整合的に更新していく多変数GARCHモデルがある。これについてはR. Engle and J. Mezrich, "GARCH for Groups," *Risk*, August 1996: 36–40を参照。

れた方法で計算されなければならない。たとえば，分散を直近 m 個のデータから同じ重みづけで計算するときは，共分散も同じ方法で計算しなければならない。分散を $\lambda = 0.94$ とした EWMA モデルで更新するときは，共分散も同じ方法で更新しなければならない。

内的整合性をもたない分散共分散行列の例は以下のようなものである。

$$\begin{bmatrix} 1 & 0 & 0.9 \\ 0 & 1 & 0.9 \\ 0.9 & 0.9 & 1 \end{bmatrix}$$

各変数の分散は1.0なので，共分散は相関係数に等しい。第1変数は第3変数と高い相関があり，第2変数も第3変数と高い相関がある。しかし，第1変数と第2変数にはまったく相関がない。これは奇妙である。w を $(1, 1, -1)$ とおくと(23.17)式の条件が満たされていないので，この行列は半正定値ではないことがわかる[17]。

23.8 四つの指数の例への EWMA の適用

22.2節で検討した例に戻ろう。これは，ダウ平均株価に400万ドル，FTSE 100種総合株価指数に300万ドル，CAC 40指数に100ドル，そして日経225に200万ドル投資した2008年9月25日のポートフォリオに関するものである。2008年9月25日までの500日分の日次収益率が集められている。ここで示すデータおよびすべての計算は www-2.rotman.utoronto.ca/~hull/OFOD/VaRExample に掲載してある。

表23.5に，2008年9月25日において，過去500日の収益率を均等加重し計算される相関行列を示した。FTSE 100とCAC 40間にはとても高い相関がある。ダウ平均はFTSE 100とCAC 40の双方と，ある程度高い相関をもつ。日経225と他の指数の相関はそれほど高くない。

---

[17] 3×3の相関行列が内的整合性をもつための条件は，
$$\rho_{12}^2 + \rho_{13}^2 + \rho_{23}^2 - 2\rho_{12}\rho_{13}\rho_{23} \leq 1$$
であることを示すことができる。ここで ρ_{ij} は変数 i と j の相関係数である。

表23.5　過去500日の収益率を均等加重し計算された2008年9月25日の相関行列
変数1はダウ平均，変数2はFTSE 100，変数3はCAC 40，変数4は日経225

$$\begin{bmatrix} 1 & 0.489 & 0.496 & -0.062 \\ 0.489 & 1 & 0.918 & 0.201 \\ 0.496 & 0.918 & 1 & 0.211 \\ -0.062 & 0.201 & 0.211 & 1 \end{bmatrix}$$

表23.6　過去500日の収益率を均等加重し計算された2008年9月25日の共分散行列
変数1はダウ平均，変数2はFTSE 100，変数3はCAC 40，変数4は日経225

$$\begin{bmatrix} 0.0001227 & 0.0000768 & 0.0000767 & -0.0000095 \\ 0.0000768 & 0.0002010 & 0.0001817 & 0.0000394 \\ 0.0000767 & 0.0001817 & 0.0001950 & 0.0000407 \\ -0.0000095 & 0.0000394 & 0.0000407 & 0.0001909 \end{bmatrix}$$

表23.6は同じく均等加重を適用した場合の共分散行列を示したものである。この行列に(22.3)式を用いると，このポートフォリオの損失の分散は8,761.833（千ドル）と求められる。標準偏差はこの平方根なので93.60である。よって，1日99%VaRは千ドル単位で2.33×93.60 = 217.757となる。この217,757ドルは，22.2節でヒストリカル・シミュレーション手法を用いて算出された253,385ドルに近い水準である。

すべての観測された収益率を均等加重し分散・共分散を計算するかわりに，指数加重移動平均法を用い，$\lambda = 0.94$としてみよう。これにより表23.7の分散・共分散行列が得られ[18]，(22.3)式を用いると，ポートフォリオの損失の分散は40,995.756（千ドル）と求められる。標準偏差はこの平方根なので，202.474であり，したがって1日99%VaRは，

$$2.33 \times 202.474 = 471.025$$

となる。この471,025ドルは収益率に均等加重を適用した場合の2倍以上の

---

[18] EWMAの計算では，初期の分散は母分散と等しく設定される。これは表23.1でのように，最初の収益率の2乗と等しいとすることの代替手法である。これらの二つの手法により求められる最終的な分散は近しいものであり，われわれが興味があるのは最終的な分散だけである。

表23.7　EWMA法で $\lambda = 0.94$ を用いて計算された2008年9月25日の共分散行列
変数1はダウ平均，変数2はFTSE 100，変数3はCAC 40，変数4は日経225

$$\begin{bmatrix} 0.0004801 & 0.0004303 & 0.0004257 & -0.0000396 \\ 0.0004303 & 0.0010314 & 0.0009630 & 0.0002095 \\ 0.0004257 & 0.0009630 & 0.0009535 & 0.0001681 \\ -0.0000396 & 0.0002095 & 0.0001681 & 0.0002541 \end{bmatrix}$$

値となっている。表23.8と表23.9はその理由を示すものである。証券のロング・ポジションからなるポートフォリオの収益率の標準偏差は，証券の収益率の標準偏差が増加すると増大し，また，証券の収益率間の相関が高まると増大する。表23.8から，EWMAを適用した場合，データが均等に重みづけされる場合に比べて，推定された日次標準偏差がずっと高くなっていることが見て取れる。これは，2008年9月25日の直前の期間のほうが，データを取得した500日間のそれ以外の期間に比べてボラティリティがずっと高かったことに起因する。表23.9と表23.5を比較すると，相関もまた増加したことがわかる[19]。

表23.8　均等加重とEWMAを適用したときのボラティリティ（日次%）

	ダウ平均	FTSE 100	CAC 40	日経225
均等加重：	1.11	1.42	1.40	1.38
EWMA：	2.19	3.21	3.09	1.59

表23.9　EWMA法で計算された2008年9月25日の相関行列
変数1はダウ平均，変数2はFTSE 100，変数3はCAC 40，変数4は日経225

$$\begin{bmatrix} 1 & 0.611 & 0.629 & -0.113 \\ 0.611 & 1 & 0.971 & 0.409 \\ 0.629 & 0.971 & 1 & 0.342 \\ -0.113 & 0.409 & 0.342 & 1 \end{bmatrix}$$

---

[19] これは厳しい市場環境時には相関が高まる傾向にあるという事象の例である。

> 要約

　Black–Scholes–Merton モデルなど，よく使用されるオプション価格づけモデルの多くは，原資産のボラティリティは一定と仮定している．この仮定は決して最適なものではない．実際は，資産のボラティリティは資産価格と同様に確率変数である．しかし，資産価格とは異なり，ボラティリティは直接観測することができない．本章では，ボラティリティの現在の水準の推移をとらえるための方法について論じた．

　u_i を $i-1$ 日目の終わりから i 日目の終わりまでの市場変数の変化率と定義する．このとき，市場変数の分散率（すなわち，ボラティリティの2乗）は u_i^2 の加重平均として計算される．ここで論じた手法の重要な特徴は，u_i^2 の観測値に対して均等な加重を用いていないという点である．新しい観測値ほど，そのウェイトは大きくなっている．EWMAモデルとGARCH(1, 1)モデルでは，観測値が古くなるほどそのウェイトは指数的に減少する．GARCH(1, 1)モデルは，分散率の長期平均に対してもウェイトが与えられているという点で，EWMAモデルとは異なっている．GARCH(1, 1)モデルは分散率の将来の水準が比較的容易に予測できるような構造をもっている．

　GARCH(1, 1)，EWMAや他の同様のモデルでは，過去データからパラメータを推定するために，最尤法が通常用いられる．この方法では，反復計算によって，過去データの発生確率，すなわち尤度を最大にするようなパラメータの値が求められる．パラメータが決まれば，u_i^2 から自己相関性がどのくらい取り除かれているかによって，GARCH(1, 1)モデルの当てはまり具合が判断できる．

　分散の推移をとらえようとする各モデルに対して，それに対応した共分散の推移をとらえるモデルも構築できる．したがって，ここで述べた方法は，VaR計算に使われる分散共分散行列全体を更新する方法として用いることができる．

参考文献

Bollerslev, T. "Generalized Autoregressive Conditional Heteroscedasticity," *Journal of Econometrics*, 31 (1986): 307-27.

Cumby, R., S. Figlewski, and J. Hasbrook. "Forecasting Volatilities and Correlations with EGARCH Models," *Journal of Derivatives*, 1, 2 (Winter 1993): 51-63.

Engle, R. F. "Autoregressive Conditional Heteroscedasticity with Estimates of the Variance of UK Inflation," *Econometrica*, 50 (1982): 987-1008.

Engle R. F., and J. Mezrich. "Grappling with GARCH," *Risk*, September 1995: 112-117.

Engle R. F., and J. Mezrich. "GARCH for Groups," *Risk*, August 1996: 36-40.

Engle R. F., and V. Ng. "Measuring and Testing the Impact of News on Volatility," *Journal of Finance*, 48 (1993): 1749-78.

Noh, J., R. F. Engle, and A. Kane. "Forecasting Volatility and Option Prices of the S&P 500 Index," *Journal of Derivatives*, 2 (1994): 17-30.

練習問題

23.1 過去データからボラティリティを推定するための指数加重移動平均(EWMA)モデルについて説明せよ。

23.2 ボラティリティの更新に用いられる指数加重移動平均モデルとGARCH(1, 1)モデルとの違いは何か。

23.3 ある資産の日次ボラティリティの最も直近の推定値は1.5%で，前日の取引終了時点の資産価格は30.00ドルである。EWMAモデルのパラメータ λ の値は0.94で，本日の取引終了時点の価格は30.50ドルとする。EWMAモデルによってボラティリティはいくらに更新されるか。

23.4 ある企業ではボラティリティの予測にEWMAモデルが用いられて

いる．その企業はパラメータ λ の値を 0.95 から 0.85 に変更することにしたとする．予測に与えそうな影響について説明せよ．

23.5 ある市場変数のボラティリティは年率 30% である．この変数の日次変化率の大きさに対する 99% 信頼区間を求めよ．

23.6 ある企業がボラティリティの更新に GARCH(1, 1) モデルを用いている．このモデルには三つのパラメータ ω, α, β が含まれている．他の二つのパラメータを固定したうえで，それぞれのパラメータを少しだけ増加させたときの影響について述べよ．

23.7 米ドル／英ポンド為替レートの日次ボラティリティの最も直近の推定値は 0.6% で，昨日午後 4 時における為替レートは 1.5000 である．EWMA モデルのパラメータ λ は 0.9 で，本日午後 4 時の為替レートは 1.4950 であった．日次ボラティリティの推定値はいくらに更新されるか．

23.8 昨日の取引終了時点の S&P 500 は 1,040 で，そのときのこの指数の日次ボラティリティの推定値は 1% であった．GARCH(1, 1) モデルのパラメータは $\omega = 0.000002$, $\alpha = 0.06$, $\beta = 0.92$ であるとする．本日の取引終了時点の S&P 500 の水準が 1,060 のとき，ボラティリティの新しい推定値はいくらになるか．

23.9 昨日の取引終了時点に計算された，資産 A と資産 B の日次ボラティリティをそれぞれ 1.6% と 2.5% とする．昨日の取引終了時点の資産価格はそれぞれ 20 ドルと 40 ドルで，2 資産の収益率の相関係数の推定値は 0.25 であった．EWMA モデルで用いられるパラメータ λ は 0.95 である．

(a) 二つの資産の共分散の現在の推定値を計算せよ．

(b) 本日の取引終了時点の資産価格をそれぞれ 20.5 ドルと 40.5 ドルとするとき，相関係数の推定値を更新せよ．

23.10 GARCH(1, 1) モデルのパラメータが $\omega = 0.000004$, $\alpha = 0.05$, $\beta = 0.92$ と推定されている．ボラティリティの長期平均はいくらか．また，分散率がその長期平均に回帰するようすを記述する方程式を

示せ。現在のボラティリティが年率20%のとき，20日後のボラティリティの期待値はいくらか。

23.11 資産 X と資産 Y の現在の日次ボラティリティをそれぞれ1.0%と1.2%と仮定する。昨日の取引終了時点における資産価格はそれぞれ30ドルと50ドルで，その時点における2資産の収益率の相関係数の推定値は0.50であった。相関係数とボラティリティはGARCH(1, 1)モデルを用いて更新される。モデルのパラメータの推定値は $\alpha = 0.04$, $\beta = 0.94$ であり，相関係数の場合の ω は $\omega = 0.000001$, ボラティリティの場合は $\omega = 0.000003$ である。本日の取引終了時点の資産価格をそれぞれ31ドルと51ドルとするとき，相関係数の推定値はいくらに更新されるか。

23.12 FTSE 100株価指数（単位：英ポンド）の日次ボラティリティが1.8%, ドル／ポンド為替レートの日次ボラティリティが0.9%であるとする。さらに，FTSE 100とドル／ポンド為替レートの相関係数を0.4と仮定する。米ドル換算のFTSE 100のボラティリティはいくらか。ただし，ドル／ポンド為替レートは1英ポンド当りの米ドルの値で表されるとする。（ヒント：$Z = XY$ のとき，近似として，Z の日次変化率は X の日次変化率と Y の日次変化率の和に等しい。）

23.13 問題23.12で，S&P 500指数（単位：ドル）とFTSE 100指数（単位：ポンド）の相関係数を0.7, S&P 500指数（単位：ドル）とドル／ポンド為替レートの相関係数を0.3, S&P 500指数の日次ボラティリティを1.6%と仮定する。このとき，S&P 500指数（単位：ドル）とドル換算のFTSE 100指数の相関係数はいくらになるか。（ヒント：三つの変数 X, Y, Z に対して，$X + Y$ と Z の共分散は，X と Z の共分散と Y と Z の共分散の和に等しい。）

23.14 (23.9)式のGARCH(1, 1)モデル $\sigma_n^2 = \omega + \alpha u_{n-1}^2 + \beta \sigma_{n-1}^2$ は，確率ボラティリティ・モデル $dV = a(V_L - V)dt + \xi V dz$ と等価であることを示せ。ただし，時間は日単位，V は資産価格のボラティリティの2乗，

$$a = 1 - \alpha - \beta, \quad V_L = \frac{\omega}{1 - \alpha - \beta}, \quad \xi = \alpha\sqrt{2}$$

である。また，時間を年単位とした場合の確率ボラティリティ・モデルはどのようになるか。(ヒント：変数 u_{n-1} は時間 Δt における資産価格の収益率であり，平均ゼロ，標準偏差 σ_{n-1} の正規分布に従うと仮定できる。また，正規分布のモーメント（積率）より，u_{n-1}^2 の平均と分散は，それぞれ σ_{n-1}^2 と $2\sigma_{n-1}^4$ である。)

23.15 23.8節の最後では四つの指数の例におけるVaRをモデル・ビルディング法を用いて計算した。それぞれの指数に250万ドルずつ投資するとすると，VaRの計算値はどのように変化するか，以下のそれぞれの場合について計算せよ。

(a) 均等加重を用い，ボラティリティと相関を推定する場合

(b) EWMAモデルに $\lambda = 0.94$ を適用し，同じものを推定する場合

著者のウェブサイトのスプレッドシートを利用せよ。

23.16 23.8節の最後の四つの指数の例でのEWMAの計算において λ を0.94から0.97に変更するとどうなるか。著者のウェブサイトのスプレッドシートを利用して計算せよ。

発展問題

23.17 昨日の取引終了時点における金の価格は600ドル，その日次ボラティリティの推定値は1.3%であった。本日の取引終了時点の価格は596ドルと仮定する。次のそれぞれにおいて，ボラティリティの推定値を更新せよ。

(a) EWMAモデルで $\lambda = 0.94$ とした場合

(b) GARCH(1, 1)で $\omega = 0.000002$，$\alpha = 0.04$，$\beta = 0.94$ とした場合

23.18 問題23.17で，昨日の取引終了時点における銀の価格は16ドル，その

日次ボラティリティの推定値は1.5%, 金との相関係数の推定値は0.8と仮定する。本日の取引終了時点における銀の価格は16ドルと変わらなかったとする。問題23.17の二つのモデルを用いて，銀のボラティリティおよび銀と金の相関係数を更新せよ。また，パラメータ ω を金と銀に対して同じ値とするのは，実際上問題のない仮定か述べよ。

23.19 いくつかの為替レートと株価指数に対する900日以上の日次データを含むExcelのスプレッドシートが，著者のウェブサイト:

www-2.rotman.utoronto.ca/~hull/data

からダウンロード可能である。為替レートと株価指数を一つずつ選び，$\sum_i (v_i - \beta_i)^2$ の値を最小にするEWMAモデルの λ の値を推定せよ。ただし，v_i は $i-1$ 日目の終わりに推定された分散，β_i は i 日目から $i+25$ 日目までのデータから計算された分散である。Excelのソルバーツールを用いて計算せよ。また，1日目の終わりにおける分散の予測値は，EWMA計算を始める日の収益率の2乗に等しいとせよ。

23.20 GARCH(1, 1) モデルのパラメータが，$\alpha = 0.03$, $\beta = 0.95$, $\omega = 0.000002$ であると仮定する。

(a) ボラティリティの長期平均はいくらか。

(b) 現在の日次ボラティリティを1.5%とすると，20日後，40日後，60日後のボラティリティの推定値はそれぞれいくらになるか。

(c) 満期20日，40日，60日のオプションの評価に用いるべきボラティリティはそれぞれいくらか。

(d) 現在の日次ボラティリティの値が0.5%から2%に上昇する出来事が発生したとする。このとき，20日後，40日後，60日後のボラティリティに与える影響を推定せよ。

(e) その出来事によって，満期20日，40日，60日のオプションの評価に用いるボラティリティはいくら増加するか推定せよ。

23.21 23.8節の最後の四つの指数の例では，ダウ平均，FTSE 100，CAC

40，そして日経225へ，それぞれ400万ドル，300万ドル，100万ドル，そして200万ドルを投資することを前提としている．それぞれへの投資が300万ドル，300万ドル，100万ドル，そして300万ドルだとするとVaRの計算値はどのように変化するか，以下のそれぞれの場合について計算せよ．

(a) 均等加重モデルを使用し，ボラティリティと相関を推定する場合
(b) EWMA モデルを使用する場合

また，EWMA において λ が0.94から0.90に変えた場合はどうなるか．著者のウェブサイトのスプレッドシートを利用せよ．

23.22 2005年7月27日から2010年7月27日のユーロ－米ドルの為替レートのデータから EWMA と GARCH(1, 1) 用のパラメータを推定せよ．データは筆者のウェブサイト：

www-2.rotman.utoronto.ca/~hull/data

から取得できる．

第24章

信用リスク

　いままで本書で述べてきたデリバティブの大半は市場リスクに関するものであった。本章では，金融機関にとってのもう一つの重要なリスクである信用リスクについて考える。ほとんどの金融機関は，信用リスクの計量化や管理に相当な資源を投入している。長年，規制当局は保有する信用リスクに応じた自己資本の維持を銀行に求めてきた。

　信用リスクは，資金の借り手やデリバティブ取引のカウンターパーティーがデフォルトする可能性から生じるものである。本章では，企業のデフォルト確率に対する多くのさまざまな推定方法について論じ，リスク中立世界と実世界におけるデフォルト確率の主な相違点を説明する。また，店頭市場で取引されるデリバティブに対する信用リスクの性質を考察し，信用リスクを軽減するために，デリバティブ・ディーラーが契約に盛り込む条項についても論じる。さらに，デフォルト相関，ガウシアン・コピュラ・モデル，およ

び信用バリュー・アット・リスクの推定についても触れる。

第25章ではクレジット・デリバティブについて論じ，本章で説明した信用リスクに対する考え方を用いて，それらの商品の評価を行う。

24.1　信用格付

MoodyʼsやS&P，Fitchのような格付機関は，社債の信用力を表す格付を付与する業務を行っている。Moodyʼsが付与する最高格付はAaaである。この格付をもつ債券はデフォルトの可能性がほとんどない，と考えられている。次に高い格付はAaであり，以下，A，Baa，Ba，B，Caa，Ca，そしてCと続く。そして，Baa以上の格付をもつ債券だけが投資適格（investment grade）とみなされている。一方，MoodyʼsのAaa，Aa，A，Baa，Ba，B，Caa，Ca，Cに相当するS&PとFitchの格付は，それぞれAAA，AA，A，BBB，BB，B，CCC，CC，Cである。さらに細かい格付を行うために，MoodyʼsはAaをAa1，Aa2，Aa3に，AをA1，A2，A3に，といった具合に分割している。同様に，S&PとFitchもAAをAA＋，AA，AA－に，AをA＋，A，A－に，といった具合に分割している。また，MoodyʼsのAaaとS&PとFitchのAAAには細分化された格付はなく，下から二つの格付も通常細分化されていない。

24.2　過去データに基づくデフォルト確率

表24.1は格付機関が作成するデータの典型的なものである。この表には，債券の20年間にわたるデフォルト率が当初の格付ごとに示されている。たとえば，格付Baaの債券が1年目の終わりまでにデフォルトする確率は0.177％，2年目の終わりまでにデフォルトする確率は0.495％，などのように与えられている。特定の1年間に債券がデフォルトする確率は，表から計算することができる。たとえば，格付Baaの債券が2年目の間にデフォルトする確率は$0.495-0.177=0.318\%$になる。

表24.1 Moody's による1970－2012年の平均累積デフォルト確率（%）

期間(年)	1	2	3	4	5	7	10	15	20
Aaa	0.000	0.013	0.013	0.037	0.106	0.247	0.503	0.935	1.104
Aa	0.022	0.069	0.139	0.256	0.383	0.621	0.922	1.756	3.135
A	0.063	0.203	0.414	0.625	0.870	1.441	2.480	4.255	6.841
Baa	0.177	0.495	0.894	1.369	1.877	2.927	4.740	8.628	12.483
Ba	1.112	3.083	5.424	7.934	10.189	14.117	19.708	29.172	36.321
B	4.051	9.608	15.216	20.134	24.613	32.747	41.947	52.217	58.084
Caa-C	16.448	27.867	36.908	44.128	50.366	58.302	69.483	79.178	81.248

表24.1をみると，投資適格債券については，1年間にデフォルトする確率は時間の増加関数になる傾向がある（たとえば，格付Aの債券が0－5年，5－10年，10－15年，15－20年にデフォルトする確率は，それぞれ0.870%，1.610%，1.775%，2.586%となっている）。これは，債券の発行体の信用力は当初高いと考えられているが，時間の経過とともに発行体の財務健全性が悪化する可能性は高まるからである。一方，低格付の債券については，デフォルト確率は時間の減少関数になることが多い（たとえば，格付Bの債券が0－5年，5－10年，10－15年，15－20年にデフォルトする確率は，それぞれ24.613%，17.334%，10.270%，5.867%となっている）。その理由は，低格付の債券の場合には，次の1，2年がデフォルトの危険性が高く，それを超えて発行体が長く生き残るほど，財務健全性が改善する可能性は高くなるからである。

ハザード・レート

表24.1より，格付Caa以下の債券が3年目にデフォルトする確率は36.908－27.867＝9.041%と求まる。これを無条件デフォルト確率（unconditional default probability）と呼ぶことにする。これは，現時点から3年目の1年間にデフォルトする確率である。債券が2年目の終わりまで存続する確率は100－27.867＝72.133%である。したがって，それまでにデフォルトし

ていないという条件付きでの3年目の1年間に債券がデフォルトする確率は0.09041/0.72133, すなわち12.53%になる。

いま計算した12.53%は, 期間1年に対する条件付デフォルト確率である。1年のかわりに微小時間Δtの期間に対して考える。時点tにおけるハザード・レート$\lambda(t)$を, それまでにデフォルトしていないという条件付きでの時点tから時点$t+\Delta t$までの間にデフォルトする確率が$\lambda(t)\Delta t$となるように定義する。

$V(t)$を企業が時点tまで存続する (すなわち, 時点tまでデフォルトしない) 累積確率とすると, 時点tから時点$t+\Delta t$までの間にデフォルトする条件付確率は$[V(t)-V(t+\Delta t)]/V(t)$になる。これは$\lambda(t)\Delta t$に等しいので,

$$V(t+\Delta t) - V(t) = -\lambda(t)V(t)\Delta t$$

となる。極限をとると,

$$\frac{dV(t)}{dt} = -\lambda(t)V(t)$$

となり,

$$V(t) = e^{-\int_0^t \lambda(\tau)d\tau}$$

が得られる。したがって, $Q(t)$を時点tまでにデフォルトする確率とすると, $Q(t) = 1 - V(t)$であるから,

$$Q(t) = 1 - e^{-\int_0^t \lambda(\tau)d\tau}$$

あるいは,

$$Q(t) = 1 - e^{-\bar{\lambda}(t)t} \tag{24.1}$$

が成り立つ。ここで$\bar{\lambda}(t)$は時点0から時点tまでの平均ハザード・レートである。ハザード・レートはデフォルト強度 (default intensity) とも呼ばれる。

24.3　回収率

企業が倒産すると，資金の貸し手はその企業の資産に対する債権の請求を行う[1]。債権者が債権の減免に応じて，その企業が再建されることもある。それ以外の場合には，破産管財人が資産を売却し，その売却代金を用いて可能な限り債権の弁済が行われる。一般的に，他の債権より優先される債権が存在し，優先債権のほうが弁済率は高い。

債券に対する回収率は，一般にデフォルトの数日後の債券の市場価格の額面に対する割合で定義される。表24.2は，債券に対する異なる種類ごとの平均回収率に関する過去データである。平均的な回収率は，他の債権者よりも優先される担保付きの債券（シニア担保付債）に対する51.6%から，他の債権者よりも下位であり担保権が劣る債券（ジュニア劣後債）に対する24.7%にわたっている。

表24.2　Moody's による社債の額面に対する回収率（1982–2012）

クラス	平均回収率（%）
シニア担保付（senior secured bond）	51.6
シニア無担保（senior unsecured bond）	37.0
シニア劣後（senior subordinated bond）	30.9
劣後（subordinated bond）	31.5
ジュニア劣後（junior subordinated bond）	24.7

回収率のデフォルト率への依存性

第8章で，2007年の信用危機から得られた一つの教訓として，住宅ローンの平均回収率は，そのデフォルト率と負の相関関係にあることをみた。住宅ローンのデフォルト率が上昇すれば，担保物件がより多く売りに出されることになるため，住宅価格は下落する。この結果として，回収率が低下する。

1　米国では債券保有者によって請求される債権額は，債券の額面に経過利子を加えたものである。

社債の平均回収率も，デフォルト率に対して同様の負の依存関係を示している[2]。たとえば，デフォルトする債券が少ない年には経済状態も通常よいため，デフォルトした債券の平均回収率は60％と高くなる一方，社債のデフォルト率が高い年には経済状態は通常悪いため，デフォルトした債券の平均回収率は30％と低くなる，といった具合である。この負の依存関係の結果として，デフォルト率に関して悪い年は回収率も通常低くなるため，債権者にとっては二重に悪い年になってしまう。

24.4 債券イールド・スプレッドからのデフォルト確率の推定

表24.1のような表は，デフォルト確率を見積もる一つの方法となる。他のアプローチとしては，債券イールド・スプレッドに注目するという手もある。債券のイールド・スプレッドとは，無リスク金利に対するイールドの超過幅である。そのイールドに対する超過幅がデフォルトの可能性に対する対価と仮定するのが普通である[3]。

満期 T 年の債券に対する債券イールド・スプレッドを年率 $s(T)$ としよう。これは，時点 0 から時点 T の間の債券に対する平均損失率がおおよそ年率 $s(T)$ であることを意味する。この期間における平均ハザード・レートを $\bar{\lambda}(T)$ とすれば，その平均損失率は $\bar{\lambda}(T)(1-R)$ と表すこともできる。ここで，R は推定回収率である。したがって，

$$\bar{\lambda}(T)(1-R) = s(T)$$

あるいは

$$\bar{\lambda}(t) = \frac{s(T)}{1-R} \qquad (24.2)$$

---

[2] E. I. Altman, B. Brady, A. Resti, and A. Sironi, "The Link between Default and Recovery Rates: Theory, Empirical Evidence, and Implications," *Journal of Business*, 78, 6 (2005): 2203-28を参照。

[3] この仮定は完全ではない。実際，社債の価格は流動性の影響を受ける。流動性が低くなるほど，債券の価格も低くなる。

が近似的に成立する。この近似は，多くの場面で非常に役立つ。

【例24.1】

　ある企業から発行された1年債，2年債，3年債のイールドが，それぞれ，150, 180, 195ベーシス・ポイントだけ無リスク金利よりも高いとする。回収率を40%と見積もれば，1年目に対する平均ハザード・レートは，(24.2)式から$0.0150/(1-0.4) = 0.025$となるので年率2.5%として与えられる。同様に，1年目と2年目の平均ハザード・レートは$0.0180/(1-0.4) = 0.030$より年率3.0%であり，3年間全体での平均ハザード・レートは$0.0195/(1-0.4) = 0.0325$より3.25%である。これらの結果より，2年目の平均ハザード・レートは$2 \times 0.03 - 1 \times 0.025 = 0.035$より3.5%であり，3年目の平均ハザード・レートは$3 \times 0.0325 - 2 \times 0.03 = 0.0375$より3.75%であることが示される。

債券価格との一致

　より正確な計算のため，ハザード・レートを債券価格と適合するように選ぶこともできる。このアプローチは，4.5節で述べたゼロクーポン・イールド・カーブを計算するためのブートストラップ法に似ている。$t_1 < t_2 < t_3 \cdots$として，満期t_iの債券を考えよう。最も短い満期の債券が，時点t_1までのハザード・レートの計算に使われる。次に短い満期の債券が，時点t_1とt_2の間のハザード・レートの計算に使われる，といった具合である。

【例24.2】

　無リスク金利をすべての満期に対して年率5%（連続複利）とし，1年債，2年債，3年債のイールドをそれぞれ6.5%，6.8%，6.95%とする（同じく連続複利）。（この設定は例24.1のデータと整合する。）それぞれの債券の額面は100ドルであり，クーポンは年2回払いで年率8%とする（クーポンは支払われた直後とする）。それぞれの債券のイールドから，その価格は101.33ドル，101.99ドル，102.47ドルとして計算される。もし債券が無リスクであるとすれば，債券価格は（キャッシュ・フローを

5％で割り引くことにより得られ）それぞれ102.83ドル，105.52ドル，108.08ドルとなる。これにより，1年債に対するデフォルトによる損失額の現在価値は，102.83ドル−101.33ドル ＝ 1.50ドルとなる。同様に，2年債と3年債に対するデフォルトによる損失額の現在価値は3.53ドルと5.61ドルとなる。ここで，i年目のハザード・レートを$\lambda_i (1 \leq i \leq 3)$，回収率を40％として，以下$\lambda_i$を求める。

まず1年債を考える。最初の6カ月間のデフォルト確率は$1 - e^{-0.5\lambda_1}$であり，それに続く6カ月間のデフォルト確率は$e^{-0.5\lambda_1} - e^{-\lambda_1}$である。デフォルトは，これら6カ月の時間幅の中心でのみ発生しうると仮定すると，起こりうるデフォルト時刻は3カ月後と9カ月後となる。よって，3カ月後における無リスク債券の（フォワード）価値は，

$$4e^{-0.05 \times 0.25} + 104e^{-0.05 \times 0.75} = 104.12\text{ドル}$$

となる。前節での回収率の定義により，もしこの債券がデフォルトすれば，その価値は40ドルとなる。よって，3カ月後にデフォルトが発生した場合の損失額の現在価値は，

$$(104.12 - 40)e^{-0.05 \times 0.25} = 63.33\text{ドル}$$

である。9カ月後の無リスク債券の価値は$104e^{-0.05 \times 0.25} = 102.71$ドルである。もしデフォルトすれば，債券価値は40ドルになる。よって，9カ月後にデフォルトが発生した場合の現在価値は，

$$(102.71 - 40)e^{-0.05 \times 0.75} = 60.40\text{ドル}$$

となる。これより，ハザード・レートλ_1は

$$(1 - e^{-0.5\lambda_1}) \times 66.33 + (e^{-0.5\lambda_1} - e^{-\lambda_1}) \times 60.40 = 1.50$$

を満たす必要があるので，これを（たとえば，Excelのソルバーなどを用いて）解くと$\lambda_1 = 2.46\%$となる。

次に，2年債を考える。1年債の分析から3カ月後と9カ月後のデフォルト確率はわかっている。2年目のハザード・レートは，債券の期待損失額の現在価値が3.53ドルとなるように計算される。3年債についても同様に計算する。これより，2年目と3年目のハザード・レートは3.48％と3.74％とわかる。（これら三つのハザード・レートは，例24.1で

(24.2) 式を用いて計算された値と非常に近い。）この計算を示したワークシートが著者のウェブサイト上にある。

無リスク金利

前述したデフォルト確率を計算する方法は，無リスク金利の選択に大きく依存する。例24.1のスプレッドは債券イールドと無リスク金利の差である。例24.2での債券価格からインプライされるデフォルトによる期待損失額の計算も，無リスク債券の価格の計算に依存する。債券トレーダーに利用されるベンチマークとなる無リスク金利は，通常，国債のイールドである。たとえば，債券トレーダーは債券のイールドを，対国債スプレッドが250ベーシス・ポイントである，と提示したりする。しかし，9.1節で論じたように，国債のイールドは無リスク金利の代替として使用するには低すぎる。

クレジット・デフォルト・スワップ（CDS）スプレッドについては7.12節で簡単に触れており，第25章でさらに詳細を論じることになるが，それを用いると無リスク金利に依存しないクレジット・スプレッドの推定値が得られる。多くの研究者が，債券イールドとCDSスプレッドを比較することによって無リスク金利を算出しようと試みている。インプライされる無リスク金利は，対応するLIBOR／スワップ・レートに近いことが示されている。たとえば，ある推定では，インプライされる無リスク金利はLIBOR／スワップ・レートよりおおよそ10ベーシス・ポイント下回る水準であるとしている[4]。

アセット・スワップ・スプレッド

実務では，信用リスクに関する計算を行う際に，無リスク金利のベンチマークとしてLIBOR／スワップ・レートがよく用いられる。アセット・ス

---

[4] J. Hull, M. Predescu, and A. White, "The Relationship between Credit Default Swap Spreads, Bond Yields, and Credit Rating Announcements," *Journal of Banking and Finance*, 28 (November 2004): 2789–2811を参照。

ワップ・スプレッドはLIBOR／スワップ・カーブに対する社債のイールド・スプレッドを直接推定する値として役立つ。

アセット・スワップの仕組みについて説明するために、ある債券に対するアセット・スワップ・スプレッドが150ベーシス・ポイントと提示されている状況を考えよう。このとき、次の三つの状況が考えられる。

1. 債券がパーである100で売られているとする。その場合、スワップの片側（企業Aとする）は債券のクーポンを支払い、もう片側（企業Bとする）はLIBOR＋150ベーシス・ポイントを支払う。交換されるクーポンは約束されたものであり、債券のデフォルトの有無に関係なく交換は行われる。

2. 債券がパーを下回る、たとえば95で売られているとする。その場合、スワップは企業Aがクーポンの支払に加えて、元本100ドル当り5ドルを最初に支払うように組まれている。企業BはLIBOR＋150ベーシス・ポイントを支払う。

3. 債券がパーを上回る、たとえば108で売られているとする。その場合、企業BがLIBOR＋150ベーシス・ポイントに加えて、元本100ドル当り8ドルを最初に支払うように組まれている。企業Aはクーポンを支払う。

これらすべての状況に対して、アセット・スワップ・スプレッドの現在価値は、無リスク金利がLIBOR／スワップ・カーブで与えられると仮定して計算した同じ条件の無リスク債券の価格が社債の価格を上回る金額に等しい（練習問題24.20を参照）。この結果は例24.2のような計算に対して有用である。

24.5 デフォルト確率の推定結果に関する比較

過去データから推定されるデフォルト確率は債券イールド・スプレッドから導出されるものより通常かなり小さい。2007年半ばに始まった信用危機の間、これらの差はとりわけ大きかった。これは、いわゆる危機の最中の"質への逃避"によるためである。すべての投資家が国債のような安全な債券を

望んだのである。社債価格が下落し，そのイールドは上昇した。それら債券のクレジット・スプレッドは上昇し，(24.2)式のような計算では，デフォルト確率は非常に高く推定されることになった。

表24.3は過去データにより計算されたデフォルト確率と，クレジット・スプレッドからインプライされた値の差を示している。信用危機による過度な影響を避けるため，債券イールド・スプレッドによる推定値を計算する際には，信用危機前のデータのみを使用している。

表24.3の2番目の列は，表24.1の7年の列に基づいている。(7年の列を使っているのは，後で取り上げる債券の満期が約7年であるため。) この計算を示すと，(24.1)式より，

$$\bar{\lambda}(7) = -\frac{1}{7}\ln[1-Q(7)]$$

である。ここで，$\bar{\lambda}(t)$は時点tまでの平均ハザード・レート，$Q(t)$は時点tまでの累積デフォルト確率である。$Q(7)$の異なる格付カテゴリーに対する値は表24.1から得られる。たとえば，格付Aの企業を考えると，$Q(7)$の値は0.01441である。したがって，7年間の平均ハザード・レートは，

$$\bar{\lambda}(7) = -\frac{1}{7}\ln(1-0.01441) = 0.0021$$

すなわち0.21％となる。

表24.3 期間7年の平均ハザード・レート（年率％）

格付	過去データからのハザード・レート	債券価格からのハザード・レート	比	差
Aaa	0.04	0.60	17.0	0.56
Aa	0.09	0.73	8.2	0.64
A	0.21	1.15	5.5	0.94
Baa	0.42	2.13	5.0	1.71
Ba	2.17	4.67	2.1	2.50
B	5.67	8.02	1.4	2.35
Caa 以下	12.50	18.39	1.5	5.89

(24.2)式とメリルリンチが公表している債券イールドに基づいて，債券価格からの平均ハザード・レートを計算する。計算結果は1996年12月～2007年6月までの平均値である。回収率は40％と仮定する。メリルリンチが公表する債券の満期はおおよそ7年である。(このため，表24.1から過去のデフォルト確率を計算する際に7年の列に注目したのである。) 債券イールド・スプレッドを計算するために，前節で説明した理由により，無リスク金利は7年物スワップ・レートから10ベーシス・ポイント引いた値とする。たとえば，格付Aの債券に対してメリルリンチが公表している平均イールドは5.995％である。7年の平均スワップ・レートは5.408％だったので，平均無リスク金利は5.308％である。したがって，期間7年の平均ハザード・レートは，

$$\frac{0.05995 - 0.05308}{1 - 0.4} = 0.0115$$

すなわち1.15％と求まる。

表24.3からわかるように，債券価格から計算されたハザード・レートと過去データから計算されたハザード・レートの比は，投資適格な企業に対しては非常に高く，信用度が低くなるにつれて小さくなる傾向がみられる[5]。また，二つのハザード・レートの差は，信用度が低くなるにつれて大きくなる傾向がある。

表24.4はこれらの結果に対する別の見方をまとめたもので，異なる格付ごとに，債券に投資した場合の無リスク金利（7年物スワップ・レートから10ベーシス・ポイント引いたもの）に対する超過収益率が示されている。再び格付Aの債券について考える。そのイールドの対7年国債スプレッドの平均は111ベーシス・ポイントである。そのうち42ベーシス・ポイントは7年物国債イールドと無リスク金利のかわりに使用している金利との平均スプレッドで説明される。また，12ベーシス・ポイントのスプレッドは期待デフォルトの対価として必要なものである。(これは，表24.3の過去のハザード・レート

---

[5] 表24.3と表24.4は，J. Hull, M. Predescu, and A. White, "Bond Prices, Default Probabilities, and Risk Premiums," *Journal of Credit Risk*, 1, 2 (Spring 2005)：53-60の結果を更新したものである。

表24.4 債券の期待超過収益率（ベーシス・ポイント）

格付	債券イールドの対国債スプレッド	無リスク金利の対国債スプレッド	過去のデフォルト実績に対するスプレッド	超過収益率
Aaa	78	42	2	34
Aa	86	42	5	39
A	111	42	12	57
Baa	169	42	25	102
Ba	322	42	130	150
B	523	42	340	141
Caa	1146	42	750	354

に0.6を掛けることで，回収を考慮したものである。）これらから，（期待デフォルト考慮後の）超過収益率は57ベーシス・ポイントになる。

表24.3と表24.4から，デフォルト確率の推定値における大きな差は，債券の超過収益率でみると小さい（しかし重要な）ものであることがわかる。格付Aaaの債券では，二つのハザード・レートの比は17.0であるが，超過収益率はわずか34ベーシス・ポイントである。信用度が低くなるにつれて超過収益率は増大する傾向にある[6]。

表24.4の超過収益率は時間とともに変化する。信用スプレッドは，2001年，2002年，および2003年の前半は高く，したがって超過収益率も高かったが，その後は，信用収縮までかなり低い水準であった。

実世界の確率とリスク中立確率

クレジット・スプレッドからインプライされるデフォルト確率あるいはハザード・レートは，リスク中立下での推定値である。それらは，信用リスクのあるリスク中立世界において，期待キャッシュ・フローを計算するために使われる。キャッシュ・フローの価値は，期待キャッシュ・フローを無リスク金利で割り引くリスク中立化法により得られる。例24.2は，これをデフォ

---

[6] 表24.3と表24.4では，格付Bの債券に対する結果は全体のパターンと逆になっている。

ルト・コストの計算に適用したものである。次章では,さらなる適用例を示す。

過去データから計算されるデフォルト確率あるいはハザード・レートは実世界での（"自然の（physical）"と呼ばれる場合もある）デフォルト確率である。表24.3はリスク中立デフォルト確率が実世界のデフォルト確率よりもかなり高いことを示している。表24.4の期待超過収益率は実世界とリスク中立世界でのデフォルト確率の差から直接生じている。もし期待超過収益が存在しなければ,実世界とリスク中立世界でのデフォルト確率は同じになり,その逆も成り立つ。

実世界とリスク中立世界でのデフォルト確率が大きく異なるのはなぜだろうか。これまでの議論からわかるように,これは,社債トレーダーが平均的に無リスク金利以上に稼ぐのはなぜか,という問いと同じである。

一つのよくいわれる理由は,社債は相対的に流動性が低いため,債券に求められる収益率はデフォルト・リスクの見合いより高くなるというものである。これは正しいが,それだけでは表24.4の結果を完全に説明するものではないことが研究によって示されている[7]。債券トレーダーの主観的なデフォルト確率のほうが,表24.1で与えられるデフォルト確率よりも非常に高いことが,もう一つの理由として考えられる。債券トレーダーは過去データがカバーする期間よりも,もっと悪い景気のシナリオまで想定しているのかもしれない。しかし,これによって観測される超過収益率の大部分を説明できるか確かめることはむずかしい。

表24.3および表24.4の結果が得られる最も重要な理由として,各債券のデフォルトは独立事象ではないということがあげられる。デフォルト率には,非常に低い時期と非常に高い時期がある。異なる年のデフォルト率をみれば,このことがわかる。Moody'sの統計によれば1970年以降1年当りのデ

---

[7] たとえば,J. Dick-Nielsen, P. Feldhütter, and D. Lando, "Corporate Bond Liquidity before and after the Onset of the Subprime Crisis," *Journal of Financial Economics*, 103, 3 (2012), 471-92では,多くの異なった流動性の尺度と債券取引の大規模なデータベースを使用して,クレジット・スプレッドに占める流動性の要素は比較的小さいことを示している。

フォルト率は，1979年の最低値0.09％から，2001年と2009年のそれぞれ3.97％と5.35％といった高い範囲にまでわたっている。このデフォルト率の年ごとの変動はシステマティック・リスク（分散除去できないリスク）となるので，債券トレーダーはこのリスクへの対価として期待超過収益を稼ぐことになる。（このことは，株式の保有者が得る超過期待収益が，CAPMによって計算されることに似ている。第3章の付録をみよ。）年ごとのデフォルト率の変化は経済全体の状況の変化から生じるものであり，一つの企業の倒産が別の企業の倒産を引き起こす連鎖反応的な影響もあるであろう。（研究者の間では，後者は"信用の伝染（credit contagion）"と呼ばれている。）

いま述べたシステマティック・リスクに加えて，各債券には非システマティック・リスク（銘柄固有のリスク）がある。株式の場合には，たとえば30銘柄のポートフォリオを選択することによって，投資家は非システマティック・リスクをかなりの程度分散除去できる，という主張がなされるだろう。したがって，非システマティック・リスクに対するリスク・プレミアムは要求されないことになる。しかし債券の場合には，このことはあまり明らかなことではない。債券の収益率は，上限があるためかなりゆがんだものになっている。（たとえば個別の債券では，デフォルトしない場合とした場合に対応して，年間の収益率は99.75％の確率で7％，0.25％の確率で−60％といった感じになる。）このタイプのリスクは"分散除去"がむずかしい[8]。分散には非常に多くの銘柄が必要となる。実際，多くの債券ポートフォリオは十分に分散されている状態には程遠い。その結果，債券トレーダーは前のパラグラフで述べたシステマティック・リスクに加えて，非システマティック・リスクに対しても超過収益率を要求することになるだろう。

どの推定デフォルト確率を用いるべきか

以上のことをふまえると，信用リスクの分析では実世界とリスク中立世界でのデフォルト確率のどちらを使うべきか，ということが当然問題になる。

---

[8] J. D. Amato and E. M. Remolona, "The Credit Spread Puzzle," *BIS Quarterly Review*, 5 (Dec. 2003): 51-63を参照。

それは分析の目的によって決まってくる。クレジット・デリバティブの価値や商品の価格付けへのデフォルト・リスクの影響を評価する際には，リスク中立デフォルト確率を用いるべきである。その理由は，分析には将来の期待キャッシュ・フローの現在価値計算を伴い，その際にほぼ間違いなくリスク中立化法が（暗黙的にせよ明示的にせよ）用いられるからである。一方，デフォルトにより将来発生しうる潜在的な損失を計算するためのシナリオ分析では，実世界でのデフォルト確率を用いるべきである。

24.6 株価を用いたデフォルト確率の推定

表24.1のような表を用いて企業の実世界でのデフォルト確率を推定する場合には，その企業の信用格付が必要になる。残念なことに，信用格付の見直し頻度は比較的少ない。そのため，株価にはデフォルト確率を推定するためのより最新の情報が含まれていると主張するアナリストもいる。

1974年に，Merton は企業の株式がその企業の資産に対するオプションであるというモデルを提案した[9]。簡単のため，満期 T のゼロクーポン債を1銘柄だけ発行している企業を考える。ここで，

V_0：現時点での企業の資産価値

V_T：時点 T における企業の資産価値

E_0：現時点での企業の株式の価値

E_T：時点 T における企業の株式の価値

D：時点 T に返済する負債額

σ_V：資産のボラティリティ（一定と仮定する）

σ_E：株式の瞬間ボラティリティ

と定義する。$V_T < D$ のときは，時点 T において企業は負債の債務を履行しないとするのが（少なくとも理論的には）合理的である。このとき，株式の価値はゼロになる。$V_T > D$ のときは，時点 T において企業は負債を返

---

[9] R. Merton, "On the Pricing of Corporate Debt: The Risk Structure of Interest Rates," *Journal of Finance*, 29 (1974): 449-70を参照。

済し，このときの株式の価値は V_T-D になる．したがって，Merton モデルでは時点 T における企業の株式の価値は，

$$E_T = \max(V_T-D, 0)$$

になる．このことより，株式は負債の返済額を行使価格とする資産価値に対するコール・オプションであることがわかる．Black–Scholes–Merton の公式を用いると，現時点における株式の価値は，

$$E_0 = V_0 N(d_1) - De^{-rT} N(d_2) \tag{24.3}$$

で与えられる．ここで，

$$d_1 = \frac{\ln(V_0/D) + (r+\sigma_V^2/2)T}{\sigma_V\sqrt{T}}, \quad d_2 = d_1 - \sigma_V\sqrt{T}$$

である．また，現時点における負債の価値は V_0-E_0 である．

企業が負債の債務を履行しないリスク中立確率は $N(-d_2)$ である．これを計算するためには V_0 と σ_V が必要となるが，これらはどちらも直接観測できない．しかし，企業の株式が上場されている場合には，E_0 は観測することができる．したがって，(24.3)式は，V_0 と σ_V が満たすべき一つの条件式になる．また，σ_E は過去データやオプション価格から推定できる．伊藤の補題より，

$$\sigma_E E_0 = \frac{\partial E}{\partial V} \sigma_V V_0 = N(d_1) \sigma_V V_0 \tag{24.4}$$

が得られる．この式が，V_0 と σ_V が満たすべきもう一つの条件式になる．(24.3)式と(24.4)式からなる連立方程式を解くと，V_0 と σ_V の値が得られる[10]．

【例24.3】

ある企業の株式の価値は300万ドルで，株式のボラティリティは80％とする．1年後に返済する負債額は1,000万ドルで，無リスク金利は年率5％とする．この場合，$E_0 = 3$，$\sigma_E = 0.80$，$r = 0.05$，$T = 1$，および $D = 10$ である．(24.3)式と(24.4)式を解くと，$V_0 = 12.40$ と

---

[10] $F(x, y) = 0$ と $G(x, y) = 0$ からなる二つの非線形方程式を解くには，Excel のソルバーを用いて，$[F(x, y)]^2 + [G(x, y)]^2$ を最小化する x と y をみつければよい．

$\sigma_V = 0.2123$が得られる。パラメータd_2は1.1408となるので,デフォルト確率はN$(-d_2) = 0.127$,すなわち12.7%になる。負債の市場価値は$V_0 - E_0$,すなわち9.40になる。負債の債務額の現在価値は$10e^{-0.05 \times 1} = 9.51$である。したがって,負債に対する期待損失は$(9.51 - 9.40)/9.51$,すなわち債務不履行がないとした場合の負債の価値の約1.2%になる。期待損失(EL:expected loss)は,デフォルト確率(PD:probability of default)に1−回収率を掛けた値に等しい。よって,回収率は1−EL/PDとなる。このケースでは,回収率は1−1.2/12.7,すなわち債務不履行がないとした場合の負債の価値の約91%となる。

これまで説明した基本的なMertonモデルは,さまざまな方法で拡張されてきた。たとえば,企業の資産価値があるバリア水準を下回ったときにデフォルトが起きると仮定する拡張があり,また別の拡張では,負債の返済が複数回あることを仮定している。

Mertonモデルおよびその拡張から求められるデフォルト確率は,実際のデフォルトとどのように対応しているであろうか。Mertonモデルおよびその拡張は(リスク中立世界または実世界での)デフォルト確率のよい序列を与えてくれる,というのがその答えである。このことは,単調な変換を用いて,Mertonモデルによるデフォルト確率から実世界およびリスク中立世界でのデフォルト確率のよい推定値を得ることが可能であることを意味している[11]。理論的には(オプションをプライシングするモデルから計算されるので)リスク中立デフォルト確率である$N(-d_2)$を,実世界のデフォルト確率を推定するのに用いるのは奇妙にみえるかもしれない。しかし,さきほど述べたキャリブレーションのプロセスの性質を考えれば,さまざまな企業に対するリスク中立デフォルト確率の序列は,実世界のデフォルト確率の序列と同じ

---

[11] Moody's KMV は,Merton モデルによって得られたデフォルト確率を実世界でのデフォルト確率(Moody's KMV はこれを EDF(expected default frequency)と呼んでいる)に変換するサービスを提供している。また,CreditGrades は Merton モデルを用いて,リスク中立デフォルト確率に密接なつながりのある,クレジット・スプレッドの推定を行っている。

である.

24.7 デリバティブ取引における信用リスク

この節では,二者間で清算されるデリバティブ取引の信用リスクがどのように計量化されるか述べる.通常,二者間で清算されるデリバティブは,ISDA (International Swaps and Derivatives Association) マスター契約 (Master Agreement) によって規定される.マスター契約において,重要な条項の一つがネッティングである.これにより,すべての残存する取引は,(a)デフォルト事由発生時における清算額の計算,(b)差し入れられるべき担保の計算,の目的において一つの取引として扱われる.

マスター契約は,デフォルト事由 (event of default) が発生する状況について定義している.たとえば,片方が残存するデリバティブ取引の支払を行えなかった場合や,必要な担保を差し入れられなかった場合,破産を宣言した場合に,デフォルト事由は発生することになる.もう一方は,すべての残存する取引を終了させる権利をもつ.デフォルトしていない当事者が,損失を被る可能性がある状況は以下の二つの場合である.

1. デフォルトしていない当事者にとっての取引の総価値が正であり,それが(もしあれば)デフォルトした当事者によって差し入れられている担保よりも大きい場合.この場合,デフォルトしていない当事者は,その取引価値のうち担保されていない部分に対する無担保債権者となる.
2. デフォルトした当事者にとっての取引の総価値が正であり,それよりもデフォルトしていない当事者から差し入れられていた担保のほうが大きかった場合.この場合,デフォルトしていない当事者は,差し入れた超過担保に対する無担保債権者となる.

なお,ここでの議論では,デフォルト当事者と行っていた取引を置き換える際にデフォルトしていない側が被ることとなるビッド・オファー・スプレッド・コストについては無視する.

CVA と DVA

CVA と DVA については第 9 章で紹介した。銀行のカウンターパーティーに対する CVA (credit value adjustment) とは，そのカウンターパーティーがデフォルトすることによってその銀行が被る期待費用の現在価値である。銀行の DVA (debit (あるいは debt) value adjustment) は，その銀行がデフォルトすることによって，カウンターパーティーが被ることになる期待費用の現在価値である。デフォルト時には，締結しているデリバティブから要求される支払を行わなくてすむ場合があるので，銀行にデフォルトの可能性があることはその銀行にとって益となる。よって，DVA はカウンターパーティーにとっての費用ではあるが，銀行にとっては益となるのである。

残存取引のノー・デフォルト・バリューは，どちらの側もデフォルトしないと仮定した場合の価値である。(Black–Scholes–Merton のようなデリバティブ・プライシング・モデルはノー・デフォルト・バリューを算出する。) カウンターパーティーと締結している残存するデリバティブ取引に対する銀行にとってのノー・デフォルト・バリューを f_{nd} とすれば，起こりうるデフォルトを考慮した残存取引価値は，

$$f_{\mathrm{nd}} - \mathrm{CVA} + \mathrm{DVA}$$

と表される。銀行とカウンターパーティー間の残存するデリバティブのうち最長の満期を T 年とする。第 9 章で説明したとおり，時点 0 から時点 T の区間を N 個の区間に分割すると，CVA と DVA は次のように推定される。

$$\mathrm{CVA} = \sum_{i=1}^{N} q_i v_i, \quad \mathrm{DVA} = \sum_{i=1}^{N} q_i^* v_i^*$$

ここで，q_i は i 番目の区間においてカウンターパーティーがデフォルトするリスク中立確率，v_i はカウンターパーティーが i 番目の区間の中間点でデフォルトした場合に銀行が被る期待損失の現在価値，q_i^* は i 番目の区間において銀行がデフォルトするリスク中立確率，v_i^* は銀行が i 番目の区間の中間点でデフォルトした場合にカウンターパーティーが被る期待損失（銀行にとっては益となる）の現在価値である。

最初に q_i の計算について考えよう。将来キャッシュ・フローを評価し，

（暗黙的に）リスク中立化法を用いているので（24.5節を参照），q_i はリスク中立デフォルト確率となるべきである。i 番目の区間の終わりの時点を t_i とすれば，q_i は時点 t_{i-1} から時点 t_i の間にカウンターパーティーがデフォルトするリスク中立確率である。まず，異なる満期に対するカウンターパーティーのクレジット・スプレッドを推定する。次に，補間を用いて満期 t_i（$1 \leq i \leq N$）に対するカウンターパーティーのクレジット・スプレッドの推定値 $s(t_i)$ を求める。(24.2)式より，カウンターパーティーの時点0から時点 t_i における平均ハザード・レートの推定値は $s(t_i)/(1-R)$ となる。ここで，R はカウンターパーティーのデフォルト事由発生時に期待される回収率である。(24.1)式より時点 t_i までにカウンターパーティーがデフォルトしない確率は，

$$\exp\left(-\frac{s(t_i)t_i}{1-R}\right)$$

である。これより，

$$q_i = \exp\left(-\frac{s(t_{i-1})t_{i-1}}{1-R}\right) - \exp\left(-\frac{s(t_i)t_i}{1-R}\right)$$

が i 番目の区間でカウンターパーティーがデフォルトする確率となる。確率 q_i^* は銀行のクレジット・スプレッドから同様に計算される。

次に，担保が差し入れられてなかったと仮定して，v_i を計算する。これには通常，かなり長い計算時間のかかるモンテカルロ・シミュレーションが必要となる。ディーラーとカウンターパーティーの間で残存する取引のノー・デフォルト・バリューを決めるための市場変数が，リスク中立世界で時点0から時点 T の間においてシミュレーションされる。シミュレーションの各試行では，各区間の中間点でカウンターパーティーに対する銀行のエクスポージャーが計算される。そのエクスポージャーは，V を銀行にとっての取引の総価値とすれば，$\max(V, 0)$ となる。（もし，銀行にとっての取引の総価値が負であれば，エクスポージャーはないことになる。もし，その価値が正であれば，エクスポージャーはその正の価値となる。）変数 v_i は，すべての試行に対する平均エクスポージャーの現在価値に1−回収率を掛けた値となる。変数

v_i^* は，カウンターパーティーの銀行に対するエクスポージャーから同様に計算される．

銀行とカウンターパーティーとの間に担保契約がある場合には，v_i の計算はさらに複雑になる．シミュレーションの各試行において，デフォルト事由が発生した場合には，i 番目の区間の中間点において各々の当事者が保有している担保額を推定しなければならない．この計算では，デフォルトの c 日前にはカウンターパーティーは担保を差し入れるのを停止し，保有している超過担保の返還も行わないことが通常仮定される．このパラメータ c は，典型的には10日あるいは20日であるが，キュア・ピリオド（cure period）あるいはマージン・ピリオド・オブ・リスク（margin period of risk）といわれる．デフォルト事由の発生時に区間の中間点で保持される担保を知るためには，c 日前の取引の価値を計算する必要がある．次の例で，エクスポージャーが計算される方法を示す．期待損失の現在価値 v_i は，無担保の場合のシミュレーションにおける，すべての試行に対する平均エクスポージャーから計算される．銀行に対するカウンターパーティーの平均エクスポージャーについて同様の分析を行うことで，v_i^* が得られる．

【例24.4】

銀行とカウンターパーティーとの間で，双方向（two-way）で信用極度額がゼロ（zero-threshold）の担保契約を締結したとする．これにより，各当事者は相手方に $\max(V, 0)$ の担保を差し入れることが要求される．ここで V は，相手方にとっての残存取引の価値である．キュア・ピリオドは20日間とする．銀行の CVA 計算に用いられるある区間の中間点を時点 τ とする．

1. シミュレーションのある試行で，時点 τ における銀行にとっての残存取引の価値が50であり，その20日前の価値は45であったとする．この場合，デフォルト事由が発生した時点 τ において，銀行は45の価値の担保を保有していると計算上は仮定される．よって，銀行のエクスポージャーは，これらのデリバティブ取引における無担保部分の価値である5となる．

2．シミュレーションのある試行で，時点 τ における銀行にとっての残存取引の価値が50であり，その20日前の価値は55であったとする。この場合，銀行は十分な担保を保持していたと仮定され，そのエクスポージャーはゼロとなる。

3．シミュレーションのある試行で，時点 τ における銀行にとっての残存取引の価値が－50であり，その20日前の価値は－45であったとする。この場合，デフォルト事由が発生した時点 τ において，銀行は50に満たない担保を差し入れていたと仮定されることになり，そのエクスポージャーはゼロとなる。

4．シミュレーションのある試行で，時点 τ における銀行にとっての残存取引の価値が－50であり，その20日前の価値は－55であったとする。この場合，時点 τ の20日前にカウンターパーティーは55の担保を保有しており，デフォルト事由が発生した時点 τ において返還されないと仮定される。それゆえ，銀行のエクスポージャーは，差し入れていた超過担保分の5となる。

CVAの計算に加え，銀行は各々の区間の中間点におけるピーク・エクスポージャー（peak exposure）も計算するのが普通である。これは，モンテカルロ・シミュレーションの試行によって得られるエクスポージャーのパーセンタイル値である。たとえば，パーセンタイル値を97.5％，モンテカルロの試行回数を10,000回とすると，ある中間点のピーク・エクスポージャーは，その時点における上から250番目に高いエクスポージャーとなる。最大ピーク・エクスポージャーは，すべての中間点におけるピーク・エクスポージャーの最大値となる[12]。

銀行は通常，すべての市場変数について試行されたすべてのパスと，各パスで計算されたすべての評価値を記録する。これにより，新規取引がCVA

---

[12] これには（通常，無視されることではあるが）理論的な問題がある。ピーク・エクスポージャーはシナリオ分析による尺度なので，リスク中立下ではなく実世界でのデフォルト確率の推定値を用いて計算されるべきである。

とDVAに与える影響を比較的速やかに計算できるようになる。新規取引がCVAとDVAに与える追加的な影響を決めるには，各試行のパスに対して新規取引の価値のみを計算すればよい。もし新しい取引の価値が既存取引と正の相関をもつならば，CVAとDVAは増加することになるであろう。もし，負の相関をもつならば（たとえば，完全に，あるいは部分的に既存取引を打ち消すような取引であるならば），その新規取引はCVAとDVAを減少させることになるであろう。

いままでみてきたCVAの計算手法では，カウンターパーティーのデフォルト確率と銀行のエクスポージャーは独立と仮定している。これは多くの状況で妥当な仮定である。トレーダーは，デフォルト確率がエクスポージャーと正の相関関係をもつような状況を誤方向リスク（wrong-way risk）という言葉を用いて表現し，デフォルト確率がエクスポージャーと負の相関をもつような状況については順方向リスク（right-way risk）という言葉で表現する。デフォルト確率とエクスポージャーの依存性を表現するために，いままで述べてきたよりも，もっと複雑なモデルも開発されている。

銀行は，各カウンターパーティーに対して一つのCVAと一つのDVAをもつ。CVAとDVAは，市場変数やカウンターパーティーのクレジット・スプレッド，そして銀行のクレジット・スプレッドが変化したときにその価値が変化するデリバティブとみなすことができる。CVAとDVAのリスクは，他のデリバティブのリスクと同様に，グリークス計算やシナリオ分析等を用いて管理されることが多い。

信用リスクの削減

銀行が二者間で清算される取引の信用リスクを削減するために用いる方法は多くある。すでに述べたように，その一つはネッティングである。ある銀行が，三つの無担保取引をあるカウンターパーティーと締結しており，その価値が$+1{,}000$万ドル，$+3{,}000$万ドル，$-2{,}500$万ドルであったとしよう。もしこれらを独立した取引としてみなすならば，これら取引に対する銀行のエクスポージャーは，$1{,}000$万ドル，$3{,}000$万ドル，0ドルとなり，合計エク

スポージャーは4,000万ドルとなる。ネッティングすれば、それら取引は1,500万ドルの価値の単一の取引とみなされることになり、エクスポージャーは4,000万ドルから1,500万ドルへと軽減されることになる。

担保契約は、重要な信用リスク削減手法である。担保は現金（担保として差し入れた場合には付利される）か市場性のある証券のいずれかとなる。後者の市場価格は、担保目的としての現金相当額を計算する際に一定割合減じられることもある。この削減はヘアカット（haircut）と呼ばれる。デフォルト事由発生時には、デリバティブ取引は優遇される。デフォルトしていない当事者は、デフォルトした当事者から差し入れられたいかなる担保も保持できる権利が与えられている。時間がかかり費用も高くつく法的な手続は、通常は不要である。

金融機関が利用するもう一つの信用リスク削減手法に、ダウングレード・トリガー（downgrade trigger）として知られるものがある。これは、カウンターパーティーの信用格付がある一定水準、たとえばBBBを下回った場合に、金融機関がそのときの市場価値ですべての残存デリバティブ契約を解約できる選択権をもつというマスター契約の条項である。ダウングレード・トリガーは、カウンターパーティーの信用格付が比較的大きくジャンプした場合（たとえば、格付Aからデフォルトした場合）には信用リスクの保護の役目を果たさない。また、ダウングレード・トリガーはそれをあまり多用していない場合においてのみ、うまく機能する。一つの企業がカウンターパーティーに対して大量のダウングレード・トリガーを保有している場合には、その条項はそれらのカウンターパーティーに対する信用リスクの保護にはほとんどならない（ビジネス・スナップショット24.1を参照）。

ビジネス・スナップショット24.1

ダウングレード・トリガーとエンロンの破綻

2001年12月、米国大手企業の一つであるエンロン（Enron）が破綻した。破綻の数日前までは投資適格の信用格付が付与されていた。デフォルト直前のMoody'sの格付はBaa3、S&Pの格付はBBB−であったが、

エンロンの株価が破綻までの期間に急落したことから，株式市場では倒産はある程度予見されていた。24.6節で説明したようなモデルによる倒産確率の推定値はこの期間に急激に上昇した。

エンロンは，ダウングレード・トリガー付きのデリバティブ取引を大量に締結していた。このダウングレード・トリガーは，信用格付が投資適格を下回った場合（たとえば，Baa3/BBB− を下回った場合）に，カウンターパーティーが取引の解約権をもつという条項であった。たとえば，2001年10月にエンロンが投資適格を下回る水準に格下げになったとしよう。そのとき，カウンターパーティーが解約を選択する取引は，エンロンからみた価値が負（すなわち，カウンターパーティーからみた価値が正）になっている契約である。したがって，エンロンはカウンターパーティーに対して巨額の現金支払を求められることになったであろう。そして，それに応じることができず，即座に破綻となったであろう。

この例から，ダウングレード・トリガーは比較的利用されていない場合においてのみ，信用リスクに対する保護になることがわかる。企業がダウングレード・トリガー付契約を大量に締結している場合には，その条項は実際には破綻の時期を不要に早める働きをすることになる。エンロンの場合には，いずれにしても破綻していたはずなので，それを2カ月早めたところで，より悪い結果にはならなかったと主張することもできるだろう。しかし実際には，2001年10月時点ではエンロンには生き残れる可能性があった。生き残りをかけて，別のエネルギー会社であるダイナジーとの交渉を成功させようとしていた。したがって，2001年10月に破綻に追い込んだとしたら，それは債権者にとって，あるいは株主にとっても望ましいことではなかったであろう。

格付機関はむずかしい立場に置かれていることがわかった。エンロンを格下げして財務状態が悪化していることを認定すれば，死刑執行令状に署名したことになり，格下げしなければ，エンロンに生き延びるチャ

ンスを与えたことになったからである。

特別なケース

この節では，CVAがモンテカルロ・シミュレーションを用いずに計算できる二つの特別なケースについて考える。

最初の特別なケースは，銀行とカウンターパーティーの間のポートフォリオには，時点Tで銀行に対してペイオフを生む単一の無担保のデリバティブしかないという状況である。（たとえば，銀行がカウンターパーティーから残存期間Tのヨーロピアン・オプションを購入していた場合が考えられる。）将来時点での銀行にとってのエクスポージャーは，その時点でのデリバティブのノー・デフォルト・バリューとなる。したがって，そのエクスポージャーの現在価値は，デリバティブの将来価値を現在価値としたものとなる。これはデリバティブの現時点でのノー・デフォルト・バリューとなるので，すべてのiに対して

$$v_i = f_{\mathrm{nd}}(1-R)$$

となる。ここで，f_{nd}は現時点でのデリバティブのノー・デフォルト・バリューであり，Rは回収率である。これにより，

$$\mathrm{CVA} = (1-R)f_{\mathrm{nd}}\sum_{i=1}^{N} q_i$$

が示される。このケースではDVA＝0なので，信用リスクを加味した現時点でのデリバティブ価値fは

$$f = f_{\mathrm{nd}} - (1-R)f_{\mathrm{nd}}\sum_{i=1}^{N} q_i \tag{24.5}$$

となる。ここで，カウンターパーティーが発行する満期T年のゼロクーポン債というデリバティブについて考えよう。債券とデリバティブの回収率が同じであると仮定すれば，債券の価値Bは

$$B = B_{\mathrm{nd}} - (1-R)B_{\mathrm{nd}}\sum_{i=1}^{N} q_i \tag{24.6}$$

となる。ここで，B_{nd}は債券のノー・デフォルト・バリューである。(24.5)式と(24.6)式から

$$\frac{f}{f_{\mathrm{nd}}} = \frac{B}{B_{\mathrm{nd}}}$$

である。カウンターパーティーが発行する満期T年の債券のイールドをy，同条件の無リスク債券のイールドをy_{nd}とすれば，$B = e^{-yT}$および$B_{\mathrm{nd}} = e^{-y_{\mathrm{nd}}T}$となるので，この式は，

$$f = f_{\mathrm{nd}} e^{-(y-y_{\mathrm{nd}})T}$$

となる。これにより，カウンターパーティーのT年クレジット・スプレッド分だけ割引率を増加させて，リスク中立世界の期待ペイオフに適用することで，デリバティブの評価ができることが示される。

【例24.5】

Black–Scholes–Merton式から計算される，2年の無担保オプションの価格が3ドルであった。そのオプションを売却している企業が発行する2年物ゼロクーポン債のイールドは，無リスク金利よりも1.5%高かった。デフォルト・リスクを考慮した後のオプション価値は，$3e^{-0.015 \times 2} = 2.91$ドルとなる。(ここでは，このオプションは単独であり，デフォルト事由発生時には他のデリバティブとネットされないと仮定している。)

2番目の特別なケースを考えるために，銀行が時点Tに価格Kである資産を買うという無担保フォワード取引をカウンターパーティーと締結したとしよう。時点Tに受け渡す資産の時点tでのフォワード価格をF_tと定義する。5.7節から，時点tでのこの取引の価値は

$$(F_t - K) e^{-r(T-t)}$$

となる。ここで，rは無リスク金利である(一定と仮定する)。

したがって，時点tでの銀行のエクスポージャーは，

$$\max\left[(F_t - K) e^{-r(T-t)}, 0\right] = e^{-r(T-t)} \max[F_t - K, 0]$$

と表される。リスク中立世界でのF_tの期待値はF_0である。F_tのボラティリティをσとすれば，$\ln F_t$の標準偏差は$\sigma\sqrt{t}$となる。よって，(15A.1)式よ

り，時点 t での期待エクスポージャーは，

$$w(t) = e^{-r(T-t)}\bigl[F_0 N(d_1(t)) - K N(d_2(t))\bigr]$$

となる。なお，

$$d_1(t) = \frac{\ln(F_0/K) + \sigma^2 t/2}{\sigma \sqrt{t}}, \quad d_2(t) = d_1(t) - \sigma\sqrt{t}$$

である。これより，

$$v_i = w(t_i) e^{-rt_i}(1-R)$$

が導かれる。

【例24.6】

　ある銀行が，採掘企業から2年後に1オンス1,500ドルで100万オンスの金を購入するフォワード契約を締結した。現在の2年フォワード価格は1オンス当り1,600ドルである。CVA計算において二つの1年区間だけを考えるとし，その企業が1年目にデフォルトする確率が2％，2年目にデフォルトする確率は3％であるとする。無リスク金利は年率5％である。デフォルト事由発生時には，30％の回収が見込まれている。金のフォワード価格のボラティリティは20％である。

　このケースでは，$q_1 = 0.02$，$q_2 = 0.03$，$F_0 = 1,600$，$K = 1,500$，$\sigma = 0.2$，$r = 0.05$，$R = 0.3$，$t_1 = 0.5$，$t_2 = 1.5$ であるので，

$$d_1(t_1) = \frac{\ln(1600/1500) + 0.2^2 \times 0.5/2}{0.2\sqrt{0.5}} = 0.5271$$

$$d_2(t_1) = d_1 - 0.2\sqrt{0.5} = 0.3856$$

より，

$$w(t_1) = e^{-0.05 \times 1.5}[1600 N(0.5271) - 1500 N(0.3856)] = 135.73$$

であり，

$$v_1 = w(t_1) e^{-0.05 \times 0.5} \times (1-0.3) = 92.67$$

となる。同様に $w(t_2) = 201.18$ および $v_2 = 130.65$ となる。

　期待デフォルト・コストは

$$q_1 v_1 + q_2 v_2 = 0.02 \times 92.67 + 0.03 \times 130.65 = 5.77$$

であり，フォワード契約のノー・デフォルト・バリューは

$(1,600-1,500)e^{-0.05\times 2} = 90.48$となる。カウンターパーティーのデフォルトを考慮すれば,その価値は$90.48-5.77 = 84.71$へと下落する。この計算は,採掘企業がデフォルトしうる時間をより細かくとるように拡張できる(発展問題24.29を参照)。デリバティブの価値を高める DVA についても,CVA と同じ方法で計算することができる(発展問題24.30 を参照)。

24.8 デフォルト相関

デフォルト相関(default correlation)という用語は,二つの企業がほぼ同時にデフォルトする傾向を表すのに用いられている。デフォルト相関が存在するのには多くの理由がある。まず,同じ業種または同じ地域の企業は外部事象に対して似たような影響を受ける傾向があり,その結果として,同時に財務的な困難に陥る可能性がある。また一般的に,経済状態が原因で,ある年の平均デフォルト率が他の年よりも高くなることがある。ある企業のデフォルトが別の企業のデフォルトを引き起こすこともある。いわゆる信用伝染効果(credit contagion effect)である。デフォルト相関があるということは,信用リスクを完全には分散除去できないことを意味し,それが,リスク中立デフォルト確率が実世界でのデフォルト確率より高くなっている主な理由である(24.5節を参照)。

さまざまなカウンターパーティーに対するエクスポージャーをもつポートフォリオのデフォルト損失の確率分布を決定するうえで,デフォルト相関は重要である[13]。研究者から提案されてきたデフォルト相関のモデルには二つのタイプがあり,それぞれ誘導モデル(reduced form model)と構造モデル(structural model)と呼ばれている。

---

[13] 格付機関により用いられている二項分布に基づく相関(binomial correlation measure)については www-2.rotman.utoronto.ca/~hull/TechnicalNotes の Technical Note 26に述べられている。

誘導モデルでは，各々の企業のハザード・レートが確率過程として与えられ，マクロ経済変数と相関をもっていると仮定される。そうすると，企業Aのハザード・レートが高いとき，企業Bのハザード・レートも高くなる傾向をもつ。これにより二つの企業間にデフォルト相関が生じる。

　誘導モデルは数学的に好ましい性質をもち，経済サイクルがデフォルト相関を生み出すという傾向を反映している。このモデルの主な短所は，得られるデフォルト相関の値の範囲が限られているということである。二つの企業のハザード・レートが完全に相関していても，短い期間に両社ともがデフォルトする確率は非常に小さい場合が多い。これは，ある状況においては問題になる。たとえば，二つの企業が同じ国の同じ産業で活動を行っている場合や，ある企業の財務健全性がなんらかの理由で別の企業の財務健全性に強く依存している場合には，かなり高いデフォルト相関がみられるはずである。この問題を解決する一つの方法は，ハザード・レートが大きくジャンプするようにモデルを拡張することである。

　構造モデルは，Mertonモデルと同様のモデルに基づいている（24.6節を参照）。このモデルでは，企業の資産価値がある水準を下回った場合に企業はデフォルトすると仮定される。企業Aの資産が従う確率過程と企業Bの資産が従う確率過程が相関をもつと仮定することによって，企業Aと企業Bにデフォルト相関をもたせることができる。構造モデルは必要とする高い相関を実現できるという点で，誘導モデルよりも優れている。一方，構造モデルの主な短所は計算速度がかなり遅くなりやすいという点である。

デフォルト時刻に関するガウシアン・コピュラ・モデル

　実務的なツールとして広く使われるようになったモデルに，デフォルト時刻に関するガウシアン・コピュラ・モデル（Gaussian copula model）がある。これは，Mertonの構造モデルに似たモデルとみることができる。すべての企業はいつかはデフォルトすると仮定して，二つ以上の異なる企業に対し，それぞれがデフォルトする時刻に関する確率分布の間の相関を計量化しようとするモデルである。

このモデルは，実世界でのデフォルト確率かリスク中立デフォルト確率のいずれかと組み合わせて用いることができる。企業のデフォルト時刻に関する実世界での確率分布の左裾は，表24.1のような格付機関が作成するデータから推定することができる。また，デフォルト時刻のリスク中立確率分布の左裾は，24.4節の手法を用いて債券価格から推定することができる。

企業1のデフォルト時刻を t_1，企業2のデフォルト時刻を t_2 と定義する。もし t_1 と t_2 の確率分布が正規分布であるならば，t_1 と t_2 の同時確率分布は2次元正規分布であると仮定できるかもしれない。しかし，実際のところ企業のデフォルト時刻の確率分布は近似的にも正規分布とは言いがたい。これが，ガウシアン・コピュラ・モデルが用いられる理由である。t_1 と t_2 を，

$$x_1 = N^{-1}[Q_1(t_1)], \quad x_2 = N^{-1}[Q_2(t_2)]$$

を用いて新しい変数 x_1 と x_2 に変換する。ここで，Q_1 と Q_2 はそれぞれ t_1 と t_2 の累積分布関数，N^{-1} は正規分布の累積分布関数の逆関数である（すなわち，$v = N(u)$ のとき $u = N^{-1}(v)$ である）。これらは，"パーセント点からパーセント点"への変換である。t_1 の確率分布の5パーセント点が標準正規分布の5パーセント点である $x_1 = -1.645$ に変換され，t_1 の確率分布の10パーセント点が標準正規分布の10パーセント点である $x_1 = -1.282$ に変換される，といった具合である。t_2 から x_2 への変換も同様である。

これらの構成から，x_1 と x_2 は平均ゼロ，標準偏差1の正規分布に従う。このモデルでは x_1 と x_2 の同時分布が2次元正規分布であると仮定している。この仮定は，ガウシアン・コピュラ（Gaussian copula）と呼ばれている。このことを仮定すると，t_1 と t_2 に関する累積分布関数 Q_1 と Q_2 および一つの相関パラメータによって t_1 と t_2 の同時確率分布が完全に決まるので，非常に取り扱いやすいモデルになる。

ガウシアン・コピュラ・モデルの魅力は多企業に拡張できることである。n 社の企業を考え，i 番目の企業のデフォルト時刻を t_i とする。各 t_i を標準正規分布に従う新しい変数 x_i に変換する。その変換は，

$$x_i = N^{-1}[Q_i(t_i)]$$

によるパーセント点からパーセント点への変換で与えられる。ここで Q_i は

t_i の累積分布関数である。さらに x_i は多次元正規分布に従うと仮定すると，t_i と t_j のデフォルト相関は x_i と x_j の相関を通じて与えられる。この相関はコピュラ相関（copula correlation）と呼ばれている[14]。

ガウシアン・コピュラは正規分布に従わない変数間の相関構造を表現するのに便利な方法である。この方法を用いると，変数間の相関構造を各変数の（無条件の）分布関数から切り離して推定することができる。この方法では，変数自体は多次元正規分布に従っていなくても，変換後の変数は多次元正規分布に従っていると仮定されている。

【例24.7】

10社の企業に対して，今後5年間のデフォルトをシミュレーションしたいとする。各企業間のコピュラ・デフォルト相関を0.2とし，今後1年，2年，3年，4年，5年の間に各企業がデフォルトする累積確率をそれぞれ1％，3％，6％，10％，15％とする。ガウシアン・コピュラを用いる場合は，二つの x_i 間の相関を0.2として，多次元正規分布から x_i $(1 \leq i \leq 10)$ の値をサンプリングする。それから，x_i をデフォルト時刻 t_i に変換する。正規分布からのサンプルが $N^{-1}(0.01) = -2.33$ よりも小さい場合は，1年目にデフォルトが起こる。サンプルが-2.33と $N^{-1}(0.03) = -1.88$ の間にある場合は，2年目にデフォルトが起こる。サンプルが-1.88と $N^{-1}(0.06) = -1.55$ の間にある場合は，3年目にデフォルトが起こる。サンプルが-1.55と $N^{-1}(0.10) = -1.28$ の間にある場合は，4年目にデフォルトが起こる。サンプルが-1.28と $N^{-1}(0.15) = -1.04$ の間にある場合は，5年目にデフォルトが起こる。また，サンプルが-1.04より大きい場合は，5年間にデフォルトは発生しない。

---

[14] 近似として，t_i と t_j のコピュラ相関は企業 i と企業 j の株式収益率の相関と仮定されることが多い。

ファクターに基づく相関構造

ガウシアン・コピュラ・モデルで企業 i と企業 j の各ペアに対して x_i と x_j の間の相関を個々に定義するかわりに，1 ファクター・モデルを用いる方法もよく使われる。その場合は，

$$x_i = a_i F + \sqrt{1-a_i^2} Z_i \tag{24.7}$$

が仮定される。この式で F はすべての企業のデフォルトに影響する共通のファクターで，Z_i は企業 i にのみ影響するファクターである。変数 F と変数 Z_i は独立した標準正規分布に従い，a_i は -1 と $+1$ の間に値をとる定数パラメータである。このとき，x_i と x_j の間の相関係数が $a_i a_j$ になる[15]。

企業 i が時点 T までにデフォルトする確率を $Q_i(T)$ とする。ガウシアン・コピュラ・モデルを用いる場合，時点 T までにデフォルトが発生するのは $N(x_i) < Q_i(T)$，すなわち $x_i < N^{-1}[Q_i(T)]$ のときである。この条件は (24.7) 式より，

$$a_i F + \sqrt{1-a_i^2} Z_i < N^{-1}[Q_i(T)]$$

すなわち，

$$Z_i = \frac{N^{-1}[Q_i(T)] - a_i F}{\sqrt{1-a_i^2}}$$

となる。したがって，ファクター F の値が与えられたという条件のもとでのデフォルト確率は，

$$Q_i(T|F) = N\left(\frac{N^{-1}[Q_i(T)] - a_i F}{\sqrt{1-a_i^2}}\right) \tag{24.8}$$

になる。すべての i に対してデフォルト確率分布が同じで，すべての i と j に対して x_i と x_j の間の相関係数が同じであるという，1 ファクター・ガウシアン・コピュラ・モデルの特殊な場合を考えよう。すべての i に対して $Q_i(T) = Q(T)$ とし，共通の相関係数を ρ，すなわちすべての i に対して $a_i = \sqrt{\rho}$ とする。このとき，(24.8) 式は，

---

[15] パラメータ a_i は，企業 i の株式収益率とよく分散されたマーケット指数との相関係数で近似されることもある。

$$Q(T|F) = N\left(\frac{N^{-1}[Q(T)] - \sqrt{\rho}F}{\sqrt{1-\rho}}\right) \qquad (24.9)$$

になる。

24.9 信用 VaR

信用バリュー・アット・リスクは，市場リスクに対するバリュー・アット・リスク（第22章を参照）と同様の方法で定義することができる。たとえば，信頼水準が99.9%で保有期間が1年の信用 VaR とは，99.9%の確率で1年間にわたってその額を超えることはないであろう信用リスクによる損失額である。

同じようなローンからなる非常に大きなポートフォリオを保有する銀行を考えよう。近似として，各ローンのデフォルト確率は同一で，任意の二つのローン間のデフォルト相関も同一であると仮定する。デフォルト時刻に対してガウシアン・コピュラ・モデルを用いると，(24.9)式の右辺は，時刻 T までにデフォルトする割合に対するよい近似値を F の関数として与えている。F は標準正規分布に従っているので，X%の確率でその値は $N^{-1}(1-X) = -N^{-1}(X)$ より大きくなる。したがって，大きなポートフォリオに対して T 年間で発生する損失の割合は，X%の確率で $V(X, T)$ 未満になる。ここで，

$$V(X, T) = N\left(\frac{N^{-1}[Q(T)] - \sqrt{\rho}N^{-1}(X)}{\sqrt{1-\rho}}\right) \qquad (24.10)$$

である。この結果は Vasicek によって最初に導出された[16]。(24.9)式と同様に，$Q(T)$ は時点 T までにデフォルトする確率で，ρ は任意の二つのローン間のコピュラ相関である。

この結果を用いると，信頼水準が X%，保有期間が T の信用 VaR の概算値は $L(1-R)V(X, T)$ になる。ただし，L はローン・ポートフォリオの額，

---

[16] O. Vasicek, "Probability of Loss on a Loan Portfolio," Working Paper, KMV, 1987を参照。この Vasicek の結果は，*Risk*（December 2002）に "Loan Portfolio Value" というタイトルで掲載されている。

R は回収率である。また，金額が L_i の特定のローンの信用 VaR に対する寄与は $L_i(1-R)V(X, T)$ である。このモデルは，規制当局が信用リスクに対する所要自己資本の計算に用いるいくつかの公式の基礎となっている[17]。

> **【例24.8】**
>
> リテールに対するエクスポージャーが合計1億ドルの銀行を考える。1年間にデフォルトが発生する確率は平均2％，回収率は平均60％とする。コピュラ相関パラメータは0.1と推定されている。この場合，
>
> $$V(0.999, 1) = N\left(\frac{N^{-1}(0.02) + \sqrt{0.1}N^{-1}(0.999)}{\sqrt{1-0.1}}\right) = 0.128$$
>
> より，99.9％の確率で起こらない最悪のケースでのデフォルト率は12.8％となる。したがって，1年99.9％信用 VaR は $100 \times 0.128 \times (1-0.6)$，すなわち513万ドルとなる。

CreditMetrics

多くの銀行は，信用 VaR を計算する別の方法を開発してきた。よく知られた手法の一つが CreditMetrics である。これは，すべてカウンターパーティーの信用格付の変化に関するモンテカルロ・シミュレーションを行うことによって，信用損失の確率分布を推定する手法である。1年間における損失の確率分布を求めたいとしよう。シミュレーションの各試行において，1年間におけるすべてのカウンターパーティーの信用格付の変化とデフォルトをサンプリングによって決める。その結果に基づいて残存する契約の再評価を行えば，1年間の信用損失の総額が決まる。この試行を何回も繰り返せば，信用損失の確率分布が得られ，それを用いて信用 VaR を計算することができる。

この手法は非常に多くの計算時間を要する傾向がある。しかし，この手法にはデフォルトだけでなく格下げによる信用損失も計測できるという長所が

---

[17] 詳細については，J. Hull, *Risk Management and Financial Institutions*, 3rd edn. Hoboken, NJ: Wiley, 2012を参照。

表24.5 Moody's のデータより計算された1年間の格付推移行列（1970-2012）
無格付（WR：without rating）への推移調整ずみの確率

当初格付	1年後の格付								
	Aaa	Aa	A	Baa	Ba	B	Caa	Ca–C	デフォルト
Aaa	90.59	8.31	0.89	0.17	0.03	0.00	0.00	0.00	0.00
Aa	1.25	89.48	8.05	0.90	0.20	0.04	0.01	0.01	0.08
A	0.08	2.97	89.80	6.08	0.79	0.13	0.03	0.01	0.10
Baa	0.04	0.30	4.58	88.43	5.35	0.84	0.14	0.02	0.30
Ba	0.01	0.09	0.52	6.61	82.88	7.72	0.67	0.07	1.43
B	0.01	0.05	0.16	0.65	6.39	81.69	6.40	0.57	4.08
Caa	0.00	0.02	0.03	0.19	0.81	9.49	72.06	4.11	13.29
Ca–C	0.00	0.03	0.12	0.07	0.57	3.48	9.12	57.93	28.69
デフォルト	0.00	0.00	0.00	0.00	0.00	0.00	0.00	0.00	100.00

ある．また，24.7節で説明した信用リスクを軽減させる条項の影響を近似的に取り込んだ分析も行うことができる．

　表24.5は，格付機関から提供されている格付推移に関する過去データの典型例であり，CreditMetrics におけるモンテカルロ・シミュレーションの基礎データとして用いることができる．この表から，ある格付の債券が1年後に別の格付に移る確率がわかる．たとえば，格付 A の債券が1年後に格付 A のままである確率は89.80％である．格付 A の債券が1年後にデフォルトする確率は0.10％で，格付 B に格下げになる確率は0.13％である，等々である[18]．

　信用損失を求めるサンプリングの際に，異なるカウンターパーティーの格付変化は独立であると仮定するべきではない．前節のモデルでデフォルト時刻の同時分布をガウシアン・コピュラ・モデルを用いて表現したのと同様の方法で，ガウシアン・コピュラ・モデルを用いて格付推移の同時分布を構成するのが一般的である．2企業の格付推移の間のコピュラ相関は，24.8節と

---

[18] 1年超の期間での推移行列を計算するのに，表24.5のような表をどのように用いるかについては，www-2.rotman.utoronto.ca/~hull/TechnicalNotes の Technical Note 11で説明している．

同様のファクター・モデルを用いて，株価収益率間の相関に等しく置かれることが多い。

CreditMetrics 手法の例として，表24.5の推移行列を用いて1年後の格付 Aaa および格付 Baa の企業の格付変化をシミュレーションするとしよう。2企業の株価収益率の相関を0.2とする。シミュレーションの各試行において，相関係数が0.2の2次元正規分布から二つの変数 x_A と x_B のサンプリングを行う。変数 x_A の値によって Aaa の企業の新しい格付が決まり，変数 x_B の値によって格付 Baa の企業の新しい格付が決まる。$N^{-1}(0.9059) = 1.3159$ より，格付 Aaa の企業は，$x_A < 1.3159$ ならば格付 Aaa にとどまる。$N^{-1}(0.9059 + 0.0831) = 2.2904$ より，$1.3159 \leq x_A < 2.2904$ ならば格付 Aa になる。$N^{-1}(0.9059 + 0.0831 + 0.0089) = 2.8627$ より $2.2904 \leq x_A < 2.8627$ ならば格付 A になる，といった具合である。次に Baa の企業について考える。$N^{-1}(0.0004) = -3.3528$ より，格付 Baa の企業は $x_B < -3.3528$ ならば格付 Aaa になる。$N^{-1}(0.0004 + 0.0030) = -2.7065$ より，$-3.3528 \leq x_B < -2.7065$ ならば格付 Aa になる。$N^{-1}(0.0004 + 0.0030 + 0.0458) = -1.6527$ より，$-2.7065 \leq x_B < -1.6527$ ならば格付 A になる，といった具合である。格付 Aaa の企業が1年以内にデフォルトすることはない。一方，格付 Baa の企業は $x_B > N^{-1}(0.9970)$，すなわち $x_B > 2.7478$ のときデフォルトする。

要約

企業が将来のある期間にデフォルトする確率は，過去データ，債券価格，あるいは株価から推定することができる。債券価格から計算されるデフォルト確率はリスク中立確率である。一方，過去データから計算されるデフォルト確率は実世界での確率である。実世界での確率は，シナリオ分析や信用 VaR の計算に用いられる。リスク中立なデフォルト確率はクレジットに依

存した商品の評価に用いられる。リスク中立デフォルト確率は，実世界でのデフォルト確率よりも著しく高いことがよくある。

クレジット・バリュー・アジャストメント（CVA）とは，カウンターパーティーがデフォルトする可能性があるため，銀行がそのカウンターパーティーとのデリバティブ・ポートフォリオの価値から減じる額である。デット（あるいはデビット）・バリュー・アジャストメント（DVA）とは，銀行自身もデフォルトする可能性があるので，ポートフォリオ価値に加える額である。CVAとDVAの計算では，多くの時間を要するモンテカルロ・シミュレーションを実行し，ポートフォリオの両サイドの期待将来エクスポージャーを求める。

信用VaRは，市場リスクに対するVaRと同様の方法で定義することができる。信用VaRを計算する一つの手法は，デフォルト時刻に関するガウシアン・コピュラ・モデルを用いる方法である。規制当局は信用リスクに対する所要自己資本を計算するためにこの手法を用いている。信用VaRを計算するためのもう一つのよく知られた手法は，CreditMetricsである。この手法では，格付推移に対してガウシアン・コピュラ・モデルが用いられている。

参考文献

Altman, E. I. "Measuring Corporate Bond Mortality and Performance," *Journal of Finance*, 44 (1989): 902–22.

Altman, E. I., B. Brady, A. Resti, and A. Sironi. "The Link Between Default and Recovery Rates: Theory, Empirical Evidence, and Implications," *Journal of Business*, 78, 6 (2005), 2203–28.

Duffie, D., and K. Singleton. "Modeling Term Structures of Defaultable Bonds," *Review of Financial Studies*, 12 (1999): 687–720.

Finger, C. C. "A Comparison of Stochastic Default Rate Models," *RiskMetrics*

Journal, 1 (November 2000): 49-73.

Gregory, J. *Counterparty Credit Risk and Credit Value Adjustment: A Continuing Challenge for Global Financial Markets*, 2nd edn. Chichester, UK: Wiley, 2012.

Hull, J., M. Predescu, and A. White. "Relationship between Credit Default Swap Spreads, Bond Yields, and Credit Rating Announcements," *Journal of Banking and Finance*, 28 (November 2004): 2789-2811.

Kealhofer, S. "Quantifying Credit Risk I: Default Prediction," *Financial Analysts Journal*, 59, 1 (2003a): 30-44.

Kealhofer, S. "Quantifying Credit Risk II: Debt Valuation," *Financial Analysts Journal*, 59, 3 (2003b): 78-92.

Li, D. X. "On Default Correlation: A Copula Approach," *Journal of Fixed Income*, March 2000: 43-54.

Merton, R. C. "On the Pricing of Corporate Debt: The Risk Structure of Interest Rates," *Journal of Finance*, 29 (1974): 449-70.

Vasicek, O. "Loan Portfolio Value," *Risk* (December 2002): 160-62.

練習問題

24.1 満期3年の社債のイールドと同条件の無リスク債のイールドとのスプレッドが50ベーシス・ポイントである。回収率を30％とするとき，3年間の年率ハザード・レートを推定せよ。

24.2 問題24.1で，同じ企業の発行する満期5年の社債のイールドと同条件の無リスク債のイールドとのスプレッドが60ベーシス・ポイントであるとする。回収率を同じ30％として，5年間の年率ハザード・レートを推定せよ。また，この結果から，4年目と5年目の平均ハザード・レートを計算せよ。

24.3 (a)信用バリュー・アット・リスク，(b)デフォルトを考慮したデリバティブの評価のそれぞれの場合に，実世界でのデフォルト確率とリスク中立デフォルト確率のどちらを用いるべきかについて答えよ。

24.4 回収率は通常どのように定義されるか。

24.5 無条件のデフォルト確率密度とハザード・レートとの違いについて説明せよ。

24.6 (a) 表24.3の2列目の数値と表24.1の数値とが整合性がとれていること、および(b) 表24.4の4列目の数値と回収率を40％としたときの表24.3の数値とが整合性がとれていることを確認せよ。

24.7 ネッティングの仕組みについて述べよ。ある銀行があるカウンターパーティーとの間の取引をすでに一つ保有しているとする。その銀行とそのカウンターパーティーとの新規取引によって、そのカウンターパーティーに対するその銀行の信用エクスポージャーが増加する場合もあれば、減少する場合もある。その理由について説明せよ。

24.8 「DVAは、銀行が財務的に困難な状況にある場合に、最終損益を改善させることができる。」この主張がなぜ正しいか説明せよ。

24.9 (a) 信用損失の定義、および(b) デフォルト相関のモデル化について、デフォルト時刻に対するガウシアン・コピュラ・モデルとCreditMetricsとの違いを説明せよ。

24.10 LIBOR／スワップ・カーブが連続複利6％フラットで、クーポン5％（半年払い）の5年債が90.00で売られているとする。このとき、この債券を用いたアセット・スワップはどのように組成できるか。また、その場合のアセット・スワップ・スプレッドはいくつになるか。

24.11 デフォルト時の債権請求額がデフォルトしていなかった場合の債券の価値に等しい場合には、利付社債の価値はその社債を構成するゼロクーポン債の価値の合計に等しいが、債権請求額が債券の額面と経過利子の合計に等しい場合にはそうはならないことを示せ。

24.12 満期4年、年率4％のクーポンが半年ごとに払われる社債のイールドが連続複利で5％である。無リスク・イールド・カーブはフラットで、連続複利で3％である。デフォルトが起こりうるのは各年の終わり（クーポンや元本支払の直前）で、回収率は30％である。この

とき，リスク中立デフォルト確率を，各年で同じ値と仮定して推定せよ。

24.13 ある企業が年率4％のクーポンが年1回支払われる満期3年と5年の債券を発行した。債券のイールド（連続複利）はそれぞれ4.5％と4.75％である。無リスク金利はすべての満期に対して連続複利で3.5％である。回収率を40％とし，デフォルトが起こりうるのは各年の年央とする。年間リスク中立デフォルト率を，1年目から3年目までに対してはQ_1，4年目と5年目に対してはQ_2とするとき，Q_1とQ_2を推定せよ。

24.14 ある金融機関が英ポンド金利に依存したスワップをカウンターパーティーXと取引し，それと完全に相殺するスワップをカウンターパーティーYと取引したとする。このとき，次のうち正しいものはどれか。また，間違っているものはどれか。その理由についても説明せよ。

(a) デフォルト・コストの総現在価値は，X社との契約のデフォルト・コストの現在価値とY社との契約のデフォルト・コストの現在価値の和である。

(b) 両契約に対する期間1年の期待エクスポージャーは，X社との契約の期待エクスポージャーとY社との契約の期待エクスポージャーの和である。

(c) 両契約に対する95％信頼水準での期間1年のエクスポージャーの上限は，X社との契約に対する95％信頼水準での期間1年のエクスポージャーの上限とY社との契約に対する95％信頼水準での期間1年のエクスポージャーの上限の和である。

24.15 「信用リスクのあるロング・フォワード契約は，デフォルトのないプットのショート・ポジションと信用リスクのあるコールのロング・ポジションの組合せである。」この主張について説明せよ。

24.16 相殺し合うフォワード契約1組に対する信用エクスポージャーが，ストラドルに似たものになる理由を説明せよ。

24.17 相殺し合う金利スワップ1組の信用リスクは，相殺し合う通貨スワップ1組の信用リスクよりも小さい理由を説明せよ。

24.18 「銀行は通貨スワップを取引するとき，低金利通貨を受け取る取引は信用リスクの少ない企業と行うように努めるべきである。」その理由を説明せよ。

24.19 デフォルト・リスクがある場合にもプット・コール・パリティは成り立つか。その理由も答えよ。

24.20 アセット・スワップが組まれている債券の額面当りの市場価格を B，デフォルトがないとした場合のその債券の価値を B^*，アセット・スワップ・スプレッドの額面当りの現在価値を V とする。このとき，$V = B^* - B$ が成り立つことを示せ。

24.21 24.6節で説明したMertonモデルのもとでは，満期 T 年のゼロクーポン債の信用スプレッドは $-\ln\left[N(d_2) + N(-d_1)/L\right]/T$ となることを示せ。ただし，$L = De^{-rT}/V_0$ である。

24.22 満期3年の無リスクゼロクーポン債のイールドとある企業の発行する満期3年のゼロクーポン債のイールドとのスプレッドが1％であるとする。このとき，その企業が売却する満期3年のヨーロピアン・オプションの価値をBlack–Scholes–Mertonモデルで評価した場合，どれだけ過大評価になっているか。

24.23 (a)順方向リスクと(b)誤方向リスクの例を述べよ。

[発展問題]

24.24 満期3年，年率7％のクーポンが半年ごとに支払われる社債のイールドが5％（半年複利）とする。無リスク債券のイールドはすべての満期に対して年率4％（半年複利）である。デフォルトは6カ月ごと（利払いの直前）に起こりうるとし，回収率は45％と仮定する。3年

間に対するハザード・レート（一定と仮定）を推定せよ。

24.25 ある企業が年率8％のクーポンが年1回支払われる満期1年と満期2年の債券を発行している。債券のイールド（連続複利）はそれぞれ6.0％と6.6％である。無リスク金利はすべての満期に対して4.5％である。回収率を35％とし，デフォルトが起こりうるのは各年の年央であるとする。このとき，各年のリスク中立デフォルト率を推定せよ。

24.26 実世界でのデフォルト確率とリスク中立世界でのデフォルト確率の差異を詳細に説明せよ。また，どちらのほうがより高いか述べよ。ある銀行が，ある企業の信用格付が1年以内にAからBaa以下に格下げになった場合にその1年の終わりに100ドルを支払うというクレジット・デリバティブを取引するとする。満期1年の無リスク金利を5％とし，表24.5を用いてこのデリバティブの価値を評価せよ。その際に，どういう仮定を置いて評価したか説明せよ。その仮定は，そのデリバティブの価値を過大評価する傾向にあるか，それとも過小評価する傾向にあるか。

24.27 ある企業の株式の価値は400万ドルで，その株式のボラティリティは60％である。また，2年後に返済する負債が1,500万ドルある。無リスク金利は年率6％とする。Mertonモデルを用いて，デフォルトによる期待損失，デフォルト確率，およびデフォルト時の回収率を推定せよ。Mertonモデルから得られる回収率が高い理由を説明せよ。（ヒント：脚注10に示したように，この問題を解くのにExcelのソルバー機能を用いることができる。）

24.28 ある銀行が同じ種類のエクスポージャーを全部で1,000万ドル保有している。1年間のデフォルト確率は平均1％で，回収率は平均40％である。コピュラ相関パラメータは0.2とする。このとき，99.5％1年信用VaRを推定せよ。

24.29 例24.6を拡張し，デフォルトが各月の月央で起こりうるとしてCVAを計算せよ。1年目の月間デフォルト確率は0.001667，2年目の月

間デフォルト確率を0.0025と仮定せよ。

24.30 例24.6のDVAを計算せよ。デフォルトは各月の月央でのみ起こりうるとする。2年間の銀行のデフォルト確率は，毎月0.001とする。

第25章

クレジット・デリバティブ

　1990年代後半以降におけるデリバティブ市場での重要な発展の一つはクレジット・デリバティブの成長である。2000年にはクレジット・デリバティブ取引の総想定元本は約8,000億ドルであったが，2007年の信用危機までには50兆ドルまでに成長した。危機の後は市場規模は縮小し，2012年の12月には総想定元本は25兆ドル程度となった。クレジット・デリバティブは，一つ以上の企業や国の信用度に依存したペイオフをもつ契約である。本章では，クレジット・デリバティブの仕組みとその評価について論じる。

　クレジット・デリバティブを用いて，企業は市場リスクの取引とほぼ同様の方法で信用リスクを取引することができる。以前は，銀行やその他金融機関がいったん信用リスクを引き受けると，待つこと（そして最善を望むこと）以外はほとんど何もできない状況であった。いまでは信用リスクの一部を保持したり，クレジット・デリバティブ契約を取引してリスクをヘッジするな

どして，信用リスクのポートフォリオを積極的に管理することができる。銀行は今日に至るまでクレジット・プロテクションの最大の買い手であり，保険会社は最大の売り手となっている。

クレジット・デリバティブは，"シングル・ネーム（single-name）"と"マルチ・ネーム（multi-name）"に分類できる。最もよく取引されているシングル・ネームのクレジット・デリバティブはクレジット・デフォルト・スワップである。この商品のペイオフは，一つの企業または国の信用力に依存して決まる。契約には2人の当事者，すなわちプロテクションの買い手と売り手がいる。指定された参照体（企業または国）が債務に対してデフォルトを起こした場合に，プロテクションの売り手から買い手へ支払が発生する。よく取引されていたマルチ・ネームのクレジット・デリバティブは，債務担保証券（CDO）である。この商品では，社債や貸出債権などからなるポートフォリオが具体的に決められ，ポートフォリオから生み出されるキャッシュ・フローを異なるカテゴリーの投資家に分配する複雑な仕組みがつくられている。第8章では，信用危機に至るまでの間に住宅ローンからどのようにマルチ・ネームのクレジット・デリバティブが生み出されていたかについて説明した。この章では，原資産となる信用リスクが企業や国の信用リスクである場合に焦点を当てる。

本章では，まずクレジット・デフォルト・スワップの仕組みとその評価方法について説明する。次に，クレジット指数について説明し，トレーダーがどのようにそうした指数を用いることでポートフォリオに対するプロテクションを購入できるかについて述べる。その後，バスケット型クレジット・デフォルト・スワップ，資産担保証券（ABS），およびCDOについて説明する。また，第24章の内容を拡張して，デフォルト相関のガウシアン・コピュラ・モデルを用いたCDOのトランシェの評価方法を示す。

> ビジネス・スナップショット25.1
> だれが信用リスクを負担するか？
> 伝統的に，銀行は貸出を行って借り手がデフォルトする信用リスクを

負担する業務を行ってきた。しかし、しばらく前から、銀行は貸出債権をバランスシート上に抱えることに消極的になっている。その理由は、規制当局から所要自己資本を求められるようになって以来、ローンの平均収益率は他の資産の平均収益率よりも魅力的でない場合が多いからである。8.1節で述べたように、銀行は資産担保証券をつくり出し、ローン（およびその信用リスク）を投資家に転売した。また、1990年代後半から2000年代初頭にかけて、銀行はクレジット・デリバティブも広範に活用して、ローンの信用リスクを金融システムの他の部分に移転した。

これらすべての結果として、ローンの信用リスクを抱える金融機関はもとの信用度をチェックした金融機関とは異なることが多い。2007年に始まった信用危機で明らかになったように、このことは金融システム全体の健全性にとっては必ずしも望ましいことではない。

25.1 クレジット・デフォルト・スワップ

最もよく取引されているクレジット・デリバティブは、クレジット・デフォルト・スワップ（CDS：credit default swap）であり、7.12節で紹介した。CDSは、特定の企業のデフォルト・リスクに対する保険を提供する契約である。この契約では、企業は参照体（reference entity）と呼ばれ、企業のデフォルトは信用事由（credit event）と呼ばれる。また、保険の買い手は信用事由が発生したとき、その企業が発行した債券を額面で売却する権利をもち、保険の売り手は信用事由が発生したとき、その債券を額面で購入することに合意している[1]。売却できる債券の額面総額が、クレジット・デフォルト・スワップの想定元本（notional principal）である。

CDSの買い手はCDSの満期もしくは信用事由が発生するまでの間、売り手に対して定期的にプレミアムを支払う。支払は3カ月ごとの後払いで行わ

---

[1] 債券の額面（またはパー）とは、発行体がデフォルトしない場合に満期に払い戻す元本額である。

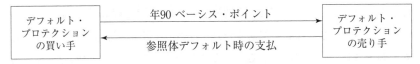

図25.1 クレジット・デフォルト・スワップ

れるのが通常であるが，支払が毎月，6カ月ごと，12カ月ごとで行われる取引もあり，支払が前払いとなることもたまにある。デフォルト発生時には，債券の現渡し，または現金払いでの決済が行われる。

典型的な取引の仕組みを，例を用いて説明しよう。二つの企業が，2015年3月20日に満期5年のクレジット・デフォルト・スワップを締結するとする。想定元本を1億ドルとし，企業は参照体のデフォルトに対するプロテクションの対価として年90ベーシス・ポイントを3カ月ごとに後払いで支払うことに合意していると仮定する。

このCDSを図25.1に示す。もし参照体がデフォルトしなければ（すなわち信用事由が発生しなければ），買い手には受け取るペイオフはなく，2015年6月20日から2020年3月20日まで，3カ月ごとに1億ドルの22.5ベーシス・ポイント（90ベーシス・ポイントの4分の1）を支払うことになる。3カ月ごとに支払われる金額は，0.00225×100,000,000，すなわち，225,000ドルである[2]。信用事由が発生した場合は，相当なペイオフが発生しうる。買い手が，2018年5月20日（4年目の2カ月が過ぎた時点）に売り手に対して信用事由を通知したとする。契約で現物決済が指定されている場合は，買い手は参照体が発行した額面1億ドルの債券を1億ドルで売却する権利をもつ。現在では通常そうであるが，現金決済の場合には，ISDAが開催するオークション手続を利用し，信用事由発生後数日間における最割安な受渡可能債券の市場価格の仲値を決定する。たとえば，この債券の額面100ドル当りの価値が35ドルとオークションで提示されたとすると，現金によるペイオフは6,500万ドルとなる。

---

[2] 第6章で述べたデイ・カウント・コンベンションが適用されるため，3カ月ごとの支払は225,000ドルからわずかに異なることが多い。

信用事由が発生したとき，プロテクションの買い手から売り手への3カ月ごと，6カ月ごと，1年ごとの定期的なプレミアムの支払は停止する。しかし，これらの支払は後払いであるため，買い手は最後の経過プレミアムの支払が要求されるのが普通である。いまの例では，デフォルトが2018年5月20日に発生しているので，買い手が売り手に対して支払わなければならないのは，年支払額の2018年3月20日から2018年5月20日までの経過分（およそ15万ドル）であり，その他の支払は要求されない。

プロテクションを購入するために1年間に支払われる合計金額を，想定元本に対するパーセント表示で表したもの（いまの例では90ベーシス・ポイント）は，CDSスプレッドとして知られる。いくつかの大手銀行は，クレジット・デフォルト・スワップ市場におけるマーケット・メーカーになっている。ある企業に対する満期5年の新規クレジット・デフォルト・スワップを提示する場合，マーケット・メーカーはたとえばビッド250ベーシス・ポイント，オファー260ベーシス・ポイントといった提示を行う。これは，マーケット・メーカーはプロテクションを買う場合は年250ベーシス・ポイント（すなわち，年当り元本の2.5％）の支払，プロテクションを売却する場合は年260ベーシス・ポイント（すなわち，年当り元本の2.6％）の受取りで取引に応じるということを意味している。

多くの異なる企業と国を参照体としたCDSが取引されている。先ほど述べたように，通常，支払は3カ月ごとの後払いである。満期5年の契約が最もよく取引されているが，満期が1年，2年，3年，7年，10年の取引も珍しくない。契約の満期日は，通常，3月20日，6月20日，9月20日，12月20日のいずれかの標準日に設定される。その結果，取引開始時点における契約満期までの実際の期間は指定した満期までの年数に近いが，必ずしも同じではない。2015年11月15日に，ある企業に対する満期5年のプロテクションを購入するためにディーラーに電話したとしよう。締結する契約の満期日はおそらく2020年12月20日になるだろう。この場合，最初のプレミアムの支払は2015年12月20日に行われ，支払額は2015年11月15日から2015年12月20日までの期間に対応したものになる[3]。CDSの契約の条項で重要なのは，信用事

由（すなわち，デフォルト）の定義である。一般的には信用事由は，期限までの支払不履行，債務の条件変更（リストラクチャリング），あるいは破産として定義される。ただし北米の契約では，特にその企業の負債のイールドが高い場合に，リストラクチャリングは除かれることが多い。CDS市場に関しては，ビジネス・スナップショット25.2でより詳しく述べている。

ビジネス・スナップショット25.2

CDS市場

1998年と1999年に，国際スワップ・デリバティブ協会（ISDA：International Swaps and Derivatives Association）は，店頭市場においてクレジット・デフォルト・スワップを取引するための標準契約書を作成した。それ以降，市場は発展していった。CDS契約は多くの点で保険契約に似ているが，一つ重要な違いがある。保険契約はプロテクションの買い手が保有する資産に発生する損失を補償するが，CDSの場合は，プロテクションの買い手が原資産を保有している必要はない。

2007年8月以降，信用不安が広まると，規制当局はシステミック・リスクを非常に警戒するようになった（ビジネス・スナップショット1.2を参照）。彼らはクレジット・デフォルト・スワップが金融市場の脆弱性の原因であることを察知していたのである。一つの金融機関のデフォルトが，CDS取引におけるその金融機関のカウンターパーティーに大きな損失を生じさせることになり，さらに他の金融機関のデフォルトへとつながる危険性があった。規制当局の不安は，保険業界の巨人であるAIGのトラブルによりいっそう深刻なものとなった。AIGは，住宅ローンから組成されたAAA格のトランシェ（第8章を参照）に対するプロテクションを大量に売却していたのである。そのプロテクションは

---

3 最初の標準支払日までの期間が1ヵ月未満の場合は，最初の支払は次の標準支払日に行われるのが一般的である。そうならない場合には，最初の標準支払日に支払が行われる。

AIGにとって非常に費用のかかるものであることが判明し，AIGは米国政府によって救済されることになった。

2007年から2008年にかけて，多くのタイプのクレジット・デリバティブにおいて取引がされなくなったが，CDSは活発に取引され続けていた（プロテクション費用は劇的に上昇していたのにもかかわらずである）。CDSが他のクレジット・デリバティブよりも優れている点は，その仕組みが単純である点である。住宅ローンの証券化から生み出されたような他のクレジット・デリバティブ（第8章を参照）は，こうした透明性を欠いていた。

ある企業に対するCDSの取引量がその企業の負債よりも大きくなることは，珍しいことではない。それゆえ，契約の現金決済が明らかに必要となる。2008年9月にリーマンがデフォルトしたときには，4,000億ドルのCDS契約が存在していたが，リーマンの負債は1,550億ドルであった。プロテクションの買い手に対する（ISDAのオークション手続で決定された）現金支払額は、元本の91.375%であった。

クレジット・デフォルト・スワップと本書で考察したその他の店頭デリバティブとの間には，重要な違いが一つある。その他の店頭デリバティブは，金利，為替，株価指数，および商品価格などに依存した商品である。こうした変数に対しては，一部の市場参加者が他の市場参加者よりも優れた情報を有していると仮定する理由はない。

クレジット・デフォルト・スワップのスプレッドは，特定の企業が特定の期間にデフォルトする確率に依存している。ほぼ間違いなく，一部の市場参加者は他の市場参加者に比べてこの確率を推定するためのより多くの情報をもっている。ある金融機関が特定の企業に対してアドバイスの提供，貸出，および証券の新規発行を扱っている場合，その企業の信用状況について，その企業と取引を行っていない金融機関よりも多くの情報をもっている可能性が高い。経済学者はこれを"情報の非対称性(asymmetric information)"の問題と呼んでいる。なお，企業のデフォルト・リスクに対するプロテクションの購入に関する意思決定は通常リス

> ク・マネージャーによって行われるものであって，金融機関の他の場所に存在するかもしれないその企業に関する特定の情報に基づくものではない，と金融機関は強調している。

クレジット・デフォルト・スワップと債券イールド

　CDS は，社債ポジションのヘッジに利用することができる。ある投資家が額面当り年率 7％のクーポンを支払う満期 5 年の社債を購入し，同時にその債券の発行体のデフォルトに対するプロテクションを購入する満期 5 年の CDS を取引するとしよう。CDS スプレッドは年 200 ベーシス・ポイント，すなわち 2％とする。CDS により，社債は（少なくとも近似的には）無リスク債券に転換されたことになる。CDS スプレッドを社債のクーポンと相殺すると，債券がデフォルトしなければ投資家は年 5％の利益を得る。債券がデフォルトした場合でも，そのデフォルトが発生した時点までは 5％の利益を得る。その場合，CDS の契約条項に基づき，投資家は債券を額面価値と交換できる。5 年のうちの残りの期間は，この額面価値を無リスク金利で運用することもできる。

　このことより，ある企業によって発行された満期 n 年の債券の無リスク金利に対するイールド・スプレッドは，おおよそ満期 n 年の CDS スプレッドと等しくならなければならないはずである。もし，イールド・スプレッドが CDS スプレッドよりも著しく高い場合には，投資家はその社債とプロテクションを購入することによって，無リスク金利より多くの利益を得ることができる。もしイールド・スプレッドが CDS スプレッドより著しく低い場合は，投資家はその社債を空売りしプロテクションを売却することによって，無リスク金利未満の借入れを行うことができる。

　CDS 債券ベーシス（CDS–bond basis）を，

　　CDS 債券ベーシス ＝ CDS スプレッド − 債券イールド・スプレッド

として定義する。債券イールド・スプレッドは，LIBOR／スワップ・レートを無リスク金利として用いることで計算される。通常，債券イールド・ス

プレッドはアセット・スワップ・スプレッドと同じとして設定される。

上述の裁定に関する議論により，CDS債券ベーシスはゼロ近辺になるべきである。実際のところは，ある期間（たとえば，2007年以前）では正になり，また他の期間（たとえば，2007年から2009年）では負になる傾向がある。ただし，どの時点においてもCDS債券ベーシスの符号は，その参照体に依存することになる。

最割安銘柄

24.3節で説明したように，債券の回収率はデフォルト直後の債券価値の額面に対するパーセントで定義される。したがって，CDSのペイオフは$L(1-R)$と書ける。ただし，Lは想定元本，Rは回収率である。

通常CDSでは，デフォルト時に受渡し可能ないくつかの債券が指定されている。それらの債券は一般的に同じ優先順位のものであるが，デフォルト直後の売却価格は額面に対して同じパーセントになるとは限らない[4]。したがって，CDSの保有者は最割安銘柄の選択権をもつことになる。すでに述べたように，ISDAによって主催されるオークション・プロセスにおいて，通常最割安銘柄の価値が決定され，プロテクションの買い手に対するペイオフも決められることになる。

25.2 クレジット・デフォルト・スワップの評価

特定の参照体に対するCDSスプレッドは，デフォルト確率の推定値から計算することができる。5年CDSを用いてその計算方法を示す。

その参照体のハザード・レートをCDSの満期までの5年間全体を通して年率2％とする。表25.1に5年までの各年の生存確率と無条件のデフォルト

---

[4] これにはいくつかの理由がある。デフォルト時に行われる債権請求額は一般的に債券の額面に経過利子を加えたものに等しい。したがって，デフォルト時に大きな経過利子をもつ債券はデフォルト直後の価格が高くなる傾向にある。また，企業再編時には，ある債券の保有者がそれ以外の債券の保有者よりも有利になると市場で考えられている場合もある。

表25.1　無条件のデフォルト確率と生存確率

時間 (年)	その年の終わりまでの生存確率	年間デフォルト確率
1	0.9802	0.0198
2	0.9608	0.0194
3	0.9418	0.0190
4	0.9231	0.0186
5	0.9048	0.0183

確率を示す。(24.1)式から，時点 t までの生存確率は $e^{-0.02t}$ である。ある年においてデフォルトする確率は，その年の初め時点までの生存確率から，その年の終わり時点までの生存確率を引いた値となる。たとえば，2年後までの生存確率は $e^{-0.02 \times 2} = 0.9608$ であり，3年後までの生存確率は $e^{-0.02 \times 3} = 0.9418$ であるので，3年目にデフォルトする確率は $0.9608 - 0.9418 = 0.0190$ となる。

デフォルトは常に1年の年央で発生し，クレジット・デフォルト・スワップのプレミアムは年1回，各年の終わりに支払われると仮定する。さらに，無リスク金利を連続複利で年率5％，回収率を40％とする。計算は三つの部分に分かれる。それらを表25.2，表25.3，および表25.4に示す。

表25.2は，プレミアムが年 s の割合で支払われ，想定元本を1ドルと仮定した場合の，CDSの期待プレミアムの現在価値に関する計算結果である。

表25.2　期待プレミアムの現在価値計算（プレミアム = s/年）

時間 (年)	生存確率	期待プレミアム	割引係数	期待プレミアムの現在価値
1	0.9802	$0.9802s$	0.9512	$0.9324s$
2	0.9608	$0.9608s$	0.9048	$0.8694s$
3	0.9418	$0.9418s$	0.8607	$0.8106s$
4	0.9231	$0.9231s$	0.8187	$0.7558s$
5	0.9048	$0.9048s$	0.7788	$0.7047s$
合計				$4.0728s$

表25.3　期待ペイオフの現在価値計算（想定元本 = 1 ドル）

時間 (年)	デフォルト確率	回収率	期待ペイオフ （ドル）	割引係数	期待ペイオフの 現在価値（ドル）
0.5	0.0198	0.4	0.0119	0.9753	0.0116
1.5	0.0194	0.4	0.0116	0.9277	0.0108
2.5	0.0190	0.4	0.0114	0.8825	0.0101
3.5	0.0186	0.4	0.0112	0.8395	0.0094
4.5	0.0183	0.4	0.0110	0.7985	0.0088
合計					0.0506

たとえば，3回目のプレミアム s が支払われる確率は0.9418である。したがって，期待プレミアムは$0.9418s$ となり，その現在価値は$0.9418se^{-0.05\times 3} = 0.8106s$ となる。また，期待プレミアムの総現在価値は$4.0728s$ となる。

表25.3は，想定元本を1ドルと仮定した場合の期待ペイオフの現在価値に関する計算結果である。前と同様に，デフォルトは常に1年間の中間時点で発生するものとしている。たとえば，3年目の年央でペイオフが発生する確率は0.0190である。回収率は40％としているので，その時点での期待ペイオフは$0.0190 \times 0.6 \times 1 = 0.0114$となり，その現在価値は$0.0114e^{-0.05 \times 2.5} = 0.0101$となる。また，期待ペイオフの総現在価値は0.0506ドルとなる。

最後のステップとして，表25.4はデフォルト時に行われる経過プレミアムの支払に関する計算結果である。たとえば，3年目の年央で最後の経過プレ

表25.4　経過プレミアムの現在価値計算

時間 (年)	デフォルト確率	期待プレミアム	割引係数	期待経過プレミアム の現在価値
0.5	0.0198	$0.0099s$	0.9753	$0.0097s$
1.5	0.0194	$0.0097s$	0.9277	$0.0090s$
2.5	0.0190	$0.0095s$	0.8825	$0.0084s$
3.5	0.0186	$0.0093s$	0.8395	$0.0078s$
4.5	0.0183	$0.0091s$	0.7985	$0.0073s$
合計				$0.0422s$

ミアムの支払が行われる確率は0.0190である。経過プレミアムは$0.5s$である。したがって，その時点での期待経過プレミアムは$0.0190 \times 0.5s = 0.0095s$となり，その現在価値は$0.0095se^{-0.05 \times 2.5} = 0.0084s$となる。また，期待経過プレミアムの総現在価値は$0.0422s$となる。

表25.2と表25.4より，期待支払額の現在価値は，

$$4.0728s + 0.0422s = 4.1150s$$

となる。表25.3より，期待ペイオフの現在価値は0.0506であるから，両者が等しいとすると，

$$4.1150s = 0.0506$$

すなわち$s = 0.0123$が得られる。このことから，CDSスプレッドの市場仲値は0.0123に元本を乗じたもの，すなわち年123ベーシス・ポイントとなるはずである。この結果はDerivaGemソフトウェアのCDSワークシートにより生成することもできる。

この計算では，デフォルトがプレミアム支払日間の中間時点でのみ発生すると仮定している。このような単純な仮定を置くことによってたいていはよい結果が得られるが，より多くのデフォルト時刻を考慮するよう仮定を緩めることは容易である。

CDSの時価評価

CDSは他のほとんどのスワップと同様に，市場価格を用いて日々評価替えされる。その価値は正にも負にもなりうる。たとえばこれまでの例で，CDSは150ベーシス・ポイントのスプレッドで以前に締結されたものであるとすると，買い手の支払うプレミアムの現在価値は$4.1150 \times 0.0150 = 0.0617$となり，ペイオフの現在価値は上と同じ0.0506となる。したがって，売り手からみたスワップの価値は$0.0617 - 0.0506$，すなわち0.0111に元本を乗じた金額になる。同様に，プロテクションの買い手からみたスワップの時価評価額は-0.0111に元本を乗じた金額になる。

デフォルト確率の推定

CDS の評価に用いるデフォルト確率は，実世界でのデフォルト確率ではなくリスク中立デフォルト確率であるべきである（両者の違いについては24.5節を参照）。リスク中立デフォルト確率は，第24章で説明したように，債券価格またはアセットスワップから推定できる。CDS の提示価格からリスク中立デフォルト確率を推定する別の方法もある。後者は，オプション市場で活発に取引されているオプションの価格からインプライド・ボラティリティを推定し，他のオプションを評価するのに用いるという実務的手法と類似の方法である。

表25.2，表25.3，および表25.4の例において，デフォルト確率がわかっていないと仮定しよう。そのかわりに，満期5年の新規 CDS スプレッドの市場仲値が年100ベーシス・ポイントであるとわかっているとする。これまでの計算を（Excel のソルバーを用いて）逆に行うと，インプライド・ハザード・レートは年率1.63％となることがわかる。DerivaGem ソフトウェアでは，クレジット・スプレッドの期間構造からハザード・レートの期間構造を計算することができる。

バイナリー型クレジット・デフォルト・スワップ

バイナリー型クレジット・デフォルト・スワップは，ペイオフが固定金額であること以外は通常のクレジット・デフォルト・スワップと同じような仕組みである。表25.1から表25.4で考察した例において，ペイオフを$1-R$ドルのかわりに1ドルとし，スワップ・スプレッドをsとする。表25.1，表25.2，および表25.4は先ほどと同じだが，表25.3は表25.5に置き換わる。新規のバイナリー型 CDS に対する CDS スプレッドは，$4.1150s = 0.0844$で与えられ，CDS スプレッドsは0.0205，すなわち205ベーシス・ポイントになる。

回収率はどれだけ重要か？

デフォルト確率の推定に CDS スプレッドと債券価格のどちらを用いるに

表25.5 バイナリー型CDSの期待ペイオフの現在価値計算（想定元本 = 1ドル）

時間(年)	デフォルト確率	期待ペイオフ（ドル）	割引係数	期待ペイオフの現在価値(ドル)
0.5	0.0198	0.0198	0.9753	0.0193
1.5	0.0194	0.0194	0.9277	0.0180
2.5	0.0190	0.0190	0.8825	0.0168
3.5	0.0186	0.0186	0.8395	0.0157
4.5	0.0183	0.0183	0.7985	0.0146
合計				0.0844

しろ，回収率の推定が必要となる。しかし，(a)リスク中立デフォルト確率の推定と(b) CDSの評価に同じ回収率を用いる限り，CDSの価値（あるいは，CDSスプレッドの推定値）は回収率の影響をあまり受けない。その理由は，インプライド・デフォルト確率はだいたい$1/(1-R)$に比例し，CDSのペイオフは$1-R$に比例するからである。

この議論はバイナリー型CDSには当てはまらない。インプライド・デフォルト確率はこの場合もだいたい$1/(1-R)$に比例している。しかし，バイナリー型CDSのペイオフはRと独立である。もしプレーン・バニラCDSとバイナリー型CDSに対するCDSスプレッドがわかっているならば，回収率とデフォルト確率の両方を推定することができる（発展問題25.25を参照）。

25.3 クレジット指数

クレジット・デリバティブの市場参加者は，CDSスプレッドに連動するいくつかの指数を開発してきた。2004年には，異なる指数の提供者間で指数の統合に関する合意がなされた。指数を定義する基準ポートフォリオとしては，次の二つが重要である。

1. CDX NA IG，北米の投資適格125社からなるポートフォリオ
2. iTraxx Europe，欧州の投資適格125社からなるポートフォリオ

これらのポートフォリオは，毎年 3 月 20 日と 9 月 20 日に更新される。投資適格でなくなった企業はポートフォリオから除外され，新しい投資適格企業が追加される[5]。

マーケット・メーカーが年限 5 年の CDX NA IG 指数に対して，ビッド 65 ベーシス・ポイント，オファー 66 ベーシス・ポイントを提示しているとする。（これは，指数スプレッドと呼ばれる。）大雑把にいえば，トレーダーは指数に含まれる全 125 社に対する CDS プロテクションを 1 企業当り 66 ベーシス・ポイントで購入できる。トレーダーが各企業に対して 80 万ドルのプロテクションを必要としているとすると，総コストは年 $0.0066 \times 800{,}000 \times 125$，すなわち 66 万ドルになる。同様に，トレーダーは合計年 65 万ドルで各 125 社に対する 80 万ドルのプロテクションを売却することができる。1 社がデフォルトした場合は，プロテクションの買い手は通常の CDS と同じペイオフを受け取り，年間プレミアムは $660{,}000/125 = 5{,}280$ ドルの減額となる。満期 3 年，5 年，7 年，10 年の CDS 指数プロテクションが市場では活発に売買されている。指数に対するそれらの契約の満期日は，通常 12 月 20 日または 6 月 20 日に設定される。（したがって，"満期 5 年"の契約に対する実際の満期は 4.75 年から 5.25 年の間になる。）大雑把には，指数はそれを構成する企業に対する CDS スプレッドの平均である[6]。

---

[5] 2013 年 9 月 20 日に，iTraxx Europe ポートフォリオ・シリーズ 20 と CDX NA IG ポートフォリオ・シリーズ 21 が定義されている。シリーズ数は，2013 年 9 月末までに iTraxx Europe ポートフォリオは 19 回，CDX NA IG ポートフォリオは 20 回更新されていることを表している。

[6] より正確には，指数はポートフォリオに含まれる企業のクレジット・デフォルト・スワップ・スプレッドの平均よりわずかに低い。その理由を理解するために，スプレッドがそれぞれ 1,000 ベーシス・ポイントと 10 ベーシス・ポイントである二つの企業からなるポートフォリオを考える。両社のプロテクションを購入するコストは，1 社当り 505 ベーシス・ポイントをわずかに下回る。これは，1,000 ベーシス・ポイントは 10 ベーシス・ポイントほどには長期間支払われないと予測されるため，その分ウェイトを小さくすべきであるからである。iTraxx Europe にはない，CDX NA IG に関するもう一つの複雑な点は，指数に適用される信用事由の定義にはリストラクチャリングが含まれているが，指数を構成する企業に対する CDS の定義にはそれが含まれていない可能性がある点である。

25.4 固定クーポンの利用

CDSとCDS指数取引の正確な仕組みは，いままで述べたものよりもう少し複雑である。各原資産と各満期に対してクーポンと回収率が決められている。価格は提示されている指数スプレッドから，次の手順で計算される。

1. プレミアムは後払いで年4回行われると仮定する。
2. 提示されているスプレッドから，ハザード・レートを求める。それには25.2節と同様の計算を行う。提示されたスプレッドになるようなハザード・レートは反復探索法で求める。
3. CDSのプレミアムに対する"デュレーション"Dを計算する。これは，指数スプレッドに乗じるとスプレッドの支払額の現在価値が得られる数である。(25.2節の例では，その値は4.1150である。)[7]
4. 価格Pは，$P = 100 - 100 \times D \times (s-c)$で与えられる。ただし，$s$はスプレッド，$c$は小数表示でのクーポンである。

トレーダーはプロテクションを購入するとき，総残存想定元本に対して100ドル当り$100-P$を支払い，プロテクションの売り手はその金額を受け取る。($100-P$が負の場合は，プロテクションの買い手が現金を受け取り，プロテクションの売り手が現金を支払う。) その後，プロテクションの買い手はクーポンに残存想定元本を掛けた金額を各支払日に支払う。(CDSでは残存想定元本はデフォルトまでは当初想定元本であり，その後はゼロとなる。一方，CDS指数については，残存想定元本はまだデフォルトしていない企業数に1企業当りの元本を掛けた値である。) デフォルト時のペイオフは通常と同じように計算される。この取決めによって，債券のような商品性となるので，取引が容易になる。プロテクションの買い手により行われる3カ月ごとの定期的な支払は，その買い手が契約を締結した時点でのスプレッドとは無関係である。

---

[7] ここでの"デュレーション"という用語の使われ方は，第4章のものとは異なる。

> **【例25.1】**
>
> iTraxx Europe 指数が34ベーシス・ポイントと提示されており，クーポンは満期がちょうど5年の契約に対して40ベーシス・ポイントであるとする。これらのデイカウントはともに実日数/360である。(CDSおよびCDS指数の市場では，このデイカウントが通常用いられている。) 実日数/実日数に直すと，指数は0.345%，クーポンは0.406%になる。イールド・カーブはフラットで年率4%（実日数/実日数，連続複利）とする。決められた回収率は40%であり，プレミアムを年4回の後払いとすると，インプライド・ハザード・レートは0.5717%になり，デュレーションは4.447年になる。したがって，価格は，
>
> $$100 - 100 \times 4.447 \times (0.00345 - 0.00406) = 100.27$$
>
> となる。1企業当り100万ドルのプロテクションとなる契約を考える。当初，プロテクションの売り手は$1,000,000 \times 125 \times 0.0027$ドルを買い手に支払うことになる。それ以後は，プロテクションの買い手は3カ月ごとに年当り$1,000,000 \times 0.00406 \times n$ドルの支払を後払いで行う。ただし，$n$はまだデフォルトしていない企業の数である。企業がデフォルトしたとき，通常と同じ方法で計算されたペイオフを買い手は受け取るとともに，買い手から売り手へ100万ドルに対する年率0.406%に基づいて計算された経過プレミアムが支払われる。

25.5　CDSのフォワードとオプション

　CDS市場が確立されると，自然な流れとして，デリバティブ・ディーラーはCDSスプレッドに対するフォワードやオプションの取引を始めた[8]。

　フォワード・クレジット・デフォルト・スワップは，特定の参照体に対するクレジット・デフォルト・スワップを特定の将来時点Tにおいて買う，

---

[8] これらの商品の評価については，J. C. Hull and A. White, "The Valuation of Credit Default Swap Options," *Journal of Derivatives*, 10, 5 (Spring 2003): 40-50を参照。

または売る義務を負う契約である。参照体が時点 T 以前にデフォルトした場合には，フォワード契約は消滅する。たとえば，1年後スタートのある企業に対する満期5年のプロテクションを280ベーシス・ポイントで売却するフォワード契約をある銀行が取引したとする。もしその企業が1年後までにデフォルトしたとすると，そのフォワード契約は消滅する。

クレジット・デフォルト・スワップ・オプションは，特定の参照体に対するクレジット・デフォルト・スワップを特定の将来時点 T において買うまたは売る権利を売買する契約である。たとえば，1年後スタートのある企業に対する満期5年のプロテクションを280ベーシス・ポイントで購入する権利の取引をトレーダーが検討しているとする。これはコール・オプションである。その企業に対する満期5年の CDS スプレッドが1年後に280ベーシス・ポイントを上回っていれば，そのオプションは行使される。そうでなければ行使されない。オプションのプレミアムは取引当初に支払われる。同様に，1年後スタートのある企業に対する満期5年のプロテクションを280ベーシス・ポイントで売却する権利の取引を投資家が検討しているとする。これはプット・オプションである。その企業に対する満期5年の CDS スプレッドが1年後に280ベーシス・ポイントを下回っていれば，そのオプションは行使される。そうでなければ行使されない。この場合のオプションのプレミアムも取引当初に支払われる。CDS フォワードと同様に，CDS オプションも参照体がオプション満期前にデフォルトした場合には，通常消滅する仕組みになっている。

25.6　バスケット型クレジット・デフォルト・スワップ

複数の参照体を含む CDS を，バスケット型クレジット・デフォルト・スワップ（basket credit default swap）と呼ぶ。アド・アップ（add-up）・バスケット型 CDS は，任意の参照体がデフォルトしたときにペイオフが発生する。ファースト・トゥ・デフォルト（first-to-default）型 CDS は，最初のデフォルトが発生したときのみにペイオフが発生する。セカンド・トゥ・デ

フォルト（second-to-default）型CDSは，2番目のデフォルトが発生したときのみにペイオフが発生する。もっと一般的に，kth-to-default型CDSはk番目のデフォルトが発生したときのみにペイオフが発生する。ペイオフは通常のCDSと同じ方法で計算され，関連するデフォルトが発生すると決済が行われる。その時点でスワップは終了し，それ以降，当事者間での支払は発生しない。

25.7 トータル・リターン・スワップ

トータル・リターン・スワップ（total return swap）は，クレジット・デリバティブの一種である。債券（または任意の資産ポートフォリオ）のトータル・リターンとLIBOR＋スプレッドを交換する契約である。トータル・リターンにはスワップ期間におけるクーポンや利子，資産に関する損益が含まれる。

トータル・リターン・スワップの例として，社債のトータル・リターンとLIBOR＋25ベーシス・ポイントを交換する想定元本1億ドル，満期5年の契約を考える。これを図25.2に図示する。各クーポン支払日にスワップのペイヤーは1億ドルの債券投資から得られるクーポンを支払う。スワップのレシーバーは元本1億ドルに対するLIBOR＋25ベーシス・ポイントの利子を支払う。（プレーン・バニラの金利スワップと同様に，LIBORは各利払日に決定され，次の利払日に支払われる。）スワップの満期には，債券の価格変化を反映した支払が行われる。たとえば，スワップ期間を通じて債券が10％上昇したとすると，ペイヤーは5年後に1,000万ドル（＝1億ドルの10％）の支払を要求される。同様に，債券が15％下落したとすると，レシーバーは5年後に

図25.2 トータル・リターン・スワップ

| トータル・リターンのペイヤー | →債券の総リターン→
←LIBOR＋25ベーシス・ポイント← | トータル・リターンのレシーバー |

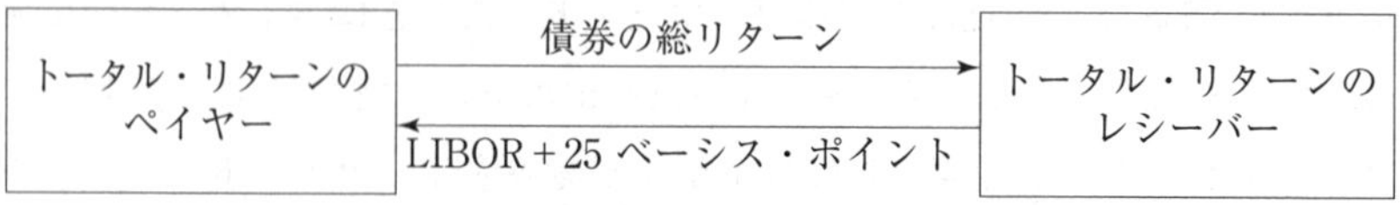

1,500万ドルの支払を要求される。債券がデフォルトした場合には通常スワップは終了し，レシーバーは債券の市場価格が1億ドルを下回る金額を最後に支払う。

　スワップ終了時の両サイドの支払に想定元本を追加して考えると，トータル・リターン・スワップはペイヤーが1億ドルの社債投資から得られるキャッシュ・フローを支払い，レシーバーが1億ドルのクーポンLIBOR＋25ベーシス・ポイントの債券投資から得られるキャッシュ・フローを支払うスワップという特徴づけができる。ペイヤーが社債を保有している場合は，ペイヤーはトータル・リターン・スワップによって社債の信用リスクをレシーバーに移転することができる。ペイヤーが社債を保有していない場合は，ペイヤーはトータル・リターン・スワップによって社債のショート・ポジションをとることができる。

　トータル・リターン・スワップは，資金調達手段として使われることも多い。図25.2のスワップが組まれる一つの状況としては，次のような場合がある。レシーバーが参照債券1億ドルへの投資を行うために資金調達をしたいとする。レシーバーはペイヤー（金融機関の場合が多い）に連絡し，スワップを締結する。締結後，ペイヤーはこの債券1億ドルに投資する。この結果，レシーバーはLIBOR＋25ベーシス・ポイントの借入れでその債券を購入したのと同じポジションを保有したことになる。ペイヤーはスワップ期間中その債券の所有権を持ち続けるので，レシーバーの債券購入資金を貸し出して，その債券を担保として受け入れる場合よりも信用リスクは小さくなる。それは，レシーバーがデフォルトした場合に担保を現金化しなければならないという法的問題が，ペイヤーに発生しないからである。このように，証券購入時の資金調達に伴う信用リスクを最小化するような仕組みになっているという点で，トータル・リターン・スワップはレポ取引（4.1節を参照）に類似した取引である。

　ペイヤーが受け取るLIBORに対する上乗せスプレッドは，レシーバーがデフォルトするリスクの対価である。参照債券の価格が下落したときにレシーバーがデフォルトすれば，ペイヤーは損失を被る。したがって，スプ

レッドはレシーバーの信用度，債券発行体の信用度，およびそれら二つの相関に依存している。

これまで説明してきた標準的な取引には多くのバリエーションがある。スワップ終了時に債券の価格変化に対して現金決済をするかわりに，ペイヤーが想定元本分の現金を受け取って原資産を渡す現物決済を行う場合もある。また，債券の価格変化に対する支払がスワップの終了時に一括ではなく，定期的に行われる場合もある。

25.8 債務担保証券

資産担保証券（ABS）については第8章で述べた。図8.1はその簡単な構造を示している。原資産が債券であるABSは，債務担保証券（CDO：collateralized debt obligation）として知られている。債券の元利金に対して，図8.2と同様のウォーターフォールが定義されている。ウォーターフォールの詳細なルールは複雑であるが，あるトランシェが他のトランシェよりも上位であれば，利息と元本償還を予定どおりに受け取れる可能性が高くなることを保証するように設計されている。

シンセティックCDO

前述したようにCDOが債券ポートフォリオから組成される場合，そのストラクチャーはキャッシュCDO（cash CDO）として知られている。債券を発行した企業をCDSの参照体とする場合，その企業の社債のロング・ポジションと，そのCDSのショート・ポジションは同様のリスクをもつことが認識されたことは、一つの重要な市場の発展であった。これがシンセティックCDO（synthetic CDO）と呼ばれる別のストラクチャーへと発展し，活発に取引されるようになった。

シンセティックCDOのオリジネーターは，ストラクチャーに組み込む企業のポートフォリオと年限（たとえば5年）を選び，ポートフォリオ内の各々の企業のCDSプロテクションを売却する。これらCDSの満期はストラク

チャーの満期と同じになるよう選ばれる。シンセティックCDOの元本は，原資産となるCDSの想定元本の合計となる。オリジネーターはCDSスプレッドと同額のキャッシュ・インフローがあり，ポートフォリオ内の企業がデフォルトすればキャッシュ・アウトフローが生じる。トランシェが複数設定され，キャッシュ・インフローとアウトフローが各々のトランシェに割り当てられる。シンセティックCDOの各トランシェに対してキャッシュ・インフローとアウトフローを決めるルールは，キャッシュCDOよりも単純である。いま，エクイティ，メザニン，シニアの三つのトランシェしかないとすれば，そのルールはおおよそ次のようになる。

1. エクイティ・トランシェは，シンセティックCDOの元本の5％に到達するまでのCDSによる支払の責任を負い，トランシェの残存元本に対して年間1,000ベーシス・ポイントのスプレッドを得る。
2. メザニン・トランシェはシンセティックCDOの元本の5％以上で最大20％までの支払に責任を負い，トランシェの残存元本に対して年間100ベーシス・ポイントのスプレッドを得る。
3. シニア・トランシェは20％以上の支払に対する責任を負い，トランシェの残存元本に対して年間10ベーシス・ポイントのスプレッドを得る。

シンセティックCDOがどのように機能するか理解するために，その元本が1億ドルと仮定し，エクイティ，メザニン，シニアの各トランシェの元本がそれぞれ，500万ドル，1,500万ドル，8,000万ドルとする。当初，各トランシェは，その想定元本に対して定められたスプレッドが得られる。1年後にポートフォリオ内の企業のデフォルトによって，CDSで200万ドルの支払が発生したとしよう。エクイティ・トランシェの保有者は，この支払の責任を負うことになる。エクイティ・トランシェの元本は300万ドルまで減じられ，それ以降，そのスプレッド（1,000ベーシス・ポイント）は500万ドルではなく300万ドルに対してしか得られない。もし，CDOの満期までの間に，その後，さらに400万ドルの支払がCDSで発生したとすれば，エクイティ・トランシェに要求される累積支払額は500万ドルに達するので，その残存元本は

ゼロとなる。メザニン・トランシェの保有者は，100万ドルを支払う必要がある。これにより，その残存元本は1,400万ドルとなる。

キャッシュCDOはトランシェの保有者による（原資産となる債券を調達するための）初期投資を必要とする。それに対して，シンセティックCDOの保有者は，初期投資が必要なわけではない。ただ，キャッシュ・インフローとアウトフローの計算の仕方に同意すればよいのである。とはいえ，当初のトランシェ元本を担保として差し入れることが，実務ではほぼ例外なく要求される。そのトランシェがあるCDSのペイオフを支払う責任が生じた場合には，その資金は担保を取り崩して支払われることになる。担保勘定の残高はLIBORで付利される。

標準的なポートフォリオとシングル・トランシェの取引

先ほど述べたように，シンセティックCDOでは，トランシェの保有者はCDOのオリジネーターに対してプロテクションを売っており，また，そのオリジネーターはCDSにより他の市場参加者にプロテクションを売っている。クレジット・デリバティブ市場での革新の一つは，CDSのショート・ポジションからなるポートフォリオを構築することなく，そのポートフォリオを原資産とするトランシェの取引が行えるようになったことである。これは，シングル・トランシェ取引（single-tranche trading）と呼ばれることが多い。この取引には，トランシェのプロテクションの買い手と，そのトランシェのプロテクションの売り手の2人の当事者がかかわる。両者の発生するキャッシュ・フローを定義するため，CDSのショート・ポジションからなるポートフォリオが参照されるが，実際にはこのポートフォリオは構築されない。プロテクションの買い手は，プロテクションの売り手にトランシェのスプレッドを支払う。そして，プロテクションの売り手は，買い手に対し，そのトランシェが責任をもつ参照CDSポートフォリオから生じた損失と同額を支払う。

25.3節で，CDX NA IGやiTraxx EuropeのようなCDS指数について論じた。市場では，標準的なシンセティックCDOのトランシェを定義するの

に，これらの指数を原資産とするポートフォリオを用いており，そのような取引は非常に活発に行われている。iTraxx Europe の六つの標準的なトランシェは，0－3％，3－6％，6－9％，9－12％，12－22％，22－100％の範囲で損失をカバーするものである。CDX NA IG の六つの標準的なトランシェは，0－3％，3－7％，7－10％，10－15％，15－30％，30－100％の範囲で損失をカバーする。

表25.6は5年物 iTraxx の各トランシェに対する1月末の提示価格を3年間にわたって示している。25.3節で述べたように，インデックスのスプレッドは指数中の全企業に対するプロテクションを購入するための費用でありベーシス・ポイント単位で表される。0－3％のトランシェを除いた他のすべてのトランシェに対する提示は，そのトランシェのプロテクションを買うための費用でありベーシス・ポイント単位となっている（先ほど説明したように，これは元本に対して支払われるが，トランシェが損失を被ればその元本も減じられる）。0－3％の（エクイティ）トランシェの場合は，プロテクションの買い手は当初に支払を行い，その後は残存トランシェ元本に対して年率500ベーシス・ポイントを支払うことになる。そのため，その提示は，当初トランシェ元本に対する当初支払額のパーセント表示となっている。

2年の間にクレジット市場に何が起こったのであろうか。表25.6は信用危機がクレジット・スプレッドの大幅な拡大をもたらしたことを示している。

表25.6 Creditex グループによる5年物 iTraxx Europe トランシェの提示仲値
提示価格はベーシス・ポイントで表示。ただし，0％－3％トランシェに対しては，年500ベーシス・ポイントに加えて取引時に支払う金額をトランシェに対するパーセントで表示。

日付	トランシェ					iTraxx 指数
	0－3％	3－6％	6－9％	9－12％	12－22％	
2007年1月31日	10.34％	41.59	11.95	5.60	2.00	23
2008年1月31日	30.98％	316.90	212.40	140.00	73.60	77
2009年1月30日	64.28％	1185.63	606.69	315.63	97.13	165

iTrass 指数は2007年1月の23ベーシス・ポイントから，2009年1月の165ベーシス・ポイントへと跳ね上がった。個々のトランシェに対する提示にも，かなりの上昇がみられている。この一つの理由として，市場によって評価される投資適格企業のデフォルト確率が上昇したことがあげられる。しかしながら，プロテクションの売り手の多くが流動性の問題を抱えていたことも事実である。それにより，プロテクションの売り手はリスク回避的となり要求するリスク・プレミアムも上昇したのである。

25.9 バスケット型CDSとCDOにおける相関の役割

kth-to-default 型 CDS と CDO トランシェのプロテクションの費用は，デフォルト相関に大きく依存している。100の参照体からなるバスケットに対する満期5年の kth-to-default 型 CDS で，各参照体の5年間におけるリスク中立デフォルト確率が2％であるものを考える。参照体間のデフォルト相関がゼロのときは，二項分布から5年間に一つ以上がデフォルトする確率は86.74％，10以上がデフォルトする確率は0.0034％であることがわかる。したがって，ファースト・トゥ・デフォルト型 CDS はかなり価値が高いが，tenth-to-default 型 CDS 訳注はほとんど無価値となる。

デフォルト相関が増加すると，一つ以上がデフォルトする確率は減少し，10以上がデフォルトする確率は増加する。参照体間のデフォルトが完全に相関している極限では，一つ以上がデフォルトする確率と10以上がデフォルトする確率は等しく，2％になる。その理由は，この極端な状況では参照体は本質的にすべて同一になり，（確率2％で）すべてがデフォルトするか，（確率98％で）一つもデフォルトしないかのどちらかになるからである。

シンセティック CDO のトランシェの価値も，同様にデフォルト相関に依存している。相関が低い場合は，ジュニア・エクイティ・トランシェは非常にリスクが高く，シニア・トランシェは非常に安全である。デフォルト相関

訳注　参照体に対して10番目（$k = 10$）のデフォルトが発生したときのみにペイオフが発生する CDS。

が増加するにつれて，ジュニア・トランシェのリスクは低くなり，シニア・トランシェのリスクは高くなる．デフォルトが完全に相関し，かつ回収率がゼロの極限では，すべてのトランシェのリスクは同等になる．

25.10 シンセティックCDOの評価

シンセティックCDOはDerivaGemソフトウェアを用いて評価することができる．計算過程を説明するために，シンセティックCDOのトランシェのクーポン支払日を時点 $\tau_1, \tau_2, \ldots, \tau_m$ とし，$\tau_0 = 0$ とおく．E_j を時点 τ_j におけるトランシェの期待元本とし，$v(\tau)$ を時点 τ に受け取る1ドルの現在価値とする．特定のトランシェに対するスプレッド（プロテクションに対して支払われるベーシス・ポイント）を年 s とする．このスプレッドは，トランシェの残存元本に対して支払われるものである．したがって，CDOに対して定期的に支払われるスプレッドの期待値の現在価値は sA で与えられる．ただし，

$$A = \sum_{j=1}^{m} (\tau_j - \tau_{j-1}) E_j v(\tau_j) \tag{25.1}$$

である．時点 τ_{j-1} から時点 τ_j の間に発生する期待損失は $E_{j-1} - E_j$ である．損失は時間区間の中間時点（すなわち時点 $0.5\tau_{j-1} + 0.5\tau_j$）で発生すると仮定する．このとき，CDOのトランシェに対する期待ペイオフの現在価値は，

$$C = \sum_{j=1}^{m} (E_{j-1} - E_j) v(0.5\tau_{j-1} + 0.5\tau_j) \tag{25.2}$$

となる．損失発生時の経過利子は sB で与えられる．ただし，

$$B = \sum_{j=1}^{m} 0.5(\tau_j - \tau_{j-1})(E_{j-1} - E_j) v(0.5\tau_{j-1} + 0.5\tau_j) \tag{25.3}$$

である．プロテクションの買い手からみたトランシェの価値は $C - sA - sB$ となる．クーポンの現在価値とペイオフの現在価値が等しくなるとき，すなわち，

$$C = sA + sB$$

が成り立つとき，トランシェに対するスプレッドはブレークイーブン・スプレッドになる。したがって，ブレークイーブン・スプレッドは

$$s = \frac{C}{A+B} \quad (25.4)$$

で与えられる。(25.1)式から(25.3)式より，トランシェに対するブレークイーブン・スプレッドの計算では，トランシェの期待元本が重要な役割を果たしていることがわかる。すべての支払日におけるトランシェの期待元本とゼロクーポン・イールド・カーブがわかっていれば，(25.4)式を用いてトランシェのブレークイーブン・スプレッドを求めることができる。

デフォルト時刻に対するガウシアン・コピュラ・モデルの利用

デフォルト時刻に対する1ファクター・ガウシアン・コピュラ・モデルを24.8節で紹介した。これは，シンセティックCDOを評価する市場での標準的なモデルである。すべての企業の時点tまでにデフォルトする確率は同じ$Q(t)$とする。(24.9)式により，この時点tまでの無条件デフォルト確率は，次のようファクターFに対する時点tまでの条件付デフォルト確率へと変換される。

$$Q(t|F) = N\left(\frac{N^{-1}[Q(t)] - \sqrt{\rho}F}{\sqrt{1-\rho}}\right) \quad (25.5)$$

ただし，ρはコピュラ相関で，どの企業のペアに対しても同じ値を仮定している。

$Q(t)$を計算するときには，通常各企業に対するハザード・レートは定数で，指数スプレッドと整合性がとれていると仮定される。このことを仮定すると，25.2節で説明したCDS評価方法を用いて指数スプレッドを与えるハザード・レートを探索することにより，ハザード・レートを推定することができる。このハザード・レートをλとすると，(24.1)式より，

$$Q(t) = 1 - e^{-\lambda t} \quad (25.6)$$

となる。二項分布の性質より，標準的なマーケット・モデルでは，時点tまでにkだけデフォルトするFについての条件付確率は

$$P(k,t\,|\,F) = \frac{n!}{(n-k)!\,k!}\,Q(t\,|\,F)^k[1-Q(t\,|\,F)]^{n-k} \quad (25.7)$$

となる。ここで、n はポートフォリオに含まれる参照体の数である。評価したいトランシェは、ポートフォリオの損失のうち α_L から α_H までを負担するものとする。このパラメータ α_L はアタッチメント・ポイント (attachment point) と呼ばれ、パラメータ α_H はデタッチメント・ポイント (detachment point) と呼ばれる。これらを用い、

$$n_L = \frac{\alpha_L n}{1-R}, \quad n_H = \frac{\alpha_H n}{1-R}$$

と定義する。ここで R は回収率である。また、$m(x)$ を x を超える最小の整数とする。トランシェの当初元本は 1 と仮定するが、これにより一般性を失うことはない。デフォルト数 k が $m(n_L)$ より小さい間は、トランシェの元本は 1 のままである。デフォルト数が $m(n_H)$ 以上になったとき、元本はゼロになる。それ以外の場合には、トランシェの元本は、

$$\frac{\alpha_H - k(1-R)/n}{\alpha_H - \alpha_L}$$

になる。$E_j(F)$ をファクター F の値が与えられたときの時点 τ_j におけるトランシェの元本に対する条件付期待値と定義すると、

$$E_j(F) = \sum_{k=0}^{m(n_L)-1} P(k,\tau_j\,|\,F) + \sum_{k=m(n_L)}^{m(n_H)-1} P(k,\tau_j\,|\,F)\frac{\alpha_H - k(1-R)/n}{\alpha_H - \alpha_L} \quad (25.8)$$

となる。F の値が与えられたときの A, B, C の値を $A(F)$, $B(F)$, $C(F)$ と定義すると、(25.1)式から (25.3)式までと同様に、

$$A(F) = \sum_{j=1}^{m} (\tau_j - \tau_{j-1})E_j(F)v(\tau_j) \quad (25.9)$$

$$B(F) = \sum_{j=1}^{m} 0.5(\tau_j - \tau_{j-1})(E_{j-1}(F) - E_j(F))v(0.5\tau_{j-1} + 0.5\tau_j) \quad (25.10)$$

$$C(F) = \sum_{j=1}^{m}(E_{j-1}(F) - E_j(F))v(0.5\tau_{j-1} + 0.5\tau_j) \qquad (25.11)$$

となる。変数 F は標準正規分布に従っているので，A, B, C に対する無条件の値を求めるには，$A(F)$, $B(F)$, $C(F)$ を標準正規分布のもとで積分すればよい。無条件の値が求まれば，そのトランシェのブレークイーブン・スプレッドは $C/(A+B)$ として求められる[9]。

積分は，ガウスの数値積分公式として知られる手法を用いて精度のよい値が求められる。それは，

$$\int_{-\infty}^{\infty} \frac{1}{\sqrt{2\pi}} e^{-F^2/2} g(F) dF \approx \sum_{k=1}^{M} w_k g(F_k) \qquad (25.12)$$

という近似で与えられる。M が増加するにつれて精度は向上する。いくつかの M の値に対する w_k と F_k の値が著者のウェブサイトに与えられている[10]。DerivaGem ソフトウェアでは，M の値は"積分点数"の2倍となっている。積分点数を20とすれば，通常は十分な精度が得られる。

【例25.2】

iTraxx Europe のメザニン・トランシェ（5年物）をコピュラ相関を0.15，回収率を40%として考える。この場合，$\alpha_L = 0.03$，$\alpha_H = 0.06$，$n = 125$，$n_L = 6.25$，$n_H = 12.5$ である。金利期間構造はフラットで3.5%，支払は3カ月ごとに行われ，指数のCDSスプレッドは50ベーシス・ポイントであるとする。25.2節と同様の計算を行うと，CDSスプレッドに対応する定数ハザード・レートは0.83%（連続複利）であることがわかる。表25.7は残りの計算を抜粋したものである。$M = 60$ として(25.12)式を用いる。表の最初の部分はファクターの値 F とウェイト w_k である。ファクターの値が与えられたときの各支払日におけるト

---

[9] エクイティ・トランシェの場合には，提示価格は年500ベーシス・ポイントに加えて支払う当初支払額である。そのブレークイーブン当初支払額は $C - 0.05(A+B)$ で与えられる。

[10] パラメータ w_k と F_k はエルミート多項式の零点から計算される。ガウス数値積分公式の詳細については，www-2.rotman.utoronto.ca/~hull/TechnicalNotes の Technical Note 21を参照されたい。

表25.7 例25.2のCDOの評価
(元本 = 1，クーポンは単位スプレッド当りの金額)

ウェイトとファクターの値								
w_k	⋯	⋯	0.1579	0.1579	0.1342	0.0969	⋯	⋯
F_k	⋯	⋯	0.2020	−0.2020	−0.6060	−1.0104	⋯	⋯
期待元本, $E_j(F_k)$								
時点								
$j=1$	⋯	⋯	1.0000	1.0000	1.0000	1.0000	⋯	⋯
⋮	⋮	⋮	⋮	⋮	⋮	⋮	⋮	⋮
$j=19$	⋯	⋯	0.9953	0.9687	0.8636	0.6134	⋯	⋯
$j=20$	⋯	⋯	0.9936	0.9600	0.8364	0.5648	⋯	⋯
期待クーポンの現在価値, $A(F_k)$								
$j=1$	⋯	⋯	0.2478	0.2478	0.2478	0.2478	⋯	⋯
⋮	⋮	⋮	⋮	⋮	⋮	⋮	⋮	⋮
$j=19$	⋯	⋯	0.2107	0.2051	0.1828	0.1299	⋯	⋯
$j=20$	⋯	⋯	0.2085	0.2015	0.1755	0.1185	⋯	⋯
合計	⋯	⋯	4.5624	4.5345	4.4080	4.0361	⋯	⋯
期待経過利子の現在価値, $B(F_k)$								
$j=1$	⋯	⋯	0.0000	0.0000	0.0000	0.0000	⋯	⋯
⋮	⋮	⋮	⋮	⋮	⋮	⋮	⋮	⋮
$j=19$	⋯	⋯	0.0001	0.0008	0.0026	0.0051	⋯	⋯
$j=20$	⋯	⋯	0.0002	0.0009	0.0029	0.0051	⋯	⋯
合計	⋯	⋯	0.0007	0.0043	0.0178	0.0478	⋯	⋯
期待ペイオフの現在価値, $C(F_k)$								
$j=1$	⋯	⋯	0.0000	0.0000	0.0000	0.0000	⋯	⋯
⋮	⋮	⋮	⋮	⋮	⋮	⋮	⋮	⋮
$j=19$	⋯	⋯	0.0011	0.0062	0.0211	0.0412	⋯	⋯
$j=20$	⋯	⋯	0.0014	0.0074	0.0230	0.0410	⋯	⋯
合計	⋯	⋯	0.0055	0.0346	0.1423	0.3823	⋯	⋯

ランシェの元本の条件付期待値は(25.5)式から(25.8)式までを用いて計算され，その結果が表の2番目の部分に与えられている．ファクターの値が与えられたときの A, B, C の値は(25.9)式から(25.11)式までを用いて計算され，その結果が表の最後の三つの部分に与えられている．A, B, C に対する無条件の値は $A(F)$, $B(F)$, $C(F)$ を F の確率

分布のもとで積分すれば求まる。それには，(25.12)式で $g(F)$ を順に $A(F)$, $B(F)$, $C(F)$ とおいて計算すればよい。その結果は，

$$A = 4.2846, \ B = 0.0187, \ C = 0.1496$$

となる。したがって，このトランシェのブレークイーブン・スプレッドは $0.1496/(4.2846+0.0187) = 0.0348$，すなわち348ベーシス・ポイントになる。

　この結果はDerivaGemソフトウェアから得ることができる。CDSワークシートは50ベーシス・スプレッドを0.83%のハザード・レートに変換するために用いられる。それからこのハザード・レートとともに積分点を30としてCDOワークシートを使う。

kth-to-default 型 CDS の評価

　kth-to-default 型 CDS (25.6節を参照) も，ファクター F に基づいた標準的なマーケット・モデルを用いて評価することができる。時点 τ_{j-1} から時点 τ_j までの間に k 番目のデフォルトが発生する条件付確率は，時点 τ_j までに k 社以上がデフォルトする条件付確率から時点 τ_{j-1} までに k 社以上がデフォルトする条件付確率を引いた値である。これは(25.5)式から(25.7)式を用いて，

$$\sum_{q=k}^{n} P(q, \tau_j | F) - \sum_{q=k}^{n} P(q, \tau_{j-1} | F)$$

を計算すれば求められる。時点 τ_{j-1} から時点 τ_j までの間のデフォルトは時点 $0.5\tau_{j-1}+0.5\tau_j$ に発生すると仮定する。そうすると，F が与えられたときのプレミアムとペイオフの現在価値が通常のCDSのペイオフと同様の方法 (25.2節を参照) で計算できるようになる。その結果を F について積分すれば，プレミアムとペイオフに対する無条件での現在価値が求まる。

【例25.3】

　ハザード・レートが年率2%与えられている10銘柄の債券からなるポートフォリオを考え，プレミアムが年単位で後払いされるサード・

トゥ・デフォルト型CDSを評価したいとする。コピュラ相関は0.3，回収率は40%，無リスク金利はすべて5%と仮定する。表25.7と同様に，$M=60$の異なるファクターの値に対して考える。各債券が1年後，2年後，3年後，4年後，5年後までにデフォルトする無条件累積確率はそれぞれ0.0198，0.0392，0.0582，0.0769，0.0952である。(25.5)式より，$F=-1.0104$という条件のもとでは，これらのデフォルト確率はそれぞれ0.0361，0.0746，0.1122，0.1484，0.1830になる。二項分布より，1年後，2年後，3年後，4年後，5年後までに3銘柄以上がデフォルトする確率はそれぞれ0.0047，0.0335，0.0928，0.1757，0.2717となる。したがって，1年目，2年目，3年目，4年目，5年目に3番目のデフォルトが発生する条件付確率はそれぞれ0.0047，0.0289，0.0593，0.0829，0.0960になる。25.2節と同様の分析を行うと，$F=-1.0104$という条件のもとでのペイオフ，定期的なプレミアム，経過プレミアムの現在価値は0.1379，$3.8443s$，$0.1149s$になることがわかる。ただし，sはスプレッドである。残り59のファクターの値に対して同様の計算を行い，(25.12)式を用いてFについて積分を行う。ペイオフ，定期的なプレミアム，経過プレミアムの無条件の現在価値は0.0629，$4.0580s$，$0.0524s$になる。したがって，ブレークイーブンCDSスプレッドは，

$$0.0629/(4.0580+0.0524)=0.0153$$

より153ベーシス・ポイントになる。

インプライド相関

標準的なマーケット・モデルでは，回収率Rは通常40%と仮定されている。この仮定により，コピュラ相関ρだけが未知のパラメータとして残る。これによってモデルは，ボラティリティのみが未知のパラメータであったBlack–Scholes–Mertonモデルと同じような状況になる。市場参加者は，オプションの市場価格からインプライド・ボラティリティを算出したのと同様

の方法で，トランシェに対する市場の提示価格からインプライド相関を算出することもある。

　$\{\alpha_L, \alpha_H\}$の値を，$\alpha_0 = 0$としてトランシェの優先度の低いほうから順に連続的に $\{\alpha_0, \alpha_1\}$，$\{\alpha_1, \alpha_2\}$，$\{\alpha_2, \alpha_3\}$，… とする。（たとえばiTraxx Europe の場合には，$\alpha_0 = 0$，$\alpha_1 = 0.03$，$\alpha_2 = 0.06$，$\alpha_3 = 0.09$，$\alpha_4 = 0.12$，$\alpha_5 = 0.22$，$\alpha_6 = 1.00$である。）インプライド相関には二つの測り方がある。一つは、コンパウンド相関（compound correlation）あるいはトランシェ相関（tranche correlation）と呼ばれるものである。これは，$\{\alpha_{q-1}, \alpha_q\}$トランシェに対してモデルから計算されたスプレッドが市場でのスプレッドと一致するような相関 ρ の値である。その値は反復探索法で求めることができる。もう一つはベース相関（base correlation）である。これは，特定の $\alpha_q (q \geq 1)$ に対して，$\{0, \alpha_q\}$ トランシェの価格が市場と整合性がとれるような ρ の値である。それは次のステップで求めることができる。

1．各トランシェに対して，コンパウンド相関を計算する。
2．コンパウンド相関を用いて，CDO の満期までに各トランシェに発生する期待損失の現在価値をトランシェの当初元本に対するパーセントとして計算する。これは先ほど C と定義した変数である。$\{\alpha_{q-1}, \alpha_q\}$ トランシェに対する C の値を C_q とする。
3．$\{0, \alpha_q\}$ トランシェの期待損失の現在価値を，CDO の担保資産であるポートフォリオの元本に対するパーセントとして計算する。これは $\sum_{p=1}^{q} C_p (\alpha_p - \alpha_{p-1})$ となる。
4．$\{0, \alpha_q\}$ トランシェに対する C の値は，ステップ 3 で求めた値を α_q で割ったものである。ベース相関はこの C の値と整合性のとれた相関パラメータ ρ の値である。この値は反復探索法で求めることができる。

　表25.6で与えられている2007年1月31日時点のiTraxx Europe の提示価格に対してステップ3で計算した損失の現在価値は，ポートフォリオに対するパーセントで表すと，図25.3のようになる。これらの提示価格に対するインプライド相関を表25.8に示す。この計算は，金利の期間構造を3％フラッ

図25.3 2007年1月31日における iTraxx Europe の担保ポートフォリオ総元本の $0-X\%$ トランシェに対する期待損失の現在価値

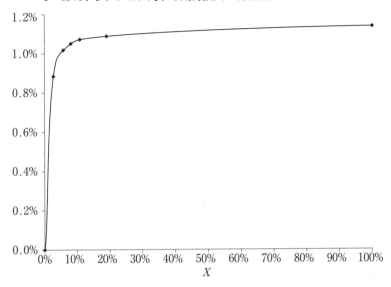

ト，回収率は40%と仮定し DerivaGem ソフトウェアを用いて計算されている．CDS ワークシートにより，23ベーシス・ポイントのスプレッドは0.382%のハザード・レートとなることがわかる．インプライド相関は，CDO ワークシートにより計算される．上記のステップ3をこのシートで行うことにより，図25.3の元となる値も計算できる．

表25.8にみられる相関のパターンは，通常観測される典型的なものである．コンパウンド相関には"相関スマイル"がみられ，トランシェがシニアになるにつれてインプライド相関は最初減少し，その後は増加に転じる．ベース相関には相関スキューがみられ，インプライド相関はトランシェのデタッチメント・ポイントの増加関数になっている．

市場価格が1ファクター・ガウシアン・コピュラ・モデルと整合性がとれていたならば，インプライド相関は（コンパウンドもベースも）すべてのトランシェに対して同じになる．実際には顕著なスマイルとスキューが観測されることから，市場価格はこのモデルと整合しないと推察できる．

表25.8 2007年1月31日における5年物iTraxx Europeのトランシェに対するインプライド相関

コパウンド相関					
トランシェ	0–3%	3–6%	6–9%	9–12%	12–22%
インプライド相関	17.7%	7.8%	14.0%	18.2%	23.3%
ベース相関					
トランシェ	0–3%	0–6%	0–9%	0–12%	0–22%
インプライド相関	17.7%	28.4%	36.5%	43.2%	60.5%

標準的でないトランシェの評価

iTraxx Europeのような標準的なポートフォリオに対する標準的なトランシェのスプレッドは市場で観測できるので，それらを評価するのにモデルは必要ない．しばしば，標準的なポートフォリオのなかの標準的でないトランシェに対して，提示価格の計算が必要となることがある．4–8%iTraxx Europeトランシェに対するスプレッドを提示する必要があるとしよう．一つの方法は，ベース相関を補間して0–4%トランシェと0–8%トランシェに対するベース相関を推定することである．これら二つのベース相関によって，それらのトランシェに対する期待損失の現在価値を（担保ポートフォリオの元本に対するパーセントとして）評価することができる．4–8%トランシェに対する期待損失の現在価値（元本に対するパーセント）は，0–8%トランシェと0–4%トランシェの期待損失の現在価値の差として評価できる．その値から，コンパウンド相関とトランシェのブレークイーブン・スプレッドを求めることができる．

この方法は最善のものではない．もっとよい方法は，各標準的なトランシェに対して期待損失を計算し，$0–X\%$トランシェに対する期待損失のXに関する変化について図25.3のようなグラフを作成することである．このグラフの値を補間すれば，0–4%トランシェと0–8%トランシェに対する期待損失が得られる．これらの期待損失の差は，ベース相関を用いる方法で得られたものよりも，4–8%トランシェに対する期待損失のよりよい推定値になっている．

無裁定であるためには，図25.3の計算結果のように，期待損失はXの増加関数でその増加率は減少していかなければならないことを示すことができる。ベース相関を補間し，それを用いて期待損失を計算すると，この無裁定条件が満たされていないことがよく起こる。(その原因は，0–X%トランシェに対するベース相関は0–X%トランシェに対する期待損失の非線形関数になっているからである。) したがって，期待損失を補間する直接的な方法のほうが，ベース相関を補間する間接的な方法よりよい結果が得られる。さらによい方法は，上述した無裁定条件を満たすように補間することである。

25.11 標準的なマーケット・モデル以外のモデル

本節では，市場で標準となっている1ファクター・ガウシアン・コピュラ・モデル以外のいくつかのモデルについて概説する。

不均質なモデル

標準的なマーケット・モデルは，デフォルト時刻の確率分布がすべての企業に対して同一で，任意の2企業間のコピュラ相関も同一であるという点で，均質なモデルである。均質性の仮定を緩めて，もっと一般的なモデルを用いることもできる。しかしその場合には，各企業に対するデフォルト時刻の分布は異なるものになり，二項分布の公式による(24.7)式を用いて$P(k, t \mid F)$を計算できなくなるので，モデルの実装はずっと複雑になる。Andersen et al. (2003)やHull and White (2004)に述べられているような数値計算法が必要となる[11]。

---

[11] L. Andersen, J. Sidenius, and S. Basu, "All Your Hedges in One Basket," *Risk*, November 2003およびJ. C. Hull and A. White, "Valuation of a CDO and an *n*th-to-Default Swap Without Monte Carlo Simulation," *Journal of Derivatives*, 12, 2 (Winter 2004), 8–23を参照。

その他のコピュラ

1ファクター・ガウシアン・コピュラ・モデルはデフォルト時刻間の相関に関する一つのモデルである。その他にも多くの1ファクター・コピュラ・モデルが提案されてきた。ステューデントの t (Student t) コピュラやクレイトン (Clayton)・コピュラ，アルキメデス (Archimedean)・コピュラ，マーシャル・オルキン (Marshall–Olkin)・コピュラがその例である。また，(24.7)式の F と Z_i に対して平均0，標準偏差1の非正規分布を仮定することでも，新しい1ファクター・コピュラ・モデルをつくることができる。Hull と White は，F と Z_i を四つの自由度をもつステューデントの t 分布とした場合に，市場によく適合することを示している[12]。彼らはこれをダブル t コピュラ (double t copula) と呼んでいる。

他のアプローチとしては，モデルのファクター数を増やす方法がある。残念ながら，そのようなモデルでは正規分布に対する積分計算を一度ではなく何度も行わなくてはならないため，ずっと遅くなってしまう。

コピュラ相関の関数化

Andersen と Sidenius は(25.5)式のコピュラ相関 ρ を F の関数とするモデルを提案している[13]。

一般的に，F が減少すると ρ は増加する。これは，デフォルト率が高いとき（すなわち F が低いとき）はデフォルト相関も高いということを意味している。実証分析ではそのような傾向がみられる[14]。Andersen と Sidenius は，このモデルは標準的なマーケット・モデルよりも市場価格によく適合していることを示している。

---

[12] J. C. Hull and A. White, "Valuation of a CDO and an nth-to-Default Swap Without Monte Carlo Simulation," *Journal of Derivatives*, 12, 2 (Winter 2004), 8–23を参照。

[13] L. Andersen and J. Sidenius, "Extensions of the Gaussian Copula: Random Recovery and Random Factor Loadings," *Journal of Credit Risk*, 1, 1 (Winter 2004): 29–70を参照。

インプライド・コピュラ・モデル

Hull と White は，市場価格にインプライされているコピュラの求め方を示している[15]。最も簡単な形のモデルでは，ポートフォリオに含まれるすべての企業に対して，ある平均ハザード・レートが CDO の満期まで適用されると仮定される。その平均ハザード・レートはトランシェの価格にインプライされている確率分布に従っている。インプライド・コピュラの計算は，第20章で論じた，オプション価格にインプライされている株価の確率分布を求めるのと同様の考え方に基づくものである。

動的モデル

これまで論じてきたモデルは静的モデルとして特徴づけることができる。それらは本質的には CDO の満期までの平均デフォルトをモデル化したものである。満期5年の CDO に対して構築したモデルは満期7年の CDO に対して構築したモデルとは異なり，同様にそれは満期10年の CDO に対して構築したモデルとは異なる。動的モデルはポートフォリオに対する損失の時間発展をモデル化しようとする点で，静的モデルとは異なる。動的モデルには三つの異なるタイプがある。

1. 構造モデル（structural model）：これは24.6節で説明したモデルと同様のものであるが，多くの企業の資産価格に対する確率過程を同時にモデル化するところが異なる。企業の資産価格がバリアに到達するとデフォルトが発生する。それぞれの資産価格過程は相関している。

---

[14] たとえば，A. Sevigny and O. Renault, "Default Correlation: Empirical Evidence," Working Paper, Standard and Poors, 2002. S. R. Das, L. Freed, G. Geng, and N. Kapadia, "Correlated Default Risk," *Journal of Fixed Income*, 16 (2006), 2, 7-32, J. C. Hull, M. Predescu, and A. White, "The Valuation of Correlation-Dependent Credit Derivatives Using a Structural Model," *Journal of Credit Risk*, 6 (2010), 99-132, および A. Ang and J. Chen, "Asymmetric Correlation of Equity Portfolios," *Journal of Financial Economics*, 63 (2002), 443-94を参照。

[15] J. C. Hull and A. White, "Valuing Credit Derivatives Using an Implied Copula Approach," *Journal of Derivatives*, 14 (2006)：8-28と J. C. Hull and A. White, "An Improved Implied Copula Model and its Application to the Valuation of Bespoke CDO Tranches," *Journal of Investment Management*, 8, 3 (2010), 11-31を参照。

このタイプのモデルの問題点は，モンテカルロ・シミュレーションを用いて実装することになり，キャリブレーションが困難なことである．

2．誘導モデル（reduced form model）：このモデルでは，企業のハザード・レートをモデル化している．現実的な相関の大きさが得られるようにするためには，ハザード・レートにジャンプをもたせる必要がある．

3．トップ・ダウン・モデル（top down model）：このモデルは，ポートフォリオに対する総損失を直接モデル化したものである．個別企業に発生する事象はモデルでは考えられていない．

要 約

クレジット・デリバティブによって，銀行や他の金融機関は信用リスクを積極的に操作することが可能になった．それらを用いて，信用リスクをある企業から別の企業へ移転したり，あるタイプのエクスポージャーを別のタイプのものと交換して信用リスクを分散させたりすることができる．

最も一般的なクレジット・デリバティブは，クレジット・デフォルト・スワップである．これは，ある企業が別の企業から第三者企業（参照体）のデフォルトに対する保険を購入する契約である．そのペイオフは，通常，参照体となる企業が発行する債券の額面とデフォルト直後におけるその債券の価値との差額になる．クレジット・デフォルト・スワップは，リスク中立世界における期待プレミアムの現在価値と期待ペイオフの現在価値を計算することによって，分析が可能である．

フォワード・クレジット・デフォルト・スワップは，特定の日に特定のクレジット・デフォルト・スワップを開始する契約である．クレジット・デフォルト・スワップ・オプションは，特定の日に特定のクレジット・デフォ

ルト・スワップを開始する権利である。どちらの商品も，参照体がその特定の日までにデフォルトした場合には消滅する。kth-to-default 型 CDS は，複数の企業からなるポートフォリオに対して k 番目のデフォルトが発生したときにペイオフが生じる CDS である。

トータル・リターン・スワップは，企業の信用度に依存する資産のポートフォリオに対するトータル・リターンを LIBOR＋スプレッドと交換する商品である。トータル・リターン・スワップは，資金調達手段として使われることもよくある。ある資産ポートフォリオを購入したい企業が，その企業にかわってその資産を購入することを金融機関に打診することがある。その場合，金融機関はそのポートフォリオのリターンを支払い，LIBOR＋スプレッドを受け取るトータル・リターン・スワップをその企業と締結する。この種の取引の利点は，その企業のデフォルト・リスクに関するエクスポージャーを金融機関が削減できることである。

債務担保証券（CDO）では，社債や商業貸出のポートフォリオから多くの異なる証券が組成され，それらの証券への信用損失の配分ルールが決められる。その配分ルールによって，ポートフォリオから非常に高格付の証券と非常に低格付の証券の両方がつくられる。シンセティック CDO は，クレジット・デフォルト・スワップから同様に組成された複数の証券である。kth-to-default 型 CDS とシンセティック CDO のトランシェの価格づけに使われる標準的なマーケット・モデルは，デフォルト時刻に対する 1 ファクター・ガウシアン・コピュラ・モデルである。

参考文献

Andersen, L., and J. Sidenius, "Extensions to the Gaussian Copula: Random Recovery and Random Factor Loadings," *Journal of Credit Risk*, 1, No. 1 (Winter 2004): 29–70.

Andersen, L., J. Sidenius, and S. Basu, "All Your Hedges in One Basket," *Risk*, 16, 10 (November 2003): 67–72.

Das, S., *Credit Derivatives : Trading & Management of Credit & Default Risk*, 3rd edn. New York: Wiley, 2005.

Hull, J. C., and A. White, "Valuation of a CDO and an nth to Default Swap Without Monte Carlo Simulation," *Journal of Derivatives*, 12, 2 (Winter 2004): 8–23.

Hull, J. C., and A. White, "Valuing Credit Derivatives Using an Implied Copula Approach," *Journal of Derivatives*, 14, 2 (Winter 2006): 8–28.

Hull, J. C., and A. White, "An Improved Implied Copula Model and its Application to the Valuation of Bespoke CDO Tranches," *Journal of Investment Management*, 8, 3 (2010), 11–31.

Laurent, J.-P., and J. Gregory, "Basket Default Swaps, CDOs and Factor Copulas," *Journal of Risk*, 7, 4 (2005): 8–23.

Li, D. X., "On Default Correlation : A Copula Approach," *Journal of Fixed Income*, March 2000: 43–54.

Schönbucher, P. J., *Credit Derivatives Pricing Models*. New York: Wiley, 2003.

Tavakoli, J. M., *Credit Derivatives & Synthetic Structures: A Guide to Instruments and Applications*, 2nd edn. New York: Wiley, 1998.

練習問題

25.1 通常のクレジット・デフォルト・スワップとバイナリー型クレジット・デフォルト・スワップとの違いを説明せよ。

25.2 あるクレジット・デフォルト・スワップのプレミアムが半年払いの年60ベーシス・ポイントである。元本は3億ドルで、クレジット・デフォルト・スワップは現金決済である。4年2カ月後にデフォルトが発生し、デフォルト直後の最割安債券の価格は額面の40％であると計算代理人が評価したとする。このとき、クレジット・デフォルト・スワップの売り手からみたキャッシュ・フローとそのタイミ

25.3 クレジット・デフォルト・スワップの二つの決済方法について説明せよ。

25.4 キャッシュCDOとシンセティックCDOの組成方法について説明せよ。

25.5 ファースト・トゥ・デフォルト型クレジット・デフォルト・スワップとはどんな商品か。バスケットを構成する企業のデフォルト相関が高くなると，その価値は増加するか，それとも減少するかを説明せよ。

25.6 リスク中立デフォルト確率と実世界でのデフォルト確率との違いを説明せよ。

25.7 トータル・リターン・スワップが資金調達手段として有用である理由を説明せよ。

25.8 無リスク・ゼロ・カーブが連続複利で年率7％のフラット，満期5年の新規クレジット・デフォルト・スワップにおいてデフォルトは各年の年央で発生しうると仮定する。回収率を30％，ハザード・レートを3％とする。このとき，クレジット・デフォルト・スワップのスプレッドを評価せよ。ただし，プレミアムは年払いとする。

25.9 クレジット・デフォルト・スワップ・スプレッドが150ベーシス・ポイントのとき，問題25.8のスワップに対してプロテクションの買い手からみた想定元本1ドル当りの価値を求めよ。

25.10 問題25.8でクレジット・デフォルト・スワップがバイナリー型CDSである場合に，クレジット・デフォルト・スワップ・スプレッドはいくらになるか。

25.11 満期5年のnth-to-default型クレジット・デフォルト・スワップの仕組みについて説明せよ。100社の参照体からなるバスケットで，各参照体の年間デフォルト確率が1％であるものを考える。(a) $n = 1$，(b) $n = 25$のそれぞれについて，参照体間のデフォルト相関が増大するとスワップの価値はどのようになると期待されるか。その理由も

説明せよ。

25.12 CDSのペイオフを想定元本と回収率により式で表せ。

25.13 プレーン・バニラCDSのスプレッドは同じ条件のバイナリー型CDSのスプレッドの$(1-R)$倍であることを示せ。ただし，Rは回収率である。

25.14 表25.1から表25.4の例でCDSスプレッドが100ベーシス・ポイントであるならば，ハザード・レートは1.63％になることを確かめよ。回収率が40％のかわりに20％である場合には，ハザード・レートはどれだけ変化するか。その答えが，インプライド・ハザード・レートがだいたい$1/(1-R)$に比例しているということと整合性がとれていることを確認せよ。ただし，Rは回収率である。

25.15 ある企業が，クーポン5％のある社債のリターンを受け取ってLIBORを支払うトータル・リターン・スワップを締結する。この契約と5％をLIBORと交換する通常の金利スワップとの違いを説明せよ。

25.16 クレジット・デフォルト・スワップに対するフォワードとオプションの仕組みについて説明せよ。

25.17 「クレジット・デフォルト・スワップの買い手のポジションは無リスク債券のロングと社債のショートからなるポジションと同じである。」この主張について説明せよ。

25.18 クレジット・デフォルト・スワップには情報の非対称性が潜在的に存在する。その理由について説明せよ。

25.19 CDSをリスク中立デフォルト確率ではなく実世界でのデフォルト確率を用いて評価した場合，過大評価になるか，それとも過小評価になるか。その理由も説明せよ。

25.20 トータル・リターン・スワップとアセット・スワップとの違いは何か。

25.21 1ファクター・ガウシアン・コピュラ・モデルにおいて，各125銘柄の期間5年のデフォルト確率を3％，各2銘柄間のコピュラ相関を

0.2とする。-2，-1，0，1，2というファクターの各値に対して，(a)ファクター値が与えられたときの条件付デフォルト確率，(b)ファクター値が与えられたときの10銘柄以上がデフォルトする条件付確率を計算せよ。

25.22 ベース相関とコンパウンド相関との違いを説明せよ。

25.23 例25.2で，トランシェ相関を0.15と仮定し9％-12％トランシェに対するトランシェ・スプレッドを求めよ。

発展問題

25.24 無リスク・ゼロ・カーブが連続複利で年率6％のフラット，満期2年，プレミアム半年払いのプレーン・バニラ・クレジット・デフォルト・スワップにおいてデフォルトは0.25年後，0.75年後，1.25年後，1.75年後に発生しうると仮定する。回収率を20％，(時点ゼロにおける)無条件のデフォルト確率を時点0.25年と時点0.75年では1％，時点1.25年と時点1.75年では1.5％とする。このとき，クレジット・デフォルト・スワップ・スプレッドはいくらになるか。また，商品がバイナリー型クレジット・デフォルト・スワップの場合は，クレジット・デフォルト・スプレッドはいくらになるか。

25.25 ある企業に対して，ハザード・レートを λ，回収率を R と仮定する。無リスク金利は年率5％である。デフォルトは常に1年の年央で発生するとする。プレミアムが年払いの満期5年プレーン・バニラCDSのスプレッドが120ベーシス・ポイント，プレミアムが年払いの満期5年バイナリー型CDSのスプレッドが160ベーシス・ポイントである。R と λ を推定せよ。

25.26 ポートフォリオに含まれる債券間の相関が増加したとき，シンセティックCDOのさまざまなトランシェに対するリターンはどのよ

うに変化すると期待されるか説明せよ。

25.27 次のことを仮定する。

(a) 満期5年の無リスク債券のイールドは7％である。

(b) X社の発行する満期5年の社債のイールドは9.5%である。

(c) X社のデフォルトに対する満期5年のクレジット・デフォルト・スワップのスプレッドは年150ベーシス・ポイントである。

このとき，どのような裁定機会が存在するか。また，クレジット・デフォルト・スプレッドが150ベーシス・ポイントではなく300ベーシス・ポイントの場合には，どのような裁定機会が存在するか。

25.28 例25.3で，(a)ファースト・トゥ・デフォルト型CDSと(b)セカンド・トゥ・デフォルト型CDSのスプレッドはいくらになるか。

25.29 例25.2で，トランシェ相関を0.15と仮定し6％-9％トランシェに対するトランシェ・スプレッドを求めよ。

25.30 満期1年，2年，3年，4年，5年のCDSスプレッドがそれぞれ，100，120，135，145，152ベーシス・ポイントであった。すべての満期に対して無リスク金利は3％で，回収率は35%，支払は3ヵ月ごとに行われる。DerivaGemソフトウェアを使い，各年のハザード・レートを計算せよ。1年目のデフォルト確率はいくらになるか。また、2年目のデフォルト確率も計算せよ。

25.31 表25.6では，2008年1月31日の5年物iTraxx指数が77ベーシス・ポイントであることが示されている。すべての満期に対して無リスク金利は5％で，回収率は40%，支払は3ヵ月ごとに行われると仮定する。また，77ベーシス・ポイントのスプレッドはすべての満期に適用されると仮定せよ。DerivaGemソフトウェアのCDSワークシートを用い，このスプレッドと整合するハザード・レートを計算せよ。積分点を10として，このハザード・レートをCDSワークシートで用い，2008年1月31日の提示スプレッドから各トランシェに対するベース相関を計算せよ。

第26章

エキゾチック・オプション

　ヨーロピアンまたはアメリカンのコール／プット・オプションのようなデリバティブは，プレーン・バニラ商品（plain vanilla product）と呼ばれている。それらの商品は明確に定義された標準的な商品性を有しており，活発に取引されている。それらの価格またはインプライド・ボラティリティは，取引所や業者間ブローカーによって定期的に提示されている。店頭デリバティブ市場が活気にあふれている理由の一つは，多くの非標準的な商品がフィナンシャル・エンジニアによって開発されているからである。こうした商品はエキゾチック・オプション（exotic option），あるいは単にエキゾチックス（exotics）と呼ばれている。それらがポートフォリオを構成する割合は通常相対的に小さいが，一般的にプレーン・バニラ商品に比べて収益性がかなり高いため，デリバティブ・ディーラーにとっては重要な商品となっている。

　エキゾチック商品が開発される理由はさまざまである。市場での純粋な

ヘッジニーズに応えるための場合もある。企業の財務担当者，ファンド・マネージャー，および金融機関がエキゾチック商品に魅力を感じるような，税法上，会計上，法律上，または規制上の理由が存在している場合もある。また，特定の市場変数に関する将来のあるシナリオに基づいて商品が設計される場合もある。そして時には，商品性について十分な知識のない企業の財務担当者やファンド・マネージャーにとってその商品が実際よりも魅力的に映るように，デリバティブ・ディーラーが設計する場合もある。

本章では，通常よく取引されるいくつかのエキゾチック・オプションを紹介し，その評価方法について論じる。以下では，原資産は利回り q を生むと仮定する。第17章と第18章で論じたように，株価指数オプションの場合には q は指数の配当利回り，通貨オプションの場合には q は外国無リスク金利，先物オプションの場合には q は国内無リスク金利になる。本章で論じる多くのオプションは，DerivaGem ソフトウェアを用いて評価することができる。

26.1　パッケージ

パッケージ（package）とは，標準的なヨーロピアン・コール，標準的なヨーロピアン・プット，フォワード契約，現金，および原資産からなるポートフォリオのことである。第12章では，ブル・スプレッド，ベア・スプレッド，バタフライ・スプレッド，カレンダー・スプレッド，ストラドル，ストラングル等，さまざまな種類のパッケージについて論じた。

トレーダーは，初期コストがゼロとなるようにパッケージを組むことが多い。その一例がレンジ・フォワード契約（range forward contract）である[1]。これについては17.2節で論じた。レンジ・フォワード契約はコールのロングとプットのショート，またはコールのショートとプットのロングからなる。コールの行使価格はプットの行使価格よりも高く，それらの行使価格はコー

---

[1] レンジ・フォワード契約は，ゼロ・コスト・カラー，フレキシブル・フォワード，シリンダー・オプション，オプション・フェンス，ミニ・マックス，フォワード・バンドとも呼ばれる。

ルとプットの価値が等しくなるように設定される。

任意のデリバティブは，支払を満期での後払いにすることで，ゼロ・コストの商品に変えることができる。ヨーロピアン・コール・オプションについて考えよう。時点ゼロに支払われる場合のオプション料を c とすると，オプションの満期 T に支払われる場合のオプション料は $A = ce^{rT}$ になる。その場合，ペイオフは $\max(S_T - K, 0) - A$，すなわち $\max(S_T - K - A, -A)$ になる。行使価格 K がフォワード価格に等しい場合は，この後払いオプションはブレイク・フォワード，ボストン・オプション，解約権付フォワード契約，あるいはキャンセラブル・フォワードと呼ばれる。

26.2 永久アメリカン・コール・オプションとプット・オプション

配当利回りが q のとき，あるデリバティブの価値が満たすべき微分方程式は(17.6)式，すなわち，

$$\frac{\partial f}{\partial t} + (r-q)S\frac{\partial f}{\partial S} + \frac{1}{2}\sigma^2 S^2 \frac{\partial^2 f}{\partial S^2} = rf$$

となる。

初めて $S = H$ となったときに，ある一定金額 Q が支払われるようなデリバティブを考える。現在 $S < H$ であるとすると，この微分方程式の境界条件は，$S = H$ のとき $f = Q$，$S = 0$ のとき $f = 0$ という条件になる。解 $f = Q(S/H)^\alpha$ は $\alpha > 0$ のときに，これらの境界条件を満たす。さらに，この解は

$$(r-q)\alpha + \frac{1}{2}\alpha(\alpha-1)\sigma^2 = r$$

であるときに微分方程式を満たす。この条件式の正の解を $\alpha = \alpha_1$ とすると，

$$\alpha_1 = \frac{-w + \sqrt{w^2 + 2\sigma^2 r}}{\sigma^2}$$

および $w = r - q - \sigma^2/2$ である。このとき境界条件と微分方程式を満たすの

で，このデリバティブの価値は$Q(S/H)^{\alpha_1}$であることがわかる。

次に，行使価格がKである永久アメリカン・コール・オプションを考える。もし，$S=H$のときにオプションが行使されるのであれば，そのペイオフは$H-K$となるので，先ほどの結果からこのオプション価値は$(H-K)(S/H)^{\alpha_1}$となる。コール・オプションの権利保有者は，オプションが権利行使されるときの資産価格の水準Hを選ぶことができる。最適なHは，いま計算した価値を最大にする値である。通常の計算方法を用いると，最適な$H=H_1$は，

$$H_1 = K\frac{\alpha_1}{\alpha_1-1}$$

となる。したがって，$S<H_1$であれば，永久コールの価格は

$$\frac{K}{\alpha_1-1}\left(\frac{\alpha_1-1}{\alpha_1}\frac{S}{K}\right)^{\alpha_1}$$

となる。もし$S>H_1$ならば，コールはただちに権利行使されるべきで，その価値は$S-K$となる。

アメリカン・プットを評価するには，$S>H$という状況下で，$S=H$になったときに（バリアHは上方から到達される）Qが支払われるというデリバティブを考える。この場合，微分方程式の境界条件は，$S=H$のときに$f=Q$であり，Sが無限大に近づくにつれて$f=0$となる。この場合，解$f=Q(S/H)^{-\alpha}$は$\alpha>0$のときに，これらの境界条件を満たす。先ほどと同じように，この解は$\alpha=\alpha_2$のときに微分方程式も満たすことを示すことができる。ここで，

$$\alpha_2 = \frac{w+\sqrt{w^2+2\sigma^2 r}}{\sigma^2}$$

である。もし，アメリカン・プットの権利保有者が$S=H$のときに行使することを選択するのであれば，このプットの価値は$(K-H)(S/H)^{-\alpha_2}$となる。プットの権利保有者は，この価値を最大にするように，行使する際の資産価格$H=H_2$を選択する。H_2は，

$$H_2 = K \frac{\alpha_2}{\alpha_2 + 1}$$

となる。したがって，$S > H_2$の場合の永久プットの価格は

$$\frac{K}{\alpha_2 + 1} \left(\frac{\alpha_2 + 1}{\alpha_2} \frac{S}{K} \right)^{-\alpha_2}$$

となる。もし$S < H_2$ならば，プットはただちに権利行使されるべきで，その価値は$K-S$となる。

15.6節と練習問題15.23は$q = 0$の場合の特別な結果である。

26.3 標準的でないアメリカン・オプション

標準的なアメリカン・オプションはオプション期間中にいつでも行使可能で，行使価格は常に同じである。店頭市場で取引されるアメリカン・オプションには，標準的でない商品性をもつものもある。たとえば，次のようなものがある。

1. 期限前行使の可能な日がある特定の複数日に制限されているオプション。バミューダン・オプション（Bermudan option）と呼ばれる。（バミューダはヨーロッパとアメリカの間にある。）
2. 期限前行使がオプション期間のある部分のみで可能なオプション。たとえば，期限前行使ができない初期"ロック・アウト"期間があるオプション。
3. 行使価格がオプション期間で変化するオプション。

企業が発行する自社株ワラントにはこうした商品性の一部またはすべてをもつものが多い。たとえば，7年物ワラントで，3年目から7年目までの特定の日に行使が可能で，行使価格は3年目と4年目が30ドル，次の2年間が32ドル，最後の年が33ドル，というようなものがある。

標準的でないアメリカン・オプションは，通常，二項ツリーを用いて評価できる。各ノードにおける期限前行使（もしあれば）の判断は，オプションの条項を反映するように修正される。

26.4 ギャップ・オプション

ギャップ・コール・オプション (gap call option) とは, $S_T > K_2$のときに $S_T - K_1$が支払われるヨーロピアン・コール・オプションである。行使価格がK_2のギャップ・コール・オプションと通常のコール・オプションとの違いは, $S_T > K_2$のペイオフが$K_2 - K_1$だけ増えている点である。(この増加分は, $K_2 > K_1$か$K_1 > K_2$かによって正か負になる。)

ギャップ・コール・オプションは, Black–Scholes–Merton 式を少し修正することによって評価することができる。これまでの記号を用いると, その価値は

$$S_0 e^{-qT} N(d_1) - K_1 e^{-rT} N(d_2) \tag{26.1}$$

となり, ここで

$$d_1 = \frac{\ln(S_0/K_2) + (r - q + \sigma^2/2)T}{\sigma\sqrt{T}}$$

$$d_2 = d_1 - \sigma\sqrt{T}$$

である。この式による価格は, 行使価格K_2の通常のコール・オプションに対して Black–Scholes–Merton 式が与える価格よりも,

$$(K_2 - K_1) e^{-rT} N(d_2)$$

だけ高くなっている。

この差異を理解するには, オプションが行使される確率は$N(d_2)$であり, 権利行使時のギャップ・オプションの権利保有者へのペイオフは, 通常のオプションのそれよりも$K_2 - K_1$だけ大きいことに気づけばよい。

ギャップ・プット・オプション (gap put option) は$S_T < K_2$のときにペイオフが$K_1 - S_T$となる。そのオプション価値は, (26.1)式で定義されているd_1とd_2を用いて

$$K_1 e^{-rT} N(-d_2) - S_0 e^{-qT} N(-d_1) \tag{26.2}$$

となる。

【例26.1】

ある資産の価値が500,000ドルであり, 次の年には20%のボラティリ

ティをもつと予想されているとする。無リスク金利は5％であり，資産からの収入はないものとする。ある保険会社が，1年の終わりにその資産の価値が400,000ドルよりも低くなっていたら，その資産を400,000ドルで買うことに合意したとしよう。つまり，その資産価値が400,000ドルよりも低くなれば，$400,000 - S_T$ の支出が発生する。保険会社は，権利保有者が1年後にその資産を400,000ドルでその保険会社に売却できる権利をもつ通常のプット・オプションを提供したことになる。このプット・オプションは，(15.21)式を用い $S_0 = 500,000$，$K = 400,000$，$r = 0.05$，$\sigma = 0.2$，$T = 1$ とすれば計算でき，その価値は3,436ドルとなる。

次に，資産の移管コストは50,000ドルとし，このコストは権利保有者が負担するとしよう。よって，このオプションは，資産が350,000ドル以下になったときにのみ行使されることになる。この場合，$K_2 = 350,000$，$K_1 = 400,000$ とし S_T を1年後の資産価格とすれば，保険会社が被るコストは，$S_T < K_2$ のときに $K_1 - S_T$ となる。これはギャップ・プット・オプションである。この価値は，(26.2)式を用い $S_0 = 500,000$，$K_1 = 400,000$，$K_2 = 350,000$，$r = 0.05$，$q = 0$，$\sigma = 0.2$，$T = 1$ とすれば算出でき，1,896ドルとなる。いまの例では，権利保有者が権利行使の際に負担するコストを認識することにより，この契約の保険会社側にとってのコストは約45％低下することになる。

26.5　先スタート・オプション

先スタート・オプション（forward start option）とは，将来のある時点にスタートするオプションである。第16章で論じた従業員ストック・オプションは，先スタート・オプションとみなされることもある。その理由は，企業は従業員に対して，将来アット・ザ・マネーのオプションを付与することを（暗黙に，あるいは明示的に）約束しているからである。

時点T_1にスタートしてT_2で満期を迎える先スタートのアット・ザ・マネー・コール・オプションについて考えよう。資産価格を時点ゼロではS_0,時点T_1ではS_1とする。このオプションを評価するために,まず第15章と第17章のヨーロピアン・オプションの価格式から,アット・ザ・マネーのコール・オプション価値は資産価格に比例していることに注意しよう。したがって,時点T_1における先スタート・オプションの価値はcS_1/S_0になることがわかる。ここで,cはオプション期間がT_2-T_1のアット・ザ・マネー・オプションの時点ゼロにおける価値である。リスク中立化法を用いると,時点ゼロにおける先スタート・オプションの価値は,

$$e^{-rT_1}\hat{E}\left[c\frac{S_1}{S_0}\right]$$

となる。ここで$\hat{E}$はリスク中立世界での期待値を表す。cとS_0は既知で$\hat{E}[S_1] = S_0 e^{(r-q)T_1}$となるので,先スタート・オプションの価値は$ce^{-qT_1}$になる。配当のない株式の場合は$q = 0$なので,先スタート・オプションの価値は,オプション期間の長さが同じ通常のアット・ザ・マネー・オプションの価値とまったく同じになる。

26.6 クリケット・オプション

クリケット・オプション(cliquet option,ラチェット・オプションやストライク・リセット・オプションとも呼ばれる)とは,行使価格を決めるルールに則った一連のコール・オプションあるいはプット・オプションである。リセット日を$\tau, 2\tau, \ldots, (n-1)\tau$とし,$n\tau$をクリケット・オプションの満期とする。簡単な場合の仕組みは次のようになる。最初のオプションの行使価格はK(これを当初の資産価格とする場合もある)であり,時点0からτまで適用される。2番目のオプションは時点2τでペイオフが生じ,その行使価格は時点τでの資産価格となる。3番目のオプションは時点3τでペイオフが生じ,その行使価格は時点2τでの資産価格となる,といった具合に続く。これは,通常のオプションに$n-1$個の先スタート・オプションを組み合わ

せたものである。先スタート・オプションは26.5節で述べられているように評価できる。

クリケット・オプションには，いま述べたものよりもかなり複雑なものもある。たとえば，全期間にわたるペイオフの総額に上限と下限が付いている場合がある。また，資産価格がある範囲に入れば，その期間の終わりに終了するクリケット・オプションもある。このような解析解が得られない場合には，モンテカルロ・シミュレーションが最も適切な評価方法であることが多い。

26.7 コンパウンド・オプション

コンパウンド・オプション（compound option）とは，オプションのオプションである。コンパウンド・オプションには，コールのコール，コールのプット，プットのコール，およびプットのプットの四つのタイプがある。コンパウンド・オプションには二つの行使価格と二つの行使日がある。たとえば，コールのコールについて考えよう。一つ目の行使日 T_1 に，コンパウンド・オプションの保有者は一つ目の行使価格 K_1 でコール・オプションを買う権利をもっている。そのコール・オプションは，二つ目の行使日 T_2 に二つ目の行使価格 K_2 で原資産を買う権利を保有者に与えるものである。コンパウンド・オプションは，一つ目の行使日におけるオプションの価値が一つ目の行使価格を上回った場合にのみ行使される。

通常の幾何ブラウン運動の仮定のもとで，ヨーロピアン・コンパウンド・オプションは2次元正規分布の積分を用いて，解析的に評価することができる[2]。これまでの記号を用いると，コール・オプションに対するヨーロピアン・コール・オプションの時点ゼロにおける価値は，

$$S_0 e^{-qT_2} M(a_1, b_1; \sqrt{T_1/T_2}) - K_2 e^{-rT_2} M(a_2, b_2; \sqrt{T_1/T_2}) - e^{-rT_1} K_1 N(a_2)$$

---

[2] R. Geske, "The Valuation of Compound Options," *Journal of Financial Economics*, 7 (1979): 63-81 および M. Rubinstein, "Double Trouble," *Risk*, (December 1991/January 1992): 53-56を参照。

で与えられる。ここで

$$a_1 = \frac{\ln(S_0/S^*) + (r-q+\sigma^2/2)T_1}{\sigma\sqrt{T_1}}, \quad a_2 = a_1 - \sigma\sqrt{T_1}$$

$$b_1 = \frac{\ln(S_0/K_2) + (r-q+\sigma^2/2)T_2}{\sigma\sqrt{T_2}}, \quad b_2 = b_1 - \sigma\sqrt{T_2}$$

である。関数 $M(a, b; \rho)$ は相関係数が ρ の2次元正規分布の累積分布関数で，第1変数が a 以下，第2変数が b 以下のときの値である[3]。変数 S^* は，時点 T_1 でのオプション価格が K_1 に等しくなるような，時点 T_1 での資産価格である。もし時点 T_1 で実際の資産価格が S^* を上回れば，最初のオプションは行使される。そうでなければ，オプションは無価値のまま消滅する。

同様の記号を用いると，コールに対するヨーロピアン・プットの価値は，

$$K_2 e^{-rT_2} M(-a_2, b_2; -\sqrt{T_1/T_2}) - S_0 e^{-qT_2} M(-a_1, b_1; -\sqrt{T_1/T_2})$$
$$+ e^{-rT_1} K_1 N(-a_2)$$

となる。プットに対するヨーロピアン・コールの価値は，

$$K_2 e^{-rT_2} M(-a_2, -b_2; \sqrt{T_1/T_2}) - S_0 e^{-qT_2} M(-a_1, -b_1; \sqrt{T_1/T_2})$$
$$- e^{-rT_1} K_1 N(-a_2)$$

となる。プットに対するヨーロピアン・プットの価値は，

$$S_0 e^{-qT_2} M(a_1, -b_1; -\sqrt{T_1/T_2}) - K_2 e^{-rT_2} M(a_2, -b_2; -\sqrt{T_1/T_2})$$
$$+ e^{-rT_1} K_1 N(a_2)$$

となる。

26.8 チューザー・オプション

チューザー・オプション（chooser option, as you like it option とも呼ばれる）とは，ある期間が経過した後に，保有者がそのオプションをコールにするか

---

[3] M の数値計算法については，www-2.rotman.utoronto.ca/~hull/TechnicalNotes の Technical Note 5を参照。M を計算するための関数形についてもそのウェブサイト上で与えられている。

プットにするかを選択できるというオプションである。選択が行われる時点を T_1 とする。この時点におけるチューザー・オプションの価値は，

$$\max(c, p)$$

となる。ここで c はコールの価値，p はプットの価値である。

チューザー・オプションの原資産となるオプションが両方ともヨーロピアンで，かつ行使価格が同じ場合には，プット・コール・パリティを用いて価格式を導くことができる。S_1 を時点 T_1 における資産価格，K を行使価格，T_2 をオプションの満期，r を無リスク金利とする。プット・コール・パリティより，

$$\begin{aligned}\max(c, p) &= \max(c, c + Ke^{-r(T_2-T_1)} - S_1 e^{-q(T_2-T_1)}) \\ &= c + e^{-q(T_2-T_1)} \max(0, Ke^{-(r-q)(T_2-T_1)} - S_1)\end{aligned}$$

となる。したがって，チューザー・オプションは，

1. 行使価格 K，満期 T_2 のコール・オプション1単位
2. 行使価格 $Ke^{-(r-q)(T_2-T_1)}$，満期 T_1 のプット・オプション $e^{-q(T_2-T_1)}$ 単位

からなるパッケージであることがわかるので，そのまま簡単に評価することができる。

コールとプットの行使価格や満期が異なるもっと複雑なチューザー・オプションを考えることもできる。それらはもはやパッケージではなく，コンパウンド・オプションといくらか似た性質をもつことになる。

26.9　バリア・オプション

バリア・オプション（barrier option）とは，原資産価格がある一定期間中にある水準に到達するか否かによってペイオフが決まるオプションである。

店頭市場ではさまざまなバリア・オプションが頻繁に取引されている。これらのオプションは通常のオプションより価格が安いため，魅力を感じる市場参加者もいる。バリア・オプションはノックアウト・オプション（knock-out option) とノックイン・オプション (knock-in option) に分類される。ノックアウト・オプションでは，原資産価格がバリアに到達するとオプションが消滅する。ノックイン・オプションでは，原資産価格がバリアに到達したときにのみオプションが発生する。

(17.4)式と(17.5)式より，時点ゼロにおける通常のコール・オプションとプット・オプションの価値は，

$$c = S_0 e^{-qT} N(d_1) - K e^{-rT} N(d_2)$$
$$p = K e^{-rT} N(-d_2) - S_0 e^{-qT} N(-d_1)$$

で与えられる。ここで，

$$d_1 = \frac{\ln(S_0/K) + (r-q+\sigma^2/2)T}{\sigma\sqrt{T}}$$
$$d_2 = \frac{\ln(S_0/K) + (r-q-\sigma^2/2)T}{\sigma\sqrt{T}} = d_1 - \sigma\sqrt{T}$$

である。

ダウン・アンド・アウト・コール (down-and-out call) は，ノックアウト・オプションの一種である。これは，通常のコール・オプションに，原資産価格があるバリア水準 H に到達すると消滅するという条件の付いたものである。バリアの水準は当初の株価よりも低く設定される。対応するノックイン・オプションは，ダウン・アンド・イン・コール (down-and-in call) と呼ばれる。これは，原資産価格がバリアに到達した場合にのみ通常のコール・オプションが発生するというものである。

H が行使価格 K 以下ならば，時点ゼロにおけるダウン・アンド・イン・コールの価値は，

$$c_{\text{di}} = S_0 e^{-qT} (H/S_0)^{2\lambda} N(y) - K e^{-rT} (H/S_0)^{2\lambda-2} N(y-\sigma\sqrt{T})$$

となる。ここで，

$$\lambda = \frac{r-q+\sigma^2/2}{\sigma^2}$$

$$y = \frac{\ln[H^2/(S_0 K)]}{\sigma\sqrt{T}} + \lambda\sigma\sqrt{T}$$

である。通常のコールの価値はダウン・アンド・イン・コールの価値とダウン・アンド・アウト・コールの価値の和に等しいので，ダウン・アンド・アウト・コールの価値は，

$$c_{\mathrm{do}} = c - c_{\mathrm{di}}$$

で与えられる。

$H \geq K$ ならば，

$$c_{\mathrm{do}} = S_0 N(x_1) e^{-qT} - K e^{-rT} N(x_1 - \sigma\sqrt{T})$$
$$- S_0 e^{-qT} (H/S_0)^{2\lambda} N(y_1) + K e^{-rT} (H/S_0)^{2\lambda-2} N(y_1 - \sigma\sqrt{T})$$

および，

$$c_{\mathrm{di}} = c - c_{\mathrm{do}}$$

となる。ここで，

$$x_1 = \frac{\ln(S_0/H)}{\sigma\sqrt{T}} + \lambda\sigma\sqrt{T}, \quad y_1 = \frac{\ln(H/S_0)}{\sigma\sqrt{T}} + \lambda\sigma\sqrt{T}$$

である。

アップ・アンド・アウト・コール (up-and-out call) は，通常のコール・オプションに，現在の資産価格より高く設定されたバリア水準 H に資産価格が到達した場合に消滅するという条件の付いたものである。アップ・アンド・イン・コール (up-and-in call) は，バリアに資産価格が到達した場合にのみ通常のコール・オプションが発生するというものである。H が K 以下のときは，アップ・アンド・アウト・コールの価値 c_{uo} はゼロであり，アップ・アンド・イン・コールの価値 c_{ui} は c である。H が K より大きいときは，

$$c_{\mathrm{ui}} = S_0 N(x_1) e^{-qT} - K e^{-rT} N(x_1 - \sigma\sqrt{T}) - S_0 e^{-qT} (H/S_0)^{2\lambda} [N(-y) - N(-y_1)]$$
$$+ K e^{-rT} (H/S_0)^{2\lambda-2} [N(-y + \sigma\sqrt{T}) - N(-y_1 + \sigma\sqrt{T})]$$

となり，

$$c_{\mathrm{uo}} = c - c_{\mathrm{ui}}$$

となる。

プット・バリア・オプションは，コール・バリア・オプションと同様に定義される。アップ・アンド・アウト・プット (up-and-out put) は，現在の資

産価格より高く設定されたバリア H に資産価格が到達した場合に消滅するプット・オプションである。アップ・アンド・イン・プット（up-and-in put）は，バリアに資産価格が到達した場合にのみプット・オプションが発生するというものである。バリア H が行使価格 K 以上のときは，

$$p_{\mathrm{ui}} = -S_0 e^{-qT}(H/S_0)^{2\lambda} N(-y) + Ke^{-rT}(H/S_0)^{2\lambda-2} N(-y+\sigma\sqrt{T})$$

となり，

$$p_{\mathrm{uo}} = p - p_{\mathrm{ui}}$$

となる。H が K 以下のときは，

$$\begin{aligned} p_{\mathrm{uo}} = & -S_0 N(-x_1) e^{-qT} + Ke^{-rT} N(-x_1 + \sigma\sqrt{T}) \\ & + S_0 e^{-qT}(H/S_0)^{2\lambda} N(-y_1) - Ke^{-rT}(H/S_0)^{2\lambda-2} N(-y_1 + \sigma\sqrt{T}) \end{aligned}$$

となり，

$$p_{\mathrm{ui}} = p - p_{\mathrm{uo}}$$

となる。

ダウン・アンド・アウト・プット（down-and-out put）は，現在の資産価格より低く設定されているバリアに資産価格が到達した場合に消滅するプット・オプションである。ダウン・アンド・イン・プット（down-and-in put）は，資産価格がバリアに到達した場合にのみプット・オプションが発生する。バリアが行使価格より大きいときは，$p_{\mathrm{do}} = 0$ かつ $p_{\mathrm{di}} = p$ である。バリアが行使価格より小さいときは，

$$\begin{aligned} p_{\mathrm{di}} = & -S_0 N(-x_1) e^{-qT} + Ke^{-rT} N(-x_1 + \sigma\sqrt{T}) \\ & + S_0 e^{-qT}(H/S_0)^{2\lambda}[N(y) - N(y_1)] \\ & - Ke^{-rT}(H/S_0)^{2\lambda-2}[N(y-\sigma\sqrt{T}) - N(y_1 - \sigma\sqrt{T})] \end{aligned}$$

となり，

$$p_{\mathrm{do}} = p - p_{\mathrm{di}}$$

となる。

これらの価値はすべて，将来時点における資産価格の確率分布が対数正規分布であるという通常の仮定のもとで求められている。バリア・オプションで重要となるのは，バリアに到達したか否かを判定するための資産価格 S の観測頻度である。本節で与えた解析式では S は連続的に観測されること

を仮定しており，実際そのような取引もある[4]。定期的にSを観測することが決められている契約も多い。たとえば，1日1回，午後3時に観測されるというものである。Broadie, Glasserman, および Kou は，原資産価格が離散的に観測されるような状況に対応するため，上式を修正する方法を提案している[5]。その方法では，アップ・アンド・インまたはアップ・アンド・アウト・オプションに対しては，バリアの水準 H を $He^{0.5826\sigma\sqrt{T/m}}$ に置き換え，ダウン・アンド・インまたはダウン・アンド・アウト・オプションに対しては，H を $He^{-0.5826\sigma\sqrt{T/m}}$ に置き換える。ここで m は資産価格の観測回数である（したがって，T/m は観測の間隔である）。

バリア・オプションは，普通のオプションとかなり異なる性質をもつ場合がある。たとえば，ベガが負になるときがある。資産価格がバリアの水準に接近している場合のアップ・アンド・アウト・コール・オプションについて考えよう。ボラティリティが高くなるにつれてバリアに到達する確率が高くなる。その結果，そういう状況のときにはボラティリティが上昇するとバリア・オプションの価格は安くなる場合がある。

これまで述べてきたバリア・オプションの短所の一つとしては，資産価格の"スパイク"がオプションをノックインあるいはノックアウトさせてしまう場合があるという点があげられる。これにかわる仕組みとしては，パリジャン・オプション（Parisian option）がある。このオプションがノックインあるいはノックアウトされるためには資産価格がバリアより上あるいは下に一定時間以上とどまらなくてはならない。たとえば，行使価格が当初資産価格の90%，バリアは当初資産価格の75%で，資産価格がバリアよりも下に50日間とどまったときにノックアウトするといった条件が付されたダウン・アンド・アウトのパリジャン・プット・オプションが考えられる。コンファメーションでは，その50日間は"連続した50日間（continuous period of 50

---

[4] バリアに下方（上方）から到達したかどうかを探知する一つの方法は，その資産をバリア価格で売る（買う）指値注文を取引所に出し，その注文が約定したかどうかをみることである。

[5] M. Broadie, P. Glasserman, and S. G. Kou, "A Continuity Correction for Discrete Barrier Options," *Mathematical Finance* 7, 4 (October 1997)：325–49を参照。

days)"や"オプション期間中の任意の50日間（any 50 days during the option's life）"として記述されるだろう。パリジャン・オプションの評価は通常のバリア・オプションよりもむずかしい[6]。モンテカルロ・シミュレーションや，27.5節と27.6節で述べる拡張した二項ツリーなどを用いることができる。

26.10 バイナリー・オプション

バイナリー・オプション（binary option）は不連続なペイオフをもつオプションである。バイナリー・オプションの簡単な例はキャッシュ・オア・ナッシング・コール（cash-or-nothing call）である。このオプションでは，時点 T に資産価格が行使価格を下回った場合には何も支払はなく，行使価格を上回った場合にはある一定金額 Q が支払われる。リスク中立世界では，オプションの満期時点に資産価格が行使価格を上回る確率は，これまでと同じ記号を用いると，$N(d_2)$ である。したがって，キャッシュ・オア・ナッシング・コールの価値は $Qe^{-rT}N(d_2)$ になる。キャッシュ・オア・ナッシング・プット（cash-or-nothing put）のペイオフの定義は，キャッシュ・オア・ナッシング・コールと類似しており，資産価格が行使価格を下回った場合には Q を支払い，上回った場合には何も支払わないオプションである。キャッシュ・オア・ナッシング・プットの価値は $Qe^{-rT}N(-d_2)$ になる。

他のバイナリー・オプションの例として，アセット・オア・ナッシング・コール（asset-or-nothing call）がある。このオプションでは，原資産価格が行使価格を下回って満期を迎えた場合には何も支払はなく，行使価格を上回って満期を迎えた場合には資産価格が支払われる。したがって，いままでの記号を用いると，アセット・オア・ナッシング・コールの価値は $S_0 e^{-qT}N(d_1)$ になる。アセット・オア・ナッシング・プット（asset-or-nothing put）では，資産価格が行使価格を上回って満期を迎えた場合には何も支払はなく，資産

---

[6] たとえば M. Chesney, J. Cornwall, M. Jeanblanc-Picqué, G. Kentwell, and M. Yor, "Parisian pricing," *Risk*, 10, 1 (1997), 77-79を参照。

価格が行使価格を下回った場合には資産価格が支払われる。アセット・オア・ナッシング・プットの価値は $S_0 e^{-qT} N(-d_1)$ になる。

通常のヨーロピアン・コール・オプションは，アセット・オア・ナッシング・コールのロング・ポジションと，行使価格と同額の現金ペイオフをもつキャッシュ・オア・ナッシング・コールのショート・ポジションを組み合わせたものと等価である。同様に，通常のヨーロピアン・プット・オプションは，行使価格と同額の現金ペイオフをもつキャッシュ・オア・ナッシング・プットのロング・ポジションとアセット・オア・ナッシング・プットのショート・ポジションを組み合わせたものと等価である。

26.11 ルックバック・オプション

ルックバック・オプション（lookback option）のペイオフは，オプション期間中の資産価格の最大値と最小値によって決まる。変動ルックバック・コール（floating lookback call）のペイオフは，満期時点の資産価格がオプション期間中の資産価格の最小値を上回った金額になる。変動ルックバック・プット（floating lookback put）のペイオフは，オプション期間中の資産価格の最大値が満期時点の資産価格を上回った金額になる。

変動ルックバックに対する評価式が導出されており[7]，時点ゼロにおける変動ルックバック・コールの価値は，

$$c_{fl} = S_0 e^{-qT} N(a_1) - S_0 e^{-qT} \frac{\sigma^2}{2(r-q)} N(-a_1)$$
$$- S_{min} e^{-rT} \left[N(a_2) - \frac{\sigma^2}{2(r-q)} e^{Y_1} N(-a_3) \right]$$

で与えられる。ここで，

---

[7] B. Goldman, H. Sosin, and M. A. Gatto, "Path Dependent Options : Buy at the Low, Sell at the High," *Journal of Finance*, 34 (December 1979) : 1111–27 および M. Garman, "Recollection in Tranquility," *Risk*, (March 1989) : 16–19 を参照。

$$a_1 = \frac{\ln(S_0/S_{\min}) + (r-q+\sigma^2/2)T}{\sigma\sqrt{T}}$$

$$a_2 = a_1 - \sigma\sqrt{T},$$

$$a_3 = \frac{\ln(S_0/S_{\min}) + (-r+q+\sigma^2/2)T}{\sigma\sqrt{T}}$$

$$Y_1 = -\frac{2(r-q-\sigma^2/2)\ln(S_0/S_{\min})}{\sigma^2}$$

である。また,$S_{\min}$は現時点までの資産価格の最小値である。(ルックバックの取引開始時点では,$S_{\min} = S_0$である。) $r = q$の場合については練習問題26.23を参照せよ。

変動ルックバック・プットの価値は,

$$p_{\mathrm{fl}} = S_{\max}e^{-rT}\left[N(b_1) - \frac{\sigma^2}{2(r-q)}e^{Y_2}N(-b_3)\right]$$

$$+ S_0 e^{-qT}\frac{\sigma^2}{2(r-q)}N(-b_2) - S_0 e^{-qT}N(b_2)$$

で与えられる。ここで,

$$b_1 = \frac{\ln(S_{\max}/S_0) + (-r+q+\sigma^2/2)T}{\sigma\sqrt{T}}$$

$$b_2 = b_1 - \sigma\sqrt{T}$$

$$b_3 = \frac{\ln(S_{\max}/S_0) + (r-q-\sigma^2/2)T}{\sigma\sqrt{T}}$$

$$Y_2 = \frac{2(r-q-\sigma^2/2)\ln(S_{\max}/S_0)}{\sigma^2}$$

である。また,$S_{\max}$は現時点までの資産価格の最大値である。(ルックバックの取引開始時点では,$S_{\max} = S_0$である。)

変動ルックバック・コールにより,権利保有者はオプション期間中の最安値で原資産を購入することができる。同様に,変動ルックバック・プットにより,権利保有者はオプション期間中の最高値で原資産を売却することができる。

【例26.2】

配当のない株式に対する新規の変動ルックバック・プットについて考える。株価を50，株価のボラティリティを年率40%，無リスク金利を年率10%，満期を3カ月とする。この場合，$S_{\max} = 50$, $S_0 = 50$, $r = 0.1$, $q = 0$, $\sigma = 0.4$, $T = 0.25$, $b_1 = -0.025$, $b_2 = -0.225$, $b_3 = 0.025$, $Y_2 = 0$である。したがって，ルックバック・プットの価値は7.79になる。また，同じ株式に対する新規の変動ルックバック・コールの価値は8.04になる。

固定ルックバック・オプションでは行使価格が固定されている。固定ルックバック・コール・オプション（fixed lookback call option）のペイオフは通常のヨーロピアン・コール・オプションと同様であるが，最終資産価格のかわりにオプション期間中の資産価格の最大値が用いられる。固定ルックバック・プット・オプション（fixed lookback put option）のペイオフは通常のヨーロピアン・プット・オプションと同様であるが，最終資産価格のかわりにオプション期間中の資産価格の最小値が用いられる。$S_{\max}^* = \max(S_{\max}, K)$と定義する。ここで，前と同様に$S_{\max}$は現時点までの資産価格の最大値，$K$は行使価格である。また，固定ルックバック・コールとオプション期間が同じ変動ルックバック・プットに対して，現時点までの実際の資産価格の最大値$S_{\max}$を$S_{\max}^*$に置き換えて求めた価値をp_{fl}^*と定義する。そうすると，プット・コール・パリティを導いたのと同様の議論から，固定ルックバック・コール・オプションの価値c_{fix}は，

$$c_{\mathrm{fix}} = p_{\mathrm{fl}}^* + S_0 e^{-qT} - K e^{-rT}$$

で与えられる[8]。同様に，$S_{\min}^* = \min(S_{\min}, K)$とすると，固定ルックバック・プット・オプションの価格p_{fix}は，

$$p_{\mathrm{fix}} = c_{\mathrm{fl}}^* + K e^{-rT} - S_0 e^{-qT}$$

---

[8] このことは，H. Y. Wong and Y. K. Kwok, "Sub-replication and Replenishing Premium: Efficient Pricing of Multi-state Lookbacks," *Review of Derivatives Research*, 6 (2003): 83-106で提案された。

で与えられる。ここでc_{fl}^{*}は固定ルックバック・プットとオプション期間が同じ変動ルックバック・コールに対して，現時点までの実際の資産価格の最小値S_{min}をS_{min}^{*}に置き換えて求めた価値である。このことから，変動ルックバック・オプションに対する上の価格式を修正して，固定ルックバック・オプションが評価できることがわかる。

　ルックバック・オプションは投資家にとって魅力的な商品ではあるが，通常のオプションに比べて非常に高価である。バリア・オプションと同様に，ルックバック・オプションの価値は，最大値と最小値を計算するために資産価格を観測する頻度に影響を受けやすい。上の価格式では，資産価格は連続的に観測されることが仮定されている。Broadie, Glasserman, および Kou は，資産価格が離散的に観測される状況に対応するため，上で示した価格式の修正方法を提案している[9]。

26.12　シャウト・オプション

　シャウト・オプション（shout option）とは，保有者がオプションの売り手に対してオプション期間中に一度だけ"シャウト"できるヨーロピアン・オプションである。オプション満期時に，オプション保有者はヨーロピアン・オプションの通常のペイオフまたはシャウト時の本源的価値の大きいほうを受け取る。たとえば，行使価格を50ドル，原資産価格が60ドルのときにコールの保有者がシャウトしたとする。その場合，最終資産価格が60ドルより小さい場合には，保有者は10ドルのペイオフを受け取る。60ドルよりも大きい場合には，保有者は資産価格が50ドルを超えた分を受け取る。

　シャウト・オプションはルックバック・オプションと少し似た性質をもっているが，その価格はかなり安い。資産価格がS_τとなる時点τにオプション保有者がシャウトしたならば，オプションのペイオフは，

$$\max(0, S_T - S_\tau) + (S_\tau - K)$$

---

[9] M. Broadie, P. Glasserman, and S. G. Kou, "Connecting Discrete and Continuous Path-Dependent Options," *Finance and Stochastics*, 3 (1999): 55–82を参照。

になる．このことに注意すれば，シャウト・オプションを評価することができる．ただし，K は行使価格，S_T は時点 T における資産価格である．保有者がシャウトした時点 τ におけるオプションの価値は，$S_\tau - K$ の（時点 T に受け取る）現在価値に行使価格 S_τ のヨーロピアン・オプションの価値を加えたものになる．後者は，Black–Scholes–Merton の公式を用いて計算することができる．

シャウト・オプションは，原資産に対する通常の二項ツリーまたは三項ツリーを構築することによって評価することができる．ツリーに沿って後ろ向きに計算すれば，シャウトした場合のオプションの価値とシャウトしない場合のオプションの価値を各ノードで求めることができる．各ノードでのオプションの価値は二つの価値の大きいほうになる．したがって，シャウト・オプションは通常のアメリカン・オプションの評価と同様の手順で評価することができる．

26.13　アジアン・オプション

アジアン・オプション（Asian option）とは，オプション期間中のある期間における原資産価格の算術平均によってペイオフが決まるオプションである．アベレージ・プライス・コール（average price call）のペイオフは $\max(0, S_{ave} - K)$ であり，アベレージ・プライス・プット（average price put）のペイオフは $\max(0, K - S_{ave})$ である．ここで S_{ave} はあらかじめ決められた期間における原資産価格の平均値である．アベレージ・プライス・オプションは通常のオプションよりも安く，おそらく通常のオプションよりも企業の財務担当者のニーズにあった商品と思われる．米国のある企業の財務担当者が，オーストラリアの子会社から1億豪ドルのキャッシュフローを翌年1年間にわたって均等に受け取ることを想定しているとする．この財務担当者は，その年に実現する平均為替レートがある水準以上になることを保証するオプションに関心をもつと思われる．アベレージ・プライス・プット・オプションは，通常のオプションよりもこのニーズに的確に応えることがで

きる。

アベレージ・プライス・オプションは，S_{ave} が対数正規分布に従うと仮定すれば，通常のオプションによく似た式で評価することができる。資産価格について通常の仮定を置くのであれば，実のところこれは合理的な仮定となる[10]。一般的なアプローチでは，S_{ave} の最初の二つのモーメントに一致するよう対数正規分布を設定し，Black モデルを用いる[11]。M_1 と M_2 を S_{ave} の最初の二つのモーメントとしよう。アベレージ・プライス・コールとプットの価値は

$$F_0 = M_1 \tag{26.3}$$

とおき，

$$\sigma^2 = \frac{1}{T} \ln\left(\frac{M_2}{M_1^2}\right) \tag{26.4}$$

とすることで，(18.9)式と(18.10)式から与えられる。平均が連続的に計算され，(DerivaGem ソフトウェアのように) r, q, σ が定数である場合には

$$M_1 = \frac{e^{(r-q)T} - 1}{(r-q)T} S_0$$

および

$$M_2 = \frac{2e^{[2(r-q)+\sigma^2]T} S_0^2}{(r-q+\sigma^2)(2r-2q+\sigma^2)T^2} + \frac{2S_0^2}{(r-q)T^2}\left(\frac{1}{2(r-q)+\sigma^2} - \frac{e^{(r-q)T}}{r-q+\sigma^2}\right)$$

となる。より一般的には，平均が時点 $T_i (1 \leq i \leq m)$ で観測される値から計算される場合，

$$M_1 = \frac{1}{m} \sum_{i=1}^{m} F_i$$

---

10 資産価格が幾何ブラウン運動に従うとき，その価格の幾何平均は厳密に対数正規分布となり，算術平均は近似的に対数正規分布となる。

11 S. M. Turnbull and L. M. Wakeman, "A Quick Algorithm for Pricing European Average Options," *Journal of Financial and Quantitative Analysis*, 26 (September 1991): 377-89を参照。

および

$$M_2 = \frac{1}{m^2}\left(\sum_{i=1}^{m} F_i^2 e^{\sigma_i^2 T_i} + 2\sum_{j=1}^{m}\sum_{i=1}^{j-1} F_i F_j e^{\sigma_i^2 T_i}\right)$$

となる．ここで，F_i と σ_i は満期 T_i のフォワード価格とインプライド・ボラティリティである．この証明については，www-2.rotman.utoronto.ca/~hull/TechnicalNotes にある Technical Note 27を参照されたい．

【例26.3】

新しく発行された，配当のない株式に対するアベレージ・プライス・コール・オプションを考える．株価は50，行使価格も50，株価のボラティリティは年率40％，無リスク金利は年率10％とし，満期までは1年とする．この場合，$S_0 = 50$，$K = 50$，$r = 0.1$，$q = 0$，$\sigma = 0.4$，$T = 1$ となる．平均が連続的に計算されるのであれば $M_1 = 52.59$ で $M_2 = 2{,}922.76$ となるので，(26.3)式と(26.4)式から $F_0 = 52.59$ および $\sigma = 23.54\%$ となる．(18.9)式を用い，$K = 50$，$T = 1$，$r = 0.1$ とすれば，オプション価値は5.62となる．もし，12，52，250の観測値を使って平均を計算するならば，その価格はそれぞれ6.00，5.70，5.63となる．

これまでの分析は，新規のオプションだけではなく，平均の計算に使われる価格の一部がすでに観測されている場合も扱えるように修正することができる．平均を計算する期間が，すでに価格が観測されている長さ t_1 の期間と長さ t_2 の将来の期間（オプションの残存期間）からなると仮定する．また，最初の期間における資産価格の平均を $\overline{S}$ とする．このとき，アベレージ・プライス・コールのペイオフは，

$$\max\left(\frac{\overline{S}t_1 + S_{\text{ave}}t_2}{t_1 + t_2} - K, 0\right)$$

となる．ここで S_{ave} は平均を計算する期間の残りの部分における資産価格の平均である．これは，

$$\frac{t_2}{t_1+t_2} \max(S_{\mathrm{ave}} - K^*, 0)$$

と同じである。ただし,

$$K^* = \frac{t_1+t_2}{t_2} K - \frac{t_1}{t_2} \bar{S}$$

である。$K^* > 0$ の場合は,新規のアジアン・オプションで行使価格 K を K^* に変えて評価した値に $t_2/(t_1+t_2)$ を掛けたものがこのオプションの価値になる。$K^* < 0$ の場合はオプションは必ず行使されるので,フォワード契約として評価できる。その価値は,

$$\frac{t_2}{t_1+t_2} [M_1 e^{-rt_2} - K^* e^{-rt_2}]$$

となる。

アジアン・オプションのもう一つのタイプに,アベレージ・ストライク・オプションがある。アベレージ・ストライク・コール (average strike call) のペイオフは $\max(0, S_T - S_{\mathrm{ave}})$ であり,アベレージ・ストライク・プット (average strike put) のペイオフは $\max(0, S_{\mathrm{ave}} - S_T)$ である。アベレージ・ストライク・オプションを用いると,ある期間に頻繁に取引する資産に対して支払う平均価格が最終価格を上回らないことを保証できる。あるいは,そのオプションを用いると,ある期間に頻繁に取引する資産に対して受け取る平均価格が最終価格を下回らないことを保証できる。S_{ave} が対数正規分布に従うと仮定するならば,次のエクスチェンジ・オプションとして評価できる。

26.14 エクスチェンジ・オプション

ある資産を他の資産と交換するオプション(しばしばエクスチェンジ・オプション (exchange option) と呼ばれる)は,いろいろな場面で現れる。豪ドルで円を買うオプションは,米国の投資家からみればある外貨資産をほかの外貨資産に交換するオプションである。株式公開買付けは,ある株式を別の株

式に交換するオプションである。

時点 T に価値 U_T の資産を渡し，その見返りとして価値 V_T の資産を受け取るヨーロピアン・オプションを考えよう。そのオプションのペイオフは，
$$\max(V_T - U_T, 0)$$
である。このオプションに対する価格式は，Margrabe によって最初に導出された[12]。資産価格 U と V は，それぞれボラティリティが σ_U と σ_V の幾何ブラウン運動に従っているとする。さらに，U と V の間の瞬間的な相関を ρ とし，U と V の配当利回りはそれぞれ q_U と q_V であると仮定する。このとき，時点ゼロにおけるこのオプションの価値は，
$$V_0 e^{-q_V T} N(d_1) - U_0 e^{-q_U T} N(d_2) \tag{26.5}$$
となる。ここで，
$$d_1 = \frac{\ln(V_0/U_0) + (q_U - q_V + \hat{\sigma}^2/2)T}{\hat{\sigma}\sqrt{T}}, \quad d_2 = d_1 - \hat{\sigma}\sqrt{T}$$
および
$$\hat{\sigma} = \sqrt{\sigma_U^2 + \sigma_V^2 - 2\rho\sigma_U\sigma_V}$$
であり，U_0 と V_0 は時点ゼロにおける U と V の値である。

この結果については第28章で証明する。興味深い点は，(26.5)式が無リスク金利 r に依存していないという点である。これは，r が上昇するとリスク中立世界における両方の資産価格の成長率も上昇するが，この上昇は割引率の上昇によって完全に相殺されるからである。変数 $\hat{\sigma}$ は V/U のボラティリティである。(17.4)式と比べると，このオプション1単位の価格は，行使価格が1.0，無リスク金利が q_U，資産の配当利回りが q_V のときの，価値が V/U の資産に対するヨーロピアン・コール・オプション U_0 単位の価格に等しいことがわかる。Mark Rubinstein は，このオプションがアメリカンの場合にも，評価に関して同様の性質をもつことを示した[13]。このアメリカン・オプション1単位は，無リスク金利を q_U，資産の配当利回りを q_V としたとき

---

[12] W. Margrabe, "The Value of an Option to Exchange One Asset for Another," *Journal of Finance*, 33 (March 1978): 177–86を参照。

[13] M. Rubinstein, "One for Another," *Risk*, (July/August 1991): 30–32を参照。

の，価値がV/Uの資産を1.0で購入するアメリカン・オプションU_0単位とみなすことができる。したがって，このオプションは二項ツリーを用いて第21章で説明した方法で評価することができる。

二つの資産のうち，価値の高いほう，または低いほうを取得するオプションは，一方の資産と，その資産を他方の資産に交換するオプションとの合成ポジションと考えることができる。すなわち，

$$\min(U_T, V_T) = V_T - \max(V_T - U_T, 0)$$
$$\max(U_T, V_T) = U_T + \max(V_T - U_T, 0)$$

と表すことができる。

26.15 複数資産に関するオプション

二つ以上のリスク資産に関するオプションは，レインボー・オプション（rainbow option）と呼ばれることがある。第6章で述べたCBOTに上場されている債券先物契約がその一例である。その理由は，ショート・ポジションをもつ市場参加者は多数の異なる銘柄のなかから受渡銘柄を選ぶ権利をもっているからである。

おそらく最もよく取引されている複数資産に関するオプションはヨーロピアン・バスケット・オプション（basket option）である。これは，ペイオフが複数の資産のポートフォリオ（すなわち，バスケット）の価値によって決まるオプションである。その際の資産は，個別株式や株価指数，通貨であることが多い。ヨーロピアン・バスケット・オプションは，資産が相関をもった幾何ブラウン運動に従うと仮定すれば，モンテカルロ・シミュレーションで評価することができる。もっと速い計算方法は，リスク中立世界におけるオプション満期でのバスケットの1次と2次のモーメントを計算し，満期でのバスケットの価値が対数正規分布に従うと仮定する方法である。そうすると，(26.3)式と(26.4)式で与えたパラメータをもつBlackモデルを用いて，このオプションを評価することができる。この場合，

$$M_1 = \sum_{i=1}^{n} F_i, \quad M_2 = \sum_{i=1}^{n}\sum_{j=1}^{n} F_i F_j e^{\rho_{ij}\sigma_i\sigma_j T}$$

となる.ここで,n は資産数,T はオプション満期,F_i と σ_i は i 番目の資産のフォワード価格とボラティリティであり,ρ_{ij} は i 番目の資産と j 番目の資産の相関である.詳細については,www-2.rotman.utoronto.ca/~hull/TechnicalNotes にある Technical Note 28を参照されたい.

26.16 ボラティリティ・スワップとバリアンス・スワップ

ボラティリティ・スワップ (volatility swap) は,ある資産に対して時点0から時点 T までの間に実現したボラティリティとあらかじめ決められた固定のボラティリティとを交換する契約である.実現ボラティリティは,通常,日次平均収益率をゼロと仮定して15.4節で説明したような方法を用いて計算される.時点0から時点 T までの期間に,資産価格の日次観測値が n 個あるとする.このとき,実現ボラティリティは,

$$\bar{\sigma} = \sqrt{\frac{252}{n-2}\sum_{i=1}^{n-1}\left[\ln\left(\frac{S_{i+1}}{S_i}\right)\right]^2}$$

で定義される.ここで S_i は資産価格の i 番目の観測値である.(この式の $n-2$ を $n-1$ とする場合もある.)

固定ボラティリティの支払人からみると,時点 T におけるボラティリティ・スワップのペイオフは $L_{\text{vol}}(\bar{\sigma} - \sigma_K)$ となる.ここで L_{vol} は想定元本,σ_K は固定ボラティリティである.オプションが資産価格とボラティリティに対して複雑なエクスポージャーをもっているのに対して,ボラティリティ・スワップはボラティリティに対してのみエクスポージャーをもっているという点では性質の単純な商品である.

バリアンス・スワップ (variance swap) は,時点0から時点 T までの間に実現した分散率 $\bar{V}$ とあらかじめ決められた分散率とを交換する契約である.分散率はボラティリティの2乗($\bar{V} = \bar{\sigma}^2$)である.バリアンス・スワッ

プはボラティリティ・スワップよりも評価が簡単である。その理由は，時点 0 から時点 T までの分散率がプット・オプションとコール・オプションからなるポートフォリオを用いて複製できるからである。固定分散率の支払人からみると，時点 T におけるバリアンス・スワップのペイオフは $L_{var}(\bar{V}-V_K)$ となる。ここで L_{var} は想定元本，V_K は固定分散率である。バリアンス・スワップの想定元本は，$L_{var} = L_{vol}/(2\sigma_K)$ を用いて，対応するボラティリティ・スワップの想定元本で表されることも多い。

バリアンス・スワップの評価

S^* を資産価格の任意の値として，時点 0 から時点 T までの分散の平均値に対する期待値は，

$$\hat{E}(\bar{V}) = \frac{2}{T}\ln\frac{F_0}{S^*} - \frac{2}{T}\left[\frac{F_0}{S^*}-1\right]$$
$$+ \frac{2}{T}\left[\int_{K=0}^{S^*}\frac{1}{K^2}e^{rT}p(K)dK + \int_{K=S^*}^{\infty}\frac{1}{K^2}e^{rT}c(K)dK\right] \quad (26.6)$$

で与えられることを，www-2.rotman.utoronto.ca/~hull/TechnicalNotes の Technical Note 22 に示してある。ここで，F_0 は時点 T に満期を迎えるその資産のフォワード価格，$c(K)$ は行使価格 K，満期 T のヨーロピアン・コール・オプションの価格，$p(K)$ は行使価格 K，満期 T のヨーロピアン・プット・オプションの価格である。

このことを用いて，バリアンス・スワップを評価することができる[14]。時点 0 から時点 T までの実現分散を受け取り，V_K の分散率を支払う，想定元本が L_{var} の契約の価値は，

$$L_{var}\left[\hat{E}(\bar{V}) - V_K\right]e^{-rT} \quad (26.7)$$

となる。行使価格が $K_i (1 \leq i \leq n)$ のヨーロピアン・オプションの価格がわ

---

[14] K. Demeterfi, E. Derman, M. Kamal, and J. Zou, "A Guide to Volatility and Variance Swaps," *The Journal of Derivatives*, 6, 4 (Summer 1999), 9-32を参照。分散とボラティリティに対するオプションについては，P. Carr and R. Lee, "Realized Volatility and Variance: Options via Swaps," *Risk*, May 2007, 76-83を参照。

かっていると仮定しよう。ただし，$K_1 < K_2 < \cdots < K_n$ とする。このとき，(26.6)式を実際に計算する標準的な方法は，F_0 を最初に下回る行使価格を S^* とし，積分を，

$$\int_{K=0}^{S^*} \frac{1}{K^2} e^{rT} p(K) dK + \int_{K=S^*}^{\infty} \frac{1}{K^2} e^{rT} c(K) dK = \sum_{i=1}^{n} \frac{\Delta K_i}{K_i^2} e^{rT} Q(K_i)$$
(26.8)

で近似する方法である。ただし，$2 \leq i \leq n-1$ に対して $\Delta K_i = 0.5(K_{i+1} - K_{i-1})$，$\Delta K_1 = K_2 - K_1$，$\Delta K_n = K_n - K_{n-1}$ である。また，関数 $Q(K_i)$ は，$K_i < S^*$ のときは行使価格 K_i のヨーロピアン・プット・オプションの価格に等しく，$K_i > S^*$ のときは行使価格 K_i のヨーロピアン・コール・オプションの価格に等しい。$K_i = S^*$ のとき，関数 $Q(K_i)$ は行使価格 K_i のヨーロピアン・コールとヨーロピアン・プットの価格の平均に等しい。

【例26.4】

ある指数の3カ月間における実現分散率を受け取り，0.045の分散率を支払う想定元本1億ドル，満期3カ月の契約を考える。無リスク金利を4％，指数の配当利回りを1％とする。また，指数の現在の水準を1,020とする。さらに，行使価格800，850，900，950，1,000，1,050，1,100，1,150，1,200に対して，満期3カ月の指数オプションのインプライド・ボラティリティをそれぞれ29％，28％，27％，26％，25％，24％，23％，22％，21％とする。この場合，$n = 9$，$K_1 = 800$，$K_2 = 850, \ldots, K_9 = 1{,}200$，$F_0 = 1{,}020 e^{(0.04-0.01) \times 0.25} = 1{,}027.68$，$S^* = 1{,}000$ である。DerivaGemソフトウェアを用いて計算すると，$Q(K_1) = 2.22$，$Q(K_2) = 5.22$，$Q(K_3) = 11.05$，$Q(K_4) = 21.27$，$Q(K_5) = 51.21$，$Q(K_6) = 38.94$，$Q(K_7) = 20.69$，$Q(K_8) = 9.44$，$Q(K_9) = 3.57$ となる。また，すべての i に対して $\Delta K_i = 50$ である。これより，

$$\sum_{i}^{n} \frac{\Delta K_i}{K_i^2} e^{rT} Q(K_i) = 0.008139$$

となる。(26.6)式と(26.8)式から，

$$\hat{E}(\overline{V}) = \frac{2}{0.25}\ln\left(\frac{1027.68}{1{,}000}\right) - \frac{2}{0.25}\left(\frac{1027.68}{1{,}000} - 1\right) + \frac{2}{0.25} \times 0.008139$$

$$= 0.0621$$

となる。したがって，(26.7)式からバリアンス・スワップの価値（100万ドル単位）は$100 \times (0.0621 - 0.045)e^{-0.04 \times 0.25} = 1.69$となる。

ボラティリティ・スワップの評価

ボラティリティ・スワップを評価するには，$\hat{E}(\overline{\sigma})$を計算する必要がある。ここで$\overline{\sigma}$は時点0から時点$T$までのボラティリティの平均値であり，

$$\overline{\sigma} = \sqrt{\hat{E}(\overline{V})}\sqrt{1 + \frac{\overline{V} - \hat{E}(\overline{V})}{\hat{E}(\overline{V})}}$$

と書くことができる。右辺の第2項を級数展開すると，

$$\overline{\sigma} = \sqrt{\hat{E}(\overline{V})}\left\{1 + \frac{\overline{V} - \hat{E}(\overline{V})}{2\hat{E}(\overline{V})} - \frac{1}{8}\left[\frac{\overline{V} - \hat{E}(\overline{V})}{\hat{E}(\overline{V})}\right]^2\right\}$$

が得られる。期待値をとると，

$$\hat{E}(\overline{\sigma}) = \sqrt{\hat{E}(\overline{V})}\left\{1 - \frac{1}{8}\left[\frac{\mathrm{var}(\overline{V})}{\hat{E}(\overline{V})^2}\right]\right\} \tag{26.9}$$

となる。ここで$\mathrm{var}(\overline{V})$は$\overline{V}$の分散である。したがって，ボラティリティ・スワップの評価には契約期間中の平均分散率の分散を推定する必要がある。時点0から時点Tまでの実現ボラティリティを受け取り，σ_Kのボラティリティを支払う，想定元本がL_{vol}の契約の価値は，

$$L_{\mathrm{vol}}\left[\hat{E}(\overline{\sigma}) - \sigma_K\right]e^{-rT}$$

となる。

【例26.5】

例26.4と同じ仮定のもとで，実現ボラティリティを受け取り，23％のボラティリティを支払う想定元本1億ドルのボラティリティ・スワップ

を考える。その場合，$\hat{E}(\overline{V}) = 0.0621$ となる。3 カ月間の平均分散の標準偏差が0.01と推定されていると仮定する。このとき，$\mathrm{var}(\overline{V}) = 0.0001$ である。(26.9)式より，

$$\hat{E}(\overline{\sigma}) = \sqrt{0.0621\left(1 - \frac{1}{8} \times \frac{0.0001}{0.0621^2}\right)} = 0.2484$$

となる。したがって，このスワップの価値（単位100万ドル）は，

$$100 \times (0.2484 - 0.23)e^{-0.04 \times 0.25} = 1.82$$

となる。

VIX 指数

(26.6)式で関数 ln を級数展開の最初の 2 項で近似すると，

$$\ln\left(\frac{F_0}{S^*}\right) = \left(\frac{F_0}{S^*} - 1\right) - \frac{1}{2}\left(\frac{F_0}{S^*} - 1\right)^2$$

となる。したがって，リスク中立確率での累積分散の期待値は，

$$\hat{E}(\overline{V})T = -\left(\frac{F_0}{S^*} - 1\right)^2 + 2\sum_{i=1}^{n} \frac{\Delta K_i}{K_i^2} e^{rT} Q(K_i) \qquad (26.10)$$

となる。

2004年以降，VIX ボラティリティ指数（15.11節を参照）は(26.10)式に基づいて計算されている。日々の計算方法は以下のとおりである。その日に市場で取引されているオプションの中で，30日後の直前と直後に満期を迎えるオプションに対して $\hat{E}(\overline{V})T$ を計算し，これら二つの値を補間することによって30日リスク中立期待累積分散を計算する。その結果に365/30を乗じて平方根をとったものが指数の値になる。計算方法に関するより詳細な情報は以下で得ることができる。

www.cboe.com/micro/vix/vixwhite.pdf

26.17 オプションの静的な複製

第19章で述べた手法を用いてエキゾチック・オプションのヘッジを行う場合，容易にヘッジできるものもあれば，不連続性をもっているためにヘッジが非常にむずかしいものもある（ビジネス・スナップショット26.1を参照）。ヘッジが困難な場合には，オプションの静的な複製（static options replication）として知られる手法が有用なこともある[15]。これは，活発に取引されているオプションからなるポートフォリオで，エキゾチック・オプションを近似的に複製するものを探そうというものである。このポジションを売却すればヘッジになる[16]。

オプションの静的な複製の基礎となる基本原理は次のようなものである。二つのポートフォリオの価値がある境界上で一致すれば，境界内のすべての点でも一致するというものである。たとえば，配当のない株式に対する満期9カ月のアップ・アンド・アウト・コールについて考えよう。株価を50，行使価格を50，バリアを60，無リスク金利を年率10%，ボラティリティを年率30%とする。$f(S, t)$を時点tにおける株価がSの場合のオプションの価値とする。複製ポートフォリオを構築する目的では，(S, t)空間の境界はどんなものでもよい。便利なものとして，図26.1に示すような境界を選ぶ。その境界は$S = 60$，$t = 0.75$で定義される。境界上でのアップ・アンド・アウト・オプションの価値は，

$$f(S, 0.75) = \max(S-50, 0) \qquad S < 60のとき$$
$$f(60, t) = 0 \qquad 0 \leq t \leq 0.75のとき$$

で与えられる。

---

[15] E. Derman, D. Ergener, and I. Kani, "Static Options Replication," *Journal of Derivatives*, 2, 4 (Summer 1995): 78-95を参照。

[16] 静的な複製の例については，www-2.rotman.utoronto.ca/~hull/TechnicalNotesのTechnical Note 22を参照されたい。資産の分散率が，その資産のポジションおよびその資産に対するアウト・オブ・ザ・マネー・オプションのポジションで複製可能なことが示されている。(26.6)式を導出するこの結果は，バリアンス・スワップのヘッジに用いることができる。

図26.1 オプションの静的な複製で用いる境界点の例

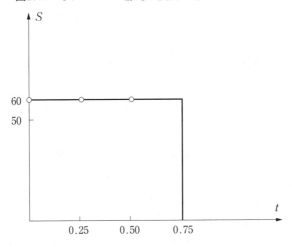

通常のオプションを用いてこれらの境界値に近似的に一致させる方法はいくつもある。最初の境界値に一致させるために，満期9カ月，行使価格50のヨーロピアン・コールを用いるのは自然な選択である。したがって，複製ポートフォリオの最初の構成要素はこのオプション1単位となる。(このオプションをオプションAと呼ぶ。)

$f(60, t)$の境界値に一致させるためには，以下のようにするのが一つの方法である。

1. オプション期間を長さΔtのNステップに分割する
2. 時点$N\Delta t$ (= 9カ月)に満期を迎える行使価格60のヨーロピアン・コール・オプションを用いて，点$\{60, (N-1)\Delta t\}$における境界値に一致させる
3. 時点$(N-1)\Delta t$に満期を迎える行使価格60のヨーロピアン・コール・オプションを用いて，点$\{60, (N-2)\Delta t\}$における境界値に一致させる

ということを順に行っていく。オプションは，それまでに一致させた境界上では価値がゼロになるようなものが順番に選ばれていることに注意しよ

う[17]。9カ月後に満期を迎える行使価格60のオプションの価値は，オプションAで値を合わせている縦の境界上ではゼロになっている。同様に，$1 \leq i \leq N-1$に対して，時点$i\Delta t$に満期を迎えるオプションの価値は，時点$(i+1)\Delta t$に満期を迎えるオプションで値を合わせた点$\{60, i\Delta t\}$上ではゼロになっている。

> **ビジネス・スナップショット26.1**
>
> **エキゾチック・オプションのデルタ・ヘッジは容易か，困難か**
>
> 第19章で述べたように，デルタ・ニュートラル・ポジションを構築し，それを頻繁にリバランスしてデルタ・ニュートラルに保てば，エキゾチック・オプションをヘッジすることができる。この方法でエキゾチック・オプションをヘッジするとき，プレーン・バニラ・オプションよりもヘッジが容易なものもあれば，困難なものもある。
>
> ヘッジが比較的容易なエキゾチック・オプションの一つの例は，平均を計算する期間が全オプション期間となっているアベレージ・プライス・オプションである。時間の経過とともに，最終的な平均の計算に使われる資産価格をより多く観測することになる。したがって，ペイオフの不確実性は時間の経過とともに減少することになる。その結果，このオプションは次第にヘッジしやすくなる。最後の数日間では，価格変動がペイオフに与える影響はほとんどなくなるので，このオプションのデルタは常にゼロに近くなる。
>
> これに対し，バリア・オプションのヘッジは比較的困難である。通貨のダウン・アンド・アウト・コール・オプションを，為替レートがバリアより0.0005だけ上回っている場合について考えてみよう。バリアに到達すると，オプションは無価値になる。バリアに到達しなければ，オプションはかなりの価値をもっている場合もある。このような場合，デル

---

[17] 必ずしもこのような選び方をする必要はない。境界上のK個の点で値を合わせるためには，K個のオプションを選び，K個の連立線形方程式を解いて必要となるオプションの数量を求めればよい。

タはバリアで不連続となるため，通常の方法でヘッジを行うことは非常に困難である。

$\Delta t = 0.25$とすると，オプションAに加えて，複製ポートフォリオは9カ月後，6カ月後，および3カ月後に満期を迎える行使価格60のヨーロピアン・オプションのポジションからなる。それらをそれぞれオプションB, C, Dと呼ぶことにする。仮定しているボラティリティと金利を用いると，点$\{60, 0.5\}$におけるオプションBの価値は4.33である。また，その点におけるオプションAの価値は11.54である。したがって，点$\{60, 0.5\}$における境界値に一致させるのに必要となるオプションBのポジションは，$-11.54/4.33 = -2.66$である。点$\{60, 0.25\}$におけるオプションCの価値は4.33である。また，その点におけるオプションAとBからなるポジションの価値は-4.21である。したがって，点$\{60, 0.25\}$における境界値に一致させるのに必要となるオプションCのポジションは，$4.21/4.33 = 0.97$となる。同様の計算を行うと，点$\{60, 0\}$における境界値に一致させるのに必要なオプションDのポジションは0.28となる。

選ばれたポートフォリオを表26.1にまとめた。(DerivaGemソフトウェアのSample Application Fも参照。) ポートフォリオの価値は初期時点（時点ゼロ，株価50）では0.73である。本章のはじめのほうで示したアップ・アンド・アウト・コールの解析式による価値は0.31である。複製ポートフォリオは2番目の境界上では3点でしかアップ・アンド・アウト・コール・オプションに

表26.1 アップ・アンド・アウト・オプションの複製に用いられたヨーロピアン・コール・オプションのポートフォリオ

オプション	行使価格	満期（年）	ポジション	当初価格
A	50	0.75	1.00	+6.99
B	60	0.75	−2.66	−8.21
C	60	0.50	0.97	+1.78
D	60	0.25	0.28	+0.17

合わせていないので，両者は完全に同じものではない．同じ手順を用いて，2番目の境界上の18点で（半月ごとの満期のオプションを用いて）合わせるならば，複製ポートフォリオの価値は0.38に減少する．100点で合わせると，価値はさらに減少して0.32になる．

デリバティブをヘッジするには，境界条件を複製したポートフォリオを売却すればよい．この場合，境界のどこかに達したときにポートフォリオは手仕舞わなければならない．

静的なオプションの複製には，デルタ・ヘッジに比べてリバランスを頻繁に行う必要がないという長所がある．この手法は広範囲のデリバティブに対して用いることができる．また，一致させる境界と使用するオプションの選択にはかなりの自由度がある．

要約

エキゾチック・オプションとは，標準的なオプションよりもペイオフを決める方法が複雑なオプションである．この章では，15の異なる種類のエキゾチック・オプションについて論じてきた．それらは，パッケージ，永久アメリカン・オプション，標準的でないアメリカン・オプション，ギャップ・オプション，先スタート・オプション，クリケット・オプション，コンパウンド・オプション，チューザー・オプション，バリア・オプション，バイナリー・オプション，ルックバック・オプション，シャウト・オプション，アジアン・オプション，エクスチェンジ・オプション，複数資産に関するオプションである．第15章でBlack–Scholes–Mertonモデルを導出するのに用いたのと同じ仮定のもとで，エキゾチック・オプションを評価する方法について論じた．それらのいくつかは解析的に評価できるが，通常のヨーロピアン・コールやプットに対する解析式よりもずっと複雑な式になっている．解析的な近似式で評価できるものや，第21章で説明した数値計算法を拡張して

評価できるものもある。エキゾチック・オプションを評価する数値計算法については第27章でさらに紹介する。

　エキゾチック・オプションのなかには，対応する通常のオプションよりもヘッジが容易なものもあるが，むずかしいものもある。一般的に，アジアン・オプションは満期が近づくにつれてペイオフが次第に確定度を増してくるので，ヘッジが容易である。それに対し，バリア・オプションはバリアのところでデルタが不連続となるため，ヘッジは困難である。エキゾチック・オプションをヘッジする一つの方法は，オプションの静的な複製として知られる方法で，ある境界上でエキゾチック・オプションと価値が一致するような通常のオプションからなるポートフォリオを見出す方法である。エキゾチック・オプションはこのポートフォリオを売却することでヘッジできる。

参考文献

Carr, P., and R. Lee, "Realized Volatility and Variance: Options via Swaps," *Risk*, May 2007: 76-83.

Clewlow, L., and C. Strickland, *Exotic Options: The State of the Art*. London: Thomson Business Press, 1997.

Demeterfi, K., E. Derman, M. Kamal, and J. Zou, "More than You Ever Wanted to Know about Volatility Swaps," *Journal of Derivatives*, 6, 4 (Summer, 1999): 9-32.

Derman, E., D. Ergener, and I. Kani, "Static Options Replication," *Journal of Derivatives*, 2, 4 (Summer 1995): 78-95.

Geske, R., "The Valuation of Compound Options," *Journal of Financial Economics*, 7 (1979): 63-81.

Goldman, B., H. Sosin, and M. A. Gatto, "Path Dependent Options: Buy at the Low, Sell at the High," *Journal of Finance*, 34 (December 1979): 1111-27.

Margrabe, W., "The Value of an Option to Exchange One Asset for Another," *Journal of Finance*, 33 (March 1978): 177-86.

Rubinstein, M., and E. Reiner, "Breaking Down the Barriers," *Risk*, September (1991): 28–35.

Rubinstein, M., "Double Trouble," *Risk*, December/January (1991/1992): 53–56.

Rubinstein, M., "One for Another," *Risk*, July/August (1991): 30–32.

Rubinstein, M., "Options for the Undecided," *Risk*, April (1991): 70–73.

Rubinstein, M., "Pay Now, Choose Later," *Risk*, February (1991): 44–47.

Rubinstein, M., "Somewhere Over the Rainbow," *Risk*, November (1991): 63–66.

Rubinstein, M., "Two in One," *Risk*, May (1991): 49.

Rubinstein, M., and E. Reiner, "Unscrambling the Binary Code," *Risk*, October 1991: 75–83.

Stulz, R. M., "Options on the Minimum or Maximum of Two Assets," *Journal of Financial Economics*, 10 (1982): 161–85.

Turnbull, S. M., and L. M. Wakeman, "A Quick Algorithm for Pricing European Average Options," *Journal of Financial and Quantitative Analysis*, 26 (September 1991): 377–89.

練習問題

26.1 先スタート・オプションとチューザー・オプションとの違いを説明せよ。

26.2 同じ満期の変動ルックバック・コールと変動ルックバック・プットからなるポートフォリオのペイオフを説明せよ。

26.3 保有者が 2 年間いつでもヨーロピアン・コールまたはヨーロピアン・プットのいずれかを選択できる権利をもつチューザー・オプションを考える。コールとプットの満期と行使価格は，選択時点にかかわらず同じであるとする。2 年後よりも早期に選択するのが最適となることはあるか。その理由も説明せよ。

26.4 c_1 と p_1 を，それぞれ行使価格が K で満期が T のヨーロピアン・アベレージ・プライス・コールとヨーロピアン・アベレージ・プライ

ス・プットの価格とし，c_2とp_2を満期がTのヨーロピアン・アベレージ・ストライク・コールとヨーロピアン・アベレージ・ストライク・プットの価格とし，c_3とp_3を行使価格がKで満期がTの通常のヨーロピアン・コールとヨーロピアン・プットの価格とする。このとき，$c_1+c_2-c_3 = p_1+p_2-p_3$が成り立つことを示せ。

26.5 本文では，ある種類のチューザー・オプションは満期T_2のコール・オプションと満期T_1のプット・オプションに分解できることが導かれている。同じオプションに対して，満期T_1のコール・オプションと満期T_2のプット・オプションへの別の分解を導け。

26.6 26.9節では，ダウン・アンド・アウト・コール・オプションに対して二つの評価式が与えられている。最初の評価式はバリアHが行使価格K以下の場合に適用されるものである。2番目の評価式は$H \geq K$の場合に適用されるものである。$H = K$のとき，これら二つの評価式は同じものになることを示せ。

26.7 バリアが行使価格より大きいとき，ダウン・アンド・アウト・プットの価値がゼロになる理由を説明せよ。

26.8 配当のない株式に対するアメリカン・コール・オプションの行使価格がgの割合で大きくなるとする。このとき，gが無リスク金利rより小さいならば，期限前行使は最適とはなりえないことを示せ。

26.9 配当のない株式に対する先スタート・プット・オプションで，行使価格がオプション開始時点における株価より10%高い価格に設定される場合の価値を求めよ。

26.10 株価が幾何ブラウン運動に従うとするとき，時点ゼロから時点tまでの株価の算術平均$A(t)$はどのような過程に従うか。

26.11 アジアン・オプションのデルタ・ヘッジは通常のオプションのデルタ・ヘッジより容易である理由を説明せよ。

26.12 100オンスの銀を1オンスの金と交換する満期1年のヨーロピアン・オプションの価格を求めよ。ただし，現在の金と銀の価格はそれぞれ1,520ドルと16ドル，無リスク金利は年率10%，二つの価格のボラ

ティリティはどちらも20％，相関係数は0.7とする．また，保管コストは無視するものとする．

26.13 ある資産に関するヨーロピアン・ダウン・アンド・アウト・オプションの価値は，満期が同じその資産の先物契約の価格に対するダウン・アンド・アウト・オプションの価値と同じになるか．

26.14 コンパウンド・オプションに関する以下の問に答えよ．

(a) コールに対するヨーロピアン・コールと，コールに対するヨーロピアン・プットの間には，どのようなプット・コール・パリティが成り立つか．また，本文にある価格式がその関係を満たすことを示せ．

(b) プットに対するヨーロピアン・コールと，コールに対するヨーロピアン・プットの間には，どのようなプット・コール・パリティが成り立つか．また，本文にある価格式がその関係を満たすことを示せ．

26.15 最小値を決めるための資産価格の観測回数を増加させたとき，変動ルックバック・コールの価値は大きくなるか，それとも小さくなるか．

26.16 バリアを横切ったかを決めるための資産価格の観測回数を増加させたとき，ダウン・アンド・アウト・コールの価値は大きくなるか，それとも小さくなるか．同じことをダウン・アンド・イン・コールについても答えよ．

26.17 通常のヨーロピアン・コール・オプションは，ダウン・アンド・アウト・ヨーロピアン・コールとダウン・アンド・イン・ヨーロピアン・コールの和に等しい理由を説明せよ．同じことはアメリカン・コール・オプションに対しても成り立つか．

26.18 S&P 500指数が6カ月後に1,000を超えている場合に100ドルを支払い，そのほかの場合には何も支払わないというデリバティブの価値を求めよ．ただし，現在の指数の水準を960，無リスク金利を年率8％，指数の配当利回りを年率3％，指数のボラティリティを年率

20%とする。

26.19 銀先物に対する満期3カ月，行使価格が1オンス当り20ドル，バリアが18ドルのダウン・アンド・アウト・コール・オプションについて考える。現在の銀先物価格を19ドル，無リスク金利を5％，銀先物のボラティリティを年率40%とする。このオプションの仕組みを説明し，その価値を求めよ。また，銀先物に対する同じ条件の通常のオプションの価値と，銀先物に対する同じ条件のダウン・アンド・イン・コール・オプションの価値を求めよ。

26.20 株価指数に対する満期9カ月の新規のヨーロピアン変動ルックバック・コール・オプションについて考える。指数の現在の水準を400，無リスク金利を年率6％，指数の配当利回りを年率4％，指数のボラティリティを年率20%とする。DerivaGemソフトウェアを用いてこのオプションを評価せよ。

26.21 配当のない株式に対する満期6カ月の新規のヨーロピアン・アベレージ・プライス・コール・オプションの価値を求めよ。ただし，現在の株価を30ドル，行使価格を30ドル，無リスク金利を5％，ボラティリティを30%とする。

26.22 DerivaGemソフトウェアを用いて以下のオプションの価値を計算せよ。

(a) 配当のない株式に対する通常のヨーロピアン・コール・オプション。ただし，株価を50ドル，行使価格を50ドル，無リスク金利を年率5％，ボラティリティを30%，満期を1年とする。

(b) (a)と同じ条件でバリアが45ドルのダウン・アンド・アウト・ヨーロピアン・コール。

(c) (a)と同じ条件でバリアが45ドルのダウン・アンド・イン・ヨーロピアン・コール。

さらに，(a)のオプションの価値が(b)と(c)のオプションの価値の和に等しいことを示せ。

26.23 (a)26.11節のルックバック・コール・オプションの価格式，および

(b) 26.13節の M_1 と M_2 に関する式に対して，$r = q$ の場合に必要となる調整について説明せよ。

26.24 26.16節の例26.4において，行使価格が800，850，900，950，1,000，1,050，1,100，1,150，1,200のオプションに対するインプライド・ボラティリティをそれぞれ20％，20.5％，21％，21.5％，22％，22.5％，23％，23.5％，24％と仮定して，バリアンス・スワップを評価せよ。

26.25 $S = H$ のときに Q を支払うデリバティブの価値に対する26.2節の結果が，15.6節の結果と整合することを確認せよ。

発展問題

26.26 1年後にドル／英ポンド為替レートが1.5000を超えている場合にのみ10,000ポンドを支払うデリバティブのドル建て価値を求めよ。ただし，現在の為替レートを1.4800，ドルと英ポンドの無リスク金利をそれぞれ年率4％と8％，為替レートのボラティリティを年率12％とする。

26.27 配当のない株式に対するアップ・アンド・アウト・バリア・コール・オプションについて考える。株価を50ドル，行使価格を50ドル，ボラティリティを年率30％，無リスク金利を年率5％，満期を1年，バリアを80ドルとする。オプションを評価するためにDerivaGemソフトウェアを用いて，(a)オプション価格と株価の関係，(b)デルタと株価の関係，(c)オプション価格と満期の関係，(d)オプション価格とボラティリティの関係についてグラフを作成せよ。また，得られた結果について直感的な説明を与えよ。さらに，アップ・アンド・アウト・バリア・コール・オプションのデルタ，ガンマ，セータ，およびベガが，正にも負にもなりうることを示せ。

26.28 DerivaGem Application Builder の Sample Application F では，26.17節のオプションの静的な複製の例が扱われている。そこでは，4個のオプションを用いた（26.17節のような）ヘッジの構築方法と16個のオプションを用いた2通りのヘッジの構築方法が示されている。

(a) 16個のオプションを用いた2通りのヘッジ方法の違いについて説明せよ。また，2番目の方法のほうがうまくいく理由を直感的に説明せよ。

(b) 四つのオプションを用いたヘッジ方法で，3番目と4番目のT_{mat}を変化させてヘッジを改善せよ。

(c) 16個のオプションを用いたポートフォリオに関して，デルタ，ガンマ，ベガについてバリア・オプションとどの程度よく一致しているかを確認せよ。

26.29 通貨に対するダウン・アンド・アウト・コール・オプションについて考える。初期時点における為替レートを0.90，満期を2年，行使価格を1.00，バリアを0.80，国内無リスク金利を年率5％，外国無リスク金利を年率6％，ボラティリティを年率25％とする。このとき，DerivaGemソフトウェアを使って，5個のオプションを用いたオプションの静的な複製戦略を構築せよ。

26.30 現在の株価指数を900，配当利回りを2％，無リスク金利を5％，ボラティリティを40％とする。このとき，著者のウェブサイトにあるTechnical Note 27の結果を用いて満期1年のアベレージ・プライス・コールの価値を計算せよ。ただし，行使価格は900，平均は各四半期末の指数の値を用いて計算されるものとする。また，価格が連続的に観測される場合の満期1年のアベレージ・プライス・オプションの価格をDerivaGemソフトウェアを用いて計算し，先に求めた値をこの価格と比較せよ。二つの価格の違いについて直感的な説明を与えよ。

26.31 DerivaGem Application Builder を用いて，(a)表19.2および表19.3で

考察したオプションと，(b)同じ条件のアベレージ・プライス・コール・オプションに対して，日次デルタ・ヘッジの効果を比較せよ。シミュレーションには Sample Application C を用いよ。アベレージ・プライス・オプションに対しては，セル C16 のオプション価格，セル H15 と H16 のペイオフ，およびデルタ（セル G46 から G186 とセル N46 から N186）の計算を変更する必要がある。各オプションに対して，F9 を繰り返し押して，モンテカルロ・シミュレーションを 20 回実行せよ。各実行において，オプションの売却コストとヘッジコスト，全 20 週間の取引量，第 11 週から第 20 週の間の取引量を記録せよ。その結果について解説せよ。

26.32 DerivaGem Application Builder の Sample Application D を修正して，外国通貨 10 万単位に対するコール・オン・コール・コンパウンド・オプションのデルタおよびガンマ・ヘッジの効果について検証せよ。ただし，為替レートは 0.67，国内無リスク金利が 5 %，外国無リスク金利は 6 %，ボラティリティは 12% とする。また，最初のオプションは 20 週後に満期を迎え，行使価格は 0.015 とする。2 番目のオプションは 40 週後に満期を迎え，行使価格は 0.68 とする。セルをどのように変更したかを説明し，ヘッジの効果について解説せよ。

26.33 アウトパフォーマンス証書（outperformance certificate：sprint certificate や accelerator certificate, speeder とも呼ばれる）は，欧州の多くの銀行が投資家に提案している，ある企業の株式に投資する一つの方法である。当初投資額は株価 S_0 に等しい。時点 0 から時点 T までの間に株価が上昇した場合は，投資家は時点 T においてその上昇の k 倍の利益を得る。ここで k は 1.0 より大きい定数である。ただし，時点 T における利益を計算する際の株価には，ある上限 M が設定されている。株価が下落した場合は，投資家はその下落に等しい損失を被る。また，投資家は配当を受け取れない。

(a) アウトパフォーマンス証書がパッケージであることを示せ。
(b) DerivaGem ソフトウェアを用いて，満期 1 年のアウトパフォー

マンス証書の価値を計算せよ．ただし，株価は50ユーロ，$k = 1.5$，$M = 70$ユーロ，無リスク金利は5%，株価のボラティリティは25%とする．また，0.5ユーロの配当が2カ月後，5カ月後，8カ月後，11カ月後に予想されているとする．

26.34 バリアンス・スワップを評価する26.16節の例26.4での分析を，スワップの期間を3カ月ではなく1カ月として実施せよ．

26.35 通常のコール・オプションとバイナリー・コール・オプション，そしてギャップ・コール・オプションとの間の関係を説明せよ．

26.36 投資額をQとし，n期間の終わりにペイオフが生じるクリケット・オプションの評価式を導出せよ．それぞれの期間での収益率は，あるインデックスの（配当を含まない）収益率かゼロの高いほうとする．

第27章
より進んだモデルと数値計算法

　これまでオプション評価に用いてきたモデルは，Black–Scholes–Merton 公式の前提である，資産価格が幾何ブラウン運動に従うモデルに基づくものであった．また，利用した数値計算法も比較的簡単なものであった．本章ではいくつかの新しいモデルを紹介し，これまでの数値計算法を特定の状況を扱えるように改良する方法について説明する．

　第20章では，トレーダーがボラティリティ・サーフェスを用いて，どのように幾何ブラウン運動モデルの欠点を克服しているかについて説明した．ボラティリティ・サーフェスは，プレーン・バニラ・オプションを価格づけする際に Black–Scholes–Merton の公式に代入すべき適切なボラティリティを決めるものである．しかし，残念なことに，第26章の価格公式を用いたエキゾチック・オプションの価格づけに用いるべきボラティリティは，ボラティリティ・サーフェスからは得られない．たとえば，ボラティリティ・

サーフェスから，行使価格40ドル，満期1年のプレーン・バニラ・オプションの価格づけに用いる正しいボラティリティは27%であるとする。このボラティリティは，行使価格40ドル，満期1年のバリア・オプション（またはその他のエキゾチック・オプション）を価格づけするために用いるボラティリティとしては，まったく不適切なものである可能性が高い。

本章の前半では，エキゾチック・オプションをプレーン・バニラ・オプションと整合的に価格づけする問題を解決するために考案された，幾何ブラウン運動にかわるいくつかの価格過程について論じる。それらの代替的な資産価格過程は，幾何ブラウン運動よりもプレーン・バニラ・オプションの市場価格によく適合する。したがって，それらを用いたほうが，より適切にエキゾチック・オプションの価格づけを行うことができる。

本章の後半では，数値計算法の議論を発展させる。まず，転換社債といくつかの経路依存型デリバティブをツリーを用いて評価する方法について説明する。次に，バリア・オプションの価値を数値計算で求める際に生じる特殊な問題とその対処方法について論じる。最後に，相関のある2変数に対するツリー構築法の概要を述べ，期限前行使機会があるデリバティブをモンテカルロ・シミュレーションを用いて評価する方法について紹介する。

これまでの章と同様に，利回りが q の資産に対するデリバティブを評価する場合について扱う。q は，株価指数オプションに対しては指数の配当利回りになり，通貨オプションに対しては外国無リスク金利になり，先物オプションに対しては国内無リスク金利になる。

27.1 Black–Scholes–Merton にかわるモデル

Black–Scholes–Merton モデルでは，資産価格が任意の将来時点において対数正規分布に従うように連続的に変化すると仮定されているが，前提とする確率過程の選択肢はほかにも多くある。一つは，資産価格が連続的に変化するという性質は同じであるが，幾何ブラウン運動以外の確率過程を仮定するものである。もう一つの選択肢は，連続的な資産価格の変化にジャンプを

加えるものである。さらに別の選択肢として，すべての資産価格変化がジャンプであるような確率過程を仮定するものがある。本節では，例を用いてこれら三つのすべてのタイプについて考える。具体的には，CEVモデル，Mertonのジャンプ拡散モデル，バリアンス・ガンマ・モデルを取り上げるが，これらすべてのモデルはDerivaGemソフトウェアに実装されている。この節で扱うタイプの過程はまとめてLevy過程（Levy process）と呼ばれている[1]。

CEVモデル

Black–Scholes–Mertonにかわる一つのモデルに，CEV（constant elasticity of variance）モデルがある。これは，株価Sに対するリスク中立世界での確率過程が，

$$dS = (r-q)Sdt + \sigma S^\alpha dz$$

で与えられる拡散モデルである。ここで，rは無リスク金利，qは配当利回り，dzはウィナー過程，σはボラティリティ・パラメータ，αは正の定数である[2]。

$\alpha = 1$のときは，CEVモデルはこれまで用いてきた幾何ブラウン運動モデルになる。$\alpha < 1$のときは，株価が下落するとボラティリティは高くなる。その結果，株式市場で観測される，左裾が厚くて右裾が薄い確率分布（図20.4を参照）と同様の分布になる[3]。また，$\alpha > 1$のときは，株価が上昇するとボラティリティは高くなる。その結果，確率分布は右裾が厚くて左裾が薄い分布になる。これは，インプライド・ボラティリティが行使価格の増加関数となっているボラティリティ・スマイルに対応した分布である。この

---

1 大雑把にいうと，Levy過程とは定常的な独立増分性をもつ連続時間の確率過程である。
2 J. C. Cox and S. A. Ross, "The Valuation of Options for Alternative Stochastic Processes," *Journal of Financial Economics*, 3 (March 1976): 145–66を参照。
3 その理由は，株価が下落するとボラティリティが高くなり，さらに株価が下落する可能性は増加し，株価が上昇するとボラティリティが低くなり，株価がさらに上昇する可能性は減少するからである。

種のボラティリティ・スマイルは先物オプションで観察されることがある。

CEV モデルのもとでのヨーロピアン・コール・オプションおよびヨーロピアン・プット・オプションの価格式は，$0 < \alpha < 1$ の場合，

$$c = S_0 e^{-qT}[1 - \chi^2(a, b+2, c)] - Ke^{-rT}\chi^2(c, b, a)$$
$$p = Ke^{-rT}[1 - \chi^2(c, b, a)] - S_0 e^{-qT}\chi^2(a, b+2, c)$$

となり，$\alpha > 1$ の場合は，

$$c = S_0 e^{-qT}[1 - \chi^2(c, -b, a)] - Ke^{-rT}\chi^2(a, 2-b, c)$$
$$p = Ke^{-rT}[1 - \chi^2(a, 2-b, c)] - S_0 e^{-qT}\chi^2(c, -b, a)$$

となる。ただし,

$$a = \frac{[Ke^{-(r-q)T}]^{2(1-\alpha)}}{(1-\alpha)^2 v}, \quad b = \frac{1}{1-\alpha}, \quad c = \frac{S^{2(1-\alpha)}}{(1-\alpha)^2 v}$$

であり，

$$v = \frac{\sigma^2}{2(r-q)(\alpha-1)}[e^{2(r-q)(\alpha-1)T} - 1]$$

である。$\chi^2(z, k, v)$ は，非心パラメータ v と自由度 k をもつ非心 χ^2 分布に従う変数が z より小さい値をとる累積確率である。$\chi^2(z, k, v)$ の計算方法は著者のウェブサイト：www-2.rotman.utoronto.ca/~hull/TechnicalNotes の Technical Note 12 に与えられている。

CEV モデルは株式に対するエキゾチック・オプションの評価に有用である。モデル・パラメータの値は，モデルによる価格と市場価格との差の2乗の合計が最小になるような，プレーン・バニラ・オプションの価格に最も適合するものが選ばれる。

Merton のジャンプ拡散モデル

Merton は，連続的な価格変化にジャンプを組み合わせたモデルを提案した[4]。以下，次のように定義する。

λ：平均年間ジャンプ数

---

[4] R. C. Merton, "Option Pricing When Underlying Stock Returns Are Discontinuous," *Journal of Financial Economics*, 3 (March 1976)：125-44を参照。

k：資産価格の比率で表した平均ジャンプ幅

ジャンプ幅の比率は，モデルで仮定されている確率分布から抽出されると仮定する。

時間 Δt にジャンプが発生する確率は $\lambda \Delta t$ ある。したがって，ジャンプによる資産価格の平均成長率は λk となる。これより，資産価格に対するリスク中立過程は，

$$\frac{dS}{S} = (r-q-\lambda k)dt + \sigma dz + dp$$

で与えられる。ここで，dz はウィナー過程，dp はジャンプを生成するポアソン過程，σ は幾何ブラウン運動のボラティリティである。また，dz と dp は独立であると仮定する。

Merton モデルでは，ジャンプ幅の比率に 1 を足した値の対数が正規分布に従う場合が特に重要である。正規分布の標準偏差を s とする。このとき，ヨーロピアン・オプションの価格は，

$$\sum_{n=0}^{\infty} \frac{e^{-\lambda' T}(\lambda' T)^n}{n!} f_n$$

と書けることを Merton は示した。ただし，$\lambda' = \lambda(1+k)$ である。変数 f_n は，配当利回りを q，分散率を，

$$\sigma^2 + \frac{ns^2}{T}$$

無リスク金利を，

$$r - \lambda k + \frac{n\gamma}{T}$$

としたときの Black–Scholes–Merton モデルによるオプション価格である。ただし，$\gamma = \ln(1+k)$ である。

このモデルは Black–Scholes–Merton モデルと比べて左裾と右裾の厚い分布となり，通貨オプションの価格づけに用いることができる。CEV モデルの場合と同様に，モデル・パラメータの値は，モデルによる価格と市場価格との差の 2 乗の合計が最小になるように選ばれる。

Mertonのジャンプを含むようなモデルはモンテカルロ法により実現することができる。ジャンプがポアソン過程により生成されるとき，時間tまでにちょうどm回ジャンプが起こる確率は

$$\frac{e^{-\lambda t}(\lambda t)^m}{m!}$$

である。ここで，λは年間の平均ジャンプ回数である。よって，λtは時間tまでの平均ジャンプ回数となる。

　年に平均0.5回のジャンプが起こるとする。2年間にm回のジャンプが起こる確率は

$$\frac{e^{-0.5 \times 2}(0.5 \times 2)^m}{m!}$$

となる。表27.1に，2年間のジャンプ回数が0, 1, 2, 3, 4, 5, 6, 7, 8回となる場合の累積確率を示した。（この表の値はExcelのPOISSON関数で計算できる。）

　2年間にわたりジャンプする過程を試行するならば，各試行において次のことを決める必要がある。

1．ジャンプの回数
2．各ジャンプの幅

表27.1　2年間のジャンプ回数の確率

ジャンプ回数	ちょうどm回のジャンプが発生する確率	m回以下のジャンプが発生する確率
0	0.3679	0.3679
1	0.3679	0.7358
2	0.1839	0.9197
3	0.0613	0.9810
4	0.0153	0.9963
5	0.0031	0.9994
6	0.0005	0.9999
7	0.0001	1.0000
8	0.0000	1.0000

ジャンプの回数を決めるには，各試行において0から1の間の乱数を発生させ，表27.1を参照する。もし乱数が0から0.3679の間であればジャンプは発生しない。もし乱数が0.3679から0.7358の間であれば1回のジャンプが発生する。もし乱数が0.7358から0.9197の間であれば2回のジャンプが発生する，といった具合である。ジャンプ幅を決めるには，各試行で発生した各々のジャンプにつき1回ずつジャンプ幅の確率分布から標本を抽出することが必要となる。ジャンプ回数とジャンプ幅が決定されれば，その試行における変数の最終値を決めることができる。

Mertonのジャンプ拡散モデルでは，株価について仮定される通常の対数正規拡散過程に，ジャンプが付け加えられている。この過程は二つの構成要素（通常の拡散とジャンプ）をもつことになり，各々は別々に試行されることになる。通常の拡散の試行については21.6節と21.7節に述べられている。ジャンプの試行については前述したとおりである。デリバティブを評価する際，（両方の構成要素から生じる）資産の総収益率の期待値は無リスク金利と一致するようにしなければならない。すなわち，Mertonモデルの拡散成分のドリフトは$r-q-\lambda k$となる。

バリアンス・ガンマ・モデル

よく利用される純粋ジャンプ・モデルに，バリアンス・ガンマ・モデル（variance–gamma model）というものがある[5]。平均率1，分散率vのガンマ過程に従う変数が時間Tの間に変化する量を変数gと定義する。ガンマ過程は，小さなジャンプが頻繁に発生し，大きなジャンプはまれにしか発生しないという性質をもった純粋ジャンプ過程である。gの確率密度は，

$$\frac{g^{T/v-1}e^{-g/v}}{v^{T/v}\Gamma(T/v)}$$

で与えられる。ここで$\Gamma(\cdot)$はガンマ関数である。この確率密度はExcelのGAMMADIST$(\cdot,\cdot,\cdot,\cdot)$関数を用いて計算することができる。関数の最初

---

[5] D. B. Madan, P. P. Carr, and E. C. Chang, "The Variance-Gamma Process and Option Pricing," *European Finance Review*, 2 (1998): 79–105を参照。

の引数は g, 2番目の引数は T/v, 3番目の引数は v, 4番目の引数はTRUE または FALSE である。TRUE とした場合は累積分布関数の値を返し,FALSE とした場合は先ほどの確率密度関数の値を返す。

これまでと同様に, S_T を時点 T における資産価格, S_0 を現時点における資産価格, r を無リスク金利, q を配当利回りとする。バリアンス・ガンマ・モデルでは, g の値が与えられたときのリスク中立世界における $\ln S_T$ の確率分布は正規分布になる。その条件付き平均は,

$$\ln S_0 + (r-q)T + \omega + \theta g$$

となり,条件付き標準偏差は,

$$\sigma\sqrt{g}$$

となる。ただし,

$$\omega = (T/v)\ln(1 - \theta v - \sigma^2 v/2)$$

である。バリアンス・ガンマ・モデルには三つのパラメータ v, σ, および θ がある[6]。パラメータ v はガンマ過程の分散率, σ はボラティリティ, θ は歪度を定義するパラメータである。$\theta = 0$ のとき,$\ln S_T$ の分布は対称になる。その分布は,$\theta < 0$ のとき(株式がそうであるように)負の歪度をもち,$\theta > 0$ のとき正の歪度をもつ。

バリアンス・ガンマ・モデルを用いて,時点 0 から時点 T までの資産価格の変化について,10,000個のランダム・サンプリングを Excel で行いたいとする。まずその前に,セル E1,E2,E3,E4,E5,E6,E7 に T, v, θ, σ, r, q, S_0 の値をそれぞれ入力する。E8 に ω の値を表示させるために,

=$E$1*LN(1−$E$3*$E$2−$E$4*$E$4*$E$2/2)/$E$2

と入力する。その後は,以下のようにすればよい。

1. GAMMAINV 関数を用いて g の値をサンプリングするため,セル A1,A2,…,A10000 に,

=GAMMAINV(RAND(), $E$1/$E$2, $E$2)

---

[6] 実世界からリスク中立世界に移るとき,これらすべてのパラメータの値は変化する場合が多いことに注意しよう。これは,ボラティリティの値が変化しない純粋な拡散モデルとは対照的である。

と入力する。

2. g の各値に対して，平均 θg，標準偏差 $\sigma\sqrt{g}$ の正規分布に従う変数 z の値をサンプリングする。そのために，セル B1 に，

=A1*$E$3+SQRT(A1)*$E$4*NORMSINV(RAND())

と入力し，セル B2, B3,..., B10000 にも同様の式を入力する。

3. 株価 S_T は，

$$S_T = S_0 \exp[(r-q)T + \omega + z]$$

で与えられる。したがって，セル C1 に，

=$E$7*EXP(($E$5-$E$6)*$E$1+B1+$E$8)

を入力し，C2, C3,..., C10000 にも同様の式を入力すると，S_T の分布からランダム・サンプリングした値がセル C1, C2,..., C10000 に生成される。

図27.1は，$S_0 = 100$, $T = 0.5$, $v = 0.5$, $\theta = 0.1$, $\sigma = 0.2$, $r = q = 0$ とした場合の，バリアンス・ガンマ・モデルから得られる S_T の確率分布を示したものである。比較のため，ボラティリティ σ を0.2（すなわち20%）と

図27.1 バリアンス・ガンマ過程と幾何ブラウン運動から得られる分布

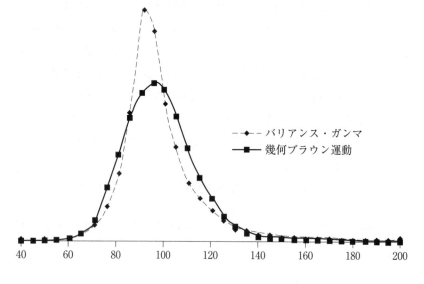

したときの幾何ブラウン運動による分布も示している．図27.1でははっきりとはわからないが，バリアンス・ガンマ分布は幾何ブラウン運動による対数正規分布よりも裾が厚い．

バリアンス・ガンマ分布を特徴づける一つの方法は，gが時間Tにおける情報の到達率を表していると考えることである．gが大きい場合は大量の情報が到達し，上述のステップ2で正規分布から得られるサンプル値は相対的に大きい平均と分散をもつことになる．一方，gが小さい場合は相対的に少量の情報しか到達せず，サンプル値の平均と分散は相対的に小さくなる．パラメータTは通常の時間を表しており，gは経済時間，あるいは情報量で調整された時間を表しているといわれることもある．

ヨーロピアン・オプションに対する準解析的な価格式がMadanら（1998）によって導出されている．バリアンス・ガンマ・モデルはU字型のボラティリティ・スマイルを生成する傾向があり，スマイルは必ずしも対称な形をしていない．この傾向は短期のオプションに対しては非常に顕著であるが，オプション期間が長期になると次第に"消滅"していく性質をもっている．このモデルは，株式や通貨のプレーン・バニラ・オプションの価格に適合させることができる．

27.2　確率ボラティリティ・モデル

Black–Scholes–Mertonモデルでは，ボラティリティは一定であると仮定されている．第23章で論じたように，実際にはボラティリティは時間とともに変化している．バリアンス・ガンマ・モデルでは変数gを介してこのことが反映されている．gの値が小さいときは情報の到達率が低く，ボラティリティが低いことに対応している．また，gの値が大きいときは情報の到達率が高く，ボラティリティが高いことに対応している．

バリアンス・ガンマ・モデルにかわるモデルに，ボラティリティ変数の従う過程が明示的に与えられているモデルがある．まず，幾何ブラウン運動におけるボラティリティ・パラメータが時間の既知関数になっているものを考

える。このとき，資産価格が従うリスク中立過程は，

$$dS = (r-q)Sdt + \sigma(t)Sdz \qquad (27.1)$$

となる。この場合は，分散率をオプション期間の平均分散率とすれば，Black–Scholes–Merton の公式が正しい価格式となる（練習問題27.6を参照）。分散率はボラティリティの2乗である。ある株式の1年間のボラティリティを，最初の半年は20%，次の半年は30%とする。この場合は，平均分散率は，

$$0.5 \times 0.20^2 + 0.5 \times 0.30^2 = 0.065$$

となる。分散率を0.065として Black–Scholes–Merton の公式を用いれば，正しい価格が得られる。これは，ボラティリティでは$\sqrt{0.065} = 0.255$，すなわち25.5%とすることに対応する。

(27.1)式では，資産の瞬間的なボラティリティは完全に予測可能であると仮定されているが，実際には確率的に変動する。そのため，株価とそのボラティリティの二つの確率変数を扱うより複雑なモデルが開発されてきた。

研究者が用いてきた一つのモデルは，

$$\frac{dS}{S} = (r-q)dt + \sqrt{V}\,dz_S \qquad (27.2)$$

$$dV = a(V_L - V)dt + \xi V^a dz_V \qquad (27.3)$$

とするものである。ここで，a，V_L，ξ，αは定数で，dz_Sとdz_Vはウィナー過程である。このモデルでは変数Vは資産の分散率を表しており，回帰率aで水準V_Lに引き戻されるドリフトをもっている。

HullとWhiteは，ボラティリティは確率変動するが資産価格とは相関をもたない場合には，ヨーロピアン・オプションの価格は Black–Scholes–Merton 価格をオプション期間中の平均分散率の確率分布で積分した値になることを示した[7]。したがって，ヨーロピアン・コールの価格は，

7　J. C. Hull and A. White, "The Pricing of Options on Assets with Stochastic Volatilities," *Journal of Finance*, 42 (June 1987): 281–300を参照。これは，分散率の従う過程によらない結果である。

$$\int_0^\infty c(\bar{V})g(\bar{V})d\bar{V}$$

と表される。ここで$\bar{V}$は分散率の平均値、cは$\bar{V}$の関数として表したBlack–Scholes–Merton価格、gはリスク中立世界における$\bar{V}$の確率密度関数である。この結果を用いて、Black–Scholes–Mertonモデルがアット・ザ・マネー付近のオプションを高めに評価し、ディープ・イン・ザ・マネーやディープ・アウト・オブ・ザ・マネーのオプションを低めに評価する、ということを示すことができる。このモデルは、通貨オプションで観測されるインプライド・ボラティリティのパターンと整合性がとれている（20.2節を参照）。

株価とボラティリティに相関がある場合はもっと複雑になる。その場合は、モンテカルロ・シミュレーションを用いてオプション価格を求めることができる。$\alpha = 0.5$という特殊な場合に対しては、HullとWhiteは級数展開式を、Hestonは解析式を導出した[8]。ボラティリティが資産価格と負の相関をもつ場合に得られるインプライド・ボラティリティのパターンは、株式に対して観測されるものと同様のものである[9]（20.3節を参照）。

第23章では、指数加重移動平均（EWMA）とGARCH（1,1）モデルについて論じた。これらは、確率ボラティリティ・モデルを特徴付ける別の方法である。DuanはGARCH(1,1)を用いて、内部的な一貫性をもつオプション価格づけモデルを構築できることを示した[10]。（GARCH(1,1)と確率ボラティリティ・モデルが等価であることについては練習問題23.14を参照。）

確率ボラティリティ・モデルは、プレーン・バニラ・オプションの価格に

---

[8] J. C. Hull and A. White, "An Analysis of the Bias in Option Pricing Caused by a Stochastic Volatility," *Advances in Futures and Options Research*, 3 (1988): 27–61およびS. L. Heston, "A Closed Form Solution for Options with Stochastic Volatility with Applications to Bonds and Currency Options," *Review of Financial Studies*, 6, 2 (1993): 327–43を参照。

[9] その理由については脚注3を参照。

[10] J.-C. Duan, "The GARCH Option Pricing Model," *Mathematical Finance*, Vol.5 (1995): 13–32およびJ.-C. Duan, "Cracking the Smile," *RISK*, 9 (December 1996): 55–59を参照。

あわせてからエキゾチック・オプションの価格づけに用いることができる[11]。残存期間1年未満のオプションに対しては，確率ボラティリティの価格への影響は絶対値ではかなり小さい（ただし，ディープ・アウト・オブ・ザ・マネー・オプションに対しては，比率でみると影響はかなり大きい）。この影響は，オプションの残存期間が長くなるとともに次第に大きくなる。確率ボラティリティのデルタ・ヘッジのパフォーマンスに対する影響は一般的にかなり大きい。トレーダーはこのことを認識しており，第19章で述べたように，ベガを計算してボラティリティの変化に対するエクスポージャーをモニタリングしている。

27.3 IVF モデル

これまで論じてきたモデルでは，任意の日のプレーン・バニラ・オプションの価格におおよそ一致する価格を算出するように，パラメータを決めることができる。金融機関ではさらに一歩進んで，それらのオプション価格に完全に一致する価格を算出するモデルを使用したい場合がある[12]。1994年に Derman と Kani，Dupire，および Rubinstein はそれが行えるモデルを開発した。このモデルは，インプライド・ボラティリティ関数（IVF：implied volatility function）モデル，またはインプライド・ツリー（implied tree）モデルとして知られようになった[13]。そのモデルを用いると，ボラティリティ・サーフェスがどのような形状であっても，任意の日に観測されたヨーロピアン・オプションの価格に完全に一致する価格が算出される。

---

11 たとえば，J. C. Hull and W. Suo, "A Methodology for the Assessment of Model Risk and its Application to the Implied Volatility Function Model," *Journal of Financial and Quantitative Analysis*, 37, 2 (June 2002)：297-318を参照。

12 これには実務的な理由がある。銀行がこの性質をもたないモデルを使用した場合に，銀行で働くトレーダーが銀行の内部モデル間の裁定取引を行うことに時間を割く危険性が生じるからである。

13 B. Dupire, "Pricing with a Smile," *Risk*, February (1994)：18-20，E. Derman and I. Kani, "Riding on a Smile," *Risk*, February (1994)：32-39，および M. Rubinstein, "Implied Binomial Trees," *Journal of Finance*, 49, 3 (July 1994)：771-818を参照。

このモデルでの資産価格のリスク中立過程は,

$$dS = [r(t) - q(t)]Sdt + \sigma(S, t)Sdz$$

の形で与えられる。ここで, $r(t)$ は時点 t に満期を迎える瞬間的なフォワード・レート, $q(t)$ は時間の関数として与えられた配当利回りである。ボラティリティ $\sigma(S, t)$ は S と t の関数で, モデルから算出される価格がすべてのヨーロピアン・オプションの市場価格と整合性がとれるように選択される。Dupire, および Andersen と Brotherton-Ratcliffe は, $\sigma(S, t)$ が次の解析式で計算できることを示した[14]。

$$[\sigma(K, T)]^2 = 2\frac{\partial c_{\mathrm{mkt}}/\partial T + q(T)c_{\mathrm{mkt}} + K[r(T) - q(T)]\partial c_{\mathrm{mkt}}/\partial K}{K^2(\partial^2 c_{\mathrm{mkt}}/\partial K^2)}$$

(27.4)

ここで, $c_{\mathrm{mkt}}(K, T)$ は行使価格 K, 満期 T のヨーロピアン・コール・オプションの市場価格である。十分多くのヨーロピアン・コール・オプションに対して市場で価格が取得できれば, 上式を用いて関数 $\sigma(S, t)$ を推定することができる[15]。

Andersen と Brotherton-Ratcliffe は(27.4)式と陰解法を用いてモデルを実装した。その他の方法として, Derman と Kani, および Rubinstein は市場のオプション価格と整合性のある資産価格のツリーを構築するインプライド・ツリー法を提案した。

IVF モデルを実務で用いる際には, プレーン・バニラ・オプションの価格に対して日々モデルのキャリブレーションが行われる。このモデルは, エキゾチック・オプションをプレーン・バニラ・オプションと整合的に価格づ

---

14 B. Dupire, "Pricing with a Smile," *Risk*, February (1994): 18-20, L. B. G. Andersen and R. Brotherton-Ratcliffe, "The Equity Option Volatility Smile: An Implicit Finite Difference Approach," *Journal of Computational Finance*, 1, 2 (Winter 1997/98): 5-37 を参照。Dupire は r と q がゼロの場合について考察し, Andersen と Brotherton-Ratcliffe はより一般的な場合について論じている。
15 観測されるボラティリティ・サーフェスは, 一般的になんらかの方法で滑らかにする必要がある。

けするツールとして用いられている．第20章で論じたように，プレーン・バニラ・オプションの価格から，すべての将来時点における資産価格のリスク中立確率分布は決まる．したがって，IVFモデルからすべての将来時点における資産価格の正しいリスク中立確率分布が得られる．このことから，一時点でのみペイオフが発生するオプション（たとえば，オール・オア・ナッシング・オプションやアセット・オア・ナッシング・オプション）は，IVFモデルで正しく価格づけすることができる．しかし，このモデルから資産価格の2時点以上における正しい同時分布が得られるとは限らない．したがって，コンパウンド・オプションやバリア・オプションのようなエキゾチック・オプションに対しては，正しい価格が得られない可能性もある[16]．

27.4 転換社債

次に，特定の評価の問題を扱えるように，第21章で説明した数値計算法を修正する方法について論じる．転換社債について考察することから始めよう．

転換社債とは，将来の決められた時点において発行体の株式と交換できる選択権を保有者がもつ社債である．債券1単位と交換して得られる株数を交換比率（conversion ratio）と呼ぶ（これは時間の関数の場合もある）．ほとんどの転換社債には早期償還条項がつけられている（すなわち，発行体はある時点で債券をあらかじめ定められた価格で買い戻す権利をもっている）．早期償還が通知されたとき，保有者は社債を転換する権利を常にもっている．したがって，早期償還条項は早期償還を行わない場合の転換時期よりも早期の転換を

---

[16] HullとSuoは，すべてのデリバティブ価格が確率ボラティリティ・モデルで決められていると仮定して，IVFモデルを検証した．その結果，IVFモデルはコンパウンド・オプションに対してはそれなりによく機能しているが，バリア・オプションに対しては重大な誤差が発生する場合もあることが見出された．詳細については J. C. Hull and W. Suo, "A Methodology for the Assessment of Model Risk and its Application to the Implied Volatility Function Model," *Journal of Financial and Quantitative Analysis*, 37, 2 (June 2002): 297–318を参照．

債券の保有者に迫る手段として機能するのが普通である．早期償還権が，発行体の株価がある水準を上回っているときのみに制限されている場合もある．

転換社債の評価では，信用リスクは重要な要素である．信用リスクを無視すると，債券のクーポンと元本支払が過大評価されるため，正しい価格が得られない．Ingersoll は，24.6節で論じた Merton モデル（1974）と同様のモデルを用いて転換社債を評価する方法を与えた[17]．その評価方法では，発行体の総資産が幾何ブラウン運動に従うと仮定して，企業の株式，転換社債，およびその他の負債を資産価値に対する条件付請求権としてモデル化している．そのモデルでは，資産価値が負債額を超過している場合にのみ，債権者に債務が全額返済されるので，信用リスクが考慮されていることになる．

実務で広く使われているもっと簡単なモデルは，発行体の株価をモデル化するものである．そのモデルでは，株価は幾何ブラウン運動に従って変動するが，各微小期間 Δt に確率 $\lambda \Delta t$ で発行体はデフォルトすると仮定される．デフォルト時には株価はゼロに下落し，債券に対していくらかの回収があるものとされる．変数 λ は，24.2節で定義したリスク中立ハザード・レートである．

通常の二項ツリーに対して各ノードで次のような変更を加えれば，この株価過程を表現することができる．

1. 次の長さ Δt の期間にわたって確率 p_u で株価は上昇率 u だけ上昇する．
2. 次の長さ Δt の期間にわたって確率 p_d で株価は下落率 d だけ下落する．
3. 次の長さ Δt の期間にわたって確率 $\lambda \Delta t$，もっと正確には $1-e^{-\lambda \Delta t}$ で株価はデフォルトによってゼロになる．

株価分布の最初の二つのモーメントと一致するようにパラメータを選択して，

---

[17] J. E. Ingersoll, "A Contingent Claims Valuation of Convertible Securities," *Journal of Financial Economics*, 4 (May 1977): 289-322を参照．

$$p_u = \frac{a - de^{-\lambda \Delta t}}{u - d}, \quad p_d = \frac{ue^{-\lambda \Delta t} - a}{u - d}, \quad u = e^{\sqrt{(\sigma^2 - \lambda)\Delta t}}, \quad d = \frac{1}{u}$$

とする。ここで，$a = e^{(r-q)\Delta t}$，r は無リスク金利，q は株式の配当利回りである。

ツリーの期間は転換社債の満期までの期間に等しくする。ツリーの最終ノードでの転換社債の価値は，その時点における保有者がもつ転換権に基づいて計算される。その後は，ツリーに沿ってロールバック計算を行う。発行要綱において転換が許可されているノードでは，転換が最適かどうかを調べる。さらに，債券を早期償還することによって発行体のポジションが改善されうるかどうかを調べる。改善する場合は，債券は早期償還されると仮定したうえで，転換が最適かどうかをもう一度調べる。これはノードでの価値を，

$$\max\left[\min(Q_1, Q_2), Q_3\right]$$

とすることと同じである。ここで，Q_1 は（債券は転換も早期償還もされないと仮定して）ロールバック計算によって得られた価値，Q_2 は早期償還時の価格，Q_3 は転換した場合の価値である。

【例27.1】

XYZ社が発行した額面100ドル，期間9カ月のゼロクーポン債について考える。この債券は9カ月間いつでもXYZ社の株式2株と交換可能であるとする。また，この債券はいつでも113ドルで早期償還が可能であると仮定する。当初の株価は50ドル，ボラティリティは年率30％，配当はないものとする。ハザード・レート λ は年率1％，無リスク金利は全期間で年率5％で，デフォルト時の債券の価値は40ドルであるとする（すなわち，回収率を通常定義されるように40％とする）。

図27.2に時間ステップを三つ（$\Delta t = 0.25$）としたときの，転換社債の評価に用いる株価のツリーを示す。各ノードの上段の数字は株価，下段の数字は転換社債の価格である。ツリーのパラメータは，

$$u = e^{\sqrt{(0.09 - 0.01) \times 0.25}} = 1.1519, \quad d = 1/u = 0.8681$$
$$a = e^{0.05 \times 0.25} = 1.0126, \quad p_u = 0.5167, \quad p_d = 0.4808$$

図27.2 転換社債評価用ツリー
各ノードの上段の数字は株価,下段の数字は転換社債の価格

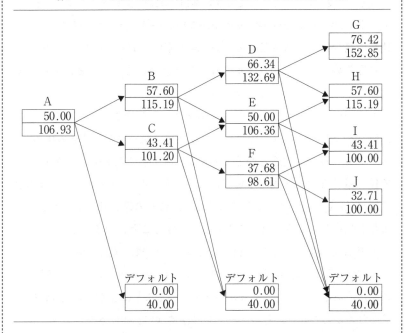

である。デフォルト確率(ツリー上の一番下のノードに推移する確率)は $1-e^{-0.01\times 0.25} = 0.002497$ である。三つのデフォルト・ノードでは,株価はゼロ,債券の価格は40となる。

まず,最後のノードについて考える。ノードGおよびHでは債券は転換され,株価の2倍の価値になる。ノードIおよびJでは債券は転換されず,その価値は100になる。

ツリーに沿って後ろ向きに進むと,それよりも前の時点のノードでの価値を計算することができる。たとえば,ノードEについて考えよう。債券が転換された場合の価値は $2\times 50 = 100$ ドルである。転換されない場合は,(a)ノードHに推移して債券の価値が115.19になる確率は0.5167,(b)ノードIに推移して債券の価値が100になる確率は0.4808,(c)デフォルトして価値が40になる確率は0.002497である。したがって,転換されない場合の債券の価値は,

$$(0.5167 \times 115.19 + 0.4808 \times 100 + 0.002497 \times 40) \times e^{-0.05 \times 0.25} = 106.36$$

となる。これは，転換された場合の価値100よりも高い。このことより，ノードEでは債券を転換する価値がないということがわかる。最後に，債券の発行体は早期償還すると106.36の価値の債券を113で買い戻すことになるので，債券がコールされることはないということに注意しよう。

もう一つの例としてノードBを考えよう。転換される場合の債券の価値は$2 \times 57.596 = 115.19$である。転換されない場合の債券の価値は，ノードEと同様の計算を行うと118.31になる。したがって，転換社債の保有者は転換を選択しないであろう。しかしこの段階で，発行体は113で債券をコールすることになるため，債券の保有者はコールされるよりも転換したほうが有利であると判断することになる。したがって，ノードBでの債券の価値は115.19となる。同様の議論を用いて，ノードDでの価値を求めることができる。転換されない場合の価値は132.79である。しかし，債券がコールされることになるため強制転換させられることとなり，そのノードでの価値は132.69に下がる。

転換社債の価値は最初のノードAでの価値であり，106.93となる。

債券に対して利子が支払われる場合には，それらを考慮しなければならない。各ノードで債券が転換されない場合の価値を求めるときに，次の時間ステップの間に債券に対して支払われるすべての利子の現在価値を価値計算に含める必要がある。リスク中立ハザード・レートλは，債券価格またはクレジット・デフォルト・スワップのスプレッドから推定することができる。もっと一般的に，λ，σ，およびrは時間の関数として実装することができる。その場合には，二項ツリーではなく三項ツリーを用いて計算することになる（21.4節を参照）。

ここで紹介したモデルの欠点は，デフォルト確率が株価と独立であると仮定していることである。そのため，ハザード・レートλを時間と株価の関数としたモデルを陰解法を用いて実装することを提案する研究者もいる[18]。

27.5 経路依存型デリバティブ

経路依存型デリバティブ（または過去依存型デリバティブ）とは，ペイオフが原資産価格の最終値だけなく，その経路にも依存するデリバティブである。アジアン・オプションやルックバック・オプションが，経路依存型デリバティブの例である。第26章で説明したように，アジアン・オプションのペイオフは原資産の平均価格に依存し，ルックバック・オプションのペイオフは最大価格または最小価格に依存している。解析解をもたない経路依存型オプションを評価する一つの方法は，第21章で論じたように，モンテカルロ・シミュレーションを用いる方法である。リスク中立世界における原資産価格のサンプルパスを発生させ，それに対するペイオフを計算して，そのペイオフを無リスク金利で割り引くと，デリバティブの価値に対するサンプル値が得られる。このようにしてデリバティブの価値に対する多くのサンプル値を取得し，その平均を求めると，デリバティブの価値に対する推定値が得られる。

モンテカルロ・シミュレーションを用いる場合の主な問題は，要求される精度を得るために，受け入れがたいほどの計算時間が必要となる場合がある点である。また，アメリカン・スタイルの経路依存型デリバティブ（すなわち，契約当事者の一方が行使やそれ以外の判断を行える経路依存型デリバティブ）を容易に取り扱えないことも問題となる。本節では，いくつかの経路依存型デリバティブの評価を行うために，第21章で紹介した二項ツリーを拡張する方法を示す[19]。この方法は，アメリカン・スタイルの経路依存型デリバティブも扱うことができ，ヨーロピアン・スタイルの経路依存型デリバティブの

---

18 たとえば，L. Andersen and D. Buffum, "Calibration and Implementation of Convertible Bond Models," *Journal of Computational Finance*, 7, 1 (Winter 2003/04): 1–34を参照。この論文では，ハザード・レートはS^aに反比例すると仮定されている。ただし，Sは株価，αは正の定数である。

19 この方法については，J. Hull and A. White, "Efficient Procedures for Valuing European and American Path-Dependent Options," *Journal of Derivatives*, 1, 1 (Fall 1993): 21–31を参照。

評価に用いられるモンテカルロ・シミュレーションより計算効率がよい。

この方法が正しく機能するためには，次の二つの条件が満たされなければならない。

1. デリバティブのペイオフは，原資産の経路に対するある関数 F のみに依存している。
2. 時点 $\tau + \Delta t$ における F の値は，時点 τ の F の値と時点 $\tau + \Delta t$ の原資産の値から計算できる。

ルックバック・オプションへの適用例

上述の方法の最初の例として，配当のない株式に対するアメリカン変動ルックバック・プット・オプションの評価法を考えよう[20]。時点 τ で行使された場合，この商品のペイオフは，時点 0 から時点 τ までの間の株価の最大値が現在の株価を上回る金額となる。当初の株価を 50 ドル，株価のボラティリティを年率40％，無リスク金利を年率10％，オプション期間を3カ月とし，株価の動きを3期間の二項ツリーで表すとする。これまでの記号を用いると，$S_0 = 50$，$\sigma = 0.4$，$r = 0.10$，$\Delta t = 0.08333$，$u = 1.1224$，$d = 0.8909$，$a = 1.0084$，$p = 0.5073$ となる。

ツリーを図27.3に示す。この場合には，経路の関数 F はその時点までの株価の最大値である。各ノードの一番上の数字は株価，次の段の数字はそのノードに到達する経路での株価の最大値のとりうる値，最後の段の数字は株価の各最大値に対応したデリバティブの価値を表している。

ツリーの最終ノードにおけるデリバティブの価値は，株価の最大値から実際の株価を引いた値になる。ロールバック計算の例として，株価が50ドルのノードAでの価値を計算しようとしているとする。それまでに到達した株価の最大値は56.12または50である。まず，最大値が50の場合について考える。株価が上昇した場合は，株価の最大値は56.12となり，デリバティブの

---

[20] この例は，経路依存性を扱う一般的な方法の最初の例示にすぎない。アメリカン・ルックバック・オプションを評価するより効率的な方法については，以下にある Technical Note 13を参照。www-2.rotman.utoronto.ca/~hull/TechnicalNotes

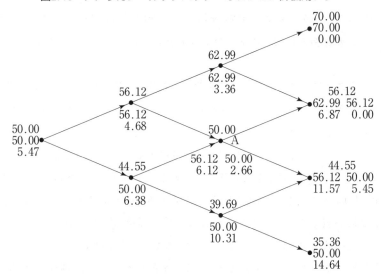

図27.3 アメリカン・ルックバック・オプション評価用ツリー

価格はゼロになる。株価が下落した場合は，株価の最大値は50のままで，デリバティブの価格は5.45になる。期限前行使がないと仮定すると，ノードAにおけるデリバティブの価値は，それまでの株価の最大値が50のときは，

$$(0 \times 0.5073 + 5.45 \times 0.4927)e^{-0.1 \times 0.08333} = 2.66$$

となる。この場合には，期限前行使したときのペイオフはゼロなので，明らかに，ノードAでは期限前行使するべきではない。同様の計算を行うと，ノードAでの最大値が56.12のときは，ノードAでのデリバティブの価値は期限前行使がないと仮定すると，

$$(0 \times 0.5073 + 11.57 \times 0.4927)e^{-0.1 \times 0.08333} = 5.65$$

となる。この場合には，期限前行使によって得られる価値は6.12となるので，それが最適な戦略となる。このようにツリーに沿ってロールバックしていくと，アメリカン・ルックバックの価値が5.47ドルとして求まる。

一 般 化

前述の方法は，各ノードにおける経路関数Fのとりうる値の数が時間ス

テップ数の増加に伴って急速に増えなければ，現実的に計算可能な方法である．ルックバック・オプションの例では，n期間二項ツリーの各ノードにおける原資産価格の最大値の個数はnを超えないので，計算は問題なく実行できる．

幸いなことに，各ノードでの経路関数のとりうる値の数が非常に多い場合も取り扱えるように，この方法を拡張することができる．その基本的なアイデアは次のようなものである．各ノードでの計算はFの少ない代表値に対して行い，経路関数の他の値に対するデリバティブの価値が必要となった場合には，計算されている値を補間して求める，というものである．

第1段階では，ツリーを前向きに進んで，各ノードにおける経路関数の最大値と最小値を求める．時点$\tau + \Delta t$における経路関数の値が，時点τにおける経路関数の値と時点$\tau + \Delta t$における原資産変数の値のみに依存していると仮定しているので，時点$\tau + \Delta t$における各ノードでの経路関数の最大値と最小値は，時点τにおける経路関数の値から簡単に計算することができる．第2段階では，各ノードにおける経路関数の代表値を選ぶ．これには多くの方法がある．単純な方法は，最大値，最小値，およびそれらの間を等分して得られる多くの値を代表値に選ぶというものである．そして，ツリーをロールバックしながら，経路関数の各代表値に対してデリバティブの価値を求める．

この計算の性質を説明するために，26.13節の例26.3で取り上げた，ペイオフが株価の算術平均に依存しているアベレージ・プライス・コール・オプションを評価する問題について考えよう．当初の株価は50，行使価格は50，無リスク金利は10%，株価のボラティリティは40%，満期は1年である．時間ステップ数を20とすると，二項ツリーのパラメータは，$\Delta t = 0.05$，$u = 1.0936$，$d = 0.9144$，$p = 0.5056$，$1-p = 0.4944$となる．経路関数は株価の算術平均である．

図27.4は，ツリーのある一部分で行われる計算を示したものである．ノードXは時点0.2年（4番目の時間ステップの終わり）における中心のノードである．ノードYとZは，ノードXから分岐した時点0.25年における二つの

図27.4 算術平均に対するオプションを評価するためのツリーの一部分

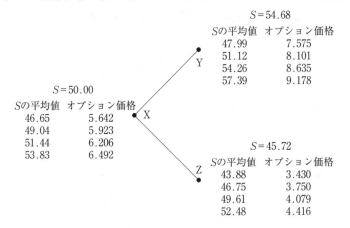

ノードである。ノードXでの株価は50である。前向きの計算から，ノードXに到達する経路での株価の算術平均の最大値は53.83，最小値は46.65となることがわかる。（平均は最初と最後の株価も含めて計算されている。）ノードXから，ノードYかノードZのどちらかに分岐する。ノードYでは株価は54.68であり，平均株価の範囲は47.99から57.39になる。ノードZでは株価は45.72であり，平均株価の範囲は43.88から52.48になる。

各ノードでの平均株価の代表値は4等分した値とすることにする。したがって，ノードXでは，46.65，49.04，51.44，および53.83の四つの平均株価を考えることになる。ノードYでは平均株価として47.99，51.12，54.26，および57.39を考え，ノードZでは平均株価として43.88，46.75，49.61，および52.48を考えることになる。ノードYとZでのそれぞれの平均株価に対するオプションの価値は，バックワード計算を用いてすでに求められていると仮定する。その値は図27.4に示されているものになる（たとえば，ノードYにおいて平均が51.12のときのオプションの価値は8.101である）。

平均が51.44である場合のノードXでの計算を考える。株価がノードYに上昇した場合には，新しい平均は，

$$\frac{5 \times 51.44 + 54.68}{6} = 51.98$$

第27章 より進んだモデルと数値計算法　1001

になる。この平均に対するノードYでのデリバティブの価値は，平均が51.12である場合の価値と54.26である場合の価値とを補間して求めることができる。それは，

$$\frac{(51.98-51.12)\times 8.635 + (54.26-51.98)\times 8.101}{54.26-51.12} = 8.247$$

となる。同様に，株価がノードZに下落した場合には，新しい平均は，

$$\frac{5\times 51.44 + 45.72}{6} = 50.49$$

になり，補間して求めたデリバティブの価値は4.182となる。

したがって，平均が51.44である場合のノードXでのデリバティブの価値は，

$$(0.5056\times 8.247 + 0.4944\times 4.182)e^{-0.1\times 0.05} = 6.206$$

となる。ノードXでの他の価値も同様に計算される。時点0.2年におけるすべてのノードでのデリバティブの価値の計算が終われば，時点0.15年におけるノードでの価値の計算が始められるようになる。

このオプションに対するツリー全体から計算される時点ゼロにおける価値は7.17になる。時間ステップ数と各ノードで考える平均株価の数を増やすと，得られたオプションの価値は正しい値に収束していく。時間ステップ数を60，各ノードでの平均株価の数を100にすると，オプションの価値は5.58になる。ちなみに，例26.3で計算したように，連続的に平均をとり解析的近似式を用いて計算したオプションの価値は5.62である。

ここで述べた方法の重要な長所は，アメリカン・オプションを取り扱えることである。その場合には，各ノードでのそれぞれの経路関数の値に対して，そのノードでの期限前行使の有無を確認する以外は，これまで説明してきたように計算すればよい。（実際，期限前行使は経路関数の値と原資産価格の両方に依存して決まる場合が多い。）これまで考察してきたアベレージ・プライス・コールをアメリカンとした場合について考えてみよう。時間ステップ数を20，各ノードでの平均株価の数を4とした場合の価値は7.77になる。時間ステップ数を60，平均株価の数を100とした場合には，価値は6.17になる。

これまで述べてきた方法は，幅広い状況に対して用いることができる。ただし，本節の最初にあげた二つの条件は満たされていなければならない。また，各ノードで線形補間ではなく二次補間を用いると，計算効率がいくぶん向上する。

27.6　バリア・オプション

第26章では，標準的なバリア・オプションに対する解析的な結果を紹介した。本章では，解析的な結果が得られていないバリア・オプションに対して利用可能な数値計算法について考える。

多くのバリア・オプションは基本的に第21章で論じた二項ツリーや三項ツリーを用いて評価することができる。アップ・アンド・アウト・オプションについて考えよう。単純な方法は，バリアを上回るノードでオプションの価値をゼロにする以外は，通常のオプションと同じように計算する，というものである。

三項ツリーを用いると二項ツリーよりもよい結果が得られるが，その場合でも単純な方法では収束が非常に遅く，相応に正確な結果を得るためには時間ステップ数を大きくする必要がある。その理由は，ツリー上で仮定されるバリアが真のバリアと異なるからである[21]。真のバリアのすぐ内側（すなわち，ツリーの中心に近い側）にあるノードからつくられるバリアを"内バリア"，真のバリアのすぐ外側（すなわち，ツリーの中心から遠い側）にあるノードからなるバリアを"外バリア"と定義する。図27.5は，真のバリアが水平であると仮定した場合の三項ツリーに対する内バリアと外バリアを示したものである。通常のツリーを用いた計算では，外バリア上のノードにおいてバリア条件が最初に適用されるので，外バリアが真のバリアであると暗に仮定して計算が行われていることになる。時間ステップを Δt とすると，ノードの垂直方向の間隔は $\sqrt{\Delta t}$ のオーダーになる。したがって，真のバリアと外

---

[21] P. P. Boyle and S. H. Lau, "Bumping Up Against the Barrier with the Binomial Method," *Journal of Derivatives*, 1, 4 (Summer 1994): 6–14を参照。

図27.5 三項ツリーで仮定されるバリア

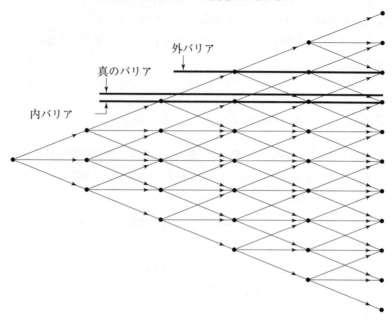

バリアとの違いから生じる誤差も$\sqrt{\Delta t}$のオーダーになることが多い。

この問題を克服する一つの方法は，次のように計算することである。

1. 内バリアが真のバリアであると仮定してデリバティブの価格を計算する。
2. 外バリアが真のバリアであると仮定してデリバティブの価格を計算する。
3. 二つの価格を補間する。

もう一つの方法は，バリア上にノードが乗るようにする方法である。当初の株価をS_0，バリアをHとする。三項ツリーでは，各ノードでの資産価格の変化には三つの可能性がある。ある割合uで上昇するか，同じレベルにとどまるか，割合$d = 1/u$で下落するかである。したがって，ノードがバリア上に乗るようなuを常に選ぶことができる。このときuが満たすべき条件は，ある正または負のNに対して，

$$H = S_0 u^N$$

すなわち,

$$\ln H = \ln S_0 + N \ln u$$

が成り立つことである。

21.4節で三項ツリーについて議論したとき, u の推奨値は $e^{\sigma\sqrt{3\Delta t}}$ であることを述べた。その場合には, $\ln u = \sigma\sqrt{3\Delta t}$ である。したがって, いまの場合には上の条件を満たしつつ, この値にできるだけ近くなるように $\ln u$ の値を選ぶのがよい方法であろう。このことから,

$$\ln u = \frac{\ln H - \ln S_0}{N}$$

とすればよい。ただし,

$$N = \mathrm{int}\left[\frac{\ln H - \ln S_0}{\sigma\sqrt{3\Delta t}} + 0.5\right]$$

で, $\mathrm{int}(x)$ は x の整数部分である。

この方法を用いると, 図27.6のようなツリーが得られる。ツリーの上, 中央, 下の枝に分岐する確率 p_u, p_m, p_d を, 1次と2次のモーメントがリターンのものとあうように選ぶと,

$$p_d = -\frac{(r - q - \sigma^2/2)\Delta t}{2\ln u} + \frac{\sigma^2 \Delta t}{2(\ln u)^2},$$

$$p_m = 1 - \frac{\sigma^2 \Delta t}{(\ln u)^2},$$

$$p_u = \frac{(r - q - \sigma^2/2)\Delta t}{2\ln u} + \frac{\sigma^2 \Delta t}{2(\ln u)^2},$$

となる。

アダプティブ・メッシュ・モデル

これまで紹介した手法は, 当初の資産価格がバリアの近くにない場合には, 相応にうまく機能する方法である。当初の資産価格がバリアに近い場合には, 21.4節で紹介したアダプティブ・メッシュ・モデルを用いることがで

図27.6 バリア上にノードが乗っているツリー

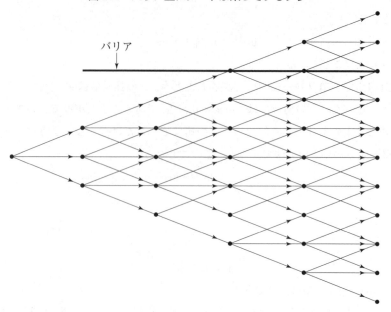

きる[22]。このモデルの背後にあるアイデアは，資産価格のよりきめ細かなモデル化が必要となるツリー領域において，目の粗いツリーの上に目の細かいツリーを接合することによってそれを達成し，計算効率を改善させようというものである。

　バリア・オプションの評価では，バリア付近のツリーを細かくするとより正確な価格が得られる。図27.7は，そのようなツリーの例である。バリア上にノードが乗るようにツリーの構造が調整されている。各枝への分岐確率は，通常の場合と同様に，1次と2次のモーメントが原資産の従う過程のものとあうように選ばれている。図27.7の太線は目の粗いツリーの枝を表している。細い実線は目の細かいツリーを表している。このツリーでの評価は次のように行われる。まず，目の粗いツリーに沿って通常のようにロールバック計算を行う。次に，点線で表された枝を用いて追加されたノードでの価値

---

[22] S. Figlewski and B. Gao, "The Adaptive Mesh Model: A New Approach to Efficient Option Pricing," *Journal of Financial Economics*, 53 (1999): 313-51を参照。

図27.7 アダプティブ・メッシュ・モデルを使ったバリア・オプションの評価

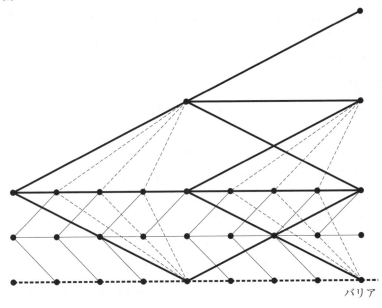

バリア

を計算する。最後に目の細かいツリーに沿ってロールバック計算を行う。

27.7 相関のある二つの資産に対するオプション

数値計算上の工夫を要する別の問題として，相関のある二つの資産に依存するアメリカン・オプションを評価する問題がある。これについてはさまざまな方法が提案されている。本節ではそれらのうち三つの方法を説明する。

変数変換を用いる方法

相関のない2変数の動きを表現する3次元ツリーを構築するのは，比較的容易である。次のように行えばよい。まず，それぞれの変数に対して2次元ツリーを構築し，その後でこれらのツリーを結合して一つの3次元ツリーをつくる。3次元ツリーの各枝への分岐確率は，2次元ツリーでの対応する確率の積になる。たとえば，変数として株価 S_1 と S_2 を考えよう。それぞれは

Cox, Ross, Rubinstein の二項ツリーとして2次元で表現されているとする。S_1 は確率 p_1 で割合 u_1 だけ上昇し，確率 $1-p_1$ で割合 d_1 だけ下落すると仮定する。S_2 は確率 p_2 で割合 u_2 だけ上昇し，確率 $1-p_2$ で割合 d_2 だけ下落すると仮定する。3次元ツリーでは，各ノードから四つの枝に分岐する。それらの分岐確率は，

$$p_1 p_2 : S_1 \text{が上昇，} S_2 \text{も上昇}$$
$$p_1(1-p_2) : S_1 \text{が上昇，} S_2 \text{は下落}$$
$$(1-p_1)p_2 : S_1 \text{が下落，} S_2 \text{は上昇}$$
$$(1-p_1)(1-p_2) : S_1 \text{が下落，} S_2 \text{も下落}$$

となる。

次に，S_1 と S_2 が相関をもつ場合について考えよう。リスク中立過程が，

$$dS_1 = (r-q_1)S_1\,dt + \sigma_1 S_1\,dz_1$$
$$dS_2 = (r-q_2)S_2\,dt + \sigma_2 S_2\,dz_2$$

で与えられ，ウィナー過程 dz_1 と dz_2 との瞬間的な相関が ρ であるとする。このとき，

$$d\ln S_1 = (r-q_1-\sigma_1^2/2)dt + \sigma_1\,dz_1$$
$$d\ln S_2 = (r-q_2-\sigma_2^2/2)dt + \sigma_2\,dz_2$$

となる。ここで，二つの相関のない新しい変数

$$x_1 = \sigma_2 \ln S_1 + \sigma_1 \ln S_2$$
$$x_2 = \sigma_2 \ln S_1 - \sigma_1 \ln S_2$$

を定義する[23]。このとき，これらの変数は次の式に従う。

$$dx_1 = [\sigma_2(r-q_1-\sigma_1^2/2) + \sigma_1(r-q_2-\sigma_2^2/2)]dt + \sigma_1\sigma_2\sqrt{2(1+\rho)}\,dz_A$$
$$dx_2 = [\sigma_2(r-q_1-\sigma_1^2/2) - \sigma_1(r-q_2-\sigma_2^2/2)]dt + \sigma_1\sigma_2\sqrt{2(1-\rho)}\,dz_B$$

ここで dz_A と dz_B は相関のないウィナー過程である。

変数 x_1 と x_2 は，二つの別々の二項ツリーを用いてモデル化することができる。時間 Δt に x_i は確率 p_i で h_i だけ増加し，確率 $1-p_i$ で h_i だけ減少する

---

[23] このアイデアは J. Hull and A. White, "Valuing Derivative Securities Using the Explicit Finite Difference Method," *Journal of Financial and Quantitative Analysis*, 25 (1990): 87–100 によるものである。

とする。変数 h_i と p_i は，x_1 と x_2 の分布の1次と2次のモーメントの正しい値を反映したツリーになるように選ばれる。これらの変数には相関がないので，二つのツリーはすでに述べた方法で一つの3次元ツリーに結合できる。ツリーの各ノードにおいて，S_1 と S_2 は x_1 と x_2 から逆変換式

$$S_1 = \exp\left[\frac{x_1 + x_2}{2\sigma_2}\right]$$

$$S_2 = \exp\left[\frac{x_1 - x_2}{2\sigma_1}\right]$$

を用いて計算することができる。3次元ツリーに沿ったロールバック計算でデリバティブを評価する手続は，2次元ツリーの場合と同様である。

長方形でないツリーを用いる方法

Rubinstein は，長方形でないノードの配置を用いて，相関のある二つの株価に対する3次元ツリーの構築方法を提案している[24]。一つ目の株価を S_1，二つ目の株価を S_2 とするとき，ノード (S_1, S_2) から確率0.25で次の各ノードへ変化するとする。

$$(S_1 u_1, S_2 A), \quad (S_1 u_1, S_2 B), \quad (S_1 d_1, S_2 C), \quad (S_1 d_1, S_2 D)$$

ただし，

$$u_1 = \exp[(r - q_1 - \sigma_1^2/2)\Delta t + \sigma_1\sqrt{\Delta t}\,]$$
$$d_1 = \exp[(r - q_1 - \sigma_1^2/2)\Delta t - \sigma_1\sqrt{\Delta t}\,]$$
$$A = \exp[(r - q_2 - \sigma_2^2/2)\Delta t + \sigma_2\sqrt{\Delta t}(\rho + \sqrt{1 - \rho^2})]$$
$$B = \exp[(r - q_2 - \sigma_2^2/2)\Delta t + \sigma_2\sqrt{\Delta t}(\rho - \sqrt{1 - \rho^2})]$$
$$C = \exp[(r - q_2 - \sigma_2^2/2)\Delta t - \sigma_2\sqrt{\Delta t}(\rho - \sqrt{1 - \rho^2})]$$
$$D = \exp[(r - q_2 - \sigma_2^2/2)\Delta t - \sigma_2\sqrt{\Delta t}(\rho + \sqrt{1 - \rho^2})]$$

である。相関がゼロの場合，この方法は21.4節で説明した二項ツリーの構築方法を用いて，S_1 と S_2 それぞれ単独にツリーを構築することと等価になる。

---

[24] M. Rubinstein, "Return to Oz," *Risk*, November (1994): 67–70を参照。

確率を調整する方法

S_1とS_2に対する3次元ツリーを構築する3番目の方法は，まず初めに相関はないと仮定してツリーを構築し，その後で相関を反映するように各ノードの確率を調整する方法である[25]。21.4節の方法で，S_1とS_2のそれぞれに対して二項ツリーを構築する。この方法には，すべての確率は0.5であるという特性がある。相関がないという仮定のもとで二つの二項ツリーを結合させる場合には，確率は表27.2のようになる。相関を反映させて確率を調整する場合には，確率は表27.3のようになる。

表27.2 相関がない場合の二項ツリーの結合

S_2の動き	S_1の動き	
	下落	上昇
上昇	0.25	0.25
下落	0.25	0.25

表27.3 相関がρの場合の二項ツリーの結合

S_2の動き	S_1の動き	
	下落	上昇
上昇	$0.25(1-\rho)$	$0.25(1+\rho)$
下落	$0.25(1+\rho)$	$0.25(1-\rho)$

27.8 モンテカルロ・シミュレーションとアメリカン・オプション

モンテカルロ・シミュレーションは経路依存型オプションや多くの確率変数に依存したオプションを評価するのに適した手法である。一方，ツリー法や有限差分法はアメリカン・スタイルのオプションを評価するのに適してい

---

[25] この方法は，次の論文で金利ツリーに対して提案されたものである。J. Hull and A. White, "Numerical Procedures for Implementing Term Structure Models II: Two-Factor Models," *Journal of Derivatives*, Winter (1994): 37–48.

る。それでは，オプションが経路依存かつアメリカンの場合はどうしたらよいであろうか。また，いくつかの確率変数に依存するアメリカン・オプションの場合はどうであろうか。27.5節では，二項ツリー法を修正する方法について説明し，それを用いて経路依存型オプションを評価できる場合があることを示した。多くの研究者がモンテカルロ・シミュレーションを用いたアメリカン・オプションの評価方法を検討し，さまざまな方法が採用されている[26]。本節では，二つの手法について説明する。

最小2乗法

アメリカン・スタイルのオプションを評価するためには，各期限前行使点で行使するか継続するかを選択する必要がある。行使した場合の価値は通常簡単に求まる。LongstaffとSchwartzを含む多くの研究者は，モンテカルロ・シミュレーションを用いたときの継続した場合の価値の決め方を提案している[27]。彼らの手法では，最小2乗法による分析を用いて各期限前行使点における継続価値と関連する変数の値との間の最も適合した関係を決定することが行われている。この手法は，数値例を用いて説明するのが最もわかりやすいだろう。Longstaff–Schwartzの論文で使われた例を用いて説明する。

1年後，2年後，および3年後に行使できる，配当のない株式に対する満期3年のアメリカン・プット・オプションについて考える。無リスク金利を年率6％（連続複利），現時点の株価を1.00，行使価格を1.10とする。株価に対して，表27.4に示す8個のパスが抽出されたと仮定する。（これは例示目的のものであり，実際にはもっと多くのパスが抽出される。）オプションが3年後にのみ行使可能な場合には，オプションからのキャッシュ・フローはその時点における本源的価値に等しくなる。これを表27.5の最終列に示す。

---

[26] Tilleyがこの問題の解決法を発表した最初の研究者である。J. A. Tilley, "Valuing American Options in a Path Simulation Model," *Transactions of the Society of Actuaries*, 45 (1993): 83–104を参照。

[27] F. A. Longstaff and E. S. Schwartz, "Valuing American Options by Simulation : A Simple Least-Squares Approach," *Review of Financial Studies*, 14, 1 (Spring 2001): 113–47を参照。

表27.4 プット・オプション評価のためのサンプルパス例

パス	$t = 0$	$t = 1$	$t = 2$	$t = 3$
1	1.00	1.09	1.08	1.34
2	1.00	1.16	1.26	1.54
3	1.00	1.22	1.07	1.03
4	1.00	0.93	0.97	0.92
5	1.00	1.11	1.56	1.52
6	1.00	0.76	0.77	0.90
7	1.00	0.92	0.84	1.01
8	1.00	0.88	1.22	1.34

2年後にプット・オプションがイン・ザ・マネーとなる場合には,オプションの保有者は行使判断を行う必要がある.表27.4から,イン・ザ・マネーとなるのはパス1, 3, 4, 6, 7である.これらのパスに対して,近似的な関係式

$$V = a + bS + cS^2$$

を仮定する.ただし,Sは2年後の株価,Vは継続した場合の価値を2年後まで割り引いた値である.Sに対する五つの観測値は1.08, 1.07, 0.97, 0.77, 0.84である.表27.5より,対応するVの値は0.00, $0.07e^{-0.06 \times 1}$, $0.18e^{-0.06 \times 1}$, $0.20e^{-0.06 \times 1}$, $0.09e^{-0.06 \times 1}$である.S_iとV_iをそれぞれSと

表27.5 3年後にのみ行使できる場合のキャッシュ・フロー

パス	$t = 1$	$t = 2$	$t = 3$
1	0.00	0.00	0.00
2	0.00	0.00	0.00
3	0.00	0.00	0.07
4	0.00	0.00	0.18
5	0.00	0.00	0.00
6	0.00	0.00	0.20
7	0.00	0.00	0.09
8	0.00	0.00	0.00

V に対する i 番目の観測値として,

$$\sum_{i=1}^{5}(V_i - a - bS_i - cS_i^2)^2$$

を最小にする a, b, c の値を求めると,$a = -1.070$,$b = 2.983$,$c = -1.813$ となり,最も適合した関係は,

$$V = -1.070 + 2.983S - 1.813S^2$$

となる。これより,パス1, 3, 4, 6, 7に対する2年後の継続価値は,それぞれ0.0369, 0.0461, 0.1176, 0.1520, 0.1565となる。表27.4より,行使価値は0.02, 0.03, 0.13, 0.33, 0.26である。したがって,パス4, 6, 7では2年後に行使すべきということになる。表27.6に,2年後または3年後に行使可能な場合の8個のパスに対するキャッシュ・フローをまとめた。

次に,1年後にイン・ザ・マネーとなるパスについて考える。それらは,パス1, 4, 6, 7, 8である。表27.4から,それらのパスに対する S の値はそれぞれ1.09, 0.93, 0.76, 0.92, 0.88である。表27.6から,対応する継続価値を $t = 1$ まで割り引いた値はそれぞれ0.00, $0.13e^{-0.06 \times 1}$, $0.33e^{-0.06 \times 1}$, $0.26e^{-0.06 \times 1}$, 0.00 となる。このとき,最小2乗法による関係は,

$$V = 2.038 - 3.335S + 1.356S^2$$

で与えられる。これより,パス1, 4, 6, 7, 8に対する1年後の継続価値はそれぞれ0.0139, 0.1092, 0.2866, 0.1175, 0.1533となる。表27.4より,行

表27.6 2年後と3年後にのみ行使できる場合のキャッシュ・フロー

パス	$t = 1$	$t = 2$	$t = 3$
1	0.00	0.00	0.00
2	0.00	0.00	0.00
3	0.00	0.00	0.07
4	0.00	0.13	0.00
5	0.00	0.00	0.00
6	0.00	0.33	0.00
7	0.00	0.26	0.00
8	0.00	0.00	0.00

使価値はそれぞれ0.01, 0.17, 0.34, 0.18, 0.22である。したがって，パス4, 6, 7, 8では1年後に行使すべきということになる。表27.7に，三つのすべての時点で期限前行使が可能な場合のキャッシュ・フローをまとめた。オプション価値は各キャッシュ・フローを無リスク金利で時点ゼロまで割り引き，その結果を平均することで求められる。その値は，

$$\frac{1}{8}(0.07e^{-0.06\times3} + 0.17e^{-0.06\times1} + 0.34e^{-0.06\times1} + 0.18e^{-0.06\times1} + 0.22e^{-0.06\times1})$$
$$= 0.1144$$

となる。これは0.10より大きいので，オプションを即座に行使するのは最適ではない。

この手法はさまざまな形に拡張が可能である。オプションが任意の時点で行使可能な場合には，（二項ツリーの場合のように）多くの行使時点を考えることで価値の近似値を求めることができる。VとSとの関係としては，もっと複雑なものを考えることもできる。たとえば，VをSの2次関数ではなく3次関数と仮定することもできる。この方法は，期限前行使判断が複数の状態変数に依存する場合にも用いることができる。Vと変数との間の関係に対してある関数形を仮定し，先に考察した例と同様に，最小2乗法を用いてパラメータを推定すればよい。

表27.7　オプションからのキャッシュ・フロー

パス	$t = 1$	$t = 2$	$t = 3$
1	0.00	0.00	0.00
2	0.00	0.00	0.00
3	0.00	0.00	0.07
4	0.17	0.00	0.00
5	0.00	0.00	0.00
6	0.34	0.00	0.00
7	0.18	0.00	0.00
8	0.22	0.00	0.00

行使境界パラメータ化法

Andersenなど多くの研究者が，期限前行使境界をパラメータ化し，オプション満期からのバックワード計算を繰り返すことによってそのパラメータの最適値を決定する，という別の手法を提案している[28]。この手法を説明するため，先のプット・オプションの例を引き続き用い，表27.4に示された8個のパスが抽出されていると仮定する。この場合には，時点 t における期限前行使境界は S の臨界値 $S^*(t)$ でパラメータ化できる。すなわち，時点 t における資産価格が $S^*(t)$ を下回った場合には時点 t で行使し，$S^*(t)$ を上回った場合には時点 t では行使しないことになる。$S^*(3)$ の値は1.10である。株価が $t = 3$（オプションの満期）で1.10を上回った場合には行使せず，1.10を下回った場合には行使するからである。次に $S^*(2)$ の決め方を考えよう。

$S^*(2)$ の値が0.77より小さいとする。この場合，オプションはどのパスでも2年後に行使はされない。8個のパスに対する2年後のオプションの価値はそれぞれ0.00, 0.00, $0.07e^{-0.06 \times 1}$, $0.18e^{-0.06 \times 1}$, 0.00, $0.20e^{-0.06 \times 1}$, $0.09e^{-0.06 \times 1}$, 0.00となる。これらの平均は0.0636である。次に，$S^*(2) = 0.77$ とする。この場合，8個のパスに対する2年後のオプションの価値はそれぞれ0.00, 0.00, $0.07e^{-0.06 \times 1}$, $0.18e^{-0.06 \times 1}$, 0.00, 0.33, $0.09e^{-0.06 \times 1}$, 0.00となる。これらの平均は0.0813である。同様に，$S^*(2)$ が0.84, 0.97, 1.07, 1.08に等しい場合には，2年後のオプションの価値の平均はそれぞれ0.1032, 0.0982, 0.0938, 0.0963となる。以上の分析より，$S^*(2)$ の最適値（すなわち，オプションの価値の平均が最大になる値）は0.84になる。（もっと正確にいうと，$0.84 \leq S^*(2) < 0.97$ の範囲で選択するのが最適ということになる。）$S^*(2)$ としてこの最適値を選ぶと，8個のパスに対する2年後のオプションの価値はそれぞれ0.00, 0.00, 0.0659, 0.1695, 0.00, 0.33, 0.26, 0.00となり，その平均は0.1032となる。

---

[28] L. Andersen, "A Simple Approach to the Pricing of Bermudan Swaptions in the Multifactor LIBOR Market Model," *Journal of Computational Finance*, 3, 2 (Winter 2000): 1–32を参照。

今度は$S^*(1)$の計算を行う。$S^*(1) < 0.76$の場合には、オプションはどのパスでも1年後に行使はされず、1年後のオプションの価値は$0.1032e^{-0.06 \times 1} = 0.0972$となる。$S^*(1) = 0.76$の場合には、8個のパスに対する1年後のオプションの価値はそれぞれ0.00, 0.00, $0.0659e^{-0.06 \times 1}$, $0.1695e^{-0.06 \times 1}$, 0.00, 0.34, $0.26e^{-0.06 \times 1}$, 0.00となる。したがって、オプションの価値の平均は0.1008となる。同様に、$S^*(1)$が0.88, 0.92, 0.93, 1.09に等しい場合には、オプションの価値の平均はそれぞれ0.1283, 0.1202, 0.1215, 0.1228となる。以上の分析より、$S^*(1)$の最適値は0.88になる。(もっと正確にいうと、$0.88 \leq S^*(1) < 0.92$の範囲で選択するのが最適ということになる。)時点ゼロで期限前行使がない場合のオプションの価値は$0.1283e^{-0.06 \times 1} = 0.1208$となる。これは時点ゼロで行使した場合の価値$0.10$よりも大きい。

実務上は何万回とシミュレーションを実行して、これまで述べてきた方法を用いて期限前行使境界を決定することになる。いったん期限前行使境界が得られると、変数に対するパスは捨てて、その期限前行使境界を用いて新しいモンテカルロ・シミュレーションを実行し、オプションの評価を行うことができる。アメリカン・プット・オプションの例は、ある時点における期限前行使境界がその時点の株価によって完全に定義できることがわかっているという点で、単純なものであった。もっと複雑な場合には、期限前行使境界のパラメータ化についていくつかの仮定を置く必要がある。

上　　限

これまで概説してきた二つの手法は部分最適な期限前行使境界を仮定しているので、アメリカン・スタイルのオプションを過小評価する傾向がある。このため、AndersenとBroadieは価格の上限を与える手法を提案している[29]。この手法は下限を生成する任意のアルゴリズムと組み合わせて使うこ

---

[29] L. Andersen and M. Broadie, "A Primal-Dual Simulation Algorithm for Pricing Multi-Dimensional American Options," *Management Science*, 50, 9 (2004): 1222-34を参照。

とができ，アルゴリズム自体の計算結果よりもアメリカン・スタイルのオプションの真の価値をより正確にとらえることが可能になる．

要 約

　実際に観測されるボラティリティ・スマイルに適合させることのできる多くのモデルが開発されてきた．CEVモデルは，株式オプションに対して観測されるようなボラティリティ・スマイルを表現できる．ジャンプ拡散モデルは，通貨オプションに対して観測されるようなボラティリティ・スマイルを表現できる．バリアンス・ガンマ・モデルと確率ボラティリティ・モデルは，株式オプションや為替オプションに対して観測されるボラティリティ・スマイルのどちらでも表現できる柔軟性の高いモデルである．インプライド・ボラティリティ関数モデルはそれよりさらに柔軟性の高いモデルである．このモデルは，市場で観測されるヨーロピアン・オプション価格の任意のパターンに完全に適合させることができるように設計されている．

　経路依存型オプションの評価に用いる自然な方法は，モンテカルロ・シミュレーションである．この方法には，計算速度が遅く，アメリカン・スタイルのオプションを簡単には扱えないという短所がある．幸いなことに，ツリーを用いて多くの種類の経路依存型オプションを評価することができる．その方法は，ペイオフを決めている経路関数に対してツリーの各ノードでの代表値を選び，ツリーに沿ったロールバック計算を行うときに，それらの各値に対してデリバティブの価値を計算するというものである．

　二項ツリーを用いる方法を拡張して，転換社債を評価することができる．ツリーには，企業のデフォルトに対応した枝を追加する．そのツリーに沿ったロールバック計算は，保有者の転換権と発行体の早期償還権を考慮して行う．

　ツリーは多くの種類のバリア・オプションの評価に用いることができる

が，時間ステップ数を増やしたときのオプション価格の真の値への収束速度は遅い場合が多い．収束速度を改善させる一つ目の方法は，ノードが常にバリア上に乗るようにツリーを配置するというものである．二つ目は，ツリーで仮定されているバリアが真のバリアとは異なっているということを，補間法を用いて調整する方法である．三つ目は，バリア付近での原資産価格の細かい動きを表現できるツリーを設計する方法である．

相関のある二つの資産に対するオプションを評価する一つ目の方法は，資産価格を相関のない二つの新しい変数へ変換する方法である．これら二つの変数は別々にツリーでモデル化され，その後で一つの3次元ツリーに結合される．ツリーの各ノードでは，逆変換を用いて資産価格が得られる．二つ目の方法は，相関を反映するように3次元ツリー上のノードを配置する方法である．三つ目の方法は，最初は変数間に相関がないと仮定してツリーを構築し，その後で相関を反映するようにツリー上の確率を調整するという方法である．

モンテカルロ・シミュレーションはもともとアメリカン・スタイルのオプションの評価には適していないが，それらを扱えるようにする二つの方法がある．一つは，最小2乗法による分析を用いて，オプションの継続価値（すなわち，行使しない場合の価値）を関係する変数の値に関連づける方法である．もう一つは，期限前行使境界をパラメータ化し，オプション満期からのバックワード計算を繰り返すことによってそのパラメータを決める方法である．

参考文献

Andersen, L., "A Simple Approach to the Pricing of Bermudan Swaptions in the Multifactor LIBOR Market Model," *Journal of Computational Finance*, 3, 2 (Winter 2000): 1-32.

Andersen, L. B. G., and R. Brotherton-Ratcliffe, "The Equity Option Volatility

Smile: An Implicit Finite Difference Approach," *Journal of Computational Finance*, 1, 2 (Winter 1997/98): 3-37.

Bodurtha, J. N., and M. Jermakyan, "Non-Parametric Estimation of an Implied Volatility Surface," *Journal of Computational Finance*, 2, 4 (Summer 1999): 29-61.

Boyle, P. P., and S. H. Lau, "Bumping Up Against the Barrier with the Binomial Method," *Journal of Derivatives*, 1, 4 (Summer 1994): 6-14.

Cox, J. C. and S. A. Ross, "The Valuation of Options for Alternative Stochastic Processes," *Journal of Financial Economics*, 3 (March 1976): 145-66.

Derman, E., and I. Kani, "Riding on a Smile," *Risk*, February (1994): 32-39.

Duan, J.-C., "The GARCH Option Pricing Model," *Mathematical Finance*, 5 (1995): 13-32.

Duan, J.-C., "Cracking the Smile," *Risk*, December (1996): 55-59.

Dupire, B., "Pricing with a Smile," *Risk*, February (1994): 18-20.

Figlewski, S., and B. Gao, "The Adaptive Mesh Model: A New Approach to Efficient Option Pricing," *Journal of Financial Economics*, 53 (1999): 313-51.

Heston, S. L., " A Closed Form Solution for Options with Stochastic Volatility with Applications to Bonds and Currency Options," *Review of Financial Studies*, 6, 2 (1993): 327-43.

Hull, J., and A. White, "Efficient Procedures for Valuing European and American Path-Dependent Options," *Journal of Derivatives*, 1, 1 (Fall 1993): 21-31.

Hull, J. C., and A. White, "The Pricing of Options on Assets with Stochastic Volatilities," *Journal of Finance*, 42 (June 1987): 281-300.

Hull, J. C. and W. Suo, "A Methodology for the Assessment of Model Risk and its Application to the Implied Volatility Function Model," *Journal of Financial and Quantitative Analysis*, 37, 2 (2002): 297-318.

Longstaff, F. A. and E. S. Schwartz, "Valuing American Options by Simulation : A Simple Least-Squares Approach," *Review of Financial Studies*, 14, 1 (Spring 2001): 113-47.

Madan D. B., P. P. Carr, and E. C. Chang, "The Variance-Gamma Process and Option Pricing," *European Finance Review*, 2 (1998): 79-105.

Merton, R. C., "Option Pricing When Underlying Stock Returns Are Discontinuous," *Journal of Financial Economics*, 3 (March 1976): 125-44.

Rebonato, R., *Volatility and Correlation: The Perfect Hedger and the Fox*, 2nd edn. Chichester: Wiley, 2004.

Ritchken, P., and R. Trevor, "Pricing Options Under Generalized GARCH and Stochastic Volatility Processes," *Journal of Finance*, 54, 1 (February 1999): 377-402.

Rubinstein, M., "Implied Binomial Trees," *Journal of Finance*, 49, 3 (July 1994): 771-818.

Rubinstein, M., "Return to Oz," *Risk*, November (1994): 67-70.

Stutzer, M., "A Simple Nonparametric Approach to Derivative Security Valuation," *Journal of Finance*, 51 (December 1996): 1633-52.

Tilley, J. A., "Valuing American Options in a Path Simulation Model," *Transactions of the Society of Actuaries*, 45 (1993): 83-104.

練習問題

27.1 CEV モデルの公式がプット・コール・パリティを満たしていることを確認せよ。

27.2 Merton のジャンプ拡散モデルを用いて，$r = 0.05$, $q = 0$, $\lambda = 0.3$, $k = 0.5$, $\sigma = 0.25$, $S_0 = 30$, $K = 30$, $s = 0.5$, $T = 1$のときのヨーロピアン・コール・オプションの価格を求めよ。また，DerivaGem ソフトウェアを用いて価格を確認せよ。

27.3 ジャンプ幅が対数正規分布に従う場合，Merton のジャンプ拡散モデルがプット・コール・パリティを満たすことを確認せよ。

27.4 資産のボラティリティが現時点から6カ月後までは20%，6カ月後から12カ月後までは22%，12カ月後から24カ月後までは24%であるとする。Black–Scholes–Merton モデルを用いて満期2年のオプションを評価するとき，ボラティリティをいくらにすればよいか。

27.5 ジャンプが発生したとき資産価格が常にゼロになるような Merton のジャンプ拡散モデルを考える。年間の平均ジャンプ回数を λ と仮

定する．このとき，ヨーロピアン・コール・オプションの価格は，無リスク金利としてrのかわりに$r+\lambda$を用いる以外は，ジャンプがない世界での価格と同じになることを示せ．この場合，ジャンプの発生確率が増加したとき，コール・オプションの価値は増加するか，それとも減少するか．（ヒント：ジャンプがないと仮定した場合とジャンプが1回以上発生すると仮定した場合について，オプションの価値を求めよ．また，時間Tの間にジャンプのない確率は$e^{-\lambda T}$である．）

27.6 ある配当のない株式の時点0における価格がS_0であるとする．時点0から時点Tまでの期間を長さがt_1とt_2の2期間に分割する．最初の期間では無リスク金利とボラティリティはそれぞれr_1とσ_1であり，2番目の期間ではそれらはそれぞれr_2とσ_2である．また，リスク中立な世界を仮定する．

(a) 第15章の結果を用いて，時点Tにおける株価の分布をr_1, r_2, σ_1, σ_2, t_1, t_2, S_0を用いて表せ．

(b) $\bar{r}$を時点ゼロから時点Tまでの期間の平均金利，$\bar{V}$を同じ期間の平均分散率とする．このとき，Tの関数としての株価の分布を$\bar{r}$, $\bar{V}$, T, S_0を用いて表せ．

(c) 期間を異なる金利とボラティリティをもつ3期間に分割した場合に，(a)と(b)に対応する結果を求めよ．

(d) 無リスク金利rとボラティリティσが時間の関数であるとき，リスク中立世界における時点Tでの株価の分布は，

$$\ln S_T \sim \phi \left[\ln S_0 + \left(\bar{r} - \frac{1}{2}\bar{V} \right) T, VT \right]$$

で与えられることを示せ．ただし，$\bar{r}$はrの平均値，$\bar{V}$はσ^2の平均値，S_0は現在の株価であり，$\phi(m, v)$は平均m分散vの正規分布である．

27.7 (27.2)式と(27.3)式で表される確率ボラティリティ・モデルにおいて，資産価格のパスをシミュレーションする式を書け．

27.8 「IVFモデルは，ボラティリティ・サーフェスの時間発展を必ずしも

正しく表していない。」この主張について説明せよ。

27.9　「金利が一定の場合，IVFモデルはある一時点の原資産価格でペイオフが決まるすべてのデリバティブを正しく評価できる。」なぜか説明せよ。

27.10　3期間ツリーを用いて，通貨に対するアメリカン変動ルックバック・コール・オプションを評価せよ。ただし，当初の為替レートを1.6，国内無リスク金利を年率5％，外国無リスク金利を年率8％，為替ボラティリティを15％，満期を18カ月とする。27.5節の手法を用いよ。

27.11　バリアンス・ガンマ・モデルでパラメータvをゼロに近づけるとどうなるか。

27.12　3期間ツリーを用いて，配当のない株式の幾何平均株価に対するアメリカン・プット・オプションを評価せよ。ただし，株価を40ドル，行使価格を40ドル，無リスク金利を年率10％，ボラティリティを年率35％，満期を3カ月とする。また，幾何平均を計算する期間は現時点からオプション満期までとする。

27.13　27.5節で説明した経路依存型オプションの評価方法を用いて，ペイオフが$\max(S_{ave} - K, 0)$に等しい満期2年のアメリカン・オプションを評価することはできるか。ただし，S_{ave}は行使時点の前3カ月間における平均資産価格である。答えの理由についても説明せよ。

27.14　図27.4にある値6.492が正しいことを確認せよ。

27.15　27.8節の例で考察した8個のパスに対して，期限前行使戦略を確かめよ。最小2乗法と行使境界パラメータ化法とで，期限前行使戦略にはどのような違いが生じるか。これらのサンプルパスに対して，どちらの手法のほうがオプション価格が高くなるか。

27.16　配当のない株式に対するヨーロピアン・プット・オプションについて考える。株価は100ドル，行使価格は110ドル，無リスク金利は年率5％，満期は1年とする。オプション期間中の平均分散率は確率0.2で0.06，確率0.5で0.09，確率0.3で0.12になると仮定する。ボラ

ティリティは株価と相関をもたないとして，DerivaGem ソフトウェアを用いてオプションの価値を求めよ．

27.17 バリアが二つあるとき，ノードが両方のバリアに乗るようにするにはどのようにツリーを構築したらよいか．

27.18 満期までの間いつでも発行体の株式 5 株に転換できる，額面100ドル，満期18ヵ月のゼロクーポン債を考える．現時点の株価は20ドル，株式には配当はなく，無リスク金利はすべての満期に対して連続複利で年率 6 %，株価のボラティリティは年率25%とする．ハザード・レートは年 3 %，回収率は35%と仮定する．さらに，債券は110ドルで早期償還できるとする．このとき，3 期間ツリーを用いて債券の価値を計算せよ．また，転換権の価値（発行体の早期償還権の価値控除後）はいくらになるか．

発展問題

27.19 株価指数に対する満期 9 ヵ月の新規に契約したヨーロピアン変動ルックバック・コール・オプションについて考える．現在の指数の水準を400，無リスク金利を年率 6 %，指数の配当利回りを年率 4 %，ボラティリティを年率20%とする．このとき，27.5節の方法を用いてこのオプションを評価し，その結果と DerivaGem ソフトウェアで解析式により計算した結果とを比較せよ．

27.20 満期 6 ヵ月の通貨オプションの価格づけに用いられるボラティリティが表20.2のように与えられているとする．国内と外国の金利は年率 5 %，現時点の為替レートは1.00と仮定する．このとき，行使価格が1.05の満期 6 ヵ月のコール・オプションのロング・ポジションと行使価格が1.10の満期 6 ヵ月のコール・オプションのショート・ポジションからなるブル・スプレッドについて考える．

(a) スプレッドの価値を求めよ。

(b) 二つのオプションに同じボラティリティを用いた場合，ブル・スプレッドの正しい価格を与える単一のボラティリティはいくらになるか。(DerivaGem Application Builder とゴール シークまたはソルバーを用いよ。)

(c) その結果は，エキゾチック・オプションの価格づけに用いる正しいボラティリティは直感に反することもある，という本章のはじめに述べたことを裏付けるものであるか。

(d) IVF モデルを用いてブル・スプレッドの正しい価格は得られるか。

27.21 27.8節でのプット・オプションの例に対する分析を，行使価格を1.13にして再度実施せよ。そのとき，最小2乗法と行使境界パラメータ化法の両方を用いよ。

27.22 配当のない株式に対するヨーロピアン・コール・オプションの満期が6カ月で行使価格は100ドルとする。株価が100ドルで無リスク金利が5％のとき，DerivaGem ソフトウェアを用い，以下の問いに答えよ。

(a) ボラティリティが30％のときの Black–Scholes–Merton モデルによる価格はいくらか。

(b) CEV モデルにおいて $\alpha = 0.5$ のときに，(a)で計算した価格と同じとなるボラティリティ・パラメータを求めよ。

(c) Merton のジャンプ拡散モデルにおいて，1年間の平均ジャンプ頻度が1回，比率に対するジャンプ幅が平均2％，比率に対するジャンプ幅に1を足して対数をとった値の標準偏差が20％とする。(a)で計算した価格と同じとなる拡散成分のボラティリティはいくつになるか。

(d) バリアンス・ガンマ・モデルにおいて，$\theta = 0$ で $v = 40\%$ とする。(a)で計算した価格と同じとなるボラティリティの値はいくつになるか。

(e) 行使価格が80から120のヨーロピアン・コール・オプションを用いて，(b)，(c)，(d)で作成したモデルによるボラティリティ・スマイルを計算せよ．これらのスマイルにより推定される確率分布の性質について述べよ．

27.23 額面100ドル，満期3年の転換社債をABC社が発行した．各年の終わりに5ドルのクーポンが支払われる．この債券には1年目の終わりと2年目の終わりにABC社の株式へ転換する権利がついている．1年目の終わりには，利払日の直後に3.6株と交換することができる．2年目の終わりには，利払日の直後に3.5株と交換することができる．現在の株価は25ドル，株価のボラティリティは25％，株式に配当はなく，無リスク金利は連続複利で5％，ABC社の発行する債券のイールドは連続複利で7％，回収率は30％であるとする．

(a) 3期間のツリーを用いて債券の価値を求めよ．
(b) 転換権の価値はいくらになるか．
(c) 債券が最初の2年間はいつでも115ドルで早期償還可能であるとした場合，債券の価値と転換権の価値はいくら変化するか．
(d) 6カ月後，18カ月後，および30カ月後に株式に1ドルの配当が支払われるとした場合，分析の仕方はどのように変わるかを説明せよ．ただし，詳しい計算を示す必要はない．

（ヒント：平均ハザード・レートの推定には(24.2)式を用いよ．）

第28章

マルチンゲールと測度

　これまでオプションを評価する際に金利は定数であると仮定してきた。本章では，第29章から第33章で金利デリバティブを評価するための準備として，この仮定を緩める。

　リスク中立化法によると，デリバティブは，(a)原資産の期待収益率が無リスク金利に等しいと仮定して期待ペイオフを計算し，(b)その期待ペイオフを無リスク金利で割り引く，ということによって評価できる。無リスク金利が定数のときは，リスク中立化法は明確であいまいさのない評価方法である。金利が確率変動するときは，その方法はそれほど明白ではない。原資産の期待収益率が無リスク金利に等しいと仮定する，というのはどういう意味であろうか。それは，(a)日々の期待収益率が１日の無リスク金利に等しい，あるいは(b)各年の期待収益率が１年物無リスク金利に等しい，それとも(c)５年間の期待収益率がその期間の初めにおける５年物無リスク金利に等しい，とい

うことであろうか。無リスク金利で期待ペイオフを割り引くというのはどういうことであろうか。たとえば，5年後に実現するペイオフの期待値を現時点における5年物無リスク金利で割り引けばよいということであろうか。

本章では，金利が確率変動する場合におけるリスク中立化法の理論的基礎を説明し，任意に与えられた状況において多くの異なるリスク中立世界が仮定できることを示す。まず，リスクの市場価格（market price of risk）を定義し，任意のデリバティブに対して短期間に得られる無リスク金利に対する超過収益率は，確率変数となる原資産のリスクの市場価格と線形関係にあることを示す。従来のリスク中立世界（traditional risk-neutral world）ではリスクの市場価格はすべてゼロであると仮定されているが，リスクの市場価格について別の仮定を置いたほうが有用な場合があることもみていく。

マルチンゲール（martingale）と測度（measure）は，リスク中立化法を十分に理解するうえで非常に重要な概念である。マルチンゲールとは，ドリフトがゼロの確率過程である。測度は証券価格を評価する際の単位である。本章における重要な結果は，同値マルチンゲール測度に関するものである。それは，取引されている一つの証券の価格を単位としてすべての証券の価格を測ることにすると，すべての証券の価格過程がマルチンゲールとなるようなリスクの市場価格が存在する，というものである。

本章では，同値マルチンゲール測度に関する結果が強力であることを示す例として，Blackモデル（18.8節を参照）の金利が確率的な場合への拡張と，エクスチェンジ・オプションの評価について説明する。さらに，その結果を用いて，第29章では金利デリバティブの評価に使われている標準的なマーケット・モデルに対する解釈を与え，第30章ではいくつかの標準的でないデリバティブを評価し，第32章ではLIBORマーケット・モデルについて詳しく論じる。

28.1　リスクの市場価格

一変数θの値に依存するデリバティブの性質を考えることから始めよう。

第28章　マルチンゲールと測度　　1027

θ の従う過程を,

$$\frac{d\theta}{\theta} = m\,dt + s\,dz \tag{28.1}$$

と仮定する。ここで dz はウィナー過程である。パラメータ m と s は,それぞれ θ の期待成長率と θ のボラティリティである。それらは θ と時間 t のみに依存した関数であると仮定する。変数 θ は投資資産の価格とは限らず,ニューオリンズ中心部の気温のような金融市場とはかけ離れたものであってもよい。

f_1 と f_2 を θ と t のみに依存する二つのデリバティブの価格とする。これらは,たとえばペイオフが将来のある時点における θ の関数で与えられるオプションや他のデリバティブのような商品である。考察する期間では,f_1 と f_2 からの収入はないものと仮定する[1]。

f_1 と f_2 の従う過程を,

$$\frac{df_1}{f_1} = \mu_1\,dt + \sigma_1\,dz$$

$$\frac{df_2}{f_2} = \mu_2\,dt + \sigma_2\,dz$$

とする。ここで,μ_1, μ_2, σ_1, σ_2 は θ と t の関数である。価格 f_1 と f_2 における不確実性は(28.1)式の dz によるものだけなので,これらの過程における "dz" はそれと同一のものでなければならない。

15.6節で行った Black–Scholes の分析と同様の分析を行って,価格 f_1 と f_2 を関連づけることができる。f_1 と f_2 の過程を離散形で表すと,

$$\Delta f_1 = \mu_1 f_1\,\Delta t + \sigma_1 f_1\,\Delta z \tag{28.2}$$

$$\Delta f_2 = \mu_2 f_2\,\Delta t + \sigma_2 f_2\,\Delta z \tag{28.3}$$

となる。1番目のデリバティブ $\sigma_2 f_2$ 単位と,2番目のデリバティブ $-\sigma_1 f_1$ 単位からなる瞬間的に無リスクなポートフォリオをつくることによって,Δz を消去することができる。Π をそのポートフォリオの価値とすると,

---

1 ここでの分析は,デリバティブからの収入がある場合にも拡張できる(練習問題28.7を参照)。

$$\Pi = (\sigma_2 f_2) f_1 - (\sigma_1 f_1) f_2 \tag{28.4}$$

となり,

$$\Delta\Pi = \sigma_2 f_2 \Delta f_1 - \sigma_1 f_1 \Delta f_2$$

が得られる。(28.2)式と(28.3)式を代入すると,これは

$$\Delta\Pi = (\mu_1 \sigma_2 f_1 f_2 - \mu_2 \sigma_1 f_1 f_2)\Delta t \tag{28.5}$$

になる。ポートフォリオは瞬間的に無リスクなので,その収益率は無リスク金利に等しくなければならない。したがって,

$$\Delta\Pi = r\Pi\Delta t$$

が成り立つ。この式に(28.4)式と(28.5)式を代入すると,

$$\mu_1 \sigma_2 - \mu_2 \sigma_1 = r\sigma_2 - r\sigma_1$$

すなわち,

$$\frac{\mu_1 - r}{\sigma_1} = \frac{\mu_2 - r}{\sigma_2} \tag{28.6}$$

が得られる。

　(28.6)式の左辺はf_1の従う過程に現れるパラメータのみに依存し,右辺はf_2の従う過程に現れるパラメータのみに依存していることに注意しよう。(28.6)式の両辺の値をλと定義すると,

$$\frac{\mu_1 - r}{\sigma_1} = \frac{\mu_2 - r}{\sigma_2} = \lambda$$

と書ける。添字を落とすと,(28.6)式より,fがθとtのみに依存するデリバティブの価格で,

$$\frac{df}{f} = \mu dt + \sigma dz \tag{28.7}$$

に従っているならば,

$$\frac{\mu - r}{\sigma} = \lambda \tag{28.8}$$

が成り立つことがわかる。このパラメータλはθのリスクの市場価格(market price of risk)と呼ばれるものである。(ポートフォリオのパフォーマンス計測では,シャープ・レシオ(Sharpe ratio)として知られている。)リスク

の市場価格は θ と t の両方に依存するかもしれないが，デリバティブ f の性質には依存していない。この分析からわかるように，裁定機会がないならば，任意に与えられた時点において，$(\mu-r)/\sigma$ は θ と t のみに依存するすべてのデリバティブに対して同一でなければならない。

θ のリスクの市場価格は，θ に依存する証券に対するリスクとリターンのトレード・オフの尺度になっている。(28.8)式は，

$$\mu - r = \lambda \sigma \tag{28.9}$$

と書ける。変数 σ は，f に現れる θ-リスクの量を表していると大雑把には解釈できる。式の右辺では，θ-リスクの量に θ-リスクの価格が掛けられている。左辺は，このリスクの見合いとして要求される無リスク金利に対する期待超過収益率である。(28.9)式は，株式の期待超過収益率とリスクを関係づける資本資産価格モデル（CAPM）と類似のものである。本章では，リスクの市場価格の測定方法には触れない。これについては，リアル・オプションの評価を考察する第35章で論じる。

(28.7)式で dz の係数となっている σ を，f のボラティリティとみなすことは自然であろう。しかし実際のところ，σ は負になりうる。f が θ と負の相関関係にある場合にそうなってしまう（すなわち $\partial f/\partial \theta$ が負）。f のボラティリティとなるのは，σ の絶対値 $|\sigma|$ である。このことは，f の過程の dz を $-dz$ で置き換えても統計的な性質は同じであることから理解できるであろう。

第5章では，投資資産と消費資産とを区別した。投資資産とは，一定の投資家によって純粋に投資目的で売買される資産である。一方，消費資産とは，主として消費のために保有される資産である。(28.8)式は，収入のない θ にのみ依存するすべての投資資産に対して成り立つ。変数 θ 自体がそのような資産の場合には，

$$\frac{m-r}{s} = \lambda$$

が成り立つ。そうでない場合には，この関係が成り立つとは限らない。

【例28.1】

価格が原油価格と正の相関をもち，それ以外の確率変数には依存していないデリバティブを考える。その期待収益率は年率12%，ボラティリティは年率20%とする。無リスク金利は年率8％と仮定する。このとき，原油に対するリスクの市場価格は，

$$\frac{0.12-0.08}{0.2}=0.2$$

となる。原油は投資資産というよりも消費資産なので，それ自体のリスクの市場価格は，μ を原油投資に対する期待収益率とし，σ を原油価格のボラティリティとしても，(28.8)式からは計算できない，ということに注意しよう。

【例28.2】

90日物金利と正の相関をもっている二つの証券を考える。一つ目の証券は期待収益率が年率3％，ボラティリティが年率20%で，二つ目の証券はボラティリティが年率30%であるとする。瞬間的な無リスク金利は年率6％と仮定する。金利リスクの市場価格は一つ目の証券の期待収益率とボラティリティから，

$$\frac{0.03-0.06}{0.2}=-0.15$$

である。したがって，(28.9)式を変形すると，二つ目の証券の期待収益率は，

$$0.06-0.15\times 0.3=0.015$$

すなわち年率1.5%となる。

他の世界

デリバティブの価格 f の従う過程は，

$$df = \mu f\,dt + \sigma f\,dz$$

第28章　マルチンゲールと測度

である。μの値は投資家のリスク選好度に依存している。リスクの市場価格がゼロの世界では，λの値はゼロに等しい。このとき，(28.9)式より$\mu = r$となるので，fの従う過程は，

$$df = rf\,dt + \sigma f\,dz$$

となる。これを従来のリスク中立世界（traditional risk-neutral world）と呼ぶことにする。

リスクの市場価格λに対して別のことを仮定すると，内的整合性をもった別の世界が定義できる。(28.9)式より，

$$\mu = r + \lambda\sigma$$

が成り立つので，

$$df = (r+\lambda\sigma)f\,dt + \sigma f\,dz \qquad (28.10)$$

となる。したがって，変数のリスクの市場価格によって，その変数に依存するすべての証券の成長率が決まる。あるリスクの市場価格から別のリスクの市場価格に移ると，証券価格の期待成長率は変化するが，ボラティリティは同じままである。これはギルサノフの定理であり，二項モデルに対して13.7節で例示したものである。特定のリスクの市場価格を選ぶことは，確率測度（probability measure）を定義することでもある。"実世界"，すなわち実際に観測される証券の成長率に対応したリスクの市場価格の値も存在する。

28.2　複数の状態変数

n個の変数$\theta_1, \theta_2, \ldots, \theta_n$が確率過程

$$\frac{d\theta_i}{\theta_i} = m_i\,dt + s_i\,dz_i \qquad (28.11)$$

に従っているとする。ここで，$i = 1, 2, \ldots, n$であり，dz_iはウィナー過程である。パラメータm_iとs_iは期待成長率とボラティリティで，θ_iと時間の関数であってもよい。14章の付録の(14A.10)式は，多変数関数に対する伊藤の補題を与えている。それを用いると，θ_iに依存する証券の価格fが従う過程は，n個の確率的な要素をもつことになり，

$$\frac{df}{f} = \mu\,dt + \sum_{i=1}^{n} \sigma_i\,dz_i \qquad (28.12)$$

の形になることがわかる。この式で μ は証券の期待収益率，$\sigma_i dz_i$ はこの収益率に関するリスクの θ_i に帰する成分である。ここで，μ と σ_i はどちらも θ_i と時間に依存してもよい。

www-2.rotman.utoronto.ca/~hull/TechnicalNotes の Technical Note 30で示されているように，

$$\mu - r = \sum_{i=1}^{n} \lambda_i \sigma_i \qquad (28.13)$$

が成り立つ。ここで λ_i は θ_i に対するリスクの市場価格である。これは，証券に要求する投資家の期待超過収益率を λ_i と σ_i に関係づける式である。(28.9)式は，この式で $n=1$ とした特殊な場合である。右辺の $\lambda_i \sigma_i$ の項は，投資家が証券に要求する超過収益率がその証券の θ_i に対する依存関係にどの程度影響を受けるかを表している。$\lambda_i \sigma_i = 0$ ならば，その影響はない。$\lambda_i \sigma_i > 0$ ならば，投資家は θ_i に伴うリスクの見合いとして，より高い収益率を求める。$\lambda_i \sigma_i < 0$ ならば，証券が θ_i に依存していることによって，そうでない場合よりも投資家が要求する収益率は低くなる。$\lambda_i \sigma_i < 0$ という状況が生じるのは，その変数が典型的な投資家のポートフォリオのリスクを増加させるのではなく減少させる方向に働く場合である。

【例28.3】

原油価格，金の価格，および株価指数の収益率という三つの変数に株価が依存しているとする。これらの変数に対するリスクの市場価格をそれぞれ0.2，-0.1，0.4と仮定する。また，三つの変数に対応する(28.12)式の σ_i がそれぞれ0.05，0.1，0.15と推定されていると仮定する。このとき，無リスク金利に対するこの株式の超過収益率は，

$$0.2 \times 0.05 - 0.1 \times 0.1 + 0.4 \times 0.15 = 0.06$$

すなわち年率6.0%となる。この結果は，株価に影響を与える変数がほかにある場合でも，その他の各変数のリスクの市場価格がゼロであるな

> らば，そのまま成り立つ．

(28.13)式は，1976年に Stephen Ross によって提案された無裁定価格理論（APT：arbitrage pricing theory）と密接に関係している[2]。連続時間の場合の資本資産価格モデル（CAPM）はこの式の特殊な場合とみなすことができる．CAPM（第3章の付録を参照）では，投資家は株式市場の収益に対するリスクと相関のあるリスクに対してはその見合いの超過収益を要求するが，それ以外のリスクに対しては超過収益を要求しないとされる．株式市場の収益と相関のあるリスクはシステマティック（systematic）と呼ばれ，それ以外のリスクは非システマティック（nonsystematic）と呼ばれる．CAPMが正しいとすれば，λ_i は θ_i の変化率と株式市場の収益率の相関に比例している．θ_i が株式市場の収益率と相関をもたない場合には，λ_i はゼロである．

28.3 マルチンゲール

マルチンゲール（martingale）とはドリフトがゼロの確率過程である[3]。変数 θ が，

$$d\theta = \sigma\, dz$$

の形の過程ならば，θ はマルチンゲールである．ただし，dz はウィナー過程である．変数 σ は確率過程であってもよく，θ やそれ以外の確率変数に依存してもよい．マルチンゲールは，任意の将来時点における期待値が現時点の値に等しいという便利な性質をもっている．すなわち，

$$E(\theta_T) = \theta_0$$

が成り立つ．ここで，θ_0 と θ_T はそれぞれ時点ゼロと時点 T における θ の値である．この結果を理解するには，以下のように考えればよい．微小時間

---

[2] S. A. Ross, "The Arbitrage Theory of Capital Asset Pricing," *Journal of Economic Theory*, 13 (December 1976): 343–62を参照．

[3] もっと形式的には，確率変数の列 $X_0, X_1, \ldots$ がすべての $i > 0$ に対して
$$E(X_i \mid X_{i-1}, X_{i-2}, \ldots X_0) = X_{i-1}$$
を満たすとき，マルチンゲールという．ここで，E は期待値を表している．

における θ の変化は平均ゼロの正規分布に従っていることに注意しよう。したがって，微小時間における θ の変化の期待値はゼロである。時点 0 から時点 T までにおける θ の変化は多くの微小時間における変化の和である。このことから，時点 0 から時点 T までにおける θ の変化の期待値もゼロでなければならない。

同値マルチンゲール測度

f と g をある単一の不確実性に依存している，取引可能な証券の価格とする。考える期間では証券からの収入はないと仮定し，$\phi = f/g$ と置く[4]。変数 ϕ は g に対する f の相対価格である。これは，ドルではなく g 単位で表した，f の価格と考えることができる。この証券価格 g はニューメレール (numeraire，基準財) と呼ばれる。

同値マルチンゲール測度 (equivalent martingale measure) に関する結果は，裁定機会がないならば，リスクの市場価格を適当に選ぶと ϕ はマルチンゲールになる，というものである。さらに，与えられたニューメレール証券 g に対して，同じリスクの市場価格を用いると，すべての証券 f に対して ϕ はマルチンゲールになる。そのときのリスクの市場価格は g のボラティリティである。(リスクの市場価格はボラティリティと同じ次元をもち，どちらも"時間の平方根当り"である。よって，リスクの市場価格をボラティリティとしても次元は一致する。)

この結果を証明するため，f と g のボラティリティを σ_f と σ_g とする。(28.10)式から，リスクの市場価格が σ_g である世界では，

$$df = (r + \sigma_g \sigma_f) f\, dt + \sigma_f f\, dz$$
$$dg = (r + \sigma_g^2) g\, dt + \sigma_g g\, dz$$

となる。伊藤の補題より，

$$d \ln f = (r + \sigma_g \sigma_f - \sigma_f^2/2)\, dt + \sigma_f\, dz$$
$$d \ln g = (r + \sigma_g^2/2)\, dt + \sigma_g\, dz$$

---

[4] 練習問題28.8で，ここでの分析を証券に収入がある場合にも拡張する。

が得られるので，
$$d(\ln f - \ln g) = (\sigma_g \sigma_f - \sigma_f^2/2 - \sigma_g^2/2)dt + (\sigma_f - \sigma_g)dz$$
すなわち，
$$d\left(\ln \frac{f}{g}\right) = -\frac{(\sigma_f - \sigma_g)^2}{2}dt + (\sigma_f - \sigma_g)dz$$
となる。$\ln(f/g)$ に対する確率過程から，伊藤の補題を用いて f/g に対する確率過程を導くと，
$$d\left(\frac{f}{g}\right) = (\sigma_f - \sigma_g)\frac{f}{g}dz \qquad (28.14)$$
が得られる。これは f/g がマルチンゲールであることを示しており，同値マルチンゲール測度に関する結果が証明された。リスクの市場価格が g のボラティリティ σ_g に等しい世界を，g に関するフォワード・リスク中立 (forward risk neutral) 世界と呼ぶ。

g に関するフォワード・リスク中立世界では f/g はマルチンゲールとなるので，本節の初めに述べた結果から，
$$\frac{f_0}{g_0} = E_g\left(\frac{f_T}{g_T}\right)$$
すなわち，
$$f_0 = g_0 E_g\left(\frac{f_T}{g_T}\right) \qquad (28.15)$$
が成り立つ。ただし，E_g は g に関するフォワード・リスク中立世界における期待値を表す。

28.4　ニューメレールに関するいくつかの選択肢

ここでは，同値マルチンゲール測度に関する結果について，いくつかの例を紹介する。最初の例は，同値マルチンゲールに関する結果がこれまでの章で用いてきた従来のリスク中立化法と整合性がとれていることを示すものである。その他の例は，第29章で説明する債券オプション，金利キャップ，お

よびスワップションの評価方法の準備となるものである．

ニューメレールとしてのマネー・マーケット・アカウント

ドルのマネー・マーケット・アカウントとは，時点ゼロにおいて1ドルの価値があり，任意の時点で瞬間的な無リスク金利rの利子が得られる証券のことである[5]。変数rは確率過程であってもよい．gをマネー・マーケット・アカウントに等しくとると，gの成長率はrとなるので，

$$dg = rg\, dt \tag{28.16}$$

となる．gのドリフトは確率過程であるが，gのボラティリティはゼロである．したがって28.3節の結果より，リスクの市場価格がゼロの世界では，f/gはマルチンゲールになる．これは，前に従来のリスク中立世界として定義した世界である．(28.15)式より，

$$f_0 = g_0 \hat{E}\left(\frac{f_T}{g_T}\right) \tag{28.17}$$

となる．ここで$\hat{E}$は従来のリスク中立世界での期待値を表す．

いまの場合，$g_0 = 1$かつ，

$$g_T = e^{\int_0^T r\, dt}$$

となるので，(28.17)式は，

$$f_0 = \hat{E}(e^{-\int_0^T r\, dt} f_T) \tag{28.18}$$

すなわち，

$$f_0 = \hat{E}(e^{-\bar{r}T} f_T) \tag{28.19}$$

---

[5] マネー・マーケット・アカウントとは，次に説明する証券で，Δtをゼロに近づける極限をとったものである．長さΔtの最初の短期間に対しては，その証券は初めの時点における満期Δtの金利で投資されている．時点Δtでは，その証券はその時点における満期Δtの新たな金利でさらに期間Δtだけ再投資される．時点$2\Delta t$では，その証券はその時点における満期Δtの新たな金利で再びさらに期間Δtだけ再投資される，といった具合に再投資が続けられる証券である．他の通貨に対するマネー・マーケット・アカウントも，ドルのマネー・マーケット・アカウントと同様に定義される．

となる。ここで$\bar{r}$は時点ゼロから時点Tまでのrの平均である。この式から，金利デリバティブを評価する一つの方法は，短期金利rを従来のリスク中立世界でシミュレーションすることである，ということがわかる。各試行でペイオフを計算し，そのサンプルパスにおける短期金利の平均で割り引けばよい。

短期金利rが定数であると仮定される場合には，(28.19)式は，
$$f_0 = e^{-rT}\hat{E}(f_T)$$
と書くことができ，前の章で用いたリスク中立化法での関係式になる。

ニューメレールとしてのゼロクーポン債価格

$P(t, T)$を時点Tに1ドルが支払われる無リスクのゼロクーポン債の時点tにおける価格とする。今度はgを$P(t, T)$としたときにわかることを調べてみよう。$P(t, T)$に関するフォワード・リスク中立世界での期待値をE_Tで表す。$g_T = P(T, T) = 1$かつ$g_0 = P(0, T)$となるので，(28.15)式より，
$$f_0 = P(0, T)E_T(f_T) \qquad (28.20)$$
が得られる。(28.20)式と(28.19)式との違いに注意しよう。(28.19)式では割引部分が期待値のなかにある。それに対し，(28.20)式では割引部分にあたる$P(0, T)$の項が期待値の外にある。したがって，ペイオフが時点Tにのみ発生する証券に対しては，$P(t, T)$をニューメレールとして用いると，物事がかなり簡単になる。

金利でない変数θを考えよう[6]。θに対する満期Tのフォワード契約は，時点Tに$\theta_T - K$が支払われる契約として定義される。ここでθ_Tは時点Tにおけるθの値である。fをこのフォワード契約の価値とすると，(28.20)式より，
$$f_0 = P(0, T)\left[E_T(\theta_T) - K\right]$$
となる。θのフォワード価格Fとは，f_0がゼロになるようなKの値のこと

---

[6] 金利に対するフォワード契約は他の変数に対するフォワード契約とは異なった定義がなされるので，ここでの分析は金利に対しては適用できない。フォワード・レートは，対応する債券のフォワード価格にインプライされた金利である。

である．したがって，
$$P(0, T)\left[E_T(\theta_T) - F\right] = 0$$
すなわち，
$$F = E_T(\theta_T) \qquad (28.21)$$
となる．(28.21)式から，(金利以外の) 任意の変数に対するフォワード価格は $P(t, T)$ に関するフォワード・リスク中立世界における将来の現物価格の期待値となることがわかる．ここでフォワード価格と先物価格との違いに注意しよう．18.7節で説明したように，変数に対する先物価格は従来のリスク中立世界における将来の現物価格の期待値になる．

(28.20)式から，時点 T にペイオフのある任意の証券は，満期 T の債券に関するフォワード・リスク中立世界での期待ペイオフを計算し，満期 T の無リスク金利で割り引くことによって評価できることがわかる．また，(28.21)式から，期待ペイオフを計算するときには原資産変数の期待値がそのフォワード価値に等しいと仮定してもよいことがわかる．

ゼロクーポン債価格をニューメレールとした場合の金利

$R(t, T, T^*)$ を，複利期間を $T^* - T$ とする，時点 t における T から T^* までの期間に対するフォワード・レートと定義する．(たとえば，$T^* - T = 0.5$ のとき金利は半年複利，$T^* - T = 0.25$ のとき金利は四半期複利，などとなる．) 時点 T に発行される満期 T^* のゼロクーポン債の時点 t におけるフォワード価格は，
$$\frac{P(t, T^*)}{P(t, T)}$$
である．フォワード・レートの定義は，ほとんどの変数のフォワード価格の定義とは異なっている．無リスクのフォワード・レートは，無リスクのゼロクーポン債価格にインプライされている金利である．その関係は，
$$\frac{1}{[1 + (T^* - T)R(t, T, T^*)]} = \frac{P(t, T^*)}{P(t, T)}$$
であるので，

$$R(t, T, T^*) = \frac{1}{T^* - T}\left[\frac{P(t, T)}{P(t, T^*)} - 1\right]$$

すなわち，

$$R(t, T, T^*) = \frac{1}{T^* - T}\left[\frac{P(t, T) - P(t, T^*)}{P(t, T^*)}\right]$$

となる。

$$f = \frac{1}{T^* - T}[P(t, T) - P(t, T^*)]$$

かつ $g = P(t, T^*)$ とおくと，同値マルチンゲール測度に関する結果から，$R(t, T, T^*)$ は $P(t, T^*)$ に関するフォワード・リスク中立世界でのマルチンゲールとなることがわかる。これより，

$$R(0, T, T^*) = E_{T^*}[R(T, T, T^*)] \qquad (28.22)$$

が成り立つ。ここで，E_T^* は $P(t, T^*)$ に関するフォワード・リスク中立世界での期待値である。

変数 $R(0, T, T^*)$ は時点 0 における時点 T から時点 T^* までのフォワード・レートの値であり，$R(T, T, T^*)$ は時点 T から時点 T^* までの金利の実現値である。したがって (28.22) 式から，時点 T から時点 T^* までの金利は，満期 T^* のゼロクーポン債に関するフォワード・リスク中立世界での将来の金利の期待値に等しいことがわかる。この結果は，(28.20) 式の結果とあわせて，次章の金利キャップに対する標準的なマーケット・モデルを理解するうえで必須となるものである。

ニューメレールとしてのアニュイティ・ファクター

同値マルチンゲール測度に関する次の応用として，支払日が時点 $T_1, T_2, \ldots, T_N$ の将来時点 T に開始する LIBOR 対固定スワップを考える。これは，固定金利を LIBOR の変動金利と交換するものである。なお，$T_0 = T$ とおく。スワップの想定元本は 1 ドルと仮定する。時点 t ($t \leq T$) におけるフォワード・スワップ・レート（すなわち，スワップの価値がゼロとなるような固定サイドの金利）を $s(t)$ とすると，スワップの固定サイドの価値

は，
$$s(t)A(t)$$
となる。ただし，
$$A(t) = \sum_{i=0}^{N-1}(T_{i+1}-T_i)P(t, T_{i+1})$$
である。ここでは LIBOR で割り引くこととしよう。スワップの最終支払日の支払に元本を加えると，開始日におけるスワップの変動サイドの価値は想定元本に等しくなる。(これは変動側が LIBOR 変動利付債となっており LIBOR で割り引いているからである。この考え方は7.7節のスワップを債券価格から評価する手法と同じである。) したがって，時点 T_N に 1 ドルを付け加えると，時点 T_0 における変動サイドの価値は 1 ドルになる。時点 T_N で受け取る 1 ドルの価値は $P(t, T_N)$ である。また，時点 T_0 で受け取る 1 ドルの価値は $P(t, T_0)$ である。したがって，時点 t における変動サイドの価値は，
$$P(t, T_0) - P(t, T_N)$$
となる。固定サイドと変動サイドの価値が等しいとすると，
$$s(t)A(t) = P(t, T_0) - P(t, T_N)$$
すなわち，
$$s(t) = \frac{P(t, T_0) - P(t, T_N)}{A(t)} \qquad (28.23)$$
が得られる。

同値マルチンゲール測度に関する結果を $f = P(t, T_0) - P(t, T_N)$ かつ $g = A(t)$ として用いると，
$$s(t) = E_A[s(T)] \qquad (28.24)$$
が得られる。ここで，E_A は $A(t)$ に関するフォワード・リスク中立世界における期待値を表す。したがって，$A(t)$ に関するフォワード・リスク中立世界では，将来のスワップ・レートの期待値は現時点のスワップ・レートに等しい。

任意の証券 f に対して，(28.15)式より，

$$f_0 = A(0) E_A \left[\frac{f_T}{A(T)} \right] \qquad (28.25)$$

が成り立つ。この結果は，(28.24)式の結果とあわせて，次章のスワップションに対する標準的なマーケット・モデルを理解するうえで必須となるものである。また，この結果は，後でみるように，OIS割引も扱えるように拡張できる。

28.5 複数ファクターへの拡張

28.3節と28.4節で得られた結果は，複数の独立したファクターがある場合にも拡張できる[7]。n個の独立したファクターが存在し，従来のリスク中立世界でのfとgに対する確率過程が，

$$df = rf\,dt + \sum_{i=1}^{n} \sigma_{f,i} f\,dz_i$$

および，

$$dg = rg\,dt + \sum_{i=1}^{n} \sigma_{g,i} g\,dz_i$$

で与えられていると仮定する。28.2節で示したことから，

$$df = \left[r + \sum_{i=1}^{n} \lambda_i \sigma_{f,i} \right] f\,dt + \sum_{i=1}^{n} \sigma_{f,i} f\,dz_i$$

および

$$dg = \left[r + \sum_{i=1}^{n} \lambda_i \sigma_{g,i} \right] g\,dt + \sum_{i=1}^{n} \sigma_{g,i} g\,dz_i$$

とおけば，内的整合性をもった別の世界を定義することができる。ここで，$\lambda_i (1 \leq i \leq n)$は$n$個のリスクの市場価格である。これらの別の世界の一つが実世界である。

フォワード・リスク中立世界の定義は，すべてのiに対して$\lambda_i = \sigma_{g,i}$と

---

[7] 独立という条件は重要ではない。ファクターが独立でない場合は，それらを直交化すればよい。

すれば，g に関するフォワード・リスク中立世界に拡張できる。dz_i が互いに独立であることを用いれば，伊藤の補題よりこの世界での f/g の従う確率過程のドリフトはゼロであることが示せる（練習問題28.12を参照）。したがって，前二節での残りの結果（(28.15)式以降）もそのまま成り立つ。

28.6 Black モデル再考

18.8節で説明したように，金利を定数と仮定するとき，原資産のフォワード価格または先物価格を用いてヨーロピアン・オプションの価格づけを行うのに，Black モデルはよく用いられている。ここでは，金利が定数であるという仮定を緩めて，金利が確率変動する場合でも，Black モデルを使って原資産のフォワード価格を用いたヨーロピアン・オプションの価格づけが行えることを示す。

行使価格 K，満期 T のある資産に対するヨーロピアン・コール・オプションを考えよう。(28.20)式より，オプションの価格は，

$$c = P(0, T) E_T\left[\max(S_T - K, 0)\right] \qquad (28.26)$$

で与えられる。ここで，S_T は時点 T における資産価格，E_T は $P(t, T)$ に関するフォワード・リスク中立世界での期待値である。時点 0 と時点 T における，その資産に対する満期 T のフォワード価格を F_0 と F_T とする。$S_T = F_T$ より，

$$c = P(0, T) E_T\left[\max(F_T - K, 0)\right]$$

となる。考えている世界では F_T は対数正規分布をしていると仮定し，$\ln(F_T)$ の標準偏差は $\sigma_F \sqrt{T}$ に等しいとする。これは，ボラティリティが σ_F となる確率過程にフォワード価格が従うためである。(15A.1)式からわかるように，

$$E_T[\max(F_T - K, 0)] = E_T(F_T) N(d_1) - K N(d_2) \qquad (28.27)$$

が成り立つ。ただし，

$$d_1 = \frac{\ln\left[E_T(F_T)/K\right] + \sigma_F^2 T/2}{\sigma_F \sqrt{T}}$$

$$d_2 = \frac{\ln\left[E_T(F_T)/K\right] - \sigma_F^2 T/2}{\sigma_F \sqrt{T}}$$

である。(28.21)式より，$E_T(F_T) = E_T(S_T) = F_0$ となる。したがって，

$$c = P(0, T)\left[F_0 N(d_1) - K N(d_2)\right] \quad (28.28)$$

が成り立つ。ここで，

$$d_1 = \frac{\ln\left[F_0/K\right] + \sigma_F^2 T/2}{\sigma_F \sqrt{T}}$$

$$d_2 = \frac{\ln\left[F_0/K\right] - \sigma_F^2 T/2}{\sigma_F \sqrt{T}}$$

である。同様に，

$$p = P(0, T)\left[K N(-d_2) - F_0 N(-d_1)\right] \quad (28.29)$$

が成り立つ。ここで p は，行使価格 K，満期 T の同じ資産に対するヨーロピアン・プット・オプションの価格である。これが Black モデルである。このモデルは投資資産と消費資産の両方に適用でき，いま示したように，F_0 を資産のフォワード価格とすれば金利が確率変動する場合でも正しいモデルである。変数 σ_F は資産のフォワード価格のボラティリティと解釈することもできる。

28.7 エクスチェンジ・オプション

次に価値 U の投資資産と価値 V の投資資産を交換するオプションについて考えよう。このオプションについてはすでに26.14節で論じた。U と V のボラティリティを σ_U と σ_V とし，それらの間の相関係数を ρ とする。

まず資産からの収入はないと仮定し，ニューメレール証券 g を U とする。(28.15)式で $f = V$ とおくと，

$$V_0 = U_0 E_U\left(\frac{V_T}{U_T}\right) \quad (28.30)$$

が得られる。ただし，E_U は U に関するフォワード・リスク中立世界での期待値である。(28.15)式の変数 f は考えているオプションの価値とすること

ができるから，$f_T = \max(V_T - U_T, 0)$ とする。このとき，
$$f_0 = U_0 E_U\left[\frac{\max(V_T - U_T, 0)}{U_T}\right]$$
すなわち
$$f_0 = U_0 E_U\left[\max\left(\frac{V_T}{U_T} - 1, 0\right)\right] \qquad (28.31)$$
となる。V/U のボラティリティは $\hat{\sigma}$ となる（練習問題28.13を参照）。ただし，
$$\hat{\sigma}^2 = \sigma_U^2 + \sigma_V^2 - 2\rho\sigma_U\sigma_V$$
である。(15A.1)式から，(28.31)式は，
$$f_0 = U_0\left[E_U\left(\frac{V_T}{U_T}\right)N(d_1) - N(d_2)\right]$$
となる。ただし，
$$d_1 = \frac{\ln(V_0/U_0) + \hat{\sigma}^2 T/2}{\hat{\sigma}\sqrt{T}}, \quad d_2 = d_1 - \hat{\sigma}\sqrt{T}$$
である。(28.30)式を代入すると，
$$f_0 = V_0 N(d_1) - U_0 N(d_2) \qquad (28.32)$$
が得られる。これは，資産からの収入がない場合のエクスチェンジ・オプションの価値である。

練習問題28.8で，f と g から q_f と q_g の割合で収入が得られるときは，(28.15)式は，
$$f_0 = g_0 e^{(q_f - q_g)T} E_g\left(\frac{f_T}{g_T}\right)$$
になることが示される。したがって，(28.30)式および(28.31)式は，
$$E_U\left(\frac{V_T}{U_T}\right) = e^{(q_U - q_V)T}\frac{V_0}{U_0}$$
および，
$$f_0 = e^{-q_U T} U_0 E_U\left[\max\left(\frac{V_T}{U_T} - 1, 0\right)\right]$$
になり，(28.32)式は，

$$f_0 = e^{-q_V T} V_0 N(d_1) - e^{-q_U T} U_0 N(d_2)$$

になる。ただし，d_1 と d_2 は，

$$d_1 = \frac{\ln(V_0/U_0) + (q_U - q_V + \hat{\sigma}^2/2)T}{\hat{\sigma}\sqrt{T}}, \quad d_2 = d_1 - \hat{\sigma}\sqrt{T}$$

として再定義されたものである。これは，エクスチェンジ・オプションの価値に対して(26.5)式で与えられた結果と一致する。

28.8 ニューメレール変換

本節では，ニューメレールを変えたときの市場変数の従う確率過程への影響について考える。最初に，取引可能な証券の価格 f を変数としよう。dz_i によるリスクの市場価格が λ_i として表される世界では，

$$df = \left[r + \sum_{i=1}^{n} \lambda_i \sigma_{f,i}\right] f\, dt + \sum_{i=1}^{n} \sigma_{f,i} f\, dz_i$$

となる。同様に，そのリスクの市場価格が λ_i^* として表されるならば，

$$df = \left[r + \sum_{i=1}^{n} \lambda_i^* \sigma_{f,i}\right] f\, dt + \sum_{i=1}^{n} \sigma_{f,i} f\, dz_i$$

と書ける。よって，最初の世界から二番目の世界に移る影響として，任意の取引可能な証券の期待成長率は

$$\sum_{i=1}^{n} (\lambda_i^* - \lambda_i) \sigma_{f,i}$$

だけ増加することになる。

次に，取引可能な証券の価格ではない変数 v について考えよう。www-2.rotman.utoronto.ca/~hull/TechnicalNotes の Technical Note 20で示されているように，v の期待成長率は取引可能な証券の期待成長率と同じように変化することがわかる。したがって，期待成長率は，

$$\alpha_v = \sum_{i=1}^{n} (\lambda_i^* - \lambda_i) \sigma_{v,i} \tag{28.33}$$

だけ増加する。ここで，$\sigma_{v,i}$ は v のボラティリティの第 i 成分である。

ニューメレールを g から h に変換するとき，$\lambda_i = \sigma_{g,i}$ かつ $\lambda_i^* = \sigma_{h,i}$ となる。$w = h/g$ と定義し，$\sigma_{w,i}$ を w のボラティリティの第 i 成分とすれば，伊藤の補題より，

$$\sigma_{w,i} = \sigma_{h,i} - \sigma_{g,i}$$

となる（練習問題28.13を参照）ので，(28.33)式は，

$$\alpha_v = \sum_{i=1}^{n} \sigma_{w,i} \sigma_{v,i} \tag{28.34}$$

となる。w をニューメレール比（numeraire ratio）と呼ぶ。(28.34)式は，

$$\alpha_v = \rho \sigma_v \sigma_w \tag{28.35}$$

と書ける。ただし，σ_v は v のトータル・ボラティリティ，σ_w は w のトータル・ボラティリティ，ρ は v の変化率と w の変化率との瞬間的な相関係数である[8]。

これは驚くほど簡単な結果である。それは，一つのニューメレールから別のニューメレールに変換したときの変数 v の期待成長率に対する調整は，v の変化率とニューメレール比の変化率との瞬間的な共分散に等しい，というものである。この結果は，第30章でタイミング調整とクオント調整を考察する際に用いられる。

この節の結果の特別な場合が，実際の世界から従来のリスク中立世界（そこではすべてのリスクの市場価格はゼロとなる）への変換である。(28.33)式から，v の成長率は $-\sum_{i=1}^{n} \lambda_i \sigma_{v,i}$ だけ変化する。これは，(28.13)式で v が取引可能な証券価格である場合の結果に一致する。ここでは，v が取引可能な証券価格でなくともその結果が正しいことを示した。一般化していえば，取

---

[8] このことを確認するために，微小時間 Δt における v と w の変化 Δv と Δw は，

$$\Delta v = \cdots + \sum \sigma_{v,i} v \varepsilon_i \sqrt{\Delta t}$$
$$\Delta w = \cdots + \sum \sigma_{w,i} w \varepsilon_i \sqrt{\Delta t}$$

で与えられることに注意しよう。dz_i は互いに相関していないので，$i \neq j$ のとき $E(\varepsilon_i \varepsilon_j) = 0$ である。また，ρ の定義より，

$$\rho \sigma_v w \sigma_w = E(\Delta v \Delta w) - E(\Delta v) E(\Delta w)$$

である。Δt よりも高次の項を無視すると，

$$\rho \sigma_v \sigma_w = \sum \sigma_{w,i} \sigma_{v,i}$$

が得られる。

引可能な証券の価格ではない変数に対してある世界からほかの世界へと移る方法は，取引可能な証券の価格となる変数に対する場合と同じである．

要約

　変数に対するリスクの市場価格は，その変数に依存する取引可能な証券のリスクとリターンのトレード・オフを表している．原資産変数が一つの場合には，無リスク金利に対するデリバティブの超過収益率は，リスクの市場価格にデリバティブのボラティリティを掛けたものに等しくなる．原資産変数が複数ある場合には，超過収益率は各変数に対するリスクの市場価格とボラティリティの積の和になる．

　リスク中立化法は，デリバティブを評価する強力な手法である．これについては，第13章と第15章で説明した．リスク中立化法の原理によると，デリバティブを評価するときは世界がリスク中立であると仮定すれば，リスク中立世界だけでなく，他のすべての世界において正しい答えが得られる．従来のリスク中立化法では，すべての変数に対するリスクの市場価格はゼロとなる．本章では，リスク中立化法の原理を拡張し，金利が確率変動する場合でも，従来のリスク中立化法にかわる数多くの興味深い有効な方法があることを示した．

　マルチンゲールは，ドリフトがゼロの確率過程である．マルチンゲールに従う任意の変数には，任意の将来時点における値の期待値は現在の値に等しい，という扱いが単純になる性質がある．同値マルチンゲール測度の結果から，gがある証券の価格ならば，すべての証券の価格fに対して比f/gがマルチンゲールとなるような世界が存在する．このことから，ニューメレール証券gを適当に選べば，金利に依存した多くのデリバティブの評価が単純なものにできることがわかる．

　本章では，同値マルチンゲール測度の結果を用いて，Blackモデルを金利

が確率変動する場合に拡張するとともに，エクスチェンジ・オプションの評価を行った．第29章から第33章では，この結果を利用して金利デリバティブの評価を行う．

参考文献

Baxter, M., and A. Rennie, *Financial Calculus*. Cambridge University Press, 1996.

Cox, J. C., J. E. Ingersoll, and S. A. Ross, "An Intertemporal General Equilibrium Model of Asset Prices," *Econometrica*, 53 (1985): 363-84.

Duffie, D., *Dynamic Asset Pricing Theory*, 3rd edn. Princeton University Press, 2001.

Harrison, J. M., and D. M. Kreps, "Martingales and Arbitrage in Multiperiod Securities Markets," *Journal of Economic Theory*, 20 (1979): 381-408.

Harrison, J. M., and S. R. Pliska, "Martingales and Stochastic Intergrals in the Theory of Continuous Trading," *Stochastic Processes and Their Applications*, 11 (1981): 215-60.

練習問題

28.1 投資資産の価格ではない変数に対して，リスクの市場価格はどのように定義されるか．

28.2 金に対するリスクの市場価格はゼロであるとする．保管コストを年率１％，無リスク金利を年率６％とすると，金の価格の期待成長率はいくらになるか．ただし，金は収入を生まないものと仮定する．

28.3 同じ市場変数に依存する二つの証券を考える．それらの証券の期待収益率は８％と12％である．最初の証券のボラティリティは15％で，

瞬間的な無リスク金利は4％である。このとき，二番目の証券のボラティリティはいくらになるか。

28.4 ある石油会社が，テキサスのある小さな地区の石油掘削のみを目的として設立されている。この会社の価値は，主として原油価格と確認された石油埋蔵量という二つの確率変数に依存している。これらのうち二番目の変数に対するリスクの市場価格は正，負，ゼロのいずれになりそうかについて議論せよ。

28.5 配当のない二つの取引可能な証券の価格に依存するデリバティブが満たす微分方程式を，そのデリバティブとそれら二つの取引可能な証券からなる無リスク・ポートフォリオをつくることによって導出せよ。

28.6 金利 x が確率過程
$$dx = a(x_0 - x)dt + c\sqrt{x}\,dz$$
に従っているとする。ただし，a, x_0, c は正の定数である。さらに，x に対するリスクの市場価格を λ とする。このとき，従来のリスク中立世界において x が従う確率過程を導出せよ。

28.7 証券 f に利回り q の収入がある場合には，(28.9)式は $\mu + q - r = \lambda\sigma$ になることを証明せよ。（ヒント：証券 f からのすべての収入を証券 f に再投資することでつくられる，収入のない新しい証券 f^* を考えよ。）

28.8 f と g に利回りがそれぞれ q_f と q_g の収入がある場合には，(28.15)式は，
$$f_0 = g_0 e^{(q_f - q_g)T} E_g\left(\frac{f_T}{g_T}\right)$$
となることを示せ。（ヒント：f からのすべての収入を f に再投資し，g からのすべての収入を g に再投資することによってつくられる，収入のない新しい証券 f^* と g^* を考えよ。）

28.9 「リスク中立世界での金利の将来の値に対する期待値は，実世界でのものよりも大きい。」この主張から，(a) 金利，(b) 債券価格に対するリスクの市場価格についてどのようなことが導き出されるか。この

主張は正しい場合が多いと思うか。その理由も述べよ。

28.10 変数 S は，通貨 A 建てで利回り q の収入がある投資資産である。実世界では，確率過程

$$dS = \mu_S S\, dt + \sigma_S S\, dz$$

に従っている。必要があれば新しい変数を定義して，次のそれぞれの場合について，S の従う確率過程とそれに対応するリスクの市場価格を求めよ。

(a) 通貨 A に関する従来のリスク中立世界

(b) 通貨 B に関する従来のリスク中立世界

(c) 満期 T の通貨 A 建てゼロクーポン債に関するフォワード・リスク中立世界

(d) 満期 T の通貨 B 建てゼロクーポン債に関するフォワード・リスク中立世界

28.11 フォワード・レートの定義のされ方と，株価，商品価格，為替レートのような他の変数に対するフォワード価格の定義のされ方との違いについて説明せよ。

28.12 次の28.5節での結果について証明せよ。相関のない dz_i に対して，

$$df = \left[r + \sum_{i=1}^{n} \lambda_i \sigma_{f,i}\right] f\, dt + \sum_{i=1}^{n} \sigma_{f,i} f\, dz_i$$

$$dg = \left[r + \sum_{i=1}^{n} \lambda_i \sigma_{g,i}\right] g\, dt + \sum_{i=1}^{n} \sigma_{g,i} g\, dz_i$$

とするとき，$\lambda_i = \sigma_{g,i}$ とおくと f/g はマルチンゲールになる。(ヒント：(14A.11)式より $\ln f$ と $\ln g$ の過程を求めよ。)

28.13 $w = h/g$ であり，h，g が n 個のウィナー過程に依存しているとき，w のボラティリティの第 i 成分は，h のボラティリティの第 i 成分から g のボラティリティの第 i 成分を引いたものに等しいことを示せ。(ヒント：(14A.11) 式より $\ln g$ と $\ln h$ の過程を求めよ。)

28.14 「もし X がある変数の期待値であれば，X はマルチンゲールである。」このことを説明せよ。

発展問題

28.15 ある証券の価格が銅の価格と円／ドル為替レートの二つの変数に依存しており，それらと正の相関をもっている．それらの変数に対するリスクの市場価格をそれぞれ0.5と0.1とする．銅の価格が固定されているとした場合の証券のボラティリティは年率8％，円／ドル為替レートが固定されているとした場合の証券のボラティリティは年率12％である．無リスク金利を年率7％とするとき，この証券の期待収益率はいくらになるか．さらに，二つの変数が互いに相関をもっていないならば，この証券のボラティリティはいくらになるか．

28.16 満期 T のゼロクーポン債の価格が確率過程

$$dP(t, T) = \mu_P P(t, T) dt + \sigma_P P(t, T) dz$$

に従い，この債券に依存するあるデリバティブの価格が確率過程

$$df = \mu_f f dt + \sigma_f f dz$$

に従っているとする．不確実性の要因は一つだけとし，f からの収入はないと仮定する．

(a) 満期 T の f に対するフォワード契約の価格 F を求めよ．

(b) $P(t, T)$ に関するフォワード・リスク中立世界での F の従う確率過程を導出せよ．

(c) 従来のリスク中立世界での F の従う確率過程を導出せよ．

(d) $T^* \neq T$ とするとき，満期 T^* の債券に関するフォワード・リスク中立世界での F の従う確率過程を導出せよ．ただし，この債券のボラティリティは σ_P^* と仮定する．

28.17 金利ではない，ある変数について考える．

(a) 変数の先物価格がマルチンゲールとなるのは，どのような世界においてか．

(b) 変数のフォワード価格がマルチンゲールとなるのは，どのような世界においてか．

(c) 必要に応じて変数を定義して，従来のリスク中立世界における

先物価格のドリフトとフォワード価格のドリフトとの差を表す式を導出せよ。

(d) その結果は，先物価格がフォワード価格よりも高い状況について，5.8節で説明した内容と整合性がとれていることを示せ。

第29章

金利デリバティブ：
標準的なマーケット・モデル

　金利デリバティブとは，ペイオフが金利水準になんらかのかたちで依存している商品のことである。1980年代および1990年代に，金利デリバティブの取引量は店頭市場と取引所市場の両方で急速に増大してきた。また，エンド・ユーザーの特定のニーズにあった多くの新しい商品が開発されてきた。デリバティブ・トレーダーにとっての重要な課題は，これらの商品を価格づけしヘッジを行うための，すぐれた頑健な手法を見出すことであった。株式や為替のデリバティブに比べて，金利デリバティブの評価がむずかしいとされる理由は以下のとおりである。

1. 株価や為替レートと比べ，個々の金利の動きはもっと複雑である。
2. 多くの商品を評価するためには，ゼロクーポン・イールド・カーブ全体の動きを表現するモデルを構築しなければならない。
3. イールド・カーブのボラティリティは年限によって異なる。

4．金利は，ペイオフの決定に加えデリバティブの割引にも使われている．

本章では，最もよく取引されている三つの店頭金利オプションである，債券オプション，金利キャップ／フロア，スワップションを対象に，これらの商品の仕組みと標準的なマーケット・モデルを用いた評価について説明する．

29.1 債券オプション

債券オプションとは，特定の日までに特定の価格で特定の債券を売買するオプションである．債券オプションは店頭市場で取引されるだけではなく，債券発行時に債券が発行体あるいは投資家のどちらかにとってより魅力的になるように，債券自体に組み込まれることもよくある．

債券に組み込まれたオプション

オプションの組み込まれた債券の一つの例は，コーラブル債（callable bond）である．これは，発行体が将来のある時点であらかじめ決められた価格でその債券を買い戻すことができる債券である．この場合，債券の保有者は発行体にコール・オプションを売っていることになる．オプションの行使価格またはコール価格とは，発行者が保有者に支払わなければならないあらかじめ決められた価格のことである．コーラブル債は発行後最初の数年間はコールできないのが通常である．（この期間はロック・アウト期間として知られている．）その後は，コール価格が時間の減少関数として決められているのが一般的である．たとえば，満期10年のコーラブル債を考えてみよう．最初の2年間はコールできず，それ以降は，発行から3年目と4年目には価格110で，5年目と6年目には価格107.5で，7年目と8年目には価格106で，9年目と10年目には価格103で債券を買い戻す権利を発行体がもつというような条項が設定されている．このコール・オプションの価値は提示される債券のイールドに反映されている．一般的に，コール条項のある債券はコール

条項のない債券よりもイールドが高くなっている。

オプションの組み込まれた別のタイプの債券に，プッタブル債（puttable bond）がある。これは，保有者が将来のある時点であらかじめ決められた価格で早期償還を要求できる債券である。このような債券の保有者は，債券自体だけでなくその債券に対するプット・オプションも購入していることになる。プット・オプションは保有者にとっての債券の価値を高めるため，プット条項のついた債券のイールドはプット条項のない債券よりも低くなる。プッタブル債の簡単な例は，保有者が5年後に払戻しを受ける権利をもつ10年債のようなものである。（これはリトラクタブル債（retractable bond）と呼ばれることもある。）

ローンや預金商品にも債券オプションがよく組み込まれている。たとえば，いつでも違約金なしに払戻しが可能な金融機関の5年固定金利預金には，債券に対するアメリカン・プット・オプションが組み込まれていることになる。（この預金商品は，投資家がいつでも金融機関に額面で償還を要求できる権利をもつ債券である。）同様に，ローンや住宅ローンの繰上返済条項は債券のコール・オプションである。

最後に，銀行やその他の金融機関によるコミットメント・ラインは債券のプット・オプションである。たとえば，ある銀行が借り手に5年物金利を年率5％で提示し，今後2カ月間はこの金利で借りることができるとした場合を考えよう。顧客は実質的に，クーポン5％の5年債を今後2カ月間いつでも金融機関に額面で売却できる権利を得たことになる。金利が上昇すると，このオプションは行使されることになるだろう。

ヨーロピアン債券オプション

多くの店頭債券オプションや債券に組み込まれるオプションのいくつかはヨーロピアンである。ヨーロピアン債券オプションの評価に用いられる標準的なマーケット・モデルでは，債券のフォワード価格のボラティリティはσ_Bであると仮定されている。この仮定によって，28.6節で説明したBlackモデルを用いることができるようになる。(28.28)式と(28.29)式で，σ_Fを

σ_B に等しいとおき,F_0 を債券のフォワード価格 F_B に等しいとおくと,

$$c = P(0, T)\left[F_B N(d_1) - K N(d_2)\right] \qquad (29.1)$$
$$p = P(0, T)\left[K N(-d_2) - F_B N(-d_1)\right] \qquad (29.2)$$

が得られる。ただし,

$$d_1 = \frac{\ln(F_B/K) + \sigma_B^2 T/2}{\sigma_B \sqrt{T}}, \qquad d_2 = d_1 - \sigma_B \sqrt{T}$$

である。なお,これらの式で,K は債券オプションの行使価格,T はその満期,$P(0, T)$ は満期 T に対する(無リスクの)割引係数を表す。

5.5節より,F_B は公式

$$F_B = \frac{B_0 - I}{P(0, T)} \qquad (29.3)$$

を用いて計算することができる。ここで,B_0 は時点ゼロにおける債券価格,I はオプションの満期までに支払われるクーポンの現在価値である。また,この公式における債券の現物価格とフォワード価格は,ともに提示価格ではなく取引価格である。債券の取引価格と提示価格との関係については6.1節で説明した。

(29.1)式と(29.2)式における行使価格 K は,取引価格としての行使価格でなければならない。したがって,K に対する正しい値を求めるためには,オプションの正確な契約内容が重要となる。行使価格がオプション行使時に債券と交換される取引金額として定義されている場合には,K はこの行使価格に等しくなければならない。一般的には,行使価格はオプション行使時に適用される提示価格になっており,その場合には,K は行使価格にオプション行使日の経過利子を加えたものにしなくてはならない。トレーダーは債券の提示価格のことをクリーン・プライス(clean price)と呼び,取引価格のことをダーティ・プライス(dirty price)と呼んでいる。

【例29.1】

額面1,000ドル,残存期間9.75年の債券に対する満期10カ月のヨーロピアン・コール・オプションを考える。(オプション満期時点には,債券の残存期間は8年11カ月になっている。)現在の債券の取引価格を960ドル,

行使価格を1,000ドル，満期10カ月の無リスク金利を年率10％，満期10カ月の債券のフォワード価格のボラティリティを年率9％とする。債券のクーポンは年10％（年2回払い）であり，3カ月後と9カ月後に50ドルが支払われる予定である。（したがって，経過利子は25ドルとなるので，債券の提示価格は935ドルである。）満期3カ月と満期9カ月の無リスク金利をそれぞれ年率9％と9.5％とする。このとき，支払われるクーポンの現在価値は，

$$50e^{-0.25 \times 0.09} + 50e^{-0.75 \times 0.095} = 95.45$$

すなわち95.45ドルとなる。また，債券のフォワード価格は(29.3)式より，

$$F_B = (960 - 95.45)e^{0.1 \times 0.8333} = 939.68$$

となる。

(a) 行使価格が行使時に債券に対して支払われる取引価格である場合には，(29.1)式のパラメータは $F_B = 939.68$，$K = 1,000$，$P(0, T) = e^{-0.1 \times (10/12)} = 0.9200$，$\sigma_B = 0.09$，$T = 10/12$となる。このとき，コール・オプションの価格は9.49ドルとなる。

(b) 行使価格が行使時に債券に支払われる提示価格である場合には，オプションの満期は利払日の1カ月後なので，1カ月間の経過利子を K に加えなければならない。したがって，K の値は，

$$1,000 + 100 \times 0.08333 = 1,008.33$$

となる。(29.1)式の他のパラメータの値は同じままである（すなわち，$F_B = 939.68$，$P(0, T) = 0.9200$，$\sigma_B = 0.09$，$T = 0.8333$である）。このとき，オプションの価格は7.97ドルとなる。

図29.1は，債券価格の対数の標準偏差が時間の経過とともに変化するようすを示したものである。現時点における債券価格には不確実性は含まれないので，現時点における標準偏差はゼロである。また，満期における債券価格は額面に等しいことがわかっているので，債券の満期における標準偏差もゼロである。現時点と債券の満期との間では，標準偏差は初め増加して，その

図29.1 将来時点における債券価格の対数の標準偏差

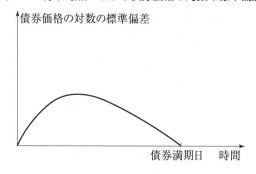

後減少する。

債券のヨーロピアン・オプションを評価する際に用いるボラティリティ σ_B は，

$$\frac{\text{オプション満期における債券価格の対数の標準偏差}}{\sqrt{\text{オプション満期までの期間}}}$$

で与えられる。同じ債券を原資産とした場合，オプション期間が増加するとボラティリティはどうなるであろうか。図29.2は，σ_B をオプション期間の関数としたときの典型的なパターンを示したものである。一般的に，σ_B はオプション期間の減少関数になる。

図29.2 債券を固定したときのオプション期間に対するフォワード債券価格のボラティリティ σ_B の変化

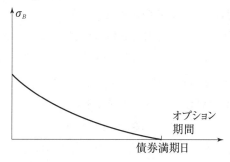

イールド・ボラティリティ

債券オプションに対して提示されているボラティリティは，プライス・ボラティリティよりもイールド・ボラティリティであることが多い。市場では，第4章で紹介したデュレーションの概念を用いて，提示されているイールド・ボラティリティをプライス・ボラティリティに変換している。D を，第4章で定義したように，オプション満期におけるオプションの原資産である債券の修正デュレーションとする。債券のフォワード価格 F_B の変化 ΔF_B とフォワード・イールド y_F の変化 Δy_F との関係は，

$$\frac{\Delta F_B}{F_B} \approx -D\Delta y_F$$

すなわち，

$$\frac{\Delta F_B}{F_B} \approx -Dy_F \frac{\Delta y_F}{y_F}$$

で与えられる。ボラティリティは，変数の値の変化率の標準偏差を用いた尺度である。したがって，この関係式から Black モデルで用いるフォワード債券価格のボラティリティ σ_B が，

$$\sigma_B = Dy_0\sigma_y \tag{29.4}$$

という式で，フォワード債券イールドのボラティリティ σ_y と近似的に関係づけられることがわかる。ただし，y_0 は y_F の当初の値である。ヨーロピアン債券オプションに対してイールド・ボラティリティが提示されているときは，(29.4)式を用いて価格ボラティリティに変換でき，そのボラティリティを用いて(29.1)式または(29.2)式からオプションの価格が得られる，ということが暗黙の仮定になっているのが普通である。コール・オプションの原資産である債券のオプション満期における修正デュレーションが5年，フォワード・イールドが8％，ブローカーの提示するフォワード・イールド・ボラティリティが20％であるとする。このとき，ブローカーの提示に対応するオプションの市場価格は，ボラティリティ変数 σ_B を，

$$5 \times 0.08 \times 0.2 = 0.08$$

すなわち，年率8％として(29.1)式から得られる価格である。図29.2は，債

券のフォワード価格ボラティリティがオプション期間によって変化するようすを示したものである。それに対し，いま定義したフォワード・イールド・ボラティリティはもっと定数に近いものになる。これが，トレーダーがフォワード・イールド・ボラティリティを好む理由である。

本書に付属しているDerivaGemソフトウェアのBond_Optionsワークシートでは，プライシング・モデルとしてBlack-Europeanを選択すると，Blackモデルによるヨーロピアン債券オプションの価格が計算できる。イールド・ボラティリティを入力すると，上で述べた方法で価格ボラティリティへの変換が内部的に行われる。行使価格は，取引価格と提示価格のどちらでも入力できる。

【例29.2】

額面100の10年債のヨーロピアン・プットについて考える。クーポンは年8％で，年2回払いである。オプションの残存期間は2.25年，行使価格は115である。フォワード・イールド・ボラティリティは20％であり，ゼロ・カーブは連続複利で5％フラットである。このとき，本書に付属するDerivaGemソフトウェアを用いて計算すると，債券の提示価格は122.82になる。行使価格が提示価格の場合には，オプション価格は2.36ドルとなる。また，行使価格が取引価格の場合には，オプション価格は1.74ドルとなる。（手計算する場合については練習問題29.16を参照。）

29.2 金利キャップとフロア

店頭市場で金融機関が提供しているよく取引される金利オプションの一つに，金利キャップ（interest rate cap）がある。金利キャップは，金利が定期的にLIBORに等しくなるようにリセットされる変動利付債を最初に考えてみるとよく理解できる。各リセットの間の期間はテナー（tenor）と呼ばれる。テナーを3カ月と仮定する。この債券の最初の3カ月間に対する金利は，当初の3カ月LIBORレートである。次の3カ月間に対する金利は，3

カ月後の市場における LIBOR レートに等しく設定される。それ以降も金利は同様に設定される。

金利キャップは，変動利付債の金利がある水準を超えることに対する保険となるように商品性が設計されている。この水準のことをキャップ・レート (cap rate) と呼ぶ。元本が1,000万ドル，テナーが3カ月，キャップの期間が5年，キャップ・レートが4％と仮定する。（支払が四半期ごとに行われるので，このキャップ・レートは3カ月複利で表されている。）このキャップは，変動利付債の金利が4％を超えた場合の保険になっている。

しばらくの間デイ・カウントの問題は無視し，利払い間隔は正確に0.25年であると仮定する。（デイ・カウントの問題については本節の終わりで触れる。）あるリセット日に，3カ月 LIBOR レートが5％であったとすると，この変動利付債の支払う3カ月後の利子は，

$$0.25 \times 0.05 \times 10{,}000{,}000 \text{ドル} = 125{,}000 \text{ドル}$$

となる。3カ月 LIBOR レートが4％のときの利払額は，

$$0.25 \times 0.04 \times 10{,}000{,}000 \text{ドル} = 100{,}000 \text{ドル}$$

である。したがって，キャップのペイオフは25,000ドルとなる。支払は5％が観測されたリセット日ではなく，その3カ月後に行われる。これは，金利が観測された時点と対応する支払が行われる時点との通常の時間的ずれを反映したものである。

キャップの期間中の各リセット日に LIBOR が観測される。LIBOR が4％以下の場合には，3カ月後にキャップからの支払は発生しない。LIBOR が4％を超えた場合には，支払は元本1,000万ドルに超過金利の4分の1を適用した金額となる。キャップは，当初の LIBOR レートがキャップ・レートを上回っている場合でも，最初のリセット日には支払が発生しない契約になっているのが通常である。いまの例では，キャップの期間は5年である。したがって，全部で19回のリセット日が（0.25, 0.50, 0.75, ..., 4.75年後に）あり，それに対応する19回のキャップからのペイオフが（0.50, 0.75, 1.00, ..., 5.00年後に）ある。

金利オプションのポートフォリオとしてのキャップ

期間が T, 元本が L, キャップ・レートが R_K のキャップを考える。リセット日を $t_1, t_2, \ldots, t_n$ とし, $t_{n+1} = T$ と定義する。また, R_k を時点 $t_k (1 \leq k \leq n)$ に観測される時点 t_k から時点 t_{k+1} までの期間に対する LIBOR レートと定義する。このとき, 時点 $t_{k+1} (k = 1, 2, \ldots, n)$ におけるキャップのペイオフは,

$$L\delta_k \max(R_k - R_K, 0) \qquad (29.5)$$

となる。ただし, $\delta_k = t_{k+1} - t_k$ である[1]。R_k と R_K はともにリセットの回数に等しい複利で表されている。

(29.5)式は, 時点 t_{k+1} に支払が発生する, 時点 t_k で観測される LIBOR レートに対するコール・オプションのペイオフである。キャップは n 個のこうしたオプションからなるポートフォリオである。LIBOR レートが時点 $t_1, t_2, t_3, \ldots, t_n$ に観測され, それに対応する支払が時点 $t_2, t_3, t_4, \ldots, t_{n+1}$ に発生する。キャップを構成する n 個のコール・オプションは, それぞれキャップレット (caplet) と呼ばれている。

債券オプションのポートフォリオとしてのキャップ

金利キャップは, ペイオフの確定時点に支払が発生する, ゼロクーポン債に対するプット・オプションのポートフォリオとして特徴付けることもできる。時点 t_{k+1} における(29.5)式のペイオフは, 時点 t_k における,

$$\frac{L\delta_k}{1 + R_k \delta_k} \max(R_k - R_K, 0)$$

のペイオフと等価である。簡単な式変形を行うと, この式は,

$$\max\left[L - \frac{L(1 + R_K \delta_k)}{1 + R_k \delta_k}, 0\right] \qquad (29.6)$$

となる。この式に含まれる,

---

[1] デイ・カウントの問題については本節の最後で論じる。

$$\frac{L(1+R_K\delta_k)}{1+R_k\delta_k}$$

という部分は，時点t_{k+1}に$L(1+R_K\delta_k)$の支払があるゼロクーポン債の時点t_kにおける価値を表している。したがって(29.6)式は，額面$L(1+R_K\delta_k)$，満期t_{k+1}のゼロクーポン債に対する行使価格L，満期t_kのプット・オプションのペイオフを表している。これより，金利キャップはゼロクーポン債に対するヨーロピアン・プット・オプションのポートフォリオとみなせることがわかる。

フロアとカラー

金利フロアと金利カラー（フロア・シーリング契約（floor–ceiling agreement）と呼ばれることもある）は，金利キャップと類似の契約である。フロア（floor）は，変動利付債の金利がある水準を下回った場合にペイオフが発生する商品である。先の記号を用いると，時点$t_{k+1}(k = 1, 2, \ldots, n)$におけるフロアのペイオフは，

$$L\delta_k \max(R_K - R_k, 0)$$

で与えられる。金利キャップの場合と同様に，金利フロアは金利に対するプット・オプションのポートフォリオ，あるいはゼロクーポン債に対するコール・オプションのポートフォリオとみなすことができる。フロアを構成する個々のオプションはフロアレット（floorlet）と呼ばれる。カラー（collar）は，LIBOR変動利付債の金利が常に二つの水準の間の値になることを保証する商品である。カラーは，キャップのロング・ポジションとフロアのショート・ポジションの組合せである。通常は，キャップとフロアの価格が当初等しくなるように設定される。したがって，カラーの取引開始時点でのコストはゼロとなる。

ビジネス・スナップショット29.1で，キャップとフロアに対するプット・コール・パリティの関係について説明する。

ビジネス・スナップショット 29.1
キャップとフロアに対するプット・コール・パリティ

キャップとフロアの価格の間にも，プット・コール・パリティが成り立つ。それは，

$$\text{キャップの価値} = \text{フロアの価値} + \text{スワップの価値}$$

という関係である。この関係式では，キャップとフロアの行使価格は同じ R_K である。また，スワップは LIBOR を受け取り，固定金利 R_K を支払う，初回リセット日に支払交換がない契約である。さらに，これら三つの商品すべてで契約期間と支払回数は同じである。

この結果が正しいことは，キャップのロング・ポジションとフロアのショート・ポジションの組合せを考えればわかる。LIBOR が R_K よりも大きい場合には，キャップからその期間に LIBOR $-R_K$ を適用したキャッシュ・フローが生じる。LIBOR が R_K よりも小さい場合には，フロアのショートからその期間に $-(R_K - \text{LIBOR}) = \text{LIBOR} - R_K$ を適用したキャッシュ・フローが生じる。したがって，すべての状況において LIBOR $-R_K$ のキャッシュ・フローが生じる。これはスワップからのキャッシュ・フローと同じである。このことから，キャップの価値からフロアの価値を引いた値はスワップの価値に等しくなければならない。

通常のスワップでは，最初のリセット日に時点ゼロにおける LIBOR で決まる支払が行われる。これに対し，通常のキャップやフロアでは，最初のリセット日における支払はない。これが，プット・コール・パリティにおけるスワップを，最初のリセット日における支払がないという標準的でない契約にした理由である。

キャップとフロアの評価

(29.5)式で示したように，時点 t_k に観測される金利に対応するキャップレットの時点 t_{k+1} におけるペイオフは，

$$L\delta_k \max(R_k - R_K, 0)$$

となる。標準的なマーケット・モデルでは，キャップレットの価値は，

$$L\delta_k P(0, t_{k+1})\bigl[F_k N(d_1) - R_K N(d_2)\bigr] \qquad (29.7)$$

となる。ただし，

$$d_1 = \frac{\ln(F_k/R_K) + \sigma_k^2 t_k/2}{\sigma_k \sqrt{t_k}}$$

$$d_2 = \frac{\ln(F_k/R_K) - \sigma_k^2 t_k/2}{\sigma_k \sqrt{t_k}} = d_1 - \sigma_k \sqrt{t_k}$$

であり，F_k は時点 t_k から時点 t_{k+1} までの期間に適用される時点 0 におけるフォワード・レート，σ_k はこのフォワード・レートのボラティリティである。これは Black モデルの自然な拡張になっている。R_k は時点 t_k に観測される金利なので，ボラティリティ σ_k には $\sqrt{t_k}$ が掛けられるが，支払が行われるのは時点 t_k ではなく時点 t_{k+1} なので，割引係数は $P(0, t_{k+1})$ となる。対応するフロアレットの価値は，

$$L\delta_k P(0, t_{k+1})\bigl[R_K N(-d_2) - F_k N(-d_1)\bigr] \qquad (29.8)$$

で与えられる。

【例29.3】

額面1,000万ドルに適用する１年後スタートの期間３カ月に対するLIBORレートに年率８％（３カ月複利）の上限を設ける契約について考える。これはキャップレットで，キャップの一つの構成要素である。LIBOR／スワップ・レートが無リスク割引率として用いられていると仮定し，LIBOR／スワップ・ゼロ・カーブが３カ月複利で年率７％フラットであり，キャップレットの原資産である３カ月フォワード・レートのボラティリティが年率20％であるとする。連続複利でのゼロ・レートはすべての満期に対して6.9395％である。100万ドル単位で表せば，(29.7)式で，$F_k = 0.07$，$\delta_k = 0.25$，$L = 10$，$R_K = 0.08$，$t_k = 1.0$，$t_{k+1} = 1.25$，$P(0, t_{k+1}) = e^{-0.069395 \times 1.25} = 0.9169$，$\sigma_k = 0.20$ となる。また，

$$d_1 = \frac{\ln(0.07/0.08) + 0.2^2 \times 1/2}{0.20 \times 1} = -0.5677$$

$$d_2 = d_1 - 0.20 = -0.7677$$

となるから，キャップレットの価格（百万ドル単位）は，

$0.25 \times 10 \times 0.9169[0.07N(-0.5677) - 0.08N(-0.7677)] = 0.005162$

すなわち5,162ドルとなる。この結果は，本書に付属するDerivaGemソフトウェアでも得ることができる。

キャップを構成する個々のキャップレットは(29.7)式を用いて別々に評価される。同様に，フロアを構成する個々のフロアレットは(29.8)式を用いて別々に評価される。その際のボラティリティには，キャップレット（またはフロアレット）ごとに異なるものを用いるのが一つの方法である。その場合のボラティリティはスポット・ボラティリティ（spot volatility）と呼ばれる。これに対し，特定のキャップ（フロア）を構成するすべてのキャップレット（フロアレット）に対して同じボラティリティを用い，キャップ（フロア）の期間ごとにボラティリティを変える方法もある。この場合のボラティリティはフラット・ボラティリティ（flat volatility）と呼ばれる[2]。市場で提示されているボラティリティは通常フラット・ボラティリティである。しかし，スポット・ボラティリティのほうがキャップレット（フロアレット）の割安割高がわかるので，多くのトレーダーはスポット・ボラティリティを推定したがる。ユーロドル先物に対するプット（コール）・オプションはキャップレット（フロアレット）に非常によく似た商品であり，3カ月LIBORに対するキャップレットとフロアレットのスポット・ボラティリティは，ユーロドル先物オプションの価格から計算されるボラティリティと比較されることが多い。

---

[2] フラット・ボラティリティはスポット・ボラティリティから計算することができ，その逆の計算もすることができる（練習問題29.20を参照）。

スポット・ボラティリティとフラット・ボラティリティ

図29.3は，スポット・ボラティリティとフラット・ボラティリティを満期の関数とした場合にみられる典型的なパターンである。（スポット・ボラティリティの場合には，満期はキャップレットまたはフロアレットの満期である。フラット・ボラティリティの場合には，満期はキャップまたはフロアの満期である。）フラット・ボラティリティはスポット・ボラティリティの累積平均のようなものであり，満期に対する変化は相対的に小さい。図29.3に示されているように，ボラティリティには"こぶ"が通常観測される。こぶの最大点はだいたい2年から3年のところにある。このこぶは，オプション価格から計算されたインプライド・ボラティリティと過去データから計算されたヒストリカル・ボラティリティの両方に対して観測される。こぶが存在する理由について，一般的に一致した意見はない。一つのありうる説明は次のようなものである。ゼロ・カーブの短期の端に対応する金利は中央銀行に管理されている。それに対し，2年から3年のところの金利はトレーダーの活動によって決まる部分が大きい。こうしたトレーダーは，短期金利について観測される変化に過剰に反応するため，それらの金利のボラティリティを短期金利のボラティリティよりも高くする原因となっている。満期が2年から3年を超えると，第31章で論じるように，金利の平均回帰性によってボラティリティは減少してくる。

図29.3　ボラティリティのこぶ

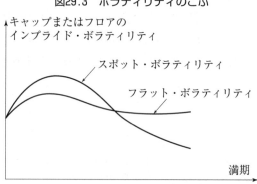

表29.1 米ドルのキャップとフロアに対してブローカーが提示するインプライド・フラット・ボラティリティの典型例（年率%）

期間	キャップ ビッド	キャップ オファー	フロア ビッド	フロア オファー
1年	18.00	20.00	18.00	20.00
2年	23.25	24.25	23.75	24.75
3年	24.00	25.00	24.50	25.50
4年	23.75	24.75	24.25	25.25
5年	23.50	24.50	24.00	25.00
7年	21.75	22.75	22.00	23.00
10年	20.00	21.00	20.25	21.25

ディーラー間のブローカーは，キャップとフロアに対するインプライド・フラット・ボラティリティの一覧を提示している．提示されているボラティリティは，通常"アット・ザ・マネー"の商品に対応したものである．これは，キャップ／フロア・レートがそのキャップと同じ支払日をもつスワップのスワップ・レートに等しい場合として定義される．表29.1は，米国ドル市場におけるブローカーの提示の典型例を示したものである．キャップのテナーは3カ月で，キャップの満期は1年から10年までにわたっている．このデータにも図29.3に示すような"こぶ"がみられる．

モデルに対する理論的裏付け

キャップレットの評価に用いられた Black モデルの拡張が内的整合性をもっていることは，満期 t_{k+1} の無リスクのゼロクーポン債に関するフォワード・リスク中立世界を考えることによって示すことができる．28.4節の分析から，次のことがわかる．

1. 任意の証券の現在価値は，この世界での時点 t_{k+1} における値の期待値に満期 t_{k+1} のゼロクーポン債の価格を掛けたものに等しい（(28.20)式を参照）．
2. 時点 t_k から時点 t_{k+1} までの期間に対する無リスク金利の期待値は，この世界でのフォワード・レートに等しい（(28.22)式を参照）．

一つ目の結果から，前の記号を用いると，時点 t_{k+1} に支払のあるキャップレットの価格は，

$$L\delta_k P(0, t_{k+1}) E_{k+1}\left[\max(R_k - R_K, 0)\right] \quad (29.9)$$

となる。ただし，E_{k+1} は満期 t_{k+1} のゼロクーポン債に関するフォワード・リスク中立世界での期待値である。キャップの原資産であるフォワード・レート（初期値は F_k）のボラティリティが定数 σ_k であると仮定すると，いま考えている世界では R_k は $\ln(R_k)$ の標準偏差が $\sigma_k\sqrt{t_k}$ となる対数正規分布に従う。(15A.1)式から，(29.9)式は，

$$L\delta_k P(0, t_{k+1})\left[E_{k+1}(R_k)N(d_1) - R_K N(d_2)\right]$$

となる。ここで，

$$d_1 = \frac{\ln\left[E_{k+1}(R_k)/R_K\right] + \sigma_k^2 t_k/2}{\sigma_k \sqrt{t_k}}$$

$$d_2 = \frac{\ln\left[E_{k+1}(R_k)/R_K\right] - \sigma_k^2 t_k/2}{\sigma_k \sqrt{t_k}} = d_1 - \sigma_k\sqrt{t_k}$$

である。二つ目の結果から，

$$E_{k+1}(R_k) = F_k$$

となる。この結果は，(28.22)式からわかるように，LIBOR が無リスク割引率として用いられている場合は正しい。29.4節で，フォワード LIBOR が OIS 割引と整合するように決定されているのならば，OIS 割引でもこの結果は正しいことを示す。これらの結果より，(29.7)式のキャップの価格づけモデルが導かれる。すなわち，金利の期待値をそのフォワード・レートに等しいと置けば，現時点において市場で観測される満期 t_{k+1} の金利で割り引くことができる。

DerivaGem ソフトウェアの利用

本書に付属している DerivaGem ソフトウェアを用いて，Black モデルによる金利キャップとフロアの価格を計算することができる。Cap_and_Swap_Option ワークシートで，原資産の種類として Cap/Floor を選択し，プライシング・モデルとして Black-European を選択する。LIBOR／スワッ

プのゼロ・カーブは連続複利金利として入力する。(OIS割引の場合には，OISゼロ・カーブを入力する。) さらに，キャップの期間の開始日と終了日，フラット・ボラティリティ，キャップの支払頻度（すなわちテナー）を入力する。支払日はキャップの期間の終了日から開始日へさかのぼって，ソフトウェアで計算される。その際には，キャップレット／フロアレットの最初の期間の長さは，通常の期間の0.5倍から1.5倍の間であると仮定されている。たとえば，キャップの期間は1.22年後から2.80年後までで，支払頻度は四半期ごととする。この場合にはキャップレットは六つになり，その期間は2.55年後から2.80年後，2.30年後から2.55年後，2.05年後から2.30年後，1.80年後から2.05年後，1.55年後から1.80年後，1.22年後から1.55年後となる。

デイ・カウント・コンベンションの影響

本節でこれまで紹介してきた公式は，デイ・カウント・コンベンションを反映したものではない（デイ・カウント・コンベンションについては6.1節を参照）。キャップ・レート R_K が実日数/360のデイ・カウントで表されているとしよう（これは米国での通常のデイ・カウントである）。この場合には，公式内の期間 δ_k は t_k から t_{k+1} までの期間の年換算日数であるアクルーアル・フラクション（accrual fraction）a_k に置き換えなければならない。たとえば，t_k を5月1日，t_{k+1} を8月1日とすると，実日数/360のもとでは，支払日間の日数は92日となり，$a_k = 92/360 = 0.2556$ となる。フォワード・レート F_k も実日数/360で表す必要があり，

$$1 + a_k F_k = \frac{P(0, t_k)}{P(0, t_{k+1})}$$

を解いて求められる。これらすべてをあわせた影響は，δ_k を実日数/実日数で計算し，R_K を実日数/360から実日数/実日数へ変換し，

$$1 + \delta_k F_k = \frac{P(0, t_k)}{P(0, t_{k+1})}$$

を解いて F_k を実日数/実日数で表した場合と同じになる。

29.3 ヨーロピアン・スワップション

スワップ・オプションあるいはスワップション (swaption) は，金利スワップに対するオプションで，もう一つのよく取引されている金利オプションである。それらは，保有者が将来のある時点にあらかじめ決められた金利スワップを開始する権利である。(もちろん，保有者はこの権利を行使しなくてもよい。)取引先企業に金利スワップを提供している多くの大手金融機関は，彼らとのスワップションの売買にも応じている。ビジネス・スナップショット29.2で示すように，スワップションは債券オプションの一種とみなすことができる。

スワップションの利用例として，ある企業が6カ月後に開始する5年変動金利ローン契約を結んでおり，そのローンを固定金利ローンに変えるために変動金利と固定金利とを交換したいと考えているとする(このようなスワップの使い方については第7章を参照)。その企業はコストを払って，6カ月後スタートの5年間に6カ月LIBORを受け取り，たとえば3％の固定金利を支払うスワップを開始する権利を得るスワップションを購入することができる。このとき，6カ月後に通常の5年スワップのスワップ・レートが年率3％以下になった場合には，その企業はスワップションを行使せず，通常どおりスワップ取引を行う。しかし，スワップ・レートが年率3％を上回った場合には，その企業はスワップションを行使して市場実勢よりもよい条件でスワップ契約を締結することになる。

上記のようにスワップションを用いると，企業は将来のある時点から開始するローンの固定金利がある水準を上回らないようにすることができる。スワップションのかわりにフォワード・スワップ(ディファード・スワップ (deferred swap) と呼ばれることもある)を用いる方法もある。フォワード・スワップは当初コストがかからないが，スワップ契約を締結する義務が生じるという短所がある。スワップションの場合には，企業は不利な金利変動に対する保険をもちつつ，有利な金利変動からの恩恵を被ることができる。こうしたスワップションとフォワード・スワップとの違いは，通貨オプション

と為替フォワード契約との違いと同様のものである。

> **ビジネス・スナップショット29.2**
> **スワップションと債券オプション**
>
> 　第7章で説明したように，金利スワップは固定利付債と変動利付債を交換する契約とみなすことができる。スワップ開始時点では，変動利付債の価値はスワップの元本と常に等しい。したがって，スワップションは固定利付債とスワップ元本を交換するオプション，すなわち債券オプションの一種とみなすことができる。
> 　保有者が固定金利を支払い，変動金利を受け取る権利をもつ場合には，スワップションは行使価格が元本に等しい固定利付債のプット・オプションである。保有者が変動金利を支払い，固定金利を受け取る権利をもつ場合には，スワップションは行使価格が元本に等しい固定利付債のコール・オプションである。

ヨーロピアン・スワップションの評価

　第7章で説明したように，特定の時点における特定の満期に対するスワップ・レートは，その満期に対する新規スワップ取引においてLIBORと交換される固定レート（の市場仲値）である。ヨーロピアン・スワップションの評価に用いられる通常のモデルでは，原資産であるスワップ・レートのオプション満期における値は対数正規分布に従うと仮定されている。s_Kの金利を支払いLIBORを受け取る期間 n 年のスワップを，T 年後に開始する権利を保有者がもつスワップションについて考えよう。スワップには年 m 回の支払があり，想定元本は L とする。

　第7章でみたように，デイ・カウント・コンベンションに基づいて計算されたスワップの固定支払額は各支払日で若干異なる。しばらくはデイ・カウント・コンベンションの影響は無視し，スワップの各固定支払額は固定レートを L/m 倍したものに等しいと仮定する。デイ・カウント・コンベンショ

ンの影響については本節の終わりで検討する。

時点 T に開始する n 年スワップ・レートを s_T とする。固定金利が s_T のスワップのキャッシュ・フローと，固定金利が s_K のスワップのキャッシュ・フローとを比較すると，スワップションのペイオフは，

$$\frac{L}{m}\max(s_T-s_K,0)$$

に等しい一連のキャッシュ・フローからなることがわかる。スワップ期間である n 年間に，このキャッシュ・フローを年 m 回受け取る。現時点からみたスワップの支払日を $T_1, T_2, \ldots, T_{mn}$ 年後とする。（近似的に $T_i = T+i/m$ と考えてよい。）各キャッシュ・フローは，行使価格 s_K の s_T に対するコール・オプションのペイオフである。

キャップが金利に対するオプションのポートフォリオであったのに対し，スワップションは繰り返し支払が行われるスワップ・レートに対する単一のオプションである。標準的なマーケット・モデルでは，保有者が s_K を支払う権利をもつスワップションの価値は，

$$\sum_{i=1}^{mn}\frac{L}{m}P(0,T_i)\bigl[s_0 N(d_1)-s_K N(d_2)\bigr]$$

で与えられる。ただし，

$$d_1 = \frac{\ln(s_0/s_K)+\sigma^2 T/2}{\sigma\sqrt{T}}$$

$$d_2 = \frac{\ln(s_0/s_K)-\sigma^2 T/2}{\sigma\sqrt{T}} = d_1-\sigma\sqrt{T}$$

であり，s_0 は (28.23) 式で計算される時点ゼロにおけるフォワード・スワップ・レート，σ はフォワード・スワップ・レートのボラティリティである（したがって，$\sigma\sqrt{T}$ は $\ln s_T$ の標準偏差となる）。

これは，Black モデルの自然な拡張になっている。ボラティリティ σ には $\sqrt{T}$ が掛けられる。$\sum_{i=1}^{mn}P(0,T_i)$ という項は，mn 個のペイオフに対する割引係数を表している。A を時点 $T_i (1 \leq i \leq mn)$ に $1/m$ を支払う契約の価値と定義すると，スワップションの価値は，

$$LA[s_0 N(d_1) - s_K N(d_2)] \qquad (29.10)$$

と書ける。ただし,

$$A = \frac{1}{m}\sum_{i=1}^{mn} P(0, T_i)$$

である。

保有者が s_K を支払うのではなく受け取る権利をもつスワップションの場合には，そのペイオフは，

$$\frac{L}{m}\max(s_K - s_T, 0)$$

となる。これは s_T に対するプット・オプションである。前と同様に時点 T_i ($1 \leq i \leq mn$) にこれらのペイオフを受け取ることになる。標準的なマーケット・モデルでは，このスワップションの価値は，

$$LA[s_K N(-d_2) - s_0 N(-d_1)] \qquad (29.11)$$

で与えられる。

DerivaGem ソフトウェアは Black モデルによるスワップションの評価も行える。Cap_and_Swap_Options ワークシートで，Underlying Type として Swap Options を選び，評価モデルとして Black-European を選択する。LIBOR／スワップ・ゼロ・カーブは連続複利として入力する。OIS ゼロ・カーブが必要な場合も同様である。

【例29.4】

LIBOR イールド・カーブ（割引に用いられるとする）が連続複利で年率6％でフラットであるとする。6.2％を支払う3年スワップを5年後に開始する権利を保有者がもつスワップションについて考える。フォワード・スワップ・レートのボラティリティは20％である。支払は年2回行われ，元本は1億ドルとする。この場合には，

$$A = \frac{1}{2}(e^{-0.06 \times 5.5} + e^{-0.06 \times 6} + e^{-0.06 \times 6.5} + e^{-0.06 \times 7} + e^{-0.06 \times 7.5} + e^{-0.06 \times 8})$$

$$= 2.0035$$

となる。連続複利で年率6％の金利は，半年複利に直すと6.09％にな

る。したがって，この例では $s_0 = 0.0609$, $s_K = 0.062$, $T = 5$, $\sigma = 0.2$ となり，

$$d_1 = \frac{\ln(0.0609/0.062) + 0.2^2 \times 5/2}{0.2\sqrt{5}} = 0.1836$$

$$d_2 = d_1 - 0.2\sqrt{5} = -0.2636$$

となる。(29.10)式より，スワップションの価値（百万ドル単位）は，

$100 \times 2.0035 \times [0.0609 \times N(0.1836) - 0.062 \times N(-0.2636)] = 2.07$

すなわち，207万ドルになる。（これは，DerivaGem ソフトウェアで得られる価格と一致している。）

ブローカーの提示

ディーラー間のブローカーは，ヨーロピアン・スワップションに対するインプライド・ボラティリティ（すなわち，(29.10)式と(29.11)式を用いた場合の市場価格にインプライされている σ の値）の一覧を提示している。提示されているボラティリティは，通常，行使スワップ・レートがフォワード・スワップ・レートに一致しているという意味での"アット・ザ・マネー"の商品に対応したものである。表29.2は，米国ドル市場におけるブローカーの提

表29.2　米ドルのヨーロピアン・スワップションに対するブローカーの提示の典型例（ボラティリティの市場仲値，年率%）

満期	スワップ期間						
	1年	2年	3年	4年	5年	7年	10年
1カ月	17.75	17.75	17.75	17.50	17.00	17.00	16.00
3カ月	19.50	19.00	19.00	18.00	17.50	17.00	16.00
6カ月	20.00	20.00	19.25	18.50	18.75	17.75	16.75
1年	22.50	21.75	20.50	20.00	19.50	18.25	16.75
2年	22.00	22.00	20.75	19.50	19.75	18.25	16.75
3年	21.50	21.00	20.00	19.25	19.00	17.75	16.50
4年	20.75	20.25	19.25	18.50	18.25	17.50	16.00
5年	20.00	19.50	18.50	17.75	17.50	17.00	15.50

示の典型例を示したものである。縦軸はオプションの満期を表しており，1カ月から5年までが提示されている。横軸はオプション満期における原資産であるスワップの期間を表しており，1年から10年までが提示されている。表の1年の列のボラティリティには，キャップで議論したのと同様のこぶがみられる。期間の長いスワップに対するスワップションに対応した列に移るにつれて，こぶはみられるが，それほど顕著ではなくなっている。

スワップションのモデルに対する理論的裏付け

スワップションに用いられた Black モデルの拡張が内的整合性をもっていることは，アニュイティ A に関するフォワード・リスク中立世界を考えることによって示すことができる。28.4節の分析から次のことがわかる。

1. 任意の証券の現在価値は，アニュイティの現在値に，この世界における，

$$\frac{\text{時点 } T \text{における証券価格}}{\text{時点 } T \text{におけるアニュイティの値}}$$

の期待値を掛けたものに等しい（(28.25)式を参照）。

2. 時点 T におけるスワップ・レートのこの世界における期待値は，そのフォワード・スワップ・レートに等しい（(28.24)式を参照）。

一つ目の結果から，スワップションの価値は，

$$LAE_A\bigl[\max(s_T - s_K, 0)\bigr]$$

となる。(15A.1)式から，これは，

$$LA\bigl[E_A(s_T)N(d_1) - s_K N(d_2)\bigr]$$

と書ける。ここで，

$$d_1 = \frac{\ln\bigl[E_A(s_T)/s_K\bigr] + \sigma^2 T/2}{\sigma\sqrt{T}}$$

$$d_2 = \frac{\ln\bigl[E_A(s_T)/s_K\bigr] - \sigma^2 T/2}{\sigma\sqrt{T}} = d_1 - \sigma\sqrt{T}$$

である。二つ目の結果から，$E_A(s_T)$ は s_0 に等しい。（これは，(28.24)式からわかるように LIBOR が無リスク割引率として用いられている場合は正しい。29.4

節で,フォワード・スワップ・レートが OIS 割引と整合するように決定されているのならば,この結果は OIS 割引についても正しいことを示す。)これらの結果より,(29.10)式のスワップションの価格式が導かれる。すなわち,スワップ・レートの期待値をそのフォワード・スワップ・レートに等しいと置けば,割引のための金利は一定としてよい。

デイ・カウント・コンベンションの影響

いままでの公式は,デイ・カウント・コンベンションを考慮するとより正確なものになる。スワップションの原資産であるスワップの固定金利は実日数/365や30/360のようなデイ・カウント・コンベンションを用いて表されている。$T_0 = T$ とし,デイ・カウント・コンベンションを適用した T_{i-1} から T_i までの期間の年換算日数を a_i とする。(たとえば,T_{i-1} を3月1日,T_i を9月1日とすると,デイ・カウントが実日数/365のときは,$a_i = 184/365 = 0.5041$ になる。)このとき,これまで示してきた公式は,

$$A = \sum_{i=1}^{mn} a_i P(0, T_i)$$

で定義されるアニュイティ・ファクター A を用いれば正確なものになる。LIBOR 割引の場合には,フォワード・スワップ・レートは(28.23)式により計算される。

29.4 OIS 割引

キャップ/フロアとスワップションに関するこの章でのいままでの議論は,LIBOR がキャッシュ・フローを決定するためだけではなく,無リスク割引率を決定するのにも用いられていると仮定してきた。OIS 割引の場合は,9.3節で概説したアプローチによりフォワード LIBOR を決めることになる。よって,t_k から t_{k+1} の期間でのフォワード LIBOR は $E_{k+1}(R_k)$ となる。ここで,R_k はこの期間での実現 LIBOR であり,E_{k+1} は時点 t_{k+1} に満期を迎える無リスク(OIS)ゼロクーポン債に関するフォワード・リスク中

立世界での期待値を表す.

キャップの評価について(29.9)式は依然として正しい. もしF_kが$E_{k+1}(R_k)$であり, $P(0, t_{k+1})$がOISゼロ・カーブから計算されるのであれば, (29.7)式が導かれる.

スワップションの評価についても同様である. OIS割引が用いられる場合でも, (29.10)式と(20.11)式は正しい. アニュイティ・ファクターAはOISゼロ・カーブにより計算される. フォワード・スワップ・レートs_0はフォワードLIBORから計算されるので, OIS割引のもとではフォワード・スワップの価値はゼロとなる.

これらの点については32.3節でさらに議論する.

29.5 金利デリバティブのヘッジ

本節では, 第19章で紹介したグリークスを金利デリバティブの場合に拡張する方法について論じる.

金利デリバティブでは, デルタ・リスクはゼロ・カーブのシフトに伴うリスクになる. ゼロ・カーブのシフトのさせ方はいろいろあるので, 多くのデルタが計算可能である. そのいくつかは, 次のようなものである.

1. ゼロ・カーブを1ベーシス・ポイントだけパラレル・シフトさせたときの影響を計算する. これはDV01と呼ばれることがある.
2. ゼロ・カーブを構築するのに用いられた各商品の提示価格を微小変化させたときの影響を計算する.
3. ゼロ・カーブ(またはフォワード・カーブ)をいくつかの部分(またはバケット)に分割する. 一つのバケットの金利を1ベーシス・ポイントだけシフトさせ, 残りの期間構造を当初のままにしたときの影響を計算する. (これについてはビジネス・スナップショット6.3で説明した.)
4. 22.9節で概要を説明した主成分分析を行う. 最初のいくつかの各ファクターの変化に関するデルタを計算する. このとき, 一つ目のデ

ルタはゼロ・カーブを微小量だけだいたいパラレル・シフトさせたときの影響を表し，二つ目のデルタはゼロ・カーブの微小なねじれに対する影響を表している，などとなる．

実務では，トレーダーは二つ目のアプローチを好む傾向がある．ゼロ・カーブが変化するのは，ゼロ・カーブを計算するのに用いられた商品の提示価格が変化した場合に限られる，というのがトレーダーの主張である．したがって，それらの商品の価格変化から生じるエクスポージャーに焦点を当てることは理にかなっているとトレーダーは感じている．

いくつかのデルタが計算される場合には，多くのガンマが計算可能である．10種類の商品を用いてゼロ・カーブが計算されており，各商品の提示価格の変化に対する影響を求めてデルタが計算されていると仮定する．Πをポートフォリオの価値とするとき，ガンマは$\partial^2 \Pi /\partial x_i \partial x_j$という形の2階偏微分係数で与えられる．$x_i$について10通り，$x_j$について10通りの選び方があるので，合計55通りの異なるガンマが定義できる．これは"情報過多"かもしれない．一つの方法は，クロスするガンマを無視して，$i = j$となる10個の偏微分係数に焦点を当てるというものである．別の方法は，ゼロ・カーブのパラレル・シフトに関するポートフォリオの価値の2階偏微分係数をただ一つのガンマとして計算するというものである．さらには，主成分分析の最初の二つのファクターに関するガンマを計算するというものも考えられる．

金利デリバティブのポートフォリオのベガは，ボラティリティの変化に対するエクスポージャーを測るものである．一つの方法は，すべてのキャップやヨーロピアン・スワップションのBlackボラティリティを同じだけ微小変化させたときのポートフォリオへの影響を計算するというものである．しかし，この方法は一つのファクターによってすべてのボラティリティが変動していると仮定するもので，単純すぎるかもしれない．もっとよい方法は，キャップやスワップションのボラティリティに対して主成分分析を行い，最初の二つか三つのファクターに対応するベガを計算するというものである．

要約

　Blackモデルとその拡張は，ヨーロピアン・スタイルの金利オプションの評価によく使われている。オプションの原資産変数の値がオプション満期に対数正規分布に従っていると仮定することが，Blackモデルの本質的な部分である。ヨーロピアン債券オプションの場合には，Blackモデルではオプション満期における原資産の債券価格が対数正規分布していると仮定されている。キャップの場合には，キャップを構成している個々のキャップレットの原資産である金利が対数正規分布していると仮定されている。スワップションの場合には，原資産であるスワップ・レートが対数正規分布していると仮定されている。

　この章で示したこれらのモデルは，それぞれには内的整合性をもっているが，互いには整合的でない。たとえば，将来の債券価格が対数正規分布に従うならば，将来の金利とスワップ・レートは対数正規分布とはならない。あるいは，将来の金利が対数正規分布に従うならば，将来の債券価格とスワップ・レートは正規分布とはならない。また，これらのモデルをアメリカン・スワップションのような商品を評価できるように拡張することは簡単ではない。第31章と32章でより一般的な金利モデルを示す。それらはより複雑ではあるが，ずっと広範な商品に対して使えるものである。

　Blackのモデルでは，変数の期待値がそのフォワード値に等しいという仮定に基づいて期待ペイオフを求め，その期待ペイオフを現時点の市場で観測されるゼロ・レートで割り引くという計算が行われる。これは，本章で考察してきた"プレーン・バニラ"商品に対しては正しい手法となっている。しかし，次章でみるように，この手法はすべての状況で正しいというわけではない。

参考文献

Black, F. "The Pricing of Commodity Contracts," *Journal of Financial Economics*, 3 (March 1976): 167-79.

Hull, J., and A. White. "OIS Discounting and the Pricing of Interest Rate Derivatives," Working Paper, University of Toronto, 2013.

練習問題

29.1 ある企業が3カ月 LIBOR に対する年率10％のキャップを保有している。想定元本は2,000万ドルである。あるリセット日の3カ月 LIBOR が年率12％であったとする。このとき、キャップ契約に基づいていくらの支払が生じるか。また、支払はいつ行われるか。

29.2 スワップションが債券オプションの一種とみなせる理由を説明せよ。

29.3 Blackモデルを用いて、10年債に対する満期1年のヨーロピアン・プット・オプションを評価せよ。ただし、現在の債券の取引価格を125ドル、行使価格を110ドル、1年物の無リスク金利を年率10％、債券のフォワード価格のボラティリティを年率8％とし、オプション期間中に支払われるクーポンの現在価値を10ドルとする。

29.4 期間5年のキャップを評価する際に、(a)スポット・ボラティリティと(b)フラット・ボラティリティはどのように用いられるかについて注意深く説明せよ。

29.5 元本1,000ドルに対する15カ月後スタートの3カ月金利に対して上限13％（3カ月複利）を設けるオプションの価格を計算せよ。ただし、対象期間に対するフォワード・レートを年率12％（3カ月複利）、18カ月物無リスク金利を年率11.5％（連続複利）、フォワード・レートのボラティリティを年率12％とする。

29.6 ある銀行では，ヨーロピアン債券オプションの価格づけに Black モデルが用いられている。10年債に対する満期5年のオプションのインプライド・プライス・ボラティリティを用いて，同じ債券に対する満期9年のオプションの価格づけを行うとする。このとき，得られる価格は高すぎると予想されるか，低すぎると予想されるか。その理由も説明せよ。

29.7 今日から5年後に満期を迎える債券に対する満期4年のヨーロピアン・コール・オプションの価値を，Black モデルを用いて計算せよ。ただし，5年債の取引価格を105ドル，同じクーポンをもつ4年債の取引価格を102ドル，行使価格を100ドル，4年物無リスク金利を連続複利で年率10%，4年後の債券価格のボラティリティを年率2%とする。

29.8 10年後に満期を迎える債券に対する満期5年のプット・オプションのイールド・ボラティリティを22%とするとき，そのオプションの価値はどのように求められるか。ただし，現在の金利に基づいて計算したオプション満期での債券の修正デュレーションは4.2年であり，債券のフォワード・イールドは7%であるとする。

29.9 別の金融商品で，キャップとフロアの行使価格が同一の5年物ゼロ・コスト・カラーと同じ経済効果をもつものは何か。また，共通の行使価格は何と等しくなるか。

29.10 ヨーロピアン債券オプションに対するプット・コール・パリティの関係式を導出せよ。

29.11 ヨーロピアン・スワップションに対するプット・コール・パリティの関係式を導出せよ。

29.12 キャップとフロアのインプライド Black（フラット・）ボラティリティが異なる場合，裁定機会が存在する理由について説明せよ。また，表29.1のブローカーの提示には裁定機会は存在するか。

29.13 債券価格が対数正規分布に従うと仮定した場合，債券イールドは負になりうるか。その理由も説明せよ。

29.14 5％の固定金利を支払い，LIBORを受け取る期間3年，年1回払いのスワップ契約を4年後に開始する権利を保有者がもつヨーロピアン・スワップションの価値を求めよ．ただし，スワップの想定元本は1,000万ドル，LIBOR／スワップ・イールド・カーブは1年複利で年率5％でフラットとして割引に用い，スワップ・レートのボラティリティは20％とする．得られた答えとDerivaGemソフトウェアによる計算結果とを比較せよ．いま，すべてのスワップ・レートは5％とし，すべてのOISレートを4.7％とする．DerivaGemソフトウェアを使い，LIBORゼロ・カーブとスワップション価値を計算せよ．

29.15 ゼロクーポン債のイールド R が，

$$dR = \mu\,dt + \sigma\,dz$$

という確率過程に従っているとする．ただし，μ と σ は R と t の関数で，dz はウィナー過程である．伊藤の補題を用いて，ゼロクーポン債価格のボラティリティが満期に近づくとゼロに減少していくことを示せ．

29.16 例29.2のオプション価格を手計算で検証せよ．

29.17 1年，2年，3年，4年，5年のLIBOR対固定で半年ごとに支払のあるスワップのスワップ・レートが，それぞれ6％，6.4％，6.7％，6.9％，7％であるとする．元本が100ドル，キャップ・レートが8％の期間5年，年2回払いのキャップの価格が3ドルである．このとき，DerivaGemソフトウェアを用いて次の値を求めよ．

(a) LIBOR割引でのキャップとフロアに対する期間5年のフラット・ボラティリティ

(b) LIBOR割引でのキャップ・レートが8％の場合の5年物ゼロ・コスト・カラーにおけるフロア・レート

(c) OISスワップ・レートがLIBORスワップ・レートよりも100ベーシス・ポイント低かったとして，OIS割引を用いた場合の(a)と(b)を計算せよ．

29.18 V_1 を時点 T_1 から時点 T_2 の間に固定金利 s_K を支払いLIBORを受け

取るスワップションの価値，f を時点 T_1 から時点 T_2 の間に固定金利 s_K を受け取り LIBOR を支払うフォワード・スワップの価値，V_2 を時点 T_1 から時点 T_2 の間に固定金利 s_K を受け取るスワップションの価値とするとき，$V_1+f=V_2$ が成り立つことを示せ．また，s_K が現在のフォワード・スワップ・レートに等しいとき，$V_1=V_2$ となることを導け．

29.19 LIBOR ゼロ・レートが問題29.17のように与えられているとする．DerivaGem ソフトウェアを用いて，固定金利6％を支払い，LIBOR を受け取る期間5年のスワップを1年後に開始できるオプションの価値を計算せよ．ただし，元本は1億ドル，金利は半年ごとに交換され，スワップ・レートのボラティリティは21%であると仮定する．なお，LIBOR 割引により計算せよ．

29.20 (a)キャップのスポット・ボラティリティからキャップのフラット・ボラティリティを計算する方法と(b)キャップのフラット・ボラティリティからキャップのスポット・ボラティリティを計算する方法を述べよ．

発展問題

29.21 残存期間14.25年の米国長期国債に対する満期8カ月のヨーロピアン・プット・オプションを考える．現在の債券の取引価格を910ドル，行使価格を900ドル，債券価格のボラティリティを年率10%とする．債券からは3カ月後に35ドルのクーポンが支払われる．期間1年までのすべての満期に対して，無リスク金利は8%であるとする．このとき，Black モデルを用いてオプション価格を求めよ．ただし，行使価格が債券の取引価格に対応する場合と，提示価格に対応する場合の両方について考えよ．

29.22 元本が1,000ドルとして，9カ月後の90日 LIBOR レートに対するキャップの価格を，LIBOR 割引による Black モデルを用いて以下の条件のもとで計算せよ。

(a) 満期9カ月のユーロドル先物の提示価格 = 92。（先物レートとフォワード・レートとの差は無視せよ。）

(b) 満期9カ月のユーロドル・オプションにインプライされている金利のボラティリティ = 年率15%。

(c) 連続複利での現在の12カ月物無リスク金利 = 年率7.5%。

(d) キャップ・レート = 年率8%。（デイ・カウントは実日数/360とせよ。）

29.23 LIBOR イールド・カーブがフラットで，1年複利で8%であるとする。保有者が7.6%を受け取る期間5年のスワップを4年後に開始できる権利をもつスワップションを考える。フォワード・スワップ・レートのボラティリティを年率25%，想定元本を100万ドルとする。LIBOR 割引による Black モデルを用いてスワップションの価格を計算せよ。また，得られた答えと DerivaGem ソフトウェアによる計算結果とを比較せよ。

29.24 DerivaGem ソフトウェアを用いて，LIBOR を基準とするローン（3カ月ごとにリセット）の金利の最大値と最小値をそれぞれ7%と5%にするような，期間5年のカラーの価値を計算せよ。ただし，LIBOR と OIS ゼロ・カーブ（連続複利）は現在それぞれ6%と5.8%でフラットであるとし，フラット・ボラティリティは20%，元本は100ドルと仮定する。なお，OIS 割引により計算せよ。

29.25 DerivaGem ソフトウェアを用いて，固定金利6%を支払い，変動金利を受け取る期間5年のスワップを2年後に開始できる権利をもつヨーロピアン・スワップションの価値を計算せよ。ただし，スワップのキャッシュ・フローは半年ごとに交換される。半年ごとに支払を交換する1年，2年，5年，10年の LIBOR 対固定のスワップ・レートはそれぞれ5%，6%，6.5%，7%，元本は100ドル，ボラ

ティリティは年率15%と仮定する。

(a) LIBOR 割引により計算せよ。

(b) OIS スワップ・レートが LIBOR スワップ・レートよりも80ベーシス・ポイント低いと仮定し，OIS 割引により計算せよ。

(c) LIBOR 割引で計算されたスワップ・レートに OIS 割引を用いるという間違った方法をとった場合で計算し，この間違った方法による誤差を求めよ。

第30章
コンベキシティ調整，タイミング調整，クオント調整

　ヨーロピアン・スタイルのデリバティブの評価は，一般的に次の2ステップの手続で行われる。
1. 各原資産変数の期待値がそのフォワード値に等しいと仮定して期待ペイオフを計算する。
2. 評価日からペイオフ発生日までの期間に適用される無リスク金利でその期待ペイオフを割り引く。

　本書で最初にこの手続を用いたのは，FRAとスワップの評価のところである。第4章では，フォワード・レートが将来実現する金利であるという仮定のもとでペイオフを計算し，それを無リスク金利で割り引くことでFRAの価値が求められる，ということを示した。同様に，第7章ではこの結果を拡張し，フォワード・レートが将来実現するという仮定のもとでキャッシュ・フローを計算し，それを無リスク金利で割り引くことでスワップの価

値が求められる，ということを示した．また，第18章と第28章では，Black モデルは幅広いヨーロピアン・オプションを評価する一般的な方法であり，Black のモデルは上述の２ステップの手続を適用したものであることを示した．第29章で紹介した債券オプション，キャップ／フロア，スワップションに対するモデルも，すべてこの２ステップの手続の例である．

以上のことから，ヨーロピアン・スタイルの金利デリバティブは２ステップの手続を用いて常に正しく評価できるのではないか，と考えたくなる．しかし，その答えは否である．非標準的な金利デリバティブに対しては，この２ステップの手続に修正が必要となる場合があり，最初のステップにおいて変数のフォワード値に調整を加えることになる．本章では，コンベキシティ調整，タイミング調整，クオント調整という３種類の調整について考える．

30.1 コンベキシティ調整

まず，ペイオフが，それが発生する時点において観測される債券イールドに依存している商品について考えよう．

通常，変数 S のフォワード値は時点 T において $S_T - K$ を支払うフォワード契約に関連して計算される．それは，この契約の価値をゼロにするような K の値である．28.4節で論じたように，フォワード・レートとフォワード・イールドの定義はそれとは異なる．フォワード・レートは，ゼロクーポン債のフォワード契約にインプライされている金利である．さらに一般的にいえば，フォワード債券イールドはフォワード債券価格にインプライされているイールドである．

B_T を時点 T における債券価格，y_T をそのイールドとし，B_T と y_T との間の（債券価格づけ）関係が，

$$B_T = G(y_T)$$

で与えられているとする．F_0 を時点 T に満期を迎える取引の時点ゼロにおけるフォワード債券価格とし，y_0 を時点ゼロにおけるフォワード債券イールドと定義する．フォワード債券イールドの定義より，

$$F_0 = G(y_0)$$

が成り立つ。関数 G は非線形である。したがって，将来の債券価格の期待値がフォワード債券価格に等しい（すなわち，満期 T のゼロクーポン債に関するフォワード・リスク中立世界にいる）場合には，将来の債券イールドの期待値はフォワード債券イールドに等しくならないことがわかる。

このことを図示したものが図30.1で，時点 T における債券価格と債券イールドとの関係が示されている。簡単のため，債券価格は B_1, B_2, B_3 の三つの値だけをとりうるとし，$P(t,T)$ に関するフォワード・リスク中立世界において，それらは同じ確率で起こりうると仮定する。また，債券価格は等間隔で並んでおり，$B_2-B_1 = B_3-B_2$ とする。フォワード債券価格は債券価格の期待値 B_2 となる。債券価格は，同じ確率で起こりうる三つの債券イールド y_1, y_2, y_3 に変換される。これらのイールドは等間隔には並んでいない。変数 y_2 はフォワード債券価格に対応するイールドであるから，フォワード債券イールドである。債券イールドの期待値は y_1, y_2, y_3 の平均であるが，それは明らかに y_2 より大きい。

時点 T に債券イールドに依存したペイオフをもつデリバティブについて考えよう。(28.20)式から，(a)満期 T のゼロクーポン債に関するフォワード・リスク中立世界でのペイオフの期待値を計算し，(b)現時点における満期 T の無リスク金利で割り引くことによって，このデリバティブを評価す

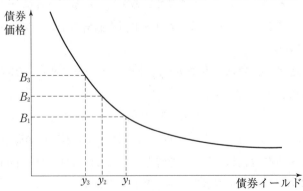

図30.1　時点 T における債券価格と債券イールドとの関係

ることができる。いま考えている世界では，債券価格の期待値はフォワード価格に等しいことがわかっている。したがって，債券価格の期待値がフォワード債券価格に等しいときの債券イールドの期待値を求める必要がある。本章末の付録で示す分析から，求める債券イールドの期待値の近似式は，

$$E_T(y_T) = y_0 - \frac{1}{2} y_0^2 \sigma_y^2 T \frac{G''(y_0)}{G'(y_0)} \qquad (30.1)$$

で与えられる。ここで，G' および G'' は G の1階および2階の偏微分係数，E_T は $P(t, T)$ に関するフォワード・リスク中立世界での期待値を表し，σ_y はフォワード・イールドのボラティリティである。したがって，債券イールドの期待値が y_0 ではなく，

$$y_0 - \frac{1}{2} y_0^2 \sigma_y^2 T \frac{G''(y_0)}{G'(y_0)}$$

であると仮定すれば，期待ペイオフを現時点における満期 T の無リスク金利で割り引いてよい，ということがわかる。この債券イールドの期待値とフォワード債券イールドとの差

$$-\frac{1}{2} y_0^2 \sigma_y^2 T \frac{G''(y_0)}{G'(y_0)}$$

は，コンベキシティ調整（convexity adjustment）と呼ばれている。これは図30.1における y_2 と期待イールドとの差に対応している。($G'(y_0) < 0$ かつ $G''(y_0) > 0$ となるので，コンベキシティ調整は正となる。)

応用1：金利

(30.1)式の最初の応用として，時点 T から時点 T^* までの期間の金利を元本 L に適用して得られる金額に等しいキャッシュ・フローが時点 T に発生する商品について考える。（この例は，第33章で後決め LIBOR スワップを考えるときに役立つことになる。）時点 T から時点 T^* までの期間に適用される金利は，通常，時点 T^* で支払われるが，ここではそれよりも早い，時点 T で支払われると仮定していることに注意しよう。

時点 T におけるキャッシュ・フローは $LR_T\tau$ である。ただし，$\tau = T^*$

$-T$ で，R_T は時点 T から時点 T^* までの期間に適用されるゼロクーポン債の金利（期間 τ の複利表示）である[1]。変数 R_T は，時点 T^* に満期を迎えるゼロクーポン債に対する時点 T におけるイールドとみなすことができる。この債券の価格とイールドとの関係は，

$$G(y) = \frac{1}{1+y\tau}$$

で与えられる。(30.1)式より，

$$E_T(R_T) = R_0 - \frac{1}{2} R_0^2 \sigma_R^2 T \frac{G''(R_0)}{G'(R_0)}$$

すなわち，

$$E_T(R_T) = R_0 + \frac{R_0^2 \sigma_R^2 \tau T}{1+R_0\tau} \tag{30.2}$$

となる。ここで，R_0 は時点 T から時点 T^* までの期間に適用されるフォワード・レートであり，σ_R はフォワード・レートのボラティリティである。

したがって，商品の価値は，

$$P(0,T)L\tau\left[R_0 + \frac{R_0^2 \sigma_R^2 \tau T}{1+R_0\tau}\right]$$

となる。

【例30.1】

3年後にその時点の1年物無リスクのゼロクーポン・レート（1年複利）に1,000ドルを掛けた金額に等しいペイオフが発生するデリバティブについて考える。無リスクのゼロ・レートはすべての満期に対して1年複利で年率10%とし，3年後から4年後までの期間に適用されるフォワード・レートのボラティリティは20%とする。この場合，$R_0 = 0.10$，$\sigma_R = 0.20$，$T = 3$，$\tau = 1$，$P(0,3) = 1/1.10^3 = 0.7513$ となる。したがって，デリバティブの価値は，

---

[1] これまでと同様に，説明を簡単にするために，この例ではデイ・カウントは実日数/実日数とする。

$$0.7513 \times 1{,}000 \times 1 \times \left[0.10 + \frac{0.10^2 \times 0.20^2 \times 1 \times 3}{1 + 0.10 \times 1}\right]$$

すなわち75.95ドルとなる。(これに対し，コンベキシティ調整を行わない場合の価格は75.13ドルである。)

応用2：スワップ・レート

次に，時点 T にその時点で観測されるスワップ・レートに等しいペイオフが発生するデリバティブを考える。スワップ・レートはLIBOR割引でのパー・イールドである。コンベキシティ調整を計算する目的では，時点 T における N 年スワップ・レートは，現時点のフォワード・スワップ・レートに等しいクーポンをもつ N 年債のその時点におけるイールドに等しいと仮定する。これによって，(30.1)式を用いることができる。

【例30.2】

3年後に3年スワップ・レートに元本100ドルを掛けた金額に等しいペイオフが発生する商品について考える。スワップの支払は1年ごと，スワップ・レートはすべての満期に対して1年複利で年率12％，3年後スタートの3年フォワード・スワップ・レートの（スワップション価格にインプライされている）ボラティリティは22％とし，LIBOR／スワップ・ゼロ・カーブを割引に用いるとする。スワップ・レートがクーポン12％の債券のイールドに等しいと近似すると，この場合の関数 $G(y)$ は，

$$G(y) = \frac{0.12}{1+y} + \frac{0.12}{(1+y)^2} + \frac{1.12}{(1+y)^3}$$

$$G'(y) = -\frac{0.12}{(1+y)^2} - \frac{0.24}{(1+y)^3} - \frac{3.36}{(1+y)^4}$$

$$G''(y) = \frac{0.24}{(1+y)^3} - \frac{0.72}{(1+y)^4} - \frac{13.44}{(1+y)^5}$$

となる。いまの場合，フォワード・イールド y_0 は0.12となるので，$G'(y_0) = -2.4018$ および $G''(y_0) = 8.2546$ となる。(30.1)式より，

$$E_T(y_T) = 0.12 + \frac{1}{2} \times 0.12^2 \times 0.22^2 \times 3 \times \frac{8.2546}{2.4018} = 0.1236$$

となる。したがって，フォワード・スワップ・レートを0.12ではなく0.1236（=12.36％）と仮定して，商品は評価されることになる。商品の価値は，

$$\frac{100 \times 0.1236}{1.12^3} = 8.80$$

すなわち8.80ドルとなる。（これに対し，コンベキシティ調整を行わない場合に得られる価格は8.54ドルである。）

30.2 タイミング調整

本節では，時点 T において観測される市場変数 V の値が，それより後の時点 T^* で発生するペイオフの計算に使われるような状況について考える。

V_T：時点 T における V の値

$E_T(V_T)$：$P(t, T)$ に関するフォワード・リスク中立世界における V_T の期待値

$E_{T^*}(V_T)$：$P(t, T^*)$ に関するフォワード・リスク中立世界における V_T の期待値

と定義する。

ニューメレール $P(t, T)$ からニューメレール $P(t, T^*)$ に移る際のニューメレール比（28.8節を参照）は，

$$W = \frac{P(t, T^*)}{P(t, T)}$$

である。これは，時点 T に発行される満期 T^* のゼロクーポン債に対するフォワード価格である。次に，

σ_V：V のボラティリティ

σ_W：W のボラティリティ

ρ_{VW}：V と W との相関係数

と定義する．(28.35)式より，ニューメレール変換によって V の成長率は α_V だけ増加する．ただし，

$$\alpha_V = \rho_{VW}\sigma_V\sigma_W \tag{30.3}$$

である．この結果は T から T^* までの期間に対するフォワード・レートを用いて表現できる．さらに，

R：m 回複利で表された T から T^* までの期間に対するフォワード・レート

σ_R：R のボラティリティ

と定義する．このとき，W と R の関係は，

$$W = \frac{1}{(1+R/m)^{m(T^*-T)}}$$

で与えられる．これより，W のボラティリティと R のボラティリティとの関係が，伊藤の補題から，

$$\sigma_W W = \sigma_R R \frac{\partial W}{\partial R} = -\frac{\sigma_R R(T^*-T)}{(1+R/m)^{m(T^*-T)+1}}$$

であるので，

$$\sigma_W = -\frac{\sigma_R R(T^*-T)}{1+R/m}$$

と計算される．したがって，(30.3)式は，

$$\alpha_V = -\frac{\rho_{VR}\sigma_V\sigma_R R(T^*-T)}{1+R/m}$$

となる[2]．ここで，$\rho_{VR} = -\rho_{VW}$ は V と R との瞬間的な相関である．近似として，R が当初の R_0 のまま一定と仮定し，式に現れるボラティリティと相関が定数であるとすると，時点ゼロにおいて，

---

[2] 変数 R と W とは負の相関をもつ．このことを考慮して，$\sigma_W = -\sigma_R R(T^*-T)/(1+R/m)$ と負の値に置き，$\rho_{VW} = \rho_{VR}$ と置くことができる．あるいは，σ_W の符号を変えて正の値にし，$\rho_{VW} = -\rho_{VR}$ と置くこともできる．いずれの場合においても，α_V に対する公式は同じになる．

$$E_{T^*}(V_T) = E_T(V_T)\exp\left[-\frac{\rho_{VR}\sigma_V\sigma_R R_0(T^*-T)}{1+R_0/m}T\right] \quad (30.4)$$

が得られる。

【例30.3】

5年後に観測される株価指数の値に等しいペイオフが6年後に発生するデリバティブについて考える。その株価指数の満期5年のフォワード価格を1,200とする。また，指数のボラティリティを20％，5年後から6年後までの期間に対するフォワード・レートのボラティリティを18％，それらの間の相関を-0.4とする。さらに，無リスクのゼロ・カーブは1年複利で8％でフラットとする。Vを指数の値とし，$T = 5$，$T^* = 6$，$m = 1$，$R_0 = 0.08$，$\rho_{VR} = -0.4$，$\sigma_V = 0.20$，$\sigma_R = 0.18$として，先の結果を用いると，

$$E_{T^*}(V_T) = E_T(V_T)\exp\left[-\frac{-0.4\times 0.20\times 0.18\times 0.08\times 1}{1+0.08}\times 5\right]$$

すなわち $E_{T^*}(V_T) = 1.00535 E_T(V_T)$ となる。第28章の議論から，$E_T(V_T)$は指数のフォワード価格，すなわち1,200である。したがって，$E_{T^*}(V_T) = 1,200\times 1.00535 = 1,206.42$となる。再び第28章の議論を用いると，(28.20)式からデリバティブの価格は$1,206.42\times P(0,6)$となる。いまの場合には，$P(0,6) = 1/1.08^6 = 0.6302$となるので，デリバティブの価値は760.25となる。

応用1：再考

これまで行ってきた分析を用いると，30.1節の応用1で与えた結果を別の方法で導くことができる。そのときの記号を用いて，R_TをTからT^*までの金利，R_0をTからT^*までの期間に対するフォワード・レートとする。このとき，(28.22)式より，

$$E_{T^*}(R_T) = R_0$$

となる。VがRに等しいとして，(30.4)式を利用すると，

が得られる。ここで $\tau = T^* - T$ である（$m = 1/\tau$ に注意せよ）。したがって，

$$R_0 = E_T(R_T) \exp\left[-\frac{\sigma_R^2 R_0 T \tau}{1+R_0\tau}\right]$$

すなわち，

$$E_T(R_T) = R_0 \exp\left[\frac{\sigma_R^2 R_0 T \tau}{1+R_0\tau}\right]$$

となる。指数関数を近似すると，

$$E_T(R_T) = R_0 + \frac{R_0^2 \sigma_R^2 \tau T}{1+R_0\tau}$$

が得られる。これは(30.2)式と同じものである。

30.3 クオント

クオント（quanto）あるいはクロス・カレンシー・デリバティブ（cross-currency derivative）とは，2種類の通貨を含む商品である。ペイオフは一方の通貨単位で表示される変数によって定義され，その支払はもう一方の通貨で行われる。クオントの例は，ビジネス・スナップショット5.3で議論した日経平均に対するCMEの先物契約である。この契約の原資産となる市場変数は日経225指数（円建て）であるが，契約の清算は米ドルで行われる。

時点 T に通貨 X でのペイオフが発生するクオントを考える。そのペイオフは，時点 T に通貨 Y 建てで観測される変数の値 V に依存していると仮定する。

$P_X(t, T)$：満期 T，元本が通貨 X，1単位のゼロクーポン債の，時点 t における通貨 X での価値

$P_Y(t, T)$：満期 T，元本が通貨 Y，1単位のゼロクーポン債の，時点 t における通貨 Y での価値

V_T：時点 T における V の値

$E_X(V_T)$：$P_X(t, T)$ に関するフォワード・リスク中立世界における V_T の期待値

$E_Y(V_T)$：$P_Y(t, T)$ に関するフォワード・リスク中立世界における V_T の期待値

と定義する。

ニューメレール $P_Y(t, T)$ からニューメレール $P_X(t, T)$ に移る際のニューメレール比は，

$$W(t) = \frac{P_X(t, T)}{P_Y(t, T)} S(t)$$

である。ここで，$S(t)$ は時点 t におけるスポット為替レート（通貨 X 1 単位当りの通貨 Y の単位数）である。したがって，ニューメレール比 $W(t)$ は満期 T のフォワード為替レート（通貨 X 1 単位当りの通貨 Y の単位数）である。次に，

σ_W：W のボラティリティ

σ_V：V のボラティリティ

ρ_{VW}：V と W との瞬間的な相関係数

と定義する。(28.35)式より，ニューメレール変換によって V の成長率は α_V だけ増加する。ただし，

$$\alpha_V = \rho_{VW} \sigma_V \sigma_W \tag{30.5}$$

である。ボラティリティと相関が一定であると仮定すると，

$$E_X(V_T) = E_Y(V_T) e^{\rho_{VW} \sigma_V \sigma_W T}$$

あるいは，近似して，

$$E_X(V_T) = E_Y(V_T)(1 + \rho_{VW} \sigma_V \sigma_W T) \tag{30.6}$$

が得られる。第33章では，この式を用いてディフ・スワップとして知られる商品の評価を行う。

【例30.4】

現在の日経平均株価指数を15,000円，ドルの１年物無リスク金利を５％，円の１年物無リスク金利を２％，日経平均の配当利回りを１％と

する。円建ての日経平均に対する満期1年のフォワード価格は（5.8）式から通常どおりに計算でき，

$$15{,}000e^{(0.02-0.01)\times 1} = 15{,}150.75$$

となる。日経平均のボラティリティを20%，円／ドルの1年物フォワード為替レートのボラティリティを12%，両者の相関係数を0.3とする。この場合，$E_Y(V_T) = 15{,}150.75$，$\sigma_V = 0.20$，$\sigma_W = 0.12$，$\rho = 0.3$である。(30.6)式から，元本1ドルの1年物ゼロクーポン債に関するフォワード・リスク中立世界での日経平均の期待値は，

$$15{,}150.75 e^{0.3\times 0.2\times 0.12\times 1} = 15{,}260.23$$

となる。これは，支払が円でなくドルで行われる日経平均に対するフォワード契約の価格である。（同じ条件の先物価格もだいたい同じ値になる。）

従来のリスク中立測度の利用

フォワード・リスク中立測度は，支払が1時点のみで発生する場合にうまく使える測度である。それ以外の場合には，従来のリスク中立測度を用いるほうが適している場合も多い。通貨 Y に関するリスク中立世界で変数 V の従う確率過程がわかっているとして，通貨 X に関するリスク中立世界でそれが従う確率過程を求めたいとする。

S：スポット為替レート（X 1単位当りの Y の単位数）

σ_S：S のボラティリティ

σ_V：V のボラティリティ

ρ：S と V との瞬間的な相関係数

と定義する。

この場合，ニューメレール変換は通貨 Y のマネー・マーケット・アカウントから通貨 X のマネー・マーケット・アカウントへの変換である。通貨 X のマネー・マーケット・アカウントの価値を通貨 X 建てで g_X，通貨 Y のマネー・マーケット・アカウントの価値を通貨 Y 建てで g_Y とすると，ニューメレール比は，

$$g_X S / g_Y$$

となる。28.4節で説明したように、変数 $g_X(t)$ と変数 $g_Y(t)$ は確率変動する成長率をもつが、ボラティリティはゼロである。伊藤の補題からニューメレール比のボラティリティは σ_S となる。したがって、ニューメレール変換によって V の期待成長率は，

$$\rho \sigma_V \sigma_S \tag{30.7}$$

だけ増加する。このことから、リスクの市場価格はゼロから $\rho \sigma_S$ に変化する。この結果を用いて、Siegel のパラドックスといわれる問題を理解することができる（ビジネス・スナップショット30.1を参照）。

ビジネス・スナップショット30.1

Siegel のパラドックス

二つの通貨 X と Y を考える。それぞれの通貨の金利を r_X と r_Y とし、ともに一定とする。また、S を通貨 X 1単位当りの通貨 Y の単位数と定義する。第5章で説明したように、通貨は外国の無リスク金利に等しい利回りを生む資産である。したがって、S に対する従来のリスク中立過程は，

$$dS = (r_Y - r_X) S\, dt + \sigma_S S\, dz$$

となる。伊藤の補題より、$1/S$ に対する確率過程は，

$$d(1/S) = (r_X - r_Y + \sigma_S^2)(1/S)\, dt - \sigma_S (1/S)\, dz$$

となる。これから、Siegel のパラドックスと呼ばれるものが導かれる。S の期待成長率はリスク中立世界では $r_Y - r_X$ となるので、対称性から、$1/S$ の期待成長率は $r_X - r_Y + \sigma_S^2$ ではなく、$r_X - r_Y$ となるはずである。

Siegel のパラドックスを理解するためには、S に対して与えた確率過程は、通貨 Y のマネー・マーケット・アカウントをニューメレールとする世界における S のリスク中立過程である、ということを認識しておく必要がある。$1/S$ に対する過程は、S の過程から導出されたものであるから、同じニューメレールが仮定されている。しかし、$1/S$ は Y 1単位当りの X の単位数を表しているので、対称的な扱いをするために

は，通貨Xのマネー・マーケット・アカウントをニューメレールとする世界で$1/S$の確率過程を考えなければならない。(30.7)式から，通貨Yのマネー・マーケット・アカウントから通貨Xのマネー・マーケット・アカウントへのニューメレール変換を行うと，変数Vの成長率は$\rho\sigma_V\sigma_S$だけ増加することがわかる。ただし，ρはSとVとの相関係数である。いまの場合，$V = 1/S$より，$\rho = -1$かつ$\sigma_V = \sigma_S$である。したがって，ニューメレール変換によって$1/S$の成長率は$-\sigma_S^2$だけ増加する。これは，$1/S$に対して上で与えた過程における$+\sigma_S^2$の項を打ち消す。したがって，通貨Xのマネー・マーケット・アカウントをニューメレールとする世界での$1/S$に対する過程は，

$$d(1/S) = (r_X - r_Y)(1/S)dt - \sigma_S(1/S)dz$$

となる。これはSに対する確率過程の式と対称的な式であり，パラドックスは解決された。

【例30.5】

$S-K$の英ポンド建てペイオフが発生する，満期2年のアメリカン・オプションについて考える。ただし，Sは権利行使日におけるS&P 500の水準，Kは行使価格である。S&P 500の現在の水準は1,200である。無リスク金利は英ポンドと米ドルでそれぞれ5％と3％でともに一定とし，米ドル／英ポンドの為替レートとS&P 500との相関係数は0.2，S&P 500のボラティリティは25％，為替レートのボラティリティは12％，S&P 500の配当利回りは1.5％とする。

英ポンドのマネー・マーケット・アカウントを用いて（すなわち，英国の投資家からみた従来のリスク中立世界を用いて）S&P 500に対する二項ツリーを構築することによって，このオプションを評価することができる。(30.7)式から，米ドルのマネー・マーケット・アカウントから英ポンドのマネー・マーケット・アカウントへのニューメレール変換を行うと，S&P 500の期待成長率が，

$$0.2 \times 0.25 \times 0.12 = 0.006$$

すなわち0.6%だけ増加することがわかる。米ドルをニューメレールとした場合のS&P 500の成長率は3% − 1.5% = 1.5%である。したがって、英ポンドをニューメレールとした場合の成長率は2.1%となる。英ポンドの無リスク金利は5%なので、英ポンドをニューメレールとした場合には、S&P 500は配当利回りが5% − 2.1% = 2.9%の資産と同じような振る舞いをする。パラメータの値を $S = 1,200$, $K = 1,200$, $r = 0.05$, $q = 0.029$, $\sigma = 0.25$, $T = 2$ とし、時間ステップ数を100としてDerivaGemソフトウェアを用いて計算すると、オプションの価値は179.83ポンドとなる。

要約

　将来のある時点にペイオフが発生するデリバティブを評価するときに、デリバティブの原資産変数がフォワード値に等しいとし、評価日からペイオフ発生日までの期間に適用される金利を割引率と仮定するのは自然に思えるが、本章では、この手続が常に正しいとは限らないことを示した。

　ペイオフが時点 T に観測される債券イールド y に依存する場合は、(30.1)式で示されているように、イールドの期待値はフォワード・イールドよりも高くなると仮定すべきである。この結果は、ペイオフがスワップ・レートに依存する場合にも適用できる。変数が観測されるのは時点 T であるが、ペイオフが発生するのはその後の時点 T^* である場合には、変数のフォワード値は(30.4)式で示されるような調整を行う必要がある。また、変数はある通貨建てで観測されるが、ペイオフは別の通貨建てで行われるという場合にも、変数のフォワード値は調整する必要がある。その場合の調整方法は(30.6)式のようになる。

第33章では，これらの結果を用いて非標準的なスワップに対する評価について考察する。

参考文献

Brotherton-Ratcliffe, R., and B. Iben, "Yield Curve Applications of Swap Products," in *Advanced Strategies in Financial Risk Management* (R. Schwartz and C. Smith, eds.). New York Institute of Finance, 1993.

Jamshidian, F., "Corralling Quantos," *Risk*, March (1994): 71–75.

Reiner, E., "Quanto Mechanics," *Risk*, March (1992): 59–63.

練習問題

30.1 5年後に$100R$が支払われるデリバティブの評価方法について説明せよ。ただし，Rは4年後に観測される1年物金利（1年複利）である。また，ペイオフが(a) 4年後，あるいは(b) 6年後に発生する場合、どのような差が発生するか。

30.2 次の各場合について，コンベキシティ調整またはタイミング調整が必要となるかどうかを説明せよ。

 (a) 5年スワップ・レートが3カ月LIBORレートを超過した分（もしあれば）を元本100ドルに適用して得られる金額を，3カ月ごとに支払うスプレッド・オプションの価値を求めたい。ただし，ペイオフは金利が観測されてから90日後に発生するものとする。

 (b) 3カ月LIBORレートから3カ月米国短期国債レートを引いた金利が四半期ごとに支払われるデリバティブの価値を求めたい。た

だし，ペイオフは金利が観測されてから90日後に発生するものとする。

30.3 29.2節の例29.3において，ペイオフが15カ月後ではなく1年後（すなわち，金利が観測される時点）に発生するとする。このとき，Blackモデルに入力するパラメータの値にはどのような違いが生じるか。

30.4 LIBOR／スワップ・イールド・カーブ（割引に用いられる）が1年複利で年率10％フラットであるとする。5年後に2年スワップ・レート（1年複利）を受け取り，固定金利10％を支払う商品の価値を計算せよ。受取りも支払も想定元本はともに100ドルとし，スワップ・レートのボラティリティは年率20％とする。また，この商品の価値がゼロとはならない理由を説明せよ。

30.5 問題30.4において，スワップ・レートは5年後に観測されるが，支払の交換は(a) 6年後，(b) 7年後に行われる場合，商品の価値にはどれだけの違いが生じるか。ただし，すべてのフォワード・レートのボラティリティを20％，5年後から7年後までの期間に対するフォワード・スワップ・レートと，5年後から6年後までの期間に対するフォワード・レートとの相関は0.8，5年後から7年後までの期間に対するフォワード・レートとの相関は0.95であると仮定する。

30.6 時点 T における債券の価格は，そのイールドを用いて $G(y_T)$ で与えられているとする。満期 T のゼロクーポン債に関するフォワード・リスク中立世界において，フォワード債券イールド y は幾何ブラウン運動に従っていると仮定する。フォワード債券イールドの成長率を α，ボラティリティを σ_y とする。

(a) 伊藤の補題を用いて，フォワード債券価格の満たす確率過程を α, σ_y, y, および $G(y)$ を使って表せ。

(b) フォワード債券価格は，いま考えている世界ではマルチンゲールにならなければならない。このことを用いて α の満たす式を導出せよ。

(c) α の満たす式は，1次近似では，(30.1)式と整合性がとれてい

ることを示せ。

30.7 変数 S は，通貨 A 建ての利回りが q の収入を生む投資資産である。実世界では，

$$dS = \mu_S S\, dt + \sigma_S S\, dz$$

という確率過程に従っているとする。必要ならば新しい変数を定義して，次の各世界において，S の従う確率過程と対応するリスクの市場価格を求めよ。

(a) 通貨 A に関する従来のリスク中立世界

(b) 通貨 B に関する従来のリスク中立世界

(c) 満期 T の通貨 A 建てゼロクーポン債に関するフォワード・リスク中立世界

(d) 満期 T の通貨 B 建てゼロクーポン債に関するフォワード・リスク中立世界

30.8 時点 T に円で $\max(S_T - K, 0)$ のペイオフが発生するコール・オプションを考える。ただし，S_T は時点 T における金のドル建て価格，K は行使価格である。金の保管費用はゼロであると仮定し，必要ならば他の変数を定義して，この契約の価値を計算せよ。

30.9 カナダ株価指数が現在400，1カナダ・ドルの価値が0.70米ドルであるとする。また，カナダと米国の無リスク金利はそれぞれ6％と4％，指数の配当利回りは3％であるとする。Q を1米ドル当りのカナダ・ドルの値，S を指数の値と定義する。S のボラティリティを20％，Q のボラティリティを6％，S と Q との相関係数を0.4とする。DerivaGem ソフトウェアを用いて，次のペイオフをもつ指数に対する満期2年のアメリカン・コール・オプションの価値を求めよ。

(a) 指数が400を超えた分をカナダ・ドルで支払う。

(b) 指数が400を超えた分を米ドルで支払う。

発展問題

30.10 S を日経平均株価指数の値とし、2年後に S ドルが支払われる商品を考える。現在の指数を20,000、円／ドル為替レート（1ドル当りの円）を100、為替レートと指数との相関係数を0.3、指数の配当利回りを年率1％、指数のボラティリティを20％、円／ドル為替レートのボラティリティを12％とする。米国と日本の金利（定数とする）をそれぞれ4％と2％として、以下の問に答えよ。

(a) この商品の価値はいくらか。

(b) この商品の満期までのある時点における為替レートを Q、指数の水準を S とする。米国の投資家は、日経平均に S ドル投資し、SQ だけ円を売ることによって、指数の価値が ΔS 円だけ変化するときに、おおよそ ΔS ドルだけ価値が変化するようなポートフォリオをつくれることを示せ。

(c) 指数が20,000から20,050に変化し、為替レートが100から99.7に変化したとするとき、上記のことが成り立つことを確認せよ。

(d) いま考えている商品をデルタ・ヘッジする方法について述べよ。

30.11 LIBOR イールド・カーブがフラットで8％（連続複利）であるとする。4年後にペイオフが発生するデリバティブを考える。ペイオフはその時点の5年物金利から2年物金利を差し引いたものに等しく、金利はともに連続複利で、想定元本は100ドルとする。（ペイオフは正にも負にもなりうる。）このデリバティブの価値を計算せよ。ただし、すべての金利のボラティリティは25％とする。また、ペイオフが4年後ではなく5年後に発生するならば、価値はどれだけ変化するか。すべての金利は完全に相関していると仮定し、LIBOR 割引により計算せよ。

30.12 ペイオフが10年後に発生するデリバティブを考える。ペイオフはその時点で観測される半年払いのスワップに対する3年物米ドル金利スワップ・レートをある想定元本に適用したものに等しい。スワッ

プ・イールド・カーブ（割引に用いられる）は，ドルは年率8％（半年複利）でフラットであり，円は年率3％（半年複利）でフラットであるとする。フォワード・スワップ・レートのボラティリティは18％，10年物円／ドル・フォワード為替レートのボラティリティは12％，この為替レートと米ドル金利との相関は0.25とする。(a)スワップ・レートが適用される元本が1億ドルで，支払がドルで行われる場合，(b)スワップ・レートが適用される元本が1億円で，支払が円で行われる場合，のそれぞれについてこのデリバティブの価値を求めよ。

30.13 ペイオフが8年後に発生するデリバティブについて考える。ペイオフは5，6，7，8年後に観測される1年物無リスク金利の平均を元本1,000ドルに適用したものに等しい。無リスクのイールド・カーブは1年複利で6％フラットであり，すべての金利のボラティリティは16％であるとする。また，すべての金利は完全に相関していると仮定する。このとき，このデリバティブの価値を求めよ。

付　録
コンベキシティ調整式の証明

　この付録では，フォワード債券イールドに対するコンベキシティ調整を計算する。時点 T におけるデリバティブのペイオフが，その時点に観測される債券イールドに依存しているとする。

　y_0：満期 T のフォワード契約に対する現時点でのフォワード債券イールド
　y_T：時点 T における債券イールド
　B_T：時点 T における債券価格
　σ_y：フォワード債券イールドのボラティリティ

と定義する。

$$B_T = G(y_T)$$

とする。$G(y_T)$ を $y_T = y_0$ の周りでテイラー展開すると，次の近似式が得られる。

$$B_T = G(y_0) + (y_T - y_0)G'(y_0) + 0.5(y_T - y_0)^2 G''(y_0)$$

ここで，G' および G'' は G の1階および2階の偏微分係数とする。満期 T のゼロクーポン債に関するフォワード・リスク中立世界での期待値をとると，

$$E_T(B_T) = G(y_0) + E_T(y_T - y_0)G'(y_0) + \frac{1}{2}E_T\bigl[(y_T - y_0)^2\bigr]G''(y_0)$$

となる。ただし，E_T はフォワード・リスク中立世界での期待値を表す。定義から，$G(y_0)$ はフォワード債券価格である。また，いま考えている世界では $E_T(B_T)$ はフォワード債券価格に等しい。したがって，$E_T(B_T) = G(y_0)$ が成り立ち，

$$E_T(y_T - y_0)G'(y_0) + \frac{1}{2}E_T\bigl[(y_T - y_0)^2\bigr]G''(y_0) = 0$$

となる。$E_T\bigl[(y_T - y_0)^2\bigr]$ はおおよそ $\sigma_y^2 y_0^2 T$ に等しいから，

$$E_T(y_T) = y_0 - \frac{1}{2} y_0^2 \sigma_y^2 T \frac{G''(y_0)}{G'(y_0)}$$

が近似的に成り立つ。このことから，満期 T のゼロクーポン債に関するフォワード・リスク中立世界での債券イールドの期待値を得るには，

$$-\frac{1}{2} y_0^2 \sigma_y^2 T \frac{G''(y_0)}{G'(y_0)}$$

をフォワード債券イールドに加えればよい，ということがわかる。これは(30.1)式の結果と同じである。別の証明方法については，練習問題30.6を参照せよ。

第31章

金利デリバティブ：短期金利モデル

　これまで取り上げてきた金利オプションの価格づけモデルは，将来時点における金利，債券価格，あるいは他のなんらかの変数の確率分布が対数正規分布に従うと仮定するものである。それらのモデルは，キャップやヨーロピアン債券オプション，ヨーロピアン・スワップションのような商品の評価に広く用いられている。しかしながら，それらのモデルには限界もある。金利の時間発展については何も記述していないからである。そのため，それらのモデルでは，アメリカン・スタイルの金利デリバティブや，仕組債を評価することができない。

　本章と次章では，こうした限界を克服するための別の方法について論じる。それらの方法では，期間構造モデル（term structure model）と呼ばれるものが構築される。これは，すべてのゼロクーポン・レートの時間発展を記述するモデルである1。本章では，短期金利 r の振る舞いを特定する期間構

造モデルに焦点を当てる。

この章では，単一の無リスク・ゼロ・カーブのみを取り扱う。第9章で議論したようにOIS割引が主流になりつつあるが，その場合には二つのゼロ・カーブを同時にモデル化することが必要となるケースが大半である。よって，この章のモデルはOISレートに適用され，OISとLIBORのスプレッドについては別途モデルが構築されることになる。その手法については32.3節で説明する。

31.1 背　景

時点 t における無リスク短期金利 r は，時点 t における無限小の期間に適用される金利である。この金利は，瞬間的な短期金利（instantaneous short rate）と呼ばれることもある。債券価格，オプション価格，およびその他のデリバティブの価格は，リスク中立世界で r が従う確率過程のみに依存しており，実世界で r が従う確率過程は使われない。第28章で説明したように，従来のリスク中立世界とは，t から $t+\Delta t$ までの非常に短い期間に，投資家は平均 $r(t)\Delta t$ の収益を得るという世界である。特に断らない限り，r に対してこの章で考えるすべての確率過程は，リスク中立世界における確率過程である。

(28.19)式から，時点 T においてペイオフ f_T をもつ金利デリバティブの時点 t における価値は，

$$\hat{E}[e^{-\bar{r}(T-t)}f_T] \qquad (31.1)$$

で与えられる。ただし，$\bar{r}$ は t から T までの期間における r の平均値，$\hat{E}$ は従来のリスク中立世界における期待値である。

前と同様に，時点 T に1ドルが支払われる無リスクのゼロクーポン債の時点 t における価格を $P(t, T)$ と定義する。(31.1)式から，

$$P(t, T) = \hat{E}[e^{-\bar{r}(T-t)}] \qquad (31.2)$$

1　期間構造モデルの一つの利点は，前章で議論したコンベキシティ調整とタイミング調整を行う必要がないことである。

となる。$R(t, T)$ を時点 t における期間 $T-t$ に対する連続複利での無リスク金利とすると，
$$P(t, T) = e^{-R(t, T)(T-t)}$$
すなわち，
$$R(t, T) = -\frac{1}{T-t} \ln P(t, T) \tag{31.3}$$
となるから，(31.2)式より，
$$R(t, T) = -\frac{1}{T-t} \ln \hat{E}[e^{-\bar{r}(T-t)}] \tag{31.4}$$
が得られる。この式により，任意の時点における金利の期間構造が，その時点における r の値と r に対するリスク中立過程から得られる。したがって，r に対する確率過程が定義されると，ゼロ・カーブの初期値とその時間発展に関するすべてが決まる，ということがわかる。

ここで，r が次の一般的な過程に従うとする。
$$dr = m(r, t)dt + s(r, t)dz$$
伊藤の補題より，r に依存する任意のデリバティブは，
$$df = \left(\frac{\partial f}{\partial t} + m\frac{\partial f}{\partial r} + \frac{1}{2}s^2\frac{\partial^2 f}{\partial r^2}\right)dt + s\frac{\partial f}{\partial r}dz$$
という過程に従うことになる。いまは従来のリスク中立世界で考えているので，デリバティブが配当やクーポンを生まないとすれば，この過程は，
$$df = rf\,dt + \cdots$$
というかたちをとる。これより，
$$\frac{\partial f}{\partial t} + m\frac{\partial f}{\partial r} + \frac{1}{2}s^2\frac{\partial^2 f}{\partial r^2} = rf \tag{31.5}$$
が得られる。これは，金利デリバティブに対する Black–Scholes–Merton の微分方程式と同等であり，この方程式に対する一つの解はゼロクーポン債価格 $P(t, T)$ である。

31.2 均衡モデル

均衡モデルでは，通常，経済変数に関する仮定から出発して，短期金利 r に対する確率過程が導かれる。その後で，債券価格やオプション価格に対して，r の確率過程から何が導かれるかが考察される。

1ファクター均衡モデルでは，r の従う確率過程には一つの不確実性の要素しか含まれていない。通常，短期金利に対するリスク中立過程は，

$$dr = m(r)dt + s(r)dz$$

というかたちの伊藤過程で与えられる。瞬間的なドリフト m と瞬間的な標準偏差 s は r の関数であるが，時間には依存しないと仮定されている。1ファクターという仮定は見た目ほど強い制限ではない。1ファクター・モデルでは，任意の短期間においてすべての金利は同じ方向に動くが，変動幅もすべて同じというわけではない。したがって，ゼロ・カーブのかたちは時間の経過とともに変化する。

本節では，以下の三つの1ファクター均衡モデルについて考える。

$m(r) = \mu r; s(r) = \sigma r$ 　　　　（Rendleman–Bartter モデル）
$m(r) = a(b-r); s(r) = \sigma$ 　　　　（Vasicek モデル）
$m(r) = a(b-r); s(r) = \sigma\sqrt{r}$ 　　（Cox–Ingersoll–Ross モデル）

Rendleman-Bartter モデル

Rendleman-Bartter モデルでは，r に対するリスク中立過程は，

$$dr = \mu r\, dt + \sigma r\, dz$$

で与えられる[2]。ただし，μ と σ は定数である。この式は，r が幾何ブラウン運動に従うということを意味している。r に対する確率過程は，第15章で株価に対して仮定したものと同じ種類のものであり，第13章で株式に対して用いたのと同様に二項ツリーを用いて表すことができる[3]。

---

[2] R. Rendleman and B. Bartter, "The Pricing of Options on Debt Securities," *Journal of Financial and Quantitative Analysis*, 15 (March 1980): 11–24を参照。
[3] 金利ツリーの使い方については本章の後のほうで説明する。

図31.1 平均回帰

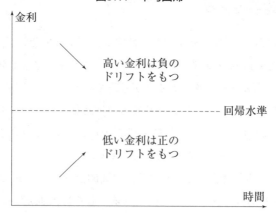

　短期金利が株価のように振る舞うという仮定は出発点としては自然であるが，理想的なものではない。金利と株価との一つの重要な違いは，金利には時間が経つとある長期平均水準に引き戻されるという傾向がみられる点である。この現象は平均回帰（mean reversion）として知られている。r は，高いときには平均回帰性により負のドリフトをもち，低いときには平均回帰性により正のドリフトをもつ。平均回帰性を図31.1に図示する。Rendleman–Bartter モデルではこの平均回帰性は考慮されていない。

　平均回帰性を支持する経済学上の有力な説がある。金利が高いときには景気は停滞する傾向にあり，借り手の資金調達需要は低くなる。その結果，金利は低下する。金利が低いときには借り手の一部の資金調達需要が旺盛となる傾向にあり，その結果，金利は上昇する。

Vasicek モデル

　Vasicek モデルでは，r に対するリスク中立過程は，

$$dr = a(b-r)dt + \sigma dz$$

で与えられる。ただし，a, b, σ は負ではない定数である[4]。このモデルに

---

[4] O. A. Vasicek, "An Equilibrium Characterization of the Term Structure," *Journal of Financial Economics*, 5 (1977): 177–88を参照。

は平均回帰性が取り入れられている。短期金利は，割合 a で水準 b へ引き戻されている。この"引戻し作用"に，正規分布に従う確率項 σdz が重ね合わされている。

Vasicek モデルにおけるゼロクーポン債価格は，
$$P(t, T) = A(t, T)e^{-B(t, T)r(t)} \tag{31.6}$$
で与えられる。ここで，
$$B(t, T) = \frac{1 - e^{-a(T-t)}}{a} \tag{31.7}$$
および，
$$A(t, T) = \exp\left[\frac{(B(t, T) - T + t)(a^2 b - \sigma^2/2)}{a^2} - \frac{\sigma^2 B(t, T)^2}{4a}\right] \tag{31.8}$$
である。また，$a = 0$ のときは，$B(t, T) = T - t, A(t, T) = \exp[\sigma^2(T-t)^3/6]$ となる。

このことを確認してみよう。$m = a(b - r)$ かつ $s = \sigma$ であるので，(31.5)式の微分方程式は，
$$\frac{\partial f}{\partial t} + a(b - r)\frac{\partial f}{\partial r} + \frac{1}{2}\sigma^2 \frac{\partial^2 f}{\partial r^2} = rf$$
となる。この微分方程式の解が $f = A(t, T)e^{-B(t, T)r}$ のかたちをしていると仮定して代入すると，
$$B_t - aB + 1 = 0$$
かつ，
$$A_t - abAB + \frac{1}{2}\sigma^2 AB^2 = 0$$
のときに満たされることがわかる。ここで，添字は微分を表す。(31.7)式と(31.8)式の $A(t, T)$ と $B(t, T)$ がこれらの方程式の解となっている。さらに，$A(T, T) = 1$ で $B(T, T) = 0$ であるので $P(T, T) = 1$ となり境界条件も満たされている。

Cox-Ingersoll-Ross モデル

Cox, Ingersoll と Ross (CIR) は，次のような異なるモデルを提案した[5]。
$$dr = a(b-r)dt + \sigma\sqrt{r}\,dz$$
ここで，a, b, σ は負ではない定数である。このモデルは Vasicek モデルと同じ平均回帰的なドリフトをもつが，微小時間における短期金利の変化の標準偏差は $\sqrt{r}$ に比例している。したがって，短期金利が上昇するにつれ，その標準偏差は増大するようになっている。

CIR モデルの債券価格は Vasicek モデルと同じ一般形，
$$P(t, T) = A(t, T)e^{-B(t, T)r(t)}$$
で与えられる。ただし，関数 $B(t, T)$ と $A(t, T)$ は Vasicek モデルのものとは異なり，
$$B(t, T) = \frac{2(e^{\gamma(T-t)} - 1)}{(\gamma + a)(e^{\gamma(T-t)} - 1) + 2\gamma}$$
および，
$$A(t, T) = \left[\frac{2\gamma e^{(a+\gamma)(T-t)/2}}{(\gamma + a)(e^{\gamma(T-t)} - 1) + 2\gamma}\right]^{2ab/\sigma^2}$$
となる。ここで $\gamma = \sqrt{a^2 + 2\sigma^2}$ である。

この結果を確認するために，(31.5)式の微分方程式で $m = a(b-r)$ および $s = \sigma\sqrt{r}$ と置くと，
$$\frac{\partial f}{\partial t} + a(b-r)\frac{\partial f}{\partial r} + \frac{1}{2}\sigma^2 r \frac{\partial^2 f}{\partial r^2} = rf$$
を得る。Vasicek モデルのときと同様に，$f = A(t, T)e^{-B(t, T)r}$ をこの微分方程式に代入することで債券価格の結果を証明することができる。いまの場合には，$A(t, T)$ と $B(t, T)$ は，
$$B_t - aB - \frac{1}{2}\sigma^2 B^2 + 1 = 0, \quad A_t - abAB = 0$$
の解である。さらに，境界条件 $P(T, T) = 1$ も満たされている。

---

[5] J. C. Cox, J. E. Ingersoll, and S. A. Ross, "A Theory of the Term Structure of Interest Rates," *Econometrica*, 53 (1985): 385–407を参照。

Vasicek モデルと CIR モデルの性質

Vasicek モデルと CIR モデルでは関数 $A(t, T)$ と $B(t, T)$ は異なるが，どちらについても，
$$P(t, T) = A(t, T)e^{-B(t, T)r(t)}$$
であり，
$$\frac{\partial P(t, T)}{\partial r(t)} = -B(t, T)P(t, T) \tag{31.9}$$
が成立する。(31.3)式から，時点 t における期間 $T-t$ のゼロ・レートは，
$$R(t, T) = -\frac{1}{T-t}\ln A(t, T) + \frac{1}{T-t}B(t, T)r(t)$$
となる。これより，a, b, σ を選べば，時点 t における期間構造全体は $r(t)$ の関数として決定されることがわかる。金利 $R(t, T)$ は $r(t)$ に線形に依存する[6]。したがって，$r(t)$ の値によって時点 t における期間構造の水準が決まる。しかし，時点 t における期間構造の形状は $r(t)$ とは関係なく，t に依存して決まっている。図31.2に示すように，ある時点において，右上がりや右下がり，また軽い"こぶ"をもつような形状をとりうる。

第4章で，債券やその他の商品の修正デュレーション D は，金利に依存することを示した。つまり，価格を Q とすれば，
$$\frac{\Delta Q}{Q} = -D\Delta y$$
と表すことができる。ここで，Δy はイールド・カーブのパラレル・シフト幅を表す。一方，これとは異なるかたちで Vasicek モデルや CIR モデルにより，
$$\hat{D} = -\frac{1}{Q}\frac{\partial Q}{\partial r}$$

---

[6] 2ファクターの均衡モデルも研究されてきた。このようなモデルでは起こりうる期間構造を Vasicek モデルや CIR モデルよりも豊かに表現できる。たとえば，F. A. Longstaff and E. S. Schwartz, "Interest Rate Volatility and the Term Structure: A Two-Factor General Equilibrium Model," *Journal of Finance*, 47, 4 (September 1992): 1259-82を参照。

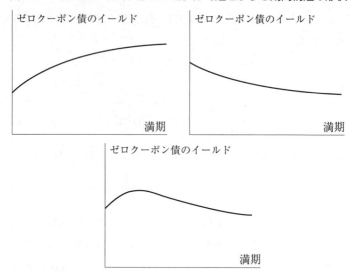

図31.2 Vasicek モデルと CIR モデルで起こりうる期間構造の形状

としてデュレーション $\hat{D}$ を定義することもできる。ここで，Q はゼロクーポン債 $P(t, T)$ であり，(31.9)式より $\hat{D} = B(t, T)$ であることがわかる。

【例31.1】

満期が4年のゼロクーポン債を考える。その場合，$D = 4$ であるので，10ベーシス・ポイント（0.1%）の期間構造のパラレル・シフトは，債券価格をおおよそ0.4%低下させることにつながる。Vasicek モデルで $a = 0.1$ とすれば，

$$\hat{D} = B(0, 4) = \frac{(1 - e^{-0.1 \times 4})}{0.1} = 3.30$$

となるので，10ベーシス・ポイントの短期金利の増加は，債券価格をおおよそ0.33%低下させることになる。短期金利の動きに対する債券価格の感応度がゼロ・カーブのパラレル・シフトよりも小さいのは，平均回帰による影響のためである。

---

n 個のゼロクーポン債からなるポートフォリオを Q とする。各々のゼロ

クーポン債を $P(t, T_i)$ $(1 \leq i \leq n)$ とし i 番目の債券の元本を c_i として表すと，

$$\hat{D} = -\frac{1}{Q}\frac{\partial Q}{\partial r} = -\frac{1}{Q}\sum_{i=1}^{n} c_i \frac{\partial P(t, T_i)}{\partial r} = \sum_{i=1}^{n} \frac{c_i P(t, T_i)}{Q} \hat{D}_i$$

となる。ここで，$\hat{D}_i$ は $P(t, T_i)$ に対する $\hat{D}$ である。つまり，通常のデュレーション D を計算する方法（表4.6を参照）と同じように，利付債に対する $\hat{D}$ についてもそれを構成するゼロクーポン債の $\hat{D}$ の加重平均により計算される。Vasicek モデルと CIR モデルのコンベキシティについてもデュレーションと同様に定義することができる（練習問題31.21を参照）。

$P(t, T)$ は取引可能な証券の価格であるので，従来のリスク中立世界での時点 t における $P(t, T)$ の期待成長率は $r(t)$ である。$P(t, T)$ は $r(t)$ の関数であるので，$P(t, T)$ の過程における $dz(t)$ の係数は伊藤の補題により，Vasicek モデルに対しては $\sigma \partial P(t, T)/\partial r(t)$，CIR モデルに対しては $\sigma \sqrt{r(t)} \partial P(t, T)/\partial r(t)$ と計算される。したがって，(31.9)式をこれらに代入することにより，リスク中立世界での $P(t, T)$ の過程は次のように表すことができる。

Vasicek モデル：$dP(t, T) = r(t)P(t, T)dt - \sigma B(t, T)P(t, T)dz(t)$

CIR モデル：$dP(t, T) = r(t)P(t, T)dt - \sigma \sqrt{r(t)} B(t, T)P(t, T)dz(t)$

ある r の値に対する Vasicek モデルと CIR モデルによる金利期間構造を比較するならば，同じ a と b を使うことが理にかなっているだろう。しかし，Vasicek モデルに対する σ である σ_{vas} は，CIR モデルに対する σ である σ_{cir} に $\sqrt{r(t)}$ を掛けた値におおよそ一致するように選ばなければならない。たとえば，r が4％で $\sigma_{vas} = 0.01$ ならば，σ_{cir} として適切な値は $0.01/\sqrt{0.04} = 0.05$ となるであろう。これらのモデルを試すことのできるソフトウェアが，www-2.rotman.utoronto.ca/~hull/VasicekCIR にある。なお，Vasicek モデルでは r は負となりうるが，CIR モデルではそのようなことは起こらない[7]。

---

7 CIR モデルでは，金利がゼロに近づくとき，金利の動きは非常に小さくなる。いかなる場合でも負の金利が発生することはない。$2ab \geq \sigma^2$ であれば，ゼロ金利も発生しない。

均衡モデルの応用

次の節で論じるように，デリバティブを評価する際には，使用するモデルがいまの金利期間構造に正確に一致していることが重要である。しかし，シナリオ分析の目的でモンテカルロ・シミュレーションを長い期間に対して行うならば，この節で述べた均衡モデルは有用なツールとなりうる。20年先のポートフォリオの価値に興味があるような年金基金や保険会社は，現在の金利期間構造の形状を正確にとらえることが，そのような遠い将来でのリスクにそれほど関係するとは感じていないであろう。

いままで述べてきたようなモデルを選んだとき，一つの方法としては過去の短期金利の動きからパラメータを決めることができる。（1カ月や3カ月物金利を短期金利の代替として用いることができるであろう。）短期金利の日次，週次，月次での変化のデータを蓄積し，r に対して Δr を回帰させたり（例31.2を参照），最尤法を用いたり（練習問題31.13を参照）してパラメータを見積もることができる。もう一つの方法としては，債券価格のデータを集め，債券の市場価格とモデルによる価格との差の二乗の合計を最小化するような a，b，σ を，Excel のソルバーのようなアプリケーションにより求めることもできる。

これら二つの方法には重要な違いがある。一つ目の方法（ヒストリカル・データへのフィッティング）は，実世界でのパラメータを推定するものである。二つ目の方法（債券価格へのフィッティング）は，リスク中立世界でのパラメータを推定するものである。シナリオ分析においては，実世界の短期金利の振る舞いをモデル化することが興味の対象となるだろう。しかし，モンテカルロ・シミュレーションの期間における各時点での金利期間構造全体を知りたいこともある。その場合には，リスク中立世界でのパラメータ推定が必要となる。

実世界からリスク中立世界へと移行するときには，短期金利のボラティリティは変化しないが，ドリフトは変化する。ドリフトの変化を決めるためには，金利リスクの市場価格を推定する必要がある。Ahmad と Wilmott はゼロクーポン・イールド・カーブの傾きと実世界の短期金利のドリフトとを比

較することにより，この推定を行った[8]。彼らの推定によれば，長期の平均的な米ドル金利に対するリスクの市場価格は約−1.2であった。ただし，時期によって推定される金利リスクの市場価格には大きな変動がある。市場がストレス下にあり，"恐怖指数（fear factor）"が高いとき（たとえば，2007～2009年の信用危機の間）には，金利リスクの市場価格は−1.2よりもずっと大きな負の値として見積もられている。

【例31.2】

モンテカルロ・シミュレーションを行うために，離散化したVasicekモデル，

$$\Delta r = a(b-r)\Delta t + \sigma \varepsilon \sqrt{\Delta t}$$

を用い，10年間にわたる短期金利の週次データに対してあわせることを考える。Δr（1週間の短期金利の変化）をrに対して回帰させた結果，傾きは−0.004で切片が0.00016，この推定の標準誤差が0.001であったとする。いまの場合，$\Delta t = 1/52$であるので，$a/52 = 0.004$，$ab/52 = 0.00016$，$\sigma/\sqrt{52} = 0.001$となる。すなわち，$a = 0.21$，$b = 0.04$，$\sigma = 0.0072$である。（これらのパラメータは，短期金利が回帰率21%で4.0%に回帰することを意味する。短期金利のボラティリティは任意の時間に対して，0.72%を短期金利で割った値となる。）この短期金利は，実世界でのシミュレーションに用いることができる。

rのリスク中立過程を決定するために，rに比例するドリフトは$a(b-r)/r$，ボラティリティはσ/rであることに着目する。第28章の結果から，金利リスクの市場価格をλとすれば，実世界からリスク中立世界に移行するときに比例ドリフトは$\lambda\sigma/r$だけ減少する。したがって，リスク中立世界におけるrの過程は，

$$dr = [a(b-r) - \lambda\sigma]dt + \sigma dz$$

あるいは，

---

[8] R. Ahmad and P. Wilmott, "The Market Price of Interest-Rate Risk: Measuring and Modeling Fear and Greed in the Fixed-Income Markets," *Wilmott*, January 2007, 64–70を参照。

$$dr = [a(b^* - r)]dt + \sigma\, dz$$

と書ける。ただし，

$$b^* = b - \lambda\sigma/a$$

である。AhmadとWilmottの結果から$\lambda = -1.2$と置いたならば，$b^* = 0.04 + 1.2 \times 0.0072/0.21 = 0.082$となる。(31.6)式と(31.8)式($b = b^*$とする)から，モンテカルロ・シミュレーションの任意の点での金利期間構造全体を決定することができる。

【例31.3】

Cox–Ingersoll–Rossモデル，

$$dr = a(b-r)dt + \sigma\sqrt{r}\, dz$$

は，解析式を使うことで任意の満期に対する債券の価格を求めることができる。一連の債券の市場価格とモデルの価格との差の二乗の合計を最小化するa, b, σの値が，$a = 0.15$, $b = 0.06$, $\sigma = 0.05$であったとする。これらのパラメータ値が，最もフィットする短期金利のリスク中立過程を与える。いまの場合，比例ドリフトは$a(b-r)/r$であり，比例ボラティリティは$\sigma/\sqrt{r}$である。第28章の結果から，金利リスクの市場価格がλとすれば，リスク中立世界から実世界に移行するときには，比例ドリフトは$\lambda\sigma/\sqrt{r}$だけ増加する。したがって，rの実世界での過程は，

$$dr = [a(b-r) + \lambda\sigma\sqrt{r}]\,dt + \sigma\sqrt{r}\, dz$$

となる。この過程を，実世界での短期金利のシミュレーションに使うことができる[9]。任意の時間において，リスク中立過程と解析式により，長期金利も決定することができる。前と同様に，$\lambda = -1.2$と置いてもよいであろう。

---

[9] Cox–Ingersoll–Rossモデルにおいて実世界とリスク中立世界間で移行する場合，ドリフトの関数形が変わらないように，λが$\sqrt{r}$あるいは$1/\sqrt{r}$に比例すると仮定すると好都合であろう。

31.3 無裁定モデル

これまで紹介してきた均衡モデルの短所は，現時点における金利の期間構造に機械的にモデルをあわせることができないという点である．注意深くパラメータを選択すれば，均衡モデルは実際に観測される期間構造の多くにだいたいあわせることができる．しかし，厳密にはあわせられない．ほとんどのトレーダーはこの点を不満に感じている．原資産である債券を正確に価格づけできていないモデルを用いて計算された債券オプションの価格にはほとんど自信がもてない，というトレーダーの主張も故なしとしない．原資産である債券価格での1％の誤差が，オプション価格では25％の誤差になる場合もあるからである．

無裁定モデル（no-arbitrage model）は，現時点における金利の期間構造と厳密に整合性がとれるようにつくられたモデルである．したがって，均衡モデルと無裁定モデルとの本質的な違いは次のように言い表すことができる．均衡モデルでは現時点における金利の期間構造は出力であるのに対し，無裁定モデルでは現時点における金利の期間構造は入力である．

均衡モデルでは，短期金利のドリフト（すなわち dt の係数）は時間の関数でない場合が多い．無裁定モデルでは，一般的にドリフトは時間に依存している．これは，無裁定モデルでは初期時点のゼロ・カーブのかたちによって，短期金利が将来とる平均的なパスが決まるからである．たとえば，満期 t_1 から t_2 に対してゼロ・カーブがきつい上向きになっている場合，r はその期間で正のドリフトをもつ．逆に，それらの満期に対してきつい下向きになっている場合，r はその期間で負のドリフトをもつ．

均衡モデルのなかには，短期金利のドリフトを時間の関数にすることで，無裁定モデルに変えることができるものもある．そのようなものとして，以下では Ho–Lee モデル，Hull–White モデル（1ファクターまたは2ファクター），Black–Derman–Toy モデル，そして Black–Karasinski モデルについて考える．

Ho-Lee モデル

Ho と Lee は，1986年の論文で期間構造に対する最初の無裁定モデルを提案した[10]。彼らが提案したのは，二つのパラメータをもった，債券価格に対する二項ツリーモデルである。そのパラメータは，短期金利の標準偏差と短期金利のリスクの市場価格である。このモデルの従来のリスク中立世界における連続時間極限は，

$$dr = \theta(t)dt + \sigma dz \qquad (31.10)$$

となることが知られている。ただし，短期金利の瞬間的な標準偏差 σ は定数で，$\theta(t)$ は初期時点の期間構造にモデルが一致するように選択された時間の関数である。変数 $\theta(t)$ は時点 t における r の動きの平均的な方向を決めており，r の水準には依存していない。Ho-Lee モデルでのリスクの市場価格に関するパラメータは，このモデルを用いた金利デリバティブの価格づけには無関係である。

www-2.rotman.utoronto.ca/~hull/TechnicalNotes にある Technical Note 31により，

$$\theta(t) = F_t(0, t) + \sigma^2 t \qquad (31.11)$$

であることが示せる。ここで，$F(0, t)$ は時点ゼロにおける満期 t に対する瞬間的なフォワード・レートで，添字は t に関する偏微分を表す。近似的には $\theta(t)$ は $F_t(0, t)$ に等しい。したがって，将来時点における短期金利の動きの平均的な方向は，瞬間的なフォワード・レート・カーブの傾きにおおよそ等しい，ということがわかる。図31.3に Ho-Lee モデルを図示する。短期金利の平均的な動きに，正規分布するランダムな動きが重ね合わされている。

Technical Note 31により，

$$P(t, T) = A(t, T)e^{-r(t)(T-t)} \qquad (31.12)$$

であることも示されている。ただし，

$$\ln A(t, T) = \ln \frac{P(0, T)}{P(0, t)} + (T-t)F(0, t) - \frac{1}{2}\sigma^2 t(T-t)^2$$

---

[10] T. S. Y. Ho and S.-B. Lee, "Term Structure Movements and Pricing Interest Rate Contingent Claims," *Journal of Finance*, 41 (December 1986): 1011-29を参照。

図31.3 Ho–Lee モデル

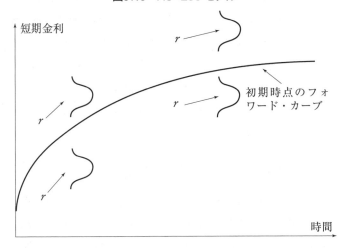

であり,4.6節より $F(0, t) = -\partial \ln P(0, t)/\partial t$ である。ゼロクーポン債価格 $P(0, t)$ は現時点の金利期間構造からすべてわかっている。よって,将来時点 t でのゼロクーポン債価格は,時点 t の短期金利と現時点の債券価格から,(31.12)式により与えられる。

Hull–White(1ファクター)モデル

1990年に発表された論文で,Hull と White は Vasicek モデルを拡張して,初期時点の期間構造に正確に一致させられるモデルを検討した[11]。彼らが考えた拡張 Vasicek モデルの一つは,

$$dr = [\theta(t) - ar]dt + \sigma dz \tag{31.13}$$

あるいは,

$$dr = a\left[\frac{\theta(t)}{a} - r\right]dt + \sigma dz$$

で与えられるものである。ここで,a と σ は定数である。このモデルは

---

[11] J. Hull and A. White, "Pricing Interest Rate Derivative Securities," *Review of Financial Studies*, 3, 4 (1990): 573–92を参照。

Hull–Whiteモデルとして知られている。これは，平均回帰率aをもったHo–Leeモデルと特徴づけることもできる。あるいは，時間に依存する回帰水準をもったVasicekモデルであると特徴づけることもできる。時点tにおいて，短期金利は割合aで$\theta(t)/a$へ回帰する。Ho–Leeモデルは，Hull–Whiteモデルで$a = 0$と置いた特別な場合に当たる。

Hull–Whiteモデルは，Ho–Leeモデルと同じくらい解析的に扱いやすい。Technical Note 31により，

$$\theta(t) = F_t(0, t) + aF(0, t) + \frac{\sigma^2}{2a}(1 - e^{-2at}) \quad (31.14)$$

であることが示される。この式の最後の項は通常かなり小さい。そこで最後の項を無視すると，rに対する確率過程のドリフトは時点tにおいて$F_t(0, t) + a[F(0, t) - r]$となる。このことから，平均として$r$は初期時点の瞬間的なフォワード・レート・カーブの傾きに従って変化することがわかる。そのカーブから乖離したときは，rは割合aでそれに回帰する。図31.4にこのモデルを図示する。

Technical Note 31により，Hull–Whiteモデルでは時点tにおける債券価

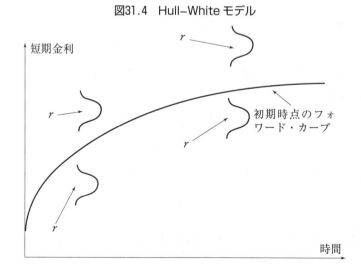

図31.4　Hull–Whiteモデル

格は,

$$P(t, T) = A(t, T)e^{-B(t, T)r(t)} \tag{31.15}$$

で与えられることが示される。ただし,

$$B(t, T) = \frac{1-e^{-a(T-t)}}{a} \tag{31.16}$$

および,

$$\ln A(t, T) = \ln \frac{P(0, T)}{P(0, t)} + B(t, T)F(0, t) - \frac{1}{4a^3}\sigma^2(e^{-aT} - e^{-at})^2(e^{2at} - 1) \tag{31.17}$$

である。次の節で示すように，ヨーロピアン債券オプションはHo–Leeモデルや Hull–White モデルにより解析的に評価できる。三項ツリーによるこれらのモデルの表現方法については本章の後半で述べる。三項ツリーは，アメリカン・オプションや解析的に評価できないデリバティブを考える際に有用である。

Black–Derman–Toy モデル

1990年に Black, Derman, Toy は対数正規の短期金利過程に対する二項ツリーモデルを提案した[12]。その二項ツリーを構築する方法については，www-2.rotman.utoronto.ca/~hull/TechnicalNotes の Technical Note 23で説明されている。このモデルに対応する確率過程は，

$$d\ln r = [\theta(t) - a(t)\ln r]dt + \sigma(t)dz$$

であることが示せる。ただし,

$$a(t) = -\frac{\sigma'(t)}{\sigma(t)}$$

であり，$\sigma'(t)$はtに関するσの微分である。このモデルは，金利が負にならないという，Ho–Lee モデルや Hull–White モデルにはない利点があ

---

[12] F. Black, E. Derman, and W. Toy, "A One-Factor Model of Interest Rates and Its Application to Treasury Bond Prices," *Financial Analysts Journal*, January/February (1990): 33–39を参照。

る訳注1。ウィナー過程 dz は $\ln(r)$ を負にしうるが、r 自体は常に正である。このモデルには、解析的な取扱いができないという欠点もある。しかし、より深刻な欠点は、ツリーを構築する際に、ボラティリティ・パラメータ $\sigma(t)$ と回帰率のパラメータ $a(t)$ の関係を課さなければならない、という点である。短期金利のボラティリティが時間に対する減少関数である場合にしか、回帰率は正とはならない。

実務上、このモデルが最も有用なのは $\sigma(t)$ を定数とした場合である。その場合、パラメータ a はゼロとなり平均回帰は起こらないため、このモデルは、

$$d \ln r = \theta(t)dt + \sigma dz$$

と簡略化されることになる。これは、Ho–Lee モデルの対数正規版と位置づけられる。

Black–Karasinski モデル

1991年に Black と Karasinski は Black–Derman–Toy モデルを拡張し、回帰率とボラティリティが互いに独立に決定されるようにした[13]。このモデルの最も一般的な場合は、

$$d \ln r = [\theta(t) - a(t) \ln r]dt + \sigma(t)dz$$

である。$a(t)$ と $\sigma(t)$ の間になんら関係がないという点以外は、このモデルは Black-Derman-Toy モデルと同じである。実務的には、$a(t)$ と $\sigma(t)$ は一定と仮定されることも多く、その場合にはこのモデルは、

$$d \ln r = [\theta(t) - a \ln r]dt + \sigma dz \quad (31.18)$$

となる。他のモデルと同じように、$\theta(t)$ 関数は初期時点の金利期間構造に正確に一致するように決定される。このモデルを解析的に扱うことはむずかしいが、三項ツリーで r の過程を表すと同時に $\theta(t)$ も決定する便利な方法

訳注1　従来、金利は決して負にならないと考えられていたが、近年実際に負の金利が観測されるようになっている。このため、従来はモデルが表現する金利が負にならないことは利点とされていたが、現在では逆に短所にもなりうる。

[13] F. Black and P. Karasinski, "Bond and Option Pricing When Short Rates are Lognormal," *Financial Analysts Journal*, July/August (1991): 52–59を参照。

をこの章の後半で説明する。

Hull–White 2 ファクターモデル

Hull と White は次のような2ファクター・モデルを開発した[14]。

$$df(r) = [\theta(t) + u - af(r)]dt + \sigma_1 dz_1 \quad (31.19)$$

ここで，$f(r)$ は r の関数であり，u は初期値ゼロで以下の過程に従う。

$$du = -bu\,dt + \sigma_2 dz_2$$

1ファクター・モデルで考察したように，パラメータ $\theta(t)$ は初期時点の期間構造にモデルが一致するように選択される。確率過程 u は $f(r)$ の回帰水準の1成分であり，それ自身は割合 b でゼロに回帰している。パラメータ a，b，σ_1，σ_2 は定数で，dz_1 と dz_2 は瞬間的な相関 ρ をもつウィナー過程である。

このモデルは r の1ファクター・モデルに比べ，より多様な期間構造の挙動パターンやボラティリティのパターンを表現することができる。このモデルの解析的な性質やツリーの構築法については，www-2.rotman.utoronto.ca/~hull/TechnicalNotes の Technical Note 14 を参照されたい。

31.4 債券オプション

これまで紹介してきたいくつかのモデルでは，ゼロクーポン債に対するオプションを解析的に評価することができる。Vasicek，Ho–Lee，および Hull–White 1 ファクター・モデルでは，満期 s のゼロクーポン債に対する満期 T のコール・オプションの時点ゼロにおける価格は，

$$LP(0, s)N(h) - KP(0, T)N(h - \sigma_P) \quad (31.20)$$

で与えられる。ここで，L は債券の額面，K は行使価格であり，

---

[14] J. Hull and A. White, "Numerical Procedures for Implementing Term Structure Models II: Two-Factor Models," *Journal of Derivatives*, 2, 2 (Winter 1994): 37–48 を参照。

$$h = \frac{1}{\sigma_P} \ln \frac{LP(0,s)}{P(0,T)K} + \frac{\sigma_P}{2}$$

である。プット・オプションの価格は,

$$KP(0,T)N(-h+\sigma_P) - LP(0,s)N(-h)$$

で与えられる。Technical Note 31により,Vasicek モデルと Hull–White モデルの場合には,

$$\sigma_P = \frac{\sigma}{a}[1-e^{-a(s-T)}]\sqrt{\frac{1-e^{-2aT}}{2a}}$$

であり,Ho–Lee モデルの場合には,

$$\sigma_P = \sigma(s-T)\sqrt{T}$$

であることが示される。(31.20)式は,29.1節で説明した債券オプションに対する Black モデルにおいてフォワード債券価格のボラティリティを $\sigma_P/\sqrt{T}$ とした場合と本質的に同じものである。29.2節で説明したように,金利キャップとフロアはゼロクーポン債に対するオプションのポートフォリオとして表現できる。したがって,それらも上式を用いて解析的に評価することができる。

31.2節で紹介した Cox–Ingersoll–Ross モデルの場合にも,ゼロクーポン債に対するオプションの価格式が知られている。その式には,非心カイ2乗分布の積分が用いられている。

利付債に対するオプション

r の1ファクター・モデルでは,r が下落すればすべてのゼロクーポン債の価格は上昇し,r が上昇すれば,すべてのゼロクーポン債の価格は下落する。このことを用いて,1ファクター・モデルでは,利付債に対するヨーロピアン・オプションはゼロクーポン債に対するヨーロピアン・オプションの和として表すことができる。その手順は以下となる。

1. オプション満期 T において原資産である利付債の価格が行使価格に等しくなる r の値を計算し,それを r^* とする。
2. 利付債を構成する各ゼロクーポン債に対する満期 T のヨーロピア

ン・オプションの価格を計算する。ただし，各オプションの行使価格は，対応するゼロクーポン債の時点 T における $r = r^*$ としたときの価値に等しい。

3．利付債に対するヨーロピアン・オプションの価格を，ステップ2で計算したゼロクーポン債オプションの価格の合計値とする。

この手続を用いて，Vasicek モデル，Cox–Ingersoll–Ross モデル，Ho–Lee モデル，および Hull–White モデルに対して，利付債オプションを評価することができる。ビジネス・スナップショット29.2で説明したように，ヨーロピアン・スワップションは利付債オプションとみなすことができる。したがって，それもこの手続を用いて評価することができる。手続の詳細と数値例については，www-2.rotman.utoronto.ca/~hull/TechnicalNotes の Technical Note 15を参照されたい。

31.5 ボラティリティの期間構造

これまで考察してきたモデルは，それぞれ異なったボラティリティの期間構造をもっている。図31.5は，Ho–Lee モデル，Hull–White 1 ファクター・モデル，および Hull–White 2 ファクター・モデルに対して，3カ月フォワード・レートのボラティリティを満期の関数として表したものである。金利の期間構造はフラットであると仮定している。

Ho–Lee モデルでは，3カ月フォワード・レートのボラティリティはすべての満期に対して同じである。Hull–White 1 ファクター・モデルでは，平均回帰の効果によって，3カ月フォワード・レートのボラティリティは満期の減少関数となっている。Hull–White 2 ファクター・モデルでは，パラメータを適切に選択すると，3カ月フォワード・レートのボラティリティに"こぶ"がみられるようになる。これは，29.2節で論じた実証結果やキャップのインプライド・ボラティリティの形状と整合的である。

図31.5 満期の関数としての3カ月フォワード・レートのボラティリティ

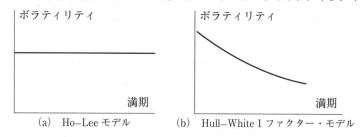

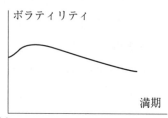

(c) Hull–White 2 ファクター・モデル
（パラメータを適切に選択した場合）

31.6 金利ツリー

　金利ツリーは，短期金利に対する確率過程の離散時間表現である。これは，株価ツリーが株価の従う確率過程の離散時間表現であったのと同様である。ツリーの時間ステップを Δt とすると，ツリー上の金利は連続複利での期間 Δt に対する金利となる。ツリーを構築する際に通常仮定されることは，期間 Δt の金利 R は，対応する連続モデルでの瞬間的な金利 r が従う確率過程と同じ過程に従うということである。金利ツリーと株価ツリーとの主な違いは，割引の方法である。株価ツリーでは，割引率は通常各ノードで同一，あるいは時間の関数であると仮定されている。金利ツリーでは，割引率はノードごとに異なる値をとる。

　金利に対しては，二項ツリーよりも三項ツリーを用いるほうが便利であることが多い。三項ツリーの主な長所は，自由度が余分にあり，平均回帰性のような金利の従う確率過程の特徴を表現したツリーをつくりやすいことであ

る。21.8節で述べたように，三項ツリーを用いることは有限差分法の陽解法を用いることと等価である。

三項ツリーの使用例

金利三項ツリーを用いたデリバティブの評価を説明するために，図31.6に示す簡単な例について考える。これは，各時間ステップが1年に等しい，すなわち$\Delta t = 1$となる2期間ツリーである。各ノードでの上，中央，下への推移確率はそれぞれ0.25, 0.50, 0.25である。期間Δtの金利は，各ノードにおける上段の数字で与えられている[15]。

このツリーを用いて，2番目の時間ステップの終わりに，
$$\max[100(R - 0.11), 0]$$
で与えられるペイオフが発生するデリバティブを評価する。ここでRは期間Δtの金利である。このデリバティブの価値の計算結果を，各ノードの下段に示す。最終ノードでは，デリバティブの価値はペイオフに等しい。たとえばノードEでは，デリバティブの価値は$100 \times (0.14 - 0.11) = 3$となる。

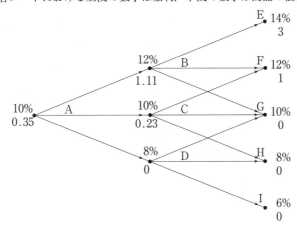

図31.6　金利三項ツリーの使用例
各ノードにおける上段の数字は金利，下段の数字は商品の価値

15　金利ツリー上の推移確率と金利の決め方については後で説明する。

それ以前のノードでは，第13章と第21章で説明したロールバック計算を用いてデリバティブの価値を求める。ノードBでは，1年金利は12%である。この金利を割引率に用いて，ノードE，F，Gにおける価値からノードBにおけるデリバティブの価値が，

$$[0.25 \times 3 + 0.5 \times 1 + 0.25 \times 0]e^{-0.12 \times 1} = 1.11$$

として求められる。ノードCでは，1年金利は10%である。この金利を割引率に用いて，ノードCにおけるデリバティブの価値が，

$$(0.25 \times 1 + 0.5 \times 0 + 0.25 \times 0)e^{-0.1 \times 1} = 0.23$$

として求められる。はじめのノードAでも金利は10%で，デリバティブの価値は，

$$(0.25 \times 1.11 + 0.5 \times 0.23 + 0.25 \times 0)e^{-0.1 \times 1} = 0.35$$

となる。

標準的でない分岐

図31.6のすべてのノードで用いられている，三項ツリーでの標準的な分岐パターンを修正したほうが便利な場合がある。三つのありうる分岐法を図31.7に示す。図31.7(a)が通常の分岐で，"1単位上昇／水平方向／1単位下落"の組合せからなる。図31.7(b)がこれにかわる分岐パターンの一つで，"2単位上昇／1単位上昇／水平方向"の組合せからなる。この分岐は，金利の水準が非常に低いときに平均回帰性を組み入れるのに便利である。図31.7(c)が3番目の分岐パターンで，"水平方向／1単位下落／2単位下落"の組合せからなる。この分岐は，金利の水準が非常に高いときに平均回帰性

図31.7 三項ツリーでのいくつかの分岐方法

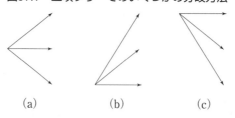

を組み入れるのに便利である。次節でこれらの異なる分岐パターンの使い方を例示する。

31.7 一般的なツリー構築手順

Hull と White は，広範囲の1ファクター・モデルを表現できる，二段階からなる頑健な三項ツリーの構築手順を提案した[16]。本節では，まず(31.13)式の Hull–White モデルに対してこの手順の適用方法を説明し，その後で Black–Karasinski モデルのような他のモデルへの手順の拡張方法を示す。

第1段階

瞬間的な短期金利 r に対する Hull–White モデルは，

$$dr = [\theta(t) - ar]dt + \sigma dz$$

で与えられる。ツリーの時間ステップは一定で Δt に等しいとする[17]。

期間 Δt の金利 R は，r と同じ確率過程に従っていると仮定し，

$$dR = [\theta(t) - aR]dt + \sigma dz$$

を満たしているとする。明らかに，Δt をゼロとする極限ではこれは妥当である。このモデルに対するツリー構築の第1段階として，初期値が0で，

$$dR^* = -aR^*dt + \sigma dz$$

という確率過程に従う変数 R^* に対するツリーを構築する。この過程は $R^* = 0$ に関して対称的である。また，変数 $R^*(t+\Delta t) - R^*(t)$ は正規分布に従っている。Δt より高次の項を無視すると，$R^*(t+\Delta t) - R^*(t)$ の期待値は $-aR^*(t)\Delta t$ で，$R^*(t+\Delta t) - R^*(t)$ の分散は $\sigma^2\Delta t$ となる。

ツリー上の金利の間隔 ΔR を，

---

[16] J. Hull and A. White, "Numerical Procedures for Implementing Term Structure Models I: Single-Facter Models," *Journal of Derivatives*, 2, 1 (1994): 7–16および J. Hull and A. White, "Using Hull–White Interest Rate Trees," *Journal of Derivatives*, (Spring 1996): 26–36を参照。

[17] 一定でない時間ステップの利用方法については，www-2.rotman.utoronto.ca/~hull/TechnicalNotes の Technical Note 16を参照。

$$\Delta R = \sigma\sqrt{3\Delta t}$$

にする．これは，誤差最小化の観点からΔRの値として好ましい選択であることが知られている．

手順の第1段階の目的は，図31.8のようなR^*に対するツリーを構築することである．そのためには，まず各ノードで図31.7の三つの分岐方法のどれを適用するのか決める必要がある．それが決まれば，ツリー全体の形状が決まり，次に分岐確率を計算することになる．

(i, j)を$t = i\Delta t$かつ$R^* = j\Delta R$となるノードと定義する（変数iは正の整数で，jは正または負の整数である）．各ノードで用いる分岐方法は，三つの枝での確率がすべて正になるように選ばなければならない．ほとんどの場合には，図31.7(a)の分岐方法が適切である．$a > 0$の場合，十分に大きなjに対しては図31.7(a)の分岐方法を図31.7(c)の分岐方法に切り替える必要がある．同様に，十分に大きな負のjに対しては図31.7(a)の分岐方法を図31.7(b)の分岐方法に切り替える必要がある．$j_{\max}$を図31.7(a)の分岐方法から図31.7

図31.8　Hull–White モデルでのR^*に対するツリー（第1段階）

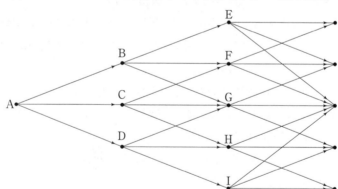

ノード	A	B	C	D	E	F	G	H	I
R^*(%)	0.000	1.732	0.000	-1.732	3.464	1.732	0.000	-1.732	-3.464
p_u	0.1667	0.1217	0.1667	0.2217	0.8867	0.1217	0.1667	0.2217	0.0867
p_m	0.6666	0.6566	0.6666	0.6566	0.0266	0.6566	0.6666	0.6566	0.0266
p_d	0.1667	0.2217	0.1667	0.1217	0.0867	0.2217	0.1667	0.1217	0.8867

(c)の分岐方法に切り替えるjの値,$j_{\min}$を図31.7(a)の分岐方法から図31.7(b)の分岐方法に切り替えるjの値と定義する。HullとWhiteは$j_{\max}$を$0.184/(a\Delta t)$より大きい最小の整数とし,$j_{\min}$を$-j_{\max}$とすれば,確率は常に正になることを示した[18]。p_u,p_m,p_dを各ノードから上,中央,下へ分岐する確率とする。これらの確率を,次の時間区間ΔtにおけるR^*の変化の期待値と分散に一致するように決める。また,確率なので合計は1にならなければならない。以上から,求める三つの確率に対して三つの方程式が得られる。

すでに述べたように,時間ΔtにおけるR^*の変化の平均は$-aR^*\Delta t$で,変化の分散は$\sigma^2\Delta t$である。ノード(i,j)では$R^*=j\Delta R$である。分岐方法が図31.7(a)の場合には,ノード(i,j)でのp_u,p_m,p_dは,平均と標準偏差を一致させるために次の三つの式を満たさなければならない。

$$p_u\Delta R - p_d\Delta R = -aj\Delta R\Delta t$$
$$p_u\Delta R^2 + p_d\Delta R^2 = \sigma^2\Delta t + a^2j^2\Delta R^2\Delta t^2$$
$$p_u + p_m + p_d = 1$$

$\Delta R = \sigma\sqrt{3\Delta t}$を用いてこれらの式を解くと,

$$p_u = \frac{1}{6} + \frac{1}{2}(a^2j^2\Delta t^2 - aj\Delta t)$$

$$p_m = \frac{2}{3} - a^2j^2\Delta t^2$$

$$p_d = \frac{1}{6} + \frac{1}{2}(a^2j^2\Delta t^2 + aj\Delta t)$$

が得られる。同様に,分岐方法が図31.7(b)の場合には,確率は,

$$p_u = \frac{1}{6} + \frac{1}{2}(a^2j^2\Delta t^2 + aj\Delta t)$$

---

[18] $j_{\max}$の値が$0.184/(a\Delta t)$と$0.816/(a\Delta t)$の間にあり,$j_{\min}$の値が$-0.184/(a\Delta t)$と$-0.816/(a\Delta t)$の間にあれば,確率は常に正になる。最初に切替え可能なノードで分岐方法を切り替えるのが計算効率は最もよい,ということがわかっている。

$$p_m = -\frac{1}{3} - a^2 j^2 \Delta t^2 - 2aj\Delta t$$

$$p_d = \frac{7}{6} + \frac{1}{2}(a^2 j^2 \Delta t^2 + 3aj\Delta t)$$

となる。最後に，分岐方法が図31.7(c)の場合には，確率は，

$$p_u = \frac{7}{6} + \frac{1}{2}(a^2 j^2 \Delta t^2 - 3aj\Delta t)$$

$$p_m = -\frac{1}{3} - a^2 j^2 \Delta t^2 + 2aj\Delta t$$

$$p_d = \frac{1}{6} + \frac{1}{2}(a^2 j^2 \Delta t^2 - aj\Delta t)$$

となる。

ツリー構築の第1段階の説明のため，たとえば $\sigma = 0.01$，$a = 0.1$，$\Delta t = 1$ 年とする。この場合には，$\Delta R = 0.01\sqrt{3} = 0.0173$，$j_{\max}$ は 0.184/0.1 より大きい最小の整数となり，$j_{\min} = -j_{\max}$ となる。したがって，$j_{\max} = 2$ と $j_{\min} = -2$ となり，ツリーは図31.8のようになる。各ノードから出る枝に対する確率はツリーの下に示したものになり，それらは p_u，p_m，p_d に関する式から求めることができる。

図31.8の各ノードでの確率は j のみに依存している，ということに注意しよう。たとえば，ノードBでの確率はノードFでの確率と同じである。さらに，ツリーは対称的である。ノードDでの確率はノードBでの確率を上下反転させたものとなる。

第2段階

ツリー構築の第2段階では，R^* に対するツリーを R に対するツリーに変換する。これは，初期時点の金利の期間構造に正確に一致するように，R^* に対するツリー上のノードを移動することによって行われる。

$$\alpha(t) = R(t) - R^*(t)$$

と定義する。時間ステップ Δt を無限小としたときに適用される $\alpha(t)$ は，

(31.14)式より解析的に計算することができる[19]。しかし，必要なのはΔtを有限としたときに期間構造に正確に一致するツリーである。そこで，αを決定するために反復的な方法を用いることになる。

α_iを，$\alpha(i\Delta t)$，すなわちRのツリー上の時点$i\Delta t$でのRの値から対応するR^*のツリー上の時点$i\Delta t$でのR^*の値を引いたものとして定義する。$Q_{i,j}$をノード(i,j)に到達した場合に1ドルを支払い，それ以外は支払のない証券の現在価値とする。α_iと$Q_{i,j}$は初期時点の期間構造に正確に一致するように，手前から順に計算することができる。

第2段階の例

図31.8の例における連続複利でのゼロ・レートが，表31.1のように与えられているとする。$Q_{0,0}$の値は1である。α_0の値は，満期Δtのゼロクーポン債の価格が正しく求まるように決める。すなわち，α_0は最初の期間Δtにおける金利に等しくする。この例では$\Delta t = 1$なので，$\alpha_0 = 0.03824$となる。これより，図31.9のRのツリーの最初のノードの位置が決まる。次に，$Q_{1,1}$，$Q_{1,0}$，$Q_{1,-1}$の値を計算する。ノード$(1,1)$に到達する確率は0.1667で，

表31.1　図31.8および図31.9におけるゼロ・レートの例

満期	レート（%）
0.5	3.430
1.0	3.824
1.5	4.183
2.0	4.512
2.5	4.812
3.0	5.086

---

[19] 瞬間的な$\alpha(t)$を解析的に求めるには，
$$dR = [\theta(t) - aR]dt + \sigma\, dz, \quad dR^* = -aR^*\, dt + \sigma\, dz$$
より，$d\alpha = [\theta(t) - a\alpha(t)]dt$が成り立つので，(31.14)式を用いれば，この解は，
$$\alpha(t) = F(0,t) + \frac{\sigma^2}{2a^2}(1 - e^{-at})^2$$
となる。

図31.9 Hull–White モデルでの R のツリー（第2段階）

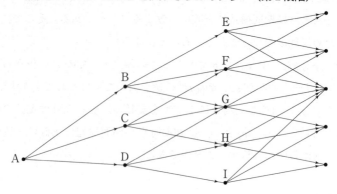

ノード	A	B	C	D	E	F	G	H	I
R (%)	3.824	6.937	5.205	3.473	9.716	7.984	6.252	4.520	2.788
p_u	0.1667	0.1217	0.1667	0.2217	0.8867	0.1217	0.1667	0.2217	0.0867
p_m	0.6666	0.6566	0.6666	0.6566	0.0266	0.6566	0.6666	0.6566	0.0266
p_d	0.1667	0.2217	0.1667	0.1217	0.0867	0.2217	0.1667	0.1217	0.8867

最初の時間ステップでの割引率は3.82%である。したがって，$Q_{1,1}$の値は $0.1667 e^{-0.0382} = 0.1604$ となる。同様にして，$Q_{1,0} = 0.6417$，$Q_{1,-1} = 0.1604$ と求まる。

$Q_{1,1}$，$Q_{1,0}$，$Q_{1,-1}$が求まると，α_1を決めることができる。α_1は，満期 $2\Delta t$ のゼロクーポン債の価格が正しく求まるように決められる。$\Delta R = 0.01732$ かつ $\Delta t = 1$ なので，ノードBでのこの債券の価格は $e^{-(\alpha_1+0.01732)}$ となる。同様にして，ノードCでの価格は，$e^{-\alpha_1}$，ノードDでの価格は $e^{-(\alpha_1-0.01732)}$ となる。したがって，最初のノードAでの価格は，

$$Q_{1,1} e^{-(\alpha_1+0.01732)} + Q_{1,0} e^{-\alpha_1} + Q_{1,-1} e^{-(\alpha_1-0.01732)} \quad (31.21)$$

となる。初期時点の期間構造から，この債券の価格は $e^{-0.04512 \times 2} = 0.9137$ である。(31.21)式の Q にすでに求まっている値を代入すると，

$$0.1604 e^{-(\alpha_1+0.01732)} + 0.6417 e^{-\alpha_1} + 0.1604 e^{-(\alpha_1-0.01732)} = 0.9137$$

すなわち，

$$e^{-\alpha_1}(0.1604 e^{-0.01732} + 0.6417 + 0.1604 e^{0.01732}) = 0.9137$$

が得られ,

$$\alpha_1 = \ln\left[\frac{0.1604e^{-0.01732} + 0.6417 + 0.1604e^{0.01732}}{0.9137}\right] = 0.05205$$

となる。したがって，Rのツリーでの時点Δtにおける中央のノードは，金利5.205％に対応していることがわかる（図31.9を参照）。

次のステップは，$Q_{2,2}$, $Q_{2,1}$, $Q_{2,0}$, $Q_{2,-1}$, $Q_{2,-2}$を求めることである。計算はすでに求まっているQの値を用いることによって，簡単に行うことができる。たとえば$Q_{2,1}$について考える。これは，ノードFに到達すれば1ドルを支払い，それ以外は支払のない証券の価値である。ノードFに到達するのは，ノードBとノードCからのみである。これらのノードにおける金利はそれぞれ6.937％と5.205％である。枝B-Fと枝C-Fに対する確率はそれぞれ0.6566と0.1667である。したがって，ノードFで1ドルを支払う証券のノードBでの価値は$0.6566e^{-0.06937}$となり，ノードCでの価値は$0.1667e^{-0.05205}$となる。変数$Q_{2,1}$はノードBで1ドルを受け取る現在価値の$0.6566e^{-0.06937}$倍に，ノードCで1ドルを受け取る現在価値の$0.1667e^{-0.05205}$倍を加えたものになる。すなわち，

$$Q_{2,1} = 0.6566e^{-0.06937} \times 0.1604 + 0.1667e^{-0.05205} \times 0.6417 = 0.1998$$

となる。同様に，$Q_{2,2} = 0.0182$, $Q_{2,0} = 0.4736$, $Q_{2,-1} = 0.2033$, および$Q_{2,-2} = 0.0189$となる。

図31.9のRに対するツリーを構築する次のステップは，α_2の値を求めることである。それが求まれば，$Q_{3,j}$を計算することができる。その次はα_3の値を求める，といったように続けていくとツリーが構築できる。

αとQに関する公式

以上の方法をもっと一般的に表すために，$Q_{i,j}$の値が$i \leq m (m \geq 0)$に対してすでに求まっているとする。次のステップは，満期$(m+1)\Delta t$のゼロクーポン債の価格がツリーで正しく求まるように，α_mの値を決めることである。ノード(m, j)での金利は$\alpha_m + j\Delta R$であるから，満期$(m+1)\Delta t$のゼロクーポン債の価格は，

$$P_{m+1} = \sum_{j=-n_m}^{n_m} Q_{m,j} \exp[-(\alpha_m + j\Delta R)\Delta t] \qquad (31.22)$$

で与えられる。ただし，n_m は時点 $m\Delta t$ における中央のノードからみて片側にあるノード数である。この式の解は，

$$\alpha_m = \frac{\ln \sum_{j=-n_m}^{n_m} Q_{m,j} e^{-j\Delta R \Delta t} - \ln P_{m+1}}{\Delta t}$$

となる。α_m が求まれば，$i = m+1$ に対する $Q_{i,j}$ は，

$$Q_{m+1,j} = \sum_k Q_{m,k} q(k,j) \exp[-(\alpha_m + k\Delta R)\Delta t]$$

を用いて計算することができる。ただし，$q(k,j)$ はノード (m,k) からノード $(m+1,j)$ への推移確率で，総和は確率がゼロでないすべての k について行う。

他のモデルへの拡張

これまで概説してきた手続は，

$$df(r) = [\theta(t) - af(r)]dt + \sigma\,dz \qquad (31.23)$$

というかたちのより一般的なモデルへ拡張できる。ただし，f は r の単調な関数である。この種のモデルは，任意の期間構造に一致させることができるという性質をもっている[20]。

これまでと同様に，期間 Δt の金利 R が r と同じ確率過程に従い，

$$df(R) = [\theta(t) - af(R)]dt + \sigma\,dz$$

を満たしているとする。$x = f(R)$ と置くと，

$$dx = [\theta(t) - ax]dt + \sigma\,dz$$

---

[20] すべての無裁定モデルがこの性質をもっているわけではない。たとえば，Cox, Ingersoll と Ross (1985) および Hull と White (1990) で考察された拡張 CIR モデルは，

$$dr = [\theta(t) - ar]dt + \sigma\sqrt{r}\,dz$$

というかたちをしているが，フォワード・レートが急激に低下するようなイールド・カーブには適合させることができない。その理由は，$\theta(t)$ が負のときは確率過程がうまく定義できないからである。

となる。第1段階として、$\theta(t) = 0$および初期値をゼロとする以外は、xと同じ確率過程に従う変数x^*に対してツリーを構築する。ここでの手続は、すでに概説した図31.8のようなツリーを構築する手続と同じである。

次に、初期時点の期間構造に正確に一致させるために、図31.9のように、時点$i\Delta t$のノードをα_iだけ移動する。α_iと$Q_{i,j}$を順に決める式は、$f(R) = R$の場合とは若干異なったものになる。最初のノードにおけるQの値$Q_{0,0}$を1にする。$Q_{i,j}$の値は$i \leq m (m \geq 0)$に対してすでに求まっているとする。次のステップは、満期$(m+1)\Delta t$のゼロクーポン債の価格がツリーで正しく求まるように、α_mの値を決めることである。gをfの逆関数とすると、時点$m\Delta t$におけるj番目のノードでの期間Δtの金利は、

$$g(\alpha_m + j\Delta x)$$

となる。したがって、満期$(m+1)\Delta t$のゼロクーポン債の価格は、

$$P_{m+1} = \sum_{j=-n_m}^{n_m} Q_{m,j} \exp[-g(\alpha_m + j\Delta x)\Delta t] \quad (31.24)$$

で与えられる。この式は、ニュートン・ラフソン法のような数値計算法を用いて解くことができる。$m = 0$のときのαの値α_0は$f(R(0))$である。

α_mが求まれば、$i = m+1$に対する$Q_{i,j}$の値は、

$$Q_{m+1,j} = \sum_k Q_{m,k} q(k,j) \exp[-g(\alpha_m + k\Delta x)\Delta t]$$

を用いて計算することができる。ただし、$q(k,j)$はノード(m,k)からノード$(m+1,j)$への推移確率で、総和は確率がゼロでないすべてのkについて行う。

図31.10は、(31.18)式のBlack–Karasinskiモデル、

$$d\ln(r) = [\theta(t) - a\ln(r)]dt + \sigma\,dz$$

にこの手続を適用した結果を示したものである。ただし、$a = 0.22$、$\sigma = 0.25$、$\Delta t = 0.5$とし、ゼロ・レートは表31.1に与えられたものとしている。

$f(r) = r$と置くと(31.13)式のHull–Whiteモデルになり、$f(r) = \ln(r)$と置くと(31.18)式のBlack–Karasinskiモデルになる。$f(r) = r$とするモデルの主な長所は、解析的に扱いやすいことである。主な短所は、負の金利が起

図31.10 対数正規モデルに対するツリー

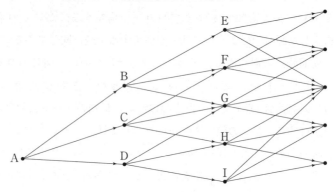

ノード	A	B	C	D	E	F	G	H	I
x	-3.373	-2.875	-3.181	-3.487	-2.430	-2.736	-3.042	-3.349	-3.655
$R(\%)$	3.430	5.642	4.154	3.058	8.803	6.481	4.772	3.513	2.587
P_u	0.1667	0.1177	0.1667	0.2277	0.8609	0.1177	0.1667	0.2277	0.0809
P_m	0.6666	0.6546	0.6666	0.6546	0.0582	0.6546	0.6666	0.6546	0.0582
P_d	0.1667	0.2277	0.1667	0.1177	0.0809	0.2277	0.1667	0.1177	0.8609

こりうるということである．ほとんどの状況では，そのモデルのもとで金利が負になる確率は非常に小さいが，金利が負になる可能性が少しでもあるモデルは使いたくないというアナリストもいる．$f(r) = \ln(r)$とするモデルは解析的に扱いやすくはないが，金利が常に正であるという長所をもっている訳注2．

低金利の環境をどのように扱うか

金利が非常に低い場合，満足のいくモデルを選ぶことは簡単ではない．そのような場合には，Hull–Whiteモデルにおける負の金利が発生する確率は無視できるようなものではなくなっている．Black–Karasinskiモデルも，

訳注2 1128ページの訳注1も参照．

低金利と高金利のどちらに対しても同じボラティリティを用いることは適切ではないため，やはりうまく機能しない。一つのアイデアは，r が低いときには負の金利を避けるために $f(r)$ を $\ln r$ に比例するように選び，r が高いときには r に比例するようにする，というものである[21]。他のアイデアとしては，Vasicek 型のモデルから得られる金利の絶対値を，短期金利として選ぶ，というものもある。Alexander Sokol により提案されているよりよいアイデアは，r の回帰率とボラティリティを両方とも過去データから経験的に推測される関数とするモデルの構築である。変数 r は dz の係数が定数となる新しい変数 x へと変換され，図31.7よりも一般的な三つの分岐をとるツリー構築法によりこのモデルは実装されることになる。

ツリーでの解析的な結果の利用

$f(r) = r$ とする Hull–White モデルに対してツリーを構築する場合には，31.3節の解析的な結果を用いて，各ノードでの完全な期間構造とヨーロピアン・オプションの価格を求めることができる。その際に，ツリー上の金利は期間 Δt の金利 R であって，瞬間的な短期金利 r ではないことを認識しておくことは重要である。

(31.15)式，(31.16)式，および(31.17)式より，
$$P(t, T) = \hat{A}(t, T) e^{-\hat{B}(t, T) R(t)} \quad (31.25)$$
となることが示せる（練習問題31.20を参照）。ただし，
$$\ln \hat{A}(t, T) = \ln \frac{P(0, T)}{P(0, t)} - \frac{B(t, T)}{B(t, t+\Delta t)} \ln \frac{P(0, t+\Delta t)}{P(0, t)}$$
$$- \frac{\sigma^2}{4a}(1-e^{-2at}) B(t, T) [B(t, T) - B(t, t+\Delta t)] \quad (31.26)$$
であり，
$$\hat{B}(t, T) = \frac{B(t, T)}{B(t, t+\Delta t)} \Delta t \quad (31.27)$$

---

[21] J. Hull and A. White, "Taking Rates to the Limit," *Risk*, December (1997): 168–69 を参照。

である。(Ho–Lee モデルの場合には，これらの式で $\hat{B}(t, T) = T-t$ と置く。）

以上のことから，債券の価格を求めるときは，(31.15)式ではなく(31.25)式を用いて計算する。

【例31.4】

ゼロ・レートは表31.2のように与えられているとする。表にない満期に対するゼロ・レートは，線形補間で求めることとする。

9年（= 9×365日）後に100が支払われるゼロクーポン債に対する，満期3年（= 3×365日）のヨーロピアン・プット・オプションを考える。金利は Hull-White モデル（$f(r) = r$）に従っているとする。行使価格を63，$a = 0.1$，$\sigma = 0.01$ とする。3年のツリーを構築し，最終ノードでのゼロクーポン債の価格を前述の方法で解析的に計算し，それを用いてオプションの価格を求める。表31.3に示すように，ツリーから得られる結果は解析式から求まるオプション価格に一致している。

この例は，モデル実装のよいテストになっている。というのは，オプションの満期直後にゼロ・カーブの傾きが急激に変化しているからである。このような場合，ツリーの構築と利用の際のわずかな誤差が，それを用いて計算したオプションの価値に重大な影響を及ぼすことがある。（本例は，DerivaGem Applications ソフトウェアの Sample Application G で使われている。）

表31.2 連続複利金利でのゼロ・カーブ

満期	日数	レート(%)	満期	日数	レート(%)
3日	3	5.01772	4年	1,461	6.73464
1ヵ月	31	4.98284	5年	1,826	6.94816
2ヵ月	62	4.97234	6年	2,194	7.08807
3ヵ月	94	4.96157	7年	2,558	7.27527
6ヵ月	185	4.99058	8年	2,922	7.30852
1年	367	5.09389	9年	3,287	7.39790
2年	731	5.79733	10年	3,653	7.49015
3年	1,096	6.30595			

表31.3 満期9年のゼロクーポン債に対する，行使価格63，満期3年のプット・オプションの価値
$\alpha = 0.1$, $\sigma = 0.01$，ゼロ・カーブは表31.2のものとする。

ステップ数	ツリーを用いた場合	解析式を用いた場合
10	1.8468	1.8093
30	1.8172	1.8093
50	1.8057	1.8093
100	1.8128	1.8093
200	1.8090	1.8093
500	1.8091	1.8093

アメリカン債券オプションに対するツリー

本書に付属している DerivaGem ソフトウェアには，ヨーロピアンとアメリカンの債券オプション，キャップ／フロア，ヨーロピアン・スワップションが評価できる正規モデルと対数正規モデルが実装されている。図31.11は，時間ステップ数を4とし，対数正規（Black–Karasinski）モデルを用いて満期10年の債券に対する満期1.5年のアメリカン・コール・オプションを評価するために，このソフトウェアを用いて作成したツリーである。対数正規モデルのパラメータは，$a = 5\%$と$\sigma = 20\%$としている。原資産の債券は残存期間が10年で，額面が100，クーポンが年5％の年2回払いとする。イールド・カーブは年率5％でフラットとし，行使価格は105とする。29.1節で説明したように，行使価格には取引価格ベースのものと，提示価格ベースのものがある。いまの場合は，提示価格ベースの行使価格とする。また，ツリー上に示した債券価格は取引価格である。各ノードにおける経過利子はツリーの下に示されている。取引価格ベースの行使価格は，提示価格ベースの行使価格に経過利子を加えたものである。また，債券の提示価格は取引価格から経過利子を引いたものである。オプションのペイオフは，債券の取引価格から取引価格ベースの行使価格を引いたものになる。あるいは同じことであるが，ペイオフは債券の提示価格から提示価格ベースの行使価格を引いたものになる。

図31.11　DerivaGemソフトウェアで作成したアメリカン債券オプション評価用ツリー

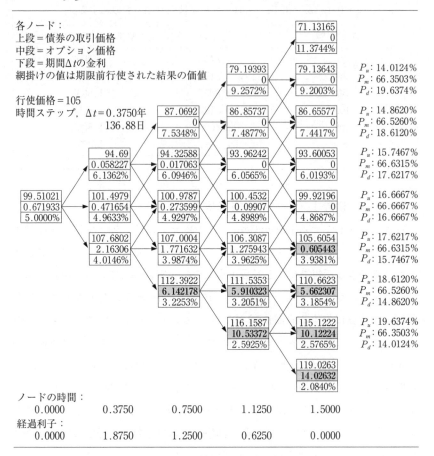

ツリーからオプション価格が0.672として得られる。時間ステップ数を100にした大きなツリーでは，オプション価格は0.703となる。なお，対数正規モデルが仮定されている場合には，10年債の価格が解析的に計算できないことに注意されたい。その価格は，示されているよりもずっと大きいツリーでロールバックすることにより，数値計算的に求められている。

31.8 キャリブレーション

これまでは，ボラティリティ・パラメータ a と σ は既知と仮定してきた。ここではそれらのパラメータを決める方法について論じる。これはモデルのキャリブレーションとして知られている。

ボラティリティ・パラメータは，活発に取引されているオプションの市場データ（たとえば，表29.1や表29.2にあるようなキャップやスワップションのブローカー提示価格）から推定される。これらをキャリブレーション対象商品 (calibrating instrument) と呼ぶことにする。第1段階として，"適合度"を測る尺度を選ぶ。n 個のキャリブレーション対象商品があると仮定する。よく使われる適合度の尺度は，

$$\sum_{i=1}^{n} (U_i - V_i)^2$$

である。ここで，U_i は i 番目のキャリブレーション対象商品の市場価格，V_i はその商品に対してモデルから得られる価格である。キャリブレーションの目的は，適合度の尺度が最小になるモデル・パラメータを選択することである。

ボラティリティ・パラメータの数はキャリブレーション対象商品の数より多くなるべきではない。a と σ が定数の場合は，ボラティリティ・パラメータは二つだけである。モデルを拡張して，a または σ，あるいはその両方を時間の関数とすることができる。階段関数を用いてもよい。たとえば，a を定数とし，σ を時間の関数とする。時点 $t_1, t_2, \ldots, t_n$ を選び，$t \leq t_1$ に対して $\sigma(t) = \sigma_0$，$t_i < t \leq t_{i+1}$ ($1 \leq i \leq n-1$) に対して $\sigma(t) = \sigma_i$，$t > t_n$ に対して $\sigma(t) = \sigma_n$ と仮定する。そうすると，ボラティリティ・パラメータは a, σ_0, $\sigma_1, \ldots, \sigma_n$ であるので，全部で $n+2$ 個となる。

適合度の尺度の最小化はレーベンバーグ・マーカート法を用いて行うことができる[22]。a または σ，あるいはその両方が時間の関数の場合は，関数が"よい振る舞い"をするように適合度の尺度にペナルティ関数を加えることがよくある。先ほど述べた σ が階段関数で与えられる例では，

$$\sum_{i=1}^{n}(U_i-V_i)^2+\sum_{i=1}^{n}w_{1,i}(\sigma_i-\sigma_{i-1})^2+\sum_{i=1}^{n-1}w_{2,i}(\sigma_{i-1}+\sigma_{i+1}-2\sigma_i)^2$$

が適切な目的関数である。第2項は時間の1ステップ間におけるσの大きな変化に対してペナルティを与えている。第3項はσの大きな曲率に対してペナルティを与えている。$w_{1,i}$と$w_{2,i}$に対する適切な値は実験的に決めることになるが、関数σが十分な滑らかさをもつように選択される。

キャリブレーション対象商品は、できるだけ評価する商品に近いものを選ぶほうがよい。たとえば、5年目から9年目の任意の支払日に権利行使でき、行使すると現時点から10年後に満期を迎えるスワップが開始する、満期10年のバミューダン・スワップションをモデルで評価したいとする。最も関連性の高いキャリブレーション対象商品は、5×5, 6×4, 7×3, 8×2, 9×1のヨーロピアン・スワップションである。($n\times m$ヨーロピアン・スワップションとは、権利行使するとオプション満期からm年間続くスワップが開始する、満期n年のオプションである。)

aまたはσ、あるいはその両方を時間の関数とすることの長所は、市場で活発に取引される商品の価格により正確にモデルを適合させることができる点である。短所はボラティリティの期間構造が非定常になることである。モデルから得られる将来時点のボラティリティの期間構造は、現時点の市場で観測されるものとかなり異なる傾向がある[23]。

キャリブレーションに対する少し異なる方法として、すべての利用可能なキャリブレーション対象商品を用いて、"大域的に最も適合した"パラメータaとσを計算するというものがある。パラメータaを、その最も適合した値に固定する。そうすると、そのモデルをBlack–Scholes–Mertonモデルと同じように利用できるようになる。すなわち、オプション価格とパラメータσとの1対1対応が得られ、モデルを用いて、表29.1や表29.2のような表

---

[22] この手続のわかりやすい説明については、W. H. Press, B. P. Flannery, S. A. Teukolsky, and W. T. Vetterling, *Numerical Recipes*: *The Art of Scientific Computing*, 3rd edn. Cambridge University Press, 2007を参照。

[23] aとσが時間の関数である場合のモデルの実装については、www-2.rotman.utoronto.ca/~hull/TechnicalNotesのTechnical Note 16を参照されたい。

をインプライドσの表に変換できるようになる[24]。得られた表は，価格づけしようとしている商品に最も適したσの算出に用いられる。

31.9　1ファクター・モデルを用いたヘッジ

金利デリバティブのポートフォリオをヘッジする一般的な方法については，29.5節で概要を述べた。それらの方法は，本章の期間構造モデルとあわせて用いることが可能である。デルタ，ガンマ，およびベガの計算は，ゼロ・カーブやボラティリティを微小変化させてポートフォリオの価値を再計算することで行われる。

金利デリバティブの価格づけを行うときに1ファクター・モデルが用いられることもよくあるが，ヘッジの際には1ファクターのみを仮定するのは適切ではない，ということに注意しよう。たとえば，デルタはイールド・カーブのさまざまな異なる動きに対して計算するべきで，使用するモデルで仮定されている動きに対してのみでは不十分である。使用しているモデルで起こりうる変化だけでなく，起こりえない変化も考慮することは，アウトサイド・モデル・ヘッジ（outside model hedging）として知られ，トレーダーが標準的に行っていることである[25]。比較的簡単な1ファクター・モデルを注意深く用いれば，商品の価格としては通常妥当なものが得られるが，よいヘッジを行うためには，明示的にせよ暗黙的にせよ多くのファクターを仮定しなければならない，というのが現実である。

---

[24] 期間構造モデルでのインプライドσは，表29.1や表29.2のBlackモデルから計算されたインプライド・ボラティリティと同じではないことに注意しよう。インプライドσは次のように計算できる。まず，Blackモデルを用いて，Blackボラティリティを価格に変換する。そして，その価格を与える期間構造モデルのパラメータσを反復計算で求める。

[25] アウトサイド・モデル・ヘッジの簡単な例は，Black–Scholes–Mertonモデルの使われ方である。Black–Scholes–Mertonモデルではボラティリティは一定と仮定されているが，トレーダーは定期的にベガを計算し，ボラティリティの変化に対するヘッジを行っている。

要約

　金融の分野で用いられてきた伝統的な期間構造モデルは，均衡モデルとして知られている。それらのモデルは経済変数間の潜在的な関係を理解するのには有効であるが，初期時点の期間構造がモデルへの入力データではなく，モデルから出力される結果であるという短所をもっている。デリバティブを評価する際には，使用しているモデルが市場で観測される初期時点の期間構造と整合的である，ということが重要である。無裁定モデルはこの性質をもつようにつくられており，与えられた初期時点の期間構造に対して，それがどのように時間発展するかを定めている。

　本章では，短期金利に対するいくつかの1ファクター無裁定モデルを説明してきた。これらのモデルは頑健であり，初期時点の任意のゼロ・レートとともに使用することができる。最も簡単なモデルは Ho-Lee モデルである。このモデルには解析的に扱いやすいという長所がある。いちばんの短所は，すべての金利が常に等しく変動するという点である。Hull-White モデルは，Ho-Lee モデルに平均回帰性をもたせたモデルである。このモデルは，解析的な扱いやすさを維持しつつ，多様なボラティリティを表現しうるモデルである。対数正規1ファクター・モデルは負の金利が発生する可能性のないモデルであるが，解析的には扱いにくい。

参考文献

均衡モデル

Ahmad, R., and P. Wilmott, "The Market Price of Interest Rate Risk: Measuring and Modelling Fear and Greed in the Fixed Income Markets," *Wilmott*, January 2007: 64–70.

Cox, J. C., J.E. Ingersoll, and S. A. Ross, "A Theory of the Term Structure of

Interest Rates," *Econometrica*, 53 (1985): 385-407.

Longstaff, F. A., and E. S. Schwartz, "Interest Rate Volatility and the Term Structure: A Two Factor General Equilibrium Model," *Journal of Finance*, 47, 4 (September 1992): 1259-82.

Vasicek, O. A., "An Equilibrium Characterization of the Term Structure," *Journal of Financial Economics*, 5 (1977): 177-88.

無裁定モデル

Black, F., E. Derman, and W. Toy, "A One-Factor Model of Interest Rates and Its Application to Treasury Bond Prices," *Financial Analysts Journal*, January/February 1990: 33-39.

Black, F., and P. Karasinski, "Bond and Option Pricing When Short Rates Are Lognormal," *Financial Analysts Journal*, July/August (1991): 52-59.

Brigo, D., and F. Mercurio, *Interest Rate Models: Theory and Practice*, 2nd edn. New York: Springer, 2006.

Ho, T. S. Y., and S.-B. Lee, "Term Structure Movements and Pricing Interest Rate Contingent Claims," *Journal of Finance*, 41 (December 1986): 1011-29.

Hull, J., and A. White, "Bond Option Pricing Based on a Model for the Evolution of Bond Prices," *Advances in Futures and Options Research*, 6 (1993): 1-13.

Hull, J., and A. White, "Pricing Interest Rate Derivative Securities," *Review of Financial Studies*, 3, 4 (1990): 573-92.

Hull, J., and A. White, "Using Hull-White Interest Rate Trees," *Journal of Derivatives*, (Spring 1996): 26-36.

Rebonato, R., *Interest Rate Option Models*. Chichester: Wiley, 1998.

練習問題

31.1 均衡モデルと無裁定モデルの違いを述べよ。

31.2 短期金利が現在4％で，その標準偏差が年率1％であるとする。(a) Vasicek モデル，(b) Rendleman–Bartter モデル，(c) Cox–Ingersoll–Ross モデルの各モデルで短期金利が8％に上昇した場合，標準偏差

はいくつに変化するか。

31.3 株価が平均回帰性をもっていたり，経路依存性をもっていたりするならば，市場には非効率性が存在することになる。短期金利がそのような性質をもっていたとしても，市場には非効率性が存在しない理由を述べよ。

31.4 1ファクター金利モデルと2ファクター金利モデルの違いを説明せよ。

31.5 31.4節で説明した，利付債に対するオプションをゼロクーポン債に対するオプションのポートフォリオに分解する方法は，2ファクター・モデルの場合でも適用できるか。その理由も説明せよ。

31.6 VasicekモデルとCox–Ingersoll–Rossモデルにおいて$a = 0.1$, $b = 0.1$とする。二つのモデルとも初期時点における短期金利を10％，微小時間Δtにおける短期金利の変化の標準偏差を$0.02\sqrt{\Delta t}$とする。これらのモデルから得られる満期10年のゼロクーポン債価格を比較せよ。

31.7 Vasicekモデルで$a = 0.1$, $b = 0.08$, $\sigma = 0.015$とし，当初の短期金利を5％とする。このとき，満期3年，額面100ドルのゼロクーポン債に対する満期1年，行使価格87ドルのヨーロピアン・コール・オプションの価格を求めよ。

31.8 問題31.7と同じ条件のもとで，行使価格87ドルのヨーロピアン・プット・オプションの価格を求めよ。ヨーロピアン・コール・オプションとヨーロピアン・プット・オプションとの間に成り立つプット・コール・パリティの関係式を述べよ。また，いまの場合にプットとコールの価格がプット・コール・パリティを満たしていることを示せ。

31.9 Vasicekモデルで$a = 0.05$, $b = 0.08$, $\sigma = 0.015$とし，当初の短期金利を6％とする。満期3年の債券に対する満期2.1年のヨーロピアン・コール・オプションの価格を計算せよ。ただし，債券のクーポンは年2回払いの5％で，額面は100，オプションの行使価格は99

とする。また，行使価格はその債券に対して支払われる取引価格である（提示価格ではない）。

31.10 問題31.9での答えとプット・コール・パリティを用いて，問題31.9のコール・オプションと同じ条件のプット・オプションの価格を計算せよ。

31.11 Hull–White モデルにおいて $a = 0.08$, $\sigma = 0.01$ とする。満期5年のゼロクーポン債に対する満期1年のヨーロピアン・コール・オプションの価格を求めよ。ただし，期間構造は10%でフラットとし，債券の額面は100ドル，行使価格は68ドルとする。

31.12 Hull–White モデルにおいて $a = 0.05$, $\sigma = 0.015$ とし，初期時点の期間構造を半年複利で6%フラットとする。満期3年の債券に対する満期2.1年のヨーロピアン・コール・オプションの価格を計算せよ。ただし，債券のクーポンは年2回払いの5%で，額面は100，オプションの行使価格は99とする。また，行使価格はその債券に対して支払われる取引価格である（提示価格ではない）。

31.13 時間間隔 Δt で短期金利を観測するとして，i 番目に観測される値を $r_i (0 \leq i \leq m)$ とする。最尤法による推定では，Vasicek モデルの a, b, σ は

$$\sum_{i=1}^{m} \left(-\ln(\sigma^2 \Delta t) - \frac{[r_i - r_{i-1} - a(b - r_{i-1})\Delta t]^2}{\sigma^2 \Delta t} \right)$$

を最大化することで与えられることを示せ。また，CIR モデルではどのようになるか。

31.14 $a = 0.05$, $\sigma = 0.015$, 期間構造は10%でフラットとする。Hull–White モデルに対する，1期間の長さが1年の2期間三項ツリーを構築せよ。

31.15 図31.6のツリーを用いて満期2年のゼロクーポン債の価格を求めよ。

31.16 図31.9のツリーを用いて満期2年のゼロクーポン債の価格を求め，それが初期時点の期間構造と一致していることを確かめよ。

31.17 図31.10のツリーを用いて満期18カ月のゼロクーポン債の価格を求め，

それが初期時点の期間構造と一致していることを確かめよ。

31.18 1ファクター期間構造モデルのキャリブレーションはどのように行われるか。

31.19 DerivaGemソフトウェアを用いて，固定金利を受け取り，変動金利を支払う，1×4, 2×3, 3×2, 4×1のヨーロピアン・スワップションを評価せよ。1年，2年，3年，4年，5年金利はそれぞれ6％，5.5％, 6％, 6.5％, 7％とし，スワップの支払は半年ごとで，固定金利は半年複利で年率6％であるとする。$a = 3\%$, $\sigma = 1\%$としてHull–Whiteモデルを用いよ。また，各オプションに対してBlackモデルによるインプライド・ボラティリティを計算せよ。

31.20 (31.25)式，(31.26)式，および(31.27)式を証明せよ。

31.21 (a) VasicekモデルとCIRモデルのrに関する$P(t, T)$の二階偏微分を求めよ。

(b) 31.2節において，$\hat{D}$は標準的なデュレーションDとは異なる尺度として与えられている。4.9節でのコンベキシティに対して同様の尺度となる$\hat{C}$を求めよ。

(c) $P(t, T)$に対する$\hat{C}$を求めよ。利付債に対する$\hat{C}$はどのように計算すればよいか。

(d) VasicekモデルとCIRモデルについて，$\Delta P(t, T)$のΔrと$(\Delta r)^2$に関するテイラー展開を求めよ。

31.22 短期金利を4％，実世界での過程を$dr = 0.1[0.05-r]dt + 0.01\,dz$，リスク中立過程を$dr = 0.1[0.11-r]dt + 0.01\,dz$とする。

(a) 金利リスクの市場価格を求めよ。

(b) リスク中立世界における，満期5年のゼロクーポン債の期待収益率とボラティリティを求めよ。

(c) 実世界における，満期5年のゼロクーポン債の期待収益率とボラティリティを求めよ。

発展問題

31.23 $\sigma = 0.02$ として Ho–Lee モデルに対する三項ツリーを構築せよ。ただし，初期時点のゼロクーポン・レートは満期0.5年，1.0年，1.5年に対してそれぞれ7.5%，8%，8.5%とし，1期間の長さが6カ月の2期間ツリーとする。ツリーの各最終ノードにおいて，額面100，残存期間6カ月のゼロクーポン債の価値を計算せよ。このツリーを用いて，この債券に対する行使価格95，満期1年のヨーロピアン・プット・オプションを評価せよ。また，ツリーから得られた価格と DerivaGem ソフトウェアから得られる解析式による価格とを比較せよ。

31.24 あるトレーダーが額面100，満期5年の債券に対する満期1年のアメリカン・コール・オプションの価格を計算したいと考えている。この債券のクーポンは年2回払いの6%，オプションの（提示価格ベースの）行使価格は100ドルである。連続複利ベースのゼロ・レートは，満期6カ月，1年，2年，3年，4年，5年に対してそれぞれ4.5%，5%，5.5%，5.8%，6.1%，6.3%である。正規モデルあるいは対数正規モデルに対して，最も適合した回帰率は5%と推定されているとする。

この債券に対する（提示価格ベースの）行使価格100，満期1年のヨーロピアン・コール・オプションが活発に取引されており，その市場価格は0.50ドルであるとする。トレーダーはこのオプションを用いてキャリブレーションすることにした。DerivaGem ソフトウェアを用い時間ステップ数を10として，以下の問に答えよ。

(a) 正規モデルを仮定して，ヨーロピアン・オプションの価格からインプライされるパラメータ σ を求めよ。

(b) このパラメータ σ を用いて，このオプションがアメリカンの場合の価格を計算せよ。

(c) 対数正規モデルに対して(a)と(b)を再度計算せよ。既知のヨーロ

ピアンの価格にキャリブレーションしているならば，利用するモデルは得られる価格に大きく影響しないことを示せ．

(d) 正規モデルに対するツリーを表示し，負の金利が起こる確率を計算せよ．

(e) 対数正規モデルに対するツリーを表示し，このオプション価格が，31.7節の記号で $i = 9$, $j = -1$ となるノードにおいて正しく計算されていることを確かめよ．

31.25 DerivaGem ソフトウェアを用いて，変動金利を受け取り，固定金利を支払う，1×4, 2×3, 3×2, 4×1のヨーロピアン・スワップションを評価せよ．1年，2年，3年，4年，5年金利はそれぞれ3.0%，3.5%，3.8%，4.0%，4.1%とし，スワップの支払は半年ごとで，固定金利は半年複利で年率4%であるとする．$a = 5\%$, $\sigma = 15\%$，時間ステップ数を50として対数正規モデルを用いよ．また，各オプションに対して Black モデルによるインプライド・ボラティリティを計算せよ．

31.26 DerivaGem ソフトウェアを用いて，図31.11が得られることを確認せよ．また，行使価格が95, 100, 105のときのアメリカン債券オプションの価格を対数正規モデルと正規モデルで計算せよ．正規モデルの場合には，$a = 5\%$, $\sigma = 1\%$とする．計算結果について，第20章で述べた裾の厚い分布の観点から議論せよ．

31.27 DerivaGem Application Builder ソフトウェアの Sample Application Gを修正して，額面100，満期5年の債券に対する満期2年のコール・オプションの価格づけを三項ツリーで行うとき，その価格の収束について検証せよ．行使価格（提示価格ベース）は100，クーポンは年2回払いの7%とし，ゼロ・カーブは表31.2のものを仮定する．以下の場合に対する結果を比較せよ．

(a) オプションはヨーロピアン；$\sigma = 0.01$, $a = 0.05$の正規モデル

(b) オプションはヨーロピアン；$\sigma = 0.15$, $a = 0.05$の対数正規モデル

(c) オプションはアメリカン；$\sigma = 0.01$, $a = 0.05$の正規モデル

(d) オプションはアメリカン；$\sigma = 0.15$, $a = 0.05$の対数正規モデル

31.28 短期金利の変動が（従来の）リスク中立世界において，
$$dr = a(b-r)dt + \sigma\sqrt{r}\,dz$$
という過程（CIRモデル）に従うと仮定し，金利リスクの市場価格をλとする．

(a) 実世界のrの過程はどのようになるか．

(b) リスク中立世界での10年債のボラティリティと期待収益率を求めよ．

(c) 実世界での10年債のボラティリティと期待収益率を求めよ．

第32章

HJM，LMM，複数のゼロ・カーブ

　第31章で論じた金利モデルは，第29章の単純なモデルが不適切な場合に，商品の価格づけに広く用いられている．それらのモデルは実装しやすく，注意深く用いれば，ほとんどの非標準的な金利デリバティブを，金利キャップやヨーロピアン・スワップション，ヨーロピアン債券オプションのような活発に取引されている商品と整合性をもたせて価格づけすることが可能である．しかし，それらのモデルには次の二つの制限がある．

1. ほとんどが1ファクター・モデル（すなわち，不確実性の要素は一つ）である．
2. ボラティリティの構造を完全には自由に設定できない．

　パラメータ a と σ を時間の関数とすれば，モデルを現時点の市場で観測されるボラティリティに適合させて使うことは可能であるが，31.8節で説明したように，ボラティリティの構造は非定常になる．将来のボラティリティの

構造が，現時点の市場で観測されるボラティリティとはかなり異なったものになることが多い。

本章では，より柔軟にボラティリティの構造を指定でき，複数のファクターをもたせられるような，いくつかの一般的な期間構造モデルの構築方法について論じる。また，OIS割引を用いる場合，二つ（あるいはそれ以上）のイールド・カーブ（たとえば，LIBORゼロ・カーブとOISゼロ・カーブ）の発展を記述するようなモデルを開発することが必要になることも多い。この章では，その方法についても説明する。

さらに，本章では米国の政府系機関モーゲージ証券市場についても触れ，本章で紹介するアイデアのいくつかを用いた，その市場の商品に対する価格づけについて述べる。

32.1 Heath–Jarrow–Morton モデル

1990年に，David Heath，Bob Jarrow と Andy Morton（HJM）はイールド・カーブ・モデルが満たすべき無裁定条件を示した重要な論文を発表した[1]。モデルを記述するために，以下の記号を用いる。

$P(t, T)$：額面1ドル，満期 T である無リスクのゼロクーポン債の時点 t における価格

Ω_t：時点 t における債券の価格ボラティリティの決定にかかわる，その時点での金利や債券価格の過去および現在の値からなるベクトル

$v(t, T, \Omega_t)$：$P(t, T)$ のボラティリティ

$f(t, T_1, T_2)$：時点 t における，時点 T_1 から時点 T_2 までの期間に対するフォワード・レート

$F(t, T)$：時点 t における，満期 T に対する瞬間的なフォワード・レート

---

[1] D. Heath, R. A. Jarrow, and A. Morton, "Bond Pricing and the Term Structure of Interest Rates: A New Methodology," *Econometrica*, 60, 1 (1992): 77–105を参照。

$r(t)$：時点 t における短期無リスク金利

$dz(t)$：期間構造を変動させるウィナー過程

ゼロクーポン債価格とフォワード・レートに対する確率過程

最初はファクターを一つのみと仮定し，従来のリスク中立世界を用いる。ゼロクーポン債は収入のない取引可能な証券である。したがって，従来のリスク中立世界における収益率は r となる。このことから，その確率過程は，

$$dP(t, T) = r(t)P(t, T)dt + v(t, T, \Omega_t)P(t, T)dz(t) \quad (32.1)$$

というかたちに書ける。引数 Ω_t が示すように，ゼロクーポン債のボラティリティ v は，最も一般的なかたちでは，過去および現在の金利と債券価格に依存しよい振る舞いをするならば任意の関数とできる。ただし，債券の価格ボラティリティは満期にはゼロになるので，

$$v(t, t, \Omega_t) = 0$$

でなければならない[2]。

(4.5)式より，フォワード・レート $f(t, T_1, T_2)$ はゼロクーポン債価格を用いて，

$$f(t, T_1, T_2) = \frac{\ln[P(t, T_1)] - \ln[P(t, T_2)]}{T_2 - T_1} \quad (32.2)$$

と関係づけることができる。(32.1)式と伊藤の補題より，

$$d\ln[P(t, T_1)] = \left[r(t) - \frac{v(t, T_1, \Omega_t)^2}{2}\right]dt + v(t, T_1, \Omega_t)dz(t)$$

および，

$$d\ln[P(t, T_2)] = \left[r(t) - \frac{v(t, T_2, \Omega_t)^2}{2}\right]dt + v(t, T_2, \Omega_t)dz(t)$$

が成り立つから，(32.2)式より，

2　$v(t, t, \Omega_t) = 0$ という条件は，すべてのゼロクーポン債のドリフトは常に有限であるという仮定と同値である。債券のボラティリティが満期でゼロにならないとすると，満期に債券価格が額面に等しくなるためには，ドリフトが無限になる場合がなければならない。

$$df(t, T_1, T_2) = \frac{v(t, T_2, \Omega_t)^2 - v(t, T_1, \Omega_t)^2}{2(T_2 - T_1)} dt$$
$$+ \frac{v(t, T_1, \Omega_t) - v(t, T_2, \Omega_t)}{T_2 - T_1} dz(t) \quad (32.3)$$

が得られる。(32.3)式から，f に対するリスク中立過程は v のみに依存していることがわかる。v が r と P に依存している場合にのみ，その関係を通じて f も r と P に依存することになる。

(32.3)式で $T_1 = T$，$T_2 = T + \Delta T$ とおき，ΔT をゼロにする極限をとると，$f(t, T_1, T_2)$ は $F(t, T)$ に，$dz(t)$ の係数は $-v_T(t, T, \Omega_t)$ に，dt の係数は，

$$\frac{1}{2} \frac{\partial [v(t, T, \Omega_t)^2]}{\partial T} = v(t, T, \Omega_t) v_T(t, T, \Omega_t)$$

になる。ここで，v の添字は偏微分を表している。これらより，

$$dF(t, T) = v(t, T, \Omega_t) v_T(t, T, \Omega_t) dt - v_T(t, T, \Omega_t) dz(t) \quad (32.4)$$

が得られる。この式から，関数 $v(t, T, \Omega_t)$ が与えられれば $F(t, T)$ に対するリスク中立過程が決まる，ということがわかる。

(32.4)式は，瞬間的なフォワード・レートのドリフトと標準偏差には関係があることを示している。これが HJM の示した重要な結果である。$v_\tau(t, \tau, \Omega_t)$ を，$\tau = t$ から $\tau = T$ まで積分すると，

$$v(t, T, \Omega_t) - v(t, t, \Omega_t) = \int_t^T v_\tau(t, \tau, \Omega_t) d\tau$$

が得られる。$v(t, t, \Omega_t) = 0$ であるから，この式は，

$$v(t, T, \Omega_t) = \int_t^T v_\tau(t, \tau, \Omega_t) d\tau$$

となる。$m(t, T, \Omega_t)$ と $s(t, T, \Omega_t)$ を $F(t, T)$ の瞬間的なドリフトと標準偏差として，

$$dF(t, T) = m(t, T, \Omega_t) dt + s(t, T, \Omega_t) dz$$

と表すと，(32.4)式より，

$$m(t, T, \Omega_t) = s(t, T, \Omega_t) \int_t^T s(t, \tau, \Omega_t) d\tau \quad (32.5)$$

が成り立つ。これが HJM の導いた結果である。

　一般的な HJM モデルでの短期金利 r に対する確率過程は，マルコフ過程にはならない。したがって，将来の時点 t における r に対する過程は，時点 t における r の値だけではなく，現時点から時点 t までの r の経路にも依存している[3]。これが一般的な HJM モデルを実装する際の主な問題点で，モンテカルロ・シミュレーションを用いなければならなくなる。ツリーは通常再結合しなくなるので，期間構造の動きをツリーを用いて表現するのは困難となる。図32.1のようにモデルを1ファクターとし，ツリーを二項ツリーと仮定したとしても，n 時間ステップ後のノード数は 2^n 個になる（$n = 30$ とすると，2^n は約10億になる）。

　(32.4)式の HJM モデルは複雑にみえるが，モデルを応用するほとんどの場合において特定のフォワード・レート $F(t, T)$ はマルコフになり，再結合

図32.1　一般的な HJM モデルでの再結合しないツリー

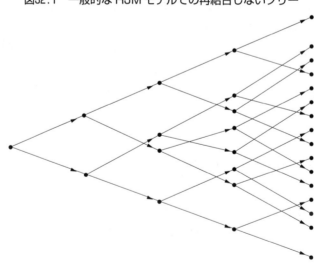

3　さらなる詳細については www-2.rotman.utoronto.ca/~hull/TechnicalNotes の Technical Note 17を参照。

するツリーで表現することができる．しかし，その場合でも一般にはすべてのフォワード・レートに対して同一のツリーを用いることはできない．なお，$s(t, T, \Omega_t)$を定数σとおくとHo–Leeモデルとなる（練習問題32.3を参照）．$s(t, T, \Omega_t) = \sigma e^{-a(T-t)}$とするとHull–Whiteモデルとなる（練習問題32.4を参照）．これらは，短期金利rとすべてのフォワード・レートを表すのに同一の再結合するツリーを用いることができ，マルコフになる，HJMモデルの特別な場合である．

複数のファクターへの拡張

HJMの結果は，複数の独立したファクターが存在する場合へ拡張することができる．

$$dF(t, T) = m(t, T, \Omega_t)dt + \sum_k s_k(t, T, \Omega_t)dz_k$$

と仮定する．同様の分析を行うと，

$$m(t, T, \Omega_t) = \sum_k s_k(t, T, \Omega_t) \int_t^T s_k(t, \tau, \Omega_t)d\tau \qquad (32.6)$$

となることがわかる（練習問題32.2を参照）．

32.2 LIBORマーケット・モデル

HJMモデルの短所の一つは，モデルが瞬間的なフォワード・レートを用いて表されており，それらは市場で直接観測できない量である，という点である．これに関連したもう一つの短所は，活発に取引されている商品の価格にモデルをキャリブレーションするのがむずかしいことである．これらを解決するものとして，Brace，GatarekとMusiela（BGM）やJamshidian，さらにはMiltersen，SandmannとSondermannがそれにかわるモデルを提案した[4]．そのモデルはLIBORマーケット・モデル（LMM：LIBOR market model），あるいはBGMモデルと呼ばれ，トレーダーがLIBOR割引のもとで用いるフォワード・レートにより表現されている．

モデル

$t_0 = 0$ とし，現時点において市場で取引されているキャップのリセット日を $t_1, t_2, \ldots$ とする。米国で最も一般的なキャップは 3 カ月ごとにリセット日があり，その場合リセット日は近似的に $t_1 = 0.25$，$t_2 = 0.5$，$t_3 = 0.75$ などとなる。$\delta_k = t_{k+1} - t_k$ とし，

$F_k(t)$：複利期間を δ_k，デイカウントを実日数/実日数として表した，時点 t における時点 t_k から時点 t_{k+1} までのフォワード・レート

$m(t)$：時点 t における次回リセット日に対応する添字；すなわち，$m(t)$ は $t \leq t_{m(t)}$ となる最小の整数

$\zeta_k(t)$：時点 t における $F_k(t)$ のボラティリティ

と定義する。

最初は，ファクターが一つのみの場合について考える。28.4節で示したように，$P(t, t_{k+1})$ に関するフォワード・リスク中立世界で $F_k(t)$ はマルチンゲールとなるので，

$$dF_k(t) = \zeta_k(t) F_k(t) dz \qquad (32.7)$$

という過程に従う。ただし，dz はウィナー過程である。

$P(t, t_k)$ の過程は次のかたちをとる。

$$\frac{dP(t, t_k)}{P(t, t_k)} = \cdots + v_k(t) dz$$

ここで，債券価格と金利は負の相関関係にあるので，$v_k(t)$ は負となる。

実際には，常に次回リセット日を満期とする債券に関してフォワード・リスク中立となる世界で考えると，金利デリバティブの評価が行いやすい場合がある。これをローリング・フォワード・リスク中立世界（rolling forward risk-neutral world）と呼ぶ[5]。この世界では，時点 t_{k+1} から時点 t_k への割引

---

[4] A. Brace, D. Gatarek, and M. Musiela, "The Market Model of Interest Rate Dynamics," *Mathematical Finance*, 7, 2 (1997): 127-55, F. Jamshidian, "LIBOR and Swap Market Models and Measures," *Finance and Stochastics*, 1 (1997): 293-330, および K. Miltersen, K. Sandmann, and D. Sondermann, "Closed Form Solutions for Term Structure Derivatives with LogNormal Interest Rate," *Journal of Finance*, 52, 1 (March 1997): 409-30を参照。

は，時点 t_k で観測される満期 t_{k+1} のゼロ・レートを用いて行われる。したがって，時点 t_k から時点 t_{k+1} の間に金利がどのように変化するかは考える必要がなくなる。

時点 t におけるローリング・フォワード・リスク中立世界は，債券価格 $P(t, t_{m(t)})$ に関するフォワード・リスク中立世界である。$P(t, t_{k+1})$ に関するフォワード・リスク中立世界で $F_k(t)$ が従う過程は(32.7)式で与えられる。28.8節から，ローリング・フォワード・リスク中立世界で $F_k(t)$ が従う過程は，

$$dF_k(t) = \zeta_k(t)\big[v_{m(t)}(t) - v_{k+1}(t)\big]F_k(t)dt + \zeta_k(t)F_k(t)dz \quad (32.8)$$

となることがわかる。フォワード・レートと債券価格との関係は，

$$\frac{P(t, t_i)}{P(t, t_{i+1})} = 1 + \delta_i F_i(t)$$

すなわち，

$$\ln P(t, t_i) - \ln P(t, t_{i+1}) = \ln\big[1 + \delta_i F_i(t)\big]$$

で与えられる。伊藤の補題を用いてこの式の左辺と右辺が従う確率過程をそれぞれ計算し，dz の係数を比較すると，

$$v_i(t) - v_{i+1}(t) = \frac{\delta_i F_i(t)\zeta_i(t)}{1 + \delta_i F_i(t)} \quad (32.9)$$

が得られる[6]。これを(32.8)式に代入すると，ローリング・フォワード・リスク中立世界で $F_k(t)$ が従う過程は，

$$\frac{dF_k(t)}{F_k(t)} = \sum_{i=m(t)}^{k} \frac{\delta_i F_i(t)\zeta_i(t)\zeta_k(t)}{1 + \delta_i F_i(t)} dt + \zeta_k(t)dz \quad (32.10)$$

---

[5] 28.4節の用語を用いると，この世界は"ローリングCD"をニューメレールとする世界に対応している。ローリングCD（譲渡性預金）は，1ドル分の満期 t_1 の債券を購入し，時点 t_1 での収益を満期 t_2 の債券に再投資し，時点 t_2 での収益を満期 t_3 の債券に再投資する，ということを繰り返す商品である。（厳密にいうと，第31章で構築した金利ツリーは，従来のリスク中立世界ではなく，ローリング・フォワード・リスク中立世界におけるツリーである。）ニューメレールは各時間ステップの終わりでロールオーバーされるCDである。

[6] v と ζ は反対の符号であるので，債券価格のボラティリティは満期が長くなるにつれて（絶対値で）大きくなる。これは予想されるとおりである。

となる。(32.4)式の HJM の結果は，この式で δ_i をゼロに近づけた極限の場合に対応している（練習問題32.7を参照）。

フォワード・レート・ボラティリティ

モデルを簡単にするために，$\zeta_k(t)$ を，次回リセット日と時点 t_k の間にある金利計算期間の総数だけの関数と仮定する。金利計算期間が i 個だけあるときの $\zeta_k(t)$ の値を Λ_i と定義する。そうすると，$\zeta_k(t) = \Lambda_{k-m(t)}$ は階段関数になる。

Λ_i は，（少なくとも理論的には）Black モデルでキャップレットの評価に使われるボラティリティ（すなわち，図29.3のスポット・ボラティリティ）から推定することができる[7]。σ_k を時点 t_k から時点 t_{k+1} までの期間に対応したキャップレットの Black ボラティリティとする。分散が等しいことから，

$$\sigma_k^2 t_k = \sum_{i=1}^{k} \Lambda_{k-i}^2 \delta_{i-1} \quad (32.11)$$

が成り立つ。この式を反復的に解くと，Λ の値が得られる。

【例32.1】

δ_i はすべて等しく，最初の三つのキャップレットに対する Black キャップレット・スポット・ボラティリティをそれぞれ24%，22%，20%と仮定する。このとき，$\Lambda_0 = 24\%$ である。

$$\Lambda_0^2 + \Lambda_1^2 = 2 \times 0.22^2$$

より，Λ_1 は19.80%になる。同様に，

$$\Lambda_0^2 + \Lambda_1^2 + \Lambda_2^2 = 3 \times 0.20^2$$

より，Λ_2 は15.23%になる。

【例32.2】

表32.1に与えられたキャップレットのボラティリティ σ_k に対する

---

[7] 後述するように，実際には Λ は最小2乗法によるキャリブレーションによって決定される。

データについて考える。29.2節で論じたように，こぶの形状がみられる。Λの値は2行目に与えられている。このデータから，Λのこぶはσのこぶより顕著になっていることがわかる。

表32.1 ボラティリティ・データ（金利計算期間 = 1年）

年, k	1	2	3	4	5	6	7	8	9	10
$\sigma_k(\%)$	15.50	18.25	17.91	17.74	17.27	16.79	16.30	16.01	15.76	15.54
$\Lambda_{k-1}(\%)$	15.50	20.64	17.21	17.22	15.25	14.15	12.98	13.81	13.60	13.40

モデルの実装

LIBORマーケット・モデルはモンテカルロ・シミュレーションを用いて実装することができる。(32.10)式をΛ_iを用いて表すと，

$$\frac{dF_k(t)}{F_k(t)} = \sum_{i=m(t)}^{k} \frac{\delta_i F_i(t) \Lambda_{i-m(t)} \Lambda_{k-m(t)}}{1+\delta_i F_i(t)} dt + \Lambda_{k-m(t)} dz \quad (32.12)$$

あるいは，伊藤の補題より，

$$d \ln F_k(t) = \left[\sum_{i=m(t)}^{k} \frac{\delta_i F_i(t) \Lambda_{i-m(t)} \Lambda_{k-m(t)}}{1+\delta_i F_i(t)} - \frac{(\Lambda_{k-m(t)})^2}{2} \right] dt$$
$$+ \Lambda_{k-m(t)} dz \quad (32.13)$$

となる。一つの近似として，$t_j < t < t_{j+1}$に対して$F_i(t) = F_i(t_j)$と仮定して$\ln F_k(t)$のドリフトを計算すると，

$$F_k(t_{j+1}) = F_k(t_j) \exp\left[\left(\sum_{i=j+1}^{k} \frac{\delta_i F_i(t_j) \Lambda_{i-j-1} \Lambda_{k-j-1}}{1+\delta_i F_i(t_j)} - \frac{\Lambda_{k-j-1}^2}{2} \right) \delta_j \right.$$
$$\left. + \Lambda_{k-j-1} \varepsilon \sqrt{\delta_j} \right] \quad (32.14)$$

が得られる。ここで，εは平均ゼロ，標準偏差1の正規分布から抽出したランダム・サンプルである。モンテカルロ・シミュレーションにおいて，この式は，時点ゼロのフォワード・レートから時点t_1のフォワード・レートを計算し，時点t_1のフォワード・レートから次の時点t_2のフォワード・レートを計算し，またその時点から次の時点を計算するのに繰り返し用いられる。

複数ファクターへの拡張

LIBORマーケット・モデルは,複数の独立したファクターを含むように拡張することができる。p個のファクターがあり,q番目のファクターに対する$F_k(t)$のボラティリティの成分を$\zeta_{k,q}$とする。このとき,(32.10)式は,

$$\frac{dF_k(t)}{F_k(t)} = \sum_{i=m(t)}^{k} \frac{\delta_i F_i(t) \sum_{q=1}^{p} \zeta_{i,q}(t) \zeta_{k,q}(t)}{1+\delta_i F_i(t)} dt + \sum_{q=1}^{p} \zeta_{k,q}(t) dz_q \tag{32.15}$$

となる(練習問題32.11を参照)。次回リセット日とフォワード契約の満期との間に金利計算期間がi個ある場合のボラティリティの第q成分の値を$\lambda_{i,q}$と定義する。このとき,(32.14)式は,

$$\begin{aligned}F_k(t_{j+1}) = {}& F_k(t_j) \\ & \times \exp\left[\left(\sum_{i=j+1}^{k} \frac{\delta_i F_i(t_j) \sum_{q=1}^{p} \lambda_{i-j-1,q} \lambda_{k-j-1,q}}{1+\delta_i F_i(t_j)} - \frac{\sum_{q=1}^{p} \lambda_{k-j-1,q}^2}{2}\right)\delta_j \right. \\ & \left. + \sum_{q=1}^{p} \lambda_{k-j-1,q} \varepsilon_q \sqrt{\delta_i}\right]\end{aligned} \tag{32.16}$$

となる。ここで,ε_qは平均ゼロ,標準偏差1の正規分布から抽出したランダム・サンプルである。

各金利計算期間でフォワード・レートのドリフトが一定であるという近似を行うことによって,一つのリセット日から次のリセット日へジャンプしながらシミュレーションを行うことができる。すでに述べたように,ローリング・フォワード・リスク中立世界では,一つのリセット日から次のリセット日への割引を行えばよいので,このことは便利である。N個の金利計算期間に対してゼロ・カーブをシミュレーションしたいとする。各試行は,時点ゼロにおけるフォワード・レートから始める。それらは$F_0(0), F_1(0), \ldots, F_{N-1}(0)$で,初期時点のゼロ・カーブから求まる。次に(32.16)式を用いて$F_1(t_1), F_2(t_1), \ldots, F_{N-1}(t_1)$を計算し,その次に再び(32.16)式を用いて$F_2(t_2), F_3(t_2), \ldots, F_{N-1}(t_2)$を計算する。これを繰り返して,最終的に$F_{N-1}(t_{N-1})$が得られる。時間の経過とともに,ゼロ・カーブの期間は短くなっていくことに注意しよう。たとえば,各金利計算期間は3カ月で,

$N = 40$とする．このとき，シミュレーションは10年のゼロ・カーブで始まるが，6年目（時点 t_{24}）にシミュレーションから得られる情報は4年のゼロ・カーブに対するものになる．

(32.16)式を用いたキャップレットの評価と Black モデルから得られるキャップレットの価格を比較すれば，（$t_j < t < t_{j+1}$ で $F_i(t) = F_i(t_j)$ とおいて）適用したドリフトの近似の精度を検証することができる．$F_k(t_k)$ の値は t_k から t_{k+1} までの期間に対する金利の実現値で，時点 t_{k+1} におけるキャップレットのペイオフはこの値を用いて計算することができる．求まったペイオフは，金利計算期間ごとに時点ゼロまで割り引かれる．キャップレットの価値は，この割引後のペイオフの平均値となる．このようにして得られた分析結果をみると，モンテカルロ・シミュレーションによるキャップの価値は Black モデルから得られる値とそれほど変わらないことがわかる．この結果は，金利計算期間の長さを1年にして，試行回数を非常に大きくした場合でも成り立っている[8]．このことから，このドリフトの近似はほとんどの場合について無害であることがわかる．

ラチェット・キャップ，スティッキー・キャップ，フレキシ・キャップ

LIBOR マーケット・モデルを用いて，いくつかの非標準的なキャップを評価することができる．ラチェット・キャップ（ratchet cap）とスティッキー・キャップ（sticky cap）について考える．これらのキャップでは，各キャップレットに対するキャップ・レートを決める規則が定められている．ラチェット・キャップでは，前回リセット日の LIBOR レートにスプレッドを加えたものがキャップ・レートになる．スティッキー・キャップでは，前回のキャップ・レートを上限とした変動金利にスプレッドを加えたものがキャップ・レートになる．すなわち，時点 t_j におけるキャップ・レートを

---

[8] J. C. Hull and A. White, "Forward Rate Volatilities, Swap Rate Volatilities, and the Implementation of the LIBOR Market Model," *Journal of Fixed Income*, 10, 2 (September 2000): 46–62を参照．唯一の例外は，キャップのボラティリティが非常に高い場合である．

K_j, 時点 t_j における LIBOR レートを R_j, スプレッドを s とすると，ラチェット・キャップでは $K_{j+1} = R_j + s$ となり，スティッキー・キャップでは $K_{j+1} = \min(R_j, K_j) + s$ となる。

表32.2と表32.3は，1ファクター，2ファクター，3ファクターのLIBOR割引でのLIBORマーケット・モデルを用いてラチェット・キャッ

表32.2 ラチェット・キャップレットの評価

各キャップレットのスタート年 (年)	1ファクター	2ファクター	3ファクター
1	0.196	0.194	0.195
2	0.207	0.207	0.209
3	0.201	0.205	0.210
4	0.194	0.198	0.205
5	0.187	0.193	0.201
6	0.180	0.189	0.193
7	0.172	0.180	0.188
8	0.167	0.174	0.182
9	0.160	0.168	0.175
10	0.153	0.162	0.169

表32.3 スティッキー・キャップレットの評価

各キャップレットのスタート年 (年)	1ファクター	2ファクター	3ファクター
1	0.196	0.194	0.195
2	0.336	0.334	0.336
3	0.412	0.413	0.418
4	0.458	0.462	0.472
5	0.484	0.492	0.506
6	0.498	0.512	0.524
7	0.502	0.520	0.533
8	0.501	0.523	0.537
9	0.497	0.523	0.537
10	0.488	0.519	0.534

プとスティッキー・キャップを評価した結果である。元本は100ドルである。金利は連続複利で年率5％フラット，すなわち1年複利で5.127％と仮定し，キャップレットのボラティリティは表32.1に与えられたものを用いている。金利のリセットは年1回で，スプレッドは25ベーシス・ポイントで1年複利の金利に対して適用される。表32.4と表32.5は，2ファクターおよび3ファクター・モデルを用いたときのボラティリティの各成分への分解結果を示したものである。計算結果は，21.7節で述べた負相関変量法を用いて試行回数10万回のモンテカルロ・シミュレーションを行って算出したものであり，各価格の標準誤差は約0.001である。

三つ目の非標準的なキャップはフレキシ・キャップ（flexi cap）である。これは，行使できるキャップレットの回数に制限があるという点を除いては，通常のキャップと同じである。1年ごとに支払のあるフレキシ・キャップについて考える。元本は100ドル，期間構造は5％でフラット，キャップのボラティリティは表32.1，表32.4，表32.5で与えられているものとする。

表32.4　2ファクター・モデルのボラティリティ成分

年, k	1	2	3	4	5	6	7	8	9	10
$\lambda_{k-1,1}(\%)$	14.10	19.52	16.78	17.11	15.25	14.06	12.65	13.06	12.36	11.63
$\lambda_{k-1,2}(\%)$	−6.45	−6.70	−3.84	−1.96	0.00	1.61	2.89	4.48	5.65	6.65
全体でのボラティリティ(%)	15.50	20.64	17.21	17.22	15.25	14.15	12.98	13.81	13.60	13.40

表32.5　3ファクター・モデルのボラティリティ成分

年, k	1	2	3	4	5	6	7	8	9	10
$\lambda_{k-1,1}(\%)$	13.65	19.28	16.72	16.98	14.85	13.95	12.61	12.90	11.97	10.97
$\lambda_{k-1,2}(\%)$	−6.62	−7.02	−4.06	−2.06	0.00	1.69	3.06	4.70	5.81	6.66
$\lambda_{k-1,3}(\%)$	3.19	2.25	0.00	−1.98	−3.47	−1.63	0.00	1.51	2.80	3.84
全体でのボラティリティ(%)	15.50	20.64	17.21	17.22	15.25	14.15	12.98	13.81	13.60	13.40

また，イン・ザ・マネーのキャップレットは上限の5回に達するまではすべて行使されると仮定する。1ファクター，2ファクター，3ファクターのLIBORマーケット・モデルを用いてこの商品の価格を求めると，それぞれ3.43，3.58，3.61となる（その他のタイプのフレキシ・キャップについては発展問題32.15を参照）。

プレーン・バニラ・キャップの価格は全体のボラティリティのみに依存し，ファクター数とは無関係である。これは，プレーン・バニラ・キャップレットの価格が一つのフォワード・レートのみの挙動に依存しているからである。これに対し，これまで説明してきた非標準的な商品のキャップレットの価格は，いくつかの異なるフォワード・レートの同時確率分布に依存しているため，ファクター数によって異なった値になる。

ヨーロピアン・スワップションの評価

LIBORマーケット・モデルではヨーロピアン・スワップションの評価に対する解析的な近似式を導くことができる[9]。LIBOR割引が用いられていると仮定する。T_0 をスワップションの満期とし，スワップの支払日を $T_1, T_2, \ldots, T_N$ とする。$\tau_i = T_{i+1} - T_i$ とおくと，(28.23)式より，時点 t におけるスワップ・レートは，

$$s(t) = \frac{P(t, T_0) - P(t, T_N)}{\sum_{i=0}^{N-1} \tau_i P(t, T_{i+1})}$$

で与えられる。また，$1 \leq i \leq N$ に対して，

$$\frac{P(t, T_i)}{P(t, T_0)} = \prod_{j=0}^{i-1} \frac{1}{1 + \tau_j G_j(t)}$$

---

[9] J. C. Hull and A. White, "Forward Rate Volatilities, Swap Rate Volatilities, and the Implementation of the LIBOR Market Model," *Journal of Fixed Income*, 10, 2 (September 2000): 46–62を参照。他の解析的な近似式が A. Brace, D. Gatarek, and M. Musiela, "The Market Model of Interest Rate Dynamics," *Mathematical Finance*, 7, 2 (1997): 127–55 および L. Andersen and J. Andreasen, "Volatility Skews and Extensions of the LIBOR Market Model," *Applied Mathematical Finance*, 7, 1 (March 2000): 1–32で提案されている。

が成り立つ．ただし，$G_j(t)$ は時点 t における T_j から T_{j+1} までの期間に対するフォワード・レートである．これら二つの式を用いて $s(t)$ と $G_j(t)$ を関係づけることができる．伊藤の補題を用いると，スワップ・レート $s(t)$ の分散 $V(t)$ は，

$$V(t) = \sum_{q=1}^{p} \left[\sum_{k=0}^{N-1} \frac{\tau_k \beta_{k,q}(t) G_k(t) \gamma_k(t)}{1 + \tau_k G_k(t)} \right]^2 \tag{32.17}$$

で与えられる（練習問題32.12を参照）．ただし，

$$\gamma_k(t) = \frac{\prod_{j=0}^{N-1}\left[1 + \tau_j G_j(t)\right]}{\prod_{j=0}^{N-1}\left[1 + \tau_j G_j(t)\right] - 1} - \frac{\sum_{i=0}^{k-1} \tau_i \prod_{j=i+1}^{N-1}\left[1 + \tau_j G_j(t)\right]}{\sum_{i=0}^{N-1} \tau_i \prod_{j=i+1}^{N-1}\left[1 + \tau_j G_j(t)\right]}$$

であり，$\beta_{j,q}(t)$ は $G_j(t)$ の分散の第 q 成分である．すべての j と t に対して $G_j(t) = G_j(0)$ とおいて $V(t)$ を近似する．このとき，スワップ・レートのボラティリティは，

$$\sqrt{\frac{1}{T_0} \int_{t=0}^{T_0} V(t) \, dt}$$

すなわち，

$$\sqrt{\frac{1}{T_0} \int_{t=0}^{T_0} \sum_{q=1}^{p} \left[\sum_{k=0}^{N-1} \frac{\tau_k \beta_{k,q}(t) G_k(0) \gamma_k(0)}{1 + \tau_k G_k(0)} \right]^2 dt} \tag{32.18}$$

となり，これを標準的なマーケット・モデルに代入すると，スワップションの価値が得られる．スワップションの原資産であるスワップの金利計算期間の長さがキャップの金利計算期間の長さに等しい場合には，$\beta_{k,q}(t)$ は満期が T_k-t のキャップ・フォワード・レートのボラティリティの第 q 成分となる．この値は表32.5のような表から取得できる．

ブローカーが提示しているヨーロピアン・スワップションの原資産であるスワップの金利計算期間は，ブローカーが提示しているキャップやフロアの金利計算期間と常に一致しているとは限らない．たとえば米国では，基準となるキャップやフロアは3カ月ごとにリセットされるのに対し，基準となるヨーロピアン・スワップションの原資産であるスワップは半年ごとにリセットされる．幸いにも，ヨーロピアン・スワップションの評価に関する結果

は，スワップの各金利計算期間が典型的なキャップの金利計算期間を M 回含む場合にも拡張することができる。$\tau_{j,m}$ を j 番目の金利計算期間における m 番目の部分期間であると定義すると，

$$\tau_j = \sum_{m=1}^{M} \tau_{j,m}$$

となる。$G_{j,m}(t)$ を金利計算期間 $\tau_{j,m}$ に対するフォワード・レートの時点 t において観測される値と定義する。このとき，

$$1 + \tau_j G_j(t) = \prod_{m=1}^{M} \left[1 + \tau_{j,m} G_{j,m}(t)\right]$$

となるので，(32.18)式を導出した分析を修正して，$s(t)$ のボラティリティを，$G_j(t)$ のボラティリティではなく，$G_{j,m}(t)$ のボラティリティを使って表すことができる。その結果を用いると，スワップ・レートのボラティリティとして，

$$\sqrt{\frac{1}{T_0}\int_{t=0}^{T_0}\sum_{q=1}^{p}\left[\sum_{k=n}^{N-1}\sum_{m=1}^{M}\frac{\tau_{k,m}\beta_{k,m,q}(t)G_{k,m}(0)\gamma_k(0)}{1+\tau_{k,m}G_{k,m}(0)}\right]^2 dt}$$

(32.19)

を標準的なマーケット・モデルに代入することで，スワップションの価値が得られることがわかる（練習問題32.13を参照）。ここで，$\beta_{j,m,q}(t)$ は $G_{j,m}(t)$ のボラティリティの第 q 成分である。これは，満期までの時間が時点 t からスワップの金利計算期間 (T_j, T_{j+1}) における m 番目の部分期間のはじめまでであるような，キャップ・フォワード・レートのボラティリティの第 q 成分である。

スワップ・レートのボラティリティに対する(32.18)式と(32.19)式の表現には，$G_j(t) = G_j(0)$ と $G_{j,m}(t) = G_{j,m}(0)$ という近似が含まれている。Hull と White は，(32.18)式と(32.19)式を用いて計算したヨーロピアン・スワップションの価格とモンテカルロ・シミュレーションを用いて計算した価格を比較し，両者の値が非常に近いものであることを示している。したがって，LIBOR マーケット・モデルのキャリブレーションが終われば，(32.18)式と(32.19)式を用いてヨーロピアン・スワップションをすみやかに評価できる。

その計算結果により，キャップに比べてヨーロピアン・スワップションが過大評価，あるいは過小評価されているかを判断することができる。次に簡単に触れるが，これらの結果を，スワップションの市場価格に対してモデルをキャリブレーションする際に利用することもできる。この分析はOIS割引の場合を含むように拡張することができる。

モデルのキャリブレーション

時点 t から t_k の間に金利計算期間が j 個だけあるとき，t_k から t_{k+1} の期間に対するフォワード・レート F_j の時点 t におけるボラティリティが，変数 Λ_j である。LIBORマーケット・モデルをキャリブレーションするには，Λ_j とそれらの $\lambda_{j,q}$ への分解方法を決める必要がある。通常，Λ は現時点の市場データから決定され，λ への分解は過去データを用いて決定される。

最初に Λ から λ を決定することを考えよう。フォワード・レートのデータに対して主成分分析（22.9節を参照）を用いることができる。そのモデルは，

$$\Delta F_j = \sum_{q=1}^{M} \alpha_{j,q} x_q$$

で与えられる。ここで，M は全ファクター数（これは異なるフォワード・レートの数に等しい），ΔF_j は j 番目のフォワード・レートの変化，$\alpha_{j,q}$ は j 番目のフォワード・レートと q 番目のファクターに対するファクター・ローディング，x_q は q 番目のファクターに対するファクター・スコアである。q 番目のファクター・スコアの標準偏差を s_q とおくと，LIBORマーケット・モデルで用いられるファクターの数 p がファクターの総数 M に等しい場合には，$1 \leq j, q \leq M$ に対して，

$$\lambda_{j,q} = \alpha_{j,q} s_q$$

と置けばよい。ただし，通常は $p < M$ であるため，$\lambda_{j,q}$ のスケールを，

$$\Lambda_j = \sqrt{\sum_{q=1}^{p} \lambda_{j,q}^2}$$

となるように変える必要がある。そのときは，

$$\lambda_{j,q} = \frac{\Lambda_j s_q \alpha_{j,q}}{\sqrt{\sum_{q=1}^{p} s_q^2 \alpha_{j,q}^2}} \qquad (32.20)$$

とすればよい.

次に Λ の推定について考えてみよう.(32.11)式は,キャップレットの価格と整合的な Λ を決定できる一つの理論的な方法を与えている.実際には,この方法を用いると激しく揺れ動く Λ が得られることが多く,キャップの提示価格と正確に整合する Λ の組合せがないこともあるため,普通この方法は用いられない.一般的に用いられるキャリブレーション方法は,31.8節で説明したものと同様の方法である.U_i を i 番目のキャリブレーション対象商品(典型的にはキャップかヨーロピアン・スワップション)の市場価格とし,V_i をそのモデルによる価格とする.このとき,

$$\sum_i (U_i - V_i)^2 + P$$

を最小化するように Λ を選択する.ここで,P は Λ が"よい振る舞い"をするように選ばれたペナルティ関数である.31.8節と同様に,P は,

$$P = \sum_i w_{1,i} (\Lambda_{i+1} - \Lambda_i)^2 + \sum_i w_{2,i} (\Lambda_{i+1} + \Lambda_{i-1} - 2\Lambda_i)^2$$

というかたちで与えてもよい.キャリブレーション対象商品がヨーロピアン・スワップションであるときには,(32.18)式と(32.19)の公式を用いれば,レーベンバーグ・マーカート法を使った最小化が可能になる.その後で,(32.20)式を用いて Λ から λ を決めることができる.

ボラティリティ・スキュー

ブローカーは,アット・ザ・マネーのキャップだけではなく,アット・ザ・マネーでないキャップに対してもボラティリティを提示している.いくつかの市場では,ボラティリティ・スキューが観測されている.すなわち,キャップやフロアに対して提示されている(Black)ボラティリティは,行使価格の減少関数になっている.これについては,CEVモデルで扱うこと

ができる。(CEV モデルの株式への応用については27.1節を参照。) このモデル
は、

$$dF_i(t) = \cdots + \sum_{q=1}^{p} \zeta_{i,q}(t) F_i(t)^a dz_q \qquad (32.21)$$

で与えられる。ここで、α は定数 $(0 < \alpha < 1)$ である。このモデルは、対数正規モデルと非常に類似した方法で扱えることがわかる。キャップとフロアは、累積非心 χ^2 (カイ二乗) 分布を用いて解析的に評価することができる。また、ヨーロピアン・スワップションの価格は、上で与えたのと同様の解析的な近似式で求めることができる[10]。

バミューダン・スワップション

よく取引される金利デリバティブにバミューダン・スワップションがある。これは、原資産であるスワップの一部もしくはすべての支払日に行使が可能なスワップションである。バミューダン・スワップションを LIBOR マーケット・モデルで評価するのは困難である。その理由は、LIBOR マーケット・モデルではモンテカルロ・シミュレーションを用いることになり、モンテカルロ・シミュレーションでは期限前行使の判断を評価するのがむずかしいからである。しかし、幸いなことに、27.8節で説明した手続を用いることができる。Longstaff と Schwartz は、ファクター数が非常に多い場合で最小2乗法を適用している。そこでは、特定の支払日での行使しない場合の価値が、ファクターの値の多項式関数になっていると仮定されている[11]。Andersen は最適期限前行使境界パラメータ化法が使えることを示した。彼は期限前行使境界パラメータ化法について多くの方法を試し、期限前行使判

---

[10] 詳細については、L. Andersen and J. Andreasen, "Volatility Skews and Extensions of the LIBOR Market Model," *Applied Mathematical Finance*, 7, 1 (2000): 1-32および J. C. Hull and A. White, "Forward Rate Volatilities, Swap Rate Volatilities, and the Implementation of the LIBOR Market Model," *Journal of Fixed Income*, 10, 2 (September 2000): 46-62を参照。

[11] F. A. Longstaff and E. S. Schwartz, "Valuing American Options by Simulation: A Simple Least Squares Approach," *Review of Financial Studies*, 14, 1 (2001): 113-47を参照。

断がオプションの本源価値のみに依存していると仮定したときに，よい結果が得られることを示した[12]。ほとんどのトレーダーは，第31章で論じた1ファクター無裁定モデルを用いてバミューダン・スワップションを評価している。しかし，1ファクター・モデルを用いて評価したバミューダン・スワップションの価格の正確さについては，論争の的となっている[13]。

32.3 複数のゼロ・カーブへの対応

第29章から31章のモデルおよび本章でこれまで考えてきたモデルでは，金利デリバティブを評価するのに必要なイールド・カーブは一本だけであると仮定してきた。2007年に始まった信用危機の前であれば，大抵の場合，これは正しかった。多くのデリバティブで，ペイオフと割引係数はLIBOR／スワップ・ゼロ・カーブから計算されていた。しかし，第9章で説明したように，少なくとも担保付取引の評価においては，OISゼロ・カーブを無リスクのゼロ・カーブとして割引に用いることがいまでは普通になっている。つまり，スワップや金利キャップ，スワップションといったペイオフがLIBORに依存するデリバティブを扱うには，複数のゼロ・カーブをモデル化しなければならない。LIBORゼロ・カーブはペイオフを計算するのに必要であり，OISゼロ・カーブは割引に必要である。

OISゼロ・カーブとLIBOR／スワップ・ゼロ・カーブの両方をモデル化し，銀行がそれらのカーブから計算される金利でリスクなしに借入れと貸出を行えると仮定するのであれば，いままでのように金融市場には裁定機会はないと仮定することはできなくなる。銀行がOISレートで借り入れて

---

[12] L. Andersen, "A Simple Approach to the Pricing of Bermudan Swaptions in the Multifactor LIBOR Market Model," *Journal of Computational Finance*, 3, 2 (Winter 2000): 5–32を参照。
[13] 対立している観点については，L. AndersenとJ. Andreasenによる "Factor Dependence of Bermudan Swaptions: Fact or Fiction" およびF. A. Longstaff, P. Santa-ClaraとE. S. Schwartzによる "Throwing Away a Billion Dollars: The Cost of Suboptimal Exercise Strategies in the Swaption Market" を参照。ともに *Journal of Financial Economics*, 62, 1 (October 2001) に発表されている。

LIBOR で貸し出せば，利益を確定できてしまうのである。他の方法としては，LIBOR と OIS のスプレッドを説明できるように，信用リスクと流動性リスクをモデル化することも考えられるが，残念ながらそのようなモデルはきわめて複雑なものとなり，実際に使用するのは非常に困難になる。そのため，実務家はデフォルト・リスクと流動性リスクを明示的には考慮せずに LIBOR と OIS を別々にモデル化する道を選んでおり，複数のゼロ・カーブを用いることによって発生する裁定機会については無視している。

モデル化する LIBOR カーブは一本だけと思うかもしれない。第31章で説明したように，瞬間的な LIBOR 短期金利の過程がわかれば，LIBOR ゼロ・カーブ全体を表すことができる。信用危機前であればこれは妥当な仮定であったが，信用危機以降，9.3節で述べたように，実務家は1カ月，3カ月，6カ月，12カ月の LIBOR に依存する商品から別々のゼロ・カーブを計算している。これらのゼロ・カーブは同じではない[14]。つまり，実務においては，少なくとも五つのゼロ・カーブが LIBOR ベースの商品に対してデリバティブのデスクで使われているのである。

OIS ゼロ・カーブのモデル化は，原理的には単純である。第31章の短期金利モデルによるアプローチか，本章で議論した HJM／LMM のフレームワークのどちらでも使うことができる。(その場合，"LIBOR マーケット・モデル" は "OIS マーケット・モデル" になる。) 9.3節で，OIS 割引により計算されたフォワード LIBOR は，LIBOR 割引により計算されたフォワード LIBOR とは異なることを説明した。これは重要な点であるが，しばしば実務家は見過ごすことがある。$F_{\mathrm{LD}}(t, t_1, t_2)$ を，LIBOR 割引下での t_1 から t_2 の期間に対する時点 t でのフォワード LIBOR と定義する。同様に $F_{\mathrm{OD}}(t, t_1, t_2)$ を OIS 割引下で定義する。例9.2と9.3では，提示されている LIBOR 対固定スワップから，どのように $F_{\mathrm{LD}}(t, t_1, t_2)$ と $F_{\mathrm{OD}}(t, t_1, t_2)$ をブートストラップできるか

---

[14] この差異の概要と議論については，たとえば M. Bianchetti, "Two Curves, One Price," *Risk*, 23, 8（August 2010）: 66–72を参照。複数の LIBOR ゼロ・カーブを使うことにより，信用リスクが反映される。12カ月 LIBOR ローンは，1カ月 LIBOR ローンを12回更新する場合よりもリスクが高い。

を示している[15]。$P_{\text{LD}}(t, T)$ を LIBOR 割引下での満期 T のゼロクーポン債の時点 t での価格と定義し，同様に OIS 割引下で $P_{\text{OD}}(t, T)$ を定義する。28.4節から，$F_{\text{LD}}(t, t_1, t_2)$ は $P_{\text{LD}}(t, T)$ に関するフォワード・リスク中立世界でマルチンゲールとなるので，この世界での t_1 から t_2 の LIBOR の期待値と一致する。この結果は LIBOR 割引下でキャップレットを評価するときに使用されている（29.2節を参照）。しかしながら，$F_{\text{LD}}(t, t_1, t_2)$ は $P_{\text{OD}}(t, T)$ に関するフォワード・リスク中立世界では一般的にマルチンゲールとはならない。OIS 割引を用いるときは，$F_{\text{LD}}(t, t_1, t_2)$ ではなく $F_{\text{OD}}(t, t_1, t_2)$ を扱う必要がある。なぜなら，$F_{\text{OD}}(t, t_1, t_2)$ は $P_{\text{OD}}(t, T)$ についてのフォワード・リスク中立世界でマルチンゲールであるので，その世界で t_1 から t_2 の LIBOR の期待値と一致することになるからである。

第9章で説明したように，OIS 割引下でのスワップを評価するためには，フォワード・レート $F_{\text{OD}}(t, t_1, t_2)$ が実現すると仮定し OIS レートで割り引く。キャップレットとフロアレットを評価するためには(29.7)式と(29.8)式を使うことができるが，29.4節で説明したように変数を注意深く適切に定義する必要がある。これらの式中の変数 F_k は $F_{\text{OD}}(t, t_k, t_{k+1})$ であり，変数 $P(0, t_{k+1})$ は $P_{\text{OD}}(0, t_{k+1})$ となる。通常，ボラティリティ σ_k は市場価格からインプライされるが，LIBOR 割引か OIS 割引が用いられるかに依存する場合もある。

同様の議論が OIS 割引下でのスワップションの評価でも成り立つ。(29.10)式と(29.11)式は，

$$A = \frac{1}{m} \sum_{i=1}^{mn} P_{\text{OD}}(0, T_i)$$

とおき，F_{LD} ではなく F_{OD} からフォワード・スワップ・レートを計算することにより適用できる。インプライド・ボラティリティは，やはり LIBOR 割引か OIS 割引が用いられるかに依存する場合もある。

DerivaGem 3.00ソフトウェアでは LIBOR 割引でも OIS 割引でもスワッ

---

[15] すでに説明したように，いまや実務では複数の LIBOR ゼロ・カーブが用いられている。その場合，使用する LIBOR カーブはその LIBOR のテナーに対応することになる。

プ，キャップ／フロア，スワップションが評価できる。

　より複雑な商品を評価するには，LIBOR と OIS のゼロ・カーブを同時にモデル化することが必要になることも多い。多くの研究者がそのような方法を提案している。一つのアプローチは，たとえば LIBOR と OIS の短期金利が相関のある確率過程に従うと仮定するように，二つのカーブを別々に発展させるようモデル化することである。この方法の欠点は，OIS のレートが対応する LIBOR のレートを超えてしまうことがありうることである。よりよいアイデアは，第31章の短期金利モデルによるアプローチか，あるいは本章で議論した HJM／LMM フレームワークを用いて OIS のレートをモデル化することである。OIS に対する LIBOR のスプレッドの期間構造は，非負の変数として別途モデル化することができるが，最も単純なアプローチは，そのスプレッドがフォワード・スプレッドに一致すると仮定することである。確率スプレッド・モデルでは，フォワード LIBOR である $F_{OD}(t, t_i, t_{i+1})$ は $P_{OD}(t, t_{i+1})$ に関するフォワード・リスク中立世界でマルチンゲールとなる。t_i から t_{i+1} のフォワード OIS もこの世界でマルチンゲールである。したがって，そのスプレッド（これら二つの差）もこの世界でマルチンゲールとなるのである。

　(32.10)式と(32.15)式のフォワード・レートに対するモデルと同様に，フォワード・スプレッドのモデルも一つあるいは複数のファクターに基づくように，

$$\frac{dF_k(t)}{F_k(t)} = \cdots + \sum_{q=1}^{p} \zeta_{k,q}(t) dz_q$$

と表すことができる[16]。ここで，この式においては，$F_k(t)$ は時点 t で観測される時点 t_k から t_{k+1} の間のフォワード・スプレッドであり，$\zeta_{k,q}$ はこのフォワード・スプレッドのボラティリティの q 番目の成分を表している。32.2節で示された，ローリング・フォワード・リスク中立測度のもとでの金利過程に関するすべての計算結果は，スプレッドにも適用される。

---

[16] たとえば，F. Mercurio and Z. Xie, "The Basis Goes Stochastic," *Risk*, 25, 12 (December 2012): 78–83を参照。

32.4　政府系機関モーゲージ証券

本章で紹介したモデルは，米国の政府系機関モーゲージ証券（agency MBS：agency mortgage-backed security）市場にも適用できる。

政府系機関 MBS は，連邦政府抵当金庫（GNMA：Government National Mortgage Association）や連邦住宅抵当公庫（FNMA：Federal National Mortgage Association）のような政府系機関が元利金の支払を保証しており，投資家がデフォルトから保護されている点を除いて，第8章で考察した ABS と同様の証券である。したがって，政府系機関 MBS は政府の発行する通常の固定利付債と同じようなものに思われるかもしれない。実際のところは，政府系機関 MBS への投資と通常の固定利付債への投資には決定的な違いがある。この違いは，政府系機関 MBS プール内の住宅ローンには期限前返済特約がついていることから生じる。この期限前返済特約は，住宅ローンの借り手にとって相当な価値がある。米国では，住宅ローンは一般的に期間が30年で，いつでも期限前返済が可能である。このことは，住宅ローンの借り手は住宅ローンを額面で貸手に返済できる満期30年のアメリカン・オプションを保有している，ということを意味している。

住宅ローンの期限前返済はさまざまな理由によって行われる。金利が低下して住宅ローンの借り手が低金利で借換えを行うときや，単に住宅が売却されたために住宅ローンが期限前返済されるという場合もある。MBS の評価で重要な要素となるのは，いわゆる期限前返済関数（prepayment function）を決めることである。これは，住宅ローンのプールに対して時点 t で発生する期限前返済の期待値を，時点 t におけるイールド・カーブとその他の関連する変数を用いて表した関数である。

期限前返済関数は，個々の住宅ローンに対して実際に発生する期限前返済の予測としては，非常に信頼性の低いものである。多くの同じような住宅ローンが同じプールに集められているときには，"大数の法則"が働いて，期限前返済は過去データの分析からより正確に予測できるようになる。先に述べたように，期限前返済は必ずしも純粋に金利のみが考慮されて行われる

ものではない。しかし，金利が高いときより低いときのほうが，期限前返済が行われる可能性が高い，という傾向がみられる。したがって，投資家は期限前返済のオプションを売却した見合いとして，他の固定利付証券よりも高い金利を MBS に対して要求することになる。

CMO

最も単純な政府系機関 MBS は，パス・スルー証券（pass-through）と呼ばれるものである。すべての投資家は同一のリターンを得て，同一の期限前返済リスクを負っている。すべてのモーゲージ証券がそのような仕組みのものではない。CMO（collateralized mortgage obligation）では，投資家は多数のクラスに分けられ，元本の期限前返済額を各クラスにどのように振り分けるかを決めるルールが用意されている。第 8 章で考察した ABS がいくつかの異なる信用リスクをもつ証券のクラスをつくりだしていた方法と同じ方法で，CMO はいくつかの異なる期限前返済リスクをもつ証券のクラスをつくりだしている。

CMO の例として，投資家が三つのクラス：クラス A，クラス B，クラス C に分割されている MBS について考えよう。すべての元本返済（約定返済と期限前返済の両方）は，クラス A の投資家に対して完全に払戻しされるまで，このクラスの投資家に振り向けられる。その次は，クラス B の投資家が完全に払戻しされるまで，元本返済はこのクラスの投資家に振り向けられる。最後に，元本返済はクラス C の投資家に振り向けられる。この場合には，ほとんどの期限前返済リスクをクラス A の投資家が負うことになる。クラス A の証券の期待残存期間はクラス B の証券の期待残存期間より短く，クラス B の証券の期待残存期間はクラス C の証券の期待残存期間より短い。

このような仕組みをつくる目的は，機関投資家にとって単純なパス・スルー MBS よりも魅力的な証券のクラスをつくりだすためである。各クラスが負う期限前返済リスクは，それぞれのクラスの額面に依存している。たとえば，クラス A，クラス B，クラス C の額面がそれぞれ 400，300，100 の場合には，クラス C のもつ期限前返済リスクはほとんどない。それぞれの額

面が100，200，500の場合には，クラスCのもつ期限前返済リスクはより大きくなる。

モーゲージ証券の組成者は，ここで説明してきた仕組みよりももっとエキゾチックな仕組みを多くつくりだしてきた。ビジネス・スナップショット32.1でその例を紹介する。

ビジネス・スナップショット32.1

IOとPO

いわゆるストリップ MBS（stripped MBS）では，元本支払と利払いが分離されている。すべての元本支払は，プリンシパル・オンリー（PO：principal only）と呼ばれる一つのクラスの証券に振り分けられる。すべての利払いは，インタレスト・オンリー（IO：interest only）と呼ばれるもう一つのクラスの証券に振り分けられる。IOもPOもリスクのある投資証券である。期限前返済率が高くなればPOの価値は上がり，IOの価値は下がる。期限前返済率が下がれば，その逆のことが起こる。POでは，元本の固定額が投資家に償還されるが，その時期は不確定である。プールの期限前返済率が高くなると，元本受取時期が早まる（これは，POの保有者にとっては好ましいことである）。プールの期限前返済率が小さくなると，元本の償還が遅れるのでPOの利回りは低下する。IOの場合には，投資家が受け取るキャッシュ・フローの合計額が不確定である。期限前返済率が高くなると投資家の受け取るキャッシュ・フローの合計額は少なくなり，低くなるとその逆になる。

政府系機関モーゲージ証券の評価

政府系機関MBSは，通常，トレジャリー・レートの振る舞いをモデル化しモンテカルロ・シミュレーションを用いて評価される。これには，HJM／LMMアプローチを用いることができる。シミュレーションにおける一回の試行で行われることを考えよう。それぞれの月で，現時点のイール

ド・カーブと過去のイールド・カーブの動きから，期待期限前返済額を計算する。これらの期待期限前返済額から政府系機関 MBS の保有者に対する期待キャッシュ・フローが決まり，そのキャッシュ・フローをトレジャリー・レートにスプレッドを足したレートで時点ゼロまで割り引くと，政府系機関 MBS に対するサンプル価値が得られる。多くのシミュレーションの試行を繰り返して得られたサンプル価値の平均が，政府系機関 MBS の価値の推定値となる。

オプション調整後スプレッド

モーゲージ証券と他のオプション内包型債券の理論価格の計算に加えて，トレーダーはオプション調整後スプレッド（OAS：option-adjusted spread）として知られるものを計算している。これは，すべてのオプションを考慮したうえで，商品のイールドの米国長期国債イールドに対するスプレッドを測る尺度である。

商品に対する OAS を計算するには，先ほど述べたようにトレジャリー・レートにスプレッドを足したレートで割り引いて価格を計算する。モデルによる価格と市場価格を比較し，モデルによる価格と市場価格が一致するスプレッド値を求めるため反復計算を行う。こうして得られたスプレッドが OAS である。

要約

HJM モデルおよび LMM では，ボラティリティの期間構造を完全に自由に選んで金利デリバティブの評価を行うことができる。LMM には，HJM モデルと比べて二つの重要な長所がある。一つ目は，モデルが瞬間的なフォワード・レートではなく，キャップの価格を決めるフォワード・レートを用いて表されている，という点である。二つ目は，キャップやヨーロピアン・

スワップションの価格へのキャリブレーションが比較的容易である，という点である．一方，HJMモデルとLMMには，再結合するツリーを用いて表すことができない，という短所がある．このため，実務ではこれらのモデルは通常モンテカルロ・シミュレーションを用いて実装されることになり，第31章で紹介したモデルよりもかなり多くの計算時間が必要となる．

2007年に始まった信用危機以降，OISレートは担保付デリバティブの無リスク割引率として用いられてきた．つまり，金利スワップ，キャップ／フロア，スワップションの評価手法は，OISレートを割引率として用い，フォワード・レートとスワップ・レートは適切なフォワード・リスク中立測度下で計算されるように修正されなければならない．より複雑な商品については，OISゼロ・カーブとLIBORゼロ・カーブを同時に発展させるようモデル化することが必要となる．

米国における政府系機関モーゲージ証券市場は，CMO，IO，POなどの多くのエキゾチックな金利デリバティブを生み出してきた．これらの商品は，住宅ローン・プールの期限前返済に依存したキャッシュ・フローを生む．それらの期限前返済は，特に金利水準に依存している．モーゲージ証券は経路依存性が非常に高い商品なので，通常モンテカルロ・シミュレーションを用いて評価が行われる．したがって，これらの商品はHJMモデルやLMMを適用する対象として理想的である．

参考文献

Andersen, L., "A Simple Approach to the Pricing of Bermudan Swaption in the Multi-Factor LIBOR Market Model," *The Journal of Computational Finance*, 3, 2 (2000): 5-32.

Andersen, L., and J. Andreasen, "Volatility Skews and Extensions of the LIBOR Market Model," *Applied Mathematical Finance*, 7, 1 (March 2000): 1-32.

Andersen, L., and V. Piterbarg, *Interest Rate Modeling*, Vols. I-III. New York：Atlantic Financial Press, 2010.

Brace A., D. Gatarek, and M. Musiela, "The Market Model of Interest Rate Dynamics," *Mathematical Finance*, 7, 2 (1997)：127-55.

Duffie, D. and R. Kan, "A Yield-Factor Model of Interest Rates," Mathematical Finance 6, 4 (1996)：379-406.

Heath, D., R. Jarrow, and A. Morton, "Bond Pricing and the Term Structure of Interest Rates: A Discrete Time Approximation," *Journal of Financial and Quantitative Analysis*, 25, 4 (December 1990)：419-40.

Heath, D., R. Jarrow, and A. Morton, "Bond Pricing and the Term Structure of the Interest Rates：A New Methodology," *Econometrica*, 60, 1 (1992)：77-105.

Hull, J., and A. White, "Forward Rate Volatilities, Swap Rate Volatilities, and the Implementation of the LIBOR Market Model," *Journal of Fixed Income*, 10, 2 (September 2000)：46-62.

Jamshidian, F., "LIBOR and Swap Market Models and Measures," *Finance and Stochastics*, 1 (1997)：293-330.

Jarrow, R. A., and S. M. Turnbull, "Delta, Gamma, and Bucket Hedging of Interest Rate Derivatives," *Applied Mathematical Finance*, 1 (1994)：21-48.

Mercurio, F., and Z. Xie, "The Basis Goes Stochastic," *Risk*, 25, 12 (December 2012)：78-83.

Miltersen, K., K. Sandmann, and D. Sondermann, "Closed Form Solutions for Term Structure Derivatives with Lognormal Interest Rates," *Journal of Finance*, 52, 1 (March 1997)：409-30.

Rebonato, R., *Modern Pricing of Interest Rate Derivatives*：*The LIBOR Market Model and Beyond*. Princeton University Press, 2002.

練習問題

32.1 短期金利に対するマルコフモデルと非マルコフモデルの違いを説明せよ。

32.2 (32.6)式に与えられている，マルチファクターHJMモデルにおける

フォワード・レートのドリフトとボラティリティとの関係を証明せよ。

32.3 「HJM モデルにおけるフォワード・レートのボラティリティ $s(t, T)$ が定数のとき，HJM モデルは Ho–Lee モデルになる。」これが正しいことを，HJM モデルから得られる債券価格の確率過程が，第31章の Ho–Lee モデルと一致していることを示すことによって証明せよ。

32.4 「HJM モデルにおけるフォワード・レートのボラティリティ $s(t, T)$ が $\sigma e^{-a(T-t)}$ のとき，HJM モデルは Hull–White モデルになる。」これが正しいことを，HJM モデルから得られる債券価格の確率過程が，第31章の Hull–White モデルと一致していることを示すことによって証明せよ。

32.5 HJM モデルに対して LMM が優れている点を述べよ。

32.6 ファクター数が増えるにつれて，ラチェット・キャップの価値が増加する理由を直感的に説明せよ。

32.7 δ_i をゼロに近づけるとき，(32.10)式が(32.4)式になることを示せ。

32.8 スティッキー・キャップのほうが同じ条件のラチェット・キャップよりも高価になる理由を説明せよ。

32.9 IO と PO では，期限前返済率に対する感応度が逆になる理由を説明せよ。

32.10 「オプション調整後スプレッドは債券のイールドと類似のものである。」この主張について説明せよ。

32.11 (32.15)式を証明せよ。

32.12 (32.17)式で与えられる，スワップ・レートの分散 $V(T)$ に対する公式を証明せよ。

32.13 (32.19)式を証明せよ。

発展問題

32.14 アット・ザ・マネーの年払いキャップにおいて，1年，2年，3年，5年後に開始しその1年後に終了するキャップレットに対するBlackボラティリティがそれぞれ18％，20％，22％，20％であるとする。満期までの期間が(a) 0年から1年まで，(b) 1年から2年まで，(c) 2年から3年まで，(d) 3年から5年までのとき，LIBORマーケット・モデルにおける期間1年のフォワード・レートのボラティリティを推定せよ。ただし，ゼロ・カーブは年率5％（1年複利）でフラットであると仮定する。また，DerivaGemソフトウェアを用いてLIBOR割引により，2年，3年，4年，5年，6年のアット・ザ・マネーのキャップに対するフラット・ボラティリティを推定せよ。

32.15 32.2節で考察したフレキシ・キャップでは，保有者は最初のN個のイン・ザ・マネーのキャップレットを行使する義務がある。その後は，さらにキャップレットを行使することはできない。（例では$N=5$としていた。）フレキシ・キャップには，他にも次の二つの方法で定義される場合がある。

(a) 保有者はどのキャップレットを行使するか任意に選択できるが，行使できるキャップレットの総数にはNという制限がある。

(b) 保有者がキャップレットの行使を一度選択したら，それ以降のイン・ザ・マネーのキャップレットは最大N個まで行使しなければならない。

これらのフレキシ・キャップを評価するときの問題点について議論せよ。三つのタイプのフレキシ・キャップのうち，最も高くなると思われるのはどれか。また，最も安くなると思われるものはどれか。

第33章

スワップ再考

　スワップは，店頭デリバティブ市場を成功に導いてきた中心的な商品である。リスク管理に利用するうえで，きわめて柔軟性の高い商品であることが実証されている。現在取引されている契約の多様性と毎年の取引量を考えると，スワップは金融市場でこれまで最も成功した革新の一つといって間違いないであろう。

　第7章と第9章では，プレーン・バニラのLIBOR対固定スワップの評価方法について論じた。標準的な方法は，簡単にいうと，"フォワード・レートが将来そのまま実現すると仮定せよ"というものである。その手順は以下のとおりである。

1. 将来におけるLIBORは，現時点で取引されている商品から計算されるフォワード・レートに等しいと仮定して，スワップのネット・キャッシュ・フローを計算する。(9.3節で説明したように，OIS割引下

のフォワード・レートはLIBOR割引下のそれとは異なる。)

2．そのネット・キャッシュ・フローの現在価値をスワップの価値とする。

　本章では，さまざまな非標準的なスワップについて説明する。そのうちいくつかは，"フォワード・レートが将来そのまま実現すると仮定する"方法を用いて評価できる。第30章で紹介したコンベキシティ調整，タイミング調整，およびクオント調整の適用が必要となるものもある。さらに，第29章，第31章，および第32章で述べた手続を用いて評価しなければならない内包オプションを含んでいるものもある。

33.1　バニラ取引の変化形

　金利スワップには，第7章で説明したプレーン・バニラに比較的小さな変形を施したものも多い。たとえば，時間とともにあらかじめ決められた形で想定元本が変化するスワップもある。想定元本が時間の増加関数になっているスワップは，ステップアップ・スワップ（step-up swap）と呼ばれる。また，想定元本が時間の減少関数になっているスワップは，アモチ・スワップ（amortizing swap）と呼ばれる。ステップアップ・スワップは，特定のプロジェクトの資金調達のために，借入金額が増額していく借入れを変動金利で行っている建設会社が，固定金利での調達に交換したいときに利用できる。アモチ・スワップは，早期返済スケジュール付きの固定金利での借入れを行っている企業が，その借入れを変動金利での借入れに交換したいときに利用できる。

　想定元本がスワップの両サイドで異なる場合もある。また，支払回数が異なる場合もある。そのようなスワップの例として，ビジネス・スナップショット33.1は，変動サイドの想定元本が1億2,000万ドルで固定サイドの想定元本が1億ドルである，マイクロソフトとゴールドマン・サックスとの仮想的なスワップ取引を示したものである。変動サイドの支払は毎月行われ，固定サイドの支払は6カ月ごとに行われる。基本的なプレーン・バニラ

取引にこの種の変形を施しても評価方法は影響を受けず，その場合にも，"フォワード・レートが将来そのまま実現すると仮定する"方法を用いることができる。

　スワップの参照変動金利が常に LIBOR とは限らない。たとえば，コマーシャルペーパー（CP）・レートや OIS レートが使われることもある。ベーシス・スワップ（basis swap）とは，ある参照変動金利を用いて計算されたキャッシュ・フローと，別の参照変動金利を用いて計算されたキャッシュ・フローを交換するものである。たとえば，同じ 1 億ドルの元本に対して，3 カ月物 OIS レートに 10 ベーシス・ポイントを加えたものと，3 カ月物 LIBOR を交換するスワップなどがある。ベーシス・スワップは，異なる変動金利に依存する資産と負債を保有する金融機関が，リスク管理の目的で利用することもある。

　参照変動金利が LIBOR でないスワップも，"フォワード・レートが将来そのまま実現すると仮定する"方法を用いて通常は評価することができる。フォワード・レートは，その参照金利を含むスワップの価値がゼロとなるように計算される。（これは，OIS 割引が用いられる場合にフォワード LIBOR を計算する方法と同様である。）

ビジネス・スナップショット33.1

非標準的なスワップの仮想的な取引確認書

取引日：	2013年1月4日
開始日：	2013年1月11日
営業日調整（全日付）：	翌営業日
休日指定都市：	米国
終了日：	2018年1月11日

固定金額

固定金利支払人：	マイクロソフト
固定金利想定元本：	1億ドル

固定金利：	年率6％
デイ・カウント・コンベンション：	実日数/365
固定金利支払日：	2013年7月11日より2018年1月11日までの毎年7月11日と1月11日
変動金額	
変動金利支払人：	ゴールドマン・サックス
変動金利想定元本：	1億2,000万米ドル
変動金利：	1カ月米ドルLIBOR
デイ・カウント・コンベンション：	実日数/360
変動金利支払日：	2013年7月11日より2018年1月11日までの毎月11日

33.2 コンパウンド・スワップ

　プレーン・バニラ・スワップのもう一つの変化形として，コンパウンド・スワップ（compounding swap）がある。ビジネス・スナップショット33.2は，コンパウンド・スワップの仮想的な取引確認書（コンファメーション）である。この例では，変動金利支払と固定金利支払の両方に対して1回の支払日しかなく，それはスワップの満期日になっている。変動金利は，LIBORに20ベーシス・ポイントを加えたものである。支払が行われるかわりに，金利はスワップの満期までLIBOR＋10ベーシス・ポイントで複利運用されていく。固定金利は6％である。この利子も，支払が行われるかわりに，固定金利6.3％でスワップの満期まで複利運用されていく。

　ビジネス・スナップショット33.2のようなコンパウンド・スワップは，"フォワード・レートが将来そのまま実現すると仮定する"方法を用いて少なくとも近似的には評価することができる。スワップの固定サイドは，満期における支払額が確定しているので取扱いは簡単である。変動サイドも

"フォワード・レートが将来そのまま実現すると仮定する"方法を用いて評価できる。その理由は，変動金利キャッシュ・フローの価値と，各変動金利がそれぞれのフォワード・レートに等しいとした場合の価値とを交換する一連の金利先渡契約（FRA）が存在するからである[1]。

ビジネス・スナップショット33.2
コンパウンド・スワップの仮想的な取引確認書

取引日：	2013年1月4日
開始日：	2013年1月11日
休日指定都市：	米国
営業日調整（全日付）：	翌営業日
終了日：	2018年1月11日

固定金額

固定金利支払人：	マイクロソフト
固定金利想定元本：	1億ドル
固定金利：	年率6％
デイ・カウント・コンベンション：	実日数/365
固定金利支払日：	2018年1月11日
固定金利複利付利率：	6.3％を適用
固定金利複利付利日：	2013年7月11日より2017年7月11日までの毎年7月11日と1月11日

---

[1] 詳細については www-2.rotman.utoronto.ca/~hull/TechnicalNotes の Technical Note 18を参照されたい。"フォワード・レートが将来そのまま実現すると仮定する"方法は，複利計算に使われるスプレッド s_c がゼロか，時点 t における金額 Q が時点 $t+\tau$ において $Q(1+R\tau)(1+s_c\tau)$ となるよう付利される場合に，正確に機能する。ここで，R は LIBOR である。一般的にみられる $Q[1+(R+s_c)\tau]$ となるように付利する場合には，多少の近似が含まれてしまう。

変動金額	
変動金利支払人：	ゴールドマン・サックス
変動金利想定元本：	1億ドル
変動金利：	6カ月米ドルLIBOR＋20ベーシス・ポイント
デイ・カウント・コンベンション：	実日数/360
変動金利支払日：	2018年1月11日
変動金利複利付利率：	LIBOR＋10ベーシス・ポイントを適用
変動金利複利付利日：	2013年7月11日より2017年7月11日までの毎年7月11日と1月11日

【例33.1】

　年1回リセットされる，満期3年のコンパウンド・スワップについて考える。固定金利を支払い，変動金利を受け取るとする。固定金利は4％で，変動金利は12カ月LIBORである。固定サイドは3.9％で複利運用され，変動サイドは12カ月LIBOR－20ベーシス・ポイントで複利運用される。LIBOR／スワップ・ゼロ・カーブは1年複利で5％フラットであり割引にも用いるとする。想定元本は1億ドル（100百万ドル）である。

　固定サイドには，最初の年の終わりに4百万ドルの利子が発生する。これは，2年目の終わりには$4 \times 1.039 = 4.156$百万ドルになる。2回目の利子4百万ドルが2年目の終わりに加わり，複利運用された合計金額は8.156百万ドルとなる。これは，3年目の終わりには$8.156 \times 1.039 = 8.474$百万ドルになり，それに3回目の利子4百万ドルが加わる。したがって，3年目の終わりにおけるスワップの固定サイドのキャッシュ・フローは12.474百万ドルになる。

　変動金利サイドでは，将来の金利は対応するフォワードLIBORレートに等しいと仮定する。ここではLIBOR割引を仮定しているので，将

来の金利はすべて1年複利で5％であると仮定されている。最初の年の終わりに計算される利子は5百万ドルになる。これが4.8％（LIBOR − 20ベーシス・ポイント）で複利運用されると、2年目の終わりには5×1.048 = 5.24百万ドルとなる。これに利子を加えると、複利運用された合計金額は10.24百万ドルとなる。これが3年目の終わりまで複利運用されると、10.24×1.048 = 10.731百万ドルとなる。最後の利子を加えると、15.731百万ドルになる。

以上より、スワップは3年目の終わりの受取金額が15.731百万ドル、支払金額が12.474百万ドルとして評価できる。したがって、スワップの価値は、

$$\frac{15.731 - 12.474}{1.05^3} = 2.814$$

すなわち2.814百万ドルとなる。（この計算ではデイ・カウントは無視しており、脚注1で述べた近似を行っている。）

33.3　通貨スワップ

通貨スワップについては第7章で紹介した。この取引を行うことによって、ある通貨での金利エクスポージャーを別の通貨での金利エクスポージャーと交換することができる。通常それぞれの通貨に対して元本が定められている。7.9節で説明したように、それらの元本はスワップの初期時点と満期時点の両方で交換される。

米ドルと英ポンドを交換する通貨スワップについて考えよう。固定対固定の通貨スワップでは、各通貨に対して固定金利が定められている。片サイドの支払額は米ドルの元本に米ドルの固定金利を適用することで求まり、もう片サイドの支払額は英ポンドの元本に英ポンドの固定金利を適用することで求まる。この種の通貨スワップの評価については、7.10節で論じた。

その他の通貨スワップについては7.11節で述べた。変動対変動の通貨ス

ワップでは，片サイドの支払額は米ドルの元本に米ドル LIBOR（スプレッドが加えられることもある）を適用することで決まり，もう片サイドの支払額は英ポンドの元本に英ポンド LIBOR（スプレッドが加えられることもある）を適用することで決まる。クロス・カレンシー金利スワップは，一つの通貨の変動金利ともう一つの通貨の固定金利を交換する。

変動対変動の通貨スワップとクロス・カレンシー金利スワップは，"フォワード・レートが将来そのまま実現すると仮定する"方法を用いて評価することができる。各通貨の将来の LIBOR レートを現時点のフォワード・レートに等しいと仮定することによって，各通貨のキャッシュ・フローを決めることができる。求まった米ドルのキャッシュ・フローは米ドル LIBOR ゼロ・レートで割り引き，英ポンドのキャッシュ・フローは英ポンド LIBOR ゼロ・レートで割り引く。その後で，現時点の為替レートを用いてこれら二つの現在価値を共通通貨での価値に直す。

市場の現実を反映させるために，この手順に調整が加えられることがある。理論的には，新規の変動対変動の通貨スワップは，一つの通貨の LIBOR ともう一つの通貨の LIBOR が（スプレッドなしで）交換されるべきである。しかし実際には，マクロ経済の影響によってスプレッドが発生する。金融機関はこのことを考慮して，割引率の調整を行うことが多い。たとえば，すべての満期に対する新規の変動対変動の通貨スワップが，市場では米ドル LIBOR と日本円 LIBOR − 20 ベーシス・ポイントを交換する取引として行われているとする。米国の金融機関は，米ドルのキャッシュ・フローを米ドル LIBOR で割り引き，円のキャッシュ・フローを円 LIBOR − 20 ベーシス・ポイントで割り引くことで，この通貨スワップを評価するだろう[2]。また，円と米ドルのキャッシュ・フローを伴うすべてのスワップに対して，同じ方法を用いて評価するだろう。

---

[2] この調整はアド・ホックなものである。しかし，これを行わないと，トレーダーが円／米ドルの変動対変動の通貨スワップを新規に取引するたびに，その瞬間に損益が発生することになる。

33.4 より複雑なスワップ

次に,"フォワード・レートが将来そのまま実現すると仮定する"という単純な方法では評価できないスワップの例をいくつか考えよう。それらのスワップの場合には,実際のフォワード・レートではなく,調整されたフォワード・レートが実現すると仮定しなければならない。この節の内容は第30章での議論に基づいている。

後決め LIBOR スワップ

プレーン・バニラ金利スワップは,支払日に観測される変動金利が次の支払日に支払われる仕組みになっている。時折取引されているもう一つの商品に,後決め LIBOR スワップ(LIBOR-in-arrears swap)という商品がある。この商品では,支払日に観測された変動金利がその支払日に支払われる。

スワップのリセット日を $t_i(i=0, 1, \ldots, n)$ とし,$\tau_i = t_{i+1} - t_i$ とおく。R_i を t_i から t_{i+1} までの期間に対する LIBOR レートとし,F_i を R_i のフォワード・レート,σ_i をこのフォワード・レートのボラティリティとする。(σ_i の値は一般的にキャップレットの価格から求められる。)後決め LIBOR スワップでは,時点 t_i における変動サイドの支払は,R_{i-1} ではなく,R_i に基づいて行われる。30.1節で説明したように,この支払を評価するときには,フォワード・レートに対してコンベキシティ調整を行う必要がある。評価の際には,支払われるフォワード・レートは,F_i ではなく,

$$F_i + \frac{F_i^2 \sigma_i^2 \tau_i t_i}{1 + F_i \tau_i} \tag{33.1}$$

であると仮定されるべきである。

---【例33.2】---

想定元本が1億ドルの後決め LIBOR スワップについて考える。年1回,固定金利5%を受け取り,LIBOR を支払うとする。金利は1年目,2年目,3年目,4年目,5年目の終わりに交換される。LIBOR/スワップ・ゼロ・カーブは年率5%(1年複利)でフラットであり割引に

も用いられる．すべてのキャップレットのボラティリティは年率22%であるとする．

各変動利払いに対するフォワード・レートは5%である．このスワップが後決めLIBORスワップではなく通常のスワップである場合には，（デイ・カウント・コンベンションなどを無視すると）スワップの価値はちょうどゼロである．いまの場合は後決めLIBORスワップなので，コンベキシティ調整を行う必要がある．(33.1)式において，すべてのiに対して，$F_i = 0.05$，$\sigma_i = 0.22$，$\tau_i = 1$となる．コンベキシティ調整の結果，時点t_iで仮定されるレートは0.05から，

$$0.05 + \frac{0.05^2 \times 0.22^2 \times 1 \times t_i}{1 + 0.05 \times 1} = 0.05 + 0.000115 t_i$$

に変わる．したがって，1年目，2年目，3年目，4年目，5年目の終わりでの支払に対する変動金利は，それぞれ5.0115%，5.0230%，5.0345%，5.0460%，5.0575%となる．最初の支払日におけるネットの金利交換は，1億ドルに対する0.0115%，すなわち11,500ドルの支払となる．他の金利交換に対するネットのキャッシュ・フローも同様に計算できる．その結果，スワップの価値は，

$$-\frac{11{,}500}{1.05} - \frac{23{,}000}{1.05^2} - \frac{34{,}500}{1.05^3} - \frac{46{,}000}{1.05^4} - \frac{57{,}500}{1.05^5}$$

すなわち，-144,514ドルとなる．

CMSスワップとCMTスワップ

コンスタント・マチュリティ・スワップ（CMS：constant maturity swap）とは，変動金利がある期間のスワップに対するスワップ・レートに等しい金利スワップである．CMSスワップの例は，変動利払いが，たとえば，6カ月ごとに5年スワップ・レートに等しいレートで行われるというものである．通常，金利観測日と支払日にはラグがあり，特定の支払日における支払額は前回支払日に観測されたスワップ・レートに等しい．金利は時点t_0，t_1，

$t_2, \ldots$ にセットされ，その支払は時点 $t_1, t_2, t_3, \ldots$ に行われ，想定元本は L であるとする．時点 t_{i+1} における変動利払額は，

$$\tau_i L S_i$$

となる．ただし，$\tau_i = t_{i+1} - t_i$ で，S_i は時点 t_i におけるスワップ・レートである．

y_i をスワップ・レート S_i に対するフォワード・レートとする．時点 t_{i+1} における支払額を評価するには，フォワード・スワップ・レートに対して調整を行う必要があり，実現するスワップ・レートは y_i ではなく，

$$y_i - \frac{1}{2} y_i^2 \sigma_{y,i}^2 t_i \frac{G_i''(y_i)}{G_i'(y_i)} - \frac{y_i \tau_i F_i \rho_i \sigma_{y,i} \sigma_{F,i} t_i}{1 + F_i \tau_i} \tag{33.2}$$

と仮定される．ここで，$\sigma_{y,i}$ はフォワード・スワップ・レートのボラティリティ，F_i は時点 t_i から時点 t_{i+1} までの期間に対する現時点でのフォワード・レート，$\sigma_{F,i}$ はこのフォワード・レートのボラティリティ，ρ_i はフォワード・スワップ・レートとフォワード・レートの相関である．$G_i(x)$ は，債券イールド x の関数として表した時点 t_i における債券の価格である．この債券のクーポン・レートは y_i で，残存期間と利払間隔は CMS レートが計算されているスワップと同じである．$G_i'(x)$ と $G_i''(x)$ は，x に関する G_i の 1 階と 2 階の偏微分係数である．$\sigma_{y,i}$ はスワップションから求めることができ，$\sigma_{F,i}$ はキャップレットの価格から求めることができる．また，相関 ρ_i は過去データから推定できる．

(33.3)式には，コンベキシティ調整とタイミング調整が含まれている．第 2 項の，

$$-\frac{1}{2} y_i^2 \sigma_{y,i}^2 t_i \frac{G_i''(y_i)}{G_i'(y_i)}$$

は，30.1節の例30.2で計算したものと同様の調整である．これは，スワップ・レート S_i がアニュイティの支払ではなく，時点 t_i の 1 回払いで支払われることによる調整である．第 3 項の，

$$-\frac{y_i \tau_i F_i \rho_i \sigma_{y,i} \sigma_{F,i} t_i}{1 + F_i \tau_i}$$

は，30.2節で計算したものと同様の調整であり，S_i に基づく支払が時点 t_i ではなく，時点 t_{i+1} で行われることに対する調整である。

【例33.3】

想定元本1億ドルに対して，5年スワップ・レートを受け取り，5％の固定金利を支払う，期間6年のCMSスワップを考える。金利交換は（原資産の5年スワップとCMSスワップの両方とも）半年ごとに行われるとする。各支払日における交換額は，前回支払日のスワップ・レートによって決まる。LIBOR／スワップ・ゼロ・カーブは半年複利で年率5％でフラットとし割引にも用いるとする。期間5年のスワップに対するスワップションのインプライド・ボラティリティはすべて15％で，金利計算期間6カ月のキャップレットのインプライド・ボラティリティはすべて20％であるとする。また，各キャップ・レートと各スワップ・レートとの相関は0.7であるとする。

この場合，すべての i に対して，$y_i = 0.05$，$\sigma_{y,i} = 0.15$，$\tau_i = 0.5$，$F_i = 0.05$，$\sigma_{F,i} = 0.20$，および $\rho_i = 0.7$ である。また，

$$G_i(x) = \sum_{i=1}^{10} \frac{2.5}{(1+x/2)^i} + \frac{100}{(1+x/2)^{10}}$$

となり，$G_i'(y_i) = -437.603$ および $G_i''(y_i) = 2261.23$ となる。(33.2)式より，コンベキシティ調整とタイミング調整の合計は $0.0001197 t_i$ で与えられ，スワップ・レートが観測されるまでの期間に対して年1.197ベーシス・ポイントとなる。たとえばCMSを評価する目的では，4年後の5年スワップ・レートは5％ではなく，5.0479％と仮定し，4.5年後に受け取るネット・キャッシュ・フローは0.5×0.000479×100,000,000 = 23,940ドルと仮定される。他のネット・キャッシュ・フローも同様に計算される。それらの現在価値を計算すると，このスワップの価値は159,811ドルとなる。

コンスタント・マチュリティ・トレジャリー・スワップ（CMT swap：constant maturity Treasury swap）は，ある残存期間の長期国債イールドが

変動金利となる点を除いては，CMSスワップと同様の商品である。CMTスワップの分析は，S_i を指定された残存期間の長期国債のパー・イールドと定義すれば，CMSスワップの分析と本質的に同じものになる。

ディファレンシャル・スワップ

ディファレンシャル・スワップ（differential swap）は，ディフ・スワップ（diff swap）と呼ばれることもあり，ある通貨で観測される変動金利を別の通貨の元本に適用する金利スワップである。t_i から t_{i+1} までの期間に対する通貨YのLIBORを通貨Xの元本に適用し，その支払は時点 t_{i+1} に行われるとする。V_i を t_i から t_{i+1} までの期間に対する通貨Yのフォワード・レートとし，W_i を満期 t_{i+1} のフォワード為替レート（通貨X1単位当りの通貨Yの単位数）とする。通貨YのLIBORが通貨Yの元本に適用される場合には，時点 t_{i+1} におけるキャッシュ・フローは，時点 t_i におけるLIBORが V_i に等しいと仮定して評価すればよい。30.3節の分析より，それが通貨Xの元本に適用される場合には，クオント調整が必要となる。その場合には，LIBORが，

$$V_i + V_i \rho_i \sigma_{W,i} \sigma_{V,i} t_i \qquad (33.3)$$

に等しいと仮定してキャッシュ・フローを評価すれば，正しい値が得られる。ここで，$\sigma_{V,i}$ は V_i のボラティリティ，$\sigma_{W,i}$ は W_i のボラティリティ，ρ_i は V_i と W_i の相関である。

【例33.4】

1,000万ポンドの元本に対して，年1回，米ドル12カ月LIBORを受け取り，英ポンド12カ月LIBORを支払う，期間3年のディフ・スワップを考える。米国と英国のLIBOR／スワップ・ゼロ・レートはともに1年複利で年率5％（半年複利）フラットであり，割引にも用いられるとする。米国の1年物フォワード・レートのボラティリティはすべて20％と推定され，米ドル／英ポンドのフォワード為替レート（1ポンド当りのドル額）のボラティリティはすべての満期に対して12％，それらの相関は0.4であるとする。

この場合，$V_i = 0.05$，$\rho_i = 0.4$，$\sigma_{W,i} = 0.12$，$\sigma_{V,i} = 0.2$である。したがって，時点 t_i で観測される1年物米ドル金利によって決まる変動金利キャッシュ・フローは，適用するレートが，

$$0.05 + 0.05 \times 0.4 \times 0.12 \times 0.2 \times t_i = 0.05 + 0.00048 t_i$$

であると仮定して計算されることになる。このことから，評価の目的では，1年後，2年後，3年後の時点におけるスワップからのネット・キャッシュ・フローを0, 4,800, 9,600英ポンドと仮定してよいことがわかる。したがって，スワップの価値は，

$$\frac{0}{1.05} + \frac{4,800}{1.05^2} + \frac{9,600}{1.05^3} = 12,647$$

すなわち12,647英ポンドとなる。

33.5 エクイティ・スワップ

エクイティ・スワップ（equity swap）とは，取引当事者の一方が想定元本に株価指数のリターンを乗じた金額を支払い，他方が想定元本に対する固定金利または変動金利を支払う契約である。エクイティ・スワップを用いて，ファンド・マネージャーは株式を直接売買することなしに，株価指数へのエクスポージャーを増減させることができる。エクイティ・スワップは，市場のニーズにあわせて，株価指数に対する複数のフォワード契約をまとめた便利な商品である。

株価指数は，配当が指数の構成銘柄に再投資されるトータル・リターン指数であることが多い。ビジネス・スナップショット33.3にエクイティ・スワップの取引例を示す。この例では，S&P 500に対する6カ月のリターンがLIBORと交換されている。スワップのどちらのサイドも元本は1億ドルで，支払は6カ月ごとに行われている。

ビジネス・スナップショット33.3にあるようなエクイティ対変動のスワップでは，LIBOR割引を仮定した場合，取引開始時点における価値はゼロで

ある。その理由は，金融機関は各支払日に元本をLIBORで借り入れて，それを次回支払日まで指数に投資し，すべての配当を指数に再投資することで，コストなしにキャッシュ・フローを複製できるからである。同じ議論から，支払日直後のこのスワップの価値は常にゼロになることがわかる。

支払日の間では，次回支払日におけるエクイティ・キャッシュ・フローとLIBORキャッシュ・フローを評価しなければならない。LIBORキャッシュ・フローは前回リセット日に固定されているので，容易に評価できる。エクイティ・キャッシュ・フローの価値はLE/E_0になる。ここでLは元本，Eは株価指数の現在の値，E_0は前回リセット日におけるEの値である[3]。

ビジネス・スナップショット33.3

エクイティ・スワップの仮想的な取引確認書

取引日：	2013年1月4日
開始日：	2013年1月11日
営業日調整（全日付）：	翌営業日
休日指定都市：	米国
終了日：	2018年1月11日
エクイティ金額	
エクイティ支払人：	マイクロソフト
エクイティ想定元本：	1億ドル
エクイティ・インデックス：	S&P 500指数のトータル・リターン
エクイティ支払額：	$100(I_1-I_0)/I_0$，ただし，I_1は支払日におけるインデックスの値，I_0は前回支払日におけるインデックスの値。初回支払日におけるI_0は，2013年1月11日のインデックスの値。

---

3 これに関するより詳細な議論については www-2.rotman.utoronto.ca/~hull/TechnicalNotes の Technical Note 19を参照。

エクイティ支払日：	2013年7月11日より2018年1月11日までの7月11日と1月11日
変動金額	
変動金利支払人：	ゴールドマン・サックス
変動金利想定元本：	1億ドル
変動金利：	6カ月米ドル LIBOR
デイ・カウント・コンベンション：	実日数/360
変動金利支払日：	2013年7月11日より2018年1月11日までの7月11日と1月11日

33.6 オプションを内包したスワップ

オプションを内包しているスワップも存在する．本節では，いくつかよくみかける例について考察する．

アクルーアル・スワップ

アクルーアル・スワップ（accrual swap）とは，片方のサイドの金利が，参照変動金利があるレンジ内にあるときのみ付利されるスワップである．このレンジは，スワップの全期間で固定されている場合と，定期的に見直される場合とがある．

アクルーアル・スワップの簡単な例として，3カ月ごとに固定金利 Q と3カ月 LIBOR を交換するスワップで，固定金利は3カ月 LIBOR が年率8％以下の日だけ付利されるものを考えよう．元本を L とする．通常のスワップでは，固定金利支払人は各支払日に QLn_1/n_2 を支払う．ただし，n_1 は前3カ月の日数で，n_2 は1年間の日数である．（デイ・カウントは実日数/実日数と仮定している．）これに対してアクルーアル・スワップでは，支払額は QLn_3/n_2 になる．ただし，n_3 は前3カ月に3カ月 LIBOR が8％以下になった日数で

ある。固定金利支払人は，変動金利が 8 ％を上回ったそれぞれの日に QL/n_2 だけ節約できたことになる[4]。したがって，固定金利支払人のポジションは，スワップ全期間のそれぞれの日に対して一つずつバイナリー・オプションを対応させ，通常のスワップにそれら一連のバイナリー・オプションを加えたものと等価であると考えることができる。ここでのバイナリー・オプションとは，3 カ月 LIBOR が 8 ％を上回るときに QL/n_2 を受け取れるものである。

　一般化して，LIBOR のカット・オフ金利（いまの場合には 8 ％）を R_K，金利交換は τ 年ごとに行われると仮定する。スワップ期間中の i 日目について考え，i 日目までの時間を t_i とする。また，i 日目における τ 年 LIBOR レートを R_i とし，$R_i < R_K$ のときに金利が付利されるとする。F_i を R_i のフォワード・レートとし，F_i のボラティリティを σ_i と定義する。（後者はスポット・キャップレット・ボラティリティから推定される。）通常行う対数正規の仮定を用いると，満期 $t_i+\tau$ のゼロクーポン債に関するフォワード・リスク中立世界では，LIBOR が R_K より大きくなる確率は $N(d_2)$ となる。ただし，

$$d_2 = \frac{\ln(F_i/R_K) - \sigma_i^2 t_i/2}{\sigma_i \sqrt{t_i}}$$

である。バイナリー・オプションのペイオフが実現するのは i 日目の次に到来するスワップ支払日である。それを時点 s_i とする。満期 s_i のゼロクーポン債に関するフォワード・リスク中立世界で LIBOR が R_K より大きくなる確率は，$N(d_2^*)$ で与えられる。ただし，d_2^* は d_2 と同じ式を用いて計算されるが，F_i には時点 $t_i+\tau$ と時点 s_i の差を反映した小さなタイミング調整が加えられる。

　i 日目に対応するバイナリー・オプションの価値は，

$$\frac{QL}{n_2} P(0, s_i) N(d_2^*)$$

4　通常の慣習では，休日に対して適用される金利は前営業日の金利となる。

となる。バイナリー・オプションの合計価値は，スワップ全期間の各日に対してこの価値の総和をとれば得られる。（d_2 を d_2^* に置き換えることによる）タイミング調整額は小さいので，実務では無視されることが多い。

解約権付スワップ

解約権付スワップ（cancelable swap）とは，プレーン・バニラ金利スワップにおいて，一方の当事者が一つまたは複数の支払日において解約する権利をもつものである。スワップを終了させるということは，そのスワップを相殺する（反対の）スワップを開始することと同じである。マイクロソフトとゴールドマン・サックスとの間で締結されるスワップを考えよう。マイクロソフトが解約権をもっているとすると，マイクロソフトは通常のスワップとそれを相殺するスワップを開始できるオプションのロング・ポジションを保有しているとみなすことができる。ゴールドマン・サックスが解約権をもっているとすると，マイクロソフトは通常のスワップとそれを相殺するスワップを開始できるオプションのショート・ポジションを保有していることになる。

解約可能日が1日のみの場合は，解約権付スワップは通常のスワップとヨーロピアン・スワップションを組み合わせたものと同じである。たとえば，マイクロソフトが6％を受け取り，LIBORを支払う期間10年のスワップを考える。マイクロソフトが6年後に解約権をもっているとする。このスワップは，6％を受け取り，LIBORを支払う期間10年の通常のスワップと，6％を支払い，LIBORを受け取る期間4年のスワップを開始できるヨーロピアン・スワップションのロング・ポジションを組み合わせたものとなる。（後者は6×4ヨーロピアン・スワップションと呼ばれる。）ヨーロピアン・スワップションの評価に用いられる標準的なマーケット・モデルについては，第29章で説明した。

複数の支払日に解約権がある場合は，通常のスワップとバミューダン・スワップションを組み合わせたものになる。たとえば，マイクロソフトが6％を受け取り，LIBORを支払う，年2回払いの5年スワップを取引した場合

について考えよう。カウンターパーティーが，2年目から5年目までの各支払日に，このスワップの解約権をもっているとする。このスワップは，通常のスワップとバミューダン・スワップションのショート・ポジションを組み合わせたものになる。その場合のバミューダン・スワップションは，6％を受け取り，LIBORを支払う満期5年のスワップに対するオプションである。スワップションは，2年目から5年目までの各支払日において行使可能である。バミューダン・スワップションの評価方法については第31章と第32章で論じている。

解約権付コンパウンド・スワップ

指定された支払日に解約できるコンパウンド・スワップもある。解約時には，変動金利支払人は解約時点まで複利運用された変動金利を支払い，固定金利支払人は解約時点まで複利運用された固定金利を支払う。

解約権付コンパウンド・スワップ（cancelable compounding swap）の評価には，ちょっとした工夫が必要である。最初は，変動金利がLIBORで，LIBORで複利運用され，LIBOR割引を用いる場合を考えよう。スワップの元本が満期日に固定サイドと変動サイドの両方で支払われると仮定する。これは，バニラ・スワップで表7.1を表7.2に置き換えたのと同様のことである。これによって，スワップの価値を変化させずに，支払日における変動サイドの価値が常に元本に等しくなるようにできる。そうすると，解約の判断は固定サイドだけに注目して行えるようになる。第31章で概説したような金利ツリーを構築し，ツリーに沿った通常のロール・バック計算によって固定サイドの評価を行う。解約可能な各ノードにおいて，スワップの継続と解約のどちらが最適かを判断する。スワップを解約することは，固定サイドの価値をパーに等しくすることと同じ効果がある。固定金利を支払い，変動金利を受け取る場合には，固定サイドの価値を最小にするのが解約の目的となる。固定金利を受け取り，変動金利を支払う場合には，固定サイドの価値を最大にするのが解約の目的となる。

変動サイドがLIBOR＋スプレッドで，それをLIBORで複利運用する場合

は，スプレッドに対応するキャッシュ・フローを変動サイドに加えるかわりに，固定サイドから差し引けばよい。そうすれば，スプレッドがない場合の方法で，オプションを評価することができる。

LIBOR＋スプレッドで複利運用される場合は，以下の方法で近似が可能である[5]。

1. 各解約可能日におけるスワップの変動サイドの価値を，フォワード・レートが実現するとして計算する。
2. 各解約可能日におけるスワップの変動サイドの価値を，変動金利がLIBORで，それがLIBORで複利運用されると仮定して計算する。
3. ステップ2を上回るステップ1の価値を解約可能日における"スプレッドの価値"とする。
4. 上で述べた方法でオプションを扱う。解約権を行使するかの判断は，固定サイドに対して計算した価値からスプレッドの価値を差し引いたものに基づいて行う。

33.7 その他のスワップ

本章で議論してきたスワップは，市場で取引されているもののごく一部にすぎない。実際には，取引される金融商品の範囲は，フィナンシャル・エンジニアの創造力と，企業財務担当者の革新的なリスク管理ツールに対する欲求によってしか制限を受けない。

1990年代半ばに米国で人気を集めた取引に，インデックス・アモチ・スワップ（index amortizing swap, indexed principal swap とも呼ばれる）がある。これは，金利水準に依存して元本が減少していくスワップである。金利が低くなるほど，元本の減少額は大きくなる。インデックス・アモチ・スワップの固定サイドは，政府系機関モーゲージ証券に投資している投資家が得るリ

---

[5] この方法は完全には正確なものではない。その理由は，解約権の行使判断に，将来の支払がLIBORとは異なる金利で複利運用されているということが考慮されていないからである。

ターンを，期限前返済権を考慮したうえで近似的に反映するようにもともとは設計されたものである。したがって，このスワップはモーゲージ証券のリターンを変動金利のリターンと交換するものであった。

コモディティ・スワップは，昨今ますます一般的に取引されるようになった。年間100,000バレルの原油を消費する企業が，今後10年間に毎年800万ドルを支払い，かわりに100,000Sを受け取るような契約を結んだりする。ここで，Sは1バレル当りの原油の市場価格である。この契約により，その企業は1バレル当りの原油コストを80ドルに固定できる。原油の生産者はその反対の契約を結ぶことによって，1バレル当り80ドルの固定価格で原油の売却を実現できる。このようなエネルギー・デリバティブについては第34章で論じる。

その他のスワップのいくつかについては，本書の他の章で論じている。たとえば，アセット・スワップについては第24章で論じ，トータル・リターン・スワップとさまざまなクレジット・デフォルト・スワップについては第25章で説明し，ボラティリティ・スワップとバリアンス・スワップについては第26章で分析を行った。

風変わりな取引

かなり風変わりな方法で計算されるペイオフをもつスワップもある。1993年にプロクター・アンド・ギャンブルとバンカーズ・トラストの間で締結された取引がその一例である（ビジネス・スナップショット33.4を参照）。この取引は後に訴訟に発展したことから，取引の詳細が公表されている[6]。

---

[6] D. J. Smith, "Aggressive Corporate Finance: A Close Look at the Procter and Gamble–Bankers Trust Leveraged Swap," *Journal of Derivatives* 4, 4 (Summer 1997): 67–79を参照。

ビジネス・スナップショット33.4

プロクター・アンド・ギャンブルの風変わりな取引

1993年11月2日にバンカーズ・トラスト（BT）とプロクター・アンド・ギャンブル（P&G）の間で締結された，いわゆる"5/30"スワップは，特に風変わりなスワップである。これは年2回払いの5年スワップであった。想定元本は2億ドルで，BTはP&Gに年5.3％を支払い，P&GはBTに平均30日物CP（コマーシャル・ペーパー）レートから75ベーシス・ポイントを引き，それにあるスプレッドを加えたものを支払うことになっていた。平均30日物CPレートは，前金利計算期間における30日物CPレートの日々の観測値を平均したものである。

スプレッドは最初の支払日（1994年5月2日）ではゼロであった。残り9回の支払日に対するスプレッドは，

$$\max\left[0, \frac{98.5 \times \left(\dfrac{5年物\ CMT\%}{5.78\%}\right) - (30年物\ TSY\ 価格)}{100}\right]$$

で与えられた。ここで，5年物CMTはコンスタント・マチュリティ・トレジャリー・イールド（米国連邦準備銀行が発表する5年米国中期国債のイールド）である。30年物TSY価格は，2023年8月満期の6.25％米国長期国債の取引価格のビッドとオファーの仲値である。この式で計算されたスプレッドは小数点で表示された金利であり，ベーシス・ポイントで表されたものではない。たとえば，この式から0.1が得られ，CPレートが6％の場合は，P&Gの支払う金利は15.25％である。

P&Gはスプレッドがゼロになると期待しており，この取引によって固定金利5.3％での資金調達を，CPレートより75ベーシス・ポイント低い金利での資金調達に交換できると考えていた。実際には，1994年初頭に金利が急上昇し，債券価格が下落して，このスワップはきわめて高くついた（発展問題33.10を参照）。

要約

スワップは非常に用途の広い金融商品である。多くのスワップは，(a) LIBOR（もしくはその他の指標となる変動金利）がそのフォワード・レートと等しくなると仮定し，(b)得られたキャッシュ・フローを割り引く，ということによって評価することができる。そのようなものに，プレーン・バニラ金利スワップ，ほとんどの種類の通貨スワップ，元本の変化があらかじめ決まっているスワップ，支払日がそれぞれのサイドで異なるスワップ，コンパウンド・スワップがある。

評価する際に，フォワード・レートの調整が必要となるスワップもある。これらの調整は，コンベキシティ調整，タイミング調整，クオント調整と呼ばれるものである。調整が必要なスワップとしては，後決めLIBORスワップやCMS/CMTスワップ，ディファレンシャル・スワップなどがある。

エクイティ・スワップとは，株価指数のリターンと固定もしくは変動金利を交換するスワップである。支払日直後の価値がゼロになるような取引が通常行われているが，支払日の間では，価値はゼロにはならない。

オプションを内包したスワップもある。アクルーアル・スワップは，通常のスワップにバイナリー・オプションの大きなポートフォリオ（スワップ期間中のそれぞれの日に対するオプション）を加えたものである。解約権付スワップは，通常のスワップにバミューダン・スワップションを加えたものである。

参考文献

Chance, D., and D. Rich. "The Pricing of Equity Swap and Swaptions," *Journal of Derivatives*, 5, 4 (Summer 1998): 19–31.

Smith, D. J. "Aggressive Corporate Finance: A Close Look at the Procter and

Gamble-Bankers Trust Leveraged Swap," *Journal of Derivatives*, 4, 4 (Summer 1997): 67–79.

練習問題

33.1 ビジネス・スナップショット33.1におけるスワップに対して，すべての固定キャッシュ・フローとその正確な支払日を計算せよ．ただし，デイ・カウント・コンベンションは実際の支払日ではなく，確認書に書かれた支払日に適用されるものと仮定する．

33.2 固定金利とLIBORの2倍を交換するスワップを考える．このスワップは，"フォワード・レートが将来そのまま実現すると仮定する"方法を用いて評価できるか．

33.3 元本が1億ドルで，年2回払いの2年の固定対変動コンパウンド・スワップの価値を求めよ．固定金利を受け取り，変動金利を支払うとする．固定金利は8％で，8.3％で複利運用される（両方とも半年複利）．変動金利はLIBOR＋10ベーシス・ポイントで，LIBOR＋20ベーシス・ポイントで複利運用される．LIBORゼロ・カーブは半年複利で8％フラットであるとする（割引にも用いられる）．

33.4 LIBORを通常どおり支払い，LIBORがLIBORで複利運用されたものを受け取る，5年スワップの価値を求めよ．両サイドとも元本は1億ドルである．支払サイドの支払日と受取サイドの複利日は6カ月ごとで，LIBORゼロ・カーブは半年複利で5％フラットであるとする（割引にも用いられる）．

33.5 銀行が通貨スワップのキャッシュ・フローをLIBORとわずかに異なる金利で割り引くことにする理由について，詳しく説明せよ．

33.6 33.4節の例33.3で，キャップのボラティリティを20％のかわりに18％，5年スワップに対するすべてのスワップションのボラティリ

ティを15%のかわりに13%として，コンベキシティ調整およびタイミング調整の合計を計算せよ．スワップを評価する際に仮定する，3年後の5年スワップ・レートを求めよ．また，スワップの価値を求めよ．

33.7 プレーン・バニラ金利スワップと33.2節のコンパウンド・スワップは"フォワード・レートが将来そのまま実現すると仮定する"方法を用いて評価できるが，33.4節の後決めLIBORスワップは評価できない理由を説明せよ．

33.8 本文で議論したアクルーアル・スワップは，参照変動金利があるレベル以下のときのみに固定サイドが付利されるというものであった．参照変動金利があるレベル以上かつあるレベル以下のときのみに固定サイドが付利されるという場合を扱うには，本文で行った分析をどのように拡張すればよいか．

発展問題

33.9 LIBORゼロ・レートが米国で5%フラット，オーストラリアで10%フラットであるとする（両方とも1年複利とする）．米ドル1,000万ドルの元本に対して，オーストラリアLIBORを受け取り，9%を支払う4年ディフ・スワップについて考える．金利は1年ごとに交換される．オーストラリアの1年物フォワード・レートのボラティリティはすべて25%，米ドル／豪ドルのフォワード為替レート（1米ドル当りの豪ドル）のボラティリティはすべての満期に対して15%，それら二つの相関は0.3であるとする．このとき，スワップの価値を求めよ．

33.10 33.7節の5/30スワップに対してP&Gが支払った金利を，(a) CPレートが6.5%で，米国長期国債のイールド・カーブが半年複利で6%フラットであった場合，(b) CPレートが7.5%で，米国長期国債のイー

ルド・カーブが半年複利で7％フラットであった場合のそれぞれについて求めよ。

33.11 コンベキシティ調整を考慮することに精通していない相手と後決めLIBORスワップの取引を行うとする。この状況をうまく利用するとしたら，固定金利は受けるべきか払うべきか。また，スワップの期間や支払回数はどのように設定すべきか。

　イールド・カーブが1年複利で年率10％フラット，すべてのキャップのボラティリティが18％であるとする。年1回払いの後決めLIBORスワップで，満期が(a)5年，(b)10年，および(c)20年のそれぞれの場合について，コンベキシティ調整を考慮するトレーダーとしないトレーダーの評価の差を推定せよ。想定元本は100万ドルとする。

33.12 LIBORゼロ・レートが1年複利で5％フラットとし，割引にも用いるとする。X社が6％の固定金利を支払い，LIBORを受ける5年スワップについて考える。3年後スタートの2年スワップ・レートのボラティリティを20％とする。このとき，

(a) このスワップの価値を求めよ。

(b) DerivaGemソフトウェアを用いて，X社が3年後に解約権をもっている場合のスワップの価値を求めよ。

(c) DerivaGemソフトウェアを用いて，取引相手が3年後に解約権をもっている場合のスワップの価値を求めよ。

(d) 3年後に双方が解約権をもっている場合のスワップの価値を求めよ。

33.13 OIS割引を用いる場合，ビジネス・スナップショット33.3のエクイティ・スワップの当初価値はどのように計算されるか述べよ。

第34章

エネルギー・デリバティブとコモディティ・デリバティブ

　デリバティブが元とする変数は単に原資産（underlying）と呼ばれることもある。この本の前半では，株価，株価指数，為替，債券価格，金利，信用事由による損失が原資産となるデリバティブとなる場合に焦点を当ててきた。本章では，その他のさまざまな原資産を考える。

　まず最初に，原資産がコモディティ訳注1である場合を検討する。第2章では商品先物契約について，第18章では商品先物契約に対するヨーロピアン・オプションとアメリカン・オプションがどのように評価できるかについて議論した。オプションと先物契約が同時に満期を迎えるならば，ヨーロピアン先物オプションとヨーロピアン現物オプションは同じペイオフとなるので，ヨーロピアン先物オプションの評価に使用されるモデル（Black モデル）

訳注1　デリバティブの文脈では"商品"よりも"コモディティ"と呼ぶ場合が多いため，本章もその文脈ではコモディティという用語を使っている。

をヨーロピアン現物オプションにも用いることは可能である。しかし、コモディティの現物価格に依存するアメリカン現物オプションやその他の複雑なデリバティブに対しては、より洗練されたモデルが必要となる。コモディティ価格の特性としては、（金利と同じように）平均回帰性を示すことが多く、ジャンプが発生することも少なくない、といった点があげられる。金利のために開発されたいくつかのモデルは、コモディティにも適用できる。

次に、この章では天候デリバティブと保険デリバティブについても述べる。これらのデリバティブの大きな特徴は、システマティック・リスクをもたない変数に依存する点である。たとえば、ある地点の気温やハリケーンによる被害の期待値は、リスク中立世界でも実世界でも同じであると合理的に仮定することができる。このことは、他のデリバティブに比べ、この種のデリバティブを評価する際には過去データがより有効となる可能性があることを意味する。

34.1 農産物商品

農産物商品（agricultural commodity）は、トウモロコシや小麦、大豆、ココア、コーヒー、砂糖、綿、冷凍オレンジジュースといった作物（あるいは作物からつくられる製品）に加え、牛や馬のような家畜、豚バラ肉も含む。すべての商品と同じように、農産物商品の価格も需要と供給から決定される。米国農務省（United States Department of Agriculture）は在庫と生産についてのレポートを発表している。トウモロコシや小麦のような商品で注目される統計の一つが、在消比率（stocks-to-use ratio）である。これは、その年の消費量に対する年末の在庫量の比率である。典型的には20％から40％の間となる。この比率が、価格のボラティリティに影響する。ある商品の在消比率が低くなれば、商品価格は供給量の変化に敏感になるため、ボラティリティは上昇することになる。

農産物価格が一定の平均回帰性を示すのには理由がある。価格が下落すれば、農家の農産物を生産する動機は弱くなるため供給量が落ち、価格に上昇

圧力が生じることになる。同様に，農産物商品の価格が上昇すれば，農家はより多くの資源を農産物の生産に投入することになるので，価格には低下圧力が働くであろう。

農産物商品を貯蔵することは可能ではあるが，保管コストは高く，期間にも限度があるため，その価格は季節性をもつ傾向がある。多くの農産物価格の決定において，天候は重要な役割をもつ。寒気はブラジルのコーヒー収穫量に壊滅的な被害をもたらし，フロリダのハリケーンは冷凍オレンジジュースの価格に大きな影響を与える，といった具合である。コモディティ価格のボラティリティは収穫時期前に最大に達し，収穫量の規模が判明すると下落する。作物の生育期には，農産物商品の価格過程で天候によるジャンプも発生しやすい。

多くの取引されている作物商品が，家畜の餌として使われている。（たとえば，CMEグループで取引されているトウモロコシ先物は，動物の餌としてのトウモロコシを指している。）食肉として加工される時期には，家畜の価格はこれらの作物商品に依存する傾向が強くなるため，結果的に天候に影響されることになる。

34.2 金　属

もう一つの重要な商品カテゴリーが金属である。金属には，金，銀，プラチナ，パラジウム，銅，錫，鉛，亜鉛，ニッケル，アルミニウムが含まれる。金属は農産物商品とはかなり異なった特徴をもつ。その価格は天候に影響を受けず，季節性もない。金属は地中から抽出される。金属は分割可能であり，保管も比較的簡単である。たとえば銅のようないくつかの金属は，工業製品のなかで使われることがほとんどであるため，消費資産として分類されるべきであろう。5.1節で説明したように，金や銀のような他の金属は，消費だけでなく純粋に投資目的で保有されるため，投資資産として分類すべきである。

農産物商品がそうであるように，在庫水準は短期の価格ボラティリティを

決定する。金属が算出される国とその価格が提示される国は異なることが多いため，為替のボラティリティが影響する場合もある。長期的には，その金属がどの製造プロセスにどの程度使用されるかという傾向と，その金属の新しく発見された産地によって，金属価格は決まる。調査や抽出の技術，地政学，カルテル，環境規制の変化によっても金属価格は影響される。

金属の潜在的な供給源はリサイクルである。金属から製品を製造することもあるので，次の20年間で10％の金属がリサイクルの過程を経て市場に戻る可能性もある。

平均回帰過程は投資家に裁定機会を与えるため，通常，金属は平均回帰過程には従わない投資資産である。消費資産である金属ならば，いくらか平均回帰性を示すかもしれない。金属価格が上昇すれば，さまざまな製造プロセスでその金属を使用する動機は弱まるが，よりむずかしい場所から金属を産出することが採算にあうようになってくるであろう。結果として，価格に低下圧力が働く。同様に，金属価格が下落すれば，さまざまな製造プロセスでその金属を使う動機は強まる一方，むずかしい場所からその金属を産出することは採算にあわなくなってくる。結果として，価格に上昇圧力が働く。

34.3　エネルギー製品

エネルギー製品は，最も重要で活発に取引されている商品である。幅広いエネルギー・デリバティブが店頭市場と取引所の両方で取引されている。本節では，原油，天然ガス，および電力について考察する。これら三つすべてが平均回帰過程に従うのには理由がある。エネルギー資源の価格が上昇すると，消費量は少なくなり，生産量は多くなる。これにより，価格に低下圧力が働く。エネルギー資源の価格が下落すれば，多く消費されるようになるが，生産は採算にあわなくなってくる。これにより，価格に上昇圧力が働く。

原　　油

　原油市場は世界で最も大きな商品市場であり，全世界で日に約8,000万バレルの需要がある。10年固定価格で原油を供給する契約が，店頭市場では長年ごくふつうに取引されてきた。これは，原油の固定価格と変動価格を交換するスワップである。

　原油には多くのグレードがあり，比重や硫黄分の違いが反映されている。その価格づけにおいて二つの重要なベンチマークは，（北海で産出される）ブレント原油とWTI（West Texas Intermediate）原油である。原油は，ガソリン，暖房油，ジェット燃料，そしてケロシンのような製品に精製される。

　店頭市場では，普通株や株価指数に対して取引されているどんな種類のデリバティブでも，いまでは原油を原資産とするデリバティブとして実質的に取引可能である。スワップ，フォワード契約，およびオプションはよく取引されている。差金決済の契約もあれば，現物決済（すなわち原油の受渡しによる決済）の契約もある。

　取引所取引も活発に行われている。CMEグループとインターコンチネンタル取引所（ICE）では，数多くの原油先物や原油先物オプションが取引されている。先物契約には，差金決済されるものと現物決済されるものがある。たとえば，ICEで取引されているブレント原油先物は差金決済されるが，CMEグループで取引されている軽質スイート原油先物は現物決済される。どちらの取引単位も1,000バレルである。CMEグループでは，暖房油とガソリンという二つの精製油もよく取引されている。どちらの取引単位も42,000ガロンの受渡しである。

天然ガス

　世界中の天然ガス業界は，1980年代から1990年代に規制緩和と政府による専売の排除の時代を経験した。現在では，天然ガスの供給者は必ずしも天然ガスの生産者と同一ではない。天然ガスの供給者は，日々の需要に対応するという問題に直面している。

典型的な店頭取引は，1カ月間に指定された量の天然ガスをほぼ一様な流量で受け渡す契約である。フォワード契約，オプション，およびスワップが店頭市場で取引可能である。天然ガスの売り手は，通常パイプラインで指定された場所まで天然ガスを輸送する義務がある。

CMEグループでの取引単位は，100億英国熱量単位の天然ガスの受渡しである。この契約では，手仕舞われなかった場合には，受渡月の間に米国ルイジアナ州の特定のハブへほぼ一様な流量で輸送する現渡しが必要となる。ICEでは，ロンドンで同様の契約が取引されている。

天然ガスは建物の暖房での一般的なエネルギー源であるが，空調に使われる電気の発電にも使用される。結果として，天然ガスの需要は季節性をもち，天候にも依存することになる。

電力

電力は簡単には貯蔵できない[1]という点で，他のものとは異なる商品である。ある地域における任意の瞬間の最大電力供給量は，その地域にあるすべての電力発電所の最大電力供給量によって決まる。米国には制御地域(control area)と呼ばれる140の地域がある。需要と供給はまず制御地域内で突き合わされ，過剰な電力は他の制御地域に売却される。この余剰電力が電力の卸売市場で扱われる商品となっている。ある制御地域が別の制御地域に電力を売却できる能力は，制御地域間の送電線の容量に依存している。ある地域からある地域への送電には送電線の所有者から請求される送電費用がかかり，一般的に送電損失やエネルギー損失を伴う。

電力は主に空調システムに使われている。その結果，冬場よりも夏場のほうが電力需要ははるかに大きく，したがって電力価格ははるかに高い。電力は貯蔵できないため，時折スポット価格は大きく変動することがある。熱波によってスポット価格は短期間に1,000%も上昇することが知られてい

---

[1] 余剰電力のある電力会社はそれを用いて水を水力発電所の上まで汲み上げ，後でそれを用いて発電できるようにしている。電力の貯蔵に関して現時点でできるのは，せいぜいこうしたことである。

る。

　天然ガスと同様に，電力も規制緩和と専売排除の時代を経験してきた。この流れに伴って，電力デリバティブ市場は発展してきた。現在では，CMEグループに電力価格に対する先物契約が上場されており，店頭市場ではフォワード契約，オプション，およびスワップが活発に取引されている。典型的な契約は（取引所取引でも店頭取引でも），契約当事者の一方が特定の月に指定された場所で，指定されたメガワット時の電力を指定された金額で受け取ることができるというものである。5×8契約は，指定された月のピークでない時間帯（午後11時から午前7時まで）に週5日間（月から金まで）電力を受け取る取引である。5×16契約は，指定された月のピークの時間帯（午前7時から午後11時まで）に週5日間電力を受け取る取引である。7×24契約は，指定された月に毎日24時間電力を受け取る取引である。オプション取引には，日単位で行使可能なものと月単位で行使可能なものがある。日単位行使の場合は，オプション保有者は対象月の間，あらかじめ定められた電力量をあらかじめ定められた行使価格で受け取ることを（1日前に通知すれば）日々選択できる。月単位行使の場合は，あらかじめ定められた行使価格で1カ月間電力を受け取るかどうかの1回限りの判断を，月初に行うことになる。

　電力と天然ガス市場には，スイング・オプション（swing option）もしくはテイク・アンド・ペイ・オプション（take-and-pay option）と呼ばれる興味深い契約がある。この契約では，オプション保有者がある価格で購入しなければならない1カ月間の日次電力と月間総電力に対する最低量と最大量が定められている。オプション保有者はその1カ月間に購入する電力量を変更する（もしくはスイングする）ことができるが，変更回数には制限が設けられていることが多い。

34.4 コモディティ価格のモデル化

デリバティブを評価するために，従来のリスク中立世界におけるコモディティのスポット価格のモデル化が必要となることが多い。18.7節より，この世界でのコモディティの将来価格の期待値が，先物価格になる。

シンプルな過程

コモディティ価格の期待成長率が時間のみに依存し，またコモディティ価格のボラティリティは一定であると仮定することで，コモディティ価格のシンプルな過程を構築することができる。よって，コモディティ価格 S のリスク中立過程は

$$\frac{dS}{S} = \mu(t)\,dt + \sigma\,dz \tag{34.1}$$

というかたちで表すことができ，

$$F(t) = \hat{E}[S(t)] = S(0)e^{\int_0^t \mu(\tau)d\tau}$$

である。ここで，$F(t)$ は満期 t の先物価格，$\hat{E}$ はリスク中立世界での期待値を表す。これより，

$$\ln F(t) = \ln S(0) + \int_0^t \mu(\tau)d\tau$$

であり，両辺を時間に関して微分すれば，

$$\mu(t) = \frac{\partial}{\partial t}[\ln F(t)]$$

が得られる。

【例34.1】

2014年7月での生牛先物価格が以下であったとする（1ポンド当りのセント表示）。

2014年8月	62.20
2014年10月	60.60
2014年12月	62.70
2015年2月	63.37
2015年4月	64.42
2015年6月	64.40

これらの値は，生牛価格のリスク中立世界における期待成長率を推定するのに用いることができる。たとえば，(34.1)式のモデルを使うのであれば，2014年10月から12月までの生牛価格のリスク中立世界における期待成長率は

$$\ln\left(\frac{62.70}{60.60}\right) = 0.034$$

なので，連続複利で2カ月当り3.4%である。これは，1年当りに直すと，年率20.4%となる。

【例34.2】

生牛の先物価格が例34.1と同じであるとする。ある飼育計画では，現時点で100,000ドルの投資が必要で，3カ月後，6カ月後，9カ月後に20,000ドルの支出を伴う。この結果として，この年の終わりにはより多くの生牛を売却することができるようになるだろう。しかし，二つの大きな不確実性がある。どれだけ多くの売却可能な重量が増えるか，という点と，1ポンド当りの価格である。期待される増加重量は300,000ポンドである。例34.1より，リスク中立世界における1年後の生牛価格は，1ポンド当り64.40セントである。無リスク金利を年率10%と仮定すると，その投資価値（千ドル単位）は

$$-100 - 20e^{-0.1 \times 0.25} - 20e^{-0.1 \times 0.50} - 20e^{-0.1 \times 0.75} + 300 \times 0.644 e^{-0.1 \times 1} = 17.729$$

となる。ここでは，生牛の増加重量の不確実性にシステマティック・リ

スクはなく，売却可能な生牛の重量と価格の間には相関はない，と仮定している。

平均回帰性

すでに論じたように，大部分のコモディティ価格は平均回帰過程に従い，中心値へと引き戻される傾向をもつ。よって，リスク中立世界においてコモディティ価格Sが従う，(34.1)式よりも現実的な過程は，

$$d \ln S = [\theta(t) - a \ln S]dt + \sigma\, dz \quad (34.2)$$

である。この過程には平均回帰性が考慮されており，第31章で短期金利について仮定した対数正規過程と同様のものである。この過程は，

$$\frac{dS}{S} = [\theta^*(t) - a \ln S]dt + \sigma\, dz$$

と表すことも多い。伊藤の補題より$\theta^*(t) = \theta(t) + \frac{1}{2}\sigma^2$とすれば，この式は(34.2)式と同等になる。

Sに対するツリーを構築するには，31.7節で説明した三項ツリーの手法を適用することができるので，$F(t) = \hat{E}[S(t)]$となるように$\theta(t)$を決めることになる。現在の現物価格が20ドルで，1年後，2年後，3年後の先物価格がそれぞれ22ドル，23ドル，24ドルであったとして，3段階のツリー構築手順を例示しよう。(34.2)式で，$a = 0.1$であり$\sigma = 0.2$とする。変数Xは，初期値をゼロとして，

$$dX = -aX\, dt + \sigma\, dz \quad (34.3)$$

という過程に従うとする。31.7節の手順により，まずXに対する三項ツリーを構築する。これを図34.1に示す。

変数$\ln S$は，時間依存のドリフトを除けば，Xと同じ過程に従う。31.7節と同様に，ノードの位置を移動させることで，Xのツリーを$\ln S$のツリーへと変換できる。このツリーは図34.2に示されている。最初のノードは価格が20のときに対応するので，このノードは$\ln 20$だけ移動させる。次に，1年後のノードをα_1だけ移動させるとする。1年後のXに対する三つのノー

図34.1 Xのツリー

このツリーの構築は，コモディティの現物価格 S のツリーを構築するうえで最初の段階となる。ここで p_u, p_m, p_d は，ノードから"上"，"中央"，"下"へと推移する確率である。

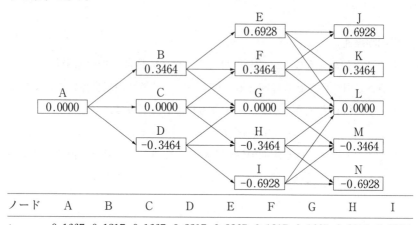

ノード	A	B	C	D	E	F	G	H	I
p_u	0.1667	0.1217	0.1667	0.2217	0.8867	0.1217	0.1667	0.2217	0.0867
p_m	0.6666	0.6566	0.6666	0.6566	0.0266	0.6566	0.6666	0.6566	0.0266
p_d	0.1667	0.2217	0.1667	0.1217	0.0867	0.2217	0.1667	0.1217	0.8867

図34.2 コモディティの現物価格に対するツリー

p_u, p_m, p_d は，ノードから"上"，"中央"，"下"へと推移する確率である。

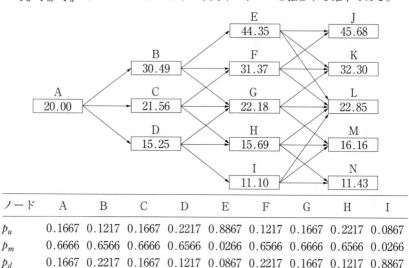

ノード	A	B	C	D	E	F	G	H	I
p_u	0.1667	0.1217	0.1667	0.2217	0.8867	0.1217	0.1667	0.2217	0.0867
p_m	0.6666	0.6566	0.6666	0.6566	0.0266	0.6566	0.6666	0.6566	0.0266
p_d	0.1667	0.2217	0.1667	0.1217	0.0867	0.2217	0.1667	0.1217	0.8867

ドの値は，+0.3464, 0, −0.3464であるので，対応する $\ln S$ の値はそれぞれ，$0.3464+\alpha_1$, α_1, $-0.3464+\alpha_1$ である．したがって，S の値はそれぞれ，$e^{0.3464+\alpha_1}$, e^{α_1}, $e^{-0.3464+\alpha_1}$ となる．S の期待値は先物価格と一致しなければならないので，

$$0.1667e^{0.3464+\alpha_1} + 0.6666e^{\alpha_1} + 0.1667e^{-0.3464+\alpha_1} = 22$$

とする必要がある．この解は $\alpha_1 = 3.071$ であるので，1年後の S の値は 30.49, 21.56, 15.25 となる．

2年後の点では，まず，ノードB, C, Dに到達する確率からノードE, F, G, H, Iに到達する確率を計算する．ノードFに到達する確率は，ノードBに到達する確率にBからFへと推移する確率を掛けた値に，ノードCに到達する確率にCからFへと推移する確率を掛けた値を足したものとなる．これは，

$$0.1667 \times 0.6566 + 0.6666 \times 0.1667 = 0.2206$$

となる．同様に，ノードE, G, H, Iに到達する確率はそれぞれ 0.0203, 0.5183, 0.2206, 0.0203 となる．2年後のノードで移動させる α_2 は，

$$0.0203e^{0.6928+\alpha_2} + 0.2206e^{0.3464+\alpha_2}$$
$$+ 0.5183e^{\alpha_2} + 0.2206e^{-0.3464+\alpha_2}$$
$$+ 0.0203e^{-0.6928+\alpha_2} = 23$$

を満たさなければならない．この解は $\alpha_2 = 3.099$ となる．これより，2年後の点は，それぞれ 44.35, 31.37, 22.18, 15.69, 11.10 となる．

同様の計算が3年後についても行われる．その結果として得られた S のツリーを図34.2に示す．

【例34.3】

図34.2のツリーを，コモディティの現物価格に対する期間3年のアメリカン・プット・オプションの評価に用いるとする．行使価格は20ドルで，金利は年率3％（連続複利）とする．いつもどおりツリー上でロール・バック計算を行うことにより図34.3を得ることができ，オプション価格は1.48ドルと求められる．オプションはノードD, H, Iで期限前行使される．より正確な価値を求めるには，ツリーの時間ステップを多

くすればよい。そのようなツリーで，各時間ステップの終わり時点での先物価格を得るには，先物価格を補間する。

図34.3　図34.2のツリーを用いた行使価格20ドルのアメリカン・プット・オプションの評価

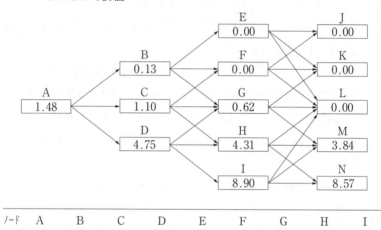

ノード	A	B	C	D	E	F	G	H	I
p_u	0.1667	0.1217	0.1667	0.2217	0.8867	0.1217	0.1667	0.2217	0.0867
p_m	0.6666	0.6566	0.6666	0.6566	0.0266	0.6566	0.6666	0.6566	0.0266
p_d	0.1667	0.2217	0.1667	0.1217	0.0867	0.2217	0.1667	0.1217	0.8867

補間と季節性

時間ステップ数を多くとるとき，各時間ステップの終わり時点での先物価格を得るために，先物価格を補間する必要がある。ただし，季節性がある場合には，補間手法にもそれを反映させなければならない。いま，時間ステップが月次としよう。季節性を考慮する簡単な方法の一つは，現物価格の過去の月次データを集めて，その12カ月移動平均を計算することである。季節要因変動率（percentage seasonal factor）は，（だいたい）月央の現物価格の12カ月移動平均に対する，その月の現物価格の比として推定できる。

季節要因変動率は，既知の先物価格の季節性を取り除くために用いられる。そして，それらの補間により，季節性を取り除いた月次の先物価格が計

算される。ツリーを構築する際には，季節要因変動率により，これらの先物価格に季節性を加味する。たとえば，市場で観測された9月物と12月物の先物価格がそれぞれ40と44であったとし，10月と11月の先物価格を計算したいとする。さらに，過去のデータから9月，10月，11月，12月の季節要因変動率がそれぞれ0.95, 0.85, 0.8, 1.1と計算されたとする。季節性を取り除いた先物価格を計算すると，9月は40/0.95 = 42.1で，12月は44/1.1 = 40となる。これらの季節性の取り除かれた先物価格より補間を行えば，10月は41.4，11月は40.7となる。よって，ツリー構築に用いる季節性の加味された10月と11月先物価格は，それぞれ41.4×0.85 = 35.2と40.7×0.8 = 32.6となる。

すでに述べたように，コモディティのボラティリティは季節性を示すこともある。たとえば，ある種の農産物商品の価格は，天候の不確実性のため生育期はより変動しやすくなる。ボラティリティは第23章で述べた方法で計測することができ，ボラティリティの季節要因変動率も推定できる。(34.2)式と(34.3)式のパラメータ σ は $\sigma(t)$ で置き換えられる。ボラティリティが時間の関数となる場合の三項ツリーの構築方法については，www-2.rotman.utoronto.ca/~hull/TechnicalNotes の Technical Note 9と16で説明されている。

ジャンプ

電気や天然ガスのようないくつかのコモディティでは，天候に起因する需要のショックにより価格のジャンプが起こることがある。その他のコモディティ，特に農産物商品には，天候に起因する供給のショックによって価格のジャンプが起こりやすい。(34.2)式でジャンプを考慮することも可能で，その場合，現物価格の過程は

$$d \ln S = [\theta(t) - a \ln S]dt + \sigma\, dz + dp$$

となる。ここで，dp はジャンプによる価格変化率を生むポアソン過程である。この過程は，27.1節で説明した株価に対するMertonのジャンプ拡散モデルと同様のものである。ジャンプの頻度とジャンプの幅の確率分布を決定

すれば，将来時点 t のコモディティ価格に対するジャンプの結果としての平均増分が計算できる。$\theta(t)$ を決定するには，この増分だけ満期 t の先物価格から減じることで，三項ツリーの手法を用いることができる。21.6節と27.1節で説明したように，モンテカルロ・シミュレーションによりこのモデルを実装することもできる。

その他のモデル

原油価格にはより洗練されたモデルも時折用いられる。y をコンビニエンス・イールドとすれば，現物価格のドリフト率は $r-y$ となる。ここで r は短期の無リスク金利である。これより，現物価格に対する過程を，

$$\frac{dS}{S} = (r-y)dt + \sigma_1\,dz_1$$

と仮定することは自然であろう。Gibson と Schwartz はこのコンビニエンス・イールド y を平均回帰過程

$$dy = k(\alpha-y)dt + \sigma_2\,dz_2$$

とモデル化することを提案した[2]。ここで，k と α は一定，dz_2 はウィナー過程でありウィナー過程 dz_1 と相関をもつ。先物価格と正確に一致させるためには，α を時間の関数とすればよい。

Eydeland と Geman はガスと電気の価格に対して確率ボラティリティを提案している[3]。このモデルは，

$$\frac{dS}{S} = a(b-\ln S)dt + \sqrt{V}\,dz_1$$

$$dV = c(d-V)dt + e\sqrt{V}\,dz_2$$

と表される。ここで，$a,\,b,\,c,\,d,\,e$ は一定であり，dz_1 と dz_2 は相関するウィナー過程である。その後，Geman は回帰水準 b も確率的となるような原油に対するモデルを提案している[4]。

---

[2] R. Gibson and E. S. Schwartz, "Stochastic Convenience Yield and the Pricing of Oil Contingent Claims," *Journal of Finance*, 45 (1990): 959-76を参照。

[3] A. Eydeland and H. Geman, "Pricing Power Derivatives," *Risk*, September 1998.

34.5 天候デリバティブ

多くの企業は天候によって業績が悪化する可能性がある[5]。これらの企業にとって，為替リスクや金利リスクのヘッジと同じように天候リスクのヘッジを検討することは理にかなっている。

最初の店頭天候デリバティブ取引は，1997年に行われた。その仕組みを理解するために，二つの変数

　　HDD：暖房度日（Heating Degree Days）

　　CDD：冷房度日（Cooling Degree Days）

について説明する。ある1日のHDDは，

$$HDD = \max(0, 65 - A)$$

で定義され，CDDの定義は，

$$CDD = \max(0, A - 65)$$

で定義される[訳注2]。ここでAは，指定された気象観測所におけるその日の最高気温と最低気温（華氏）の平均である。たとえば，1日（午前0時から午前0時まで）の最高気温が華氏68度，最低気温が華氏44度の場合，$A = 56$となる。したがって，日次HDDは9，日次CDDは0となる。

典型的な店頭商品は，月間の累積HDDやCDD[訳注3]に依存するフォワードやオプションである。たとえば，デリバティブ・ディーラーは顧客に対して，2015年2月のシカゴ・オヘア空港の気象観測所における累積HDDに対する行使価格700，1暖房度日当り1万ドルを支払うコール・オプションを2014年1月時点で売却したりする。この場合，累積HDDの実際の観測値が820ならば，ペイオフは120万ドルになる。契約にキャップがついていることも多い。いまの例で150万ドルのキャップがついているならば，この取引は

---

[4] H. Geman, "Scarcity and Price Volatility in Oil Markets," EDF Trading Technical Report, 2000.
[5] 米国エネルギー省は，米国経済の7分の1は天候リスクにさらされていると推定している。
[訳注2] 華氏65度は，おおよそ摂氏18.3度。
[訳注3] 月中の日次HDDまたは日次CDDの合計。

ブル・スプレッドと同じである（第12章を参照）。顧客は累積HDDに対して，行使価格700のコール・オプションのロング・ポジションと行使価格850のコール・オプションのショート・ポジションを保有していることになる。

　HDDは暖房に必要なエネルギー量の目安である。CDDは冷房に必要なエネルギー量の目安である。ほとんどの天候デリバティブ契約は，エネルギー生産者とエネルギー消費者が取引している。しかし，小売業者，スーパーマーケット・チェーン店，飲食物の製造業者，医療サービス企業，農業，レジャー関連企業も天候デリバティブの潜在的な利用者である。天候リスク・マネジメント協会（WRMA：Weather Risk Management Association; www.wrma.org）は，天候リスク・マネジメント業界のために結成された団体である。

　1999年9月，シカゴ・マーカンタイル取引所（CME）は天候先物取引と天候先物のヨーロピアン・オプション取引を開始した。それらの契約は，ある気象観測所における1カ月間の累積HDDとCDDに対するものである。契約はHDDとCDDが確定する月末直後に差金決済される。先物の取引単位は，その月に対する累積HDDまたはCDDの20ドル倍である。いまではCMEは世界中の多くの都市に対する天候先物とオプションに加えて，ハリケーン，霜，降雪の先物やオプションも提供している。

34.6　保険デリバティブ

　デリバティブ契約がヘッジ目的で使われる場合，それは保険契約と多くの似たような特性をもっている。両契約とも，不利益な事象に対する防衛策となるように設計されている。多くの保険会社がデリバティブを取引する子会社を保有し，保険会社の多くの活動が投資銀行の活動に非常に似てきたことは驚くべきことではない。

　従来，保険業界は再保険として知られる方法を用いて，ハリケーンや地震などの大災害（CAT）リスクに対するエクスポージャーをヘッジしてきた。再保険契約にはさまざまな形態がある。たとえば，ある保険会社がカリフォルニアの地震に対して1億ドルのエクスポージャーを保有しており，それを

3,000万ドルに抑えたいと考えているとしよう。一つの方法は，責任を比例分担してエクスポージャーの70％を補償するような年単位の再保険契約を締結することである。その場合，ある年のカリフォルニアの地震に関して総額5,000万ドルの請求があったならば，その保険会社の負担は0.3×5,000万ドル，すなわち1,500万ドルのみになる。再保険料がもっと安いより一般的な方法は，各超過損害レベル（excess cost layer）を補償する一連の再保険契約を購入する方法である。たとえば，最初のレベルは3,000万ドルから4,000万ドルの損害に対する補償を行い，2番目のレベルは4,000万ドルから5,000万ドルの損害に対する補償を行う，といったものである。それぞれの再保険契約は超過損害額（excess-of-loss）再保険契約として知られている。この契約は，再保険業者が総損害額に対するブル・スプレッドを売却したのと同じことになる。このブル・スプレッドは，レベルの下限に等しい行使価格のコール・オプションのロングと，レベルの上限に等しい行使価格のコール・オプションのショートからなる[6]。

いくつかのCATリスクの支払は非常に高いものであった。ハリケーン・アンドリューは1992年にフロリダに約150億ドルもの被害をもたらした。これは，過去7年にフロリダで支払われた保険料総額を超えるものであった。もしハリケーン・アンドリューがマイアミを直撃していたならば，損害補償額は400億ドルを超えていただろうと推測されている。ハリケーン・アンドリューやその他の大災害は，保険や再保険の保険料高騰につながった。

店頭市場では，従来の再保険にかわる多くの商品が考案された。最も人気を集めた商品はCAT債である。これは，保険会社の子会社が発行する高利回りの債券である。その高金利と引き換えに，債券の保有者が超過損害額再保険契約を提供する仕組みになっている。CAT債の条項に基づいて，金利または元本（もしくは双方）が損害請求に充当される。上述の例で，保険会社が3,000万ドルから4,000万ドルまでのカリフォルニア地震による損害に対

---

[6] 損害が一定レベルに達すると定額が支払われるという形態の再保険も行われている。この場合，再保険提供者は損害に対するキャッシュ・オア・ナッシング・バイナリー・コール・オプションを売却したことと同じになる。

して補償を得たい場合，その保険会社は額面総額1,000万ドルのCAT債を発行するかもしれない。その場合，保険会社のカリフォルニア地震による損害が3,000万ドルを超えると，債券保有者は元本の一部もしくは全額を失うことになる。別の方法として，債券保有者の金利部分にのみリスクがある債券の大型起債を行うことによって，保険会社はこの超過損害額に対する補償を得ることも可能である。

34.7 天候デリバティブと保険デリバティブのプライシング

　天候デリバティブと保険デリバティブの際立った特色の一つは，そのペイオフにシステマティック・リスク（すなわち，市場によって価格づけされるリスク）がないことである。これは，過去データによる推定（実世界での推定）がリスク中立世界にも適用可能と仮定できることを意味する。それゆえ，天候デリバティブと保険デリバティブは，

1．期待ペイオフを見積もるために過去データを用いる

2．推定された期待ペイオフを無リスク金利で割り引く

ことによって価格づけが可能となる。

　天候デリバティブと保険デリバティブのほかの大きな特徴としては，原資産変数の不確実性が時間ととも増加していくようすがあげられる。株価では，不確実性はおおよそ時間の平方根をともに増大する。4年後の株価の不確実性は（価格の対数の標準偏差で計測されるので），1年後の約2倍となる。コモディティ価格については，平均回帰性はあるものの，4年後のコモディティ価格の不確実性は1年後の不確実性よりも依然として大きい。しかし，天候については，時間とともに不確実性が大きくなる傾向はそれほど顕著ではない。ある地点の4年後の2月のHDDの不確実性は，同じ地点の1年後の2月のHDDの不確実性よりも通常はわずかに大きいだけであろう。同様に，4年後から開始される一定の期間中の地震による被害に関する不確実性は，1年後に開始される同じ長さの期間中の地震による被害に関する不確実性よりも，通常はわずかに大きいだけである。

累積 HDD に対するオプションの評価を考えてみよう。50年間の過去データを集めて HDD の確率分布を見積もり，対数正規かあるいは別の確率分布にフィッティングすればオプションの期待ペイオフが計算できる。そして，無リスク金利で割り引けば，オプション価値が得られる。この分析は，過去データの傾向を分析したり，気象学者による天候に関する予測も織り込むことで，より精緻に行うことができるであろう。

【例34.4】

シカゴ・オヘア空港の気象観測所における2016年2月の累積 HDD に対するコール・オプションを考える。行使価格は700で，1暖房度日当り1万ドルが支払われるとする。過去50年間のデータから，HDD は平均が710で，その自然対数の標準偏差が0.07である対数正規分布をもつと推定されたとする。(15A.1)式より，期待ペイオフは，

$$10{,}000 \times [710 N(d_1) - 700 N(d_2)]$$

となる。ここで，

$$d_1 = \frac{\ln(710/700) + 0.07^2/2}{0.07} = 0.2376$$

$$d_2 = \frac{\ln(710/700) - 0.07^2/2}{0.07} = 0.1676$$

であるので，250,900ドルと求められる。無リスク金利が3％で，このオプションが2015年2月（満期の1年前）に評価されるとすれば，オプション価値は

$$250{,}900 \times e^{-0.03 \times 1} = 243{,}400$$

より243,400ドルとなる。

HDD の確率分布の平均を，気温のトレンドに調整したい場合もある。線形回帰により2月の累積 HDD が（多分，温暖化の影響で）1年当り0.5ずつで減少することが示されたとしよう。その結果，2016年2月の平均 HDD は697と見積もられることになる[7]。ペイオフの自然対数の標準偏差に対する推定は変わらないとすると，期待ペイオフは180,400ドルへと減じられ，オプション価格は175,100ドルとなる。

最後に，長期の天気予報により2016年2月は特に穏やかとなる見積りであったとする。それにより，期待 HDD の見積りはさらに小さくなり，オプション価格はより低くなるだろう。

　保険の分野においては，Litzenberger らは（予想されていたとおり）CAT 債からの収益と株式市場の収益には統計的に有意な相関がないことを示した[8]。これにより，CAT 債にはシステマティック・リスクはなく，保険会社によって集められた保険数理データに基づいて評価を行うことができることが確認された。

　一般的に，CAT 債では通常より高い利子が支払われる確率は高く，大きな損失が生じる確率は小さい。なぜ投資家はこのような商品に興味をもつのであろうか。それは，（起こりうる損失も考慮に入れた）期待収益が，無リスクな投資から得られる収益よりも大きいからである。しかし，大きなポートフォリオではリスクは全体として（少なくとも理論上は）完全に分散除去可能である。それゆえ，CAT 債はリスクとリターンのトレードオフを改善できる可能性がある。

34.8　エネルギー生産者はどのようにリスクをヘッジできるのか

　エネルギー生産者が直面するリスクには二つの要素がある。一つはエネルギーの市場価格に関するリスク（価格リスク），もう一つはエネルギーが購入される量に関するリスク（量的リスク）である。価格はそうした量も反映するように調整されるが，この両者の関係は完全なものではない。よって，エ

---

[7]　過去50年間にわたり平均は 1 年当り0.5ずつ減少しており，平均は710であった。これより，その50年間のはじめには平均は約722.5で，50年間の終わりには697.5となっていたことがわかる。よって，次の年に対する合理的な推定は697となる。

[8]　R. H. Litzenberger, D. R. Beaglehole, and C. E. Reynolds, "Assessing Catastrophe Reinsurance-Linked Securities as a New Asset Class," *Journal of Portfolio Management*, Winter 1996: 76–86.

ネルギー生産者は，ヘッジ戦略を組み立てるうえでは両者を考慮に入れなければならない。価格リスクはエネルギー・デリバティブ契約を用いることでヘッジ可能である。量的リスクも，天候デリバティブでヘッジ可能である。ここで，

Y：ある月の収益
P：その月の平均エネルギー価格
T：その月の関係する気温変数（HDDあるいはCDD）

と定義する。エネルギー生産者は，過去データを用いた線形回帰により最も一致する

$$Y = a + bP + cT + \varepsilon$$

という関係を得ることができる。ここで，εは誤差項である。エネルギー生産者は，その月のリスクを，エネルギー・フォワードかエネルギー先物の$-b$のポジションと，天候フォワードか天候先物の$-c$のポジションをもつことでヘッジ可能となる。この関係は，他のオプション戦略の有効性を分析するためにも用いることができる。

要約

管理すべきリスクが存在するとき，デリバティブ市場は市場参加者のニーズにあった商品を開発するうえできわめて革新的であり続けてきた。

コモディティ・デリバティブには多くの種類がある。その原資産には，農産物商品，作物，家畜，金属，そしてエネルギー製品が含まれる。これらの価格づけに用いられるモデルでは，通常，平均回帰性が考慮される。季節性が明示的にモデル化されたり，ジャンプが取り入れられる場合もある。もっとも洗練されたモデルが株価，為替，金利に用いられているが，原油や天然ガス，電気のエネルギー・デリバティブも，その原資産がとりわけ重要であるため，同様にそうした進んだモデルが適用される対象となっている。

天候デリバティブ市場では，月中の気温を表す二つの指標，HDD と CDD が開発された。これらは，上場デリバティブと店頭デリバティブの両方でペイオフの定義に用いられている。天候デリバティブ市場が発展するにつれて，雨量や積雪量，その他同様の天候関連の変数に対する契約がより広く使われていくかもしれない。

　保険デリバティブは，保険会社がハリケーンや地震などの大災害リスクを管理する方法として，伝統的な再保険にかわるものである。生命保険や自動車保険といった，その他さまざまな保険も同様に取引されているのを将来目の当たりにするかもしれない。

　天候デリバティブと保険デリバティブは，原資産変数がシステマティック・リスクをもたないという性質がある。したがってこれらのデリバティブは，過去データを用いて期待ペイオフを計算し，それを無リスク金利で割り引くことで評価が可能である。

参考文献

コモディティ・デリバティブについて

Clewlow, L., and C. Strickland. *Energy Derivatives: Pricing and Risk Management*. Lacima Group, 2000.

Edwards, D. W. *Energy, Trading, and Investing: Trading, Risk Management and Structuring Deals in the Energy Markets*. Maidenhead: McGraw-Hill, 2010.

Eydeland, A., and K. Wolyniec. *Energy and Power Risk Management*. Hoboken, NJ: Wiley, 2003.

Geman, H. *Commodities and Commodity Derivatives: Modeling and Pricing for Agriculturals, Metals, and Energy*. Chichester: Wiley, 2005.

Gibson, R., and E. S. Schwartz. "Stochastic Convenience Yield and the Pricing of Oil Contingent Claims," *Journal of Finance*, 45 (1990): 959-76.

Schofield, N. C. *Commodity Derivatives: Markets and Applications*. Chichester: Wiley, 2011.

天候デリバティブについて

Alexandridis, A. K., and A. D. Zapranis. *Weather Derivatives: Modeling and Pricing Weather Related Risk*. New York: Springer, 2013.

Cao, M., and J. Wei. "Weather Derivatives Valuation and the Market Price of Weather Risk," *Journal of Futures Markets*, 24, 11 (November 2004): 1065-89.

保険デリバティブについて

Canter, M.S., J.B. Cole, and R.L. Sandor. "Insurance Derivatives: A New Asset Class for the Capital Markets and a New Hedging Tool for the Insurance Industry," *Journal of Applied Corporate Finance* (Autumn 1997): 69-83.

Froot, K.A. "The Market for Catastrophe Risk: A Clinical Examination," *Journal of Financial Economics*, 60 (2001): 529-71.

Litzenberger, R.H., D.R. Beaglehole, and C.E. Reynolds. "Assessing Catastrophe Reinsurance-Linked Securities as a New Asset Class," *Journal of Portfolio Management* (Winter 1996): 76-86.

練習問題

34.1 HDDとCDDは何を意味しているか。

34.2 天然ガスの典型的なフォワード契約はどのように仕組みになっているか。

34.3 過去データ法とリスク中立化法によるデリバティブ評価の違いを述べよ。どのような場合に，二つの評価は同じになるか。

34.4 7月中の毎日の最低気温が華氏68度，最高気温が華氏82度であるとする。7月の累積CDDに対する行使価格250，1冷房度日当り5,000ドルを支払うコール・オプションのペイオフはいくらになるか。

34.5 電力価格は他のエネルギー価格より価格変動性が高い理由を述べよ。

34.6 過去データ法が天候デリバティブ契約やCAT債の価格づけに適している理由を述べよ。

34.7 「HDDとCDDは気温に対するオプションのペイオフとみなせる。」

この主張について説明せよ。

34.8 50年分の気温データを自由に利用できるとする。特定の月の累積 CDD に対するフォワード契約を評価するために行う分析について詳細に説明せよ。

34.9 原油の1年物フォワード価格のボラティリティは，現物価格のボラティリティより大きいと思うか。それとも小さいと思うか。その理由も説明せよ。

34.10 価格のボラティリティが非常に高く，平均回帰率の非常に高いエネルギー資源の特性を述べよ。そのようなエネルギー資源の例をあげよ。

34.11 エネルギー生産者がリスクをヘッジするためのデリバティブ市場の利用方法について説明せよ。

34.12 日単位で行使可能な2009年5月の電力に対する5×8オプション契約の仕組みについて説明せよ。月単位で行使可能な2009年5月の電力に対する5×8オプション契約の仕組みについて説明せよ。また，どちらのほうが価値は高いか。

34.13 CAT 債の仕組みについて説明せよ。

34.14 クーポン，満期，および価格の同じ二つの債券を考える。一つは格付 B の社債で，もう一つは CAT 債である。過去データに基づく分析では，債券満期までの毎年の期待損失は二つの債券について同じである。ポートフォリオ・マネージャーにはどちらの債券の購入を勧めるか。その理由も説明せよ。

34.15 一定のボラティリティ σ と時間だけの関数である期待成長率をもつコモディティを考えた場合，従来のリスク中立世界においては

$$\ln S_T \sim \phi\left(\ln F(T) - \frac{1}{2}\sigma^2 T, \sigma^2 T\right)$$

として表すことができることを示せ。ここで，S_T は時点 T でのコモディティの価値，$F(t)$ は時点 t で満期を迎える契約の時点ゼロでの先物価格，$\phi(m, v)$ は平均 m で分散 v の正規分布である。

発展問題

34.16 保険会社が被るある種の損害額が，平均1億5,000万ドル，標準偏差5,000万ドルの正規分布で十分近似できているとする。(リスク中立世界における損害額と実世界における損害額には差がないと仮定する。) 1年物無リスク金利は5％とする。次の契約の費用を推定せよ。

(a) 保険会社の1年間の損害額を比例分担して，その60％を支払う契約

(b) 1年間の損害額が2億ドルを超えた場合に1億ドルを支払う契約

34.17 1年後と2年後の先物価格がそれぞれ22ドルと23ドルではなく，21ドルと22ドルであった場合，図34.2のツリーはどのように修正されるか。この修正は，例34.3のアメリカン・オプションの価値にどのように影響するか。

第35章

リアル・オプション

　これまでの章では，もっぱら金融資産の評価についてのみ考えてきた。本章では，これまで発展させてきたアイデアを，土地，建物，工場，設備のような実物資産に対する資本投資機会の評価へ拡張する方法について検討する。こうした投資機会にはオプション（投資を拡大するオプション，投資から撤退するオプション，投資を延期するオプションなど）が内包されている。これらのオプションを，資本投資評価の伝統的な手法を用いて評価することはきわめて困難である。リアル・オプション（real option）として知られる手法は，オプションの価格づけ理論を用いてこの問題を扱おうとする試みである。

　本章では，実物資産への投資を評価する伝統的な手法の説明から始め，その手法を用いた場合には内包オプションを正確に評価することがいかにむずかしいかを示す。その後で，実物資産の評価が扱えるようにリスク中立化法

を拡張する方法について説明し，異なる状況においてこの手法を応用した例をいくつか紹介する．

35.1 資本投資の評価

将来の資本投資計画を評価する伝統的手法に，"正味現在価値（NPV：net present value）"法がある．あるプロジェクトのNPVとは，将来期待されるキャッシュ・フローの増分の現在価値である．現在価値を計算する際に用いられる割引率は，プロジェクトのリスクを反映させた"リスク調整後"の割引率である．プロジェクトのリスクが増加すれば，割引率も増加する．

例として，コストが1億ドルの5年間の投資を考える．期待される（実世界での）毎年のキャッシュ・インフローが2,500万ドルと見積もられているとする．リスク調整後割引率を12%（連続複利）とすると，この投資の現在価値（100万ドル単位）は，

$$-100 + 25e^{-0.12 \times 1} + 25e^{-0.12 \times 2} + 25e^{-0.12 \times 3} + 25e^{-0.12 \times 4} + 25e^{-0.12 \times 5} = -11.53$$

となる．いま計算して得られたような負のNPVは，プロジェクトは企業の株主価値を減少させるので採用すべきではない，ということを示している．正のNPVは，プロジェクトは株主価値を増加させるので採用すべきである，ということを示している．

リスク調整後割引率は，企業もしくはその株主が要求する投資利回りである．この算出にはさまざまな方法がある．よく使われる方法の一つは，資本資産価格モデルを用いるものである（第3章の付録を参照）．それは，次のようなステップで行われる．

1. 計画しているプロジェクトと同じ業務を主業務とする企業のサンプルを取得する．
2. それらの企業のベータを計算し，その平均をプロジェクトの代理ベータとする．
3. 市場ポートフォリオの無リスク金利に対する超過収益率に代理ベータを掛けた値を，無リスク金利を加えて要求収益率とする．

伝統的な NPV 法の問題点の一つは，多くのプロジェクトにはオプションが内包されていることである。たとえば，新製品を製造する工場の建設を計画している企業について考えよう。企業は，事業がうまくいかない場合にはプロジェクトから撤退するというオプションをもっていることが多い。また，新製品の需要が予想を上回った場合に工場を拡張するオプションを企業がもっていることもある。これらのオプションは，基本プロジェクトのリスク特性をかなり異なったものにするので，割引率も異なったものが要求されることになる。

　ここでの問題を理解するために，第13章の最初の例についてもう一度考えよう。この例では，現在の株価は20ドルで，3カ月後に株価は22ドルか18ドルになる。リスク中立化法を用いると，行使価格が21ドル，満期が3カ月のコール・オプションの価値は0.633ドルになることがわかる。第13章の脚注1に示したように，実世界で投資家が株式に要求する期待収益率を16％とすると，そのコール・オプションに対して要求する期待収益率は42.6％になる。同様の分析から，オプションがコールではなくプットの場合には，要求される期待収益率は−52.5％になる。これらの分析から，伝統的な NPV 法を用いてそのコール・オプションを評価する場合の正しい割引率は42.6％であり，そのプット・オプションを評価する場合の正しい割引率は−52.5％であることがわかる。それらの割引率を推定する簡単な方法は存在しない。(別の方法でオプションを評価できる場合にのみ，割引率がわかる。) 同様に，撤退オプション，拡張オプション，およびその他のオプションから生じるキャッシュ・フローに対して適切なリスク調整後割引率を推定する簡単な方法はない。このことが，金融商品に対するオプションと同様に，リスク中立化法が実物資産に対するオプションにも適用できるかを検討する動機となっている。

　伝統的な NPV 法には，基本プロジェクト（すなわち，オプションを内包していないプロジェクト）に対する適切なリスク調整後割引率を推定する部分にも，もう一つの問題が含まれている。上で説明した3ステップの手順において，プロジェクトの代理ベータの推定に用いる企業自体も拡張オプション

や撤退オプションを保有している。したがって、そのベータにはそれらのオプションが反映されており、基本プロジェクトに対するベータの推定方法が適切でないという可能性がある。

35.2 リスク中立化法の拡張

28.1節では、変数 θ に対するリスクの市場価格を、

$$\lambda = \frac{\mu - r}{\sigma} \tag{35.1}$$

として定義した。ここで、r は無リスク金利、μ は θ のみに依存する取引可能な証券の収益率、σ はそのボラティリティである。28.1節で示したように、リスクの市場価格 λ は、選ばれた特定の取引可能な証券に依存しない量である。

いくつかの変数 $\theta_i (i = 1, 2, ...)$ に依存する実物資産について考える。m_i と s_i を θ_i の期待成長率とボラティリティとすると、

$$\frac{d\theta_i}{\theta_i} = m_i \, dt + s_i \, dz_i$$

となる。ここで z_i はウィナー過程である。λ_i を θ_i に対するリスクの市場価格とする。リスク中立化法を拡張して、

1. 各 θ_i の期待成長率を m_i から $m_i - \lambda_i s_i$ に減少させる
2. キャッシュ・フローを無リスク金利で割り引く

ことによって、θ_i に依存する任意の資産を評価できることがわかる[1]。

---

[1] この方法が投資資産に対するリスク中立化法と整合性がとれていることを確認するために、θ_i を配当のない株式の価格とする。株式は取引可能な証券の価格なので、(35.1) 式から $(m_i - r)/s_i = \lambda_i$、すなわち $m_i - \lambda_i s_i = r$ となる。したがって、期待成長率の調整は株式の収益率を無リスク金利に等しく置くことと同じである。より一般的な結果に対する証明については、www-2.rotman.utoronto.ca/~hull/TechnicalNotes の Technical Note 20 を参照されたい。

【例35.1】

ある街の商業不動産の賃貸料が5年更新で1平方フィート当りの年額で提示されている。現在の賃貸料は1平方フィート当り30ドルである。賃貸料の期待上昇率は年率12%，賃貸料のボラティリティは年率20%，リスクの市場価格は0.3である。ある企業が，いま100万ドル支払えば，2年後から5年間にわたり100,000平方フィートを1平方フィート当り35ドルで借りる権利が得られるという状況にあるとする。無リスク金利を5％（一定）と仮定する。Vを2年後に提示される1平方フィート当りのオフィス・スペースに対する賃貸料とする。また，賃貸料は1年ごとの前払いと仮定する。このとき，オプションのペイオフは，

$$100{,}000\,A\,\max(V-35,0)$$

となる。ここでAは，

$$A = 1+1\times e^{-0.05\times 1}+1\times e^{-0.05\times 2}+1\times e^{-0.05\times 3}+1\times e^{-0.05\times 4} = 4.5355$$

で与えられるアニュイティ・ファクターである。したがって，リスク中立世界での期待ペイオフは，

$$100{,}000\times 4.5355\times \hat{E}[\max(V-35,0)] = 453{,}550\times \hat{E}[\max(V-35,0)]$$

となる。ここで$\hat{E}$はリスク中立世界での期待値を表している。(15A.1)式の結果を用いると，これは，

$$453{,}550\bigl[\hat{E}(V)N(d_1)-35N(d_2)\bigr]$$

となる。ただし，

$$d_1 = \frac{\ln[\hat{E}(V)/35]+0.2^2\times 2/2}{0.2\sqrt{2}}$$

および

$$d_2 = \frac{\ln[\hat{E}(V)/35]-0.2^2\times 2/2}{0.2\sqrt{2}}$$

である。

mを商業不動産の賃貸料の実世界での上昇率，sをそのボラティリティ，λをリスクの市場価格とすると，リスク中立世界での期待上昇率は$m-\lambda s$となる。いまの場合，$m = 0.12$，$s = 0.2$，$\lambda = 0.3$となるの

で，リスク中立な期待上昇率は0.06，すなわち年率6％となる。した
がって，$\hat{E}(V) = 30e^{0.06\times 2} = 33.82$となる。これを上式に代入すると，
リスク中立世界での期待ペイオフは150.15万ドルになる。これを無リス
ク金利で割り引けば，オプションの価値は$150.15e^{-0.05\times 2} = 135.86$万
ドルと求まる。これより，このオプションは100万ドルを支払うだけの
価値があることがわかる。

35.3 リスクの市場価格の推定

リアル・オプション法を用いて投資を評価すると，35.1節で述べたような
リスク調整後割引率の推定を避けることができるが，すべての確率変数に対
してリスクの市場価格を推定する必要がある。特定の変数に対して過去デー
タが利用可能な場合は，資本資産価格モデルを用いてリスクの市場価格を推
定することができる。この推定方法を示すために，特定の変数のみに依存す
る投資資産について考え，以下のように定義する。

μ：投資資産の期待収益率

σ：投資資産の収益率のボラティリティ

λ：変数のリスクの市場価格

ρ：変数の変化率と総合株価指数の収益率との瞬間的な相関係数

μ_m：総合株価指数の期待収益率

σ_m：総合株価指数の収益率のボラティリティ

r：短期無リスク金利

投資資産は市場変数のみに依存しているので，投資資産の収益率と総合株
価指数の収益率との瞬間的な相関係数もρになる。第3章の付録で述べた連
続時間の資本資産価格モデルより，

$$\mu - r = \frac{\rho\sigma}{\sigma_m}(\mu_m - r)$$

が成り立つ[2]。(35.1)式より$\mu - r$は，

$$\mu - r = \lambda \sigma$$

と表されるから,

$$\lambda = \frac{\rho}{\sigma_m}(\mu_m - r) \tag{35.2}$$

が得られる。この式を用いて，λ を推定することができる。

【例35.2】

企業の四半期ごとの過去の売上高の分析より，売上高の変化率とS&P 500指数の収益率との相関係数として0.3が得られたとする。S&P 500のボラティリティは年率20％で，過去データに基づいたS&P 500の収益率の無リスク金利に対する期待超過収益率は5％であるとする。(35.2)式より，企業の売上高に対するリスクの市場価格は，

$$\frac{0.3}{0.2} \times 0.05 = 0.075$$

と推定される。

考えている特定の変数の過去データが利用できない場合には，他の類似した変数が代理変数として用いられることもある。たとえば，ある新製品を製造する工場の建設を行う場合には，他の類似した製品の売上高データを用いることができる。その場合，新製品のマーケット指数との相関係数は，それらの類似製品の相関係数と同じであると仮定することになる。(35.2)式の ρ の推定を主観的な判断に基づいて行わなければならない場合もある。アナリストがある特定の変数がマーケット指数の収益率と無相関であると確信している場合には，そのリスクの市場価格はゼロとすべきである。

リスク中立世界で従う確率過程を直接推定できるため，リスクの市場価値を推定する必要のない変数もある。たとえば，変数が投資資産の価格ならば，リスク中立世界での収益率は無リスク金利になる。変数が短期金利 r の場合には，第31章で述べたように初期時点の金利期間構造からリスク中立過

---

2 資産の超過収益を市場のインデックスの超過収益に対して回帰させると，その回帰の傾きであるベータは $\rho\sigma/\sigma_m$ となる。

程を推定することができる。

コモディティに対しては，第34章で説明したように，先物価格はリスク中立過程を推定するのに用いることができる。例34.2は，牛の飼育を含む投資の評価を行うための先物価格を用いたリアル・オプション・アプローチの簡単な適用例となっている。

35.4 事業評価への応用

価格／利益乗数を現在の利益に適用するような事業評価の伝統的な方法では，新規事業の評価はうまくいかない。企業の利益は，市場シェアを獲得したり，顧客との関係を築こうと努力する初期年度のうちは，マイナスになるのが一般的である。そういった企業は，さまざまなシナリオのもとでの将来の利益とキャッシュ・フローを推定することによって評価するべきである。

こうした状況ではリアル・オプション法が有効である。まず，企業の将来のキャッシュ・フローを売上高成長率や売上高変動費率，固定費などに関連づけるモデルを開発する。次に，主な変数に対するリスク中立過程を，前の2節で概説した方法を用いて推定する。それから，モンテカルロ・シミュレーションを行って，リスク中立世界における1年ごとのネット・キャッシュ・フローに対するさまざまなシナリオを生成する。その企業が大成功しているシナリオもあるだろうし，その企業が破産し，操業が停止しているシナリオもあるだろう。（シミュレーションには，破産したかどうかを判断するルールを組み込んでおく必要がある。）企業の価値は，各年の期待キャッシュ・フローを無リスク金利で割り引いた現在価値として求められる。ビジネス・スナップショット35.1に，この方法のAmazon.comへの適用例を示す。

ビジネス・スナップショット 35.1
Amazon.com の評価

リアル・オプション法を用いて企業の価値評価を試みた初期の研究報告に，SchwartzとMoon (2000) がある。そこでは1999年末のAmazon.comについて考察が行われている。彼らは，企業の売上げ R とその成長率 μ に対して，次の確率過程を仮定した。

$$\frac{dR}{R} = \mu\, dt + \sigma(t)\, dz_1$$

$$d\mu = \kappa(\bar{\mu} - \mu)\, dt + \eta(t)\, dz_2$$

二つのウィナー過程 dz_1 と dz_2 は無相関で，$\sigma(t)$，$\eta(t)$，κ，および $\bar{\mu}$ に対しては，利用できるデータに基づいて，妥当な仮定が置かれている。

売上原価は売上げの75％，その他変動費は売上げの19％，固定費は四半期当り7,500万ドルと仮定されている。また，当初の売上げは3億5,600万ドル，繰延欠損金は5億5,900万ドル，税率は35％と仮定されている。R に対するリスクの市場価格は，前節の方法を用いて過去データから推定されている。μ に対するリスクの市場価格はゼロと仮定されている。

分析期間は25年で，企業の最終価値は税引き前営業利益の10倍と仮定されている。また，当初の現金保有高は9億600万ドルで，現金残高がマイナスとなった場合に企業は破産すると仮定されている。

モンテカルロ・シミュレーションを用いて，リスク中立世界での将来のさまざまなシナリオが生成される。各シナリオでの評価は，転換社債の行使の可能性や従業員ストック・オプションの行使の可能性を考慮して行われている。企業の株主価値は，ネット・キャッシュ・フローを無リスク金利で割り引いた現在価値として計算される。

これらの仮定を用いて，SchwartzとMoonは1999年末時点におけるAmazon.comの株式価値を12.42ドルと推定した。その時点における市

場価格は76.125ドルであった（2000年には急落した）。リアル・オプション法の一つの重要な長所は，何が重要な仮定であるかを明確にできることである。Schwartz と Moon は推定した株式価値が成長率のボラティリティ $\eta(t)$ に対して非常に感応度が高いことを見出した。これは，オプション性が重要な要因となっている。$\eta(t)$ のわずかな上昇がオプション性の増加，そして Amazon.com の株式価値の大きな増加につながっている。

35.5 投資機会のオプションの評価

すでに述べたように，ほとんどの投資プロジェクトにはオプションが内包されている。それらのオプションはプロジェクトにかなりの価値を付加しうるが，無視されたり，間違った評価が行われたりすることもよくある。プロジェクトに内包されるオプションには，以下のようなものがある。

1. 撤退オプション（abandonment option）：これは，プロジェクトを売却もしくは中止するオプションである。プロジェクトの価値に対するアメリカン・プット・オプションに当たる。オプションの行使価格はプロジェクトの清算（売却）価値から撤退費用を引いた額である。清算価値が低い場合は，行使価格は負にもなりうる。撤退オプションは，投資結果が非常に悪い場合の影響を和らげ，プロジェクトの当初価値を増加させる。

2. 拡大オプション（expansion option）：これは，状況が好ましい場合に追加投資を行い，生産量を増加させるオプションである。追加生産能力の価値に対するアメリカン・コール・オプションに当たる。コール・オプションの行使価格はこの追加生産能力を得るための費用をオプション行使時点まで割り引いた値である。行使価格は初期投資額に依存することも多い。経営者が当初段階で，生産量の期待水準を上回る設備の建設を選択した場合，行使価格は相対的に小さなものにな

る。

3. 縮小オプション（contraction option）：これは，プロジェクトの操業規模を縮小するオプションである。失った生産能力の価値に対するアメリカン・プット・オプションに当たる。行使価格は権利行使時点でみた，抑制した将来の支出の現在価値である。
4. 延期オプション（option to defer）：経営者が意思決定できる最も重要なオプションの一つがプロジェクトを延期するオプションである。これは，プロジェクトの価値に対するアメリカン・コール・オプションである。
5. 延長オプション（option to expand life）：一定額を支払うことで資産の寿命を延長できる場合もある。これは，資産の将来価値に対するヨーロピアン・コール・オプションである。

例　示

オプションが内包された投資を評価する簡単な例として，ある鉱物600万単位を，3年間，1年当り200万単位の割合で産地から採掘するために，1,500万ドルを投資するかどうかを決めなければならない企業について考える。設備を稼働させる固定費は年間600万ドルで，変動費は採掘した鉱物1単位当り17ドルである。無リスク金利はすべての満期に対して年率10％とし，鉱物の現物価格を20ドル，満期1年，2年，3年の先物価格をそれぞれ22ドル，23ドル，24ドルとする。

オプションが内包されていない場合の評価

最初は，プロジェクトにオプションが内包されていない場合を考える。リスク中立世界での1年後，2年後，3年後の鉱物価格の期待値はそれぞれ22ドル，23ドル，24ドルである。リスク中立世界におけるプロジェクトの期待ペイオフ（100万ドル単位）は，費用のデータより1年後，2年後，3年後のそれぞれに4.0，6.0，8.0と計算される。したがって，プロジェクトの価値は，

$$-15.0 + 4.0e^{-0.1 \times 1} + 6.0e^{-0.1 \times 2} + 8.0e^{-0.1 \times 3} = -0.54$$

となる。この分析結果より,プロジェクトは株主価値を54万ドル減少させるため,実行するべきではないということがわかる。

ツリーの利用

鉱物の現物価格が次の過程に従っていると仮定する。

$$d \ln S = [\theta(t) - a \ln S] dt + \sigma \, dz \qquad (35.3)$$

なお,$a = 0.1$で$\sigma = 0.2$とする。34.4節で,ここで検討している例と同じ場合でのコモディティ価格のツリー構築をどのように行うかを述べた。そのツリーは図35.1(これは,図34.2と同じ)に示されている。このツリーによって表現される過程は,Sの過程,aおよびσの値,1年後,2年後,3年後の先物価格,これらに対する仮定と整合的である。

オプションが内包されていない場合には,プロジェクトの評価にツリーを使う必要はない。(オプションがないプロジェクトの価値が-0.54となることは

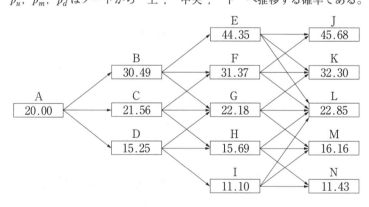

図35.1 鉱物の現物価格のツリー
p_u, p_m, p_dはノードから"上","中央","下"へ推移する確率である。

ノード	A	B	C	D	E	F	G	H	I
p_u	0.1667	0.1217	0.1667	0.2217	0.8867	0.1217	0.1667	0.2217	0.0867
p_m	0.6666	0.6566	0.6666	0.6566	0.0266	0.6566	0.6666	0.6566	0.0266
p_d	0.1667	0.2217	0.1667	0.1217	0.0867	0.2217	0.1667	0.1217	0.8867

すでに示した。）しかし，オプション性を考える前に，オプションが内包されていないプロジェクトを評価するのにツリーを用い，先ほど得た答えと同じであることを確認することは，よい練習となるだけではなく，この先の計算を行ううえでも役に立つ。

図35.2は，図35.1の各ノードにおけるプロジェクトの価値を示したものである。たとえば，ノードHについて考えよう。鉱物価格は確率0.2217で3年目の終わりに22.85となり，その場合の3年目の損益は$2 \times 22.85 - 2 \times 17 - 6 = 5.70$になる。同様に，確率0.6566で鉱物価格は3年目の終わりに16.16となり，その場合の損益は-7.68に，確率0.1217で鉱物価格は3年目の終わりに11.43となり，その場合の損益は-17.14になる。したがって，図35.2のノードHにおけるプロジェクトの価値は，
$$[0.2217 \times 5.70 + 0.6566 \times (-7.68) + 0.1217 \times (-17.14)]e^{-0.1 \times 1} = -5.31$$
となる。もう一つの例として，ノードCについて考えよう。確率0.1667で

図35.2　オプションを内包していない基本プロジェクトの評価
p_u, p_m, p_d はノードから"上"，"中央"，"下"へ推移する確率である。

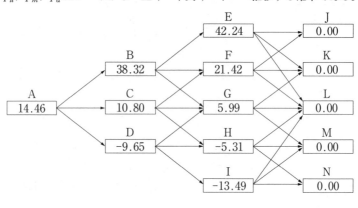

ノード	A	B	C	D	E	F	G	H	I
p_u	0.1667	0.1217	0.1667	0.2217	0.8867	0.1217	0.1667	0.2217	0.0867
p_m	0.6666	0.6566	0.6666	0.6566	0.0266	0.6566	0.6666	0.6566	0.0266
p_d	0.1667	0.2217	0.1667	0.1217	0.0867	0.2217	0.1667	0.1217	0.8867

鉱物価格は31.37のノードFに推移する。このとき，2年目のキャッシュ・フローは，

$$2 \times 31.37 - 2 \times 17 - 6 = 22.74$$

になる。ノードFでその後発生するキャッシュ・フローの価値は21.42である。したがって，ノードFに推移した場合のプロジェクトの合計価値は21.42＋22.74＝44.16になる。同様にして，ノードGとHに推移した場合のプロジェクトの合計価値はそれぞれ10.35と－13.93になる。したがって，ノードCにおけるプロジェクトの価値は，

$$[0.1667 \times 44.16 + 0.6666 \times 10.35 + 0.1667 \times (-13.93)]e^{-0.1 \times 1} = 10.80$$

となる。図35.2から，はじめのノードAにおけるプロジェクトの価値は14.46になることがわかる。初期投資額を考慮すると，プロジェクトの価値は－0.54になる。これは先に計算した結果と一致している。

撤退オプション

次に，企業がプロジェクトからいつでも撤退できるオプションをもっている場合について考える。プロジェクトから撤退した場合，回収価値はゼロで，追加の支払は発生しないと仮定する。プロジェクトから撤退することは行使価格がゼロのアメリカン・プット・オプションであり，その価値は図35.3のように評価される。ノードE, F, Gではプロジェクトの価値が正であるため，プット・オプションは行使されない。ノードHとIではオプションは行使されるべきである。その場合，ノードHとIにおけるプット・オプションの価値はそれぞれ5.31と13.49になる。ツリーに沿ってロール・バックすると，行使しない場合のノードDにおける撤退プット・オプションの価値は，

$$(0.1217 \times 13.49 + 0.6566 \times 5.31 + 0.2217 \times 0)e^{-0.1 \times 1} = 4.64$$

となる。行使した場合のノードDにおけるプット・オプションの価値は9.65である。これは4.64より大きいので，プットはノードDでは行使されるべきである。ノードCにおけるプット・オプションの価値は，

$$[0.1667 \times 0 + 0.6666 \times 0 + 0.1667 \times (5.31)]\,e^{-0.1 \times 1} = 0.80$$

図35.3 プロジェクトの撤退オプションの評価
p_u, p_m, p_dはノードから"上","中央","下"へ推移する確率である。

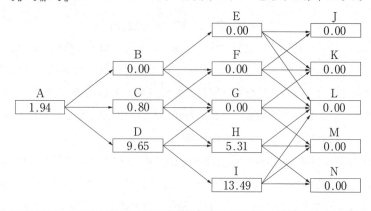

ノード	A	B	C	D	E	F	G	H	I
p_u	0.1667	0.1217	0.1667	0.2217	0.8867	0.1217	0.1667	0.2217	0.0867
p_m	0.6666	0.6566	0.6666	0.6566	0.0266	0.6566	0.6666	0.6566	0.0266
p_d	0.1667	0.2217	0.1667	0.1217	0.0867	0.2217	0.1667	0.1217	0.8867

となり,ノードAにおける価値は,

$$(0.1667 \times 0 + 0.6666 \times 0.80 + 0.1667 \times 9.65)e^{-0.1 \times 1} = 1.94$$

となる。したがって,撤退オプションの価値は194万ドルになる。このオプションにより,プロジェクトの価値は-54万ドルから+140万ドルに増加する。それまでは魅力がなかったプロジェクトが,いまや株主にとって正の価値をもつことになった。

拡大オプション

今度は,企業が撤退オプションをもっていないかわりに,いつでもプロジェクトの規模を20%拡大できるオプションをもっている場合について考える。この規模の拡大に伴う費用は200万ドルとする。生産量は年間200万単位から240万単位に増加する。変動費は1単位当り17ドルのままで,固定費は20%増加して600万ドルから720万ドルになる。これは,図35.2の基本プロジェクトの20%を200万ドルで買うアメリカン・コール・オプションである。

図35.4 プロジェクトの拡大オプションの評価
p_u, p_m, p_d はノードから"上","中央","下"へ推移する確率である。

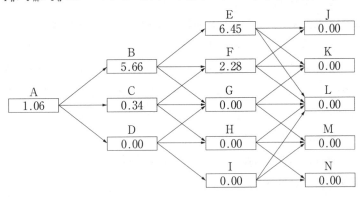

ノード	A	B	C	D	E	F	G	H	I
p_u	0.1667	0.1217	0.1667	0.2217	0.8867	0.1217	0.1667	0.2217	0.0867
p_m	0.6666	0.6566	0.6666	0.6566	0.0266	0.6566	0.6666	0.6566	0.0266
p_d	0.1667	0.2217	0.1667	0.1217	0.0867	0.2217	0.1667	0.1217	0.8867

このオプションは図35.4のように評価される。ノードEではオプションは行使するべきである。そのペイオフは0.2×42.24−2 = 6.45になる。ノードFでも行使するべきで，そのペイオフは0.2×21.42−2 = 2.28になる。ノードG，H，およびIではオプションは行使するべきではない。ノードBでは待つよりも行使したほうが価値があり，オプションの価値は0.2×38.32−2 = 5.66になる。行使しない場合のノードCにおけるオプションの価値は，

$$(0.1667 \times 2.28 + 0.6666 \times 0.00 + 0.1667 \times 0.00)e^{-0.1 \times 1} = 0.34$$

となる。行使した場合のオプションの価値は0.2×10.80−2 = 0.16である。したがって，ノードCではオプションは行使すべきではない。行使しない場合のノードAにおけるオプションの価値は，

$$(0.1667 \times 5.66 + 0.6666 \times 0.34 + 0.1667 \times 0.00)e^{-0.1 \times 1} = 1.06$$

となる。行使した場合のオプションの価値は0.2×14.46−2 = 0.89である。したがって，ノードAでは早期行使は最適ではない。この場合には，オプションによりプロジェクトの価値は−0.54から+0.52に増加する。今度の場

合にも，それまでは負の価値であったプロジェクトが正の価値をもつようになることがわかった。

図35.4の拡大オプションは比較的評価しやすい。その理由は，いったんオプションが行使されると，その後はすべてのキャッシュ・インフローとアウトフローが20％増になるからである。固定費が同じままの場合や20％未満の割合で増加する場合には，図35.4の各ノードにおける情報をたどる必要がある。特に，オプション行使によるペイオフを計算するために

　　1．それ以降の固定費の現在価値

　　2．それ以降の変動費を差し引いた売上げの現在価値

を記録する必要がある。

複数オプション

プロジェクトに二つ以上のオプションが存在する場合，一般的にはそれらは独立ではない。たとえば，オプションAとオプションBの両方を保有しているときの価値は，一般的にそれら二つのオプションの価値の和にはならない。このことを説明するために，企業が撤退オプションと拡大オプションの両方をもっている場合について考えよう。プロジェクトからすでに撤退している場合には，プロジェクトは拡大できない。さらに，撤退プット・オプションの価値は，プロジェクトがすでに拡大されているかどうかにも依存している[3]。

この例では，オプション間の相互作用は，各ノードで次の四つの状態を定義すれば扱うことが可能である。

　　1．まだ撤退していない／まだ拡大していない

　　2．まだ撤退していない／すでに拡大している

　　3．すでに撤退している／まだ拡大していない

　　4．すでに撤退している／すでに拡大している

---

[3] 実のところ，図35.3と図35.4では二つのオプションは相互作用しない。しかし，より小さな時間ステップの大きなツリーを構築した場合には，オプション間の相互作用が問題になってくるだろう。

ツリーに沿ってロール・バックするとき，各ノードで四つの選択肢すべてを組み合わせてオプションの価値を計算すればよい。このような経路依存型オプションの評価方法については，27.5節でより詳しく論じている。

複数の確率変数

複数の確率変数が存在する場合には，基本プロジェクトの価値は普通モンテカルロ・シミュレーションを用いて計算される。モンテカルロ・シミュレーションではプロジェクトの開始時点から終了時点へ前向きに計算するため，オプションを内包したプロジェクトの評価はよりむずかしいものになる。ある点に到達したとき，それ以降のプロジェクトの将来のキャッシュ・フローの現在価値に関する情報をもっていないからである。しかし，27.8節で述べたモンテカルロ・シミュレーションを用いたアメリカン・オプションの評価方法を使って評価できる場合もある。

これを説明するものとして，SchwartzとMoon（2000）はビジネス・スナップショット35.1で概説したAmazon.comの分析を，将来のキャッシュ・フローが負になった場合に撤退するオプション（すなわち破産を宣言するオプション）を考慮したものに拡張する方法について説明している[4]。各時間ステップにおいて，撤退しない場合の価値と，その時点の売上げや売上げの成長率，ボラティリティ，現金残高，繰延欠損金のような変数との間に多項式の関係が仮定される。シミュレーションの各試行ではそうした値が観測され，それらの観測値により各時点での多項式の関係に対する推定値が最小二乗法により得られる。これは27.8節のLongstaffとSchwartzの方法と同じである[5]。

---

[4] 35.4節の分析では，現金残高がゼロ未満になった場合に破産となると仮定したが，Amazon.comに対しては，それが必ずしも最適とは限らない。

[5] F. A. Longstaff and E.S. Schwartz, "Valuing American Options by Simulation: A Simple Least-Squares Approach," *Review of Financial Studies*, 14, 1 (Spring 2001): 113–47.

要約

　本章では,これまでの章で展開してきた考え方を実物資産やそれに対するオプションの評価に適用する方法について検討した。そこでは,リスク中立化法を用いて,任意の変数に依存するプロジェクトを評価する方法を示した。各変数の期待成長率はリスクの市場価格を反映するよう調整される。その結果,資産の価値は,キャッシュ・フローの期待値を無リスク金利で割り引いた現在価値として求められる。

　リスク中立化法は内的整合性をもった資本投資の評価方法である。この方法を用いると,実務で扱う多くのプロジェクトに内包されているオプションを評価することも可能となる。本章ではこの方法の適用例として,1999年末におけるAmazon.comの評価と鉱物採掘プロジェクトの評価について説明した。

参考文献

Amran, M., and N. Kulatilaka, *Real Options*, Boston, MA: Harvard Business School Press, 1999.

Copeland, T., and V. Antikarov, *Real Options: A Practitioners Guide*, New York: Texere, 2003.

Koller, T., M. Goedhard, and D. Wessels, *Valuation: Measuring and Managing the Value of Companies*, 5th edn. New York: Wiley, 2010.

Mun, J., *Real Options Analysis*, Hoboken, NJ: Wiley, 2006.

Schwartz, E. S., and M. Moon, "Rational Pricing of Internet Companies," *Financial Analysts Journal*, May/June (2000): 62–75.

Trigeorgis, L., *Real Options: Managerial Flexibility and Strategy in Resource Allocation*, Cambridge, MA: MIT Press, 1996.

> 練習問題

35.1 新規の資本投資機会を評価する方法として，NPV法とリスク中立化法の違いについて説明せよ．また，リアル・オプションの評価に関して，リスク中立化法の長所をあげよ．

35.2 銅のリスクの市場価格を0.5，銅価格のボラティリティを年率20%，1ポンド当りの現物価格を80セント，満期6カ月の先物価格を1ポンド当り75セントとする．このとき，今後6カ月における銅価格の期待成長率を求めよ．

35.3 yをコモディティのコンビニエンス・イールド，uをその保管コストとする場合，従来のリスク中立世界でのコモディティの成長率は$r-y+u$となることを示せ．ここでrは無リスク金利である．また，コモディティのリスクの市場価格と，実世界での成長率，ボラティリティ，yそしてu間の関係を推定せよ．

35.4 ある企業の総売上げとそのマーケット指数との相関係数は0.2である．無リスク金利に対する市場の超過収益率は6%で，マーケット指数のボラティリティは18%である．この企業の売上げに対するリスクの市場価格を求めよ．

35.5 ある企業が，3年後に1単位当り25ドルで商品を100万単位調達できるオプションを買うことを検討している．満期3年の先物価格を24ドル，無リスク金利を連続複利で年率5%，先物価格のボラティリティを年率20%とする．このオプションの価値を求めよ．

35.6 車のリース契約を結ぼうとしているドライバーが，4年後にその車を10,000ドルで買う権利をその契約につけることができるとする．現在の車の価値は30,000ドルである．車の価値Sは，

$$dS = \mu S\,dt + \sigma S\,dz$$

で表される確率過程に従っているとする．ただし$\mu = -0.25$，$\sigma = 0.15$で，dzはウィナー過程である．また，車の価格に対するリスクの市場価格は-0.1と推定されている．このオプションの価値

を求めよ。ただし，無リスク金利はすべての満期に対して6％と仮定せよ。

発展問題

35.7 小麦に対する現物価格，満期6カ月の先物価格，満期12カ月の先物価格が1ブッシェル当りそれぞれ250セント，260セント，270セントであるとする。小麦の価格は，(35.3)式で $a = 0.05$, $\sigma = 0.15$ とした確率過程に従っているとする。リスク中立世界での小麦の価格に対する2期間ツリーを構築せよ。

　ある農家が，現時点で10,000ドル，6カ月後にさらに90,000ドルの支出を伴うプロジェクトを検討している。このプロジェクトを行うと小麦の収穫が増え，1年後に40,000ブッシェルだけ多く販売できることが見込まれる。このとき，このプロジェクトの価値を求めよ。この農家は，6カ月後にこのプロジェクトを中止して，その時点での90,000ドルの支払を回避することもできるとする。この場合の撤退オプションの価値を求めよ。ただし，無リスク金利は連続複利で5％と仮定せよ。

35.8 35.5節の例について，次の問いに答えよ。

(a) 撤退の費用をゼロではなく300万ドルとして，撤退オプションの価値を求めよ。

(b) 拡大にかかる費用を200万ドルではなく500万ドルとして，拡大オプションの価値を求めよ。

第36章
デリバティブにおける不幸な出来事と教訓

　1980年代半ば以降，デリバティブ市場ではいくつかの企業が巨額の損失を被った。最大の損失はアメリカの住宅ローンから組成された商品の取引により生じた。これについては，第8章で述べている。それ以外の金融機関によるいくつかの損失例をビジネス・スナップショット36.1に一覧表としてまとめ，金融機関以外の組織によるいくつかの損失例をビジネス・スナップショット36.2に一覧表としてまとめた。これらのリストについて注目すべきことは，一従業員の行為が巨額損失につながったケースの多さである。1995年，ニック・リーソンのトレーディングは創業200年に及ぶ英国の銀行であるベアリングズ銀行を倒産に追いやった。1994年，ロバート・シトロンの取引によって，カリフォルニア州の地方自治体であるオレンジ郡は20億ドルの損失を被った。ジョセフ・ジェットのトレーディングによって，キダー・ピーボディは3億5,000万ドルの損失を被った。アライド・アイリッシュ銀

行のジョン・ラスナックによる7億ドルもの損失が2002年に発覚した。2006年，ヘッジファンドのアマランスはブライアン・ハンターのとったトレーディング・リスクによって60億ドルの損失を被った。2008年，ソシエテ・ジェネラルはジェローム・ケルビエルの株価指数先物取引によって70億ドルの損失を被った。UBS，シェル，住友商事の巨額損失も，一個人の行為によってもたらされたものである。

これらの損失は，デリバティブ業界全体への警鐘としてとらえられるべきものではない。デリバティブ市場は数兆ドルにも及ぶ巨大市場に成長し，ほとんどの点でめざましい成功を収めており，ユーザーのニーズにもよく応えてきた。ビジネス・スナップショット36.1と36.2に示した出来事は，全取引に対してほんの小さな割合（量的にも，価値的にも）でしかない。しかしながら，これらの出来事から学べる教訓を注意深く検討する価値はあろう。

ビジネス・スナップショット36.1
金融機関による巨額損失

アライド・アイリッシュ銀行

この銀行は，外国為替トレーダーであるジョン・ラスナック（John Rusnak）の数年にわたる投機行動により，約7億ドルの損失を被った。ラスナックは架空のオプション取引により損失を隠蔽していた。

アマランス

このヘッジファンドは天然ガス価格の将来の方向に賭ける取引を行い，2006年に60億ドルの損失を出した。

ベアリングズ銀行

この創立200年の英国の銀行は，シンガポールのニック・リーソン（Nick Leeson）という1人のトレーダーの行動により，1995年に破綻した。彼は先物とオプションを用いて，日経225の将来の方向に対して大

きな賭けを行った。総損失額は10億ドル近くに及んだ。

エンロンのカウンターパーティー

エンロンは，いくつかの粉飾された契約についてその実態を株主からみえないようにしていた。エンロンのそうした行為を助けていたとされるいくつかの金融機関は，株主による訴訟において10億ドル以上を支払い和解している。

キダー・ピーボディ（169ページを参照）

このニューヨークの投資銀行は，ジョセフ・ジェット（Joseph Jett）という1人のトレーダーの米国債の取引によって，3億5,000万ドルの損失を被った。この損失は，同社のコンピューター・システムによる損益計上方法の誤りにより発生した。

ロングターム・キャピタル・マネジメント（55ページを参照）

このヘッジファンドは，ロシアの債務不履行をきっかけに発生した質への逃避の影響で，1998年に約40億ドルの損失を出した。ニューヨーク連邦準備銀行は14の銀行による協調融資を取りまとめ，組織的にファンドに流動性を供給した。

ミッドランド銀行

この英国の銀行は，1990年代初めに主に金利の方向に賭ける取引で失敗し，5億ドルの損失を出した。後に香港上海銀行（HSBC）に買収された。

ソシエテ・ジェネラル（27ページを参照）

ジェローム・ケルビエル（Jérôme Kerviel）が株価指数の将来の方向に対して投機を行い，2008年1月に70億ドルを超える損失を出した。

サブプライム住宅ローンによる損失（第8章を参照）

2007年に，米国のサブプライム住宅ローンから組成された仕組商品に対する投資家の信頼が失われた。このことが"信用収縮"を引き起こし，UBS，メリルリンチ，シティグループといった金融機関は数百億ドルの損失を被った。

UBS

2011年にクウェク・アドボリ（Kweku Adoboli）は，許可されていない株価指数の投機的ポジションをとり，23億ドルの損失を出した。

ビジネス・スナップショット36.2

金融機関以外の組織による巨額損失

アライド・ライオンズ

この飲食企業の財務部門は，米ドル－英ポンドの為替のコール・オプションの売却で，1991年に1億5,000万ドルの損失を出した。

ギブソン・グリーティングス

このグリーティング・カード製造業者の財務部門は，バンカーズ・トラストとの複雑な金利エキゾチック・デリバティブ取引で，1994年に約2,000万ドルの損失を出した。後に，この企業はバンカーズ・トラストを訴え，法廷外で和解している。

ハマースミス区とフラム区（273ページを参照）

この英国の地方自治体は，1988年に英ポンドの金利スワップとオプションで約6億ドルの損失を出した。すべての取引は後から英国の裁判所によって無効と宣言され，取引相手の銀行をひどく困惑させることになった。

メタルゲゼルシャフト（108ページを参照）

　このドイツ企業は，原油とガソリンを供給する長期契約を結び，短期の先物契約をロール・オーバーすることによってヘッジを行っていた。この取引を強制的に解約するのに伴い，13億ドルの損失を出した。

オレンジ郡（137ページを参照）

　この米国カリフォルニア州の地方自治体は，ロバート・シトロン（Robert Citron）という財務担当者の行動により，1994年に約20億ドルの損失を被った。この財務担当者は，デリバティブを用いて金利が上昇しないことに投機していた。

プロクター・アンド・ギャンブル（1213ページを参照）

　この米国大企業の財務部門は，バンカーズ・トラストとの複雑な金利エキゾチック・デリバティブ取引で，1994年に約9,000万ドルの損失を出した。後に，この企業はバンカーズ・トラストを訴え，法廷外で和解している。

シェル

　この企業の日本子会社に勤務する一従業員が，許可されていない為替先物取引で10億ドルの損失を出した。

住友商事

　この日本の企業に勤務する1人のトレーダーが，1990年代に銅の現物，先物，およびオプション市場で約20億ドルの損失を出した。

36.1　すべてのデリバティブ利用者に対する教訓

　まずはじめに，金融機関かそれ以外の企業かにかかわらず，すべてのデリ

バティブ利用者に当てはまる教訓について考えよう。

リスク・リミットを定義せよ

すべての企業にとって，とることのできる金融リスクのリミットを明快であいまいさのない方法で定義することは，きわめて重要である。そして，そのリミットが確実に遵守されるための手続を規定すべきである。理想的には，全体のリスク・リミットは取締役会レベルで決められるべきである。そしてこれらのリスク・リミットは，特定のリスクの管理責任を負っている個々人に適用可能なリミットに変換されるべきである。また，日次レポートには個々の市場変数の変動に伴って生じるであろう損益の予測を示すべきである。レポートに使われている評価方法が正確であることを確認するために，それらの予測値を実際に発生した損益と比べてチェックすべきである。

デリバティブを利用する場合には，リスクを注意深くモニターすることが企業にとって特に重要である。その理由は，第1章で説明したように，デリバティブはヘッジにも，投機にも，裁定取引にも使用することができるからである。細かくモニターすることなしに，トレーダーがヘッジャーからスペキュレーターに変わったり，アービトラージャーからスペキュレーターに変わったりしたのを見抜くことは不可能である。ベアリングズ銀行，ソシエテ・ジェネラル，UBSの損失はそれを怠って失敗した典型的な例である。いずれのケースでもトレーダーの職務はリスクの低い裁定取引やヘッジを実行することであった。上司には気づかれることなく，トレーダーはアービトラージャーやヘッジャーから市場変数の将来の方向に巨大な賭けをするトレーダーに変わっていた。当時のそれらの銀行の体制は不適切で，彼らの行っていることをだれも十分には理解していなかったのである。

ここでの論点は，リスクをまったくとるべきではないというものではない。金融機関のトレーダー，ファンド・マネージャーは，関連する市場変数の将来の方向に対してポジションをとることを許容されるべきである。しかし，とることのできるポジションの大きさは制限されるべきであり，とっているリスクについて正確に報告される体制を築く必要がある。

リスク・リミットを重視せよ

　ある個人がリスク・リミットを超過して利益を稼いだ場合にどのように対処するべきか。これは経営者にとって扱いにくい問題である。利益が得られた場合，リスク・リミットの違反は黙認される傾向がある。しかし，これは目先のことしか考えない行為である。このような行為がリスク・リミットを軽視するカルチャーを生み，将来の大損失を招く種をまくことになる。ビジネス・スナップショット36.1と36.2のいくつかのケースでは，過去数年間に同様のリスクをとって利益をあげていたことから，企業はそのリスクに対して無頓着になっていた。

　ここでの典型的な例はオレンジ郡のケースである。1991年から1993年までのロバート・シトロンの取引によってオレンジ郡は大きな収益を得ており，この地方自治体は追加の資金調達を彼のトレーディングに頼るようになっていた。彼が収益をあげていたため，人々は彼のとっているリスクについてみてみぬふりをしていたのである。不幸なことに，1994年に生じた損失はそれまでの利益をはるかに超えるものであった。

　リスク・リミットの超過に対する罰則は，利益となった場合も損失となった場合と同程度に厳しいものであるべきである。そうでなければ，損失を出したトレーダーは，いつかは利益を出せてそれまでのすべてを帳消しにできる，というあまい期待を抱いて，そのポジションを増やし続けてしまうだろう。

市場を先読みできると思い込むな

　他のトレーダーよりかなりの確率でうまくやるトレーダーはいる。しかし，常にうまくやるトレーダーはいない。トレーダーは，相場の方向を60％の確率で正しく予想できれば上出来である。トレーダーが（1990年代初頭のロバート・シトロンのように）抜きん出た実績をあげているとすれば，それは秀逸なトレーディング能力というよりも，むしろ幸運の結果であった可能性が高い。

　たとえば，ある金融機関が16人のトレーダーを雇い，そのうちの１人が１

年間のすべての四半期で利益をあげたとしよう。このトレーダーは高いボーナスを受け取れるであろうか。また，このトレーダーのリスク・リミットは拡大されるべきであろうか。最初の問の答えとしては，トレーダーは必然的に高いボーナスを受け取ることになるだろう。2番目の問に対する答えはノーである。ランダムにトレーディングを行って，4期連続で利益をあげる可能性は0.5^4，すなわち16分の1である。このことは，単なる偶然だけで16人のトレーダーのうち1人は1年間のすべての四半期で"うまく"やるだろう，ということを意味している。したがって，そのトレーダーの運が続くと仮定するべきではなく，そのトレーダーのリスク・リミットを拡大するべきではない。

分散投資の恩恵を過小評価するな

トレーダーの相場予想がよく当たると，トレーダーのリミットは拡大される傾向がある。トレーダーが賢かったというよりも，運がよかったという可能性が非常に高いため，これは賢明な考えではないことを論じてきた。しかし，あるファンドでは，そのトレーダーは特別な能力をもっていると本当に確信されていると仮定しよう。その場合，そのトレーダーの能力を活かすために，どの程度までリスクを集中させてよいものだろうか。その答えは，分散投資の恩恵はすごく大きく，その恩恵を捨ててまで一つの市場変数に集中投資させることは最良の戦略とはいえないであろう，というものである。

この点について例を用いて説明しよう。20銘柄の株式があり，どの銘柄も期待収益率は年率10％，収益率の標準偏差は30％であるとする。収益率の相関はどの銘柄間に対しても0.2とする。このとき，20銘柄に均等に投資した場合，期待収益率は10％で，その標準偏差は14.7％になる。分散投資によって，投資家はリスクを半分未満に減らすことができる。別の言い方をすると，投資家は分散投資によって単位リスク当りの期待収益率を倍以上にできる。1銘柄だけの投資でもっとよいリスク／リターンのトレードオフを得るためには，継続的に銘柄選択を相当うまくやっていかなければならない。

シナリオ分析とストレス・テストを実施せよ

好ましくない状況が起こる可能性を把握するため，VaRなどのリスク指標の計算とあわせて，シナリオ分析とストレス・テストを常に行うべきである。これらについては第22章で説明したが，非常に重要なものである。残念なことに，人間には一つや二つのシナリオを拠り所にして意思決定の評価を行うという傾向がある。たとえば，1993年と1994年にプロクター・アンド・ギャンブルとギブソン・グリーティングスは低金利が続くと確信していたために，金利が100ベーシス・ポイント上昇する可能性を無視して意思決定を行ったのかもしれない。

創造的にシナリオを作成することが重要であり，経験のあるマネージャーの判断も仰ぐべきである。一つの方法は，過去10年から20年の過去データをみて，最も極端な事象をシナリオとして選ぶというものである。重要な変数に関するデータが不足している場合もある。そのような場合には，利用可能なデータが豊富な類似した変数を選び，その変数の過去の日次変化率をその重要な変数に起こりうる日次変化率として用いるのが賢明なやり方である。たとえば，ある国が発行した債券の価格データがほとんどない場合には，他の似かよった国が発行した債券の価格の過去データを用いれば，シナリオを作成することができる。

36.2 金融機関に対する教訓

次に，主として金融機関に関係した教訓について考えよう。

トレーダーを注意深く監視せよ

トレーディング・ルームでは，パフォーマンスの高いトレーダーを"触れてはならないもの"として扱い，彼らの行動を他のトレーダーと同じような綿密さでは監視しない傾向がある。キダー・ピーボディの花形国債トレーダーであったジョセフ・ジェットは，"多忙"すぎて自社のリスク管理者からの質問に応じたり，ポジションについて議論できなかったようである。

すべてのトレーダー，特に高収益をあげているトレーダーには，完全な報告を義務づけるべきである。高収益が不当に高いリスクをとったことによるものかどうかを知ることは，金融機関にとって重要である。また，金融機関のコンピューター・システムと価格づけモデルが正しいことや，それらがなんらかの方法で不当に操作されていないかをチェックすることも重要である。

フロント，ミドル，バック・オフィスを分離せよ

金融機関におけるフロント・オフィス（front office）は，取引を執行したりポジションをとったりするトレーダーからなる部署である。ミドル・オフィス（middle office）は，保有しているリスクをモニターするリスク管理者からなる部署である。バック・オフィス（back office）は，約定管理や会計処理を行う部署である。デリバティブにまつわる最悪の事態には，こうした機能が分離されていなかったために起こったものもある。ニック・リーソンはベアリングズ銀行のシンガポール支店のフロント・オフィスとバック・オフィスの両方を管理しており，その結果，彼の取引の悲惨な状況をしばらくの間ロンドンの上司から隠すことができた。ジェローム・ケルビエルはトレーダーになる前にソシエテ・ジェネラルのバック・オフィスで働いており，そのシステムの知識を活かしてポジションを隠すことができた。

モデルを盲信するな

金融機関が被った大きな損失のいくつかは，使用していたモデルとコンピューター・システムに起因するものであった。キダー・ピーボディが自社のシステムの不具合によって誤った判断をしてしまったことについては169ページで論じた。

比較的単純なトレーディング戦略から大きな利益が報告されている場合は，損益の計算に使われているモデルに誤りがある可能性が高い。同様に，特定の種類の取引に対して特に競争力のある価格を提示しているような場合は，他の市場参加者と異なったモデルを使用している可能性が高く，何が起

こっているかを注意深く分析するべきである．トレーディング・ルームのヘッドにとって，特定の種類の取引ばかり行われることは，その種類の取引がほとんど行われないことと同じぐらい心配なことである．

当初収益の計上は保守的に行え

　金融機関が高度なエキゾチック商品を金融機関以外の企業に販売するとき，その価格はモデルに大きく依存する場合がある．たとえば，長期の金利オプションが内包された商品の価格は，使用する金利モデルに大きく依存することがある．このような場合，日々の時価評価に対してマーク・トゥ・モデル（mark to model）という言い方が使われる．その理由は，基準として使用できる同様の取引の市場価格が存在しないからである．

　金融機関がある商品をその価値より1,000万ドル高い価格で，あるいはモデルから得られる価値より少なくとも1,000万ドル高い価格で，顧客に販売しようとしているとする．この1,000万ドルは当初収益（inception profit）と呼ばれる．この当初収益はいつ認識されるべきであろうか．金融機関によって，さまざまな取扱いがなされているようである．1,000万ドルを直ちに認識する金融機関もあれば，もっと保守的に取引期間を通じて徐々に認識していく金融機関もある．

　当初収益を直ちに認識するのは非常に危険である．その理由は，自己に有利なモデルを使用し，多額のボーナスを受け取り，モデルと取引価値の綿密な検査を受ける前に会社を辞める，といった行動をトレーダーに促すからである．当初収益は徐々に認識するほうがずっと好ましく，そうすれば，取引を約定する前に複数の異なるモデルや複数の異なる仮定の影響について調べることをトレーダーに動機づけることができるからである．

顧客に適さない商品を販売するな

　法人顧客に対して，その顧客には適切とはいえない商品でも販売したくなることはあるだろう．特に，顧客側にその商品がもつリスクをとる意向がある場合はそうである．しかし，それは目先のことだけを考えた行為である．

最も記憶に残る例は1994年春まで続いたバンカーズ・トラスト（BT）の営業活動であろう。BT の多くの顧客はハイリスクのまったく不適当な商品の購入を勧誘されたのである。典型的な商品（たとえば1213ページで取り上げた5/30スワップ）は，顧客の借入コストを数ベーシス・ポイント安くする可能性が高く，多額の費用がかかる確率は小さいというものであった。1992年と1993年においては BT の顧客にとってその商品はメリットのあるものであったが，1994年に金利が急上昇すると，すべてが台無しとなった。その後の悪い評判で BT は大きな痛手を被った。長い期間をかけて築き上げた法人顧客との信頼関係やデリバティブにおけるイノベーションから得た名声が，数人の過度に強引なセールス担当者の行動により大きく損なわれてしまったのである。また，BT は法廷外で顧客と和解するために多額の支払を強いられ，1999年にドイツ銀行に買収された。

安易に得られる収益に注意せよ

エンロンのケースは，銀行が過度にアグレッシブな取引を行うことにより何十億ドルもの費用を要してしまうことの例となった。エンロンとのビジネスは非常に高収益にみえ，銀行はこのビジネスのためお互いに競っていた。しかし実際には，多くの銀行が特定のビジネスを強力に推し進めているからといって，そのことを最終的に収益を生むビジネスになることの証しだととらえるべきではなかった。エンロンが銀行と行っていたビジネスは，結果的に株主からの訴訟へとつながり，それらの銀行にとって非常に高くついた。概して，高収益が安易に得られる取引については，隠れたリスクがないか慎重に見定めるべきである。

サブプライム住宅ローンからつくりだされた ABS CDO の AAA 格のトランシェへの投資（第8章を参照）は，それこそ夢のような投資機会に思われた。その収益は，通常の AAA 格への投資から得られる収益をはるかに上回っていたのである。多くの投資家は，格付機関が考慮していないようなリスクがその超過収益に反映されているのではないか，と疑うことなく投資し続けた。

流動性リスクを無視するな

　金融工学に携わる者は，活発に取引される商品の価格に基づいて，流動性の低いエキゾチック商品やその他の商品の価格づけを行うことが多い。次のようなものがその例である。

1．活発に取引されている国債（on-the-run bond）からゼロ・カーブを計算し，それを用いて，あまり取引されていない国債（off-the-run bond）の価格づけを行う。
2．活発に取引されているオプションから資産のインプライド・ボラティリティを求め，それを用いて，あまり取引されていないオプションの価格づけを行う。
3．活発に取引されている金利キャップやスワップションにインプライされている金利の挙動に関する情報を推定し，それを用いてそれほど取引されていない非標準的な金利デリバティブの価格づけを行う。

　この慣習は理にかなっていないわけではない。しかし，あまり取引されていない商品が，常に自分たちの理論価格付近で取引できると仮定するのは危険である。金融市場がさまざまなショックに見舞われるとき，"質への逃避"がしばしば起こる。そのとき，投資家にとって流動性がきわめて重要になり，流動性の低い商品は理論価格から大幅に割り引かれて売却されることが多い。サブプライム住宅ローン担保証券への信頼が失われたことに端を発したクレジット市場に対する急激な動揺から，まさにこのことが2007〜2009年に起こった。

　流動性リスクが原因で損失が発生したもう一つの例は，ビジネス・スナップショット2.2で論じたロングターム・キャピタル・マネジメント（LTCM）の例である。このヘッジファンドは，コンバージェンス・アービトラージ（convergence arbitrage）として知られる戦略を用いていた。この戦略は，まず理論的には同じ価格で売られるべき二つの証券（もしくはポートフォリオ）を特定する。そして，一方の市場価格が他方の市場価格より低い場合に，安いほうの証券を購入して，高いほうの証券を売却するというものである。この戦略は，同じ理論価格をもつ二つの証券の市場価格はいずれ同じになる，

という考えに基づいたものである。

1998年の夏にLTCMは巨額の損失を出した。これは，ロシアの債務不履行をきっかけに質への逃避が起こったことが主な原因である。LTCMは流動性の低い商品を買い，対応する流動性の高い商品を空売りする傾向にあった（たとえば，流動性の低い既発債を購入し，流動性の高いカレント債を空売りしていた）。ロシアの債務不履行以降，流動性の高い商品と対応する流動性の低い商品との価格間スプレッドが急激に広がった。LTCMは高いレバレッジをかけていたため，巨額の損失が発生し，そのポジションに対する追加担保の差入れがむずかしくなったのである。

LTCMの話は，世界が最悪の状況になったとき何が起こるかを知るために，シナリオ分析とストレス・テストの実施が重要であることを再認識させてくれるものである。LTCMは，自らが直面している流動性リスクを計測するために，過去に起きた極端な質への逃避の状況について分析を試みることはできたはずである。

皆が同じ取引戦略に従っているときは注意せよ

多くの市場参加者が本質的に同じ取引戦略に従っているような状況が起きることがある。このような状況では大きな市場変動が起こりやすく，市場が不安定となり，大きな損失を被る市場参加者が出やすい危険な環境となる。

第19章で論じたポートフォリオ・インシュアランスと1987年10月の市場大暴落が，これの一例である。大暴落の数カ月前から，プット・オプションを複製して自己のポートフォリオに保険をかけようとするポートフォリオ・マネージャーの数が増加していた。彼らは市場が上昇すると株式や株価指数先物を購入し，下落するとそれらを売却していた。この行動が不安定な市場をつくりだしたのである。株価の比較的小さな下落でも，ポートフォリオ・インシュアランスを行っていた人々の売却の波を引き起こす可能性があった。それがさらに市場の下落に拍車をかけ，新たな売却の波を引き起こす，という連鎖が起こる状況にあったのである。ポートフォリオ・インシュアランスがなければ，1987年10月の暴落はあれほどひどくはならなかったことは間違

いないだろう。

　もう一つの例は，1998年のLTCMである。他の多くのヘッジファンドが同じようなコンバージェンス・アービトラージ戦略を行っていたという事実が，LTCMの状況をさらに困難なものにしていた。ロシアの債務不履行による質への逃避の後，LTCMは追加担保差入れに応じるため，ポジションの一部を手仕舞おうとした。不幸なことに，他のヘッジファンドも同様の問題に直面しており，同じような取引を行おうとしていた。これにより流動性スプレッドのさらなる拡大を招き，質への逃避に拍車をかけ，事態を悪化させたのである。たとえば，LTCMの米国国債のポジションを考えてみよう。LTCMは流動性の低い既発債の買いと，流動性の高いカレント債の売りをもっていた。質への逃避が起き，2種類の債券に対するイールド間のスプレッドが拡大したとき，LTCMは既発債を売り，カレント債を買い戻すことで，ポジションを手仕舞わなければならなかった。他の大手ヘッジファンドも同様の取引を行っていた。その結果，カレント債の価格は，その他の既発債の価格に比べて上昇し，二つのイールド間のスプレッドは，すでに拡大している状況からさらに広がったのである。

　さらに別の例として，1990年代後半の英国の保険会社によるものがある。これらの保険会社は，年金の利率が市場金利と保証レートの高いほうになるような契約を数多く結んだ。そのため，長期金利が保証レートよりも低下すれば，保険会社に損失が発生する状態となっていた。さまざまな理由により，ほとんど同じ時期にすべての保険会社が，これらの契約のリスクの一部をヘッジするために，デリバティブ取引を行った。それらのデリバティブ取引の相手方となった金融機関はそのリスクをヘッジするために，英国長期国債を大量に購入した。その結果，債券価格が上昇し，英ポンドの長期金利は低下した。ダイナミック・ヘッジのためにさらに債券は買われ，英ポンドの長期金利は低下した。それらの金融機関は損失を被り，保険会社はヘッジしないことを選択したリスクのポジションがいつのまにか悪化していた。

　これらの出来事から学ぶべき重要な教訓は，多くの市場参加者が同じ取引戦略に従っている状況には大きなリスクが存在している可能性があるという

ことであろう。

長期の調達ニーズに対して短期調達を過剰に用いるな

すべての金融機関は，長期の調達ニーズを一定程度は短期調達によりまかなっている。しかし，短期調達に過剰に頼る金融機関は，許容できない流動性リスクに自らをさらしている可能性がある。

ある金融機関が，長期の調達を毎月のコマーシャル・ペーパーのロール・オーバーにより行っているとしよう。4月1日に発行されたコマーシャル・ペーパーは，5月1日に新規発行されるコマーシャル・ペーパーで調達された資金で償還される。次に，そのコマーシャル・ペーパーは，6月1日に新規発行される別のコマーシャル・ペーパーで調達された資金で償還される，といった具合である。その金融機関が健全とみなされている間は，何も問題はない。しかし，金融機関が（正しいにせよ間違っているにせよ）投資家の信頼を失ったとき，コマーシャル・ペーパーをロール・オーバーすることは不可能となり，その金融機関は深刻な流動性不足を経験することになる。

信用危機のときに起こった金融機関の破綻（たとえば，リーマン・ブラザーズやノーザン・ロック）の多くは，主に短期調達への過度な依存によって引き起こされた。国際的に銀行を監督する責務を負うバーゼル委員会が，銀行が満たすべき流動性比率を導入したことは当然のことである。

市場の透明性は重要である

2007年の信用収縮から得られた一つの教訓は，市場の透明性がいかに重要であるかということである。2007年までは，投資家は原資産に対する基本的な知識をもたずに，複雑な仕組商品を取引していた。投資家が知っていたのは，取引する証券の格付のみであった。後から振り返って考えると，投資家は原資産について情報をもっと要求するべきであったし，保有しようとしているリスクについてもっと注意深く評価するべきであった。しかし，事後に事を悟るのは容易である。

2007年8月のサブプライム住宅ローンの大暴落によって，投資家はすべて

の仕組商品を信用できなくなり，市場から撤退した。その結果，市場は崩壊し，仕組商品のトランシェは理論価格を大幅に下回る価格でしか売れなくなった。質への逃避が起こり，クレジット・スプレッドが拡大した。投資家が購入しようとしている資産担保証券を理解できるような市場の透明性があったならば，それでもサブプライム住宅ローンによる損失は発生していたであろうが，質への逃避や市場の崩壊はこれほどまでに深刻なものにはならなかったであろう。

インセンティブを管理せよ

2007年から2008年の信用危機での重要な教訓は，インセンティブの重要性である。銀行のボーナスは短期的なパフォーマンスを重要視する傾向にある。いくつかの金融機関では，ボーナスを1年よりも長い期間（たとえば，5年）にわたるパフォーマンスに基づくように変更している。これには明白な利点がある。トレーダーから，短期間ではよくみえても数年後に"大失敗"に終わるかもしれない取引を行うことを阻止することができる。

ローンを証券化する場合には，オリジネーターがそのローンについて偽るようなインセンティブをもたないように，ローンをオリジネートする側と最終的にリスクを負う側の利害を一致させることが重要である。これを行う一つの方法は，ローン・ポートフォリオのオリジネーターに対し，すべてのトランシェおよびそのポートフォリオから生み出された他の商品に利害関係をもち続けるよう規制当局が要求することである。

リスク管理を決して無視するな

うまくいっているとき（あるいはうまくいっているようにみえるとき）は，何も悪いことは起きないと思い込み，リスク管理グループによって行われるストレス・テストやその他の分析を無視してしまう傾向がある。2007年の信用危機に至るまでの間に，リスク管理者の声が黙殺されたという話には枚挙に暇がない。シティグループのCEOであったチャック・プリンス（Chuck Prince）による（信用危機の直前である）2007年7月のコメントは，まさにリ

スク管理に対する誤った態度を体現する例である。

"When the music stops, in terms of liquidity, things will be complicated. But as long as the music is playing, you've got to get up and dance. We're still dancing."

「流動性という音楽が止まると厄介なことになるだろう。しかし，その音楽が奏でられている間は，立ち上がって踊り続けなければならない。我々はいまでも踊り続けているのだ。」

プリンス氏は1年後にその職を失った。そして，信用危機でシティグループが出した損失は500億ドル以上にのぼった。

36.3 金融機関以外の企業に対する教訓

今度は，主に金融機関以外の企業に当てはまる教訓について考えよう。

取引内容を完全に理解せよ

企業は，その企業自身が完全に理解していない取引や取引戦略を決して行うべきではない。これはわかりきったことのようであるが，金融機関以外の企業に勤めるトレーダーが，大きな損失が発生した後に，本当には何が起こっていたのか理解していなかったことを認め，投資銀行にだまされたと主張するケースの多さには驚かされる。オレンジ郡の財務担当者であったロバート・シトロンはその1人である。ハマースミス区とフラム区の担当者も同じであった。彼らは巨大なポジションを保有していたにもかかわらず，約定したスワップや他の金利デリバティブの仕組みについて驚くほど無知であった。

企業の上級管理職は部下の提案する取引について理解できないならば，その取引を承認するべきではない。一般的に，取引とその取引を行う理論的根拠が複雑で，管理職がそれを理解できないならば，その取引はその企業にとってほぼ確実に不適切な取引である。プロクター・アンド・ギャンブルとギブソン・グリーティングスが行った取引は，この基準に照らすと否認され

るべき取引であった。

　金融商品を完全に理解していることを確かめる一つの方法は，その商品の価値を求めてみることである。企業は社内で評価できない商品を取引するべきではない。実際には，企業はデリバティブ業者に評価を頼っていることが多い。これは，プロクター・アンド・ギャンブルとギブソン・グリーティングスの例からわかるように危険な状態である。彼らは取引の解約を希望した際に，バンカーズ・トラストの社内モデルで算出された価格の提示を受け，自分たちではチェックする術がないことに気がついたのである。

ヘッジャーがスペキュレーターにならないようにせよ

　投機はエキサイティングであるのに対し，ヘッジは相対的に退屈である，というのが人生の悲しい現実である。企業が外国為替や商品価格，金利のリスクを管理するトレーダーを雇うとき，次のようなことが起きる危険性がある。最初は，トレーダーはこつこつと仕事を行い，経営陣の信頼を得るようになる。トレーダーは企業のエクスポージャーを評価し，ヘッジを行う。時が経つにつれ，トレーダーは市場動向を先読みできると確信するようになり，次第にスペキュレーターに変貌してしまう。最初のうちはうまくいくが，そのうち損を出すようになる。その損を取り返すために賭けを倍にし，さらに損失がふくらんでしまう，といったことが起きる。最終的には悲惨な結果となることが多い。

　先に述べたように，明確なリスク・リミットが上級管理職によって設けられるべきであり，そのリミットが確実に遵守されるように管理体制が構築されるべきである。企業が行う取引戦略の検討は，為替や金利，商品などの市場においてその企業が直面しているリスクの分析から始めるべきである。次に，それらのリスクを許容範囲まで減らす方法について判断を行うべきである。取引戦略が企業のもつエクスポージャーから直接的に導き出されたものでない場合は，企業内に何か問題があることを明らかに示唆している。

財務部門をプロフィット・センターとすることに慎重になれ

　過去20年間，企業の財務部門をプロフィット・センターと位置づける風潮があった。これは大変よいことのように思われる。財務担当者は，資金調達コストを削減し，できるだけ収益を生むリスク管理をするように動機づけられるからである。問題は，財務担当者が生み出せる収益の余地には限界があることである。資金を調達し余剰金を運用する際に，財務担当者が相手にするのは効率的な市場である。財務担当者は通常，追加的なリスクをとることによってのみ，最終収益を改善させることができる。企業のヘッジ計画では，収益を増加させるための工夫をある程度行える余地が財務担当者に与えられている。しかし，ヘッジ計画の目標はリスクを減らすことで，期待収益を増加させることではないということを忘れてはならない。第3章で指摘したように，ヘッジを行うという判断は，およそ50％の確率で，ヘッジを行わないという判断をしたときよりも悪い結果につながるものである。財務部門をプロフィット・センターとすることは，財務担当者がスペキュレーターになることを動機づける危険性がある。それは，オレンジ郡やプロクター・アンド・ギャンブル，ギブソン・グリーティングスのような結果につながる可能性が高い。

要 約

　デリバティブの利用による巨額損失の例は，多くの財務担当者にとって警鐘となった。いくつかの巨額損失を受けて，金融機関以外の企業ではデリバティブの利用の削減もしくは停止を発表したところもある。しかし，デリバティブは財務担当者にとってリスク管理を行う非常に効率的な手段なので，そうした決定は遺憾なことである。

　こうした損失の背景には，第1章で強調した，デリバティブはヘッジにも投機にも利用できるということがある。すなわち，それらを用いてリスクを

減らすことも，リスクをとることもできる。ほとんどの損失は，デリバティブが不適切に利用されたことが原因で発生したものである。それらは，企業のリスク・ヘッジを行う権限を実質的にもつ従業員が投機を行ってしまった結果である。

これらの損失から学ぶべき重要な教訓は，内部統制（internal control）の重要性である。企業内の上級管理職は，デリバティブの利用方法や，従業員が市場変数の変動に対してとれるリスクの許容範囲について，明快であいまいさのない方針を定めるべきである。そして，経営者はその方針が確実に実行されるような統制を実施するべきである。リスクを厳重に管理することなしにデリバティブ取引の権限を個人に与えることは，惨事を招く行為である。

参考文献

Dunbar, N. *Inventing Money: The Story of Long-Term Capital Management and the Legends Behind It.* Chichester, UK: Wiley, 2000.

Jorion, P. "How Long-Term Lost Its Capital," *Risk* (September 1999).

Jorion, P., and R. Roper. *Big Bets Gone Bad: Derivatives and Bankruptcy in Orange County.* New York: Academic Press, 1995.

Persaud, A. D. (ed.) *Liquidity Black Holes: Understanding, Quantifying and Managing Financial Liquidity Risk.* London, Risk Books, 2003.

Sorkin, A. R., *Too Big to Fail.* New York: Penguin, 2009.

Tett, G. *Fool's Gold: How the Bold Dream of a Small Tribe at J. P. Morgan Was Corrupted by Wall Street Greed and Unleashed a Catastrophe.* New York: Free Press, 2009.

用語集

ABS Asset-Backed Security を参照。

ABS CDO 複数の ABS のトランシェから組成され，再度トランシェに分けられた金融商品。

Accrual Swap（アクルーアル・スワップ） ある条件が満たされたときのみ，一方の金利が付利される金利スワップ。

Accrued Interest（経過利子） 前回利払日以降の経過日数に対する債券の利子。

Adaptive Mesh Model（アダプティブ・メッシュ・モデル） Figlewski と Gao が開発したモデル。目の細かいツリーを目の粗いツリーに接ぎ木して，重要な領域における資産価格をより詳細にモデル化したもの。

Agency Costs（エージェンシー・コスト） エージェント（代理人，たとえば経営者）がプリンシパル（依頼人，たとえば株主）の利益に反する行動をとるような状況から発生するコストのこと。

American Option（アメリカン・オプション） 満期までの任意の時点で権利行使可能なオプション。

Amortizing Swap（アモチ・スワップ）　時間経過とともにあらかじめ定められた方法で想定元本が減少するスワップ．

Analytic Result（解析解）　答えが式のかたちで与えられている結果．

Arbitrage（裁定取引）　相互に比較してミスプライスされている二つ以上の証券を利用して利益を得る取引戦略．

Arbitrageur（アービトラージャー）　裁定取引を行う人．

Asian Option（アジアン・オプション）　指定された期間における原資産の平均価格に依存するペイオフをもつオプション．

Ask Price（アスク・プライス）　ディーラーが資産の売値として提示する価格．

Asked Price　Ask Price を参照．

Asset-Backed Security（**ABS**, 資産担保証券）　ローンや債券，クレジットカード売掛債権，その他の資産のポートフォリオから組成される証券．

Asset-or-Nothing Call Option（アセット・オア・ナッシング・コール・オプション）　資産価格が行使価格を上回ったときにはペイオフがその資産価格に等しく，そうでなければペイオフがゼロとなるオプション．

Asset-or-Nothing Put Option（アセット・オア・ナッシング・プット・オプション）　資産価格が行使価格を下回ったときにはペイオフがその資産価格に等しく，そうでなければペイオフがゼロとなるオプション．

Asset Swap（アセット・スワップ）　債券のクーポンと LIBOR＋スプレッドとの交換．

As-You-Like-It Option　Chooser Option を参照．

At-the-Money Option（アット・ザ・マネー・オプション）　行使価格が原資産価格に等しいオプション．

Average Price Call Option（アベレージ・プライス・コール・オプション）　ペイオフが，資産の平均価格が行使価格を上回る金額とゼロとの大きいほうに等しいオプション．

Average Price Put Option（アベレージ・プライス・プット・オプション）　ペイオフが，行使価格が資産の平均価格を上回る金額とゼロとの大きいほうに等しいオプション．

Average Strike Option（アベレージ・ストライク・オプション）　ペイオフが，満期の資産価格と平均価格との差に依存するオプション．

Backdating（バックデーティング）　現在よりも前の日付で書類を作成する慣行（違法行為であることが多い）．

Back Testing（バック・テスト）　過去データを用いて，バリュー・アット・リ

スクやその他のモデルを検証すること．

Backwards Induction（バックワード計算） オプションを評価するために，ツリーの終点から始点へ後ろ向きに計算する方法．

Barrier Option（バリア・オプション） 原資産価格のパスがあるバリア（前もって定められたある水準）に到達したか否かに依存するペイオフをもつオプション．

Base Correlation（ベース相関） 特定の X の値に対して，0％から X％のCDOトランシェの価格が市場価格と一致するような相関．

Basel Committee（バーゼル委員会） 銀行規制について国際的に責務を担う委員会．

Basis（ベーシス） 商品の現物価格と先物価格との差．

Basis Point（ベーシス・ポイント） 金利を表すのに用いるときは，1ベーシス・ポイントは1％の100分の1（＝0.01％）．

Basis Risk（ベーシス・リスク） 将来時点におけるベーシスの不確実性から生じるヘッジャーにとってのリスク．

Basis Swap（ベーシス・スワップ） ある参照変動金利によって決められるキャッシュ・フローを別の参照変動金利によって決められるキャッシュ・フローと交換するスワップ．

Basket Credit Default Swap（バスケット型クレジット・デフォルト・スワップ） 複数の参照体をもつクレジット・デフォルト・スワップ．

Basket Option（バスケット・オプション） 資産のポートフォリオの価値に依存するペイオフをもつオプション．

Bear Spread（ベア・スプレッド） 行使価格 K_1 のプット・オプション1単位のショート・ポジションと，行使価格 K_2（$K_2 > K_1$）のプット・オプション1単位のロング・ポジションを組み合わせたポジション．（ベア・スプレッドは，コール・オプションを用いてつくることもできる．）

Bermudan Option（バミューダン・オプション） 取引期間中の定められた複数の日に権利行使可能なオプション．

Beta（ベータ） 資産のシステマティック・リスクの尺度．

Bid–Ask Spread（ビッド・アスク・スプレッド） アスク価格がビッド価格を上回っている額．

Bid–Offer Spread（ビッド・オファー・スプレッド） Bid–Ask Spreadを参照．

Bid Price（ビッド・プライス） ディーラーが資産の買値として提示する価格．

Bilateral Clearing（二者間での清算）　店頭市場において取引を処理するための取引当事者間での取り決め。多くの場合，ISDA マスター契約を含む。

Binary Credit Default Swap（バイナリー型クレジット・デフォルト・スワップ）　ある企業がデフォルトした際に固定額を支払う商品。

Binary Option（バイナリー・オプション）　不連続なペイオフをもつオプション。たとえば，キャッシュ・オア・ナッシング・オプションやアセット・オア・ナッシング・オプション。

Binomial Model（二項モデル）　資産価格を連続する小期間ごとに観測される値で表したモデル。各小期間での価格変化は二通りしかないと仮定される。

Binomial Tree（二項ツリー）　二項モデルにおける資産価格の時間発展のようすを表すツリー。

Bivariate Normal Distribution（二次元正規分布）　正規分布に従う相関のある2変数に対する分布。

Black's Approximation（Black の近似）　配当のある株式に対するコール・オプションを評価するために Fischer Black が開発した近似方法。

Black's Model（Black モデル）　先物契約に対するヨーロピアン・オプションを評価するために Black–Scholes–Merton モデルを拡張したモデル。第26章で説明したように，実務では，このモデルは満期における資産価格の分布が対数正規分布に従っていると仮定した場合のヨーロピアン・オプションの評価に広く用いられている。

Black–Scholes–Merton Model（Black–Scholes–Merton モデル）　Fischer Black, Myron Scholes, Robert Merton によって開発された，株式のヨーロピアン・オプションの価格モデル。

Bond Option（債券オプション）　債券が原資産であるオプション。

Bond Yield（債券イールド）　債券のすべてのキャッシュ・フローに同一の割引率を適用して現在価値を求める場合において，その現在価値が債券の市場価格に一致するような割引率。

Bootstrap Method（ブートストラップ法）　市場データからゼロクーポン・イールド・カーブを計算する方法。金融商品の満期が短いほうから長いほうへと，順次適用していく。

Boston Option（ボストン・オプション）　Deferred Payment Option を参照。

Box Spread（ボックス・スプレッド）　コール・オプションを用いたブル・スプレッドとプット・オプションを用いたベア・スプレッドを組み合わせたポジション。

Break Forward（ブレイク・フォワード） Deferred Payment Option を参照。

Brownian Motion（ブラウン運動） Wiener Process を参照。

Bull Spread（ブル・スプレッド） 行使価格 K_1 のコール・オプション1単位のロング・ポジションと，行使価格 K_2（$K_2 > K_1$）のコール・オプション1単位のショート・ポジションを組み合わせたポジション。（ブル・スプレッドは，プット・オプションを用いてつくることもできる。）

Butterfly Spread（バタフライ・スプレッド） 行使価格 K_1 のコール・オプション1単位のロング・ポジション，行使価格 K_3 のコール・オプション1単位のロング・ポジション，および行使価格 K_2（$K_3 > K_2 > K_1$ かつ $K_2 = 0.5(K_1+K_3)$）のコール・オプション2単位のショート・ポジションを組み合わせたポジション。（バタフライ・スプレッドは，プット・オプションを用いてつくることもできる。）

Calendar Spread（カレンダー・スプレッド） ある満期をもつコール・オプションのロング・ポジションと，同じ行使価格で満期の異なるコール・オプションのショート・ポジションを組み合わせたポジション。（カレンダー・スプレッドは，プット・オプションを用いてつくることもできる。）

Calibration（キャリブレーション） 活発に売買されているオプションの価格にインプライされているモデルのパラメーターを求める方法。

Callable Bond（コーラブル債） 満期までのある定められた時点で，あらかじめ決められた価格で発行体が買い戻すことのできる条項のある債券。

Call Option（コール・オプション） ある定められた日に，ある決められた価格で資産を買うことができる権利。

Cancelable Swap（解約権付スワップ） あらかじめ決められた日に，契約者の一方が解約できるスワップ。

Cap（キャップ） Interest Rate Cap を参照。

Cap Rate（キャップ・レート） 金利キャップのペイオフを決める金利。

Capital Asset Pricing Model（CAPM，資本資産価格モデル） 資産の期待収益率とその資産のベータとを関係づけるモデル。

Caplet（キャップレット） 金利キャップの1構成要素。

Case–Shiller Index（ケース・シラー指数） 米国の住宅価格指数。

Cash Flow Mapping（キャッシュ・フロー・マッピング） バリュー・アット・リスクを計算するために，金融商品を割引債のポートフォリオで表す方法。

Cash-or-Nothing Call Option（キャッシュ・オア・ナッシング・コール・オプション） 資産の最終価格が行使価格を上回った場合には，あらかじめ決め

られた固定額のペイオフが発生し，そうでなければゼロとなるオプション。

Cash-or-Nothing Put Option（キャッシュ・オア・ナッシング・プット・オプション） 資産の最終価格が行使価格を下回った場合には，あらかじめ決められた固定額のペイオフが発生し，そうでなければゼロとなるオプション。

Cash Settlement（差金決済） 原資産の受渡しのかわりに現金で先物契約を清算する方法。

CAT Bond（CAT債） 特定のカテゴリーに属する"大災害"が発生し，その保険支払請求額がある範囲を超えた場合に，金利や元本の支払が減少する債券。

CCP Central Clearing Party を参照。

CDD（冷房度日） cooling degree days の略。日次平均気温が華氏65度訳注1を超えた部分の値とゼロの大きいほうの値。平均気温は，1日（午前零時から午前零時まで）の最高気温と最低気温の平均である。

CDO Collateralized Debt Obligation を参照。

CDO Squared（CDOスクウェア） CDOトランシェのポートフォリオがもつデフォルト・リスクを新しい証券に割り当てた商品。Credit Default Swap を参照。

CDS Spread（CDSスプレッド） CDSにおいて，プロテクションに対して毎年支払われる金額をベーシス・ポイント表示したもの。

CDX NA IG 北米企業125社からなるポートフォリオ。

CEBO Credit Event Binary Option を参照。

Central Clearing（中央清算） 店頭デリバティブに対して，清算機関を用いること。

Central Counterparty（中央清算機関） 店頭デリバティブに対する清算機関。

Cheapest-to-Deliver Bond（最割安銘柄） CMEグループの債券先物契約に対して受渡し可能な最割安な債券。

Cholesky Decomposition（コレスキー分解） 多次元正規分布からサンプリングする方法。

Chooser Option（チューザー・オプション） 満期までのある時点でコールにするかプットにするかを保有者が選択できるオプション。

Class of Options Option Class を参照。

Clean Price of Bond（債券のクリーン・プライス） 債券の提示価格。債券に

訳注1 華氏65度は，おおよそ摂氏18.3度。

対して支払われる取引価格（すなわちダーティ・プライス（dirty price））は，提示価格に経過利子を加えたものである。

Clearing House（清算機関） 取引所におけるデリバティブ取引の参加者の契約履行を保証する会社（clearing corporation（清算会社）とも呼ばれる）。

Clearing Margin（清算証拠金） 清算機関の清算参加者が差し入れる証拠金。

Cliquet Option（クリケット・オプション） 行使価格を決定するルールが付された，一連のコールまたはプット・オプション。典型的には，前のオプションが終わったときに次のオプションが開始する。

CMO Collateralized Mortgage Obligation を参照。

Collar（カラー） Interest Rate Collar を参照。

Collateralization デリバティブ取引において契約当事者の片方または双方が担保を差し入れる仕組み。

Collateralized Debt Obligation（CDO，債務担保証券） 信用リスクをパッケージ化する方法。債券ポートフォリオからいくつかの証券のクラス（トランシェと呼ばれる）がつくられ，各クラスにデフォルトの損失を割り当てるルールが決められている。

Collateralized Mortgage Obligation（CMO，不動産担保証券） 投資家をいくつかのクラスに分け，元本の期限前返済を各クラスへ振り分けるルールが決められているモーゲージ証券。

Combination（コンビネーション） 同じ原資産に対するコールとプットの両方を含むポジション。

Commodity Futures Trading Commission（CFTC，米商品先物取引委員会） 米国における先物取引を規制する団体。

Commodity Swap（コモディティ・スワップ） キャッシュ・フローが商品価格に依存するスワップ。

Compound Correlation（コンパウンド相関） CDO トランシェの市場価格にインプライされている相関。

Compound Option（コンパウンド・オプション） オプションを原資産とするオプション。

Compounding Frequency（複利回数） 金利の計り方を定義するもの。

Compounding Swap（コンパウンド・スワップ） 金利が支払われるかわりに最終日まで複利されるスワップ。

Conditional Value at Risk（C-VaR） 損益分布の $(100-X)$ ％点以上の損失が実現したという条件のもとでの N 日後の期待損失。変数 N は保有期間，X ％

は信頼水準を表す。

Confirmation（コンファメーション）　店頭市場において二者間で口頭で合意された取引に対する確認書。

Constant Elasticity of Variance（CEV）Model（CEVモデル）　変数の短期間の変化に対する分散が，その変数の値に比例しているモデル。

Constant Maturity Swap（CMS，コンスタント・マチュリティ・スワップ）　スワップ・レートと，固定金利または変動金利が，各支払日に交換されるスワップ。

Constant Maturity Treasury Swap（CMTスワップ，コンスタント・マチュリティ・トレジャリー・スワップ）　国債のイールドと，固定金利または変動金利が，各支払日に交換されるスワップ。

Consumption Asset（消費資産）　投資よりもむしろ消費目的で保有される資産。

Contango（コンタンゴ）　先物価格が将来の現物価格の期待値を上回っている状態（または，先物価格がいまの現物価格を上回っている状態を指すことも多い）。

Continuous Compounding（連続複利）　金利の提示方法の一つ。複利期間を小さくしていったときの極限。

Control Variate Technique（制御変量法）　数値計算法の精度を改善するためにしばしば用いられる手法。

Convenience Yield（コンビニエンス・イールド）　先物契約のロング・ポジションでは得られない，資産そのものを所有することから得られる利益を測る尺度。

Conversion Factor（コンバージョン・ファクター）　CMEグループの債券先物契約で受渡しされる債券の価格を決めるのに用いられる比率。

Convertible Bond（転換社債）　満期までの定められた時点で，あらかじめ決められた株数のその企業の株式に転換できる社債。

Convexity（コンベキシティ）　債券価格と債券イールドとの関係の曲率を測る尺度。

Convexity Adjustment（コンベキシティ調整）　いくつかの意味で使われる用語。たとえば，先物レートをフォワード・レートに変換するのに必要となる調整や，Blackモデルを利用するときにしばしば必要となるフォワード・レートの調整のことである。

Copula（コピュラ）　分布がわかっている変数間の相関を定義する一つの方法。

Cornish–Fisher Expansion（コーニッシュ・フィッシャー展開）　確率分布の

パーセント点とモーメントとの間に成り立つ近似的な関係。

Cost of Carry（キャリー・コスト） 資産の保管コストと購入資金調達コストから，資産から得られる収入を差し引いたもの。

Counterparty（カウンターパーティー） 金融取引の相手側。

Coupon（クーポン） 債券保有者に支払われる利子。

Covariance（共分散） 二つの変数の線形関係を図る尺度（それぞれの標準偏差の積を変数間の相関係数倍したものに等しい）。

Covariance Matrix（共分散行列） Variance–Covariance Matrix を参照。

Covered Call（カバード・コール） 資産に対するコール・オプションのショート・ポジションとその資産のロング・ポジションを組み合わせたもの。

Crashophobia（大暴落恐怖症） 市場の大暴落に対するおそれ。これがディープ・アウト・オブ・ザ・マネーのプット・オプション価格上昇を引き起こしていると説明される場合もある。

Credit Contagion（信用の伝染） ある企業のデフォルトが別の企業のデフォルトを引き起こす傾向。

Credit Default Swap（クレジット・デフォルト・スワップ） 債券の発行体がデフォルトしたときに，その債券を額面で売る権利を保有者に与える金融商品。

Credit Derivative（クレジット・デリバティブ） ペイオフが一つ以上の企業または国の信用度に依存するデリバティブ。

Credit Event（信用事由） クレジット・デリバティブの支払いを引き起こす，デフォルトや企業の更生手続などのようなイベント。

Credit Event Binary Option（CEBO，クレジット・イベント・バイナリー・オプション） 参照体に信用事由が発生した場合に，あらかじめ決められたペイオフが支払われるオプションであり，取引所で取引されている。

Credit Index（クレジット指数） ポートフォリオの各企業に対するプロテクションを購入するコストを表す指数（たとえば，CDX NA IG や iTraxx Europe 等）。

Credit Rating（信用格付） 債券発行における信用度の尺度。

Credit Rating Transition Matrix（格付推移行列） ある期間に，企業がある格付から別の格付に推移する確率を表にしたもの。

Credit Risk（信用リスク） デリバティブ取引で相手側のデフォルトにより損失を被るリスク。

Credit Spread Option（クレジット・スプレッド・オプション） ペイオフが二つの資産のイールドの差に依存しているオプション。

Credit Support Annex（CSA） ISDAマスター契約の一部であり，担保要求を扱う．

Credit Value Adjustment（CVA） あるカウンターパーティと締結したデリバティブの価値に，そのカウンターパーティーのデフォルト・リスクを反映させる調整．

Credit Value at Risk（信用バリュー・アット・リスク，信用VaR） ある定められた信頼水準において発生しうる，最大信用損失額．

CreditMetrics 信用バリュー・アット・リスクを計算する一つの手続．

Cross Hedging（クロス・ヘッジ） ある資産価格に対するエクスポージャーを別の資産に対する契約でヘッジすること．

Cumulative Distribution Function（累積分布関数） 変数がx以下の値をとる確率をxの関数として表したもの．

Currency Swap（通貨スワップ） ある通貨の金利および元本を別の通貨の金利および元本と交換するスワップ．

CVA Credit Value Adjustmentを参照．

Day Count（デイ・カウント） 金利の提示方法に関する慣行．

Day Trade（デイ・トレード） 約定したその日のうちに手仕舞う取引．

Debt（あるいはDebit）Value Adjustment（DVA） 締結しているデリバティブ契約に関して自身が債務不履行に陥る可能性があるという事実がその企業に与える価値．

Default Correlation（デフォルト相関） 二つの企業がほぼ同時にデフォルトする傾向を測る尺度．

Default Intensity（デフォルト強度） Hazard Rateを参照．

Default Probability Density（デフォルト確率密度） 将来のある短期間にデフォルトする無条件の確率．

Deferred Payment Option（ディファード・ペイメント・オプション） 価格がオプション満期に支払われるオプション．

Deferred Swap（ディファード・スワップ） 将来のある時点でスワップを開始する契約（forward swap（フォワード・スワップ）とも呼ばれる）．

Delivery Price（受渡価格） フォワード契約において合意された価格（あらかじめ決められている場合もある）．

Delta（デルタ） 原資産価格に対するデリバティブ価格の変化率．

Delta Hedging（デルタ・ヘッジ） デリバティブのポートフォリオの価格が原資産価格の微小変化に対して影響を受けないようにするヘッジ方法．

Delta-Neutral Portfolio（デルタ・ニュートラル・ポートフォリオ） デルタをゼロにして，原資産価格の微小変化に対して影響を受けないようにしたポートフォリオ．

DerivaGem ソフトウェア 本書に付属しているソフトウェア．

Derivative（デリバティブ） 価格が別の資産価格に依存している，あるいは別の資産価格から派生している商品．

Deterministic Variable（確定的な変数） 将来の値が既知の変数訳注2．

Diagonal Spread（ダイアゴナル・スプレッド） 行使価格と満期の両方が異なる二つのコール・オプションからなるポジション．（ダイアゴナル・スプレッドはプット・オプションを用いて組むこともできる．）

Differential Swap（ディファレンシャル・スワップ） ある通貨の変動金利と別の通貨の変動金利を交換する，想定元本が両サイドで同じスワップ．

Diffusion Process（拡散過程） 資産価値が連続的に（ジャンプなしで）変化するモデル．

Dirty Price of Bond（債券のダーティ・プライス） 債券の取引価格．

Discount Bond（割引債） Zero-Coupon Bond を参照．

Discount Instrument（割引証券） 米国短期国債のようなクーポン支払のない商品．

Diversification（分散投資） ポートフォリオを多くの異なる資産に割り振ることでリスクを低減させること．

Dividend（配当） 株式の所有者に支払われる現金．

Dividend Yield（配当利回り） 株価に対する百分率で表した配当．

Dodd–Frank Act（ドッド・フランク法） 米国で2010年に導入された法律であり，消費者と投資家を保護し，将来の金融機関の救済を回避すること，金融システムが機能していることをより詳細にモニタリングすることを目的としている．

Dollar Duration（金額デュレーション） 債券の修正デュレーションと債券価格の積．

DOOM Option Deep-out-of-the-money（ディープ・アウト・オブ・ザ・マネー）のプット・オプションのこと．

Down-and-In Option（ダウン・アンド・イン・オプション） 原資産価格があら

訳注2　金融工学の文脈では，"時間に対して"確定的という意味で用いられることが多い．

かじめ決められた水準まで下落したときに効力が発生するオプション。

Down-and-Out Option（ダウン・アンド・アウト・オプション） 原資産価格があらかじめ決められた水準まで下落したときに効力が消滅するオプション。

Downgrade Trigger（ダウングレード・トリガー） 片サイドの信用格付があるレベルを下回った場合に現金決済で契約が終了するという契約上の条項。

Drift Rate（ドリフト率） 確率変数の単位時間当りの平均上昇率。

Duration（デュレーション） 債券の平均残存期間の尺度。債券価格の変化率と債券イールドの値の変化との比に対する近似値にもなっている。

Duration Matching（デュレーション・マッチング） 金融機関における資産と負債のデュレーションを一致させること。

DV01 金利を1ベーシス・ポイント上昇させたときの価値変化。

DVA Debt（あるいは Debit）Value Adjustment を参照。

Dynamic Hedging（ダイナミック・ヘッジ） 原資産の保有ポジションを定期的に変化させることによってオプションのポジションをヘッジする方法。通常はポジションをデルタ・ニュートラルに保つように行われる。

Early Exercise（期限前行使） 満期日より前に行われる権利行使。

Effective Federal Funds Rate（実効FFレート） ブローカー経由の取引の，加重平均FFレート。

Efficient Market Hypothesis（効率的市場仮説） 資産価格には，関連する情報がすべて反映されているという仮説。

Electronic Trading（電子取引） コンピューターを用いて買い手と売り手を付き合わせる取引システム。

Embedded Option（組み込まれたオプション，内包オプション） 別の商品の分離できない一部となっているオプション。

Empirical Research（実証研究） 過去の市場データに基づく研究。

Employee Stock Option（従業員ストック・オプション） 企業が発行する自社株に対するオプションで，報酬の一部として従業員に付与するもの。

Equilibrium Model（均衡モデル） 経済モデルから導出される金利の挙動に対するモデル。

Equity Swap（エクイティ・スワップ） 株式のポートフォリオのリターンと固定金利もしくは変動金利とを交換するスワップ。

Equity Tranche（エクイティ・トランシェ） 最初に損失を吸収するトランシェ。

Equivalent Annual Interest Rate（等価1年複利金利） 1年複利の金利。

Euribor（ユーリボー） ユーロ圏での銀行間の市場金利。

Eurocurrency（ユーロカレンシー） 発行国の通貨当局の公式な管理外におかれている貨幣。

Eurodollar（ユーロドル） 米国外で銀行が保有しているドル。

Eurodollar Futures Contract（ユーロドル先物契約） ユーロドル預金に対する先物契約。

Eurodollar Interest Rate（ユーロドル金利） ユーロドル預金の金利。

Euro LIBOR ユーロに対するロンドン銀行間取引金利。

European Option（ヨーロピアン・オプション） 満期のみに権利行使可能なオプション。

EWMA（指数加重移動平均） exponentially weighted moving average の略。

Exchange Option（エクスチェンジ・オプション） ある資産を別の資産と交換するオプション。

Ex-dividend Date（配当落ち日） 配当が発表されたとき，配当落ち日も指定される。配当落ち日直前まで株式を保有していた投資家に配当は支払われる。

Exercise Limit（行使制限） 5日間に行使できるオプション契約の最大数。

Exercise Multiple（行使乗数） 従業員ストック・オプションの行使時点における株価の行使価格に対する比。

Exercise Price（行使価格） オプション契約で原資産が売買される価格（strike price とも呼ばれる）。

Exotic Option（エキゾチック・オプション） 非標準的なオプション。

Expectations Theory（期待仮説） フォワード・レートが将来のスポット・レートの期待値に等しいという仮説。

Expected Shortfall（期待ショートフォール） Conditional Value at Risk を参照。

Expected Value of a Variable（変数の期待値） 変数のとりうる値を確率で重みづけして得られる変数の平均値。

Expiration Date（満期日） 契約期間の最終日。

Explicit Finite Difference Method（陽解法） デリバティブの評価を微分方程式を解いて行うときに用いられる方法の一つで，有限差分法の一種。時点 t におけるデリバティブの価格が時点 $t+\Delta t$ における三つの値と関係づけられる。三項ツリー法と本質的に同じものである。

Exponentially Weighted Moving Average Model（指数加重移動平均モデル） 指数加重を用いて過去データから変数に対する予測を行うモデル。バリュー・アット・リスクの計算で，分散と共分散を推定するのに用いられる

こともある。

Exponential Weighting（指数加重） どれくらい前に観測が行われたかに依存して観測値に対する重みを決める方法。i 期前の観測に対する重みは，$i-1$ 期前の観測に対する重みの λ 倍になる。ただし，$\lambda < 1$ である。

Exposure（エクスポージャー） カウンターパーティーのデフォルトによって被る最大損失。

Extendable Bond（エクステンダブル債） 保有者が満期を延長できる債券。

Extendable Swap（エクステンダブル・スワップ） 契約者の一方が期間を延長できるスワップ。

Factor（ファクター） 不確実性の要因。

Factor Analysis（因子分析） 相関のある多くの変数に関して，変動の大部分を説明できる少数のファクターをみつけることを目的とした分析の一つ（主成分分析と類似のもの）。

FAS 123 従業員ストック・オプションに関する米国の会計基準。

FAS 133 ヘッジ商品に関する米国の会計基準。

FASB（米国財務会計基準審議会） Financial Accounting Standards Board の略。

Federal Funds Rate（FF レート） 銀行間のオーバーナイト借入金利。

FICO フェア・アイザック・コーポレーション（Fair Isaac Corporation）によって開発された信用スコア。

Financial Intermediary（金融仲介業者） 異なる経済主体の間の資金流通を容易にする，銀行やその他の金融機関のこと。

Finite Difference Method（有限差分法） 微分方程式を解く一つの数値計算法。

Flat Volatility（フラット・ボラティリティ） 各キャップレットに同じボラティリティを用いてキャップの価格を求めるときのボラティリティに対する呼び方。

Flex Option（フレックス・オプション） 取引所で取引される通常のオプションとは異なる条件で，取引所で取引されるオプション。

Flexi Cap（フレキシ・キャップ） 行使できるキャップレットの総数に制限のある金利キャップ。

Floor（フロア） Interest Rate Floor を参照。

Floor–Ceiling Agreement Collar を参照。

Floorlet（フロアレット） フロアの 1 構成要素。

Floor Rate（フロア・レート） 金利フロアのペイオフを決める金利。

Foreign Currency Option（通貨オプション） 外国為替レートに対するオプション。

Forward Contract（フォワード契約） 保有者が将来のあらかじめ決められた時点であらかじめ決められた受渡価格で資産を買うもしくは売る義務を負う契約。

Forward Exchange Rate（フォワード為替レート） 外国通貨1単位のフォワード価格。

Forward Interest Rate（フォワード・レート） 今日の市場金利から導かれる将来のある期間に対する金利。

Forward Price（フォワード価格） 契約の価値がゼロになるようなフォワード契約の受渡価格。

Forward Rate（フォワード・レート） 今日のゼロ・レートから算出される将来のある期間に対する金利。

Forward Rate Agreement（FRA，金利先渡契約） ある金利を将来のある期間に対するある元本に適用するという契約。

Forward Risk-Neutral World（フォワード・リスク中立世界） リスクの市場価格がある資産のボラティリティに等しいとき，世界はその資産に関してフォワード・リスク中立であるという。

Forward Start Option（先スタート・オプション） 将来のある時点でアット・ザ・マネーになるように設計されたオプション。

Forward Swap（フォワード・スワップ） Deferred Swap を参照。

Funding Value Adjustment（FVA） ファンディング・コストをデリバティブ価格に織り込む調整。

Futures Commission Merchants（先物取次業者） 顧客の指示に従う先物業者。

Futures Contract（先物契約） 保有者が将来の指定された期間にあらかじめ決められた受渡価格で資産を買うもしくは売る義務を負う契約。契約は日々値洗いされる。

Futures Option（先物オプション） 先物契約に対するオプション。

Futures Price（先物価格） 先物契約に現在適用される受渡価格。

Futures-Style Option（先物スタイルのオプション） オプションのペイオフに対する先物契約。

Gamma（ガンマ） 原資産価格に対するデルタの変化率。

Gamma-Neutral Portfolio（ガンマ・ニュートラル・ポートフォリオ） ガンマがゼロのポートフォリオ。

GAP Management（GAP 管理）　資産と負債の満期をあわせる手続。
Gap Option（ギャップ・オプション）　二つの行使価格があるヨーロピアン・コール・オプションあるいはヨーロピアン・プット・オプション。一つの行使価格が，そのオプションが行使されるかを決定し，もう一つがペイオフを決定する。
GARCH Model（GARCH モデル）　分散率が平均回帰過程に従っているボラティリティの予測モデル。
Gaussian Copula Model（ガウシアン・コピュラ・モデル）　二つ以上の変数間の相関構造を定義するモデル。いくつかのクレジット・デリバティブ・モデルにおいて，デフォルト時点の相関構造を定義するのに用いられている。
Gaussian Quadrature（ガウスの数値積分公式）　正規分布に基づいて積分するときの手法。
Generalized Wiener Process（一般化されたウィナー過程）　時点 t までの変数の変化が，t に比例する平均と分散をもつ正規分布に従う確率過程。
Geometric Average（幾何平均）　n 個の数の積に対する n 乗根。
Geometric Brownian Motion（幾何ブラウン運動）　資産価格に対してよく用いられている，変数の対数が一般化されたウィナー過程に従う確率過程。
Girsanov's Theorem（ギルサノフの定理）　測度を変える（たとえば，実世界からリスク中立世界へ移る）とき，変数の期待値は変化するが，ボラティリティは同じままであることを示す結果。
Greeks（グリークス）　デルタ，ガンマ，ベガ，セータ，ローのようなヘッジ・パラメータ。
Guaranty Fund（信認金）　取引所や中央清算機関の会員が提供する資金であり，デフォルトが発生した際には損失をカバーするために使用される。
Haircut（ヘアカット）　担保目的で差し入れられる資産の価値に適用される割引率。
Hazard Rate（ハザード・レート）　それ以前にデフォルトしていないという条件つきでの微小時間にデフォルトする確率。
HDD（暖房度日）　heating degree days の略。ゼロと日次平均気温が華氏65度訳注3を下回った部分の値の大きいほうの値。平均気温は，1日（午前零時から午前零時まで）の最高気温と最低気温の平均である。
Hedge（ヘッジ）　リスクを減らすために行う取引。

訳注3　華氏65度は，おおよそ摂氏18.3度。

Hedge Funds（ヘッジ・ファンド） ミューチュアル・ファンドに比べ，規制や制限が少ないファンド。ショート・ポジションをとることやデリバティブも用いることも可能だが，ファンドの証券を提供する際に公募はできない。

Hedger（ヘッジャー） ヘッジ取引を行う人。

Hedge Ratio（ヘッジ比率） ヘッジに用いる商品のポジションの大きさとヘッジされるポジションの大きさとの比。

Historical Simulation（ヒストリカル・シミュレーション法） 過去データに基づくシミュレーション。

Historical Volatility（ヒストリカル・ボラティリティ） 過去データから推定されるボラティリティ。

Holiday Calendar（休日カレンダー） スワップの支払日を決めるときに用いる休日を定義したカレンダー。

IMM Dates 3月，6月，9月，12月の第三水曜日。

Implicit Finite Difference Method（陰解法） デリバティブの評価を微分方程式を解いて行うときに用いられる方法の一つで，有限差分法の一種。時点 $t+\Delta t$ におけるデリバティブの価格が時点 t における三つの値と関係づけられる。

Implied Correlation（インプライド相関） ガウシアン・コピュラ（gaussian copula）または同様のモデルを用いて，クレジット・デリバティブの価格から推定した相関の値。

Implied Distribution（インプライド分布） オプション価格から推定した将来の資産価格の分布。

Implied Dividend Yield（インプライド配当利回り） 同じ行使価格と満期のコールとプットの価格から，プット・コール・パリティを用いて，推定される配当利回り。

Implied Tree（インプライド・ツリー） 観測されるオプション価格と整合性をもつように構築された資産価格の変動を記述するツリー。

Implied Volatility（インプライド・ボラティリティ） Black–Scholes–Mertonモデルまたは同様のモデルを用いて，オプション価格から推定したボラティリティ。

Implied Volatility Function (IVF) Model（インプライド・ボラティリティ関数（IVF）モデル） すべてのヨーロピアン・オプションの市場価格に適合させることができるようにつくられたインプライド・ボラティリティのモデル。

Inception Profit（当初収益） デリバティブを理論価格よりも高い価格で売ることにより得られる利益。

Index Amortizing Swap（インデックス・アモチ・スワップ） Indexed Principal Swap を参照。

Index Arbitrage（指数裁定取引） 株価指数を構成する株式のポジションとその株価指数に対する先物契約のポジションをとって行う裁定取引。

Index Futures（指数先物） 株価指数やその他の指数に対する先物契約。

Index Option（指数オプション） 株価指数やその他の指数に対するオプション。

Indexed Principal Swap 元本が時間とともに減少するスワップ。支払日における元本の減少額は金利水準によって決まる。

Initial Margin（当初証拠金） 先物のトレーダーから取引時点に要求される現金。

Instantaneous Forward Rate（瞬間フォワード・レート） 将来の微小期間に対するフォワード・レート。

Interest Rate Cap（金利キャップ） 指定された金利がある水準を上回ったときにペイオフが発生するオプション。その金利は定期的にリセットされる変動金利である。

Interest Rate Collar（金利カラー） 金利キャップと金利フロアを組み合わせたもの。

Interest Rate Derivative（金利デリバティブ） ペイオフが将来の金利に依存するデリバティブ。

Interest Rate Floor（金利フロア） 金利がある水準を下回ったときにペイオフが発生するオプション。その金利は定期的にリセットされる変動金利である。

Interest Rate Option（金利オプション） ペイオフが将来の金利の水準に依存するオプション。

Interest Rate Swap（金利スワップ） ある想定元本に対する固定金利と同じ想定元本に対する変動金利との交換。

International Swaps and Derivatives Association（ISDA，国際スワップ・デリバティブ協会） 店頭デリバティブの取引協会で，店頭取引で利用される基本契約書を作成している。

In-the-Money Option（イン・ザ・マネー・オプション） (a)資産価格が行使価格を上回っているコール・オプション。(b)資産価格が行使価格を下回っているプット・オプション。

Intrinsic Value（本源的価値） コール・オプションに対しては，資産価格が行使価格を上回っている額とゼロとの大きいほうの値。プット・オプションに対しては，行使価格が資産価格を上回っている額とゼロとの大きいほうの値。

Inverted Market（逆鞘市場） 満期が長いほど先物価格が減少している市場。

Investment Asset（投資資産） 投資目的で保有する投資家のいる資産。

IO（インタレスト・オンリー） Interest Only の略。住宅ローン・プールの利子部分のキャッシュ・フローのみを保有者が受け取るモーゲージ証券。

ISDA International Swaps and Derivatives Association を参照。

Itô Process（伊藤過程） 長さ Δt の各微小時間における変数の変化が正規分布に従う確率過程。分布の平均と分散は Δt に比例し，必ずしも一定ではない。

Itô's Lemma（伊藤の補題） 確率変数の関数が満たす確率過程を，その確率変数自体が満たす確率過程から計算する方法を与える結果。

iTraxx Europe 欧州企業の投資適格125社からなるポートフォリオ。

Jump–Diffusion Model（ジャンプ拡散モデル） 資産価格が幾何ブラウン運動のような拡散過程にジャンプを重ね合わせた確率過程に従うとするモデル。

Jump Process（ジャンプ過程） 変数の値にジャンプを含むような変数の確率過程。

Kurtosis（尖度） 分布の裾に対する厚さの尺度。

LEAPS long-term equity anticipation securities の略。個別株式や株価指数に対する比較的長期のオプションである。

LIBID London interbank bid rate の略。ユーロ通貨預金に対して銀行が提示するビッド・レート（すなわち，ある銀行が別の銀行から借入れしようとするときのレート）。

LIBOR（ロンドン銀行間取引金利） London interbank offered rate の略。ユーロ通貨預金に対して銀行が提示するオファー・レート（すなわち，ある銀行が別の銀行に貸出しようとするときのレート）。

LIBOR Curve（LIBOR カーブ） LIBOR ゼロクーポン・レートを満期の関数として表したもの。

LIBOR-in-Arrears Swap（後決め LIBOR スワップ） 支払われる金利が（前回支払日に観測された金利ではなく）その支払日に観測された金利によって決まるスワップ。

LIBOR–OIS Spread（LIBOR–OIS スプレッド） ある年限に対する LIBOR と OIS レートの差。

Limit Move（値幅制限いっぱいの値動き） 一つの取引セッションで取引所が認めている最大値幅。

Limit Order（指値注文） 指定された価格またはそれより投資家に有利な価格でのみ執行される注文。

Liquidity Preference Theory（流動性選好説） フォワード・レートが将来のスポット・レートの期待値を上回るという結論を導く理論。

Liquidity Premium（流動性プレミアム） フォワード・レートが将来のスポット・レートの期待値を上回っている量。

Liquidity Risk（流動性リスク） 保有している商品を理論価格で売却できないリスク。

Locals（ローカルズ） 取引所のフロアで，他人の勘定ではなく，自己勘定で取引を行っている人。

Lognormal Distribution（対数正規分布） 変数の対数が正規分布に従うとき，その変数は対数正規分布に従うという。

Long Hedge（買いヘッジ） 先物のロング・ポジションを伴うヘッジ。

Long Position（ロング・ポジション） 資産の買いを伴うポジション。

Lookback Option（ルックバック・オプション） ペイオフがある期間における資産価格の最大値または最小値に依存するオプション。

Low Discrepancy Sequence Quasi-random Sequence を参照。

Maintenance Margin（維持証拠金） トレーダーの証拠金勘定の残高が維持証拠金のレベルを下回ったとき，トレーダーは当初証拠金のレベルまで残高を引き上げるための追加証拠金差入れを要求するマージン・コール（margin call）を受ける。

Margin（証拠金） 先物やオプションのトレーダーから要求される現金残高（または代用有価証券）。

Margin Call（マージン・コール） 証拠金勘定の残高が維持証拠金のレベルを下回ったときに受ける追加証拠金差入れの要求。

Market-Leveraged Stock Unit（MSU，市場レバレッジ型株式単位） 保有者に対し，株式を将来受け取る権利を与えるもの。受け取る株式数は株価に依存する。

Market Maker（マーケット・メーカー） 資産に対するビッドとオファーの両方を求めに応じていつでも提示するトレーダー。

Market Model（マーケット・モデル） トレーダーに最も一般的に使われているモデル。

Market Price of Risk（リスクの市場価格） 投資家が形成するリスクとリターンとの間のトレードオフに関する尺度。

Market Segmentation Theory（市場分断仮説） 短期金利は長期金利とは独立に市場で決定されるという理論。

Marking to Market（マーク・トゥ・マーケット） 直接関係する市場変数の現在値を反映するように商品の評価を行うこと。

Markov Process（マルコフ過程） 微小期間における変数の挙動がその期間の初めにおける変数の値のみに依存し，過去の履歴には依存しない確率過程。

Martingale（マルチンゲール） ドリフトがゼロの確率過程。

Maturity Date（満期日） 契約期間の最終日。

Maximum Likelihood Method（最尤法） 一連の観測値が発生する確率を最大にするようにパラメータの値を選択する方法。

Mean Reversion（平均回帰） 市場変数（たとえば金利）がある長期的な平均水準に回帰する傾向。

Measure（測度） 確率測度とも呼ばれ，それによってリスクの市場価格が決まる。

Mezzanine Tranche（メザニン・トランシェ） シニア・トランシェに達する前に，エクイティ・トランシェの次に損失が生じるトランシェ。

Modified Duration（修正デュレーション） 債券価格の変化率とそのイールドの実際の変化との関係をより正確に表すように標準的なデュレーションを修正したもの。提示されているイールドの複利の頻度（compounding frequency）を考慮にいれる修正が行われている。

Money Market Account（マネー・マーケット・アカウント） 最初は1ドルに等しく，時点 t ではその時点の短期無リスク金利で増加する投資。

Monte Carlo Simulation（モンテカルロ・シミュレーション） デリバティブを評価するために，市場変数の変化をランダムにサンプリングする方法。

Mortgage-Backed Security（MBS，不動産担保証券） 住宅ローンのプールから実現するキャッシュ・フローの分配を受ける権利を所有者に与える証券。

Naked Position（ネイキッド・ポジション） 原資産のロング・ポジションと組み合わせないコール・オプションのショート・ポジション。

Netting（ネッティング） 取引相手のデフォルト時，あるいは担保要求額を決定するために，正と負の価値をもつ契約を相殺できること。

Newton–Raphson Method（ニュートン・ラフソン法） 非線形な方程式を反復計算で解く方法。

NINJA（"忍者"）　no income, no job, no assets（無収入，無職，無資産）の略で，信用リスクの高い人を表現する際に使われる用語。

No-Arbitrage Assumption（無裁定仮定）　市場価格には裁定機会は存在しないという仮定。

No-Arbitrage Interest Rate Model（無裁定金利モデル）　初期時点の金利の期間構造と正確に整合性のとれた金利の挙動を表現するモデル。

Nonstationary Model（非定常モデル）　ボラティリティ・パラメータが時間の関数になっているモデル。

Nonsystematic Risk（非システマティック・リスク）　分散除去可能なリスク。

Normal Backwardation（ノーマル・バックワーデーション）　先物価格が将来の現物価格の期待値を下回っている状態。

Normal Distribution（正規分布）　統計学における標準的な釣鐘型の分布。

Normal Market（順鞘市場）　満期が長いほど先物価格が増加している市場。

Notional Principal（想定元本）　金利スワップにおける支払額を計算するときに用いられる元本。この元本は支払も受取りもされないので，"想定"されたものである。

Numeraire（ニューメレール，基準財）　証券価格を測る単位を定義するものである。たとえば，IBMの価格をニューメレールとすれば，すべての証券価格はIBMに対して相対的に測られる。IBMが80ドルで，ある証券の価格が50ドルならば，IBMをニューメレールとするときは，その証券価格は0.625になる。

Numerical Procedure（数値計算法）　解析式が利用できない場合にオプションを評価する方法。

OCC（オプション清算機関）　Options Clearing Corporationの略。Clearing House参照。

Offer Price（オファー・プライス）　Ask Priceを参照。

OIS　Overnight Indexed Swapを参照。

Open Interest（建玉）　先物契約の未決済のロング・ポジションの総数（ショート・ポジションの総数に等しい）。

Open Outcry（立会い）　取引所の立会場でトレーダーが会して行う取引方法。

Option（オプション）　資産を買う，もしくは，売る権利。

Option-Adjusted Spread（オプション調整後スプレッド）　金利デリバティブの理論価格が市場価格と等しくなるような国債カーブに対するスプレッド。

Option Class（オプション・クラス）　特定の株式に対する同じタイプ（コール

またはプット)のすべてのオプション.

Option Series（オプション・シリーズ） 同じ行使価格と満期日をもつあるクラスに属するすべてのオプション.

Out-of-the-Money Option（アウト・オブ・ザ・マネー・オプション） (a)資産価格が行使価格を下回っているコール・オプション. (b)資産価格が行使価格を上回っているプット・オプション.

Overnight Indexed Swap（OIS, オーバーナイト・インデックス・スワップ） 決められた期間（たとえば1カ月）について, 固定金利とその期間でのオーバーナイト金利の幾何平均を交換するスワップ.

Over-the-Counter Market（店頭市場） トレーダーが電話取引する市場. 通常, トレーダーは金融機関, 企業, およびファンド・マネージャーである.

Package（パッケージ） 標準的なコールとプットのポートフォリオに, 場合によってはフォワード契約と資産そのものを組み合わせてつくられたデリバティブ.

Par Value（パー・バリュー） 債券の額面.

Par Yield（パー・イールド） 価格が額面に等しくなるような債券のクーポン.

Parallel Shift（パラレル・シフト） カーブ上のすべての点で同じ量だけ変化するようなイールド・カーブの動き.

Parisian Option（パリジャン・オプション） ノック・インあるいはノック・アウトされるには, 資産価格が一定の期間, バリアよりも上あるいは下に位置する必要があるバリア・オプション.

Path-Dependent Option（経路依存型オプション） ペイオフが最終価値だけでなく, 原資産変数のパス全体に依存するオプション.

Payoff（ペイオフ） 契約期間の終了時にオプションやその他のデリバティブの保有者に実現する現金.

PD（デフォルト確率） Probability of default の略.

Perpetual Derivative（永久デリバティブ） 永久に存続するデリバティブ.

Plain Vanilla（プレーン・バニラ） 標準的な取引を表すのに使われる用語.

P-Measure（P 測度） 実世界における測度.

PO（プリンシパル・オンリー） Principal Only の略. 住宅ローン・プールの元本部分のキャッシュ・フローのみを保有者が受け取るモーゲージ証券.

Poisson Process（ポアソン過程） 事象がランダムに起こる状況を記述する確率過程. 時間 Δt に一つの事象が起こる確率は $\lambda \Delta t$ で与えられる. ここで, λ はこの過程の強度である.

Portfolio Immunization（ポートフォリオ・イミュニゼーション） 金利の影響を比較的受けないポートフォリオをつくること。

Portfolio Insurance（ポートフォリオ・インシュアランス） ポートフォリオの価値がある水準を下回らないことを保証するような取引を行うこと。

Position Limit（建玉制限） トレーダー（あるいは行動をともにするトレーダーのグループ）が保有することを許されている最大のポジション。

Premium（プレミアム） オプションの価格。

Prepayment Function（期限前返済関数） 住宅ローンのポートフォリオにおける元本の期限前返済を他の変数を用いて推定する関数。

Principal（元本） 負債商品の額面価値。

Principal Components Analysis（主成分分析） 相関のある多くの変数に関する変動の大部分を説明できる少数のファクターをみつけることを目的とした分析の一つ（因子分析と類似のもの）。

Principal Protected Note（元本確保型債券） 得られるリターンは危険資産のパフォーマンスに依存するが，負にならないよう保証されている商品。それゆえ，投資家の元本は確保される。

Program Trading（プログラム売買） 取引がコンピュータによって自動的に生成され，取引所の立会場に伝達される仕組み。

Protective Put（プロテクティブ・プット） 原資産のロング・ポジションを組み合わせたプット・オプション。

Pull-to-Par 満期において債券価格を額面に戻すこと。

Put–Call Parity（プット・コール・パリティ） 同じ行使価格と満期をもつヨーロピアン・コール・オプションの価格とヨーロピアン・プット・オプションの価格の間に成り立つ関係。

Put Option（プット・オプション） ある定められた日に，ある決められた価格で資産を売ることができる選択権。

Puttable Bond（プッタブル債） あらかじめ定められた時点に，あらかじめ決められた価格で発行体に売り戻す権利を保有者がもっている債券。

Puttable Swap（プッタブル・スワップ） 一方が期限前解約できる権利をもっているスワップ。

Q-Measure（Q測度） リスク中立世界における測度。

Quanto（クオント） ある通貨に関連する変数で定義されたペイオフが別の通貨で支払われるデリバティブ。

Quasi-random Sequence（準乱数列） モンテカルロ・シミュレーションで用い

られる．ランダムというよりも分布の代表的な標本点を生成するような数列．

Rainbow Option（レインボー・オプション） 二つ以上の原資産変数に依存するペイオフをもつオプション．

Range Forward Contract（レンジ・フォワード契約） コールのロング・ポジションとプットのショート・ポジションの組合せ，もしくはコールのショート・ポジションとプットのロング・ポジションの組合せ．

Ratchet Cap（ラチェット・キャップ） 金利計算期間に適用されるキャップ・レートが前回の金利計算期間に対する金利にスプレッドを加えたものに等しい金利キャップ．

Real Option（リアル・オプション） （金融資産ではなく）実物資産に関係したオプション．実物資産には，土地，設備，機械などが含まれる．

Rebalancing（リバランス） 定期的にトレーディング・ポジションを調整する操作．ポジションをデルタ・ニュートラルに保つ目的で行われることが多い．

Recovery Rate（回収率） デフォルト発生時の回収額を額面に対する百分率で表した値．

Reference Entity（参照体） クレジット・デフォルト・スワップにおいて，デフォルト・プロテクションの対象となっている企業．

Repo（レポ取引） repurchase agreement の略．証券を取引相手に売却し，後で少し高い価格で買い戻すことに同意することで借入れを行う方法．

Repo Rate（レポ・レート） レポ取引における利子率．

Reset Date（リセット日） スワップやキャップ，フロアにおいて，次の期間の変動金利を設定する日．

Restricted Stock Unit（RSU，制限付株式単位） 保有者に，1株の株式を将来受け取る権利をあたえるもの．

Reversion Level（回帰水準） 市場変数（たとえば金利）の値が回帰する水準．

Rho（ロー） 金利に対するデリバティブ価格の変化率．

Rights Issue（株主割当発行） ある価格で新株を購入する権利を既存株主に与えるような証券の発行．

Risk-Free Rate（無リスク金利） リスクなしで得ることのできる金利．

Risk-Neutral Valuation（リスク中立化法） 世界がリスク中立であると仮定してオプションやその他のデリバティブを評価する方法．リスク中立化法を用いると，リスク中立世界だけでなく，あらゆる世界での正しいデリバティブ

の価格が得られる。

Risk-Neutral World（リスク中立世界） 投資家はリスクをとることに対して平均として超過収益を求めないと仮定された世界。

Roll Back（ロール・バック） Backwards Induction を参照。

Scalper（スカルパー） 非常に短い時間だけポジションを保有するトレーダー。

Scenario Analysis（シナリオ分析） 市場変数の将来とりうるさまざまな動きがポートフォリオの価値に与える影響を分析すること。

SEC（米国証券取引委員会） Security and Exchange Commission の略。

Securitization（証券化） 資産ポートフォリオのリスクを移転させる手法。

SEF Swap Execution Facility を参照。

Settlement Price（清算値） 1日の取引の終了を告げるベルが鳴る直前に取引された契約の価格の平均。時価評価には通常この価格が用いられる。

Sharpe Ratio（シャープ・レシオ） 無リスク金利に対する超過リターンを，超過リターンの標準偏差で割った比率。

Short Hedge（売りヘッジ） 先物のショート・ポジションによるヘッジ。

Short Position（ショート・ポジション） トレーダーが所有していない現物を売ることにより生じるポジション。

Short Rate（短期金利） 非常に短い期間に対して適用される金利。

Short Selling（空売り） 別の投資家から借りた株式を市場で売却すること。

Short-Term Risk-Free Rate（短期無リスク金利） Short Rate を参照。

Shout Option（シャウト・オプション） 保有者が，契約期間中に一度，ペイオフの最小値を固定する権利をもつオプション。

Simulation（シミュレーション） Monte Carlo Simulation を参照。

Specialist（スペシャリスト） 取引所で指値注文をうまく処理する責任を有する者。スペシャリストは未決済の指値注文に関する情報を，他のトレーダーには提供しない。

Speculator（スペキュレーター） 市場でポジションをとる者。資産価格が上昇すること，もしくは下落することに賭けている場合が多い。

Spot Interest Rate（スポット金利） Zero-Coupon Interest Rate を参照。

Spot Price（スポット価格，現物価格） すぐに受渡しを行う場合の価格。

Spot Volatilities（スポット・ボラティリティ） 各キャップレットに対して異なるボラティリティを用いる場合に，キャップの価格づけに用いられるボラティリティ。

Spread Option（スプレッド・オプション） 二つの市場変数の差に依存するペ

イオフをもつオプション。

Spread Transaction（スプレッド取引）　二つ以上の同じ種類のオプションからなるポジション。

Stack and Roll（スタック・アンド・ロール）　短期間の先物契約をロールすることで，長期間のヘッジを生成する手法。

Static Hedge（静的ヘッジ）　最初にヘッジを行ってからポジションの変更を必要としないヘッジ。

Static Options Replication（オプションの静的な複製）　ある境界上で価値がほぼ等しくなるような別のポートフォリオをみつけることによってポートフォリオをヘッジする方法。

Step-up Swap（ステップアップ・スワップ）　あらかじめ決められた方法で，時間の経過とともに元本が増加するスワップ。

Sticky Cap（スティッキー・キャップ）　金利計算期間に適用されるキャップ・レートが前回の金利計算期間のキャップ・レートを上限とした金利にスプレッドを加えたものに等しい金利キャップ。

Stochastic Process（確率過程）　確率変数の確率的変動を記述した方程式。

Stochastic Variable（確率変数）　将来の値が不確実な変数。

Stock Dividend（株式配当）　現物株の割当てでもって支払われる配当。

Stock Index（株価指数）　株式のポートフォリオ価値に連動する指数。

Stock Index Futures（株価指数先物）　株価指数に対する先物。

Stock Index Option（株価指数オプション）　株価指数に対するオプション。

Stock Option（株式オプション）　株式に対するオプション。

Stock Split（株式分割）　既存の株式1株を1株より多い新株に転換すること。

Storage Costs（保管コスト）　商品の保管コスト。

Straddle（ストラドル）　同じ行使価格のコール1単位とプット1単位のロング・ポジション。

Strangle（ストラングル）　行使価格の異なるコール1単位とプット1単位のロング・ポジション。

Strap（ストラップ）　同じ行使価格のコール・オプション2単位とプット・オプション1単位のロング・ポジション。

Stressed VaR（ストレスVaR）　市場環境がストレス下にあった期間を用いたヒストリカル・シミュレーション法により計算されたVaR。

Stress Testing（ストレス・テスト）　極端な市場変動のポートフォリオの価値への影響を調べること。

Strike Price（行使価格） オプション契約において，資産を買うまたは売ることのできる価格（exercise price とも呼ばれる）。

Strip（ストリップ） 同じ行使価格のコール・オプション1単位とプット・オプション2単位のロング・ポジション。

Strip Bonds（ストリップス債） 米国長期国債のクーポンを元本と分離して売却することによってつくられる割引債。

Subprime Mortgage（サブプライム住宅ローン） 借入れ・返済履歴の乏しい，または借入れ・返済履歴のない借手に対して貸し付けられた住宅ローン。

Swap（スワップ） あらかじめ定められた算式に基づいて，将来のキャッシュ・フローを交換する契約。

Swap Execution Facility（スワップ取引執行機関） 店頭デリバティブを取引するための電子的なプラットフォーム。

Swap Rate（スワップ・レート） スワップの価値がゼロになるような金利スワップにおける固定金利。

Swaption（スワップション） 定められた固定金利と変動金利を交換する金利スワップを開始できるオプション。

Swing Option（スイング・オプション） 消費量の最小水準と最大水準が定められているエネルギー・オプション。オプション保有者がエネルギーの消費量を変えられる回数には，通常上限が設けられている。

Synthetic CDO（シンセティック CDO） クレジット・デフォルト・スワップを売却することによって組成される CDO。

Synthetic Option（複製オプション） 原資産の売買によって複製されるオプション。

Systematic Risk（システマティック・リスク） 分散除去できないリスク。

Systemic Risk（システミック・リスク） ある一つの金融機関のデフォルトが，他の金融機関のデフォルトへとつながってしまうリスク。

Tailing the Hedge（ヘッジのテーリング） 日次値洗いの効果を考慮してヘッジに用いる先物契約数を調整すること。

Tail Loss（テール・ロス） Conditional Value at Risk を参照。

Take-and-Pay Option（テイク・アンド・ペイ・オプション） Swing Option を参照。

TED Spread（TED スプレッド） 3カ月物 LIBOR と3カ月物米国短期国債金利の差。

Tenor（テナー） 支払いの頻度。

Term Structure of Interest Rates（金利の期間構造） 金利と満期との間の関係。

Terminal Value（最終価値） 満期における価値。

Theta（セータ） 時間の経過に対するオプションや他のデリバティブの価格の変化率。

Time Decay（タイム・ディケイ） Theta を参照。

Time Value（時間価値） 満期までに時間が残っていることから生じているオプションの価値（オプション価格から本源的価値を引いたものに等しい）。

Timing Adjustment（タイミング調整） デリバティブのペイオフの発生時点の違いに対応して，変数のフォワード価値に対して行う調整。

Total Return Swap（トータル・リターン・スワップ） 債券のような資産に対するリターンと LIBOR にスプレッドを加えたものを交換するスワップ。資産に対するリターンには，クーポンのような資産からの収入と資産価値の変化が含まれる。

Tranche（トランシェ） 異なるリスク特性をもったいくつかの証券の一つ。CDO や CMO のトランシェがその例である。

Transaction Costs（取引コスト） 取引の執行コスト（手数料に，約定価格とビッド・オファーの仲値との差額を加えたもの）。

Treasury Bill（米国短期国債） 米国政府が財政資金調達のために発行する短期割引債。

Treasury Bond（米国長期国債） 米国政府が財政資金調達のために発行する長期利付債。

Treasury Bond Futures（米国長期国債先物） 米国長期国債に対する先物契約。

Treasury Note（米国中期国債） Treasury Bond を参照。（米国中期国債は満期が10年以下のもの。）

Treasury Note Futures（米国中期国債先物） 米国中期国債に対する先物契約。

Tree（ツリー） オプションや他のデリバティブを評価する目的で，市場変数の価値の時間発展を表現したもの。

Trinomial Tree（三項ツリー） 各ノードから三つの枝が分岐しているツリー。二項モデルと同様にデリバティブの評価に用いられる。

Triple Witching Hour 株価指数先物，株価指数オプション，株価指数先物オプションのすべてが同時に満期を迎える時点を表す用語。

Underlying Variable（原資産変数） オプションや他のデリバティブの価格が依存している変数。

Unsystematic Risk Nonsystematic Risk を参照。

Up-and-In Option（アップ・アンド・イン・オプション） 原資産価格があらかじめ決められた水準まで上昇したときに効力が発生するオプション。

Up-and-Out Option（アップ・アンド・アウト・オプション） 原資産価格があらかじめ決められた水準まで上昇したときに効力が消滅するオプション。

Uptick（アップティック） 価格が上昇すること。

Value at Risk（バリュー・アット・リスク） ある指定した信頼水準において発生しうる最大損失額。

Variance–Covariance Matrix（共分散行列） いくつかの異なる市場変数に対する分散と共分散からなる行列。

Variance-Gamma Model（バリアンス・ガンマ・モデル） 小さなジャンプが頻繁に発生し、大きなジャンプがまれに発生するような純粋ジャンプモデル。

Variance Rate（分散率） ボラティリティの2乗。

Variance Reduction Procedures（分散減少法） モンテカルロ・シミュレーションの誤差を小さくする方法。

Variance Swap（バリアンス・スワップ） ある期間における分散率の実現値と固定の分散率とを交換するスワップ。分散率はともに同じ想定元本に適用される。

Variation Margin（変動証拠金） 追加証拠金の差入要求があったとき、証拠金勘定の残高を当初証拠金まで引き上げるのに必要となる追加の証拠金。

Vega（ベガ） ボラティリティに対するオプションや他のデリバティブの価格の変化率。

Vega-Neutral Portfolio（ベガ・ニュートラル・ポートフォリオ） ベガがゼロのポートフォリオ。

Vesting Period（権利確定期間） オプションが行使できない期間。

VIX Index（VIX指数） S&P 500のボラティリティ指数。

Volatility（ボラティリティ） 資産の収益率に対する不確実性の尺度。

Volatility Skew（ボラティリティ・スキュー） 対称的でないボラティリティ・スマイルを表す用語。

Volatility Smile（ボラティリティ・スマイル） 行使価格に対するインプライド・ボラティリティの変化を表したもの。

Volatility Surface（ボラティリティ・サーフェス） 行使価格と満期に対するインプライド・ボラティリティの変化を示した表。

Volatility Swap（ボラティリティ・スワップ） ある期間におけるボラティリ

ティの実現値と固定のボラティリティとを交換するスワップ。ボラティリティはともに同じ想定元本に適用される。

Volatility Term Structure（ボラティリティ期間構造） 満期までの時間に対するインプライド・ボラティリティの変化を表したもの。

Volcker Rule（ボルカー・ルール） ドッド・フランク法に含まれる規制で，銀行の投機的行動を制限する。元連邦準備制度理事会議長であるポール・ボルカー（Paul Volcker）により提唱された。

Warrant（ワラント） 企業や金融機関が発行するオプション。コール・ワラントは，企業が自社株に対して発行したものが多い。

Waterfall（ウォーターフォール） 原資産となるポートフォリオからのキャッシュ・フローがどのようにトランシェに配分されるかを決めるルール。

Weather Derivative（天候デリバティブ） 天候に依存するペイオフをもつデリバティブ。

Weeklys（ウィークリー） 木曜日に組成され，次の週の金曜日に満期となるオプション。

Wiener Process（ウィナー過程） 長さΔtの各微小時間における変数の変化が平均ゼロ，分散Δtの正規分布に従う確率過程。

Wild Card Play（ワイルド・カード・プレイ） 取引終了後のある時間内であれば終値で先物契約の現渡しが行える権利。

Writing an Option オプションを売ること。

Yield（イールド） 商品から得られる収益率。

Yield Curve（イールド・カーブ） Term Structure of Interest Ratesを参照。

Zero-Coupon Bond（ゼロクーポン債） クーポンのない債券。

Zero-Coupon Interest Rate（ゼロクーポン金利） 割引債から得られる金利。

Zero-Coupon Yield Curve（ゼロクーポン・イールド・カーブ） 満期までの時間に対してゼロクーポン・レートを描いた曲線。

Zero Curve（ゼロ・カーブ） Zero-Coupon Yield Curveを参照。

Zero Rate（ゼロ・レート） Zero-Coupon Interest Rateを参照。

DerivaGem ソフトウェア

　DerivaGem 3.00 は，本書第 9 版の読者のために多くの新しい機能を取り入れている。ヨーロピアン・オプションは，第27章で議論した CEV モデル，Merton のジャンプ拡散モデル，バリアンス・ガンマ・モデルにより評価することができる。モンテカルロ・シミュレーションも実行可能である。LIBOR と OIS のゼロ・カーブはマーケット・データより計算可能であり，スワップや債券も評価できる。スワップ，キャップ，スワップションの評価には，OIS 割引でも LIBOR 割引でも用いることができる。

はじめに

　どんなソフトウェアを使う場合でも，最初の一歩が最大の難所である。DerivaGem 3.00 を初めて使う場合について，順を追って説明する。

1．本書に付属するCD-ROMから，DG300.xls，DG300functions.xls，DG300 applications.xlsをコンピューターに保存する。ExcelファイルであるDG300.xlsを開く。

2．マクロを有効にする必要がある。*編集を有効にする* や *コンテンツの有効化* というボタンがワークシートの上部に現れたらクリックする。WindowsやOfficeのバージョンによっては，マクロのセキュリティを"中"か"低"に設定する必要があるかもしれない。

3．ページの下部にある *Equity_FX_Indx_Fut_Opts_Calc* というワークシートをクリックする。

4．Underlying Typeは *Currency* を，Option Typeは *Binomial: American* を選ぶ。*Put* のボタンを押し，*Imply Volatility* のチェックをはずす。

5．これで，通貨のアメリカン・プット・オプションを評価するための準備が整った。為替レート，ボラティリティ，無リスク国内金利，無リスク外貨金利，満期（年），行使価格，時間ステップの七つの入力項目がある。これらの入力項目について，D5，D6，D7，D8，D13，D14，D15のセルに，1.61，12%，8%，9%，1.0，1.60，4としてそれぞれ入力する。

6．キーボードの *Enter* を押し，*Calculate* をクリックする。オプション価格はD20のセルに0.07099と表示され，グリークスはD21からD25のセルに表示される。次のページに，実際に表示される画面を示す。

7．*Display Tree* を押下する。オプションの計算に用いられた二項ツリーが確認できる。これが，第21章の図21.6として掲載したものである。

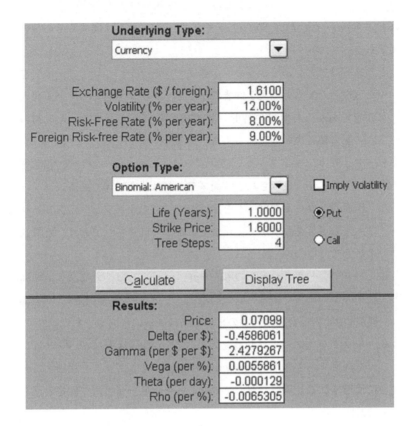

次のステップ

これで，他の原資産のさまざまなタイプのオプションをこのワークシートを用いて容易に計算できるはずである。ボラティリティを推定するには，*Imply Volatility* ボックスにチェックを入れ，オプション価格をD20のセルに入力する。*Enter* を押し *Calculate* をクリックすると，インプライド・ボラティリティがD6のセルに表示される。

次のワークシートにさまざまなグラフを表示させることができる。グラフを表示させるには，まず最初に縦軸の変数と横軸の変数を選び，そして横軸の値の範囲を決める。その後に，キーボードの *Enter* を押し *Draw Graph* をクリックする。

以下は *Equity_FX_Indx_Fut_Opts_Calc* ワークシートに関するその他の留意点である。

1. ヨーロピアンとアメリカンの株式オプションについては，原資産である株価の配当を最大7回までポップ・アップされるテーブルに入力可能である。各配当の時間（評価日から年単位で指定）を最初の列に，配当額を次の列に入力する。
2. アメリカン・オプションの評価では，時間ステップは最大500まで設定できるが，表示される時間ステップは最大で10である。
3. 標準的なコールやプットを除いたすべてのオプションのグリークスは，入力項目をわずかに変化させることで計算されており，解析式によるものではない。
4. アジアン・オプションの *Current Average* とは，オプション期間開始来の平均価格である。新規の取引（オプション期間開始からの経過時間がゼロ）の場合には，この平均価格は評価に無関係である。
5. ルックバック・オプションの場合，*Minimum to Date* 訳注1 はコールを評価するとき，*Maximum to Date* 訳注2 はプットを評価するときに使用される。新規の取引では，これらは原資産の現在価格と同じ値に設定する。
6. 金利は連続複利であり，デイカウントは実日数／実日数である。

Alternative Models ワークシートについても，*Equity_FX_Indx_Fut_Opts_Calc* と同様の操作となる。オプションは CEV モデル，Merton のジャンプ拡散モデル，バリアンス・ガンマ・モデルによって評価することができる。グラフは同じワークシートに表示される。インプライド・ボラティリティを y 軸に，行使価格を x 軸にとれば，ボラティリティ・スマイルが表示される。

訳注1　評価日までの原資産の最低価格。
訳注2　評価日までの原資産の最高価格。

モンテカルロ・シミュレーション

Monte Carlo ワークシートでは，対数正規モデル，Merton のジャンプ拡散モデル，バリアンス・ガンマ・モデルにより，多数の種類のオプションがどのように評価されるかをみることができる。10回の試行については，すべての結果が表示される。*Do AntiThetic* ボックスにチェックを入れれば，これらは対で平均化されるので5回の試行に対する結果が生成される。これがチェックされない場合には，10回の試行に対する結果となる。標準誤差は，すべての試行と表示されている10回の試行の両方に対して表示される。

ゼロ・カーブ

LIBOR ゼロ・カーブは LIBOR 預金金利と LIBOR 対固定のスワップ・レートから計算される。OIS ゼロ・カーブは OIS レートから計算される。わかりやすくするために実際の取引よりも単純化しており，金利計算期間は1年を均等に分割した期間（たとえば，1.0年，0.5年，0.25年，等），デイカウントは実日数／実日数となっている。LIBOR ゼロ・カーブは，第9章で述べたように LIBOR 割引でも OIS 割引でも計算することができる。よって，このワークシートで，LIBOR 割引から OIS 割引に移行したときの LIBOR ゼロ・カーブに対する影響を調べることができる。

債券とスワップ

Bond_and_Swap_Price ワークシートもこれまでのワークシートと同じように動作する。スワップは LIBOR 割引でも OIS 割引でも評価できる。OIS 割引では，LIBOR ゼロ・カーブに加え OIS ゼロ・カーブも入力することが必要となる。LIBOR ゼロ・カーブは，*Zero Curve* ワークシートで通常は計算されることになる。

債券オプション

Bond_Options ワークシートの操作もこれまでのワークシートとほぼ同様である。ほかに用意されているモデルは，Black モデル（29.1節を参照），短

期金利の正規モデル（(31.13)式を参照），短期金利の対数正規モデル（(31.18)式を参照）である。最初のモデルはヨーロピアン・オプションにしか適用できない。他の二つのモデルは，ヨーロピアン・オプションにもアメリカン・オプションにも適用可能である。クーポンは年率であり，支払頻度は3カ月ごと，半年ごと，1年ごとが選択できる。ゼロクーポン・イールド・カーブは Term Structure というラベルのついたテーブルに入力する。最初の列に満期（年単位）を，次の列に対応するレートを連続複利で入力する。DerivaGem は図4.1で示されるような区分線形ゼロ・カーブを仮定する。行使価格には提示価格（クリーン・プライス）か取引価格（ダーティ・プライス）（29.1節を参照）を設定可能である。ソフトウェアにより計算される債券提示価格および入力項目である行使価格は，元本100ドルに対するものである。

キャップとスワップション

Caps_and_Swap_Options ワークシートの操作も他のワークシートとほぼ同じである。このワークシートは，金利キャップ／フロア，スワップションを評価するのに使うことができる。キャップとフロアに対する Black モデルは29.2節で説明され，ヨーロピアン・スワップションに対する Black モデルは29.3節で説明されている。短期金利モデルの正規と対数正規のモデルはそれぞれ(31.13)式と(31.18)式となる。金利期間構造は，債券オプションの場合と同じ方法で入力する。支払頻度には，1カ月ごと，3カ月ごと，半年ごと，1年ごとが選択できる。ソフトウェアは，商品の満期から手前に向かって順に支払日を計算する。そのため，キャップ／フロアの最初の金利計算期間が非標準的になる場合もあり，その場合は通常の金利計算期間の0.5倍から1.5倍の間に設定されることになる。なお，LIBOR 割引と OIS 割引のどちらでも用いることができる。

CDS

CDS ワークシートでは，CDS スプレッドからハザード・レートを計算することができ，その逆も計算可能である。金利期間構造（連続複利）の入力

に加え，CDS スプレッドの期間構造かハザード・レートの期間構造のどちらかを入力することが必要となる。最初のハザード・レートは，時点ゼロから指定された時点まで適用される。2番目のハザード・レートは，最初のハザード・レートに対応する時点から2番目のハザード・レートが対応する時点まで適用される，といった具合になる。デフォルトは支払日間の中間時点でのみ発生すると仮定され計算は行われる。これは，25.2節の例で行った計算方法と一致する。

CDO

CDO ワークシートは，入力されたトランシェ間の相関から CDO のトランシェの提示価格を計算する。アタッチメント・ポイントとデタッチメント・ポイントは，ユーザーにより指定される。提示価格は，ベーシス・ポイントでも当初支払額を含む場合でも可能である。後者の場合，ベーシス・ポイントのスプレッドは固定されており，入力値あるいは逆算される値は当初支払額となる。(たとえば，iTraxx Europe あるいは CDX NA IG のエクイティ・トランシェの固定スプレッドは500ベーシス・ポイントである。) 当初支払額は，トランシェ元本に対してパーセントで表示される。積分点数 ((25.12)式を参照) が計算精度を決めることになるが，大抵の場合は10としておいてよい(最大は30である)。ソフトウェアは，トランシェ元本に対するパーセントで期待損失額 (ExpLoss) を表示し，10,000ベーシス・ポイント単位で年率としての期待支払額 (PVPmts) を示している。スプレッドと当初支払額は，それぞれ以下で表される。

$$\text{ExpLoss} * 10{,}000/\text{PVPmts}$$
$$\text{ExpLoss} - (\text{Spread} * \text{PVPmts}/10{,}000)$$

このワークシートを用いて，トランシェ (コンパウンド) 相関またはベース相関を入力された提示価格から推定することができる。ベース相関を計算する場合，最初のアタッチメント・ポイントを0%とデタッチメント・ポイントを次のトランシェのアタッチメント・ポイントとすることが必要になる。

グリークスの定義

Equity_FX_Index_Futures ワークシートでは，グリークスは次のよう定義されている。

  Delta（デルタ）：原資産価格が1ドル上昇したときのオプション価格の変化

  Gamma（ガンマ）：原資産価格が1ドル上昇したときのデルタの変化

  Vega（ベガ）：ボラティリティが1％上昇したとき（たとえば，ボラティリティが20％から21％に上昇したとき）のオプション価格の変化

  Rho（ロー）：金利が1％上昇したとき（たとえば，金利が5％から6％に上昇したとき）のオプション価格の変化

  Theta（セータ）：暦日が経過したときのオプション価格の変化

金利に依存する商品については，グリークスは次のように定義されている。

  DV01：ゼロ・カーブが1ベーシス・ポイントだけパラレルに上昇したときのオプション価格の変化

  Gamma（ガンマ）：ゼロ・カーブがパラレルに上昇したときのDV01の変化（ガンマの単位は，％当りの％当りである）

  Vega（ベガ）：ボラティリティのパラメータが1％上昇したとき（たとえば，ボラティリティが20％から21％に上昇したとき）のオプション価格の変化

Application Builder

Options Calculator（DG300.xls）に馴染むと，Application Builder（DG300 applications.xls）を使ってみたくなるだろう。また，DG300 function.xls を用いて，自分自身のアプリケーションを開発することができる。これにはDerivaGem が使用する関数が，VBA のソース・コードとともに含まれている。このソフトウェアに含まれるアプリケーションには以下がある。

A．Binomial Convergence では，第13章と第21章で示した二項モデルの収束状況を調べることができる。
B．Greeks Letters では第19章のグリークスを示すグラフを生成できる。
C．Delta Hedge では，表19.2と表19.3のデルタ・ヘッジのパフォーマンスを調べることができる。
D．Delta and Gamma Hedge では，バイナリー・オプションのポジションに対して，デルタ・ヘッジにガンマ・ヘッジを加えた場合のパフォーマンスを調べることができる。
E．Value at Risk では，三つの異なるアプローチによりポートフォリオのバリュー・アット・リスクが計算できる。
F．Barrier Replication では，オプションの静的な複製の計算を行うことができる（26.16節を参照）。
G．Trinomial Convergence では，三項ツリーの収束状況を調べることができる。

先物とオプションを扱う主要な取引所

Australian Securities Exchange（ASX）	www.asx.com.au
BM&FBOVESPA（BMF）	www.bmfbovespa.com.br
Bombay Stock Exchange（BSE）	www.bseindia.com
Boston Options Exchange（BOX）	www.bostonoptions.com
Bursa Malaysia（BM）	www.bursamalaysia.com
Chicago Board Options Exchange（CBOE）	www.cboe.com
China Financial Futures Exchange（CFFEX）	www.cffex.com.cn
CME Group	www.cmegroup.com
Dalian Commodity Exchange（DCE）	www.dce.com.cn
Eurex	www.eurexchange.com
Hong Kong Futures Exchange（HKFE）	www.hkex.com.hk
IntercontinentalExchange（ICE）	www.theice.com
International Securities Exchange（ISE）	www.ise.com
Japan Exchange Group（JPX）訳注1	www.jpx.co.jp
Kansas City Board of Trade（KCBT）	www.kcbt.com
London Metal Exchange（LME）	www.lme.co.uk
MEFF Renta Fija and Variable, Spain	www.meff.es
Mexican Derivatives Exchange（MEXDER）	www.mexder.com.mx
Minneapolis Grain Exchange（MGE）	www.mgex.com
Montreal Exchange（ME）	www.m-x.ca
NASDAQ OMX	www.nasdaqomx.com
National Stock Exchange, Mumbai（NSE）	www.nseindia.com
NYSE Euronext	www.nyse.com
Shanghai Futures Exchange（SHFE）	www.shfe.com.cn
Singapore Exchange（SGX）	www.sgx.com
Tokyo Commodity Exchange（TOCOM）訳注2	www.tocom.or.jp
Tokyo Financial Exchange（TFX）	www.tfx.co.jp
Zhengzhou Commodity Exchange（ZCE）	www.zce.cn

訳注1　原著では大阪証券取引所（OSE：Osaka Securities Exchange）が掲載されているが，2013年1月に東京証券取引所グループと経営統合し日本取引所グループ（JPX）となったため，本書ではJPXを掲載している．

訳注2　原著では東京穀物商品取引所（TGE：Tokyo Grain Exchange）が掲載されているが，2013年3月に解散されたため，本書では，TGEで上場されていた商品と同様のものを扱う東京商品取引所（TOCOM）を掲載している．

過去数年，国内外でデリバティブ取引所の統合が数多くあった。シカゴ商品取引所（CBOT：Chicago Board of Trade）とシカゴ・マーカンタイル取引所（Chicago Mercantile Exchange）は統合し，ニューヨーク・マーカンタイル取引所（NYMEX：New York Mercantile Exchange）も含めてCMEグループ（CME Group）を形成した。ユーロネクスト（Euronext）とNYSEは統合しNYSEユーロネクスト（NYSE Euronext）となっており，いまや，アメリカン証券取引所（AMEX：American Stock Exchange），パシフィック証券取引所（PXS：Pacific Exchange），ロンドン国際金融先物取引所（LIFFE：London International Financial Futures Exchange），そして二つのフランスの取引所を含むまでに至っている。オーストラリア証券取引所（Australian Stock Exchange）とシドニー先物取引所は合併し，オーストラリア証券取引所（ASX：Australian Securities Exchange）となった。インターコンチネンタル取引所（ICE：Intercontinental Exchange）は，ニューヨーク商品取引所（NYBOT：New York Board of Trade），ロンドン国際石油取引所（IPE：International Petroleum Exchange），ウィニペグ商品取引所（WCE：Winnipeg Commodity Exchange）を買収した後，NYSEユーロネクストと統合した。ドイツ証券取引所（Deutsche Borse AG）とスイス証券取引所（SIX Swiss Exchange）によって共同運営されていたユーレックス（Eurex）はインターナショナル・セキュリティーズ取引所（ISE：International Securities Exchange）を買収した。おそらく，これらの統合の大部分は取引コストの低下をもたらす規模の経済を追求したものであろう。

$N(x)$の数表　$x \leq 0$の場合

この数表は$x \leq 0$に対する$N(x)$の値を示したものである。表にないxの値に対しては補間を用いる。たとえば，以下のように求める。

$$N(-0.1234) = N(-0.12) - 0.34\,[N(-0.12) - N(-0.13)]$$
$$= 0.4509$$

x	.00	.01	.02	.03	.04	.05	.06	.07	.08	.09
−0.0	0.5000	0.4960	0.4920	0.4880	0.4840	0.4801	0.4761	0.4721	0.4681	0.4641
−0.1	0.4602	0.4562	0.4522	0.4483	0.4443	0.4404	0.4364	0.4325	0.4286	0.4247
−0.2	0.4207	0.4168	0.4129	0.4090	0.4052	0.4013	0.3974	0.3936	0.3897	0.3859
−0.3	0.3821	0.3783	0.3745	0.3707	0.3669	0.3632	0.3594	0.3557	0.3520	0.3483
−0.4	0.3446	0.3409	0.3372	0.3336	0.3300	0.3264	0.3228	0.3192	0.3156	0.3121
−0.5	0.3085	0.3050	0.3015	0.2981	0.2946	0.2912	0.2877	0.2843	0.2810	0.2776
−0.6	0.2743	0.2709	0.2676	0.2643	0.2611	0.2578	0.2546	0.2514	0.2483	0.2451
−0.7	0.2420	0.2389	0.2358	0.2327	0.2296	0.2266	0.2236	0.2206	0.2177	0.2148
−0.8	0.2119	0.2090	0.2061	0.2033	0.2005	0.1977	0.1949	0.1922	0.1894	0.1867
−0.9	0.1841	0.1814	0.1788	0.1762	0.1736	0.1711	0.1685	0.1660	0.1635	0.1611
−1.0	0.1587	0.1562	0.1539	0.1515	0.1492	0.1469	0.1446	0.1423	0.1401	0.1379
−1.1	0.1357	0.1335	0.1314	0.1292	0.1271	0.1251	0.1230	0.1210	0.1190	0.1170
−1.2	0.1151	0.1131	0.1112	0.1093	0.1075	0.1056	0.1038	0.1020	0.1003	0.0985
−1.3	0.0968	0.0951	0.0934	0.0918	0.0901	0.0885	0.0869	0.0853	0.0838	0.0823
−1.4	0.0808	0.0793	0.0778	0.0764	0.0749	0.0735	0.0721	0.0708	0.0694	0.0681
−1.5	0.0668	0.0655	0.0643	0.0630	0.0618	0.0606	0.0594	0.0582	0.0571	0.0559
−1.6	0.0548	0.0537	0.0526	0.0516	0.0505	0.0495	0.0485	0.0475	0.0465	0.0455
−1.7	0.0446	0.0436	0.0427	0.0418	0.0409	0.0401	0.0392	0.0384	0.0375	0.0367
−1.8	0.0359	0.0351	0.0344	0.0336	0.0329	0.0322	0.0314	0.0307	0.0301	0.0294
−1.9	0.0287	0.0281	0.0274	0.0268	0.0262	0.0256	0.0250	0.0244	0.0239	0.0233
−2.0	0.0228	0.0222	0.0217	0.0212	0.0207	0.0202	0.0197	0.0192	0.0188	0.0183
−2.1	0.0179	0.0174	0.0170	0.0166	0.0162	0.0158	0.0154	0.0150	0.0146	0.0143
−2.2	0.0139	0.0136	0.0132	0.0129	0.0125	0.0122	0.0119	0.0116	0.0113	0.0110
−2.3	0.0107	0.0104	0.0102	0.0099	0.0096	0.0094	0.0091	0.0089	0.0087	0.0084
−2.4	0.0082	0.0080	0.0078	0.0075	0.0073	0.0071	0.0069	0.0068	0.0066	0.0064
−2.5	0.0062	0.0060	0.0059	0.0057	0.0055	0.0054	0.0052	0.0051	0.0049	0.0048
−2.6	0.0047	0.0045	0.0044	0.0043	0.0041	0.0040	0.0039	0.0038	0.0037	0.0036
−2.7	0.0035	0.0034	0.0033	0.0032	0.0031	0.0030	0.0029	0.0028	0.0027	0.0026
−2.8	0.0026	0.0025	0.0024	0.0023	0.0023	0.0022	0.0021	0.0021	0.0020	0.0019
−2.9	0.0019	0.0018	0.0018	0.0017	0.0016	0.0016	0.0015	0.0015	0.0014	0.0014
−3.0	0.0014	0.0013	0.0013	0.0012	0.0012	0.0011	0.0011	0.0011	0.0010	0.0010
−3.1	0.0010	0.0009	0.0009	0.0009	0.0008	0.0008	0.0008	0.0008	0.0007	0.0007
−3.2	0.0007	0.0007	0.0006	0.0006	0.0006	0.0006	0.0006	0.0005	0.0005	0.0005
−3.3	0.0005	0.0005	0.0005	0.0004	0.0004	0.0004	0.0004	0.0004	0.0004	0.0003
−3.4	0.0003	0.0003	0.0003	0.0003	0.0003	0.0003	0.0003	0.0003	0.0003	0.0002
−3.5	0.0002	0.0002	0.0002	0.0002	0.0002	0.0002	0.0002	0.0002	0.0002	0.0002
−3.6	0.0002	0.0002	0.0001	0.0001	0.0001	0.0001	0.0001	0.0001	0.0001	0.0001
−3.7	0.0001	0.0001	0.0001	0.0001	0.0001	0.0001	0.0001	0.0001	0.0001	0.0001
−3.8	0.0001	0.0001	0.0001	0.0001	0.0001	0.0001	0.0001	0.0001	0.0001	0.0001
−3.9	0.0000	0.0000	0.0000	0.0000	0.0000	0.0000	0.0000	0.0000	0.0000	0.0000
−4.0	0.0000	0.0000	0.0000	0.0000	0.0000	0.0000	0.0000	0.0000	0.0000	0.0000

$N(x)$の数表　$x \geq 0$ の場合

この数表は $x \geq 0$ に対する $N(x)$ の値を示したものである。表にない x の値に対しては補間を用いる。たとえば，以下のように求める。

$$N(0.6278) = N(0.62) + 0.78[N(0.63) - N(0.62)]$$
$$= 0.7324 + 0.78 \times (0.7357 - 0.7324)$$
$$= 0.7350$$

x	.00	.01	.02	.03	.04	.05	.06	.07	.08	.09
0.0	0.5000	0.5040	0.5080	0.5120	0.5160	0.5199	0.5239	0.5279	0.5319	0.5359
0.1	0.5398	0.5438	0.5478	0.5517	0.5557	0.5596	0.5636	0.5675	0.5714	0.5753
0.2	0.5793	0.5832	0.5871	0.5910	0.5948	0.5987	0.6026	0.6064	0.6103	0.6141
0.3	0.6179	0.6217	0.6255	0.6293	0.6331	0.6368	0.6406	0.6443	0.6480	0.6517
0.4	0.6554	0.6591	0.6628	0.6664	0.6700	0.6736	0.6772	0.6808	0.6844	0.6879
0.5	0.6915	0.6950	0.6985	0.7019	0.7054	0.7088	0.7123	0.7157	0.7190	0.7224
0.6	0.7257	0.7291	0.7324	0.7357	0.7389	0.7422	0.7454	0.7486	0.7517	0.7549
0.7	0.7580	0.7611	0.7642	0.7673	0.7704	0.7734	0.7764	0.7794	0.7823	0.7852
0.8	0.7881	0.7910	0.7939	0.7967	0.7995	0.8023	0.8051	0.8078	0.8106	0.8133
0.9	0.8159	0.8186	0.8212	0.8238	0.8264	0.8289	0.8315	0.8340	0.8365	0.8389
1.0	0.8413	0.8438	0.8461	0.8485	0.8508	0.8531	0.8554	0.8577	0.8599	0.8621
1.1	0.8643	0.8665	0.8686	0.8708	0.8729	0.8749	0.8770	0.8790	0.8810	0.8830
1.2	0.8849	0.8869	0.8888	0.8907	0.8925	0.8944	0.8962	0.8980	0.8997	0.9015
1.3	0.9032	0.9049	0.9066	0.9082	0.9099	0.9115	0.9131	0.9147	0.9162	0.9177
1.4	0.9192	0.9207	0.9222	0.9236	0.9251	0.9265	0.9279	0.9292	0.9306	0.9319
1.5	0.9332	0.9345	0.9357	0.9370	0.9382	0.9394	0.9406	0.9418	0.9429	0.9441
1.6	0.9452	0.9463	0.9474	0.9484	0.9495	0.9505	0.9515	0.9525	0.9535	0.9545
1.7	0.9554	0.9564	0.9573	0.9582	0.9591	0.9599	0.9608	0.9616	0.9625	0.9633
1.8	0.9641	0.9649	0.9656	0.9664	0.9671	0.9678	0.9686	0.9693	0.9699	0.9706
1.9	0.9713	0.9719	0.9726	0.9732	0.9738	0.9744	0.9750	0.9756	0.9761	0.9767
2.0	0.9772	0.9778	0.9783	0.9788	0.9793	0.9798	0.9803	0.9808	0.9812	0.9817
2.1	0.9821	0.9826	0.9830	0.9834	0.9838	0.9842	0.9846	0.9850	0.9854	0.9857
2.2	0.9861	0.9864	0.9868	0.9871	0.9875	0.9878	0.9881	0.9884	0.9887	0.9890
2.3	0.9893	0.9896	0.9898	0.9901	0.9904	0.9906	0.9909	0.9911	0.9913	0.9916
2.4	0.9918	0.9920	0.9922	0.9925	0.9927	0.9929	0.9931	0.9932	0.9934	0.9936
2.5	0.9938	0.9940	0.9941	0.9943	0.9945	0.9946	0.9948	0.9949	0.9951	0.9952
2.6	0.9953	0.9955	0.9956	0.9957	0.9959	0.9960	0.9961	0.9962	0.9963	0.9964
2.7	0.9965	0.9966	0.9967	0.9968	0.9969	0.9970	0.9971	0.9972	0.9973	0.9974
2.8	0.9974	0.9975	0.9976	0.9977	0.9977	0.9978	0.9979	0.9979	0.9980	0.9981
2.9	0.9981	0.9982	0.9982	0.9983	0.9984	0.9984	0.9985	0.9985	0.9986	0.9986
3.0	0.9986	0.9987	0.9987	0.9988	0.9988	0.9989	0.9989	0.9989	0.9990	0.9990
3.1	0.9990	0.9991	0.9991	0.9991	0.9992	0.9992	0.9992	0.9992	0.9993	0.9993
3.2	0.9993	0.9993	0.9994	0.9994	0.9994	0.9994	0.9994	0.9995	0.9995	0.9995
3.3	0.9995	0.9995	0.9995	0.9996	0.9996	0.9996	0.9996	0.9996	0.9996	0.9997
3.4	0.9997	0.9997	0.9997	0.9997	0.9997	0.9997	0.9997	0.9997	0.9997	0.9998
3.5	0.9998	0.9998	0.9998	0.9998	0.9998	0.9998	0.9998	0.9998	0.9998	0.9998
3.6	0.9998	0.9998	0.9999	0.9999	0.9999	0.9999	0.9999	0.9999	0.9999	0.9999
3.7	0.9999	0.9999	0.9999	0.9999	0.9999	0.9999	0.9999	0.9999	0.9999	0.9999
3.8	0.9999	0.9999	0.9999	0.9999	0.9999	0.9999	0.9999	0.9999	0.9999	0.9999
3.9	1.0000	1.0000	1.0000	1.0000	1.0000	1.0000	1.0000	1.0000	1.0000	1.0000
4.0	1.0000	1.0000	1.0000	1.0000	1.0000	1.0000	1.0000	1.0000	1.0000	1.0000

著者索引

Adam, T. ···110
Ahmad, R. ···1121, 1152
Aitchison, J. ···499
Alexandridis, A. K. ···1241
Allayannis, G ···110
Alm, J. ···279
Altman, E. I. ···848, 881
Amato, J. D. ···857
Amran, M. ···1262
Andersen, L. B. G. ···923, 924, 927, 928, 991, 997, 1015, 1016, 1018, 1174, 1179, 1180, 1188, 1189
Andreasen, J. ···1174, 1179, 1180, 1188
Ang, A. ···925
Antikarov, V. ···1262
Areal, N. ···531
Artzner, P. ···772, 803
Bakshi, G. ···694
Bartolini, L. ···124
Bartter, B. ···458, 760, 1113
Basak, S. ···803
Basu, S. ···923, 928
Bates, D. S. ···694
Baxter, M. ···1049
Beaglehole, D. R. ···1238, 1241
Bharadwaj, A. ···424
Bianchetti, M. ···1181
Biger, N. ···590
Black, F. ···496, 533, 536, 612, 618, 1082, 1127, 1128, 1153
Blattberg, R. ···536
Bodie, Z. ···591
Bodurtha, J. N. ···1019
Bollerslev, T. ···815, 837
Boudoukh, J. ···803
Box, G. E. P. ···825
Boyd, M. E. ···42
Boyle, P. P. ···760, 1003, 1019
Brace, A. ···1166, 1174, 1189
Brady, B. ···848, 881
Brealey, R. A. ···489
Breeden, D. T. ···700
Brigo, D. ···1153
Broadie, M. ···393, 760, 947, 952, 1016
Brotherton-Ratcliffe ···744
Brotherton-Ratcliffe, R. ···991, 1018, 1103
Brown, G. W. ···110
Brown, J. A. C. ···499
Buffum, D. ···997
Burghardt, G. ···229
Campbell, J. Y. ···110
Campello, M. ···110
Canter, M. S. ···111, 1241
Cao, C. ···694
Cao, M. ···1241
Carpenter, J. ···566
Carr, P. ···960, 969, 984, 1019
Chance, D. ···1214
Chancellor, E. ···30
Chang, E. C. ···984, 1019
Chaput, J. S. ···424
Chen, J. ···925
Chen, R.-R. ···615
Chen, Z. ···694
Chesney, M. ···948
Chicago Board Options Exchange ···362
Clewlow, L. ···759, 969, 1240
Cole, J. B. ···1241

Collin-Dufresne, P.	254
Cootner, P. H.	489
Copeland, T.	1262
Corb, H.	280
Core, J. E.	566
Cornwall, J.	948
Cotter, J.	110
Coval, J. E.	458
Cox	726, 1142
Cox, D. R.	489
Cox, J. C.	198, 458, 536, 707, 760, 980, 1019, 1049, 1116, 1152
Crescenzi, A.	155
Culp, C.	111
Cumby, R.	837
Daglish, T.	689, 694
Das, S. R.	925, 928
Dasgupta, S.	110
Delbaen, F.	803, 772
Demeterfi, K.	960, 969
Demiralp, S.	330
Derman, E.	686, 694, 960, 964, 969, 990, 1019, 1127, 1153
Detemple, J.	393
Dick-Nielsen, J.	856
Dowd, K.	803
Duan, J.-C.	989, 1019
Dufey, G.	591
Duffie, D.	55, 71, 803, 881, 1049, 1189
Dunbar, N.	1285
Dupire	991
Dupire, B.	990, 991, 1019
Eber, J.-M.	772, 803
Ederington, L. H.	424, 694
Edwards, D. W.	1240
Edwards, F. R.	111
Embrechts, P.	803
Engle, R. F.	815, 812, 821, 832, 837
Ergener, D.	964, 969
Eydeland, A.	1232, 1240
Fabozzi, F. J.	155
Fama, E. F.	536
Feldhütter, P.	856
Feller, W.	489
Fernando, C. S.	110
Figlewski, S.	728, 760, 837, 1006, 1019
Filipovic, D.	330
Finger, C. C.	881
Flannery, B. P.	744, 760, 821, 1150
Flavell, R.	280
Freed, L.	925
French, K. R.	536
Froot, K. A.	1241
Fuller, M. J.	42
Gao, B.	728, 760, 1006, 1019
Garman, M. B.	591, 949
Gastineau, G. L.	71
Gatarek, D.	1166, 1174, 1189
Gatto, M. A.	949, 969
Geman, H.	1232, 1233, 1240
Geng, G.	925
Geske, R.	533, 941, 969
Gibson, R.	1232, 1240
Giddy, I. H.	591
Glasserman, P.	760, 947, 952
Goedhard, M.	1262
Goldman, B.	949, 969
Gonedes, N.	536
Gorton, G.	308
Grabbe, J. O.	591
Graham, J. R.	111
Gregory, J.	882, 928
Grinblatt, M.	155, 229
Guan, W.	694

Guay, W. R. 566
Hanly, J. 110
Harrison, J. M. 1049
Hasbrook, J. 837
Haushalter, G. D. 111
Heath, D. 772, 803, 1161, 1189
Heron, R. 564, 566
Heston, S. L. 989, 1019
Hicks, J. R. 193
Hilton, S. 124
Ho, T. S. Y. 222, 1124, 1153
Hoskins, W. 229
Huddart, S. 566
Hull, J. C. 71, 119, 301, 305, 308, 323, 328, 330, 554, 555, 560, 566, 590, 649, 650, 680, 689, 694, 724, 742, 756, 760, 772, 795, 803, 851, 854, 878, 882, 904, 923, 924, 925, 928, 988, 989, 990, 992, 997, 1008, 1010, 1019, 1082, 1125, 1129, 1135, 1142, 1145, 1153, 1171, 1174, 1179, 1189
Iben, B. 1103
Ingersoll, J. E.
   ......198, 993, 1049, 1116, 1142, 1152
Itô, K. 484
Jackson, P. 803
Jackwerth, J. C. 694
Jain, G. 760
Jamshidian, F.
   ......794, 803, 1103, 1166, 1189
Jarrow, R. A. 198, 1161, 1189
Jeanblanc-Picqué, M. 948
Jegadeesh, N. 229
Jermakyan, M. 1019
Jin, Y. 111
Jorion, P. 71, 111, 155, 803, 1285
JPMorgan 814
Kamal, M. 960, 969

Kan, R. 1189
Kane, A. 837
Kani, I. 964, 969, 990, 1019
Kapadia, N. 925
Karasinski, P. 1128, 1153
Karlin, S. 489
Kealhofer, S. 882
Kentwell, G. 948
Keynes, J. M. 193
Keys, B. J. 296, 308
Klein, P. 280
Kleinman, G. 71
Kluppelberg, C. 803
Kohlhagen, S. W. 591
Koller, T. 1262
Kon, S. J. 536
Kou, S. G. 947, 952
Kreps, D. M. 1049
Krinsman, A. N. 308
Kulatilaka, N. 1262
Kwok, Y. K. 951
Lando, D. 856
Lang, M. 566
Lau, S. H. 1003, 1019
Laurent, J.-P. 928
Lee, R. 960, 969
Lee, S.-B. 222, 1124, 1153
Li, D. X. 882, 928
Lie, E. 563, 564, 566
Lieu, D. 615
Lin, C. 110
Lindskog, F. 279
Litzenberger, R. H.
   ......280, 700, 1238, 1241
Ljung, G. M. 825
Longin, F. M. 803
Longstaff, F. A. 155, 1011, 1019, 1117, 1153, 1179, 1180, 1261

Lowenstein, R. 71
Ma, Y. 110
Macaulay, F. 144
Madan, D. B. 984, 1019
Margrabe, W. 957, 969
Markowitz, H. 783
Marshall, C. 803
Maude, D. J. 803
McMillan, L. G. 424
Melick, W. R. 694
Mello, A. S. 111
Memmel, C. 280
Mercurio, F. 1153, 1183, 1189
Merton, R. 858
Merton, R. C. 30, 393, 496, 536, 581, 591, 882, 981, 1019
Mezrich, J. 821, 832, 837
Mian, A. 308
Mikosch, T. 803
Miller, H. D. 489
Miller, M. H. 30, 111
Miltersen, K. 1166, 1189
Mintz, D. 739
Moon, M. 1262
Morton, A. 1161, 1189
Mukherjee, T. 296, 308
Mun, J. 1262
Musiela, M. 1166, 1174, 1189
Neftci, S. 803
Nelson, D. 815
Neuberger, A. J. 111
Newsome, J. E 42
Ng, V. 815, 837
Noh, J. 837
Oldfield, G. S. 198
Pan, J. 803
Panaretou, A. 71
Parsons, J. E. 111

Passarelli, D. 665
Perraudin, W. 803
Persaud, A. D. 1285
Petersen, M. A. 111
Piterbarg, V. 1189
Pliska, S. R. 1049
Prati, A. 124
Predescu, M. 851, 854, 882, 925
Preslopsky, B. 330
Press, W. H. 744, 760, 821, 1150
Purnanandan, A. 280
Rebonato, R. 1019, 1153, 1189
Reiner, E. 970, 1103
Reiswich, D. 695
Remolona, E. M. 857
Renault, O. 925
Rendleman, R. J. 111, 225, 424, 458, 760, 1113
Rennie, A. 1049
Resti, A. 848, 881
Reynolds, C. E. 1238, 1241
Rich, D. 803, 1214
Richard, S. 198
Richardson, M. 536, 803
Ritchken, P 1020
Rodrigues, A. 531
Roll, R. 533, 536, 537
Ronn, A. G. 424
Ronn, E. I. 424
Roper, R 1285
Ross, S. A. 198, 458, 536, 707, 726, 760, 980, 1019, 1034, 1049, 1116, 1142, 1152
Routledge, B. R. 198
Rubinstein, M. 458, 694, 695, 707, 726, 760, 941, 957, 970, 990, 1009, 1020
Sandmann, K. 1166, 1189

Sandor, R. L. 1241
Santa-Clara, P. 1180
Schertler, A. 280
Schofield, N. C. 1240
Scholes, M. 496, 536
Schönbucher, P. J. 928
Schwart, R. 1104
Schwartz, E. S. 1011, 1019, 1117, 1153, 1179, 1180, 1232, 1240, 1261, 1262
Scott, L. 615
Seppi, D. J. 198
Serfaty-de Medeiros, K. 110
Seru, A. 296, 308
Sevigny, A. 925
Shackleton, M. B. 71
Shapiro, A. 803
Shreve, S. E. 458, 489
Shumway, T. 458
Sidenius, J. 923, 924, 927, 928
Siegel, M. 803
Singleton, K. 881
Sironi, A. 848, 881
Smith, C. W. 111, 536, 1103
Smith, D. J. 71, 330, 1212, 1214
Smith, T. 536
Sobol, I. M. 744
Sokol, A. 1145
Solnik, B. 254
Sondermann, D. 1166, 1189
Sorkin, A . R . 1285
Sosin, H. 949, 969
Spatt, C. S. 198
Stigum, M. 155
Stoll, H. R. 393
Strickland, C. 759, 969, 1240
Stulz, R. M. 111, 970
Stutzer, M. 1020

Sufi, A. 308
Sundaresan, S. 198
Suo, W. 689, 694, 990, 992, 1019
Takada, K. 309
Taleb, N. N. 665
Tavakoli, J. M. 928
Taylor, H. M. 489
Taylor, P. A. 71
Tett, G. 1285
Teukolsky, S. A. 744, 760, 821, 1150
Thiagarajan, S. R. 111
Thomas, C. P. 694
Tilley, J. A. 1011, 1020
Titman, S. 110
Todd, R. 71
Tornbull, S. M. 970
Toy, W. 1127, 1153
Trevor, R. 1020
Trigeorgis, L. 1262
Trolle, A. 330
Tufano, P, 111
Turnbull, S. M. 954, 1189
Vasicek, O. 877, 882
Vasicek, O. A. 1114, 1153
Vetterling, W. T. 744, 760, 821, 1150
Viceira, L. M. 110
Vig, V. 296, 308
Wakeman, L. M. 954, 970
Wang, G. H. F. 42
Wei, J. 1241
Wessels, D. 1262
Weston, J. 110
Whaley, R. 533
White, A. 301, 308, 323, 328, 330, 554, 555, 560, 566, 649, 650, 680, 724, 742, 756, 760, 795, 803, 851,

854,882,904,923,924,925,
928,988,989,997,1008,1010,
1019,1082,1125,1129,1135,1142,
1145,1153,1171,1174,1179,1189
Whitelaw, R. ···803
Whitesell, W. ···330
Wiggins, J. B. ··424
wilmott, P. ·····························760,1121,1152
Wolyniec, K. ··1240
Wong, H. Y. ···951
Wystup, U. ··695
Xie, Z. ··1183,1189
Yermack, D. ·····································563,567
Yor, M ···948
Zapranis, A. D. ·······································1241
Zhu, H. ···55,71
Zhu, Y. ···794,803
Zimmerman, T. ···308
Zingales, L. ··30
Zou, H. ···110
Zou, J. ··960,969

事項索引 ＊太字は「用語集」に掲載

A

abandonment option ………… 1253
ABS ……………… 289, 908, **1286**, **1287**
ABS CDO ………………… 292, **1286**
ABX …………………………… 299
accelerator certificate ………… 976
accrual fraction ………………… 1071
accrual swap ………… 277, 1207, **1286**
accrued interest ………………… **1286**
adaptive mesh model … 728, 1006, **1286**
adjustable-rate mortgage ……… 295
agency cost ………………… 550, **1286**
agency MBS …………………… 1184
agency mortgage-backed
　security …………………… 1184
agricultural commodity ………… 1219
AIG …………………………… 893
ALM ……………………… 151, 227
Amazon.com の評価 …………… 1252
American option ……… 13, 334, **1286**
American Stock Exchange …… 1326
AMEX ………………………… 1326
amortizing swap ……… 276, 1193, **1287**
analytic result ………………… **1287**
antithetic variable technique …… 741
Application Builder …………… 1324
APT …………………………… 1034
arbitrage ……………………… **1287**
arbitrage pricing theory ………… 1034
arbitrageur …………………… **1287**
Archimedean copula …………… 924
ARCH モデル ………………… 812
ARM …………………………… 295
as-you-like-it option ……… 942, **1287**

Asian option ……………… 953, **1287**
ask …………………………… 349
ask price ……………………… **1287**
asked price …………………… **1287**
asset-backed security ……… 289, **1287**
asset–liability management …… 227
asset-or-nothing call …………… 948
asset-or-nothing call option …… **1287**
asset-or-nothing put …………… 948
asset-or-nothing put option …… **1287**
asset swap …………………… **1287**
asymmetric information ………… 894
ASX …………………………… 1326
at the money ………………… 343
at-the-money option …………… **1287**
attachment point ……………… 915
Australian Stock Exchange …… 1326
average price call ……………… 953
average price call option ……… **1287**
average price put ……………… 953
average price put option ……… **1287**
average strike call ……………… 956
average strike option …………… **1287**
average strike put ……………… 956

B

back office …………………… 1274
back testing ………………… 796, **1287**
backdating …………………… **1287**
backward difference
　approximation ……………… 747
backwardation ………………… 60
backwards induction …………… **1288**
Barnard Madoff ………………… 28
barrier option ………………… 943, **1288**

base correlation	920, **1288**
Basel committee	305, **1288**
basis	87, **1288**
basis point	**1288**
basis risk	87, **1288**
basis swap	1194, **1288**
basket credit default swap	905, **1288**
basket option	958, **1288**
BBA	123
bear spread	408, **1288**
bearish calendar spread	416
Bermudan option	937, **1288**
beta	**1289**
BGM モデル	1165
bid	349
bid-ask-spread	**1288**
bid-offer-spread	**1288**
bid price	**1288**
bilateral clearing	6, **1289**
bimodal distribution	691
binary credit default swap	**1289**
binary option	345, 948, **1289**
binomial model	**1289**
binomial tree	429, **1289**
bivariate normal distribution	**1289**
Black-Derman-Toy モデル	1127
Black-Karasinski モデル	1128, 1143
Black-Scholes-Merton model	**1289**
Black-Scholes-Merton オプション評価式の導出	464
Black-Scholes-Merton の公式	518, 581
Black-Scholes-Merton の公式の検証	734
Black-Scholes-Merton の公式の性質	521
Black-Scholes-Merton の公式の証明	544
Black-Scholes-Merton 微分方程式	509
Black-Scholes-Merton 微分方程式の導出	511
Black-Scholes-Merton モデル	496, 675, **1289**
Black's approximation	**1289**
Black's model	**1289**
Black の近似	533, **1289**
Black モデル	611, 613, 1043, 1056, 1066, 1074, **1289**
Black モデルの拡張	1069, 1077
BM & F BOVESPA	39
board order	63
bond option	**1289**
bond yield	**1289**
bootstrap method	132, **1289**
Boston option	**1289**
bottom straddle	419
bottom vertical combination	420
BOX	340
box spread	410, **1289**
break forward	**1290**
British Bankers Association	123
Brownian motion	472, **1290**
bucket	228
bull spread	406, **1290**
bullish calender spread	416
butterfly spread	413, **1290**
buying on margin	352

C

calendar spread	415, **1290**
calibrating instrument	1149
calibration	**1290**
call option	13, 334, **1290**
callable bond	1055, **1290**
cancelable compounding swap	1210

cancelable swap ········· 1209, **1290**	cheapest to deliver ············ 213
cap ·············· **1290**	cheapest-to-deliver bond ······· **1291**
cap rate ············ 1062, **1290**	Chicago Board of Trade ········ 1326
capital asset pricing model ········· 118, **1290**	Chicago Mercantile Exchange ····· 1326
caplet ············ 1063, **1290**	Cholesky decomposition ····· 737, **1291**
CAPM ············ 118, **1290**	chooser option ··········· 942, **1291**
Case-Shiller index ········· **1290**	Chuck Prince ············ 1281
cash CDO ············ 908	CIR モデル ············ 1117
cash flow mapping ········· **1290**	Clank–Nicolson method ········· 757
cash-flow mapping ········· 787	class of options ············ **1291**
cash-or-nothing call ·········· 948	Clayton copula ············ 924
cash-or-nothing call option ······ **1290**	clean price ············ 208, 1057
cash-or-nothing put ·········· 948	clean price of bond ············ **1291**
cash-or-nothing put option ······ **1291**	clearing house ·········· 50, 354, **1292**
cash settlement ············ **1291**	clearing margin ············ 51, **1292**
CAT bond ············ **1291**	Clearnet ············ 274
CAT 債 ············ 1235, **1291**	cliquet option ············ 940, **1292**
CBOE ············ 3, 14, 340, 572	CME グループ ·········· 3, 13, 39, 1326
CBOT ············ 3, 12, 1326	CMO ············ 1185, **1292**
CCP ············ 6, 52, 274, 304, **1291**	CMS ············ 1201, **1293**
CDD ············ 1233, **1291**	CMS swap ············ 276, 1203
CDO ············ 908, **1291**, **1292**	CMT スワップ ············ **1293**
CDO squared ············ **1291**	collar ············ 1064, **1292**
CDO スクウェア ············ **1291**	collateral rate adjustment ········ 326
CDS ············ 274, 890	collateralization ············ **1292**
CDS-bond basis ············ 895	collateralized debt obligation ········ 908, **1292**
CDS spread ············ **1291**	collateralized mortgage obligation ············ 1185, **1292**
CDS 債券ベーシス ············ 895	combination ············ 417, **1292**
CDS 市場 ············ 893	COMEX ············ 3
CDS スプレッド ············ 892, **1291**	commission ············ 350
CDX NA IG ············ 901, **1291**	Commodity Futures Trading Commission ············ 64, **1292**
CEBO ············ 345, **1291**, **1294**	commodity swap ············ 278, **1292**
central clearing ············ **1291**	compound correlation ········· 920, **1292**
central counterparty ······ 6, 52, **1291**	compound option ············ 941, **1292**
CEV モデル ············ 980, **1293**	compounding frequency ············ **1292**
CFTC ············ 64, 356, **1292**	
changing the measure ············ 448	

compounding swap······276, 1195, **1292**
conditional value at risk············**1292**
confirmation························247, **1293**
constant elasticity of variance
　····································980, **1293**
constant maturity swap
　·······························276, 1201, **1293**
constant maturity Treasury
　swap························276, 1203, **1293**
constructive sale·····························357
consumption asset················163, **1293**
contango························60, 196, **1293**
continuous compounding······127, **1293**
contraction option························1254
control area·····································1223
control variate technique
　································724, 741, **1293**
convenience yield·················191, **1293**
convergence arbitrage·················1277
conversion factor··················211, **1293**
conversion ratio·······························992
convertible bond··················359, **1293**
convexity····························147, **1293**
convexity adjustment
　·······························222, 1091, **1293**
cooling degree days·········1233, **1291**
copula··**1293**
copula correlation·························875
corner the market··························65
Cornish-Fisher Expansion·········**1293**
correlation matrix·························784
cost of carry························191, **1294**
counterparty·································**1294**
coupon··**1294**
covariance·····································**1294**
covariance matrix·············785, **1294**
covered call························403, **1294**
covered position·····························625

Cox-Ingersoll-Ross モデル············1116
CRA···326
crashophobia······················685, **1294**
credit contagion··················857, **1294**
credit contagion effect··················872
credit default swap········274, 890, **1294**
credit derivative·····························**1294**
credit event·················345, 890, **1294**
credit event binary option
　·····································345, **1294**
credit index··································**1294**
credit rating·································**1294**
credit rating transition matrix·····**1294**
credit risk·····································**1294**
credit spread·································300
credit spread option······················**1294**
credit support annex············53, **1295**
credit value adjustment
　·································324, 862, **1295**
credit value at risk····················**1295**
CreditMetrics·····················878, **1295**
cross-currency derivative············1097
cross hedging·······················92, **1295**
CSA·····································53, **1295**
CTD···213
cumulative distribution function
　··**1295**
cure period····································864
currency swap····················262, **1295**
CVA·································324, 862, **1295**
C-VaR································772, **1292**

D

daily settlement······························47
day count·····································**1295**
day trade······························50, **1295**
day trader······································62
debit value adjustment

................................324, 862, **1295**
debt value adjustment
................................324, 862, **1295**
default correlation················872, **1295**
default intensity·····················846, **1295**
default probability density·········**1295**
deferred payment option·············**1295**
deferred swap·····················1072, **1295**
delivery price··························**1295**
delta··································444, **1295**
delta hedging·······················444, **1295**
delta neutral······················630, 637
delta-neutral portfolio················**1296**
DerivaGem ソフトウェア····**1296**, 1317
derivative······························**1296**
detachment point························915
deterministic variable·················**1296**
Deutsche Borse AG····················1326
Deutsche Terminbörse···············346
diagonal spread·····················417, **1296**
Dick Fuld·······························5
diff swap······························277, 1204
differential swap···················1204, **1296**
diffusion process······················**1296**
dirty price·····························209, 1057
dirty price of bond····················**1296**
discount bond·························**1296**
discount broker···························350
discount instrument····················**1296**
discount rate······························208
discretionary order························63
diversification·························**1296**
dividend································**1296**
dividend yield························**1296**
DJX·····································572
Dodd–Frank Act················64, 305, **1296**
dollar duration·····················146, **1296**
DOOM option··························**1296**

DOOM オプション························345
double t copula···························924
Dow Jones Industrial Average·······99
down-and-in call························944
down-and-in option····················**1297**
down-and-in put·························946
down-and-out call························944
down-and-out option···················**1297**
down-and-out put························946
downgrade trigger···············867, **1297**
drift rate······························475, **1297**
duration······························142, **1297**
duration-based hedge ratio···········225
duration matching················227, **1297**
DV01·································144, **1297**
DVA························324, 862, **1295**, **1297**
dynamic hedging···················630, **1297**

E

early exercise·························**1297**
effective federal funds rate
································124, 315, **1297**
efficient market hypothesis········**1297**
EL···860
electronic trading····················4, **1297**
embedded option·······················**1297**
empirical research····················**1297**
employee stock option·········359, **1297**
Enron····································867
EONIA·····························124, 315
equilibrium model·····················**1297**
equity swap·················277, 1205, **1297**
equity tranche························289, **1297**
equivalent annual interest rate
································126, **1297**
equivalent martingale measure···1035
Eurex································39, 1326
Euribor·································**1297**

Euro LIBOR	**1298**
euro overnight index average	124, 315
Eurocurrency	**1298**
Eurodollar	216, **1298**
Eurodollar futures contract	**1298**
Eurodollar interest rate	**1298**
Euronext	1326
European option	13, 334, **1298**
event of default	323, 861
EWMA	**1298**
EWMA モデル	812
ex-dividend date	**1298**
excess cost layer	1235
excess-of-loss	1235
exchange option	956, **1298**
exercise limit	348, **1298**
exercise multiple	560, **1298**
exercise price	13, 334, **1298**
exit price	328
exotic option	933, **1298**
expansion option	1253
expectations theory	149, **1298**
expected life	556
expected loss	860
expected shortfall	772, **1298**
expected spot price	193
expected value of a variable	**1298**
expiration date	13, 334, **1298**
explicit finite difference method	751, **1298**
exponential weighting	**1299**
exponentially weighted moving average	**1298**
exponentially weighted moving average model	**1298**
exposure	**1299**
extendable bond	**1299**
extendable swap	277, **1299**

F

factor	**1299**
factor analysis	**1299**
factor loading	798
factor score	798
fair market value	67
FAS 123	553, **1299**
FAS 133	66, **1299**
FASB	**1299**
FBI	65
FCMs	61
fear factor	528
federal funds rate	124, **1299**
Federal National Mortagage Association	1184
FF レート	123, 124, **1299**
FICO	**1299**
FICO スコア	296
fill-or-kill order	64
financial accounting standards board	**1299**
financial intermediary	**1299**
finite difference method	**1299**
first notice day	61
first-to-default	905
Fitch	844
fixed-for-fixed currency swap	262
fixed lookback call option	951
fixed lookback put option	951
fixed-rate payer	238
flat volatility	1067, **1299**
FLEX Option	344, **1299**
flexi cap	1173, **1299**
flight to quality	56, 152
floating lookback call	949
floating lookback put	949

事項索引 1341

floating-rate payer ········· 238
floor ················· 1064, **1299**
floor-ceiling agreement ······· 1064, **1299**
floor rate ················· **1299**
floorlet ················· 1064, **1299**
FNMA ················· 1184
force of interest ················· 127
foreign currency option ················· **1300**
forward contract ················· 9, **1300**
forward difference
　approximation ················· 747
forward exchange rate ················· **1300**
forward interest rate ················· **1300**
forward price ················· **1300**
forward rate ················· **1300**
forward rate agreement ······· 138, **1300**
forward risk neutral ················· 1036
forward risk-neutral world ········· **1300**
forward start option ············· 939, **1300**
forward swap ················· 276, **1300**
FRA ················· 138, **1300**
Frederick Macaulay ················· 144
front office ················· 1274
full-service broker ················· 350
funding value adjustment
　················· 327, **1300**
futures commission merchants
　················· 61, **1300**
futures contract ················· 12, **1300**
futures option ················· 597, **1300**
futures price ················· **1300**
futures-style option ················· 615, **1300**
FVA ················· 327, **1300**

G

gamma ················· 641, **1300**
gamma-neutral portfolio ············· **1300**
gap call option ················· 938

GAP management ············· 227, **1301**
gap option ················· **1301**
gap put option ················· 938
GAP 管理 ················· 227, **1301**
GARCH model ················· **1301**
GARCH モデル ················· 815, **1301**
Gaussian copula model ········· 873, **1301**
Gaussian quadrature ················· **1301**
generalized Wiener process
　················· 475, **1301**
geometric average ················· **1301**
geometric Brownian motion
　················· 479, **1301**
Ginnie Mae ················· 288
Girsanov's theorem ············· 447, **1301**
GNMA ················· 288, 1184
gold lease rate ················· 188
good-till-canceled order ················· 63
Government National Mortgage
　Association ················· 288, 1184
Greeks ················· 623, **1301**
Gregory Reyes ················· 565
growth factor ················· 708
guaranty fund ················· 51, **1301**

H

haircut ················· 57, 325, 867, **1301**
hazard rate ················· **1301**
HDD ················· 1233, **1301**
Heath–Jarrow–Morton モデル ····· 1161
heating degree days ············· 1233, **1301**
hedge ················· **1301**
hedge accounting ················· 66
hedge-and-forget ················· 78, 631
hedge effectiveness ················· 95
hedge funds ················· **1302**
hedge ratio ················· 93, **1302**
hedger ················· **1302**

historical simulation	1302
historical volatility	1302
HJM	1160, 1161
Ho-Lee モデル	1124, 1165
holiday calendar	1302
hopscotch method	757
Hoskins, W.	229
Hull-White（1ファクター）モデル	1125
Hull-White 2ファクターモデル	1129
Hull-White モデル	1143, 1165

I

IAS 39	67
IAS 2	553
IBM	236
ICE	1326
ICON	33
IMM dates	1302
implicit finite difference method	1302
implied correlation	1302
implied distribution	678, 1302
implied dividend yield	1302
implied tree	990, 1302
implied volatility	526, 1302
implied volatility function (IVF) model	1302
importance sampling	742
in the money	343
in-the-money option	1303
inception profit	1275, 1303
index amortizing swap	1211, 1303
index arbitrage	182, 1303
index currency option note	33
index futures	1303
index option	1303
indexed principal swap	1211, 1303
initial margin	47, 1303
instantaneous forward rate	1303
instantaneous short rate	1111
Intercontinental Exchange	1326
interest only	1186, 1304
interest rate cap	1061, 1303
interest rate collar	1303
interest rate derivative	1303
interest rate floor	1303
interest rate option	1303
interest rate swap	1303
internal control	1285
International Petroleum Exchange	1326
International Securities Exchange	1326
International Swaps and Derivatives Association	53, 247, 1303
intrinsic value	344, 1304
inverse floater	138
inverted market	59, 1304
investment asset	163, 1304
investment grade	844
IO	1186, 1304
IPE	1326
irrational exuberance	300
ISDA	53, 247, 1303, 1304
ISDA マスター契約	861
ISE	340, 1326
Itô process	477, 1304
Itô's lemma	484, 1304
iTraxx Europe	901, 1304
IVF モデル	990

J

Jérôme Kerviel	27, 1267

John Hicks······193
John Maynard Keynes······193
John Rusnak······28,1266
Joseph Jett······169,1267
JPモルガン······814
jump-diffusion model······**1304**
jump process······**1304**

K

KCBT······3
Kidder Peabody······169
knock-in option······944
knock-out option······943
kth-to-default 型 CDS······906
kth-to-default 型 CDS の評価······918
kurtosis······679,**1304**
Kweku Adoboli······1268

L

last notice day······61
last trading day······61
LCH.Clearnet······274
LEAPS······342,572,**1304**
Levy process······980
Levy 過程······980
liar loan······297
LIBID······**1304**
LIBOR······123,238,**1304**
LIBOR curve······**1304**
LIBOR-in-arrears swap
　······276,1200,**1304**
LIBOR market model······1165
LIBOR-OIS spread······**1304**
LIBOR-OISスプレッド······317,**1304**
LIBORカーブ······**1304**
LIBOR／スワップ・ゼロ・カーブ······254
LIBORゼロ・カーブ······254,1180

LIBORゼロ・レートの延長······223
LIBOR対固定スワップ······238
LIBORマーケット・モデル······1165
LIBOR割引······1181
LIFFE······1326
Liikanen······305
limit down······45
limit move······45,**1305**
limit order······62,**1305**
limit up······45
liquidity······152
liquidity preference theory
　······149,**1305**
liquidity premium······**1305**
liquidity risk······**1305**
living will······305
Ljung-Box統計量······825
LMM······1160,1165
loan-to-value ratio······296
locals······61,**1305**
lognormal distribution······**1305**
London Clearing House······274
London interbank bid rate······**1304**
London interbank offered rate
　······123,**1304**
London International Financial
　Futures Exchange······1327
long hedge······81,**1305**
long position······9,16,**1305**
long-term equity anticipation
　securities······342,**1304**
lookback option······949,**1305**
low discrepancy sequence······744,**1305**
LTCM······55,1277,1279

M

maintenance margin······48,**1305**
margin······**1305**

margin account ·············· 47, 165
margin call ············· 48, 352, **1305**
margin period of risk ············ 864
mark to model ··················· 1275
market-if-touched order ············ 63
market-leveraged stock unit
·························· 555, **1305**
market-not-held order ·············· 63
market maker ····················· **1305**
market model ····················· **1305**
market order ······················· 62
market price of risk
··················· 1027, 1029, **1306**
market segmentation theory
······························ 149, **1306**
marketable securities ············· 325
mark-to-market ······· 47, 141, 328, **1306**
Markov process ············· 470, **1306**
Marshall-Olkin copula ············ 924
martingale ············ 1027, 1034, **1306**
Master Agreement ············ 53, 247
maturity ··························· 13
maturity date ················ 334, **1306**
maximum likelihood method
······························ 818, **1306**
MBS ············· 288, 1184, 1186, **1306**
mean reversion ·············· 1114, **1306**
measure ···················· 1027, **1306**
Mertonのジャンプ拡散モデル ······ 981
Mertonモデル ················ 858, 859
Mezz ABS CDO ··················· 293
mezzanine tranche ··········· 289, **1306**
middle office ···················· 1274
Mini Nasdaq-100先物 ··············· 99
Mini S&P 500 先物 ················· 99
Mini ダウ平均先物 ·················· 99
MIT オーダー ······················ 63
modified duration ············ 145, **1306**

modified following ················ 247
modified preceding ··············· 247
moment matching ················· 743
money market account ············ **1306**
moneyness ························ 689
Monte Carlo simulation ··········· **1306**
Moody's ·························· 844
mortgage-backed security
························ 288, 1184, **1306**
MSU ························ 555, **1305**
MTM ····························· 141
multi-name ······················· 889

N

naked option ····················· 352
naked position ·············· 625, **1306**
Nasdaq-100 ··················· 99, 340
Nasdaq 100のヨーロピアン・オ
プション ······················ 572
National Futures Association ······· 64
NDX ····························· 572
net basis ·························· 51
net present value ················ 1245
netting ······················ 323, **1306**
neutral calender spread ··········· 416
New York Board of Trade ········ 1326
New York Mercantile Exchange
································ 1326
Newton-Raphson method ········· **1306**
NFA ······························ 64
Nick Leeson ················· 28, 1266
NINJA ······················ 297, **1307**
no-arbitrage assumption ·········· **1307**
no-arbitrage interest rate model
································ **1307**
no-arbitrage model ·········· 1123, **1307**
no-default value ·················· 323
no income, no job and no assets ···· 297

nonrecourse ··298
nonsystematic ···1034
nonsystematic risk ···················118,**1307**
normal backwardation ··········196,**1307**
normal distribution ·····························**1307**
normal market ··························59,**1307**
notice of intension to deliver
···42,60
notional principal ·········239,890,**1307**
NPV ··1245
numeraire ····································1035,**1307**
numeraire ratio ·······································1047
numerical procedure ·····················**1307**
NYBOT ··1326
NYMEX ··3,1326
NYSE ···1326
NYSE Euronext ···························39,1326
NYSE ユーロネクスト
··39,340,1326

O

OAS ··1187
OCC ································346,354,**1307**
OEX ··572
off-the-run bond ··································1277
offer ···349
offer price ···**1307**
offsetting order ·····································349
OIS ·······································315,**1307**,**1308**
OIS rate ···315
OIS ゼロ・カーブ ···············318,1180
OIS レート ···315
OIS 割引 ·······························1078,1181
OIS 割引と整合的なフォワード
　LIBOR ···319
OIS 割引によるスワップと FRA
　の評価 ···319
on-the-run bond ··································1277

open interest ····························59,**1307**
open order ···63
open outcry ···**1307**
open outcry system ································4
option ···**1307**
option-adjusted spread ·······1187,**1307**
option class ·······························343,**1307**
option series ·····························343,**1308**
option to defer ····································1254
option to expand life ···················1254
Options Calculator ·······························1324
Options Clearing Corporation
··346,354,**1307**
order ···62
originator ··292
out of the money ································343
out-of-the-money option ············**1308**
outperformance certificate ···········976
outside model hedging ················1151
over-the-counter (OTC) market
···6,**1308**
overcollateralization ····························292
overnight indexed swap ·······315,**1308**
overnight repo ·······································125

P

P-measure ·································448,**1308**
P 測度 ···448,**1308**
Pacific Exchange ·································1326
package ·······································934,**1308**
par value ···**1308**
par yield ·······································130,**1308**
parallel shift ·······································**1308**
Parisian option ·························947,**1308**
partial simulation approach ···········794
pass-through ···1185
path-dependent option ················**1308**
Paul Volcker ··305

payoff	1308
PD	860, **1308**
peak exposure	865
percentage seasonal factor	1230
perfect hedge	78
perpetual derivative	**1308**
plain vanilla	**1308**
plain vanilla product	933
PO	1186, **1308**
poisson process	**1308**
portfolio immunization	227, **1309**
portfolio insurance	**1309**
position limit	348, **1309**
position trader	62
positive-semidefinite	832
preceding	247
predatory lending	297
premium	**1309**
prepayment function	1184, **1309**
price sensitivity hedge ratio	225
principal	**1309**
principal components analysis	**1309**
principal only	1186, **1308**
principal protected note	400, **1309**
probability measure	1032
probability of default	860, **1308**
program trading	182, **1309**
protective put	404, **1309**
pull-to-par	**1309**
put–call parity	380, **1309**
put option	13, 334, **1309**
puttable bond	1056, **1309**
puttable swap	277, **1309**
PXS	1326

Q

Q-measure	448, **1309**
Q 測度	448, **1309**
quadratic resampling	743
quanto	181, 1097, **1309**
quanto swap	277
quasi-random sequence	744, **1309**

R

rainbow option	958, **1310**
range forward contract	576, 934, **1310**
ratchet cap	1171, **1310**
real option	1244, **1310**
rebalancing	630, **1310**
recovery rate	**1310**
reduced form model	926, 872
reference entity	275, 890, **1310**
Rendleman-Bartter モデル	1113
repo	**1310**
repo rate	124, **1310**
repricing	551
repurchase agreement	124, **1310**
reset date	**1310**
restricted stock unit	551, 555, **1310**
retractable bond	1056
return on the market	118
reverse calendar spread	416
reversion level	**1310**
rho	650, **1310**
right-way risk	866
rights issue	**1310**
ring fence	305
risk-free rate	**1310**
RiskMetrics	814
risk-neutral valuation	435, **1310**
risk-neutral world	435, **1311**
Robert Citron	138, 1269
roll back	**1311**
rolling forward risk-neutral world	1166

RSU······555, **1310**

S

S&P······844
S&P 100······340
S&P 100オプション······341
S&P 100のアメリカン・オプション······572
S&P 100のヨーロピアン・オプション······572
S&P 500······99, 340
S&P 500株価指数先物······51
S&P 500のヨーロピアン・オプション······572
S&P／ケース・シラー10都市圏住宅価格指数······294
scalper······62, **1311**
scenario analysis······**1311**
SEC······356, **1311**
second-to-default······906
securitization······287, **1311**
security and exchange commission······**1311**
SEF······7, **1311**
senior tranche······289
settlement price······59, **1311**
Sharpe ratio······1029, **1311**
short hedge······79, **1311**
short position······9, 17, **1311**
short rate······**1311**
short selling······163, **1311**
short-term risk-free rate······**1311**
shorting······163
shout option······952, **1311**
Siegelのパラドックス······1100
simulation······**1311**
single-name······889
single-tranche trading······910

Sir John Vickers······305
SIX Swiss Exchange······1326
SONIA······124, 315
special purpose vehicle······289
specialist······**1311**
speculator······**1311**
speeder······976
spot contract······9
spot interest rate······**1311**
spot option······597
spot price······**1311**
spot volatilities······**1311**
spot volatility······1067
spread option······**1311**
spread transaction······50, **1312**
sprint certificate······976
SPV······289
SPX······572
stack and roll······106, **1312**
Standard & Poor's 500······99
static hedge······630, **1312**
static options replication······964, **1312**
step-up swap······276, 1193, **1312**
sterling overnight index average······124, 315
sticky cap······1171, **1312**
stochastic process······469, **1312**
stochastic variable······**1312**
stock dividend······**1312**
stock index······98, **1312**
stock index futures······**1312**
stock index option······**1312**
stock option······**1312**
stock split······346, **1312**
stocks-to-use ratio······1219
stop-and-limit order······63
stop-limit order······63
stop-loss order······62

stop-loss strategy	626
stop order	62
storage costs	**1312**
straddle	418, **1312**
straddle purchase	419
straddle write	419
strangle	420, **1312**
strap	420, **1312**
stratified sampling	742
strengthening of the basis	88
stress testing	795, **1312**
stressed VaR	796, **1312**
strike price	13, 334, **1313**
strip	169, 420, **1313**
strip bonds	**1313**
stripped MBS	1186
structural model	872, 925
Student t copula	924
subprime mortgage	**1313**
subprime mortgage lending	294
swap	**1313**
swap execution facility	7, 64, **1313**
swap rate	245, **1313**
swaption	277, 1072, **1313**
swing option	1224, **1313**
synthetic CDO	908, **1313**
synthetic option	**1313**
systematic	1034
systematic risk	118, **1313**
systemic risk	7, **1313**

T

TABX	299
tail loss	**1313**
tailing the hedge	97, **1313**
take-and-pay option	1224, **1313**
Tax Relief Act of 1997	357
teaser rate	295

TED spread	**1313**
TED スプレッド	300, 313, **1313**
tenor	1061, **1313**
term repo	125
term structure model	1110
term structure of interest rates	**1314**
terminal value	**1314**
theta	638, **1314**
time decay	638, **1314**
time-of-day order	63
time value	344, **1314**
timing adjustment	**1314**
top down model	926
top straddle	419
top vertical combination	421
total return swap	906, **1314**
trading volume	59
traditional risk-neutral world	1027, 1032
tranche	**1314**
tranche correlation	920
transaction costs	**1314**
treasury bill	**1314**
treasury bond	**1314**
treasury bond futures	**1314**
treasury note	**1314**
treasury note futures	**1314**
tree	**1314**
trinomial tree	**1314**
triple witching hour	**1314**

U

UBS	1268, 1270
unconditional default probability	845
underlying	1218
underlying variable	**1314**

unsystematic risk······**1315**
up-and-in call······945
up-and-in put······946
up-and-in-option······**1315**
up-and-out call······945
up-and-out put······945
up-and-out-option······**1315**
uptick······**1315**
uptick rule······165

V

value at risk······768, **1315**
VaR······768
variance-covariance matrix
　······785, **1315**
variance–gamma model······984, **1315**
variance rate······475, **1315**
variance reduction procedures······**1315**
variance swap······959, **1315**
variance targeting······821
variation margin······51, **1315**
VaRの計算······800
Vasicekモデル······1114, 1117
vega······647, **1315**
vega-neutral portfolio······**1315**
vesting period······548, **1315**
VIX Index······**1315**
VIX指数······527, 963, **1315**
volatility······371, **1315**
volatility skew······683, **1315**
volatility smile······675, **1315**
volatility surface······**1315**
volatility swap······278, 959, **1315**
volatility term structure······828, **1316**
Volcker rule······305, **1316**

W

warrant······359, **1316**

wash sale rule······357
waterfall······290, **1316**
WCE······1326
weak form of market efficiency······470
weakening of the basis······88
weather derivative······**1316**
Weather Risk Management
　Association······1234
weekly······345
weeklys······**1316**
West Texas Intermediate······1222
Wiener process······472, **1316**
wild card play······214, **1316**
Winnipeg Commodity Exchange
　······1326
World Bank······236
writing an option······17, **1316**
WRMA······1234
wrong-way risk······866
WTI原油······1222

X

XEO······572

Y

yield······**1316**
yield curve······**1316**
yield curve play······137

Z

zero-coupon bond······**1316**
zero-coupon interest rate······**1316**
zero-coupon yield curve······**1316**
zero curve······**1316**
zero rate······**1316**

あ

アービトラージ······25

アービトラージャー
................17, 25, 167, 171, 172, **1287**
アウト・オブ・ザ・マネー
........................343, 632, 640, 644
アウト・オブ・ザ・マネー・オプ
ション...................................**1308**
アウトサイド・モデル・ヘッジ…1151
アウトパフォーマンス証書............976
アクルーアル・スワップ
..............................277, 1207, **1286**
アクルーアル・フラクション........1071
アジアン・オプション
...............................953, 997, **1287**
アスク...349
アスク・プライス...................**1287**
アセット・オア・ナッシング・
コール...................................948
アセット・オア・ナッシング・
コール・オプション...........**1287**
アセット・オア・ナッシング・
プット...................................948
アセット・オア・ナッシング・
プット・オプション...........**1287**
アセット・スワップ...............**1287**
アセット・スワップ・スプレッド
....851
アタッチメント・ポイント............915
アダプティブ・メッシュ・モデル
.............................728, 1005, **1286**
アット・ザ・マネー
........................343, 632, 640, 644
アット・ザ・マネー・オプション
....**1287**
アップ・アンド・アウト・オプ
ション...................................**1315**
アップ・アンド・アウト・コール
....945
アップ・アンド・アウト・プット

....945
アップ・アンド・イン・オプショ
ン...**1315**
アップ・アンド・イン・コール......945
アップ・アンド・イン・プット......946
アップティック........................**1315**
アップティック・ルール...............165
アド・アップ・バスケット型
CDS.......................................905
後決めLIBORスワップ.......1200, **1304**
後払いLIBORスワップ................276
後払いオプション.........................935
アニュイティ・ファクター.........1040
アベレージ・ストライク・オプ
ション...................................**1287**
アベレージ・ストライク・コール
....956
アベレージ・ストライク・プット
....956
アベレージ・プライス・コール......953
アベレージ・プライス・コール・
オプション........................**1287**
アベレージ・プライス・プット
....953
アベレージ・プライス・プット・
オプション........................**1287**
アマランス................................1266
アメリカン・オプション........13, 334,
337, 384, 443, 588, 1010, **1286**
アメリカン・オプションの価格
....533
アメリカン・オプションの評価.....705
アメリカン現物オプション............614
アメリカン・コール・オプション
....531
アメリカン・コール・オプション
の期限前行使....................384, 391
アメリカン債券オプション.........1147

アメリカン先物オプション………614
アメリカン証券取引所……………1326
アモチ・スワップ………276, 1193, **1287**
アライド・アイリッシュ銀行
　………………………………28, 1266
アライド・ライオンズ………………1268
アルキメデス・コピュラ……………924
アルゴリズム取引……………………4

い

イールド………………………**1316**
イールド・カーブ……………**1316**
イールド・カーブ・プレイ………137
イールド・ボラティリティ………1060
維持証拠金………………………48, **1305**
委託手数料………………………350
一般化されたウィナー過程…475, **1301**
伊藤過程…………………………477, **1304**
伊藤の補題………………………484, **1304**
伊藤の補題の導出………………493
陰解法……………………747, **1302**
イン・ザ・マネー
　………………………343, 632, 640, 644
イン・ザ・マネー・オプション…**1303**
因子分析…………………………**1299**
インセンティブ……………………1281
インターコンチネンタル取引所
　…………………………………39, 1326
インターナショナル・セキュリ
　ティーズ取引所……………1326
インタレスト・オンリー……1186, **1304**
インデックス・アモチ・スワップ
　…………………………………1211, **1303**
インバース・フローター……………138
インプライされた分布………………678
インプライされるリスク中立確率
　分布…………………………700
インプライド・コピュラ……………925

インプライド相関………………919, **1302**
インプライド・ツリー…………990, **1302**
インプライド配当利回り………586, **1302**
インプライド分布………………**1302**
インプライド・ボラティリティ
　………………………526, 1076, **1302**
インプライド・ボラティリティ関
　数………………………………990
インプライド・ボラティリティ関
　数（IVF）モデル………………**1302**

う

ウィーク・フォームの市場効率性
　………………………………470
ウィークリー………………345, **1316**
ウィナー過程………………472, **1316**
ウィニペグ商品取引所……………1326
ウェイト付けの方法………………811
ウォーターフォール………290, **1316**
ウォッシュ・セール規制……………357
受渡意思通知書…………………42, 60
受渡価格……………………11, **1295**
受渡しのオプション…………………192
受渡場所……………………………44
うそつき向けローン…………………297
売りヘッジ…………………79, **1311**

え

永久アメリカン・コール・オプ
　ション………………………935
永久アメリカン・プット・オプ
　ション………………………935
永久デリバティブ……………514, **1308**
営業日修正…………………………247
英国銀行協会………………………123
エージェンシー・コスト
　………………………303, 550, **1286**
エキゾチック・オプション…933, **1298**

エキゾチック・オプションのデル
　タ・ヘッジ………………………966
エクイティ・スワップ
　………………………277,1205,**1297**
エクイティ・トランシェ
　…………………………289,909,**1297**
エクスチェンジ・オプション
　…………………………956,1044,**1298**
エクステンダブル債………………**1299**
エクステンダブル・スワップ
　………………………………277,**1299**
エクスポージャー…………800,863,**1299**
エネルギー製品……………………1221
エネルギー・デリバティブ…………1218
エマージング市場……………………19
延期オプション……………………1254
円周率の計算…………………………730
延長オプション……………………1254
エンロン………………867,1267,1276

お

オークション・プロセス……………896
オーストラリア証券取引所………1326
オーバーナイト・インデックス・
　スワップ…………………………**1308**
オーバーナイト・レポ………………125
オープン・オーダー……………………63
オファー…………………………7,349
オファー・プライス………………**1307**
オプション………………………13,**1307**
オプション価格の上限と下限………374
オプション・クラス……………343,**1307**
オプション・シリーズ…………343,**1308**
オプション清算機関………346,354,**1307**
オプション調整後スプレッド
　……………………………1187,**1307**
オプション取引関連の税務処理……356
オプションの価格式…………………581

オプションの価格に影響を与える
　要素………………………………369
オプションの行使……………………355
オプションの静的な複製………964,**1312**
オプションの評価……………………716
オプションのポジション……………337
オプションのライト…………………17
オプション・フェンス………………934
オプションを用いた投機……………23
オプションを用いたヘッジ…………20
オプションを利用した税務戦略……358
オリジネーター……………………292
オレンジ郡
　…………137,1269,1271,1282,1284
オレンジジュース先物………………42

か

回帰水準……………………………**1310**
会計処理………………………66,553
外国為替の建値………………………69
買占め…………………………………65
回収率………………847,900,**1310**
回収率のデフォルト率への依存性
　……………………………………847
解析解………………………………**1287**
買いヘッジ…………………81,**1305**
買戻条件付売却取引…………………124
解約権付コンパウンド・スワップ
　……………………………………1210
解約権付スワップ……………1209,**1290**
解約権付フォワード契約……………935
ガウシアン・コピュラ・モデル
　…………………873,877,914,**1301**
ガウスの数値積分公式…………916,**1301**
カウンターパーティー……………**1294**
拡散過程……………………………**1296**
拡大オプション…………1253,1258,1260
格付機関……………………………844

事項索引　1353

格付推移行列……………879, **1294**
確定的な変数……………………**1296**
確率過程………………469, **1312**
確率測度……………………………1032
確率変数……………………………**1312**
確率ボラティリティ……………1232
確率ボラティリティ・モデル……987
加重サンプリング………………742
合併アービトラージ………………19
カバード・コール………………**1294**
カバード・コールの売り………403
カバード・ポジション…………625
株価過程……………………………478
株価指数……………………98, **1312**
株価指数オプション
　………………340, 452, 571, **1312**
株価指数オプションの評価……582
株価指数先物……………………**1312**
株価大暴落…………………………662
株価の対数正規性………………497
株式オプション………340, **1312**
株式オプションの特性…………368
株式オプションのボラティリ
　ティ・スマイル………………683
株式配当………………347, **1312**
株式分割………………346, **1312**
株式ポートフォリオのヘッジ……100
株式ロング・ショート……………19
株主割当発行……………………**1310**
カラー…………………1064, **1292**
空売り…………………163, **1311**
カレンダー・スプレッド……415, **1290**
カンザスシティー商品取引所………3
完全ヘッジ…………………………78
元本…………………………………**1309**
元本確保型債券………400, **1309**
ガンマ……………641, 714, 758, 1080, **1300**
ガンマ・ニュートラル……643, 673

ガンマ・ニュートラル・ポート
　フォリオ……………………**1300**
ガンマの計算……………………644

き

幾何ブラウン運動……479, **1301**
幾何平均……………………………**1301**
期間構造モデル…………………1110
期限前行使………337, 549, 589, **1297**
期限前返済………………………1184
期限前返済関数………1184, **1309**
基準財…………………1035, **1307**
規制のアービトラージ…………302
季節性……………………………1230
季節要因変動率…………………1230
キダー・ピーボディ
　………………169, 1267, 1273, 1274
期待仮説………………149, **1298**
期待現物価格……………………193
期待収益率……………………434, 501
期待ショートフォール……772, **1298**
期待損失…………………………860
希薄化………………………524, 562
ギブソン・グリーティングス
　………………1268, 1273, 1282, 1284
逆鞘市場…………………59, **1304**
キャッシュCDO…………………908
キャッシュ・オア・ナッシング・
　コール……………………………948
キャッシュ・オア・ナッシング・
　コール・オプション………**1290**
キャッシュ・オア・ナッシング・
　プット……………………………948
キャッシュ・オア・ナッシング・
　プット・オプション………**1291**
キャッシュ・フロー・マッピング
　………………………………787, **1290**
キャップ………………1061, **1290**

ギャップ・オプション	1301
ギャップ・コール・オプション	938
キャップとフロアに対するプット・コール・パリティ	1065
キャップとフロアの評価	1065
ギャップ・プット・オプション	938
キャップ・レート	1062, **1290**
キャップレット	1063, **1290**
キャピタル・ゲイン	67
キャピタル・ロス	67
キャリー・コスト	191, **1294**
キャリブレーション	1149, 1177, **1290**
キャリブレーション対象商品	1149
キャンセラブル・フォワード	935
キュア・ピリオド	864
休日カレンダー	**1302**
境界条件	513
恐怖指数	528
共分散	830, **1294**
共分散行列	785, **1294, 1315**
巨額損失	1266, 1268
ギルサノフの定理	447, **1301**
金額デュレーション	146, **1296**
銀行規制当局	769
均衡モデル	1113, **1297**
均衡モデルの応用	1120
金採掘企業によるヘッジ	86
金属	1220
金融危機	152
金融仲介業者	**1299**
金利	121, 1091
金リース・レート	188
金利オプション	**1303**
金利カラー	1064, **1303**
金利期間構造の理論	149
金利キャップ	1061, **1303**
金利先物	205
金利先物オプション	600
金利先渡契約	138, **1300**
金利スワップ	1193, **1303**
金利スワップの仕組み	237
金利スワップの評価	255
金利仲介業者	243
金利ツリー	1132
金利デリバティブ	1151, **1303**
金利デリバティブのヘッジ	1079
金利の期間構造	**1314**
金利の計算	125
金利の種類	122
金利パリティ	184
金利フロア	1064, **1303**

く

クウェク・アドボリ	1268
クーポン	**1294**
クオント	181, 1097, **1309**
クオント・スワップ	277
クオント調整	1088
グッチ・グループ	346
グッド・ティル・キャンセルド・オーダー	63
組み込まれたオプション	**1297**
クランク・ニコルソン法	757
グリークス	623, 655, 689, 1079, **1301**
グリークスの計算	713, 739
クリーン・プライス	208, 1057
クリケット・オプション	940, **1292**
クレイトン・コピュラ	924
グレゴリー・レイズ	565
クレジット・イベント・バイナリー・オプション	345, **1294**
クレジット・サポート・アネックス	53
クレジット指数	901, **1294**
クレジット・スプレッド	300

クレジット・スプレッド・オプション……………………………………**1294**
クレジット・デフォルト・スワップ………………………274,890,**1294**
クレジット・デフォルト・スワップ・オプション…………………905
クレジット・デフォルト・スワップの評価………………………896
クレジット・デリバティブ…888,**1294**
クレジット・バリュー・アジャストメント……………………………324
グローバルマクロ……………………19
クロス・カレンシー・デリバティブ……………………………………1097
クロス・カレンシー金利スワップ……………………………………1199
クロス・ガンマ……………………793
クロス・ヘッジ………………92,**1295**

け

経過利子…………………206,**1286**
軽質スイート原油先物……………1222
経路依存型オプション……………**1308**
経路依存型デリバティブ……………997
ケインズとヒックスの議論…………193
ケース・シラー指数………………**1290**
現金決済………………………………61
限月……………………………………44
原資産………………………………1218
原資産変数…………………………**1314**
現物オプション………………597,603
現物価格……………………………**1311**
原油…………………………………1222
権利確定期間……………548,**1315**
現渡し……………………………42,60

行使…………………………………355
行使価格……13,334,342,**1298**,**1313**
行使境界パラメータ化法…………1015
行使乗数………………………560,**1298**
行使制限………………………348,**1298**
公正市場価格…………………………67
構造モデル……………………872,925
後退差分近似………………………747
高頻度取引……………………………4
効率的市場仮説……………………**1297**
コーニッシュ・フィッシャー展開
…………………………………793,**1293**
コーラブル債……………………1055,**1290**
コール・オプション………13,334,**1290**
コール・オプション価格の下限……375
国債先物……………………………209
国際証券取引所……………………340
国際スワップ・デリバティブ協会
…………………………………247,**1303**
固定金利支払人……………………238
固定対固定の通貨スワップ………262
固定対固定の通貨スワップの評価
………………………………………266
固定対変動の通貨スワップ………270
固定ルックバック・コール・オプション……………………………………951
固定ルックバック・プット・オプション……………………………………951
コピュラ……………………………**1293**
コピュラ相関………………………875
コピュラ相関の関数化……………924
誤方向リスク………………………866
コモディティ価格のモデル化……1225
コモディティ・スワップ
…………………………278,1212,**1292**
コモディティ・デリバティブ……1218
コレスキー分解……………737,**1291**
根拠なき熱狂………………………300

こ

交換比率……………………………992

コンスタント・マチュリティ・ス
ワップ............................276, 1201, **1293**
コンスタント・マチュリティ・ト
レジャリー・スワップ
....................................276, 1203, **1293**
コンストラクティブ・セール........357
コンタンゴ............................60, 196, **1293**
コンバージェンス・アービトラー
ジ...55, 1277
コンバージョン・ファクター
....211, **1293**
コンパウンド・オプション...941, **1292**
コンパウンド・スワップ
....276, 1195, **1292**
コンパウンド相関..................920, **1292**
コンビニエンス・イールド
....190, 1232, **1293**
コンビネーション..................417, **1292**
コンファメーション..............247, **1293**
コンベキシティ......................147, **1293**
コンベキシティ調整
............222, 1088, 1089, 1202, **1293**
コンベキシティ調整式の証明........1108

さ

ザイオンズ・バンコープ................561
債券イールド........................130, **1289**
債券イールドの期待値................1091
債券オプション
....................1055, 1073, 1129, **1289**
債券の価格づけ.............................129
債券のクリーン・プライス..........**1291**
債券のダーティ・プライス..........**1296**
債券の理論価格.............................129
債券ポートフォリオのデュレー
ション..146
最終価値..**1314**
最終通知日.....................................61

最終取引日.....................................61
最小2乗法........................1011, 1179
在消比率.....................................1219
最小分散ヘッジ比率........................93
裁定取引.................................25, **1287**
最適期限前行使境界パラメータ化
法...1179
再付与..551
再保険...1234
債務担保証券........................908, **1292**
財務部門.....................................1284
最尤法....................................818, **1306**
最割安銘柄..................213, 896, **1291**
先スタート・オプション......939, **1300**
先物オプション
....................341, 455, 597, 603, **1300**
先物オプション価格の下限............606
先物オプションが好まれる理由.....602
先物オプションの性質..................598
先物オプションの評価..................607
先物価格................45, 162, 178, **1300**
先物価格の算出.............................215
先物価格のドリフト......................610
先物契約....................12, 39, 68, **1300**
先物契約の選択..............................90
先物契約のデルタ.........................656
先物契約の取引単位........................43
先物契約の予期せぬ現渡し............40
先物スタイルのオプション...615, **1300**
先物取次業者..........................61, **1300**
先物取引..39
先物ポジションの手仕舞い............40
先物ポジションのリスク..............194
先物レート...................................220
先物を用いた投機..........................22
先渡契約..9
差金決済....................................**1291**
指値注文.................................62, **1305**

指値付ストップ注文 ……………… 63
サブプライム住宅ローン
　………………………… 294, 1280, **1313**
サブプライム住宅ローンによる損
　失 ……………………………… 1268
サブプライム住宅ローンの証券化
　……………………………………… 296
三項ツリー ……………… 727, 1132, **1314**
三項ツリーの構築手順 ………… 1135
三項ツリーの使用例 …………… 1133
三項ツリー法 ……………………… 755
参照体 ………………… 275, 890, **1310**

し

シェル ……………………………… 1269
ジェローム・ケルビエル
　………………………… 27, 1267, 1274
シカゴ・オプション取引所
　……………………… 3, 14, 340, 572
シカゴ商品取引所 ……… 3, 12, 1326
シカゴ・マーカンタイル取引所
　……………………………… 3, 13, 1326
時間価値 ………………… 344, **1314**
時間指定当日注文 ………………… 63
事業評価 ………………………… 1251
試行回数 …………………………… 737
資産担保証券 ………… 289, 908, **1287**
資産負債管理 ……………… 151, 227
自主規制 …………………………… 356
市場規模 ……………………………… 8
市場性証券 ………………………… 325
市場の収益率 ……………………… 118
市場の透明性 …………………… 1280
市場分断仮説 ……………… 149, **1306**
市場リスク ………………………… 273
市場レバレッジ型株式単位 ……… **1305**
指数オプション ………………… **1303**
指数加重 ………………………… **1299**

指数加重移動平均 ……………… **1298**
指数加重移動平均モデル ……… 812, **1298**
指数裁定取引 …………………… 182, **1303**
指数先物 ………………………… **1303**
指数先物価格 ……………………… 180
シスコ ……………………………… 561
システマティック ……………… 1034
システマティック・リスク
　……………… 118, 194, 857, 1236, **1313**
システミック・リスク ………… 7, **1313**
実効FFレート ………… 124, 315, **1297**
実証研究 ………………………… **1297**
実世界 …………………………… 437
実世界のデフォルト確率 ……… 856
質への逃避 ……………… 56, 152, 1277
シティグループ ………… 1268, 1281
シドニー先物取引所 …………… 1326
シナリオ分析 ………… 653, 1273, **1311**
シニア・トランシェ …………… 289, 909
ジニー・メイ ……………………… 288
資本資産価格モデル …… 118, 194, **1290**
資本投資の評価 ………………… 1245
シミュレーション ……………… **1311**
シャープ・レシオ ……… 1029, **1311**
シャウト・オプション ………… 952, **1311**
ジャンプ ………………… 690, 1231
ジャンプ拡散モデル …………… 981, **1304**
ジャンプ過程 …………………… 1304
収益率の分布 …………………… 500
従業員ストック・オプション
　………………… 359, 523, 547, **1297**
修正デュレーション …………… 145, **1306**
修正前営業日基準 ……………… 247
修正翌営業日基準 ……………… 247
住宅ローンの期限前返済 ……… 1184
従来のリスク中立世界 ……… 1027, 1032
従来のリスク中立測度の利用 …… 1099
縮小オプション ………………… 1254

主成分分析 ……………………… 797, **1309**
主成分分析を用いたVaRの計算
　 ………………………………… 800
瞬間的な短期金利 ………………… 1111
瞬間フォワード・レート ……… **1303**
順鞘市場 ……………………… 59, **1307**
順方向リスク ……………………… 866
準乱数列 …………………… 744, **1309**
証券化 ……………………… 287, 288, **1311**
証券取引委員会 …………………… 356
証拠金 …………………… 46, 352, **1305**
証拠金勘定 ………………… 23, 47, 165
消費資産 ………………… 163, 189, **1293**
商品先物 …………………………… 187
商品先物取引委員会 ……………… 356
情報の非対称性 …………………… 894
正味現在価値法 …………………… 1245
ショート・ポジション …… 9, 17, **1311**
初期優遇金利 ……………………… 295
ジョセフ・ジェット …… 169, 1267, 1273
ジョン・ヴィッカーズ卿 ………… 305
ジョン・ラスナック ………… 28, 1266
シリンダー・オプション ………… 934
新規事業の評価 …………………… 1251
シングル・トランシェ取引 ……… 910
シングル・ネーム ………………… 889
シンセティックCDO ……… 908, **1313**
シンセティックCDOの評価 …… 913
信認金 ……………………… 51, **1301**
信用VaR ………………………… **1295**
信用買い …………………………… 352
信用格付 …………………… 844, **1294**
信用危機 ………………… 152, 287, 300
信用危機の余波 …………………… 304
信用事由 ………………… 345, 890, **1294**
信用収縮 …………………………… 287
信用伝染効果 ……………………… 872
信用の伝染 ………………… 857, **1294**

信用バリュー・アット・リスク
　 …………………………… 877, **1295**
信用リスク ……………… 51, 122, 271, 273,
　　　　　　　　　 323, 843, 861, **1294**
信用リスクの削除 ………………… 866

す

スイス証券取引所 ……………… 1326
スイング・オプション …… 1224, **1313**
数値計算法 ………………… 704, **1307**
スカルパー ………………… 62, **1311**
スタック・アンド・ロール … 106, **1312**
スタティック・ヘッジ …………… 630
スタンダード・オイル ……………… 36
スティッキー・キャップ …… 1171, **1312**
ステップアップ・スワップ
　 …………………………… 276, 1193, **1312**
ステューデントの t コピュラ ……… 924
ストック・オプションの予想残存
　期間 ……………………………… 556
ストップ・アンド・リミット・
　オーダー ………………………… 63
ストップ高 ………………………… 45
ストップ注文 ……………………… 62
ストップ安 ………………………… 45
ストップ・ロス戦略 ……………… 626
ストップ・ロス注文 ……………… 62
ストライク・リセット・オプショ
　ン ………………………………… 940
ストラップ ………………… 420, **1312**
ストラドル ………………… 418, **1312**
ストラドルで収益をあげる方法 … 419
ストラドルの売り ………………… 419
ストラドルの買い ………………… 419
ストラングル ……………… 420, **1312**
ストリップ ………………… 420, **1313**
ストリップMBS ………………… 1186
ストリップス債 ……… 131, 169, **1313**

ストレス VaR ... 796, **1312**
ストレス・テスト ... 795, 1273, **1312**
スプレッド・オプション ... **1311**
スプレッド取引 ... 50, **1312**
スプレッド取引戦略 ... 405
スペキュレーター ... 17, 22, 1283, **1311**
スペシャリスト ... **1311**
スポット価格 ... 12, **1311**
スポット金利 ... **1311**
スポット契約 ... 9
スポット・トレーダー ... 9
スポット・ボラティリティ ... 1067, **1311**
住友商事 ... 1269
スワップ ... 236, **1313**
スワップション ... 277, 1072, 1073, **1313**
スワップションの評価 ... 1073
スワップ・ゼロ・カーブ ... 254
スワップ取引執行機関 ... 7, 64, **1313**
スワップ・レート ... 245, 1093, **1313**
スワップ・レートの性質 ... 253
スワップを用いた資産の変換 ... 242
スワップを用いた負債の変換 ... 241

せ

正規分布 ... 471, **1307**
正規分布の累積分布関数 ... 522
生牛先物 ... 40
制御地域 ... 1223
制御変量法 ... 724, 741, **1293**
税金 ... 67, 356
制限付株式単位 ... 551, 555, **1310**
清算会員 ... 51
清算機関 ... 50, 354, **1292**
清算証拠金 ... **1292**
清算値 ... 59, **1311**
生前遺言 ... 305

成長係数 ... 708
静的な複製 ... 964
静的ヘッジ ... **1312**
政府系機関モーゲージ証券 ... 1184
セータ ... 638, 714, 758, **1314**
世界銀行 ... 236
セカンド・トゥ・デフォルト型 CDS ... 905
ゼロ・カーブ ... 133, **1316**
ゼロクーポン・イールド・カーブ ... **1316**
ゼロクーポン金利 ... **1316**
ゼロクーポン債 ... **1316**
ゼロクーポン債価格 ... 1038
セロクーポン・レート ... 129
ゼロ・コスト・カラー ... 934
ゼロ・レート ... 129, **1316**
ゼロ・レートの決定 ... 254
前営業日基準 ... 247
1987年10月 ... 182, 662, 685, 1278
線形モデル ... 783
線形モデルとオプション ... 788
線形モデルの適用 ... 787
前進差分近似 ... 747
尖度 ... 679, **1304**
全米先物協会 ... 64

そ

相関行列 ... 784
相関係数 ... 830
相関スマイル ... 921
相関のある過程 ... 483
想定元本 ... 239, 890, **1307**
層別サンプリング ... 742
測度 ... 1027, **1306**
測度変換 ... 448
ソシエテ・ジェネラル ... 27, 1267, 1270, 1274

ソジェン	27
損益通算	67

た

ダーティ・プライス	209, 1057
ターム・レポ	125
ダイアゴナル・スプレッド	417, **1296**
第一通知日	61
対数正規性	486, 497
対数正規分布	487, **1305**
対数正規分布の形状	499
ダイナミック・ヘッジ	630, **1297**
ダイナミック・ヘッジの実際	651
大暴落恐怖症	685, **1294**
タイミング調整	1088, 1094, 1202, 1208, **1314**
タイム・ディケイ	638, **1314**
ダイムラー・ベンツ	346
ダウ平均	99, 341
ダウ平均のヨーロピアン・オプション	572
ダウン・アンド・アウト・オプション	**1297**
ダウン・アンド・アウト・コール	944
ダウン・アンド・アウト・プット	946
ダウン・アンド・イン・オプション	**1296**
ダウン・アンド・イン・コール	944
ダウン・アンド・イン・プット	946
ダウングレード・トリガー	867, **1297**
立会い	4, **1307**
建玉	59, 350, **1307**
建玉制限	45, 348, **1309**
建値	44
ダブル t コピュラ	924
短期金利	**1311**
短期金利モデル	1110
短期調達	1280
短期無リスク金利	**1311**
担保	325
暖房度日	1233, **1301**

ち

着地取引	3
チャック・プリンス	1281
中央清算	274, **1291**
中央清算機関	6, 52, 274, 304, **1291**
チューザー・オプション	942, **1291**
注文	62
注文の種類	62
超過損害額	1235
超過損害レベル	1235
超過担保	292

つ

追加証拠金	48
通貨オプション	340, 453, 575, 678, **1300**
通貨オプションの評価	586
通貨オプションのボラティリティ・スマイル	679
通貨先物	186
通貨スワップ	262, 270, 1198, **1295**
通貨スワップの評価	266
通貨スワップの利用方法	263
ツリー	**1314**
ツリーを用いたサンプリング	738

て

デイ・カウント	**1295**
デイ・カウント・コンベンション	206, 246
デイ・カウント・コンベンションの影響	1071, 1078

テイク・アンド・ペイ・オプション	1224, **1313**
ティザー・レート	295
提示価格	208, 1057, 1147
ディスカウント・ブローカー	350
ディスクレショナリー・オーダー	63
ディストレス債	19
デイ・トレーダー	62
デイ・トレード	50, **1295**
ディック・ファルド	5
ディフ（ァレンシャル）・スワップ	277, 1204, **1296**
ディファード・スワップ	1072, **1295**
ディファード・ペイメント・オプション	**1295**
ディファレンシャル・スワップ	1204, **1296**
テイラー展開	673
テール・ロス	772, **1313**
出口価格	328
手仕舞い	40
手仕舞い注文	349
デタッチメント・ポイント	915
撤退オプション	1253, 1257, 1260
デット・バリュー・アジャストメント	324
テナー	1061, **1313**
デフォルト確率	844, 860, **1308**
デフォルト確率の推定	848, 852, 858, 900
デフォルト確率密度	**1295**
デフォルト強度	846, **1295**
デフォルト事由	323, 861
デフォルト相関	872, 912, **1295**
デュレーション	142, **1297**
デュレーション・ベース・ヘッジ・レシオ	225
デュレーション・マッチング	227, **1297**
デュレーションに基づくヘッジ戦略	224
デリバティブ	**1296**
デルタ	444, 629, 631, 713, 758, 1079, **1295**
デルタ，セータ，ガンマの間の関係	646
デルタ・ニュートラル	630, 637, 673
デルタ・ニュートラル・ポートフォリオ	**1296**
デルタ・ヘッジ	444, 629, 966, **1295**
デルタ・ヘッジのダイナミック性	633
デルタ・ワン商品	27
転換社債	359, 992, **1293**
転換社債アービトラージ	19
天候デリバティブ	1233, **1316**
天候デリバティブのプライシング	1236
天候リスク・マネジメント協会	1234
電子市場	4
電子取引	4, **1297**
電子取引市場	348
店頭オプション市場	360
店頭市場	6, 52, **1308**
天然ガス	1222
電力	1223

と

ドイツ金融先物取引所	346
ドイツ証券取引所	1326
等価1年複利金利	126, **1297**
同値マルチンゲール測度	1027
投機	22, 23
東京金融取引所	39

投資機会のオプション··············1253
投資資産···················163,188,**1304**
投資適格························844
当初収益···················1275,**1303**
当初証拠金·····················47,**1303**
同値マルチンゲール測度·········1035
トウモロコシ先物···············43
トータル・リターン指数··········98
トータル・リターン・スワップ
····························906,**1314**
特別目的事業体···············289
ドッド・フランク法········64,305,**1296**
トップ・ストラドル············419
トップ・ダウン・モデル·········926
トップ・バーティカル・コンビ
ネーション·····················421
トランシェ····················**1314**
トランシェ相関················920
取引価格···············208,1057,1147
取引確認書···················247
取引可能なデリバティブの価格·····515
取引コスト··················638,**1314**
取引証拠金·····················51
取引所市場······················3
取引高·························59
取引単位·······················43
取引の規制······················64
取引日························507
ドリフト率················475,**1297**
トレーダー···················1273
トレーダーの種類··············17
トレーダーのタイプ·············61
トレジャリー・ゼロ・レート······131
トレジャリー・レート···········122

な

内部統制····················1285
内包オプション················**1297**

ナスダック100··················99
ナスダック OMX················340
成行注文·······················62

に

二項ツリー
············429,705,716,725,729,**1289**
二項ツリーからの Black-
Scholes-Merton オプション評
価式の導出····················464
二項ツリーの公式···············448
二項ツリーを用いた先物オプショ
ンの評価······················607
二項モデル············706,719,**1289**
二項モデルと無裁定原理·········430
二次元正規分布················**1289**
2次再サンプリング··············743
2次のモデル···················790
二者間での清算···········6,53,**1289**
ニック・リーソン········28,1266,1274
日経225先物··················180
日数計算·····················246
二峰性分布···················691
ニュートラル・カレンダー・スプ
レッド······················416
ニュートン・ラフソン法
···················130,527,**1306**
ニューメレール·······1035,1036,**1307**
ニューメレール比············1047
ニューメレール変換···········1046
ニューヨーク商品取引所········3,1326
ニューヨーク・マーカンタイル取
引所······················3,1326
忍者······················297,**1307**

ね

値洗い·························47
ネイキッド・オプション··········352

ネイキッド・ポジション……625,**1306**
ネッティング…………323,866,**1306**
ネット・ベース…………………51
値幅制限………………………45
値幅制限いっぱいの値動き…45,**1305**
年換算日数……………1078,1071

の

農産物商品…………………1219
ノーザンロック銀行……………153
ノー・デフォルト・バリュー
　………………………323,862
ノーマル・バックワーデーション
　………………………196,**1307**
ノックアウト・オプション………943
ノックイン・オプション…………944
ノンリコース…………………297

は

パー・イールド…………130,**1308**
パー・バリュー………………**1308**
バーゼルI………………306,769
バーゼルII………………306,770
バーゼルII.5……………305,770
バーゼルIII………………305,770
バーゼル委員会……306,769,**1288**
バーゼル銀行監督委員会………305
バーナード・メイドフ……………28
配当…………346,373,529,719,**1296**
配当落ち日………373,390,529,**1298**
配当がある場合の株式オプション
　………………………………451
配当の影響……………………390
配当のない株式のコール………384
配当のない株式のプット………387
配当利回り………………578,**1296**
バイナリー・オプション
　………………………345,948,**1289**

バイナリー型クレジット・デフォ
　ルト・スワップ…………900,**1289**
バケット………………………227
ハザード・レート…………845,**1301**
パシフィック証券取引所………1326
バスケット・オプション……958,**1288**
バスケット型クレジット・デフォ
　ルト・スワップ…………905,**1288**
パス・スルー証券……………1185
バタフライ・スプレッド
　………………………413,701,**1290**
バック・オフィス………………1274
バック・テスト……………795,796,**1287**
バックデーティング…………563,**1287**
バックワーデーション……………60
バックワード計算…………709,**1288**
パッケージ………………934,**1308**
バブルの崩壊…………………297
ハマースミス区…………1268,1282
ハマースミス区とフラム区……273
バミューダン・オプション…937,**1288**
バミューダン・スワップション…1179
パラメータ推定………………819
パラレル・シフト………786,798,**1308**
バリア・オプション
　………………………943,1003,**1288**
バリア・オプションの評価……1006
バリアンス・ガンマ・モデル
　………………………………984,**1315**
バリアンス・スワップ………959,**1315**
バリアンス・スワップの評価……960
ハリケーン・アンドリュー……1235
パリジャン・オプション……947,**1308**
バリュー・アット・リスク…768,**1315**
バンカーズ・トラスト
　………………33,1212,1268,1269,1276
半正定値………………………832
ハント兄弟………………………65

ひ

ピーク・エクスポージャー…………865
比較優位………………………………263
比較優位論……………………………248
比較優位論に対する批判……………251
非システマティック………………1034
非システマティック・リスク
　………………………118, 194, 857, **1307**
ヒストリカル・シミュレーション
　法………………………………773, **1302**
ヒストリカル・ボラティリティ
　…………………………………505, **1302**
ヒックス………………………………193
ビッド………………………………7, 349
ビッド・アスク・スプレッド……**1288**
ビッド・オファー・スプレッド
　………………………………245, 349, **1288**
ビッド・プライス…………………**1288**
非定常モデル………………………**1307**
標準誤差………………………………737

ふ

ファースト・トゥ・デフォルト型
　CDS…………………………………905
ファクター……………………797, **1299**
ファクター・スコア…………………798
ファクター・ローディング…………798
ファクターに基づく相関構造………876
ファンディング・コスト……………326
ファンド・オブ・ファンズ…………18
フィル・オア・キル・オーダー……63
ブートストラップ法…………131, **1289**
フォワードLIBOR……………………319
フォワード価格
　………………12, 162, 166, 178, 585, **1300**
フォワード為替レート……………**1300**
フォワード為替レートを用いた価
　格式……………………………………587
フォワード・クレジット・デフォ
　ルト・スワップ……………………904
フォワード契約……9, 68, 485, 517, **1300**
フォワード契約のデルタ……………655
フォワード契約の評価………………175
フォワード契約のペイオフ…………10
フォワード契約を用いたヘッジ……19
フォワード・スワップ
　………………………………276, 1072, **1300**
フォワード・トレーダー……………9
フォワード・バンド…………………934
フォワード・リスク中立世界
　……1036, 1043, 1044, 1069, 1077, **1300**
フォワード・レート………134, 220, **1300**
フォワード・レート・ボラティリ
　ティ…………………………………1168
複数先物の利用………………………660
複数資産に関するオプション………958
複数のゼロ・カーブ………………1160
複数のゼロ・カーブへの対応……1180
複数ファクターへの拡張…………1042
複製……………………………………657
複製オプション……………………**1313**
複利（の）回数………………126, **1292**
不公正取引……………………………65
負相関変量法…………………………741
プッタブル債…………………1056, **1309**
プッタブル・スワップ………277, **1309**
プット・オプション
　…………………………13, 334, 336, **1309**
プット・オプション価格の下限……377
プット・コール・パリティ
　………………379, 380, 391, 405, 580,
　　　604, 625, 676, 943, 1065, **1309**
プット・コール・パリティと資本
　構造……………………………………382
不動産担保証券……………288, **1292**, **1306**

負の金利	1144
部分シミュレーション法	794
プライス・センシティビティ・ヘッジ・レシオ	225
ブラウン運動	472, **1290**
ブラジル商品先物証券取引所	39
ブラック・マンデー	182
フラット・ボラティリティ	1067, **1299**
フラム区	1268, 1282
プリンシパル・オンリー	1186, **1308**
ブル・カレンダー・スプレッド	416
フルサービス・ブローカー	350
ブル・スプレッド	406, **1290**
ブレイク・フォワード	935, **1290**
プレーン・バニラ	237, **1308**
プレーン・バニラ商品	933
フレキシ・キャップ	1173, **1299**
フレキシブル・フォワード	934
フレックス・オプション	344, 572, **1299**
プレミアム	**1309**
ブレント原油	1222
ブレント原油先物	1222
フロア	1064, **1299**
フロア・シーリング契約	1064
フロア・レート	**1299**
フロアレット	1064, **1299**
プロクター・アンド・ギャンブル	1213, 1269, 1273, 1282, 1284
プログラム売買	182, **1309**
ブロケード コミュニケーションズ システムズ	565
プロテクティブ・プット	404, **1309**
フロント・オフィス	1274
フロントランニング	65
分散共分散行列	785, 832
分散減少法	740, **1315**

分散効果	782
分散ターゲッティング法	821
分散投資	**1296**
分散投資の恩恵	1272
分散率	475, 810, **1315**

へ

ヘアカット	57, 325, 867, **1301**
ベア・カレンダー・スプレッド	416
ベア・スプレッド	408, **1288**
ベアリングズ銀行	28, 1266, 1270, 1274
ペイオフ	**1308**
平均回帰	817, 1114, **1306**
平均回帰性	1227
米国財務会計基準審議会	**1299**
米国住宅市場	294
米国証券取引委員会	**1311**
米国短期国債	208, **1314**
米国短期国債の提示価格	208
米国中期国債	**1314**
米国中期国債先物	43, 209, **1314**
米国長期国債	**1314**
米国長期国債先物	43, 209, **1314**
米国長期国債先物オプションの価格	600
米国長期国債の提示価格	208
米国超長期国債先物	209
米商品先物取引委員会	64, **1292**
ベーシス	87, **1288**
ベーシスが強まる	88
ベーシスが弱まる	88
ベーシス・スワップ	1194, **1288**
ベーシス・ポイント	**1288**
ベーシス・リスク	87, **1288**
ベース相関	920, **1288**
ベータ	100, 118, **1289**
ベータの調整	104

ベガ……………647, 714, 758, 1080, **1315**
ベガ・ニュートラル………………647, 974
ベガ・ニュートラル・ポートフォ
　リオ……………………………………**1315**
ヘッジ………………19, 1151, 1238, **1301**
ヘッジ・アンド・フォゲット…78, 631
ヘッジ会計…………………………………66
ヘッジ効率…………………………………95
ヘッジする理由…………………………103
ヘッジと株式保有者……………………83
ヘッジと競争相手………………………83
ヘッジ取引…………………………………68
ヘッジに対する賛否両論………………82
ヘッジの失敗……………………………108
ヘッジのテーリング……………97, **1313**
ヘッジ・パフォーマンス………628, 636
ヘッジ・パラメータ……………………673
ヘッジ比率……………………………93, **1302**
ヘッジファンド……………………18, **1302**
ヘッジャー………17, 19, 78, 1283, **1302**
変数の期待値…………………………**1298**
変数変換……………………………753, 1007
変動金利型モーゲージ…………………295
変動金利支払人…………………………238
変動証拠金……………………………51, **1315**
変動対変動の通貨スワップ……………270
変動ルックバック・コール……………949
変動ルックバック・プット……………949

ほ

ポアソン過程…………………………**1308**
ボード・オーダー…………………………63
ポートフォリオ・イミュニゼー
　ション………………………………227, **1309**
ポートフォリオ・インシュアラン
　ス……………572, 657, 662, 1278, **1309**
ポール・ボルカー………………………305
保管コスト……………………………188, **1312**

保険会社……………………………………1279
保険デリバティブ………………………1234
保険デリバティブのプライシング
　……………………………………………1236
ポジション・トレーダー…………………62
ボストン・オプション……………935, **1289**
ボストン・オプション取引所…………340
ボックス・スプレッド……………410, **1289**
ボックス・スプレッドでの損失……411
ホップスコッチ法………………………757
ボトム・ストラドル……………………419
ボトム・バーティカル・コンビ
　ネーション……………………………420
保有期間…………………………………772
ボラティリティ
　……………371, 446, 504, 661, 779, **1315**
ボラティリティ・サーフェス
　………………………………………687, **1315**
ボラティリティ・スキュー
　……………………………………683, 1178, **1315**
ボラティリティ・スマイル
　………………………………675, 686, 700, **1315**
ボラティリティ・スマイルの発生
　理由……………………………………682, 685
ボラティリティ・スワップ
　……………………………………278, 959, **1315**
ボラティリティ・スワップの評価
　……………………………………………962
ボラティリティの期間構造
　………………………687, 827, 828, 1131, **1316**
ボラティリティの原因…………………508
ボラティリティの推定………………504, 810
ボラティリティの予測…………………825
ボラティリティ変化の影響……………829
ボルカー・ルール…………………305, **1316**
本源的価値……………………………344, **1304**

ま

マーク・トゥ・マーケット…328,**1306**
マーク・トゥ・モデル………………1275
マーケット・イフ・タッチド・
　オーダー……………………………63
マーケット・ノット・ヘルド・
　オーダー……………………………63
マーケット・メーカー
　………………………6,244,349,**1305**
マーケット・モデル………………**1305**
マーケット・レバレッジ型株式単
　位…………………………………555
マーシャル・オルキン・コピュラ
　……………………………………924
マージン・コール…………48,352,**1305**
マージン・ピリオド・オブ・リス
　ク…………………………………864
マカフィー…………………………565
マスター契約…………………53,247
マネーネス…………………………689
マネー・マーケット・アカウント
　……………………………1037,**1306**
マルコフ過程…………………470,**1306**
マルチ・ネーム……………………889
マルチンゲール………1027,1034,**1306**
満期日……………13,334,342,**1298**,**1306**

み

ミッドカーブ・ユーロドル先物……600
ミッドランド銀行…………………1267
ミドル・オフィス…………………1274
ミニ・マックス……………………934
ミューチュアル・ファンド……18,502

む

無裁定価格理論…………………1034
無裁定仮定………………………**1307**
無裁定金利モデル………………**1307**
無裁定モデル……………………1123
無条件デフォルト確率……………845
無リスク金利………100,122,125,166,
　　　　　　312,314,372,851,**1310**

め

メザニン ABS CDO…………………293
メザニン・トランシェ
　………………………289,909,**1306**
メタルゲゼルシャフト…………108,1269
メリルリンチ………………………1268

も

モーゲージ証券…………………1184
モーゲージ証券の評価…………1186
モーメント・マッチング……………743
モデル・ビルディング法……………779
モンテカルロ・シミュレーション
　……481,628,730,740,793,1010,**1306**
モンテカルロ・シミュレーション
　による円周率の計算……………730

ゆ

有限差分法…………………745,**1299**
有限差分法の適用場面……………758
融資基準の緩和……………………295
誘導モデル……………………872,926
ユーリボー…………………………**1297**
ユーレックス…………………39,1326
ユーロカレンシー…………………**1298**
ユーロドル……………………216,**1298**
ユーロドル金利………………216,**1298**
ユーロドル先物………………216,254
ユーロドル先物オプション………600
ユーロドル先物契約………………**1298**
ユーロネクスト……………………1326

よ

陽解法 ························ 750, **1298**
ヨーロピアン・オプション
　······················ 13, 334, 529, **1298**
ヨーロピアン・コール・オプション ······························ 518
ヨーロピアン債券オプション ······ 1056
ヨーロピアン・スワップションの
　評価 ······························ 1174
ヨーロピアン・プット・オプション ······························ 518
予想残存期間 ······················ 556

ら

ラチェット・オプション ············ 940
ラチェット・キャップ ········ 1171, **1310**
乱数の発生方法 ···················· 736

り

リアル・オプション ·········· 1244, **1310**
リーカネン ······························ 305
リーマン・ブラザーズ ············ 5, 894
利鞘 ······························ 149
離散時間確率過程 ·················· 469
離散時間モデル ···················· 479
リスク管理 ······················ 1281
リスク中立化法
　········ 435, 516, 581, 705, 732, 855, **1310**
リスク中立化法の拡張 ············ 1247
リスク中立化法を用いた Black-
　Scholes-Merton の公式の証明 ···· 544
リスク中立世界 ············ 435, 437, **1311**
リスク中立デフォルト確率 ········ 856
リスク調整後割引率 ·············· 1245
リスクとリターン ·················· 194
リスクの市場価格 ······· 1027, 1029, **1306**
リスクの市場価格の推定 ·········· 1249

リスク・リミット ··········· 1270, 1271
リセット日 ······················ **1310**
リトラクタブル債 ················ 1056
リバース・カレンダー・スプレッド ······························ 416
リバランス ··············· 510, 630, **1310**
略奪的貸付 ························ 297
流動性 ···························· 152
流動性選好説 ················ 149, **1305**
流動性プレミアム ··············· **1305**
流動性リスク ··············· 1277, **1305**
利力 ···························· 127

る

累積デフォルト確率 ··············· 853
累積分布関数 ···················· **1295**
ルックバック・オプション
　··················· 949, 997, 998, **1305**

れ

冷房度日 ···················· 1233, **1291**
レインボー・オプション ······ 958, **1310**
レーベンバーグ・マーカート法 ··· 1149
暦日 ···························· 507
レポ取引 ···················· 124, **1310**
レポ・レート ················ 124, **1310**
レンジ・フォワード契約
　······················· 576, 934, **1310**
連続時間確率過程 ·················· 469
連続時間の確率過程 ················ 471
連続複利 ···················· 127, **1293**
連邦住宅抵当公庫 ················ 1184
連邦政府抵当金庫 ·········· 288, 1184

ろ

ロー ·················· 650, 715, **1310**
ローカルズ ··················· 61, **1305**
ローリング・フォワード・リスク

中立世界……………………………1166
ロール・バック………………………**1311**
ローン資産価値比率………………296
ロック・アウト期間……………937,1055
ロバート・シトロン
　………………………138,1269,1282
ロングターム・キャピタル・マネ
　ジメント………………55,1267,1277
ロング・ポジション…………9,16,**1305**
ロンドン銀行間取引金利
　………………………123,238,**1304**

ロンドン国際金融先物取引所………1326
ロンドン国際石油取引所……………1326

わ

ワイルド・カード・プレイ…214,**1316**
ワラント…………………359,523,**1316**
割引国債………………………………131
割引債……………………………**1296**
割引証券…………………………**1296**
割引率……………………………208

〈著者紹介〉

ジョン　ハル（John C. Hull）

トロント大学ロットマン経営大学院教授。同僚のAlan White教授とともに，確率ボラティリティ・モデル，金利モデル，クレジット・デリバティブ，信用リスク等に関する研究で数多くの業績がある。金利モデルであるHull–Whiteモデルは特に有名。また，本書の原著である"Options, Futures and Other Derivatives"の他，"Risk Management and Financial Institutions"等，デリバティブとリスク管理に関する書籍も多く執筆している。理論を実践することに重きを置いており，実務界からも高い評価を得ている。

フィナンシャルエンジニアリング〔第9版〕
── デリバティブ取引とリスク管理の総体系

2016年 7月12日	第 1 刷発行
2024年 6月18日	第 6 刷発行
1992年 5月 8日	初版発行
1998年 6月24日	第 3 版発行
2001年 8月30日	第 4 版発行
2005年 3月31日	第 5 版発行
2009年12月22日	第 7 版発行

著　者　ジョン　ハル
訳　者　三菱UFJモルガン・スタンレー証券
　　　　市場商品本部
発行者　加藤　一浩
印　刷　三松堂株式会社

〒160-8520　東京都新宿区南元町19
発 行 所　一般社団法人 金融財政事情研究会
　　　　　編集部　TEL 03(3355)2251　FAX 03(3357)7416
販　　売　株式会社きんざい
　　　　　販売受付　TEL 03(3358)2891　FAX 03(3358)0037
　　　　　URL https://www.kinzai.jp/

※2023年4月1日より販売は株式会社きんざいから一般社団法人金融財政事情研究会に移管されました。なお連絡先は上記と変わりません。

・本書の内容の一部あるいは全部を無断で，複写・複製・転訳載および磁気または光記録媒体，コンピュータネットワーク上等へ入力することは，法律で認められた場合を除き，著作者および出版社の権利の侵害となります。
・落丁・乱丁はおとりかえします。価格はカバーに表示してあります。

ISBN978-4-322-12176-6